DIE KIRCHLICHE DOGMATIK

VON
KARL BARTH

ZWEITER BAND
DIE LEHRE VON GOTT

ERSTER HALBBAND

THEOLOGISCHER VERLAG ZÜRICH

DIE LEHRE VON GOTT

VON
KARL BARTH
DR. THEOL., D. D., LL. D.
O. PROFESSOR AN DER UNIVERSITÄT BASEL

ERSTER HALBBAND

FÜNFTE AUFLAGE

THEOLOGISCHER VERLAG ZÜRICH

5. Auflage 1975

© 1940
Theologischer Verlag Zürich
Druck: Meier & Cie. AG Schaffhausen
Printed in Switzerland
ISBN 3290.11008.7

Initium sapientiae timor Domini!   *Dominus illuminatio mea!*

Der Universität Aberdeen   Der Universität Oxford

in Dankbarkeit

INHALT

DIE LEHRE VON GOTT

FÜNFTES KAPITEL: DIE ERKENNTNIS GOTTES

§ 25. Die Erkenntnis Gottes in ihrem Vollzug	1
1. Der Mensch vor Gott	1
2. Gott vor dem Menschen	33
§ 26. Die Erkennbarkeit Gottes	67
1. Die Bereitschaft Gottes	68
2. Die Bereitschaft des Menschen	141
§ 27. Die Grenzen der Erkenntnis Gottes	200
1. Die Verborgenheit Gottes	200
2. Die Wahrhaftigkeit menschlicher Gotteserkenntnis	229

SECHSTES KAPITEL: DIE WIRKLICHKEIT GOTTES

§ 28. Gottes Sein als der Liebende in der Freiheit	288
1. Gottes Sein in der Tat	288
2. Gottes Sein als der Liebende	306
3. Gottes Sein in der Freiheit	334
§ 29. Gottes Vollkommenheiten	362
§ 30. Die Vollkommenheiten des göttlichen Liebens	394
1. Gottes Gnade und Heiligkeit	394
2. Gottes Barmherzigkeit und Gerechtigkeit	413
3. Gottes Geduld und Weisheit	457
§ 31. Die Vollkommenheit der göttlichen Freiheit	495
1. Gottes Einheit und Allgegenwart	495
2. Gottes Beständigkeit und Allmacht	551
3. Gottes Ewigkeit und Herrlichkeit	685
Register	765
I. Bibelstellen	765
II. Namen	774
III. Begriffe	777

FÜNFTES KAPITEL
DIE ERKENNTNIS GOTTES

§ 25
DIE ERKENNTNIS GOTTES IN IHREM VOLLZUG

Die Erkenntnis Gottes geschieht im Vollzug der Offenbarung seines Wortes durch den Heiligen Geist und also in der Wirklichkeit und mit der Notwendigkeit des Glaubens und seines Gehorsams. Ihr Inhalt ist die Existenz dessen, den wir darum über Alles fürchten müssen, weil wir ihn über Alles lieben dürfen, der uns darum Geheimnis bleibt, weil er selber sich uns so klar und gewiß gemacht hat.

1. DER MENSCH VOR GOTT

In der Kirche Jesu Christi reden Menschen von Gott und bekommen Menschen von Gott zu hören. Von Gott dem Vater, dem Sohn und dem Heiligen Geist, von Gottes Gnade und Wahrheit, von Gottes Gedanken und Werken, von Gottes Verheißungen, Stiftungen und Geboten, von Gottes Reich und von des Menschen Dransein und Leben im Bereiche seiner Herrschaft. Aber immer und unter allen Umständen: von Gott selber als von der Voraussetzung, dem Sinn und der Kraft, dem schlechterdings ursprünglich und endgültig bewegenden, tragenden, begründenden und verwirklichenden Subjekt alles dessen, was hier zu sagen und zu hören ist. Von diesem Subjekt als solchem handelt in der Dogmatik die Gotteslehre. Wir haben in der Gotteslehre zu lernen, was wir damit sagen, daß wir «Gott» sagen. Wir haben in der Gotteslehre zu lernen, im rechten Sinne «Gott» zu sagen. Würden wir von diesem Subjekt nicht recht reden, wie würden wir dann recht reden von seinen Prädikaten?

Im Blick auf dieses Subjekt stellt sich aber vor Allem die Erkenntnisfrage. Alles Sagen und Hören in der Kirche Jesu Christi beruht und bezieht sich ganz und gar darauf, daß Gott in der Kirche Jesu Christi erkannt wird, das heißt, daß jenes Subjekt den Redenden und Hörenden gegenständlich gegenwärtig ist, daß der Mensch in der Kirche wirklich vor Gott steht. Wäre dem nicht so: stünde der Mensch nicht wirklich vor Gott, wäre Gott nicht Gegenstand seiner Wahrnehmung, seines Anschauens und Begreifens, würde er — was auch darunter zu verstehen sei — Gott nicht erkennen, dann würde er auch nicht von ihm reden und hören können. Alles, was in der Kirche ausgesagt und zu vernehmen ist, würde dann ohne Subjekt als leerer Schall in der Luft stehen. Die Kirche würde dann nicht leben — lebt sie doch nur von dem, was in ihr gesagt wird und zu hören ist — oder ihr Leben wäre ein Scheinleben, das Leben in einer Traumwelt, in welchem jene subjektlosen Vorstellungen und Begriffe die geträumten Gespenster wären. Ist das Leben der Kirche kein Scheinleben, dann vollzieht sich in ihr Erkenntnis Gottes. Diese Voraussetzung ist es, die wir in der Lehre von Gott an erster Stelle zu erläutern haben. Wir haben zu erkennen, inwiefern wir Gott erkennen und daraufhin von Gott reden und hören können.

Es geht **nicht** um die Frage: **ob Gott in der Kirche erkannt wird?**
Die grundsätzliche Haltung zu dem Problem der Erkenntnis und der Existenz Gottes, die in diesem § (und in diesem ganzen Kapitel) eingenommen ist, meine ich bei Anselm von Canterbury, insbesondere aus seinem Prosl. 2—4 niedergelegten Gottesbeweis gelernt zu haben. Ich bitte darum, daß der Leser sich diesen Text vor Augen halte und erlaube mir, zum Verständnis dieses Textes auf mein 1931 erschienenes Buch «*Fides quaerens intellectum,* Anselms Beweis der Existenz Gottes» zu verweisen.

Wir gehen davon aus, daß Gott durch Gottes Wort erkannt **wird** und wieder erkannt werden **wird**. Wir müssen die Sorge um dieses Geschehen als eine nicht nur überflüssige, sondern auch unerlaubte Sorge grundsätzlich ablehnen. Erkenntnis Gottes im Raume der christlichen Kirche weiß wohl darum, daß sie in ihrer Wirklichkeit begründet und insofern in Frage gestellt ist durch **Gottes Wort,** durch welches sie allein Wirklichkeit sein und haben, auf Grund dessen sie allein vollzogen werden kann. Aber eben darum kann Erkenntnis Gottes sich selbst nicht in Frage stellen, kann sie, will sie sich selbst verstehen, nicht von einem Ort außerhalb ihrer selbst her fragen: ob sie wirklich sei? Nur vom Worte Gottes her kann diese Frage an sie gerichtet sein. Von dorther **ist** sie auch an sie gerichtet, zugleich mit der Antwort, die von dorther zu vernehmen ist. Aber eben dorthin kann sie sich selbst nicht stellen wollen, um sich selbst von dorther zu problematisieren. Von dorther **ist** sie problematisiert. Von dorther ist ihr aber auch alle Sorge vor weiterer Problematisierung abgenommen. Von dorther ist dann aber auch darüber entschieden, daß sie sich auch von keinem **andern** Ort außerhalb ihrer selbst her in Frage stellen lassen, bezw. sich selber in Frage stellen kann. Das Wort Gottes erlaubt ihr nicht, ihren eigenen Ort mit einem andern zu vertauschen. Und wenn sie es wollte: es gibt keinen solchen andern Ort, von dem aus jemand oder etwas mit dem die Erkenntnis Gottes begründenden Worte Gottes konkurrieren könnte. Nicht weil die der Kirche geschenkte Erkenntnis Gottes sich selbst verabsolutierte, sondern weil sie der Wahrheit, Würde und Kompetenz des Wortes Gottes nicht zu nahe treten kann, muß sie es ablehnen, ihre Wirklichkeit von irgend einem Ort aus zur Diskussion zu stellen, muß sie eben mit der Feststellung ihrer eigenen Wirklichkeit den Anfang machen. Daß sie das nur in Besinnung und Verantwortung gegenüber dem sie begründenden Worte Gottes tun kann, ist eine Sache für sich. Sie kann aber nicht hinter ihre eigene Wirklichkeit zurückgehen. Es kann also nicht gefragt werden: ob Gott erkannt wird?

Damit ist bereits darüber entschieden, daß auch das die Frage nicht sein kann: ob Gott **erkennbar ist**? Wo Gott erkannt wird, da ist er so oder so auch erkennbar. Wo die Wirklichkeit ist, da ist auch die entsprechende Möglichkeit. Die Frage nach dieser kann dann nicht mehr *in abstracto*, sondern nur noch *in concreto*, nicht mehr *a priori*, sondern nur noch *a posteriori* gestellt werden. Die *in abstracto, a priori* gestellte Frage nach der Möglichkeit der Erkenntnis Gottes würde ja offenbar die Existenz eines Ortes außerhalb der Erkenntnis Gottes selbst voraussetzen, von dem aus diese zu beurteilen wäre: eines Ortes, wo wahrscheinlich über die Möglichkeit von Erkenntnis überhaupt und im Allgemeinen und dann im Besonderen auch über die der Erkenntnis Gottes so oder so geurteilt und entschieden würde, eines hinteren Raumes irgend einer Theorie der Erkenntnis, in welchem die Beachtung der Wahrheit, Würde und Kompetenz des Wortes Gottes, auf welches die Erkenntnis Gottes sich begründet, mindestens vorläufig suspendiert wäre. Das ist es aber, was auch unter dem Gesichtspunkt ihrer Möglichkeit gerade nicht geschehen darf. Wie die Wirklichkeit des Wortes Gottes in Jesus Christus und wie die Wirklichkeit des Heiligen Geistes, in welchem das Wort Gottes zum Menschen kommt, ihre Möglichkeit in sich selbst hat, so kann auch nach der Möglichkeit der Erkenntnis Gottes und also nach Gottes Erkennbarkeit nicht im leeren Raum, nicht an Hand irgend eines die Erkenntnis Gottes von außen begrenzenden Kriteriums der Erkenntnis überhaupt, sondern nur aus dieser wirklichen Erkenntnis selbst heraus gefragt werden; es wird dann also bestimmt nicht gefragt werden können: **ob** Gott erkennbar ist? weil auch über diese Frage schon entschieden ist, indem das hier allein legitime und sinnvolle Fragen **anhebt**.

Die Fragen, die hier legitim und sinnvoll gestellt werden können, können nur lauten: **inwiefern wird Gott erkannt**? und: **inwiefern ist Gott erkennbar**? Diese Fragen sind darum legitim und sinnvoll, weil sie echte Fragen der kirchlichen Verkündigung und damit auch echte Fragen der Dogmatik, echte Gegenstände ihrer formalen und materialen Aufgabe sind. Inwiefern Gott erkannt wird und erkennbar ist, darüber muß sich die lehrende Kirche immer wieder besinnen und Rechenschaft geben, und das muß, damit sie zu neuem Zeugnis aufgerufen werde, auch der hörenden Kirche immer wieder gesagt werden. Und mit den so gestellten Fragen wird man, nach beiden Seiten gesehen, in den Bahnen des Wortes Gottes laufen. So gestellt sind sie nicht vorwitzige und nicht überflüssige, geschweige denn dem Worte Gottes zu nahe tretende, seine Wahrheit, Würde und Kompetenz suspendierende Fragen, sondern erlaubt und und geboten als Fragen nach dem rechten Verständnis und nach der rechten Erklärung des Wortes Gottes. Wir haben es in diesem § zunächst mit der ersten dieser beiden Fragen zu tun, also mit der Frage nach dem Wie der Erkenntnis Gottes in ihrem Vollzuge.

Dieser Vollzug ist im Gange. Die Kirche Jesu Christi lebt. Sie lebt freilich von der Gnade des Wortes. Das Wort ist also nicht an sie gebunden oder eben nur, sofern es sich selbst, indem es sich der Kirche einmal geschenkt hat, als Verheißung für alle Zukunft an sie gebunden hat. Im Blick auf diese Verheißung aber müssen wir sagen, daß der Vollzug der Erkenntnis Gottes im Gange ist, und daß wir nur nach dem Modus dieses Vollzuges werden fragen können. Eben im Blick auf diese Verheißung werden wir aber nach der Wirklichkeit und Möglichkeit der Erkenntnis Gottes auch nur in der unzweideutigen, vorbehaltlosen, unbedingten Bindung der Kirche an das Wort fragen können. Damit ist nun vor Allem dies gesagt, daß die Frage nach dem Gegenstand dieser Erkenntnis bei der Frage nach ihrem Modus nicht als offen gedacht werden kann. Es kann nicht vorbehalten bleiben, an wen oder an was wir zu denken haben, wenn wir nach der Erkenntnis Gottes fragen. Wir sind nicht frei, bei der in Frage stehenden Erkenntnis Gottes vielleicht an den zu denken, der in der Bibel Gott und Herr heißt, vielleicht aber und ebensogut an diese und jene andere Größe, die wohl ebenfalls als «Gott» bezeichnet und ausgegeben werden könnte und die wohl irgendwo und irgendeinmal auch schon als «Gott» bezeichnet und ausgegeben worden ist. Wir könnten nicht ebensogut wie nach der Erkenntnis dessen, der in der Bibel Gott und Herr heißt, auch nach der Erkenntnis des Weltgrundes oder der Weltseele, des höchsten Gutes oder des höchsten Wertes, des Dings an sich oder des Absoluten, des Schicksals oder des Seins oder der Idee oder auch des Ursprungs als der Einheit von Sein und Idee fragen. Wären wir, indem es uns um Erkenntnis Gottes geht, frei, ebensowohl in die verschiedenen Richtungen zu blicken, in die uns diese Begriffe weisen, wie in die Richtung, in die uns der biblische Gottesbegriff weist, dann würde das Problem der Gotteserkenntnis allerdings ganz anders zu stellen sein, als vorhin angegeben. Es würde dann gewiß keine Notwendigkeit, aber auch keine Möglichkeit bestehen, uns jenen Fragen: ob Gotteserkenntnis wirklich und ob sie denn auch möglich sei? zu entziehen. Geht es nämlich bei dem, was wir für unsere Gotteserkenntnis halten, um die Erkenntnis einer Größe, die wir als Gottheit erst ausfindig zu machen, als «Gott» unter anderen Möglichkeiten zu erwählen, als «Gott» von uns aus zu bezeichnen in der Lage sind — ist, indem wir sie erkennen, nicht schon entschieden darüber, daß sie und zwar sie allein Gott ist, dann wird allerdings nach der Wirklichkeit und Möglichkeit solcher Gotteserkenntnis nicht dringend genug gefragt werden können. Den Positionen solcher Gotteserkenntnis gegenüber gibt es mehr als eine andere Position, von der aus danach gefragt werden kann und dann auch gefragt werden muß, ob hier Erkenntnis wirklich und möglich sei. Wollten wir also die Frage: wer oder was unter «Gott» zu verstehen sei, auch nur einen Moment offen lassen, wollten wir den Vollzug der Gotteserkenntnis, mit dessen Modus wir uns hier zu beschäftigen haben, auch nur einen Moment als einen besonderen Fall in der Reihe vieler anderer ähnlicher, in derselben Freiheit vollstreckbaren Vollzüge verstehen, dann würden wir allerdings auf die Frage: ob er wirklich und möglich sei? zurückkommen und uns über die Wirklichkeit und Möglichkeit dessen vergewissern müssen, was in dem angeblich geschieht, was wir für den Vollzug unserer Gotteserkenntnis halten. Der Vollzug von Gotteserkenntnis, der uns beschäftigt, beruht aber gerade nicht auf einer freien Wahl dieses oder jenes Gegenstandes, dieses oder jenes «Gottes». Es muß von der uns beschäftigenden Gotteserkenntnis her sogar sofort festgestellt werden: daß Alles, was auf Grund freier Wahl als «Gott» bezeichnet wird, gerade nicht Gott sein und daß Alles, was sich auf Grund dieser Voraussetzung als Gotteserkenntnis ausgibt, als Gotteserkenntnis weder wirklich noch möglich sein kann. Was uns hier als Gotteserkenntnis beschäftigt, das geschieht nicht in freier Wahl, sondern in ganz bestimmter Bindung. Es steht und fällt mit seinem einen bestimmten Gegenstand, der kein anderer sein könnte, der mit keinem anderen vertauscht oder auch nur zusammengestellt werden kann. Gebunden an Gottes der Kirche gegebenes Wort ist die uns hier beschäftigende Erkenntnis Gottes gebunden an den Gott, der sich der Kirche in seinem Wort als Gott zu erkennen gibt. In dieser Bindung ist sie die wahre Erkenntnis des wahren Gottes.

Geht es nicht um den Gott, der sich der Kirche in Gottes Wort zu erkennen gibt, oder soll es um diesen Gott so gehen, als wäre auch er eine frei gewählte und auf Grund freier Wahl als «Gott» bezeichnete Größe, wird er anders als in jener Gebundenheit erkannt, wird es also möglich, ihn offen oder heimlich als eine jener frei gewählten und bezeichneten Größen zu behandeln und ihn nach ihrem Bilde zu gestalten, dann soll man sich nicht wundern, wenn man sich in einer Position befindet, in der man sich hinsichtlich der Wirklichkeit und Möglichkeit seiner Gotteserkenntnis alsbald von außen her wieder gefragt sieht, in der man es mit Sorgen und Zweifeln zu tun bekommt, deren schwerstes Gewicht nicht einmal in ihrem besonderen, vielleicht unüberwindlichen Inhalt, sondern schon in ihrer Möglichkeit und Wirklichkeit als solcher besteht. Denn ein Gott, dessen Erkenntnis von außen angegriffen oder auch nur angreifbar ist, ein Gott, in dessen Erkenntnis es Sorgen und Zweifel gibt oder auch nur geben kann, ist offenbar nicht Gott, ist ein falscher Gott, ein Gott, der Gott zu sein bloß vorgibt.

Wahre Gotteserkenntnis ist unangegriffen und unangreifbar, ohne Sorgen und ohne Zweifel. Solche wahre Gotteserkenntnis ist aber die und nur die, die sich in der Bindung an Gottes Wort vollzieht. Alles Entweichen aus der Bindung des Wortes Gottes bedeutet den Übergang zu den falschen Göttern, zu den Nicht-Göttern — was sich darin zeigen wird, daß es unweigerlich die Unsicherheit der Gotteserkenntnis über sich selbst und also den Zweifel nach sich zieht. Gotteserkenntnis als Erkenntnis falscher Götter i s t eben angegriffen und angreifbar. In der Bindung an das Wort aber wird tatsächlich nur (in der Freiheit und damit in der Sicherheit, die da regieren, wo die Wahl keine Willkür ist!) nach dem M o d u s der Erkenntnis und der Erkennbarkeit Gottes gefragt werden können. Der Kampf gegen Unsicherheit und Zweifel wird dem Menschen auch hier nicht fremd sein. Er wird hier aber darum immer ein siegreicher Kampf sein, weil er hier der Unsicherheit und dem Zweifel sofort an die Wurzel geht, weil er hier schlechterdings nur der eine gute Kampf des Glaubens sein wird: um die zu erneuernde Bestätigung und Anerkennung unserer Bindung an Gottes Wort als um denjenigen Ausgangspunkt, von dem aus Unsicherheit und Zweifel zu unmöglichen Möglichkeiten werden.

Es besteht also zwischen der B i n d u n g an Gottes Wort bezw. an den durch Gottes Wort bezeugten Gott und der G e w i ß h e i t unserer Gotteserkenntnis derselbe notwendige Zusammenhang wie zwischen dem f r e i e n E r w ä h l e n dieses oder jenes «Gottes» und der unsere «Gottes»-Erkenntnis belastenden U n g e w i ß h e i t. Man hat zu beachten, daß diese beiden Kreise sich nicht berühren, sondern gegenseitig ausschließen, daß ein direkter Übergang von dem einen in den andern also nicht möglich ist. In der Bindung an das Wort Gottes und also in der Erkenntnis des in ihm offenbaren Gottes wird Ungewißheit — und in der Ungebundenheit und also in der auf freiem Erwählen dieses oder jenes «Gottes» beruhenden angeblichen Gotteserkenntnis wird Gewißheit nie möglich werden. Wird die von außen an die Gotteserkenntnis herantretende Rückfrage nach ihrer Wirklichkeit und Möglichkeit dort nie Gewicht haben können, so wird sie hier immer Gewicht haben müssen. — Selbstverständlich kann und darf und wird die Bindung an Gottes Wort nicht ausschließen, daß wir uns nachträglich darüber Rechenschaft geben, daß wir und warum wir, indem der Gegenstand unserer Gotteserkenntnis der uns durch Gottes Wort dargebotene und kein anderer ist, in all den anderen Größen, die sich uns als Götter anbieten möchten, nicht Gott, sondern eben falsche Götter, Nicht-Götter, erkennen. Es kann und wird aber solche Abgrenzung selber in der Bindung an Gottes Wort und darum dann auch mit der in dieser Bindung naturnotwendig gegebenen Vor-Entschiedenheit erfolgen. Sie wird den Charakter einer n a c h t r ä g l i c h e n, b e i l ä u f i g e n und i m p l i z i t e n Apologetik haben, vergleichbar mit der nachträglichen Begründung eines schon gefällten, ausgesprochenen und in Kraft getretenen und also in seiner Geltung nicht mehr zu diskutierenden Gerichtsurteils höchster Instanz. Sie wird die Wirklichkeit und Möglichkeit der Erkenntnis Gottes als in sich begründet und als von der unwirklichen und unmöglichen Erkenntnis aller falschen Götter schon unterschieden v o r a u s s e t z e n. Sie wird also auch in der Polemik gegen diese nur zu zeigen haben, i n w i e f e r n diese, nicht aber, d a ß diese falsche Götter sind. D a ß sie das sind, das ist schon damit gezeigt, daß Gott sich selber in seinem Wort als der wahre Gott erzeigt hat. Eine ihrer Aufgabe und ihrer Schranke bewußte Apologetik als Rechenschaftsablage über das, was geschieht, wenn Gott erkannt wird, wird diesen Aufweis so wenig außerhalb oder oberhalb der Bindung durch das Wort Gottes unternehmen, wie den Aufweis der Wahrheit Gottes selber. Sie wird beides, die Wahrheit des wahren Gottes und die Falschheit der falschen Götter nur bezeugen auf Grund dessen, daß sie durch Gottes Wort schon im voraus und endgültig bezeugt s i n d und von der Kirche her eben nur dieses wiederholenden und bestätigenden Zeugnisses bedürfen. An dem Innehalten dieser Ordnung entscheidet es sich, ob jene Abgrenzung in Gewißheit und dann als Dienst am Worte Gottes auch in Vollmacht und Kraft erfolgt, oder ob sie die Ungewißheit aufs neue in die Gotteserkenntnis hereinträgt und dann bestimmt auch nicht die Vollmacht und Kraft eines Zeugnisses, die Vollmacht und Kraft des Dienstes am Worte Gottes haben wird. — Umgekehrt ist nun freilich ebenso genau zu bedenken: daß am Ende auch dort, wo diese und jene Größen als Götter frei erwählt werden, als letzte Möglichkeit, vielleicht nachdem alle anderen Möglichkeiten erschöpft sind oder als zweifelhaft sich erwiesen haben, als *salto mortale* des freien Denkens, als letztes Glied in der Reihe der freien Erwählungen auch der Sprung in die Gebundenheit in Betracht gezogen und unternommen werden könnte. Alle falsche, d. h. alle nicht schon zum vornherein wirklich gebundene Apologetik, alle eigenmächtige Abgrenzung zwischen der Erkenntnis des wahren Gottes und der der falschen Götter wird früher oder später hier endigen. Scheinbar in großartiger, souveräner Freiheit, offen nach allen Seiten, auf Alles und Jedes eingehend, alle möglichen und unmöglichen «Gottes»-Erkenntnisse geradezu tragisch ernst nehmend (als ob sie ernst seien und ernst sein könnten!) wird sie bestimmt an irgend einer Stelle auf einmal das *sacrificium intellectus* als die allein übrig bleibende Möglichkeit ausgeben, und, wahrscheinlich auf einmal in den Predigtton verfallend, eben dieses *sacrificium* als die zuletzt beste Wahl anpreisen. Es wird dann wohl auch diese falsche Apologetik an dieser Stelle von einer notwendigen Bindung durch das Wort Gottes, sie wird von Jesus oder von der Bibel oder vom Dogma der Kirche zu reden beginnen. Aber man täusche sich nicht und man lasse sich nicht täuschen: mit Gewißheit und darum mit Kraft und Vollmacht wird an dieser Stelle von alledem nicht mehr geredet werden können. Die in Konkurrenz mit so und so viel anderen Möglichkeiten schließlich an Stelle dieser anderen frei gewählte Möglichkeit der Bindung ist eben mit der ursprünglichen Bindung durch das Wort Gottes, auch wenn sie sich jetzt als solche ausgeben und bezeichnen sollte, nicht identisch. Von der wirklichen ursprünglichen Bindung an das Wort Gottes kann man nur her-, man kann nicht zu ihr hinkommen. Ist sie ein Experiment — das letzte und größte vielleicht — in der Reihe anderer Experimente, meint man es, nachdem man es zunächst so oder so versucht hat, endlich und zuletzt auch noch mit einer Religionsphilosophie der Autorität und in ihrem Rahmen dann wohl auch mit Jesus, mit der Bibel, mit dem kirchlichen Dogma versuchen zu sollen und zu können — dann meine man nur ja nicht, in der Gewißheit wahrer Gotteserkenntnis denken und reden zu können. Das *sacrificium intellectus* als letzter verzweifelter kühner Akt des Selbstvertrauens, in welchem der Mensch über seine Gotteserkenntnis selber bestimmen zu können meint, hat sich noch immer als bloßer Zauber erwiesen, dessen niemand auf die Länge froh sein kann. Mit ihm verschafft man sich, auch wenn man ihn als den Sprung in den Glauben deutet, keine Position, die nicht angreifbar und tatsächlich angegriffen wäre. Denn warum sollte eine Religionsphilosophie der Autorität nicht ebenso angreifbar sein, wie wäre sie nicht faktisch ebenso angegriffen wie jede andere Philosophie? Es kann der Zweifler sich selbst nicht vom Zweifel befreien, auch dadurch nicht, daß er sich einredet, nicht mehr zweifeln zu wollen, auch dadurch nicht, daß er jenes *sacrificium* bringt. Und es kann der Zweifler auch andere Zweifler dadurch nicht vom Zweifel befreien, daß er ihnen jenes *sacrificium* zumutet, vielleicht einleuchtend macht, sie vielleicht dazu veranlaßt, es ihrerseits zu bringen. Er müßte eben kein Zweifler sein, d. h. aber, er dürfte überhaupt nicht meinen, wählen und damit sich und Anderen helfen zu können, wenn ihm und durch ihn Anderen geholfen sein sollte. Er müßte an das Wort Gottes schon gebunden sein. Alles Sich-binden-wollen kann ihm selbst und Anderen nur vor Augen führen, daß er tatsächlich nicht gebunden ist. Und alle vermeintliche Gewißheit auf Grund solchen Sich-binden-wollens wird ihm selbst und Anderen nur seine tatsächliche Ungewißheit vor Augen führen. Am **Anfang** muß die Bindung durch Gottes Wort stattfinden: dort, wo keinerlei Absicht besteht, sich eine Position zu verschaffen, sondern wo man sich vielmehr in einer Position befindet ohne alles eigene Wollen und Wählen — dort, wo andere Möglichkeiten als die durch das Wort Gottes gewiesene überhaupt nicht in Betracht kommen und also auch nicht eine besondere Verzweiflung an ihnen und also auch kein *salto mortale* als letztes Mittel der Kühnheit oder auch der Verlegenheit. Findet sie nicht dort statt, dann findet sie überhaupt nicht statt. Dort, an diesem Ausgangspunkt, drängt sie sich uns vom Worte Gottes her auf, und daß sie dort anerkannt werde, daß wir sie uns dort gefallen lassen, darum muß der gute Kampf des Glaubens gekämpft werden. Die Worte Ps. 127, 1—2 sind hier als schlechthin entscheidend zu hören: «Wenn der Herr nicht das Haus baut, so arbeiten umsonst, die daran bauen. Wenn der Herr nicht die Stadt behütet, so wacht der Wächter umsonst. Es ist umsonst, daß ihr früh aufsteht und spät euch niedersetzt und eßt euer Brot in Sorgen; denn seinen Freunden gibt ers im Schlafe». An der Verantwortung diesen Worten gegenüber scheidet sich die gute von der schlechten Apologetik.

Daß die Erkenntnis Gottes in ihrem Vollzug durch die Offenbarung des Wortes Gottes an ihren einen, bestimmten, von allen anderen verschiedenen Gegenstand gebunden ist, daß sie Erkenntnis dieses und keines anderen Gegenstandes ist: Erkenntnis des Gottes, der sich in seinem Wort zu erkennen gibt, das bedeutet nun aber weiter sofort auch dies: daß sie, ihrer Gewißheit unbeschadet, ja vielmehr gerade in ihrer Gewißheit **mittelbare Erkenntnis** ist. Will sagen: Gott ist und bleibt ihr **Gegenstand**. Gibt Gott sich dem Menschen zu erkennen in der Offenbarung seines Wortes durch den Heiligen Geist, so heißt das: er tritt zum Menschen als Subjekt in das Verhältnis des Objektes. Er wird in seiner Offenbarung von Menschen angeschaut und begriffen. **Der Mensch erkennt Gott, indem er vor Gott steht**. Das heißt aber jedenfalls: indem Gott ihm ein Anderer, ein von ihm selbst Unterschiedener, ein ihm selbst Begegnender wird, ist und bleibt. Diese Gegenständlichkeit Gottes wird auch dadurch nicht aufgehoben, daß Gott sich dem Menschen durch den Heiligen Geist zu eigen macht, um sich ihm selbst zu eigen zu geben. Denn was bedeutet das Anderes als eben dies, daß er sich ihm in seinem Wort zum wirklichen Gegenstand gibt, daß er ihn für sich selber erschließt, daß er sich von ihm anschauen und begreifen läßt, daß der Mensch sich selbst nun nicht mehr ohne Gott, sondern zusammen mit Gott als seinem Gegenüber erkennen darf und muß. Diese Gegenständlichkeit Gottes wird auch dadurch nicht eingeschränkt, daß wir als das eigentliche und primäre handelnde Subjekt aller wirklichen Gotteserkenntnis Gott selber und also das eigentliche und primäre Wesen aller wirklichen Gotteserkenntnis Gottes Selbsterkenntnis verstehen müssen. Daß Gott ursprünglich und eigentlich sich selber Gegenstand ist, das ändert ja nichts daran, daß er es ganz anders auch für den Menschen ist; und wenn Gott sich selbst unmittelbar erkennt, so wird dadurch nicht aufgehoben, daß der Mensch ihn auf Grund seiner Offenbarung mittelbar, und zwar nur mittelbar und also gegenständlich erkennt. Die Wirklichkeit unserer Gotteserkenntnis steht und fällt vielmehr damit, daß Gott dem Menschen in seiner Offenbarung in einem Mittel und also gegenständlich gegenwärtig ist in dem doppelten Sinn: daß er dem menschlichen Subjekt als Objekt gegenübertritt in seinem Wort und daß er das menschliche Subjekt für sich selbst zugänglich, für das Anschauen und Begreifen seiner selbst als Objekt fähig macht durch seinen Heiligen Geist. Mit Gott in seiner Beziehung zum Menschen, aber auch in seiner Unterscheidung von ihm hat es die wirkliche Gotteserkenntnis zu tun. Wir grenzen uns damit ab gegenüber allen denjenigen Auffassungen der Erkenntnis Gottes, nach denen diese sich selbst als das Einssein des Menschen mit Gott zu verstehen hätte, nach denen sie also nichtgegenständliche, den Unterschied von Erkennendem und Erkanntem hinter sich lassende Erkenntnis wäre. Es ist nicht so, als ob wir gerade mit dieser Vorstellung nun etwa die wirkliche Erkenntnis Gottes erreichen würden. Es ist vielmehr so, daß uns gerade diese Vorstellung nur dazu dienlich sein kann, uns klar zu machen, was es bedeutet, wenn der Mensch noch nicht oder nicht mehr im Vollzug der Erkenntnis Gottes begriffen ist.

Wir vergegenwärtigen uns das an einer der schönsten, aber auch bedenklichsten Stellen in Augustins Konfessionen (IX, 10), dem Gespräch zwischen Augustin und seiner Mutter Monnika am Gartenfenster in Ostia. Das Gespräch betrifft die *vita aeterna sanctorum, quam nec oculus vidit, nec auris audivit, nec in cor hominis ascendit* (1. Kor. 2, 9). Augustin berichtet, wie seine Mutter und er sich, die Erwägung auch der höchsten durch die Sinne vermittelten *delectatio* hinter sich lassend, gemeinsam erhoben hätten *in idipsum* (Ps. 4, 9 *Vulg.: In pace in idipsum dormiam et requiescam...*): sie hätten nämlich stufenweise die ganze körperliche Welt mit Inbegriff des sichtbaren Himmels und seiner Gestirne durchwandert, seien in Besprechung und Bewunderung der Werke Gottes noch höher steigend auf den menschlichen Geist gestoßen, hätten dann auch diesen transzendiert, *ut attingeremus regionem ubertatis indeficientis, ubi pascis Israel in aeternum veritatis pabulo et ubi vita sapientia est, per quam fiunt omnia ista, et quae fuerunt et quae futura sunt; et ipsa non fit sed sic est ut fuit et sic erit semper; quin potius fuisse et futurum esse non est in ea sed esse solum, quoniam aeterna est: nam fuisse et futurum esse non est aeternum. Et dum loquimur et inhiamus illi attigimus eam modice toto ictu cordis, et suspiravimus et reliquimus ibi religatas primitias spiritus, et remeavimus ad strepitum oris nostri ubi verbum et incipitur et finitur.* Und daraufhin hätten sie zueinander gesagt: Wenn der *tumultus carnis* im Menschen zum Schweigen käme, zum Schweigen alle Vorstellungen *(phantasiae)* von Erde, Meer und Luft, zum Schweigen auch die Seele selbst: *et transeat se non se cogitando, sileant somnia et imaginariae revelationes, omnis lingua et omne signum et quidquid transeundo fit, si cui sileat omnino; quoniam si quis audiat, dicunt haec omnia: Non ipsa nos fecimus sed fecit nos qui manet in aeternum* — wenn also Alles, selbst auf Gott lauschend, schweigen würde *et loquatur ipse solus, non per ea sed per se ipsum, ut audiamus verbum eius, non per linguam carnis, neque per vocem angeli, nec per sonitum nubis nec per aenigma similitudinis, sed ipsum quem in his amamus, ipsum sine his audiamus, sicut nunc extendimus nos, et rapida cogitatione attigimus aeternam Sapientiam super omnia manentem* — wenn das alles anhielte, wenn alle andere Schau verschwände *et haec una (visio) rapiat et absorbeat et recondat in interiora gaudia spectatorem suum, ut talis sit sempiterna vita, quale fuit hoc momentum intelligentiae cui suspiravimus — nonne hoc est: Intra in gaudium Domini tui?* (Matth. 25, 21). *Et istud quando? An cum omnes resurgemus, sed non omnes immutabimur?* (1. Kor. 15, 51). Der Anfang und der Schluß der Stelle zeigen, daß Augustin von der ewigen Anschauung Gottes in der letzten Zukunft reden will. Wir haben uns hier mit der eschatalogischen Seite des Problems nicht auseinanderzusetzen. Aber Augustin redet nicht nur von einer künftigen, ewigen Anschauung, sondern sehr bestimmt auch von einem Erlebnis an jenem Tag am Gartenfenster in Ostia: hier schon kam auf einen kurzen Augenblick Alles zum Schweigen; hier erstrebte er jenes *idipsum* und hier fand er es auch; hier, in der Zeit begegnete ihm die zeitlose Weisheit; hier sah und hörte er Gott ohne Gedanken, ohne Bild, ohne Wort, ohne Zeichen, ihn selbst, nicht durch etwas Anderes, sondern durch sich selbst redend, *ipsum sine his,* so daß das Geschaute den Schauenden in sich aufzunehmen schon im Begriffe stand: Gehe ein zu deines Herrn Freude! Was es auch sei um die Wirklichkeit und den Gehalt dieses Erlebnisses, das ist sicher, daß die Wirklichkeit der Erkenntnis Gottes in seinem Wort durch die Vorstellung eines solchen zeitlosen und nicht gegenständlichen Sehens und Hörens gerade nicht erreicht wird. Man darf sich hier darauf berufen, daß Augustin selbst in anderem Zusammenhang (*De civ. Dei* XXII 29) auch die ewige Anschauung Gottes ganz anders beschrieben hat: *ut Deum ubique praesentem et universa etiam corporalia gubernantem per corpora quae gestabimus et quae conspiciemus... clarissima perspicuitate videamus... incorporeum Deum etiam per corpora contuebimur... ut videatur ab altero in altero, videatur in se ipso, videatur in coelo novo et in terra nova atque in omni quae tunc fuerit creatura, videatur et per corpora in omni corpore.* In der Erkenntnis Gottes in seinem Wort jetzt und hier haben wir es bestimmt mit einer solchen mittelbaren gegenständlichen Erkenntnis zu tun. Was Augustin *Conf.* IX, 10 beschreibt, das ist nach seiner eigenen Darstellung das Resultat eines *ascendere* und *transcendere* der sämtlichen Bestimmtheiten und Bedingtheiten der menschlichen Existenz und Situation Ob das ein mögliches Beginnen ist, mag auf sich beruhen; sicher ist dies, daß dieses *ascendere* und *transcendere* ein Verlassen oder doch Verlassenwollen des Ortes bedeutet, wo Gott dem Menschen in seiner Offenbarung begegnet und wo er sich ihm zu hören und zu sehen gibt. Gegen diese Eigenmächtigkeit hat aber wiederum Augustin selbst (*Conf.* X, 26) das gute Wort gesagt: *Optimus minister tuus est, qui non magis intuetur hoc a te audire, quod ipse voluerit, sed potius hoc velle, quod a te audierit.* Steigen wir wirklich hinauf in jene Höhe, bringen wir wirklich alle Gedanken, Bilder, Worte und Zeichen zum Schweigen, meinen wir wirklich in das *idipsum* eingehen zu können, dann bedeutet das nichts Anderes, als daß wir an Gott, der ja in seiner Offenbarung in diese unsere Welt gerade heruntersteigt, mutwillig vorbeieilen. Statt ihn da zu finden, wo er selber uns gesucht hat, nämlich eben in der Gegenständlichkeit, suchen wir ihn dann dort, wo er, da er seinerseits in seinem Wort uns sucht, nicht zu finden ist. Es ist also wirklich nicht so, daß wir uns bei einer Gotteserkenntnis in Form jenes Erlebnisses nun etwa auf der höheren oder höchsten Stufe des Weges befänden, der mit dem gegenständlichen Wahrnehmen, Schauen und Begreifen Gottes als einer kindlich sinnlichen Vorstellungsweise erst anfangen würde. Es ist nicht so, daß wir es hier wohl gar mit der eigentlichen, der wahren Gotteserkenntnis, dort aber mit einem trügerischen Schein zu tun hätten. Sondern es ist gerade umgekehrt: trügerischen Schein werden wir, wenn wir uns für an Gottes Wort gebunden erachten, gerade in dem Ziel jenes *ascendere* und *transcendere* erblicken müssen, sofern das, was dort geschieht, — was auch im übrigen davon zu halten sei — Gotteserkenntnis zu sein beansprucht. Wie kann es das anderswo beanspruchen als da, wo der Vollzug wirklicher Gotteserkenntnis in Gottes Wort entweder noch nicht begonnen oder eben wieder aufgehört hat? Wo ihr Vollzug im Gange ist, da kann jenes Vorbeieilen an Gottes Offenbarung, da kann jene Flucht in die Nicht-Gegenständlichkeit unmöglich stattfinden, da ist die Erkenntnis, wie sie gebunden ist an diesen bestimmten Gegenstand: den Gott, der sich in seinem Wort zu erkennen gibt, so auch gebunden an dessen Gegenständlichkeit, gebunden daran, daß er so und nur so erkannt sein will, wie er sich selbst offenbart hat, daß aber eben seine Offenbarung darin besteht, daß er selbst sich uns zum Gegenstand gemacht und uns damit die Flucht in die Nicht-Gegenständlichkeit nicht nur überflüssig, sondern unmöglich gemacht und abgeschnitten hat. Der richtig und nützlich zu begehende Weg wird also in dieser Sache nie der von der Gegenständlichkeit in die Nicht-Gegenständlichkeit, sondern immer nur der von der Nicht-Gegenständlichkeit zurück in die Gegenständlichkeit sein können.

Daß der Mensch vor Gott steht als vor dem Gott, der sich in seinem Wort und also mittelbar zu erkennen gibt, das bedeutet nun für die **Erkenntnis Gottes durch den Menschen** entscheidend dies, daß wir sie als **Erkenntnis des Glaubens** zu verstehen haben. Darin liegt ihre von außen nie angegriffene und auch nie angreifbare Wirklichkeit und Notwendigkeit. Daraus ergeben sich aber auch alle Bestimmungen über den Modus ihres Vollzuges. Diesen Satz: daß Gotteserkenntnis Glaubenserkenntnis ist, werden wir nun zu diskutieren haben.

Er ist zunächst nichts Anderes als eben die Bestätigung dessen, daß Gotteserkenntnis an den ihr durch Gottes Wort dargebotenen Gegenstand und an diesen in seiner nicht aufzuhebenden Gegenständlichkeit gebunden ist. — Die positive Beziehung des Menschen zu dem Gott, der sich in seinem Wort zu erkennen gibt, in ihrer Totalität, das Ereignis der Zuwendung, des Sichaufschließens, der Hingabe des Menschen an diesen Gott, das Ja, das der Mensch in seinem «Herzen», das Ja, das er selbst, indem er sich als gebunden, und zwar als völlig gebunden erkennt, diesem Gott gegenüber ausspricht, die Verpflichtung, in der er sich vor Gott als den Seinigen erkennt und erklärt im Lichte der Klarheit, daß Gott **Gott** und daß er **sein** Gott ist — das ist der **Glaube**. Man muß aber sofort auch das Andere sagen: der Glaube als positive Beziehung des Menschen zu Gott kommt insofern von Gott selber, als er ganz und gar darin begründet ist, daß Gott dem Menschen in seinem jene Zuwendung, jenes Ja, jene Verpflichtung fordernden Wort begegnet, ihm also Gegenstand geworden, daß er in dieser seiner Gegenständlichkeit durch den Heiligen Geist das Licht jener Klarheit: daß er Gott und daß er sein Gott ist, ihm geschenkt und so jene Zuwendung, jenes Ja, jene Verpflichtung des Menschen hervorgerufen hat. In diesem Ereignis des Glaubens vollzieht sich auch die **Erkenntnis Gottes**. Nicht nur die Erkenntnis Gottes, auch die Liebe, auch das Vertrauen zu ihm, auch der Gehorsam gegen ihn. Aber diese verschiedenen Bestimmungen des Glaubens sind doch nicht etwa als Teile oder gar bloß als gewisse Folgen des Glaubens zu verstehen, sondern jede einzelne ist die Bestimmung des Glaubens in seiner Ganzheit. Reden wir also von der Erkenntnis des Glaubens, so reden wir nicht nur von etwas, was der Glaube neben allerlei Anderem auch ist, sondern wir reden dann, wenn auch unter einem bestimmten Gesichtspunkt, vom Glauben in seiner Ganzheit: alles, was vom Wesen des Glaubens überhaupt zu sagen ist, wird auch von der Erkenntnis Gottes als der Erkenntnis des Glaubens zu sagen sein. Und wir können nicht anders von der Erkenntnis Gottes reden, als indem wir, wenn auch unter einem bestimmten Gesichtspunkt, vom Wesen des Glaubens überhaupt reden.

Man kann sogar angesichts der Wichtigkeit des hier einzunehmenden Gesichtspunktes ernstlich fragen, ob gerade die Erkenntnis Gottes nicht das entscheidende und beherrschende Moment einer Definition des Glaubens sein muß, an das sich dann alle anderen anzuschließen hätten. Calvin war dieser Meinung. Es entspricht dem berühmten Anfang seines Katechismus: *Quelle est la principale fin de la vie humaine? C'est de cognoistre Dieu,* die Definition des christlichen Heilsglaubens: *fidem esse divinae erga nos benevolentiae firmam certamque cognitionem, quae gratuitae in Christo promissionis veritate fundata, per Spiritum sanctum et revelatur mentibus nostris et cordibus obsignatur. (Inst. III 2, 7;* ähnlich im Katechismus, bei W. Niesel Fr. 111). Indem in dieser Definition neben *cognitio* überhaupt kein anderer Begriff zur Beschreibung des Glaubens als solchen gebraucht wird, alle jene anderen Momente also auf den ersten Blick zu fehlen scheinen, sind diese in Wirklichkeit sozusagen in das Objekt verlegt, und von dorther sichtbar gemacht. Das ist ein Verfahren, das viel für sich hat. Und es bedeutete offenbar eine Abschwächung, wenn nachher im Heid. Kat. Fr. 21 — vielleicht nicht ohne die Absicht einer leisen Korrektur Calvins — der Glaube dahin definiert wurde, er sei nicht nur eine gewisse Erkenntnis, dadurch ich alles für wahr halte..., sondern auch ein herzliches Vertrauen... Aber wir haben hier nicht darüber zu entscheiden. Sicher ist, daß der Glaube auch so, auch als Erkenntnis beschrieben werden muß, und in seiner Totalität auch so beschrieben werden kann.

Eben indem wir ihn als Erkenntnis verstehen, verstehen wir ihn als die Ausrichtung des Menschen auf Gott als auf einen Gegenstand. Jenes zweite vorhin Genannte: daß die positive Beziehung des Menschen zu Gott dadurch geschaffen und darin begründet ist, daß Gott sein Gegenstand wird und ist — tritt in dem als Erkenntnis verstandenen Glauben in die Mitte, an die erste Stelle. Die Zuwendung, das Sichaufschließen, die Hingabe im Glauben, sein Ja, der Glaube als Verpflichtung, die Liebe, das Vertrauen, der Gehorsam im Glauben — das Alles setzt ja voraus und schließt ja in sich: die Verbindung und die Unterscheidung, die der Mensch vollzieht zwischen sich selbst und dem Gott, dessen Existenz und Wesen das Alles möglich und notwendig macht. Diese verbindende und unterscheidende Ausrichtung ist die Erkenntnis Gottes im Glauben. Ohne sie könnte der Glaube auch alles jenes Andere nicht sein. Als Erkenntnis ist er die Ausrichtung des Menschen auf Gott als auf einen Gegenstand. Und nur indem er das ist, kann er auch alles jenes Andere sein.

Wir sagen das Alles nicht irgend einem Realismus oder Objektivismus zuliebe. Wir referieren auch nicht über irgendwelche Erfahrungen. Es ist aber entscheidendes Merkmal dessen, was in der Bibel als Glauben beschrieben wird: daß wirklich Alles, was dabei vom Menschen als solchem, von seinem Verhalten und Dransein ausgesagt wird, schlechterdings als Bestimmung seiner Ausrichtung auf Gott als auf einen Gegenstand und insofern als Bestimmung seiner Erkenntnis Gottes erscheint. Der biblische Glaube schließt aus: jeden Glauben des Menschen an sich selbst, das heißt: jedes religiöse Sichselberhelfenwollen, jede religiöse Selbstbefriedigung, jedes religiöse Selbstgenügen. Der biblische Glaube lebt von der Gegenständlichkeit Gottes. Gott tritt so oder so auf den Plan, in den Bereich, in den Gesichtskreis, in das Feld der Anschauung und des Begreifens des Menschen, so, wie Gegenstände auf diesen Plan treten: sich selbst dem Menschen verbindend, sich selbst von ihm unterscheidend, durch seine Existenz und sein Wesen die Liebe, das Vertrauen und den Gehorsam des Menschen hervorrufend, aber vor und in und über dem Allem: sich selbst bezeugend, jene Ausrichtung des Menschen, jenes Verbinden und Unterscheiden nun auch von seiner Seite begründend. Der biblische Glaube steht und fällt damit, daß er Glaube an Gott ist: *Credo in Patrem, in eius Filium Jesum Christum, in Spiritum sanctum*, bekannte die alte Kirche und meinte über ihren Glauben als solchen nichts Weiteres bekennen zu müssen, weil sie offenbar eben mit diesem *in* alles Nötige zu bekennen meinte. Gott spricht, Er fordert, Er verheißt, Er handelt, Er zürnt, Er ist gnädig. Man nehme die Objektivität dieses Er weg und der Glaube bricht auch als Liebe, Vertrauen und Gehorsam in sich zusammen. Die Objektivität dieses Er ist aber aus dem biblischen Glauben nicht wegzunehmen: aus dem Glauben Abrahams an die Verheißung so wenig wie aus der πίστις Χριστοῦ des Paulus (Phil. 3, 9 f.). Daß Gott Liebe, Vertrauen und Gehorsam verdient, daß es dem Menschen möglich ist, Gott Liebe, Vertrauen und Gehorsam entgegenzubringen, daß er das wirklich tut und endlich: was Liebe, Vertrauen und Gehorsam Gott gegenüber ist — das Alles ergibt sich daraus, daß er Er ist, Gegenstand auf dem menschlichen Plan wie andere Gegenstände, daß er sich zum Menschen in Beziehung setzt und Beziehung des Menschen zu ihm, Ausrichtung auf ihn möglich und notwendig macht. Glaube heißt in der Bibel: die Öffnung der menschlichen Subjektivität durch die Objektivität des göttlichen Er und für diese Objektivität und in dieser ihrer Öffnung die Neubegründung und Neubestimmung der menschlichen Subjektivität. «Das ist meine Freude, daß ich mich zu Gott halte und setze meine Zuversicht auf Gott den Herrn und verkündige alle seine Werke» (Ps. 73, 28). Glaube heißt also in der Bibel entscheidend: Erkenntnis Gottes.

Aber es geht uns zunächst nicht darum, den Glauben als Erkenntnis Gottes, sondern die Erkenntnis Gottes als Glauben zu verstehen. Der Glaube beruht auf Gottes Gegenständlichkeit und ist insofern selbst Erkenntnis Gottes. Das mußte vorausgeschickt werden. Aber wenn wir nun diese Erkenntnis Gottes verstehen wollen, dann müssen wir doch auf den Glauben als solchen zurückgehen: nicht auf seine besondere Bestimmung als Liebe, Vertrauen und Gehorsam jetzt, wohl aber auf die besondere Bestimmung seines Gegenstandes, der ihn sowohl als Liebe, Vertrauen und Gehorsam wie auch als Erkenntnis möglich und notwendig macht. Eben indem wir den Glauben als Erkenntnis Gottes verstehen, müssen wir ja fortfahren und sagen: es geht um die Erkenntnis des Gottes, der der Gegenstand des Glaubens ist. Nicht irgend ein Gegenstand also, nicht ein Gegenstand, der sich zu erkennen gäbe und erkannt würde wie irgend ein anderer Gegenstand, nicht ein solcher, der Liebe, Vertrauen und Gehorsam erweckte, wie man das auch von anderen Gegenständen sagen kann. Seine Gegenständlichkeit ist die besondere, die schlechthin einzigartige Gegenständlichkeit Gottes. Und dem entspricht: daß diese Erkenntnis die besondere, die schlechterdings einzigartige Erkenntnis des Glaubens ist.

Wird Gott im Glauben Gegenstand menschlicher Erkenntnis, so muß das heißen: Er wird Gegenstand menschlicher Anschauung und menschlichen Begreifens. Daraufhin wird es möglich und notwendig, von Gott zu reden und zu hören. Wenn das nicht der Fall wäre, dann gäbe es keine Erkenntnis Gottes, dann auch keinen Glauben an ihn. Gott wäre dann nicht auf dem Plan. Man könnte sich dann nicht an ihn halten. Es könnte dann auch nicht zu ihm gebetet werden. Und wo das geleugnet würde, daß Gott Gegenstand ist, da würde mit dem Leben der Kirche Jesu Christi, das darin besteht, daß von Gott geredet und gehört wird, da würde mit dem Gebet zu Gott auch die Erkenntnis Gottes und mit der Erkenntnis auch der Glaube an ihn geleugnet. Aber nicht jeder Gegenstand ist Gott, und so ist auch nicht alles menschliche Anschauen und Begreifen Gotteserkenntnis. Sondern wenn Gott echte Gegenständlichkeit hat wie alle übrigen Gegenstände, so hebt sich doch seine Gegenständlichkeit ab von der aller übrigen Gegenstände, so ist doch seine Erkenntnis — und das ist das Erste was zu ihrer Kennzeichnung als Erkenntnis des Glaubens zu sagen ist — ein besonderes, ein schlechthin einzigartiges Ereignis in der Reihe aller übrigen Erkenntnisse. Im Glauben geschieht wohl dasselbe, was immer und überall geschieht, wenn der Mensch in jene verbindende und unterscheidende Beziehung zu einem Gegenstand tritt, wenn seine Subjektivität für eine Objektivität geöffnet und insofern neu begründet und bestimmt wird. Im Glauben geschieht aber dasselbe ganz anders. Seine Andersartigkeit besteht in der Andersartigkeit, in der Einzigartigkeit Gottes als seines Gegenstandes. Erkenntnis des Glaubens heißt als solche grundlegend: Verbindung des Menschen mit dem von ihm selbst wie von seinen anderen Gegenständen unterschiedenen Gott. Eben darum und darin wird und ist sie aber selbst eine von der Erkenntnis aller anderen Gegenstände unterschiedene, besondere, aus der Reihe der übrigen Erkenntnisse herausgehobene Erkenntnis. Was Anschauen und Begreifen hier bedeutet, das kann nicht von einem allgemeinen Verständnis menschlichen Anschauens und Begreifens aus, sondern das muß von Gott als von seinem besonderen Gegenstand her besonders bestimmt werden. Daraufhin, daß Gott in seiner Besonderheit Gegenstand ist und auch als solcher erkannt wird, wird es möglich und notwendig, von Gott zu reden und zu hören. Wieder ist zu sagen: Wäre er es nicht in dieser Besonderheit, dann gäbe es überhaupt keine Erkenntnis Gottes. In der Reihe mit anderen Gegenständen als einer ihresgleichen angeschaut und begriffen, wäre er nicht Gott. Es müßte dann das Gebet, das Leben der Kirche aufhören, bezw. sich auflösen in die Beziehung des Menschen zu dem, was er als einen Gegenstand in der Reihe der übrigen Gegenstände erkennt oder zu erkennen meint. In dieser Reihe befindlich könnte er nicht mehr angebetet werden, könnte er keine Kirche mehr haben. Der Glaube müßte verleugnet werden, wenn man sich auf den Boden dieser

Voraussetzung stellen wollte. Gott als der Gegenstand des Glaubens erlaubt diese Einreihung nicht. Kann der Glaube verleugnet werden, so ändert das doch nichts daran, daß der nicht verleugnete Glaube die Richtung des Menschen auf den Gegenstand ist, der dieses Verfahren verbietet, der sich mit keinem anderen Gegenstand in eine Reihe stellen läßt, der sich vielmehr von allen anderen Gegenständen unterscheidet und damit auch eine besondere Erkenntnis seiner selbst möglich und notwendig macht.

Wir lehren diese Unterschiedenheit der Gotteserkenntnis und ihres Gegenstandes nicht auf Grund einer vorgefaßten Meinung über die Transzendenz und Überweltlichkeit Gottes und auch nicht in Form einer Behauptung unserer Glaubenserfahrung, sondern wiederum, indem wir aus der heiligen Schrift ablesen, was dort als Glaube verkündigt und vorgeschrieben ist. Daran kann ja wieder kein Zweifel bestehen: daß der, der dort dem Menschen in der Objektivität eines göttlichen Er gegenübertritt, wie mit keinem anderen ihn erkennenden menschlichen Subjekt identisch, so auch nicht ein Objekt in der Reihe der anderen Objekte menschlichen Erkennens ist. Glaube an Gott ereignet sich in der Bibel ausnahmsweise: nämlich so, daß Gott sowohl sich selbst als auch den glaubenden Menschen «ausnimmt»: so, daß Gott sich selbst heiligt, d. h. sich als von allen anderen Gegenständen abgesondert bemerkbar macht und eben damit auch den Menschen in seiner Beziehung zu ihm heiligt, d. h. in einen abgesonderten Stand versetzt. Israel wird aus den Völkern herausgenommen und die Existenz der Kirche ist nichts Anderes als die umfassende Fortsetzung dieses Vorganges in Gestalt der nunmehr quer durch alle Völker hindurchgehende Herausnahme von Menschen in einen eigenen besonderen Stand gegenüber allen sonstigen Ständen. Dieser eigene besondere Stand ist der Stand des Glaubens. Glaube heißt in der Bibel Heiligung. Und Heiligung ist in der Bibel die Vollstreckung einer Wahl: besonderer Orte, Zeiten, Menschen, Begebnisse, geschichtlicher Zusammenhänge. Da wo solche Heiligung und also da wo solche Wahl stattfindet, kommt es nach der Bibel zur Erkenntnis Gottes. Der Grund und das Subjekt dieser Heiligung und Wahl ist aber der sich selbst wählende und dann auch in Herrlichkeit sich selbst heiligende Gegenstand des biblischen Glaubens: Gott, der hier wohl Gegenstand aber eben dieser schlechthin einzigartige Gegenstand einzigartiger menschlicher Erkenntnis ist, der Gegenstand, der seine Ehre nach Jes. 42, 8; 48, 11 keinem Anderen läßt. Was durch das Wort Gottes geschieht, ist die Geschichte dieser Wahl und Heiligung. Über diese Geschichte berichten wir; nur insofern kommt unserer eigener Glaube ins Spiel, als wir uns an diese Geschichte halten. So und nur so kommen wir dazu, Gott von den anderen Gegenständen und damit seine Erkenntnis von anderen Erkenntnissen zu unterscheiden. So kommen wir freilich höchst notwendig dazu.

Schreiben wir Gott Gegenständlichkeit zu — wie es damit, daß wir von Erkenntnis Gottes reden, unvermeidlich geschieht — dann wird eine Unterscheidung unvermeidlich: Gott ist — so gewiß zuerst und vor Allem er selber sich selber erkennt — zuerst und vor Allem sich selber gegenständlich. Wir werden im zweiten Abschnitt unseres § darauf zurückkommen. In seinem dreieinigen Leben als solchem ist Gegenständlichkeit und damit Erkenntnis göttliche Wirklichkeit, bevor es geschöpfliche Gegenständlichkeit und Erkenntnis gibt. Wir nennen dies: die primäre Gegenständlichkeit Gottes und unterscheiden von ihr die sekundäre, d. h. die Gegenständlichkeit, die er in seiner Offenbarung auch für uns hat, in der er sich auch uns zu erkennen gibt, wie er sich selber erkennt. Sie unterscheidet sich von jener nicht durch einen geringeren Grad von Wahrheit, wohl aber durch ihre besondere, uns, dem Geschöpf angemessene Form. Gott ist sich selber **unmittelbar**, er ist aber uns **mittelbar** gegenständlich: nicht direkt, sondern indirekt, nicht unbekleidet, sondern bekleidet, unter dem Zeichen und unter der Hülle **anderer** von ihm verschiedener Gegenstände. Er ist es auch so in voller Wahrheit, weil diese seine sekundäre Gegenständlichkeit in seiner primären ihre Entsprechung und ihren Grund hat, weil Gott sich selber nicht untreu zu werden und uns über sein wahres Wesen nicht zu täuschen braucht, um auch uns gegenständlich zu werden, weil er es zuerst sich selber ist und also in seiner Offenbarung an uns nichts Anderes als eben das ist, was er sich selber ist. Hier **schließt** sich die Türe gegen jede «nicht-gegenständliche» Gotteserkenntnis. Sie würde als solche nicht Gotteserkenntnis sein. Denn Gott ist sich selber gegenständlich. Er ist es sich selber unmittelbar; denn es ist der Vater dem Sohne, der Sohn dem Vater ohne Mittel Gegenstand. Er ist es uns in seiner Offenbarung mittelbar, in dem er uns unter dem Zeichen und unter der Hülle anderer Gegenstände entgegentritt. In, mit und unter dem Zeichen und der Hülle dieser anderen Gegenstände glauben wir an Gott, erkennen wir ihn, beten wir zu ihm. Wir glauben an ihn in seiner bekleideten, nicht in seiner unbekleideten Gegenständlichkeit. Daß wir ihn im Glauben erkennen, bedeutet also das Doppelte: daß wir ihn in **seiner** wenn auch bekleideten Gegenständlichkeit **wirklich** erkennen, und: daß wir ihn **nur** in seiner **bekleideten** Gegenständlichkeit wirklich erkennen. Wir fragen zunächst nicht danach, warum das so sein muß, sondern begnügen uns damit, festzustellen, daß dem so ist. So steht der Mensch vor Gott in der Erkenntnis des Glaubens: er steht echt und recht vor Gott. Gott ist ihm Gegenstand, von dem er sich unterschieden, mit dem er sich aber auch verbunden, mit dem er sich verbunden, von dem er sich aber auch unterschieden sieht. Er steht aber immer **indirekt** vor Gott. Er steht direkt vor einem **anderen** Gegenstand, vor einem Gegenstand aus der Reihe der übrigen Gegenstände. Die Gegenständlichkeit dieses anderen Gegenstandes tritt ein für die Gegenständlichkeit Gottes. In der Gegenständlichkeit dieses anderen Gegenstandes erkennt er Gott, d. h. zwischen ihm und diesem anderen Gegenstand vollzieht sich jenes Unterscheiden und Verbinden, Verbinden und Unterscheiden. Diesen anderen Gegenstand nimmt er wahr, schaut er an und begreift er. Aber in und mit diesem anderen Gegenstand die Gegenständlichkeit **Gottes**! Dieser andere Gegenstand ist also das Mittel, durch das Gott sich ihm zu erkennen gibt und in welchem er Gott erkennt. Es ist also jenes besondere, hervorgehobene Ereignis der Gotteserkenntnis, von dem vorhin die Rede war, jetzt näher dahin zu beschreiben: es ist das besondere Ereignis einer

Begegnung zwischen dem Menschen und einem Stück der ihn umgebenden, von Gott verschiedenen gegenständlichen Wirklichkeit, in welcher dieses Stück Wirklichkeit — ohne daß es aufhörte, diese bestimmte geschöpfliche Wirklichkeit zu sein, also ohne daß es an sich mit Gott identisch würde — für Gott eintritt, sofern es nämlich von Gott zu seinem Kleid oder Tempel oder Zeichen bestimmt, gemacht und als solches gebraucht wird, sofern es in dem besonderen Sinn ein Werk Gottes ist, als es über seine Existenz hinaus (die ja ebenfalls Gottes Werk ist!) dazu dienen darf und muß, die Gegenständlichkeit Gottes zu bezeugen und damit Erkenntnis Gottes möglich und notwendig zu machen. Es entspricht also der Besonderheit dieses Ereignisses, die im Wesen Gottes im Unterschied zu allen anderen Gegenständen begründet ist, eine jenes Wesen Gottes im Bereich der geschöpflichen Wirklichkeit anzeigende Besonderheit eines solchen anderen Gegenstandes, eine Eigenart, die diesem Gegenstand nicht an sich und als solchem zu eigen ist, die ihm aber in diesem Ereignis zuteil wird und in der er nun wirksam ist: nicht kraft seines eigenen Vermögens, aber vermöge seiner Einsetzung zu dem Dienst, den er hier zu leisten hat, vermöge des besonderen Werkes, zu dem Gott ihn hier bestimmt und in Anspruch genommen hat, dessen Instrument er nun geworden und als das er nun auch ausgezeichnet und brauchbar ist. Er ist jetzt nicht nur, was er an sich und in sich selber ist. Das ist und bleibt er freilich auch. Er ist aber darüber hinaus noch dieses besondere Werk Gottes, Gottes Zeichen, das Kleid seiner Gegenständlichkeit, das Mittel, durch das Gott sich dem Menschen zu erkennen gibt und durch welches der Mensch ihn erkennt: der Mensch, der als Geschöpf nicht direkt vor Gott, der direkt nur vor anderen Gegenständen stehen kann. Es handelt sich auch hier um eine *conditio sine qua non*. Erkenntnis Gottes im Glauben ist grundsätzlich immer solche indirekte Erkenntnis Gottes, Erkenntnis Gottes in seinen Werken, und zwar in diesen seinen besonderen Werken: in der Bestimmtheit und in dem Gebrauch gewisser geschöpflicher Wirklichkeiten zum Zeugnis der göttlichen Gegenständlichkeit. Der Glaube unterscheidet sich dadurch vom Unglauben, vom Irrglauben, vom Aberglauben, daß er sich bescheidet mit dieser indirekten Erkenntnis Gottes. Er hält es also nicht für zu wenig, Gott in seinen Werken zu erkennen. Er ist vielmehr dankbar dafür, wirklich Gott in seinen Werken wirklich zu erkennen. Er läßt sich durch ihre Gegenständlichkeit die Gegenständlichkeit Gottes tatsächlich zeigen. Er hält sich aber auch an die Besonderheit dieser Werke. Er wählt also nicht willkürlich Gegenstände, um sie zu Zeichen einzusetzen und so Gotteserkenntnis zu erfinden auf Grund eigenen menschlichen Beliebens. Sondern er erkennt Gott durch das Mittel der von Gott selbst gewählten Gegenstände. Er bestätigt und anerkennt im Vollzug dieser Erkenntnis Gottes Erwählung und Heiligung. Und er gebraucht diese besonderen Werke Gottes seinerseits so, wie sie gebraucht sein wollen, nämlich als Mittel der Erkenntnis Gottes. Er läßt sich ihre Gegenständlichkeit zum Zeugnis, aber auch nur zum Zeugnis der Gegenständlichkeit Gottes werden, treibt also da keinen Götzendienst, wo Gottesdienst von Gott selbst möglich und notwendig gemacht ist. Mit allen diesen auf die bekleidete Gegenständlichkeit Gottes bezüglichen Bedingungen steht und fällt der Glaube und mit ihm die Erkenntnis Gottes. Unter diesen Bedingungen wird in der Kirche Jesu Christi von Gott geredet und gehört. Keine einzige von diesen Bedingungen könnte aufgehoben oder verändert werden, ohne das Leben der Kirche in seiner Wurzel anzugreifen.

Wir haben auch hier zunächst einfach auf eine biblische Linie hingewiesen. Es ist bekannt, welches Gewicht Luther gerade auf diese Linie gelegt hat. Für ihn war es geradezu eine Generalregel aller Gotteserkenntnis, auf die er in allen möglichen Zusammenhängen immer wieder mit größtem Nachdruck zu reden kam: Wir haben es, wenn wir von Gott reden und hören, nicht mit der *nuda essentia* oder *natura* Gottes, sondern mit dem *velamen*, mit den *volucra*, mit den *certae species,* mit den *larvae* seiner Werke zu tun. An sie sollen wir uns nach Gottes weiser und unverbrüchlicher Anordnung halten. Für sie sollen wir dankbar sein. An ihnen sollen wir also nicht vorübersehen; ihnen sollen wir keine direkte, nichtgegenständliche Gotteserkenntnis vorziehen wollen. Wir würden damit bestimmt Gefahr laufen, Gott nicht nur zu verlieren, sondern zum Feind zu bekommen. Wir haben ihn da zu suchen, wo er selbst uns gesucht hat, und also in jener Hülle, unter jenen Zeichen seiner Gottheit. Anderswo als hier ist er nicht zu finden. — Es kann kein Zweifel sein, daß diese Feststellungen in der Bibel selbst hinsichtlich dessen, was sie als Glauben bezeichnet und verkündigt, keinen geringeren Nachdruck haben.

Es würde ja eine Täuschung sein, wenn man diejenigen prophetischen und sonstigen Visionen und Auditionen, bei denen scheinbar keine Mittel und Zeichen in Frage kommen, oder wenn man das immer wieder wiederkehrende einfache «Und Gott sprach» als Beweis dafür anführen wollte, daß es nach der Bibel doch auch Offenbarung Gottes und also Erkenntnis Gottes in seiner unbekleideten, primären Gegenständlichkeit und also ohne die Hülle seines Werkes und Zeichens gäbe.

Einmal steht dem die Stelle Ex. 33, 11—23 entgegen, die man wohl nicht anders denn als Bestätigung jener Luther'schen Generalregel verstehen kann, auf deren Hintergrund nachher alles Übrige zu verstehen ist. Es heißt dort von Mose: der Herr habe mit ihm geredet von Angesicht zu Angesicht wie jemand mit seinem Freunde redet (v 11). Was heißt das? Wir lesen in der Fortsetzung, Mose habe sich Gott gegenüber darauf berufen, daß Gott zu ihm gesagt habe: «Ich kenne dich mit Namen und du hast Gnade gefunden in meinen Augen.» Daraufhin begehrt Mose Gottes «Wege» zu wissen, das heißt ihn zu «erkennen» (v 13) als den, der «mitgehen» werde bei dem befohlenen Aufbruch vom Sinai nach Kanaan. «Wenn nicht dein Angesicht mitgeht, so laß uns nicht von hier heraufziehen. Woran soll man denn sonst erkennen, daß ich und das Volk Gnade gefunden haben vor deinen Augen, wenn nicht daran, daß du mit uns gehst und daß ich und dein Volk so vor allen Völkern auf dem Erdboden ausgezeichnet werden?» (v. 15 f) Ihm wird geantwortet, daß eben dies geschehen soll. Mose insistiert: er möchte die Herrlichkeit des Herrn schauen (v 18). Und nicht einmal dies wird ihm einfach abgeschlagen: Nein, «alle» seine Pracht» will Gott an ihm vorübergehen lassen, und den Namen des Herrn soll er zu hören bekommen: «Wem ich gnädig bin, dem bin ich gnädig, und wessen ich mich erbarme, dessen erbarme ich mich» (v 19—20). Aber eben: im Vorübergehen Gottes soll er seinen Namen zu hören bekommen. «Du kannst mein Angesicht nicht schauen, denn kein Mensch bleibt am Leben, der mich schaut». Sondern im Vorübergehen (also offenbar indem jenes erbetene und gewährte Mitgehen anhebt, indem Gott ihm und dem Volke tatsächlich vorangeht) wird Gott ihn in eine Felskluft stellen, seine Hand über ihn breiten, bis er ihn nur noch von hinten (also in jenem Vorübergehen und Mitgehen und Vorangehen begriffen) sehen kann und so und nicht anders kann und soll er seine Herrlichkeit sehen. So redet Gott mit Mose «von Angesicht zu Angesicht, wie jemand mit seinem Freunde redet». Gott redet ja wirklich mit ihm, Mose bekommt Gottes Namen zu hören, er wird tatsächlich getröstet und mit Weisung versehen durch Gott selber; er erkennt Gott, wie er es sich erbeten hat: Gott in höchster Gegenständlichkeit. Aber das Alles in Gottes Vorübergehen und Vorangehen, in Gottes Werk und Handeln, in welchem er nicht Gottes Angesicht sieht, in welchem er Gott nur nachblicken kann. Mehr wäre hier nicht nur weniger, sondern gar nichts, ja etwas Negatives: der Mensch kann Gottes Angesicht, Gottes unbekleidete Gegenständlichkeit nicht sehen, ohne sich dem vernichtenden Zorne Gottes auszusetzen. Es müßte ja ein zweiter Gott sein, der Gott direkt sehen könnte. Was könnte einem solchen von Gott widerfahren als eben Vertilgung? Gott erweist dem Mose also doppelte Barmherzigkeit: nicht nur darin, daß er sich seiner, seiner Verheißung entsprechend, tatsächlich annimmt, sondern auch darin, daß er das so tut, wie es ihm als seinem Geschöpf angemessen ist, daß er also durch das Zeichen seines Werks mit ihm redet. Es ist nun zum vornherein nicht anzunehmen, daß in irgend einer von den andern hier in Betracht kommenden biblischen Stellen und Zusammenhängen im Widerspruch dazu eine andere als diese indirekte Erkenntnis Gottes wirklich gemeint sein sollte. Man wird vielmehr auch da, wo von Mitteln und Zeichen der Erscheinung oder der Rede Gottes nicht ausdrücklich gesprochen wird, voraussetzen müssen, daß es den biblischen Schriftstellern stillschweigend selbstverständlich war: gemeint ist immer der Gott, der dem Menschen in seiner sekundären Gegenständlichkeit, der ihm in seinem Werk gegenwärtig und offenbar ist.

Was aber das prophetische «Und Gott sprach» betrifft, so wird man sich ja nicht genug vor Augen halten können, daß die ganze alttestamentliche Prophetie gar nichts anderes sein will und ist als Verkündigung Gottes in Form fortgesetzter Explikation eben des an Israel geschehenen und geschehenden, mit dem Auszug aus Ägypten als seinem Inbegriff anhebenden göttlichen Werkes, des Handelns Gottes in seiner Geschichte. Dieser handelnde Gott und zwar dieser Gott in seinem Handeln selbst, also der Gott, dem auch sie nur nachschauen, den auch sie nur «von hinten» in dieser sekundären Gegenständlichkeit kennen — er ist es, der zu den Propheten spricht und dessen Wort die Propheten wiedergeben, sein Name ist es, den sie verkündigen. Wie oder woher sonst sollten sie ihn kennen und was sollten sie sonst von ihm zu sagen haben? Er steht wirklich vor ihnen, er redet wirklich zu ihnen; sie hören ihn wirklich — aber das Alles nicht in einem direkten, sondern in einem indirekten Gegenüber. Das, was ihnen direkt gegenübersteht, sind die geschichtlichen Ereignisse, Gestalten und Verhältnisse, die sein Werk sind. Dieses Werk sehen sie: als Nachfahren, als Zeitgenossen dieser Geschichte, zum Teil auch in Erwartung ihrer künftigen Fortsetzung. Dieses Gegenüber redet zu ihnen und seine Stimme hören sie. Aber nicht so wie irgend jemand irgend ein Geschehen oder alles Geschehen auf sich wirken läßt und zu deuten versucht, herausliest aus der Geschichte im Allgemeinen oder aus dieser und jener Geschichte, was er zuvor hineingelesen hat, sondern als Propheten Gottes (und als solche selber als Gottes besondere Zeugen, selber als Träger des göttlichen Werkes), denen jenes besondere Geschehen vor Augen gestellt ist als das, was es ist: als die sekundäre Gegenständlichkeit Gottes selbst, in der dieser sich selbst zu erkennen gibt und in der sie ihn selbst tatsächlich erkennen. Und nun ist ja die Botschaft des Neuen Testamentes nichts Anderes als wiederum Verkündigung des Namens Gottes auf Grund seines gnädigen Vorübergehens in Form fortgesetzter Explikation eines bestimmten geschichtlichen Geschehens: desselben geschichtlichen Geschehens, das schon mit dem Auszug aus Ägypten, ja schon mit der Berufung Abrahams, ja schon mit dem Noahbunde angefangen hat, dessen konkretes Ziel und dessen Totalität nun aber sichtbar wird. Der Messias, der verheißene Abrahams- und Davidsohn, der Knecht Jahves, der Prophet, Priester und König ist erschienen, von Gott nicht nur gesandt, sondern selber Gottes Sohn. Das Wort erscheint ja nicht in seiner ewigen Gegenständlichkeit als der Sohn, der allein in des Vaters Schoße wohnt. Nein: Das Wort ward Fleisch. Gott gibt sich zu erkennen und wird erkannt in dem Inbegriff sekundärer Gegenständlichkeit, in dem Zeichen aller Zeichen, in d e m Werk Gottes, dessen Vorbereitung, Begleitung und Fortsetzung alle anderen Werke Gottes dienen: in der Menschheit, die er selber annimmt, zu der er sich selber erniedrigt, die er durch sich selber erhebt. «Wir sahen seine Herrlichkeit» heißt nun: wir sahen diesen Einen in seiner Menschlichkeit, die die des Sohnes Gottes war, in seinem Weg in den Tod, der der Weg zu seiner Auferstehung wurde. Wieder und erst recht ist es also ein i n d i r e k t e s Gegenüber zu Gott, in welchem sich auch die Apostel als die Zeugen des Neuen Testamentes befinden. Auch sie stehen vor einer Hülle, vor einem Zeichen, vor einem Werk Gottes: in der Krippe von Bethlehem und am Kreuz auf Golgatha geschieht ja das, worin sich Gott ihnen zu erkennen gibt, worin sie Gott erkennen. Daß sie es im Lichte der Auferstehung, daß sie es in den 40 Tagen als das sehen, was es wirklich ist, nämlich als Gottes eigene Gegenwart und Handeln, das ändert nichts daran, daß sie auch in den 40 Tagen d a s sehen: unzweideutig sekundäre Gegenständlichkeit und nun in dieser als solcher, bezeugt durch diese die primäre Gegenständlichkeit und also Gott selbst erkennen. Daß die Gottmenschheit des Mittlers Jesus Christus der Vollzug der im Neuen Testament verkündigten Offenbarung und Versöhnung ist, das ist gleichbedeutend damit, daß die Erkenntnis des neutestamentlichen Glaubens indirekte (und gerade so wirkliche!) Gotteserkenntnis ist.

Und eben sie: diese im Alten und Neuen Testament bezeugte Glaubenserkenntnis als Erkenntnis Gottes aus seinen Werken ist nun der Erkenntnisinhalt der Botschaft auch der Kirche Jesu Christi. Indem sie Botschaft von diesem ihrem Herrn ist und also Botschaft von dem gottmenschlichen Mittler, steht sie im expliziten Gegensatz zu jeder solchen Botschaft, deren Gegenstand etwa eine reine, eine unbekleidete Gegenständlichkeit Gottes selber wäre. Sie ist darin Botschaft des Glaubens und Aufruf zum Glauben, daß sie Gott — wirklich Gott selbst — in seiner Mittelbarkeit, im Zeichen seines Werkes, in seiner bekleideten Gegenständlichkeit verkündigt, indem sie also den Raum indirekter Gotteserkenntnis gerade nicht verläßt, sondern sich daran hält, daß eben in diesem Raum Gott selber und also Alles zu suchen und zu finden ist, daß eben diese indirekte die rechte und wahre, weil von Gott selbst gewählte und verordnete Gotteserkenntnis ist, an der sich genügen zu lassen, keine Resignation, sondern die Demut und die Kühnheit des im Glauben, aber eben nur im Glauben wirklich vor Gott stehenden Menschen bedeutet. Die Botschaft der Kirche von Gott ist darum notwendig eine bestimmte, eine beschränkte, eine umgrenzte Botschaft. Sie sagt und enthält nicht Alles und Jedes. Ihr Inhalt ist nicht das ἄπειρον, das Uferlose und Bodenlose, als das menschlicher Vorwitz sich Gott so gerne vorstellen möchte. Sie zerstreut die Wahrnehmung nicht, sondern sie sammelt sie. Sie bekämpft nicht, sondern sie begründet eine bestimmte, eine konkrete Anschauung. Sie leitet das Denken nicht an, sich zu verlieren an ein undenkbares Eins und Alles, sondern sie formt es zu sehr bestimmten bejahenden und verneinenden, dieses einschließenden und jenes ausschließenden Begriffen. Sie enthält eben das Evangelium, und zwar das Evangelium von Jesus Christus, dem Messias Israels, dem wahren Gott, der auch wahrer Mensch geworden zu seiner Zeit und an seinem Ort. Sie expliziert keine Idee Gottes, sondern seinen in seinen Taten offenbarten Namen. Diesem, ihrem Inhalt entsprechend, ist sie nun auch in ihrer Form selber gegenständlich: sichtbare Kirche, hörbare Predigt, vollziehbares Sakrament, ein Bereich von Gegenständlichkeit unter und neben so vielen anderen Gegenständlichkeitsbereichen, begründet auf das wiederum gegenständlich namhaft zu machende und aufzuweisende Zeugnis der Propheten und Apostel, dessen sie sich nicht schämt, sondern dessen sie sich rühmt als eines Buches unter vielen anderen Büchern. Christlicher Glaube läßt sich gerade als Erkenntnis des wahren Gottes hineinweisen in diesen Bereich von Gegenständlichkeit, läßt sich gefangen halten in diesem Bereich, der mit der Gegenständlichkeit Gottes gewiß nicht an sich und als solcher identisch ist, in welchem aber kraft der Wahl und Heiligung seiner freien Gnade Gottes Werk geschieht und also Gottes eigene Gegenständlichkeit sich zu erkennen gibt und zu erkennen ist. Man müßte die Kirche Jesu Christi tatsächlich in ihrer Wurzel aufheben und zerstören, man müßte den Glauben als solchen vernichten, wenn man jenen Bereich sekundärer Gegenständlichkeit leugnen und aufheben, wenn man in angeblich besserer Erkenntnis Gottes an der Hülle, an dem Zeichen, an dem Werk vorbeisehen und vorbeigehen wollte, in welchem er sich als der, der er ist, ohne Minderung, vielmehr in Betätigung seiner Herrlichkeit Menschen zu erkennen gibt. Der Glaube lebt in diesem Bereich oder er ist nicht Glaube, und eben dasselbe gilt auch von der Gotteserkenntnis des Glaubens.

Aber wir sind noch nicht zu Ende. Als Erkenntnis des Glaubens ist die Erkenntnis Gottes jeder anderen Erkenntnis darin höchst **gleich**, daß sie wie jede andere Erkenntnis einen Gegenstand hat. Wir sahen, daß dabei die primäre von der sekundären Gegenständlichkeit Gottes zu unterscheiden, aber nicht zu trennen ist. Die Erkenntnis Gottes ist aber als Erkenntnis des Glaubens aller anderen Erkenntnis darin höchst **ungleich**, daß ihr Gegenstand der lebendige Herr des erkennenden Menschen ist: sein Schöpfer, von dem er herkommt noch bevor er ihn erkennt, sein Versöhner, der durch Jesus Christus im Heiligen Geist Erkenntnis seiner selbst wirklich und möglich macht, sein Erlöser, der selber die künftige Wahrheit aller gegenwärtigen Erkenntnis seiner selbst ist. Dieser und kein Anderer ist der Gegenstand der Erkenntnis des Glaubens. Die darin begründete Ungleichheit gegenüber aller anderen Erkenntnis ist aber diese: Der Stand des erkennenden Menschen diesem Gegenstand gegenüber ist der Stand eines grundsätzlichen unaufhebbar dazu bestimmten **Nachhers**, eines Nachhers, das in keiner Weise in ein Vorher des Menschen verwandelt oder umgedeutet werden kann. Er ist der Stand der **Gnade**. Erkenntnis Gottes als Erkenntnis des Glaubens geschieht in diesem Stande oder sie geschieht gar nicht. Das bedeutet aber: Erkenntnis dieses Gegenstandes kann auf keinen Fall und in keinem Sinn eine Verfügung über ihn bedeuten. Wir haben Gott wohl als Gegenstand; wir haben ihn aber nicht so, wie wir andere Gegenstände haben. Das gilt von Gott in seiner primären, das gilt aber auch von Gott in seiner sekundären Gegenständlichkeit in dem ganzen Umfang des damit bezeichneten Bereiches. Wir haben nämlich alle anderen Gegenstände, indem wir vorher uns selbst haben, wir haben sie als Bestimmungen unserer vorher gesetzten eigenen Existenz und im vorher geordneten Modus unserer eigenen Existenz. Die Problematik dieses doppelten Habens: unserer selbst und unserer Gegenstände, die philosophische Vieldeutigkeit dieser Korrelation ist eine Frage für sich, die wir hier nicht zu untersuchen haben. Wie auch in dieser Frage zu entscheiden sei: immer wird hier der Anspruch unseres eigenen Vorher in irgend einer Form wach und gültig bleiben und nach Berücksichtigung verlangen; immer wird es hier mindestens diskutabel bleiben, ob dem Subjekt nicht eine ähnliche oder gleiche oder größere oder gar die alleinige Verfügung über das Objekt zuzuschreiben sei wie umgekehrt. Wenn es sich um den Gegenstand Gott handelt, dann ist schon die Diskussion darüber zum vornherein ausgeschlossen. Der Stand der Gnade, der der Stand des Glaubens ist, in welchem Gott erkannt wird, ist als solcher der Stand des Nachher, der jede Verfügung über das Objekt unmöglich macht. Erkenntnis Gottes ist also nicht die Beziehung eines schon zuvor vorhandenen Subjektes zu einem in seinen Bereich tretenden und damit den Gesetzen dieses Bereiches unterworfenen Objekt. Sondern, indem dieses Objekt auf den Plan tritt, schafft es selber allererst das Subjekt seiner Erkenntnis. Kein Vorher des Menschen kann hier in Betracht kommen, das diesem Nachher, in dem Gott das Ziel seiner Richtung, der Gegenstand seiner Erkenntnis geworden ist, das Recht gäbe, sich selbst Verfügung über diesen zuzuschreiben, von einer Verfügungsgewalt über diesen Gebrauch zu machen, wie er es, welcher Erkenntnistheorie er dabei auch folge, allen anderen Gegenständen gegenüber dauernd und selbstverständlich tut. Das Vorher, das hier allein in Betracht kommt und das hier als solches in Betracht zu kommen nie aufhört, ist das Vorher dieses Gegenstandes. Nur indem Gott sich selbst setzt als Gegenstand, ist der Mensch gesetzt als Erkennender Gottes. Und so kann der Mensch Gott nur haben als den sich selbst setzenden Gegenstand. Es ist und es bleibt Gottes freie Gnade, wenn er in seiner primären und in seiner sekundären Gegenständlichkeit Gegenstand für uns ist. Immer gibt er sich zu erkennen, um daraufhin und darin: in diesem Geben, das immer ein Schenken, immer ein freies Tun ist, von uns erkannt zu werden. Wie wäre sie seine Gegenständlichkeit, wenn es anders wäre? Wie wäre er unser Schöpfer, Versöhner und Erlöser, wie wäre er der lebendige Herr, wenn es anders wäre, wenn sein Sein für uns je zu lösen wäre von seinem Akt, wenn es also eine Richtung des Menschen auf Gottes Sein gäbe, die in etwas Anderem begründet wäre als in dem Gerichtetwerden des Menschen durch Gottes Akt? Der Glaube steht und fällt damit, daß der Mensch durch Gottes Akt: den Akt seines Seins als der lebendige Herr gerichtet wird. In diesem Gerichtetwerden ist er die Richtung des Menschen auf Gott und also notwendig seine

Richtung auf den lebendigen Herrn, nicht auf ein andersartiges, sondern auf dieses, das aktuelle Sein Gottes. Mit ihm und nur mit ihm hat es darum auch die Gotteserkenntnis des Glaubens zu tun. Sie kann nicht abstrahieren davon, daß ihr Gegenstand ihr eigenes schlechthiniges Vorher ist. Sie kann sich vor der Aktualität ihres Gegenstandes nicht zurückziehen in irgend einen gesicherten Raum, von dem aus sie ihn nun *in abstracto* in seinem Sein zu betrachten vermöchte entsprechend einem vorausgesetzten Sein des betrachtenden Menschen selbst. Sie kann ihrerseits nur den Akt d e s Seins des Menschen vollziehen, das durch den Akt des göttlichen Seins geschaffen und gesetzt ist. Sie kann ihn nur vollziehen, so wie er auf Grund dieser Schöpfung und Setzung vollzogen werden muß: daraufhin, daß des Menschen Sein auf Grund dieser Schöpfung und Setzung eines anderen Aktes gar nicht fähig ist, daraufhin, daß dieser Akt diesem Sein notwendig ist. Sie kann also nicht — als wäre der Mensch anderswoher gerichtet — anderswohin als auf den lebendigen Herrn sich richten. Sie wird diesem in keinem Sinn vorangehen, sie wird ihm nur nachfolgen können. Es ist darum von entscheidender praktischer Bedeutung für den Inhalt der Gotteserkenntnis (für die letzte Frage: ob sie falsche oder wahre Gotteserkenntnis ist), ob man weiß oder nicht weiß, daß um ihren V o l l z u g als wirkliche Erkenntnis Gottes, darum, daß Gott sich zu erkennen gebe, wesensnotwendig g e b e t e t werden muß. Ist doch der Stand der Gnade nicht anders zu beziehen und zu halten, als indem die Gnade Gottes angerufen und erbeten wird. Daß Gott sich selbst setze als Gegenstand und uns als Erkennende seiner selbst, das ists, was hier erbeten sein will, weil es anders denn als seine freie Gabe, anders als im Akt seiner Gnade, nicht zu haben ist. Trotzdem und indem er doch Gegenstand i s t in sich selbst und in sekundärer Gegenständlichkeit in seiner Offenbarung, in Jesus Christus, im Zeugnis der Schrift, in der Sichtbarkeit der Kirche, in der Hörbarkeit der Predigt, in der Vollziehbarkeit des Sakramentes, in dieser ganzen Welt seines Werks und Zeichens! Seine primäre und seine sekundäre Gegenständlichkeit ist Gegenständlichkeit f ü r u n s, indem er sich uns zum Gegenstand und uns zu Erkennenden seiner selbst m a c h t. Wir würden sein Werk und Zeichen schlecht verstehen, wollten wir es als Gegenstand wie andere Gegenstände und also als ein Art von Offenbarungsatlas verstehen, aus dem wir das Sein Gottes a b l e s e n könnten, ohne daß Gott selbst in seinem Akt als der lebendige Herr nach seiner freien Gnade durch das alles zu uns r e d e t e. Wir würden sie schlecht verstehen, wenn wir mit ihrer Hilfe Gott überblicken und meistern zu können meinten von irgend einem menschlichen logischen, ethischen oder religiösen Vorher aus. Die ganze Welt seines Werkes und Zeichens würde sich dann im Nu in eine Welt von toten Götzen oder von nur allzu lebendigen Dämonen verwandeln. Mit der Anbetung der G n a d e in Gottes Werk und Zeichen würde es notwendig sofort auch um deren Wahrheit getan sein. So gewiß die Gnade die Wahrheit ist, so gewiß ist die Wahrheit nur als Gnade zu haben.

Indem wir wieder auf die Bibel zurückgehen, erinnern wir uns: was uns hier als Erkenntnis Gottes beschrieben wird, das hebt sich von dem sonstigen Erkennen des Menschen eben dadurch ab, daß es faktisch immer zusammenfällt mit irgend einem Handeln Gottes. Nicht einfach indem Gott Gott ist in sich selber, sondern indem er sich als solcher offenbart, aber auch nicht einfach indem sein Werk da ist, sondern indem er wirkt in seinem Werk, wird er erkannt. Biblische Gotteserkenntnis ist immer begründet in Begegnungen des Menschen mit Gott: Begegnungen, in denen Gott so oder so seine Herrschaft über den Menschen ausübt und in denen er dann auch als Herrscher anerkannt und so als Gott erkannt wird — Begegnungen, deren Initiative immer von Gott aus geht, die für den Menschen immer etwas Unvorhergesehenes, Überraschendes, Neues haben, in denen der Mensch — auch wenn ihnen schon eine ganze Geschichte seines Verhältnisses zu Gott vorangegangen ist, auch wenn er längst «Gnade gefunden vor seinen Augen», auch wenn er längst ein Erwählter, Berufener, Erleuchteter und Beauftragter ist — mit Gott sozusagen wieder von vorn anfangen, ganz neu sich einstellen und sich zurechtfinden muß — Begegnungen, die wohl Fortsetzungen früherer Begegnungen sein können, in denen aber doch zugleich alles Frühere aufs Neue auf die Waage gelegt, in denen die Erkenntnis Gottes Gegenstand neuer Entscheidungen wird. Es ist ja zum Beispiel nicht so, daß Abraham oder Mose oder David, einmal von Gott erwählt, berufen, erleuchtet und beauftragt, nun etwa ein- für allemal wüßten, wie sie mit Gott dran sind, sondern: was ein- für allemal von Gott her über sie beschlossen ist, das muß je in einer langen Geschichte von Erneuerungen — bei jedem von ihnen so lang wie sein Leben — an ihnen verwirklicht und erfüllt werden. Und je indem diese Erneuerungen stattfinden und sich auswirken, haben sie das, was die Bibel Erkenntnis Gottes nennt. Der Auszug aus Ägypten steht als Werk und Zeichen Gottes, als die große erkenntnisbegründende Vergegenständlichung Gottes selbst vor aller Augen; dennoch muß er, um als solche gesehen und vernommen zu werden, immer aufs neue Gestalt und Stimme bekommen: eben der Gott des Auszugs muß reden und wieder reden zu den Propheten und durch die Propheten, damit er in seinem Werk und Zeichen erkannt und wiedererkannt werde. Es gibt ja zu allen Zeiten der Geschichte Israels einen Jahveglauben, dem dieses Zeichen und alle anderen Zeichen vor Augen stehen, der in ihnen Jahve zu haben meint, wie man wohl die Baalim aber nicht Jahve haben kann, der dann schon als Jahveglaube heimlicher Abfall ist und in Gestalt des Abfalls zu den fremden Göttern schnell genug als solcher sichtbar wird. Ohne neue Gnade, ohne das Wirken Gottes in seinem Werke würde Israel jeden Augenblick von Gott abweichen und dann auch innerlich zu Schanden werden. Alles hängt daran, daß Gott nicht aufhört, sich selber zu bezeugen: der eine alte Gott in neuen Erweisen seiner Gegenwart, in neuer Offenbarung seiner alten Wege und so sein Volk vom alten immer wieder zu neuem Glauben führend. Insofern gehört der Hinweis auf die Sünde und den Abfall des Volkes, aber auch die offene Erwähnung des Widerspruchs und der Irrtümer auch der größten Gottesmänner geradezu unentbehrlich zur Darstellung dessen, was in der Bibel jedenfalls des Alten Testamentes als Gotteserkenntnis sichtbar wird. Was wäre diese Gotteserkenntnis, wenn sie nicht von ihrem Gegenstande her immer wieder erneuert und begründet würde? Wo bliebe die Wahrheit unter diesen Menschen, wenn sie nicht als Gnade immer wieder zu ihnen reden würde?

Im Neuen Testament haben wir es allerdings in dieser Hinsicht mit einem scheinbar komplizierteren Sachverhalt zu tun. Das ist zwar deutlich, daß jene alttestamentliche Linie nach den Synoptikern wie nach Johannes auch in der Gegen-

1. Der Mensch vor Gott

wart Jesu Christi jedenfalls bis zu seinem Tod, ja genau genommen bis zu seiner Himmelfahrt unverändert weiter läuft. Immer sind — vom «Volk» und von den Pharisäern und Schriftgelehrten ganz abgesehen — auch die erwählten und berufenen Jünger Jesu keineswegs als die nun etwa ein- für allemal Glaubenden, Wissenden, Gehaltenen und Stehenden, als im Besitz einer endgültig gesicherten Gotteserkenntnis dargestellt, sondern vielmehr wie das Volk Israel und seine Gottesmänner im Alten Testament in immer neuen Situationen als die Unsicheren, Zweifelnden, Irrenden und Fehlenden, als die immer neuer Belehrung, Zurechtweisung und Befestigung Bedürftigen und Teilhaftigen. Gerade so lange Jesus mitten unter ihnen ist, ist das Bild, das sie bieten, offenkundig eine Fortsetzung und Wiederholung des Bildes, das uns durch das ganze Alte Testament hin begleitet: was positiv von ihnen zu sehen und zu sagen ist, das ist die Treue, in der sich auch an ihnen von Jesus her immer aufs neue jene Erneuerung vollzieht. Und die Gestalt des Verräters Judas unmittelbar neben dem bekennenden und doch verleugnenden Petrus zeigt den Abgrund, an dessen Rande sie nicht durch das, was sie selbst sind oder geworden sind, sondern allein durch diese Treue Jesu gehalten sind. Dieses Bild verändert sich dann merkwürdigerweise, jedenfalls was die Apostel und die Träger des apostolischen Amtes betrifft, in der Apostelgeschichte bezw. in der Zeit von Pfingsten ab. Von einem Schwanken, Zweifeln, Irren dieser Männer ist jetzt — Gal. 2 ist in dieser Hinsicht eine Ausnahme, die die Regel bestätigt — keine Rede mehr. Daß sie so gut wie Abraham, Mose und David, so gut wie das ganze Volk des Alten Bundes fallen konnten und der Erneuerung bedurften, das wird von jetzt an jedenfalls nicht mehr betont, ja nicht einmal mehr absichtlich sichtbar gemacht. Sie scheinen jetzt selber den Juden, den Heiden, den Machthabern dieser Welt, aber vor allem auch den Gemeinden aus Juden und Heiden gegenüber der ruhende Pol geworden zu sein, der vorher, nach den Evangelien, Jesus allein gewesen ist. Ihnen gegenüber erscheinen jetzt nur noch alle diese Anderen: die, denen der Name Jesus Christus zu verkündigen ist und denen er schon verkündigt ist, in jener Bedürftigkeit neuer Gnade, neuer Belehrung, Tröstung, Zurechtweisung. Aber eben wenn man nun auf diese ihre Funktion achtet, dürfte sich das hier gestellte Rätsel lösen. Die Apostel in ihrem A m t als solche — und in diesem Amt treten sie von der Apostelgeschichte ab in Erscheinung — sind in der Tat neuer Gnade zur Bestätigung und Befestigung ihrer Gotteserkenntnis nicht bedürftig. Daß sie es als Menschen nach wie vor sind, das wird zwar nicht geleugnet, das wird aber sozusagen uninteressant, wie von ihnen aus gesehen jetzt auch jene Bedürftigkeit der alttestamentlichen Zeugen uninteressant wird. Wichtig und interessant sind diese Menschen ja jetzt, diesseits der Auferstehung und Himmelfahrt Christi überhaupt nur noch in ihrer Rolle als lebendige Bestandteile des in Jesus Christus geschehenen Werkes Gottes. Nicht daß es auch a n ihnen geschehen ist — daß und wie das geschah und bestimmt auch nachher geschah, davon haben die Evangelien in aller Offenheit geredet — sondern daß es jetzt d u r c h sie geschieht, ist wichtig. Sofern es aber durch sie geschieht, sofern sie selbst Werkzeuge der Gnade sind, sind sie offenbar jener Erneuerung n i c h t bedürftig, stellt sich das Problem jener Erneuerung nur ihnen gegenüber, nur für die Anderen, für die und an denen sie Werkzeuge sind, nicht für sie selbst. In ihrer Existenz als Apostel wiederholt sich eben die sekundäre Gegenständlichkeit der menschlichen Erscheinung Jesu Christi selbst und in dieser verborgen die primäre Gegenständlichkeit des Sohnes Gottes: zum Glauben aufrufend, den Glauben weckend, den Glauben und im Glauben die Erkenntnis Gottes bestätigend und erneuernd, nicht durch die eigene Kraft dieser Menschen, sondern durch die Kraft des ihnen mitgeteilten Heiligen Geistes, in der Freiheit der Gnade. (Und wir werden zurückblickend feststellen müssen: Ganz dasselbe gilt, auf ihr A m t gesehen, auch von den Zeugen des alten Bundes, ja auf seinen A u f t r a g unter den Völkern gesehen, vom

Volke Israel als solchem.) Nachdem das Haupt dieses Volkes geboren ist, nachdem sichtbar geworden ist, von wem die Propheten zeugten, ist die Tatsache, daß schon in ihnen der ruhende Pol, die sekundäre und die primäre Gegenständlichkeit Gottes selbst gegeben und wirksam war, wichtiger geworden als die andere, auch nicht zu bestreitende Tatsache, daß sie allein durch Gott selbst — indem er sich ihnen je und je zum Gegenstande und indem er sie je und je zu Erkennenden seiner selbst machte — wurden, was sie waren. Man bemerke immerhin, daß auch die Apostel be ten, wie ja auch der Mensch Jesus solidarisch mit seinen Jüngern, solidarisch mit seinem Volk, gebetet hat. Dieses Beten der Apostel ist die deutliche Erinnerung daran, daß wir es auch in den Trägern dieses Amtes, auch in den Werkzeugen der erleuchtenden Gnade mit Menschen zu tun haben, die als solche der Erneuerung ihrer Gotteserkenntnis bedürftig waren. Von dem Auftreten eines neuen Menschentypus in einem Gnadenstand, in welchem der Gott erkennende Mensch sich Gott gegenüber nun doch in einem Vorher befinden würde, von einer grundsätzlichen Veränderung der Situation des Gott erkennenden Menschen im Neuen Testament gegenüber dem des Alten Testamentes kann also nicht die Rede sein. Das sieht man sofort, wenn man auch in der Apostelgeschichte und wenn man vor allem in den Briefen auf diejenigen Menschen blickt, an die die Apostel als Gründer und Leiter der entstehenden Kirche sich mit ihrem Zeugnis gewendet haben. Hier wird die Situation Israels offenbar wieder sichtbar: nach ihrer positiven wie nach ihrer kritischen Seite, in ihrer Gefährdung und in ihrer Verheißung. Hier, unter den Menschen, an denen Gottes Werk geschieht, muß offenbar dauernd — und oft genug so, daß der Rand des Abgrunds sichtbar wird, an welchem das auch hier geschieht — belehrt, ermahnt, getröstet, mit dem Anfang angefangen werden. Hier wird wohl aufgebaut, aber eben auf dem Glauben und das heißt dann: auf dem Fundament und Eckstein Jesus Christus, auf dem Objekt, nicht auf den Subjekten den Glaubens, auf dem Inhalt der Botschaft, die von den Aposteln ausgerichtet und von den Gemeinden aufgenommen wurde, und nicht auf einem nun etwa in die Rechnung zu stellenden menschlichen Vorher. Das Vorher ist eben der verkündigte, überlieferte und geglaubte Jesus Christus und dieser als der lebendige Herr und dieser in seiner freien und frei bleibenden Gnade, dieser als der, den nach Phil. 3, 12 f. nicht einmal Paulus selbst ergriffen zu haben meint, sondern dem er nachjagt, ob er ihn ergreifen möchte, daraufhin, daß er von ihm ergriffen ist. In dieser und nur in dieser Situation kommt es auch in der neutestamentlichen Gemeinde zur Erkenntnis Gottes. Der Versöhner Jesus Christus, der im Heiligen Geist Erkenntnis Gottes wirklich und möglich macht, ist ja auch der Schöpfer, von dem der Mensch als Gott Erkennender nur herkommen kann und ist ja auch der Erlöser und also die künftige Wahrheit aller Gotteserkenntnis, der der Gott erkennende Mensch in der Demut der Hoffnung entgegengehen muß. Daß Gott — aber eben wirklich Gott selbst, Gottes Sohn im Heiligen Geist — treu ist und nicht aufhört, wieder und wieder von vorn anzufangen mit den Menschen, wieder und wieder wirksam zu sein in seinem Werk, das ist der Inhalt des neutestamentlichen Bildes von dem vor Gott stehenden und Gott erkennenden Menschen.

Wir kommen zum Letzten. Was wird bei dem Allem aus diesem erkennenden Menschen? Darauf ist jetzt noch Antwort zu geben, und welche andere Antwort sollte hier möglich sein als die: der erkennende M e n s c h und sein Erkennen als solches, sein Glaube als seine Richtung auf Gott und im Glauben sein Sich-Unterscheiden von ihm und sein Sich-Verbinden mit ihm ist in seiner Totalität das dem göttlichen Vorher folgende N a c h h e r. Wir kommen auf den kritischen Sinn dieses Satzes: daß es also in keinem Sinn ein Vorher ist, jetzt nicht mehr zurück. Er hat auch und vor allem einen positiven Sinn. Erkenntnis Gottes ist Gehorsam gegen Gott. Man bemerke: Wir sagen nicht, daß Erkenntnis Gottes auch Gehorsam sei oder daß sie Gehorsam notwendig neben sich habe oder nach sich ziehe. Nein: Erkenntnis Gottes als Erkenntnis des Glaubens ist in sich selber, ist wesensnotwendig Gehorsam, ein Akt menschlicher Entscheidung entsprechend dem Akt göttlicher Entscheidung, entsprechend jenem Akt des göttlichen Seins als des lebendigen Herrn, entsprechend dem Akt der Gnade, in welchem der Glaube an Gott begründet ist und je und je neu begründet wird. Eben indem Gott sich in diesem Akt zu unserem Gegenstand und uns zu Erkennenden seiner selbst setzt, ist es ausgemacht, daß unser Erkennen Gottes nur darin bestehen kann, daß wir diesem Akt folgen, daß wir selbst eine Entsprechung dieses Aktes, daß wir also mit unserer ganzen Existenz und so auch mit unserem Anschauen und Begreifen der dem göttlichen Akt entsprechende menschliche Akt werden. Das ist Gehorsam, der Gehorsam des Glaubens. Eben als dieser Gehorsamsakt und nur als dieser Gehorsamsakt ist Gotteserkenntnis Glaubenserkenntnis und damit wirkliche Erkenntnis Gottes. Wäre sie etwas Anderes, fiele sie aus dem Gehorsam, und damit aus dem Glauben heraus, so würde sie Gott verfehlen, würde sie Gotteserkenntnis gar nicht sein. Denn Gott will erkannt sein als der, der er ist. Eben als der, der er ist, handelt er aber. Eben als dieser Handelnde will er aber erkannt sein. Eben ihn als Handelnden erkennen, heißt aber: ihm gehorsam werden. Wie entscheidend wichtig unsere vorangehende Bestimmung der Erkenntnis Gottes als Erkenntnis seiner freien Gnade, als Erkenntnis des Wirkens Gottes in seinem Werk gewesen ist, wird vielleicht erst jetzt ganz deutlich. Wir können das Gebet, das wir dort als wesensnotwendige Bestimmung der Erkenntnis Gottes namhaft gemacht haben, jetzt noch näher bestimmen. Indem es das Gebet darum ist, daß Gott sich selbst setze als unseren Gegenstand und uns als Erkennende seiner selbst, muß es offenbar konkret lauten: Führe uns nicht in Versuchung! — nicht in die Versuchung einer objektivistischen, einer unbeteiligten, einer nicht gehorsamen, sondern an einem vermeintlich gesicherten Ort zurückbleibenden Betrachtung der sekundären und primären Gegenständlichkeit Gottes, in die Versuchung der falschen Meinung, als wärest du ein Gegenstand wie andere Gegenstände, die zu erkennen man unternehmen oder auch nicht unternehmen kann, die so oder auch so zu erkennen wir die Freiheit haben! Führe uns nicht in die Versuchung, dich angesichts deiner Gegenständlichkeit erkennen zu wollen, als stünden wir abseits, als könnten wir auch nur das Geringste von dir wissen, sagen und hören, ohne sofort dabei zu sein, ohne sofort jene Entsprechung wahr zu machen, ohne sofort mit dem Gehorchen zu beginnen! Diese Versuchung droht ja offenbar nicht von der Gegenständlichkeit Gottes, wohl aber immer von uns selbst her. Wenn wir der Gegenständlichkeit Gottes nicht mehr ausweichen können, dann können und wollen wir immer noch Gott selbst ausweichen, dann können und wollen wir die Gegenständlichkeit Gottes immer noch in jene Welt toter Götzen oder allzu lebendiger Dämonen verwandelt sehen, in eine Welt, deren Sein man betrachten kann, ohne sich Gott selbst gefangen zu geben, um dann gewiß um so mehr ein Gefangener dieser Götzen und Dämonen zu werden. Wo man dieser Versuchung, der charakteristischen Versuchung gerade des schon zum Volk und zur Kirche Gottes gerufenen Menschen nachgibt, da ist es mitten im Raum dieses Volkes, mitten im Raum der Kirche um die Erkenntnis Gottes geschehen und zwar nicht nur teilweise, sondern völlig geschehen. Was von uns selbst ausgeht, das wird auch in dem erwählten und berufenen, auch in dem erleuchteten und beauftragten Menschen immer diese Versuchung sein. Um die Überwindung dieser Versuchung muß also gebetet werden. Das Sein Gottes für uns ist sein Sein in der Erhörung dieses Gebets und also durch den Akt seiner Gnade. Durch Gnade wird das Sein Gottes erkannt oder es wird gar nicht erkannt. Wird es aber durch Gnade erkannt, dann bedeutet das, daß wir aus jenem gesicherten Ort schon verdrängt und an einen Ort gedrängt sind, wo die Betrachtung Gottes nur noch in dem Akt unserer eigenen Gehorsamsentscheidung bestehen und vollzogen werden kann. Gott in seinem allmächtigen und wirksamen Willen — das ist ja der Gegenstand dieser Betrachtung. Ist sie aber Betrachtung Gottes in seinem allmächtigen und wirksamen Willen, wie sollte sie dann nicht sofort zu der Entscheidung führen: entweder daß die Betrachtung zur Flucht vor dem Betrachteten wird und damit Ungehorsam und damit gegenstandslos und damit aufhört, Erkenntnis Gottes zu sein — oder daß sie zu jener Entsprechung und also zum Gehorsam wird und dann als solche wirkliche Erkenntnis des wirklichen Gottes. *Tertium non datur.* Sie wird aber, wo sie durch Gnade wirklich Betrachtung Gottes in seinem allmächtigen und wirksamen Willen ist, durch dieses Entweder-Oder schon hindurchgeführt und also Gehorsam und damit wirkliche Gotteserkenntnis geworden sein. Das bedeutet konkret: Es wird sich das Unterscheiden und Verbinden zwischen Gott und Mensch, in welchem sich die Erkenntnis Gottes vollzieht, in der Ordnung vollziehen, die ihm durch den allmächtigen und wirksamen Willen Gottes vorgeschrieben ist. Es wird nicht irgend ein frei gewähltes Verbinden und Unterscheiden sein, sondern um den gnädigen Gott dort und um den sündigen Menschen hier wird es unter allen Umständen gehen: diese Qualifizierung Gottes und des Menschen wird der Maßstab und das Kriterium aller Verbindung und Unterscheidung und also der Erkenntnis Gottes und also alles Redens und Hörens von ihm sein. Diese Qualifizierung ist aber als b l o ß e r Gedanke gar nicht denkbar; sie wäre gar nicht vollzogen oder der Mensch wüßte nicht, was er tut, indem er sie vollzieht, wenn sie nicht, indem er sie in Gedanken vollzieht, zuvor an ihm selbst vollzogen wäre, wenn er also den gnädigen Gott nicht als s e i n e n Gott und als den von Gott verschiedenen und doch mit Gott verbundenen sündigen Menschen nicht s i c h s e l b s t erkennen würde, wenn er nicht der durch den Akt Gottes des lebendigen Herrn gerichtete Mensch wäre, wenn er also in seiner Richtung auf Gott nicht im Gehorsam stünde. So gewiß Wahrheit nur als Gnade zu haben ist, so gewiß wird das Haben der Gnade in der Entscheidung des Gehorsams bestehen müssen.

Wir zitierten bereits die Calvinische Definition des Glaubens: *cognitio divinae erga nos benevolentiae.* Dementsprechend hat Calvin am Anfang seiner Institutio schon jene Gotteserkenntnis beschrieben, *ad quam nos deduceret genuinus naturae ordo, si integer stetisset Adam: Neque enim Deum, proprie loquendo, cognosci dicemus ubi nulla est religio nec pietas. Pietas,* die Voraussetzung der *religio,* beschreibt Calvin als *coniuncta cum amore Dei reverentia, quam beneficiorum eius notitia conciliat. Religio pura germanaque,* aus der *pietas* geboren, heißt nach Calvin: *fides cum serio Dei timore coniuncta: ut timor et voluntariam reverentiam in se contineat et secum trahat legitimum cultum qualis in Lege praescribitur.* Nur in solcher *pietas* und *religio* gibt es wirkliche Erkenntnis Gottes: Man beachte: die *voluntaria reverentia* und die legitime, dem Gesetz Gottes entsprechende Gottesverehrung gründet sich auf die ernstliche Furcht Gottes; diese aber ist selbst ein Annex der *fides,* und diese ihrerseits gründet in der *notitia beneficiorum Dei.* Alles kommt also, wenn wir nach Gott fragen, an auf den *sensus virtutum Dei:* darauf, daß er als der *fons omnium bonorum* erkannt werde. Nicht: *quid?* sondern *qualis sit Deus?* muß unsere Frage lauten. *Quid iuvat Deum cognoscere quocum nihil sit nobis negotii?* Dem als Herrn und Vater und gerechten Richter erkannten Gott gegenüber frage man sich: *quomodo mentem tuam subire queat Dei cogitatio, quin simul exemplo cogites, te, quum figmentum illius sis, eiusdem imperio esse ipso creationis iure addictum et mancipatum? vitam tuam illi deberi? quicquid instituis, quicquid agis, ad illum referri oportere? Id si est, iam profecto sequitur, vitam tuam prave corrumpi nisi ad obsequium eius componitur, quando nobis vivendi lex esse debet eius voluntas* (I 2, 1—2). Die ganze Existenz und der ganze Lauf der Welt ist nach Calvin an sich eine Antwort gerade nicht nur auf die Frage *quid?* sondern *qualis sit Deus?* eine einzige Einladung *ad Dei notitiam, non quae inani speculatione contenta in cerebro tantum volitet, sed quae solida futura sit et fructuosa, si rite percipiatur a nobis, radicemque agat in corde. A suis enim virtutibus manifestatur Dominus, quarum vim quia sentimus intra nos et beneficiis fruimur, vividius multo hac cognitione nos affici necesse est, quam si Deum imaginaremur cuius nullus ad nos sensus perveniret* (I 5, 9). So, in dieser objektiven und subjektiven Füllung hat Calvin schon das beschrieben, was er unter der *Dei notitia hominum mentibus naturaliter indita* (I 3) verstand. Es ist doch nur eine Vorwegnahme dessen, was nachher als die, vermittelt durch die heilige Schrift, in Jesus Christus verwirklichte Gotteserkenntnis beschrieben wird. Bleibt der objektive Grund wirklicher Gotteserkenntnis, bleiben die in der Schöpfung offenbaren *virtutes Dei* dem natürlichen Menschen infolge des Sündenfalls tatsächlich verborgen, so daß es zu wirklicher Gotteserkenntnis in Gestalt natürlicher Gotteserkenntnis auch nach Calvin tatsächlich nicht kommt: *quum frustra Deus omnes populos ad se invitet caeli terraeque intuitu* (I 6, 4), so bedeutet die in der Schrift bezeugte Offenbarung Gottes in Jesus Christus objektiv dies: daß uns jetzt *probe et ad vivum a suis operibus describitur Deus, dum opera ipsa non ex iudicii nostri pravitate, sed aeternae veritatis regula aestimantur* (I 6, 3). Die *divina benevolentia* zerreißt jetzt sozusagen die Hülle menschlichen Nichtverstehens und Mißverstehens und die Regel aller wirklichen Gotteserkenntnis tritt jetzt — und dies ist das subjektive Neue, das auf Grund der Offenbarung Ereignis wird — in Kraft: *Omnis recta Dei cognitio ab obedientia nascitur* (I 6, 2). *Quodnam vere doctrinae initium est, nisi prompta alacritas ad audiendam vocem Dei?* (I 7, 5). *Les hommes ne suyvront point Dieu en dormant: encores qu'ils s'y efforcent beaucoup* (Pred. üb. Deut. 5, 28—33, CR. 26, 413): Nein: *Dei cognitio est efficax... nec vero hoc tantum ex Dei natura manat, ut cognitum statim amemus, sed idem Spiritus, qui mentes nostras illuminat, inspirat etiam cordibus conformem scientiae affectum. Quamquam hoc secum fert Dei cognitio, ut eum timamus et amemus. Neque enim dominum et patrem, ut se ostendit, possumus agnoscere, quin praebeamus nos illi vicissim morigeros filios et servos obsequentes* (Komm. zu 1. Joh. 2, 3, CR. 55, 311). Der Kreislauf, als den Calvin den Vollzug wirklicher Gotteserkenntnis beschrieben hat: Gott gibt sich zu erkennen in seinem auf uns gerichteten Willen — Gott wird von uns erkannt, indem wir diesem seinem Willen fügsam werden — dieser Kreislauf entspricht offenbar genau auch dem, was im Alten und Neuen Testament Gotteserkenntnis heißt. Die Begegnungen zwischen Gott und Mensch im Rahmen jener sekundären Gegenständlichkeit Gottes bedeuten einzeln und in ihrer Gesamtheit das Geschehen einer Geschichte (Calvin: eines *negotium*) zwischen Gott und Mensch, einer Geschichte, die mit einer Willensentscheidung Gottes anfängt und in einer entsprechenden Willensentscheidung des Menschen ihren Fortgang nimmt. Indem diese Geschichte sich planmäßig und vollständig abwickelt: indem sich also der Wille Gottes als guter Wille dem Menschen aufdrängt und dessen Glauben findet, und indem dann der Mensch mit seinem Willen dem Willen Gottes weicht und fügsam wird, indem also der Glaube zur Bestimmung seiner Existenz und so zum Gehorsam wird, kommt es zur Erkenntnis Gottes. Außerhalb dieses Kreislaufes gibt es nach der Bibel keine Erkenntnis Gottes. Erkenntnis Gottes heißt Erkenntnis des **Weges** oder der **Wege** Gottes, die als solche gut, wahrhaftig, heilig und gerecht sind. Wie sollten sie anders erkannt werden, als indem Gott sie, bzw. sich selbst als den, der diese Wege geht, zu erkennen gibt? Alles hängt an diesem göttlichen Vorangehen. Aber wiederum: wie sollten sie anders erkannt werden, als indem der Mensch seinerseits solche Wege geht, die in seiner Sphäre den Wegen Gottes entsprechen: Wege der Weisheit, des Lebens, des Friedens also und ja nicht mehr seine eigenen, ja nicht mehr die Wege der Heiden oder der Gottlosen? Alles hängt also ebenso an diesem menschlichen Nachgehen und Mitgehen. Es ist darum von mehr als äußerlicher Bedeutung, wenn der ganze Verkehr Jesu mit seinen Jüngern sich nach den Evangelien auch äußerlich so abspielt, daß er mit ihnen, sie mit ihm auf dem **Wege** — nicht auf irgend einem Wege, sondern auf dem von ihm bestimmten Wege sind. In seinem Gehen und in ihrem Mitgehen dieses Weges vollzieht sich ihre Erkenntnis Gottes, d. h. kommt es bei ihnen zu jenem Glauben, der als solcher: als Glaube an den, den Gott gesandt hat, dessen Erkenntnis als Gottes Gesandten und damit Erkenntnis dessen, der ihn gesandt hat, ist. So entscheidend ist dieser Zusammenhang, daß Jesus nach Joh. 14, 6 sich selber absolut «den Weg» und so die Wahrheit und das Leben, d. h. die Offenbarung und das Heil nennt, und daß nach Pfingsten die Verkündigung seines Namens und der Glaube an ihn offenbar weithin ebenso absolut als «dieser Weg» bezeichnet wurde (Act. 9, 2; 22, 4; 24, 14 vgl. 2. Petr. 2, 2). Eine Unterbrechung dieses Zusammenhangs, also eine Feststellung oder Voraussetzung wirklicher Gotteserkenntnis abseits dieses Weges, ohne göttliche Willenskundgebung oder ohne die entsprechende menschliche Willensentscheidung, dürfte sich im Raum des biblischen Zeugnisses von Gott schwerlich nachweisen lassen. Wo Gott sich dem Menschen in seiner *benevolentia* zu erkennen gibt und wo der Mensch vor ihm steht als der diese *benevolentia* als solche Erkennende und also durch sie Bestimmte und also ihr Gehorsame, da und nur da findet statt: der Vollzug wirklicher Gotteserkenntnis.

Wir fassen zusammen: Wir sind ausgegangen davon, daß wir es zu tun haben mit dem Problem der an Gottes Wort gebundenen Gotteserkenntnis. Sie in ihrem Vollzug zu verstehen war die uns gestellte Aufgabe. Wir haben zunächst festgestellt: sie ist als solche gegenständliche und gerade so wirkliche Erkenntnis; sie fällt mit Gott selbst nicht zusammen, sondern sie hat in Gott ihren Gegenstand. Sie ist nämlich die Erkenntnis des Glaubens, in welchem Gott dem Menschen Gegenstand wird. Ein besonderer, sich selbst und den erkennenden Menschen aussondernder, heiligender Gegenstand, haben wir gesehen, sodaß Erkenntnis Gottes notwendig als ein im Zusammenhang des sonstigen Geschehens hervorgehobenes Ereignis verstanden werden muß. Es geschieht aber, so sahen wir weiter, diese Vergegenständlichung Gottes je konkret im Gebrauche eines Mittels, in der Annahme einer Hülle, in Gestalt eines Werkes Gottes und es geschieht also die Erkenntnis Gottes darin, daß der Mensch von diesem Mittel Gebrauch macht. Es ist aber wiederum dieses Mittel und also diese mittelbare Erkenntnis Gottes nicht gelöst zu denken von der Gnade, in der Gott als der Herr über dieses Mittel verfügt, sich dieses Mittels bedient und selber die Kraft dieses Mittels ist: es kann also die Erkenntnis Gottes nur als Geschenk und Empfang dieser freien Gnade Gottes verstanden werden. Und endlich: weil und indem Gott selbst in diesem Akte seiner freien Gnade sich selbst zu unserem Gegenstande und uns zu Erkennenden seiner selbst macht, darum kann die Erkenntnis dieses Gegenstandes nicht in Neutralität, sondern nur in unserem Verhältnis zu diesem Akt, also selber nur in einem Akt und also nur in der Entscheidung des Gehorsams ihm gegenüber vollzogen werden.

Und nun blicken wir auf den Anfang zurück: Dies Alles ist, zunächst vom Menschen her gesehen, der Vollzug der an Gottes Wort gebundenen Erkenntnis Gottes. Von der so gebundenen Erkenntnis haben wir eingangs gesagt, daß weder nach ihrer Wirklichkeit noch auch nach ihrer Möglichkeit von außen her gefragt werden könne. Von ihr haben wir gesagt, daß wir uns hinsichtlich ihrer Wirklichkeit wie hinsichtlich ihrer Möglichkeit einfach an ihren Vollzug zu halten, daß wir beide von innen zu verstehen haben. Dazu haben wir nur einen ersten Schritt getan. Wir werden sie noch in einem vor uns liegenden **zweiten** Schritt, aber dann nicht vom Menschen, sondern von Gott her zu verstehen haben. — Das dürfte doch schon nach diesem ersten Schritt klar sein: daß wir uns keiner willkürlichen Verabsolutierung einer menschlichen Position schuldig gemacht haben, wenn wir die so **gebundene** Gotteserkenntnis dadurch von anderer angeblicher oder wirklicher Gotteserkenntnis abgegrenzt haben, daß wir ein anderes Verstehen ihrer Wirklichkeit und Möglichkeit als dieses **von innen nach außen** gehende abgelehnt haben. Selbstverständlich ist auch diese gebundene Gotteserkenntnis eine menschliche Position, formell: eine menschliche Behauptung, materiell: eine menschliche These wie eine andere, an die als solche jene Frage von außen zu richten nicht nur erlaubt, sondern auch geboten zu sein scheint. Es kann sich nicht darum handeln, dieser menschlichen Position als solcher einen besonderen Rechtstitel, eine besondere Überlegenheit und Sicherheit anderen menschlichen Positionen gegenüber zuzuschreiben. Sie nimmt eine solche auch nicht in Anspruch. Sie ist darin sogar anspruchsloser als alle anderen menschlichen Positionen: daß sie sich ohne Rechtstitel, ohne Nachweis ihrer Überlegenheit und Sicherheit, ja sogar ohne Nachweis auch nur ihrer Gleichberechtigung einfach neben jene stellt. Aber wiederum: keine Anspruchslosigkeit, in der wir die Position der so gebundenen Gotteserkenntnis als eine menschliche Position beziehen und vertreten, könnte nun etwa umgekehrt Grund und Anlaß sein, das Wesen und die Natur dieser Position mißzuverstehen oder um der notwendigen Demut willen umzudeuten in das Wesen und die Natur irgend einer anderen menschlichen Position. Dieser menschlichen Position, der an Gottes Wort gebundenen Gotteserkenntnis, ist es nun einmal wesentlich, daß sie sich nach ihrer Wirklichkeit und Möglichkeit von außen her nicht fragen lassen, daß sie auf alle von außen kommenden Fragen nur mit dem Hinweis auf ihren Vollzug oder vielmehr nur mit ihrem Vollzug selbst antworten, daß sie nach außen nur ihre eigene Tatsächlichkeit für sich selber sprechen lassen kann. Diese menschliche Position müßte schon umgedeutet, verraten und schließlich geräumt werden, wenn etwas Anderes stattfinden sollte. Sie kann gerade nur so bezogen, vertreten und gehalten werden. Das ist es, was gegenüber allen von anderen menschlichen Positionen her kommenden Klagen über die Selbstgenügsamkeit und den Hochmut, der hier walte, über die Zweideutigkeit des Problemabweises, der hier stattfinde, über die «Gefahren» der Isolierung und der Illusion, in die man sich hier begeben habe, immer wieder freundlich aber nachdrücklich geltend gemacht werden muß. Das werden aber auch die, die diese menschliche Position vertreten und halten wollen, sich selbst nicht genug einschärfen können. Man kann diese Position räumen — von innen gesehen wird zwar sofort zu sagen sein, daß man sie faktisch nicht räumen kann — man kann sie aber auf keinen Fall anders vertreten und halten, als in Form einer Darstellung ihrer Wirklichkeit und Möglichkeit von innen her und also unter Verzicht auf eine Begründung ihrer Wirklichkeit und Möglichkeit von außen her. «Von außen her» würde ja bedeuten: von einem menschlichen Ort her, wo dem menschlichen Sehen, Verstehen und Beurteilen die Wahrheit, Würde und Kompetenz zukäme über die Wirklichkeit und Möglichkeit dessen, was hier geschieht, Richter zu sein. Das ist es aber, was durch das innere Verständnis dessen, was hier geschieht, wie wir es nun wenigstens in einem ersten Schritt gewonnen haben, ausgeschlossen ist. Wir haben die an Gottes Wort gebundene Erkenntnis Gottes schon jetzt verstehen müssen als ein schlechterdings nicht durch den Menschen, sondern schlechterdings durch Gott als seinen Gegenstand bestimmtes Geschehen. Gott unterscheidet sich in diesem Geschehen vom Menschen. Gott unterscheidet dieses Geschehen aber auch von allem anderen Geschehen. Gottes Werk ist das Mittel dieses Geschehens und das so, daß Gott, sofern es zu diesem Geschehen kommt, der Wirkende seines Werkes ist und bleibt. Und es ist, wenn es zu diesem Geschehen kommt, der Mensch selbst schon in dieses Geschehen einbezogen, schon auf einen dem Wege Gottes parallelen Weg gebracht und also in die Unmöglichkeit versetzt sich selbst, — sich dem Gerichteten! — ein Richteramt gegenüber diesem Geschehen zuzuschreiben. Ist die an Gottes Wort gebundene Gotteserkenntnis Glaubenserkenntnis, und haben wir sie als solche in unserer Analyse richtig dargestellt — wie sollte dann nachträglich doch wieder ein menschliches Gericht über dieses Geschehen anerkannt werden können? Was wird das Anderes bedeuten, als daß die schlechthinige Herrschaft Gottes als des Erkannten über den menschlichen Erkennenden nachträglich doch wieder geleugnet würde? Das ists aber, was nicht geschehen darf: weder aus dem Bedürfnis, die menschliche Position der an Gottes Wort gebundenen Gotteserkenntnis menschlich zu sichern, noch auch aus Demut gegenüber den anderen menschlichen Positionen.

2. GOTT VOR DEM MENSCHEN

Wir haben die an Gottes Wort gebundene Erkenntnis Gottes zunächst von ihrer menschlichen Seite aus zu verstehen gesucht. Wie Menschen dazu kommen, von Gott zu reden und zu hören, das wollten wir ja in Erfahrung bringen. Wir haben uns darum veranschaulicht, wie der Mensch im Vollzug dieser Erkenntnis vor Gott steht. Aber eben diese Analyse hat uns nun auf der ganzen Linie gezeigt, daß das Stehen des Menschen vor Gott, in welchem diese Erkenntnis wirklich wird, und damit auch dieses Wirklichwerden selber durchwegs nur als ein zweiter Akt verstanden werden kann, dem ein erster überlegen, als seine Voraussetzung, Bestimmung und Begrenzung vorangeht, daß jener zweite Akt sich nur in Bestätigung und Anerkennung dieses ersten Aktes vollziehen kann. Dieser erste Akt besteht aber darin, daß Gott vor dem Menschen steht. Darin wird ja Gotteserkenntnis wirklich als Glaubenserkenntnis: daß Gott den Menschen zum Glauben erweckt: dadurch und darin, daß er sich ihm zeigt als Gegenstand und dadurch und darin, daß er ihm für sich selbst in dieser seiner Gegenständlichkeit die Augen öffnet. Damit und so kommt der Mensch vor Gott zu stehen, in die Lage Gott wahrzunehmen, anzuschauen und zu begreifen, Gott von sich selbst und sich von Gott zu unterscheiden, Gott mit sich selbst und sich mit Gott zu verbinden. Ginge Gott nicht voran, stünde Gott nicht vor dem

Menschen, damit der Mensch vor Gott stehe, wie sollte dieser hier auch nur einen einzigen Schritt tun können? Daß Gott gegenständlich ist und also in Wahrheit erkannt werden kann, daß er dem Menschen begegnet, und zwar so begegnet, daß auch der Mensch ihn erkennen kann und so, daß Gott auch in dieser Begegnung Gott ist und bleibt und gerade so den Menschen wirklich zum Erkennen seiner selbst erhebt — das Alles ist ganz und gar Gottes eigenes Sein und Werk, dem der Mensch immer nur folgen kann. Wollen wir uns veranschaulichen, was der Mensch ist und tut, indem er Gott erkennt, so müssen wir uns Schritt für Schritt veranschaulichen, wer der Gott ist und was der Gott tut, den er erkennt. Wollen wir sehen, wie der Mensch vor Gott steht, so müssen wir auf der ganzen Linie sehen, wie Gott vor dem Menschen steht. Wollen wir wissen um den **Vollzug** dieser Erkenntnis, so müssen wir uns ganz und gar an ihren **Inhalt** halten. Wir können also schon jetzt sehen, daß die Lehre von der Erkenntnis Gottes nicht etwa ein selbständiges Prolegomenon zu der eigentlichen Lehre von Gott bildet, sondern selber schon zu der Lehre von Gott gehört, weil sie entscheidend nur in einer Darstellung des Seins und Tuns Gottes bestehen kann. Es geht aber um die besondere Bestimmtheit des Seins und Tuns Gottes, sofern dieses nicht nur der Realgrund ist, auf den alles menschliche Reden und Hören von Gott bezogen ist, sondern als dieser Realgrund auch der Erkenntnisgrund, von dem alles menschliche Reden und Hören von Gott herkommt. — Wir untersuchen nun den Vollzug der an Gottes Wort gebundenen Erkenntnis Gottes in einem zweiten Gang unter ausdrücklicher Voranstellung dieses Gesichtspunktes.

Im Leitsatz unseres § wurde als Inhalt der Erkenntnis Gottes angegeben: «die Existenz dessen, den wir darum über Alles fürchten müssen, weil wir ihn über Alles lieben dürfen, der uns darum Geheimnis bleibt, weil er selber sich uns so klar und gewiß gemacht hat». Das ist Gott vor dem Menschen, Gott wie er dem Menschen begegnet und am Menschen handelt laut der an Gottes Wort gebundenen Erkenntnis Gottes. Das ist der Gott, der im Vollzug dieser Erkenntnis dem Menschen vorangeht, dem der Mensch im Vollzug dieser Erkenntnis nur nachfolgen kann. Daß er der ist, der über Alles zu fürchten und über Alles zu lieben, und zwar darum über Alles zu fürchten ist, weil er über alles zu lieben ist, das scheint freilich auf den ersten Blick mit der Begründung seiner Erkenntnis durch den Menschen nichts zu tun zu haben. In Wirklichkeit ist gerade dies, daß er dieser ist, entscheidend und bestimmend für Alles, was über seine Erkenntnis durch den Menschen zu sagen ist. Eben mit der Überlegung, daß er dieser und kein anderer ist, müssen wir hier den Anfang machen.

Gott ist der, den wir **über Alles lieben dürfen**. Als dieser über Alles zu Liebende existiert Gott, ist er Gegenstand unserer Erkenntnis.

Gebunden an Gottes Wort werden wir nicht widersprechen können. Das heißt ja an Gottes Wort gebunden sein: daß wir den, der dieses Wort zu uns spricht, über Alles lieben dürfen. Wir betonen: d ü r f e n. Die Bindung zur Liebe Gottes ist zuerst und vor Allem eine Erlaubnis, eine Befreiung, eine Autorisierung. Wir würden dem Wort Gottes noch nicht oder nicht mehr glauben und trauen und auch unser Gehorsam ihm gegenüber würde noch nicht oder nicht mehr Glaubensgehorsam und also noch nicht oder nicht mehr wirklicher Gehorsam sein, wenn unsere Liebe zu Gott nicht das Gebrauchmachen von diesem Dürfen, wenn Gott uns nicht der wäre, den wir lieben dürfen, so lieben, wie wir niemand und nichts sonst lieben dürfen. Wer oder was es immer sein möchte, mit dem wir anders dran wären als so, daß wir ihn über Alles lieben dürfen, daß wir ihm gegenüber diese Freiheit haben ihn zu lieben — der oder das wäre jedenfalls noch nicht oder nicht mehr Gott, dessen Erkenntnis müßte also auch von der Erkenntnis Gottes wohl unterschieden werden. Es darf also die Problematik der Erkenntnis aller der Gegenstände, denen gegenüber wir anders dran sind als so, nicht in die Untersuchung der Erkenntnis Gottes hineingetragen werden, sondern es muß diese Untersuchung davon ausgehen, daß Gott der ist, mit dem wir so und nicht anders dran sind. Das Dürfen, um das es sich handelt, ist aber ein dreifaches: Es besteht e i n m a l darin, daß Gott in sich selber der ist, der unserer Liebe wert, und zwar so wie niemand und nichts sonst wert ist, sodaß wir, indem wir ihn lieben, keine Enttäuschung zu erwarten haben. Das Dürfen besteht s o d a n n darin, daß Gott uns sich selbst bekannt macht und darbietet, so daß wir ihn faktisch lieben können als den, der so für uns da ist, daß es offenbar ist: er selbst will von uns geliebt werden, indem er uns Grund und Anlaß bietet, dies zu tun. Und es besteht e n d l i c h darin, daß Gott in uns selber die Möglichkeit, d. h. die Willigkeit und Bereitschaft schafft, ihn zu lieben, so daß auch auf uns gesehen kein Hindernis besteht, daß dies tatsächlich geschehe. Lieben heißt aber: sich selbst nicht mehr sein und haben wollen ohne den geliebten Gegenstand. Man sieht: im Vollsinn des Begriffes kann Liebe, weil in ihr unsere ganze Existenz auf dem Spiel steht, nur diesem, nur dem Gegenstand gegenüber in Betracht kommen, der in sich so beschaffen ist, daß er uns einladen und auffordern kann, unsere Existenz aufs Spiel zu setzen — nur dem Gegenstand gegenüber, der diese Einladung und Aufforderung tatsächlich an uns ergehen läßt — nur dem Gegenstand gegenüber, der uns tatsächlich in Bewegung setzt, dieser Einladung und Aufforderung nachzukommen. Gott ist eben dieser Gegenstand. Ihn dürfen wir lieben; ihm gegenüber dürfen wir unsere Existenz aufs Spiel setzen. Ihm gegenüber gilt in jenem dreifachen Sinn: «Wenn ich nur dich habe, so frage ich nichts nach Himmel und Erde!» (Ps. 73, 25).

Aber eben weil das gilt, eben weil Gott der ist, von dem das gelten darf, müssen wir nun fortfahren: Gott ist der, den wir **über Alles fürchten müssen.** Wir müssen ihn darum über Alles fürchten, weil wir ihn über Alles lieben dürfen. Wieder werden wir, an Gottes Wort gebunden, nicht wohl widersprechen können. **Die Furcht, die nicht in der Liebe ist, die Furcht, die durch die völlige Liebe ausgetrieben wird** (1. Joh. 4, 18) ist gerade nicht die Furcht, mit der wir Gott über Alles fürchten müssen, sondern eine Furcht, in der wir Andere und Anderes fürchten als den, den wir über alles lieben dürfen. Eine solche Furcht wird durch die Liebe allerdings ausgetrieben, eine solche Furcht kann in der Liebe nicht sein. An Gottes Wort gebunden sein, heißt aber nach dem ganzen Alten und Neuen Testament zweifellos: daß wir den, der dieses Wort zu uns spricht, über Alles fürchten müssen. Wir betonen jetzt: **müssen.** Die Bindung in die Furcht Gottes ist — jetzt muß auch das gesagt werden — ein Befehl, eine Gefangennahme, eine uns widerfahrende Enteignung, und zwar eine solche, die gerade von daher ihren Ernst und ihre Kraft hat, daß Gott der ist, den wir über Alles lieben dürfen. Wieder wäre da kein Glauben und Trauen dem Wort Gottes gegenüber, kein Glaubensgehorsam und also überhaupt kein Gehorsam, wo man Gott nicht fürchten müßte. Und wer oder was immer es sein möchte, dem gegenüber wir anders dran wären, den wir nicht über Alles fürchten müßten, den wir vielleicht fürchten, vielleicht auch nicht fürchten könnten — der oder das wäre noch nicht oder nicht mehr Gott, dessen Erkenntnis würde, wie real sie immer in sich sein möchte, nimmermehr die Erkenntnis Gottes sein. Und wieder ist zu warnen: man darf die Problematik der Erkenntnis eines Gegenstandes, den wir nicht über Alles fürchten müssen, nicht in die Untersuchung der Erkenntnis Gottes hineintragen; man darf diese Untersuchung nicht belasten durch Fragen und Schwierigkeiten, die dort bedeutsam sein mögen, hier aber, hinsichtlich der Erkenntnis dessen, der über Alles zu fürchten ist, gar nicht bedeutsam werden können. Das Müssen, von dem wir reden, ist wieder ein dreifaches: Es besteht **einmal** darin, daß Gott in sich selber furchtbar ist, so daß wir nicht der Meinung sein können, daß es vor ihm ein Entrinnen geben könnte. Es besteht **sodann** darin, daß Gott uns furchtbar begegnet, daß er so für uns da ist, daß es offenbar ist: er selber will, daß wir ihn fürchten, indem er selbst uns Grund und Anlaß dazu bietet. Und es besteht **endlich** darin, daß Gott uns selber die Augen und Ohren öffnet für seine Furchtbarkeit, so daß unsere Furcht vor ihm zum Ereignis wird. Und das alles so, daß der, den wir über Alles fürchten müssen, kein anderer ist als eben der, den wir über Alles lieben dürfen. Das alles so, daß zwischen Liebe und Furcht kein Widerspruch, sondern der engste und notwendigste, wenn auch ein ganz bestimmter und unumkehrbarer Zusammenhang besteht. Eben indem wir ihn in jenem dreifachen Sinn lieben dürfen, müssen wir ihn auch fürchten in diesem dreifachen Sinn. Eben indem wir die Erlaubnis, die Befreiung, die Autorisierung haben, ihn über Alles zu lieben, empfangen wir auch den Befehl, widerfährt uns auch die Gefangennahme und Enteignung, in der wir ihn fürchten müssen: fürchten als den, der uns jene Erlaubnis, Befreiung und Autorisierung nicht schuldig ist, sondern, der, indem er sie uns gibt, ein Recht über uns bekommt, dem wir weder vorläufig noch nachträglich einen Anspruch entgegenzustellen haben — und fürchten als den, den zu lieben wir vielleicht, obwohl Alles dazu bereit ist, versäumen und unterlassen könnten. Eben weil der, der Gott liebt, weiß, daß das ein Dürfen ist, das er sich als solches nicht genommen hat, sondern das ihm gegeben ist, eben weil er weiß, daß Gott ihn zuvor geliebt hat, damit er ihn in jenem dreifachen Sinn wieder lieben dürfe, — eben darum wird er ihn fürchten als den, ohne den er nicht lieben dürfte, und als den, den nun dennoch nicht zu lieben sein eigenes Ende mit Schrecken bedeuten müßte. Denn das bedeutet Fürchten im Vollsinn des Begriffes: von jemand oder von etwas die Aufhebung seiner Existenz erwarten müssen. Wo es sich um weniger als das handelt: nicht um diese Erwartung und nicht um den, von dem man das notwendig erwarten muß, da fürchten wir uns noch nicht wirklich. Was wir nicht über Alles fürchten, das fürchten wir eigentlich gar nicht. Um dieses Fürchten kann es sich aber nur bei dem Gegenstand handeln, den wir über Alles lieben dürfen. Ihn haben wir insofern über Alles zu fürchten, weil wir von ihm, wenn wir ihn nicht lieben dürften, und wenn wir ihn nicht lieben würden, die Aufhebung unserer Existenz zu erwarten hätten. Ihn müssen wir also fürchten, gerade weil wir ihn lieben dürfen. Dieser Gegenstand ist Gott. Wie könnten wir vor ihm stehen im Besitz der Freiheit, ihn zu lieben, ohne zu bedenken, daß sie sein ungeschuldetes Geschenk ist und daß es gilt, von diesem Geschenk Gebrauch zu machen? Eben in diesem Bedenken haben wir Gott zu fürchten. Wäre uns jene Freiheit nicht geschenkt — und sie könnte uns auch nicht geschenkt sein — oder würden wir keinen Gebrauch von ihr machen — und wann hätten wir nicht Anlaß, uns zu fragen, ob und inwiefern wir das tun? — dann müßte es unser Verderben bedeuten, vor Gott zu stehen. So steht Gott vor dem Menschen als der, den er lieben darf und fürchten muß — über Alles und also wirklich lieben darf und wirklich fürchten muß, lieben darf und lieben muß so wie es sonst kein Lieben und Fürchten und auch kein Dürfen und Müssen gibt.

Wir haben an dieser Stelle die beiden Begriffe Furcht und Liebe aufgenommen, die Luther im Kleinen Katechismus zunächst zur Umschreibung des ersten Gebots und dann als Leitbegriffe zur Erklärung aller übrigen Gebote gebraucht hat. Er meinte offenbar den normalen Stand des Menschen Gott gegenüber und damit doch auch Gott selber in seinem Gegenüber zum Menschen nicht besser bezeichnen zu können als gerade so: «Wir sollen Gott fürchten und lieben». Er hat beim ersten Gebot noch einen dritten Begriff hinzugefügt, der nachher nicht wiederkehrt: «fürchten, lieben und vertrauen». Der Zusatz zeigt, daß Luther als den Inhalt des ersten Gebots nichts Anderes verstanden wissen wollte als eben die Forderung des Glaubens und darum als den Gott, von dem schon dort die Rede ist, doch wohl keinen anderen als den Gott, der uns in Jesus Christus offenbar ist. Welchen anderen Gott sollte man denn auch ernstlich fürchten und lieben können? Das konkrete L e b e n im Vertrauen zu diesem Gott und also im Gehorsam ihm gegenüber ist dann das Leben in der Furcht und in der Liebe ihm gegenüber. In dieser doppelten Haltung, die offenbar als eine Bewegung, und zwar nach Luther offenbar als die Bewegung von der Furcht zur Liebe zu verstehen ist, kommt es zum Halten der Gebote. Es dürfte nun auch im Sinne Luthers berechtigt sein, Gott als den zu verstehen, durch den der Mensch, dem er begegnet, in diese doppelte Haltung und also in diese Bewegung versetzt wird. Aber gerade wenn wir nach diesem Gott fragen, wenn es dabei bleiben soll, daß es sich dabei um den Gott handelt, der uns in Jesus Christus offenbar ist, und wenn wir dann von da aus wieder auf den Menschen zurückblicken, dann muß die Bewegung des Menschen doch eigentlich gerade umgekehrt als bei Luther beschrieben werden: es muß die Furcht auf die Liebe f o l g e n und nicht umgekehrt; es muß die Liebe als der Grund der F u r c h t genannt und verstanden, und es muß die Furcht aus der L i e b e erklärt werden — nicht irgend eine Furcht aus irgend einer Liebe, aber die Furcht Gottes aus der Liebe zu Gott. Dann erst versteht man, daß und warum es zur Furcht Gottes kommen kann und muß, und dann erst, daß und warum die Furcht Gottes neben der Liebe zu Gott in der ganzen heiligen Schrift (wirklich auch im Neuen Testament!) ihre Stelle behält und daß es d i e s e Stelle ist: keine selbständige Stelle, keine solche, von der her die Liebe dann doch wieder bedroht würde, keine Stelle, von der her die Angst wieder hereinbrechen könnte in das Leben dessen, der Gott nach dem ersten Gebot über alle Dinge vertraut — wohl aber die Stelle, von der her die Liebe bestimmt und begrenzt wird durch die Erinnerung, daß sie in der Liebe Gottes zu uns begründet und daß sie dieser verantwortlich ist. Die von der Furcht Gottes begleitete und durch sie bestimmte und begrenzte Liebe wird in der Wahrheit bleiben, ohne darum weniger Liebe zu sein; sie wird gerade darin echte, gewaltige Liebe sein, daß sie in der Wahrheit bleibt, das heißt, daß sie alle falsche Furcht austreibt und darin verharrt, Gott über Alles zu lieben. Eben dafür sorgt aber die sie begleitende bestimmende und begrenzende Furcht Gottes. Wie sollte sie aber wirklich von der Furcht Gottes begleitet, bestimmt und begrenzt werden, wenn diese nicht fort und fort aus der Liebe als aus ihrer eigenen Wurzel wüchse? Wie sollte eine andere, eine aus irgend einer zweiten und dann doch wohl trüben Quelle kommende Furcht diese heilsame Kraft haben und also der Erwähnung im Katechismus überhaupt wert sein? Weil es derselbe Gott ist, von dem her es wahr ist, daß wir ihn über Alles lieben dürfen — und ebenso wahr, daß wir ihn über Alles fürchten müssen, ja weil er der ist, den wir darum über Alles fürchten müssen, weil wir ihn über Alles lieben dürfen, darum hat die Furcht Gottes diese heilsame Kraft, darum ist gerade und allein die von der Furcht Gottes begleitete, bestimmte und begrenzte Liebe echt und gewaltig. Dies ist der Grund, weshalb wir die beiden Begriffe lieber umgekehrt gestellt sehen möchten, als es in Luthers Katechismus der Fall ist.

Wenn das verstanden ist, daß der Inhalt der an Gottes Wort gebundenen Erkenntnis Gottes die Existenz dessen ist, den wir darum über Alles fürchten müssen, weil wir ihn über Alles lieben dürfen, dann sollte uns hinsichtlich des Vollzuges dieser Erkenntnis zunächst der Punkt einsichtig werden, mit dem wir den ersten Gang unserer Untersuchung geschlossen haben: Erkenntnis Gottes kommt zustande im G e h o r s a m gegen Gott — nicht in einem sklavischen, sondern in einem kindlichen, nicht in einem blinden, sondern in einem sehenden, nicht in einem erzwungenen, sondern in einem freien Gehorsam — aber eben darum, gerade so im wirklichen Gehorsam! Weil dem so ist, darum ist diese Erkenntnis so undiskutabel; darum ist sie eine so befestigte Stellung: befestigt nicht nur gegenüber Dritten, die sie als menschliche Position von anderen menschlichen Positionen her anzuzweifeln und angreifen möchten, sondern befestigt vor allem auch gegenüber dem Erkennenden selbst. Indem er dem Gegenstand seiner Erkenntnis im Gehorsamsverhältnis gegenübersteht, anerkennt und bestätigt er, daß der Vollzug dieser Erkenntnis unabhängig von seinem Wählen und Wollen in der Bindung an Gottes Wort erfolgt, begibt er sich also der Möglichkeit, sich der Erkenntnis dieses Gegenstandes entweder überhaupt zu entziehen oder sie anders vollziehen zu wollen als dieser Gegenstand selbst es verlangt. Es ist aber auch dieser Gehorsam selbst durch diesen Gegenstand nicht nur hervorgerufen, sondern bestimmt; er kann also kein anderer als eben jener kindliche, sehende, freie Gehorsam sein: der Gehorsam, der in der Furcht Gottes erfolgt, die in der Liebe zu Gott wurzelt. Weil wir Gott lieben dürfen, d a r u m müssen wir ihn fürchten, d a r u m wollen und werden wir ihm gehorchen — d a r u m bedeutet dieses Geschehen dann aber auch jene Befestigung unserer Erkenntnis Gottes allen Dritten und vor allem uns selbst gegenüber. Man braucht bloß jenen Zusammenhang zwischen Dürfen und Müssen richtig zu sehen, um dann auch zu verstehen, wie es kommt, daß wir in der Erkenntnis Gottes aus jeder Neutralität diesem Gegenstand gegenüber sofort und endgültig herausgerissen werden, und wie dann umgekehrt unsere Erkenntnis Gottes zu einer Position wird, die den verschiedenen menschlichen Positionen, die Dritte oder auch wir selbst ihr gegenüber beziehen wollen könnten, neutral, nämlich in der Neutralität völliger Überlegenheit und Unangreifbarkeit gegenübersteht. In der von der Furcht Gottes begleiteten, bestimmten und begrenzten Liebe zu Gott geschieht es eben, daß uns einerseits unsere Neutralität genommen und daß andererseits die Position unserer Gotteserkenntnis die ganze Neutralität der Überlegenheit und Unangreifbarkeit Gottes selbst bekommt.

Es handelt sich um das, was Paulus Röm. 1, 5; 16, 26 die ὑπακοὴ πίστεως und 2. Kor. 10, 5 die ὑπακοὴ τοῦ Χριστοῦ genannt hat, was Act 6, 7 ὑπήκουον τῇ πίστει heißt. Πίστει καλούμενος Ἀβραὰμ ὑπήκουσεν (Hebr. 11, 8). Gehorsam wird die rechte Entscheidungen gegenüber dem Evangelium auch Röm. 6, 17; 10, 16; 2. Thess. 1, 8 genannt; daß sie allezeit gehorsam gewesen seien, wird Phil. 2, 12 jener Gemeinde nachgerühmt; τέκνα ὑπακοῆς heißen die Christen 1. Petr. 1, 14 und die Beschreibung der «auserwählten Fremdlinge» 1. Petr. 1, 1—2 lautet: nach der Vorherbestimmung Gottes des Vaters, in der Heiligung durch den Geist, εἰς ὑπακοὴν καὶ ῥαντισμὸν αἵματος Ἰησοῦ Χριστοῦ. Eine Verdrängung oder auch nur eine Ergänzung des Begriffes des Glaubens durch den des Gehorsams kann die Meinung aller dieser neutestamentlichen Stellen gewiß nicht sein. Wiederum betreffen sie alle viel zu zentral die Grundstellung des Menschen in seinem Verhältnis zu dem ihm Verkündigten, als daß man unter «Gehorsam» irgend etwas beiläufig neben dem Glauben Hergehendes verstehen könnte. Was bleibt dann aber übrig, als darunter den Glauben selbst zu verstehen, sofern er als «Trauen des Herzens» vor irgend einem anderen Trauen des Herzens nun doch darin unterschieden ist, daß es in dem von dem Dürfen der Liebe zu Gott unabtrennbaren Müssen der Furcht Gottes begründet ist? Ist der Glaube wirklich der Akt, in welchem der Mensch im Blick auf den in Jesus Christus ihm offenbaren Gott von jenem Dürfen Gebrauch macht, wie sollte das dann anders geschehen als in dem jenes Dürfen um der Wahrheit willen so notwendig begleitenden, bestimmenden und begrenzenden Müssen? Um den kindlichen, den sehenden, den freien Gehorsam geht es in allen jenen Stellen und insofern eben um den Gehorsam des Glaubens. Wie sollte es angesichts des Gegenstandes, von dem sie reden, um einen anderen Gehorsam gehen können? Aber wiederum: wie sollte es diesem Gegenstand gegenüber nicht um Gehorsam gehen müssen? Wie sollte die Liebe ohne Furcht sein können? Wie sollte sie als Liebe in der Furcht nicht Gehorsam sein müssen?

Also: wo Gott vor dem Menschen steht als der, der seinen Glauben weckt, schafft und erhält, wo Gott sich dem Menschen darbietet als Gegenstand und Inhalt der Erkenntnis seines Glaubens, da tut er es in diesem Sein und Tun — als der, den wir darum über Alles fürchten müssen, weil wir ihn über Alles lieben dürfen, und ebenso als der, der unsere Erkenntnis seiner selbst weckt, schafft und erhält als Werk des Gehorsams und eben damit als ein nicht mehr anfechtbares, auch von uns selbst nicht mehr anfechtbares Werk. Die Liebe in der Furcht, die dieser Gegenstand notwendig hervorruft, wird uns aus der Erkenntnis dieses Gegenstandes nie herausfallen lassen. Sie hält uns mit ihm zusammen, und zwar in der Weise zusammen, die durch die Natur und das Wesen dieses Gegenstandes gefordert ist. Von ihr her wird Erkenntnis Gottes immer wieder wirklich sein, weil sie selbst von dem wirklichen Gott her ist. In ihr sind wir in den Kreislauf gestellt, in welchem es keinen Unterbruch gibt, in welchem wir nur weitergehen können und werden: vom Glauben zum Glauben, von Erkenntnis zu Erkenntnis, nie mit uns selbst, das heißt nie mit unserem eigenen Vermögen zum Glauben und zur Erkenntnis anfangend, aber darum auch nie mit uns selbst, das heißt mit unserem Unvermögen zum Glauben und zur Erkenntnis aufhörend.

Aber nun haben wir in unserem Leitsatz noch ein zweites Begriffspaar namhaft gemacht: Derselbe Gott, den wir darum über Alles fürchten müssen, weil wir ihn über Alles lieben dürfen, ist auch der, der uns darum Geheimnis bleibt, weil er selber sich uns so klar und gewiß gemacht hat. Wir haben eben gesehen: daß Gott der ist, den wir lieben dürfen und fürchten müssen, das hat für das Problem der Erkenntnis Gottes durch den Menschen auch eine selbständige Bedeutung: für deren Begründung und Erhaltung nämlich, sofern der in Furcht zu Liebende das Problem dieser Erkenntnis zu einem Problem des Gehorsams, die Erkenntnis seiner selbst zu einer durch sein Wesen und seine Natur notwendig werdenden Entscheidung macht. Aber nun greift die Bedeutung dieser Sache über auf die Form und Gestalt dieser Erkenntnis, weil sie im Zusammenhang steht mit der durch das zweite Begriffspaar angedeuteten anderen

Ordnung: mit der Ordnung, in der die Klarheit und Gewißheit, in der Gott vor uns steht, auf der einen, das Geheimnis, indem er vor uns steht, auf der anderen Seite miteinander verbunden sind. Es entspricht der Liebe zu ihm, wie wir sie haben dürfen, die Klarheit und Gewißheit, in der er sich uns darbietet. Wie gäbe es jenes Dürfen, wenn er das nicht täte? Wie gäbe es Versöhnung, wenn sie nicht Offenbarung wäre? Glauben, Gebrauch machen von jenem Dürfen, heißt Gottes Offenbarung entgegennehmen und eben indem wir Gottes Offenbarung entgegennehmen, machen wir schon Gebrauch davon, daß wir ihn lieben dürfen. Es entspricht aber der Furcht, die wir vor ihm haben müssen, das Geheimnis, in welchem er sich uns darbietet. Wie gäbe es Versöhnung ohne Gericht, wie könnte also Offenbarung ohne Geheimnis sein? Glauben, Ernst machen mit jenem Müssen heißt: in Gottes Offenbarung Gottes Geheimnis erkennen und anerkennen. Und eben indem wir in Gottes Offenbarung Gottes Geheimnis erkennen und anerkennen, machen wir Ernst damit, daß wir ihn fürchten müssen. Das ist's, was wir zunächst im Einzelnen zu überlegen haben.

Wir beginnen auch hier mit dem Positiven: Gott ist der, der sich selber uns klar und gewiß gemacht hat. Man muß wirklich mit diesem Positiven anfangen. Alles, was über Gottes Geheimnis in seiner Offenbarung zu sagen ist, kann sich dazu, daß er uns offenbar ist, doch nur verhalten wie die Furcht zur Liebe. Das Geheimnis begleitet, bestimmt und begrenzt die Klarheit und Gewißheit, in der Gott sich uns darbietet. Aber es begleitet, bestimmt und begrenzt sie doch nur. Es handelt sich nicht um ein umkehrbares, sondern um ein unumkehrbares Verhältnis. Klarheit und Gewißheit hier und Geheimnis dort stehen sich nicht in logischer Gleichwertigkeit gegenüber. Sondern daß Gott sich uns zu erkennen gibt, und zwar klar und gewiß, völlig und genügsam zu erkennen gibt, das ist das Erste und Überlegene, dessen hier zu gedenken ist. Wieder würden wir aus der Bindung an Gottes Wort heraustreten, wenn wir es anders sehen und sagen wollten. Gebunden an Gottes Wort müssen wir mit seiner Existenz den Anfang machen, mit der Existenz Gottes nämlich, in der er sich selber uns klar und gewiß gemacht hat. Wir betonen: er sich selber. Die Bindung an seine Existenz, in der wir uns kraft der Bindung an sein Wort befinden, bedeutet ja nicht das, daß wir uns eine Klarheit und Gewißheit über seine Existenz irgendwie verschafft hätten und daß wir uns nun kraft der Zuversicht, in der wir auf diesen Vorgang zurückblicken, für an seine Existenz gebunden hielten. Wir halten uns nicht für gebunden, sondern wir sind gebunden. Und wie sind nicht gebunden, weil wir uns selbst mit mehr oder weniger Erfolg Klarheit und Gewißheit verschafft hätten, sondern dadurch, daß Gott selber sich uns so klar und gewiß gemacht hat: So klar — das ist das Kriterium — daß wir ihn lieben dürfen, d. h. daß wir nicht mehr ohne ihn sein können, daß wir uns selbst nicht mehr ohne ihn sein und haben wollen. Unsere eigene Existenz steht und fällt mit der Existenz Gottes und ist uns im Lichte der Existenz Gottes weniger, unendlich viel weniger klar und gewiß als seine Existenz. Im Lichte der Existenz Gottes! Also daraufhin, daß er selber sich uns klar und gewiß gemacht hat. Wären wir anders dran mit ihm als so, wären wir ohne Klarheit und Gewißheit über ihn, wäre uns seine Existenz ein Problem, wie die Existenz anderer Gegenstände uns ein Problem sein kann, dann würde bestimmt nicht Er vor uns stehen. Er würde aber auch dann nicht vor uns stehen, wir würden es auch dann nicht mit Gott zu tun haben, wenn uns seine Existenz etwa darum kein Problem wäre, weil wir uns Klarheit und Gewißheit über sie auf irgend einem Weg selber verschafft hätten und nun mit mehr oder weniger Zuversicht auf dieses gelungene Unternehmen zurückblicken könnten. Erkenntnis Gottes kann von der Erkenntnis seiner Existenz immer nur herkommen, in dem doppelten Sinn: daß wir diese Erkenntnis immer schon **haben** und daß wir sie **von Gott selbst** haben müssen, um ihn daraufhin zu erkennen. Daß er selber sich uns klar und gewiß macht, bedeutet aber Folgendes: Er ist und er zeigt sich uns als Gegenstand, und zwar so, daß er als solcher von uns angeschaut und begriffen werden kann als der Gegenstand, den wir über Alles lieben dürfen und eben darum über alles fürchten müssen. Gott sorgt also in seiner eigenen Existenz dafür, daß er uns in unserer Existenz nicht nur nicht verborgen bleibt, sondern so bekannt wird, daß wir unsere Existenz nur noch in jener Beziehung der Liebe und Furcht zu seiner Existenz erkennen, daß wir also seine Existenz nicht nicht erkennen können, sondern, uns selbst erkennend, auch ihn erkennen müssen. Er **sorgt dafür**: unsere Sache könnte es nicht sein, unsere Existenz in diese Beziehung zu setzen, so gewiß sie jene Beziehung der Liebe und der Furcht ist, die nur in ihrem Gegenstande begründet sein kann. Aber er **sorgt dafür**: er **ist** der, der über Alles zu lieben und zu fürchten ist und er **hat** sich selber tatsächlich auf unseren Plan gestellt, er **hat** damit unsere Existenz tatsächlich in jene Beziehung gebracht. Und er sorgt **so** dafür, daß wir an dieser Beziehung nichts ändern, daß wir sie so wenig aufheben können, wie wir sie gesetzt haben. Das heißt Offenbarung, sofern wir dabei an das denken, was in der heiligen Schrift als Offenbarung Gottes an den Menschen bezeugt ist. Die Anerkennung dessen, daß Offenbarung geschehen ist, ist der Glaube und die Erkenntnis, die mit der geschehenen Offenbarung anfängt, ist die Glaubenserkenntnis. Die Existenz Gottes ist für die Erkenntnis des Glaubens das durch die Klarheit und Gewißheit und in der Klarheit und Gewißheit der Existenz Gottes selbst in seiner Offenbarung **schon gelöste** Problem.

Aber eben weil dem so ist, eben weil Gott der ist, der sich uns selber so klar und gewiß macht, müssen wir nun fortfahren: Er ist der, **der** uns Geheimnis bleibt. Wie könnte und dürfte man jenes Positive sagen, ohne sofort auch von dieser Schranke zu reden? Nicht um jenes Positive nun doch zu negieren, also nicht um aus Klarheit nun doch wieder Unklarheit, aus Gewißheit nun doch wieder Ungewißheit zu machen, nicht um das seinem Wesen nach Problemlose nachträglich nun doch zu problematisieren, wohl aber um der notwendigen Bestimmung und Grenze zu gedenken, die uns damit gesetzt ist, daß der Erkannte Gott ist, wir aber die erkennenden Menschen sind. Erkennen wir ihn, daraufhin, daß er sich uns zu erkennen gibt in seiner Offenbarung, so erkennen wir ihn eben so in seinem Geheimnis.

«In seinem Geheimnis». Wir sagen damit nur das: daß wir ihn so erkennen, wie er selbst sich uns zu erkennen gibt. Wir sagen aber damit das Folgenschwere: so und nur so, in dieser Klarheit und Gewißheit und in keiner anderen. Daß wir Gott erkennen, ist sein und nicht unser Werk, und es ist die Klarheit und Gewißheit, in der wir ihn erkennen, seine eigene und nicht die unsere. Die Möglichkeit, auf Grund derer es wirklich wird, daß dies geschieht, ist seine, die göttliche Macht. Die Tatsächlichkeit, in der dies geschieht, ist die Tatsächlichkeit seines Willens und Beschlusses. Die Ordnung, in der dies geschieht, ist die freie Anordnung seiner Weisheit. Sollen und wollen wir uns Rechenschaft darüber geben, inwiefern dies geschieht, so können und wollen wir wohl uns selbst als die verstehen und bekennen, die hier Subjekt sein dürfen: uns selbst als die Gott Erkennenden also, um dann doch sofort damit fortzufahren, daß wir verstehen und bekennen: nur in unserem Zeugnis von Gott kann dies, daß wir die Subjekte seiner Erkenntnis sind, Ereignis werden; jede Aussage, die über uns als diese Subjekte zu machen ist, kann wahrheitsgemäß nur in Form von solchen Aussagen gemacht werden, in denen das Erkannte und also Gott selbst als das Subjekt der Erkenntnis Gottes angegeben wird. Anders denn als von Gott her ist hier eben nichts verständlich: weder die Möglichkeit noch die Tatsächlichkeit, in der wir Gott erkennen, weder die Ordnung, in der dies geschieht, noch auch das, daß es in jener undiskutablen Klarheit und Gewißheit geschieht. An Gottes Wort gebunden müssen wir schon hinsichtlich unserer Erkenntnis Gottes Gott selbst, und zwar Gott allein die Ehre geben. An Gottes Wort gebunden, können wir uns ja keine andere Erkenntnis Gottes zuschreiben als die des Glaubens, in welchem wir uns an sein Wort halten. Eben die Erkenntnis des Glaubens aber kann sich selbst keinen Augenblick und in keiner Hinsicht anders verstehen wollen, denn als die allein von Gott selbst her ermöglichte, verwirklichte und geordnete Erkenntnis. Eben in der Erkenntnis des Glaubens ist und bleibt uns Gott, indem er sich uns zu erkennen gibt, Geheimnis. Es wäre nicht Gott, der vor uns steht, wenn er nicht so vor uns stünde, daß er uns Geheimnis ist und bleibt. Geheimnis heißt: er ist und bleibt der, den wir nur erkennen, indem er sich zu erkennen gibt; er ist und bleibt das nur in seinem eigenen Lichte sichtbare und gesehene Licht. Die von der Furcht Gottes begleitete, bestimmte und begrenzte **Liebe** zu Gott wird es uns schlechterdings unmöglich machen, das zu leugnen und also von irgendwelchen Umkehrungen zu träumen: von irgend einer Erklärbarkeit unserer Erkenntnis Gottes aus sich selbst statt aus ihrem Gegenstand — von irgend einer Möglichkeit oder Tatsächlichkeit oder Ordnung unserer Erkenntnis Gottes, die nicht die von ihm selbst gesetzte wäre. Das heißt ja Gott lieben: daß wir uns selbst nicht mehr ohne ihn sein und haben, daß wir also nur in unserer von ihm selbst bestimmten und gewirkten Hinordnung zu ihm Subjekt sein wollen. Wie würden wir ihn lieben, wenn wir ihm irgendetwas von dem, was er an uns und für uns, ja an unserer Stelle tut, nehmen wollen könnten, um es uns selbst zuzuschreiben und anzueignen? Wer Gott liebt, der liebt ihn in dem **Geheimnis**, in welchem er sich uns zu erkennen gibt. Und das heißt ja Gott **fürchten**: daß wir schaudern vor der Möglichkeit, ihn nicht zu lieben: sei es, daß wir es nicht dürften, sei es, daß wir von diesem Dürfen keinen Gebrauch machten. Eben darin haben wir aber dieses Dürfen: daß Gott selber sich uns klar und gewiß macht. Und eben darin besteht unser Gebrauchmachen davon: daß wir ihn als den lieben, der sich von uns lieben läßt, indem er sich uns selber klar und gewiß gemacht hat. Wie würden wir Gott fürchten, wenn wir von diesem Dürfen abweichen wollten, um ihn dann in solcher Abweichung zu lieben? Als ob das dann immer noch die Liebe zu ihm wäre! Erkennen wir Gott in Liebe und Furcht und also im Gehorsam, dann wird eben damit dafür gesorgt sein, daß wir ihm die Ehre geben und uns also eingestehen, daß er uns Geheimnis bleibt, und daß wir ihn in Klarheit und Gewißheit eben in seinem **Geheimnis** und nicht anders erkennen. Denn wie sollte das einen Widerspruch bilden können: das Geheimnis, das er uns ist und bleibt, und: die Klarheit und Gewißheit, in der er sich zu erkennen gibt? Ebenso deutlich wie das Erste: daß wir Gott darum fürchten müssen, **weil** wir ihn lieben dürfen — ebenso deutlich ist offenbar das Zweite: daß er uns eben darum Geheimnis bleibt, **weil** er selber sich uns so klar und gewiß gemacht hat. Daß wir uns eingestehen: er bleibt uns Geheimnis, das ist geradezu das Kriterium dafür, daß wir zu denen gehören, denen er selbst sich klar und gewiß gemacht hat. Wäre dem nicht so, daß wir Gott erkennend seine Gnade preisen müssen, dann wäre uns seine Gnade wohl gar nicht widerfahren. Weil sie uns widerfahren ist, darum müssen wir sie preisen und zwar als **Gnade** preisen, sind wir also nicht in der Lage, an dem **Geheimnis** der Möglichkeit, Tatsächlichkeit und Ordnung unserer Gotteserkenntnis auch nur ein Jota abzustreiten. Wir müßten die Klarheit und Gewißheit der Offenbarung der Existenz Gottes für uns leugnen oder noch nicht oder nicht mehr kennen, wenn wir das Geheimnis, in welchem er für uns existiert, leugnen, oder nicht mehr, oder noch nicht kennen sollten.

Die biblischen Zusammenhänge, die wir bei dem Allem vor Augen haben müssen, sind diese: Wir lesen Joh. 1, 9, daß Jesus das wahrhaftige Licht genannt wird, das, in die Welt kommend, jeden Menschen erleuchtet. Darin und so hat Gott sich selbst in jener undiskutablen Weise klar und gewiß gemacht, daß das geschehen ist. «Das Leben war das Licht der Menschen» (1, 4) d. h. die Versöhnung war die Offenbarung. Eben das hören wir von Jesus selbst ausdrücklich bestätigt: «Ich bin das Licht der Welt. Wer mir nachfolgt, der wird nicht in der Finsternis wandeln, sondern wird das Licht des Lebens haben» (8, 12, vgl. 9, 5). Und: «Ich bin das in die Welt gekommene Licht, damit, wer an mich glaubt, nicht in der Finsternis bleibe» (12, 46). An ihn glauben und so das Leben haben, heißt gerade nach dem Johannesevangelium durchgehend: dieses Licht empfangen und also erkennen, nämlich Jesus Christus erkennen als den, der er ist — glauben und erkennen, daß er der Sohn Gottes ist (6, 69), und also in ihm den Vater, den Vater in ihm und so Gott erkennen. «Das ist das ewige Leben, daß sie dich, den allein wahren Gott, nämlich (καί!), den du gesandt hast, Jesus Christus, erkennen» (17, 3). Er ist der Weg, indem er die Wahrheit und so das Leben ist (14, 6). Denn: «Solange bin ich bei euch und du erkennst mich nicht, Philippus? Wer mich sieht, sieht den Vater. Wie sagst du denn: Zeige uns den Vater!? Glaubst du nicht, daß ich im Vater und der Vater in mir ist» (14, 9 f.)? Im Glauben kann man offenbar Gott nicht n i c h t erkennen, so gewiß er selber es ist, der sich in Jesus Christus dem Glauben zu erkennen gibt. Und darum hat Paulus sein Apostelamt (2. Kor. 4, 2) beschrieben als φανέρωσις τῆς ἀληθείας und hat (v 6) erklärt, wie er selbst zu diesem Amt gekommen sei: «Derselbe Gott, der sprach: Aus der Finsternis leuchte das Licht! hat es in unseren Herzen hell werden lassen zu einem φωτισμὸς τῆς γνώσεως τῆς δόξης τοῦ θεοῦ im Angesichte Christi». Aber nun wird man gut tun, gerade an dieser Stelle zu beachten, daß ihr unmittelbar vorangeht die Feststellung (v 5): «Wir verkündigen nicht uns selbst, sondern Christus Jesus den Herrn, uns selbst aber als eure Knechte um Jesus willen». Das erkennende Subjekt Paulus will offenbar nur dazu auf den Plan treten, um von dem von ihm Erkannten kraft der von Gott ihm tatsächlich geschenkten Erkenntnis Zeugnis abzulegen, nicht aber dazu, um diese seine Erkenntnis als solche als ein irgendwie von dem Werk ihres Gegenstandes abzuhebendes Geschehen sichtbar und geltend zu machen. Er «hat uns berufen aus der Finsternis zu seinem wunderbaren Lichte» (1. Petr. 2, 9). «Das Licht scheint in der Finsternis», aber von der Finsternis und also vom Menschen als solchem her gesehen, wird immer zu sagen sein: «Die Finsternis hat es nicht begriffen» (Joh. 1, 5). Und auf dieser Linie heißt es nun Hebr. 11, 27 von Mose: «Er hielt sich an den Unsichtbaren (Luther: an den, den er nicht sah), als ob er ihn sähe». Auf dieser Linie wird Kol. 2, 2—3 von Christus gesagt, daß in ihm das Geheimnis Gottes erkannt werde und nun doch so, daß «alle Schätze der Weisheit und Erkenntnis» in ihm gerade v e r b o r g e n sind. Wir erkennen nach Eph. 3, 19 «die die Erkenntnis ü b e r s t e i g e n d e Liebe Christi». Es ist der unsere Herzen bewahrende Friede Gottes nach Phil. 4, 7 ὑπερέχουσα πάντα νοῦν. Und mit dem Allem sind wir offenbar vorbereitet auf die merkwürdige Umkehrung, in der Paulus an einigen Stellen geredet hat und die in ihrer ganzen Paradoxie gerade der klarste Ausdruck ist für den Zusammenhang zwischen der Klarheit und Gewißheit der Erkenntnis Gottes auf der einen, ihrem Geheimnis auf der andern Seite. Γνῶσις und ἀγάπη werden 1. Kor. 8, 1 f. in der Weise gegenübergestellt, daß von der γνῶσις (von der vorausgesetzt wird: πάντες γνῶσιν ἔχομεν) gesagt wird: sie wirke «aufblähend», die Liebe aber aufbauend. Muß die Erkenntnis sich der Liebe so entgegenstellen lassen, ist sie offenbar nicht die in der Liebe begründete Erkenntnis, dann muß sie sich das in der Tat sagen lassen. Aber Paulus hat die Sache sofort zurechtgestellt: «Wenn Jemand meint, etwas erkannt zu haben, dann hat der noch nicht erkannt, wie man erkennen muß. Wenn aber Jemand Gott liebt, der ist von ihm erkannt», dessen Erkenntnis ist darum nicht jene aufblähende Erkenntnis, weil sie, indem der Erkennende Gott liebt, offenbar nichts Anderes ist als die Bestätigung dessen, daß Gott ihn kennt, d. h. daß er ein von Gott Erwählter und Berufener ist. Dessen kann sich niemand rühmen; davon kann unser eigenes Erkennen eben nur Zeugnis ablegen. Und so hält Paulus Gal. 4, 8 f. seinen Lesern entgegen: Als sie um Gott nicht wußten, da hätten sie den Göttern gedient, die ihrem Wesen nach Nichts sind. Jetzt aber: γνόντες θεόν, μᾶλλον δὲ γνωσθέντες ὑπὸ θεοῦ, müsse es ihnen ganz unmöglich sein, sich wieder jenen «schwachen und armen Weltelementen» zuzuwenden. Die Unmöglichkeit des Götzendienstes, den Paulus in ihrer judaisierenden Gesetzlichkeit wiederfindet, wäre offenbar noch nicht an sich darin begründet, daß sie γνόντες θεόν sind. Sie sind aber γνωσθέντες ὑπὸ θεοῦ — Gott kennt sie als die Seinigen, als die von ihm Erwählten und Berufenen — und darin ist jene Unmöglichkeit unweigerlich und unaufhebbar begründet, deshalb sind sie Gott in Wahrheit Erkennende. Daß ich — legitim und also ohne die Gefahr jenes Aufblähens und ohne die Gefahr des Götzendienstes — nicht nur selber, sondern auch vorbehaltlos selbständig erkenne, wie ich erkannt bin (καθὼς καὶ ἐπεγνώσθην, d. h. daraufhin, daß ich jetzt und hier, indem ich Gott erkenne, ein von ihm Erkannter bin), das ist nach 1.Kor. 13, 12 das Erkennen Gottes von Angesicht zu Angesicht, dessen wir jetzt und hier nur warten können, dessen wir jetzt und hier aber gerade nicht teilhaftig sind. Ich kann der Wahrheit meines Erkennens Gottes jetzt und hier nur darin gewiß sein, daß ich dessen gedenke: Gott hat mich erkannt und daraufhin darf ich ihn erkennen. Dadurch und dadurch allein, daß dem so ist, ist mein Erkennen Gottes vor dem Irrtum geschützt.

Wir fassen zusammen: Wo Gott vor dem Menschen steht als der, der seinen Glauben weckt, schafft und erhält, wo Gott sich dem Menschen darbietet als Gegenstand und Inhalt der Erkenntnis seines Glaubens, da tut er es in diesem Sein und Handeln — als der, der uns darum Geheimnis bleibt, weil er selbst sich uns so klar und gewiß macht. Eben so weckt, schafft und erhält er unsere Erkenntnis seiner selbst als ein Werk des Gehorsams, das als solches weder von Anderen noch von uns selbst angefochten werden kann, wenn wir nur nicht selber aus dem Gehorsam, aus diesem Zusammenhang zwischen geschenkter Klarheit und Gewißheit und gewahrtem Geheimnis herausfallen. Innerhalb des Gehorsams kann die Erkenntnis Gottes so gewiß nicht zunichte werden, als ihr Gegenstand nicht aufhören kann, dieser Gegenstand zu sein, so gewiß Gott nicht aufhören kann, der so Seiende und Handelnde zu sein. Sind wir im Gehorsam von Gott her, dann kann es nicht anders sein, als daß wir im selben Gehorsam zu Gott hin sein und bleiben werden. Wir sind in diesem Gehorsam eingestellt in jenen Kreislauf, in welchem es wie vom Glauben nur wieder zum Glauben, so auch von der Erkenntnis nur immer wieder zur Erkenntnis gehen kann. Indem wir in keinem Sinn mit uns selbst, mit unserem eigenen Vermögen zum Glauben und Erkennen anfangen, werden wir gesichert sein davor, mit uns selbst, d. h. dann mit unserem eigenen Unvermögen endigen zu müssen.

Wir haben Gottes Sein und Handeln beschrieben im Blick auf den Menschen, vor dem er steht: dieser Mensch darf lieben und muß sich fürchten, ihm ist Klarheit und Gewißheit gegeben aber auch die Schranke des Geheimnisses gesetzt; er ist in Gehorsam genommen. Gott aber ist offenbar der, von dem her das Alles so sein muß und ist, dessen Wille und Weisheit in dem Allem vollstreckt wird, dessen Werk in dem Allem geschieht. Dieser Rückschluß ist darum berechtigt, er bedeutet darum kein Gestalten des Bildes Gottes nach unserem eigenen Bilde, weil wir schon den Menschen nicht aus sich selbst, sondern in allen jenen Bestimmungen als den durch Gott selbst vor Gott gestellten Menschen — und weil wir beide: Gott und den Menschen nicht nach irgendwelchen eigenmächtigen Voraussetzungen, sondern nach der Weisung des Wortes Gottes selbst verstanden haben. — Gerade nach dieser Weisung war es offenbar nicht nur erlaubt, sondern geboten, den Weg jenes Rückschlusses zu gehen, d. h. die Frage nach Gott schon hinsichtlich der Erkenntnis Gottes im Blick auf Gottes Werk und also im Blick auf den Menschen, vor dem Gott steht, zu beantworten. Immer im Blick auf dieses Werk Gottes können und müssen wir es nun aber abschließend unternehmen, den Vollzug der Erkenntnis Gottes auch noch ausdrücklich und ausschließlich als Gottes eigenes Sein und Handeln zu verstehen und darzustellen.

Ist es denn so und warum ist es denn so, wie wir es auf unserem ganzen bisherigen Weg vorausgesetzt haben: Gott wird durch Gott und zwar allein durch Gott erkannt?

Irgend eine kritische oder agnostische Erkenntnistheorie würde uns offenbar nicht nötigen können und auch nicht nötigen dürfen, diese Voraussetzung zu machen. Würden wir auf Grund des Wortes Gottes sagen müssen, daß es Gottes Wohlgefallen ist, vom Menschen so erkannt zu werden, daß dem menschlichen Erkennen als solchem auch eine selbständige Bedeutung neben und gegenüber dem Werke Gottes zukommt, daß also der Vollzug der Erkenntnis Gottes als ein Geschehen in einem zweiseitigen, in einem Wechselverhältnis beschrieben werden muß — dann müßte das eben geschehen, d. h. dann hätten wir uns eben danach zu richten und in der Kirche, von der Theologie her jedenfalls dürfte dann auf Grund keiner Erkenntnistheorie dagegen Widerspruch erhoben werden. Aber wir kommen hier von keiner Erkenntnistheorie her. Mag das menschliche Erkenntnisvermögen so oder so zu umschreiben sein: enger oder weiter — der Satz, daß Gott nur durch Gott erkannt wird (wir reden von dem Gott, der sich in seinem Wort offenbart hat!), ist nicht von diesem oder jenem Verständnis des menschlichen Erkenntnisvermögens her begründet und abgeleitet. Eben darum kann er aber auch von dorther nicht angefochten werden. Er ist vom Objekt, nicht vom Subjekt der hier in Frage stehenden Erkenntnis her, er ist in dem in seinem Wort offenbarten Gott begründet. Weil er der ist, der er ist und tut, was er tut, darum machen wir jene Voraussetzung, darum haben wir auf unserem ganzen bisherigen Weg mit dieser Voraussetzung gerechnet und gearbeitet. Aber eben darüber müssen wir uns jetzt noch Rechenschaft geben: inwiefern wir durch jenen besonderen, von irgend einer Theorie der menschlichen Erkenntnis wohl zu unterscheidenden Grund tatsächlich genötigt sind, jene Voraussetzung zu machen und also Alles, was über den Vollzug der Erkenntnis Gottes zu sagen ist, schließlich in dem Satz zusammenzufassen, daß Gott durch Gott und zwar allein durch Gott erkannt wird.

Gott redet in seinem Wort zum Menschen. Damit gibt er sich ihm zu erkennen, darin wird er von ihm erkannt. So, als der zu ihm Redende, steht er vor dem Menschen und kommt es dazu, daß der Mensch vor ihm steht und seinerseits, wie es in der Kirche Jesu Christi geschieht, von ihm reden und hören kann.

Gott redet aber in seinem Wort von sich selber. Alles, was er dem Menschen sagt, hängt daran, lebt darin, ist darin wahr und wirklich, einleuchtend und heilsam, daß Gott dem Menschen nicht irgend etwas, sondern sich selber sagt, sodaß der Mensch nicht mehr allein, nicht mehr ohne Gott, sondern durch das Wort Gottes mit Gott im Bunde ist. Gottes Wort ist also die diesen Bund begründende Zuwendung Gottes selbst zu dem von ihm abgewendeten Menschen. In diesem Bund und also durch das diesen Bund begründende Wort Gottes von sich selber ist alle Wahrheit und Wirklichkeit, alles Einleuchtende und Heilsame dem Menschen gegeben, was Gott ihm zu sagen hat, was dem vor Gott stehenden Menschen von Gott her zuteil wird und was dann der Mensch seinerseits in der Kirche Jesu Christi von Gott sagen und hören darf. Gott erkennen in seinem Wort heißt also vor Allem und in Allem: ihn selbst erkennen. Er selbst steht vor dem Menschen, er selbst wird hier erkannt oder er wird gar nicht erkannt.

Gott redet aber in seinem Wort von sich selber als von dem Herrn. Er ist und er bleibt der Herr des in seinem Wort begründeten Bundes. Sein Wort, und zwar sein Wort von sich selber, schafft ja diesen Bund. Der Mensch, mit dem er geschlossen wird, ist der von Gott abgewendete Mensch. Ihm wird, indem dieser Bund geschlossen wird, gesagt, daß er dieser von Gott abgewendete Mensch ist, der als solcher noch nicht in diesem Bund steht und der ihn von seiner Seite auch nicht schließen könnte und würde. Daß dieser Bund geschlossen wird und Bestand hat, das ist Gottes Wille und Werk. In diesem Bunde ist und bleibt also Gott der Herr, und nicht der Mensch. Als der Herr steht er vor dem Menschen, der seinerseits jedenfalls nicht der Herr ist. Als der Herr gibt er sich ihm zu erkennen, als der Herr wird er von ihm erkannt oder er wird gar nicht erkannt.

Er ist und bleibt es aber in der Weise, daß er sich kundgibt und handelt als der, der des Menschen Herr tatsächlich ist, der also das Recht und die Macht hat, in diesem Bunde der Herr zu sein und zu bleiben. Er gibt sich nämlich kund und er handelt als der Schöpfer des Menschen, dem dieser, indem er ihm Alles verdankt, auch Alles schuldig ist. Er gibt sich kund und er handelt als der, dem der Mensch Alles schuldig bleibt und dem er seinerseits trotzdem und gerade unter dieser Voraussetzung Treue hält und beweist, indem er selbst Alles für ihn ist und tut, indem er diese Schuld auf sich selber nimmt, indem er dem Menschen nicht um dessen Verdienst, sondern um seiner selbst willen gnädig ist. Und er gibt sich kund und er handelt als der, von dem der Mensch auch Alles zu erwarten hat, als der nämlich, der diesem ganz und gar von seiner Gnade lebenden Menschen die Verheißung gibt und den Weg der Verheißung ihn gehen läßt, daß er dereinst in sich selber so gerecht und heilig und selig sein soll, wie er es jetzt und hier in dem unverdienten, barmherzigen Urteil seiner Gnade ist. Indem Gott sich so kundgibt und handelt, beweist er sein Recht und seine Macht, der Herr des in seinem Wort geschlossenen Bundes mit dem Menschen zu sein und zu bleiben, beweist er, daß er, der sich in seinem Wort dem Menschen verbindet, des Menschen Herr tatsächlich ist. In diesem Selbstbeweis also steht er vor dem Menschen als sein Herr, gibt er sich ihm zu erkennen und wird er von ihm erkannt oder er wird gar nicht erkannt.

Aber **wer ist der**, der laut dieses Selbstbeweises des Menschen Herr ist? Ist er es laut seines Selbstbeweises, führt er diesen Selbstbeweis durch sein Wort und in dem durch sein Wort begründeten Bund mit dem Menschen zwingend, offenbart er dem Menschen in diesem seinem Selbstbeweis die Wahrheit, der der Mensch keine andere Wahrheit entgegenzustellen hat, ja in deren Licht er alle andere angebliche Wahrheit als Lüge erkennen muß, ist sein Wort die Wahrheit, neben der es keine andere gibt, durch die alle andere angebliche Wahrheit gerichtet wird — dann ist er, der diesen Selbstbeweis führt, nicht etwa nur in diesem Selbstbeweis der Herr, also nicht etwa nur **ein** Herr, mit **einem** Recht und **einer** Macht ausgerüstet, über die er sich, indem er sich im Bund mit dem Menschen kundgibt und handelt, allerdings ausweisen würde, und wäre doch in sich selber und absolut betrachtet noch etwas ganz Anderes! Wir könnten uns ja fragen: Ist er vielleicht gar nicht der Herr in einem eigentlichen strengen Sinn des Begriffs Herrschaft, sondern vielleicht doch nur ein **untergeordneter** Herr, vielleicht nur der Diener und Repräsentant eines ganz Anderen, noch Höheren, so daß sein Bund mit dem Menschen eine Angelegenheit wäre, neben der es schließlich noch andere, höhere Angelegenheiten geben könnte, so daß man vielleicht auch an ihm vorbei in ein unmittelbares Verhältnis zu jenem höheren und eigentlichen Herrn treten könnte und dann doch wohl müßte? Oder ist er ein Herr **neben anderen** Herren, ohne daß ein höchster, eigentlicher Herr überhaupt in Frage kommen würde? Ist die letzte Wirklichkeit, unter deren Hoheit wir uns befinden, eine Vielheit von Herrschaften und Gewalten, von denen die seinige dann nur eine wäre, so daß allenfalls auch Andere als er uns regieren, so daß wir auch eine andere als die seinige als die uns regierende Herrschaft und Gewalt uns erwählen könnten? Oder ist er vielleicht zwar der eine eigentliche Herr, aber so, daß die Herrschaft, die er durch sein Wort und also in dem mit dem Menschen geschlossenen Bunde ausübt, eine **bloße Erscheinung** seiner Herrschaft, eine vorläufige Veranstaltung, eine bloße Ökonomie ist, neben der es dann vielleicht wiederum auch andere Ökonomien geben könnte, die jedenfalls in ihrer Vorläufigkeit keine entscheidende und abschließende Bedeutung hätte? Ist er selbst als der, der er in Wahrheit ist, ein ganz Anderer denn als der, der uns in jenem Selbstbeweis begegnet? Besteht also wieder die Möglichkeit, an jenem Selbstbeweis vorbeizusehen, vielleicht fragend ins Dunkle, vielleicht doch auch durch irgendwelche Spalten und Ritze seiner Verborgenheit hinein in jenes sein eigentliches und endgültiges Wesen und Herrsein? Nun, wenn es so ist, daß er jenen Selbstbeweis in seinem Wort und in dem durch sein Wort begründeten Bund mit dem Menschen zwingend führt, dann sind uns eben damit alle diese Fragen abgeschnitten. Führt er ihn zwingend? Wenn man vor dieser allerdings entscheidenden Frage steht, die kein Mensch für den anderen beantworten kann, angesichts derer ein Mensch den anderen und ein jeder sich selbst immer nur auf die durch jenen Selbstbeweis gegebene Antwort hinweisen kann — dann frage man sich doch ja nicht formal nach dem Mehr oder Weniger von innerem Druck, den man jenem Selbstbeweis gegenüber empfinden oder auch nicht empfinden mag. Wir könnten und würden wohl zu unserem Verderben unser Leben und die Ewigkeit lang darauf warten, daß dieser innere Druck, der Zwang unseres Erlebnisses so stark werde, daß wir uns jenem Selbstbeweis aus diesem Grund fügen müßten. Und wenn wir uns ihm früher oder später deshalb fügen würden, weil wir einem solchen inneren Druck, weil wir dem Zwang eines Erlebnisses meinten nachgehen zu sollen, dann würden wir uns ihm bestimmt nicht so fügen, wie man sich ihm fügen muß, und nicht so, daß wir durch ihn nun wirklich überführt und also zu jener undiskutablen und definitiven Erkenntnis des in seinem Wort sich kundgebenden und handelnden Gottes als des höchsten, einen und eigentlichen Herrn geführt würden. Wir hätten dann heimlich immer noch auf Sand, d. h. auf uns selber gebaut. Sondern angesichts jener Frage: ob der Selbstbeweis Gottes in seinem Wort zwingend geführt sei, frage man schlicht nach diesem Beweis selber und also danach, was Gott in seinem Worte tut. Man frage sich also, ob es wahr oder nicht wahr ist, daß der, der hier redet, der ist, dem wir Alles verdanken und Alles schuldig sind, Alles schuldig bleiben und gerade so und als solche von seiner Gnade leben, von seiner Gnade lebend aber die Verheißung des ewigen Lebens haben? In diesen Materialien der Offenbarung besteht ja der Selbstbeweis Gottes in seinem Wort. An der materialen Frage: ob das wahr oder nicht wahr ist, entscheidet es sich also, ob dieser Selbstbeweis zwingend ist oder nicht. Ist er aber zwingend, — wir können einander nur darauf verweisen, daß der, der ihn führt, ihn tatsächlich zwingend führt — dann sind jene anderen Fragen tatsächlich abgeschnitten. Es kann dann nicht davon die Rede sein, daß der Herr, der diesen Selbstbeweis führt, auch ein Satrap eines anderen, eines eigentlichen Oberherrn und Gottes oder ein Herr neben anderen Herren, oder daß diese seine so bewiesene Herrschaft nur eine vorläufige Erscheinung seines eigentlichen, andersartigen Wesens und Herrseins sein könnte. Die Wahrheit seines Selbstbeweises richtet dann solche anderen angeblichen Wahrheiten, sie entlarvt sie dann als Lüge. Oder positiv: sie ist dann die Wahrheit der höchsten, der einen, der eigentlichen Herrschaft eben dessen, der diesen Beweis führt. Er ist dann in sich selber der Herr und zwar dieser, der so sich kundgebende, so handelnde Herr. Er ist dann der Herr aller Herren, der in Wirklichkeit alleinige Herr im Himmel und auf Erden, in allen Zeiten und Räumen, in allen wirklichen und möglichen Welten eben der, der sich so kundgibt, so handelt. Und er ist dann dieser Herr nicht nur in der Zeit, sondern von Ewigkeit zu Ewigkeit, nicht nur in einer besonderen, vorläufigen und vorübergehenden Ökonomie, sondern als der, der er war und ist und sein wird, nicht nur für uns, sondern darum für uns, weil er und indem er selber in seiner inneren Wahrheit dieser und kein anderer ist — und so für uns, daß es keine Andersheit seines Wesens gibt, in der er etwas von dieser seiner Kundgebung und Handlung Verschiedenes jemals für uns sein könnte. So also ist er der Herr, daß die Flucht vor ihm und das Vorbeikommen an ihm in sich unmöglich ist, weil kein Zurückweichen und Ausweichen vor ihm uns auch nur in Gedanken in einen Raum führen könnte, in welchem er nicht der Herr, und zwar dieser Herr wäre. Als dieser Herr steht er vor uns, gibt er sich zu erkennen und wird er erkannt, oder er wird gar nicht erkannt.

Diese innere Wahrheit der Herrschaft Gottes als der höchsten, der einen, der eigentlichen Herrschaft: derselben, die in seiner Kundgebung und Handlung offenbar und wirksam ist — die innere Wahrheit und damit auch die innere Kraft auch seines Selbstbeweises als der Herr und als dieser Herr ist aber diese: daß er der Dreieinige, Gott der Vater, der Sohn und der Heilige Geist in sich selber, von Ewigkeit zu Ewigkeit ist. Daß es so ist laut jenes Selbstbeweises: daß der Mensch ihm Alles zu verdanken hat und Alles schuldig ist, das gründet in Gottes eigener und ewiger Vaterschaft, deren Abbild und Gleichnis nur jede andere Vaterschaft sein kann, wie viel immer wir ihr zu verdanken haben, wieviel immer wir ihr schuldig sein mögen. Und darum zwingt uns jener Selbstbeweis in den Dank und in die Schuldigkeit und so zur Erkenntnis Gottes des Vaters als unseres Herrn: weil Gott in Ewigkeit Vater seines eigenen ewigen Sohnes und mit diesem der Ursprung des Heiligen Geistes ist. Weiter: daß es so ist laut jenes Selbstbeweises: daß Gott selber Alles ist und tut für eben den Menschen, der ihm doch Alles schuldig bleibt, das gründet darin, daß Gott in sich selber und ewig der Sohn des Vaters ist, ewig dem Vater gleich und darum ewig von ihm geliebt, obwohl und indem er der Sohn ist. Und darum zwingt uns jener Selbstbeweis in die Anbetung seiner Treue und

Gnade und so zur Erkenntnis Gottes des Sohnes als unseres Herrn: weil Gott in Ewigkeit der vom Vater erzeugte und mit dem Vater einige Sohn und mit diesem der Ursprung des Heiligen Geistes ist. Und endlich: daß es so ist laut jenes Selbstbeweises: daß Gott der ist, von dem wir Alles zu erwarten haben, das gründet darin, daß Gott selber und ewig der Heilige Geist ist, ausgehend vom Vater und vom Sohne und mit beiden gleichen Wesens. Und darum zwingt uns jener Selbstbeweis in die Hoffnung und so zur Erkenntnis des Heiligen Geistes: weil Gott in Ewigkeit auch der vom Vater und vom Sohne ausgehende Heilige Geist und deren Einheit in der Liebe ist. So gründet jener Selbstbeweis, so gründet die Kundgebung und Handlung Gottes durch sein Wort in dem mit dem Menschen geschlossenen Bunde in Gott selber und so und von daher ist er auch kräftig und zwingend. Weil Gott in sich selber der dreieinige Gott ist, darum haben wir es auch in seinem Wort, auch in dem dem Werk der Schöpfung, Versöhnung und Erlösung mit ihm selbst zu tun, darum haben wir keine Möglichkeit, die Entscheidung, die die Begegnung mit ihm bedeutet, hinauszuschieben im Blick darauf, daß er vielleicht auch ein ganz Anderer sein könnte als der so sich Kundgebende und Handelnde. Und weil Gott in sich selber der dreieinige Gott ist, darum haben wir es in diesem seinem Wort mit der endgültigen unüberbietbaren und nicht zu konkurrenzierenden Gottesoffenbarung zu tun, darum ist uns auch die Möglichkeit, nach anderen Herren neben und über diesem Herrn zu fragen, nach allen Seiten abgeschnitten. Also: in Gottes Leben als dem Leben des dreieinigen Gottes ist es so geordnet und notwendig, daß Gottes Werk in seinem Wort die höchste, die eine, die eigentliche Herrschaft ist, in der er sich selber zu erkennen gibt und erkannt wird. Davon: daß er der Vater, der Sohn und der Heilige Geist ist, redet er, indem er von sich selber redet. Darum hängt alles Andere, alle Wahrheit und Wirklichkeit, alles Erleuchtende und Heilsame, das er uns zu sagen hat daran, daß er zuerst, in Allem und über Allem von sich selber redet.

Aber eben von hier aus muß nun auch das Problem der Erkenntnis Gottes noch einmal ganz neu aufgerollt werden. Ist das wahr, daß Gott vor dem Menschen steht, sich dem Menschen zu erkennen gibt und vom Menschen erkannt wird, dann ist das daraufhin und darin wahr, daß Gott der Dreieinige ist, Gott der Vater, der Sohn und der Heilige Geist. Zuerst und im Innern der Wahrheit, in der er vor uns steht, steht Gott vor sich selber: der Vater vor dem Sohne, der Sohn vor dem Vater. Und zuerst und im Innern der Wahrheit, in der wir Gott erkennen, erkennt Gott sich selber: der Vater den Sohn, der Sohn den Vater in der Einheit des Heiligen Geistes. Dieses Geschehen in Gott selber ist das Wesen und die Kraft unserer Gotteserkenntnis. Es ist kein uns unbekanntes, es ist vielmehr das durch sein Wort uns bekannt gemachtes, es ist aber freilich ein verborgenes Geschehen, d. h. ein Geschehen, an dem der

Mensch als solcher nicht beteiligt **ist**, an dem er erst durch Gottes Offenbarung und also in einer von ihm aus unbegreiflichen Weise beteiligt **wird**. Daß wir daran beteiligt werden, daß also unsere Gotteserkenntnis Wahrheit bekommt als das Äußere jener inneren Wahrheit, das versteht sich nicht von selbst. Sie bekommt es wirklich nur als das Äußere jener inneren Wahrheit, d. h. vermöge dessen, daß Gott der Dreieinige ist, der sich selbst erkennt. Loben und preisen wir Gott vermöge unserer eigenen, durch seine Offenbarung uns geschenkten Erkenntnis, dann muß das immer auch dies bedeuten, daß wir ihn loben und preisen in der Verborgenheit seiner Selbsterkenntnis, vermöge derer alle Erkenntnis Gottes unter allen Umständen allein wirklich werden kann: abgeleitet, sekundär, im geschöpflichen Raum gewirkt durch Gnade, daraufhin, daß es dort, im Raume Gottes, zuerst, an sich und ohne uns wirklich ist: in dem Raume Gottes als dem Raume seiner eigenen Wahrheit, der inneren Wahrheit auch **unserer** Erkenntnis Gottes, der uns doch als solcher **unzugänglich** ist und bleibt. Wir stehen hier vor der Wurzel der Notwendigkeit, daß wir Gott fürchten müssen, weil wir ihn lieben dürfen, in seinem Geheimnis ehren, weil er sich uns so klar und gewiß gemacht hat. Die Liebe, die Klarheit und Gewißheit beziehen sich darauf, daß Gott sich uns **offenbart** als der, der er ist. Die Furcht und das Geheimnis beziehen sich darauf, daß Gott sich uns offenbart als der, der er **ist**, als der, der zuerst sich selber erkennt in jener inneren Wahrheit unserer Gotteserkenntnis, ohne die sie als leeres Äußeres im Nu dahin sein müßte. Wir stehen hier aber auch vor der Wurzel des Problems der Gegenständlichkeit Gottes. Wir sahen früher: ohne **Gegenständlichkeit Gottes keine Erkenntnis Gottes**. Es lag nahe, diese Gegenständlichkeit zunächst in Gottes Offenbarung, in seinen Werken und Zeichen, in seiner Verhüllung und Enthüllung im geschöpflichen Raum zu suchen und wir werden auch wieder darauf zurückkommen müssen. Wir sahen aber schon dort: ohne Gegenständlichkeit Gottes **selber** keine Erkenntnis Gottes, ohne die Wahrheit einer **primären** Gegenständlichkeit dessen, der sich uns offenbart, keine Wahrheit seiner **sekundären** Gegenständlichkeit in seiner Offenbarung. Eben die primäre Gegenständlichkeit Gottes selber ist aber Wirklichkeit in seinem ewigen Sein als der Vater, der Sohn und der Heilige Geist. Als der Dreieinige ist Gott zuerst und vor allem sich selbst gegenständlich. Es bedeutet also keine Verleugnung und Preisgabe, sondern die Bewährung und Betätigung seines göttlichen Wesens, wenn er (daraufhin, daß er es in seinem eigenen Raum sich selber ist) im geschöpflichen Raum auch uns gegenständlich wird. Er wird es in Wahrheit; wir können und sollen uns an seine Offenbarung in diesem unserem Raume halten; wir können und sollen ihn in seinen Werken und Zeichen erkennen. Wir dürfen und müssen aber in seinen Werken und Zeichen ihn selbst erkennen, ihn, der zuerst und ohne uns sich selbst gegenständlich ist. Damit ist aber gesagt, daß seine Enthüllung in seinen Werken und Zeichen für uns immer auch seine Verhüllung bedeutet, sein Offenbarsein immer auch sein Verborgensein, daß die Liebe zu ihm nicht ohne die Furcht vor ihm sein kann, die uns geschenkte Klarheit und Gewißheit seiner Existenz nicht ohne das Bleiben seines Geheimnisses. Wir können das von ihm gestiftete Sakrament nicht feiern und empfangen, ohne eben im Sakrament über das Sakrament als solches hinaus ihn selbst zu suchen und zu finden. Es kann die uns durch seine Offenbarung geschenkte Erkenntnis nicht vollzogen werden ohne das Eingeständnis der Demut, daß wir ihn nicht nur ohne seine Offenbarung nicht erkennen würden, sondern auch in seiner Offenbarung nur daraufhin erkennen, daß Erkenntnis Gottes als Gottes eigenes verborgenes Werk in seinem Sein als der dreieinige Gott wirklich ist von Ewigkeit zu Ewigkeit.

In diesem Zusammenhang sind diejenigen Schriftworte zu verstehen, in denen in scheinbarem (aber eben nur scheinbarem) Widerspruch zu Gottes Offenbarsein in seinen Werken und Zeichen von einer völligen Verborgenheit und also Nichterkenntnis Gottes gesprochen wird. Wir denken an die alttestamentlichen Stellen Jer. 23, 18, Jes. 40, 13—14, Hiob 15, 8 die Paulus Röm. 11, 33 f aufgenommen hat: «Wie unerforschlich sind seine Gerichte und wie unausdenkbar seine Wege! Denn wer hat den Sinn des Herrn erkannt oder wer ist sein Ratgeber gewesen?» Wir denken an die Bezeichnung Gottes als des φῶς οἰκῶν ἀπρόσιτον, ὃν εἶδεν οὐδεὶς ἀνθρώπων οὐδὲ ἰδεῖν δύναται (1. Tim. 6, 16). Wir denken an die kategorische Erklärung Joh. 1, 18: θεὸν οὐδεὶς ἑώρακεν πώποτε und an die fast gleichlautende 1. Joh. 4, 12: θεὸν οὐδεὶς πώποτε τεθέαται. Wir denken an Joh. 5, 37: «Ihr habt weder jemals seine Stimme gehört, noch sein Angesicht gesehen», und an Joh. 6, 46: «Nicht als ob irgend jemand den Vater gesehen hätte, sondern nur der, welcher von Gott her ist, der hat den Vater gesehen». Aber gerade dieses letzte Wort ist geeignet, die Sache in das rechte Licht zu rücken: der von Gott her ist, der Sohn, hat den Vater sehr wohl gesehen. So lesen wir ja auch in der Fortsetzung Joh. 1, 18: «der eingeborene Gott, der im Schoß des Vaters ist, der hat Kunde von ihm gebracht!» Und damit übereinstimmend Joh. 8, 19: «Ihr kennt weder mich noch meinen Vater; wenn ihr mich kennen würdet, dann würdet ihr auch meinen Vater kennen», und Matth. 11, 27: «Niemand kennt den Sohn außer der Vater, und niemand kennt den Vater außer der Sohn und wem es der Sohne will offenbaren», und Joh. 10, 14 f: «Die Meinen werden mich erkennen wie der Vater mich erkennt und wie ich den Vater erkenne.» Denn wie der Vater durch den Sohn, so wird auch der Sohn nur durch den Vater offenbart (Matth. 16, 17). Und hier ist hinzunehmen 1. Kor. 2, 9—12: «Was kein Auge gesehen und kein Ohr gehört und in keines Menschen Herz gekommen ist — das hat Gott bereitet denen, die ihn lieben. Denn uns hat es Gott geoffenbart durch den Geist. Denn der Geist erforscht alle Dinge, auch die Tiefen Gottes. Denn wer erkennt den Menschen (τὰ τοῦ ἀνθρώπου) außer der Geist des Menschen, der in ihm ist? So hat auch Gott (τὰ τοῦ θεοῦ) nur der Geist Gottes erkannt. Wir aber haben nicht den Geist der Welt empfangen, sondern den Geist Gottes, um zu erkennen, was uns von Gott geschenkt worden ist». Man sieht, wie hier freilich Alles auf der Offenbarung, auf der Sendung des Sohnes und auf der Mitteilung des Heiligen Geistes beruht. Aber zugleich in der Offenbarung selbst noch einmal darauf, daß in Gott selbst ein Geschehen stattfindet, das in der Offenbarung, in welcher Menschen daran Anteil bekommen, sozusagen nachgebildet wird, ohne das es also in der Offenbarung nicht stattfinden könnte: Gottes Selbsterkenntnis, Gottes eigene und ursprüngliche Gegenständlichkeit in den Seinsweisen des Vaters und des

2. Gott vor dem Menschen

Sohnes durch die Seinsweise des Heiligen Geistes. Das bedeutet aber, daß wir — indem wir Gebrauch machen von dem, «was uns von Gott geschenkt worden ist», indem wir also Gebrauch machen von der Erlaubnis Gott zu lieben und ihn zu erkennen in der Klarheit und Gewißheit seiner eigenen vorbehaltlosen Wahrheit — nicht aufhören können, dankbar zu sein dafür, daß er unserem Erkennen von Ewigkeit zu Ewigkeit v o r a n g e h t als der, der ihm diese Wahrheit gibt, indem er sich in ursprünglicher Wahrheit selber erkennt, woraufhin wir ihm, indem er uns in seiner Offenbarung Anteil gibt an diesem Geschehen, in unserem, dem geschöpflichen Raum, seine Wahrheit so wahrnehmend, anschauend und begreifend, wie er es für gut hält, n a c h f o l g e n dürfen.

Erst von dem dreieinigen Wesen Gottes aus abwärts steigend, wird ja nun auch zu verstehen sein, wie Gott vor uns steht, wie er sich uns zu erkennen gibt und von uns erkannt wird in seiner O f f e n b a r u n g. Gottes Offenbarung, in der der Vollzug der wahren Erkenntnis Gottes durch den Menschen Ereignis wird, ist die Veranstaltung Gottes, in welcher er als derselbe dreieinige Herr, der er in sich selbst ist, so an uns handelt, daß wir, obwohl Menschen und nicht Gott, an der Wahrheit seiner Erkenntnis seiner selbst A n t e i l bekommen: eben den Anteil, den er für den rechten hält und der uns also angemessen ist, aber in diesem Anteil die Wirklichkeit wahrer Erkenntnis seiner selbst. Diese Anteilgabe geschieht, indem Gott sich uns enthüllt in jener anderen, z w e i t e n Gegenständlichkeit, nämlich in der Gegenständlichkeit seiner W e r k e und Z e i c h e n in unserem, dem geschöpflichen Raume, vor unseren Augen und Ohren und in unserem Herzen, die ihn zu erkennen als solche und von sich aus nicht fähig sind. Daß er selbst, der höchste, der eine und eigentliche Herr es ist, der sich uns so enthüllt, daß wir es in der Offenbarung mit seinem Handeln als der Dreieinige, und so in jedem geschöpflichen Werk und Zeichen, dessen er sich bedient, mit ihm selber zu tun haben, darauf kommt alles an: daraufhin und nur daraufhin kommt es zu wahrer Gotteserkenntnis.

Aber eben dies, daß er selbst es ist, der sich hier enthüllt, charakterisiert auch die Offenbarung als die Offenbarung der Wahrheit, neben der es keine andere und über der es keine höhere gibt. So ist also der Begriff der A n t e i l g a b e nicht etwa zu verstehen, als ob Gott sich uns in seiner Offenbarung vielleicht nur teilweise zu erkennen gäbe, als ob wir in irgend einer höheren Ordnung noch die Offenbarung irgend eines anderen Gottes oder die Offenbarung desselben Gottes in irgend einer Andersheit erwarten müßten. Daß wir nur A n t e i l bekommen an der Wahrheit seiner Erkenntnis seiner selbst, das bedeutet nicht, daß wir es nur mit einem begrenzten Quantum seines Seins zu tun bekommen, mit einem anderen Quantum aber nicht oder noch nicht! Gott ist, der er ist: Vater, Sohn und Heiliger Geist, Schöpfer, Versöhner und Erlöser, der Höchste, der eine und eigentliche Herr und wird entweder in dieser G a n z h e i t oder gar nicht erkannt. Es gibt kein Sein Gottes hinter oder jenseits dieser Ganzheit seines Wesens; Alles, was wir über das Wesen Gottes wissen und sagen können, kann nur eine fortgehende Explikation dieser Ganzheit sein. Das heißt aber, daß uns keine in der Zeit oder auch in der Ewigkeit mögliche Erkenntnis Gottes über diese Ganzheit seines Wesens hinaus, daß uns vielmehr alle weitere Erkenntnis Gottes nur noch tiefer in eben diese Ganzheit seines Wesens hineinführen kann. Wiederum: In dieser Ganzheit seines Wesens existiert Gott und also nicht in irgendwelchen Teilen, in der Einheit seines Seins als Vater, Sohn und Heiliger Geist, als Schöpfer, Versöhner und Erlöser, als höchster einer und eigentlicher Herr, nie und nirgends aber etwa nur in einer seiner Seinswesen oder nur in einem Bereich seiner Kundgebung und Handlung, oder nur in einer Partikel seiner Herrschaft. Es würde ein so teilbares Wesen oder ein Teil eines so teilbaren Wesens mit dem Wesen Gottes bestimmt nichts zu tun haben. Das heißt aber wiederum, daß es keine Erkenntnis Gottes gibt, deren Gegenstand bloß ein solcher Teil seines Wesens sein könnte, auch wenn dieser Teil vielleicht die Einzigkeit Gottes hieße oder die Unwiderstehlichkeit seiner Herrschaft, auch dann nicht, wenn er vielleicht den Namen Jesus Christus trüge. Gerade wenn er diesen Namen mit Recht trägt, ist er bestimmt kein Teil, sondern das Sein Gottes in seiner Einheit und Ganzheit. Wir erkennen Gott selber und also ganz oder wir erkennen ihn gar nicht. Stünde unsere Erkenntnis Gottes unter einer quantitativen Beschränkung, dann stünde sie offenbar unter einer Beschränkung ihrer Wahrheit. Wenn das durch den Selbstbeweis Gottes in seinem Wort ausgeschlossen ist, dann können wir ihre Beschränkung, wie sie in der Offenbarung allerdings stattfindet, jedenfalls nicht als eine quantitative Beschränkung verstehen. Daß Gott uns nur Anteil gibt an der Wahrheit seiner Erkenntnis seiner selbst, das kann dann nicht bedeuten, daß er sich uns nicht als der, der er ist, zu erkennen gibt.

Er gibt sich aber — und das ist die Beschränkung, die wir mit dem Begriff der Anteilgabe zum Ausdruck bringen müssen, in einer von seiner eigenen Gegenständlichkeit verschiedenen, in einer geschöpflichen Gegenständlichkeit zu erkennen. Er enthüllt sich als der, der er ist, indem er sich verhüllt in eine Gestalt, die er selbst nicht ist. Er bedient sich dieser von ihm selbst unterschiedenen Gestalt, er bedient sich seines Werkes und Zeichens, um in, mit und unter dieser Gestalt gegenständlich zu sein und also sich uns zu erkennen zu geben. Offenbarung heißt Zeichengebung. Man darf ruhig sagen: Offenbarung heißt Sakrament, d. h. Selbstbezeugung Gottes, Darstellung seiner Wahrheit und also auch der Wahrheit, in der er sich selbst erkennt, in der Gestalt geschöpflicher Gegenständlichkeit und damit in der Angemessenheit unserer geschöpflichen Erkenntnis. In was besteht nun die Beschränktheit dieser unserer Erkenntnis, wenn sie in einer quantitativen Beschränktheit nicht bestehen kann?

2. Gott vor dem Menschen

Daß wir mit einer solchen Beschränktheit zu rechnen haben, auch und gerade unter der Voraussetzung, daß jene Anteilgabe stattfindet, daß der Sohn uns den Vater, der Vater den Sohn offenbart durch den Heiligen Geist, darüber belehrt uns schon ein Blick auf 1. Kor. 13, 8 f., wo es von der Erkenntnis — gemeint ist offenbar die uns jetzt und hier geschenkte Erkenntnis Gottes — unmißverständlich heißt: καταργηθήσεται. Wird sie dereinst aufgehoben, dann vollzieht sie sich jetzt und hier offenbar in einer bestimmten Schranke, um deren Aufhebung es dereinst und dort gehen wird. Das bestätigt Paulus in der Fortsetzung, wenn er sie (v 9) als ein γιγνώσκειν ἐκ μέρους bezeichnet und gleich darauf (v 12) als ein γιγνώσκειν δι' ἐσόπτρου ἐν αἰνίγματι und wenn er es (v 11) mit dem Sein, Reden und Denken eines Kindes vergleicht. Diesem Erkennen wird dann (v 10) gegenübergestellt: τὸ ἐκ μέρους καταργηθήσεται. Das Kindliche wird abgetan (v 11). Ich werde erkennen von Angesicht zu Angesicht, dementsprechend wie Gott mich kennt (v 12). So wie Gott jetzt und hier schon mich kennt, kenne ich ihn also jetzt und hier noch nicht, obwohl und indem ich ihn, daraufhin und in der Kraft dessen, daß er mich kennt, zweifellos — daran kann bei Paulus und in der ganzen übrigen heiligen Schrift wirklich kein Zweifel sein — erkenne und zwar in Wahrheit erkenne als den, der er ist. Wir erkennen nämlich jetzt und hier in der Weise, daß der direkt wahrnehmbare, anschauliche, begreifliche Gegenstand unserer Erkenntnis ein von Gott als Medium, als Zeichen und Zeugnis seiner eigenen Gegenständlichkeit eingesetztes und gebrauchtes Anderes ist. Indem Gott dieses Andere dazu einsetzt und gebraucht, wird und ist es geeignet als Organ der göttlichen Selbstbezeugung. Wir erkennen jetzt und hier in der Weise des Glaubens. Das ist ja die Weise des Glaubens: daß er sich an Gott hält, indem er sich an das im geschöpflichen Raum geschehende Werk Gottes hält. Dieses Werk als solches steht aber immer als «Stückwerk» vor uns, d. h. als ein vorläufiges und über sich selbst hinausweisendes Stück oder Moment der Geschichte des Bundes zwischen Gott und uns, als ein Hinweis, der allezeit und überall der Bestätigung und Ergänzung durch andere Hinweise, des Fortganges jener Geschichte und also neuer Gestalten des offenbarenden Werkes Gottes bedürftig ist. Dieses Werk als solches — nicht als das, was es ist von Gott her, aber als das, als was es wahrnehmbar anschaulich und begreiflich vor uns steht — ist ein «Spiegel», in welchem wir wohl in Wahrheit, aber eben in Wahrheit doch nur indirekt — doch nur in der merkwürdigen Umkehrung von rechts und links, vermöge derer auch der beste Spiegel dasselbe so ganz anders zeigt, als es in sich selber ist — den erkennen, der sich in ihm spiegelt. Wir erkennen also im «Rätsel» und also in einer Gestalt, die ausspricht, indem sie verschweigt und verschweigt, indem sie ausspricht. Wir erkennen wie «Kinder», deren kindliches Sein, Spielen und Treiben intentional und insofern in voller Wahrheit bereits das ganze Menschenleben mit allen seinen Höhen und Tiefen, Freuden und Leiden umfaßt, ja selber ist, das in völlig unmerkbarem Übergang vom Präludium zum Leben, zum Leben selbst sich wandelt und nun offenbar doch dieses Leben erst im Stadium eines Präludiums seiner selbst verwirklichen kann. An der Wahrheit unserer Erkenntnis Gottes und daran, daß wir, wenn wir Gott erkennen, Gott selbst und Gott ganz erkennen, hat Paulus mit allen diesen Umschreibungen der Beschränktheit unserer Erkenntnis keine Abstriche gemacht. Er hat sie aber mit allen diesen Umschreibungen gekennzeichnet als die indirekte Erkenntnis des Glaubens, dessen Weise von der des Schauens (2. Kor. 5, 7), von der Weise jenes Sehens von Angesicht zu Angesicht, von der Weise jenes Erkennens gleich dem, in welchem Gott uns erkennt, dadurch verschieden ist, daß es an jene sekundäre Gegenständlichkeit Gottes, daß es daran, daß Gott jene Mittel und Organe eingesetzt hat und gebraucht, und damit auch an die geschöpfliche Schranke dieser Mittel und Organe gebunden ist.

Versuchen wir es nun, uns über das Wesen dieser **Beschränktheit** — wir können aber auch positiv sagen: dieser von Gott gewollten und angeordneten **Bestimmtheit** — unserer Erkenntnis Gottes auf Grund seiner Offenbarung und also in der Weise des Glaubens noch einige grundsätzliche Klarheit zu verschaffen.

1. Wenn Gott sich uns zu erkennen gibt in der Wahrheit seiner Selbsterkenntnis als der dreieinige Gott, dann läßt er irgend eines seiner Geschöpfe bzw. ein Geschehen im Raum und in der Zeit der von ihm geschaffenen Welt für ihn selbst reden. Der Realgrund und der Inbegriff einer solchen von ihm zum Reden von ihm selbst beauftragten und ermächtigten Geschöpflichkeit, der Realgrund und der Inbegriff der sakramentalen Wirklichkeit seiner Offenbarung ist die Existenz der **menschlichen Natur Jesu Christi**. *Gratia unionis*, d. h. auf Grund und durch ihre Einigung mit dem ewigen Wort Gottes wird diese Kreatur zum hervorgehobenen und ausgezeichnetes Werk und Zeichen Gottes. Daraufhin, daß das ewige Wort selbst Fleisch ward, daraufhin, daß Offenbarung Gottes in Jesus Christus ein- für allemal geschehen ist, erkennen wir dieselbe Offenbarung Gottes überall da, wo sie in ihrer Erwartung und in ihrer Erinnerung bezeugt wird; daraufhin: im Blick auf die durch den Menschen Jesus geschehene Bezeugung finden wir Bezeugung Gottes überall da, wo sie Bezeugung jenes Geschehens ist. Die Fleischwerdung des ewigen Wortes als solche ist ein einzigartiges und einmaliges Geschehen und also kein Anfang, von dem aus es weiter ginge zu einer allgemeinen Fleischwerdung. Ihre **Bezeugung** durch die Existenz des Menschen Jesus aber ist ein Anfang, von dem her es Fortsetzungen gibt: eine **sakramentale Kontinuität** nach rückwärts in die Existenz des Volkes Israel, dessen Messias er ist, und vorwärts in die Existenz des Apostolates und der auf den Apostolat begründeten Kirche. Die Menschheit Jesu Christi als solche ist das erste Sakrament, die Begründung alles dessen, was als sekundäre Gegenständlichkeit Gottes in seiner Offenbarung von ihm eingesetzt ist und gebraucht wird auch vor und nach der Epiphanie Jesu Christi. Und die Menschheit Jesu Christi ist als solches erstes Sakrament zugleich der Realgrund und der Inbegriff der höchsten Möglichkeit des Geschöpfes als solchen: das Geschöpf kann — nicht aus sich selbst und durch sich selbst, aber aus und durch Gottes Anordnung und Gnade — Tempel, Organ, Zeichen Gottes selber sein. Daß der Mensch Jesus das ist, das hebt zunächst ihn selbst aus der Reihe aller anderen Geschöpfe, die das nicht sind, heraus, das bedeutet aber auch eine Verheißung für die übrige Schöpfung Gottes. Er und kein anderes Geschöpf ist aufgenommen in die Einheit mit Gott. Dies ist es, was sich nicht wiederholen kann. Wohl aber bedeutet die Existenz dieses Geschöpfes in seiner Einheit mit Gott die **Verheißung**, daß auch andere Geschöpfe in ihrer Gegenständlichkeit eben von dem, was in diesem Geschöpf ganz allein

wirklich ist, nämlich von Gottes eigener Gegenständlichkeit Zeugnis ablegen und insofern gleich ihm Tempel, Organ und Zeichen Gottes sein dürfen. Diese Funktion ist es, die sich in Bestätigung und Verkündigung jenes einmaligen Ereignisses der Einheit von Schöpfer und Geschöpf wiederholen kann und in der Kirche Jesu Christi, in der Kirche des alten und des neuen Bundes tatsächlich wiederholt.

Offenbar in diesem Sinn wird Jesus Apoc. 3, 14 der «getreue und wahrhaftige Zeuge» und als solcher ἡ ἀρχὴ τῆς κτίσεως genannt. Gemeint ist: hier und in ihm, in seiner Existenz und in seinem Amt als Zeuge bekam die Schöpfung den Anfang ihres neuen Seins in jener Beauftragung und Ermächtigung, an Gottes eigener Stelle von Gott zu reden. Und offenbar wieder in diesem Sinn wird Jesus Christus Kol. 1, 15 εἰκὼν τοῦ θεοῦ τοῦ ἀοράτου und als solcher πρωτότοκος πάσης κτίσεως und unmittelbar darauf (V. 18) ἡ κεφαλὴ τοῦ σώματος τῆς ἐκκλησίας genannt. Was unter dem einen Gesichtspunkt einfach der Vollzug und die Konsequenz der Fleischwerdung ist, das ist unter dem zweiten: die durch Gottes Anordnung und Gnade vollzogene Auszeichnung einer Kreatur und unter dem dritten: die damit der Kreatur überhaupt gegebene Verheißung: sie kann — nicht mit Gott eins werden wie die menschliche Natur Christi, wohl aber — denn die menschliche Natur Christi war auch Geschöpf und hörte nicht auf, es zu sein — in ihrer Geschöpflichkeit Zeuge Gottes sein, wenn und wo sie es durch Gottes Anordnung und Gnade sein darf. Und wo sie das ist, da ist Kirche: die Selbstbezeugung Gottes im Raum und in der Zeit der von ihm geschaffenen Welt.

Aber nun ist offenbar das, was für die Kreatur diese Auszeichnung bedeutet, für Gott selbst ein Verzicht auf die Sichtbarkeit seiner Auszeichnung gegenüber der Kreatur. Indem die Kreatur in ihrer Gegenständlichkeit zum Repräsentanten der Gegenständlichkeit Gottes selbst wird, verdeckt sie diese. Indem Gott sich durch sie für uns sichtbar macht, erträgt er es, als der, der er in sich selbst ist und als der er sich selbst erkennt, unsichtbar zu bleiben. Indem er uns bekannt wird, wird er sich selber — in dem Mittel und Zeichen, dessen er sich bedient, um uns bekannt zu werden — fremd und uneigentlich. Indem er uns durch die Sprache dieser Kreatur zu sich selbst erhebt, erniedrigt er sich zu uns. Das Alles gilt schon für die Menschheit Jesu Christi. Und wenn wir daran denken, daß das Ziel und der Höhepunkt der Epiphanie des Sohnes Gottes in dem Menschen Jesus in dessen Tod am Kreuz besteht, daß er auch als der Auferstandene dieser am Kreuz gestorbene Mensch ist, werden wir sogar sagen müssen: gerade und zuhöchst die Menschheit Jesu Christi bedeutet Gottes Selbsterniedrigung und Selbstentfremdung, das Unsichtbarbleiben der ihm als Gott eigenen Auszeichnung vor aller Kreatur, das Verdecktwerden seiner Gegenständlichkeit durch die so ganz andere der Kreatur. Daß er gerade so seine Herrlichkeit offenbart, ist wohl wahr, aber man übersehe nicht: indem er sie so offenbart — verbirgt er sie auch. Er offenbart sie dem Glauben, der sie schaut in dieser ihrer Verborgenheit, er offenbart sie, indem sie sich trotz und in dieser Verborgenheit dem Glauben erkennbar macht. Das gilt aber von der ganzen sakramentalen Wirklichkeit, die zur Bezeugung dieser seiner Offenbarung und insofern als das Mittel der Erkenntnis seiner selbst eingesetzt ist und gebraucht wird. Es geschieht auf der ganzen Linie, indem Enthüllung geschieht, auch Verhüllung, indem Gott seine Herrschaft aufrichtet, auch jene Selbsterniedrigung und Selbstentfremdung Gottes, indem er sich offenbart, auch die Bestätigung seiner Verborgenheit. Da geschieht Offenbarung für den Glauben, nicht aber für den Unglauben. Da setzt sich Gott sozusagen der Gefahr aus, daß der Mensch wohl sein Werk und Zeichen, nicht aber in seinem Werk und Zeichen und durch dieses Mittel ihn selber erkennt. Da wird völlige Verkennung des Herrn, der dieses Mittel eingesetzt hat und gebraucht, möglich. Da wird auch das Mißverständnis möglich, das im Geschöpf als solchem den Schöpfer zu sehen und verehren zu sollen meint. Da kann der Aufruf zum Gottesdienst die Versuchung zum Götzendienst bedeuten. Offenbarung geschieht in Form jener sakramentalen Wirklichkeit, d. h. in der Weise, daß Gott ein bestimmtes geschöpfliches Subjekt-Objekt-Verhältnis zum Instrument des Bundes zwischen sich, dem Schöpfer und dem Menschen als seinem Geschöpf erhebt und auszeichnet. Im Rahmen dieser sakramentalen Wirklichkeit, nicht anderswie und nicht anderswo vollzieht sich die Erkenntnis Gottes. Es ist aber diese sakramentale Wirklichkeit als solche, es ist das so ausgezeichnete Subjekt-Objekt-Verhältnis an sich weder mit der Offenbarung noch mit der wirklichen Erkenntnis Gottes identisch. Es dient ihr, indem Gott sich offenbart und erkannt wird, aber es kann ihr auch nicht dienen, ja es kann sie hindern und verhindern. Es kann gerade das nicht geschehen, was, indem diese Form gegeben ist, geschehen müßte. Es kann dann auch gerade das Gegenteil geschehen. Es kann die Blindheit des Menschen angesichts des Werks und Zeichens Gottes andauern. Es kann gerade angesichts des Werks und Zeichens Gottes das Ärgernis Ereignis werden, in welchem die Zumutung, in der Gegenständlichkeit des Geschöpfs die Gegenständlichkeit Gottes zu erkennen, um der allzu großen Erniedrigung und Entfremdung willen, in der Gottes Herrlichkeit dann geglaubt und erkannt werden müßte, abgelehnt und damit Gott selbst, nämlich Gott in der Gnade seiner Kondeszendenz zum Geschöpf verworfen wird. Es ist und bleibt also die Wirklichkeit des Vollzugs wahrer Gotteserkenntnis als der Akt, in welchem Gott sich zu erkennen gibt und erkannt wird, von der notwendigen Bedingtheit, in der das geschieht, zu unterscheiden und es ist diese Bedingtheit zugleich als das Mittel und als die Schranke des Vollzugs wahrer Gotteserkenntnis zu verstehen. Es bedeutet eben diese Bedingtheit als solche zugleich die Offenheit und die Verschlossenheit Gottes dem Menschen gegenüber und also zugleich den Weg und die Grenze unseres Erkennens Gottes. Auch die Verschlossenheit Gottes, auch diese Grenze unserer Erkenntnis will erkannt und anerkannt sein — anerkannt gerade auch im Blick auf den Vollzug wirklicher Gotteserkenntnis. Es ist diesem Vollzug wesentlich, daß Verhüllung in ihm (durch Gottes Gnade und im Glauben, aber allein durch Gottes Gnade und allein im Glauben) kraft des Herrseins Gottes auch in und über seinem Werk und Zeichen, zur Enthüllung wird.

Es ist also nicht so, als ob die Gegenständlichkeit Gottes der Gegenständlichkeit der zum Sakrament eingesetzten und als solches gebrauchten Kreatur sozusagen naturhaft inhaerieren würde. Sie ist auch in dem Menschen Jesus nicht damit da, daß dieser Mensch da ist, sodaß wir uns ihrer damit versichern könnten, daß wir uns des Daseins dieses Menschen versichern. Daß wir es in Jesus nach Luthers bekanntem Wort mit dem «Spiegel des väterlichen Herzens Gottes» zu tun haben, das ist nicht daran ohne Gott selbst und also nicht ohne den Glauben wahr. Wir haben auch hier daran zu denken, daß Erkenntnis im Spiegel nach 1. Kor. 13 immer auch Erkenntnis im Rätsel bedeutet. Auch der Mensch Jesus als solcher ist immer auch Rätsel. Ist er nicht nur Rätsel, ist er als Rätsel Erleuchtung, Eröffnung, Mitteilung, dann vermöge seiner Einheit mit dem Sohne Gottes und also im Akte der Offenbarung des Sohnes Gottes und des durch seinen Heiligen Geist gewirkten Glaubens an ihn. Das Kreuz Christi ist denen, die verloren gehen, Torheit (1. Kor. 1, 18). Gerade durch die Torheit der Predigt von ihm gefiel es Gott, die zu retten, die glauben (1. Kor. 1, 21). Zwischen dieser Torheit des nach dem Fleisch erkannten Christus (2. Kor. 5, 16) und der durch ihn verwirklichten Rettung der Glaubenden und also der vollzogenen Erkenntnis Gottes in seinem Angesicht (2. Kor. 4, 6) steht objektiv seine Auferstehung, subjektiv die Ausgießung des Heiligen Geistes, durch die die Glaubenden sind, was sie sind: eine neue Kreatur (2. Kor. 5, 17). Und wenn nun auch ihr Erkennen Gottes zusammenfällt mit der Erkenntnis des Menschen Jesus, des gekreuzigten Sohnes Gottes (1. Kor. 2, 2), wenn auch sie, selber als Törichte erwählt und berufen (1. Kor. 1, 26 f.) durch das, was den Griechen Torheit und den Juden Ärgernis ist, Gottes Kraft und Gottes Weisheit zu erkennen bekommen (1. Kor. 1, 23 f.), dann ist damit gesagt, daß es auch für sie und gerade für sie bleibt bei der Verborgenheit Gottes in seiner Offenbarung. Die Wende von der Torheit zur Weisheit, vom Fleisch zum Geiste ist nicht ihr Werk, sondern das Werk dessen, der sich eben der Torheit ihnen, den Toren gegenüber bedient hat: ἐξ αὐτοῦ δὲ ὑμεῖς ἐστε ἐν Χριστῷ Ἰησοῦ, ὃς ἐγενήθη σοφία ἡμῖν ἀπὸ θεοῦ, δικαιοσύνη τε καὶ ἁγιασμὸς καὶ ἀπολύτρωσις (I. Kor. 1, 30). Ihre Anteilnahme an der Selbsterkenntnis Gottes in seinem Sohn ist und bleibt also, weil und sofern sie durch den Menschen Jesus, dem gekreuzigten Sohne Gottes vermittelt ist, eine Anteilgabe, die wohl durch dieses Mittel, aber unter Einsetzung und Gebrauch dieses Mittels von Gott selbst her wirklich wird. — Und diese Geheimnisgrenze der Erkenntnis Gottes darf nun auch auf der subjektiven Seite nicht dadurch geleugnet werden, daß der biblische und altkirchliche Begriff des Glaubens in der Richtung der Mystik dahin umgedeutet wird, als käme es im Glauben auf einer irrational überempirischen Innenseite des menschlichen Bewußtseins zu einer Gotteinheit des Menschen in Form einer Aufhebung des Subjekt-Objektverhältnisses, der Bedingtheit, in der uns Gott offenbar ist. Auch unser Glauben und mit unser Erkennen Gottes vollzieht sich nicht so, daß unserem Sein und Tun dabei in irgend einer Tiefe Gottes eigenes Erkennen seiner selbst wiederum naturhaft inhaerieren würde. Sondern es ist unser Sein und Tun im Glauben als Beziehung zu Gott nach Hebr. 11, 1 eine ὑπόστασις ἐλπιζομένων, ein ἔλεγχος πραγμάτων οὐ βλεπομένων, als unser eigenes Tun aber kein «Gotteserlebnis», sondern wenn schon Erlebnis — dann Erlebnis seines Werks und Zeichens und also Erlebnis in den Schranken und auch in der Zweideutigkeit und Gefährdung des Subjekt-Objektverhältnisses. Es gehört auch unser Glaube als solcher zu dem von Gott eingesetzen und gebrauchten Medium, Spiegel und Rätsel. Es gehört auch unser Glaube als solcher zu der Verhüllung und Bedingtheit der

Offenbarung. Es ist gerade unsere Glaubenserkenntnis Erkenntnis Gottes in seiner Verborgenheit, indirekte, mittelbare und gerade nicht unmittelbare Erkenntnis: Erkenntnis, die an sich und als solche auch Erkenntnis des Unglaubens, Irrglaubens und Aberglaubens und also Nicht-Erkenntnis Gottes sein könnte und an sich keineswegs davor geschützt ist, solche Nicht-Erkenntnis zu bleiben oder zu werden. Auch zwischen dem Glauben als solchem und dem Vollzug der wirklichen Erkenntnis Gottes steht objektiv die Auferstehung Christi, subjektiv die Gabe des Heiligen Geistes, die nicht in unserer Macht stehende Wendung, in welcher der Mensch «von Gott her» eine neue Kreatur wird. So, als solche neue Kreatur, und nicht auf irgend einer mysteriösen Innenseite seines Bewußtseins bekommt der Mensch Anteil an der Selbsterkenntnis Gottes. Der Glaube als solcher ergreift nur die in Gottes Werk und Zeichen ihm gegebene Verheißung und bleibt insofern ein blinder Glaube, in welchem der Mensch ein Gast und Fremdling ist auf Erden (Hebr. 11, 13).

2. Wir können diese Beschränktheit unserer Erkenntnis Gottes, die nun doch auch ihre Bestimmtheit ausmacht, noch etwas genauer verstehen, wenn wir uns folgendes klar machen: Wenn Gott sich uns zu erkennen gibt in der Wahrheit seiner Selbsterkenntnis als der dreieinige Gott, dann läßt er es sich gefallen, in irgend einem seiner Geschöpfe, bezw. in einem Geschehen im Raum und in der Zeit der von ihm geschaffenen Welt **nicht nur** das zu sein, was er in sich selbst und für sich selbst ist, nämlich **Ich**, das ewige, ursprüngliche, unvergleichliche Ich und eben als solches der Herr, über den kein anderer Herr ist, das Subjekt, das allen anderen Subjekten vorangeht, dessen Objekte alle anderen Subjekte sind, von dem sie ihre Subjektivität, ihr Ichsein nur empfangen und zu Lehen tragen können. Gott ist Objekt in sich selber und für sich selber: in jener unteilbaren Einheit der Erkenntnis des Vaters durch den Sohn, des Sohnes durch den Vater und also gerade in seiner ewigen und unaufhebbaren Subjektivität. In seiner Offenbarung aber ist Gott **nicht nur Ich**, sondern wird er — von außen, indem es unbegreiflicherweise ein solches Außen Gottes gibt — als **Du** und **Er** erkannt, so wie viele Du und Er und darüber hinaus unzählige Es erkannt werden: Wesenheiten, die eben dadurch als Geschöpfe und so als Gegenstände unserer Erkenntnis gekennzeichnet sind, zu denen und von denen wir reden und hören können, weil wir ihnen einen Namen geben und sie mittelst dieses Namens, von der übrigen Welt des uns Anschaulichen und Begreiflichen unterscheiden und sie zugleich in diese Welt einreihen können. Offenbarung Gottes heißt: Gott **begegnet uns** — er, der nicht Gott wäre, wenn er nicht der wäre, der als der Vater, der Sohn und der Heilige Geist genug daran hat, allein sich selbst zu begegnen. Was es mit jener Selbsterniedrigung und Selbstentfremdung Gottes in seiner Offenbarung auf sich hat, wird vielleicht erst von hier aus ganz sichtbar. Sie beginnt schon mit der Möglichkeit eines *opus ad extra*, schon mit dem Willen und der Tat Gottes des Schöpfers. Gott bedarf keines Geschöpfs. Er ist sich selbst Gegenstand. Kein anderer Gegenstand kann ihm so Gegenstand sein wie er es sich selber ist. Und erst recht kann Gott selbst von keinem anderen Ge-

genstand her so Gegenstand sein, wie er es ohne alles Vorher und Nachher des Erkennenden und des Erkannten sich selber ist: der Vater dem Sohne, der Sohn dem Vater in der ewigen unaufhebbaren Subjektivität seiner eigenen, der göttlichen Gegenständlichkeit. Eben dies ist nun aber die Wirklichkeit der Offenbarung und der auf die Offenbarung gegründeten Erkenntnis Gottes: Gott hat nicht nur eine von ihm verschiedene Welt geschaffen; er hat also nicht nur Gegenstände seiner Erkenntnis, die von ihm selbst verschieden sind. Er wird auch selber Gegenstand von diesen seinen von ihm selbst geschaffenen Gegenständen her. Es gibt eine Reziprozität der Beziehung zwischen ihm und diesen Gegenständen, und es ist der Mensch durch Gottes Offenbarung dazu bestimmt, berufen und befähigt, diese Reziprozität zu betätigen und also Gott, und also den, der lauter Ich ist in sich selber, wahrzunehmen, anzuschauen und zu begreifen, als wäre er selbst Mensch. Und das Mittel durch das jene Reziprozität dargestellt wird, der Rahmen, in welchem Gott selbst sie aktualisiert, damit sie auch durch den Menschen aktualisiert werde, ist eben die sakramentale Wirklichkeit, das mit der Existenz des Menschen Jesus anhebende Werk und Zeichen seiner Selbstbezeugung in der geschöpflichen Welt. Durch das Mittel dieser sakramentalen Wirklichkeit sich selbst bezeugend, aber auch verhüllend tritt Gott vor den Menschen, ein Anredender und wieder Anzuredender, ein Er, der Du zu uns sagt, und zu dem wir wieder Du sagen dürfen: wahrhaftig Er, Gott, so gewiß er es ist, der dieses Mittel eingesetzt hat und gebraucht, so gewiß er gerade durch dieses Mittel den Beweis seiner göttlichen Herrschaft führt, so gewiß wir, gerade indem er von diesem Mittel Gebrauch macht, nicht mehr fragen können, ob Gott und ob dieser, der das tut, der höchste, der eine und eigentliche Gott ist. Wahrhaftig Er, Gott, indem er sich uns, indem er sich also nach außen bezeugt: anders als so, wie er sich selbst kennt, und doch nicht als ein Anderer! In dieser seiner Bezeugung für uns und also nach außen und also in dieser Andersheit erkennen wir ihn, indem wir ihn in seiner Offenbarung erkennen: so nämlich, daß er uns, indem er uns als Er und als Du offenbar wird, als Ich und damit gerade im Sein und Wesen seiner Gottheit verborgen bleibt. Diese Grenze unserer Erkenntnis Gottes will gesehen und beachtet sein. Denn wir als Er und Du erkennen, ist das Ich, das als solches nur sich selber bekannt ist. Wohl erkennen wir Gott selber auf Grund und in Form der von ihm selbst geschaffenen Reziprozität. In seiner Ichheit aber bleibt Gott dieser Reziprozität und also unserer Erkenntnis entzogen, so gewiß er, indem er sich uns offenbart, indem er in seinem Sohne sogar selbst Mensch wird, nicht aufhört, Gott zu sein, so gewiß er, der Herr über Allen, es ist, der sich uns auch in der Menschheit Jesu Christi zu erkennen gibt. Wir erkennen ihn nicht, wie er uns erkennt. Und wir erkennen ihn nicht, so wie wir Menschen uns untereinander erkennen. Er erkennt uns als das ursprüngliche, schöpferische Ich, von welchem jedes geschaffene Ich seine Ichheit empfangen hat und zu Lehen trägt, von welchem her jedes geschaffene Ich durchschaut und verstanden ist, bevor es sich selbst durchschaut und versteht und in der völligen Klarheit, der gegenüber jede Selbstschau und jedes Selbstverständnis des Geschöpfs nur ein in seiner Vorläufigkeit ohnmächtiger Annäherungsversuch sein kann. Eine Erkenntnis Gottes, die eine Umkehrung dieses Verhältnisses voraussetzen würde, kann als wirkliche Erkenntnis des wirklichen Gottes nicht in Frage kommen. Und wenn wir einander erkennen, sofern uns die Annäherung, in der wir uns selbst zu erkennen versuchen, eine Analogie an die Hand gibt, mittelst derer wir denselben Versuch auch Anderen gegenüber unternehmen können, so müßte eine Anwendung dieser Analogie auf die Erkenntnis Gottes offenbar auf die Umkehrung des Verhältnisses zwischen schöpferischem und geschaffenem Ich zurückführen und kann darum ebenfalls nicht in Frage kommen. Wir erkennen Gott, wenn und indem er sich uns als Du und Er zu erkennen gibt. Wir erkennen ihn aber weder so, wie er uns erkennt, noch so, wie wir einander erkennen. Unsere Teilnahme an seiner Selbsterkenntnis ist **wahr und wirklich**, sie ist aber diese **indirekte** Teilnahme. Wir können Gott keinen Namen geben, wie wir es den Geschöpfen gegenüber tun. Wir müssen uns, indem wir Gott mit einem Namen bezeichnen, an den Namen halten, den er sich selbst gibt. Daß Gott sich einen Namen gibt, das geschieht aber in seiner Offenbarung, in dem was er tut im Bunde mit dem Menschen, das geschieht also in der Errichtung jener sakramentalen Wirklichkeit. Indem wir diesen seinen Namen, offenbart in seinen Taten, hören, indem wir uns an ihn halten, indem wir von ihm Gebrauch machen, um ihn anzurufen und ihn zu verkündigen, erkennen wir Gott. Als Du und Er ist uns Gott nicht unbekannt, sondern bekannt. Wir dürfen uns aber nicht verwundern, wenn er uns auch als Du und Er nur so bekannt wird, daß er uns zugleich als Ich unbekannt bleibt, daß wir jede Frage nach seinem Ich nur in Form einer neuen Frage nach seinem Du und Er stellen können, daß jede von ihm zu erwartende Antwort auf diese Frage nur in einer neuen Bekanntgabe seines Du und Er bestehen kann. So gibt er seinen Namen und in seinem Namen sich selbst bekannt. Wir mögen gerade daran erkennen, daß es wirklich sein Name, der Name Gottes, und nicht der Name eines Geschöpfes ist, der uns hier bekannt gegeben wird: der ewige, der heilige, der herrliche Name, der Name, der über alle Namen ist. Wir mögen gerade daran erkennen, daß wir es in diesem Namen mit Gott selbst zu tun haben. Wir dürfen uns aber nicht verwundern, wenn gerade dieser Name so lautet, daß wir ihn nicht hören noch aussprechen können, ohne dessen zu gedenken, daß es um den geht, den wir nur nennen können daraufhin, daß er sich selber nennt, und im Blick und im Hören auf dieses sein eigenes Sichnennen. Wir dürfen uns nicht verwundern, wenn sein Name, an den wir uns halten, mit dem wir ihn loben und preisen und anrufen, in dem wir ihn erkennen dürfen, in welchem er sich uns enthüllt, zugleich seine Verhüllung vollzieht, so daß wir, vorwärts blickend, immer wieder auf ihn selbst, auf sein eigenes Sichenthüllen verwiesen werden. Er würde, wenn es anders wäre, nicht der Name Gottes sein. Er ist, gerade indem es so ist, daß er Gottes Ich nur als Du und Er offenbart und also verhüllt, der Name des **Herrn**. In dieser Bestimmtheit, aber auch in dieser Begrenztheit erkennen wir Gott.

Wir erinnern uns der klaren Darstellung dieses Sachverhaltes in Ex. 3: Moses Begegnung mit Jahve am Horeb. Mose sieht den Engel Jahves und so, in dieser Gestalt, Jahve selber. Die Gestalt ist aber die eines brennenden und doch nicht verbrennenden Dornbusches: Fressendes Feuer, das doch nicht verzehrt, lebende, erhaltene Kreatur und mitten in ihr die Gegenwart dessen, der ihre Grenze und Aufhebung ist, sakramentale Wirklichkeit (v 2). Dieses unbegreifliche Geschehen ist Jahves Offenbarung. Der Text hebt hervor, daß Mose zunächst geneigt ist, dieses Geschehen zu betrachten und zu verstehen, wie der Mensch auch das unbegreiflichste Geschehen in seinem, dem geschaffenen Raum nun einmal zu betrachten und zu verstehen versucht (v 3). In der Tat: in seinem Raum und Bereich geschieht die Offenbarung. Aber nun wird er durch den, der sich offenbart, bei seinem menschlichen Namen Mose angerufen aus dem brennenden Busch (v 4). Und der Anruf ist eine Warnung. Er kann und soll hier gerade nicht hinzutreten, wie man an irgend ein begreifliches oder unbegreifliches anderes Wesen im geschöpflichen Raum herantritt: «Ziehe die Schuhe von den Füßen; denn die Stätte, darauf du stehst, ist heiliges Land» (v 5). Wer ist der, der hier in Gestalt des fressenden und doch nicht verzehrenden Feuers gegenwärtig ist und redet? Was ist es um diese erhaltene, obwohl aufs äußerste bedrohte Kreatur, die Mose sieht? Warum und inwiefern ist hier heiliges Land? Hinter der ersten Gestalt wird jetzt eine zweite sichtbar: Jahve redet; er ist der Gott seines Vaters, der Gott Abrahams, der Gott Isaaks und der Gott Jakobs. Und jetzt heißt es von Mose, daß er sein Antlitz verhüllte: «denn er fürchtete sich, Gott anzuschauen». Der an und mit den Vätern Handelnde, der sie berufen und geführt und errettet hat — er ist der Verzehrende und Erhaltende, Erhaltende und Verzehrende. Mose weiß jetzt, daß der, den er betrachten und verstehen wollte, ihn selbst so angeht, wie er die Väter anging. Eben darum weiß er, daß er hier nicht schauen kann, eben darum fürchtet er sich (v 6). Und eben der, der ihn als der Gott seiner Väter angeht, tut das, indem er nun auch ihn selbst beruft und beauftragt: sein Tun, das Verzehren und Erhalten, das Erhalten und Verzehren, soll durch seinen Dienst in der künftigen Geschichte Israels weitergehen. Jahve ist «herniedergestiegen, sie aus der Gewalt der Ägypter zu erretten und sie aus jenem Land hinauszuführen in ein schönes weites Land, in ein Land, wo Milch und Honig fließt» (v 8). Aber noch scheint Mose nicht völlig verstanden zu haben, noch fragt er ja: «Wer bin ich, daß ich zu Pharao gehen und die Israeliten aus Ägypten führen sollte?» (v 11) und in genauer Entsprechung zu dieser sich selbst verwahrenden Frage das Andere: «Welches ist dein Name?» — als ob das nicht genügte: «der Gott eurer Väter», als ob es an diesem Namen nicht genug wäre (v 13). Ihm wird auf die erste Frage geantwortet: «Ich werde mit dir sein» und auf die zweite Frage, offenbar wieder in genauer Entsprechung zu jener ersten Antwort: «Ich bin, der ich bin» (v 14). Die Übersetzung «Ich bin der wahrhaft Seiende», die man im Anschluß an die LXX (Ἐγώ εἰμι ὁ ὤν) versucht hat, ist im Zusammenhang des Textes bestimmt unmöglich. Denn wenn die Angabe dieses Namens durch

Gott selber allerdings sozusagen eine dritte Gestalt der Offenbarung darstellt, in der er sich dem Mose zu erkennen gibt, so muß diese dritte Gestalt doch bestimmt in der Richtung und als Interpretation der beiden ersten verstanden werden. «Ich bin, der ich bin» ist kein Anderer als jener Verzehrende und doch Erhaltende, Erhaltende und doch Verzehrende, kein Anderer als der Gott der Väter. Das besagt die Fortsetzung. Wenn die Israeliten fragen: wer ihn gesandt habe? dann soll er nach v 14 sagen: «Ich bin» hat mich zu euch gesandt! nach v 15 aber wieder ausdrücklich: «Jahve der Gott eurer Väter, der Gott Abrahams, der Gott Isaaks und der Gott Jakobs hat mich zu euch gesandt. Das ist mein Name ewiglich und so will ich angerufen sein von Geschlecht zu Geschlecht». «Ich bin, der ich bin» heißt, ob man das Verbum als Praesens oder als Futurum auffassen möge: «Ich bin, der ich bin» (oder: der ich sein werde), d. h. aber: der, von dem es keine andere objektive Definition gibt, als die, die er sich selber gibt, indem er ist, der er ist, indem er handelt wie er handelt, keine von uns selbst zu findende objektive Definition also. Man könnte von dieser Namensoffenbarung sagen, daß sie in einer Namensverweigerung bestehe, wenn sie nicht eben doch gerade in der Form dieser so gehaltvollen Verweigerung wirklich Offenbarung, Mitteilung, Erleuchtung wäre. Jahve heißt eben: der Herr, der Ich, der sich darin zu erkennen gibt, daß er als das Ich des Herrn da ist und also nur als Er handelt, nur als Du angerufen werden kann in seinem Tun, ohne daß er sich, als wäre er ein Geschöpf, in seiner Ichheit bekannt macht. Wir blicken jetzt noch einmal hinüber nach Ex. 33, 19, wo derselbe Name ausdrücklich umschrieben wird mit den Worten: «Wem ich gnädig bin, dem bin ich gnädig, und wessen ich mich erbarme, dessen erbarme ich mich». Der, der so heißt und nicht anders: so wie er sich selber setzt und gibt in seinem Tun — der, nach dessen Sein nur in Form immer neuen Fragens nach seinem Tun gefragt werden kann, der ist Gott. Jeder andere Name würde nicht der Name Gottes und jede Erkenntnis eines Anderen würde nicht Erkenntnis Gottes sein. So und nicht anders steht Gott vor dem Menschen.

3. Wir versuchen es nun, dieselbe Ordnung noch auf einer dritten Linie zu sehen und zu verstehen. Wenn Gott sich uns zu erkennen gibt in der Wahrheit seiner Selbsterkenntnis als der dreieinige Gott, dann läßt er sich dazu hernieder, in der Zeit erkannt zu werden. Wenn Gott sich selbst erkennt, der Vater den Sohn und der Sohn den Vater durch den Heiligen Geist, dann geschieht das in einem Nu und ein- für allemal in derselben Vollkommenheit von Ewigkeit zu Ewigkeit. Das ist offenbar nicht unser Erkennen Gottes. Wir können und müssen es ihm wohl zuschreiben (so gewiß er als Gott und Herr vor uns steht, dessen Erkennen — und zwar zuerst und zuhöchst dessen Erkennen seiner selbst — der Ursprung und die Eigentlichkeit und das Maß alles geschöpflichen Erkennens ist). Wir können aber, indem wir ihm das zuschreiben, nicht einmal den Begriff dieses seines Erkennens vollziehen, weil der Begriff des Erkennens, mit dem wir das versuchen, nur der Begriff unseres eigenen geschöpflichen Erkennens sein kann, das als solches kein vollkommenes, kein ewiges Erkennen und also auch kein Erkennen eines vollkommenen ewigen Erkennens ist. Und nun läßt sich Gott in seiner Offenbarung hernieder, von uns erkannt zu werden nach den Maßen dieses unseres eigenen menschlichen Erkennens. Er läßt sich hernieder und er läßt sich erkennen in Wahrheit als der, der er ist, aber ganz

anders als er sich selbst erkennt, nämlich zeitlich. Zeitlich heißt aber, und das ist die dritte Schranke, die hier zu bedenken ist: in der Wiederholung, in einem von einer Gegenwart zur anderen fortschreitenden, in jeder Gegenwart neu anfangenden Erkennen, in einer Reihe von einzelnen Akten von Erkenntnis. Wollten wir sie durchaus anders haben, wollten wir Gott erkennen, so wie er sich selbst und wie er uns erkennt und also in einem Nu und ein- für allemal, dann würden wir ihn gar nicht erkennen. Daß Gott vor dem Menschen steht und vom Menschen erkannt wird, das geschieht nicht in einem Nu und ein- für allemal, nachdem es allerdings in der Einheit seines ewigen Wortes mit dem Menschen Jesus in der Mitte der Zeit in einem Nu und ein- für allemal geschehen ist. Das geschieht im ganzen Umkreis dieser Mitte, im ganzen Umkreis der sakramentalen Wirklichkeit in einer Folge von Bezeugungen und Erkenntnissen, von denen je eine auf die andere wartet und hinweist, je eine die andere bedingt und auch von ihr bedingt ist: nicht als ob je die eine nicht je in ganzer Wahrheit stattfände, aber so, daß je die ganze Wahrheit zeitlich und also wiederholungsbedürftig für uns Wahrheit ist, in neuer Bezeugung und Erkenntnis aufs Neue Wahrheit werden muß, so, daß unser Stehen vor Gott in der Wahrheit ein Wandeln vor ihm ist: daraufhin: daß er selbst in immer neuen Gestalten seiner einen Offenbarung mit uns, uns voran wandelt, so, daß wir, indem Gottes Offenbarung für uns jedesmal fertig ist, unsererseits nie fertig sind — daraufhin, daß Gott auch mit uns nicht fertig ist, sondern uns Zeit schenkt: seine göttliche Zeit hinein in unsere geschöpfliche Zeit, obwohl sie unsere Zeit und also die Zeit unserer Sünde ist — daraufhin, daß Gott uns auch diese unsere Zeit läßt, damit wir in ihr immer wieder Zeit für ihn, nein: damit er in ihr immer wieder seine Zeit für uns, Offenbarungszeit haben möchte. Darin, in diesem immer neuen Gewähren von Offenbarungszeit durch das Mittel der sakramentalen Wirklichkeit mitten in unserer Zeit, besteht die uns geschenkte Anteilnahme an Gottes Selbsterkenntnis.

§ 26

DIE ERKENNBARKEIT GOTTES

Die Möglichkeit der Erkenntnis Gottes besteht von Gott her darin, daß er selber die Wahrheit ist und daß er sich dem Menschen in seinem Wort durch den Heiligen Geist als die Wahrheit zu erkennen gibt. Sie besteht vom Menschen her darin, daß er im Sohne Gottes durch den Heiligen Geist ein Gegenstand des göttlichen Wohlgefallens und so der Wahrheit Gottes teilhaftig wird.

1. DIE BEREITSCHAFT GOTTES

Fragen wir nach der «Erkennbarkeit» Gottes, so heißt das: wir fragen nach der Möglichkeit, auf Grund derer Gott erkannt wird; wir fragen von der Erkenntnis Gottes aus rückwärts nach den Voraussetzungen und Bedingungen, auf Grund derer es dazu kommt, daß Gott erkannt wird. Nur so, also nur in diesem Rückblick, kann in der Gotteslehre der christlichen Kirche auch nach der Erkennbarkeit Gottes gefragt werden. Wir kommen her von der «Erkenntnis Gottes in ihrem Vollzug». Von daher fragen wir nach der Erkennbarkeit Gottes. Ein Denken, das mit der Frage nach der Erkennbarkeit Gottes anfangen wollte, um von da aus zu der Frage nach dem Vollzug der Erkenntnis Gottes vorzudringen, wäre kein dankbares, sondern ein begehrliches, kein gehorsames, sondern ein eigenmächtiges — es wäre kein theologisches, kein von der Kirche oder vielmehr vom Grund der Kirche herkommendes und der Kirche dienendes Denken. Das, was es als erkennbar und dann auch als wirklich erkannt behaupten würde, wäre — was es auch sein möchte — bestimmt nicht Gott der Vater, der Sohn und der Heilige Geist, dessen Offenbarung und Werk durch die heilige Schrift bezeugt und durch die Kirche verkündigt wird. Ist dieser Gott — und es ist kein anderer Gott — dann gibt es keinen Weg von der Frage nach der Erkennbarkeit Gottes zu der nach seiner wirklichen Erkenntnis, dann gibt es nur den absteigenden Weg in der umgekehrten Richtung.

Und nun haben wir schon zu der Frage nach der Erkenntnis Gottes in ihrem wirklichen Vollzug festgestellt, daß sie nicht lauten kann: ob Gott wirklich erkannt werde? als ob dies von anderswoher als aus der wirklichen Erkenntnis Gottes heraus erst festgestellt werden müßte, sondern daß sie nur im Blick auf den wirklichen Vollzug der Erkenntnis Gottes nach dessen Modus fragen kann: in der Voraussetzung, daß Gott erkannt wird, danach, wie und inwiefern dies geschieht. Es ist selbstverständlich, daß auch nach der Erkennbarkeit Gottes nur so und nicht anders gefragt werden kann. Wir können nicht fragen: ob Gott erkennbar ist? Gott wird erkannt und also ist Gott erkennbar. Wir können nicht nach einer abstrakten Möglichkeit der Erkenntnis Gottes fragen, sondern nur nach ihrer konkreten Möglichkeit, wie sie in deren wirklichem Vollzug bereits in aller Bestimmtheit vorliegt. Unser Fragen kann sich nur auf den schon gelegten und zwar in ganz bestimmter Weise gelegten, nicht auf einen erst zu legenden und so oder so zu bestimmenden Grund der Erkenntnis Gottes beziehen. Wieder würde unsere Frage sonst ein untheologisches, d. h. ein anderswoher als aus dem Dank und aus dem Gehorsam stammendes Denken verraten. Dankbar und gehorsam denkend, können wir nur herkommen davon, daß auch die Möglichkeit, auf Grund derer Gott erkannt wird, gegeben und zwar in ganz bestimmter Weise gegeben ist, daß also die Voraussetzungen und Bedingungen jenes Vollzuges in sich so feststehen, wie dessen Wirklichkeit Wirklichkeit ist, daß sie hinsichtlich ihrer Realität und ihrer Art nicht erst zu erfragen, geschweige denn in ihrer Realität und Art erst durch irgendwelche von uns zu findenden Antworten zu begründen oder gar zu schaffen sind. Wir fragen auch hier nach dem Modus, nach dem Wie und Inwiefern?

So gestellt ist auch die Frage nach der Erkennbarkeit Gottes sinnvoll und notwendig. Sie bildet den zweiten Schritt auf dem Wege der unerläßlichen Untersuchung der Erkenntnis Gottes, die die Voraussetzung zum Verständnis dessen bildet, daß in der Kirche von Gott geredet und gehört wird. Diese Untersuchung als Ganzes ist darum unerläßlich, weil diese Voraussetzung der Kirche, sowohl der lehrenden als auch der hörenden Kirche, bewußt bleiben und also auch immer aufs Neue ins Bewußtsein gerufen werden muß: es gibt kein rechtes Verständnis und keine rechte Erklärung des offenbarten, in der Schrift bezeugten und in der Kirche verkündigten Wortes Gottes, ohne Verständnis und Erklärung der Erkenntnis dessen, dessen Wort in der Kirche zu sagen und zu hören ist. Eben die dazu nötige Untersuchung kann sich aber nicht begnügen mit der Feststellung und Beschreibung des Faktums dieser Erkenntnis. Soll die das Reden und Hören der Kirche von Gott begründende Erkenntnis Gottes recht verstanden und erklärt und so der Kirche kritisch und positiv ins Bewußtsein gerufen werden, dann muß nach der Frage nach ihrer Faktizität auch die Frage nach ihrer Möglichkeit, die Frage nach der Genesis ihrer Faktizität explizit aufgeworfen und beantwortet werden. Es handelt sich nicht um eine Frage müßiger oder auch ängstlicher und so oder so gefährlicher Neugier, die hinter das allein heilsame und sich selbst genügende Faktum der Erkenntnis Gottes in ihrem Vollzug vorwitzig zurückgehen möchte, um sich seiner von irgend einem überlegenen Ort aus zu vergewissern. Solche Neugier würde, wenn die Untersuchung auch hier sachgemäß geführt wird, bestimmt nicht auf ihre Rechnung kommen, sondern es wird, wie wir nach dem über die Fragestellung Vorausgeschickten zum vornherein vermuten können, das Ergebnis oder doch ein Ergebnis dieser Untersuchung gerade darin bestehen, daß es einen solchen überlegenen Ort gegenüber diesem Faktum und eine von dort aus zu gewinnende Vergewisserung über dieses Faktum gerade nicht gibt, sondern nur die diesem Faktum selbst und als solchem innewohnende Gewißheit. Es muß aber diese zweite Untersuchung gerade darum durchgeführt werden, damit auch die Vermutung beseitigt werde, als gebe es hinter oder über dem Faktum der wirklichen Gotteserkenntnis noch so etwas wie einen hohlen Raum, der dann wohl auch durch die Aufstellungen einer übergreifenden Lehre vom Sein und von der Erkenntnis überhaupt und im Allgemeinen ausgefüllt werden könnte. Es muß die Versuchung, die die Vorstellung eines solchen hohlen Raumes notwendig bedeuten würde, in ihrer Wurzel bekämpft werden. Es muß gerade das explizit gemacht werden, daß auch die Möglichkeit der Erkenntnis Gottes diejenige Möglichkeit — und allein diejenige Möglichkeit — ist, die in der Wirklichkeit, wie sie im vorangehenden § beschrieben wurde, enthalten ist, oder umgekehrt: daß die dort beschriebene Erkenntnis Gottes in ihrem wirklichen Vollzug ihre Möglichkeit, ihre Voraussetzungen und Bedingungen in sich selber hat, daß also das Faktum selbst unmittelbar auch seine Genesis bezeugt, daß also die Erkennbarkeit Gottes nur in der wirklichen Erkenntnis Gottes erkannt, in ihr aber auch wirklich erkannt werden kann. Es kann nicht überflüssig sein, das Alles explizit zu machen: indem es geschieht, wird die Herrlichkeit der Erkenntnis Gottes in einer neuen Dimension und damit um so deutlicher und anbetungswürdiger sichtbar; geschähe es nicht, so würde dem Irrtum gerade in dieser Dimension Tür und Tor geöffnet bleiben. Es kann aber auch nicht gefährlich sein, das Alles explizit zu machen: geschieht es nur sachgemäß, dann ist gesorgt dafür, daß wir von dem allein heilsamen und sich selbst genügenden Faktum der Erkenntnis Gottes in ihrem Vollzug nicht etwa weggeführt, sondern vielmehr erst recht in die Tiefe seines Wesens hineingeführt werden.

Es gibt — damit müssen wir den Anfang machen — eine **Bereitschaft Gottes**, so erkannt zu werden, wie er im Vollzug der Erkenntnis Gottes, in welchem diese Faktum ist, tatsächlich erkannt wird. Die Erkennbarkeit Gottes ist zuerst und entscheidend **diese Bereitschaft Gottes selber**. «Gott ist erkennbar» heißt: «Gott kann erkannt werden» — er kann es aus sich selbst und durch sich selbst. Er ist in seinem Wesen, so wie es uns in seinem Handeln zugewendet ist, so beschaffen, daß er von uns erkannt werden kann.

Wir würden nun aber offenbar sofort zu wenig sagen, wollten wir uns damit begnügen, dies zu sagen: die Erkennbarkeit Gottes ist «zuerst» und «entscheidend» diese seine eigene, das heißt in seinem eigenen Sein und Tun begründete Bereitschaft, von uns erkannt zu werden. Wir werden nachher — es geht ja um unsere, um des Menschen Erkenntnis Gottes — von einer entsprechenden Bereitschaft des Menschen zu dieser Erkenntnis zu reden haben. Es gäbe keine Erkennbarkeit Gottes — jedenfalls keine, die uns überhaupt zum Problem werden könnte, es gäbe dann nur die Erkennbarkeit Gottes für sich selbst, aber auch diese nicht so, daß sie auch nur zum Gegenstand unserer Nachfrage werden könnte — wenn es nicht auch eine solche entsprechende Bereitschaft des Menschen gäbe. Wir werden die Erkennbarkeit Gottes, wollen wir sie verstehen und erklären, «von Gott her» und «vom Menschen her» verstehen und erklären müssen. Aber wenn wir das zum vornherein ins Auge fassen und im Auge behalten, muß es uns doch sofort klar sein: diese Bereitschaft des Menschen kann keine selbständige, keine letztlich in sich, bezw.

im Wesen und Tun des Menschen begründete sein, sodaß zwischen ihr und der Bereitschaft Gottes ein Verhältnis von gegenseitiger Bedingtheit bestünde, sodaß die Bereitschaft des Menschen der Bereitschaft Gottes sozusagen entgegenkommen, sodaß Gott mit seiner Bereitschaft auf die Bereitschaft des Menschen sozusagen warten müßte, um erst mit dieser zusammen die seine Erkenntnis begründende Erkennbarkeit Gottes zu konstituieren. Wir würden, wenn wir von der Bereitschaft hüben und drüben so reden würden, offenbar nicht von der Erkennbarkeit Gottes, sondern von der Erkennbarkeit irgend eines anderen, von Gott verschiedenen Gegenstandes, wir würden dann von einem Verhältnis innerhalb der Schöpfung, innerhalb der der Versöhnung und Erlösung bedürftigen Welt reden. Reden wir aber von der Erkenntnis und von der Erkennbarkeit Gottes, dann reden wir nicht — oder jedenfalls nicht nur — von einem solchen Verhältnis. Gott ist — auch indem er uns innerhalb der Welt offenbar und also zum Gegenstand wird, der Herr, der Schöpfer, Versöhner und Erlöser, dem gegenüber es, wie überhaupt kein letztlich in sich begründetes Sein und Tun eines Anderen, so auch keine letztlich in sich begründete Bereitschaft des Menschen, ihn zu erkennen, geben kann. Gibt es eine solche Bereitschaft auf seiten des Menschen, dann kann ihr nur eine geliehene, mittelbare, nachfolgende Selbständigkeit eigen sein: dem Menschen mitgeteilt als Fähigkeit und Willigkeit zum Dank und zum Gehorsam, dem Menschen eröffnet und zugeeignet aus der Quelle aller Bereitschaft: der Bereitschaft Gottes selber, neben der es letztlich keine zweite geben kann. Die Bereitschaft Gottes, von der wir zuerst — mit Fug und Grund zuerst! — zu reden haben, ist also nicht nur die erste und entscheidende. Sondern als die die Bereitschaft des Menschen prinzipiell in der Hoheit seines Herrn, Schöpfers, Versöhners und Erlösers umfassende, begründende, begrenzende und bestimmende ist sie die letztlich und eigentlich einzige Bereitschaft, derer wir zu gedenken haben, wenn wir nach der Erkennbarkeit Gottes fragen. Gerade um nachher recht auch von der Bereitschaft des wirklichen Menschen und so von der wirklichen Erkennbarkeit Gottes reden zu können, müssen wir davon ausgehen; die Erkennbarkeit Gottes ist ganz und gar seine eigene, die in seinem Wesen und Tun begründete Bereitschaft, von uns erkannt zu werden. Der wirkliche Mensch ist ja der Mensch, der vor Gott steht, daraufhin, daß Gott vor ihm steht. Um dieses wirklichen Menschen Bereitschaft wird es nachher gehen müssen. Der Bereitschaft dieses wirklichen Menschen wird aber gerade keine letztliche Selbständigkeit, sondern nur der Charakter einer von Gott dem Menschen mitgeteilten Fähigkeit und Willigkeit zu dem zu deren Quelle zurückströmenden Dank und Gehorsam zuzuschreiben; sie wird ganz und gar auf die ihr prinzipiell vorangehende, letztlich allein selbständige Bereitschaft Gottes zurückzuführen und zu begründen sein. Die Erkennbarkeit Gottes wäre nicht die Erkennbarkeit Gottes, wenn sie letztlich — auch wenn wir sie «vom Menschen her» betrachten! — etwas Anderes als ein Werk (und also ein Gegenstand des Lobes) Gottes selber wäre.

Die übergeordnete, und also letztlich nicht nur übergeordnete, sondern einzige Bereitschaft, die wir als die Erkennbarkeit Gottes zu verstehen und zu erklären haben, ist die im Wesen und Handeln, im Sein und in der Existenz Gottes begründete. Er ist der Herr des Geschehens, das wir Erkenntnis Gottes nennen. Er ist auch der Inbegriff der Möglichkeit, der Voraussetzungen und Bedingungen dieses Geschehens.

Wir müssen, wenn das durchsichtig werden soll, zunächst zurückgehen auf die Entscheidung, die vor allem unserem Fragen nach der Erkenntnis und Erkennbarkeit Gottes (und gerade so als deren Ursprung und zugleich als deren Beantwortung!) von Ewigkeit her und in Ewigkeit damit gefallen ist, daß Gott ist, der er ist. Wir müssen also zurückgehen auf den Bereich, der uns, da wir Menschen und nicht Gott sind, auch gänzlich verschlossen sein könnte, nun aber, im Vollzug wirklicher Erkenntnis Gottes, tatsächlich nicht verschlossen ist: auf den Bereich dessen, was Gott in sich selber ist, um dasselbe dann auch unter uns und für uns zu sein. Die Kraft alles dessen, was er unter uns und für uns ist, liegt darin, daß sie ursprünglich und eigentlich seine Kraft, d. h. die ewige Kraft dessen ist, was er von Ewigkeit und in Ewigkeit in sich selber ist. So und darum unterscheidet sich die Kraft dessen, was er unter uns und für uns ist, von allen anderen Kräften als die göttliche Kraft. So ist auch die Erkennbarkeit Gottes unter uns und für uns, die dem Vollzug unserer wirklichen Erkenntnis Gottes zugrunde liegt, zuerst und eigentlich Gottes eigene Möglichkeit: Gott ist von Ewigkeit und in Ewigkeit sich selber erkennbar; darum und so ist er es nun auch unter uns und für uns. Weil dem so ist, darum ist der Grund unserer Erkenntnis Gottes so gewiß; darum ist Erkenntnis Gottes ein so gewaltiges, ein unaufhaltsames Geschehen. Wie sollte es da ein Aufhalten, wie sollte es da Zweifel und Problematik geben, wo es sich um die Aktualisierung einer ewigen, einer Gott selber eigenen Möglichkeit handelt? Die Entscheidung, die da vollzogen wird, wo Gott wirklich erkannt wird, die dann sofort auch das Wissen darum in sich enthält, daß Gott erkennbar, und zwar kraft seines eigenen Wesens und Tuns erkennbar ist, diese Entscheidung fällt — obwohl im Glauben, in der Zeit, in der Dialektik unseres Denkens, das ein menschliches und nicht das göttliche Denken ist — mit dem ganzen Gefälle, das ihr darum eigen sein muß, weil Gott sich selber erkennbar ist. Wir machen uns keines Übergriffs schuldig, wenn wir auf diesen Bereich zurückgehen. Eben dieser Bereich in seiner ganzen Unanschaulichkeit und Unbegreiflichkeit, dieser Bereich, der uns allerdings verschlossen sein könnte, ist uns faktisch nicht verschlossen. Liegt hier ein Übergriff vor, dann ist es der Übergriff, den Gott selbst vollzogen hat in seiner Offenbarung in Jesus Christus durch den Heiligen Geist. An das Geschehensein d i e s e s Übergriffs halten wir uns allerdings. Ihn meinen wir, wenn wir auf den Vollzug wirklicher Erkenntnis Gottes zurückblicken. Der Selbstbeweis Gottes, in dessen Kraft seine wirkliche Erkenntnis vollzogen wird, ist aber seine Offenbarung als der dreieinige Gott. Daraufhin erkennen wir Gott, daß Gott sich selber erkennt: der Vater den Sohn und der Sohn den Vater durch den Heiligen Geist des Vaters und des Sohnes. Daraufhin ist er auch uns erkennbar: daß er als der dreieinige Gott zuerst und vor Allem sich selbst erkennbar ist. Darum können wir von der Erkennbarkeit Gottes nicht reden als von einer abstrakten Möglichkeit, weil sie von Gott selbst: im Vater und im Sohn durch den Heiligen Geist konkret verwirklicht ist, und weil wir durch Gottes Offenbarung wie an seiner Selbsterkenntnis so auch seiner Selbsterkennbarkeit Anteil — nicht unmittelbaren, sondern mittelbaren, aber darum nicht minder realen Anteil bekommen und haben.

Eben diese von Gott selbst konkret verwirklichte Möglichkeit, eben das im Blick auf diese Möglichkeit verstandene Wesen Gottes umschreiben wir nun doch wohl sachgemäß, wenn wir schlicht sagen: Gott ist d i e W a h r h e i t, und wenn wir die Bereitschaft Gottes, in der wir seine Erkennbarkeit zuerst und entscheidend und letztlich allein zu erkennen haben, schlicht eben damit bezeichnen, daß Gott selber die Wahrheit ist. Die Wahrheit — nicht bloß eine Wahrheit! Denn das ist der Ursprung und der Inbegriff aller Wahrheit, daß Gott sich selber nicht verborgen, sondern offen ist. Wahrheit heißt Unverborgenheit, heißt Offenheit. Indem Gott sich selbst offen ist, der Vater dem Sohne, der Sohn dem Vater durch den Heiligen Geist, er, der Herr aller Dinge, sind ihm auch alle Dinge offen, ist alle Offenheit, die es sonst gibt, ursprünglich und eigentlich seine Offenheit, gibt es also keine Offenheit, nach der wir fragen könnten in der Meinung, daß sie noch größer sein könnte als die seinige, daß die seinige uns erst von ihr her einleuchten könnte. Und nun haben wir es in der O f f e n b a r u n g, ja gerade mit der u n s geschenkten Offenheit für diese Offenheit Gottes s e l b s t zu tun, mit der W a h r h e i t d e r W a h r h e i t selber also, nochmals: nicht unmittelbar, sondern mittelbar, aber gerade so (in den Grenzen und in der Weise, die uns angemessen sind) mit der Wahrheit der Wahrheit selber. Ist dem so — und wir brauchen uns bloß an Gottes Offenbarung als an die Offenbarung des Vaters in Jesus Christus durch den Heiligen Geist zu halten, um uns dessen zu vergewissern, daß dem so ist — dann werden wir uns des Mißtrauens, als möchten wir uns, auf jenen Bereich zurückgehend, eines Übergriffs schuldig machen, entschlagen können. Eben der göttliche Übergriff, in dessen Kraft die wirkliche Erkenntnis Gottes vollzogen wird, erlaubt uns nicht nur, sondern gebietet uns, zwingt uns geradezu, den Grund und die Möglichkeit dieser unserer Erkenntnis Gottes in Gott selbst gelegt zu sehen und also als festen Grund und als gegebene Möglichkeit anzusehen. Es muß unsere erste, entscheidende und umfassende Antwort auf die Frage nach der Erkennbarkeit Gottes dahin lauten, daß diese Frage, indem wir sie aufwerfen, schon überholt: durch den, nach dessen Erkennbarkeit wir da fragen, schon aufgeworfen und beantwortet ist, daß wir also in allem Weiteren von dieser in Gott selbst gefallenen Entscheidung nur herkommen können. Das wäre der Übergriff, der uns hier nicht gestattet sein kann, wenn wir uns, wo wir es mit der Wahrheit der Wahrheit selbst zu tun haben, dem göttlichen Übergriff widersetzen, wenn wir nach einer jener Offenheit zwischen dem Vater und dem Sohn durch den Heiligen Geist überlegenen Wahrheit fragen würden, als wäre diese Offenheit nicht die ursprüngliche, die eigentliche Offenheit, die Quelle und die Norm aller anderen, als gäbe es ein höheres Kriterium als dieses, daß Gott Gott und in seiner Offenbarung auch unter uns und für uns Gott ist. Machen wir uns dieses Übergriffes nicht schuldig, dann kann unser ganzes Fragen nach der Erkennbarkeit Gottes nur in einem zielbewußten und also letztlich schon in sich beruhigten Zurückkommen auf die im Sein Gottes selbst schon gefallene Entscheidung bestehen: auf die Entscheidung, daß Gott erkennbar ist.

Aber nun können wir nicht bestimmt genug fortfahren: Wir gedenken an **Gottes Gnade**, wenn wir das sagen: Gott **ist** erkennbar. Wir gedenken an Gottes Gnade, wenn wir unser ganzes Fragen nach Gottes Erkennbarkeit nur als ein Zurückkommen auf diese schon gefallene Entscheidung bezeichnen und verstehen. Denn es geschieht durch Gottes Gnade — und ganz allein durch Gottes Gnade — daß Gott **uns** erkennbar ist. Wie kommen wir dazu, uns auf Gott selbst, uns darauf zu beziehen, daß er selber die Wahrheit ist? Wir sind dazu gekommen, indem wir uns auf seine Offenbarung bezogen haben: darauf, daß er selber sich uns, unsere Erkenntnis begründend, zu erkennen gibt. Aber auf Gottes Offenbarung kann man sich jedenfalls nicht willkürlich beziehen, jedenfalls nicht so, wie auf irgend ein Datum unserer Erfahrung, oder wie auf irgend ein wirkliches oder vermeintliches Axiom unseres Denkens. Gottes Offenbarung steht nicht in unserer Macht und also nicht zu unserer Verfügung. Gottes Offenbarung geschieht unter uns und für uns, im Bereich unserer Erfahrung und unseres Denkens; aber nun muß es Ernst damit gelten, daß sie «von Gott her» geschieht. Durch die Wahrheit selber bekommen wir es in der Offenbarung mit der Wahrheit selber zu tun. Und immer nur in der Wahrheit selber, aufgerufen, legitimiert und geleitet durch sie, können wir uns auf die Wahrheit selber in Kraft beziehen und berufen.

Die Probe auf das Exempel ist gerade in unserem Zusammenhang leicht zu machen. Wir haben uns *in concreto* vorhin darauf bezogen, daß laut der durch die heilige Schrift bezeugten Offenbarung der Vater dem Sohn, der Sohn dem Vater erkennbar ist durch den Heiligen Geist. Wir haben diese Selbsterkennbarkeit Gottes als die Wahrheit bezeichnet. Wir haben Gott daraufhin als auch unter uns und für uns erkennbar verstanden. Wie sollte das nicht theologisch überaus richtig gewesen sein? Es wird aber wiederum theologisch richtig sein, wenn wir uns dabei nun doch nicht beruhigen, sondern feststellen: die Kraft dieses Bezugs und des damit vollzogenen Hinweises kann nicht etwa in dem liegen, was wir damit getan haben, nicht in der Anschauung, die wir uns damit mehr oder weniger angeeignet haben, nicht in dem Denkakt, den wir damit mehr oder weniger geschickt hinter uns gebracht haben, nicht einmal in dem korrekten Anschluß an die kirchliche Trinitätslehre, den wir dabei sichtbar machten, und nicht einmal in der stillschweigenden Erinnerung an bestimmte biblische, besonders johanneische Texte, in der das Alles natürlich geschehen ist. So einfach ist die Wahrheit nicht zu haben, ist also die Erkennbarkeit Gottes, nach der wir fragen, nicht, jedenfalls nicht kräftig und wirksam, zu erkennen. Wir waren und sind, menschlich geredet, durchaus nicht sicher vor der Möglichkeit, daß uns der vollzogene Bezug und Nachweis auch nicht einleuchten, daß er uns das, was er uns sagen möchte, und in sich betrachtet auch sagen könnte, faktisch nicht sagen möchte. Wir haben die andere Möglichkeit, die Möglichkeit der Kraft und Wirksamkeit dieses Bezugs und Nachweises nicht in der Hand. Wir müßten, damit er kräftig und wirksam sei, selber in der Wahrheit stehen. Nur in der Wahrheit selber stehend, aufgerufen, legitimiert und geleitet durch sie, könnten wir uns kraftvoll und wirksam und also uns selbst und Anderen tatsächlich einleuchtend, auf die Wahrheit selber beziehen und berufen. Anderenfalls haben wir zwar eine in sich richtige theologische Operation vollzogen, die dann aber doch, von außen gesehen, sofort auch in dem Verdacht eines aus dem Nichts in das Nichts führenden theologischen Kunststücks stehen könnte. Wir haben es aber nicht in der Hand jenes zu erreichen und dieses zu vermeiden. Wir haben es nicht in der Hand, uns selbst in die Wahrheit zu stellen und also durch sie Aufgerufene, Legitimierte und Geleitete zu werden. Sind wir es, dann sind wir es durch die Wahrheit selber; sind wir es nicht, dann können wir es nur durch die Wahrheit selber werden.

Und nun ist es nicht etwa so, daß angesichts dieser Aporie die theologische Untersuchung der Frage der Erkennbarkeit Gottes — etwas früh, müßte man dann wohl sagen! — abbrechen dürfte und könnte oder wohl gar müßte, um vielleicht einem Hinweis auf die Erfahrung des christlichen Lebens oder gar der Aufforderung, sich von der offenbar verfänglichen Theorie der Besseres verheißenden Praxis zuzuwenden, Platz zu machen. Es könnte der Abbruch der Untersuchung und der an sich gewiß nie zu verschmähende Hinweis auf die Lebenswirklichkeit gerade an dieser Stelle allzu leicht den Einbruch des Irrtums bedeuten, weil er den Ratschlag bedeuten könnte, man solle angesichts jener Aporie nur getrost weitergehen und auch weiterdenken, als ob man in der Wahrheit stehe und also der Wahrheit mächtig sei und also sich auf die Offenbarung sehr wohl ohne weiteres beziehen und berufen dürfe und könne, als ob also die Wahrheit doch ziemlich einfach zu haben sei. Sie ist in der Tat — auch dieser Ruhm fehlt ihr nicht! — in ihrer (aber eben in ihrer!) Art sehr einfach zu haben. Es will aber diese ihre Art sehr sorgfältig erwogen und von anderen Arten, in denen nun gerade sie nicht zu haben ist, unterschieden sein. Eben in der Besinnung auf die Art, in der nun gerade die Wahrheit einfach zu haben und also die Erkennbarkeit Gottes einfach zu erkennen ist, setzen wir also unsere Untersuchung damit fort, daß wir uns jetzt der folgenschweren Erinnerung zuwenden: es geschieht durch Gottes **Gnade**, daß Gott **uns** erkennbar ist, so daß wir den Satz wagen dürfen: Gott **ist** erkennbar, erkennbar daraufhin, daß er selber die Wahrheit ist.

Was das in diesem (und doch nicht nur in diesem!) Zusammenhang heißt: «**Gottes Gnade**», machen wir uns am besten klar, wenn wir noch einmal zurückkommen auf die vorhin zur Anwendung gebrachte bildliche Redensart: daß es sich bei Gottes Offenbarung in deren Kraft und Wirksamkeit es zur Erkenntnis Gottes kommt, um einen göttlichen «Übergriff» handelt. Wir zögerten ja, als es darum ging, auf den Bereich dessen zurückzugehen, was Gott in sich selber ist: auf Gottes eigene Möglichkeit, sich selbst zu erkennen. Die Frage kam in Sicht, ob **wir** uns dabei nicht eines Übergriffs schuldig machten. Wir hatten ein gegen uns selbst in dieser Hinsicht angebrachtes Mißtrauen zu überwinden. Wir mußten uns erst klar machen, daß darin der wirkliche Übergriff unsererseits bestehen würde, wenn wir uns dem in der Offenbarung der Wahrheit stattfindenden göttlichen Übergriff widersetzen, wenn wir an ihm vorbeidenken würden, statt unser Denken ihm anzupassen. Nun, es war und ist sicher wohlgetan, an dieser Stelle zu zögern. Mußte und muß dieses Zögern überwunden werden, so konnte und kann das doch nicht bedeuten, daß wir verkennen: es geht allerdings um eine **Besonderheit**, wenn es so ist, daß das, was Gott offen ist — er selber! — auch uns wirklich offen ist, wenn wir also unsere Erkenntnis Gottes für möglich und begründet und also für gewiß halten dürfen. Jener Bereich könnte uns in der Tat auch völlig verschlossen sein. Es geht um eine Besonderheit, wenn er uns nicht verschlossen ist, wenn die Wahrheit uns offenbar ist und wenn der Gebrauch, den wir davon machen, daß die Wahrheit uns offen ist, Kraft und Wirksamkeit hat und nicht eine leere Gedankenbewegung ist. Es könnte sich hier sehr wohl um eine **leere Gedankenbewegung** handeln! Dann nämlich, wenn der Mensch in der Bewegung, die er für Erkenntnis Gottes hält, in Wirklichkeit allein, in Wirklichkeit gar nicht mit Gott, sondern nur mit sich selbst beschäftigt wäre: mit der **Verabsolutierung seines eigenen Wesens und Seins**, mit dessen Projizierung ins Unendliche, mit der Errichtung eines Spiegelbildes seiner eigenen Herrlichkeit. Die in dieser Richtung sich vollziehende Gedankenbewegung wäre darum leer, weil sie gegenstandslos, ein bloßes Spiel, als Gotteserkenntnis eine bloße Selbsttäuschung wäre. Das würde sich verraten in der Zwiespältigkeit der Gewißheit hinsichtlich ihres Ergebnisses: sie würde eine immer und überall durch Ungewißheit begrenzte Gewißheit sein; sie würde heute Gewißheit sein, um morgen mit demselben Gewicht in Ungewißheit umzuschlagen. Wir dürfen uns aber nicht verhehlen und wir wissen auch alle gut genug darum: eben dies ist sozusagen die natürliche, die allgemeine, die regelmäßige Seite alles dessen, was wir unsere Erkenntnis Gottes nennen. Wir sind von dieser Seite gesehen nicht mit Gott, sondern im Grunde mit uns selbst beschäftigt. Man könnte auch sagen: es handelt sich, von dieser Seite gesehen, gar nicht um die wirkliche, die theologische, sondern um eine s c h e i n b a r e Gotteserkenntnis. Immer wieder vollziehen wir eine, von dieser Seite gesehen, leere Gedankenbewegung, wenn wir, den Bereich Gottes selbst vermeintlich erreichend, uns nun wirklich seiner Wahrheit bemächtigen zu können, Gott in seiner Offenheit für sich selbst erkennen zu können glauben. Es war, von dieser Seite gesehen, doch immer bloß unsere eigene Offenheit für uns selber, was wir dabei erkannten, wobei wir uns letztlich bestimmt sogar, darüber täuschten, als ob auch nur wir selber uns wirklich offen seien, als ob wir es in dem Ergebnis unserer Gedankenbewegung auch nur mit der Wahrheit des Menschen tatsächlich zu tun hätten. Nicht mit Gott, sondern mit uns selbst beschäftigt, sind wir auch dies nicht so, daß wir wenigstens in bezug auf uns selbst jener Dialektik von Gewißheit und Ungewißheit zu entrinnen vermöchten. Wir werden ihr auch in bezug auf uns selbst durchaus nicht entrinnen. Und nun bemerke man wohl: auch unsere, formal betrachtet, theologische Gotteserkenntnis, auch unsere in aller Form mit dem dreieinigen Gott beschäftigte, durch Bibel und Dogma geleitete und bestimmte Gedankenbewegung hat diese natürliche, allgemeine, regelmäßige Seite, von der her gesehen sie leer, weil gegenstandslos ist, von der her gesehen wir doch mit nichts Anderem als mit uns selbst und nicht einmal mit uns selbst in Wahrheit beschäftigt sind. Und nun versteht es sich keineswegs von selbst, wenn unsere Gotteserkenntnis n i c h t n u r diese Seite hat. Es geht wirklich um eine Besonderheit, wenn sie noch eine andere Seite hat, von der her gesehen wir nicht nur mit uns selbst, sondern in Wahrheit auch mit Gott und dann — weil in Wahrheit mit Gott — in Wahrheit auch mit uns selbst beschäftigt sind. Es geht schon dann um eine Besonderheit, wenn uns die Begrenztheit jener natürlichen, allgemeinen regelmäßigen Seite unserer Gotteserkenntnis so einleuchtet, daß wir nicht nur in eine gewisse Skepsis getrieben, sondern wirklich beunruhigt werden, uns wirklich und bestimmt genötigt sehen, über sie hinauszublicken. Wie kämen wir dazu, auch nur damit zu rechnen, daß diese Seite nicht das Ganze sein sollte? Wie sollte die Selbsttäuschung hinsichtlich Gottes und hinsichtlich unserer selbst (mit Inbegriff der nötigen Skepsis, die uns von jener ja doch nicht zu befreien vermag) nicht das Letzte sein, die Grenze, von der wir umschlossen sind, ohne daß wir über sie hinauszublicken vermöchten? Woher sollten wir denn wirklich beunruhigt, wirklich zum Ausblick nach einer anderen Seite genötigt und befähigt sein? Sind wir es, dann handelt es sich bestimmt nicht um eine Verlängerung oder Vertiefung der natürlichen, der allgemeinen, der regelmäßigen Seite unserer Gotteserkenntnis. Es ist dann nicht so, als ob wir in der Vollstreckung unseres eigenen Seins und Wesens endlich und zuletzt doch so weit vorgedrungen wären, daß wir uns schließlich nicht mehr allein, sondern vor Gott und also mitten im Vollzug wirklicher Gotteserkenntnis befänden. Es ist dann schon so, daß in und mit der Besonderheit, die dann Ereignis geworden ist, eine ganz neue Seite aufgeschlagen ist. Eben darum ist es wohl angebracht, in dem Augenblick, wo wir es wagen, auf den Bereich dessen zurückzugehen, was Gott in sich selber ist, zu stutzen und zu zögern, uns Rechenschaft darüber abzulegen, was wir da tun. Es wird doch so sein, daß wir jetzt durch die Wahrheit zur Erkenntnis der Wahrheit gekommen sind? Wir werden also nicht etwa bloß in dem Versuch begriffen sein, uns einzureden, daß wir auf dem Weg der Verabsolutierung unseres eigenen Seins und Wesens, der ein Weg der Selbsttäuschung ist, endlich und zuletzt, sei es denn unter Heranziehung der Bibel und des Dogmas, dennoch von uns aus und also anders als durch die Wahrheit zum Ziel zu kommen, zur Wahrheit und also zu Gott selbst vorzustoßen vermöchten? Das Besondere, das wir da entdeckt zu haben meinen, wird doch nicht bloß das Besondere eines allerkühnsten: *Sic volo sic iubeo!* am Ende unserer nach wie vor leeren, d. h. gegenstandslosen Gedankenbewegung sein? Wir werden uns doch nicht etwa vorgemacht haben, in dem Augenblick drinnen — drinnen bei Gott! — zu sein, wo wir in Wirklichkeit gerade am höchsten und am schlimmsten draußen wären? Am höchsten und schlimmsten darum, weil wir mit solch trotziger Behauptung ja auch noch die menschliche Ehrlichkeit unseres Draußenseins verleugnet hätten! Wäre es an dem, dann würde uns die Wiederkehr der Dialektik von Gewißheit und Ungewißheit wohl bald darüber belehren, daß sich das Tor jenes Bereiches des inneren göttlichen Seins tatsächlich nicht von außen stürmen und erbrechen läßt. Es könnte uns dann aber gerade dieser Versuch bezw. das Mißlingen dieses Versuchs, die Offenbarung Gottes selbst vollziehen zu wollen, die Augen dafür in unheilvoller Weise verschließen, daß sie in Wirklichkeit vollzogen ist und vollzogen wird: nicht durch uns, nicht von außen, nicht als letzter Schritt auf unserem eigenen Weg, sondern durch Gott, also von innen, als erster Schritt auf seinem Weg. Es würde dann der erste Übergriff, den wir uns damit erlauben, daß wir uns die Gegenwart Gottes titanisch selbst verschaffen wollten, jenen zweiten nach sich ziehen, daß wir uns, enttäuscht durch den Mißerfolg dieses Unternehmens, der in Gottes eigenem Übergriff, dank seiner Initiative, durch das Werk seiner Selbstoffenbarung verwirklichten Gegenwart Gottes, widersetzen und entziehen und dann vielleicht in einer kaum mehr gutzumachenden Weise widersetzen und entziehen würden.

Man halte sich hier einen geschichtlichen Vorgang vor Augen: Wie kam es, daß sich die protestantische Theologie am Ende des 19. Jahrhunderts von jener erstaunlichen Offenbarungsmüdigkeit ergreifen und nahezu völlig beherrschen ließ, in welcher sie — angeblich im Streit gegen eine falsche Metaphysik, in Wirklichkeit doch einfach im Streit gegen die Erkenntnis der realen Gegenwart des real redenden und handelnden Gottes — schließlich zu einer bloßen historischen Darstellung und psychologischen Analyse des religiösen Lebens der Menschheit zu werden drohte? Man kann diese Erscheinung nur verstehen, wenn man sich vor Augen hält, daß diese Theologie mit ihrer ganzen Zeit von einer bis auf die Wurzeln gehenden Enttäuschung herkam: Müde war sie vielleicht eigentlich doch nicht der Offenbarung — obgleich sie dann faktisch doch auch der Offenbarung widerstrebte. Sondern müde war sie zunächst des himmelstürmenden Idealismus der ersten Hälfte jenes Jahrhunderts, in welcher die besten und tiefsten Geister in Philosophie und Theologie sich eben darum bemüht hatten, Gottes Offenbarung und Gegenwart als letztes, höchstes Ergebnis der Beschäftigung des Menschen mit sich selbst zu verstehen und schließlich als Behauptung auf den Plan zu stellen: auch damals schon — man wollte wirklich auch in der Schule Schellings, Schleiermachers und Hegels theologisch denken — nicht ohne ausdrückliche Heranziehung der Bibel und des Dogmas, in deren Aufstellungen man die letzten, höchst brauchbaren Schlüssel zu den auf dem natürlichen, allgemeinen regelmäßigen Weg zu erkennenden Geheimnissen des Seins zu erblicken glaubte. Man kann hier nur historisch feststellen: die Philosophie und die Theologie, die Welt überhaupt, war in der Zeit vor und nach der Mitte des 19. Jahrhunderts gerade dieses letzten und tiefsten Ergebnisses der idealistischen Bewegung, gerade ihres Gottesglaubens in geradezu erschütternder Weise müde geworden. Hat die Wirklichkeit des menschlichen Draußenseins sich um so kräftiger geltend gemacht, je kräftiger sie in diesem idealistischen Gottesglauben verleugnet wurde? Kann man den wirklichen Menschen nicht ungestraft zum Titanen erziehen, wie es die Idealisten mit ihrem Gottesglauben schließlich getan haben? Wie dem auch sei, mächtiger und wuchtiger als je zuvor ging jetzt die am Ende des 18. Jahrhunderts vorläufig aufgehaltene Woge des Zweifels und der Verneinung über das vermeintlich christliche Europa. Und was sie traf, das war nun doch nicht bloß der Glaube an jenen so kühn erfundenen Gott der theologisch-philosophischen Metaphysik der Idealisten, sondern mit diesem — aller Augen waren jetzt zunächst verblendet, so daß sie zunächst gar nicht zu sehen vermochten, daß es hier um etwas Anderes ging — der Glaube an den Gott der biblischen Offenbarung selber. Es zog der erste Übergriff den zweiten automatisch nach sich: etwas Anderes als ein positivistischer Historismus und Psychologismus schien für Philosophie und Theologie nach Abbruch des spekulativen Systems gar nicht übrig zu bleiben. Und wenn sich das Mißvergnügen auch an diesem Positivismus nicht allzu lange unterdrücken ließ, so standen die Dinge doch noch um 1910 (in der Glanzzeit eines Ernst Troeltsch) so, daß gegenüber seinen unentwegten Vertretern eigentlich nur die verzweifelte Möglichkeit einer Neubelebung der zwischen 1830 und 1870 so rätselhaft zu Boden gefallenen idealistischen Metaphysik zur Diskussion stand — eine Möglichkeit, die aus guten Gründen (es fand sich nämlich kein zweiter Hegel und kein zweiter Schleiermacher, sondern es fanden sich nur unkräftige Epigonen und Ruhmredner jener Zeit!) nie Wirklichkeit geworden ist. Es ist ein Glück, daß dem so war; denn von hier aus hätte es — nachdem dieser *circulus vitiosus* schließlich zweimal (im 18. und im 19. Jahrhundert) redlich begangen worden war, aller Voraussicht nach nur zu weiteren schmerzlichen und gefährlichen Enttäuschungen kommen können.

Unterwinden wir uns wirklich, auf den Bereich dessen zurückzugehen, was Gott in sich selber ist, dann darf das mit dem Weg der Verabsolutierung des menschlichen Wesens und Seins nichts zu tun haben. Es darf dann nicht einmal so sein, daß wir uns unserem eigenen Bereich — also dem Bereich, in welchem wir nur mit uns selbst beschäftigt sind — eigenmächtig entziehen wollten: als stünde es in unserer Einsicht und Macht, einen anderen überhaupt festzustellen, geschweige denn zu wählen. Ist uns der Bereich Gottes nicht verschlossen, dann bedeutet das eine Besonderheit nicht nur vermöge der Besonderheit Gottes im Unterschied seines Wesens und Seins zu dem unsrigen, dann liegt die Besonderheit vielmehr schon darin, daß uns diese Besonderheit Gottes als solche einleuchtet, daß wir überhaupt dazu kommen, nach ihr zu fragen und mit ihr zu rechnen. Die Selbsttäuschung, in der wir uns hinsichtlich Gottes und doch auch hinsichtlich unserer selbst befinden, könnte auch das Letzte sein, der Ausblick auf eine andere Seite, auf die Wahrheitsseite dessen, was wir unsere Erkenntnis Gottes nennen, könnte uns auch gänzlich verwehrt sein. Ist er uns nicht verwehrt und verstehen wir die Tragweite dessen, daß er uns tatsächlich nicht verwehrt ist, dann erkennen und anerkennen wir — indem wir jeden Übergriff unserseits unterlassen — den **Übergriff** der von seiten **Gottes** geschehen ist und geschieht. Daß Gott uns offenbar ist, das ist dann **Gnade**. Gnade ist die Majestät, die Freiheit, die Unverdientheit, die Unvorhergesehenheit, die Neuheit, die Eigenmacht, in der die Beziehung zu Gott und also die Möglichkeit seiner Erkenntnis dem Menschen durch Gott selbst eröffnet wird. Gnade ist wirklich die Wendung, in welcher Gott eine Ordnung aufrichtet, die zuvor nicht war, auf deren Kraft und Wohltat der Mensch keinen Anspruch, die aufzurichten er keine Macht, die auch nur nachträglich zu rechtfertigen er keine Kompetenz hat, die er nur als in ihrer — der Besonderheit des Wesens und Seins Gottes genau entsprechenden — Besonderheit tatsächlich aufgerichtet, tatsächlich kräftig und wirksam als ihm widerfahrende Wohltat erkennen und anerkennen kann. Gnade ist Gottes **Wohlgefallen**. Und eben in Gottes Wohlgefallen besteht die Realität unseres Seins mit Gott, seines Seins mit uns. So gewiß **Jesus Christus** Gottes Offenbarung und so gewiß die Realität dieser Beziehung in Jesus Christus eben das Werk des göttlichen Wohlgefallens ist! Damit durchbricht Gottes Offenbarung die Leerheit der Gedankenbewegung, die wir unsere Gotteserkenntnis nennen, damit gibt sie dieser eine andere Seite, von der aus gesehen sie nicht Selbsttäuschung ist, sondern in der Wahrheit, weil durch die Wahrheit geschieht, damit macht sie uns zu solchen, die nun nicht nur mit sich selbst, sondern auch mit Gott beschäftigt sind, damit gibt sie unserer Gotteserkenntnis ihren Gegenstand: damit, daß sie Gottes Wohlgefallen ist. Denn damit bekommen wir, die wirklichen Menschen, es mit dem wirklichen Gott zu tun: damit, daß uns in der ganzen Majestät, Freiheit, Unverdientheit, Unvorhergesehenheit, Neuheit und Eigenmacht der Gnade die Barmherzigkeit seines Wohlgefallens widerfährt.

In seinem Wohlgefallen ist Gott Gott unter uns und für uns: in dem ganz allein von ihm ausgehenden und vollzogenen Übergriff, in welchem er sich zu dem Unsrigen macht. In seinem Wohlgefallen ist er uns offen

1. Die Bereitschaft Gottes
81

in der Offenheit, in der er sich selbst offen ist. Sein Wohlgefallen ist die Wahrheit, durch die wir die Wahrheit erkennen. Sein Wohlgefallen also ist Gottes Erkennbarkeit. In ihm ruht die undialektische Gewißheit des Vollzuges wirklicher Gotteserkenntnis. Immer wenn wir durch die Dialektik von Gewißheit und Ungewißheit, die in diesem Geschehen unser Teil ist, wirklich beunruhigt, wirklich zum Ausblick nach der anderen Seite dieses Geschehens aufgerufen und genötigt sind, immer stehen wir dann vor dem Wohlgefallen, das die göttliche Seite dieses Geschehens ist, in dem die Entscheidung über Gottes Erkennbarkeit vor und jenseits der Entscheidung unseres Glaubens und Erkennens schon gefallen ist: nicht nur in einem uns vielleicht verschlossenen Sein und Wesen Gottes selbst, sondern kraft jenes Übergriffes gefallen auch unter uns und für uns, so daß die Wahrheit des Seins und Wesens Gottes in ihrer ganzen göttlichen Gewißheit greifbar und wirklich vor uns steht und also wirklich für uns zu haben ist. Nicht ohne daß jene Dialektik unser Teil wäre und bliebe, aber wiederum nicht so, als ob wir jener Dialektik verfallen wären und blieben, sondern so, daß jene Dialektik von der Seite des Geschehens her, die Gottes Teil ist, überhöht und beherrscht ist, so, daß inmitten des Gewinnens und Verlierens, Wiedergewinnens und Wiederverlierens, als das das Geschehen unserer Gotteserkenntnis sich uns darstellt, die Wahrheit Gottes selbst als die faktisch überlegene Macht auf dem Plan ist: so, daß wir in jenem Auf und Nieder nicht verloren, sondern gehalten sind — gehalten, wie man durch Gottes Barmherzigkeit gehalten ist, aber gerade so nun auch wirklich gehalten.

«Und ob ich schon wanderte im finstern Tal, ich fürchte kein Unglück; denn du bist bei mir, dein Stecken und Stab, der tröstet mich.» (Ps. 23, 4.) «Denn Gottes Sohn, Christus Jesus, der unter euch durch uns gepredigt worden ist, war nicht Ja und Nein, sondern Ja ist in ihm gewesen; denn so viele Verheißungen Gottes es gibt, in ihm ist das Ja, daher durch ihn auch das Amen, Gott zur Ehre durch uns. Der, der uns mit euch Festigkeit gibt auf Christus hin und uns gesalbt hat, ist Gott, der uns auch versiegelt und den Geist als Angeld in unsere Herzen gegeben hat.» (2. Kor. 1, 19—22.)

Gottes Sein und Wesen erschöpft sich nicht in dem Übergriff, in welchem er unter uns und für uns Gott ist, seine Wahrheit also nicht in der Wahrheit seiner Gnade und Barmherzigkeit. Gott ist aber — was immer er auch sonst sei — auch ganz und gar das Wohlgefallen seiner Gnade und Barmherzigkeit. Er ist jedenfalls in seiner Offenbarung, er ist in Jesus Christus ganz und gar gerade das. Und darum ist es nicht nur berechtigt, sondern notwendig, daß wir sein ganzes Sein und Wesen verstehen als zusammengefaßt und geordnet in seinem Wohlgefallen. So und nicht anders ist er uns zugewendet. Wir haben keinen Weg, uns der Erkennbarkeit Gottes und also der Gewißheit unserer Gotteserkenntnis zu versichern, der an der Gnade und Barmherzigkeit des göttlichen Wohl-

Dogmatik (II/1) 6

gefallens vorbeiführen würde. Wir haben keine Vollmacht, uns dabei an etwas Anderes zu halten, als an den von Gott her geschehenen und geschehenden Übergriff. Würde die unserer Erkenntnis Gottes zugrunde liegende göttliche Bereitschaft nicht als das Geheimnis des göttlichen Wohlgefallens verstanden, könnten wir auch nur einen Augenblick aussetzen mit dem Dank, der Gott dafür gebührt, daß er so majestätisch an uns handelt, indem uns seine Wahrheit offenbar wird, dann würde sie gar nicht verstanden. — Versuchen wir es, uns das im Einzelnen klar zu machen:

Wir haben keine Analogie, auf Grund derer uns das Wesen und Sein Gottes als des Herrn zugänglich werden könnte. Wir meinen wohl auch andere Herren und Herrschaften zu kennen. Aber es ist doch nicht so, als brauchten wir unsere Vorstellung von «Herr» und «Herrschaft» bloß ins Unendliche und Absolute hinein zu verlängern, um eben damit auf Gott den Herrn und auf seine Herrschaft zu stoßen. Das entscheidende Merkmal der Herrschaft Gottes ist ja dieses, daß er der Herr über Alles und also vor Allem über uns selbst, und zwar der Herr unseres Leibes und unserer Seele, über Leben und Tod wirklich ist. Keine uns mögliche Vorstellung von «Herr» und «Herrschaft», mögen wir sie auch ins Unendliche erweitern, führt zu dieser Vorstellung. Es liegt eine Herrschaft über unsere Seele, eine Herrschaft auch über unser Sein im Tode, eine wirklich vollzogene Herrschaft außerhalb der uns möglichen Vorstellungen, und wir müssen schon um Gottes Herrschaft wissen, wenn auch nur die uns möglichen Vorstellungen von Herrschaft Gehalt und in ihren Grenzen Bestand haben sollen. Eine Analogie Gottes, die gerade an der entscheidenden Stelle versagt, eine Analogie, bei der es Gottes selber bedarf, um das Gott angeblich Analoge gehaltvoll und beständig zu machen, kann als Analogie Gottes offenbar nicht wirksam sein. Sollten uns die uns möglichen Vorstellungen von Herren und Herrschaften auch nur dazu helfen können, Gott zu erkennen? Sie würden uns daran doch wohl von sich aus nur verhindern können, weil sie zuletzt und zuhöchst alle nicht auf Gott, sondern auf uns selbst, auf unsere Gott entfremdete Seele, auf unser bedrohtes Leben diesseits des Todes, auf eine bloß mögliche, in den Bereich unseres Wählens gestellte Herrschaft hinweisen. Hindern sie uns nicht, Gott den Herrn zu erkennen, dann haben sie uns doch auch nicht dazu geholfen, dann ist ihnen vielmehr mit uns selbst eine Umkehrung, eine Erneuerung von Grund aus widerfahren. Wissen wir um Gott als um den Herrn, um seine Herrschaft, dann nicht daraufhin, daß wir um Herren und Herrschaften auch sonst wissen, dann auch nicht teils auf dieses Vorherwissen, teils auf Gottes Offenbarung, sondern dann ganz allein auf Gottes Offenbarung hin. Auf Gottes Offenbarung hin und dann aber — das besagt dieses «allein» — durch das Wohlgefallen der göttlichen Gnade und Barmherzigkeit, d. h. auf Grund der freien Initiative und im Geheimnis Gottes, so daß uns angesichts unserer Erkenntnis Gottes etwas Anderes als der Dank dafür, daß er ist, und daß er uns als solcher nicht verborgen, sondern offen ist, nicht übrig bleibt.

Weiter: Wir haben keine Analogie, auf Grund derer uns das Wesen und Sein Gottes als des Schöpfers zugänglich werden könnte. Wir kennen Urheber und Ursachen. Wir können ihre Reihe wieder ins Unendliche verlängern. Wir können dann wohl auch den Punkt, wo wir des Verlängerns müde werden, mit den Vokabeln «Gott» oder «Schöpfer» bezeichnen. Wir können übermütigerweise auch innerhalb dieser Reihe von Schöpfern und Schöpfungen reden. Wir können aber die Vorstellung des wirklichen Schöpfers, der wirklichen Schöpfung so wenig gewinnen wie die des wirklichen Herrn und der wirklichen Herrschaft. Was wir uns vorstellen können, das liegt im Raume unserer eigenen Existenz und der von Gott verschiedenen Existenz überhaupt. Schöpfung aber meint die Gegenüberstellung unserer Existenz und der von Gott verschiedenen Existenz überhaupt mit dem Nichts, mit der Nichtexistenz. Schöpfer meint den allein Existierenden und alles andere Existierende als das Werk seines Willens und Wortes. Schöpfer meint: *creator ex nihilo*. Eben *creatio ex nihilo* kann von dem Bereich der uns möglichen Vorstellungen her nur als Absurdität erscheinen. Wobei es wieder so ist, daß auch die uns erreichbaren Vorstellungen von Urhebern und Ursachen schließlich nur dadurch gehaltvoll und in ihren Grenzen beständig werden könnten, daß eben diese absurde Vorstellung einer *creatio ex nihilo* und also die eines wirklichen, des göttlichen Schöpfers hinter und über ihnen stünde. Als Analogie Gottes können sie offenbar, von beiden Seiten gesehen, nicht wirksam werden, können sie an sich auch nicht einmal dienlich sein. Würden sie uns doch an sich — der Mißbrauch des Begriffs der Schöpfung beweist das zur Genüge — von dem wirklichen Schöpfer viel mehr weg als auf ihn hinweisen. Ist doch das letzte und tiefste Wort, das von ihnen aus erreichbar ist, das der ursprünglichen Bezogenheit und Einheit von Mensch und Welt, Geist und Natur, Erkennen und Sein und damit eine Größe, die mit Gott bestimmt nicht identisch ist, die aber geeignet ist, Gott als den Schöpfer scheinbar überflüssig zu machen, seine Wahrheit auszuschließen zugunsten der Wahrheit eines in sich ruhenden und bewegten Kosmos. Wissen wir um Gott als den Schöpfer, dann weder ganz noch teilweise daraufhin, daß wir ein Vorherwissen um so etwas wie Schöpfung schon mitbringen, sondern dann daraufhin, daß es uns in der Bestreitung, in der Umkehrung, in der Verwandlung dessen, was wir vorher zu wissen meinten über Urheber und Ursachen, durch Gottes Offenbarung gegeben wird, um ihn zu wissen. Gegeben wiederum durch Gnade und Barmherzigkeit, auf Grund seiner freien Initiative und in seinem Geheimnis, wieder so, daß wir angesichts unserer Erkenntnis Gottes nur danken können dafür, daß er Gott und dafür, daß er uns als Gott nicht verborgen ist.

Weiter: Wir haben keine Analogie, auf Grund derer uns das Wesen und Sein Gottes als des Versöhners zugänglich werden könnte. Warum sollten nicht auch hier Analogien angemeldet werden können? Kennen wir manchen Zwiespalt, so kennen wir schließlich doch keinen unüberwindlichen Zwiespalt. Kennen wir manche Wunden, so schließlich doch keine unheilbaren. Kann man nicht den ganzen Weltlauf als eine Folge von Trennungen, aber doch auch Vereinigungen, von Abbrüchen, aber doch auch Wiederaufnahmen und insofern als ein einziges Analogon der göttlichen Versöhnung verstehen? Aber indem Gott in seinem Sohn Frieden schließt mit der Welt, vollzieht er doch etwas sehr Anderes als die Vollendung dessen, was wir bei einigem Optimismus in der ganzen Natur und Geschichte, in der ganzen reifwerdenden Erfahrung unseres Lebens ohnehin sich anbahnen sehen können. Denn Gott der Versöhner ist keineswegs das unserem Denken oder doch Ahnen hinsichtlich unserer Welt und unseres Lebens scheinbar so leicht vollziehbare Prinzip der Synthese. Gott der Versöhner ist der, vor dem auch die in sich völlig versöhnte Welt eine völlig verlorene, seinem gerechten Gericht verfallene Welt wäre, wenn er selber sie nicht so geliebt hätte, daß er in seinem Sohn sich selbst für sie dahingegeben hat. Gott der Versöhner ist der, vor dem auch die theoretisch und praktisch erfolgreichsten Synthetiker zum Tod verurteilte Sünder sind und bleiben, wenn sie sich nicht, ohne daß irgend welche sonst vollzogenen Friedensschlüsse ihnen dazu helfen könnten, im Glauben in den Frieden aufnehmen lassen, der höher ist als alle Vernunft. Gott der Versöhner ist der Überwinder gerade des unüberwindlichen Zwiespalts, der Arzt und Heiland gerade für die unheilbaren Wunden. Gibt es gehaltvolle Synthesen und Friedensschlüsse außerhalb dessen, den Gott selbst vollzogen hat und vollzieht, dann haben sie wiederum ihren Gehalt und ihren Bestand nicht in sich selber, sondern von jenem her. An sich und als solche sind sie als Analogie Gottes nicht leistungsfähig, sind sie vielmehr geeignet, die Erkenntnis Gottes zu verhindern, weil sie an sich und als solche nur zu geeignet sind, die göttliche Versöhnung, ihre Notwendigkeit und ihre Wirklichkeit zu verdunkeln, den Abgrund, der auch den vermeintlich in sich versöhnten Menschen von Gott trennt, und das Geheimnis der Herablassung, in der Gott diese Trennung aufgehoben hat durch sich selber im Geheimnis Jesu Christi und seines Heiligen Geistes, zu verdecken, den Menschen auf ganz andere, scheinbar viel näherliegende und verheißungsvollere Möglichkeiten hinzuweisen. Wissen wir um Gott den Versöhner, dann nicht, dann auch nicht teilweise davon her, daß wir auch sonst um Versöhnungen wissen, dann ganz allein davon her, daß Gott selbst sich als Versöhner offenbart hat, offenbart unter radikalster Problematisierung aller jener anderen Versöhnungen, offenbart im Gericht über den Frieden, den die Welt zu haben meint und doch nicht hat, offenbar als dessen Ende und als Anfang wirklicher Versöhnungen. Es kann also nur durch Gottes Wohlgefallen, es kann wieder nur auf Grund seiner eigenen freien Initiative und in seinem Geheimnis geschehen sein, wenn wir um ihn als um den Versöhner wissen. Es kann uns dann nur der Dank dafür übrig bleiben, daß er dieser Gott und so Gott unter uns und für uns ist, und irgend ein Ruhm, als ob wir es mit Hilfe dessen, was wir sonst von Versöhnung wissen, zu dieser Erkenntnis gebracht hätten, wird dann sicher nicht möglich sein.

Endlich: Wir haben keine Analogie, auf Grund derer uns das Wesen und Sein Gottes als des Erlösers zugänglich werden könnte. Wir kennen wohl Ziele und Zielstrebigkeiten, wir kennen wohl die Zukunft als leere Form der vielleicht noch vor uns liegenden Zeit, wir kennen wiederum als leere Form die Idee einer allem Werden zugrunde liegenden und vorauseilenenden Vollkommenheit. Aber was hat das Alles mit Erlösung und mit Gott als dem Erlöser zu tun? Wie Gott der Schöpfer nicht das X am Anfang unseres Weltbildes ist, so ist er als Erlöser auch nicht das X an dessen Ende. Können wir hier wie dort unsere Fragezeichen setzen, so können wir darum doch weder hier noch dort nun auch Gott erkennen. Erlösung heißt nicht, daß die Welt und in der Welt wir selber uns irgendwohin entwickeln, sondern daß Jesus Christus wiederkommt. Erlösung heißt Auferstehung des Fleisches, heißt ewiges Leben als Errettung vom ewigen Tode. Die uns bekannten und möglichen Erlösungserwartungen weisen nicht in diese Richtung. Sie setzen gerade das voraus, was durch die Wirklichkeit Gottes unseres Erlösers in Abrede gestellt wird, um gerade das in Abrede zu stellen, was uns durch sie verheißen ist. Die Analogie der uns möglichen Hoffnungen versagt an der entscheidenden Stelle genau so wie die Analogie unserer Vorstellungen von Herrschaft, von Schöpfung und Versöhnung. Sie ist als Analogie Gottes nicht tragfähig. Gibt es wirkliche Hoffnung, Hoffnung, die Gehalt und Bestand hat: ein zuversichtliches, fröhliches, tätiges Ausschauen nach der Zukunft, dann ist diese Zukunft die Zukunft Gottes des Erlösers. Das Verhältnis läßt sich auch hier nicht umkehren. Die uns möglichen Erlösungserwartungen an sich und als solche werden die Erwartung Jesu Christi, der Auferstehung, des ewigen Lebens bestimmt immer ebenso verdunkeln und verdecken, wie die vermeintlichen Analogien Gottes des Herrn, des Schöpfers, des Versöhners an sich und als solche dessen Wahrheit immer verdunkeln und verdecken werden. Geschieht das nicht, wissen wir um Gott den Erlöser, dann wiederum nicht, weder ganz noch teilweise, von dem her, was wir auch sonst von Erlösung wußten, dann durch die Offenbarung seiner Zukunft, dann also durch Gottes Wohlgefallen, dann auf Grund seiner freien Initiative und in seinem Geheimnis, dann so, daß wir außer der Möglichkeit, dankbar zu sein, unsererseits keine andere Möglichkeit sehen können.

Der Gesprächspartner, mit dem wir uns in diesem ganzen Zusammenhang, ohne ihn bisher zu nennen, im Gegenüber fanden, ist diejenige Lehre von der Erkennbarkeit Gottes, die in der Fundamentaltheologie der römisch-katholischen Kirche ihren klassischen und schärfsten Ausdruck gefunden hat. Wir haben, indem wir die Wahrheit, durch die uns die Wahrheit offenbart wird, gleichgesetzt haben mit Gottes Wohlgefallen, dem widersprochen, was in der *Constitutio dogmatica de fide catholica* des Vatikanischen Konzils, *cap. 2 De revelatione* (vom 24. April 1870, Denz. Nr. 1785) gesagt ist: *Eadem sancta mater Ecclesia tenet et docet, Deum, rerum omnium principium et finem, naturali humanae rationis lumine e rebus creatis certe cognosci posse.* Und wir haben damit eben das vorgetragen, was in einem Canon desselben Konzilsbeschlusses (*De rev.* 1, Denz. Nr. 1806) verurteilt wird. *Si quis dixerit, Deum unum et verum, creatorem et Dominum nostrum per ea, quae facta sunt, naturali rationis humanae lumine certo cognosci non posse, anathema sit.* Wir haben im Gegensatz zu dieser Lehre festgestellt, daß Gott nur durch Gott, nämlich im Geschehen des göttlichen Übergriffs seiner Selbstoffenbarung erkannt werden könne, ohne daß ein anderweitiges, das heißt ein nicht in und mit diesem göttlichen Übergriff gesetztes *posse* dabei in Betracht kommen könne. — Versuchen wir es, uns darüber klar zu werden, in welchem Sinn und mit welcher Begründung wir selbst uns hier jener Lehre gegenüberstellen.

Vergleicht man das, was soeben über die von keiner von uns her mitzubringenden Analogie, sondern eben nur von Gott selbst aus zu beschaffenden Zugänglichkeit des Wesens und Seins Gottes als des Herrn, des Schöpfers, des Versöhners und Erlösers ausgeführt wurde, mit jenen Sätzen des Vatikanums, so dürfte zunächst in die Augen springen: Wir haben bei unserem Entwurf des Problems der Erkennbarkeit Gottes zum vornherein eindeutig den christlichen Gottesgedanken in Rechnung gestellt; wir haben zum vornherein von dem einen dreieinigen wahren Gott in seinem in seiner Offenbarung erkennbaren Werk und Handeln geredet. Von diesem Gott, von seiner Wahrheit, haben wir gesagt, daß er nur durch die Wahrheit, d. h. nur durch seine eigene Gnade und Barmherzigkeit erkennbar sei. Das Vatikanum dagegen will zwar auch nicht von einem anderen Gott oder endgültig nur von einem Teil dieses einen Gottes reden. Wohl aber will es, in der noetischen Frage anders vorgehend als in der ontischen, hinsichtlich der Erkennbarkeit Gottes offenbar eine vorläufige Teilung vollziehen, die dann doch unvermeidlich auf eine Teilung auch des einen Gottes selbst hinausläuft. Denn das läßt sich nicht übersehen und nicht leugnen, daß Gott dort zwar (in der zweiten angegebenen Textstelle) einmal auch als *Dominus noster* bezeichnet wird, im übrigen aber und entscheidend doch nur oder doch erst als *rerum omnium principium et finis,* als *creator*. Im Blick auf diese eine Seite Gottes wird dann eine von der in Gottes Offenbarung begründeten verschiedene Erkennbarkeit Gottes behauptet. Unser Gegensatz betrifft zunächst diese Teilung. Wir haben unter «Gott» freilich auch verstanden: *principium et finis omnium rerum,* auch den *creator,* aber nun nicht nur das, sondern auch: den Versöhnergott, und auch: den Erlösergott. Wir haben die Einheit Gottes praktisch ernst genommen. Im Blick auf den einen, ganzen Gott haben wir die Frage seiner Erkennbarkeit beantwortet und eben darum haben wir sie so beantworten müssen, wie es geschehen ist. Alles Einzelne, was wir sagten, war bedingt durch diese Zusammenschau: wir haben, etwa als von der Herrschaft Gottes die Rede war, vor Augen gehabt, daß sie die Herrschaft des Heiligen in der Welt der Sünder ist, und eben darum haben wir festgestellt: die Herrschaft Gottes entzieht sich allen von uns her beizubringenden Analogien. Wir haben, als wir vom Schöpfergott sprachen, vor Augen gehabt: er ist derselbe, der als der Erlösergott die Toten auferweckt, und haben darum festgestellt: auch Gottes Schöpfung entzieht sich den von uns her beizubringenden Analogien. Gewiß haben wir umgekehrt, indem wir von dem Versöhner- und Erlösergott sprachen, auch nicht versäumt, dessen zu gedenken, daß derselbe auch der Herr und Schöpfer ist. Eine besondere, in sich begründete und befestigte Theologie des ersten Artikels mit besonderen noetischen Voraussetzungen aber konnte nicht entstehen. Im Blick auf diese Einheit Gottes kamen wir hinsichtlich der Frage seiner Erkennbarkeit zu der Antwort, die wir gegeben haben. Unsere Frage an den römisch-katholischen Gesprächspartner muß also zunächst (ganz abgesehen von dem Inhalt seiner Antwort) lauten: Wie kommt man dazu, es schon bei der Bestimmung dessen, was unter «Gott» verstanden werden soll, bei der Frage nach seiner Erkennbarkeit anders zu halten und also jene, wenn auch nur vorläufig gemeinte Teilung, durchzuführen, auf Grund derer zunächst *in abstracto* nach der Erkennbarkeit Gottes des Schöpfers gefragt wird? Redet man von dem einen wahren Gott, wenn man — wenn auch nur vorläufig — dabei doch nur an eine Seite Gottes, hier also an Gott den Herrn und Schöpfer denkt? Redet man dann auch nur wirklich vom wirklichen Herrn und Schöpfer? Redet man dann von dem, den doch auch das Vatikanum *Dominum nostrum* nennt? Von woher meint man in jener Abstraktion im Blick auf nur eine Seite Gottes von seiner Erkennbarkeit reden zu können? Das in der heiligen Schrift bezeugte Wort Gottes gibt uns dazu keinen Anlaß: man müßte es denn schon anders hören und lesen als so, wie es gehört und gelesen sein will. In seinem Zusammenhang gehört und gelesen, redet es, auch wenn es von Gott dem Herrn, von Gott dem Schöpfer redet, von dem einen Gott Abrahams, Isaaks und Jakobs, von dem Jahve der Geschichte Israels, von dem Gott, der Sünden vergibt und seines Volkes Heil ist, von Gott dem Versöhner und Erlöser also nicht weniger als von Gott dem Herrn und Schöpfer. Es redet von dem einen Gott, der in Jesus Christus sein eines dreieiniges Wesen und seinen einen dreieinigen Namen offenbart hat. Welches Wort der Schrift könnte legitim verstanden werden, wenn es nicht als Zeugnis von dem einen Gott verstanden würde? Wie läßt sich von der Schrift her jene Teilung vollziehen? Soll dies aber nach römisch-katholischer Lehre durchaus geschehen, geschieht es dann nicht anderswoher als von der Schrift und also vom Worte Gottes her? Ist der Deus *Dominus et creator* dieser Lehre nicht doch das Gebilde eines letztlich nicht vom Grund und Sein der Kirche, von Jesus Christus, von den Propheten und Aposteln her gebundenen, sondern auf sich selbst vertrauenden menschlichen Denkens — ein Gebilde, dessen Erkennbarkeit ohne Offenbarung dann allerdings mit Recht behauptet würde, im Blick auf das aber zu fragen wäre, mit welchem Recht es vom Grund und Sein der Kirche her gerade als «Gott» bezeichnet werde? Die Lehre der römisch-katholischen Kirche setzt offenbar mit dieser Teilung in der Fragestellung schon voraus, was sie hinsichtlich der Erkennbarkeit Gottes behaupten will: daß der Mensch auch ohne Offenbarung um Gott wissen könne und auch tatsächlich wisse. Durch Gottes Offenbarung ist sie bestimmt schon zu dieser Teilung nicht aufgefordert und nicht ermächtigt. Von einem anderweitigen Wissen um ihn macht sie Gebrauch — ja dieses anderweitige Wissen expliziert sie eigentlich nur — indem sie Gott als Ursprung und Ziel aller Dinge, Gott den Schöpfer für sich ins Auge faßt, um von ihm dann ganz folgerichtig zu sagen, daß er als solcher auch ohne seine in seiner Offenbarung wirksame Gnade und Barmherzigkeit erkennbar sei. Wenn Jesus Christus, bezeugt durch die Propheten und Apostel, der Grund und das Sein der Kirche ist, dann ist dieses anderweitige Wissen ein Fremdkörper in der christlichen Lehre, dann ist schon jene Teilung ein in der Kirche unmögliches Vorgehen. In der Kirche und in der kirchlichen Wissenschaft muß mit der Einheit Gottes praktisch und also schon hinsichtlich der Erkennbarkeit Gottes ernst gemacht werden.

Dieser erste Gegensatz führt uns nun aber sofort auf einen zweiten und wichtigeren: Die Einheit Gottes, die wir bei unserer Antwort auf die Frage nach seiner Erkennbarkeit im Auge hatten, war die Einheit seines Werkes und Handelns. Als den Herrn, den Schöpfer, den Versöhner und Erlöser, als das Subjekt der Geschichte des Gerichts und der Gnade, in der Gott unter uns und an uns wirklich ist, haben wir ihn verstanden. Wahrhaftig gerade so als den, der da war, ist und sein wird — wahrhaftig also als den höchst real Seienden: aber als den für uns in diesem Werk und Handeln Seienden. Nach der Erkennbarkeit d i e s e s Seienden, nach der Wahrheit des realen Seins des Subjektes dieser Geschichte haben wir gefragt. Und auf diese Frage haben wir die Antwort gegeben: Gottes Erkennbarkeit ist Wohlgefallen, sie ist Ereignis in dem Akt des göttlichen Übergriffs und nichts sonst. Die römisch-katholische Lehre stellt nun jedenfalls n i c h t d i e s e Frage, und so ist auch ihre Antwort, ihr Satz von der Erkennbarkeit Gottes ohne Gottes Offenbarung, keine Antwort auf diese Frage. Wenn man wieder die Formel *Dominum nostrum* ausnimmt, so wäre aus keinem Wort jener Stellen aus dem Vatikanum zu entnehmen, daß der Gott, von dem da die Rede ist, in einem W e r k u n d H a n d e l n mit dem Menschen begriffen ist, in welchem es für den Menschen um Leben und Tod, um Seligkeit und Verdammnis, noch mehr: in welchem es für Gott um seine Ehre und gerade so um das Wunder seiner Liebe geht und von dem, wo das Verhältnis von Gott und Mensch und im Besonderen Gottes Erkennbarkeit in Frage steht, keinen Augenblick abstrahiert werden darf. Die römisch-katholische Lehre scheint davon abstrahieren zu können und zu dürfen. Selbstverständlich weiß auch sie um dieses Werk und Handeln, um die Notwendigkeit und Wirklichkeit des göttlichen Tuns. Sie ist aber in der Lage, die Beschäftigung damit z u r ü c k z u s c h i e b e n, aufzuschieben zu späterer Erwägung, um sich zunächst in einer ganz anderen, viel gemächlicheren Situation mit Gott zu beschäftigen: in einer solchen Situation, in der es noch nicht um Gottes Sein in seinem Werk und Handeln, sondern erst um sein Sein als solches und *in abstracto* gehen soll. In dieser anderen Situation gibt sie dann ihre Antwort hinsichtlich seiner Erkennbarkeit, blickt sie sozusagen hinweg über das, was Gott unter uns und für uns ist, hält sie es zur Vergewisserung über Gottes Wahrheit geradezu für nötig, darüber hinwegzublicken, stellt sie vorerst fest: Gott, d. h. der Anfang und das Ziel aller Dinge, Gott der Schöpfer i s t, und entscheidet im Blick auf diese Feststellung: Gott ist erkennbar — erkennbar auch ohne seine Offenbarung. «Gemächlich» ist die Situation, in der dies alles geschieht, darum zu nennen, weil gegenüber dem abstrakt verstandenen S e i n G o t t e s, im Blick auf das hier seine Erkennbarkeit ohne seine Offenbarung behauptet wird, auf ganz anderer Ebene und in einer ganz anderen Weise doch wohl auch dem M e n s c h e n in irgend einem Sinne S e i n zuzuschreiben ist, weil Gott und der Mensch hier zunächst auf einem beiden gemeinsamen und also neutralen Boden zusammen gesehen werden. Auf diesem Boden fällt nach römisch-katholischer Lehre die Entscheidung in der Wahrheitsfrage! Von hier, und erst von hier aus soll und wird sie sich dann auch mit dem Tun Gottes beschäftigen! Es darf uns nicht wundern, zu hören, daß sie hier eine Erkennbarkeit Gottes auch ohne seine Offenbarung behaupten zu sollen meint. Von einem Sein *in abstracto* wird solche Erkennbarkeit allerdings leicht zu behaupten sein. Damit beschäftigt (in der Meinung, damit mit Gott beschäftigt zu sein), kann uns die römisch-katholische Theologie gerade im heutigen Stadium der Diskussion auf alles das, was wir hier — unserseits mit Gott in seinem Werk und Handeln beschäftigt — für seine Erkennbarkeit allein in seiner Offenbarung vorgebracht haben, sehr einfach Folgendes antworten: Schreibt ihr G o t t in seinem Werk und Handeln und schreibt ihr nun doch, wenn auch in unendlichem, qualitativem Abstand, auch dem M e n s c h e n S e i n zu, dann habt ihr, was auch über die Unzulänglichkeit aller anderen Analogien zu sagen sei — und als Sinn und Rechtfertigung aller anderen, in sich zweideutigen Analogien! — eine Analogie zwischen Gott und Mensch und also einen Punkt der Erkennbarkeit Gottes auch außerhalb seiner Offenbarung anerkannt: die Analogie des Seienden nämlich, die *analogia entis*, die Seinsidee, in der Gott und der Mensch auf alle Fälle zusammengefaßt sind, wenn ihr Verhältnis zum Sein auch ein ganz verschiedenes ist, wenn sie am Sein auch einen ganz verschiedenen Anteil haben. Vermag der Mensch, selber seiend, ein Seiendes als solches zu erkennen, dann grundsätzlich alles Seiende, dann auch Gott als den freilich unvergleichbar real Seienden. Ist Gott, und soll sein Sein, soll anderseits unser eigenes Sein und das der Schöpfung von uns nicht geleugnet werden, dann müssen wir auch seine Erkennbarkeit, abgesehen von seiner Offenbarung, bejahen. Sie besteht eben in dieser ihn und uns umfassenden Analogie des Seienden. (Vgl. P. Daniel Feuling, Das Gotteswort der Offenbarung, Benedikt. Monatsschrift 1934, Heft 3/4, S. 123 ff.; J. Fehr, Offenbarung und Analogie, *Divus Thomas* 1937, Heft 3, S. 291 ff.) — Es kann nun freilich noch nicht als ausgemacht gelten, ob sich die römisch-katholische Antwort auf unsere These von der Erkennbarkeit Gottes allein aus seiner Offenbarung wirklich und endgültig auf diesen Gedankengang bezw. auf diese Deutung der *analogia entis* reduzieren läßt. Es muß erwähnt werden, daß Gottlieb Söhngen in zwei Aufsätzen: *Analogia fidei*, Catholica 1934, Heft 3 und 4, eine von dieser Linie bemerkenswert abweichende Lehre von dieser Sache vorgetragen hat, nach welcher die Erkenntnis des Seins der Erkenntnis des Tuns Gottes und also die *analogia entis* der *analogia fidei* in der Theologie nicht über sondern unterzuordnen wäre: *Pulchra et altissimae theologiae utilis est philosophia Aristotelis, si non secundum mentem humani auctoris, sed secundum mentem Verbi divini applicatur, i. e. secundum mensuram seu analogiam fidei. Ergo: gratia non est ens ut qualitas, quomodo metaphysicus ens et qualitatem intelligit et de hac re loquitur, sed secundum veram analogiam entis ut qualitatis concipitur et haec analogia entis est sub mensura fidei* (a. a. O. S. 136). «*Operari sequitur esse* — das Tun folgt dem Sein. Das gilt in der Seinsordnung. Darum strebt der Metaphysiker, die Tätigkeiten auf ihre Seinsgrundlagen zurückzuführen. Aber gerade dieses Verfahren zeigt auch, daß unsere Erkenntnis den umgekehrten Weg geht: *Esse sequitur operari* — die Seinserkenntnis folgt der Tätigkeitserkenntnis» (S. 198). «Aus der *analogia et participatio entis* vermag sich eine *analogia et participatio divinae naturae* weder zu entwickeln noch uns zu erschließen Und Dasein und Seinsweise einer Selbsterschließung Gottes vermögen wir Menschen nicht einmal in der geringsten zu ahnen. Die Selbsterschließung Gottes kann selbst allein in eben dieser göttlichen Selbsterschließung erkannt werden» (S. 204). Es bedarf, damit die *analogia entis* sichtbar werde, einer *assumptio* der *analogia entis* durch die *analogia fidei*, — «die *analogia fidei* ist *sanans et elevans analogiam entis*» — d. h. aber durch Jesus Christus: *Verbum Divinum assumens humanam naturam est nostra analogia fidei assumens analogiam entis* (S. 208). Der Gegensatz gegen unsere These läuft nach dieser Konzeption auf die an I. Kor. 15, 12 f. anknüpfende Warnung hinaus: «Wenn nun verkündigt wird, daß das Wort wirklich an unserer Menschheit teil hat, wie können dann einige unter euch sagen, es gäbe für uns keine wirkliche Seinsteilhabe an ihm und in ihm (sondern eine nackte Wort- und Hörensteilhabe)? Wenn wir Menschen nicht wirklich teilhaben an Christus, dann hat Christus auch nicht an unserer Menschheit wirklich teilgenommen». Gerade der Ruf Gottes macht uns ja zu Gottes Kindern. *Participatio fidei* kann also nicht schlechthin gegen *participatio entis* stehen: gerade sie ist vielmehr Seinsteilhabe — «nicht gnadenvolle Gottesteilhabe irgendwie aus rein menschlichem Teilhabevermögen, sondern wirkliche menschliche Gottesteilhabe ganz aus Gottes Gnadenmacht» (S. 134 f.). Es muß sich das Anliegen der *actualitas verbi et fidei* verbinden «mit dem Anliegen der *substantia verbi et fidei*, damit die Wort- und Glaubenssubstanz nicht in die Beweglichkeit einer Aktualität oder Ereignis-

§ 26. Die Erkennbarkeit Gottes

haftigkeit gerate, in welcher die Substanz in Bewegung oder gar jeweils in die geistigen und geschichtlichen ‚Bewegungen' fällt und so gerade zum bloßen Objekt der Bewegung absinkt, statt daß das Gotteswort souveränes Subjekt in aller lebendigen Bewegung des Glaubens ist, die seine Bewegung bleibt, weil diese von seiner Substanz getragen wird und in seiner Substanz ihre innere wesenstreue Formkraft hat» (S. 185). Wenn das die römisch-katholische *Analogia-entis*-Lehre wäre, dann müßte ich allerdings meinen früheren Satz, daß ich die *analogia entis* für «die Erfindung des Antichrist» halte, zurücknehmen. Und wenn das es wäre, was von jener Lehre aus zu unserer These zu sagen ist, dann könnte dazu nur bemerkt werden, daß jene Warnung hinsichtlich der in Gottes Gnade und also im Glauben begründeten Seinsteilhabe und hinsichtlich des Verhältnisses von Substanz und Aktualität selbstverständlich berechtigt ist, und daß man bei einer legitimen Vertretung unserer These gewiß nicht versäumen dürfen wird, ihr Rechnung zu tragen. Es ist mir aber nicht bekannt, daß diese Lehre von der *analogia entis* im Raum der römisch-katholischen Kirche auch sonst vertreten wird und daß sie dort jemals in diesem Sinn vorgetragen worden ist. Es dürfte sich sehr fragen, ob diese Konzeption die Billigung weiterer Kreise in der römisch-katholischen Theologie oder gar die des kirchlichen Lehramtes finden kann, bezw. ob sie von diesem nicht geradezu abgelehnt werden muß. Denn wie diese Konzeption, von der Geschichte und von der Sache her betrachtet, als römisch-katholisch zu legitimieren sein soll, das ist mir jedenfalls — gerade indem ich ihr in den Grundzügen nur zustimmen kann — nicht einsichtig. — Wir werden uns also vorläufig doch an die sonstige, die übliche Interpretation der *analogia entis,* wie sie etwa von Feuling und von Fehr im Gegensatz zu unserer These vorgetragen worden ist, halten müssen und dann folgende Fragen an sie stellen: Warum wird nicht schon im Vatikanum mit der Formel *Dominus noster* ernst gemacht? Warum fragt nicht auch die römisch-katholische Theologie ernstlich und eindeutig nach dem Sein des unter und und an uns handelnden Gottes als nach seinem einen wahren Sein, neben dem es kein anderes gibt? Wie kommt sie dazu, davon zu abstrahieren, daß er dieser, d. h. der Dieses wirkende: der zum Tode verdammende und aus dem Tode ins Leben führende, der uns in unbegreiflicher Barmherzigkeit liebende Gott ist? Kann man davon absehen, um sich zunächst mit dieses Gottes Sein an sich und als solchem zu beschäftigen? Kann man das Sein dieses Gottes als ein solches interpretieren, das an einem Sein im Allgemeinen, an einer Seinsidee, seinen besonderen, wenn auch höchst gehobenen Anteil hat, dem dann doch der zwar höchst bescheidene Anteil alles übrigen Seienden und insbesondere unser eigener Anteil am Sein auf derselben Ebene und also vergleichbar, also zusammengehörig gegenüberstehen würde? Nur wenn das erlaubt ist, kann die Theologie sich auf jenen Boden stellen, auf welchem der zu erkennende Gott und der erkennende Mensch nebeneinander, vergleichbar und also gemeinsam faßbar ins Blickfeld treten: im Blickfeld schon stehen, bevor und ohne daß von Gott her etwas Besonderes zur Herstellung dieser Gemeinschaft getan wäre. Nur wenn das erlaubt ist, kann also die Analogie des Seienden als die Erkennbarkeit Gottes, abgesehen von seiner Offenbarung, ausgegeben werden. Wie soll das aber erlaubt sein? Wie kommen wir denn als Seiende mit dem seienden Gott auf diese gemeinsame Ebene zu stehen? Sicher nicht kraft dessen, was Gott ohne seine Offenbarung in sich selber ist: ist er doch als Gott in sich selber eben das, was er als Gott in seiner Offenbarung ist: Herr, Schöpfer, Richter, Erretter von Ewigkeit her und in seinem Wesen als der Dreieinige. Wie könnte dieses Sein, das alles Seins Ursprung und Grenze ist, an einem Sein im Allgemeinen gleich unserem Sein nur Anteil haben, und also mit unserem eigenen Sein auf eine Ebene zu stehen kommen? Und sicher kommt der seiende Gott mit uns als Seienden auch nicht kraft dessen auf eine Ebene zu stehen, was wir ohne seine Offenbarung sind; denn was wird aus dem, was wir ohne seine

1. Die Bereitschaft Gottes

Offenbarung sind, wenn wir wirklich dem seienden Gott begegnen? Wird dann dieses unser Sein nicht in den Tod gegeben, so in Frage gestellt, daß wir nur noch mit seinem Nichtsein rechnen können? Bleibt dann eine Vergleichbarkeit und Gemeinsamkeit zwischen seinem Schöpfer-Sein und unserem Geschöpf-Sein, zwischen seinem Heilig-Sein und unserem Sünder-Sein, zwischen seinem Ewig-Sein und unserem Zeitlich-Sein: eine Analogie, auf Grund derer Erkenntnis Gottes uns möglich wäre? Gibt es eine Analogie zwischen Gott und Mensch — eine Analogie, die dann ganz gewiß eine Analogie des Seienden hüben und drüben sein wird: eine Analogie, in und mit der in der Tat die Erkennbarkeit Gottes gegeben sein wird — wie kann sie dann eine andere sein, als die durch das Werk und Handeln Gottes selbst gesetzte und geschaffene, die von Gott und nur von Gott her, und also im Glauben und allein im Glauben wirkliche Analogie des Seienden? Wie kann man eine andere Analogie, ein allgemeines *posse* hier behaupten? Doch wohl nur mit Hilfe jener Abstraktion, nur mit Hilfe jener Verkehrung des *Esse sequitur operari* in ein «metaphysisches» *Operari sequitur esse*. Diese Umkehrung allein kann jene Abstraktion legitimieren. Diese Umkehrung ist nun aber genau so unkirchlich wie jene Aufteilung des christlichen Gottesgedankens, in der sie denn auch ihre Wurzel hat. Durch das Wort Gottes kann die römisch-katholische Theologie nicht zu dieser Umkehrung geführt worden sein: denn wo gäbe es in der Bibel ein anderes Sein Gottes als das des Subjektes seines Werkes und Handelns am Menschen, des Gottes Israels, der auch der Vater Jesu Christi, der auch das fleischgewordene Wort, der auch der Heilige Geist und der in keinem An-und-für-sich ein anderer Gott ist? Die römisch-katholische Theologie macht, indem sie jene Abstraktion vollzieht, die sie zu ihrer These nötig hat, auch an diesem Punkt von einem anderweitig, d. h. von einem nicht in Gottes Offenbarung begründeten Wissen um Gott Gebrauch; sie expliziert dieses anderweitige Wissen, indem sie das Sein Gottes für sich ins Auge faßt, und kommt dann allerdings folgerichtig zu dem Satz, daß Gott auch ohne sein in seiner Offenbarung wirksames Wohlgefallen erkennbar sei. *Operari sequitur esse* — das ist entweder die selbstverständliche Seinsordnung, die aber als solche Gott selbst vorbehalten bleibt und nicht unsere Erkenntnisordnung werden kann — oder aber, als Erkenntnisordnung verstanden, nun eben doch die des Aristoteles — eines nun doch *non secundum mentem Verbi divini sed secundum mentem humani auctoris* verstandenen Aristoteles — nicht aber die Erkenntnisordnung, die uns durch den Grund und das Sein der Kirche, durch den uns von den Propheten und Apostel bezeugten Jesus Christus vorgeschrieben ist. Von diesem Grund und Sein der Kirche her gesehen, ist jenes anderweitige Wissen um Gott ein Fremdkörper. In der Kirche und in der kirchlichen Wissenschaft muß mit dem Sein Gottes in seinem Tun praktisch und also schon hinsichtlich der Erkennbarkeit Gottes ernst gemacht werden.

In diesem Sinn und mit dieser Begründung stellen wir uns hier der römisch-katholischen Lehre von der Erkennbarkeit Gottes und also jenem *certe cognosci posse* gegenüber. Der Gegensatz beginnt nicht erst mit der andern Antwort, die wir hier zu geben haben — dort wird er nur sichtbar — sondern schon mit unserer anderen Fragestellung, und wir werden sagen müssen: daß wir ihn hier und nur hier für entscheidend und gefährlich halten. Daß die römisch-katholische Lehre eine Erkennbarkeit Gottes aus der Welt für die Vernunft behauptet, das ist schließlich nur die notwendige Antwort auf die von ihr gestellte Frage und das wäre an sich — besonders angesichts der vorsichtigen Formulierung des Vatikanums, das ja immerhin nur von einem *posse* redet — als einer Interpretation *in meliorem partem* schließlich nicht unzugänglich allenfalls zu ertragen. Was aber nicht zu ertragen und was der römisch-katholischen Theologie nicht zu verzeihen ist, das ist ihre Fragestellung, das ist jene Aufspaltung des Gottesgedankens und die damit verbundene Abstraktion von dem wirklichen Werk und Handeln Gottes zugunsten eines Seins Gottes im Allgemeinen, das er mit uns und allem Seienden gemein hätte. Der doppelte Willkürakt in dieser Fragestellung bedeutet die Einführung eines fremden Gottes in den Raum der Kirche. Daß ihm Erkennbarkeit auch ohne Gottes Offenbarung zugeschrieben wird, ist in keiner Weise überraschend, ist auch in sich ganz richtig. Dieser Gott ist wirklich ohne Gott, d. h. ohne ein besonderes Zutun Gottes *naturali humanae rationis lumine e rebus creatis* erkennbar. Daß der wahre, der ganze, der wirkende und handelnde Gott, der das Haupt und der Hirte der Kirche ist, ebenso erkennbar sei, das kann nur daraufhin behauptet werden, daß man ihn mit jenem Götzen identifiziert hat. Wie sollte diesem Götzen Dankbarkeit gebühren für die Wohltat, für die Gnade und Barmherzigkeit seiner Offenbarung? Zwischen ihm und dem Menschen ist das Verhältnis allerdings ein ganz anderes: von einer nur von innen sich öffnenden Türe kann gar keine Rede sein. Da wird der Mensch vielmehr in eigener Vollmacht und Kraft freien Eingang und Ausgang haben. Wann und wo wäre der Mensch nicht fähig gewesen, ganz ohne Gnade und Wunder, ganz «natürlich» im Anblick des Seins der Welt, ein höheres, ein göttliches Sein sich selbst und Anderen einzureden? Aus dieser Fähigkeit sind alle Götzen entstanden. Und das ist das eigentlich Schlimme und Verwerfliche an der römisch-katholischen Lehre, daß sie den Herrn der Kirche mit jenem Götzen gleichsetzt, um daraufhin auch von ihm zu sagen, was von Jenem allerdings gesagt werden kann. Und da dieser Gegensatz zwischen ihr und uns über Alles entscheidet, würde es gar keinen Sinn haben, ihre und unsere These nun noch besonders sich gegenüberzustellen und in ihrem Gegensatz zu diskutieren. Wir widersprechen nicht erst der «natürlichen Theologie» des Vatikanums als solcher — daß wir das tun, ist nur eine selbstverständliche Folgerung daraus, daß wir zuerst seinem Gottesbegriff widersprechen als einem Gebilde, das seine Existenz offenbar einem Versuch verdankt, Jahve mit Baal, den dreieinigen Gott der heiligen Schrift mit dem Seinsbegriff der aristotelischen und stoischen Philosophie zu vereinigen. Der Satz von der Erkennbarkeit Gottes durch die Vernunft aus den geschaffenen Dingen betrifft die zweite, die heidnische Komponente dieses Gottesbegriffs: die Seite dieses Gebildes, von der her es betrachtend wir Gott nicht in ihm wiederzuerkennen, wir ihn nicht als christlichen Gottesbegriff gelten zu lassen vermögen. Damit ist gesagt: jener Satz hängt für uns in der Luft, so daß es nicht möglich ist, ihn nun auch noch im besonderen zu bestreiten. Wie könnten wir ihn bestreiten? Wir würden ja zu ihm als solchem, im Blick auf den Gott, den falschen Gott, auf den er sich bezieht, nur Ja und Amen sagen können! Er ist in sich inkorrigibel. Wir müssen aber bestreiten, daß er überhaupt von Gott redet, daß er überhaupt unter die Sätze der christlichen Gotteslehre gehört.

Man sollte denken, es wäre nichts einfacher und selbstverständlicher als dies: Da Gott — der Gott, an den wir glauben als an das Haupt und den Hirten der Kirche — der Herr, der Schöpfer, der Versöhner und Erlöser ist, können wir seine Erkennbarkeit nur in der Bereitschaft Gottes selbst finden, die als sein freies Wohlgefallen zu verstehen ist, so können wir uns, um uns ihrer und also der Gewißheit unserer Erkenntnis Gottes zu versichern, nur an die Wirklichkeit des von Gott vollzogenen Übergriffs halten, so können wir nur danken für seine Erkennbarkeit, so können wir sie also nicht an einem Ort finden, wo wir sie gewissermaßen schon haben und uns selbst nehmen würden: nicht in einer schon vorhandenen, sondern nur in einer durch Gottes Gnade zu schaffenden Analogie, der Analogie der Gnade und des Glaubens, zu welcher wir Ja sagen als zu dem Unzugänglichen, das uns in unbegreiflicher Wirklichkeit zugänglich gemacht ist. Man sollte denken, es wäre nichts einfacher und selbstverständlicher als die Einsicht: daß jede Theologie, die nach einer von der Gnade Gottes und also vom Glauben verschiedenen Garantie der Erkennbarkeit Gottes ausschaut oder eine solche geben zu können meint und verheißt, jede «natürliche» Theologie also, auf dem Boden der Kirche unmöglich, und zwar im Grunde diskussionslos unmöglich ist.

Diskussionslos darum, weil sie ja, wie unsere Auseinandersetzung mit der römisch-katholischen Lehre gezeigt hat, nur möglich werden kann auf Grund eines Attentats auf den christlichen Gottesbegriff und weil es doch eigentlich ausgeschlossen sein sollte, daß die christliche Gotteslehre und mit ihr die Dogmatik und also die Frage nach der reinen Lehre mit diesem Attentat beginnt. Was kann daraus Gutes kommen, wenn man sich gleich hier anderswo orientiert als an dem Grund und Sein der Kirche? Erlaubt man sich das, wie soll und wird dann Alles weitergehen? Wie wird dann vom Wesen Gottes und wie später von der Schöpfung, vom Gesetz, von dem Bunde Gottes mit dem sündigen Menschen geredet werden? Wird man von der Gnade und vom Glauben je recht reden können, wenn man sich gleich zu Beginn eine Garantie seiner Erkenntnis Gottes verschafft hat, die mit Gnade und Glauben nichts zu tun hat? Wird nicht Alles notwendig anders, und zwar falsch werden müssen, wenn man sich hier der Feindschaft und des Streites gegen die Gnade schuldig macht?

Wie kommt es, daß unser Satz über die Erkennbarkeit Gottes nun doch nicht so einfach und selbstverständlich ist, daß die Frage nach einer Begründung unserer Erkenntnis Gottes in uns selbst und in unserem Verhältnis zur Welt nicht zur Ruhe kommen kann, immer wieder aufleben zu müssen scheint, in immer neuen Formen und Wendungen auf dem Plane ist?

1. Man könnte hier darauf hinweisen: daß eine solche Begründung unserer Erkenntnis Gottes nun einmal faktisch möglich und vollziehbar sei und in ihrem faktischen Vollzug selber für ihr Recht und ihre Notwendigkeit spreche. Nun: Was ist hier möglich und vollziehbar? Und was soll hier für sich selber sprechen? Was hier in Frage kommt, ist der Versuch des Menschen, durch gewisse Antworten hinsichtlich des Rätsels seiner Existenz und der der Welt mit sich selbst und der Welt fertig zu werden, sein Versuch, zwischen sich und der Welt eine Balance herzustellen oder doch sein Versuch, in dieser Richtung Fragen zu stellen, in der Meinung, das vermeintliche Ziel seiner Antworten oder auch den vermeintlichen Ursprung seiner Fragen für ein Erstes und Letztes und also für seinen Gott halten zu dürfen. Dieser Versuch ist allerdings möglich und vollziehbar. Dieser Versuch ist allerdings in unendlich vielen Formen Wirklichkeit. Man kann geradezu sagen: dieser Versuch ist vor aller Theologie der Sinn und Inhalt des natürlichen menschlichen Lebens: damit ist der natürliche Mensch dauernd, wenn auch mit verschiedener Energie und in sehr verschiedener Form beschäftigt. Der natürliche Mensch, d. h.

der Mensch so, wie er sich ohne Gott selbst verstehen und regieren zu können meint, hat dies zum Sinn und Inhalt seines Lebens: mit sich selbst und mit der Welt fertig zu werden und das Ziel und den Ursprung dieses seines Strebens für ein Erstes und Letztes und also für seinen Gott zu halten. Ob dieser Versuch gelingt? Gewiß gelingt er! Wie sollte er, wenn auch nicht immer gleich sichtbar und gleich erfreulich, nicht gelingen können? Wie sollte die Geschichte der Menschheit und die Geschichte jedes einzelnen Menschen neben allem Mißlingen nicht auch teilweise und doch weithin ein Gelingen dieses Versuches darstellen? Unsere ganze Existenz zeugt davon: wir können «Gott» erkennen. Aber für was spricht dieses Zeugnis? Für die Erkennbarkeit Gottes? Ist denn das Gott, was wir, wie unsere ganze Existenz allerdings bezeugt, erkennen können: jenes letzte Ziel unserer Antworten, jener Ursprung unserer Fragen? Wird hier wirklich ein solches Erstes und Letztes erkannt, das an dem, was die heilige Schrift «Gott» nennt, auch nur gemessen, mit ihm auch nur verglichen werden könnte, geschweige denn, daß es ihm gleichgesetzt werden dürfte, so daß wir von der heiligen Schrift und also vom Grund und Sein der Kirche her sagen dürften und müßten: hier wird Gott erkannt, hier ist also Gott erkennbar? Was dem natürlichen Menschen Gott ist und was er dann auch wohl seinen Gott nennt, ist ein Götze, den er allerdings erkennt und der ihm also allerdings auch erkennbar ist, der ihn aber als Götze keineswegs zu der Erkenntnis des wirklichen Gottes hin leiten, der ihn keineswegs auf jene vorbereiten, der ihn vielmehr von jener fernhalten, dessen Erkenntnis und Erkennbarkeit ihn zu einem Feind des wirklichen Gottes machen wird. Darum kann hier weder von Erkenntnis noch von Erkennbarkeit Gottes gesprochen werden. Es wäre denn, man würde den Widerspruch, den die heilige Schrift gegen die Identifikation Gottes mit den Götzen erhebt, überhören, man würde sich von der heiligen Schrift und damit von dem Grund und Sein der Kirche entfernen, man würde eigenmächtig einen allgemeinen von der Schrift her gesehen: eingeschränkten Begriff von «Gott» zum Maßstab nehmen und — mit diesem anderen Maßstab messend — dem natürlichen Menschen, bezw. dem Zeugnis seines Lebensversuchs eine Kompetenz und Glaubwürdigkeit zuschreiben wollen, die ihm die heilige Schrift jedenfalls nicht zuschreibt.

Wiederum ist aber dieses Zeugnis auch an sich und als solches noch nie und nirgends in solcher Kompetenz und Glaubwürdigkeit aufgetreten, es hat sich noch nie und nirgends so dauernd, so einmütig, so einleuchtend und überzeugend geltend gemacht, daß man, gezwungen von dieser Tatsache, nun etwa genötigt wäre, von dem Widerspruch der heiligen Schrift abzusehen und zuzugestehen: hier ist — in einer anderen, besonderen, von dem Gottesbild der heiligen Schrift verschiedenen Weise — wirklich Gott erkannt und also auch in seiner Erkennbarkeit erkannt worden; schon der natürliche Mensch kann also Gott erkennen ohne Offenbarung, allein in der Kraft und im Gelingen seines Versuchs, mit sich selbst und mit der Welt fertig zu werden. Eine solche zwingende Tatsache liegt im ganzen Umkreis der uns bekannten menschlichen Geschichte nicht vor. Die verschiedenen Versuche des Menschen, seine in jener Richtung laufenden Antworten und Fragen, seine Gottesbilder und Gotteserkenntnisse, liegen zwar vor, aber nirgends in solcher Kraft und auch in ihrer Gesamtheit doch nicht so eindrücklich, daß das die Nötigung bedeuten würde, gegen den Widerspruch der heiligen Schrift zuzugeben, daß das allerdings nicht zu bestreitende Können des Menschen in einer Beziehung nun gerade zu dem wirklichen Gott stehe und also als natürliche Erkennbarkeit Gottes geltend zu machen sei. Es hat sich, auch wo man von dem Urteil der heiligen Schrift meinte absehen zu sollen, nach allen Entdeckungen, die man in dieser Hinsicht gemacht zu haben meinte, noch immer früher oder später nahegelegt, wieder nüchtern zu werden und einzusehen, daß man von solchen Entdeckungen der Vorsicht halber doch besser nur poetischen Gebrauch mache. Es ist zwar dem natürlichen Menschen schon manchmal und auf mancherlei Weise gelungen, als sein eigener Prophet irgend ein Erstes und Letztes für seinen Gott zu halten und als solchen auszurufen. Aber wo und wann wäre das so geschehen, daß wir, auch wenn wir das Urteil der heiligen Schrift überhören wollten und könnten, vor einer Tatsache stehen würden, die uns nötigte, zuzugeben, daß der natürliche Mensch Gott erkennen könne? die uns diese Fähigkeit des natürlichen Menschen in einer solchen Kraft vorführen würde, daß die christliche Theologie einfach gezwungen wäre, davon Kenntnis zu nehmen, damit zu rechnen und ihr bei ihrer eigenen Grundlegung die entsprechende Rücksicht entgegen zu bringen? Eine solche Tatsache würde ja selbst eine zweite Offenbarung Gottes sein müssen. Und nun wird es seine Gründe haben, daß auch die kräftigsten Versuche des natürlichen Menschen in dieser Richtung im besten Fall die Kraft vermeintlicher und angeblicher Offenbarungen haben, die Kraft einer zweiten Offenbarung aber noch nie bewiesen haben. So imponierend sind die Leistungen der «natürlichen» Theologie in keiner ihrer Gestalten, daß wir unter dem Druck dieser Leistungen nun etwa konstatieren müßten: Gott, der wirkliche Gott ist «natürlich» erkennbar.

Wir werden uns nun freilich darüber klar sein müssen, daß wir auch mit der Feststellung, daß die imponierende Tatsache hier nicht vorliegt, letztlich von dem Urteil der heiligen Schrift herkommen, ohne das wir den hier möglichen Betrügereien und Selbsttäuschungen schwerlich auf die Länge entgehen würden. Es ist wohl so, daß all die vermeintliche und angebliche Erkennbarkeit Gottes im Bereich des natürlichen Menschen nicht die Kraft hat, wirksam auch nur in diesem Bereiche selbst dafür Zeugnis abzulegen, daß Gott dem natürlichen Menschen erkennbar ist. Aber daß dem so ist, das ist das Urteil der heiligen Schrift, und es wird faktisch nie so sein, daß es anders als im Hören auf dieses Urteil eingesehen wird, daß dem so ist. Aber wie dem auch sei: von hier aus, von der überlegenen Kraft des unbestreitbaren Faktums der natürlichen Theologie her ist ihre immer wieder sich bestätigende Aktualität mitten in der Theologie der Kirche nicht zu erklären. Die Kraft dieses Faktums ist so groß nun doch nicht, daß man nicht annehmen sollte: die Kraft der wirklichen Erkenntnis Gottes auf Grund seiner Offenbarung, jenes Töten und Lebendigmachen, das Feuer der ewigen Liebe, der wir in ihr begegnen, müßte auf den ersten Blick als die unvergleichlich größere Kraft erscheinen und also die Hypothese einer «natürlichen» Erkennbarkeit Gottes innerhalb der christlichen Theologie unmöglich machen. Von dorther kann die Zähigkeit, mit der diese Hypothese sich aufdrängt, nicht erklärt werden.

2. Wenn dem so ist, so könnte es sich weiter fragen, ob etwa die praktische Wünschbarkeit bzw. Notwendigkeit dieser Hypothese so einleuchtend und vordringlich ist, daß wir uns nun doch auch nach einer anderen Bereitschaft Gottes als der in der Gnade seines Wortes und Geistes vorliegenden umzusehen hätten. Es sind ja nicht zuletzt erzieherische und seelsorgerliche Gesichtspunkte, unter denen man eine wenigstens supplementäre Einführung der Voraussetzung einer «natürlichen» Erkennbarkeit Gottes in die christliche Theologie zu empfehlen und zu verteidigen pflegt.

Uns wird gesagt, es handle sich dabei um nicht mehr und nicht weniger als um die für die Existenz und Tätigkeit der Kirche notwendig vorauszusetzende gemeinsame Basis des Gespräches zwischen ihr und der sie umgebenden Welt, zwischen dem Glauben und dem Unglauben: um die Möglichkeit, die dem Menschen als solchem zunächst fremde, biblischkirchliche Verkündigung «anzuknüpfen» an ein dem Menschen schon Bekanntes, und weiter: um die Möglichkeit, den Menschen auf seine Verantwortlichkeit aufmerksam zu machen — im voraus auch auf die Verantwortlichkeit auch des Unglaubens, den er der Verkündigung vielleicht entgegenstellen wird — und damit die Voraussetzung dafür zu schaffen, daß er auf seine Schuld vor Gott angeredet werden und daß ihm dann auch sinnvoll und verständlich von Gottes Gnade geredet werden kann. Es kann dann in diesem Zusammenhang auch wohl — in etwas verdächtiger Nachbarschaft mit dem «Großinquisitor» Dostojewskis — als eine Pflicht der Liebe hingestellt werden, dem natürlichen Menschen in der bewußten Weise einen Schritt weit entgegenzugehen. Wie verhält es sich mit dieser Pädagogik? Ihre Kunst würde offenbar entscheidend darin bestehen müssen, daß die Theologie sich an jenem Lebensversuch des natürlichen Menschen, an seinem Versuch, mit sich selbst und der Welt fertig zu werden, zunächst ihrerseits beteiligte. Auf eine sehr merkwürdige Weise freilich, wenn sie das hier in Betracht kommende pädagogische Ziel wirklich ins Auge fassen und im Auge behalten wollte! Sie könnte und würde sich ja nur dann scheinbar, jedenfalls nicht mit dem Ernst, den der natürliche Mensch selber dabei betätigt, sondern in der milden Überlegenheit dessen, der ihn zwar versteht, der aber die letzte Nutzlosigkeit seines Bemühens schon durchschaut hat, an dessen Lebensversuch zu beteiligen haben. Sie würde gewissermaßen mit ihm spielen müssen, um ihn dann klug und freundlich davon zu überzeugen, daß er eben nur spielt, und um ihn so auf das, womit es ihr selber ernst ist, und wozu sie ihn ja hinführen will, vorzubereiten. Die Meinung wäre dabei die: es könne und werde zwar die eigentliche Entscheidung über Glauben oder Unglauben, über die Erkenntnis oder Nichterkenntnis Gottes erst in und mit der Begegnung des Menschen mit Gottes Offenbarung fallen; es könne aber der Bereich des Lebensversuches des natürlichen Menschen, in welchem mit einer gewissen «natürlichen» Erkennbarkeit Gottes zu rechnen sei, als Vorfeld betrachtet und mit dem natürlichen Menschen gespielt werden in der Absicht, ihn über dieses Vorfeld hinauszuführen und vor die eigentliche Entscheidung zu stellen. Immerhin sei zu anerkennen, daß schon das daselbst stattfindende kindliche Spiel nicht ohne einen gewissen kindlichen Ernst sei, der auf den eigentlichen Ernst mindestens bestimmt hinweise, daß schon hier eine im Hinblick auf das eigentliche Ziel bedeutsame Vorentscheidung stattfinden könne. Und eben dazu, um diese Vorentscheidung herbeizuführen, habe sich die Theologie zunächst, in einer Art Vorwegnahme ihrer eigentlichen Aufgabe an diesem Spiel zu beteiligen.

Wir haben uns zu fragen, ob dieses pädagogische Experiment so verheißungsvoll ist, daß wir nun vielleicht doch von daher gedrängt wären, mit der dabei vorausgesetzten «natürlichen» Erkennbarkeit Gottes zu rechnen. Könnte es nicht so verheißungsvoll sein, daß wir trotz des von der heiligen Schrift her erhobenen Widerspruchs und auch dann, wenn uns die faktische Leistung der «natürlichen» Theologie nicht allzusehr imponieren sollte, damit rechnen müßten?

Wir sehen uns dieses Experiment zunächst im Blick auf die Sache an. Und da wird nun vor allem zuzugeben sein, daß es auf dem Gebiet des menschlichen Lebensversuchs und also hinsichtlich der hier in Betracht kommenden Erkennbarkeit Gottes zweifellos Entscheidungen und zwar wichtige und interessante Entscheidungen gibt, und daß es sich an sich wohl lohnen kann, die verschiedenen hier in Frage kommenden Möglichkeiten zu erwägen und zu diskutieren. Es ist an sich gewiß nicht gleichgültig, ob der Mensch sich dessen bewußt oder nicht bewußt ist, daß sein Leben als Mensch so oder so eine Antwort auf die Frage nach seiner Entwicklung von der Animalität zur Humanität sein wird. Es ist nicht gleichgültig, auf welcher Stufe dieser Entwicklung er sich jeweilen tatsächlich befindet, nicht gleichgültig, ob es ihm klar oder weniger klar ist, daß es sich bei dieser

Entwicklung jedenfalls auch um eine Tat seiner eigenen Freiheit und also Verantwortlichkeit handelt, ob sein Gewissen, sein Unterscheidungsvermögen für Besseres oder Schlimmeres wach ist oder schläft, ob sein Weg unter dem Vorzeichen einer naturalistischen oder idealistischen, einer optimistischen oder pessimistischen, einer naiv utilitaristischen oder ethisch-kritischen, einer individualistischen oder kollektivistischen Lebensbetrachtung steht, ob sein Wissen und sein Tun eine Einheit bildet oder nicht, ob er, indem er sich so oder so entscheidet, seiner Sache sicher oder unsicher ist, und welcher Art schließlich, dem Allem entsprechend, das Erste und Letzte und also der «Gott» ist, der ihm in diesem Bereich zweifellos in seiner Weise erkennbar ist. Gewiß ist das Alles in seiner Weise wichtig und interessant. Aber nun drängt sich eben Alles in die Frage zusammen: ob es in diesem Bereich, als irgendwie erreichbare Möglichkeit innerhalb des Lebensversuchs des natürlichen Menschen dies gibt: die Erkennbarkeit eines Gottes, deren Aufdeckung darum den Charakter einer hervorgehobenen Entscheidung, einer Vorentscheidung hinsichtlich der Entscheidung des Glaubens oder Unglaubens haben würde, um derenwillen die Theologie sich wenigstens in vorläufigem Ernst darum auf jenes Vorfeld begeben müßte, weil dieser Gott mit dem wirklichen Gott, um dessen Verkündigung es der christlichen Kirche geht, identisch wäre, so daß die Feststellung seiner Erkennbarkeit dort: im natürlichen Bereich, im Bereich des menschlichen Lebensversuches, in der Tat eine Vorbereitung auf die Feststellung seiner Erkennbarkeit in seiner Offenbarung bedeuten würde. Wenn diese Frage zu bejahen wäre, dann würde sich die pädagogische Notwendigkeit einer der eigentlichen Theologie präludierenden «natürlichen» Theologie offenbar aufdrängen. Es müßte dann der Mensch angeregt und angeleitet werden, von dieser seiner Lage den rechten Gebrauch zu machen, d. h. sich einen Überblick über seine verschiedenen Möglichkeiten, vielleicht über deren Stufengang zu verschaffen, um endlich und zuletzt der Möglichkeit gewahr zu werden, von der ihm dann zu sagen wäre, daß sie nicht nur seine, sondern als die seine zugleich die in Gottes Offenbarung bezeugte göttliche Möglichkeit sein könnte. Er wäre in diejenige Vorentscheidung hineinzuführen, die er gar nicht vollziehen könnte, ohne daß er damit, wenn auch noch nicht mit dem Inhalt der Offenbarung, so doch mit ihrer Form: mit der Bedeutung, mit der theoretischen und praktischen Tragweite, die sie für ihn gewinnen könnte, bekannt würde. Wenn und weil ihm jener Gott — sozusagen als legitimer Platzhalter des wirklichen Gottes der Offenbarung — erkennbar würde, müßte und würde ihm auch dieser erkennbar werden. Wie sollte es, wenn jene Frage bejahend zu beantworten wäre, nicht eine Aufgabe — eine «andere», eine vorläufige aber eine notwendig gestellte Aufgabe — der Theologie sein, sich an jenem Lebensversuch des natürlichen Menschen zu beteiligen: nicht um seiner selbst willen, nicht in der Meinung, daß er als solcher zum Ziel führen könne, nicht in der Absicht also, bei einer «natürlichen» Theologie stehen zu bleiben, nicht in eigentlichem Ernst also, wohl aber in kindlichem Ernst oder doch in dem Ernst des sich zum Kinde herniederbeugenden Erziehers: um jener über diesen Bereich hinausweisenden, aber doch schon in diesem Bereich stattfindenden Vorentscheidung willen. — Das Alles wäre ganz in Ordnung, wenn eben jene Frage bejahend zu beantworten wäre, wenn es in jenem Bereich das gäbe: die Erkennbarkeit eines Gottes, der mit dem wirklichen Gott der Offenbarung zu identifizieren wäre. Eben dies ist aber n i c h t der Fall. Ist es nicht zu bestreiten, daß uns dort Götter in der Tat erkennbar sind, so ist es doch sehr zu bestreiten, daß wir das Recht haben, irgend einen von ihnen mit dem wirklichen Gott zu identifizieren. Wie wichtig und interessant die Entscheidungen auch sein mögen, die dort fallen, wie wichtig und interessant auch die Unterschiede der dort stattfindenden Sicht des Ersten und Letzten und also Gottes — so groß ist doch kein Unterschied, der dort sichtbar werden kann, daß er d e m Unterschied gleichgesetzt werden dürfte, der zwischen dem Herrn, dem Schöpfer, Versöhner und Erlöser der göttlichen Offenbarung und also dem wirklichen Gott auf der einen und den Gebilden des Enthusiasmus und der Phantasie des natürlichen Menschen auf der anderen Seite besteht, so daß die Erkenntnis j e n e s Unterschiedes die Erkenntnis d i e s e s und also die Erkenntnis j e n e r Götter in ihrer Verschiedenheit untereinander die Erkenntnis des w i r k l i c h e n Gottes in seiner Verschiedenheit von allen Göttern vorbereiten könnte. Es wäre denn, wir würden wiederum in die römisch-katholische Methode einer Auflösung der Einheit Gottes und einer abstrakten Betrachtung seines Seins verfallen, von der Erkenntnis aber, daß der wirkliche Gott, wo er erkannt wird, den natürlichen Menschen mit allen seinen Möglichkeiten tötet, um ihn lebendig zu machen, keinen Gebrauch machen. Es wäre denn, wir würden auch hier an die Stelle des christlichen einen anderen Gottesbegriff schieben. Unterläßt man das, läßt man sich durch den Widerspruch der heiligen Schrift hindern, einen anderen als den Herrn und Hirten der Kirche nun auf einmal doch auch Gott zu nennen und als solchen gelten zu lassen, dann kann man mit einer Erkennbarkeit Gottes im Bereich des Lebensversuchs des natürlichen Menschen nicht rechnen. Es kann dann diesem nicht eingeredet werden, daß er in seinem kindlichen Ernst schon im Begriffe stehe, zum wirklichen Ernst überzugehen. Es wird dann die Feststellung der Erkennbarkeit d e s Gottes oder all d e r Götter, die hier allerdings in Betracht kommt, nicht als Vorstufe zur Feststellung der Erkennbarkeit des wirklichen Gottes ausgegeben werden können. Es wird dann bedacht werden, daß wir von der Erkenntnis der hier in Betracht kommenden Götter her vielmehr immer nur blind für den wirklichen Gott, des wirklichen Gottes Feinde sein können. Es wird dann bedacht werden, daß auch die höchste Verantwortung, zu der der Mensch hier aufgerufen und also die höchste Verantwortlichkeit, die ihm hier zum Bewußtsein gebracht werden kann, grundsätzlich nicht mehr bedeutet als dies, daß er im höchsten Ernst mit sich selbst konfrontiert, daß er angeleitet wird, sich selber höchst ernst zu nehmen. Aber kann, ja muß nicht gerade dies zur Folge haben, daß er den wirklichen Gott erst recht nicht ernst nehmen, daß er sich der Konfrontierung mit ihm erst recht entziehen, daß ihm seine Verantwortlichkeit vor diesem Gott erst recht verborgen bleiben wird? Und wenn es nun so sein sollte, daß der Lebensversuch des Menschen früher oder später endigen muß mit seiner mehr oder weniger radikalen Verzweiflung an sich selbst, wenn das Bild des Ersten und Letzten, das bei seinem Lebensversuch sichtbar werden kann, schließlich das eines, sei es kritisch, sei es skeptisch gemeinten Fragezeichens sein sollte — mit welchem Recht sollte nun etwa dieses Bild für das Bild des wirklichen Gottes gehalten werden? Wie sollte dieses Fragezeichen nicht als das götzenhafteste Götzenbild und wie sollte die Verzweiflung des Menschen an sich selbst, in der er nun eben dieses Götzenbild aufrichtet, nicht als die verwegenste Form seines Streites gegen den wirklichen Gott zu durchschauen sein? Wie sollte in der Erkenntnis des wirklichen Gottes mit dem natürlichen Menschen nicht auch dessen Verzweiflung und das Gottesbild seiner Verzweiflung in den Tod gegeben werden müssen? Es kann darum auch in ihr: in der Entscheidung für das große Fragezeichen eine Vorentscheidung, die die Entscheidung des Glaubens oder Unglaubens vorbereiten würde, nicht gesehen werden. Ist dem aber so, dann ist die Vertrauenswürdigkeit jener Pädagogik zunächst hinsichtlich ihrer Zielsetzung in Abrede gestellt. Es ist dann festgestellt: Keine noch so liebevolle und menschenfreundliche Absicht kann etwas daran ändern, daß das, was diese Pädagogik will, jedenfalls auf die Sache gesehen, unmöglich ist. Wenn der Mensch in der Entscheidung des Glaubens oder Unglaubens steht, dann ist er nicht von einer der ihm auch ohne Gottes Offenbarung möglichen Vorentscheidungen dazu gekommen. Dann ist — und das ist etwas Anderes — der wirkliche Gott selber zu ihm gekommen.

Es dürfte sich lohnen, das Problem der pädagogischen Begründung der natürlichen Theologie auch nach seiner anderen Seite, d. h. in seiner Bedeutung für den zu erziehenden, bezw. auf die Erkenntnis Gottes in seiner Offenbarung vorzubereitenden Menschen durchzudenken. Wieder wird vor Allem etwas zuzugeben sein, und das ist die Berechtigung der Frage nach einer gemeinsamen Gesprächsbasis zwischen Kirche und Welt, zwischen Glauben und Unglauben — die Aufgabe, den Weg aufzuzeigen, der von der Nichterkenntnis zur Erkenntnis Gottes führt. Wie sollte das nicht die höchste, die Alles umfassende Aufgabe der Liebe sein, diesen Weg, der für jeden Menschen der eine Weg des Heils ist, aufzu-

1. Die Bereitschaft Gottes

zeigen? Es würde auch sehr voreilig sein, zu sagen, daß das unmöglich sei, daß in dieser Hinsicht nichts getan werden, daß man einander nur dem Werk der göttlichen Offenbarung überlassen könne und unterdessen auf alles eigene Werk in dieser Sache zu verzichten habe. Wie wäre die Kirche die Kirche, wenn sie hier nicht im Werk begriffen wäre: in dem Werk der an Alle gerichteten Einladung und Anleitung, von dort nach hier, von der Nichterkenntnis zur Erkenntnis Gottes und damit aus dem Unheil zum Heil zu kommen, in dem Aufweis des Weges, der von dort nach hier führt und insofern gewiß auch in dem Werk der Bemühung um eine gemeinsame Gesprächsbasis? Aber gerade wenn dies zugegeben ist, wird die Frage in aller Schärfe gestellt werden müssen: Welches soll dieses Werk sein? Wie kann und soll dieses Gespräch geführt werden, wenn es jenes Werk der Liebe, zu dem die Kirche in der Tat verpflichtet ist, wirklich sein soll? Es dürfte nun aber sachgemäß sein, wenn wir bei der Frage nach diesem Wie? einsetzen mit der Feststellung: dieses Gespräch muß auf alle Fälle gerade von der Kirche, gerade vom Glauben her in voller Aufrichtigkeit gegenüber dem anderen Gesprächspartner geführt werden. Ihm darf nicht in einer Maske begegnet, ihm darf nicht vorgetäuscht werden, es werde von seinem eigenen Standpunkt, also von dem Standpunkt des Unglaubens aus mit ihm geredet. Soll dieser andere Gesprächspartner wirklich vom Glauben her angeredet werden mit der Aussicht, von ihm gehört zu werden, dann muß ihm das gesagt werden, was ihm vom Glauben aus gesagt werden muß, damit er sich damit auseinandersetze, damit er dadurch in die Entscheidung und also selber in die Entscheidung des Glaubens gestellt werde.

Es beruht auf falscher Interpretation, wenn man sich für das entgegengesetzte Verfahren auf das Vorbild des Anselm von Canterbury beruft. Anselm hat sich (besonders in der Schrift *Cur Deus homo*) anheischig gemacht, mit seinen theologischen Beweisen *sola ratione* auch Juden und Heiden Genüge zu leisten (I 20, II 11, 22, vgl. auch *Monol.* 1). *Remoto Christo, quasi nunquam aliquid fuerit de illo ... quasi nihil sciatur de Christo (C. D. h., praef.,* vgl. I 10, 20, II 10, 11) will er ausgerechnet die *necessitas* des Versöhnungswerkes Christi erklären. Aber die *ratio* sowohl wie die *necessitas,* von der Anselm redet, ist die der *veritas* Gottes, die für ihn mit dem göttlichen Wort und mit dem Inhalt des christlichen Credo identisch ist. Indem er sie glaubt, will er sie erkennen und beweisen, will er *ratione* (mittelst seiner menschlichen Vernunft) *rationem* (ihre göttliche Vernünftigkeit) oder: *necessitate* (begründet denkend) *necessitatem* (ihren göttlichen Grund) — in concreto die Vernünftigkeit und den Grund dieses und dieses Glaubenssatzes (z. B. dessen vom Versöhnungswerk Christi) sichtbar machen. Unter der Voraussetzung, daß dieser Glaubenssatz wahr ist, untersucht und zeigt Anselm, inwiefern er wahr ist. Er tut es, indem er von der Gültigkeit und Autorität dieses Satzes vorübergehend keinen Gebrauch machend (insofern z. B. im Fall von *C. D. h.: remoto Christo...!)* seinen Grund und insofern seine Vernünftigkeit im Zusammenhang aller übrigen als gültig und autoritativ vorausgesetzten Glaubenssätze nachweist. Davon, daß er sich auf eine Plattform begäbe, wo Glaube und Unglaube gleiches Recht haben, kann, wie der ganze Inhalt von *C. D. h.* zeigt, keine Rede sein. Keine von den Schriften Anselms ist «apologetisch» im modernen Sinn des Begriffs. Er redet zu den Juden und Heiden, indem er ihnen — in Gestalt von guter Theologie! — den Glauben als solchen, als in sich begründet und vernünftig einleuchtend zu machen versucht. Er redet einfältig. Er eignet sich nicht dazu, als Schutzpatron der natürlichen Theologie angerufen zu werden.

Entdeckt nämlich der Gesprächspartner, daß der Glaube sich ihm gegenüber der berühmten «Hinterlist der Idee» bedienen will — daß man ihn insofern gar nicht ernst nimmt, als man ihm das, was man eigentlich sagen und vertreten will, vorenthält, daß man sich ihm nur scheinbar hingibt, daß also auch das, was man ihm sagt, nur ein scheinbar, ein uneigentlich Gesagtes ist, dann wird er sich nicht mit Unrecht — wenn auch in Verkennung der freundlichen Absicht, die uns dabei leiten könnte — mißachtet und betrogen und sicher doppelt mißachtet und betrogen vorkommen. Er wird sich gegen den Glauben, der nicht mit der Sprache herausrückt, der seinen eigenen Standpunkt verläßt, um nun doch auch den entgegengesetzten Standpunkt des Unglaubens nur scheinbar zu beziehen, verschließen und verhärten. Was soll dem Unglauben ein Glaube, der offenbar auch anders kann? Und wie empörend für den Unglauben ein Glaube, der sich mit ihm, dem Unglauben, nur scheinbar auf einen gemeinsamen Boden begibt! Entdeckt er aber nicht, daß man ihn nicht ernst nimmt, weil man ja offenbar auch sich selbst ganz ernst zu nehmen nicht genötigt ist — bleibt ihm diese Unaufrichtigkeit des Verfahrens als solche verborgen, dann stellt sich folgendes Dilemma: Entweder das Gespräch zwischen dem uneigentlich, dem nicht aus sich selbst und von sich selbst redenden Glauben und dem Unglauben gelingt, d. h. es führt zu einem positiven Resultat, es kommt auf dem scheinbar betretenen Boden des Unglaubens zu Belehrungen, Bekehrungen und Entscheidungen entsprechend der Absicht des selbst als Unglauben maskierten Glaubens; der Unglaube wird in seinem eigenen Bereich an jene Möglichkeiten herangeführt, von der Vortrefflichkeit jener Möglichkeiten überzeugt, von denen erhofft wird, daß die Entscheidung für sie die Vorbereitung zur Entscheidung des Glaubens bilden möchte. Wer oder was bürgt nun aber dafür, daß diese Hoffnung sich erfüllen, daß der Unglaube sich nicht an die in seinem eigenen Bereich erreichbare und durch den maskierten Glauben ihm aufgezeigte Möglichkeit als solche hält, sich in ihr — sie wird ja gewiß eine beste Möglichkeit sein — häuslich niederlassen und gegen den Glauben (der ihn ja als solcher noch gar nicht angeredet hat) erst recht verschanzt. Und mit welchem Vertrauen kann der maskierte Glaube nun eigentlich etwas Anderes erwarten, kann er Trauben von den Disteln zu ernten hoffen? Oder das Gespräch mißlingt, d. h. es führt zu einem negativen, zu einem, von dem maskierten Glauben her gesehen, unerwünschten Resultat. Der Unglaube läßt sich auch in seinem eigenen Bereich nicht dorthin führen, wohin man ihn führen möchte. Der maskierte Glaube ist ja vielleicht im Bereich des Unglaubens nun doch nicht so versiert und kompetent, wie er sich einbildet. Es ist vielleicht doch nicht so einfach, den

Unglauben gerade dorthin — nämlich an die hoffnungsvolle Grenze seiner eigenen Möglichkeiten — zu steuern, wo man ihn gerne sehen würde. Es könnte doch auch sein, daß er sich der ihm zugedachten Beunruhigung von innen her gar nicht schlecht zu erwehren weiß. Und wenn das der Fall ist — es dürfte öfter der Fall sein, als es den großen Apologeten bekannt ist — dann wird der Unglaube der Meinung sein, sich mit jener ihm vergeblich aufgedrängten inneren Beunruhigung auch des Glaubens selbst, der ihm ja als solcher noch gar nicht begegnet ist, erfolgreich erwehrt zu haben. Er wird dem Glauben gegenüber, der ihm ja doch nur in jener nicht unüberwindlichen Gestalt einer seiner eigenen Möglichkeiten begegnet ist, guten Mutes und seiner Sache nur um so sicherer sein. — Es ist nun nicht einzusehen, wie die Pädagogik der natürlichen Theologie sich diesem doppelten Dilemma entziehen können soll: Wird die Vorläufigkeit und also Uneigentlichkeit des Verfahrens, in welcher die natürliche Theologie den Unglauben über sich selbst hinauszuweisen gedenkt, vom Objekt der versuchten Erziehung her als solche durchschaut, dann wird sie darum verstockend wirken, weil ein offenbar weder sich selbst noch auch den Unglauben ernst nehmender Glaube nicht glaubwürdig und dann eben nur verstockend wirken kann. Wird jene Unaufrichtigkeit nicht durchschaut, so wird sie ebenfalls verstockend wirken: sei es, daß sie dem Unglauben, indem ihr ihre Absicht nur zu gut gelingt, eine neue Heimat und Festung bietet, sei es, daß sie ihm gegen ihre Absicht die Möglichkeit bietet, indem er auf diese ihm angebotene Heimat und Festung verzichtet, zugleich auf den Glauben zu verzichten. Dieses Dilemma verrät die Zwiespältigkeit aller «christlichen» natürlichen Theologie. Als «christliche» Theologie muß sie ja eigentlich den Standpunkt des Glaubens vertreten und behaupten. Was sie eigentlich meint, wozu sie ja auch den Unglauben eigentlich führen will, ist die Erkennbarkeit des wirklichen Gottes durch sich selbst in seiner Offenbarung. Als «natürliche» Theologie aber meint sie dies zunächst maskieren und also scheinbar an dem Lebensversuch des natürlichen Menschen sich beteiligen, meint sie also scheinbar eintreten zu müssen auf die Dialektik des Unglaubens in der Erwartung, daß es hier wenigstens zu einer vorläufigen Entscheidung hinsichtlich des Glaubens kommen könne und müsse. Als natürliche Theologie handelt und redet sie also uneigentlich. Und hier — das verrät diese Zwiespältigkeit — liegt offenbar ein Irrtum vor: nicht nur hinsichtlich der Sache, sondern nun auch hinsichtlich des Menschen, hinsichtlich der Welt, hinsichtlich des Unglaubens: ein Irrtum, der nicht nur die Wahrheit, sondern auch und gerade die Liebe verletzt, ein theologischer Irrtum, der sich als solcher erweist, indem er offenbar auch ein pädagogischer Irrtum ist. Der hier als Gesprächspartner in Betracht kommende Mensch des Unglaubens ist nun einmal nicht jenes spielende Kind, zu dem man sich bloß herunterzubeugen brauchte, um es dann um so sicherer zu sich emporzuziehen. Wer mit ihm spielen zu können meint, den wird dieses Kind in die Finger beißen. Und was sollte damit für seine Erziehung gewonnen sein? Der Unglaube und also die Nichterkenntnis Gottes (mit Inbegriff der Erkenntnis als der falschen Götter, die die Exponenten des im Unglauben unternommenen menschlichen Lebensversuches sind!) ist aktive Feindschaft gegen Gott und keineswegs eine liebenswürdig hoffnungsvolle Unerfahrenheit, die mit sanftem Wort über sich selbst belehrt werden könnte, um eben damit wenigstens an die Schwelle des Glaubens geführt zu werden. Der Unglaube ist — gerade weil er Unglaube Gott gegenüber ist, viel zu sehr, viel zu innerlich an der Wahrheit orientiert und (wenn auch nur negativ) interessiert, als daß man ihn durch Behandlung mit einer weiteren, wenn auch nur vorläufigen, nur pädagogisch gemeinten Unwahrheit seines Unrechts überführen und mit der Wahrheit konfrontieren könnte. Der Unglaube ist der Haß gegen die Wahrheit und so das Entbehren der Wahrheit. Wer ihm nicht aufrichtig, wer ihm nicht mit der Wahrheit begegnet, der kann ihm die Wahrheit nicht lieb machen, die er haßt — der kann ihn auch nicht mit der Wahrheit nähren, die er entbehrt. Er wird ihn, gerade wenn er, wie es die Kirche ja tun wird, die Wahrheit ankündigt, ohne sie ihm doch zu sagen — nur in neuen Haß gegen die Wahrheit versetzen und den Schmerz seines Entbehrens der Wahrheit nur vermehren können. Mit dem Unglauben kann man nicht experimentieren, auch wenn man allerhand interessante und vielversprechende Möglichkeiten und Rezepte dazu zu kennen und zu besitzen meint: den Unglauben muß man ernst nehmen. Noch ernster als der Unglaube dürfte nur Eines genommen werden: nämlich der Glaube selbst oder vielmehr der wirkliche Gott, an den der Glaube glaubt. Aber gerade der Glaube selbst oder vielmehr der wirkliche Gott, an den der Glaube glaubt, muß so ernst genommen werden, daß auch ein bloß scheinbares Sichversetzen auf den Standpunkt des Unglaubens, daß auch jenes pädagogische, jenes spielerische Sichherablassen in den Bereich seiner Möglichkeiten ausgeschlossen ist. Wer hat denn, wenn der Glaube sich selbst ernst nimmt, zu dieser scheinbaren Angleichung, zu diesem Spiel mit dem Unglauben, den Raum und die Freiheit? Wer hat sich denn hier eigentlich und in Wirklichkeit herabzubeugen? Doch nicht ein Mensch zum anderen, der Gläubige zum Ungläubigen, wie es die fatale, aber unvermeidliche Voraussetzung aller natürlichen Theologie ist! Der sich zu uns Allen, den Gläubigen und den Ungläubigen, herabbeugt, ist allein der wirkliche Gott in seiner Gnade und Barmherzigkeit, und nur dadurch, daß er das weiß, unterscheidet sich der gläubige von dem ungläubigen Menschen. Gerade darin besteht ja der Glaube: in dem Leben, das daraufhin gelebt wird, daß Gott sich zu uns herabgebeugt hat. Ist d a s aber der Glaube und also das Wissen des Glaubens das Wissen d a r u m, dann wird gerade der gläubige Mensch den Un-

1. Die Bereitschaft Gottes

glauben zuerst und vor Allem in sich selbst, er wird vor Allem und zuerst in sich selbst nur Unglauben finden: Feindschaft gegen die Wahrheit und Entbehren der Wahrheit. Wie sollte er dann den Raum und die Freiheit haben, sich zu anderen Menschen erst herabzubeugen, mit dem Unglauben jenes Spiel zu treiben? Wie sollte er dann seinem eigenen Unglauben und dem der Anderen etwas Anderes entgegenzuhalten haben, als in tiefster Demut und zugleich in höchster Gewißheit den Glauben selbst oder vielmehr den wirklichen Gott, an den der Glaube glaubt? Wie sollte er dann noch etwas erwarten von den Möglichkeiten im Bereich des Unglaubens? Wie sollte er jenes doppelte Dilemma nicht aus eigenster Erfahrung kennen, das da entsteht, wo der Glaube nicht ganz und gar auf sich selbst zu stehen, aus sich selbst heraus zu leben und zu reden wagt, wo er sich probeweise als Unglauben verkleidet, wo er mit dem Unglauben spielen zu können meint. Wie sollte er nicht wissen, daß er sich gerade vor diesem Spiel — vor der bei diesem Spiel unvermeidlich drohenden Verstockung! — um seiner selbst und nun auch gerade um der Anderen willen mit allem Fleiß zu hüten hat? Wie sollte er nicht wissen, daß gegen den Unglauben nur ein Kraut gewachsen ist, nämlich der sich selbst oder vielmehr den wirklichen Gott ernst nehmende Glaube selber, während alles Andere ihn als Unglauben nur bestätigen und bestärken, seinen Haß gegen die Wahrheit und sein Entbehren der Wahrheit nur vermehren könnte? Jawohl, es handelt sich um ein Werk, das geschehen muß zwischen Glaube und Unglaube, zwischen Kirche und Welt und also gewiß auch zwischen gläubigen und ungläubigen Menschen. Aber dieses Werk muß das Werk des Glaubens selber und allein und also eines dem Unglauben gegenüber aufrichtigen Glaubens sein. Dieses Werk ist es, das in jenem Gespräch Ereignis werden muß.

Der Unglaube wird dann sofort mit dem Glauben selbst und als solchem beschäftigt werden. Das bedeutet nun gewiß: mit dem Glauben von Menschen, die darum, weil sie gläubig sind, keineswegs weniger sündige Menschen als ihre ungläubigen Gesprächspartner, Menschen also, die keine Macht über ihren Glauben haben und die als solche auch nicht die Macht haben, mit ihrem Glauben zu siegen, den Unglauben der Anderen zu überwinden. Was sie in großer Unscheinbarkeit und Anspruchslosigkeit auf den Plan zu stellen haben, ist allein das Faktum ihres Glaubens. Es wird die Hoffnung, in der sie auf dieses Gespräch eintreten, sich ganz allein darauf gründen, daß dem menschlichen Zeugnis vom Glauben, das sie ablegen können und in aller Offenheit allen Ernstes ablegen möchten, das göttliche Gegenzeugnis nicht fehlen werde. Aber eben so können und werden sie den ungläubigen Menschen einmal aufrichtig: in der Demut einer völligen und ehrlichen Solidarität mit ihnen, sodann aber auch zuversichtlich: im Ausblick auf die letzlich bestimmt nicht versagende Kraft der von ihnen zu vertretenden Sache gegenübertreten. Sie brauchen sich nicht erst zu ihnen herabzulassen; sie bedürfen keiner besonderen Kunst, um sich ihnen zu nähern; sie sind ja schon bei ihnen, indem sie gerade mit dem Zeugnis des Glaubens als arme Sünder neben anderen armen Sündern stehen, denen sie nicht überlegen sind, vor denen sie nichts auch nur vorläufig zu verbergen haben, mit denen zusammen sie sofort vor dem Geheimnis der letzten Entscheidung selber und nicht erst auf irgend einem Vorfeld vorbereitender Entscheidungen stehen und sich unterreden dürfen. Es wird dann schon das erste Dilemma gar nicht entstehen können: Der Unglaube wird sich jedenfalls darüber nicht beklagen können, daß der Glaube ihn nicht ernst nehme, und daß er das wohl darum nicht tue, weil er auch sich selbst nicht ganz ernst nehme. Die Situation ist dann zum vornherein klar: Glaube und Unglaube sind sich dann so nahe, stehen sich dann aber auch so offen gegenüber wie nur möglich: der Unglaube ist dann vom Glauben her anerkannt als eine dem Glauben nur zu wohlbekannte Position, von der aus der Ungläubige so wenig aus eigener Macht zum Glauben kommen kann, wie der Gläubige selber aus eigener Macht zu seinem Glauben gekommen ist. Es steht dann aber auch der Glaube dem Unglauben gegenüber als eine Position, über die der Gläubige keine Macht hat, die auch nur versuchsweise wieder preiszugeben nicht in seiner Befugnis steht, die er gerade dem Ungläubigen zuliebe nur unzweideutig beziehen und unzweideutig halten kann in der menschlichen Ungesichertheit, aber auch in der göttlichen Sicherheit, die beide eben damit gegeben sind, daß es sich um die Position des Glaubens handelt. Die Situation ist dann reif zu einer ernsten und sauberen Entscheidung. Es wird dann aber auch das zweite Dilemma gar nicht entstehen können: Der Unglaube wird jetzt auch objektiv nicht mit den Möglichkeiten seines eigenen Bereiches beschäftigt; es wird ihm jetzt der Glaube keine Aussicht bieten, sich entweder bei irgend einer angeblich besten Möglichkeit dieses Bereichs unter Berufung auf die ihm vom Glauben erteilte Weisung zu beruhigen, sich die ihm angebotene Erziehung zunutze zu machen zu einer neuen Verfestigung innerhalb dieses Bereiches — oder aber sich dieser Erziehung zu erwehren, in seinem Bereich gegenüber der ihm zugedachten Anleitung Sieger und Meister zu bleiben und mit der ihm angebotenen und von ihm verworfenen besten Möglichkeit innerhalb seines Bereiches auch den Glauben selbst aufs neue zu verwerfen. Auch dieser in doppelter Weise möglichen Verstockung wird der in der schlichten Form des Zeugnisses in das Gespräch eintretende Glaube keinen Dienst leisten. Indem er sofort eigentlich redet, wird er den Gesprächspartner sofort mit sich selbst, er wird ihn ganz allein mit der Möglichkeit eben des Glaubens beschäftigen. Wie sollte der Gläubige dabei ein Erfolg verheißendes Rezept in seiner Tasche haben? Seine Position wäre ja nicht die des Glaubens, wenn er nicht auf ein solches Rezept zum vornherein verzichtet hätte, wenn er mit dem Glauben umginge als mit einer Sache, die in seiner Macht wäre. Er wird beten, indem er sein menschliches Zeugnis ablegt, daß ihm das göttliche Gegenzeugnis nicht versagt werde, ohne das er, wie er wohl weiß, gar nichts vermag. Aber eben indem er darum beten wird, wird er arbeiten, indem er sein menschliches Zeugnis ablegt: im Gehorsam und eben so in der Aussicht auf die Kraft der allein Erfolg versprechenden Verheißung, eben so aber auch in der Liebe dem Anderen gegenüber, die allein Liebe zu heißen verdient. Ist er nicht gesichert davor, daß der Andere sich dennoch verstocken kann, so wird er seiner Verstockung dann doch keinen Vorschub geleistet haben. Liegt es nicht in seiner Macht, ihn auf den Weg des Glaubens zu stellen, so hat er ihn doch nicht in die Irre geführt. Kann er nur etwas Menschliches tun, so tut er doch nichts Eigenmächtiges, sondern eben das Einzige, was ihm, will er nicht selber Unglaube statt Glaube sein, notwendig, weil befohlen ist. Hat er keine Aussicht auf einen Triumph, wird auch der Triumph des Glaubens, zu dem es in diesem Gespräch kommen könnte, bestimmt nicht der Triumph des Gläubigen sein, so tut er doch das, womit er, ob ein Erfolg sich einstellt oder nicht, vor seinem eigenen Gewissen und vor dem des Anderen bestehen, und was also auch im Blick auf den realen Erfolg jedenfalls allein aussichtsvoll sein kann.

1. Die Bereitschaft Gottes

Eine sorgfältige Beantwortung der pädagogisch-seelsorgerlichen Frage wird auch im Blick auf den Menschen als den Gegenstand der hier in Betracht kommenden Praxis zu dem Ergebnis führen, daß diesem besser gedient ist, wenn dabei von der natürlichen Theologie gerade kein Gebrauch gemacht wird. Aber wir fragen ja hier nur danach: ob sich die Einführung der natürlichen Theologie in die Grundlegung der Gotteslehre, in unser Verständnis der Erkennbarkeit Gottes etwa von irgend einer Seite her als unvermeidlich aufdränge, ob wir ihr etwa aus Respekt vor irgendwelchen bisher nicht berücksichtigten Tatsachen und Notwendigkeiten doch noch Raum geben müßten? Darauf wird jetzt jedenfalls zu antworten sein: auch von der Möglichkeit ihrer pädagogisch-seelsorgerlichen Verwendung her drängt sie sich doch nicht so auf, daß wir ihr nicht ausweichen könnten. Daß sie sich von daher aufdrängen will, das ist freilich am Tage. Es ist aber noch viel mehr am Tage, daß eine pädagogisch-seelsorgerliche Praxis, die sich durch sie bestimmen ließe, eine wenig vertrauenswürdige Praxis sein müßte: sowohl hinsichtlich ihres sachlichen Zieles, als auch hinsichtlich des dabei mit dem Menschen zu begehenden Weges. Wir können uns angesichts des Bildes, das uns diese Praxis bei näherer Überlegung geboten hat, nicht gezwungen sehen, uns hinsichtlich der natürlichen Theologie anders zu entscheiden. Die anerkannte Lebenskraft der natürlichen Theologie ruft, wenn sie überhaupt erklärt werden kann, nach einer anderen Erklärung.

Es ist auch nicht wahr, daß von der Praxis der Mission her, d. h. unter dem Eindruck wirklicher Notwendigkeiten der missionarischen Arbeit anders entschieden werden müßte. Die moderne Heidenmission hat allerdings, der Entwicklung in den europäischen und amerikanischen Heimatkirchen entsprechend, eine lange Zeit hinter sich, in der sie sich auf den Gebrauch von allerlei natürlichen Theologien zum Zweck der Anknüpfung der christlichen Botschaft an die heidnischen Vorgegebenheiten glaubte einlassen zu sollen. Sie hat aber damit keine guten Erfahrungen gemacht — das völlige Chaos, das das Ergebnis der Missionskonferenz von Jerusalem (März/April 1928) war, ist des Zeuge — und es bestehen Anzeichen dafür, daß sie diesen Weg in absehbarer Zeit wieder verlassen wird oder ihn zu verlassen schon begonnen hat. Vergleiche zur homiletischen und zur sprachlichen Seite dieser Sache die Aufsätze von Heinrich Wyder, «Die Rechtfertigung in der Missionspredigt» und «Die Übertragung biblischer Grundbegriffe ins Chinesische» (Ev. Theol. 1936, S. 87 ff. u. S. 472 ff.).

3. Aber nun haben wir eine dritte und wichtigste Instanz zur Erklärung der Lebenskraft der natürlichen Theologie noch nicht genannt. Unsere These, daß die Erkennbarkeit Gottes gleichzusetzen sei seiner Gnade und Barmherzigkeit in der Offenbarung seines Wortes und Geistes, gründete sich auf das Zeugnis der heiligen Schrift. Wir fragten nach der Erkennbarkeit dessen, den die Kirche Gott nennt, daraufhin, daß er ihr durch die heilige Schrift als Gott bezeichnet wird. Wir fragten nach der Erkennbarkeit des Gottes der Propheten und Apostel. Wir sagten von

diesem Gott, daß er uns allein durch die Gnade und Barmherzigkeit seiner Offenbarung erkennbar sei. Wie aber, wenn uns nun eben die heilige Schrift selbst Anlaß böte, ja vielleicht geradezu vor die Notwendigkeit stellte, auch mit einer andersartigen, also mit einer nicht in und mit seiner Offenbarung gegebenen, nicht an diese gebundenen Erkennbarkeit dieses Gottes, des Gottes der Propheten und Apostel, und insofern mit einer echten christlichen natürlichen Theologie zu rechnen? Wie, wenn uns durch die heilige Schrift selbst neben der Aufgabe der Auslegung von Gottes Offenbarung auch noch eine «andere» Aufgabe der Theologie: die Aufgabe der Auslegung jenes anderweitig begründeten Wissens um diesen Gott gestellt wäre? Stehen wir etwa hier vor der durchschlagenden Erklärung der uns beschäftigenden Frage? Wir würden uns, wenn dem so wäre, der Inangriffnahme jener «anderen» Aufgabe der Theologie nach unseren eigensten Voraussetzungen offenbar nicht entziehen können: Es müßte dann der Begriff des «Wortes Gottes», aus dem wir die christliche Lehre von Gott, wie die Lehre der kirchlichen Dogmatik überhaupt, zu schöpfen haben, über das, was Gott uns in seiner Offenbarung von sich selber sagt, hinaus — und nun also doch selber auf Grund göttlicher Weisung in derselben Offenbarung — erweitert werden durch das, was wir uns auf Grund anderweitigen Wissens selber von ihm zu sagen haben.

Es ist ohne Weiteres klar, daß dies nicht nur für die Grundlegung der Gotteslehre, also nicht nur für die Frage der Erkenntnis Gottes, sondern für die ganze Lehre von Gott, dann aber (weil Gott das Subjekt des ganzen in der Dogmatik darzustellenden Redens und Handels Gottes ist) auch für die Lehre von Schöpfung, Versöhnung und Erlösung von folgenschwerster Bedeutung sein müßte. Überall wäre dann das die Darstellung formell und materiell begründende Wort Gottes, überall wäre dann die Norm und Quelle dieser Darstellung nicht nur Gottes in der heiligen Schrift bezeugte Offenbarung, sondern neben dieser jedenfalls auch die Stimme unseres anderweitig möglichen Wissens um Gott. Eben durch die heilige Schrift selber wären wir dann also auf der ganzen Linie zu diesem erweiterten Verständnis der vorausgesetzten Norm und Quelle unserer Darstellung aufgefordert. Eben durch die Autorität der heiligen Schrift selbst würden wir dann teilweise von ihrer Autorität (aber damit auch von der Autorität Jesu Christi und des Heiligen Geistes!) entbunden und einer anderen Autorität, nämlich der unseres eigenen, unseres ohne die Gnade und Barmherzigkeit der Offenbarung, ohne Jesus Christus und den Heiligen Geist möglichen Wissens unterstellt sein. Eben in Auslegung der heiligen Schrift würden wir dann zu lernen haben, daß die Theologie sich jedenfalls auch mit der Aufgabe jener ganz anderen Auslegung (die dann wohl so oder so eine Selbstauslegung des Menschen sein müßte) zu beschäftigen habe. Es braucht nicht gezeigt zu werden, welche uns bisher verschlossenen Türen sich dann nach allen Seiten — und nun eben auf Grund eines Urteils des höchsten Gerichtshofes — auf einmal wieder öffnen würden. Wäre diese Erklärung der Lebenskraft der natürlichen Theologie (ihre Erklärung daraus, daß sie nun einmal biblisch begründet sei) zutreffend — wer weiß, ob wir dann nicht auf unsere Überlegungen hinsichtlich ihrer tatsächlichen Leistung und hinsichtlich ihrer praktischen Brauchbarkeit zurückkommen und uns nach beiden Seiten eines Besseren belehren lassen müßten? Sicher ist, daß wir ihr dann trotz der von uns angemeldeten Be-

1. Die Bereitschaft Gottes

denken Raum geben, und zwar eben auf der ganzen Linie Raum geben müßten: den Raum, den sie etwa in der römisch-katholischen Theologie tatsächlich auf der ganzen Linie (hier explizit und dort implizit) hat und den sie sich auch in der protestantischen Theologie noch immer alsbald auf der ganzen Linie verschafft hat, wo man ihr gutes Recht einmal eingesehen zu haben meinte. Wie sollte aber ihr gutes Recht nicht gerade in einer protestantischen Theologie einfach anerkannt werden müssen, wenn dafür das Zeugnis der heiligen Schrift selbst mit Recht angerufen werden könnte? Wir stehen hier also zweifellos vor einer Entscheidung von außerordentlichem Gewicht. Das wird dann aber freilich auch nach der anderen Seite geltend zu machen sein: Läßt sich ein Zeugnis der heiligen Schrift für das Recht einer natürlichen Theologie nicht wirklich nachweisen, läßt sich also die Lebenskraft der natürlichen Theologie auch von daher, daß sie biblisch begründet sei, nicht ausreichend erklären, dann sind wir bestimmt nicht aufgefordert, ihrem Andringen nachzugeben: hier, in der Gotteslehre nicht und dann auch nicht in der übrigen Dogmatik. Und ist ihre Begründung von hier, von der Schrift aus, nicht einleuchtend zu machen, dann behalten auch ·unsere Einwände hinsichtlich ihrer tatsächlichen Leistung und hinsichtlich ihrer praktischen Brauchbarkeit ihr ganzes Gewicht, dann können wir diese Einwände als jedenfalls grundsätzlich bestätigt ansehen. Wir sind dann sogar endgültig gewarnt davor, uns mit der natürlichen Theologie etwa doch noch einzulassen.

Wir beginnen auch hier am besten mit dem offenen Zugeständnis: Es gibt nicht nur einzelne Stellen, sondern es gibt eine durch die ganze heilige Schrift hindurchlaufende Linie, angesichts derer man die Frage: ob wir nicht durch die heilige Schrift selber zur natürlichen Theologie eingeladen und aufgefordert seien, wohl aufwerfen kann, und, um ihrer richtigen Beantwortung willen, sogar aufwerfen muß. Diese Linie geht insofern durch die ganze Bibel hindurch, als das Zeugnis der Propheten und Apostel von Gottes Offenbarung zwar vor Allem durchgehend an das bestätigende Zeugnis Gottes selbst, aber nun doch ebenso durchgehend auch an das bestätigende Zeugnis des ihr Wort hörenden Menschen appelliert. Nicht nur Gott, sondern auch der Mensch kann — nach der beständig sichtbaren Voraussetzung der Bibel selber — bestätigen, daß das, was die Bibel von Gott sagt, die Wahrheit ist: der Mensch inmitten des geschaffenen räumlichen und zeitlichen, natürlichen und geschichtlichen Kosmos, dessen Stimme er hören kann — eine Stimme, die, sofern sie sich tatsächlich hören läßt, gelegentlich geradezu den Charakter eines selbständigen dritten Zeugen bekommt. Also: Gott ist Zeuge für die Wahrheit der prophetisch-apostolischen Botschaft, aber auch der Mensch ist es und mit dem Menschen, den Menschen seinerseits zum Zeugnis aufrufend, der ganze geschaffene Kosmos.

Wir haben uns zu fragen: Spricht das Alles darum für die Berechtigung und Notwendigkeit einer natürlichen Theologie, weil es für eine von der Bibel selbst behauptete Erkennbarkeit Gottes unabhängig von seiner Offenbarung spricht? Das wäre offenbar dann der Fall, wenn sich das, was die Bibel auf dieser Linie sagt, von dem, was sie über Gottes Offenbarung selber sagt, in der Weise trennen ließe, daß das auf dieser Linie Gesagte den Charakter einer selbständigen Aussagenreihe bekäme. Um mindestens d r e i wohl zu unterscheidende, selbständige Aussagereihen müßte es sich dann in der Schrift handeln: Es stünde gewissermaßen in der M i t t e das eigentliche prophetisch-apostolische Zeugnis von Gottes Reden und Handeln in der Geschichte Israels und in der Geschichte Jesu Christi. Es träte aber diesem zur R e c h t e n selbständig an die Seite der Hinweis auf die unmittelbare — etwa durch das unmittelbare Reden des Heiligen Geistes erfolgende — Bestätigung durch Gott selber, an den direkt zu appellieren und den direkt zu vernehmen dann offenbar auch abgesehen von seiner Offenbarung eine Möglichkeit bestände. Und es träte dem prophetisch-apostolischen Zeugnis zur L i n k e n wiederum selbständig an die Seite der Hinweis auf den Menschen im Kosmos: versehen mit der Fähigkeit, die Stimme des Kosmos zu vernehmen, oder, wenn man lieber will: hier auf den Menschen selbst, dort auf den Kosmos, auf beide wegen ihrer Fähigkeit, die Wahrheit des prophetisch-apostolischen Offenbarungszeugnisses unabhängig von diesem und also unabhängig von Gottes Offenbarung selbst zu bestätigen. Würde die Bibel diese drei selbständigen Linien ziehen, dann wäre in ihr eine Erkennbarkeit Gottes unabhängig von seiner Offenbarung, eine nicht mit der Gnade und Barmherzigkeit des göttlichen Wohlgefallens gleichzusetzende Erkennbarkeit Gottes tatsächlich behauptet. Es wäre damit die Berechtigung und Notwendigkeit einer «natürlichen Theologie» biblisch erwiesen.

Wir würden dann sogar genötigt sein, uns nach einer doppelten «natürlichen Theologie» umzusehen: zuerst nach einer unmittelbaren und direkten, in welcher es sich um jene von Gott selbst, unabhängig von seiner Offenbarung, zu erwartende Bestätigung seiner Offenbarung handeln würde, dann nach einer mittelbaren und indirekten, in welcher es um diejenige Bestätigung des Offenbarungszeugnisses ginge, deren nun auch der Mensch im Kosmos unabhängig von Gottes Offenbarung fähig ist.

Aber sagt die Bibel wirklich, was sie, wenn es dazu kommen sollte, sagen müßte? Es läßt sich nun jedenfalls zeigen, daß von einer Selbständigkeit jenes Zeugnisses z u r R e c h t e n in der Bibel keine Rede sein kann: Wenn die biblischen Zeugen G o t t s e l b s t zum Zeugen anrufen für die Wahrheit dessen, was sie in seinem Namen von ihm aussagen, dann blicken sie keineswegs auch nur beiläufig an dem, der zu ihnen gesprochen hat und also an seiner Offenbarung, auf Grund derer sie selbst von ihm sprechen, vorbei, als ob seine Offenbarung von anderswoher und anderswie als eben aus seiner Offenbarung und durch sie selbst ihre göttliche Bestätigung empfangen müsse und könne, als sei Gott auch noch anderswo und als ein Anderer ihnen und ihren Hörern zugänglich, als eben da, wo er selber sich nach seinem Wohlgefallen hingestellt und sich ihnen zugänglich gemacht hat. Es fügt der Appell an das Zeugnis Gottes selbst ihrem Zeugnis von seiner Offenbarung nichts Neues hinzu, sondern er hebt nur hervor, daß sie selbst mit ihrem Zeugnis nicht das Licht sind, von dem sie zeugen, und daß auch die, die ihr Zeugnis hören, nicht sie hören sollen, sondern den, von dem sie zeugen: den, der ja nicht Gott wäre, wenn er nicht in allem menschlichen Zeugnis und jenseits alles menschlichen Zeugnisses selber und allein sein eigener Zeuge wäre.

Wenn die Zeugen des Alten Testamentes Gott zum Zeugen anrufen, dann appellieren sie nicht an eine Instanz, die irgendwo hinter oder oberhalb des Gottes der Geschichte Israels stünde, nicht an einen Gott, von dem sie erwarteten, daß er auch noch in irgend einer anderen Weise als eben in der Geschichte Israels selber und als solcher zu den Menschen rede. Wohl aber trösten und ermahnen sie sich selbst und ihre Hörer, indem sie über ihr eigenes Wort als solches hinausweisen auf dessen Gegenstand, d. h. aber auf das Zeugnis der Geschichte Israels selbst, auf die wunderbaren, die göttlichen, die für sich selber sprechenden Wege in dieser Geschichte. Daß der in diesen Wegen Redende und Handelnde und also sich selbst Offenbarende sein eigener Zeuge sei, das — und wahrlich keine von seiner Offenbarung zu unterscheidende Instanz — ist es, worauf sie zur Rechten hinweisen, wenn sie neben ihr Zeugnis dieses andere Zeugnis stellen. Und genau so verhält es sich, wenn im Neuen Testament Gott und hier im Besonderen und ausdrücklich der Heilige Geist als bestätigender Zeuge des apostolischen Wortes angerufen wird. Es kommt der Heilige Geist — wie er im Wesen Gottes selber der Geist des Vaters und des Sohnes ist — nicht selbständig, nicht für sich, nicht als unmittelbare Wahrheit zum Menschen, sondern durch den Sohn und als der Geist des Sohnes, als die Kraft, in der sich die Wahrheit Gottes gerade in der Mittelbarkeit, gerade in dem fleischgewordenen Sohn Gottes des Menschen annimmt. Wo im Neuen Testament wäre der Heilige Geist der Pfingsten etwas Anderes als das Licht der Weihnacht, das Licht vom Karfreitag und vom Ostermorgen? Wo würde der Mensch durch die Gabe des Geistes etwa so erleuchtet, daß er als Richter über Jesus Christus gestellt würde? Wo nicht vielmehr so, daß eben durch den Geist das Gericht Jesu Christi selbst über ihn erginge? Wieder bedeutet das Zeugnis Gottes selber wohl die zu dem menschlichen Zeugnis von der Offenbarung hinzukommende Bestätigung. Diese Bestätigung geschieht aber durch die Offenbarung selber. Sie kommt zu dieser nicht hinzu als ein Anderes und Neues. Sie begrenzt diese nicht — so gewiß sie das menschliche Zeugnis von ihr begrenzt — sondern sie wird durch diese selber vollzogen. Auf diesen Vollzug verweist uns die Schrift, wenn sie auf das Zeugnis Gottes selber verweist.

Ist dem nun so hinsichtlich des in der Bibel berührten Zeugnisses Gottes selber, wird es sich dann hinsichtlich des in der Bibel ebenfalls berührten Zeugnisses des Menschen im Kosmos anders verhalten? Gibt es nach der Bibel keine unmittelbare, keine direkte natürliche Theologie, wird es dann eine mittelbare und indirekte geben können? Enthalten sich die biblischen Zeugen dessen, wenn sie von Gott reden, auch nur nebenbei an dem in seiner Offenbarung redenden und handelnden Gott vorbeizusehen und vorbeizuzeigen auf eine Größe, die «Gott selbst» wäre hinter oder oberhalb seiner Offenbarung, sollten sie dann wirklich zur Linken tun, was sie zur Rechten unterlassen und also auch nur nebenbei auch noch auf den Menschen im Kosmos blicken und zeigen als auf eine Instanz, von der her unabhängig von Gottes Offenbarung deren Bestätigung zu erwarten sei?

§ 26. Die Erkennbarkeit Gottes

Daß es sich auf alle Fälle nur um einen nebenbei vollzogenen Ausblick und Hinweis auch nach dieser Seite handeln könnte, daß die biblischen Zeugen ihr Wort als solches, als Ganzes, in seinem eigentlichen, zentralen Gehalt und Ziel nicht auf die Stimme des Menschen im Kosmos, sondern auf Gottes Offenbarung gründen, damit sind wir ja mit den Vertretern einer «christlichen», einer bloß als Vorbereitung gedachten natürlichen Theologie einig. Etwas Anderes würde ja wohl auch exegetisch einfach undiskutierbar sein.

Die Vertreter einer «christlichen» natürlichen Theologie mögen z. B. auf den in ihrem Sinn ausgelegten 19. Psalm noch so viel Gewicht legen — sie werden darum doch nicht leugnen können, daß die Botschaft des Psalters als solche und im Ganzen (wie ja schon die gewöhnlich beim Zitieren vergessene oder literarkritisch zur Seite geschobene zweite Hälfte eben des 19. Psalms zeigt) von der durch den Auszug aus Ägypten, durch die Erwählung der Väter, durch die Sendung des Mose, des Josua und der Richter, durch die Stiftung und Erhaltung des davidischen Königshauses und jedenfalls nicht direkt durch «die Himmel» geschehene Erzählung der Ehre Gottes herkommt: unbeschadet dessen, daß es hier zweifellos heißt: «Die Himmel erzählen die Ehre Gottes.» Und sie mögen z. B. die ebenfalls in ihrem Sinn ausgelegten Stellen Röm. 1, 19 f., 2, 12 f. noch so betonen — sie werden darum doch nicht leugnen können, daß Paulus unbeschadet dessen, was er an jenen Stellen tatsächlich gesagt hat, und was immer deren Sinn sein mag, gar nicht daran denkt, die Botschaft seines Römerbriefs nun etwa dem zu entnehmen, was auch die Heiden von Gott wissen können, daß er sie vielmehr ganz allein auf das gründet, was gerade in den ersten Kapiteln dieses Briefes Gottes ἀποκάλυψις genannt wird. Also: daß die entscheidende Linie, die Hauptlinie der biblischen Botschaft, auf die Erkennbarkeit Gottes in seiner Offenbarung und nicht auf eine für den Menschen im Kosmos als solchen bestehende Erkennbarkeit Gottes zurückgeht, darüber braucht hier nicht gestritten zu werden. Die Bibelerklärung der Rationalisten vom Ende des 18. Jahrhunderts mit ihrer Umdeutung ausgerechnet der auf der biblischen Hauptlinie erfolgenden Aussagen über eine besondere Offenbarung in solche über ein allgemeines Offenbarsein Gottes in Natur, Geschichte und Menschenvernunft ist jedenfalls vorläufig auch da längst aufgegeben, wo man sich über die Tragweite dieser Unterscheidung nicht Rechenschaft zu geben vermag. Es kann unter besonnenen Exegeten keine Frage sein, daß die Bibel in ihrer Mitte und entscheidend aus keiner anderen Quelle als aus der einer besonderen Offenbarung im Unterschied zu einem allgemeinen Offenbarsein Gottes — oder eben von der Offenbarung im Unterschied zu dem Wissen des Menschen im Kosmos als solchem reden will.

Der Streit kann also nur darum gehen, ob jener Linie — und nun also insbesondere in ihrer Gestalt zur Linken — der Charakter einer wirklichen und eigentlichen Nebenlinie, d. h. einer von der anerkannten «Hauptlinie» der biblischen Botschaft real verschiedenen, sie als Parallele begleitenden selbständigen Linie zukomme. Es fragt sich, ob die biblischen Zeugen, wenn sie, wie das nicht zu bestreiten ist, auch an das Zeugnis des Menschen im Kosmos appellieren, damit auch nur nebenbei, auch nur halblaut und halbverbindlich etwas Anderes, etwas Neues sagen neben dem, was sie von Gottes Offenbarung sagen. Wäre dem so, dann wäre es offenbar biblische Lehre — wenn auch gewiß, ihrem Inhalt entsprechend, nur biblische Nebenlehre — daß es neben der als zentral und entscheidend bezeugten Erkennbarkeit Gottes in seiner Offenbarung irgendwo und irgendwie eine immerhin auch zu berücksichtigende und in Rechnung zu stellende Erkennbarkeit Gottes für den Menschen im Kosmos als solchen und also abgesehen von Gottes Offenbarung gebe. «Natürliche Theologie» als vorläufiges oder vielleicht auch nachträgliches Beiwerk, eine halblaut und halbverbindlich redende natürliche Theologie — also genau eine solche, wie es die christliche natürliche Theologie ja zu sein beansprucht, wäre dann von der heiligen Schrift her gerechtfertigt und gefordert. Aber eben darum geht der Streit: ob jener Linie in der Bibel eine solche selbständige Bedeutung wirklich zukommt.

Dazu ist nun aber Folgendes zu bemerken: Es darf zunächst als an sich höchst un w a h r s c h e i n l i c h bezeichnet werden, daß da, wo, wie gezeigt, Gott selbst n i c h t als unabhängig von seiner Offenbarung, sondern immer nur als der in seiner Offenbarung selbst sich Bezeugende gesehen und verstanden wird, ausgerechnet dem Partner zur Linken, nämlich dem M e n s c h e n i m K o s m o s, ein solches unabhängiges Zeugnis wirklich zugeschrieben werden sollte. Sollte sich nicht im voraus vermuten lassen, daß in dieser Frage dem Menschen auf der einen Seite keine andere Stellung zukommen kann als Gott auf der anderen Seite?

Es sollte der Appell an Jahve selbst nur auf das Selbstzeugnis des in seinem Reden und Tun an Israel sich Offenbarenden, es sollte der Appell an den Heiligen Geist nur auf das Werk des fleischgewordenen Wortes verweisen — es sollte aber der Appell an den Menschen im Kosmos anderswohin weisen: auf ein diesem unabhängig von der Geschichte Israels und Jesu Christi zu Gebote stehendes göttliches Selbstzeugnis? Wo Gott sein Wort allein durch sein Wort bestätigt und verifiziert, da sollte der Mensch im Kosmos in der Lage sein, es auch noch anderswoher, nämlich aus seinem Sein als Mensch und aus seinem Sein im Kosmos zu bestätigen und zu verifizieren? Was für ein seltsames Verhältnis! Und in diesem seltsamen Verhältnis sollten die Propheten hier Gott und dort den Menschen im Kosmos gesehen haben? Es sollte in ihren Aussagen zwar keine wirkliche Nebenlinie hinsichtlich Gottes selbst, wohl aber eine solche hinsichtlich des Menschen im Kosmos sichtbar sein?

Die Unwahrscheinlichkeit dieser Annahme verstärkt sich aber, wenn man nun weiter fragt, wie denn von der anerkannten «Hauptlinie» der biblischen Aussagen, von dem biblischen Offenbarungszeugnis als solchem her gesehen, der Mensch im Kosmos mit seinem Zeugnis zu jener selbständigen Stellung kommen soll? Auf jener «Hauptlinie» vollzieht sich doch das ganze Zusammensein von Gott und Mensch unter der Voraussetzung, daß Gott heilig, der Mensch aber ein von ihm abgefallener und damit verlorener Sünder ist, Gott ewig lebendig in sich selber, der Mensch aber im Tode, Gott in einem Lichte, da niemand zu kann, der Mensch aber in der Finsternis. Was zwischen Gott und dem Menschen geschieht, das geschieht nach den auf jener biblischen Hauptlinie erfolgenden Aussagen in der freien Erwählung, Berufung und Erleuchtung, in der unverdienten

§ 26. *Die Erkennbarkeit Gottes*

Rechtfertigung und Heiligung des Menschen von Gott her. Was den Menschen auf jener «Hauptlinie» mit Gott verbindet, das ist von Gott her Gottes Gnade, in der doch dem Menschen vor allem das Gericht aufgedeckt wird, unter dem er steht — vom Menschen her der Glaube, in welchem er sich unter das Gericht beugt und indem er das tut, Gottes Gnade ergreift. Wie soll es nun von dieser «Hauptlinie» her gesehen, möglich werden, daß es auch noch jene Nebenlinie gibt, auf der der Mensch im Kosmos eine andere, d. h. eine nicht durch Gottes Erwählung begründete und also nicht durch Gottes Gnade im Gericht bestimmte Beziehung zu Gott hätte? Wie soll er von dorther gesehen, in der Lage sein, als selbständiger — jener Ordnung der Offenbarung gegenüber selbständiger — Zeuge angerufen zu werden?

Wir finden am Anfang der Bibel zweimal (Gen. 6, 5 u. 8, 21) das nachdrückliche Wort von der von Gott eingesehenen Bosheit des Trachtens des menschlichen Herzens. Es heißt an der ersten Stelle, daß es Gott angesichts dieser Tatsache reute, den Menschen geschaffen zu haben, und daß er den Beschluß faßte, die Menschen vom Erdboden zu vertilgen. Und es wird an der zweiten Stelle dieselbe Tatsache gerade umgekehrt als Grund angegeben, weshalb Gott die Erde nicht mehr verfluchen wolle um des Menschen willen, nicht mehr schlagen wolle Alles, was da lebt. Also das Urteil über den Menschen als solches wird nicht aufgehoben, im Gegenteil: gerade seine Wahrheit wird jetzt der Grund dafür, daß der — übrigens schon im Zusammenhang jener ersten Stelle (6, 8) angekündigte — Gnadenbund mit Noah gestiftet wird. Wie sollte von dem auf alle Fälle unter diesem Urteil stehenden und nur so begnadigten, nur so vor Gott existierenden Menschen eine selbständige Beziehung zu Gott auf Grund seiner Schöpfung ausgesagt werden können? Eben als selbständige Beziehung ist sie ja durch jenes Urteil in Frage gestellt. Besteht diese Beziehung trotzdem — und laut des Noahbundes besteht sie — dann gerade nicht selbständig, dann bedingt durch die Gnade, die Gott dem Menschen gegenüber gerade auf Grund jenes alles in Frage stellenden Urteils ergehen läßt. Wie sollte von da aus etwa die Schöpfungsgeschichte Gen. 1—2 als eine Gottes Gnadenoffenbarung gegenüber selbständige Aussage verstanden werden können?

Wir lesen Ps. 14, 2—3: «Der Herr schaut vom Himmel herab auf die Menschenkinder, daß er sehe, ob ein Verständiger da sei, der nach Gott frage. Alle sind sie entartet und miteinander verdorben. Keiner ist, der Gutes tut, auch nicht einer». Es schließt nun freilich gerade dieser Psalm (v 7) mit den Worten: «Wenn der Herr wendet seines Volkes Geschick, wird Jakob frohlocken, Israel fröhlich sein». Und wir lesen Ps. 51, 6—7: «An dir allein habe ich gesündigt, habe getan, was dir mißfällt... Siehe, in Schuld bin ich geboren und meine Mutter hat mich in Sünden empfangen». Dann freilich in demselben Psalm (v 15—17): «Ich will die Übertreter deine Wege lehren, daß sich zu dir bekehren die Sünder. Errette mich vor blutigem Anschlag, o Herr, du Gott meines Heils! So wird meine Zunge deine Treue preisen. Herr, tue meine Lippen auf, daß mein Mund dein Lob verkünde». Wir fragen: Sollte es möglich sein, daß im Psalter — was immer auch sonst im Psalter stehen mag — dem Menschen, der offenbar so ganz um das Gericht und ebenso auch so ganz um die Gnade Gottes wissen muß, abseits von Gnade und Gericht und also von Gottes Offenbarung noch eine selbständige Beziehung zu Gott und auf Grund davon die Fähigkeit zu einem selbständigen Zeugnis zugeschrieben wird? Ist hier die Entscheidung nicht bereits gefallen darüber, wie gewisse andere Stellen im Psalter auf alle Fälle nicht verstanden werden können?

1. Die Bereitschaft Gottes

Wir lesen Röm. 3, 22 f.: «Es ist kein Unterschied; Alle haben gesündigt und mangeln der Ehre vor Gott und werden umsonst gerechtfertigt durch seine Gnade durch das Mittel der Erlösung, die in Christus Jesus ist». Dieser Satz faßt zusammen, was im Römerbrief vorher nach der einen Seite (Alle haben gesündigt) entfaltet wurde und was nachher nach der anderen Seite (sie werden umsonst gerechtfertigt) entfaltet werden soll. Röm. 1, 18—3, 20 hatte Paulus von der Offenbarung des Zornes Gottes über alle Gottlosigkeit und Ungerechtigkeit der Menschen, der Heiden wie der Juden, der Juden wie der Heiden, geredet. Röm. 3, 21 f. wird er ganz parallel von der Offenbarung der Gerechtigkeit Gottes reden, die durch das Mittel der πίστις Ἰησοῦ Χριστοῦ kommt für alle, die glauben. Wir fragen: Gibt es zwischen dieser doppelten (in der Weisheit und im Willen Gottes offenbar einheitlichen) Bestimmung des Menschen durch Gottes Zorn und Gerechtigkeit einen Ort, wo der Mensch im Kosmos als solcher, in sich selbst gegründet, in einer selbständigen, d. h. in einer vom Zorn und von der Gerechtigkeit Gottes nicht berührten Beziehung zu Gott stünde und so — im Widerspruch zu 1. Kor. 2, wo bestimmt gerade das Gegenteil zu lesen steht — Träger eines selbständigen Zeugnisses von Gott werden könnte? Ist es angesichts dieses Zusammenhanges von Röm. 1—3 auch nur von ferne wahrscheinlich, daß die Stelle 1, 19 f., 2, 12 f. auf einmal doch in diese Richtung weisen sollten?

Wir lesen Act. 17, 22—31, wie Paulus auf dem Areopag die Auferstehung Jesu Christi verkündigte. Die «Zeiten der Unwissenheit», über die Gott «hinweggesehen» hat — das ist es, was er seinen Hörern als ihre Vergangenheit vor Augen stellt, als ihre Zukunft aber die Buße angesichts des in dem auferstandenen Christus bevorstehenden Weltgerichts. Wir lesen v 32 f., daß diese Botschaft von den Athenern (gerade als sie von der Auferstehung der Toten hörten!) teils mit Spott, teils gelangweilt entgegengenommen wurde: Paulus geht aus ihrer Mitte weg. Einige Wenige schließen sich ihm an und werden gläubig. Das ist die biblische «Hauptlinie» in dieser berühmten Stelle. Ist es von hier aus gesehen wahrscheinlich, daß es in derselben Geschichte noch eine wirkliche Nebenlinie gibt, auf welcher nun gesagt würde, daß die Athener im Blick auf ihre Deisidämonie (v 22), im Blick auf den Altar des «unbekannten Gottes» (v 23), im Blick auf ihr Wissen um die Gottesverwandtschaft des Menschen und um die Einheit des Menschengeschlechtes (v 27—28) auch ohne Jesus Christus in einer selbständig gesicherten Beziehung zu Gott stünden und auf diese Beziehung als solche anzureden wären? Kann der hier allerdings sehr deutlich stattfindende Appell an das Zeugnis des Menschen im Kosmos diesen Sinn haben?

Die Behauptung der Existenz einer Nebenlinie, auf der die Bibel das sagte, ist offenbar nur dann möglich, wenn die Aussage der «Hauptlinie» in irgend einem abgeschwächten, hyperbolischen oder poetischen Sinn verstanden wird: wenn man aus dem, was die Bibel Tod nennt, eine bloße Krankheit, aus dem, was sie Finsternis nennt, ein bloßes Halbdunkel, aus dem, was sie Unfähigkeit nennt, eine bloße Schwachheit, aus dem, was sie Unwissenheit nennt, eine bloße Verworrenheit macht, wenn man nicht darauf achtet, daß die dem Menschen nach den Aussagen jener «Hauptlinie» zuteil werdende Gottesgnade wirklich verlorenen Sündern widerfährt, wenn man aus dem deutschen Wort «Verkehrtheit» entnehmen zu können meint, daß eine gewisse, wenn auch eben «verkehrte» Richtigkeit auch der Verkehrtheit innewohne und wenn man daraus folgert, daß der Mensch doch auch in dieser Verkehrtheit voll heimlicher Richtigkeit — die dann mit dem biblischen Begriff der Sünde eiligst gleichgesetzt wird — in einer Beziehung, und zwar in einer selbständigen, in sich gegründeten Beziehung zu Gott stehe. Wenn jene Abschwächung der anerkannten biblischen Hauptaussagen nicht erlaubt und also nicht möglich ist, dann sollte es eigentlich klar sein, daß jedenfalls von innen her eine s o l c h e Deutung der in Frage kommenden Nebenaussagen n i c h t möglich ist, auf Grund derer dem Menschen das zugeschrieben würde, was ihm in jenen offenbar gerade abgesprochen wird. Von jenen Hauptaussagen her könnte Alles, was die Bibel über das Zeugnis des Menschen im Kosmos sagt, nur dahin verstanden werden, daß dieser Mensch durch die Offenbarung selbst zu ihrem Zeugen **gemacht** und **aufgerufen** wird: gemacht dazu, etwas zu sein, was er als Mensch im Kosmos an sich **nicht** ist, aufgerufen dazu, etwas zu tun, was er als Mensch im Kosmos an sich zweifellos **nicht** tun kann — wozu er nun aber durch die Offenbarung selbst gemacht und aufgerufen ist. Von jenen biblischen Hauptaussagen her ist der Mensch im Kosmos nur als **unselbständiger**, nicht als primärer, sondern nur als **sekundärer** Zeuge zu verstehen.

Oder sollten wir, wenn wir nun doch eine biblische Aussagenreihe über den Menschen im Kosmos als selbständigen Zeugen feststellen müßten, wenn wir diese aber mit den biblischen Hauptaussagen nicht vereinigen könnten — etwa damit rechnen, daß wir es hier innerhalb der Bibel selbst mit einem **Widerspruch** zu tun hätten: mit Elementen, die sich nun einmal nicht auf den allgemeinen Nenner der biblischen «Hauptaussagen» bringen ließen, die jener vielmehr entgegengesetzt seien, deren Gewicht wir uns aber, da sie nun einmal offenkundig auch Elemente biblischer Aussage seien, so wenig entziehen könnten wie jener? Die Frage klingt nicht übel und sie ist doch so übel wie nur möglich. Man weiß wohl nicht, was man den biblischen Zeugen damit zumutet. Als ob ihr Zeugnis, so wie es in ihrer anerkannten Hauptaussage sichtbar wird, irgend eine konsequent durchgeführte menschliche Lehre und Theorie wäre, die dann wie jede menschliche Lehre und Theorie aller Konsequenz zum Trotz irgendwo auch eine Lücke aufweisen, ihren eigenen Widerspruch in sich enthalten und neben sich dulden könnte und müßte! Eben eine solche Lehre und Theorie ist das biblische Zeugnis nun aber nicht, sondern es ist das Zeugnis von Gottes Offenbarung. Will sagen: es entwickelt nicht irgend einen menschlichen Gedanken, neben dem dann wohl auch andere und widersprechende Gedanken Platz haben könnten und müßten, wie es bei jedem menschlichen Gedankensystem der Fall ist, sondern es weist, wenn auch in Form menschlicher Gedanken, über alle menschlichen Gedanken hinaus auf das Ereignis der Begegnung Gottes mit dem Menschen in Jesus Christus, auf das Ereignis der Wahrheit also, in welcher es kein Ja und Nein gibt, und auf das darum auch nicht mit Ja und Nein hingewiesen werden kann. Würden die biblischen Zeugen Ja und Nein nebeneinander sagen können, hätten sie die Freiheit, neben der souveränen Gnade Gottes in seiner Offenbarung auch noch die selbständige Gottverbundenheit des Menschen im Kosmos zu lehren, dann würden sie sich selbst eben damit als Zeugen der Offenbarung desavouieren. Sie würden ja dann mit der Offenbarung — in der Theologie der christlichen Kirche ist das allerdings tausendfältig geschehen — umgehen, wie man mit einem systematischen Prinzip umgeht, das man konsequent durchführen kann, um dann irgendwo doch auch inkonsequent werden und Widerspruch dagegen einlegen zu müssen. Sie würden sich dann als letztlich ungebundene und gerade so auch als letztlich unfreie Denker verraten: als ungebundene Denker, sofern sie offenbar wie alle menschlichen Systematiker auch anders könnten, als unfreie Denker, sofern sie, wie alle menschlichen Systematiker, offenbar auch anders können müßten — als bewegt und begrenzt durch den Widerspruch, in dem sich der Mensch mit sich selber befindet, und die zugleich seine Größe und sein Elend bedeutet. Die biblische «Hauptaussage» selbst und als solche würde falsch in der Nachbarschaft eines solchen Widerspruchs. Ist nun das biblische Zeugnis das — wenn auch im Bereich menschlicher Systematik, und also im Bereich des menschlichen Selbstwiderspruchs abgelegte — Zeugnis von Gottes Offenbarung, dann kann ihm als solchem die Möglichkeit, gleichzeitig Ja und Nein zu sagen, gleichzeitig den gnädigen Gott und den gottverbundenen Menschen im Kosmos zu lehren, nicht zugemutet werden. Waren die Propheten und Apostel als Menschen von jener Größe und von jenem Elend des Menschen so wenig ausgenommen wie irgend welche anderen Menschen, so gilt doch ihr Zeugnis gerade nicht einem dieser Größe und dieses Elends mit ihnen und allen Menschen teilhaftigen Gegenstand, sondern dem, der sich selbst nicht widerspricht und der auch ihnen nicht erlauben kann — sie wären sonst nicht seine Zeugen — sich in dem, was sie von ihm sagen mußten, selbst zu widersprechen. Aber auch wir werden uns, sofern wir sie als seine Zeugen hören wollen, unserseits daran halten müssen, daß sie nicht irgend etwas, nicht dies und das, nicht Vieles, sondern eben Eines gesagt haben, nur Eines sagen konnten und wollten: dasjenige nämlich, was den Inhalt der anerkannten biblischen Hauptaussage bildet. Nehmen wir diese nicht unserseits so entgegen, wie man menschliche Gedanken entgegennimmt, die als solche ihre Lücken und Grenzen haben, als solche auch ihren Widerspruch in sich enthalten und offen oder heimlich schon neben sich haben — machen wir nicht unserseits aus dem, was als Zeugnis von Gottes Offenbarung gemeint und gesagt ist, ein systematisches Prinzip, das dann nach Fug und Billigkeit auch in Klammer gesetzt, auch von außen problematisiert werden kann — dann kann die Feststellung einer jener biblischen «Hauptaussage» widersprechenden biblischen Nebenaussage auch unserseits nicht in Frage kommen. Wir mögen dann wohl feststellen, daß das biblische Zeugnis das Eine nicht auf einerlei, sondern auf mancherlei Weise, nicht nur auf einer, sondern auf mehreren konvergierenden Linien und also nicht ohne Verschiedenheit und Gegensatz, wohl aber ohne Widerspruch sagt. Eben dabei wird es dann bleiben müssen: ohne Widerspruch! immer das Eine, nie etwas Anderes daneben! kein Anderes, das das Eine begrenzen und in Frage stellen würde! kein Anderes, das ein wirkliches Zweites oder Drittes und nicht vielmehr noch einmal und erst recht das Eine wäre. Ist also die biblische Nebenaussage als solche, ist das durch sie gestellte Problem gewiß nicht zu übersehen oder zu unterdrücken, so ist doch — wollen wir die biblische «Hauptaussage» nicht zum vornherein ganz anders entgegennehmen als in dem Sinn, in dem sie sich selber gibt — zum vornherein nichts Anderes zu erwarten als dies: daß die Nebenaussage die «Hauptaussage» nicht bestreiten, sondern nur unterstreichen und bestätigen wird. Das heißt dann aber: daß eine Einladung und Aufforderung zu natürlicher Theologie, eine biblische Lehre, die die natürliche Theologie begründen, ermöglichen und rechtfertigen würde, auch in jener Nebenaussage nicht vorliegen kann. Die Richtigkeit dieser grundsätzlichen Erwägung bestätigt sich, wie es nicht anders sein kann — sie ist ja selber eine exegetische Erwägung — wenn wir die Bibel selbst gerade auf jener Nebenlinie reden lassen.

Überblickt man das biblische Material, an das man denken kann, wenn hier von einer biblischen Nebenaussage die Rede ist, so ist zunächst schon formal zu bemerken, daß es sich von dem deutlich zu der biblischen «Hauptaussage» gehörigen Material schon äußerlich nur in den seltensten Fällen trennen läßt.

Es gibt zum Beispiel keine biblischen Schriftsteller, die man auch nur *a parte potiori* im Gegensatz zu den anderen als besondere Vertreter dieser Nebenaussage ansprechen könnte. Es gibt aber auch kaum einen einigermaßen geschlossenen Zusammenhang innerhalb der einzelnen biblischen Schriften, in welchem diese Nebenaussage nun etwa rein und also selbständig ertönen würde, so daß man zu jener Frage exegetisch begründeten Anlaß bekäme. Was für (offene oder heimliche) Amputationen muß man vornehmen, um nun wirklich biblische Texte das sagen zu lassen, was zu einer biblischen Begründung der natürlichen Theologie gesagt sein müßte! Röm. 1—2 muß dann ohne Rücksicht darauf gelesen werden, daß die hier in Betracht kommenden Stellen in die Entwicklung der biblischen Hauptaussage von Gottes Zornes- und Gnadenoffenbarung nach allen Seiten so eingebettet sind, daß man sie doch eigentlich unmöglich anders als eben streng von dorther verstehen kann. In der Areopagrede Act. 17 muß dann der entscheidende Schluß mit dem Hinweis auf die Auferstehung Christi, die doch den Ausgangspunkt und sachlich die Mitte der ganzen Apostelgeschichte bildet, von der aus auch v 22—29 zu verstehen wären, übersehen oder an den Rand der Aufmerksamkeit gerückt werden. Man lese im Gegensatz zu diesem Verfahren etwa die Psalmen mit der unvoreingenommenen Frage: Wird hier auf jener Nebenlinie thematisch selbständig, wird hier zentral und eigentlich vom Menschen im Kosmos geredet, so geredet, daß die Frage nach der Selbständigkeit seines Zeugnisses mit exegetischem Recht gestellt werden könnte? Gewiß, da wird diese Nebenlinie sichtbar. Da ergeht sehr hörbar der Aufruf, Gott zu loben, an Alle: an alle Lande (Ps. 100, 1), an den ganzen Erdkreis (Ps. 66, 4), an alle Völker (Ps. 67, 6), an die Versammlung der Götter sogar (Ps. 82, 1), an Alles, was Odem hat (Ps. 150, 6), an Alles, was ist (Ps. 148). Da hören wir immer wieder, daß die Erde als solche Gottes ist (Ps. 24, 1—2; 50, 10 f.; 95, 4 f.) und darum von Gott alle Wohltat der Schöpfung (Ps. 36, 6—10; 65, 7—14), Gottes aber auch die Herrschaft und das Gericht über alle, über die ganze Welt (Ps. 96; 97; 99). Da werden immer wieder der Himmel, das Meer, der Sturm, die Berge, das Erdbeben, die Pflanzen- und Tierwelt, die Nationen und ihre Herrscher und in der Höhe die Engel angerufen als die Schöpfungen, die Diener und Werkzeuge und also die laut redenden Zeugnisse Gottes. Wie sollte das Alles zu übersehen sein? Aber wo wird von dem Allem abstrakt geredet, wo anders als so, daß es nicht im näheren oder ferneren Zusammenhang ganz deutlich wäre: es ist nicht **irgend eine Gottheit**, die irgend einem Menschen im Kosmos als solchem offenbar wäre oder offenbar werden könnte, sondern es ist (nachdem, was fast immer unmittelbar vor und nach diesen Stellen zu lesen steht) der Gott Israels, d. h. der an und in Israel handelnde und in diesem Handeln sich offenbarende Gott, von dem das Alles gesagt ist. Er ist's, der, nachdem er sich in diesem seinem Handeln sichtbar gemacht hat, nun auch (aber immer als eben dieser Handelnde) im Himmel und auf Erden und in Allem, was darinnen ist, sichtbar wird. Sein Licht, wie es in der Offenbarung leuchtet, fällt auf die Welt; in diesem seinem Licht und nicht anders wird jetzt auch dort Licht gesehen (Ps. 36, 10). Es ist die ganze göttliche Macht, Weisheit, Güte, Gerechtigkeit, als deren Träger jetzt Himmel und Erde und Alles, was darinnen ist, aufgerufen und genannt werden. Aber wo wird von dem Allem abstrakt geredet: wo so, daß man das Gesagte sozusagen als eine Mitteilung aus erster Hand bezeichnen und verstehen dürfte? wo so, daß der Gott, von dem die Rede ist, nun wirklich als der vom Menschen im Kosmos selbständig erkannte Gott sich bemerkbar machte? Prüft man die in Frage kommenden Psalmen und Psalmstellen aufmerksamer, so wird man angesichts ihres näheren oder ferneren Zusammenhangs fast immer unzweideutig feststellen können, was etwa im 147. Psalm geradezu paradigmatisch deutlich ist: das Zeugnis des Menschen im Kosmos erfolgt nicht selbständig, sondern schlechthin zugeordnet und untergeordnet dem Zeugnis von dem Reden und Handeln Gottes in dem Volk und unter den Menschen des Volkes Israel. Psalm 147 steht nicht allein. Ebenso paradigmatisch könnte man den kurzen Psalm 117 nennen: «Lobet den Herrn, alle Völker! Preiset ihn, ihr Nationen alle! Denn mächtig waltet über uns seine Güte und die Treue des Herrn bis in Ewigkeit. Hallelujah!». Auf denselben Boden werden die Stellen Ps. 24, 1—2; 33, 5—8; 36, 6—9; 66, 1—4;, 74, 13—17 je durch den ganzen übrigen Inhalt dieser Psalmen gestellt, Ps. 29, 1—10 durch v 11, Ps. 93, 1—3 durch v 4—5, Ps. 148, 1—13 durch v 14 usw. Und nicht doch auch Ps. 19, 1—7 durch v 8—15? Es wird Ps. 90, auch wenn man davon absehen will, daß gerade er «Mose, dem Mann Gottes» zugeschrieben wird, durch v 13—17 gesichert gegen die Vermutung, als ob wir es in ihm mit einer abstrakten Betrachtung über die Vergänglichkeit des menschlichen Lebens zu tun hätten, und ebenso Ps. 139 durch die merkwürdig eingesprengten Verse 19—22 gegen ein Verständnis, das hier eine Allwissenheit und Allmacht Gottes *in abstracto* dargestellt finden wollte. Als reine «Naturpsalmen» bleiben (wenn Ps. 19, 1—7 nicht als selbständig gezählt werden soll), wenn ich recht sehe, doch nur Ps. 8 und Ps. 104 übrig. Aber wie ist es in Ps. 8 (Züricher Bibel: «Weltall und Mensch als Zeugen von Gottes Herrlichkeit») mit dem nach v 3 durch Gottes Werk zum Schweigen zu bringenden Feind und Rachgierigen? Und wie in Ps. 104 mit der Vertilgung der Sünder und Gottlosen, um die v 35 gebetet wird? Und gerade Ps. 104 steht ja nun anerkannterweise in engster literarischer Parallelität und Beziehung zu dem scheinbar so ganz anders gerichteten Psalm 103! Um von den inhaltlichen Schwierigkeiten noch abzusehen, in die man unvermeidlich gerät, wenn man gerade Ps. 8 und 104 nun wirklich als «reine» Zeugnisse des Menschen im Kosmos interpretieren wollte! Die Möglichkeit, die vermißte Reinheit der Nebenlinie durch textkritische Operationen herzustellen, besteht nun gewiß nicht nur bei Ps. 19, sondern bei einer ganzen Reihe von anderen Psalmen. Aber man hätte sich dann doch auch im sichersten Falle mit der Tatsache auseinanderzusetzen, daß spätestens bei der Endredaktion des Psalters jene Reinheit der Nebenlinie gerade nicht beachtet, sondern durch Zusätze gestört und zerstört worden wäre. Und auf alle Fälle ist es Tatsache, daß bei dem überwiegenden Rest aller übrigen Psalmen das Problem überhaupt nicht einmal gestellt ist, weil sie sich, von wenigen Spuren abgesehen, sozusagen eindeutig auf der «Hauptlinie» bewegen. Man kann also schon formal exegetisch nicht sagen, daß es möglich ist, ein im Psalter vorliegendes selbständiges Zeugnis des Menschen im Kosmos als solches sichtbar zu machen.

Dieser formale Befund weist nun aber auf eine ganz bestimmte S a c h o r d n u n g hin: Wie sich die über den Menschen im Kosmos gemachten oder die ihm in den Mund gelegten Aussagen von den Aussagen über Gottes Offenbarung in Israel und in Jesus Christus im biblischen Text nicht abspalten lassen, so läßt sich das biblische Zeugnis auch inhaltlich nicht aufpalten in der Weise, daß hier das Offenbarungszeugnis und dort ein dieses aus eigener Quelle und Kraft bestätigendes Welt-, Natur- oder Geschichtszeugnis einander in irgend einer auch nur fernen und blassen Gleichordnung gegenüberzustehen kommen würden. Sondern es bildet der Inhalt der Bibel ein einziges Zeugnis, und dieses ist streng und ausschließlich zu verstehen als das Zeugnis von Gottes Gnadenoffenbarung in seinem Bund mit Israel und in der Erfüllung der diesen Bund begründenden Verheißung des Messias Israels und also der Fleischwerdung des göttlichen Wortes und der Ausgießung des Heiligen Geistes auf alles Fleisch. Es gibt kein Element des biblischen Zeugnisses, das nicht davon zeugte, das etwa anderswohin zeigte. Wir sahen schon: Es gibt keines, das etwa unmittelbar auf Gott selbst, auf den nicht offenbaren, den in sich existierenden Gott als solchen zeigte. Daß Gott als Gott in sich existiert, das ist freilich die Kraft der Wahrheit seiner Offenbarung. Das biblische Zeugnis zeigt aber auf Gott in seiner Offenbarung und nur so und nicht anders auf den in sich existierenden Gott. Es zeigt nicht an seiner Offenbarung vorbei. Es zeugt von ihr, und so und nur so von ihm selbst. Es zeugt also freilich von ihm selbst, aber immer nur so, daß es zurückzeigt auf seine Offenbarung. S o zeigt es nun auch nach der anderen Seite nicht an der Offenbarung vorbei auf den M e n s c h e n im K o s m o s. Gewiß, es zeigt auch auf den Menschen im Kosmos: eben darum handelt es sich bei der hier in Frage stehenden Nebenlinie. Wir müssen aber, um zu verstehen, w o h i n da gezeigt wird und was dieses Z e i g e n bedeutet, klar machen, w o h e r und w o z u da gezeigt wird.

Einmal w o h e r ? Darauf ist zu antworten: bestimmt nicht aus einer anderen Vollmacht und Verantwortung heraus als aus der einen, die den biblischen Zeugen in und mit ihrem einen einzigen Auftrag als Zeugen von Gottes Offenbarung gegeben ist. Wie stellt man sich einen Propheten oder Apostel vor, wenn man ihm zutraut, daß er sich unterwinden könnte, an dem ihm Aufgetragenen vorbei, und sogar ohne zu sagen, was er tut, auch noch Mitteilung aus anderer Quelle in seine Verkündigung einzumischen oder neben seiner Verkündigung hergehen zu lassen? Auf alle Fälle nur aus der einen und einzigen Vollmacht und Verantwortung des Offenbarungszeugen als solchen heraus kann auch das gesagt sein, was auf jener biblischen Nebenlinie gesagt wird.

Man weiß, wie etwa Paulus sich immer wieder gegen die Möglichkeit verwahrt hat, daß er als Missionar und geistlicher Führer seiner Gemeinden etwas Anderes sage und zu sagen habe, als eben das, was ihm als Apostel Jesu Christi anvertraut und aufgetragen sei. «Ich fand mich unter euch als einen solchen, der nichts wußte

1. Die Bereitschaft Gottes

als Jesus Christus und diesen als den Gekreuzigten» (I. Kor. 2, 2). Kann man es für wahrscheinlich halten, daß derselbe Paulus eben von Korinth aus, wohin er diese Worte geschrieben, an die römische Gemeinde nun doch auch noch kraft eines anderen Wissens, kraft eines besonderen Wissens um die ursprüngliche Gottverbundenheit des Menschen im Kosmos geschrieben hätte? Was er auch laut Röm. 1—2 um den Menschen im Kosmos gewußt haben mag, er kann es offenbar — wenn wir dort nicht mit einer seltsamsten μετάβασις εἰς ἄλλο γένος rechnen wollen — nur von Jesus Christus dem Gekreuzigten her gewußt haben. Als von dorther gesagt, muß es dann aber auch gehört und verstanden werden. So ist der Standort, von dem her die Nebenlinie gezogen wird, auch im Alten Testament — beispielsweise wiederum in den Psalmen — ganz eindeutig klar: Der Gott, um den die Psalmisten wissen, ist der Gott Israels, der Herr des Auszugs und der Wüstenwanderung, der Geber des Gesetzes, die Hoffnung Davids, seine Weisheit, seine Macht, seine Güte, seine Gerechtigkeit, ursprünglich und abschließend dieser Gott ganz allein. Und was sie auch auf der Nebenlinie sagen mögen: sie sagen es von daher, in Entfaltung und Anwendung ihres Wissens um diesen und keinen anderen Gott. Als von daher und nicht von anderswoher gesagt wird man es also unter allen Umständen hören und verstehen müssen.

Sodann: Wozu ziehen sie jene Nebenlinie, zeigen sie also auch auf den Menschen im Kosmos? Darüber ist nun schon entschieden, daß sie das nicht tun können, um die, zu denen sie reden, auf eine andere, zweite Quelle möglichen Wissens um Gott hinzuweisen, um sie einzuladen, sich nicht nur hier, sondern auch dort zu nähren. Wo sie selbst laut ihrer Vollmacht und Verantwortung nicht herkommen, da können sie auch Andere nicht hinweisen wollen. Es kann also auf keinen Fall so sein, als ob in den in Betracht kommenden Stellen den Hörern und Lesern sozusagen eine Entlastung hinsichtlich des von ihnen geforderten Glaubens angeboten würde: eine Begründung oder doch Stärkung der ihnen zugemuteten Glaubensgewißheit durch den Hinweis auf die Möglichkeit einer zweiten, von außen zum Glauben hinzukommenden Gewißheit: der Gewißheit, die der Mensch im Kosmos als solcher haben kann. Aber nennen wir nun das Positive: Eben von dorther kommend, woher sie allein kommen können, kommen sie nun in der Tat auch zu dem Menschen im Kosmos. Er ist ja geradezu der, den ihre Botschaft und jenseits ihrer Botschaft Gottes Offenbarung selber angeht. Daß und wie sie ihn angeht, das ist notwendig der alles bestimmende, der eigentliche herrschende Inhalt ihrer Botschaft: das, was wir die biblische «Hauptlinie» genannt haben. Aber wie sollte die Offenbarung und also die Botschaft von ihr ihn angehen, ohne daß darin eingeschlossen wäre: sie geht ihn an? Sofern dies in der Tat eingeschlossen ist, kommt es zu den Aussagen der biblischen Nebenlinie. Die Stimme des Wortes Gottes erweckt — das ist zunächst ganz objektiv, also ganz abgesehen von der Frage des Glaubens oder Unglaubens des Menschen zu verstehen — ein Echo. Das Licht des Wortes Gottes verursacht — auch das ist zunächst ganz objektiv zu verstehen — ein Licht, ein Hellsein da, wo es hinfällt. Der Raum, in welchem die Offenbarung geschieht, wird (und davon zeugen die biblischen Zeugen auch, indem sie von Gottes Offenbarung zeugen) indem er jetzt der Raum der Offenbarung wird, objektiv ein anderer Raum. Es wird der Mensch im Kosmos, der mit Gottes Offenbarung konfrontiert ist (lange bevor er dessen gewahr ist, lange bevor sie ihm zur Entscheidung geworden ist und wie auch diese Entscheidung ausfalle!), als der mit Gottes Offenbarung Konfrontierte objektiv ein anderer Mensch.

<small>Es sei hier beispielsweise daran erinnert, daß nach 1. Kor. 7, 14 der heidnische Mann durch seine christliche Frau, die heidnische Frau durch ihren christlichen Mann, die Kinder durch ihre christlichen Eltern «geheiligt» sind.</small>

Diese Andersheit ist aber — immer zunächst ganz objektiv — seine Wahrheit, seine unverhüllte Eigentlichkeit: die Wahrheit und Eigentlichkeit auch seines Kosmos. Die Offenbarung ist ja die Wahrheit: die Wahrheit Gottes, aber eben damit notwendig auch die Wahrheit des Menschen im Kosmos. Die biblischen Zeugen können jene nicht bezeugen, ohne eben damit, in sie eingeschlossen, auch diese zu bezeugen. Wie sollten sie die Offenbarung Gottes verkündigen als das, was sie ist, nämlich als Gottes Machtergreifung gegenüber dem Menschen, wenn sie nicht zugleich und eben damit Gott als den bezeugten, dessen Macht der Mensch schon unterworfen ist, indem sie ihm verkündigt wird, wenn sie dem Menschen nicht bezeugten, daß er es nicht mit einem fremden, sondern mit seinem eigenen, nicht mit einem neuen, sondern mit seinem ewigen, d. h. seine ganze Zeit in seinen Händen haltenden und beherrschenden H e r r n zu tun hat? Indem sie dem Menschen Gottes Offenbarung verkündigen, müssen sie ihn selbst als den durch das Geschehen der Offenbarung objektiv bereits veränderten Menschen in Anspruch nehmen. Eben indem dieses Letztere geschieht, entsteht die biblische Nebenlinie. Wir antworten also auf unsere Frage: D a z u zeigen die biblischen Zeugen auch auf den Menschen im Kosmos: um die Offenbarung Gottes zu interpretieren in ihrer notwendigen und zwingenden Richtung und Beziehung auf ihren Adressaten, um die Existenz dieses Adressaten in ihrem ganzen Umfang mit Inbegriff des ganzen Raumes, in dem er existiert, zu charakterisieren als eine solche, die sich dem Anspruch der Offenbarung mit keinem Recht entziehen kann, weil das eigentlichste und ursprünglichste Recht, unter dem sie steht, das Recht ist, das eben der Gott an sie hat, der sie in seiner Offenbarung beansprucht, weil dies eben: daß Gott ihr Herr ist, daß sie Gott gehört und zu Diensten steht, ihre Wahrheit, ihre unverhüllte Eigentlichkeit ist. Weil das immer a u c h zu bezeugen ist, darum gibt es die biblische Nebenlinie. Wir halten fest, daß sie nicht von anderswoher gezogen ist, als eben aus der Offenbarung selber. Wie sollte sie da anderswohin gezogen werden können als zurück auf diese «Hauptlinie»? Alles, was auf dieser Linie gesagt werden kann, meint dasjenige objektive Anderssein des Menschen im Kosmos, das als Echo des Wortes Gottes hörbar, als Widerschein seines Lichtes sichtbar wird. Auf dieses Echo, auf diesen Widerschein, wird der Mensch im Kosmos in der heiligen Schrift angeredet, und eben damit erst recht von der Offenbarung her auf die Offenbarung selbst zurückverwiesen.

Kehren wir noch einmal zu den Psalmen zurück, so würde hier vor allem des so ganz im Zug dieser Nebenlinie gesagten Wortes Ps. 36, 10 zu gedenken sein: «Bei dir ist die Quelle des Lebens, und in deinem Lichte sehen wir das Licht». Davon kann also in dem unmittelbar vorangehenden Lobpreis des Schöpfers, davon kann aber auch in den vermeintlich reinsten «Naturpsalmen» keine Rede sein, daß da eine direkt an Himmel und Erde in ihrem abstrakten Dasein und Sosein orientierte und von ihnen her genährte Kontemplation und Andacht das Wort führte, um das Geheimnis des Himmels und der Erde, wie es nun eben ihrem Denken und Ahnen sich erschließt, und um damit letztlich sich selbst zu verkündigen. Daß die psychologisch-zeitgeschichtliche Form der in Frage kommenden Psalmen und Psalmstellen dem Bereich solcher Kontemplation und Andacht angehört, daß solche Kontemplation und Andacht in ihnen sozusagen verarbeitet und sublimiert ist (teilweise sogar in Anlehnung an die Vorbilder babylonischer und ägyptischer Mythenfrömmigkeit), das braucht nicht übersehen oder geleugnet zu werden. Wie sollten die Psalmisten nicht auch direkt den bekannten Sternenhimmel betrachtet und der bekannten Stimme des Gewitters gelauscht und wie sollten sie, indem sie davon zu reden unternahmen, von dem, was sie die kultivierten Nachbarn Israels von allerlei Lichtgöttern und Schlangenwesen dichten und sagen hörten, nicht nützlichen Gebrauch gemacht haben? Es ist ja mit Händen zu greifen: sie haben es tatsächlich getan! Das ändert aber wieder nichts daran: die entscheidende Aussage, die sie dann machen — daß die Himmel die Ehre Gottes erzählen, daß die Erde s e i n ist und was darinnen ist, daß e r groß und gütig ist in allen seinen Werken — diese Aussage ist hinsichtlich ihres Subjektes wie hinsichtlich ihrer Prädikate weder aus einer babylonischen oder ägyptischen Vorlage, noch auch aus dem Text des Kosmos herausgelesen, sondern sie ist richtig und in aller Form sowohl in den Text solcher literarischer Vorlagen als auch in den Text des Kosmos selbst h i n e i n g e l e s e n. An sich und als solcher wäre der Text des Kosmos ja stumm, wie es im Ps. 19, 4 ausdrücklich heißt: «Ohne Sprache, ohne Worte, mit unhörbarer Stimme» sagt es ein Tag dem anderen und tut es eine Nacht der anderen kund. Und dasselbe dürfte dann *mutatis mutandis* auch von den literarischen Vorlagen zu sagen sein, die hier in Betracht kommen mögen. Aber «in deinem Lichte sehen wir das Licht»: weil und indem Gott in Israel redet und handelt, wird der Mensch im Kosmos ein objektiv anderer, ein solcher nämlich, der nun im ganzen Umfang seiner Existenz die Macht und Herrlichkeit eben dieses Gottes erkennen darf und anerkennen muß. Eben d i e s e s Gottes! Denn, wohlverstanden: Alles, was er dort als Weisheit, Macht, Güte, Gerechtigkeit Gottes erkennt, ist nichts Anderes als das genaue Spiegelbild der Weisheit, Macht, Güte, Gerechtigkeit, die er zuvor in Gottes Reden und Handeln in Israel erkannt hat. Man darf wohl ruhig sagen, daß hier keine Überschneidungen stattfinden, keine Züge eines anderen Gottes als des auf der «Hauptlinie» verkündigten Gottes vom Sinai und vom Zion sichtbar werden, sondern eben nur eine extensive Wiederholung dessen, was dort intensiv gesehen und gesagt ist. Und eben auf diese extensive Wiederholung und nur auf sie ist es offenbar abgesehen. Damit das auf der Hauptlinie Gesagte um so besser verstanden werde in der Dynamik, in der es v o n i n n e n, nämlich von Gott, dem Herrn Israels, offenbar ist, wird es auf der Nebenlinie — nicht etwa von außen her, wohl aber n a c h a u ß e n h i n und nun also im besonderen Blick auf den Menschen im Kosmos, in Form eines Aufrufs an dessen Zeugenschaft, ja in Form eines Zeugnisses dieses Menschen selbst n o c h e i n m a l gesagt.

Was es mit dem merkwürdigen biblischen Zeigen auf den Menschen im Kosmos als solchen auf sich hat, das kann uns nun nicht mehr verborgen sein. Das ist sicher, daß die biblischen Zeugen dabei sich selbst treu bleiben und nicht etwa untreu werden. Indem sie auf den Menschen im Kosmos zeigen, zeigen sie gewissenmaßen durch ihn hindurch auf den Menschen der Offenbarung Gottes, d. h. auf den Menschen, der im Bunde Gottes mit seinem Volke, der in der Einheit der Glieder des Leibes Christi mit ihrem Haupt des göttlichen Wohlgefallens und so der Erkenntnis Gottes teilhaftig ist. Sie denken gar nicht daran, den Menschen im Kosmos ernst zu nehmen und anzureden in seiner «Natur», d. h. aber in seinem Selbstverständnis. Sie sagen ihm vielmehr, daß er als solcher gar nicht mehr wirklich existiert, daß er sich in seinem Selbstverständnis nur noch in einem einzigen ungeheuren Selbstmißverständnis befindet. Seit nämlich durch Gottes Offenbarung seine ursprüngliche und eigentliche Wahrheit über ihm aufgegangen ist! Sie zeigen durch ihn hindurch auf den, an dem Gott Wohlgefallen hat, auf den Menschen Jesus von Nazareth, auf das an ihm vollzogene Gericht, auf die Gnade, die der Mensch in ihm vor Gott gefunden hat. Sie zeigen auf ihn als auf den Ursprung und als auf die Zukunft des Menschen im Kosmos. So ist ihr Zeigen auch hier im engsten und strengsten Sinn ein prophetisches und apostolisches Zeigen. Es zeigt nicht auf eine Wahrheit, die dem Menschen im Kosmos irgendwo und irgendwie schon zu eigen wäre: seine eigene Wahrheit, sein Sein im Wohlgefallen Gottes hat er ja laut Gottes Offenbarung, von der sie herkommen und zu der sie auch hineilen, gerade verloren. Sie zeigen also auf seine Wahrheit, so wie sie jetzt in und mit derselben Offenbarung Gottes (sie ist Gnade, indem sie Gericht ist!) als seine ursprünglich-zukünftige Wahrheit fremd und hoch, aber siegreich überlegen über ihm aufgebrochen, über ihm mächtig geworden ist. So mächtig, daß er in seinem Selbstverständnis, in seiner Natur, jetzt nicht mehr ernst zu nehmen, daß er jetzt allen Ernstes auf diese seine Zukunft anzureden ist. Darum und in diesem Sinn wird jetzt auf ihn gezeigt. Es bedeutet dieses Zeigen also gerade nicht, daß er in seinem Selbstverständnis den biblischen Zeugen nun doch noch selbständig interessant, und daß er von ihnen in diesem seinem Selbstverständnis als Zeuge einer besonderen Gottverbundenheit angesprochen werde. Seine Wahrheit, auf die sie zeigen, ist nicht seine irgendwo aus ihm herauszuholende, sondern seine verlorene, jetzt neu zu ihm und über ihn kommende Wahrheit. Kein analytischer, sondern ein synthetischer Satz wird über ihn ausgesprochen. Ihm wird seine Eigenschaft als Zeuge — die bezeichnenden Ausdrücke der Rechtfertigungslehre lassen sich hier gar nicht vermeiden — imputiert, angerechnet, zugeschrieben. Er wird bezeichnet und eingesetzt dazu, Einer zu sein, der er zwar an sich gerade nicht ist, noch sein kann, der er nur im Vollzug der Offenbarung Gottes als der Verkündigung der

Wahrheit Gottes und also auch des Menschen werden kann, der er nun aber auch tatsächlich geworden ist. Eben darum bedeutet es keine Abweichung von der einen biblischen Botschaft, wenn in der Bibel tatsächlich auch auf jener anderen Linie geredet wird. Eben darum geschieht dies denn auch nicht halblaut und halbverbindlich, sondern in derselben Bestimmtheit und Freudigkeit, in der in der Bibel auch sonst geredet wird.

Daß es sich, wenn in der Bibel auf den Menschen im Kosmos gezeigt wird, um ein echtes, prophetisches und apostolisches Zeigen, um das Zeigen auf die von Gottes Offenbarung her zukünftige Wahrheit des Menschen handelt, das kann man sich gerade an den beiden reinen «Naturpsalmen» Ps. 8 und Ps. 104 veranschaulichen. — Man versuche es doch, Ps. 8 dahin zu verstehen, als werde da der Mensch im Kosmos an sich und als solcher als Zeuge Gottes angerufen! Was soll es dann heißen, wenn (v 3) gesagt wird: «Aus dem Munde von Kindern und Säuglingen hast du dir eine Macht zugerichtet?» und nachher in Kontrastierung mit Himmel, Mond und Sternen als dem Werk der Finger Gottes: «Was ist doch der Mensch, daß du seiner gedenkst, und des Menschen Kind, daß du dich seiner annimmst? Du machtest ihn wenig geringer als die Engel, mit Ehre und Hoheit kröntest du ihn. Du setztest ihn zum Herrscher über das Werk deiner Hände. Alles hast du ihm unter die Füße gelegt: Schafe und Rinder allzumal...?» (v 5 f.) Und wenn nun auf diese Feststellung die Erkenntnis begründet wird: «Herr unser Herrscher, wie herrlich ist dein Name in allen Landen!» (v 2 u. 10). Gibt es einen Weg von dort nach hier, wenn dort nun wirklich von dem Menschen die Rede wäre, den wir in seiner Beschaffenheit als schreienden Säugling und als Beherrscher der Schafe und Rinder allzumal usw. zu kennen meinen? Was sollte denn dieser Mensch, zuerst mit seinem Geschrei und nachher mit seiner so beschränkten und vor allem so wenig umsichtig verwalteten Macht über seine Mitgeschöpfe von der Herrlichkeit des Namens Gottes zu melden haben? Welch fragwürdiger Zeuge! Welche unwahre Überheblichkeit müßte man dem Psalmisten bei dieser Auslegung in den Mund legen! Sollte man nicht schon durch die Frageform des entscheidenden Satzes v 5: «Was ist der Mensch, daß du seiner gedenkest?» vor dieser Auslegung gewarnt sein? Ja, was ist der Mensch? Von welchem Menschen ist hier die Rede? Alles wird sehr klar, wenn wir die Hebr. 2, 5 f. gegebene Anleitung beachten, wo Ps. 8 zitiert wird und wo es dann (v 8 f.) heißt: «Indem er ihm Alles unterwarf, ließ er nichts übrig, das ihm ununterworfen geblieben wäre. Jetzt freilich sehen wir noch nicht, daß ihm Alles unterworfen wäre — den aber, der eine kurze Zeit unter die Engel erniedrigt war, damit er durch Gottes Gnade für alle den Tod schmecken solle, Jesus, sehen wir um seines Todesleidens willen mit Herrlichkeit und Ehre gekrönt.» Wenn dies, wenn Jesus tatsächlich der Mensch im Kosmos des 8. Psalms ist, dann stimmt dessen Rechnung, die man sonst ehrlicherweise nur als falsch bezeichnen könnte. Auch aus dem Munde anderer menschlicher Kinder und Säuglinge hat sich dann Gott, indem sie Jesus auf dem Weg zum Leiden und zur Herrlichkeit mit ihrem törichten Geschrei begleiten, nach Matth. 21, 16 f. tatsächlich eine Macht zubereitet. Es stimmt dann — im Munde dieses, des dem natürlichen Menschen von Gottes Offenbarung her zukünftigen Menschen stimmt es dann: Herr unser Herrscher, wie herrlich ist dein Name in allen Landen! — Ganz ähnlich verhält es sich nun aber auch mit Ps. 104. Er handelt von der im Großen und im Kleinen so wunderbar anschaulichen Ordnung und Harmonie, von der sich der Mensch im Kosmos umgeben und getragen findet. Aber kann man diese Anschaulichkeit etwa als eine direkte verstehen? Ist der Mensch, den wir kennen, der natürliche Mensch in seinem Selbstverständnis denn etwa wirklich in der Lage, aus dem Ganzen, von dem er sich umgeben und bedingt sieht und dem er selber nicht angehört, dies abzulesen: «Herr, wie sind deiner Werke so viel! Du hast sie alle in Weisheit geschaffen, die Erde ist voll deiner Güter!» (v 24). D e i n e Werke? In W e i s h e i t ? Deiner G ü t e r ? Und daraufhin dann der Schluß: «Ich will dem Herrn singen mein Leben lang, ich will meinem Gott spielen so lange ich bin. Möge mein Dichten ihm wohlgefallen. Ich freue mich des Herrn» (v 33 f.)? Ich f r e u e mich? Wer kann denn das sagen, so sagen, wie der Psalm offenbar meint, so also, daß kein Erdbeben von Lissabon den Optimismus, in welchem das vielleicht auch gesagt sein könnte, wie ein Kartenhaus über den Haufen werfen wird? Es klingt einleuchtend und tröstlich, wenn es v 27 f. heißt: Sie alle (das Getier des Waldes, die jungen Löwen, der Mensch, der an seine Arbeit geht, die kleinen und großen Tiere des Meeres, der Leviathan, den du gebildet hast, damit zu spielen) — sie alle «warten auf dich, daß du ihnen Speise gebest zu seiner Zeit. Wenn du ihnen gibst, so sammeln sie; tust du deine Hand auf, so werden sie mit Gutem gesättigt». Aber kann hier übersehen werden, daß das, was wir von diesem Geschehen sehen und wissen, daß dieses Geschehen im Rahmen unseres Weltbildes den grausamen, von Allen gegen Alle geführten Kampf ums Dasein bedeutet? Wird die Freude am Herrn durchhalten auch angesichts dieser Seite der Sache? Und kann man übersehen, daß die unmittelbare Fortsetzung jener Stelle sagt: «Wenn du dein Angesicht verbirgst, erschrecken sie; nimmst du ihren Odem hin, so verscheiden sie und werden wieder zu Staub» (v 29)? Wird die an den sichtbaren Werken Gottes sich nährende Freude am Herrn auch dieser Dialektik des göttlichen Werkes, auf die der Psalm ja ausdrücklich hinweist, gewachsen sein? Ist sie es aber, trauen wir es dem Psalmisten zu, daß sein Lob des Schöpfers so radikal ist, daß es solche Rückfragen wohl ertragen kann, ist es dann nicht offenkundig, daß er, indem er den Menschen im Kosmos zum Zeugen Gottes macht, keineswegs das Weltbild dieses Menschen als solches für sich selber sprechen läßt, sondern durch dieses Weltbild hindurch: so, daß dieses sozusagen transparent wird, das Bild der künftigen Welt, in der die uns jetzt und hier schlechterdings verborgene Göttlichkeit, Weisheit und Güte der Schöpfung wieder zu uns kommt? Wo und inwiefern würde denn jenes Weltbild als solches von einer solchen Ordnung und Harmonie zeugen, in der wir direkt die Göttlichkeit, Weisheit und Güte des Schöpfers abzulesen vermöchten? Kann man den 104. Psalm auch nur einen Augenblick recht verstehen ohne den Kommentar von Apc. 21, 1—5: «Und ich sah einen neuen Himmel und eine neue Erde; denn der erste Himmel und die erste Erde waren vergangen und das Meer ist nicht mehr. Und ich sah die heilige Stadt, das neue Jerusalem, herabkommend vom Himmel von Gott, bereitet wie eine für ihren Mann geschmückte Braut. Und ich hörte eine große Stimme vom Thron her sagen: Siehe da, die Hütte Gottes bei den Menschen! und: Er wird bei ihnen wohnen und sie werden sein Volk sein und er, Gott, wird mit ihnen sein. Und er wird abwischen alle Tränen von ihren Augen, und der Tod wird nicht mehr sein und kein Leid noch Geschrei noch Schmerz wird mehr sein; denn das Erste ist vergangen. Und der auf dem Thron saß, sprach: Siehe, ich mache Alles neu!» Ich frage: Kann man zur genuinen, wörtlichen, historischen Erklärung von Ps. 104 auch nur einen Augenblick davon absehen, daß von daher allein — weil im Psalm selbst dies in das Weltbild des natürlichen Menschen mit prophetischer und apostolischer Vollmacht h i n e i n gelesen und dann eben das aus ihm h e r a u s gelesen wird — das Lob Gottes in der Ordnung und Harmonie seiner Schöpfung möglich und wirklich wird, das den Inhalt dieses Psalms bildet? — Notieren wir noch ein anderes wichtiges Dokument der biblischen Nebenlinie: Gottes Antwort «aus dem Wetter» am Ende des Hiobbuches (c 38 f.). Man muß zu ihrem Verständnis offenbar davon ausgehen, daß sie im Sinn des Verfassers die Lösung des Hiobproblems, also die (im Sinn des Verfassers) genügende und befriedigende A n t w o r t auf Hiobs Frage nach der Ge-

1. Die Bereitschaft Gottes 127

rechtigkeit Gottes in seiner Regierung des Weltlaufs sein soll. Hiob weiß Bescheid nach dieser Antwort: nicht in Form einer Theorie von jener Sache zwar, aber viel besser, viel gründlicher: «Ich habe geredet in Unverstand Dinge, die zu wunderbar für mich, die ich nicht begriff. Höre doch und ich will reden; ich will dich fragen und du lehre mich. Vom Hörensagen habe ich von dir gehört, nun aber hat mein Auge dich gesehen. Darum widerrufe ich und bereue in Staub und Asche» (42, 3—6). So erkennt man Gottes Gerechtigkeit: in der Beugung vor Gott, weil er der ist, der Recht h a t — das ists, was der Verfasser offenbar sagen will. Aber wie ist sein Hiob dahin gebracht? Der Inhalt von Hiob 38 f. ist bekanntlich ein äußerst merkwürdiger: In zwei Gängen, c 38—39 und c 40—41 (man pflegt den zweiten bedauerlicherweise als einen Zusatz zum eigentlichen Hiobbuch auszuscheiden) referiert ganz einfach Gott selbst über gewisse nach ihrer Art dem Menschen notwendig schlechterdings rätselhafte Werke seiner Schöpfung. In beiden Gängen verläuft denn auch alles in Form von Fragen: Wer hat die Maße der Erde bestimmt? (38, 5.) Wer hat das Meer mit Toren verschlossen? (38, 8.) Sind dir die Tore des Todes aufgetan worden? (38, 17.) Knüpfst du die Bande des Siebengestirns? (38, 31.) Wer bereitet dem Raben seine Speise? (38, 41.) Bestimmst du die Zeit, da die Steinziegen gebären? (39, 1.) Gibst du dem Rosse die Stärke? (39, 19.) Hebt durch deine Weisheit der Falke die Schwingen? 39, 26.) So wird nun auch im zweiten Gang, wo allein das Nilpferd und das Krokodil, Behemoth und Leviathan als ungeheuerliche Zeugen Gottes, von Gott selbst auf den Plan gerufen sind, gefragt und wieder gefragt: Ob denn der Mensch diesen Ungeheuern der göttlichen Schöpfung auch nur von ferne gewachsen sei: mit seinem Verständnis, mit seiner Klugheit, mit seinen Kräften? Ob er angesichts dieser Werke des Schöpfers auch nur von ferne träumen könne, selber der Herr zu sein? Aber in der Schilderung des Leviathan verstummt dann schließlich auch die Frage. Sie geht als offenbar überflüssig unter in der Schilderung und es schließt die Gottesrede vom Leviathan: «Auf Erden ist nicht seinesgleichen. Er ist gemacht, nie zu erschrecken. Alles, was hoch ist, fürchtet sich vor ihm. Er ist ein König über alle stolzen Tiere» (41, 24 f.). Inwiefern konnte das Alles den Hiob zu der Erkenntnis führen, daß Gott der ist, der Recht hat? Ein direktes Verstehen der Werke Gottes offenbar nicht; denn aufs Nachdrücklichste betonen ja gerade diese Texte, daß die Werke Gottes dem Menschen nicht verständlich, unverständlich, unbegreiflich, ja in ihrem Dasein und Sosein geradezu unheimlich und finster sind. So ist es vielleicht gerade ihre Finsternis als solche, die Hoffnungslosigkeit aller Fragen nach den inneren und äußeren Möglichkeiten des Menschen ihnen gegenüber? Aber von solchem Fragen an den Weltlauf bezw. an Gott als den Herrn des Weltlaufs und von der Hoffnungslosigkeit dieser Fragen kommt Hiob ja gerade her, und sie sollten ihm ja durch das Alles beantwortet werden und w e r d e n ihm durch das Alles beantwortet! So ist es offenbar weder positiv noch negativ das Dasein und Sosein dieser Schöpfungswerke als solches, was ihn belehrt und bekehrt. Daß die Welt groß und seltsam ist, das ist nicht das Neue, das ihn zu der Buße veranlaßt, zu der ihn seine apologetischen Freunde, die darüber auch schon allerlei wußten, nicht veranlassen konnten. Sondern das Neue kann schlechterdings nur darin bestehen, daß — und das ist mit dem Dasein und Sosein der Welt als solcher nicht gegeben — Gott selbst über seine Werke mit ihm redet, Gott selbst seine Werke zum Inhalt seines eigenen Wortes an ihn macht. Gott selbst, durch dessen Wort diese seine Werke ja g e w o r d e n sind! Also offenbar nicht ein Gott, der der Inbegriff dessen wäre, was der Mensch sich angesichts von Behemoth und Leviathan über irgend ein Weltgeheimnis zur Not auch selber sagen kann, sondern der Gott, der gerade in seinem Wort der Herr ist über Alles und als solcher der Herr auch des Behemoth und Leviathan und als solcher nun auch die Wahrheit des G e h e i m n i s s e s von Behemoth und Leviathan, des Geheimnisses a l l e r seiner Werke. Dieses

Gottes Wort hat Hiob gehört in dem Hinweis auf das Geheimnis der Werke Gottes Es ist nicht zu viel gesagt: das den Hiob zur Buße führende Geheimnis von c 38 f. ist sachlich identisch mit dem Geheimnis der Offenbarung, d. h. mit dem Geheimnis der Erwählung und Führung Israels, des Kreuzes und der Auferstehung Jesu Christi. Sähe Hiob nicht durch die Werke Gottes hindurch und hinein in das Werk Gottes, durch das Gott sein Wort spricht, wie käme er dann dahin, wohin er sich selbst und wohin ihn alle Reden seiner Freunde (und die des Elihu dazu) offenbar nicht bringen konnten?

Und nun können wir auch unsere letzte Frage noch einmal für sich stellen und beantworten: Wohin wird denn eigentlich gezeigt, wenn in der heiligen Schrift auf den Menschen im Kosmos gezeigt wird? Wir sagten schon: durch Alles das, was er ist in seinem Selbstverständnis, hindurch auf sein Sein im Wohlgefallen Gottes, durch seine eigene Gegenwart hindurch auf Jesus Christus als seine Zukunft. Wir fügen jetzt umfassend hinzu: hindurch durch das Wort, das der Mensch im Kosmos selber sagen kann, auf das Wort, das Gott als sein Herr schon gesagt hat und wieder sagen wird. Es wird also auf eine dem Menschen im Kosmos an sich und als solchem transzendente Wahrheit gezeigt, die ihm nun freilich in ihrer ganzen Transzendenz von Gott her auch immanent geworden ist, so daß es möglich und sinnvoll ist, nun eben doch auf ihn bezw. durch ihn hindurch zu zeigen. Es wird sein Wissen um sich selbst grundsätzlich überboten, aber eben damit nun auch einbezogen in ein höheres Wissen und seiner Beschränkung zum Trotz erhoben in dieses höhere Wissen. Er wird mit seinem eigenen Wollen und Vollbringen ins Unrecht gesetzt und eben damit eingesetzt zum unfreiwilligen Vertreter und Verkündiger des Rechtes, das gegen ihn und an ihm geltend gemacht wird. Er wird als selbständiger Zeuge disqualifiziert und eben so qualifiziert zum wirklichen, zum unselbständigen Zeugen, zu dem Zeugnis, auf dessen Ausrichtung die biblischen Zeugen es ganz allein abgesehen haben, und dessen Bestätigung darum auch das Einzige ist, was sie von dem Menschen im Kosmos erwarten können, dessen Bestätigung sie nun aber auch in aller Bestimmtheit von ihm erwarten. Ihr Zeigen auf den Menschen im Kosmos ist ein eschatologisches Zeigen; aber eben als solches ist es schlechterdings ernsthaft gemeint. Ist doch das $\H{\varepsilon}\sigma\chi\alpha\tau\text{o}\nu$, dem sie dabei entgegengehen, auf das sie hinweisen, identisch mit dem $\pi\rho\tilde{\omega}\tau\text{o}\nu$, von dem sie herkommen, auf das sie dabei notwendig zurückweisen müssen. Sie meinen immer Gottes Offenbarung. Sie meinen immer den Bund der Gnade. Sie meinen immer Jesus Christus, eben diesen aber als den Herrn, dem gegenüber der Mensch im Kosmos keine eigene Eigentlichkeit mehr geltend zu machen hat, dem gegenüber sie jetzt und hier schon die Knie aller im Himmel, auf der Erde und unter der Erde gebeugt sehen, dem gegenüber sie jetzt und hier schon keine andere Möglichkeit anerkennen, als die des freiwilligen oder eben des unfreiwilligen Zeugnisses für seine Herrlichkeit. Das freiwillige Zeugnis ist ihre eigene

1. Die Bereitschaft Gottes

Funktion und die der Kirche. Das unfreiwillige Zeugnis ist die Funktion, zu der sie den Menschen im Kosmos aufrufen. Dieser Mensch ist auch dabei: nämlich bei der Auferstehung Jesu Christi. Er ist für deren Verkündigung auch in Anspruch zu nehmen; denn auch er ist durch ihr Geschehen in seiner Weise objektiv ein Anderer geworden; auch an ihm ist es jetzt offenkundig, daß er Jesus Christus gehört und zu Diensten steht. Was dabei aus ihm werden, ob Glaube oder Unglaube, freiwilliges oder endgültig unfreiwilliges Zeugnis, Errettung oder Verlorengehen sein Teil werden wird, das ist eine Frage für sich, und gewiß ist sie für die biblischen Zeugen die eigentliche, die Hauptfrage. Die Vorfrage aber hinsichtlich der Voraussetzung der Entscheidung, die in Jesus Christus so oder so über den Menschen fallen wird, die Vorfrage nach der Macht Jesu Christi über alle Kreatur ist damit, daß die Kreatur der Raum seiner Offenbarung, daß sie mit seiner Offenbarung konfrontiert ist, beantwortet. Auf diese Antwort oder also Vorantwort zeigen die biblischen Zeugen, wenn sie auf den Menschen im Kosmos zeigen. «Es ist das Reich der Welt Gottes und seines Christus geworden, und er wird herrschen von Ewigkeit zu Ewigkeit» (Apc. 11, 15).

Vergegenwärtigen wir uns, was es unter diesem Gesichtspunkt bedeutet, daß es in der Bibel eine Schöpfungsgeschichte und zwar nun eben diese, die in den beiden Relationen Gen. 1 und 2 erzählte Schöpfungsgeschichte gibt. Das ist sicher, daß in diesen Berichten sehr nachdrücklich und sehr interessiert auch auf den Menschen im Kosmos als solchen gezeigt wird, daß sie auch eine Kosmogonie und Anthropogonie bieten, daß sie insofern auch ein Stück Weltanschauung aussprechen, und daß diese als solche nur teilweise original israelitisch, sondern offenbar weithin durch die allgemein vorderasiatischen, speziell die babylonischen Schöpfungsmythen mitgeformt ist. Aber nun beachte man, was alles in diesen Berichten sowohl in den Text des menschlichen Selbst- und Weltverständnisses, als auch in den Text der babylonischen Vorlagen notorisch hineingelesen wird, und wie diese beiden Texte sich unter dieser Behandlung wandeln aus selbständigen Zeugen einer unmittelbaren Gottesverbundenheit des Menschen im Kosmos in unselbständige Zeugen der wirklichen, in Gottes Offenbarung begründeten Beziehung zwischen Gott und Mensch. Wo das Selbstverständnis des Menschen gerade nach Ausweis der in dieser Hinsicht sehr paradigmatischen babylonischen Mythen doch nur von einer innerweltlichen Dialektik weiß, in der der Unterschied zwischen den Göttern und der Welt offenkundig ein relativer und umkehrbarer ist, da steht Gott in der Bibel Allem, was nicht er selbst ist, von der ersten Zeile an souverän gegenüber als der nicht nur in und mit, sondern zuerst und vor allem an der Welt Handelnde. Wo dort von Emanationen und Evolutionen die Rede ist, da kommt hier allein das Wort Gottes als die Krisis vom Nicht-Sein zum Sein dessen, was nicht er selber ist, in Betracht. Und wenn man in dieser Konzeption als solcher vielleicht noch immer das Produkt eines sehr vertieften und radikalisierten menschlichen Selbstverständnisses erblicken wollte, so wird man daran doch kaum festhalten können angesichts folgender weiterer Beobachtungen: Es legt der Schöpfungsbericht der Priesterschrift (1, 1—2, 4) offenbar allen Nachdruck auf ein Doppeltes: Einmal darauf, daß schon das Werk der Schöpfung im Rahmen der sechstägigen Arbeitswoche mit dem darauffolgenden Sabbath verlaufen ist. So besteht der Bund Gottes mit Israel: die Ordnung des Lebens seines Volkes im Wandel von Tag und

§ 26. Die Erkennbarkeit Gottes

Nacht als eine Ordnung zu Gottes Sabbath hin offenbar schon vor ihrer geschichtlichen Begründung in und mit der Weltschöpfung selber. Und sodann darauf: die geschaffene Welt ist gut in Gottes Auge und Urteil. Sie ist von Gott nicht nur geschaffen, sondern in ihrem geschaffenen Dasein und Sosein gnädig aufgenommen. Darum kann sie und muß sie dem dienen, was Gott in ihrem Raume tut. Darum kann es Gott nicht ernstlich und endgültig gereuen, sie geschaffen zu haben und fernerhin zu erhalten (Gen. 8, 21 f.; 9, 8 f.). Darum kann es Jer. 31, 35 f. heißen: «So spricht der Herr, der die Sonne gesetzt hat zum Licht am Tage, den Mond und die Sterne zum Licht für die Nacht, der das Meer erregte, daß seine Wogen brausten — Herr der Heerscharen ist sein Name —: So gewiß diese Ordnungen vor mir niemals vergehen, spricht der Herr, so gewiß werden auch die Geschlechter Israels nimmermehr aufhören, vor mir ein Volk zu sein für und für. So spricht der Herr: So gewiß der Himmel droben nicht zu ermessen und die Grundfesten der Erde drunten nicht zu ergründen sind, so gewiß will ich die Geschlechter Israels nicht verwerfen um all ihrer Taten willen, spricht der Herr». Die geschaffene Welt ist auf Grund jenes göttlichen Urteils, daß sie gut sei, das *minus,* aus dem auf das *majus* der Gewißheit der göttlichen Verheißungen geschlossen werden darf. Der Schöpfungsbericht des Jahvisten (2, 5—25) hat sein Interesse bekanntlich vornehmlich dem Menschen zugewendet. Von ihm hatte schon der erste Bericht gesagt, Gott habe ihn geschaffen «zu seinem Bilde» (v 27), d. h. mit der Bestimmung, als das «Auge der ganzen Schöpfung» (W. Vischer, Das Christuszeugnis im A. T. 1934, S. 60) Gott selbst zu spiegeln. Schon damit hat seine Existenz offenbar im Lichte eines Geschehens verstanden, das ihm als solches transzendent ist. Es sind aber auch in dem zweiten Bericht gerade die entscheidenden Aussagen nur als solche über ein Jenseits der menschlichen Geschöpflichkeit als solcher zu verstehen. Was bedeutet es, wenn der Mensch nach 2, 7 dadurch und nur dadurch ein «lebendes Wesen» wird, daß ihm Gott seinen eigenen Lebensodem in die Nase haucht? Was bedeutet es, wenn als Aufenthaltsort des Menschen v 8 f. nicht einfach, wie es nach dem ersten Bericht scheinen könnte, die ganze Erde als solche oder irgend eine unbestimmte Stelle auf dieser Erde, sondern der bestimmte, gesonderte, offenbar als eine Art Oase mitten in der Weltwüste vorgestellte Raum des Gartens Eden angegeben wird? Und was ist es mit dem einen und dann viergeteilten Strom, der von da ausgeht? Was bedeutet es, wenn v 17 als die dem Menschen verbotene Sünde das eigenmächtige Greifen nach der Möglichkeit der Unterscheidung zwischen gut und böse und also nach der Möglichkeit des Wählens — wenn also schon im Paradies und gerade da der Streit gegen die Gnade als die eigentliche Sünde bezeichnet wird? Und was bedeutet schließlich die sehr merkwürdige Erzählung von der Erschaffung der Frau v 18 f.? Ist der Mensch, dem es nach Gottes Urteil nicht gut ist, allein zu sein, der Mensch, der, offenbar in Betätigung der ihm auch im ersten Bericht (1, 28 f.) zugeschriebenen Hoheit über alle andere Kreatur, allen Tieren und Vögeln ihre Namen gibt, und trotzdem und gerade so immer noch allein ist, nämlich ohne die «Hilfe», die ihm ein «Gegenüber» sein könnte, der Mensch, aus dessen Rippe dann die Frau gebaut wird, die ihm nun als mehr als seinesgleichen: nämlich als die «vom Manne Genommene» wirklich jene «Hilfe» wird — ist dieser Mensch erschöpfend nun eben als das Geschlechtswesen «Mann» zu verstehen? Nicht etwa auch und zugleich als der Mann, dem es von Gottes wegen nicht zukommt, allein über allen Kreaturen zu stehen, der nach einer Gehilfenschaft verlangt und dem eine solche erwächst durch Gottes Schöpfermacht, aus der ihm von demselben Gott zugefügten tödlichen Wunde, der nun nicht anders kann, als in ihr sein eigenes Fleisch, die Glieder seines Leibes zu lieben, zu nähren und zu hegen? «Darum verläßt der Mann Vater und Mutter und hängt seinem Weibe an und sie werden ein Leib» (Gen. 2, 24). Dieses Wort wird Eph. 5, 31 zitiert und dann fährt v 32 fort τὸ μυστήριον τοῦτο μέγα ἐστίν, ἐγὼ δὲ λέγω εἰς Χριστὸν καὶ τὴν ἐκκλησίαν.

1. Die Bereitschaft Gottes

Wenn Paulus Gen. 2, 18 f. richtig gelesen hat — und wie soll man die Stelle eigentlich anders lesen? — dann weist die Schöpfungsgeschichte auch in diesem Punkt, indem sie zweifellos konkret auf den Menschen im Kosmos hinweist, zugleich weit und grundsätzlich über ihn hinaus, um ihn eben von dorther, um ihn eben im Lichte seines eigenen ἔσχατον erst ganz konkret zu verstehen. Schon die Schöpfungsgeschichte ist eben in der Bibel — und das unterscheidet letztlich die biblischen von den nichtbiblischen Texten dieser Art — nicht nur Schöpfungsgeschichte, nicht nur Kosmogonie und Anthropogonie. sondern indem sie das auch ist, zugleich Verheißung der Offenbarung und Versöhnung, Bezeichnung und Charakterisierung der Welt als «gute», d. h. zum Schauplatz der Offenbarung bestimmte und geeignete Welt, wobei sie doch eigentlich in allen Einzelzügen auch das vorweg deutlich macht, daß Gottes Offenbarung in diesem guten, d. h. für sie bestimmten und geeigneten Raum noch einmal ein Besonderes, daß sie freie Gnade sein, daß sie Jesus Christus heißen wird. Gerade so ist sie nun aber auch echte, wirkliche Schöpfungsgeschichte, wahrheitsgemäße Kosmogonie und Anthropogonie, sagt sie das Letzte und Eigentliche, was gerade über den Menschen im Kosmos als solchen zu sagen ist.

Und nun wenden wir uns zum Schluß mit derselben Frage: Wohin wird da gezeigt? noch zu den bekannten, beiläufig schon mehrfach berührten neutestamentlichen Stellen, auf die man sich zur Behauptung einer biblischen Begründung der natürlichen Theologie zu berufen pflegt. Röm. 1, 18 f. zunächst: Die Stelle (vgl. zu ihrer Auslegung auch Kirchl. Dogm. I 2, S. 332 f.) ist die Formulierung einer Anklage. Gottes Zorn ist offenbart vom Himmel her über die Menschen, die die Wahrheit in Ungerechtigkeit gefangen und darniederhalten. Wir entnehmen der Fortsetzung (1, 22 f.) und der deutlichen Entgegenstellung 2, 1 f., daß bei diesen Menschen an die Heiden (Paulus sagt: die Hellenen) gedacht ist. Zweifellos wird also hier auf den Menschen im Kosmos gezeigt. Von diesem Menschen wird nun mit dürren Worten gesagt: Gott ist ihm erkennbar (wörtlich: Gott ist ihm in seiner Erkennbarkeit offenbar); Gott selbst offenbarte sich ihm. Denn er, der Unsichtbare (wörtlich: seine Unsichtbarkeit) d. h. seine ewige Kraft und Gottheit wird seit der Erschaffung der Welt, verständlich in seinen Werken, gesehen, so daß die Menschen unentschuldigt sind, weil sie in Erkenntnis Gottes ihm doch nicht als Gott Ehre und Dank erwiesen haben. Zweifellos wird damit dem Menschen im Kosmos Erkenntnis Gottes und damit Gott Erkennbarkeit zugeschrieben. Würde uns Röm. 1, 18—21 für sich, vielleicht in der Form eines Fragmentes, als Äußerung eines bekannten oder unbekannten profanen, vielleicht stoischen Autors jener Zeit vorliegen, dann würden wir — und die Möglichkeit einer solchen isolierten Betrachtung ist bei der Auslegung dieser Stelle allzu häufig vorausgesetzt worden — kaum eine andere Wahl haben als zu anerkennen: sie sagt, daß der Mensch im Kosmos an sich und als solcher ein selbständiger Zeuge der Wahrheit Gottes ist. Sie steht nun aber einmal in einem ganz bestimmten Zusammenhang des paulinischen Römerbriefes. In diesem Zusammenhang kann sie das nicht sagen und sagt sie es auch nicht. Es ergibt sich schon aus der unmittelbaren Umgebung der Stelle jedenfalls dies: Paulus redet Röm. 1, 18 f. nicht von den Heiden an sich und im Allgemeinen. Von ihnen so wenig wie nachher Röm. 2, 1 f. von den Juden und also gerade nicht vom Menschen im Kosmos an sich und im Allgemeinen. Die Juden und die Heiden, von denen er redet, sind in ganz bestimmter Weise charakterisiert: nämlich als die objektiv mit der göttlichen ἀποκάλυψις im Evangelium (1, 15—16) konfrontierten Juden und Heiden. Das Thema des Römerbriefs im Ganzen ist die Darstellung dieser ἀποκάλυψις als der ἀποκάλυψις τῆς δικαιοσύνης τοῦ θεοῦ (1, 17; 3, 21). Es kann kein Zweifel sein, daß Paulus damit die Offenbarung der Gnade Gottes in Jesus Christus gemeint hat. Eben diese Offenbarung der Gerechtigkeit Gottes hat nun aber für ihn zunächst eine Schattenseite, auf der sie die Offenbarung der ὀργή, des Zornes Gottes ist. Von dieser ihrer Schattenseite hat er im ersten Teil des

Römerbriefs: 1, 18—3, 20 geredet. Der Nerv der Aussagen dieses ersten Teils ist sichtbar in dem Satz 3, 9 (vgl. auch 2, 9; 2, 12; 3, 23): Juden und Heiden stehen alle, stehen samthaft und solidarisch unter der Sünde. Woher ist dieser Satz gesagt? Letztlich an der Beantwortung dieser Frage entscheidet sich mit vielem Anderen auch die Frage nach der rechten Auslegung von Röm. 1, 18 f. Befindet sich Paulus tatsächlich schon in diesen ersten Kapiteln mitten in der Entwicklung des 1, 17 angekündigten Themas? Oder ist alles in diesen Kapiteln Gesagte als ein großer Exkurs zu verstehen, dessen Inhalt anderswoher als aus dem Evangelium (1, 16) gewonnen wäre? Ist Gottes Zornesoffenbarung, in deren Auslegung Paulus jene Generalanklage und so im Besonderen auch die Anklage gegen die Heiden formuliert, tatsächlich nur die Schattenseite seiner Gerechtigkeitsoffenbarung? Oder denkt er dabei an irgend eine ganz andere, jener gegenüber selbständige Offenbarung? Redet er auch in diesen Kapiteln als Apostel Jesu Christi oder redet er von 1, 18 bis 3, 20 anthropologisch, als Religions- und Geschichtsphilosoph? Weiß er um das Urteil, unter dem die Juden mit den Heiden, die Heiden mit den Juden stehen, von daher, daß er sie im Lichte des Kreuzes und der Auferstehung Jesu Christi sieht? Oder weiß er darum auf Grund irgendwelcher selbständig, d. h. unabhängig von diesem Christusgeschehen gewonnenen religiös-ethischen Beobachtungen und Überzeugungen? Wir setzen hier voraus, daß er jedenfalls hinsichtlich der Juden, hinsichtlich der tötenden Wirkung des Gesetzes nicht aus einer besonderen, seiner Bekehrung und Berufung vorangehenden Erfahrung mit dem Gesetz als solchem, sondern auf Grund eben der Wendung weiß, in der er zum Glaubensgehorsam gegen Jesus Christus und zu dessen Apostel berufen, in der ihm dann auch die Erfüllung des Gesetzes in Jesus Christus und also auch die Unmöglichkeit aller eigenen Gesetzeserfüllung offenbar wurde. Gilt diese Voraussetzung, bilden die Aussagen von Röm. 7 u. 8 eine weder biographisch noch sachlich aufzuspaltende Einheit, ist der Satz Röm. 3, 20: daß es durch das Gesetz zur Erkenntnis der Sünde komme, ein prägnant christlich-apostolischer Satz, ist die ganze paulinische Lehre vom Gesetz und also auch deren Anwendung in Röm. 2 u. 3 als ein integrierender Bestandteil des evangelischen Kerygmas des Paulus zu verstehen, dann muß schon angesichts der literarischen Verklammerung von Röm. 1 und 2 dasselbe auch von der im Besonderen gegen die Heiden gerichteten Anklage Röm. 1, 18 f. gesagt werden. Man beachte, wie nachdrücklich Paulus Juden und Hellenen immer wieder zusammen nennt und im Guten wie im Bösen auf einen Nenner bringt (1, 16; 2, 9 f.; 3, 9). Wir sahen in anderem Zusammenhang, wie unwahrscheinlich es schon von 1. Kor. 1—2 her gesehen ist, daß Paulus die Gemeinde in Rom auch noch aus einem anderen als aus seinem christlich-apostolischen Wissen heraus anreden sollte. Es ist aber auch im Zusammenhang von Röm. 1 selbst nicht einzusehen, inwiefern Paulus von v 18 ab zu einem aus einem solchen anderweitigen Wissen geschöpften Exkurs ausholen sollte. Tut er das aber nicht, dann muß auch die im Zusammenhang von Röm. 1 allerdings entscheidende Stelle 1, 18 f. als integrierender Bestandteil seines evangelischen Kerygmas verstanden werden. Dieses Kerygma hat eben in der Tat — so gewiß sein Gegenstand der gekreuzigte und auferstandene Jesus Christus, so gewiß der Glaube an ihn Tod und Leben ist — auch eine Schattenseite, ohne deren Erkenntnis seine Lichtseite nicht zu erkennen wäre, mit deren Aufweis (und darum geht es Röm. 1—3) seine große, im Römerbrief beabsichtigte Darlegung beginnen muß. Das evangelische Kerygma ist nun aber für Alle, die es hören, Verkündigung von Offenbarung, Verkündigung einer Neuigkeit, und zwar der im Tod und in der Auferstehung Jesu Christi erschienenen Neuigkeit, und das nicht nur nach seiner Lichtseite, sondern gerade auch nach dieser seiner Schattenseite. Die Neuigkeit besteht für die Juden darin, daß ihr Besitz des Gesetzes sie nicht, wie sie meinen, rechtfertigt, sondern verdammt, weil es gerade das von ihnen verlangt, was sie, indem sie Jesus Christus verwarfen, verweigert haben. Sie sind verloren, wenn sie sich jetzt nicht als die Übertreter, als die sie sich erwiesen haben, im Glauben an eben diesen von ihnen gekreuzigten von Gott aber von den Toten erweckten Jesus Christus halten. Der mit Jesus Christus konfrontierte Jude ist objektiv der Übertretung seines eigenen Gesetzes überführt; er hat keine Entschuldigung mehr (2, 1); sein vermeintliches Halten des Gesetzes ist ja auf Golgatha aufgedeckt als dessen Verletzung auf der ganzen Linie. Ohne Ansehen der Person (2, 11) wird Gott auch ihn, gerade ihn, richten (2, 8 f.), und diesem Gericht wird er auf keinen Fall entrinnen können (2, 3 f.). Ihm bleibt als Möglichkeit der Errettung allein die andere Seite desselben für ihn so bedrohlichen Kerygmas: die ebenfalls in Jesus Christus offenbarte Glaubensgerechtigkeit, das Halten des Gesetzes in der dankbaren Anerkennung seiner Erfüllung durch den von ihm verworfenen, von Gott aber als solcher bestätigten Messias ganz allein. Eben diese Neuigkeit gilt nun aber in anderer Weise auch den Hellenen. Es gibt im Lichte des Todes und der Auferstehung Jesu Christi auch keine entschuldigten — durch ihr Heidentum, durch ihre Unkenntnis des Gesetzes Israels entschuldigten — H e i d e n mehr. Kann das Gesetz Israels die Juden nicht rechtfertigen, werden sie vielmehr durch das Gesetz selber, nämlich durch das in Jesus Christus erfüllte Gesetz als dessen Übertreter entlarvt — wie sollten etwa die Heiden dadurch entschuldigt sein, daß sie Heiden sind, daß sie das Gesetz nicht kennen? «Die ohne das Gesetz sündigten, werden auch ohne Zutun des Gesetzes verlorengehen. Und Alle, die unter dem Gesetz sündigten, werden durch das Gesetz gerichtet werden» (2, 12). Zu einer Aufdeckung (und von ihr redet die Stelle 1, 18—21) kommt es nun auch für die Hellenen: Von demselben Golgatha her, wo es offenbar wurde, daß die Juden ihr eigenes Gesetz nie gehalten haben, wird es klar, daß auch die Heiden sich an Gott von jeher nicht minder verantwortlich versündigt haben. Versündigt an der auch ihnen wohlbekannten Wahrheit! Gott war ihnen von jeher offenbar. Die Welt, die sie immer umgab, war immer seine Schöpfung, redete von seinem Wirken und damit von ihm selber. Sie waren, objektiv geurteilt, obwohl sie Gott die Ehre und den Dank verweigerten, obwohl in die Leerheit, Finsternis und Torheit des Götzendienstes versunken (1, 21 f.) immer Erkennende Gottes. Sie standen, objektiv geurteilt, auch indem sie die Wahrheit verleugneten und verrieten, immer in einem positiven Verhältnis zu ihr. Auch sie sind also unentschuldigt. (1, 20.) Auch gegen sie ist mit vollem Recht Anklage zu erheben; auch sie trifft der Zorn Gottes nicht als ein blindes Schicksal; auch sie müssen anerkennen, daß er sie von rechtswegen trifft. Sie müssen es als Rechtsspruch Gottes (δικαίωμα τοῦ θεοῦ) anerkennen, daß die, die solches tun — nämlich alles das, was sich aus ihrer Unterdrückung der Wahrheit offensichtlich und folgerichtig ergibt — des Todes würdig sind (1, 32). Man beachte wohl: Das Alles wird nicht aus dem Heiden heraus katechesiert als Inhalt eines Wissens, das sie an das Evangelium schon heranbringen, als Inhalt einer Reflektion, die sie wohl selber schon angestellt hatten oder doch selbst schon anstellen konnten. Das Alles ist für sie vielmehr eben so neu, wie das Urteil, daß die Juden das Gesetz nie gehalten, sondern immer übertreten haben, diesen ganz neu, d. h. vom Apostel Jesu Christi verkündigte Offenbarungswahrheit ist. Das Alles wird den Heiden als Wahrheit über sie selbst zugeschrieben, zugerechnet, imputiert: daraufhin, daß in und mit der Wahrheit Gottes in Jesus Christus auch die Wahrheit des Menschen offenbar geworden ist. Das Alles ist also n i c h t zeitlose, allgemeine, abstrakte Wahrheit, n i c h t geeignet, als Satzbildung einer vom apostolischen Kerygma auch nur einen Augenblick zu trennenden Anthropologie oder Religionsphilosophie oder Apologetik. Das Alles ist vielmehr die Schattenseite, die Gerichtsseite des den Heiden verkündigten Evangeliums. Das Alles ist das objektive Urteil über den Menschen, das darin und nur darin begründet ist, daß Jesus Christus, der von den Juden verworfen und gekreuzigt und am dritten Tage auferstanden ist, in und mit der Wahrheit Gottes auch die Wahrheit des Menschen, nämlich seine Hinordnung zu Gott ans Licht gebracht hat. In seinem Lichte wird Licht gesehen mitten in der Finsternis. Denn Licht in der Finsternis bedeutet das — nicht weniger aber auch nicht mehr als das — was Paulus nach dem ganzen Zusammenhang gesehen und gesagt hat: die Heiden können sich vor dem Gericht Gottes so wenig rechtfertigen wie die Juden; die in Jesus Christus erschienene Glaubensgerechtigkeit ist auch i h r e einzige Errettung. Und auch dieses Licht ist als solches nur gesehen und zu sehen in s e i n e m Licht, von Golgatha her, wie auch die Übertretung und Verlorenheit Israels nur von dorther zu sehen ist. Ein als zeitlose, allgemeine und abstrakte Wahrheit geltend zu machender Satz über eine natürliche Gottverbundenheit und Gotteserkenntnis des Menschen an sich und als solchen ist darum dem Text nicht zu entnehmen. Wir finden im übrigen Römerbrief und in den anderen Briefen des Paulus keine Spur, die darauf hindeuten würde, daß er mit einer solchen Wahrheit gerechnet hätte. Er bezeichnet den Menschen im Kosmos nicht als freiwilligen, sondern als unfreiwilligen Zeugen der Offenbarung. Er überbietet, er transzendiert ihn in derselben Weise, wie er schon in der Schöpfungsgeschichte dauernd überboten und transzendiert wird. Er nimmt ihn damit allerdings bitter ernst; er redet ihn höchst konkret an; aber der Ernst und die Konkretion liegen auch hier darin, daß Gottes Offenbarung in den Menschen im Kosmos mit der Souveränität der prophetisch-apostolischen Vollmacht h i n e i n gelesen wird. Man kann das, was Paulus damit tut, wohl Anknüpfung nennen. Man muß sich dann aber darüber Rechenschaft geben, daß der «Anknüpfungspunkt» gerade auf Seiten des Menschen nicht als schon gesetzt behandelt, sondern in und mit der Verkündigung des Evangeliums n e u g e s e t z t wird. — Noch viel schärfer und dichter weist in dieselbe Richtung die Areopagrede A c t. 17. Wir haben auf die Situation am Ende des Kapitels schon hingewiesen: als Paulus das Wort von der Auferstehung aussprach, klärte sich Alles sofort dahin, daß Spott und Langeweile von seiten der athenischen Philosophen ihm antworteten, einige Wenige aber sich ihm, indem er jenen den Rücken kehrt, anschlossen. Man beachte nun auch die Eingangssituation v 16 f.: Auf Seiten des Paulus «Entrüstung im Geist» über die Fülle der in Athen sichtbaren Götterbilder. Auf Seiten der Philosophen die Frage: «Was will doch dieser Schwätzer sagen?» oder: «Er scheint ein Verkündiger fremder Gottheiten zu sein (weil er das Evangelium von Jesus und von der Auferstehung verkündigte)» (v 18). Sie möchten die καινὴ διδαχή hören: «Denn du bringst befremdliche Dinge vor unsere Ohren» (v 19 f.). Und Lukas fügt erklärend hinzu: die Athener liebten nichts so sehr, wie das: etwas Neues zu sagen oder zu hören (v 21). Zwischen diesem Eingang und jenem Ausgang liegt die Areopagrede. Sollte sie wirklich im Unterschied zu dem, was Paulus Juden und Heiden sonst zu sagen hatte, zum größten und dann wohl entscheidenden Teil in der Darlegung bestanden haben, daß die Menschen schon ohne und vor Gottes Offenbarung in Jesus Christus in einem Verhältnis zu Gott stünden, auf das sie bei der Verkündigung des Evangeliums anzureden wären als auf ein Eigentum, in dessen Besitz sie mindestens die Möglichkeiten hätten, selbständig und von sich aus Zeugen der Wahrheit des Evangeliums zu werden? Verstand der Verfasser der Apostelgeschichte die Rede in diesem Sinn, dann muß es doch sehr auffallen, daß die auf diese Möglichkeit angeredeten stoischen und epikuräischen Philosophen am Ende dieses Berichts durchaus nicht so in Erscheinung treten, wie man es nach der in diesem Sinn verstandenen Rede erwarten sollte. Paulus hätte sie dann auf eine Möglichkeit angeredet, die jedenfalls gerade diesmal offenkundig n i c h t Wirklichkeit wurde. So durfte die Geschichte nicht verlaufen, wenn jenes der Sinn der Rede war; denn von einer natürlichen Ansprechbarkeit des Menschen für das Evangelium legt nun jedenfalls gerade diese Geschichte kein Zeugnis ab. Sollte Lukas das nicht bemerkt haben? Sollte er es zum zweiten Male nicht bemerkt haben? Schon bei der kürzeren Rede in Lystra (Act. 14, 15—17) kommt ja ein ähnlicher

1. Die Bereitschaft Gottes

Sinn in Frage. Aber auch dort endet gerade dieser vermeintliche Anknüpfungsversuch mit einem offenkundigen Mißerfolg. Wenn man mit einem solchen wiederholten literarischen Unglücksfall nicht rechnen will, dann kann diese Rede wie jene den bewußten Sinn nach der Meinung des Lukas nicht gehabt haben. Was wie ein Mißerfolg der paulinischen Missionsreden aussieht, ist für ihn dann vielmehr die normale, durch das Wort herbeigeführte Krisis über die Menschen: 1. Kor. 1, 23, daß der gekreuzigte Christus den Juden ein Ärgernis und den Heiden eine Torheit ist, steht ihm dann bei diesen Berichten der Sache nach vor Augen. Und er kann dann die paulinischen Reden an die Heiden nicht als Versuche, diesen Sachverhalt zu umgehen, verstanden haben. Paulus verkündigt dann nach seiner Meinung auch auf dem Areopag den gekreuzigten Christus grundsätzlich nicht anders als so, wie er ihn immer und überall verkündigt hat. Das ist freilich deutlich: die Areopagrede (v 22—31) widersetzt sich gerade jener Meinung, als handle es sich in der apostolischen Botschaft um ξενίζοντα, um eine καινὴ διδαχή, um eine von den vielen geistigen Neuigkeiten, die diese Welt als Neuigkeiten zu interessieren pflegten. Das Evangelium gehört nicht in diesen Bereich. Es ist gerade darin und so das schlechthin und wirklich Fremde und Neue, daß es nicht in diesen Bereich gehört, daß dieser Bereich — der Bereich der einander gegenseitig konkurrierenden und überbietenden geistigen Neuigkeiten des Menschen — von ihm her als in seiner Gesamtheit überholt, als der Bereich eines einzigen, schuldhaften und als solchen erledigten Mißverständnisses zu sehen, zu durchschauen ist. Das sagt die Areopagrede. Sie ist kein Versuch, die Welt der athenischen Philosophen aus sich selbst zu verstehen und von innen heraus zu überwinden, sondern sie ist die Ankündigung des diese Welt von außen — also gewiß diese Welt, aber diese Welt von außen — treffenden Gerichtes. So dämonengläubig ist dieses Athen — so beginnt Paulus — daß man unter seinen anderen Heiligtümern (σεβάσματα) schließlich auch noch auf einen «dem unbekannten Gott» errichteten Altar stößt! Wenn Paulus nun v 23b sagt: «Was ihr unwissend verehrt, das verkündige ich euch!» so hat er damit weder die athenischen Kulte in ihrer Gesamtheit, noch diesen Kult des unbekannten Gottes im besonderen als Anküpfungspunkt, gleichsam als die ihnen offenstehende Türe ins Freie bezeichnet: ἀγνοοῦντες εὐσεβεῖτε sagt er ja. Auch und gerade jener Altar bestätigt nur, daß sie gerade keine solche Türe ins Freie haben. Dem ihnen wirklich unbekannten Gott würden sie nämlich, wenn sie ihn nun wirklich doch als solchen erkannt hätten, im Unterschied zu ihrem Verhalten zu ihren sonst verehrten Gottheiten keinen Altar errichten. Er ist ja — das wissen sie nicht, das sagt ihnen Paulus — der Herr, der die Welt erschaffen hat und Alles was in ihr ist, der als der Herr des Himmels und der Erde nicht in Tempeln wohnt, die von Händen erbaut sind, und der sich nicht von Menschenhänden bedienen läßt, als bedürfe er dessen. Sie sind, indem dieser Altar neben allen ihren anderen Altären steht, auch in dieser ihrer scheinbar höchsten und besten Möglichkeit nicht die freiwilligen, sondern die unfreiwilligen Zeugen dieses Gottes. Sie können auf der ganzen Linie gerade nur dies und auch dies nur objektiv bezeugen: sie sind dessen bedürftig, daß der wahre Gott ihnen verkündigt werde. Ihre Ansprechbarkeit besteht darin, daß sie, offenkundig im Kreise von einer vermeintlichen Neuigkeit zur anderen irrend, in immer neuer «Frömmigkeit», immer wieder «unwissend» sich selbst als solche darstellen, die sich von der Wahrheit abgewandt haben, und denen es also unentbehrlich ist, daß ihnen die Wahrheit gesagt werde. Gott ist der, der selber nicht bedürftig, als Herr der Welt und der Geschichte Allen Alles gegeben hat und täglich gibt, der keinem von uns fern ist — «In ihm leben, weben und sind wir», wieder hat es in unwissender Frömmigkeit einer der Ihrigen selber gesagt: «Wir sind seines Geschlechts» — aber eben diese Wahrheit Gottes bezeugen sie selbst und von sich aus in der Weise, daß sie mit Gott umgehen, als könnte er einem χάραγμα τέχνης καὶ ἐνθυμήσεως ἀνθρώπου gleichgestellt werden, als gehörte er eben zum

Kosmos, als könnte er also als eine Neuigkeit unter anderen zu suchen, zu ertasten, zu finden sein. Auf diese ihre auch und gerade in ihren besten Möglichkeiten sich verratende, ihnen selbst aber als solche durchaus nicht einsichtige Unwissenheit hinsichtlich Gottes hat Paulus diese Athener angeredet. Von innen heraus war da gar nichts zu verstehen und zu überwinden. Von innen heraus argumentierend, ihre eigenen Möglichkeiten verstehend und bestätigend, sie innerhalb ihrer eigenen Möglichkeiten weiterführend irgend einer von ihnen selbst aus sichtbaren Grenze entgegen, hätte Paulus sie bestenfalls zur Aufstellung irgend eines weiteren Altars, zur Gleichsetzung Gottes mit irgend einem weiteren χάραγμα veranlassen können. Er hat aber nicht von innen heraus, sondern streng von außen her gegen sie argumentiert. Er hat ihr ganzes Suchen-, Ertasten- und Findenwollen Gottes — zusammengefaßt unter «die Zeiten der Unwissenheit» — der Gnade Gottes gegenübergestellt, in der dieser eben diese Zeiten der Unwissenheit «übersehen», d. h. als solche für abgeschlossen erklärt hat. Das Suchen-, Ertasten- und Findenwollen Gottes ist vorbei. Die stoische und epikuräische Philosophie und alle andere Philosophie ist zu Ende. Die ganze Einbeziehung Gottes in den Kosmos mit all den Neuigkeiten, zu denen es auf dem Boden dieses Unternehmens kommen mag, ist eine veraltete Sache, ist als solche unmöglich geworden. Sie können sie objektiv nur noch in dieser ihrer Überalterung und Unmöglichkeit bezeugen. Und eben so sind sie objektiv unfreiwillige Zeugen der Wahrheit des Evangeliums. Denn das ist das Evangelium, daß Gott jetzt — wie und woher sollten die Athener das von ihrer Welt her schon wissen oder auch nur wissen können? — allen Menschen (den Juden und den Heiden könnte hier nach Röm. 1—2 ergänzt werden) gebietet, umzukehren, damit nämlich, daß er den Tag des gerechten Gerichts über die ganze Welt anbrechen ließ, in dem Mann, den er dafür bestimmte und den er dadurch beglaubigt hat, daß er ihn von den Toten auferweckte. Schlechterdings Alles, was Paulus den Athenern zu sagen hat, ist hier offenbar als sein christlich-apostolisches Wissen um sie an sie heran und in sie hinein getragen. Weiß nun Einer von ihnen um den ihnen von Paulus verkündigten Gott, dann bestimmt nicht in Bestätigung dessen, was er vielleicht als Kultgenosse des unbekannten Gottes oder als Leser des Aratus schon zuvor wußte, sondern dann in einem ganz neuen Wissen um seine vorangehende völlige Unwissenheit, dann entdeckt und überführt in der Schuldhaftigkeit aller seiner Bemühungen um einen Gott, der schon als Gegenstand aller dieser Bemühungen Gott gar nicht sein konnte, dann in der Buße vor dem Richter seiner ganzen Geisteswelt, dann im Glauben an Jesus Christus, in welchem die neue Weltzeit der Erkenntnis des wahren Gottes, nämlich des gnädigen Schöpfers und Herrn der Welt angebrochen ist. Daß ihrer faktisch nur Wenige sind, die nun um diesen Gott wissen und also auf die Rede des Paulus anders antworten denn als Spötter oder als Gelangweilte, das ist nun in der Tat als der normale Verlauf der durch das Wort Gottes verursachten Krisis verständlich. Der Mensch im Kosmos, der in Act. 17 als Zeuge des Evangeliums sichtbar wird, ist wie Röm. 1, wie in den vorher berührten alttestamentlichen Texten der zum vornherein von Jesus Christus her gesehene, der in seinem Selbstverständnis zum vornherein und grundsätzlich überholte und überbotene Mensch.

Wir haben uns mit allen diesen Überlegungen und Untersuchungen die Sachordnung klargemacht, in der in der Bibel auf jener «Nebenlinie» auf den Menschen im Kosmos als auf den Zeugen der großen Taten Gottes in seiner Offenbarung hingewiesen wird. Wir dürfen uns danach für unterrichtet halten darüber, daß die hier in Betracht kommenden Aussagen sich sachlich so wenig wie formal von den Aussagen der «Hauptlinie» abspalten lassen, als würde in ihnen anderswohin gewiesen

1. Die Bereitschaft Gottes

als auf Gottes Gnadenoffenbarung, als bildete also nicht ein einziges, sondern ein doppeltes Zeugnis den Inhalt der Bibel. Von der Offenbarung her wird auf dieser Nebenlinie um der Offenbarung willen und der Offenbarung gemäß auf die Offenbarung hingewiesen.

Wir veranschaulichen uns diese Sachordnung hinsichtlich des Menschen im Kosmos abschließend an dem Hesekiel 1, 4—28; 10, 8—17; 11, 22 zuerst auftretenden und dann Apc. 4 eigentümlich wiederholten Gesicht von den vier Lebewesen *(chajat)* mit dem Menschen-, dem Löwen-, dem Stier- und dem Adlergesicht. Sie repräsentieren, in einer erstaunlichen Mittelstellung zwischen Engel, Mensch und Tier (im Einzelnen wohl Sinnbilder der vier Himmelsrichtungen, der vier Jahreszeiten bezw. der betr. Tierkreisgruppen) geschildert, dort wie hier zweifellos die bei aller Bewegtheit doch eindeutig — «ein jedes ging gerade vor sich hin» (Hes. 1, 9) — ausgerichtete göttliche Schöpfung als solche, von der dann bei Hesekiel der Weltlauf in Gestalt der ebenso merkwürdig geschilderten vier Räder noch einmal unterschieden, aber zugleich mit jener koordiniert wird. Denn «wohin jene der Geist zu gehen trieb, dahin gingen auch die Räder und sie erhoben sich zugleich mit jenen; denn der Geist der Lebewesen war in den Rädern. Wenn jene gingen, gingen auch sie, und wenn jene still stunden, standen auch sie still, und wenn jene sich vom Boden erhoben, so erhoben sich auch die Räder zugleich mit ihnen; denn der Geist der Lebewesen war in den Rädern» (1, 19—21; 10, 16—17). *Ideo quoties nos sollicitant res confusae ad desperationem, veniat nobis in memoriam haec sententia, nempe spiritum animalium esse in rotis. Et certe quando subinde trepidamus in rebus dubiis: quid fieret, nisi acquiescamus in hac doctrina?* (Calvin, Komm. zu Hes. 1, 21 C. R. 40, 48). Die Tatsache, daß der Geist dieser Lebewesen die Räder und also den Weltlauf regiert, ist aber darum tröstlich, weil diese Lebewesen selbst und also die Werke der göttlichen Schöpfung als solche, ob ihre Flügel in Bewegung oder in Ruhe sind, unter einem leuchtenden Firmament *(rakia,* einer Platte?) stehen, anzusehen wie ein Saphirstein «mit etwas, wie einem Throne darauf und auf dem, was wie ein Thron aussah, war eine Gestalt, wie ein Mensch anzusehen, oben darauf... und strahlender Glanz umgab rings die Gestalt. Wie der Bogen, der am Regentag in den Wolken erscheint, so war der strahlende Glanz ringsum anzusehen. Das war das Aussehen der Gestalt, in der die Herrlichkeit des Herrn erschien» (1, 26—28). Ist es nun erlaubt oder nicht geradezu geboten, Gewicht darauf zu legen: das Alles gibt sich nicht als eine direkte Anschauung der Welt und des Weltlaufs, sondern nach Form und Inhalt als der Gegenstand einer prophetischen Vision, die als solche von den sonstigen Gegenständen der prophetischen Botschaft nicht zu trennen ist? Ferner: Ist es erlaubt oder ist es nicht geradezu geboten, anzunehmen: Von jener Gestalt in der Höhe aus haben die Lebewesen ihren Geist, der dann wieder in den Rädern wirksam ist? Ferner: Ist es erlaubt oder nicht geradezu geboten, bei dem mit dem Regenbogen verglichenen Glanz dieser Gestalt an Gen. 9, 12 f. zu denken, wo eben der Regenbogen als das Zeichen des Bundes zwischen Gott und allen lebenden Wesen beschrieben wird: des Noahbundes, der dann die Voraussetzung des Bundes vom Sinai und Golgatha wird? Und endlich: Ist es erlaubt oder ist es nicht geradezu geboten, unter dieser unzweifelhaft die Stelle Gottes selbst einnehmenden Menschengestalt mit Calvin (ib 40, 56) die *tota Deitas manifestata in carne,* d. h. Jesus Christus, zu verstehen? In der neutestamentlichen Parallele Apc. 4 ist merkwürdigerweise gerade von diesem Bestandteil des Hesekieltextes nicht ausdrücklich Gebrauch gemacht, wie hier auch von den vier Rädern neben den vier Lebewesen nicht die Rede ist. Dafür wird hier das Gesicht in anderer Hinsicht noch verständlicher: Es ist eine Türe im Himmel, die der Seher hier geöffnet sieht; er wird eingeladen, «hier herauf» zu kommen, und eine Stimme erklärt: «Ich will dir sagen, was hernach geschehen soll» (v 1).

Noch eindeutiger ist damit offenbar der eschatologische Charakter des nun beschriebenen Sehens hervorgehoben. Und dann erscheinen die vier Lebewesen innerhalb einer bestimmten, rings um den Thron der Herrlichkeit Gottes aufgebauten Ordnung, und innerhalb dieser Ordnung in einer ganz bestimmten Funktion. Sie stehen als innerster Kreis jenem auch hier von einem Regenbogen umgebenen (v 3) Throne zunächst, von ihm getrennt nur durch das gläserne Meer, das hier an die Stelle des Firmamentes bei Hesekiel getreten zu sein scheint; sie sind dann (als von einem zweiten Kreis) ihrerseits umgeben von den sieben als brennende Fackeln bezeichneten Geistern Gottes (die in der Apokalypse die Bedeutung haben, die im übrigen Neuen Testament dem einen Heiligen Geist zukommt), während um diese herum ihrerseits (als dritter und äußerster Kreis) auf vierundzwanzig Thronen die vierundzwanzig, mit goldenen Kronen geschmückten Ältesten — offenbar die himmlischen Repräsentanten der Kirche — ihren Ort haben. Man kann sich fragen, ob die Anordnung — natürlich abgesehen von dem die Mitte bildenden, Alles überhöhenden Throne Gottes — nicht geradezu amphitheatralisch gedacht ist, so daß die vier Lebewesen zwar den innersten, aber zugleich den niedrigsten Kreis bilden würden, beleuchtet von den sieben Geistern, die zwischen ihnen und den Ältesten die Mitte bilden. Sicher muß auf diese vermittelnde Rolle des Geistes geachtet werden, wenn wir nun hinsichtlich der Funktion der vier Lebewesen hören, daß sie «Tag und Nacht ohne Ruhepause sprechen: Heilig, heilig, heilig ist der Herr, der allmächtige Gott, der da war und der da ist und der da kommt» (v 8). Man muß die trinitarische und zugleich heilsökonomische Abwandlung des *Sanctus* von Jes. 6, 3 beachten: daß Gott Gott ist in den drei Zeiten der Erwartung, der Gegenwart und der Erinnerung, d a s erscheint hier — und wohlverstanden: hier gerade im Munde der Schöpfung — als das eigentliche Prädikat des allmächtigen Gottes. Gerade die Schöpfung kennt und verkündigt eben diesen Gott. Und eben als Antwort auf dieses Lob Gottes geschieht es dann, daß im dritten und äußersten Kreis die 24 Ältesten von ihren Thronen steigen, sich niederwerfen, ihre Kronen vor dem Thron Gottes niederlegen und nun ihrerseits einen Hymnus auf den Schöpfer anstimmen: «Würdig bist du, unser Herr und Gott, zu empfangen den Preis und die Ehre und die Macht; denn du hast alle Dinge geschaffen und durch deinen Willen waren sie, wurden sie geschaffen» (v 9—11). Das ist im Unterschied zu jenem ununterbrochenen Lobgesang der Schöpfung offenbar ein einmaliges, gewissermaßen geschichtliches Geschehen. Gerade in der Sache, auf die es hier ankommt, trifft Apc. 4 mit Hes. 1 und 10 genau zusammen. Wie die vier Lebewesen bei Hesekiel die Träger des Thrones des von der Herrlichkeit Gottes umgebenen M e n s c h e n sind, so singen sie in der Apokalypse das Lob des d r e i e i n i g e n Gottes — Er ist es, der offenbar auch hier der Inhaber des Thrones ist — und d a r a u f h i n wird dann dieser (von der Kirche!) als der S c h ö p f e r gepriesen. Es veranschaulichen also die beiden Gesichter die Tatsache, daß die Bibel, auch wenn sie das Zeugnis des Menschen im Kosmos in ihr eigentliches Zeugnis aufnimmt, dieses ihr eigentliches Zeugnis damit keineswegs abbrechen läßt, nicht etwa durch ein anderes ersetzt, sondern vielmehr jenes in ihr eigentliches Zeugnis einbezieht und also wirklich auch dann, auch auf dieser Linie, von der Offenbarung her, um der Offenbarung willen und der Offenbarung gemäß, auf die Offenbarung selbst hinweist.

Damit haben wir nun aber festgestellt, daß uns die heilige Schrift weder vor die Notwendigkeit stellt, noch uns auch nur die Möglichkeit gibt, mit einer nicht in und mit seiner Offenbarung gegebenen, nicht an sie gebundenen Erkennbarkeit des Gottes der Propheten und Apostel und insofern mit einer «christlichen» natürlichen Theologie zu rechnen. Von der heiligen Schrift her ist uns eine «andere» Aufgabe der Theologie nicht gestellt und auch nicht uns selber zu stellen erlaubt. Von der heiligen Schrift her sind wir weder aufgefordert noch auch nur autorisiert, uns nach einer Bereitschaft Gottes für den Menschen umzusehen, die von der in der Gnade seines Wortes und Geistes verschieden wäre. Und das bedeutet nun in unserem Zusammenhang: auch diese dritte Erklärung der faktischen Vitalität der natürlichen Theologie genügt nicht. Würde sie genügen — wir haben dies schon anerkannt — dann würde sie für sich allein so gewichtig sein, daß die natürliche Theologie auch durch sie allein gerechtfertigt wäre: wir würden dann auch das über die beiden zuerst genannten Punkte Gesagte in Wiedererwägung zu ziehen und uns ein anderes, besseres Urteil auch dort zu bilden haben; denn wie sollten wir uns dann nicht auch dort so oder so danach zu richten haben, daß von der Schrift her nun einmal eine andere Sicht des ganzen Problems geboten sei? Aber eben von der Schrift her hörten wir nun erst recht das Gebot, nach einer anderen Erkennbarkeit Gottes als der uns in der Gnade seiner Offenbarung geschenkten nicht zu fragen. Damit sind nun doch wohl auch unsere früheren Erwägungen, die uns ja sachlich zu demselben Ergebnis führten, als schriftgemäß bestätigt.

4. Und nun bleibt uns nur noch übrig, uns zum Schluß zu fragen, ob denn etwa noch eine andere, eine vierte Beantwortung unserer Frage möglich sein und sich als tragfähig erweisen sollte. Man könnte nach allem Vorangegangenen wohl entmutigt sein und sich damit abfinden wollen, daß die Vitalität der natürlichen Theologie nun einmal offenbar ein unerklärliches Phänomen der Kirchengeschichte sei, und daß man sich, ohne sie von innen zu durchschauen, damit begnügen müsse, die Gründe zu kennen, um derenwillen man sie negativ zu beurteilen, um derenwillen man also von ihr zu lassen habe. Aber damit kann man sich nicht abfinden, weil die Frage viel zu ernst und praktisch fortwährend viel zu belangvoll ist, als daß man sie unbeantwortet im Rücken behalten könnte. Kann man jenes negative Urteil und die ihm entsprechende Entscheidung im Gehorsam vollziehen, so muß man doch wissen, was man dabei tut und nicht tut. Sonst ist nämlich der Gehorsam kein rechter Gehorsam, sonst läuft man dauernd Gefahr, unversehens doch wieder in Ungehorsam zu verfallen. Wir müssen uns über die eigentliche Möglichkeit der Entstehung und des Bestandes der natürlichen Theologie im Raum der Kirche, über die eigentliche Möglichkeit schon des scheinbar nicht zu unterdrückenden Wunsches und Rufes nach ihr Rechenschaft ablegen können, sonst sind wir sie nicht los, sonst wissen wir nicht einmal, was das heißen würde, sie wirklich los zu sein. Und nun ist es tatsächlich trotz der unbefriedigenden Ergebnisse unserer bisherigen Überlegungen auf einer von den bisher beschrittenen ganz abweichenden Linie nicht unmöglich, sich darüber Rechenschaft abzulegen.

§ 26. *Die Erkennbarkeit Gottes*

Wir gingen aus von der Feststellung, daß scheinbar nichts einfacher und selbstverständlicher sein sollte als die Erkenntnis, daß wir Gottes Erkennbarkeit nur in der Bereitschaft Gottes selbst finden, daß wir sie nur aus der freien Gnade und Barmherzigkeit seiner Offenbarung dankbar entgegennehmen können als das uns zugänglich gemachte Unzugängliche, daß also jede nach einer anderen Erkennbarkeit Gottes ausschauende Theologie auf dem Boden der Kirche diskussionslos unmöglich ist: diskussionslos, weil jede solche Theologie schon in ihrem Ansatz anderswohin schaut als dahin, wo Gott sich selbst hingestellt hat, und damit schon in ihrem Ansatz ein Attentat auf den christlichen Gottesbegriff bedeutet. Warum ist das Alles nun eben doch nicht so einfach und selbstverständlich? Warum kann eine solche Theologie — trotz aller Nichtigkeitserklärungen, wie die, von denen wir jetzt eben herkommen — faktisch immer wieder aufstehen, in immer neuen Formen (als wäre nichts gegen sie gesagt, als wäre sie nicht widerlegt!) sich aufs neue anmelden, auch in ganz anders angesetzte theologische Versuche aufs neue sich einschleichen und wie eine Wucherpflanze auch die scheinbar gesundesten Stämme umschlingen, krank machen und schließlich zum Absterben bringen? Kein Zweifel — es hätte keinen Sinn, sich die Augen vor der Tatsache zu verschließen — daß sie das tatsächlich k a n n und zwar kann in einem Ausmaß, das man gar nicht hoch genug einschätzen kann, und mit einer Wucht, die, wenn sie einmal entfesselt ist, alle entgegenstehenden Bedenken und auch alle noch so sorgfältigen und vollständigen Nichtigkeitserklärungen wegzufegen pflegt.

Sie konnte — um noch einmal nur der geschichtlichen Hauptdaten zu gedenken — schon in der ältesten nachapostolischen Kirche — in der Kirche der Märtyrer! — als vermeintlich unumgängliches Instrument im literarischen Kampf gegen das Heidentum sofort zur selbstverständlichen antikisierenden Nebensäule der christlichen Theologie werden. Sie konnte sich einem Augustin trotz seiner wahrhaftig konsequenten Entwicklung des soteriologischen Gnadenprinzips in Gestalt der platonischen Gottesidee als wissenschaftliche Grundlage seines kirchlich-christlichen Denkens empfehlen. Sie konnte — nicht ohne Zusammenhang mit der von Konstantin eingeleiteten äußeren Neuordnung des Verhältnisses von Kirche und Imperium — nach der Wiederentdeckung des Aristoteles die Macht über die mittelalterliche Theologie bekommen, die endlich und zuletzt in den Formeln des Vatikanums (in Kanonisierung der Spitzenleistung des Thomas von Aquino) sichtbar geworden ist. Sie konnte sich (und das war vielleicht ihr bisher größtes Meisterstück) vor den im übrigen so scharfen Augen der Reformatoren in der Weise verborgen halten oder als harmlos hinstellen, daß es wohl zu einem neuen, den Augustinismus noch übertreffenden Bekenntnis zu der freien Gnade nach der soteriologischen, inhaltlichen Seite dieses Begriffes, und positiv, in der Wiederaufrichtung des Schriftprinzips, wohl auch zu einem neuen Bekenntnis zu der Einheit der Offenbarung Gottes in Jesus Christus — leider aber nicht in derselben Klarheit negativ zu einer grundsätzlichen Ausscheidung der Frage nach einer anderen Offenbarung und Erkenntnis Gottes gekommen ist, so daß Unsicherheiten und auch nicht zu leugnende tatsächliche Inkonsequenzen in dieser Hinsicht schon bei ihnen selbst möglich geworden sind. Sie konnte gleichzeitig mit der Reformation im sogenannten Humanismus, der entscheidend in einer Wiederentdeckung der spätantiken Stoa bestanden hat, ganz neue Formen und Einbruchsstellen gewinnen, die in der Lehre der außer- und innerkirchlichen Spiritualisten schon des 16. Jahrhunderts alsbald sichtbar wurden. Sie konnte sich wieder einer Märtyrerkirche — diesmal der französischen — so empfehlen, daß es (im Widerspruch zu Calvins Vorlage) zu jenem Unfug kommen konnte, der in Art. 2 der *Confessio Gallicana* zu lesen steht und der von da aus flugs auch in die *Confessio Belgica* (Art. 2—3) übergegangen ist. Und sie konnte sich den Nachfolgern der Reformatoren, kaum daß diese die Augen geschlossen hatten — in einem Jahrhundert, das im übrigen gewiß noch immer zur «Heldenzeit» des Protestantismus zu rechnen ist — als unentbehrliches Prolegomenon der Theologie im Zug derselben Entwicklung nahelegen, in der die evangelischen Kirchen sich fast bedenkenlos in ein neues, alles Frühere weit übertreffendes Staatskirchentum hineinsteuern ließen. Sie konnte dann im 18. Jahrhundert die Herrschaft, die sie heimlich schon lange ausgeübt hatte, in aller Öffentlichkeit antreten. Sie konnte sich im Zusammenhang mit den weltanschaulichen Umwälzungen vor dem wissenschaftlichen wie vor dem populären Bewußtsein der Neuzeit geradezu den Anschein geben, das eigentliche Grunddogma, die in allen Stürmen zweifelsfrei zu behauptende Zentrallehre des Christentums zu sein. Und es hat bis jetzt noch keinen Erneuerungsversuch auch innerhalb der evangelischen Theologie gegeben, den sie nicht, alle wirkliche Erneuerung in Frage stellend, offen oder heimlich, aus der Nähe oder aus der Ferne, mit ihren Polypenarmen begleitet und früher oder später ruiniert haben würde. Die natürliche Theologie kann, aller Nichtigkeitserklärungen ungeachtet, so viel, daß man sich ernstlich fragen muß, ob diejenigen nicht recht haben, die die Geschichte der christlichen Theologie und Kirche überhaupt als eine einzige Geschichte des Verhältnisses von Vernunft und Offenbarung, von Philosophie und Theologie, das heißt als eine einzige Geschichte eben der «christlichen» natürlichen Theologie darzustellen pflegen. Zweifellos ist das eine dürftige, eine langweilige, eine letztlich unfruchtbare und falsche Konzeption. Aber man kann diejenigen schon verstehen, die daran verzweifelt sind, ihr ausweichen und das Thema der Kirchengeschichte als ein selbständig gestelltes und zu behandelndes Thema verstehen zu können. Die natürliche Theologie konnte kein Geringes: sie konnte scheinbar das ganze Bild der Kirchengeschichte beherrschen, und man muß über den Grund dieses Könnens schon sehr im Klaren sein, um nicht zugeben zu müssen, daß sie es tatsächlich beherrscht hat und um dann im Kampf gegen diese Hydra, auch wenn man sie als solche erkannt hat, nicht vielleicht doch müde zu werden. Man hat an sich ganz recht wenn man zur Verteidigung einer christlichen natürlichen Theologie nicht in letzter Linie den *consensus ecclesiae,* das mehr oder weniger dicht immer und überall sichtbare Auftreten dieses Phänomens anzuführen und dem gegenüber den grundsätzlichen Kampf gegen dieses Phänomen als eine unerhörte Neuerung zu verdächtigen pflegt. Es fragt sich nur, um welchen *consensus ecclesiae* es sich hier handelt, und eben danach soll jetzt gefragt werden.

2. DIE BEREITSCHAFT DES MENSCHEN

Die angekündigte vierte Untersuchung der Frage nach der Vitalität der natürlichen Theologie gehört in einen selbständigen Rahmen, nämlich in den Rahmen des zweiten Themas unseres §: in die Untersuchung der Frage nach der nun auch als Bereitschaft des Menschen zu verstehenden Erkennbarkeit Gottes. Wir haben uns eingangs darüber verständigt: Es gäbe keine Erkennbarkeit Gottes, wenn darunter nicht auch eine Bereitschaft des Menschen zu verstehen wäre. Kann sie keine selbständige, keine letztlich in sich bezw. im Wesen und Tun des Menschen begründete sein, kann sie die Bereitschaft Gottes in keinem Sinn begrenzen, kann zwischen ihr und der Bereitschaft Gottes nicht etwa ein Verhältnis gegenseitiger Bedingtheit stattfinden, so ist sie darum doch nicht etwa zu leugnen. «Gott ist erkennbar» heißt: «Gott kann erkannt werden». Wir haben dieses Können im ersten Abschnitt dieses § dahin interpretiert, daß es nicht nur zuerst und entscheidend, sondern einzig und allein in der Bereitschaft Gottes, d. h. in der in der Gnade und Barmherzigkeit seiner Offenbarung uns geschenkten Erkennbarkeit Gottes besteht. Eben in der hier einzig und allein in Betracht kommenden Bereitschaft Gottes ist nun aber die Bereitschaft des Menschen eingeschlossen. Damit und darin, daß Gott von sich aus bereit ist, vom Menschen erkannt zu werden, ist auch der Mensch bereit, ihn zu erkennen. Es ist keine Anmaßung, das zu behaupten, sondern es wäre Rebellion, das zu leugnen. Umfaßt und begründet, begrenzt und bestimmt durch die Bereitschaft Gottes, nicht selbständig, sondern mittelbar, nachfolgend ihr gegenüber, durch jene aus dem Nichts ins Sein, aus dem Tode ins Leben gerufen, schlechthin abhängig von der Erkennbarkeit Gottes aus und durch sich selbst, aber gerade in dieser schlechthinigen Abhängigkeit so wirklich wie es das Geschöpf überhaupt in seinem Verhältnis zum Schöpfer nur sein kann, gibt es eine Bereitschaft des Menschen, Gott zu erkennen. — Und es ist offenbar der Rahmen des uns damit gestellten Problems, in welchem unsere Überlegungen über das Phänomen der «natürlichen Theologie» zu ihrem Ziel kommen müssen. Eben um das Problem der Bereitschaft des Menschen zur Erkenntnis Gottes kreist ja in ihrer Weise auch alle natürliche Theologie. Sie tut es in ihrer, d. h. in der Weise, daß sie die Bereitschaft des Menschen zu einem selbständigen Faktor erhebt, daß sie also die Bereitschaft Gottes nicht als die einzig und allein in Betracht kommende versteht, die Bereitschaft des Menschen nicht als eingeschlossen in jene, nicht als schlechthin abhängig von ihr! Sie behandelt das Problem in der Weise, daß sie neben der Erkennbarkeit Gottes in seiner Offenbarung eine zweite, anderweitig begründete, behauptet. Sie redet von einer «anderen» Aufgabe der Theologie neben der der Erklärung der Offenbarung Gottes. Diese ihre Behandlung des Problems haben wir ablehnen müssen. Das Problem selbst aber können wir nicht ablehnen. Ist Gott erkennbar, dann ist es notwendig, auch danach zu fragen, inwiefern er dem Menschen erkennbar sei. Läßt sich diese Frage recht beantworten, dann muß eben in und mit dieser rechten Antwort auch sichtbar werden, was uns von den Leistungen, von der pädagogischen Brauchbarkeit, von der biblischen Begründung der natürlichen Theologie aus nicht sichtbar werden konnte: die Möglichkeit der Entstehung und des Bestandes und eben damit das Geheimnis der Vitalität

2. Die Bereitschaft des Menschen 143

der von der natürlichen Theologie gegebenen unrechten Antwort. Es wird uns aber auch dann erst die Möglichkeit und Tragweite unserer Ablehnung dieser unrechten Antwort in derjenigen Tiefe sichtbar werden, in der sie als Ablehnung allein sinnvoll und begründet sein kann.

Es scheint zunächst verhältnismäßig einfach, sich klar zu machen, was zu der in die Bereitschaft Gottes eingeschlossenen Bereitschaft des Menschen unter allen Umständen gehören muß. Die Bereitschaft Gottes ist Gottes Gnade, haben wir gesehen. So muß die Bereitschaft des Menschen offenbar seine Bereitschaft für die Gnade sein. Was heißt das? Offenbar seine Empfänglichkeit, seine Aufgeschlossenheit für die Gnade, d. h. aber seine Offenheit für die majestätische, die freie, die unverdiente, die unvorhergesehene, die neue, die ganz in Gottes Eigenmacht begründete Offenheit Gottes für den Menschen. Wir können auch sagen: seine Offenheit für das Wunder, daß Gott nicht nur in sich selber der Herr, der Schöpfer, der Versöhner und Erlöser und nicht nur sich selber offen ist als der Vater, der Sohn und der Heilige Geist, sondern daß er das Alles nun auch für ihn, den Menschen, ist. Es ist ohne Weiteres klar: gibt es diese Offenheit nicht, dann auch keine Erkennbarkeit des Gottes, der uns in seiner Gnade erkennbar ist. Man kann dann in weiterer Beschreibung dieser Offenheit ein Dreifaches unterscheiden: Einmal nämlich die Bedürftigkeit des Menschen für dieses Wunder der Gnade: Er kann dieses Wunder nicht entbehren. Und anders als in diesem Wunder wird ihm Gott nicht erkennbar werden. Seine Situation ist objektiv eine solche, daß er Gottes Gnade nötig hat und daß er auf Gottes Gnade als Gnade angewiesen ist. Er könnte nicht ebensogut sein, ohne Gott zu erkennen. Und er könnte ihn nicht ebensogut ohne seine Gnade erkennen. Gnade ist ihm in diesem doppelten Sinn notwendig. Zweitens: Es gehört zu dieser Offenheit eine bestimmte Erkenntnis: zunächst die Erkenntnis seiner Bedürftigkeit in dem eben umschriebenen doppelten Sinn, sodann die Erkenntnis, daß Gottes Gnade objektiv wirklich ist. Eines wird nicht ohne das Andere zu erkennen sein. Wo die Bedürftigkeit nicht sichtbar ist, da wird auch die Gnade Gottes unsichtbar sein. Und ohne die Gnade Gottes zu sehen, wird auch niemand seine Bedürftigkeit einzusehen vermögen. Und drittens: Es gehört zu jener Offenheit die subjektive Willigkeit des Menschen, Gottes Gnade anzunehmen für seine Bedürftigkeit, die Willigkeit, sich den göttlichen Übergriff gefallen zu lassen als Antwort auf sein eigenes Entbehren Gottes, auf seine eigene Unfähigkeit, ihn zu erkennen, die Willigkeit also, dem Wunder der Gnade nicht auszuweichen, sondern standzuhalten. — Bis dahin ist Alles leidlich klar und selbstverständlich: die Bereitschaft des Menschen, Gott zu erkennen, besteht — und das so, daß alle drei unter sich zusammenhängen und sich gegenseitig bedingen — in seiner Bedürftigkeit für die Gnade, in seiner Erkenntnis der Gnade, in seiner Willigkeit für sie. Wie sollte es eine

Erkennbarkeit Gottes für den Menschen geben (wenn Gottes Erkennbarkeit eben Gottes Gnade ist!), ohne daß diese eine und dreifache Voraussetzung erfüllt wäre?

Das Alles ist richtig: nur zu richtig! Denn über der nicht zu leugnenden Sachlichkeit und Vollständigkeit, in der man solche Feststellungen machen kann, übersieht man leicht die Tatsache, daß mit Allem, was auf dieser Ebene noch so richtig und wichtig zu sagen ist, über die wirkliche Bereitschaft des Menschen, Gott zu erkennen, noch gar nichts gesagt ist. Es ist natürlich überaus wahr: wo Gott erkennbar ist, wo sich also, in seine eigene Bereitschaft eingeschlossen, auch die entsprechende Bereitschaft des Menschen findet, da findet sich notwendig, sozusagen als *conditio sine qua non* auch die beschriebene Offenheit. Aber diese Offenheit für sich und als solche ist noch nicht jene Bereitschaft. Sie könnte, allein als solche, und also als die Offenheit des Menschen beschrieben, tatsächlich auch bei völliger Verschlossenheit des Menschen für die Bereitschaft Gottes stattfinden. Ja, wir müssen geradezu sagen: allein als solche, allein als die Offenheit des Menschen, findet sie tatsächlich immer bei solcher völliger Verschlossenheit statt. Es liegt ja die tiefste und eigentliche Bedürftigkeit des Menschen für das Wunder der Gnade nicht darin, daß er sie objektiv nötig hat, und daß er es objektiv nötig hat, daß sie ihm als Gnade zuteil werde — sondern darin, daß er in der Lage ist, sich selbst diese seine Bedürftigkeit zu verdecken und zu verbergen: vor sich selbst und dann — wenn auch lügnerisch — auch vor Gott nicht dieser Bedürftige, sondern ein reicher Mann zu sein, der auch ohne Gottes Gnade sein, oder der sich diese auch selbst zusprechen kann. Er ist aber nicht nur zufällig und vorübergehend, sondern er ist dauernd, weil von Hause aus, in dieser Lage. Es steht nicht in seiner Macht und Wahl, in einer anderen Lage zu sein. Er macht als natürlicher Mensch immer und überall von dieser Möglichkeit Gebrauch. Er spielt in seinem objektiven Elend immer und überall jenen reichen Mann. Eben in diesem Spiel begriffen, wird er aber der Bereitschaft Gottes gegenüber notwendig verschlossen sein. Ihn wird aber auch die Erkenntnis seiner Bedürftigkeit und die Erkenntnis der Gnade Gottes an sich und als solche nicht weiterführen. Wohl kann ihm im Lichte seiner Bedürftigkeit die Wahrheit der Gnade und im Lichte der Gnade Gottes seine eigene Bedürftigkeit einsichtig werden. Aber man vergesse nicht: die Erkenntnis des Menschen an sich und als solche ist jene gar nicht kräftige, sondern sehr ohnmächtige und gar nicht heilvolle, sondern sehr unheilvolle Erkenntnis des Guten und Bösen, mit deren Besitz der Mensch werden wollte wie Gott, um gerade so ins Elend zu kommen und um gerade so der Gnade Gottes fremd zu werden. Was kann und wird es unter diesen Umständen bedeuten, wenn der Mensch seine Bedürftigkeit und Gottes Gnade erkennt? Wird er unter diesen Umständen wirklich seine durch Gottes Gnade ge-

2. Die Bereitschaft des Menschen

stillte wirkliche Bedürftigkeit erkennen, oder wird die von ihm erkannte Bedürftigkeit nicht vielmehr ein abstraktes Elend sein, das mit seinem wahren Stand vor Gott nichts zu tun hat, das ihn vielleicht schmerzen mag, das aber als solches auch rasch genug wieder in sein Gegenteil, nämlich in die Euphorie des als Zöllner sich gebärdenden Pharisäers, des als König sich fühlenden Bettlers umschlagen kann? Und wird er unter diesen Umständen wirklich Gottes seine Bedürftigkeit stillende Gnade erkennen, oder wird die von ihm erkannte Gnade nicht vielmehr ein abstraktes Gesetz sein, das ihn jetzt durch seine Hoheit und Härte zu Boden drückt, um ihm jetzt doch wieder den Traum zu erlauben, daß er es vielleicht auch erfüllen könnte? Eben so wird er aber trotz und wegen seiner Erkenntnis der Bereitschaft Gottes gegenüber nach wie vor verschlossen sein. Und diese Verschlossenheit wird er dann auch mit keiner noch so großen Willigkeit zu durchbrechen vermögen. Denn was kann auch seine größte Willigkeit an sich und als solche Anderes bedeuten, als seine Bereitschaft, sich lebensmäßig jener von ihm (von ihm!) erkannten Dialektik von Bedürftigkeit und Gnade hinzugeben? Die Willigkeit seines Willens wird den fatalen Kreislauf dieser Dialektik nicht durchbrechen! Er wird gewiß willig sein, als Bedürftiger zu leben, und wird es doch nicht hindern können, daß er sich auch in seiner größten Bedürftigkeit irgendwo als den reichen Mann fühlt und benimmt, der sich mit seiner Bedürftigkeit sehr wohl abzufinden und also sehr wohl anders denn als wirklich Bedürftiger zu leben weiß. Und er wird gewiß willig sein, von Gottes Gnade zu leben; er wird dies aber faktisch bei aller Willigkeit nicht tun, weil er auch mit der Gnade Gottes nur umgehen kann, als müßte er sie wollen: dann wird sie ihm zum Gesetz, das ihn in die Verzweiflung stößt — oder als könnte er sie wollen: dann wird sie ihm zu einem angeblichen Besitz, der ihn als solcher leichtsinnig machen muß. Er wird so oder so, trotz und wegen seiner Willigkeit, der Bereitschaft Gottes nach wie vor verschlossen bleiben. — Wir sind also mit unserer Analyse der Vorstellung von menschlicher Offenheit der wirklichen Bereitschaft des Menschen, Gott zu erkennen, noch keineswegs näher gekommen. Wie man immer diese Analyse erweitern und vertiefen möge: immer werden wir darauf stoßen, daß die Offenheit des Menschen an sich und als solche nicht nur bedeuten kann, sondern faktisch und praktisch bedeutet: seine Verschlossenheit für die Bereitschaft Gottes, seine eigene Nicht-Bereitschaft und also nicht die Erkennbarkeit, sondern die Unerkennbarkeit Gottes. Bei dem, was uns da (eingeschlossen in die Bereitschaft von Gottes Seite!) auf der Seite des Menschen begegnet, werden wir dann notwendig nur an jenes Verschlossensein «in den Ungehorsam» (Röm. 11, 32) denken können.

Und nun würden wir auch damit nicht weiter kommen, daß wir von der vorausgesetzten Vorstellung aus vorzustoßen versuchen würden zu der

Vorstellung einer **wirklichen** Offenheit und also einer **wirklichen** Bedürftigkeit, Erkenntnis und Willigkeit des Menschen. Dieser Versuch kann allerdings gemacht werden, und es lohnt sich wohl, uns klar zu machen, wie das etwa zu geschehen hätte. Es könnte nämlich eingewendet werden, daß wir bei unseren bisherigen Überlegungen die Realität der auf Seiten des Menschen wie von Seiten Gottes in Betracht kommenden Faktoren noch gar nicht in Betracht gezogen hätten. Auf Seiten des **Menschen** zunächst: Er lebt doch eine Existenz, in der er real schuldig wird, in der er real auf seine Grenzen stößt, die höchst real mit dem Tode endigt. Er kann real zweifeln an dem Sinn seiner Existenz. Er kann sich real fürchten. Er kann real verzweifeln. Und in irgend einer Tiefe ist er offen oder heimlich dieser Möglichkeit real bewußt und real darauf anzusprechen. Er ist also ebenso real auch der Gnade Gottes bedürftig. Die Lüge dagegen, mit der er sich über seine Verlorenheit hinwegzusetzen versucht, die Lüge, in der er den reichen Mann spielt, ist keine Realität. Man verstehe den Menschen besser, als er sich selbst verstehen will: nämlich als den real in Schuld verstrickten und real in den Tod versenkten, als den so oder so real von Furcht und Verzweiflung erfüllten Menschen. Diesem Menschen als solchem wird man dann auch eine reale Erkenntnis seiner Bedürftigkeit sowohl wie der Gnade Gottes und endlich eine reale Willigkeit für diese Gnade nicht absprechen können. In der Realität seiner Existenz betrachtet — und was hätte es für einen Sinn, ihn anders zu betrachten? — hat er seine Verschlossenheit gegenüber der Bereitschaft Gottes schon durchbrochen, kann er nicht mehr sein wollen wie Gott, steht er als der Zöllner und Bettler vor ihm, der er vor ihm wirklich ist. In dieser seiner eigenen Realität ist ihm dann also Gott erkennbar. Und nun haben wir ja mit derselben Realität auch und erst recht und vor allem auf der Seite **Gottes** zu rechnen. Gott hat sich ja dem Menschen real offenbart, und in seiner Offenbarung ist Gottes Gnade real zu ihm gekommen. Eben daraufhin haben wir nicht nur das Recht, sondern die Pflicht, ihn in seiner durch die Gnade der Offenbarung enthüllten Realität und nicht anders zu betrachten. Eben daraufhin haben wir das Recht und die Pflicht zu der Voraussetzung, daß der Mensch real daran glauben kann, daß Gottes Gnade seinem Elend zu Hilfe komme. Muß das nicht von der kirchlichen Verkündigung in Predigt und Sakrament und von dem die Kirche begründenden und erhaltenden Worte Gottes her vorausgesetzt werden? Ist dem Menschen aber dann, ist ihm als dem an Gottes Wort Glaubenden die reale Erkenntnis der Gnade noch abzusprechen? Ist seine Verschlossenheit gegenüber der Bereitschaft Gottes nun nicht auch von dieser Seite durchbrochen, seine falsche Gottähnlichkeit zerstört? Steht er jetzt nicht in wirklicher Offenheit und also in wirklicher Bedürftigkeit, Erkenntnis und Willigkeit so vor Gott, wie man vor Gott stehen muß, soll er als der gnädige Gott uns

2. Die Bereitschaft des Menschen

erkennbar sein? Wir werden uns dem Allem gewiß nicht einfach widersetzen können. Wir werden vielmehr zugeben, daß es gut ist, sich klar zu machen, was wirkliche Offenheit des Menschen für Gottes in seiner Gnade uns geschenkte Erkennbarkeit bedeuten w ü r d e. Reale Bedürftigkeit auf Seiten des Menschen und reale Gnade auf Seiten Gottes m ü ß t e das bedeuten. Der Versuch, über die Vorstellung von dem für Gottes Gnade offenen Menschen hinaus vorzustoßen zu der Vorstellung von der Realität dieser seiner Offenheit weist uns hin auf eine gewiß zu beachtende weitere *conditio sine qua non* der in Frage stehenden Bereitschaft des Menschen. Nur von dem wirklichen und also wirklich der Gnade bedürftigen und wirklich nach ihr verlangenden Menschen und nur im Blick auf das wirkliche und also wirklich die Gnade ihm bringende und anbietende Wort Gottes kann von einer solchen Bereitschaft des Menschen die Rede sein. Jede andere Bereitschaft wäre jedenfalls nicht die in der Bereitschaft Gottes eingeschlossene und also echte und kräftige Bereitschaft des Menschen. Wir würden, wollten wir die Realität der Not und der Hilfe auch nur einen Augenblick wegdenken, bestimmt an eine andere als an diese echte und kräftige Bereitschaft denken. Dennoch haben wir auch damit, daß wir an die ganze Realität dieser Not und Hilfe, an die reale Offenbarung der Bedürftigkeit der menschlichen Existenz im Lichte des realen Wortes der Gnade Gottes denken, die wirkliche Bereitschaft des Menschen für Gott noch nicht erreicht. Auch der Gegenstand dieser Vorstellung kann als solcher immer noch der für die Bereitschaft Gottes verschlossene, der unter den Ungehorsam verschlossene Mensch sein. Ja, wir müssen noch weiter gehen: auch der Gegenstand dieser Vorstellung kann an sich und als solcher gar kein anderer sein als der für die Bereitschaft Gottes verschlossene Mensch. Denn was heißt Wirklichkeit, wenn wir und solange wir nun eben doch immer noch vom Menschen als solchem reden? Und wäre er der in seiner letzten Verlorenheit durchschaute und wäre er der durch die Predigt und das Sakrament der Kirche und also letztlich durch das Wort Gottes selber angesprochene und also glaubende Mensch: er wird an sich und als solcher immer noch der für die Bereitschaft Gottes verschlossene Mensch sein. Die Wirklichkeit, in der der Mensch schuldig und begrenzt sein und schließlich sterben und also verloren sein, in der er der Gnade bedürftig sein, die Gnade erkennen und für sie willig sein — aber auch die Wirklichkeit, in der er ein Empfänger der Gnade Gottes in seinem Wort, in der er ein Glaubender sein kann — diese Wirklichkeit an sich und als solche ist auf keinen Fall schon die Durchbrechung seiner Verschlossenheit gegen Gottes Bereitschaft. Es müßte zu dieser seiner Wirklichkeit schon noch ein ganz Anderes von außen hinzukommen, oder vielmehr: diese seine Wirklichkeit müßte schon in einem ganz Anderen außer ihm gründen und wurzeln: so gründen und wurzeln, daß sie ganz aus ihm lebte, ganz von ihm her Wirklichkeit wäre, wenn von einer solchen Durchbrechung im Ernst die Rede sein dürfte. Sehen wir davon ab und verstehen wir sie als seine eigene innere Wirklichkeit, dann ist von ihr zu sagen, daß auch in ihr jene Verschlossenheit von ferne nicht aufgehoben, daß sie auch in ihr vielmehr bestätigt wird. Gerade die in ihrer Realität betrachtete Existenz des Menschen, d. h. gerade ihre durch die Gnade der Offenbarung enthüllte Realität zeigt uns den Menschen an sich und als solchen nicht im Frieden, sondern im Streit mit der Gnade. Ist es anders, dann haben wir bestimmt nicht nur diese Realität, nicht diese Realität an sich und als solche vor Augen. Halten wir uns an sie an sich und als solche, dann zeigt sie uns den Menschen auf der ganzen Linie als den, der der Gnade nicht nur widersprechen kann, sondern auch tatsächlich widerspricht. Was macht es ihm denn allerletztlich aus, noch so real in Schuld verstrickt, in den Tod versenkt, mit Furcht und Verzweiflung erfüllt zu sein? Und was macht es ihm denn schon aus, im Grunde sehr wohl zu wissen, daß er so dran ist? Der Mensch kann das ertragen und er erträgt es auch. Er kann in dem Allem durchaus sich selbst bewahren und behaupten. Er kann in dem Allem und vielleicht gerade in dem Allem immer noch den Traum eines reichen, d. h. in aller Armut sich selbst genügenden Lebens träumen. Und so weit das Auge reicht, so weit wir uns selber und Andere kennen, sehen wir nichts Anderes als dies: daß der Mensch dies so oder so tatsächlich tut. Die Erschütterung des Menschen durch die Wirklichkeit seiner Existenz, durch seine Verflochtenheit in Schuld und Tod ist tatsächlich, gerade wenn man sich nun ernstlich an die Wirklichkeit hält, so umfassend, so radikal nicht, wie man es wohl meinen sollte und wie man es dann auch darzustellen pflegt. Er erträgt diese Wirklichkeit viel lieber und viel leichter als die Gnade Gottes, durch die ihm zugemutet wäre, sich endlich tragen zu lassen, statt sein Leben selber tragen zu wollen. Der Mensch will gerade in Wirklichkeit nicht getragen sein. Dieses Bild ändert sich aber auch dann nicht, wenn wir ihn nun im Lichte des Wortes Gottes betrachten. Gerade im Lichte des Wortes Gottes erscheint dieses Bild vielmehr erst in ganzer Klarheit und Notwendigkeit. Der Mensch kann auch das aushalten, daß ihm in Predigt und Sakrament, ja, daß ihm in Gottes eigener Offenbarung Gottes Gnade so real wie nur möglich begegnet. Der Mensch kann es auch aushalten, real zum Glauben zu kommen und also zur Erkenntnis seiner Bedürftigkeit und zur Erkenntnis der Gnade und darüber hinaus auch zur Willigkeit für diese. Sofern dies Alles doch nicht mehr ist als seine eigene Wirklichkeit, das Licht der göttlichen Wahrheit im Prisma s e i n e r Existenz, wird das, was diese Wirklichkeit als solche uns zu zeigen hat, wiederum, soweit das Auge reicht, nicht des Menschen Friede, sondern des Menschen Streit gegen die Gnade und also des Menschen Elend sein. Er wird an die Gnade glauben; er wird behaupten, sie zu fühlen und sich ihrer zu freuen; er wird sie vielleicht preisen, vielleicht lehren, vielleicht verteidigen, und er wird Alles in voller Aufrichtigkeit tun. Er wird aber in dem Allem durchaus nicht von der Gnade leben: vielleicht von seinem Glauben daran, vielleicht von seinem Eifer für sie, vielleicht von seiner Erkenntnis der Gnade und von seiner Willigkeit ihr gegenüber, aber nicht von der Gnade selber, sondern gegen sie. Er wird sich auch nach dieser Seite zu bewahren und zu behaupten wissen. Er wird sich auflehnen gegen jede Bezweiflung des Reichtums, den er sich eben so sichern zu können meint.

Die Wirklichkeit des Lebens des christlichen, des kirchlichen, auch des gut protestantisch-kirchlichen Christen, die Wirklichkeit des Lebens der Kirche als solche zeugt nirgends von einer Offenheit des Menschen für die Gnade. Zeugt sie davon, dann ist es bestimmt nicht diese Wirklichkeit als solche. Diese als solche zeugt vielmehr besonders beredt davon, wie sehr doch der Mensch gerade nach der Seite, nach der er um jeden Preis offen sein müßte, faktisch und praktisch verschlossen ist.

Fehlt es aber an dieser Offenheit, ist alle vermeintliche Bedürftigkeit, Erkenntnis und Willigkeit, in der diese Offenheit bestehen müßte, gerade in ihrer Wirklichkeit betrachtet, das deutliche Gegenteil von dieser Offenheit — dann sind wir offenbar auch bei dieser Vertiefung unserer Fragestellung derjenigen Bereitschaft des Menschen noch nicht ansichtig geworden, die man mit seiner Bereitschaft für Gottes Gnade gleichsetzen und in der man nun auch die der Bereitschaft Gottes folgende und in ihr eingeschlossene Erkennbarkeit Gottes für den Menschen wiederfinden könnte. Wir sind dann wohl von einer Möglichkeit zu einer Wirklichkeit vorgestoßen: zu der letzten uns erreichbaren, zu der tiefsten menschlichen Wirklichkeit sogar: denn gäbe es tiefere menschliche Wirklichkeit als die des von Gottes Wort angesprochenen und so in seiner realen Existenz aufgeweckten Menschen? Aber eben diese unsere tiefste Wirklichkeit ist von unserer Offenheit für Gottes Gnade und damit von der Erkennbarkeit Gottes für uns immer noch durch einen Abgrund getrennt.

Wir können nun bereits ein erstes Mal auf das Problem der «natürlichen Theologie» zurückblicken. Wie man sich auch ihr gegenüber entscheiden möge, das ist sicher, daß es sich in ihr nicht um irgend eine zufällige Erscheinung handelt, die jetzt auftauchen und dann auch wieder verschwinden könnte, daß die Position, in der man der Erkennbarkeit Gottes in seiner Offenbarung irgend eine anderweitig begründete an die Seite stellen zu müssen und zu können meint, nicht eine beliebige Position neben anderen, sondern eine Art Schlüsselposition ist, von der her eine vielleicht unendliche Zahl von anderen Positionen eingesehen und bezogen werden kann, während umgekehrt vielleicht alle diese Positionen geräumt und aufgehoben werden könnten, ohne daß damit auch jene Schlüsselposition eingesehen oder gefallen wäre. Das ist sicher, daß die Meinung von einer solchen andersartigen Erkennbarkeit Gottes jenseits von Allem, was noch so ernstlich gegen sie eingewendet werden kann, auch im Raum der Kirche und also gerade in ihrer Gestalt als christliche natürliche Theologie unheimlich tief und fest begründet ist: so tief und fest, daß zunächst gar nicht abzusehen ist, wie und, d. h. vor allem: von woher sie überhaupt entscheidend und mit durchschlagendem Erfolg anzugreifen sein sollte. Es ist nämlich die natürliche Theologie nicht mehr und nicht weniger als der unvermeidliche theologische Ausdruck eben der Tatsache, daß in der Wirklichkeit und Möglichkeit des Menschen als solcher eine Offenheit für die Gnade Gottes und also eine Bereitschaft für die Erkennbarkeit Gottes in seiner Offenbarung überhaupt nicht sichtbar ist. Die natürliche Theologie ist sehr schlicht der Herold und Anwalt dieser sichtbaren und zwar allein sichtbaren Möglichkeit und Wirklichkeit des Menschen. Von dieser Möglichkeit und Wirklichkeit aus muß nach jener andersartigen Erkennbarkeit Gottes gefragt werden. Von ihr aus kann eine solche behauptet werden. Und es ist sogar notwendig, daß von ihr aus eine solche behauptet werden wird. Gerade der für die Bereitschaft Gottes verschlossene Mensch kann und wird es sich ja nicht nehmen lassen, daß ihm selbst eine Bereitschaft für Gott auch ohne Gottes Gnade zur Verfügung stehe. Sein Versuch, sich selbst zu bewahren und zu behaupten — wir sahen, daß eben dieser Versuch nicht nur die Möglichkeit, sondern die tiefste Wirklichkeit seiner Existenz und zwar gerade seiner in das Licht der göttlichen Offenbarung gerückten, gerade auch seiner gläubigen Existenz ist — dieser sein Versuch kann gar nicht anders endigen als in der Behauptung, daß er auch ohne Gottes Gnade, der Gnade Gottes immer schon zuvorkommend, sie immer schon vorwegnehmend, für Gott bereit, daß ihm also Gott auch anders als aus und durch sich selbst erkennbar sei. Er endigt nicht erst damit, sondern eben damit fängt er im Grunde an. Denn in was besteht er anders als in der Anmaßung, Bewahrung und Behauptung des Selbstgenügens und also der Gottähnlichkeit des Menschen? Indem der Mensch sich selbst ertragen kann und sehr wohl erträgt trotz und in seiner Existenz im Schatten der Schuld und des Todes, indem er auch das Angebot des Wortes ertragen kann und faktisch sehr wohl erträgt, ohne sich aus seiner Bahn werfen zu lassen, hat er eine Theologie schon gelebt, bevor er sie als solche gedacht und entwickelt hat, deren Kernsatz dieser ist: daß die Wahrheit für ihn auch ohne die Wahrheit selbst zu haben ist, weil er sich selber die Wahrheit oder jedenfalls auch — in Selbständigkeit gegenüber der Wahrheit Gottes — selber die Wahrheit ist. Diese gelebte Theologie braucht als solche bloß expliziert zu werden und alle natürliche Theologie steht in ihrem Grundgedanken bereits in Kraft: wirklich in Kraft, weil die Kraft jenes Versuchs der Selbstbewahrung und Selbstbehauptung, die die Wirklichkeit des Menschen ist, hinter ihr steht und in ihr steckt. Der Mensch müßte sich selbst verleugnen, wenn er den

2. Die Bereitschaft des Menschen

Grundgedanken aller natürlichen Theologie — gleichviel, ob er ihn als solchen schon expliziert gedacht und entwickelt hat oder nicht — verleugnen wollte. Der Mensch müßte dazu sich selbst aufgeben. Und wie könnte er das tun? Wie könnte er über seinen eigenen Schatten springen? Er wird auch in der Kirche, auch in die Mitte genommen zwischen das reale Angebot der Gnade und seine von diesem Angebot her bis aufs letzte durchschaute reale Existenz, auf sich selbst gesehen, niemals ein anderer sein als eben er selbst. Er selbst aber wird immer der sein, der wohl Alles, der — ein wahrer Atlas — gerne die ganze Welt tragen, der aber unter keinen Umständen getragen sein will und der darum zuletzt und zutiefst immer ein Feind der Gnade und ein Hasser und Verleugner seiner wirklichen Bedürftigkeit sein wird. Auf seinem Boden und in seiner Luft muß es zur natürlichen Theologie kommen. Ihre Behauptung von der natürlichen und ursprünglichen Gotteserkenntnis und Gottverbundenheit des Menschen ist ganz schlicht dessen Selbstauslegung und Selbstrechtfertigung. Was sagt er mit dieser Behauptung Anderes als eben dies: daß er nicht wirklich bedürftig, sondern schon reich und sicher in sich selbst und also nicht auf Gottes Gnade angewiesen ist? Was ist der Gott, den er unmittelbar zu erkennen, dem er unmittelbar verbunden zu sein behauptet, Anderes als sein eigenes Spiegelbild, die Hypostasierung seines Selbstbewußtseins, in welchem er Sünde, Tod und Teufel, aber auch der Predigt und dem Sakrament der Kirche und dem Worte Gottes selbst zu begegnen und zu trotzen weiß? Er wird es vielleicht nicht immer sofort nötig haben, den Grundgedanken der natürlichen Theologie expliziert zu denken und darzustellen. Er wird das auch unterlassen können. Er wird sich vielleicht weithin mit dessen Ansatz, mit der Behauptung seiner Möglichkeit begnügen. Welches ursprüngliche und darum zähe Interesse er an der natürlichen Theologie hat, das wird sich aber sofort zeigen, wenn deren Möglichkeit grundsätzlich in Frage gestellt werden sollte. Sofort wird er dann wittern, daß mit dieser Möglichkeit sein heiligstes Gut und mit diesem er selbst in Frage gestellt ist. Sofort wird dann die Verteidigung der natürlichen Theologie mit allen den Kräften geführt werden, mit denen er ursprünglich in jener Selbstverteidigung nach links wie nach rechts begriffen ist. Sofort wird dann diese Verteidigung mit einem Ernst und Nachdruck geführt werden, der mit dem eines gewöhnlichen Theologenstreites oder auch Religionskrieges von ferne nicht zu vergleichen ist. Gäbe der Mensch diese Möglichkeit auf, so würde er ja sich selbst aufgeben.

Und nun bedenke man weiter: Von jenem ihrem Ursprung und Mutterboden her gesehen kommt der natürlichen Theologie nicht nur jene natürliche Kraft als solche, sondern es kommt ihr in Ausübung dieser Kraft geradezu eine Monopolstellung zu. In der allein sichtbaren Möglichkeit und Wirklichkeit des Menschen hat sie ja ihren Ursprung.

Es ist also **nicht** so, als ob der Mensch zwischen der natürlichen Theologie und irgend einer andern lange **wählen** könnte. Von daher kommend, woher er nun einmal kommt, wird er mit der größten Selbstverständlichkeit, d. h. ohne daß von ihm aus eine andere Möglichkeit überhaupt in Betracht käme, in die natürliche Theologie und in keine andere hineingehen. Die natürliche Theologie hat gegenüber jeder andern Theologie zum vornherein den Vorteil des schlechthin Bekannten und Gewissen gegenüber dem schlechthin Neuen und Ungewissen. Ihre Verteidigung wird auch dann, wenn es zunächst und scheinbar nur darum geht, sie als **auch** möglich, als **auch** richtig, **auch** gültig zu verteidigen, heimlich immer davon leben, daß sie ja in Wirklichkeit die dem Menschen **allein** mögliche richtige und gültige Theologie ist. Nicht gegen die Bestreitung einer Möglichkeit unter andern, sondern gegen die Bestreitung der, soweit das Auge reicht, **einen** und **einzigen** Möglichkeit von Theologie richtet sich das Pathos dieser Verteidigung. Alle Kunst, die bei ihrer Verteidigung angewendet werden kann, wird zum vornherein, auch wenn sie da und dort versagen sollte, getragen sein von der letztlich keiner Kunst bedürftigen Macht des sehr wohl begreiflichen und sehr einleuchtenden Anliegens, jene eine und einzige Möglichkeit um keinen Preis herzugeben. Und alle Kunst, die zu ihrer Bestreitung aufgeboten werden kann, krankt zum vornherein daran, daß sie sich gegen ein Anliegen wendet, dessen Macht stark genug ist, um alle dagegen aufgebrachten Künste nötigenfalls auch ohne Gegenkunst zum Scheitern zu bringen. Merkwürdig, wunderlich und erklärungsbedürftig ist also nicht das Phänomen der natürlichen Theologie als solcher, sondern das Phänomen, das darin besteht, daß die natürliche Theologie im Raum der christlichen Kirche (wie übrigens auch im Raum anderer Religionen) nun doch wenigstens scheinbar eine **andere** Theologie, eine Theologie der **Offenbarung**, neben sich **dulden** kann. Wir reden ja hier nicht vom Menschen im Allgemeinen, sondern vom Menschen in der Kirche: von dem zwischen Sünde, Tod und Teufel einerseits, Predigt, Sakrament und Wort Gottes anderseits wirksam in die Mitte genommenen Menschen. Und so beschäftigt uns hier nicht irgend eine, sondern die **christliche** natürliche Theologie: eine solche Theologie also, die wenigstens zunächst und scheinbar die Erkennbarkeit Gottes aus seiner Offenbarung und eine entsprechende Theologie nicht geradezu bestreitet, sondern die sich unter Berufung auf eine **auch** zu behauptende andere Erkennbarkeit Gottes der Theologie der Offenbarung bloß an die **Seite** stellen will — die wenigstens zunächst und scheinbar sogar sehr anspruchslos und bescheiden auftritt, die nicht thetisch, sondern nur hypothetisch reden, die nicht eigentliche Gotteslehre, sondern nur Prolegomena dazu, sog. *praeambula fidei*, vortragen, die nicht die Sache selbst sagen, sondern sie nur einleiten, ihr Verständnis nur vorbereiten will — eine natürliche Theologie, die also

2. Die Bereitschaft des Menschen

die Offenbarung, die Gnade, nicht nur auch anerkennt, sondern die ihr sogar sachlich und formell den Vorrang, ja die unbedingt größere Wichtigkeit und Richtigkeit zuerkennt. Also: das ist erstaunlich und erklärungsbedürftig, daß die natürliche Theologie auch so auftreten und sich geben kann: in solcher Verhüllung, ja, wenn man ihr trauen dürfte, in solcher Preisgabe ihrer ihr von ihrem Ursprung her eigenen Kraft und Monopolstellung. Was sagen wir dazu, daß sie tatsächlich auch in diesem höchst gedämpften Ton reden und in dieser höchst bescheidenen Gestalt auftreten kann? Das jedenfalls sollte man nicht sagen, daß das Alles an sich notwendig und unzweideutig ein Zeichen dafür sei, daß ihre Macht eben doch begrenzt, daß ihr auf dem Boden der Kirche durch die hier nicht ganz zu übersehende, ja offenbar sehr zu respektierende Tatsache der Offenbarung ein sichtbares Halt geboten, daß sie hier in einen Raum verwiesen sei oder doch in einen Raum verwiesen werden könne, innerhalb dessen sie — eine kleine Nebenmöglichkeit neben der großen entscheidenden andern Möglichkeit — sachlich unschädlich gemacht sei oder doch gemacht werden könne. Es ist wahr: die Verhüllung ihrer Monopolstellung, die die natürliche Theologie im Raum der Kirche (auch im Katholizismus!) auszeichnet, kann als ein Zeichen der ihr durch die Offenbarung gesteckten Grenze, ja als ein Zeichen der ihr von der Offenbarung her drohenden Überwindung gesehen und verstanden werden. Aber man erwarte nur ja nicht, daß jenes in Überordnung und Unterordnung scheinbar so geklärte Nebeneinander der beiden Möglichkeiten an sich schon jenes Zeichen sei! Man erwarte nicht, daß dieses Nebeneinander nicht auch als ein in eine ganz andere Richtung weisendes Zeichen gesehen und verstanden werden könne! Man erwarte dies: daß dieses Nebeneinander die Begrenzung und schließlich die Überwindung der natürlichen Theologie anzeige, nur ja nicht von einer Betrachtung des immanenten Verhältnisses jener beiden Möglichkeiten als solcher. Man erwarte dies nur davon, daß ein Licht aus ganz anderer Dimension auf dieses Verhältnis fällt, wie man denn die Begrenzung und schließlich die Überwindung der natürlichen Theologie überhaupt nur von jenem aus ganz anderer Dimension in den Raum der Kirche hineinfallenden Licht erwarten soll! Betrachten wir den Raum der Kirche als solchen und also als einen menschlichen Raum und in diesem Raum nun das eigentümliche Verhältnis jener beiden Möglichkeiten: jene höchst gedämpft redende, höchst bescheiden auftretende natürliche Theologie, ehrfurchtsvoll und demütig zurücktretend vor der die Kirche eigentlich begründenden Offenbarung, bloß vorbereitend, bloß dienend, gegenüber der eigentlichen und zweiten Aufgabe der Theologie — betrachten wir diesen ganzen Aufzug in seiner immanenten Wirklichkeit, dann können wir tatsächlich nur in neue Bewunderung ausbrechen angesichts der durch kein Leben in der Kirche zu brechenden Vitalität des Menschen und seines Widerstandes gegen die Gnade und dann auch angesichts der in immer neuen Erscheinungen und Wendungen sich offenbarenden Lebenskraft der natürlichen Theologie. Was ist denn in Wirklichkeit geschehen, wo eine natürliche Theologie und die Theologie der Offenbarung in jenes so harmlose, ja sogar so verheißungsvolle Verhältnis eines Nebeneinander bezw. Untereinander gebracht sind? Ist die Kraft, ist die Monopolstellung der natürlichen Theologie damit etwa preisgegeben und zerbrochen? Oder ist nicht gerade das der höchste Beweis ihrer Kraft und Monopolstellung, daß sie sich mit der Offenbarung und mit der Theologie der Offenbarung so zu arrangieren weiß? Was tut sie denn damit, daß sie für diese einen besonderen Raum ausspart? Was tut sie, indem sie die Überlegenheit dieses Raumes und dann auch die Überlegenheit der Offenbarung und einer mit der Offenbarung beschäftigten Theologie anerkennt? Nun hat der Mensch eben auch die Offenbarung — einen Augenblick leise gestört und beunruhigt durch dieses ihn scheinbar in Frage stellende Phänomen — absorbiert und domestiziert und aus einer ihm gestellten Frage in eine von ihm — wiederum von ihm! — gegebene Antwort verwandelt. Er hat jetzt (wohlverstanden: ohne seine eigene Möglichkeit preiszugeben und in gleiche Linie mit dieser!) auch die Offenbarung mit Allem, was sie ist und bedeutet, gewählt als seine Möglichkeit. Er legt nun auch auf sie die Hand. Er verfügt nun auch über sie. Seine eigene Möglichkeit (weit entfernt davon, preisgegeben zu sein!) hat auf einmal eine ungeheure innere Bereicherung, sozusagen eine Vermehrung ihres Inventars erfahren: Gott (in dem ganzen Nachdruck des Wortes, in welchem Gott selbst in seiner Offenbarung von sich redet und den es im Munde der Zeugen seiner Offenbarung hat) Gottes Gnade, Gottes Wunder, in welchem Gott seine Gnade als freie Gnade bezeugt, die heilige Schrift, die Liebe zu Gott und zum Nächsten, wie sie in der heiligen Schrift beschrieben ist, die Kirche mit ihrem besonderen Auftrag und Leben — das Alles wird nun eine Möglichkeit, die der Mensch auch wählen kann: zweifellos eine weit überlegene Möglichkeit gegenüber der, die ihm vorher sonst zur Wahl und zur Verfügung stand, aber eben als solche nun doch eine Möglichkeit, die der Mensch selber wählen, über die er selber verfügen kann, ohne die Kompetenz seines Selbstbewußtseins aufzugeben, ja indem er hier erst recht von dieser Kompetenz Gebrauch macht. Oder hat er jetzt seine Meisterschaft nicht erst recht betätigt, seinen Streit gegen die Gnade nicht erst recht gewonnen? Gnade neben der Natur, wie hoch sie dieser immer übergeordnet sei, ist offenbar nicht mehr Gottes, sondern die dem Menschen durch sich selbst zugesprochene Gnade. Gottes Offenbarung neben einer dem Menschen als solchem eigenen Gotteserkenntnis, mag dies immerhin nur als Prolegomenon geltend gemacht werden, ist offenbar nicht mehr Gottes Offenbarung, sondern ein neuer, geliehener oder auch räuberisch angeeigneter Ausdruck für die

Offenbarung, die dem Menschen in seinem eigenen Spiegelbild begegnet. Das vom Menschen her anerkannte, in seine Rechnung einbezogene, von ihm neben die anderen Phänomene der Welt gestellte Wunder — das Wunder einer inspirierten Schrift etwa oder das einer unfehlbar redenden Kirche — ist offenbar nicht mehr Gottes Wunder, sondern ein stupendes Element der menschlichen Welt- und Selbstanschauung. Kein Supranaturalismus, den sich der Mensch auf dieser höheren Stufe zu erwählen vermag, wird sich dagegen zu behaupten vermögen, daß er, als vom Menschen erwählt, letztlich doch nur ein höherer, ein maskierter Naturalismus ist. Gottes wirkliche Offenbarung könnte ja nicht vom Menschen erwählt und als eine seiner Möglichkeiten einer anderen an die Seite gestellt, mit dieser anderen zusammen in ein System gebracht werden! Gottes wirkliche Offenbarung würde die einzige Möglichkeit sein, die der Mensch nicht wählen, sondern von der er sich als erwählt ansehen müßte, ohne den Raum und die Zeit zu haben, im Rahmen und nach der Methode anderer Möglichkeiten mit ihr ins Reine zu kommen. Indem die christliche natürliche Theologie mit der Offenbarung umgeht, als wäre diese nicht die erwählende, sondern eine zu erwählende, nicht die einzige, sondern eine Möglichkeit, dichtet sie sie in aller Ehrfurcht und Demut um in ein neues Gebilde ihrer eigenen Kunst. Wie respektvoll und schonend sie auch mit ihr umgehe, wie bewußt und konsequent sie sich ihr auch unterordne, sie hat schon im Ansatz über sie gesiegt, sie hat schon im Ansatz aus Offenbarung Nicht-Offenbarung gemacht. Das wird sich dann gewiß auch darin zeigen, wie sie mit der von ihr absorbierten und domestizierten Offenbarung umgeht. Der Naturalismus, der schon in der Systematik der beiden Möglichkeiten als solcher besteht, wird den Supranaturalismus der zunächst respektierten und geschonten höheren Stufe auf die Dauer gewiß nicht unangetastet lassen.

Es wird zu den nötigen Umdeutungen und Reduktionen jener höheren Möglichkeit — ist sie einmal zu einer Möglichkeit unter anderen, zu einer vom Menschen zu wählenden Möglichkeit geworden — gewiß rechtzeitig kommen. Die an sich sehr berechtigte Kritik des Menschen seinen eigenen Möglichkeiten gegenüber wird sich nun auch dieser Möglichkeit gegenüber nicht einschränken lassen. Könnte und sollte und müßte Gottes Offenbarung als eine dieser Möglichkeiten nicht auch anders, einfacher, einleuchtender, praktischer verstanden werden können als so, wie sie sich zunächst zu geben scheint? Sollte ihr Supranaturalismus nicht ein zum Verschwinden bestimmtes und durch Aufklärung überwindbares Selbstmißverständnis des Menschen sein? Sollte Gott gesagt haben...? Der Gott der natürlichen Theologie wird dagegen bestimmt nichts einzuwenden haben. Seine Stimme wird auch für die weitgehendsten Umdeutungen und Reduktionen der Offenbarungsmöglichkeit immer zu gewinnen sein. Und dann kann die Absorption und Domestizierung der Offenbarung durch die natürliche Theologie im Laufe dieser Kritik wohl auch so weit gehen, daß die natürliche Theologie am Ende doch wieder in ihrem ursprünglichen Bestande das Feld beherrscht, ihre Monopolstellung auch äußerlich wieder sichtbar macht, daß die Offenbarung nun auch äußerlich sichtbar ihren Meister gefunden hat.

Aber wir brauchen diese Linie nicht einmal auszuziehen — so großartig, wie sie in der Kirchengeschichte mehr als einmal ausgezogen worden ist! Das ist sicher: daß die natürliche Theologie auch im Raume der Kirche, auch in der gemäßigten Form der christlichen natürlichen Theologie ihre ursprüngliche Kraft und Monopolstellung tatsächlich durchaus nicht preisgibt, sondern daß sie hier vielmehr gerade darin triumphiert, wie vielleicht nirgends sonst: daß sie auch mit der Offenbarung fertig wird, auch die neben ihr geduldete, ja anerkannte, ja ihr bewußt übergeordnete Offenbarungstheologie in ein Gebilde zu verwandeln vermag, das ihr selbst nur zu gleich ist, das im Grunde selber nichts Anderes ist als eben natürliche Theologie. Da ist die natürliche Theologie noch (oder schon wieder!) stümperhaft und dann auch erfolglos, wo sie etwa nicht nur selbständig, sondern auch allein herrschen wollte, wo sie etwa die Offenbarung leugnen, mit Offenbarung gar nichts zu tun haben, die Erkennbarkeit Gottes ganz und gar nur aus dem dem Menschen im Kosmos eigenen Vermögen herleiten will. Wo sie das tut, da spielt sie ihre Rolle als Anwalt und Herold der Wirklichkeit und Möglichkeit, d. h. der Selbstbehauptung und Selbstverteidigung des Menschen noch (oder schon wieder!) schlecht. Da könnte der Mensch ja noch immer überraschend von der wirklichen, der nicht absorbierten, nicht domestizierten Offenbarung Gottes überfallen werden wie von einem gewappneten Mann und wer weiß, ob er ihr dann gewachsen wäre? Aber das ist eine feine und gute natürliche Theologie, treu und umsichtig im Dienste ihres Auftraggebers: die sich mit dem Glauben freundlich einläßt, die die Offenbarung unerschrocken akzeptiert als andere und selbstverständlich höhere Möglichkeit und die den Menschen dann anleitet, auch mit der Offenbarung von seinem Selbstbewußtsein her und unter Garantie von dessen ungebrochenem Bestand sich auseinanderzusetzen und zurechtzufinden. Den so gerüsteten Menschen wird kein Feind mehr erschrecken. Er ist mit dessen eigenen Waffen gerüstet. Er weiß Alles auch schon, er kann Alles auch sagen, was eine Theologie der Offenbarung zu sagen haben mag. Er hat Alles, was ihm von dorther entgegengehalten werden könnte: jede Rede von Gott, Gottes Wort, Sünde, Gnade, Vergebung, Wunder längst schon gehört, hat sich daran gewöhnt, hat es als bewegend, ja aufregend, aber letztlich auch harmlos durchschaut, hat es vielleicht offen, vielleicht heimlich wieder abgeschüttelt, vielleicht aber auch ganz ruhig und positiv sich zu eigen gemacht: nach Anleitung der natürlichen Theologie eben als seine eigenen Möglichkeit zu eigen gemacht: als eine Sache, die man überblickt, die man sich gefallen lassen kann, der man aber grundsätzlich Meister ist und die einem keine Ungelegenheiten bereitet, ja, in deren Besitz man nun doppelt gesichert, gerechtfertigt und reich ist.

Ich brauche nicht zu sagen, daß mit dem Allem nicht irgend eine böse Absonderlichkeit irgend einer Sekte oder häretischen Richtung, sondern sehr schlicht das

2. Die Bereitschaft des Menschen

beschrieben ist, was mit dem Evangelium in der Kirche jeden Augenblick geschehen kann und zu geschehen droht und tatsächlich geschieht, wo es aus dem Gegenstand des Glaubens zu einem Gegenstand der Gläubigkeit, wo es aus einer Gabe Gottes zu einem Element unserer eigenen wirklichen Existenz, also im Großen: wo es zu einem Element des Lebens des Volkes, des Gemeinwesens, der Familie, der allgemeinen Bildung wird. Der als Absorbierung und Domestizierung der Offenbarung beschriebene Triumph der natürlichen Theologie im Raum der Kirche ist sehr schlicht der Prozeß der Verbürgerlichung des Evangeliums. Indem das Evangelium dem Menschen angeboten wird, indem er seine Hand danach ausstreckt, indem er es in seine Hand nimmt, wird eine Gefahr akut, die noch größer ist als die, daß er es vielleicht verständnislos und entrüstet von sich stoßen könnte: die Gefahr nämlich, daß er es vielmehr friedlich annehmen könnte, um sich alsbald zu seinem Herrn und Besitzer und um es so unschädlich zu machen, aus dem ihn Wählenden ein von ihm Gewähltes, das als solches neben all das Andere zu stehen kommt, was er auch wählen, über das er also auch verfügen kann. Was ist aller offene Unglaube — wie hoffnungsvoll nimmt sich der offene Unglaube aus neben einem «Sieg des Glaubens», in welchem in Wirklichkeit der Mensch über den Glauben gesiegt hat, indem er neben Allem, was er sonst ist, nun auch noch gläubig wird, nun auch noch das Evangelium zu einem Mittel seiner Selbsterhaltung und Selbstverteidigung macht! Die Fülle der religiösen, moralischen, politischen, weltanschaulichen, wissenschaftlichen Formen, in denen dies geschehen kann, kann hier auch nicht andeutungsweise beschrieben werden. Halten wir nur das fest: wo immer das Evangelium verkündigt wird, bei der Entstehung der Kirche in der Mission und innerhalb der schon bestehenden Kirche, da steht es in dieser Gefahr, nein: schon in dieser Not der Verbürgerlichung. Denn soweit das Auge reicht, geschieht es dann immer, daß es dieser Verbürgerlichung unterliegt. Der eigentliche Held dieses Vorganges ist aber immer der Mensch, der eben darin der typisch bürgerliche Mensch ist, daß er sich gegen die Gnade zu behaupten gedenkt, und der wohl weiß, daß er dabei am sichersten fährt, wenn er ihrer Verkündigung nicht etwa widerspricht, sondern sich mit ihr in ein ordentliches Verhältnis setzt, wenn er sie nicht verneint, sondern bejaht, aber umsichtig bejaht: so bejaht, daß er sich selbst ihr gegenüber vorbehält, so bejaht, daß sie ihm selbst nicht gefährlich werden kann. So kann man es halten mit dem Evangelium und so hält man es tatsächlich mit ihm. Es gibt, soweit das Auge reicht — niemand sollte sich hier kühnlich ausnehmen wollen — immer nur dieses verbürgerlichte Evangelium. Eben dieses aber bildet die Schlüsselposition und die unverwüstliche Kraft und Monopolstellung der natürlichen Theologie gerade im Raume der Kirche selbst, bildet jenes Schwergewicht, mit welchem sie ihrer ganzen inneren Unmöglichkeit und aller Widerlegung zum Trotz immer wieder da ist und sich geltend macht. In ihr meldet sich nicht irgend eine von den vielen Haeresien, sondern die eine naturnotwendige Haeresie zu Wort — zu dem Wort, das ihr vom Menschen gar nicht verweigert werden kann, weil der Mensch in der Kirche dieses Wort immer selbst schon im Herzen und auf den Lippen hat. In ihr redet niemand Anderes als der Christ als Bourgeois. Und welcher Christ würde an sich und als solcher jemals anders denn als Bourgeois reden? Immer wird er darum in der Stimme der natürlichen Theologie seine eigene Stimme nur zu gut wiedererkennen. Immer wird er es darum mit heimlicher Sympathie begrüßen, wenn die natürliche Theologie wieder einmal in einer neuen Wendung bekundet, daß sie noch und noch nicht zu Ende ist mit ihrer Weisheit, daß sie noch und noch die ist, die überhaupt und die auch in der Kirche das letzte Wort zu sagen hat, das auch das erste gewesen ist. Immer wird sie ihn ja an das erinnern, was er im Grunde auch meint und will und daran, daß er, auch indem er den Glauben gewählt hat, auch indem er sich zur Kirche bekennt, endlich und zuletzt doch nur eine kluge Konzession vollzogen hat, neben der das eigentlich Gemeinte und Gewollte, dem ja auch die Konzession nur dienen sollte, auf keinen Fall vergessen werden darf. Wer oder was kann der natürlichen Theologie widerstehen, ihr, die ganz schlicht die Sache des Menschen führt, der ja doch — oder ist es nicht so? — auch in der Kirche der Erste und der Letzte ist? Kurzum: man kann zum Lob der natürlichen Theologie nichts Einfacheres aber auch nichts Durchschlagenderes sagen als das, was ihr mit tiefster Weisheit gewählter Name sagt, daß sie eben natürliche Theologie ist, d. h. diejenige Theologie, von der der Mensch von Natur herkommt, von der Natur her, die er auch als Christ durchaus nicht los ist, die er vielmehr auch als Christ betätigt, die er als Christ sogar ganz besonders triumphal, förmlich abschließend, betätigt: in der Verbürgerlichung und das heißt in der Verharmlosung, noch mehr: in der Nutzbarmachung des Evangeliums für den Streit gegen die Gnade, der seine eigene tiefste und innerste Wirklichkeit ist. Eben in dieser ihrer Natürlichkeit, d. h. Bürgerlichkeit, hat sie ihre unzerstörbare Herrlichkeit. Eben als natürliche, d. h. als bourgeoise Theologie, vermag sie sich ihrer Leistungen, ihrer pädagogischen Brauchbarkeit, ihres Schriftbeweises aller Widerlegung zum Trotz auch in der Kirche immer wieder mit Erfolg zu rühmen. Man sucht das Geheimnis dieses Erfolges, wie wir sahen, vergeblich in jenen Argumenten als solchen. Man sucht es aber nicht vergeblich, man versteht auch den rätselhaften Zauber jener an sich so ungenügenden Argumente, wenn man sich schlicht daran hält, daß sie eben mitten in der Kirche unser aller natürliche Theologie ist.

Wir kehren zu unserem Gedankengang zurück: zu der Frage nach der als Bereitschaft des Menschen zu verstehenden Erkennbarkeit Gottes. Unsere bisherigen Überlegungen hatten mit einem negativen Ergebnis geendigt: Wir suchten uns postulierend darüber klar zu werden, wie die in der Bereitschaft Gottes eingeschlossene Bereitschaft des Menschen beschaffen sein müßte. Wir beschrieben sie als Offenheit und also als Bedürftigkeit, als Erkenntnis, als Willigkeit des Menschen der Gnade gegenüber. Wir gaben ihr, weiter postulierend, auch noch Wirklichkeit, d. h. wir verstanden diesen offenen Menschen ausdrücklich als den Menschen in der Kirche, als den durch das Wort Gottes unter das Gericht, aber auch unter die Gnade gestellten Menschen. Wir sahen aber, daß auch, und gerade dieser Mensch, uns als der für Gottes Gnade und so für die Erkennbarkeit Gottes aufgeschlossene Mensch durchaus nicht einsichtig zu machen ist. In seiner Wirklichkeit als solcher kann jene in der Bereitschaft Gottes eingeschlossene menschliche Bereitschaft, nach der wir fragen, nicht gefunden werden. Seine Wirklichkeit als solche ist ja der Streit gegen die Gnade, der Versuch seiner Selbsterhaltung und Selbstbehauptung. Unser positiver Gewinn aus diesen Erwägungen konnte leider nur darin bestehen, daß wir von da aus allerdings die Existenz und Vitalität der natürlichen Theologie in der Kirche nur zu gut verstehen konnten.

Sollte dieses Ergebnis bedeuten, daß unsere Hauptfrage negativ zu beantworten ist? Gibt es gar keine Bereitschaft des Menschen zur Erkenntnis Gottes? Ist die Feindschaft des Menschen gegen die Gnade, damit aber seine Verschlossenheit gegen Gott das Letzte, was von ihm zu sagen ist? Machen wir uns klar, was das bedeuten würde! Es würde ohne weiteres dies bedeuten, daß es auch alles das, was wir als die Bereitschaft **Gottes** beschrieben haben, in Wahrheit **nicht** gibt. Gott wäre dann dem Menschen nicht gnädig. Ist er ihm gnädig, ist er also von sich aus bereit für ihn, dann muß darin eingeschlossen sein, daß der Mensch auch für ihn bereit ist. Gnade wäre sonst nicht Gnade, d. h. gerade für ihn, den Menschen, wäre Gott sonst nicht bereit. Wäre es nun so, daß der Mensch für Gott wirklich nicht bereit wäre, wäre seine Feindschaft gegen die Gnade wirklich das Letzte, was von ihm zu sagen ist, dann müßte das unweigerlich darin begründet sein, daß Gott dem Menschen nicht gnädig ist. Das würde aber unmittelbar bedeuten: Gott ist ihm gar nicht erkennbar. Der Mensch ist mit seinem Erkennen sich selbst überlassen, allein mit sich selber. Er mag in dieser seiner Einsamkeit sich selbst oder die Welt oder dies und das in der Welt oder seine Einheit mit der Welt Gott nennen und als Gott erkennen, ohne daß das mit der Erkenntnis des wahren Gottes seines Herrn, Schöpfers, Versöhners und Erlösers auch nur das Geringste zu tun hat, weil er **diesen** Gott, der ihm ja nur in seiner Gnade und durch seine Gnade erkennbar sein könnte — weil es Gnade nicht gibt! — **nicht** erkennen kann und faktisch nicht erkennt. Ein Element dieses seines einsamen Bereiches wäre dann eben auch die Kirche mit ihrer Botschaft und die Möglichkeit des Glaubens an diese. Innerhalb der Welt des Menschen gäbe es dann als objektiv vielleicht bedeutungsvolles, praktisch aber ohnmächtiges, weil als solches unerkennbares Zeichen einer anderen Ordnung auch dies: daß der Mensch in seinem natürlichen Wesen und Lauf etwas gestört, beunruhigt und aufgehalten werden, daß ihm die Tiefe seiner Not und zugleich eine andere Hilfe als seine eigene versuchsweise in Erinnerung gerufen werden kann. Der Mensch aber wäre und bliebe doch der wahre Herr in seinem ganzen Bereich und so auch in diesem Teil seines Bereiches. Eine bezwingende, diesen ganzen Bereich als solchen sprengende und nach außen öffnende Gewalt, ein Sieg der Gnade, durch den der Mensch aus einem Feind zu einem Freund der Gnade gemacht, durch den ihm Gottes Erkennbarkeit geschenkt würde, würde doch auch in diesem Teil seines Bereiches nicht Ereignis. Sondern auch hier und gerade hier würde er selbst faktisch das letzte Wort sprechen können und faktisch sprechen. Auch die Kirche und mit der Kirche dann auch die Wirklichkeit seiner Not und jener von anderswoher sich ankündigenden Hilfe wäre praktisch einbezogen in seine eigene Möglichkeit, sich selbst zu erhalten und zu behaupten, damit aber auch einbezogen in seine eigene Unmöglichkeit hinsichtlich der Erkenntnis Gottes. Im Blick auf die natürliche Theologie wäre dann sofort die Folgerung zu ziehen, daß sie **recht** und zwar **allein** recht hat: recht an sich und recht gerade auch in ihrer eigentümlichen Auseinandersetzung mit der in der Kirche verkündigten Gnadenoffenbarung. Sie macht dann gerade hier nur legitimen Gebrauch von der ihr wirklich zukommenden Kraft und Monopolstellung. Sie hat das Recht und die Pflicht, die Offenbarung als eine menschliche Möglichkeit wie eine andere aufzufassen und entsprechend mit ihr umzugehen. Sie hat das Recht und die Pflicht, sie einer vorsichtigen kritischen Umdeutung zu unterziehen, sie hat das Recht und die Pflicht, schließlich auch hier sich selbst als Sprecherin des letzten Wortes geltend zu machen. Natürliche Theologie — eine Theologie, die sich auf eine von der Gnade Gottes verschiedene Erkennbarkeit Gottes, d. h. auf die Erkennbarkeit eines anderen als des nur in seiner Gnade erkennbaren Gottes gründet — solche Theologie ist dann als solche die einzige und damit grundsätzlich auch die rechte — im Bereich des den wahren Gott nicht erkennenden Menschen zweifellos rechte Theologie. — Dies wären die Folgen, wenn unsere Hauptfrage nach der in der Bereitschaft Gottes eingeschlossenen Bereitschaft des Menschen wirklich negativ zu beantworten wäre. Man sieht, daß das Folgen von einer Tragweite wären, deren Gewicht auch, abgesehen von dem Problem der natürlichen Theologie, gar nicht ernst genug eingeschätzt werden könnte.

Wir werden, wenn wir uns angesichts dieser Lage nach einer positiven Beantwortung unserer Frage umsehen, auf keinen Fall mit weiteren anthropologischen Postulaten fortfahren können. Alle hinsichtlich der Bereitschaft des Menschen noch so genau und scharf zu formulierenden Postulate können uns insofern nicht weiterführen, als ihre Voraussetzung und damit auch das Maß ihrer sachlichen Bestimmung der Mensch ist: der Mensch, der nun einmal nicht aus einem Feind in einen Freund der Gnade uminterpretiert, dem Bereitschaft für Gott und Gottes Erkennbarkeit auch mittels der vollständigsten Postulate nicht zugeschrieben werden kann, weil kein Postulat ihn dort erreichen würde, wo er, jenseits aller möglichen Näherbestimmungen er selbst, d. h. aber ein Feind der Gnade ist — bezw. weil das Postulat, auf Grund dessen er etwas Anderes als das sein müßte, sinnlos wäre, weil es als solches gar nicht mehr ihn, den Menschen selbst, meinen würde. Wir werden also, wenn wir nach einer positiven Beantwortung unserer Frage weiter Ausschau halten, jedenfalls nicht fernerhin bei ihm, dem Menschen als solchem, sei es bei seinen Möglichkeiten, sei es bei seiner Wirklichkeit, zu verweilen haben. — Es würde uns aber auch das nicht weiterhelfen, wenn wir nun etwa den ekklesiologischen Bezug, in dem wir den Menschen ja von Anfang an gesehen und verstanden haben, noch mehr unterstreichen und verstärken würden. Es ist zu befürchten, daß wesentlich mehr als pathetische Beteuerungen etwa über die erneuernde Kraft der Verkündigung und des Glaubens dabei nicht herauskommen würden. Wohlverstanden: sachlich richtige Beteuerungen, Sätze darüber, daß der Mensch, wiedergeboren durch das Wort und den Geist Gottes, gewiß werde, was er an sich und als solcher nicht sei, nämlich ein gehorsames Kind Gottes und

2. Die Bereitschaft des Menschen

seiner Gnade. In der Tat, das wird er. Aber solche Sätze sind, vom Menschen ausgesagt, wie wir nun gesehen haben, jedenfalls nicht in sich wahr. In sich sind sie, als vom Menschen ausgesagt, sogar sehr anfechtbar und tatsächlich angefochten. Indem sie vom Menschen als solchem ausgesagt werden, haben sie ja den Menschen selbst in seinen Möglichkeiten und in seiner Wirklichkeit immer noch hinter sich und über sich. Vom Menschen, auch vom Menschen in der Kirche her, ist ihm immer auch widersprochen. Auch der wiedergeborene Mensch muß sich selbst immer wieder als den nicht Wiedergeborenen erkennen. Wohl ihm, wenn er das wenigstens tut! Seiner Wiedergeburt als solcher, seinem Glauben, seiner Erneuerung, seiner Gotteskindschaft, seiner Liebe zu Gottes Gnade wird aber tatsächlich immer durch ihn selbst widersprochen, auch wenn er das nicht erkennen sollte. Die Kirche ist immer auch Welt. Sie als solche ist es auf keinen Fall, die die Welt überwunden hat. Sie wäre dann erst recht verloren mit der Welt, wenn sie sich etwas Derartiges einbilden würde. Wir dürfen also bei unserer Frage nach der Bereitschaft des Menschen auch bei der Kirche und beim Menschen in der Kirche als solchem nicht lange stehen bleiben. Auf dem Boden der Ekklesiologie kann die Entscheidung, nach der wir hier fragen, so wenig sichtbar werden wie auf dem Boden der Anthropologie.

Es gibt einen Aspekt des Menschen, von dem wir in allem Bisherigen noch keinen Gebrauch gemacht haben. Unter diesem Aspekt ändert sich das Bild und wird die Entscheidung, nach der wir fragen, sichtbar: die in der Bereitschaft Gottes eingeschlossene Bereitschaft des Menschen, des Menschen Offenheit für Gottes Gnade und damit und so Gottes wirkliche Erkennbarkeit. Aber dieser andere Aspekt will in seinem Unterschiede von unserem bisherigen Aspekt des Problems wohl gesichtet und erwogen sein, damit wir nicht etwa, indem wir von ihm Gebrauch zu machen versuchen, unversehens doch in jenem stecken bleiben oder doch wieder in ihn zurückfallen. Unsere bisherigen Überlegungen waren nicht nur ergebnislos, sondern in einer sehr seltsamen, sehr aufregenden Weise ergebnislos. Es war ja nicht so, daß wir uns einfach auf einem falschen Weg bewegt hätten, wenn wir zunächst christlich-anthropologisch postulierten: Offenheit des Menschen für Gottes Gnade müßte seine Bedürftigkeit, seine Erkenntnis, seine Willigkeit ihr gegenüber bedeuten. Wir sagten uns schon dort: das ist an sich richtig. Was sollte diese Offenheit etwa Anderes bedeuten? Und noch bestimmter konnten wir uns auf dem richtigen Wege wissen, als wir den Menschen in das Licht der christlichen Ekklesiologie rückten: als wir ihn ausdrücklich als den vom Worte Gottes erreichten und getroffenen verstanden, gerichtet und begnadigt im Lichte der Wahrheit dieses Wortes. Aber gerade auf diesem richtigen Wege sahen wir uns — und das war das Aufregende — aufgehalten: nicht durch irgend eine theoretisch-technische

Schwierigkeit, die dann wohl auch zu beheben gewesen wäre, sondern einfach durch die Natur des Gegenstandes, des Menschen nämlich, nach dessen Bereitschaft ja gefragt werden sollte. Dem Menschen als solchem konnten wir jene Bereitschaft mit gutem Gewissen weder so noch so zuschreiben. Der Mensch als solcher blieb, so oder so betrachtet, immer übrig und widersprach jener Bestimmung. Daß er sich allen Postulaten hinsichtlich dessen, was seine Offenheit bedeuten könnte und müßte, aber auch allen noch so richtigen Definitionen seiner wirklichen Bestimmung durch das Gericht und die Gnade Gottes zum Trotz endlich und zuletzt doch immer nur als Feind der Gnade verstehen läßt, das wurde uns sichtbar wie der ärgerliche Rest in einer Teilungsrechnung, der endlich und zuletzt wohl eine gewisse Regel seiner Teilbarkeit aufzeigt, der sich aber darum doch nicht etwa als nun wirklich geteilt erweist.

Es dürfte sich nicht nur in der Dogmatik, sondern auch für die Predigt, für den Unterricht und für die Seelsorge der Kirche empfehlen, sich diesen Sachverhalt ganz genau vor Augen zu halten: Wir kommen in dieser Sache auch auf dem an sich richtigsten Wegen zu keinem Ergebnis. Man kann den Menschen, der ein Feind der Gnade ist, nicht in einen Freund der Gnade uminterpretieren. Man kann also dem Menschen als solchem keine der Bereitschaft Gottes entsprechende Bereitschaft zuschreiben. Man kann nicht aufweisen, daß und inwiefern in der Bereitschaft Gottes eine Bereitschaft des Menschen als solchen eingeschlossen ist. Man tritt in die Luft, wenn man eine solche voraussetzen will. Der Mensch gibt sich nicht dazu her, diese Voraussetzung zu erfüllen. Die Erkennbarkeit Gottes ist also als Prädikat des Menschen als solchen nicht verständlich zu machen. Der nicht aufgehende Rest in dieser Rechnung läßt sich zwar rhetorisch, in Form erbaulicher Beteuerung, verbergen. Und eine ganz unübersehbar große Menge von Pathos der theologischen Reflexion und der kirchlichen Verkündigung wird jahraus jahrein eben dazu verwendet, diesen Rest zu verbergen, der Gemeinde und der Welt zu versichern, daß endlich und zuletzt, in die Mitte genommen zwischen das Gericht und die Gnade des Wortes Gottes, in der Gestalt des christlichen Menschen, doch auch der Mensch als solcher ein anderer, nämlich ein für Gott bereiter Mensch werde und sei. Das kann in so eindrücklicher und gewaltiger Weise versichert werden, daß die, die es hören, sich dessen für eine Weile tatsächlich versichert halten mögen. Aber man täusche sich nicht: sie sind es in Wirklichkeit nicht. Sie können es gar nicht sein. Denn was nicht wahr ist, dessen kann man auch nicht sicher sein. Die in dieser Richtung zu erfechtenden Siege der Theologie und der kirchlichen Verkündigung sind Pyrrhussiege. Eben auf Grund solcher Siege wird es früher oder später bestimmt zu neuen Siegen des Menschen als solchen, des natürlichen Menschen kommen, der gar nicht daran denkt, ein für Gott bereiter Mensch zu werden und zu sein, und dem man gerade das, daß er das sei, nur einzureden braucht, um ihn in Wirklichkeit erst recht gegen Gott zu wappnen. Und wenn es nun sein könnte, daß er diese Möglichkeit wählt, daß er sich gerne von dieser Theologie und Verkündigung besiegen läßt, um nachher erst recht Sieger über das Evangelium zu sein, so könnte doch auch das Andere sein, daß er aus irgend einem Grunde so scharfsinnig und so ehrlich ist, die Unglaubwürdigkeit einer solchen Theologie und Verkündigung einzusehen oder doch zu ahnen, auf die ihm angebotene christliche Verstärkung seiner Position zu verzichten, sich auch ohne jene Versicherung für stark genug zu halten, sein Werk der Selbsterhaltung und Selbstbehauptung und also seinen Streit gegen die Gnade auf eigene Faust und ohne christliche Begründung durchzuführen. Er ist dann gewiß noch nicht ganz klug in der Führung seiner Sache. Er täte, von seinem Standpunkt aus gesehen, gewiß besser, seine Sache mit christlicher Begründung statt ohne sie durchzuführen. Der ganz kluge natürliche Mensch wird immer die erste Möglichkeit wählen. Der ganz kluge natürliche Mensch ist also bestimmt nicht in der sogenannten Welt, sondern immer in christlichen Kreisen zu suchen und zu finden. Aber der weniger kluge natürliche Mensch in den Kreisen der Weltkinder hat doch auch seine große Stärke, er hat sogar eine gewisse Verheißung vor jenem voraus in dem Vorzug, der darin besteht, daß er den wahren Sachverhalt, nämlich eben die Unglaubwürdigkeit einer Theologie und Verkündigung, irgendwie zu wittern scheint, die ihm einreden will, es gebe jedenfalls im Raum der Kirche den Menschen als solchen, der Gott gegenüber nicht verschlossen, sondern offen sei. Er wird sich wahrscheinlich die Menschen im Raum der Kirche daraufhin ansehen. Er wird dann finden, daß auch diese Menschen, von denen ihm gesagt wird, daß sie Erlöste seien, allzu erlöst nun eben nicht aussehen. Ihre besondere Menschlichkeit wird ihm nun einmal nicht besonders lockend, nicht durchaus überzeugend erscheinen. Er wird mit scharfem Auge feststellen, daß zwischen seiner eigenen Gottlosigkeit und der Frömmigkeit und Moral derer da drinnen gewisse, nicht ganz kleine Ähnlichkeiten bestehen. Er wird gewiß nicht selten Anlaß haben zu dem triumphalen Ausruf: «Seht, wir Wilden sind doch bessere Menschen!». Er wird jedenfalls den Preis, den er bezahlen müßte, um auch da drinnen zu sein, zu hoch finden für das, was ihm da drinnen offenbar geboten wird. Er wird sich vorläufig und vielleicht auch endgültig damit begnügen, seine Kirchensteuer zu bezahlen, und vielleicht wird ihm auch das einmal zu viel sein. Daß dieser Scharfsinn und diese Ehrlichkeit des Weltkindes nicht auf allzu sicheren Füßen steht, daß es (es weiß nicht, wie ihm geschieht) von heute auf morgen von einer religiösen «Bewegung» ereilt werden und jener Beteuerung in irgend einer außerordentlichen oder doch gerade ihm neuen Form doch auch verfallen kann, dafür gibt es bekanntlich Beispiele. Aber das ist eine Sache für sich, die dann nur bedeuten wird, daß der kluge natürliche Mensch jetzt noch klüger geworden ist, sein wahres Interesse jetzt noch besser eingesehen hat. Nehmen wir an, es bleibe bei dem Widerspruch des weniger klugen natürlichen Menschen, so wäre es jedenfalls ganz unangebracht, in diesem Widerspruch nun so ohne weiteres eine Wirkung des Ärgernisses des Kreuzes Christi zu sehen und sich ihm gegenüber in die Position von 1. Kor. 1—2 zu begeben. Das fragt sich eben, ob die christliche Theologie und Verkündigung der Gemeinde und der Welt das Kreuz Christi wirklich schon verkündigt hat, oder ob das Ärgernis, das man an ihr nimmt, nicht der ganz gewöhnliche und gar nicht unberechtigte Ärger darüber ist, daß sie Sachen vorträgt, die nicht wahr sind, nämlich Behauptungen über den christlichen Menschen, die sich, bei Lichte besehen, wenn der Zauber der erbaulichen Beteuerung aus irgend einem Grunde nicht verfängt, nicht halten lassen, die an sich und als solche endlich und zuletzt Illusionen sind. Man würde angesichts dieses Widerspruchs doch gewiß viel besser tun, genau zu prüfen, ob die Theologie und die Verkündigung der Gemeinde und der Welt gegenüber nun nicht doch etwa ein Zeichen aufgerichtet habe, dem von ihren eigensten Voraussetzungen her allen Ernstes widersprochen werden muß: das Zeichen des christlichen Menschen als solchen nämlich, das Zeichen jener großen Uminterpretierung oder Umdichtung dieses Menschen in einen für Gott bereiten Menschen. Wenn Theologie und Kirche mit dem Vortrag dieses Romans beschäftigt sind, wenn auch die je und je auftretenden religiösen Erneuerungsbewegungen schließlich doch nur Kapitel in diesem Roman sind, wenn ihre Einladung an Christen und Weltkinder dahin geht, Figuren in diesem Roman zu werden, dann sollen sie sich, wenn sie Mißerfolg haben, nur ja nicht in das auf eine ganz andere Gestalt berechnete Gewand von 1. Kor. 1—2 hüllen, dann haben sie Anlaß, angesichts ihrer Erfolge noch mehr zu erschrecken als angesichts ihrer Mißerfolge. Das Kreuz Christi ist dann wohl noch gar nicht verkündigt; um sein Ärgernis, aber auch um das in ihm offenbarte Heil handelt es sich dann wohl noch gar nicht, sondern um ein Spiel auf einem Vorfeld, das an sich harmlos sein könnte — warum sollten wir uns auf Erden nicht schließlich auch Romane erzählen dürfen, wenn es uns wohl tut? — das aber dann ein Verbrechen und ein Unheil ist, wenn das nun etwa das Ganze ist, wenn die wirkliche Aufgabe der Theologie und der Kirche hinsichtlich des Menschen über jenem Spiel etwa vergessen und unterlassen sein sollte. Wohlbemerkt: die Sache ist gerade darum so versuchlich und dann auch so lebensgefährlich, weil es sich bei jener Konstruktion des christlichen Menschen als solchen nicht um falsche, sondern um an sich ganz richtige Wege handelt, weil theoretisch gerade kein Fehler vorliegt, sondern Alles in bester Ordnung ist: Offenheit für Gottes Gnade heißt ja Bedürftigkeit, Erkenntnis und Willigkeit. Und der Mensch in der Kirche, der zwischen Gericht und Gnade Gottes in die Mitte genommen ist, ist ja zweifellos der für Gott bereite Mensch, dem Gott tatsächlich erkennbar ist. Nur das Eine, Kleine ist vergessen: daß dieser Mensch an sich und als solcher zu Gottes Gnade tatsächlich nicht Ja, sondern quer durch alle Postulate und Wirklichkeiten seiner Existenz hindurch als solcher Nein sagt. Das ist es, was angesichts der Sauberkeit, in der die ganze übrige Rechnung angestellt werden kann, in der Dogmatik wie in der kirchlichen Verkündigung so leicht übersehen und nicht nur verschwiegen, sondern in sein Gegenteil übersetzt wird. Und eben das ist es, was nicht geschehen dürfte. Eine solide, d. h. eine nicht auf unechte Erfolge, sondern auf ihre Verantwortung gegenüber der Sache und gegenüber den Menschen bedachte Theologie und Verkündigung würde gerade diesem Sachverhalt ins Auge sehen und sie würde sich der Gemeinde und der Welt gegenüber, damit es mit den falschen Frontstellungen einmal ein Ende nehme, zu diesem Sachverhalt bekennen müssen. Sie müßte es lernen, darauf zu verzichten, Richtigkeiten — alle jene gefährlichen, unglaubwürdigen und letztlich doch auch etwas langweiligen Richtigkeiten — über den christlichen Menschen vortragen zu wollen. Sie müßte es an Stelle dessen lernen, die Wahrheit sagen zu wollen.

Eben die Tatsache, daß das Lob auf die Gottesbereitschaft des christlichen Menschen in dieser ganz richtigen, wenn auch letztlich ergebnislosen Weise gesungen werden kann, ist nun freilich selber wieder eine sehr bemerkenswerte Tatsache. Woher hat dieses Lob seine immanente Richtigkeit? Woher kommt es, daß man über die Lebensbedingungen eines Christen in der Tat ziemlich genaue positive Auskunft geben kann, auch wenn man nachträglich zugestehen muß, daß der Christ als Mensch diese Lebensbedingungen durchaus nicht erfüllt? Von welcher Wahrheit leben auch die Illusionen, die man sich über den christlichen Menschen zu machen pflegt? Waren die Überlegungen, von denen wir herkommen, an sich richtig — nur eben *de facto* ergebnislos — dann muß das bedeuten: es könnte an sich auch so sein, daß es einen für Gott bereiten Menschen zwar gibt, nur daß eben — und das stürzt alles um — der Mensch als solcher dieser für Gott bereite Mensch nicht ist. Und daß wir solche an sich richtigen Überlegungen überhaupt anstellen können, das muß weiter bedeuten, daß wir um einen solchen für Gott bereiten Menschen wissen, nur daß wir uns eben irren, wenn wir daraus Folgerungen hinsichtlich des Menschen als solchen ziehen, der dieser für Gott bereite Mensch nun eben nicht ist.

Das ist es ja: der für Gott bereite Mensch ist Wahrheit und Leben; er ist aber mit dem Menschen als solchem nicht identisch. Er will als Wahrheit und Leben, dem Menschen als solchem zum Heil jenseits des Menschen als solchen und zwar auch und gerade jenseits des christlichen Menschen als solchen, gesucht, erkannt und gefunden sein. Das ist es ja: der ganze in jeder Hinsicht so fragwürdige Bereich gerade des christlichen Menschen meint eigentlich diesen ihm selbst transzendenten wahrhaftig und lebendig für Gott bereiten Menschen. Wäre er offenbar, wäre er der Herr im Bereich des christlichen Menschen, dann wäre auch dieser durch jenen von seiner Fragwürdigkeit befreit, dann wäre auch er in seiner Immanenz erwählt, ausgesondert, gerechtfertigt, herrlich gemacht (Röm. 8, 29 f.). Es würde alles, was im Blick auf ihn als solchen nur in jener so schmerzlich ergebnislosen Richtigkeit gesagt werden kann, auf einmal relevant und gewichtig, auf einmal nun doch wahrhaft und lebendig zu sagen sein. Das ist ja das Rührende, das Beunruhigende, das Aufregende in Allem, was auf jener Ebene vom Menschen gesagt werden kann: daß es so platt ist, und gerade in seiner Plattheit, ohne daß es dadurch in sich selber anders und besser würde, ohne daß es sich selber anders und besser machen könnte, rein negativ, rein durch seinen inneren Mangel die andere Dimension anzeigt, in der ihm der wahrhaft und lebendig für Gott bereite Mensch gegenübersteht. Von diesem her gesehen, auf ihn bezogen, müßte es auch nicht platt, könnte es auch wahrhaft und lebendig sein. Die christliche Theologie und Verkündigung meint und will doch nicht einen Roman, wenn sie von dem für Gott bereiten Menschen redet. Sie will doch nicht lügen, wenn sie dessen Wirklichkeit so unbekümmert voraussetzt und behauptet. Sie will doch nicht lügen, wenn sie über jenen unteilbaren Rest in der Rechnung in oft so erstaunlicher Weise hinweggeht. Sie will doch nicht lügen, wenn sie gerade darauf, über diesen Rest hinwegzukommen, so viel vergebliches Pathos verwendet. Sie meint bestimmt den für Gott bereiten Menschen, der mit dem Menschen als solchem nicht identisch ist, der ihm aber unendlich verheißungsvoll gegenübersteht. Wie wäre sie die christliche Theologie und Verkündigung, wenn sie nicht in dem Allem — auch in ihren Illusionen, auch wenn sie den für Gott bereiten Menschen nun doch mit dem Menschen als solchem identifiziert — Jesus Christus meinte? Eben das will nun aber — soll die christliche Theologie und Verkündigung nicht wider ihren Willen dennoch lügen, soll nicht alles dennoch Roman und Illusion sein — ausdrücklich gesagt und erklärt, das will aus aller Zweideutigkeit in die Eindeutigkeit erhoben, das will allem Wenn und Aber, allem Sowohl-als-auch zuwider, erkannt und bekannt sein. Als die Entscheidung, vor der es wirklich keine Entscheidung gibt, als das Ergebnis, neben dem alle Ergebnisse unserer in jener ersten Dimension verlaufenden Überlegungen und Versicherungen an sich wirklich keine Ergebnisse sind. Als die Wahrheit und das Leben in der Höhe, neben dem es Wahrheit und Leben in der Tiefe, im Bereich des Menschen und auch des christlichen Menschen nur in der Weise geben kann, daß Wahrheit und Leben aus der Höhe, wo sie sind, in die Tiefe kommen, wo sie nicht sind, nur in der Weise also, daß sie eben dort, nämlich in der Höhe, immer wieder gesucht, eben von dorther immer wieder erwartet werden.

Der Aspekt des Menschen, unter dem sich unser bisheriges Bild tatsächlich ändert, unter dem die Entscheidung, nach der wir hier fragen: die in der Bereitschaft Gottes eingeschlossene Bereitschaft des Menschen und so Gottes wirkliche Erkennbarkeit wirklich sichtbar wird, dieser Aspekt ist der christologische Aspekt ganz allein. Es gibt anthropologische und ekklesiologische Sätze nur in Form von Lehnsätzen aus der Christologie. Will sagen: kein anthropologischer oder ekklesiologischer Satz ist in sich und als solcher wahr, sondern seine Wahrheit subsistiert in den Sätzen der Christologie, nein, in der Wirklichkeit Jesu Christi ganz allein. Man kann vom Menschen wohl sagen, daß er glauben darf und soll. Aber wenn man verstehen und in Wahrheit sagen will, was das bedeutet, dann muß man den verstehen und von dem reden, an den er glaubt, Jesus Christus. Man kann vom Menschen wohl sagen, daß er durch Gottes Gericht und Gnade ein Anderer wird. Aber wenn man das verstehen und in Wahrheit sagen will, dann muß man verstehen und sagen, daß das Gericht und die Gnade Jesu Christi gemeint ist, außer dem es kein Gericht und keine Gnade gibt; man muß verstehen und sagen, daß und inwiefern Jesus Christus der Andere ist. Man kann wohl sehen und bezeugen: es gibt eine Wiedergeburt des Menschen zum Kinde Gottes. Aber wenn das in Wahrheit gesehen und bezeugt sein soll, dann muß dieses Sehen und Bezeugen in einem Sehen und Bezeugen Jesu Christi, des eingeborenen Sohnes Gottes, der in unser Fleisch gekommen ist, und als dessen Brüder wir allein Kinder Gottes sein können, bestehen und zwar ganz allein bestehen. Mit jedem Blick an Jesus Christus vorbei, mit jedem Wort, das nun doch wieder einem Anderen als ihm gelten würde, mit jedem Lob des Menschen, das nicht unmittelbar ein Lob Jesu Christi wäre, würde der Roman und würden die Illusionen doch wieder anfangen, würden wir doch wieder in den Aspekt zurückfallen, unter dem der wahrhaftig und lebendig für Gott bereite Mensch nicht zu sehen und unter dem auch nicht mit gutem Gewissen von ihm zu reden ist. Es muß in der christlichen Lehre und so nun auch in der Lehre von der Erkenntnis und von der Erkennbarkeit Gottes rücksichtslos ernst gemacht werden mit der paulinischen Grunderkenntnis Kol. 3, 3, die die der ganzen heiligen Schrift ist: daß unser Leben unser mit Christus in Gott verborgenes Leben ist. Mit Christus: nie und nimmer außer ihm, nie und nimmer selbständig ihm gegenüber, nie und nimmer an und für sich! Der Mensch findet sich selbst nie und nimmer in sich selbst. Und der christliche Mensch sollte der Letzte sein, der nun gerade daran festhalten wollte, sich selbst in sich selbst zu finden. Der Mensch findet sich selbst in Jesus Christus und allein in ihm. Wie er auch Gott in Jesus Christus und allein in ihm findet. Menschsein und Menschheit an sich und für sich, als selbständige Träger selbständiger Prädikate, sind durch die Offenbarung Jesu Christi zu einer Abstraktion geworden, die nur noch zum Verschwinden bestimmt sein kann. Wie sollte man gerade da, wo man diese seine Offenbarung als solche anerkennt, wie sollte man gerade in der Kirche ausgerechnet den Gebrauch von ihr machen können, das Verschwinden dieser Abstraktion aufzuhalten, ihr womöglich neues Leben einhauchen zu wollen. Nur die übergroße List des natürlichen Menschen erklärt das Rätsel, daß das geschehen kann. Aber müßte nicht eben diese List des natürlichen Menschen — nicht von diesem selbst, wohl aber eben von Jesus Christus her — zu durchschauen und niederzuschlagen sein? Christliche Lehre jedenfalls kann kein einziges gesundes Wort sagen, es wäre denn, daß sie diese List durchschaut und niedergeschlagen hinter sich hätte. Wollen wir also zu einer positiven Beantwortung unserer Frage vordringen — und wir haben gar keine andere Wahl: wir dringen nicht zu ihr vor, sondern sie dringt zu uns vor — dann muß jetzt eben der christologische Aspekt des Problems jeden anderen zunächst rücksichtslos und vollständig verdrängen dürfen. Zunächst: sofern nämlich jeder andere, der anthropologische und der ekklesiologische vor Allem, von dem wir herkommen, doch nur von dort her als ein **wirklicher** Aspekt Sinn und Form bekommt — von dorther allerdings bekommt, in irgend einem selbständigen Gebrauch aber völlig bedeutungslos wäre. Wir können die positive Beantwortung unserer Frage also sehr schlicht vorwegnehmen: die in der Bereitschaft Gottes eingeschlossene Bereitschaft des Menschen ist Jesus Christus. Und also ist Jesus Christus die Erkennbarkeit Gottes von uns her, wie er die Gnade Gottes selber ist und also auch Gottes Erkennbarkeit von Gott her.

Wer aber ist **Jesus Christus**, daß wir das von ihm sagen müssen und ganz allein von ihm sagen können, vom Menschen und also auch von uns selbst aber nur so sagen können, daß wir es zuerst und eigentlich von ihm sagen? Wenn wir jetzt, indem wir Jesus Christus nennen, noch einmal von einem Postulat, wenn wir von Jesus Christus als von dem Idealfall eines für Gott bereiten Menschen oder von ihm als von der Idee menschlicher Gottesbereitschaft reden wollten, wäre noch einmal Alles verloren, der wirkliche, eine positive Beantwortung unserer Frage eröffnende Aspekt, auch wenn wir ihn als den christologischen ausgeben und bezeichnen würden, nicht gewonnen. Denn kein Idealfall und keine Idee des Menschen können etwas daran ändern, daß der Mensch an sich und **als** solcher für Gott nicht bereit, daß ihm also Gott nicht erkennbar ist.

Aber Jesus Christus ist uns durch das Alte und Neue Testament so bezeugt, daß uns die Möglichkeit, statt von ihm von einem weiteren Postulat zu reden, faktisch abgeschnitten ist. Jesus Christus ist uns so bezeugt, daß wir uns von ihm nur entweder gar nichts oder dann in aller Eindeutigkeit das sagen lassen können: daß er der Herr ist. Jedes Wort des biblischen Zeugnisses über ihn verbindet ihn so mit uns, daß es ihn uns gegenüber so abgrenzt, daß uns die Möglichkeit, ihn von uns her und also als Idealfall oder Idee unserer Möglichkeit und Wirklichkeit zu verstehen, abgeschnitten ist. Jedes Wort des biblischen Zeugnisses über ihn verbindet uns so mit ihm, daß er oben steht, wir aber untenhin zu stehen kommen. In dieser unumkehrbaren Ordnung ist er, der er ist. Schon diese Unumkehrbarkeit bedeutet die Sicherung dagegen, daß das alte unfruchtbare Spiel, um das es überall geht, wo wir mit dem Menschen als solchem beschäftigt sind, sich hier nun auch wiederholen könnte. Hier ist wohl auch ein Mensch. Aber bestimmt nicht der Mensch als solcher. Man muß seine Weissagung durch das Geschehen im Bunde mit den Vätern und mit Israel, man muß seine Funktion als Erfüller dieser Weissagung, man muß seine Wunder und vor allem das Wunder seiner eigenen Existenz, man muß die Jungfrauengeburt und die Auferstehung Jesu Christi streichen oder «vergeistigen», man muß seine Botschaft vom Reiche Gottes, die als solche sein Selbstzeugnis ist, wunderlich umdeuten und so dann schließlich jedes Wort, das uns von ihm oder über ihn gesagt ist — wenn man sich die Möglichkeit verschaffen will, nun auch in ihn den Menschen als solchen hineinzuinterpretieren und ihn also vom Menschen als solchen her zu verstehen. Jede den Gegenstand und damit auch die Texte nicht vergewaltigende, sondern respektierende Exegese wird uns, so gewiß sie uns sagen wird, daß hier von einem Menschen die Rede ist, sichern gegen den Irrtum, als ob hier vom Menschen als solchem, von einem Idealfall oder von einer Idee des natürlichen Menschen die Rede wäre. Sie wird uns, wie wir uns auch dazu stellen mögen, sagen, daß hier vom Herrn die Rede ist. Von dem eingeborenen, dem einzigen und ewigen Sohn Gottes. Also von Gott selber. Also unter allen Umständen von dem, der für Gott bereit und offen, dem Gott erkennbar ist. Wiederum stehen wir also, wenn und weil es um Jesus Christus geht, mitten im Geheimnis und zugleich in der Offenbarung Gottes, in dessen eigenster und innerster Wirklichkeit. Gott ist sich selber, es ist der Sohn dem Vater, es ist aber auch der Vater dem Sohn wohl erkennbar. Das ist das Erste und das Letzte, was über die Erkennbarkeit Gottes gerade auch unter dem Gesichtspunkt der Bereitschaft des Menschen zu sagen ist. Noch scheint hier freilich der Mensch draußen zu stehen. Noch scheint das Alles für ihn nicht zu gelten. Wir sind ja nicht Gott. Wir sind in der Tat nicht Gott. Aber Gott ist Mensch. Das ist ja Jesus Christus, der im Alten und Neuen Testament bezeugte Herr: nicht

Gott an sich und als solcher, so wenig wie der Mensch an sich und als solcher, sondern Gott, der Mensch ist. Das ist Jesus Christus. In ihm stehen wir nicht draußen, sondern drinnen, haben wir Anteil an jenem Ersten und Letzten. In ihm gilt es nicht nur für Gott selbst, nicht nur zwischen dem Vater und dem Sohne, in ihm gilt es für den Menschen, für uns: Gott ist erkennbar. Denn in ihm ist der Mensch bereit für Gott. Aber was heißt nun das? Was kann das heißen angesichts der Tatsache, daß eben der Mensch als solcher ja allezeit nicht bereit, sondern verschlossen ist für Gott, weil er kein Freund, sondern ein Feind der Gnade ist und also seiner Offenbarung den Rücken kehrt? Nun, wir hörten schon, was das konkret bedeutet, daß Jesus Christus der Mensch ist: es bedeutet, daß der eingeborene Sohn Gottes und also Gott selbst, der sich selber erkennbar ist von Ewigkeit zu Ewigkeit, in unser Fleisch gekommen ist, unser Fleisch angenommen hat, der Träger unseres Fleisches geworden ist, als Gottes Sohn nicht anders als eben in unserem Fleische existiert von Ewigkeit zu Ewigkeit. Unser Fleisch ist also dabei, wenn er Gott erkennt, als der Sohn den Vater, wenn Gott sich selber erkennt. In unserem Fleische erkennt Gott sich selber. In ihm geschieht es also, daß unser Fleisch Gott selber erkennt. Wir halten uns hier mit Absicht und Betonung an das Joh. 1, 14 gebrauchte Wort «Fleisch», weil dieses Wort in der Bibel eben den Menschen als solchen, den Menschen als Feind der Gnade Gottes bezeichnet. Diese, die so bestimmte Menschheit, hat der Sohn Gottes angenommen und sich zu eigen gemacht. Er hat sich nicht nur in die Mitte und Gesellschaft der so bestimmten Menschheit begeben, unangerührt von, unbeteiligt an ihrer inneren Unmöglichkeit Gott gegenüber. Nein, er, der reine, heilige, dem Vater von Ewigkeit her und in Ewigkeit gehorsame Sohn Gottes ist selber ein solcher Mensch geworden. **Indem er der Sohn Gottes war**, war er freilich in der Mitte und Gesellschaft der so bestimmten Menschheit, hat er die Feindschaft des Menschen gegen Gottes Gnade herausgefordert und erlitten, wie alle Propheten und Apostel sie herausfordern und erleiden mußten, wurde er ans Kreuz geschlagen als der letzte und entscheidende Beweis dafür, wie der Mensch als solcher gerade der Gnade Gottes gegenüber nun einmal gesinnt ist und immer gesinnt sein wird. Aber so entscheidend dies ist als die vollkommene Offenbarung der Anklage, die gegen den Menschen als solchen erhoben ist, so abschließend das Wort ist, das hier damit gesprochen wurde, daß der Mensch als solcher mit dem zu ihm gekommenen Sohne Gottes nur eben dies anzufangen wußte: die wirkliche Entscheidung und der wirkliche Abschluß, der im Kreuze Jesu Christi vollzogen wurde, vollzieht sich in ganz anderer Richtung. **Indem er Mensch war**, hat er ja das Sein des der Gnade feindlichen Menschen eben nicht nur von außen, von den **Menschen** her, an der Stelle **Gottes**, sondern zugleich — und das ist mehr — von innen, von **Gott** her, an der Stelle der Menschen erlitten. Ist er doch selbst in dieses Sein hinein, ist er doch Gott gegenüber in voller Wahrheit an die Stelle des Menschen getreten: nicht um an dieser Stelle das wieder zu tun, was dieser Mensch immer tut, aber doch in voller Wahrheit eben an diese Stelle. Und nun hat er an dieser Stelle eben nicht nur die menschliche Feindschaft gegen Gottes Gnade erlitten und in ihrer ganzen Tiefe zur Offenbarung gebracht. Sondern er hat das viel Größere erlitten: den gerechten Zorn Gottes gegen die, die seiner Gnade feind sind, der uns treffen mußte. Wir sind ja der Gnade Gottes feind. Wir tun ja das, was seiner Natur nach nicht vergeben werden kann, weil es die Verachtung eben der Vergebung ist. Wir sind angeklagt und überführt, indem Jesus Christus gekreuzigt wird, wir haben den Tod, und zwar den ewigen Tod verdient. Eben an unsere Stelle ist aber — und das ist ja derselbe Herr Jesus Christus — indem er selbst Fleisch wurde, der Sohn Gottes getreten. Eben die gegen uns gerichtete Anklage, eben das uns treffende Urteil hat er auf sich genommen. Eben unsere Strafe hat er getragen. Als der Sohn Gottes konnte er an unsere, an jedes einzelnen Menschen, an die Stelle des ganzen Menschengeschlechts treten. Und eben als der Sohn Gottes hat er das tatsächlich getan. Das bedeutet nun aber: eben unsere Feindschaft gegen die Gnade hört nun in dem Augenblick, in dem sie zu ihrer vollkommenen Offenbarung kommt, indem die Anklage gegen sie unvermeidlich und vernichtend wird, weil sie sich jetzt erhebt zu der Tat des Hasses und Vernichtungswillens gegen Gott selber — sie hört gerade nun auf, Gegenstand des Zornes Gottes gegen uns zu sein, sie existiert gerade von nun an als Anlaß zu unserer Anklage, Verurteilung und Strafe nicht mehr. Denn eben unsere Feindschaft, die Feindschaft, in der der Mensch als solcher der Gnade gegenübersteht, ist vor Gott durch Gott selbst, vor dem Vater durch seinen eingeborenen Sohn, aber durch den Mensch gewordenen Sohn Gottes und also an unserer Stelle gebüßt und preisgegeben. Gebüßt: indem er an unserer Stelle die Anklage, die Verurteilung, die Strafe, die uns von Gott her treffen muß, erlitten hat. Preisgegeben: indem er an unserer Stelle Gottes Gnade angenommen und damit Gott den Gehorsam dargebracht hat, den wir dauernd verweigern. Eben damit ist nun aber die Feindschaft des Menschen vor Gott aufgehoben, hinweggetan, ausgelöscht. Und vor Gott ausgelöscht ist sie in Wahrheit ausgelöscht. Das geschieht nämlich in der Wahrheit, das ist ja geradezu die Wahrheit: was vor Gott durch Gott an unserer Stelle geschieht. Und nun ist es vor Gott durch Gott an unserer Stelle geschehen, daß unsere Feindschaft gegen seine Gnade gebüßt und preisgegeben wurde. Das ist der Sieg der Gnade über die menschliche Gnadenfeindschaft. Eben wo sich diese endgültig und unzweideutig offenbart hat, nämlich in der Kreuzigung des Sohnes Gottes — eben wo der Mensch in letzter Folgerichtigkeit sich selbst zu erhalten und zu behaupten wähnt, indem er nämlich die Erfüllung aller Gnadenverheißung, die Mensch gewordene Gottesgnade selber von sich stößt — eben wo er der Vergebung verlustig geht, indem er auf die Fülle göttlichen Vergebens in Betätigung seiner Frömmigkeit und Moral mit dem ihn selbst verdammenden Todesurteil antwortet, eben da ist «die Gnade noch mächtiger geworden» (Röm. 5, 20). Eben da, wo der Mensch endgültig und eindeutig offenbar wird als der Übertreter des Gesetzes, als der, der den nicht wieder liebt, sondern haßt, der ihn von Ewigkeit geliebt hat — eben da (Wunder aller Wunder!) wird die Wahrheit offenbar, durch die alle Übertretung des Gesetzes, alle Gnadenfeindschaft des Menschen als Lüge enthüllt und vertilgt wird: der Mensch, der dem Gesetz Genüge tut, indem er die Strafe seiner Übertretung erleidet, und der es zugleich hält und erfüllt, indem er tut, was es gebietet. Das ist der Sieg der Gnade über die menschliche Gnadenfeindschaft. Und das ist die Offenbarung der Wahrheit und des Lebens des für die Gnade offenen und so für Gott bereiten Menschen: Gott selbst ward Mensch, er litt die Feindschaft des Menschen in ihrer furchtbarsten Blüte und Reife und offenbarte das Gericht, unter dem dieser Mensch steht, offenbarte es aber nicht, um es an ihm zu vollziehen, sondern um sich ihm selbst zu unterziehen und um unter dem Gericht zu tun, was dieser Mensch nicht tut, nämlich seine Gnade zu preisen, zu offenbaren und herrlich zu machen. Dieser Sieg der Gnade, diese Offenbarung der Wahrheit und des Lebens eines neuen Menschen heißt Jesus Christus: der gekreuzigte Jesus Christus, wahrer Gott und wahrer Mensch, in seinem Leiden und in seinem Gehorsam, in seiner Unterwerfung unter das Gesetz und in seiner Erfüllung des Gesetzes, in seinem Blut, das er von den Menschen vergießen ließ, um es für die Menschen zu vergießen — der Gekreuzigte, der auch auferstanden ist, d. h. der diesen neuen Menschen (aus dem Tode, in den er den ersten und alten in sich selber begraben hatte) in sich selber zum Leben gebracht und aller Welt offenbart hat. Dieser andere, neue Mensch in ihm selber ist der für Gott bereite Mensch, nach dem wir uns vergeblich umsahen, solange wir auf den Menschen als solchen, auch auf den christlichen Menschen, gesehen haben. Wir sehen uns aber nicht mehr vergeblich nach ihm um und dann auch nicht mehr vergeblich nach der Erkennbarkeit Gottes für den Menschen, wenn wir uns klar machen, daß nicht der Mensch als solcher und auch nicht der christliche Mensch, sondern Jesus Christus, der ins Fleisch gekommene Sohn des Vaters, offenbart in seinem Kreuz und in seiner Auferstehung, die Wahrheit und das Leben des Menschen ist: der wirkliche Mensch, an den wir uns zu halten haben, wenn wir nicht sinnlos und ergebnislos, sondern endlich gehaltvoll vom Menschen und von seiner Beziehung zu Gott, von seiner Bereitschaft für ihn reden wollen. Wir müssen nur seinen Namen, den Namen Jesus Christus aussprechen, dann ist eben in diesem Namen das Einzige aber eben damit auch das Positivste gesagt, was in Wahrheit über des Menschen Bereitschaft für Gott zu sagen ist. In ihm ist der Mensch — nachdem und indem seine Feindschaft gegen Gottes Gnade in ihm überwunden ist — nicht mehr draußen, wo ihm Gott unerkennbar sein muß, weil er die Gnade nicht annimmt, in der Gott sich ihm erkennbar macht, sondern drinnen, wo Gott sich selber erkennbar ist, der Vater dem Sohne und der Sohn dem Vater, wo im Sohne Gott also auch ihm, dem Menschen, erkennbar ist. In ihm — es hat ihn seine Erniedrigung zu uns, es hat ihn sein Blut, es hat ihn sein Erleiden des Zornes Gottes und die ganze unbegreifliche Tat seines Gehorsams im Leiden gekostet, aber es ist so: in ihm haben wir Anteil an dem Ersten und Letzten: daß Gott sich selber nicht verborgen, sondern offenbar ist.

Es muß uns jetzt deutlich sein, was auf den so verwunderlichen und verkehrten Wegen, was auch in den Illusionen, denen sich die christliche Theologie und Verkündigung weithin hingibt, eigentlich gemeint und gewollt ist, was die Wahrheit ist, von der sie lebt und die es ihr ermöglicht, in aller Ergebnislosigkeit immerhin so viel in sich ganz Richtiges vorzutragen. Die Richtigkeit stammt eben davon her, daß es den für Gott bereiten Menschen, dessen Existenz sie in so bedenklicher Weise voraussetzt und behauptet, tatsächlich gibt, und daß er sogar — er heißt Jesus Christus — den Grund und das Sein der Kirche bildet. Das Bedenkliche, das Verkehrte ihres Tuns aber besteht darin, und die Ergebnislosigkeit stammt davon her, daß sie sich zu dem, was sie eigentlich meint und will, nämlich zu Jesus Christus, zu seinem Kreuz und seiner Auferstehung, nicht tatsächlich bekennt, sondern an ihm vorbei, so daß sein Name ein bloßer Schall, so daß Christologie eine bloße Ideologie wird — sich doch wieder an den Menschen als solchen hält und infolgedessen von dem wirklich für Gott bereiten Menschen nichts weiß, infolgedessen seine Existenz und also die Erkennbarkeit Gottes nur lügnerisch voraussetzen und behaupten kann. Der Weg zur Gesundung der christlichen Lehre ist ganz klar: *Haec sola est ratio tam retinendae quam restituendae purae doctrinae: Christum ponere ob oculos qualis est cum bonis suis omnibus* (Calvin, Komm. zu Kol. 1, 12 C. R. 52, 83). Die christliche Theologie und Verkündigung braucht sich bloß darüber Rechenschaft abzulegen, wie es dazu kommt, daß sie in aller Ergebnislosigkeit so viel Richtiges sagen kann. Sie braucht der Spur dieses Richtigen bloß nachzugehen zurück auf den Ursprung, zurück zu dem eigentlich Gemeinten und Gewollten. Sie braucht bloß in die Höhe statt in die Tiefe zu blicken, sie braucht sich bloß tatsächlich — in Worten tut sie es ja ausgiebig genug — an den Menschen zu halten, der «zur Rechten Gottes ist und vertritt uns» (Röm. 8, 34), dann wird sie bestimmt nicht Lüge, sondern Wahrheit reden. Und nun darf und muß man ja wohl auch sagen: wo sie und wofern sie und in dem Maß, als sie das tatsächlich tut, in dem Maß als sie in aller Verkehrtheit und in allen ihren Illusionen hinsichtlich des christlichen Menschen sich selber zum Trotz doch auch den gekreuzigten und auferstandenen Christus verkündigt, sagt sie die Wahrheit, redet sie nicht nur richtig, sondern recht und nicht ergebnislos, baut sie dann auch die Gemeinde, missioniert sie dann auch die Welt, setzt sie deren Kinder nun auch ins Unrecht und hat sie deren Kindern nun auch das wirkliche ewige Heil zu verkündigen. Es ist gut, daß die Kraft der Wahrheit des Sohnes Gottes, seines Kreuzes und seiner Auferstehung zu allen Zeiten größer gewesen ist und auch immer größer sein wird als die Kraft seiner Erkenntnis und seines Bekenntnisses in der Kirche. Es ist gut, daß jene Kraft auch in der irrenden Kirche nie ganz unwirksam gewesen ist. Aber das entschuldigt das Irren der Kirche nicht. Das muß die

Kirche vielmehr zur Buße leiten. Und es gibt wiederum keine Zeit der Kirche, in der diese nicht zur Buße aufgerufen wäre, die darin besteht, daß sie zu dem Herrn, den sie so leicht und so oft — und oft so lange — vergessen hat, wieder zurückkehrt, indem sie ihn aufs neue das Haupt sein läßt, in welchem die Glieder allein ihr Leben haben können.

Aber nun bleibt uns noch eine Frage zu beantworten. Nur um eine Rückfrage, Kontrollfrage, Verständnisfrage kann es sich noch handeln. Wir haben, indem wir den Namen Jesus Christus genannt und uns der in ihm geschehenen Neuschöpfung des Menschen erinnert haben, das letzte Wort — nicht nur unser, sondern Gottes eigenes letztes Wort (und darum auch das unsrige!) ausgesprochen, oder vielmehr dem Worte Gottes selbst nachgesprochen. Es gibt jenseits dieses letzten Wortes keine Fragen. Alle unsere Fragen entstehen nur dadurch, daß wir durch dieses letzte Wort Gefragte sind. Alle unsere Fragen können nur Etappen sein auf dem Weg unserer Erkenntnis dieses letzten Wortes, das als solches unter keiner Frage steht, sondern lauter Antwort ist. Auch die uns noch übrig bleibende Frage kann nur eine Verständnisfrage sein, eine Frage, die das Gegebensein jener Antwort voraussetzt. Als solche mag sie denn laut werden: Inwiefern sind wir in ihm, in Jesus Christus, nun wirklich nicht draußen, sondern drinnen und also dort, wo Gott sich selber und nun auch uns erkennbar ist? Inwiefern bin ich, ist dieser Mensch, der als solcher für Gott nicht bereit und der ja auch mit Jesus Christus nicht identisch ist, in Jesus Christus bereit für Gott? Inwiefern gilt für mich in der Tiefe, was für ihn in der Höhe gilt? Wir könnten die Frage auch so formulieren: inwiefern gibt es neben und unter der Christologie nun doch auch, abhängig von jener, und ganz und gar angewiesen auf sie, eine christliche Anthropologie und Ekklesiologie? Wie kommt es zu unserer Anteilhabe an dem, was Jesus Christus ist? Die Frage ist nicht falsch; sie ist sogar sehr notwendig und dringlich. Es besteht aber Gefahr, daß wir uns durch sie zu Antworten verlocken lassen könnten, mit denen wir gerade das, wonach sie echt und notwendig fragt, nicht zu Gesicht bekommen, sondern erst recht wieder aus dem Gesicht verlieren würden.

Es liegt nahe, hier sofort damit zu antworten, daß auf die Möglichkeit, Notwendigkeit und Wirklichkeit des Glaubens verwiesen wird. Wieder wäre damit etwas an sich unzweifelhaft sehr Richtiges gesagt. In der Tat, wie sollte der in Jesus Christus geschehene Sieg der Gnade über die menschliche Gnadenfeindschaft anders für uns relevant, gültig und heilsam werden, als indem wir an Jesus Christus glauben? Aber wie leicht könnte, wenn wir nun sofort und direkt auf den Glauben verweisen wollten, jener erste, in Jesus Christus ja gerade versunkene unfruchtbare Aspekt wieder auftauchen: dort, in irgend einer Höhe Gottes Gnade, hier, in einer nur zu bekannten Tiefe wir selbst, denen nun zugemutet, in einer neuen Form des Gesetzes (oder ist es nicht doch die alte?)

zugemutet ist, zu glauben, die aber in sich selbst doch nach wie vor sind, was sie sind, die sich der Gnade, auch wenn und sofern sie glauben, immer noch entziehen können und tatsächlich entziehen werden, deren Glauben als solcher also letztlich doch ein ergebnisloses Tun sein wird! Gewiß geht es nach dem Zeugnis der ganzen heiligen Schrift um den Glauben und zwar ganz allein um den Glauben an Jesus Christus. Aber eben danach ist ja gefragt: was denn Glaube, nämlich Glaube an Jesus Christus im Unterschied zu allem möglichen anderen ergebnislosen und heillosen Glauben, Unglauben, Irrglauben und Aberglauben eigentlich ist und wie es zu diesem Glauben, zu einem Glauben, der von uns selbst her, von unserer eigenen Gnadenfeindschaft her, nicht mehr zu problematisieren ist, nun eigentlich kommen soll? Ist die Frage ernstlich gemeint und gestellt, dann fragt sie nach einem solchen nicht zu problematisierenden Glauben, nach einer dem Tod und der Auferstehung Jesu Christi entsprechenden, nach einem der göttlichen Gewißheit Jesu' Christi gleichen Sieg der Gnade an und in uns selber. Es darf dann dies, daß wir hier in der Tiefe sind, nicht doch wieder dies bedeuten, daß von unserer Beziehung zu ihm, der in der Höhe ist, von unserer Teilhabe an ihm eben doch wieder nur hypothetisch gedacht und geredet werden kann, während als unsere eigene Realität eben doch der in uns allen lebendige Feind der Gnade, jene ganze Beziehung völlig in Frage stellend, auf dem Plane bliebe. Soll also auf unsere Frage recht geantwortet werden, dann muß auch auf sie, gerade weil es zweifellos um den Glauben — aber eben um den rechten und gewissen Glauben geht, nicht vom glaubenden Menschen, sondern von Jesus Christus als dem Gegenstand und Grund des Glaubens her geantwortet werden.

Die rechte Antwort kann dann grundsätzlich nur so lauten: Eben als der eine, einzige, für Gott bereite Mensch ist Jesus Christus nicht nur einmal in der Zeit für uns gewesen, gestorben und auferstanden, damit die überschwengliche Gnade Gottes unter uns Ereignis und zugleich Offenbarung werde, sondern eben als dieser steht er nun in Ewigkeit für uns vor seinem Vater, lebt er als Gottes Sohn, der er war, ist und sein wird, für uns in Gott selber. Unsere Aneignung dessen, was er uns erworben hat, ist also nicht erst durch uns zu vollziehen, sondern sie wird, indem er für uns der für Gott bereite Mensch in Ewigkeit in Gott selber ist, in Ewigkeit, in Gott selber, von ihm, in der ewigen Fortsetzung seines hohepriesterlichen Amtes vollzogen. Das heißt aber — und alles Weitere kann nur eine Folge und Erklärung dieses Eigentlichen und Ursprünglichen sein: Jesus Christus selbst sorgt dafür, daß wir in ihm und durch ihn nicht draußen, sondern drinnen sind. Er sorgt dafür, daß seine Bereitschaft gültig ist für uns, die wir mit ihm nicht identisch sind und die wir in uns selbst für Gott nicht bereit sind, sorgt dafür, daß, was in ihm in der Höhe wahr ist, wahr ist und bleibt auch in unserer Tiefe.

Hier fängt nicht ein anderes Werk an, das dann wohl das unsrige sein müßte, hier fallen wir aber auch nicht in irgend eines anderen Gottes Hände, sondern hier wird nur des einen Gottessohnes eigenes Werk auch nach dieser Seite vollzogen: damit nämlich, daß er in unserem Fleische, aber als der Überwinder unserer Feindschaft zur Rechten des Vaters ist und vertritt uns. Daß dieses Vertreten Jesu Christi als sein, des Sohnes Gottes Werk ein **ewiges** und also ein in **aller Zeit gegenwärtiges** und daß es wiederum als sein, des Sohnes Gottes Werk ein **allmächtiges** und also ein schlechterdings **wirksames** Vertreten ist, das ist es, was man sich, wenn man die Antwort auf jene Frage sehen will, zunächst ganz allein vor Augen halten muß. Sind wir nicht nur einmal durch ihn vertreten worden, sondern sind wir es, **weil in Ewigkeit, darum zu jeder Zeit** und ist er, der uns vertritt, kein Geringerer als der Sohn Gottes, der mit dem Vater gleichen Wesens ist, der also Gottes eigene Macht und Gottes eigenen Willen hat, uns zu vertreten, sind wir also durch ihn **wirksam** vertreten, dann ist die Frage nach unserem Dabeisein schon beantwortet durch dieses **sein ewiges göttliches Für uns**. Ist **er für uns**, dann heißt das ja eben — und eben das heißt dann letztlich ganz allein: daß wir — und nun wirklich in ewiger, in der dem Sohne Gottes eigenen Gewißheit — auch dabei, dessen, was er ist und getan hat, wirklich **teilhaftig** sind.

Es kann nach Röm. 8, 31—39 niemand wider uns sein, niemand uns beschuldigen, niemand uns scheiden von der Liebe Gottes, die in Christus Jesus ist, unserem Herrn. Wenn Tod und Leben, Engel, Herrschaften und Gewalten, Gegenwärtiges und Zukünftiges, Höhe und Tiefe das nicht können, dann auch nicht jener nicht aufgehende Rest der Gnadenfeindschaft, die das Letzte und Eigentliche in uns Menschen als solchen ist. «Ich elender Mensch, wer wird mich entreißen diesem Leibe des Todes? Dank sei Gott durch Jesus Christus unseren Herrn! So diene ich nun, einer und derselbe, nach meiner Erkenntnis dem Gesetze Gottes, nach dem Fleisch aber dem Gesetz der Sünde. So gibt es nun keine Verurteilung mehr für die, die in Christus Jesus sind. Denn das Gesetz des Geistes des Lebens hat mich in Christus Jesus frei gemacht von dem Gesetz der Sünde und des Todes» (Röm. 7, 24—8, 2). «Wenn jemand sündigt, so haben wir einen Beistand beim Vater: Jesus Christus, den Gerechten» (1. Joh. 2, 1). Und «wenn unser Herz uns verdammt, so ist Gott größer als unser Herz». Eben darin, daß es so ist, erkennen wir, daß wir in der Wahrheit sind, und eben damit können und sollen wir unser Herz vor Gott stillen (1. Joh. 3, 19—20). Wie «halten wir fest am Bekenntnis»? Indem wir «den großen Hohepriester haben, der durch die Himmel hindurchgegangen ist, Jesus den Sohn Gottes. Denn wir haben nicht einen solchen Hohepriester, der nicht die Macht hätte, mitzuleiden an unseren Schwachheiten, vielmehr einen solchen, der in Allem gleich versucht ist wie wir, aber ohne Sünde. So laßt uns nun mit Zuversicht hinzutreten zum Throne der Gnade, damit wir Barmherzigkeit und Gnade finden εἰς εὔκαιρον βοήθειαν» (Hebr. 4,14 f.).

Man muß es ganz von dieser Höhe des Geschehens in Gott selber aus verstehen, wenn die heilige Schrift unser Teilhaben an dem Sein und Werk Jesu Christi in der Regel ausdrücklich damit beschreibt, daß sie es ein Werk des **Heiligen Geistes** nennt. Der Heilige Geist ist darum heilig, weil er Gottes Geist und also der Geist, das von Ewigkeit her und in Ewigkeit Bewegende und Einigende des Vaters und des Sohnes ist. Daß wir durch den Heiligen Geist in Jesus Christus für Gott bereit sind, das ist zunächst und in sich nur die Bestätigung eben des zuletzt Gesagten: Weil und indem Jesus Christus, der Sohn Gottes in Ewigkeit für uns ist, ist es auch der Vater, ist es also wahr — jenseits Alles dessen, was sonst und vor allem auch jenseits Alles dessen, was in uns selbst immer noch und immer wieder wahr sein mag: so wahr, daß im Lichte dessen Alles, was auch wahr ist und so auch unsere eigene Gnadenfeindschaft zur Lüge wird — daß Gott für uns ist. Im Heiligen Geist als dem Geist des Vaters und des Sohnes gibt es dort, in der Höhe Gottes, kein «Gegen uns», nur das ein- für allemal gesprochene und gültige «Für uns». Eben weil dem dort, in dieser Höhe, in der Höhe Gottes, so ist und nicht anders, kann es auch hier, in unserer Tiefe, nicht anders sein. Welche Tiefe könnte so tief sein, daß sie dem, was in der Höhe Gottes wahr und gültig ist, entzogen, daß in ihr etwas Anderes wahr und gültig sein könnte, daß nicht Alles, was in ihr an und für sich wahr sein will, von dorther als Lüge aufgedeckt würde? So kann denn zwischen uns und Gott, wie es auch mit uns selbst und unserer Gnadenfeindschaft stehe, kein Streit sein; so ist denn unsere Feindschaft überholt und überwunden, so ist denn die Welt mit Gott versöhnt (2. Kor. 5, 19) — ebenso gewiß das Alles, als der Vater, der Sohn und der Heilige Geist der eine, ewige und allmächtige Gott ist, als zwischen dem Sohn und dem Vater in der Höhe kein Streit, sondern in dem Heiligen Geiste von Ewigkeit her und in Ewigkeit Frieden und Einheit ist. Und nun kann Alles, was über unsere Anteilhabe an Jesu Christi Sein und Werk hier in der Tiefe als solcher zu sagen ist, eigentlich nur darin bestehen: Es liegt in dem Wesen dessen, was dort, in Gott geschieht in ewiger Fortsetzung der in der Zeit vollbrachten Versöhnung und Offenbarung, daß es in voller Realität auch hier, auch an und in uns geschieht: angesichts und trotz dessen, was wir, solange Dort und Hier noch ein Zweierlei bedeuten, an und in uns selber sind. Es muß diese unsere Anteilhabe zu Jesu Christi Sein und Werk nicht erst hinzukommen als ein Zweites, sondern es ist als das Eine was vollbracht werden muß, ganz und gar in ihm vollbracht. Es ist als das Geschehen in Gott — das Geschehen, an dem wir ja kraft des Wesens des Seins und Werks Jesu Christi beteiligt sind — in sich und von Hause aus auch ein Geschehen an und in uns. Es wäre nicht dieses Geschehen, wenn hier mit unserem Draußensein noch gerechnet, wenn zu dessen Aufhebung, wenn dazu, daß wir drinnen sind, noch etwas Besonderes, Zweites geschehen müßte. Nur von der zeitlichen Gegenwart des ewig Gegenwärtigen redet also die heilige Schrift, wenn sie von der Ausgießung und Gabe, wenn sie von dem Werk des Heiligen Geistes an und in uns, oder konkret: von dem durch den Heiligen Geist erweckten

Leben der Kirche, oder, auf die einzelnen Menschen gesehen: von dem durch den Heiligen Geist erweckten Leben der Kinder Gottes redet. Das Leben der Kirche und das Leben der Kinder Gottes ist als das Werk des Heiligen Geistes nichts Anderes als die Einheit des Vaters und des Sohnes in der Gestalt der Zeit, unter und in uns Menschen, die wir unsere Existenz als solche noch nicht daheim bei dem Herrn, noch in der Fremde, in Jesus Christus aber nicht mehr in der Fremde, sondern schon daheim bei dem Herrn haben. Im Heiligen Geiste gilt das «schon»; denn der Heilige Geist ist die zeitliche Gegenwart des ewig in voller Wahrheit für uns eintretenden Jesus Christus. Leben im Heiligen Geist heißt also für uns: mitten im «noch nicht», dennoch «schon» in der vollen Wahrheit dessen stehen, was, von unserem «noch nicht» aus betrachtet, reine Zukunft, kraft dieses «schon» aber reine Gegenwart ist, in dem man also, der Aufhebung des Zweierlei wartend, jetzt und hier schon leben kann. In der vollen Wahrheit, nämlich in der Wahrheit, daß Gott für uns ist! Also jenseits — so wie die Wahrheit jenseits der Lüge ist — dessen, was unsere Wahrheit ist: jenseits unserer Feindschaft gegen Gott!

Und darum ist nun das Leben im Heiligen Geist das Leben des Glaubens. Der Glaube besteht nicht in einer inneren, einer immanenten Veränderung des Menschen, obwohl er nicht ohne solche Veränderung sein kann. Der Glaube ist grundsätzlich mehr als alle ihm folgende Veränderung: er ist als Werk des Heiligen Geistes des Menschen neue Geburt aus Gott, auf Grund derer der Mensch noch hier schon von dem leben darf, was er dort in Jesus Christus und also in Wahrheit ist. Der Glaube ist die zeitliche Gestalt seines ewigen Seins in Jesus Christus, seines Seins auf Grund dessen, daß Jesus Christus vor dem Vater für uns eintritt, daß wir in Jesus Christus in der Höhe Gottes und darum auch in unserer Tiefe für Gott bereit sind. Der Glaube löscht unsere Feindschaft gegen Gott dadurch aus, daß er sie zur Lüge, zu der uns selbst als solche bekannten, zu der durch Jesus Christus gesühnten und überwundenen, unter die Füße getretenen und erledigten Lüge gemacht sieht. Unsere Wahrheit ist nicht das Sein, das wir als unser eigenes in uns selber finden. Das Sein, das wir als unser eigenes in uns selber finden, wird immer das Sein in der Feindschaft gegen Gott sein. Eben dieses Sein aber ist Lüge und zwar die als solche im Glauben durchschaute Lüge. Unsere Wahrheit ist unser Sein im Sohne Gottes, in welchem wir nicht Feinde, sondern Freunde Gottes sind, in welchem wir die Gnade nicht hassen, sondern ganz allein an die Gnade uns klammern, in welchem uns also Gott erkennbar ist. Das ist die vom Glauben geglaubte Wahrheit des Menschen. Und das ist das Werk des Heiligen Geistes; daß die ewige Gegenwart der Versöhnung in Jesus Christus in uns diese zeitliche Gestalt hat, die Gestalt des Glaubens, der diese Wahrheit glaubt. Der Mensch, in welchem Jesus Christus diese zeitliche Gestalt hat, glaubt also in keinem Sinn an sich selber. Wird er doch sein eigenes Sein, gerade indem er glaubt, immer als ein Sein in der Feindschaft und also in der überwundenen und erledigten Lüge entdecken finden. Wird doch gerade er nur so leben können, daß er sich selbst den Rücken kehrt und über sich selbst hinaus «sucht, was droben ist» (Kol. 3, 2). Betätigt er doch im Glauben «eine Zuversicht auf das, was man hoffen darf, ein Überführtsein von dem, was man nicht sieht» (Hebr. 11, 1). Glauben heißt eben an Jesus Christus glauben, d. h. aber: sich ganz und gar daran halten, daß unsere zeitliche Existenz ihre Wahrheit empfängt und hat und wieder empfängt nicht aus sich selber, sondern ganz allein aus ihrer Beziehung zu dem, was Jesus Christus ist und tut als unser Fürsprecher und Mittler in Gott selber. Glauben ist also kein Stehen, sondern ein Aufgehobensein und Hängen ohne Boden unter den Füßen. Oder umgekehrt ausgedrückt: Im Glauben ist das, was wir sonst für unser Stehen halten, nämlich unser Stehen auf uns selbst (mit Inbegriff alles moralischen, religiösen, auch christlichen Stehens!) darum preisgegeben, weil es im Glauben durchschaut ist als ein lügnerisches, nicht wirkliches Stehen, als ein bloßes haltloses Hängen und Schwanken und Fallen: preiszugeben zugunsten des wirklichen Stehens, in welchem wir nun aber nicht mehr auf uns selbst (auch nicht mehr auf unserem moralischen und religiösen, auch nicht mehr auf unserem christlichen Sein!), in welchem wir selbstverständlich auch nicht auf unserem Glauben als solchem, wohl aber — und jetzt endlich fest und gewiß — auf dem Boden der Wahrheit Gottes und also auf dem Boden der in Jesus Christus geschehenen und durch ihn in alle Ewigkeit bestätigten Versöhnung stehen: ein Stehen, das dann freilich von uns selbst her gesehen (aber was wir von uns selbst her sehen, das ist die Lüge!) wie ein unmögliches und unerträgliches Hängen und Schweben aussehen mag, vor dem wir uns, die Dinge von uns selbst her sehend, immer fürchten, dem wir darum, als ob es ums Leben ginge (und es geht auch ums Leben, aber gerade im umgekehrten Sinn!) durch die Flucht entziehen möchten. Wir werden uns immer wieder auf der Flucht vor dem Glauben überraschen. Aber es hat keinen Sinn, es ist sogar gefährlich, sich in dieses Phänomen zu vertiefen. Es ist ja identisch mit dem Phänomen unserer Feindschaft gegen Gottes Gnade. Dieses Phänomen wird freilich immer wieder sichtbar werden. Aber gerade dieses Phänomen geht uns nichts mehr an. Es ist kein Gegenstand möglicher Betrachtung. Wer es auch nur einen Augenblick zu lang betrachtet, der wird wie Lots Weib zur Salzsäule. Wir haben Besseres, wir haben das Eine, was not ist, zu tun. Wir haben zu glauben: nicht an uns selbst, aber an Jesus Christus zu glauben. In ihm ist mit unserer Feindschaft gegen Gottes Gnade auch unsere Flucht vor dem Glauben begrenzt, beendigt und erledigt. In ihm findet der Glaube sich selber, den Glauben wieder. In ihm findet der glaubende Mensch jenseits und trotz der Finsternis, die in ihm selber ist, sich selber im Licht, sich selber bereit für Gott, findet er Gott erkennbar und das mit der ganzen ewigen Bestimmtheit, Gewißheit und Seligkeit, die dem Glauben, sofern er Glaube an ihn ist, als zeitliche Gestalt der ewigen Wahrheit Jesu Christi, die die unsrige ist, eigen ist.

Durch den Heiligen Geist und im Glauben lebt nun aber die Kirche. Wir haben auf die Frage: Inwiefern sind wir, wir selbst, in Jesus Christus nicht draußen, sondern drinnen bei Gott? schon drei Antworten gegeben: Wir sind drinnen kraft dessen, daß Jesus Christus in Ewigkeit für uns ist. Wir sind drinnen im Heiligen Geiste. Wir sind drinnen im Glauben. Es muß uns deutlich sein, daß das dreimal dieselbe oder zweimal die Wiederholung der ersten Antwort war. Wir wiederholen jene erste Antwort noch einmal, wenn wir jetzt noch die Kirche nennen. Wo der Heilige Geist und wo also der Glaube ist, da ist Kirche, da sind die Menschen in zeitlicher Gestalt versammelt und einig auf Grund dessen, was in Jesus Christus ihre ihnen gemeinsame ewige Wahrheit ist, und darum versammelt zu seinem Dienste, zum Hören und Lehren seines Wortes und so zu ihrer Auferbauung, das heißt zur Erneuerung und Verkündigung ihres Glaubens und so zur Ehre des Herrn, an den sie glauben. Unser Anteilhaben an Jesu Christi Sein und Werk geschieht dadurch, daß wir in der Kirche, daß wir selbst Kirche sind. Aber das bedeutet so wenig wie der Empfang und Besitz des Heiligen Geistes, so wenig wie der Glaube einen selbständigen Heilsweg oder Heilsapparat. Die Kirche ist nicht Kirche, wo sie das sein will. Die Kirche mit ihrer Predigt und mit ihrem Sakrament, mit ihrem Dienst am Wort nach innen und nach außen, lebt nicht in und aus sich selber. Sofern sie in und aus sich selber lebt, ist sie eine der Feindschaft gegen die Gnade Gottes dienende Religionsgemeinschaft wie irgend eine andere. Sie lebt buchstäblich und real nur in Jesus Christus als ihrem Haupte, an dem sie der Leib ist oder: in Jesus Christus als ihrem himmlischen Leibe als dessen irdische Gestalt. Wie der Heilige Geist in uns buchstäblich und real nur die zeitliche Gegenwart Jesu Christi selber, wie der Glaube buchstäblich und real nur unsere Beziehung zu ihm ist! Die Kirche ist die geschichtliche Form des Werkes des Heiligen Geistes und so die geschichtliche Gestalt des Glaubens. In der Kirche wird es sichtbar, daß die Herrschaft Gottes als die in Jesus Christus geschehene und ewig seiende Versöhnung nicht nur in Form einer Linie oder vieler Linien, sondern in Form einer ganzen neuen Ebene aus der Höhe in unsere Tiefe kommt. Sie bekommt nicht erst nachträglich — etwa als Ansammlung der Glaubenden als einer Summe von einzelnen Punkten — sondern sie hat schon ursprünglich und in sich selber geschichtliche Breite; sie ist ein Ganzes in der von Jesus Christus angenommenen Menschheit, in seinem gekreuzigten und in seiner

Auferstehung verklärten, nun aber in der Herrlichkeit des Vaters existierenden himmlischen Leibe. Kein anderer Leib, sondern eben die irdische Gestalt dieses seines eigenen himmlischen Leibes, die droben (und weil droben, darum auch drunten!) in ihm versöhnte und durch ihn vertretene Menschheit: das ist die Kirche. Dieselbe, die in ihm unsichtbar droben ist, wird hier drunten sichtbar in seinem Dienst, in der Erneuerung und Verkündigung des Glaubens, in der Ehre, die der Glaube ihm darbringt. Eben darum kann dieser Dienst nur Dienst sein und nicht Herrschaft werden; eben darum kann er nur in der Erneuerung und Verkündigung des Glaubens, in der Darbringung des Lobes Gottes und in der Hoffnung auf das künftige Schauen vollzogen werden. Eben darum lebt auch die Kirche davon, daß sie über sich selbst hinausschaut. Sobald sie in sich hineinschaut, findet sie nur die Religionsgemeinschaft. Wieder soll sie das lassen, soll auch sie von Lots Weib lernen, was nicht geschehen darf. Sie darf sich als irdischer Leib Jesu Christi — wie es im Abendmahl geglaubt und verkündigt wird — nähren von ihrer eigenen ewigen Wahrheit in ihrer Gestalt als Jesu Christi himmlischer Leib. Anders kann sie sich nicht nähren. Anders sich nährend, könnte sie als Kirche nur sterben. Indem sie aber lebt von dieser Nahrung, indem sie also die Einheit ihrer irdischen mit ihrer himmlischen Gestalt vollzieht — daraufhin, daß sie in Jesus Christus schon vollzogen ist, und indem dieses Vollziehen selbst seine Stiftung und Gabe ist, wirklich im Werk des Heiligen Geistes — daraufhin ist sie als Kirche Gottes **noch in der Unvollkommenheit schon vollkommen**, noch eine Religionsgemeinschaft, schon die Hütte Gottes unter den Menschen und so die Antwort auf die Frage, wie wir dazu kommen, an Jesus Christus, an seinem Sein und Werk Anteil zu haben.

Dies also ist die positive Beantwortung unserer Frage: Es gibt, eingeschlossen in die Bereitschaft Gottes, für den Menschen eine Bereitschaft des Menschen für Gott und also für die Erkenntnis Gottes. Die Feindschaft des Menschen gegen die Gnade und damit seine Verschlossenheit gegen Gott ist nicht das Letzte und Eigentliche, was vom Menschen zu sagen ist. Das Letzte und Eigentliche, was von ihm zu sagen ist, ist vielmehr dies: wir haben Frieden mit Gott (Röm. 5, 1) und in diesem Frieden stehen wir Gott so gegenüber, daß die Erkennbarkeit Gottes, die er uns in seiner Gnade geschenkt hat, als solche von uns empfangen und angenommen wird. In diesem unserem Frieden mit Gott schließt sich der Kreis: im Blick auf ihn wird uns der Satz, daß Gott uns erkennbar ist, nun auch von der menschlichen Seite her einsichtig. Wir wissen nun, wo wir diesen Frieden zu suchen haben und finden werden und wo nicht. Wir reden von Jesus Christus, von der in ihm, dem Sohne Gottes, geschehenen und ewigen Versöhnung des Menschen mit Gott, wenn wir von diesem Frieden und also von dem für Gott bereiten

Menschen reden, dem Gott erkennbar ist. Eben so und nur so reden wir ja echt und wirklich von uns selbst, weil in der Wirklichkeit Jesu Christi Alles auch für uns vollbracht ist, was vollbracht werden muß und kann, weil er in Ewigkeit für uns eintritt, weil im Heiligen Geist die Einheit des Vaters und des Sohnes auch unter uns und in uns wirksam wird in der doppelten Gestalt des Glaubens und der Kirche. Wir haben nur das Zeugnis von Jesus Christus anzunehmen und wir haben dann nur auf Jesus Christus zu sehen — und das ist ja das Werk des Heiligen Geistes, das ist ja das Wesen des wahren Glaubens und der wahren Kirche, daß das geschieht — dann sehen wir den Menschen, dem Gott erkennbar ist, dann sehen und verstehen wir uns selbst als solche, denen Gott erkennbar ist, dann kann also auch in Wahrheit vom Menschen in seiner Beziehung zu Gott geredet, dann kann christliche Anthropologie und Ekklesiologie möglich und wirklich werden. Wir dürfen dabei allerdings nicht anderswohin als auf Jesus Christus sehen. Wir dürfen keine anderen Sätze bilden als solche, deren eigentliches Subjekt er und immer wieder er ist. Wir dürfen von dem Menschen als solchem, von dem selbständig, dem anders als in Jesus Christus existierenden Menschen gerade nur noch das wissen: daß er Jesus Christus ans Kreuz gebracht hat und daß ihm an demselben Kreuz seine Sünde vergeben, daß er in seiner Selbständigkeit gerichtet und aufgehoben, d. h. aber wohl aufgehoben, nämlich in die Gemeinschaft mit dem Leben des Sohnes Gottes aufgehoben und aufgenommen ist. Schlechterdings Alles, was über seine Beziehung zu Gott, damit aber über seine ganze Wahrheit: also schon über seine Sünde, also schon über das Gesetz, gegen das er gesündigt hat, also schon über seine geschöpfliche Existenz als solche zu sagen ist — schlechterdings Alles muß von da aus, es kann anders als von da aus, anderswoher als von seinem Sein in Jesus Christus her nicht mehr über ihn ausgesagt werden. Wenn diese Regel — sie ist die Grundregel aller gesunden Lehre — befolgt wird, dann kann und muß der Satz, daß Gott dem Menschen erkennbar ist, in strengster, in apodiktischer, in einer von jeder Dialektik und Zweideutigkeit befreiten Gewißheit — in der ganzen Gewißheit des Satzes «Das Wort ward Fleisch» — ausgesprochen werden. Die positive Beantwortung unserer Frage hängt also daran, daß diese Regel befolgt wird, daß andere Aspekte des Menschen neben dem christologischen k e i n e selbständige Rolle mehr spielen dürfen, daß der Mensch als solcher nur als der in Jesus Christus versöhnte Mensch und sonst gar nicht zu Worte kommt. Denn unsere Frage wäre gar nicht beantwortet, wenn sie nicht mit apodiktischer Gewißheit beantwortet wäre. Eben diese Gewißheit hängt aber daran, daß sie unter dem christologischen und allein unter dem christologischen Aspekt vom Menschen gestellt und beantwortet wird.

Wobei doch zu bedenken ist, daß uns mit dieser Regel durchaus nichts Sonderliches zugemutet, durchaus kein von außen drückendes Gesetz auferlegt wird. Was spricht sie denn Anderes aus als das Evangelium, von dem ja der christliche Glaube, von dem die christliche Kirche immer und überall zu leben behauptet, von dem sie auch tatsächlich leben. Oder ist es nicht grundsätzlich immer und überall und von Allen anerkannt worden, daß Jesus Christus das erste und letzte Wort des christlichen Glaubens und der christlichen Kirche, daß außer in seinem Namen kein Heil sei? Etwas Anderes als dieses sehr Einfache sagt unsere Regel auch nicht, sie will nur, daß das Evangelium als Regel nun auch des christlichen Denkens und Redens wirklich respektiert werde. Damit es mit den falschen, mit den halben, mit den unzuverlässigen Gewißheiten ein Ende nehme! Damit der christliche Glaube und die christliche Kirche, indem sie von Jesus Christus leben, indem sie den Namen Jesu Christi verkündigen und hören, nicht auf Sumpfboden, sondern auf Felsengrund stehen möchten! Wenn das geschehen soll, muß der Glaube und muß die Kirche, muß vorerst die Theologie eingeladen werden, den Sumpf als Sumpf und den Felsen als Felsen zu erkennen, um dann den Felsen als ihren eigensten Boden zu betreten und nicht mehr zu verlassen. Das und also die Befolgung ihrer eigensten und natürlichsten Lebensregel ist es, was durch jene Regel: daß sie den Menschen in Jesus Christus und nicht anderswo suchen solle, von ihr verlangt ist.

Und nun haben wir von da aus noch einmal auf das Problem der natürlichen Theologie im Raume der Kirche zurückzublicken.

Wir haben uns zuletzt eingestehen müssen, daß zunächst gar nicht einzusehen ist, wie, d. h. von woher die natürliche Theologie entscheidend anzugreifen sein soll, weil sie nicht mehr und nicht weniger ist als der Herold und Anwalt der sichtbaren und zwar allein sichtbaren Möglichkeit und Wirklichkeit des Menschen als solchen, in der es eine Offenheit für die Gnade Gottes und also eine Bereitschaft für die Erkennbarkeit Gottes in seiner Offenbarung nun einmal nicht gibt. Von dieser Möglichkeit und Wirklichkeit aus muß nach einer andersartigen Erkennbarkeit Gottes gefragt werden. Die Behauptung von der natürlichen und ursprünglichen, der Gnade und ihrer Offenbarung nicht bedürftigen Gotteserkenntnis und Gottverbundenheit des Menschen ist ganz einfach die notwendige Selbstauslegung und Selbstrechtfertigung des Menschen als solchen. Wir sahen, daß ihre Kraft und Monopolstellung auch dadurch nicht gebrochen, daß sie dadurch vielmehr verstärkt und bestätigt wird, daß sie im Raum der Kirche eine Theologie der Offenbarung neben sich und sogar über sich dulden kann. Sie wird doch und sie wird gerade so die ganze Vitalität des natürlichen Menschen immer für sich, sie wird dann auch in der bescheidensten Stellung — wo sie überhaupt eine Stellung hat — offen oder heimlich das Leben, den Sieg und die Herrschaft haben. Vom Menschen als solchem her kann es nur zu der in der natürlichen Theologie immer aufs neue Ereignis werdenden Verbürgerlichung auch des Evangeliums kommen.

Unterdessen haben wir nun aber die positive Antwort auf unsere Hauptfrage gefunden: auf die Frage nach der als Bereitschaft des Menschen zu verstehenden Erkennbarkeit Gottes. Unser letztes Ergebnis hinsichtlich des Problems der natürlichen Theologie kann von dieser Antwort nicht unberührt bleiben. Wir wissen jetzt, daß es den für Gott bereiten und als Gott erkennenden Menschen gibt. Wir wissen, wer er ist, wie er heißt und daß und inwiefern wir uns selbst in ihm wiedererkennen und verstehen dürfen. Indem wir das jetzt wissen, können wir die natürliche Theologie nur noch verstehen als den Versuch, dem Menschen als solchem, der vorhin formulierten Regel zuwider, im Bereich des Glaubens und der Kirche doch wieder ein selbständiges Wort und also ein selbständiges Recht zu verleihen und also die Alleinherrschaft Jesu Christi in diesem Bereich nicht nur nicht gelten zu lassen, sondern zu bestreiten. Denn es gibt hier kein Drittes, keine Neutralität zwischen der Anerkennung und der Nichtanerkennung jener Regel. Gilt sie und wird sie respektiert, dann hat der Mensch als solcher im Bereich des Glaubens und der Kirche kein selbständiges Wort und Recht, dann hat es also auch keinen Sinn, sich daselbst zu seinem Herold und Anwalt aufzurufen. Umgekehrt: gibt es in dem Bereich des Glaubens und der Kirche ein Heroldsamt und eine Anwaltschaft des Menschen als solchen, kann die Geltendmachung seiner Möglichkeiten und Aspirationen in diesem Bereich zu einem eigenen besonderen «Anliegen» werden, das mit dem «Anliegen» der Geltendmachung der Offenbarung in ein so oder so zu ordnendes Verhältnis der Wechselwirkung oder auch der Konkurrenz treten dürfte, dann ist jene Regel bestimmt durchbrochen, d. h. aber: dann ist Jesus Christus nicht mehr als der Alleinherrscher verstanden, dann muß er als der für Gott bereitete Mensch Jesus Christus sein Reich teilen mit dem für Gott bereiten Menschen, von dem die natürliche Theologie zu wissen und reden zu können behauptet. Er ist dann nicht mehr das Maß, sondern selber gemessen an jenem. Er spricht dann nicht mehr das erste und das letzte, sondern bestensfalls auch noch ein Wort. Er ist dann als ein Faktor der assimilierten und domestizierten Offenbarungstheologie einbezogen in den Prozeß der Verbürgerlichung des Evangeliums. Mit apodiktischer Gewißheit kann dann auch im Blick auf ihn — und es kann dann apodiktisch von der Erkennbarkeit Gottes überhaupt nicht mehr gesprochen werden. Eine positive Beantwortung unserer Hauptfrage dürfen wir dann bestimmt nicht gegeben zu haben meinen.

Angesichts dieser Alternative müssen wir uns nun doch wohl noch ein letztes Mal unserer Nebenfrage zuwenden: Was ist das Geheimnis der Lebenskraft der natürlichen Theologie? Wie kommt es denn, daß sie immer wieder entstehen und bestehen kann? Was uns ja von ihren Leistungen, von ihrer pädagogischen Brauchbarkeit, von ihrer biblischen Begründung her nicht einleuchten wollte! Und was nun doch auch damit noch nicht erschöpfend erklärt zu sein scheint, daß wir auf das *brutum factum* des unverbesserlichen Bourgeois in der Kirche hingewiesen haben! Wir haben ja nun auch in dieser Sache kein Recht, bei diesem Bourgeois,

d. h. bei dem Menschen als solchem als bei einer letzten Gegebenheit stehen zu bleiben. Haben wir uns nicht darüber einigen müssen, daß er so ernst nun gerade nicht zu nehmen ist? Was bedeutet er und was bedeutet sein fatales Sprachrohr, die natürliche Theologie, unter dem Gesichtspunkt, daß ja gerade ihm, wie ungebärdig er sich auch stellen möge, der in Jesus Christus geschlossene Friede mit Gott, die schon vollbrachte Aufhebung seiner Sonderexistenz, seines Sonderrechts und also auch seines Sondervotums zu verkündigen ist? Das ist sicher, daß wir ihm und mit ihm der natürlichen Theologie, wenn wir selbst jetzt mit der bewußten Regel Ernst machen wollen, die Würde und den Glanz einer Jesus Christus gegenüber in sich gegründeten und befestigten Gegenposition auf keinen Fall zubilligen können. Um das zu tun, müßten wir ja selbst noch anderswohin blicken als auf den in der Höhe, aber kräftig auch in der Tiefe für den der Gnade so feindlichen Menschen eintretenden Jesus Christus. Wir müßten uns dazu selber dem Werk des Heiligen Geistes wieder entziehen, aus dem Bereich des Glaubens und der Kirche, in welchem es jene selbständige Größe ja gerade nicht mehr geben soll, wieder heraustreten. Wir müßten dazu unserseits, wenn auch nur um der Ablehnung willen, die natürliche Theologie doch wieder neben die Theologie der Offenbarung stellen und also jener gerade die Stellung grundsätzlich zubilligen, nach der es sie ja aus guten Gründen nur zu sehr gelüstet.

Gerade wer der natürlichen Theologie ablehnend gegenübersteht, sehe wohl zu, daß er nicht in letzter Stunde diese gefährlichen Fehler begehe! Sie laufen alle darauf hinaus, daß man die natürliche Theologie, indem man sie los werden und bekämpfen will — im Grunde doch etwas erschüttert durch die Tatsache ihrer Vitalität — faktisch doch ernst nimmt als einen letztlich unauflöslichen und in dieser Unauflöslichkeit realen Widerspruch, den man dann als solchen festnagelt, bestreitet und verneint, indem man sich mit ihm auseinandersetzt, wo man sich doch besten Falles, immer von seiner schon feststehenden Erledigung her, nur beiläufig und nachträglich mit ihm beschäftigen dürfte. Wir sind ihm nun auch sehr aufmerksam nachgegangen. Aber es darf jetzt doch ausdrücklich darauf aufmerksam gemacht werden, daß dies in einer solchen Form geschehen ist, die deutlich machen mußte, daß es sich gerade u m eine «Auseinandersetzung» eigentlich n i c h t gehandelt hat. Die Schlacht war schon geschlagen, die positive Darlegung der Erkennbarkeit Gottes in der Gnade seiner Offenbarung lag schon hinter uns, als wir gewahr wurden und als wir uns dann auch nachträglich klar machten, daß wir mit jener Darlegung eben das bejaht hatten, was im Vatikanum verneint wird, und eben das verneint, was dort bejaht wird — und nur nachträglich staunend gerieten wir dann Schritt für Schritt fragend: wie denn so etwas möglich sei?, in die Beschäftigung mit den Ansprüchen und Verheißungen der im Vatikanum klassisch verkörperten natürlichen Theologie überhaupt hinein. Und in diesem zweiten Abschnitt unseres § — gerade hier, wo wir ja im Besonderen den Menschen ins Blickfeld bekamen — wurde es, weil wir den Menschen, dem Gott erkennbar ist, schließlich ganz allein in Jesus Christus erkennen konnten, vollends deutlich: die Entscheidung hinsichtlich des Problems der Erkennbarkeit Gottes fällt an einer Stelle, wo das Problem der natürlichen Theologie zunächst überhaupt nicht in Sicht ist, und sie fällt jedenfalls gänzlich unabhängig von dessen Beantwortung. Nur nachträglich und als zu einer Nebenfrage können wir nun auch wieder zu ihm zurückkehren. Ein eigenes

Gewicht kann ihm nun nicht mehr zukommen. Ein selbständiges Interesse kann es nun nicht mehr in Anspruch nehmen. Daß wir es in der natürlichen Theologie mit einem eigentlich und letztlich ernst zu nehmenden Gesprächspartner zu tun hätten, das kann nun nicht einmal, wenn es um ihre Ablehnung geht, in Betracht kommen. Die Ablehnung kann nun erst recht nur in dem letzten Versuch einer Beantwortung der verwunderten Frage bestehen: wie denn so etwas möglich ist? In jeder anderen, in jeder tragischen Behandlung des Problems der natürlichen Theologie würde sich nämlich verraten, daß man ihr schon verfallen ist. Die natürliche Theologie hat, von der gefallenen Entscheidung in unserer Hauptfrage her gesehen, keinen realen und als real zu berücksichtigenden Widerspruch mehr anzumelden. Nur dann ist sie wirklich abgelehnt und überwunden, wenn das eingesehen, wenn das ganze Verfahren ihr gegenüber durch diese Einsicht bestimmt ist. Und also nur ja nicht etwa durch die Voraussetzung, als ob eben doch mindestens so viel an der Sache sei, daß sie mit letztem und eigentlichem Ernst auch nur negiert werden müßte und könnte. Was in sich schon negiert ist — und so verhält es sich mit der natürlichen Theologie — das kann man nicht noch einmal besonders negieren wollen. Das kann nur als von Hause aus durch sich selber erledigt, erkannt und aufgezeigt werden. Wo man es anders behandeln wollte, da würde man es noch nicht wirklich los sein.

Die Vitalität der natürlichen Theologie ist die Vitalität des Menschen als solchen. Im Bereich des Menschen als solchen ist diese seine eigene Vitalität das das Gesichtsfeld schlechthin beherrschende Phänomen. Darum kann sich die natürliche Theologie einer Betrachtung, die dem Bereich des Menschen ernstlich zugewendet ist, so eindrücklich empfehlen, so gewaltig aufdrängen. Darum kann sie hier immer neue Argumente für ihre Existenzberechtigung siegreich ins Feld führen. Darum kann sie sich hier allen noch so einleuchtenden Bestreitungen entziehen. Sie hat Kraft, solange jener Bereich in sich gesichert ist, solange jener Boden trägt, bezw. solange dafür gehalten wird, daß dem so sei, solange also die Betrachtung ernstlich diesem Bereich als solchem zugewendet ist. Aber wir wissen nun, daß eine solche Betrachtung auf Irrtum beruht. Denn jener Boden trägt nicht. Jener Bereich ist kein in sich gesicherter Bereich. Die vorausgesetzte selbständige Existenz eines Menschen als solchen ist vielmehr eine Illusion: als eine mächtige, eine strahlende, eine, wenn wir von Jesus Christus absehen wollen, unüberwindliche Illusion allerdings so mächtig, daß neben einigem Anderen auch das Phänomen der Macht der natürlichen Theologie wirklich nicht unerklärlich ist — aber, sowie wir von Jesus Christus nicht absehen, sondern nun eben gerade auf ihn hinsehen, eine Illusion, die als solche der in Jesus Christus sichtbaren Wahrheit gegenüber keine Gegenposition bilden, und die man, sieht man wirklich auf Jesus Christus, auch nicht als Gegenposition behandeln und bekämpfen kann. Alles kommt jetzt darauf an, daß wir wirklich auf Jesus Christus sehen: nicht nur sagen, daß wir das täten, nicht nur tun, als ob wir das täten, sondern wirklich auf ihn sehen als auf die sichtbar gewordene Wahrheit über Gott und gerade darum auch über den Menschen. Tun wir das, lesen wir die Wahrheit über den Men-

schen ab aus der Existenz Jesu Christi, dann müssen wir jetzt sagen:
Jener Boden, auf dem die natürliche Theologie so gewaltig gedeihen kann,
trägt nicht nur nicht, sondern das Stehen auf diesem Boden war immer
eine Täuschung, war in Wirklichkeit immer ein Fallen und Stürzen. Und
das eben ist in Jesus Christus für Jeden, der Augen hat, zu sehen, manifest geworden. Denn in Jesus Christus gibt es keinen selbständigen Menschen als solchen. Der Mensch als solcher ist in Jesus Christus der im
Sieg der Gnade über seine Gnadenfeindschaft von Gott auf- und angenommene Mensch: der Mensch, dem Gott seine Sache aus der Hand genommen hat, um sie zu seiner eigenen zu machen, der Mensch, für den Gott
selbst eingetreten ist, um in Zeit und Ewigkeit für ihn gut zu stehen.
Das Geschehen des Karfreitags und des Ostertages müßte rückgängig
gemacht, es müßte das ewige Geschehen zwischen dem Vater und dem
Sohn, es müßte das Werk des Heiligen Geistes als die zeitliche Gestalt
jenes ewigen Geschehens aufgehalten, es müßte der Glaube als unsere
durch den Heiligen Geist gewirkte Beziehung zu jenem Geschehen zunichte gemacht, es müßte die Kirche als die durch denselben Heiligen
Geist gewirkte Einheit des Glaubens gesprengt werden, wenn der Mensch
jetzt noch einmal auch nur für einen Augenblick als solcher selbständig
existieren und also an und für sich interessant werden könnte und dürfte:
so interessant, daß seine Möglichkeiten und Aspirationen als solche ernst
genommen werden müßten, daß mit seiner bekannten Feindschaft gegen
Gottes Gnade noch einmal besonders, als wäre sie noch immer da, zu
diskutieren wäre. Es ist nicht an dem, daß man ihr beikommen könnte.
Es ist aber vor Allem nicht an dem, daß man ihr erst beikommen müßte!
Als ob es noch anginge, den Menschen dabei zu behaften, ihn darauf
festzulegen und anzureden! Als ob er in seinem bekannten Widerspruch
eben doch sozusagen eine Substanz zu bilden in der Lage und also sehr
ernst zu nehmen wäre! Als ob er den Anspruch darauf hätte, in seiner
Unart feierlich betrachtet und dann ebenso feierlich bekämpft zu werden!
Wo das geschieht, da ist das Spiel schon verloren, indem es begonnen
hat. Denn auf eben diese Behandlung wartet er nur; ihr wird er sich mit
Freuden unterziehen; denn in dieser Behandlung wird ihm, schon indem
sie eröffnet wird, eben das geliefert, was er erstlich und letztlich ganz
allein braucht, um das es ihm ganz allein geht, in dessen Besitz er dann
schon gesiegt hat: die Bestätigung, daß er existiert, daß seine Feindschaft gegen die Gnade eine «Sache» ist, daß er in und mit ihr auch
Jesus Christus gegenüber — wäre es denn unter schwerster Bedrohung,
die ihm von dorther widerfahren mag — stehen und sich halten kann.
Was kann uns denn (bei aller Bedrohung, die das bedeuten mag!) mehr
erfreuen als dies, zu hören, daß wir so interessant — «interessante Sünder» — seien? Diese Bestätigung ist es, die uns eben n i c h t geliefert werden darf. Nur der Unglaube, nur die Unkirche könnten dem Menschen

diese Bestätigung liefern wollen. Der Glaube und die Kirche haben sich wohl zu prüfen, ob sie nicht schon zum Unglauben und zur Unkirche geworden sind, wenn sie dem Menschen als solchem so gegenüber stehen, daß sie ihm faktisch diese Bestätigung liefern. Es spricht kein ernster Grund dafür, daß das geschehen darf. Es sprechen vielmehr alle ernsten Gründe dagegen. Der Mensch im Widerspruch gegen Gott hat (zu seinem Heil!) keinen begründeten Anspruch auf jene feierliche Behandlung, keinen Anspruch darauf, daß man seinen Widerspruch ernst nehme, daß dieser noch einmal besonders mit ihm diskutiert werden müßte. Er ist nicht so interessant, wie er meint. Und das eben ist die große Barmherzigkeit, die man ihm schuldig ist: ihm von allem Anfang an klar zu machen, daß er nicht so interessant ist, wie er meint. Es ist nicht wahr, daß er steht und sich hält. Es ist nicht wahr, daß er in der Lage ist, durch seinen Widerstand Substanz zu bilden. Es ist in Jesus Christus (was der Mensch auch meinen mag!) bestimmt nicht wahr. Die Wahrheit seiner Existenz ist ganz allein dies, daß Jesus Christus für ihn gestorben und auferstanden ist. Das und nur das ist es, was ihm als seine Wahrheit zu verkündigen ist. Wird ihm aber das verkündigt, wie kann er dann noch bei seinem Widerspruch behaftet, darauf festgelegt und angeredet werden? Etwa aus Sorge, er möchte das göttliche Gesetz nicht erkennen und das göttliche Gericht nicht erfahren, ohne die er doch das Heil in Jesus Christus nicht empfangen kann? Als ob es ein anderes Gesetz und Gericht gäbe als das, das eben damit aufgerichtet und vollzogen ist, daß Gott dem Menschen in Jesus Christus seine Sache aus der Hand genommen und zu seiner eigenen Sache gemacht hat! Etwa aus Sorge, es möchte die Verantwortlichkeit zu kurz kommen, in die er doch durch die Verkündigung des Glaubens und der Kirche bestimmt geführt werden muß? Als ob es eine strengere Verantwortlichkeit gäbe als die, in die er dadurch geführt wird, daß Gott in Jesus Christus alle Verantwortung für uns selber übernommen hat! Etwa aus Sorge, der Mensch möchte leichtsinnig werden oder verzweifeln, wenn er hört, daß er gar nicht ernst genommen wird? Aber was macht uns denn in Wirklichkeit leichtsinnig und was bringt uns denn in Wirklichkeit zur Verzweiflung als eben jener Grabesernst, der, wie gewaltig er auch gegen uns auftreten mag, endlich und zuletzt doch nur darauf hinausläuft, uns darin zu bestätigen, daß wir auch Jesus Christus gegenüberstehen und uns halten können, uns also in unserem splendiden Elend, uns in unserer großen Illusion zu bestätigen? Aber überhaupt: warum immer Sorgen, Sorgen, Sorgen, wenn es sich um die Verkündigung Jesu Christi handelt? Als ob wir Jesus Christus mit unseren Sorgen zu Hilfe kommen müßten, könnten, dürften! Als ob Jesus Christus womöglich erst dadurch eine ernste Person werde, daß ihm der Mensch als eine ernste Person gegenübergestellt und daß also dieser zuvor durch unser privates Gesetz und Gericht zur Verantwortung gezogen und verurteilt wird! Als ob Jesus Christus nicht vielmehr in solcher Verkündigung aufhörte, eine ernste, nämlich die ernstlich als die Fülle alles Heils offenbarte und dementsprechend ernstlich von uns zu glaubende göttliche Person zu sein! Er ist gerade nicht ernst, sondern eitel Fastnacht: jener feierliche Sorgenernst, in welchem man den Menschen damit ernst zu nehmen behauptet, daß man ihn in seiner Selbständigkeit bestätigt! Gerade so wird er bestimmt nicht ernst genommen, sondern zum Narren gehalten! Die Verkündigung des Glaubens und der Kirche muß ebenso um ihres Gegenstandes, wie um des wahren und einzigen Heils des Menschen willen in aller Strenge davon ausgehen: es gibt keinen selbständigen Menschen als solchen. Es gibt nur den Menschen, für den Jesus Christus gestorben und auferstanden ist, dessen Sache er in seine Hände genommen hat. Und Alles, was sie dem Menschen dann zu sagen hat, kann nur eine Explikation dieser seiner wahren Existenz sein. Nur in Form dieser Explikation und also nur in grundsätzlichem Vorbeigehen an seiner illusionären Existenz als selbständige Größe wird ihm, wo der Glaube Glaube, wo die Kirche Kirche ist, die Gnade und das Gericht, das Evangelium und das Gesetz, die Gerechtigkeit und der Zorn Gottes in Jesus Christus verkündigt werden.

Eben damit sind nun aber der Verkündigung des Glaubens und der Kirche und mit ihr einer sich selbst recht verstehenden Theologie des Wortes Gottes die sämtlichen Wege der natürlichen Theologie automatisch und radikal abgeschnitten. So radikal, daß alle Diskussion mit ihr im Grunde nur in der nachträglichen, in der auf die Feststellung des eigentlichen Themas der Theologie folgenden Erklärung bestehen kann: daß die christliche Verkündigung für das Angebot der natürlichen Theologie, wie es auch lauten möge, keine Verwendung habe. Darum nicht, weil sie schlechterdings anderweitig beschäftigt ist. Darum nicht, weil sie ihre Gründe hat, den Menschen, für den natürliche Theologie allenfalls interessant sein könnte, für uninteressant zu halten. Darum nicht, weil sie durch ihr eigenes Thema, nämlich durch das in Jesus Christus gesprochene Wort Gottes gänzlich gefangen genommen ist. Darum nicht, weil sie durch die Aufgabe der Explikation der wahren Existenz des Menschen in Jesus Christus so vollständig in Anspruch genommen ist, daß sie für die natürliche Theologie als die Selbstexplikation des Menschen als solchen schlechterdings keinen Raum und keine Zeit hat. Die natürliche Theologie steht einer sich selbst recht verstehenden Theologie des Wortes Gottes in keinem Sinn als Partner gegenüber, sondern sie kommt, von dieser her gesehen, als überflüssig sang- und klanglos in Wegfall. Das ist der Sinn, und darin besteht die eigentümliche Radikalität der ihr widerfahrenden Ablehnung.

Es lohnt sich, uns nun zum Schluß noch sehr deutlich vor Augen zu stellen, daß dies und nur dies der Sinn ihrer Ablehnung sein kann. —

Man streitet von einer sich selbst recht verstehenden Theologie des Wortes Gottes her nicht gegen die natürliche Theologie als solche. Man wird ihr ja von daher eine gewisse Notwendigkeit und Berechtigung in aller Ruhe geradezu zubilligen müssen. Natürliche Theologie ist die Lehre von einer auch ohne Gottes Offenbarung in Jesus Christus bestehenden Gottverbundenheit des Menschen; sie entwickelt die auf Grund dieser selbständigen Gottverbundenheit mögliche und wirkliche Gotteserkenntnis und deren Konsequenzen für das ganze Verhältnis von Gott, Welt und Mensch. Das ist ein im Bereich des Menschen als solchen — vorausgesetzt, daß es einen solchen Bereich gibt und daß er also der Gegenstand ernstlicher Betrachtung werden kann — notwendiges Unternehmen. Dieser Bereich (was auch von seinem Charakter als Wirklichkeit oder Illusion zu denken sei) entsteht und besteht, indem sich der Mensch Gott gegenüber auf sich selbst, damit aber, indem ihm Gott in Wahrheit jetzt unerkennbar wird, sich faktisch Gott gleich stellt. Gott wird ihm, der sich seiner Gnade entzogen hat, zum Inbegriff dessen, was er selbst als das Höchste suchen, wählen, schaffen und sein kann. Eben darüber gibt er sich in der natürlichen Theologie Rechenschaft. Er muß das tun, weil eben das die Selbstauslegung und Selbstrechtfertigung des Seins des Menschen in diesem Bereiche ist. Gegen dieses Unternehmen als solches zu streiten, hat keinen Sinn. In jenem Bereich muß es Ereignis werden. Es ist verständlich, daß der Mensch sich auch und gerade in dem Stand seiner angemaßten Gottähnlichkeit selbst zu verstehen, zu vertrösten, zu verteidigen versucht. Er hat auch in diesem Stand nicht aufgehört, Mensch zu sein. Er verwendet seine menschlichen Fähigkeiten nun eben dazu, sich selbst und Anderen (und wenn man so sagen darf: wohl auch dem von ihm verlassenen und unerkennbar gewordenen Gott selbst!) zu versichern, daß er auch und gerade in jenem Stande außerhalb der Gnade Gottes keineswegs ein Gottloser, sondern gerade auch hier ein Gott sehr Fürchtender und Ehrender, daß er auch hier des Gottes voll sei. Wie sollte man ihm dies ausreden können, sofern er sich nun einmal in jenem Stande befindet, und sofern jener Stand als Wirklichkeit anzusehen ist? Und das ist es ja, was jenen Stand begründet: daß der Mensch sich einbildet, daß er ein wirklicher Stand sei! Kann man ihm diese Einbildung nicht ausreden, kann man ihn also nicht aus jenem Stand herausreden — und das kann man bestimmt nicht — dann kann man ihm auch das Unternehmen der natürlichen Theologie nicht verbieten wollen. Er ist gar nicht in der Lage, es sich verbieten zu lassen. Das Verbot würde an seine Existenz greifen. Er würde sich dagegen mit dem Nachdruck verteidigen, mit dem er seine Existenz verteidigt. Er würde sich durch das Verbot in seinem Unternehmen, in dessen Notwendigkeit und Berechtigung nur bestärkt finden. Das Verbot würde ihm nicht nur nicht heilsam, sondern verderblich sein. Das Gesetz richtet Zorn an. Auch das gegen die natürliche Theologie aufgerichtete Gesetz könnte nur Zorn anrichten. Man soll es also nicht aufrichten. Man soll barmherzig sein und verstehen — die Sache selbst ist unbarmherzig genug, die hier zu verstehen ist — daß die natürliche Theologie des natürlichen Menschen einziger Trost im Leben und im Sterben ist. Ein verfänglicher, ein unhaltbarer, ein falscher, ein verderblicher Trost gewiß — aber eben das kann ja der Mensch als solcher, der sich der Möglichkeit wirklicher Tröstung entzogen hat, nicht einsehen. Kann man ihn nicht zu einem ganz anderen Menschen, kann man seine Feindschaft gegen Gottes Gnade nicht rückgängig machen — und das kann man bestimmt nicht: das kann er selbst nicht und dazu können ihn auch Andere nicht veranlassen — dann soll man ihm auch seinen falschen Trost nicht nehmen wollen. Der ganze Versuch, dies tun zu wollen, hätte selber viel zu viel von natürlicher Theologie an sich, als daß er ratsam sein könnte. Man würde ja den Menschen damit als einen freien Mann behandeln: frei, auf jenes ihm so notwendige Unternehmen zu verzichten, und wohl gar frei, sich aus jenem seinem Stand, in dem dieses Unternehmen ihm notwendig wird, in einen anderen zu versetzen. Eben damit würde man ihn gerade in dem bestätigen und bestärken, worin er nicht bestätigt und bestärkt werden darf. Was ihm helfen kann, ist nur dies, daß die Gnade Jesu Christi selbst in ihrer Offenbarung siegreich zu ihm komme und ihn von seiner Illusion und mit dieser dann auch von der natürlichen Theologie befreie — nicht aber dies, daß er sich selber für die Gnade entscheidet und also in einer Art von Selbstdesillusionierung dazu übergehe, sich selbst von der natürlichen Theologie zu befreien. Die Gnade, für die wir uns selbst entscheiden zu können meinten, ist nicht die Gnade Gottes in Jesus Christus. Die Illusion, daß wir uns selbst desillusionieren könnten, ist die größte von allen Illusionen. Und eine Theologie, die dem Menschen die natürliche Theologie als solche ausreden und verbieten zu können meint, ist bestimmt selber noch natürliche Theologie. Man darf sich selbst und Andere nicht dadurch in Versuchung führen, daß man es unternimmt, die natürliche Theologie direkt und als solche angreifen und vertilgen zu wollen.

Nur eines kann der natürlichen Theologie nicht zugestanden werden: dies nämlich, daß sie im Raume der Kirche eine legitime Funktion habe, daß sie in diesem Raume zu etwas Anderem als zum Verschwinden bestimmt sein könne. Die Verkündigung der christlichen Kirche, die sich selbst recht verstehende Theologie des Wortes Gottes kann mit ihr nichts zu tun haben, kann sich ihrer nicht bedienen wollen, hat also für sie tatsächlich keine Verwendung. Als Inhalt der Verkündigung und der Theologie kann sie nur schlechterdings in Wegfall kommen, von ihr her nur als nicht-existent behandelt werden. In diesem Sinn muß sie also allerdings erbarmungslos ausgeschieden werden. Denn die Verkündigung und die Theologie sind mit dem Worte Gottes und also mit Jesus Christus beschäftigt. Sie kann nicht gleichzeitig Jesus Christus und dann doch auch noch den Menschen als solchen, sondern sie kann nur Jesus Christus, sie kann den Menschen nur in ihm ernst nehmen. Sie kann nicht das Werk des Heiligen Geistes und dann doch auch noch jenes in der natürlichen Theologie wurzelnde und gipfelnde Werk des Menschen, sondern sie kann nur das Werk des Heiligen Geistes bezeugen. Sie kann nicht zweien Herren, sie kann nur dem einen wirklichen Herrn dienen. Davon kann keine Rede sein, daß sie neben ihrer Aufgabe als Botschafterin der den Menschen auf- und annehmenden Gnade Jesu Christi auch noch die Geschäfte des Menschen als solche zu besorgen hätte. Es ist ohne sie gesorgt dafür, daß dessen Geschäfte nicht zu kurz kommen werden. Verkündigung und Theologie aber haben, wenn Gottes Offenbarung an seine Kirche die Wahrheit und von dieser als die Wahrheit verstanden ist, wenn Jesus Christus nicht umsonst für uns gestorben und auferstanden ist, ihren eigenen Gang und Lauf zu nehmen. Können und sollen sie nicht nach rückwärts blicken, um die dort hinten ihr finsteres Wesen treibende natürliche Theologie auszurotten, so können und sollen sie noch weniger nach rückwärts blicken, um ihr nun auch noch ihrerseits Ehre und Beistand zu erweisen. Kann ihre Erledigung nicht unsere Sache sein, so noch weniger ihre Bejahung und Pflege. Muß uns die Scheu, durch die Predigt des Gesetzes Zorn anzurichten, die Scheu vor dem Willen des geduldigen Gottes, die Scheu vor seinem allein gewaltigen Gericht zurückhalten vor polemischen Unternehmungen, zu denen wir keinen Auftrag haben, so muß uns doch unser wirklicher Auftrag erst recht zurückhalten vor dem Unternehmen, dem Menschen ganz unnötigerweise noch einmal eine besondere Bestärkung zu geben oder gar uns selber von ihm her bestärken zu lassen. Die natürliche Theologie kann für uns so oder so nur das sein, was dahinten ist, von dem also nur gesagt werden kann: «Ich vergesse was dahinten ist» (Phil. 3, 13), weil unser Auftrag, sofern er der Auftrag der christlichen Verkündigung und Theologie ist, nun einmal von Gottes Offenbarung und von der Existenz der Kirche her dahin lautet, uns auszustrecken nach dem, was vorne ist, und weil man das nicht tun kann, indem man sich gleichzeitig auch nach dem ausstreckt, was dahinten ist, weil wir neben jenem Auftrag einen anderen in Ehren nicht entgegennehmen und ausführen können. Es geht um die Sachlichkeit der Verkündigung und der Theologie, wenn sie das Unternehmen der natürlichen Theologie als schon abgelehnt fallen läßt, ignoriert, sich nicht daran beteiligen kann. Wenn es irgend einen Gegenstand menschlichen Tuns gibt, der strenge Sachlichkeit fordert, dann ist es der Gegenstand der Verkündigung und der Theologie der christlichen Kirche. Und gerade dieser Gegenstand: die Gnade Gottes in Jesus Christus, fordert nun eben diese bestimmte Sachlichkeit, fordert das christologische Verständnis des Menschen, auf Grund dessen sein Selbstverständnis als Allotrion übersehen werden muß. Wobei nun noch einmal hervorgehoben sein soll: daß die Verkündigung und die Theologie eben mit dieser ihrer Sachlichkeit und also mit diesem Übersehen auch die zwischen Menschen und Menschen allein mögliche und wirkliche Liebe und Barmherzigkeit üben wird. Sie würde nicht Liebe und Barmherzigkeit üben, wenn sie ihm nehmen wollte, was sie ihm gar nicht nehmen kann, worin sie ihn durch alle Polemik nur bestärken könnte, was ihm allein durch Gott selbst genommen werden kann. Sie würde aber erst recht nicht Liebe und Barmherzigkeit üben, wenn sie ihn ihrerseits in seinem illusionären Besitz bestärken, wenn sie von der Geduld Gottes mit ihm zusammen falschen Gebrauch machen, wenn sie mit ihm vergessen würde, daß uns die Zeit durch Gottes Geduld gelassen ist als Gnadenzeit, wenn sie sich ihm, mit ihm natürliche Theologie treibend, gleichstellen würde. Über dem Menschen als solchem schwebt ja irgendwo, ihm jetzt noch unsichtbar, das Schwert der großen, der fürchterlichen Anfechtung durch das göttliche Gericht durch die Aufdeckung der ganzen Verkehrtheit seiner angemaßten Gottähnlichkeit, der ganzen Verwerflichkeit seiner Feindschaft gegen Gottes Gnade, der ganzen Verdammnis und des ganzen Elends seines illusionären Standes und Bereiches. Das Alles kann ihn vielleicht noch lange, es wird ihn aber nicht immer, es wird ihn nicht in Ewigkeit unangefochten lassen. Dem Allem gegenüber wird er sich vielleicht noch eine kurze Weile — denn alles «noch lange» kann in Wirklichkeit nur eine kurze Weile bedeuten — aber nicht immer und nicht in Ewigkeit trösten können. Was jetzt noch ist und gilt, wird einst nicht mehr sein und gelten. Sein und gelten wird einst ganz allein das, was jetzt schon den Gegenstand der Verkündigung und der Theologie der Kirche bildet. Mag es mit der Kraft des Trostes, mit dem er sich jetzt in Gestalt seiner natürlichen Theologie tröstet, in seinem Bereich stehen, wie es will: das ist sicher, daß dieser Bereich seine Grenze hat — die dem Menschen durch seinen Tod vielleicht in Erinnerung gerufen, vielleicht auch nicht in Erinnerung gerufen wird — die aber jedenfalls besteht, und deren Bestehen einmal zu furchtbarer Sichtbarkeit kommen wird. Denn was jenseits dieser Grenze ist, das kann nur noch das Gericht sein. Keines der vermeintlichen Data der natürlichen Theologie kann an diesem Gericht etwas ändern. Wir werden in diesem Gericht jedenfalls damit nicht bestehen — selbst wenn es wahr wäre, es ist aber nicht wahr! — daß wir Gott ja doch so ursprünglich verbunden gewesen seien, daß wir ihn so unmittelbar erkannt hätten. Eben das wird uns in der unausdenkbaren Anfechtung des göttlichen Gerichtes kein Trost sein. Sondern eben dadurch, daß wir uns dessen trösten möchten, werden wir angesichts des Gerichtes Gottes erst recht untröstlich dastehen. Die christliche Verkündigung und Theologie weiß und sagt nun, daß wir in dieser unausdenkbaren Anfechtung Jesus Christus und also Gott selber für uns haben und in ihm gerettet sein werden. Sie weiß und sagt aber auch, daß dann ganz allein dies uns retten wird, daß wir Jesus Christus und in ihm den göttlichen Richter für uns haben werden. Sie würde offenbar nicht Liebe und Barmherzigkeit üben, wenn sie noch etwas Anderes sagen, wenn sie den armen Menschen wenigstens mit der linken Hand auch noch in dem Trost bestärken würde, mit welchem er sich selber tröstet. Und jedes Wort natürlicher Theologie würde ihn ja darin bestärken, würde ihn hoffen lassen, wo er sich fürchten müßte, würde ihm eine falsche Sicherheit geben, durch die seine wirkliche, schreckliche Unsicherheit immer größer werden müßte. Wie könnte die christliche Verkündigung und Theologie auch nur nebenbei, auch nur mit der linken Hand, auch noch in dieser Richtung arbeiten wollen? Wie sollte sie nicht beide Hände für das eine Werk nötig haben: nicht die falschen Götter zu zertrümmern, wohl aber dem einen Gott, der sich des Menschen angenommen, als dem einen, wirklichen und vollkommenen Heil freie Bahn zu bereiten? Wie sollte sie sich der Exklusivität dieses ihres Auftrages entziehen können? Etwa unter Berufung auf Gott den Schöpfer? Aber eben Gott der Schöpfer ist ja dieser eine Gott des einen Heils! Etwa unter Berufung auf Gottes Geduld? Aber Gottes Geduld ist ja die Geduld seiner Gnade, und daß sie uns für seine Gnade Zeit gibt, das und nur das ist doch ihr Werk! Etwa unter Berufung darauf, daß die Kirche, selber mitten in der Welt, für diese Welt doch auch eine Verantwortung der Solidarität habe? Bestimmt hat sie diese Verantwortung, aber eben darin besteht sie: das in der Welt angezündete und leuchtende Licht zu sein, der Welt das zu sagen, womit sie in der Anfechtung des göttlichen Gerichtes, wenn überhaupt, dann ganz allein bestehen wird: dies nämlich, daß Jesus Christus für sie gestorben und auferstanden ist, daß Gott sie in der Weise geliebt hat, daß er seinen eingeborenen Sohn dahingab. Wenn die Kirche der Welt nicht das, und wenn sie ihr das nicht so ausschließlich sagt, wie es durch diese Sache selbst geboten ist und wie es, soll es gehört werden, allein gehört werden kann — dann versäumt sie die Verantwortung der Solidarität, in der sie sich mit der Welt befindet. Sie darf der Welt nicht verschweigen, sie darf es ihr aber auch nicht vernebeln und verhüllen, daß Gott uns in seiner Gnade, und weil in seiner Gnade, darum ganz allein in seiner Gnade erkennbar ist. Darum hat sie für die natürliche Theologie mit ihrer Lehre von einer andersartigen Erkennbarkeit Gottes keine Verwendung. Sie lehnt sie damit ab, daß sie das nicht sagt, was die natürliche Theologie so unermüdlich sagt, weil es durch das Positive, das sie zu sagen hat, schon abgelehnt ist, weil es neben diesem aus Gründen der Sachlichkeit und der Liebe unmöglich auch gesagt werden kann.

Wir schließen mit der Anführung und mit einer kurzen geschichtlichen Kommentierung des ersten Satzes der Theologischen Erklärung der Barmer Synode vom 31. Mai 1934:

«*Ich bin der Weg und die Wahrheit und das Leben, niemand kommt zum Vater denn durch mich*» *(Joh. 14, 6).*

«*Wahrlich, wahrlich, ich sage euch, wer nicht zur Tür hineingeht in den Schafstall, sondern steiget anderswo hinein, der ist ein Dieb und ein Mörder... Ich bin die Tür; so jemand durch mich eingeht, der wird selig werden*» *(Joh. 10, 1.9).*

Jesus Christus, wie er uns in der Heiligen Schrift bezeugt wird, ist das eine Wort Gottes, das wir zu hören, dem wir im Leben und im Sterben zu vertrauen und zu gehorchen haben.

Wir verwerfen die falsche Lehre, als könne und müsse die Kirche als Quelle ihrer Verkündigung außer und neben diesem einen Worte Gottes auch noch andere Ereignisse und Mächte, Gestalten und Wahrheiten, als Gottes Offenbarung anerkennen.

Dieser Text ist darum wichtig und gehört darum hieher, weil er das erste Dokument einer bekenntnismäßigen Auseinandersetzung der evangelischen Kirche mit dem Problem der natürlichen Theologie darstellt. Die Theologie und auch die Bekenntnisschriften der Reformationszeit haben die Frage offen gelassen. Sie ist tatsächlich erst in den letzten Jahrhunderten dadurch akut geworden, daß die natürliche Theologie aus einem latenten immer mehr zum manifesten Maßstab und Inhalt der kirchlichen Verkündigung und Theologie zu werden drohte. Die Frage wurde brennend in dem Augenblick, als die evangelische Kirche in Deutschland unzweideutig und auf der ganzen Linie vor eine bestimmte, neue Gestalt natürlicher Theologie, nämlich vor die Zumutung gestellt wurde, in den politischen Ereignissen des Jahres 1933 und insbesondere in der Gestalt des Gottesgesandten Adolf Hitler eine Quelle besonderer, neuer Offenbarung Gottes zu erkennen, die, Gehorsam und Vertrauen heischend, neben die in der heiligen Schrift bezeugte Offenbarung getreten sei und die von der christlichen Verkündigung und Theologie n e b e n jener als bindend und verpflichtend anerkannt werden müsse. Mit dieser Zumutung und damit, daß man ihr weithin Gehör schenkte, begann bekanntlich der sog. deutsche Kirchenkampf. Es hat sich seither gezeigt, daß hinter dieser ersten Zumutung noch eine ganz andere stand. Gemeint war schon 1933, obwohl sich das damals erst undeutlich abzeichnete, entsprechend der Dynamik der politischen Bewegung, die Proklamierung jener neuen Offenbarung als der e i n z i g e n und also die Verwandlung der evangelischen Kirche in den Tempel des deutschen Natur- und Geschichtsmythus.

Wie denn schon in den Entwicklungen der vorangehenden Jahrhunderte zweifellos nicht nur ein Teil, sondern das Ganze gemeint und gefordert war, wenn man der Kirche zumutete, Gottes Offenbarung neben ihrer Bezeugung in Jesus Christus und also in der heiligen Schrift auch in der Vernunft, auch im Gewissen, auch im Gefühl, auch in der Geschichte, auch in der Natur, auch in der Kultur, in ihren Errungenschaften und in ihren Fortschritten zu erkennen und zu proklamieren. Die Geschichte der Verkündigung und der Theologie dieser Jahrhunderte ist eine einzige Geschichte der mühsamen Auseinandersetzung der Kirche mit der Tatsache, daß das ihr zugemutete und von ihr weithin anerkannte «a u c h» in Wirklichkeit ein «a l l e i n» bedeutete. Diese Auseinandersetzung mußte mühsam, sie mußte geradezu hoffnungslos sein, weil es auf der schiefen Ebene, auf der dieses «a u c h» zum «a l l e i n» strebte, ein inneres Aufhalten außer der Angst, der Inkonsequenz, der Trägheit aller Beteiligten nicht geben konnte. In Wahrheit wurde die Kirche auch in diesen Jahrhunderten — wie immer wunderbar! — dadurch gerettet, daß gegenüber dem «auch» der eingedrungenen natürlichen Theologie mit seinem heimlichen «allein» die Bibel auf dem Plan blieb, ihrerseits ein «allein» in die Waagschale warf und damit — nicht ohne Mitwirkung jener menschlichen Angst, Inkonsequenz und Trägheit — mindestens das erkämpfte, daß Gottes Offenbarung in Jesus Christus, der Glaube und der Gehorsam ihm gegenüber ihrerseits «auch» nicht faktisch zum Schweigen und in Vergessenheit zu bringen waren. So kam es nicht so weit, wie es der Logik der Sache gemäß eigentlich hätte kommen müssen. Der Logik der Sache gemäß müßte es überall da, wo man der natürlichen Theologie auch nur den kleinen Finger gibt, zur Leugnung der Offenbarung Gottes in Jesus Christus kommen. Die natürliche Theologie ohne das Streben nach der Alleinherrschaft wäre nicht die natürliche Theologie. Und wer ihr Raum gibt, und wäre dieser noch so klein, der begibt sich damit, auch wenn er sich dessen nicht bewußt ist, auf den Weg, an dessen Ende jene Alleinherrschaft stehen wird. Dieser ganze Sachverhalt war nun aber während der Entwicklungen der letzten Jahrhunderte vor den Augen besonders auch derer, die die Geltung und Würde der biblischen Offenbarung in guten Treuen verteidigen wollten, fast gänzlich verborgen. Es ist bemerkenswert, daß gerade kirchlich konservative Strömungen wie die von Abraham Kuyper und Adolf Stöcker inspirierten, sich in dieser Hinsicht am naivsten verhielten. Aber die Naivität regierte auf der ganzen Linie. Man verband durch die Kopula «und» den Begriff der Offenbarung mit dem der Vernunft, mit dem der Geschichte, mit dem der Humanität und hielt die oberflächlichsten Vorbehalte gerade für gut genug, um sich gegen allfällige Gefahren solcher Kombinationen zu schützen. Man setzte fröhliche kleine Bindestriche etwa zwischen die Worte «modern» und «positiv», oder «religiös» und «sozial», oder «deutsch» und «evangelisch», als ob sich das von selbst verstünde. Daß das Alles die Anwesenheit eines trojanischen Pferdes anzeige, mit dem der übermächtige Feind schon eingezogen war, das war in dem Maß übersehen, daß schließlich vielmehr die grundsätzlich friedliche Anerkennung jener Kombinationen als die eigentliche Orthodoxie, als die Basis der Theologie (insbesondere der Kirchenregierungen) zu gelten begann, während sich deren Beanstandung, sofern sie gelegentlich vorkam, als schwärmerische Einseitigkeit und Übertreibung verdächtigen lassen mußte.

So standen die Dinge, als die Kirche mit dem zuerst leicht maskierten, dann bald genug unmaskierten Mythus des neuen totalitären Staates von 1933 konfrontiert wurde. Es braucht nicht gesagt zu werden, daß die Kirche dieser Sache zunächst völlig wehrlos gegenüberstand und ihr fürs Erste einfach erliegen mußte. Wieder einmal, wie nun seit zwei Jahrhunderten so oft, klopften — so schien es — die Vertreter einer neuen Wendung und Bewegung des menschlichen Geistes an die Tore der Kirche mit dem nach allem Vorangegangenen wohlverständlichen Wunsch, daß ihre Ideen und Ideale in der Kirche ebenso zu Worte kommen müßten wie die aller jener früheren Zeiten und Stadien: als die nunmehr zeitgemäße Form, als der neue geschichtliche Hintergrund, als der *rebus sic stantibus* von Gott selbst gegebene «Anknüpfungspunkt» für die Verkündigung des in sich selbst im übrigen nicht anzutastenden Evangeliums. Genau so war es gewesen, als sich am Anfang des 18. Jahrhunderts der wieder erwachende Humanismus der Stoa, als sich ein Jahrhundert später der Idealismus, als sich in seinem Gefolge die Romantik, als sich dann der Positivismus der bürgerlichen Gesellschaft und Wissenschaft des 19. Jahrhunderts, als sich der Nationalismus derselben Zeit, als sich etwas später der Sozialismus in der Kirche zum Wort meldete. Es konnte nach allen diesen offenkundigen Antezedenzien grundsätzlich kein Anlaß bestehen, dies nun gerade dem neuen völkischen Nationalismus zu verweigern. Ob er dessen ebenso würdig sei, in der Kirche gehört zu werden und zu Worte zu kommen wie seine Vorgänger, darüber konnte man a u ß e r h a l b Deutschlands verschiedener Meinung sein. Die Frage ist dort, sie ist überall da, wo man das Phänomen des völkischen Nationalismus nicht oder eben nur von ferne kannte, wo man es auf Grund des eigenen politischen und weltanschaulichen Besitzes mit Abneigung betrachtete, bekanntlich verneint worden. Man hätte dabei doch nicht verkennen dürfen, daß man sie innerhalb Deutschlands mit grundsätzlich demselben Recht auch bejahen konnte. War das ganze Verfahren der Kombination der Erkennbarkeit Gottes in Jesus Christus mit seiner Erkennbarkeit in Natur, Vernunft und Geschichte, der Verkündigung des Evangeliums mit allerhand anderen Verkündigungen zulässig und recht und vielleicht geradezu das orthodoxe Verfahren — und dazu war es nicht nur in Deutschland, sondern in der Kirche aller Länder längst geworden — dann war es nicht abzusehen, warum es der deutschen Kirche nicht erlaubt sein sollte, von diesem Verfahren nun eben diesen Gebrauch zu machen. Und daß sie das wie gewohnt mit deutscher Gründlichkeit tat, war ihr nicht noch einmal besonders zum Vorwurf zu machen! Was die «Deutschen Christen» wollten und taten, das lag nachweislich so genau auf der von der Kirche der ganzen Welt längst anerkannten und begangenen Linie der Aufklärung und des Pietismus, auf der Linie Schleiermachers, Richard Rothes und Ritschls, dafür gab es so viele Parallelen auch in England und Amerika, auch in Holland und in der Schweiz, auch in Dänemark und Skandinavien, daß draußen eigentlich niemand das Recht hatte, auf Deutschland nun gerade darum Steine zu werfen, weil es sich bei der dort betätigten neuen Kombination von christlicher und natürlicher Theologie um die Kombination mit dem der übrigen Welt zufällig ziemlich unsympathischen völkischen Nationalismus handelte, und weil diese Kombination nun eben mit jener den andern Völkern immer wieder erstaunlichen Gründlichkeit vollzogen wurde. Zu einem begründeten Widerspruch gerade dagegen war es zunächst, nachdem man so manche andere Kombination unwidersprochen durchgelassen und sogar selber liebevoll gepflegt hatte, um rund zweihundert Jahre zu spät. In Deutschland aber hatte man zunächst der Gründe genug, sich gerade für diese neue Kombination mit besonderem Schwung einzusetzen. Sie hatte den Vorzug, sich insbesondere dem deutschen Luthertum sozusagen als dessen eigene und nun vielleicht endgültige Lösung der Frage des Verhältnisses von christlicher und natürlicher Theologie und Verkündigung zu empfehlen. Sie konnte wie der gewaltige Strom erscheinen, in welchem sich die verschiedenen bisher getrennten Flüsse alter und ältester deutscher Kirchen- und Religionsgeschichte endlich vereinigen durften. Sie schien den Kulturprotestanten ebenso wie den Gemeinschaftschristen ungeahnte Erfüllung ihrer tiefsten Wünsche zu verheißen. Sie schien das nach der Empfindung vieler auf den Sand geratene Schiff der Kirche wie eine Flutwelle aufheben und endlich, endlich wieder auf das hohe Meer des wirklichen Lebens der Nation und damit in die Sphäre der Realität tragen zu wollen. Menschlich geredet war 1933 nichts Anderes zu erwarten als dies, daß die deutsche evangelische Kirche der jetzt an sie gerichteten Zumutung, dem neuen «auch» samt dem dahinter stehenden «allein» ebenso hemmungslos sich ausliefern werde, wie sie sich so mancher früheren Zumutung ausgeliefert hatte, wie sich die Kirche der anderen Länder — wissend und nicht wissend, was sie tat — fortwährend so mancher anderen Zumutung auslieferte. Und die Frage konnte nur die sein, ob die Bibel, um deren Abschaffung es ja auch jetzt vorläufig nicht zu gehen schien, und dazu die übliche Angst, Inkonsequenz und Trägheit aller Beteiligten auch diesmal für das nötige Gegengewicht sorgen und es nicht zum Äußersten kommen lassen würden.

Es war also schon ein erstaunliches Faktum, daß — und das ist die Bedeutung des ersten Satzes der Barmer Erklärung — mitten in Deutschland ein solcher Widerspruch gegen die neue Kombination sich erhob, der nun eben nicht nur diese als solche, sondern der grundsätzlich das altgewohnte Kombinieren überhaupt, der das in Deutschland und in der ganzen Welt orthodox gewordene «und», der die Bindestrichlein als solche, der also nicht mehr und nicht weniger als das Mitregiment der natürlichen Theologie in der Kirche selbst meinte, angriff und traf. Denn wenn in Barmen Jesus Christus, wie er uns in der Heiligen Schrift bezeugt ist, als das eine Wort Gottes bezeichnet wurde, dem wir im Leben und im Sterben zu vertrauen und zu gehorchen haben, wenn hier die Lehre von einer von diesem einen Worte Gottes verschiedenen Quelle der kirchlichen Verkündigung als falsche Lehre verworfen wurde und wenn (im Schlußsatz der ganzen Erklärung) die Anerkennung jener Wahrheit und die Verwerfung dieses Irrtums als «die unumgängliche theologische Grundlage der Deutschen Evangelischen Kirche» erklärt wurde — dann hatte man damit — weit über die Köpfe der armen «Deutschen Christen» und weit über die ganze augenblickliche Lage der Kirche in Deutschland hinweg, eine Feststellung gemacht, die, wenn mit ihr Ernst gemacht wurde, eine Reinigung der Kirche nicht nur von der konkret zur Diskussion stehenden neuen, sondern von aller natürlichen Theologie in sich schloß. Man widersprach den Deutschen Christen, indem man der ganzen Entwicklung widersprach, an deren vorläufigem Ende die Deutschen Christen standen. Man protestierte — das ist in Barmen von Hans Asmussen, der die Vorlage zu erläutern hatte, mit dürren Worten ausgesprochen worden — «gegen dieselbe Erscheinung, die seit mehr als 200 Jahren die Verwüstung der Kirche schon langsam vorbereitet hat». Man protestierte zweifellos gegen Schleiermacher und Ritschl. Man protestierte gegen die Grundtendenzen des ganzen 18. und 19. Jahrhunderts und damit gegen geheiligte Überlieferungen auch aller anderen Kirchen. Und man muß bedenken: man formulierte diesen Protest in zeitgemäßer Anwendung des reformatorischen Bekenntnisses, ohne sich doch auf eine ausdrückliche Formel dieses Bekenntnisses berufen zu können. Man sprach in der Einheit des Glaubens mit den Vätern etwas aus, was diese so noch nicht ausgesprochen hatten. Man mußte es auf sich nehmen, zunächst in den Verdacht und dann sofort auch unter den Vorwurf der kirchlichen Neuerung zu geraten. Eben im Zeichen dieses Protestes verlief von da ab der deutsche Kirchenkampf. Alle seine einzelnen und praktischen Probleme hingen und hängen direkt oder indirekt mit jenem ersten Satz von Barmen zusammen. Die Kirche wurde genau in dem Maß «bekennende» Kirche, als sie jene Entscheidung nach allen Seiten ernst nahm. Die Beschlüsse der Synode von Dahlem vom November 1934 haben ihre Stellung nach der kirchenrechtlichen Seite geklärt. Aber diese Klärung war abhängig von der dogmatischen Klärung von Barmen und konnte sich nur zugleich mit dieser oder gar nicht durchsetzen. Es hängen die sämtlichen Irrungen und Schwankungen in der Bekenntniskirche damit zusammen, daß die in Barmen ausgesprochene Einsicht: Jesus Christus ist das eine Wort Gottes, dem wir zu vertrauen und zu gehorchen haben, dem Fleisch und Blut in der Kirche zunächst nicht entsprach, sondern widersprach, in mühsamem Kampf erst wiederholt, erworben und praktisch durchgesetzt werden mußte. Wo das nicht geschah, da konnte es praktisch zu einer anderen Haltung als der von dauernden Teilrückzügen und Kompromissen nicht kommen. Wo es geschah, da war automatisch auch der Wille und die Kraft zum Widerstand. Die deutsche Bekenntniskirche hat entweder die Kraft der ökumenischen Gabe und Aufgabe, die sie in Barmen empfangen und in die Hand genommen hat, oder sie hat keine Kraft. Sie kämpft entweder für die Reinigung, die der evangelischen Kirche längst not tat und überall not tut, oder sie kämpft in Wirklichkeit gar nicht. Hätte sie es bloß mit dem deutschen Irrtum von 1933 bzw. mit gewissen fatalen Folgeerscheinungen dieses Irrtums zu tun, dann hätte ihr Kampf nicht weniger aber auch nicht mehr Bedeutung als die verschiedenen Reaktionen innerhalb der großen modernen Unordnung, an denen es ja auch früher nie ganz gefehlt hat und auch anderswo nicht ganz fehlt. Ein wirklicher, ernstlicher Kampf wäre er dann nicht. Ein wirklicher, ernstlicher Kampf ist er, sofern es in ihm ums Ganze geht. Und zwar nicht nur darum, weil es offenbar dem Gegner, der natürlichen Theologie in ihrer neuesten Gestalt, sondern darum, weil es diesmal der Kirche selbst in ihrer Abweisung der natürlichen Theologie ums Ganze, weil es um ihre eigene grundsätzliche Reinigung geht. Eben das ist es aber, was in dem ersten Satz der Barmer Erklärung — man sagt wohl am Besten: in Form eines Not- und Freudenschreis! — ausgesprochen worden ist: daß es darum gehe. Daß es 1934 zu dem in diesem Satz niedergelegten grundsätzlichen Widerspruch kommen, und daß dieser Widerspruch sich seither trotz aller Unsicherheit und Rückschläge als der Nerv der ganzen Haltung der bekennenden Kirche in einer Lage schwerster Bedrängnisse bewähren und aufrecht erhalten konnte, das kann man schon jetzt, wie immer die Dinge sich entwickeln mögen, als eines der merkwürdigsten Ereignisse der neueren Kirchengeschichte bezeichnen.

Es war nicht der neue politische Totalitarismus und es waren nicht die Methoden des Belagerungszustandes, die dieses Ereignis herbeigeführt haben. Und es wäre geradezu primitiv, wenn man den «Calvinismus» oder gar die Tätigkeit dieses oder jenes Theologieprofessors als die in dieser Sache wirksame Macht der Errettung (bezw. der Verführung!) namhaft machen wollte. Daß der Kirche, als ihr nichts Anderes übrig blieb, das eine Wort Gottes, das Jesus Christus heißt, übrig blieb, daß sie sich nicht fallen lassen konnte ins Bodenlose, wie es ihr zugemutet war, sondern daß sie neuen Stand fassen konnte und mußte, daß jene auf der anderen Seite diesmal unaufhaltsame Logik der Sache in der Kirche gerade diesmal grundsätzlich zum Stehen kam, das will geistlich gewürdigt sein, oder es kann gar nicht gewürdigt werden. Was zu erwarten war, war dies, daß die Kirche, nachdem sie der Versuchung in ihren früheren, feineren Formen so oft erlegen war, ermüdet, farbenblind geworden und innerlich ausgehöhlt, dem Ansturm der groben Versuchung erst recht und nun endgültig erliegen werde. Daß das nicht geschah, daß das Wort Gottes nun dennoch auf dem Plane war, in derselben Kirche, in der es so oft verleugnet und verraten worden war, daß die Menschen vor dem Spuk der Schreckgestalt des neuen Gottes und seines Messias immerhin noch so erschrecken konnten, um ihr nicht zu verfallen, daß sie überhaupt in die Lage kamen, zu erkennen, daß es eine andere Möglichkeit als die des Sturzes ins Bodenlose gebe, daß man in aller Schwachheit nach dieser anderen Möglichkeit greifen, die Bibel wieder lesen, zu ihren klaren Aussagen sich aufs neue bekennen und also den Not- und Freudenschrei von Barmen ausstoßen, und daß man dann auf diesem Boden, nachdem aller andere Boden unter den Füßen gewichen war, sofort stehen und sich halten konnte — das Alles hatte gewiß auch seine geistesgeschichtlichen, theologischen und politischen Voraussetzungen und Bedingtheiten, das Alles war aber doch unmöglich und schließlich ein Wunder vor den Augen derer, die es aus der Nähe gesehen haben. Und so war der erste Satz von Barmen nun nicht nur ein Theologenfündlein — die Lage im Frühling 1934 war nicht eben so, daß man in Deutschland mit Theologenfündlein sein Glück machen konnte — sondern im Grunde ganz schlicht eine öffentliche Rechenschaftsablage eben über das Wunder, das wider alles Erwarten wieder einmal an der Kirche geschehen war. Als sie von allen anderen Ratgebern und Helfern verlassen war, da hatte sie in dem einen Wort Gottes, das Jesus Christus heißt, Gott zum Troste. Wem anders als ihm sollte sie, so wie die Dinge lagen, ihr Vertrauen und ihren Gehorsam zuwenden, an welche andere Quelle ihrer Verkündigung konnte und sollte sie sich halten? Jede andere Quelle konnte *rebus sic stantibus* nur noch der Mythus und damit das Ende aller Dinge und jedenfalls das Ende der Kirche sein. Eben vor diesem Ende sah sich die Kirche nun aber durch das gegenwärtig sich bezeugende Wort Gottes zurückgerissen und bewahrt. Was blieb ihr schon übrig, als sich nun eben zu diesem Wort Gottes ganz allein zu bekennen? Man wird, wenn man die Genesis von Barmen wirklich verstehen will, letztlich weder auf die bekennende Kirche als solche, noch auf ihre Gegner sehen dürfen. Es ist hier nicht viel zu sehen. Die bekennende Kirche war sozusagen nur Zeuge einer Situation, in der es gleichzeitig zu einer merkwürdigen, so schon lange nicht mehr dagewesenen Offenbarung des Tieres aus dem Abgrund

und zu einer neuen Bewährung der einen alten Offenbarung Gottes in Jesus Christus kam. Sie war nur Zeuge dieses Geschehens, ein oft sehr unaufmerksamer und störender Zeuge sogar. Aber sie war Zeuge; sie durfte notieren, was bei diesem Anlaß wieder einmal zu sehen war: daß der Satan vom Himmel gefallen ist wie ein Blitz, und daß der Herr mächtig ist über alle Götter. Was sie bei diesem Anlaß notierte, das ist der Satz von der alleinigen Geltung Jesu Christi als des uns für Leben und Sterben gesagten Wortes Gottes. Die Ablehnung der natürlichen Theologie war nur die selbstverständliche Rückseite dieser Notiz. Sie hat keine selbständige Bedeutung. Sie besagt nur: Alles Andere hilft dir nicht — in der Anfechtung nämlich — dann, wenn es um das Sein und Nichtsein der Kirche geht. Was dann hilft, wenn alles Andere nicht mehr hilft, ist nur das Wunder, die Kraft und der Trost des einen Wortes Gottes. An Hand dieser Notiz begann die bekennende Kirche zu leben und an Hand dieser Notiz lebt sie bis auf diesen Tag. Und diese Notiz ist es, die sie auch den anderen Kirchen vorzuweisen hat als das Zeugnis, das sie empfangen hat und das ihr nun auch aufgetragen ist. Sie wäre verloren, wenn sie selbst dieses ihr Zeugnis vergessen oder nicht mehr verstehen oder nicht mehr ernst nehmen würde; die Macht, der sie gegenübersteht, ist zu groß, als daß sie ihr anders als mit der Waffe dieses Zeugnisses begegnen könnte. Sie wäre aber auch verloren, wenn sie nicht verstünde und wenn sie nicht dazu stünde, daß ihr dieses Zeugnis nicht bloß zu eigenem Gebrauch, sondern zugleich als Botschaft an die ganze, die ökumenische Kirche anvertraut ist. Und es dürfte für die anderen Kirchen in der Welt, für ihre Existenz als die eine ökumenische Kirche Jesu Christi entscheidend sein, ob sie ihrerseits die Botschaft der bekennenden Kirche in Deutschland zu hören vermögen und anzunehmen willig sein werden.

Zum Verständnis dessen, was der erste Satz von Barmen inhaltlich im Einzelnen zu besagen hat, ist es ratsam, die vorangeschickten Stellen aus Joh. 14 und 10 ja nicht etwa zu überschlagen, sondern vielmehr alles Andere gerade von ihnen aus zu verstehen. Der Nachdruck alles nachher Gesagten liegt darauf, daß Jesus Christus etwas gesagt und zwar dies von sich selbst gesagt hat: I c h bin der Weg und die Wahrheit und das Leben. I c h bin die Türe. Die Kirche lebt davon, daß sie die Stimme dieses Ich hört und die Verheißung ergreift, die laut dieser Stimme ganz allein in diesem Ich beschlossen ist: daß sie also d e n Weg wählt, d i e Wahrheit erkennt, d a s Leben lebt, durch d i e Türe geht, die ganz allein Jesus Christus selber ist. Wiederum nicht in eigener Vollmacht, nicht in Ausführung eines eigenen Sicherungsprogramms, sondern auf Grund der Notwendigkeit, in der Jesus Christus selbst gesagt hat, daß niemand zum Vater komme denn durch ihn, daß jedes Vorbeigehen an ihm Diebstahl und Mord bedeute, vollzieht dann die Kirche auch die Exklusive, spricht sie ihr Nein zu Allem, was außer ihm Weg, Wahrheit, Leben, Türe sein möchte. Das Nein hat keine selbständige Bedeutung. Es hängt ganz an dem Ja. Es kann nur laut werden, indem das Ja laut wird. Aber in und mit dem Ja wird es laut, muß es laut werden. Darum geht denn auch im Folgenden der positive Satz voraus, und darum kann der nachfolgende kritische Satz nur als dessen Umkehrung und unzweideutige Klarstellung verstanden werden. Die Kirche lebt davon, daß sie ein Wort Gottes hört, dem sie ganzes Vertrauen und ganzen Gehorsam schenken darf, und das im Leben und im Sterben, d. h. in der Zuversicht, in solchem Vertrauen und Gehorsam für Zeit und Ewigkeit wohl aufgehoben zu sein. Eben weil sie zugelassen und eingeladen ist zu ganzem Vertrauen und Gehorsam, weiß sie, daß das ihr gesagte Wort das eine Wort Gottes ist, durch das sie gebunden, in dem sie aber auch frei ist, neben dessen Evangelium es kein fremdes Gesetz und neben dessen Gesetz es kein fremdes Evangelium gibt, neben oder hinter oder über dem wir keine andere Gewalt als Weg, Wahrheit, Leben und Türe zu ehren und zu fürchten haben. Und dieses eine Wort ist nicht erst zu finden, sondern es hat sich schon zu finden gegeben: in dem, der die Macht und das

Recht hat, sich selbst den Weg, die Wahrheit, das Leben, die Tür zu nennen, weil er das Alles ist. Dieses eine Wort heißt Jesus Christus von Ewigkeit her und in alle Ewigkeit. So ist es bezeugt in der heiligen Schrift des Alten und Neuen Testamentes. So hat es die Kirche begründet; so erhält, erneuert und regiert, so rettet es immer wieder die Kirche. So ist es ihr Trost und Weisung im Leben und im Sterben. So und nicht anders! Von diesem «nicht anders» redet der abschließende kritische Satz. Man bemerke, daß er die Existenz anderer Ereignisse und Mächte, Gestalten und Wahrheiten neben jenem einen Worte Gottes nicht in Abrede stellt, daß er also auch die Möglichkeit einer natürlichen Theologie als solche durchaus nicht leugnet. Er setzt vielmehr voraus, daß es das Alles gibt. Er leugnet aber, er bezeichnet als falsche Lehre die Behauptung, daß das Alles Quelle der kirchlichen Verkündigung, eine zweite Quelle neben und außer jenem einen Worte Gottes werden könne. Er schließt die natürliche Theologie von der kirchlichen Verkündigung aus. Nicht in der Meinung und Absicht, sie in sich und als solche zu verwerfen, wohl aber in der Meinung und Absicht, daß sie neben und außer dem Worte Gottes, wenn es darauf ankommt, zu sagen, wem wir im Leben und im Sterben zu vertrauen und zu gehorchen haben, keinen Sinn und Bestand haben kann. Als Gottes Offenbarung, als Norm und Inhalt der im Namen Gottes auszurichtenden Botschaft, können die Größen, auf die die natürliche Theologie sich zu beziehen pflegt, was sie auch im übrigen sein und bedeuten mögen, nicht in Betracht kommen. Wenn die Kirche Gottes Offenbarung verkündigt, dann redet sie nicht auf Grund einer noch so tiefen und gläubigen Schau der Wirklichkeit der Welt und des Menschen, dann exegesiert sie nicht jene Ereignisse und Mächte, Gestalten und Wahrheiten, dann liest und erklärt sie, gebunden an ihren Auftrag und frei gemacht durch die damit empfangene Verheißung das Wort, das Jesus Christus heißt und darum das Buch das von ihm zeugt. Sie ist und sie bleibt dankbar für die Erkennbarkeit Gottes, in der er sich selber uns gegeben hat, indem er uns seinen Sohn gab.

§ 27

DIE GRENZEN DER ERKENNTNIS GOTTES

Gott wird nur durch Gott erkannt. Wir erkennen ihn also nicht durch die Kraft der Anschauungen und Begriffe, mit denen wir auf seine Offenbarung im Glauben zu antworten versuchen. Wir erkennen ihn aber auch nicht ohne daß wir, von seiner Erlaubnis Gebrauch machend und seinem Befehl gehorchend, diesen Versuch unternehmen. Das Gelingen dieses Unternehmens und also die Wahrhaftigkeit unserer menschlichen Gotteserkenntnis besteht darin, daß unser Anschauen und Begreifen zur Teilnahme an der Wahrheit Gottes durch Gott selbst in Gnaden aufgenommen und bestimmt wird.

1. DIE VERBORGENHEIT GOTTES

Inwiefern wird Gott erkannt? und: Inwiefern ist Gott erkennbar? — auf diese Fragen haben wir in den beiden vorangehenden §§ grundsätzlich geantwortet. Wir können, was wir geantwortet haben, zusammenfassen in den Satz: Gott wird durch Gott, Gott wird nur durch Gott erkannt. Seine Offenbarung ist nicht nur seine eigene, sondern auch des Menschen Bereitschaft zu seiner Erkenntnis; seine Offenbarung ist also Gottes Erkennbarkeit. Auf dem Boden und im Rahmen dieser grundsätzlichen Antwort haben wir nun noch praktische Antwort, eine konkrete Beschreibung des Geschehens zwischen Gott und Mensch zu geben, das wir Erkenntnis Gottes nennen und das als solches die immer wieder zu erneuernde Voraussetzung aller christlichen Lehre, der kirchlichen Dogmatik, aber auch der kirchlichen Predigt ist. Wir haben uns dieses Geschehen, wir haben uns die Gestalt der Erkenntnis Gottes anschaulich und verständlich zu machen. Wir tun das, indem wir ihre Grenzen bestimmen. Grenze ist hier, da es sich um ein Geschehen handelt, im Sinn des Begriffes *terminus* zu verstehen. Was da geschieht, wo Gott erkannt wird, das wird uns dann anschaulich und verständlich, das wird uns dann als Gestalt sichtbar, wenn wir wissen um den *terminus a quo* und um den *terminus ad quem* dieses Geschehens; um den Punkt, mit dem es anfängt und um den Punkt mit dem es endigt. Wir hätten also auch überschreiben können: «Der Weg der Erkenntnis Gottes». Aber eben was dieser Weg ist, wird bestimmt durch seinen Anfangs- und durch seinen Endpunkt, wird also bestimmt durch die Grenzen der Erkenntnis Gottes. Der zwischen diesen Grenzen verlaufende Weg der Erkenntnis Gottes ist die vorgetragene christliche Lehre selber, sofern sie eben auf Erkenntnis Gottes beruht und Erkenntnis Gottes vorbringt. Fragen wir jetzt immer noch danach, inwiefern diese Lehre auf Erkenntnis beruht und Erkenntnis vorbringt, fragen wir jetzt insbesondere nach der Gestalt ihrer Erkenntnis, dann fragen wir genauer und deutlicher, wenn wir nach ihren Grenzen fragen.

Die Grenze, die uns im ersten Teil dieses § beschäftigen soll, ist der *terminus a quo*, der Anfangs- und Ausgangspunkt der Erkenntnis Gottes. — Erkenntnis Gottes ist die Voraussetzung aller christlichen Lehre, sagten wir. Das bedeutet aber: sie ist der Grund der Kirche und ihres Bekenntnisses, der Grund des Glaubens aller derer, die in der Kirche und durch die Kirche zur Gemeinschaft mit Gott und so zu ihrem eigenen Heil und zur Ehrung Gottes berufen sind. Erkenntnis Gottes in dem von uns bisher bestimmten Sinn: die objektiv und subjektiv durch Gott selbst begründete und zu ihrem Ziel geführte Erkenntnis Gottes, die Erkenntnis Gottes, deren Subjekt und Objekt Gott der Vater und der Sohn ist durch den Heiligen Geist — sie ist der Grund und zwar der alleinige Grund der uns widerfahrenden Liebe und des von uns erwarteten Lobes Gottes.

Es bedeutet darum weder eine Übertreibung noch eine intellektualistische Verengerung, wenn Calvin am Anfang seines Katechismus sagt, der *praecipuus finis humanae vitae* bestehe darin, *ut Deum, a quo conditi sunt homines, ipsi noverint*. Dieser Satz ist auch keine Eigentümlichkeit calvinischen Denkens. Ihm sekundiert Joh. Gerhard: Dazu sei Gott in der Schöpfung und durch sein Wort hervorgetreten *ex arcana majestatis suae sede,*... *ut homines Deum recte agnoscerent et veram de Deo doctrinam ab omni errorum fermento puram et illibatam conservarent atque ad posteros suos propagarent* (*Loci theol.* 1610 L. II, 2). In der Tat: Ohne Erkenntnis Gottes keine Lehre, d. h. keine Verkündigung der in der Schrift bezeugten Offenbarung und Versöhnung. Ohne Lehre aber keine Kirche, kein Leben der Kinder Gottes, keine Ehrung Gottes durch den Menschen, kein Heil für den Menschen. Ohne Erkenntnis Gottes also kein Heil. Gottes Absicht in seinem ganzen Handeln mit uns und unsere Bestimmung, neben der wir keine andere haben, weil alle anderen in dieser eingeschlossen sind, ist in der Tat die, daß wir Gott erkennen.

Aber je stärker wir das betonen, um so deutlicher muß es uns sein: Gott wird durch Gott erkannt. Es handelt sich bei diesem Erkennen primär und eigentlich nicht um irgend ein in menschlicher Kraft zu vollziehendes und allenfalls irgend eines menschlichen und also relativen und also doch auch anfechtbaren Erfolges teilhaftiges Unternehmen. Es handelt sich um ein Geschehen, das die Tragkraft hat, die erforderlich ist, wenn wirklich Alles darauf gebaut werden, wenn die Kirche, wenn die Kinder Gottes aus diesem Grunde wachsen und leben sollen. Wir haben in den vorangehenden §§ immer wieder festgestellt: es handelt sich um ein Erkennen, dem gerade keine relative, sondern dem absolute, schlechthinige, undiskutierbare Gewißheit zu eigen ist, die Gewißheit Gottes selbst. Eben in dieser Gewißheit kann es anders als durch Gott selbst nicht begründet, kann es aber anders als durch Gott selbst auch nicht angefochten und aufgehoben werden. Der *terminus a quo* der Erkenntnis Gottes ist also der, daß wir es in ihr **durch Gott selbst** mit Gott selbst, daß wir es in ihr in nicht zu überbietender und nicht zu bestreitender **Gewißheit** durch Gott selbst mit Gott selbst zu tun haben, daß sie also wirkliche Erkenntnis Gottes ist. Wir können gleich sagen, daß eben dies, nähere Bestimmung vorbehalten, auch der *terminus ad quem* sein wird, von dem wir nachher zu reden haben.

Wieder J. Gerhard bezeichnet darum die *cognitio Dei ex verbo petita* ausdrücklich als **vollkommene** Erkenntnis, *cognitio perfecta* und sieht ihre *perfectio* darin, daß sie *sufficiens* ist *ad salutem.* (A. a. O. II, 90.) In der Tat: das ist die Kraft dieser Erkenntnis, daß sie zu unserem Heil zureicht. Was aber zureicht zu unserem Heil, das kann als Erkenntnis Gottes nicht anders als vollkommen sein. Das muß in einem Geschehen bestehen, in welchem wir es wirklich mit Gott, mit Gott selbst, zu tun haben. Denn was unser Heil schafft, was die Kirche und das Leben der Kinder Gottes begründet, das ist nicht weniger und nichts Anderes als Gott selber. Nicht nur ein Wort über Gott, sondern das Lautwerden des Wortes der Versöhnung als des Wortes der Wahrheit, das Gott selber spricht, das er allein sprechen kann! Eben darin besteht also die Vollkommenheit der Erkenntnis Gottes, daß wir es in ihr mit Gott selber zu tun haben. Eben darin ist sie wirkliche, d. h. wahrhaftige Erkenntnis Gottes.

Aber eben dies, daß wir es in der Erkenntnis Gottes in göttlicher **Gewißheit durch Gott selbst** mit Gott selbst zu tun haben, muß nun als *terminus a quo* dieses Geschehens genauer gesehen und näher bestimmt werden. Wir reden von der Erkenntnis Gottes, deren **Subjekt**

Gott der Vater und Gott der Sohn ist durch den Heiligen Geist. Aber eben in dieses Geschehen sind wir, ist der Mensch als sekundäres, nachfolgendes Subjekt mit aufgenommen. Wir reden also nicht nur von einem Geschehen, das sich in der Höhe, im Geheimnis der göttlichen Trinität, abspielt. Wir reden auch von diesem Geschehen, und das eben ist die Kraft alles Redens von der Erkenntnis Gottes, daß wir dabei auch und zuerst von diesem Geschehen reden. Wir reden aber von der **Offenbarung** dieses Geschehens in der Höhe, und also von unserer **Teilnahme** daran. Wir reden von menschlicher Gotteserkenntnis auf Grund dieser Offenbarung und also auch von einem Geschehen, das sich seiner Art und Technik nach nicht von dem unterscheidet, was wir auch sonst Erkennen, menschliches Erkennen nennen. Daß es Gott nicht nur zum Gegenstand, sondern auch zum Ursprung hat, daß sein primäres, eigentliches Subjekt der Vater ist, der den Sohn, der Sohn, der den Vater erkennt im Heiligen Geiste, daß es darum und darin ein gewisses, ein vollkommenes, ein wahrhaftiges Erkennen ist, weil Gott durch Gott erkannt wird, das Alles bedeutet weder eine Aufhebung noch eine Zerstörung noch eine Alterierung des menschlichen Erkennens als solchen und also seiner Art und Technik, die ihm als menschlichem Erkennen eigen sind. Menschliches Erkennen vollzieht sich nun aber in Anschauungen und Begriffen. Anschauungen sind die Bilder, in denen wir Gegenstände als solche **wahrnehmen**. Begriffe sind die Gegenbilder, mit denen wir uns jene Wahrnehmungsbilder zu eigen machen, indem wir sie **denken**, d. h. indem wir sie ordnen. Eben damit werden sie und mit ihnen die entsprechenden Gegenstände fähig, von uns **ausgesprochen** zu werden. Können Menschen von Gott in menschlichen Worten sprechen — und das ist ja die Voraussetzung, die wir hier zu prüfen haben — dann können sie Gott offenbar zuvor anschauen und begreifen, d. h. wahrnehmen und denken. Wäre dem nicht so, dann würden sie ihn nicht erkennen: Erkenntnis Gottes wäre dann doch nur ein im Geheimnis der göttlichen Trinität verschlossenes Geschehen. Von einem echten Sprechen von Gott und also von christlicher Lehre könnte dann nicht die Rede sein.

Aber was sagen wir, wenn wir sagen, daß Menschen Gott anschauen und begreifen und also menschlich anschauen und begreifen können? Haben wir damit eine Aussage über das menschliche Erkenntnisvermögen als solches, über eine unserem Anschauen und Begreifen immanente, d. h. ihm als solchem innewohnende und eigene Möglichkeit gemacht? Folgt daraus, daß wir Gegenstände überhaupt anzuschauen und zu begreifen vermögen, dies, daß wir gegebenenfalls, nämlich in der Voraussetzung dessen, daß Gott sich uns offenbart und also gegenständlich macht, nun auch diesen Gegenstand, nun auch ihn auf Grund derselben Mächtigkeit anzuschauen und zu begreifen vermögen? Wir werden uns offenbar der Einsicht der ganzen alten Kirche und Theologie nicht entziehen können, daß jene Aussage in diesem Sinn **nicht** gewagt werden dürfte. Bleibt es dabei, daß Gott nur durch Gott erkannt wird, dann ist eben damit entschieden darüber, daß wir ihn — welches auch die Funktion unserer Anschauungen und Begriffe und wie notwendig diese Funktion auch sein möge — jedenfalls **nicht durch** diese unsere Anschauungen und Begriffe erkennen. Gemeint ist: nicht durch deren innere Kraft, nicht vermöge ihres eigenen Vermögens, bezw. des Vermögens des menschlichen Anschauens und Begreifens als solchen, nicht vermöge einer vielleicht durch die Offenbarung zu aktualisierenden Mächtigkeit unseres Erkennens. Kann man diesem den Charakter und die Funktion eines Instrumentes in diesem Geschehen bestimmt nicht absprechen, sind wir bestimmt auch im Akte der Erkenntnis Gottes selber tätig als Empfänger von Bildern und als Schöpfer von Gegenbildern genau so wie in jedem anderen Erkenntnisakt — so ist doch ebenso bestimmt zu bestreiten, daß dieses unser Empfangen und Schaffen seine Wahrhaftigkeit einer uns eigenen Fähigkeit, Gott gegenüber wahrhaftig Empfangende und Schaffende zu sein, zu verdanken hat. Unser Anschauen und Begreifen, das sind ja wir selber! Wir selbst haben aber keine Fähigkeit zur Gemeinschaft mit Gott. Zwischen Gott und uns steht Gottes **Verborgenheit**, in der er uns fern und fremd ist, sofern er nicht — aber das geschieht nicht in Aktualisierung unserer Fähigkeit, sondern im Wunder seines Wohlgefallens — von sich aus Gemeinschaft zwischen sich und uns stiftet und schafft. Unser Anschauen **vermag** als solches wohl Götterbilder zu empfangen. Und unser Begreifen **vermag** als solches wohl Götzenbilder zu schaffen. Es handelt sich dann beide Male um die Projektionen unserer eigenen Herrlichkeit! Unser Anschauen und Begreifen vermag aber Gott **nicht** zu fassen. Will sagen: was es als solches als unser eigenes Anschauen und Begreifen, als das Werk unserer Natur faßt, das ist als solches nicht Gott, sondern eine von Gott verschiedene Realität. Das ist nicht nur dann so, wenn wir es gar nicht mit Gottes Offenbarung zu tun haben, wenn unsere Unternehmung, Gott anzuschauen und zu begreifen, eine willkürliche, dem Glauben an Gottes Offenbarung fremde Unternehmung ist. Wir wiederholen jetzt nicht nur, was gegen das Unternehmen der natürlichen Theologie zu sagen war. Wir gehen jetzt in derselben Richtung noch einen Schritt weiter, oder vielmehr: wir berühren jetzt die Stelle, von der aus die Ablehnung der natürlichen Theologie erst ihre letzte Notwendigkeit und Kraft bekommt: Auch und gerade, wenn wir es mit Gottes Offenbarung zu tun haben, wenn wir also damit beschäftigt sind, im Glauben auf Gottes Offenbarung Antwort zu geben — auch und gerade dann sind wir von uns aus **nicht** fähig dazu, mit Gott Gemeinschaft zu haben und also ihn anzuschauen und zu begreifen und also Erkenntnis Gottes zu vollziehen. Gerade dann wird es ja sichtbar, daß Erkenntnis Gottes wohl nicht ohne unser Werk, aber darum doch nicht durch unser Werk, nicht als Frucht unseres Werkes zustande kommt. Gerade dann leuchtet ja die Wahrheit gebieterisch und entscheidend vor uns auf: Gott wird nur durch Gott erkannt, Gott kann nur durch Gott erkannt werden. Gerade dann, gerade im Glauben erkennen wir ja Gott in schlechthiniger Abhängigkeit, in reiner Nachfolge und Dankbarkeit. Gerade dann ist es uns ja endgültig ausgeredet, daß wir dabei auch auf eine uns eigene Fähigkeit und Mächtigkeit uns verlassen und vertrauen könnten. Gerade dann werden wir unseren Versuch, mit unseren Anschauungen und Begriffen auf Gottes Offenbarung zu antworten, nur als einen Versuch mit unzureichenden Mitteln, nur als eine Leistung unnützer Knechte beurteilen, das Gelingen dieses Versuchs und also die Wahrhaftigkeit unserer Erkenntnis Gottes auf keinen Fall uns selbst bezw. dem Vermögen unseres Anschauens und Begreifens zuschreiben können. Gerade im Glauben werden wir sagen müssen, daß unsere Erkenntnis Gottes allen Ernstes beginnt mit der Erkenntnis der Verborgenheit Gottes.

Man bemerke, daß der Satz von der Verborgenheit Gottes, wie er hier aufgenommen und vertreten wird, nicht im Zusammenhang einer Theorie über die menschliche Erkenntnis im Allgemeinen steht, und also weder an widersprechenden noch an scheinbar gleichlautenden Sätzen solcher allgemeiner Erkenntnistheorien gemessen werden darf. Wir sind hier wohl auch mit menschlicher Erkenntnis, aber ganz allein mit der Erkenntnis Gottes und zwar mit der durch ihre Begründung in der Offenbarung ausgesonderten Erkenntnis Gottes beschäftigt. Diese ihre Aussonderung geschieht durch die sie begründende Offenbarung selber, sofern diese uns nötigt, neben dem in ihr erkannten Gott mit keinem anderen zu rechnen. Was im Rahmen einer allgemeinen, nicht auf Gottes Offenbarung oder nicht, wie diese es verlangt, allein auf sie sich beziehenden Erkenntnistheorie Gottes Offenbarsein heißen mag, das ist mit unserem Satz nicht verneint, und was dort sein Verborgensein heißen mag, das ist mit unserem Satz nicht bejaht und bestätigt, geschweige denn, daß wir unseren Satz von dorther gewonnen hätten. Nichts könnte zum Beispiel irreführender sein als die Meinung, als ob der theologische Satz von der Verborgenheit Gottes ungefähr dasselbe besage wie der platonische oder kantische Satz, laut dessen das höchste Wesen als eine aller Wahrnehmung und allem Verstehen entzogene Vernunftidee zu verstehen sei. Wenn dieses Entzogensein auch von Gott auszusagen ist, so ist damit nicht ausgemacht, daß jene alle Erfahrung und alle Kategorien eines Denkens übersteigende Vernunftidee mit Gott identisch sei. Gerade daß Gott dort als allgemeine, wenn auch überschwengliche, «reine», nicht gegenständliche, bezw. in ihrer Gegenständlichkeit nur intendierte Vernunftidee verstanden wird, weist vielmehr darauf hin, daß diese Identität nicht besteht und daß wir sie in Abrede stellen müssen. Der dem Menschen in seiner Offenbarung begegnende Gott ist durchaus keine nichtgegenständliche oder in ihrer Gegenständlichkeit nur intendierte Größe, sondern vielmehr der Inbegriff aller Gegenständlichkeit, und wenn er dem Menschen als der Verborgene begegnet, dann betrifft diese seine Verborgenheit nicht nur das menschliche Wahrnehmen und Verstehen als solches, sondern auch das bei diesem Wahrnehmen und Verstehen stattfindende Intendieren bezw. unser Vermögen dazu; sie betrifft den Akt menschlicher Erkenntnis und seine Intentionen, sie betrifft uns selbst. Und sie betrifft uns selbst, wie eben

Gottes Offenbarung uns betrifft. Gottes Verborgenheit ist nicht der Inhalt eines letzten Wortes menschlicher Selbsterkenntnis; sie ist nicht Gegenstand einer letzten Leistung menschlichen Vermögens, sondern das erste Wort der von Gott selbst gesetzten Gotteserkenntnis, die als solche nicht in Selbsterkenntnis, nicht in einen Satz einer allgemeinen Erkenntnistheorie transponiert werden kann. Wir reden nicht von uns, sondern wir reden, allein durch Gottes Offenbarung belehrt, von G o t t, wenn wir sagen, daß Gott verborgen ist.

Die Verborgenheit Gottes ist der Inhalt eines G l a u b e n s s a t z e s. Wir sagten ja schon: gerade im G l a u b e n werden wir uns die Fähigkeit, Gott anzuschauen und zu begreifen, absprechen müssen. Gerade im Glauben und also im Vollzug der Erkenntnis Gottes und also in der wirklichen Anschauung und im wirklichen Begreifen Gottes werden wir dies, daß wir Gott erkennen, anschauen und begreifen, nicht als ein Werk unserer Natur, nicht als eine Leistung auf Grund unseres eigenen Vermögens, sondern nur als ein Wunderwerk des göttlichen Wohlgefallens verstehen können und also — indem wir ihn erkennen — Gottes Verborgenheit erkennen müssen. Wir müssen jetzt aber fortfahren: A l l e i n im Glauben, allein im Vollzug der wirklichen, weil in Gottes Offenbarung begründeten Gotteserkenntnis, begreifen wir Gottes Verborgenheit. Der *terminus a quo* der Erkenntnis Gottes ist also nicht identisch mit dem *terminus ad quem* des in unserer Macht liegenden Vollzuges der Einsicht des Unvermögens bzw. der Begrenztheit unserer Wahrnehmung und unseres diskursiven Denkens. Mit dem Vollzug dieser Einsicht, der vielleicht das Ende unserer Selbsterkenntnis bilden mag, haben wir im Geringsten noch nicht begonnen, Gott zu erkennen und zwar dann, wenn wir es bei dieser Negation bewenden lassen, ebensowenig wie dann, wenn wir sie durch die entsprechende Position, nämlich durch die Behauptung der Möglichkeit eines intuitiven Erkennens, einer unmittelbaren Schau der in unserem Wahrnehmen und Denken intendierten Wirklichkeit ergänzen zu dürfen meinen. Die Verborgenheit Gottes ist die Verborgenheit G o t t e s ; sie ist eine s e i n e r Eigenschaften und nun gerade die Eigenschaft Gottes, mit der seine Erkenntnis als solche formal zweifellos ihren Anfang nimmt. Es sind nicht Reflexionen über Raum und Zeit und über die Kategorien unseres Denkens, es sind nicht die Aporien, in die wir uns bei diesen Reflexionen verwickeln können, um uns dann selber eine mehr negativ oder vielleicht auch sehr positiv charakterisierte Grenze zu stecken, sondern es sind sehr schlicht die großen Positionen des biblischen Zeugnisses und des kirchlichen Bekenntnisses von Gottes Sein und Handeln, die uns den Satz von Gottes Verborgenheit auf die Lippen legen. Wir gestehen mit diesem Satz, daß wir, indem wir Gott erkennen, nicht einsehen, wie wir dazu kommen, ihn zu erkennen, daß wir unserem Erkennen als solchem die Fähigkeit zu diesem Geschehen nicht zusprechen, daß wir sie allein auf Gott zurückführen können. Es ist allein Gott und zwar Gottes Offenbarung und der Glaube an sie, was uns zu diesem

1. Die Verborgenheit Gottes

Geständnis treiben und zwingen wird. Ohne den Glauben würden wir uns bestimmt mit jener Begrenzung begnügen, die wir uns selbst zuteil werden lassen, und es würde sich der mangelnde Ernst dieser Begrenzung wahrscheinlich darin verraten, daß wir uns der Offenbarung Gottes gegenüber nun doch ein Vermögen zur Erkenntnis Gottes zuschreiben und dementsprechend mit Gottes Offenbarung umgehen würden als mit einer Sache, die zu unserer Verfügung steht, statt einzusehen, daß das Vermögen, Gott zu erkennen, uns eben durch die **Offenbarung abgesprochen** ist und nur wiederum durch die **Offenbarung** nun dennoch **zugesprochen** sein kann.

Wenn es Ps. 139, 6 von Gottes Tun heißt: «Zu wunderbar ist es für mich und unbegreiflich, zu hoch, als daß ich es faßte» oder Hiob 36, 26: «Siehe, Gott ist groß und unbekannt», wenn Paulus Gott «unsichtbar» nennt (Röm. 1, 20, Kol. 1, 15, 1. Tim. 1, 17), so kann man sich aus den näheren und ferneren Zusammenhängen dieser Stellen vergewissern, daß da bestimmt nicht von dem vom Menschen sich selbst gesetzten *terminus ad quem*, sondern von dem von Gott in seiner Offenbarung gesetzten *terminus a quo* die Rede ist. Von da aus wird man dann aber auch die entsprechenden Stimmen aus der alten Kirche und Theologie zu verstehen haben, obwohl hier gelegentlich schon sprachlich die Frage sich aufdrängt: wie weit man sich darüber klar gewesen ist, daß man, wenn man von der ἀκαταληψία, der *incomprehensibilitas*, der **Unbegreiflichkeit** Gottes redete, etwas grundsätzlich Anderes sagte, als das, was Plato und Plotin, wenn sie von der Unzugänglichkeit des wahren und höchsten Wesens und von der Überschwenglichkeit seiner Erkenntnis redeten, auch sagen konnten?

Der Begriff ἀκατάληπτος als Bezeichnung des Wesens Gottes kommt im christlichen Bereich zuerst im **ersten Clemensbrief** (33, 3), dann bei **Athenagoras** (*Leg. pro christ.* 10) vor. Als der Märtyrer **Attalus** in der Verfolgung der gallischen Christen unter Aurel im Verhör gefragt wurde, was sein Gott für einen Namen habe, antwortete er: ὁ θεὸς ὄνομα οὐκ ἔχει ὡς ἄνθρωπος. (Euseb, Kgsch. v 1, 52) und **Just. Martyr** hat es sogar einen unheilbaren Wahnsinn genannt, dem ἄρρητος θεός einen Namen geben zu wollen. (*Apol.* I 61). Gott ist ἐπέκεινα πάσης οὐσίας καὶ ἀνθρωπίνης ἐννοίας (**Athanasius**, *C. gent.* 2, vgl. 35). *De Deo loquimur, quid mirum, si non comprehendis? Si enim comprehendis, non est Deus* (**Augustin**, *Sermo* 117, 3, 5). *Ergo Domine, non solum es, quo maius cogitari nequit, sed es quiddam maius quam cogitari possit*, schreibt **Anselm von Canterbury** und beweist diesen Satz so: Gott ist der, über dem ein Größeres nicht gedacht werden kann. Ein Undenkbares ist aber als solches denkbar. Wäre es nicht mit Gott identisch, so wäre es ein Größeres als Gott. Also ist Gott, da über ihm ein Größeres nicht gedacht werden kann, selbst das Undenkbare. (*Prosl.* 15; man beachte bei dieser Konstruktion immerhin, daß die Undenkbarkeit Gottes gerade zu seiner **positiven** Größe gerechnet und nicht etwa auf einen menschlichen Mangel zurückgeführt wird!) Meines Wissens war es Anselm, der zuerst die paradoxe aber für das ganze Problem sehr wichtige und richtige Formel gebraucht hat, es gehe in der Theologie darum, *rationabiliter comprehendere (Deum) incomprehensibile esse*. (*Monol.* 64). Im **vierten Laterankonzil 1215** (c. 2, Denzinger 428) taucht die *incomprehensibilitas* als Eigenschaft Gottes zum ersten Mal in einer lehramtlichen Äußerung auf. Und dann lesen wir bei **Thomas von Aquino**: *Comprehendere Deum impossibile est cuicumque intellectui creato* (*S. theol.* I qu. 12 art. 7). Die Sache wurde offenbar als wichtig genug empfunden, daß das Wort im 16. und 17. Jahrhundert als Bezeichnung Gottes in eine ganze Reihe von reformierten

Bekenntnisschriften übergehen konnte *(Gallic., Belg., Scot. und Westm. Conf.)*, und daß die *incomprehensibilitas Dei* in der altprotestantischen Dogmatik mehr oder weniger betont als eine von den Eigenschaften Gottes ziemlich regelmäßig erwähnt und besprochen werden mußte. Wenn man an den «unsichtbaren» Gott des biblischen Zeugnisses denkt, versteht man wohl, daß und warum das so sein mußte.

Aber eben die Beziehung auf den Gott des biblischen Zeugnisses und damit der Charakter dieses Satzes als eines Glaubenssatzes ist im Altertum wie im Mittelalter wie in der Neuzeit mindestens in einen gewissen Nebel gehüllt. Man zitierte gerne die Anekdote von jenem antiken Philosophen Simonides, der, vom König Hiero zur Beantwortung der Frage: *Quid sit Deus?* aufgefordert, einen Tag Bedenkzeit erbat, dann zwei, dann drei Tage usf. und schließlich antwortete: Je länger ich darüber nachdenke, um so weniger weiß ich es! Calvin und J. Gerhard fanden diese Geschichte bemerkenswert, und später hat sie auch Schleiermacher mit Beifall aufgenommen. Zitierte man sie, indem man sie stillschweigend in eine Äußerung des Selbstverständnisses des christlichen Glaubens uminterpretierte? Oder zitierte man sie, indem man ebenso stillschweigend in der *docta ignorantia* des natürlichen Menschen, wie sie offenbar in dieser Anekdote zur Aussprache kommt, ein Bekenntnis zu der Verborgenheit Gottes zu erblicken meinte? Das Zwielicht, das hier über der Dogmengeschichte liegt, läßt sich nicht ganz beseitigen. Und damit hängt es nun doch wohl zusammen, daß die Tragweite und Fruchtbarkeit des Satzes *Deus est incomprehensibilis* in der alten Dogmatik doch nicht so recht zur Auswirkung kam. Es war damit, daß er zu einem Bestandteil der Lehre von den Eigenschaften Gottes wurde, freilich etwas ganz Entscheidendes gesagt und gewonnen, ein höchst grundsätzlicher Hinweis gegeben. Es war aber, wie wenn man diesen Hinweis selbst nicht ganz verstanden hätte. Sonst hätte die *incomprehensibilitas Dei* nicht nur in der Reihe der übrigen Eigenschaften Gottes auftauchen und wieder verschwinden dürfen: sie hätte dann — und eben diese Stellung möchten wir ihr jetzt geben — die Lehre von der Erkenntnis Gottes grundlegend bestimmen müssen. Ich kenne in der neueren dogmatischen Literatur nur Einen, nämlich den Holländer H. Bavinck, der dies (vgl. den Anfang des 2. Bandes seiner *Gereformeerde Dogmatiek* 1918) gesehen zu haben scheint. Die Tatsache, daß dies in der alten Theologie nicht gesehen wurde, scheint mir nur daraus erklärlich, daß es in diesen Zeiten nicht bis ins Letzte deutlich war, ob man die Unbegreiflichkeit Gottes nun eigentlich von Plato und Plotin oder vom 139. Psalm und von Paulus her und also als einen die Offenbarung Gottes als solche bestätigenden Glaubenssatz verstehen wollte. Wir aber werden uns der Feststellung, daß es nur um das Zweite gehen kann, nicht wohl entziehen können. Eben damit gewinnt aber die Sache eine praktische Wichtigkeit, die sie früher trotz aller grundsätzlichen Einsicht so nicht haben konnte.

Versuchen wir es zunächst, uns über den Inhalt des Satzes von Gottes Verborgenheit näher zu verständigen. Wir haben zunächst sprachlich festzustellen: es geht nicht nur um seine «Unbegreiflichkeit», nicht nur darum, daß Gott nicht begriffen, d. h. nicht Inhalt eines von uns gebildeten Begriffes werden kann, sofern dabei an das Können und Vermögen unseres Begreifens als solches gedacht ist. Es geht allerdings auch darum. Wir können Gott nicht begreifen, weil und indem wir ihn schon nicht anschauen können, weil er nicht Gegenstand eines unserer Wahrnehmungsbilder werden kann, auf die sich dann unsere Begriffe, unsere Denkbilder und zuletzt unsere Worte und Sätze beziehen.

1. Die Verborgenheit Gottes

Auch die «Unbegreiflichkeit» Gottes ist im Sprachgebrauch der alten Theologie etwas Umfassenderes, als der deutsche Wortsinn erraten läßt. Quenstedt versteht darunter ein Dreifaches: Ἀκαταληψία *sive incomprehensibilitas Dei est qua ipse ratione Essentiae suae ac proprietatum essentialium a nulla mente finita perfecte* **concipi** *aut oculis corporeis* **comprehendi** *aut lingua creata* **enunciari** *potest. Hinc tribus velut gradibus constat incomprehensibilitas quorum I. est* **incognoscibilitas**, *II.* **invisibilitas**, *III.* **ineffabilitas**. *Illa oculos mentis, ista oculos corporis, haec vero loquelam oris a Dei* καταλήψει *seu comprehensione excludit.* (Theol. did. pol. 1685 I c 8 sect. 1 th. 21). Es geht aber schon in den hier in Betracht kommenden Kirchenväterstellen um den ganzen Bereich des *videre, sentire, aestimare, capere, investigare, explicare* usw., um den ganzen Bereich der der menschlichen Sprache vorangehenden und zugrunde liegenden menschlichen Apperzeption bezw. Apperzeptionsfähigkeit. Diese Fähigkeit als solche wird durch den Begriff der *incomprehensibilitas Dei* hinsichtlich Gottes in Abrede gestellt.

Wir werden weiter (dies nun freilich zum Teil gegen die Tradition oder jedenfalls nicht eindeutig mit ihr!) auch das unser Anschauen und Begreifen begleitende und ihm immanente intuitive, unmittelbare Erkennen, sofern man mit einem solchen rechnen will, von dem, was hier als menschliches Vermögen negiert werden soll, nicht ausnehmen dürfen. Das hat seine schon berührte Bedeutung, sofern damit auch der nichtgegenständliche, unanschauliche, unbegreifliche, unaussprechliche Gegenstand eines solchen Erkennens von dem, den wir hier auf Grund seiner Offenbarung den verborgenen Gott nennen, ausdrücklich unterschieden wird. Wir werden Anlaß haben, darauf zurückzukommen. Zunächst aber hat diese Abgrenzung hier doch nur sekundäres Interesse. Wir fragen hier nach der die christliche Sprache und Lehre begründenden Erkenntnis. Als solche kommt nicht die unmittelbare, sondern die mittelbare, die in Anschauung und Begriffen verlaufende Erkenntnis in Betracht. Von ihr als solcher sagt der Satz von der Verborgenheit Gottes, daß sie nicht auf Grund eines dem Menschen als solchem eigenen Vermögens Erkenntnis Gottes sein könne.

Aber eben diese Negation bedarf nun näherer sachlicher Erklärung. Der Satz von der Verborgenheit Gottes sagt (Gottes Unanschaulichkeit, Unbegreiflichkeit und Unaussprechlichkeit in sich schließend) dies: daß Gott nicht zu den Gegenständen gehört, die wir je dem Prozeß unseres Anschauens, Begreifens und Aussprechens und damit unserer geistigen Übersicht und Verfügung unterwerfen **können**. Sein Wesen ist im Unterschied zu dem aller anderen Gegenstände kein solches, das in diesem Sinn im Bereich unserer **Macht** ist. Gott ist unerfaßlich.

Wir hörten schon, wie die ἀκαταληψία Gottes gleich im zweiten Jahrhundert verstanden worden ist: wir können Gott kein *nomen* geben, wir können ihm gegenüber gerade jene nach Gen. 2, 19 f. für den Menschen in seinem Verhältnis zu den anderen Lebewesen so bezeichnende Tätigkeit nicht ausüben. *Nulla definitione poterit proprie determinari* (Augustin, *De cogn. verae vitae* 7). Denn: *Deus non est in aliquo genere* (Thomas von Aquino, *S. theol.* I qu. 3 art. 5).

Will sagen: die Linien, die wir ziehen können, um bildlich und begrifflich zu umschreiben, was wir meinen, wenn wir «Gott» sagen, lassen sich nicht so ausziehen, daß dieses Gemeinte nun wirklich umschrieben und also bezeichnet wäre, sondern sie brechen immer wieder auseinander, so daß es faktisch nicht umschrieben und also nicht bezeichnet ist. Die uns zur Verfügung stehenden Bezeichnungsmittel reichen hinsichtlich Gottes nicht aus, sodaß wir uns, nachdem wir sie auf ihn angewendet haben, dabei beruhigen könnten, gedacht zu haben, was hier gedacht und gesagt werden müßte. Das von uns in Gedanken und Worten erfaßte Wesen ist immer noch nicht oder schon nicht mehr das Wesen Gottes. Wie kämen wir denn dazu, auch nur zu «meinen», was hier gemeint wird und zu «intendieren», was hier intendiert werden müßte? Wie kämen wir dazu, auch nur die Existenz des Wesens festzustellen, das hier wahrzunehmen, zu begreifen, zu benennen wäre?

Wir hörten eben von Augustin: es komme zu keinem *proprie definiri,* und wir hörten schon von Quenstedt, es komme zu keinem *perfecte concipi* Gottes. Dieses *proprie* oder *perfecte* sei nun, wie Chrysostomus in Auslegung des paulinischen ἐκ μέρους (1. Kor. 13, 9) bemerkt, hat, nicht etwa quantitativ zu verstehen, als ob wir einen Teil des Wesens Gottes erfassen, einen anderen größeren Teil aber nicht erfassen könnten, sondern disjunktiv: wir erkennen wohl, daß Gott ist, aber nicht, was er ist. «Wir begreifen ihn nicht» heiße: «wir begreifen sein Wesen nicht». Οὐχ ὅτι τὸ μὲν αὐτοῦ τῆς οὐσίας γινώσκει, τὸ δὲ ἀγνοεῖ, ἁπλοῦς γὰρ ὁ θεός, ἀλλ' ἐπειδὴ ὅτι μὲν ἔστι θεὸς οἶδε, τὸ δὲ τί τὴν οὐσίαν ἐστὶν ἀγνοεῖ (*De incomprehensibili* 1, 5). Aber dieser Unterschied ist undurchführbar: Daß Gott ist, liegt so wenig im Bereich unserer geistigen Übersicht und Verfügung, wie was er ist. Zum Feststellen seiner Existenz und zum Begrenzen seines Wesens fehlt uns das Vermögen.

Wenn wir uns nun fragen, warum dem so ist, so werden wir uns hüten müssen, uns von der alten Theologie auf die Wege allgemeiner Erwägungen verlocken zu lassen, auf denen uns dann wohl die Unbegreiflichkeit des höchsten Wesens im Sinne Platos und Plotins oder auch Kants, nicht aber die Verborgenheit Gottes einleuchtend werden könnte. Oder vielmehr: wir werden die vielleicht unvermeidbaren Elemente einer allgemein «metaphysischen» Sprachbildung ihres ursprünglichen Charakters entkleiden und ihnen, indem wir sie in den theologischen Zusammenhang stellen, einen deutlichen theologischen Sinn geben müssen. Wir dürfen also die Verborgenheit Gottes nicht begründen mit der Unfaßbarkeit des Unendlichen, des Absoluten, des in sich und aus sich selbst Existierenden usw., weil das Alles an sich und als solches (ob es sei oder nicht sei, und was es auch sein möge) trotz und in seiner angeblichen Unfaßbarkeit als Gebilde der menschlichen Vernunft mit Gott nicht identisch ist und gerade der göttlichen Verborgenheit keineswegs teilhaftig ist. Sondern wir werden sagen müssen: Gott ist darum kein Wesen, das wir uns geistig zu eigen machen können — die Bilder, in denen wir Gott anschauen, die Gedanken, in denen wir ihn denken, die Worte, mit denen wir ihn be-

1. Die Verborgenheit Gottes

zeichnen können, sind diesem Gegenstand darum an sich unangemessen und also an sich ungeeignet, dessen Erkenntnis auszudrücken und zu begründen, weil Gott — der lebendige Gott, der uns in Jesus Christus begegnet, nicht ein solcher ist, der von uns aus unserem Vermögen angeeignet sein, sondern der sich uns aneignen und uns damit und so erlauben und befehlen und damit und so uns dazu befähigen will, daß wir nun auch ihn uns aneignen. Weil die Gemeinschaft zwischen Gott und uns durch Gottes Gnade begründet ist und Bestand hat, darum ist Gott uns verborgen. Daran scheitern alle unsere Bemühungen, ihn von uns aus zu erfassen. Er ist immer der, der allererst uns erfassen und sich aneignen will und erst auf Grund dessen und innerhalb des damit abgesteckten Raumes kann und soll es dann auch zu unserem eigenen Erfassen Gottes kommen.

Es ist doch so: Was wir erfassen können, dem gleichen wir. Wir gleichen nun wohl der Welt und Allem, was in der Welt ist. Wir gleichen der Welt, sofern sie mit uns und wir mit ihr von Gott geschaffen sind. Und darum können wir uns von der Welt und von dem, was in der Welt ist, Anschauungen und Begriffe bilden. Wir gleichen aber Gott nicht. Daß wir zum Ebenbilde Gottes geschaffen sind, besagt, daß Gott uns dazu bestimmt hat, in unserer Existenz von seiner Existenz Zeugnis zu geben. Es besagt aber nicht, daß wir eine Eigenschaft hätten und in uns vorfänden, auf Grund derer wir Gott gleichgestellt wären. Als die Schlange das dem ersten Menschen einflüsterte, da verfehlte dieser jene seine wahre Bestimmung, da fiel er in die Sünde. Weil wir also in uns nichts Gott Gleiches vorfinden, darum können wir ihn von uns aus nicht erfassen.

Anders ausgedrückt: Was wir erfassen können, dessen sind wir mächtig. Anschauen und Begreifen heißt ja begrenzen, und was wir begrenzen können, dem sind wir überlegen, dessen sind wir geistig mächtig. In diesem Sinn sind wir der Welt und dessen, was in der Welt ist trotz der uns da scheinbar beggnenden Rätselhaftigkeit und Übermacht durchaus mächtig. Denn das scheinbar Unendliche der Welt ist faktisch durch das Endliche ebenso begrenzt, wie das scheinbar Endliche durch das Unendliche. Das Absolute und das Relative, das für sich und das an sich Seiende sind dialektische, sind Wechselbegriffe, deren Widerspruch in uns selbst immer schon überwunden und gemeistert ist und der darum auch theoretisch und praktisch immer wieder überwunden und gemeistert werden kann. Gott aber ist nicht der, den wir dialektisch begrenzen könnten. Wenn wir ihn einem der von uns zu begrenzenden und heimlich immer schon begrenzten Weltelementen gleichsetzen, dann haben wir ein solches Weltelement, aber nicht ihn begrenzt und also auch nicht ihn erfaßt. Wenn wir ihn in irgend eine unserer Weltanschauungen eingliedern, dann mögen wir damit diese Weltanschauung abgeschlossen haben:

aber eben damit ist dann auch deren Gottlosigkeit am Tage; eben damit haben wir dann unfreiwillig die Verborgenheit Gottes bestätigt. Wir sind Gottes nicht mächtig und weil wir es nicht sind, darum können wir ihn von uns aus nicht erfassen.

Noch anders ausgedrückt: Was wir erfassen können, mit dem sind wir ursprünglich und eigentlich E i n e s. Erfassen heißt ja aneignen. Es gibt aber keine Aneignung ohne ursprüngliche und eigentliche Einheit zwischen dem Aneignenden und dem Angeeigneten. Auf dieser Einheit beruht das Geheimnis unserer Fähigkeit, die Welt und was in der Welt ist, so oder so zu erfassen. Himmel und Erde, Unsichtbares und Sichtbares, Geist und Natur, Sein und Erkennen, die Welt als Objekt und der Mensch als Subjekt sind als Schöpfung Gottes, wie groß ihr immanenter Gegensatz immer sein mag, ursprünglich und eigentlich Eines. Hier findet im Akt der Erkenntnis der Welt durch den Menschen jene Wiedererinnerung statt und hier kommt umgekehrt, wie es die kühneren Philosophen immer gesehen und gesagt haben, die Welt im Menschen und dessen Erkenntnis schlechterdings zu sich selber. Und das ist es, was menschliches Erfassen hier möglich und wirksam macht. Zwischen Gott und dem Menschen aber findet eine solche Einheit nicht statt. Schöpfung durch Gott — auch die Schöpfung des Menschen — bedeutet die Setzung einer von der Existenz Gottes real verschiedenen Existenz. Zwischen Gott und Mensch wie zwischen Gott und Geschöpf überhaupt besteht unaufhebbare Andersheit. Weil sie besteht, weil hier also jenes allem unserem sonstigen Erfassen zugrunde liegende Geheimnis der Einheit nicht besteht, darum können wir Gott von uns aus nicht begreifen.

Gerade innerhalb der durch Gottes Gnade gestifteten Gemeinschaft zwischen Gott und uns entsteht und gilt diese Negation. Durch seine Gnade in Jesus Christus Gott gleich gemacht, werden wir nie sagen, daß wir ihm von uns aus gleich s i n d. Durch seine Gnade in Jesus Christus mächtig geworden, werden wir nie sagen, daß wir seiner von uns aus mächtig s i n d. Durch seine Gnade in Jesus Christus mit Gott Eines geworden, werden wir nie sagen, daß wir von uns aus mit ihm Eines s i n d. Durch Gottes Gnade ihm gleich, seiner mächtig, mit ihm Eines, wie das eben von seinen Kindern zu sagen ist im Namen seines eingeborenen Sohnes, werden wir die Offenbarung des Gerichtes der Wahrheit ehren und anerkennen, laut dessen wir das Alles von uns aus n i c h t sind, werden wir uns also auch die Fähigkeit, Gott zu begreifen, absprechen, oder vielmehr sie als uns abgesprochen erkennen müssen. H i e r, indem wir das Wesen d i e s e s Gottes, indem wir Gott in J e s u s C h r i s t u s denken sollen und möchten, brechen die Möglichkeiten unseres Erfassens faktisch auseinander, wissen wir faktisch nicht, was wir sagen, wenn wir «Gott» sagen, gleichviel ob wir es mit diesem Wort oder mit irgend welchen anderen Worten zu sagen versuchen. Und h i e r ist es, wo wir uns auch eingestehen müssen und werden, daß dem so ist, wo wir also das **Unvermögen unseres Erfassens und also Gottes Verborgenheit erkennen und bekennen müssen.**

Der Anfang unserer Erkenntnis Gottes — dieses Gottes! — ist nicht ein Anfang, den wir mit ihm machen könnten. Er kann immer nur der Anfang sein, den er mit uns gemacht hat. Miteinander fällt diesem Gott gegenüber die Suffizienz unseres Denkbildes und die des in jenem vorausgesetzten Wahrnehmungsbildes und die des auf jenes begründeten Wortbildes. Sind wir von uns aus Gott nicht gleich, Gottes nicht mächtig, mit Gott nicht Eines und also nicht fähig, ihn zu begreifen, dann ist damit auch sozusagen nach rückwärts, hinsichtlich der Anschauungen, auf die sich unsere Begriffe beziehen müßten, darüber entschieden: Gott hat nie jemand gesehen; was jemand von sich aus gesehen hat, das war immer etwas Anderes als Gott. Gott ist unsichtbar und zwar dem leiblichen wie dem sogen. geistigen Auge des Menschen gleich unsichtbar, nicht identisch mit irgend einem von den Gegenständen, die zum Inhalt der Bilder unserer äußeren oder inneren Wahrnehmung werden können. Und gefallen ist die Entscheidung damit auch nach vorwärts: hinsichtlich der Worte, in denen wir unsere Begriffe ausdrücken, mit denen wir unserseits Erkenntnis bei Anderen begründen möchten. Was Gott ist, hat von sich aus, vermöge der Dynamik seiner Worte, noch niemand gesagt, noch niemand sagen können: Gott ist unaussprechlich, *ineffabilis*. Er ist aber beides: *invisibilis* und *ineffabilis* nicht so, wie wohl auch das Unendliche, das Absolute, das Unbedingte, der Geist in der Welt als unsichtbar und unaussprechlich bezeichnet werden kann, wobei es ja dann, wie die sämtlichen Philosophien und Weltanschauungen zeigen, sowohl an Begriffsbildern, wie an Wahrnehmungsbildern, wie an Wortbildern doch keineswegs so zu fehlen scheint, wie es sein müßte, wenn sich der Mensch das Erfassen jener Größen wirklich abgesprochen wüßte. Sondern Gott ist darum und darin unsichtbar und unaussprechlich, weil er nicht da ist, wie die von ihm geschaffene körperliche und geistige Welt da ist, sondern in dieser von ihm geschaffenen Welt in seiner Offenbarung, in Jesus Christus, in der Verkündigung seines Namens, in seinen Zeugnissen und Sakramenten da ist und also nur dem Glauben sichtbar und nur durch den Glauben zu bezeugen, d. h. aber nur als der Unsichtbare zu sehen, nur als der Unaussprechliche auszusprechen ist und Beides nicht als Inbegriff der Grenze oder des Ursprungs unseres Sehens und Sprechens, sondern daraufhin, daß er selbst uns zu solchem Sehen und Sprechen die **Erlaubnis** und den **Befehl** und so, also durch sein Wort und also in seiner freien gnädigen Entscheidung das **Vermögen** dazu gegeben hat.

Von da aus wird kritisch zu würdigen und also auch ausdrücklich zu ergänzen und zurechtzustellen sein, was wir in der alten Kirche und Theologie über die Un-

§ 27. *Die Grenzen der Erkenntnis Gottes*

begreiflichkeit Gottes bezw. über seine Unsichtbarkeit und Unaussprechlichkeit gesagt hören: *Non videri potest, visu clarior est, nec comprehendi, tactu purior est, nec aestimari, sensibus maior est, infinitus, immensus et soli sibi tantus, quantus est, notus; nobis vero ad intellectum pectus angustum est.* (Minucius Felix, *Octavius* 18). Indem wir Gott zu begreifen unternehmen, ist er ἐξαναχωροῦν ἀεὶ καὶ πόρρω ἀφιστάμενον τοῦ διώκοντος (Clemens Alex., *Strom.* II 2, 5, 2). *Sensus capax omnium bene et recte dicetur, sed non similis hominum sensui, et lumen rectissime dicitur, sed nihil simile ei, quod est secundum nos, lumini. Sic autem et in reliquis omnibus nulli similis erit omnium pater hominum pusillitati et dicitur quidem secundum haec propter dilectionem, sentitur autem super haec secundum magnitudinem* (Irenaeus, *Adv. a. h.* II 13, 4). *Quidquid de Deo dixeris, quidquid tacitae mentis cogitatione conceperis, in humanum transilit et corrumpitur sensum, nec habet propriae significationis notam, quod nostris dicitur verbis et ad negotia humana compositis* (Arnobius, *Adv. nat.* III 19). *Ipsum quod in semetipso et a semetipso sit et ipse per se sit, quod invisibilis et incomprehensibilis (!) et immortalis — in his quidem honoris confessio est et sensus significatio et quaedam circumscriptio opinandi, sed naturae sermo succumbit et rem ut est verba non explicant... Deficit ergo in nuncupatione confessio et quidquid illud sermonum aptabitur, Deum ut est, quantusque est, non eloquetur.* (Hilarius, *De trin.* II 7). *In omni nomine a nobis dicto quantum ad modum significandi, imperfectio invenitur, quae Deo non competit* (Thomas von Aquino, *S. c. gent* I c 30). Man beachte, daß Hilarius dies ausdrücklich auch auf den Begriff der Unbegreiflichkeit Gottes selber bezogen hat. Ebenso Augustin: *Ne ineffabilis quidem dicendus est Deus, quia et hoc, cum dicitur, aliquid dicitur.* (*De doctr. chr.* I 6). Die Verborgenheit Gottes würde sich also auch auf dem Wege des Übergangs von einer apophatischen zu einer kataphatischen Theologie keineswegs leugnen oder umgehen lassen. Und dementsprechend wußte auch die altprotestantische Orthodoxie, daß jede Definition Gottes *est duntaxat descriptio quaedam Dei, quatenus nobis est patefactus; nam Deus non potest definiri et ad perfecte definiendum Deum Dei ipsius Logica opus fuerit* (Polanus, *Synt. Theol. chr.* 1609, II 3, col. 857). *Deum quidem cognoscimus, sed non comprehendimus* (J. Gerhard, *Loci theol.* 1610 f. L. II 90). Dürfte man doch das Alles als von der Überschwenglichkeit der Erkenntnis Gottes in der Gnade seiner Offenbarung gesagt verstehen! Die Zusammenhänge weisen doch meistens in andere Richtung. In schöner Nähe zur Sache hat Anselm von Canterbury geredet, sofern die Verborgenheit Gottes bei ihm deutlicher als fast in der ganzen übrigen alten Theologie einerseits als ein Prädikat der Herrlichkeit gerade des dem Menschen gegenwärtigen Gottes und anderseits in ihrem Zusammenhang mit der sündigen Verschlossenheit des Menschen gegen diesen ihm gegenwärtigen Gott beschrieben wird: *Ideo hanc (lucem) non video, quia nimia mihi est... Non potest intellectus meus ad illam. Nimis fulget, non capit illam, nec suffert oculus animae meae diu intendere in illam. Reverberatur fulgore, vincitur amplitudine, obruitur immensitate, confunditur capacitate. O summa et inaccessibilis lux, o tota et beata veritas, quam longe es a me, qui tam prope tibi sum! Quam remota es a conspectu meo, qui sic praesens sum conspectui tuo! Ubique es tota praesens et non te video. In te moveor et in te sum et ad te non possum accedere. Intra me et circa me es, et non te sentio.* — *Adhuc lates, Domine, animam meam in luce et beatitudine tua et idcirco versatur illa adhuc in tenebris et miseria sua. Circumspicit enim et non videt pulchritudinem tuam. Auscultat et non audit harmoniam tuam. Olfacit et non percipit odorem tuum. Gustat et non cognoscit saporem tuum. Palpat et non sentit lenitatem tuam. Habes enim haec, Domine Deus, in te tuo ineffabili modo, qui ea dedisti rebus a te creatis suo sensibili modo; sed obriguerunt, sed obstupuerunt, sed obstructi sunt sensus animae meae vetusto languore peccati* (*Prosl.* 16—17). Man wird sagen dürfen: hier befinden wir uns jedenfalls in der Nähe der Einsicht, daß es sich nicht um irgend eine Verborgenheit, sondern um die des barmherzigen und heiligen Gottes handelt. Wir stellen schließlich, noch einmal an den Anfang der Dogmengeschichte zurückkehrend, fest, daß Justinus Martyr (*Apol.* II 6) gerade den Namen Christus als das ὄνομα περιέχον ἄγνωστον σημασίαν bezeichnet hat. Wir machen uns das, was die Tradition zu dieser Sache zu sagen hat, zu eigen, indem wir es als unter diesem Vorzeichen richtig gesagt verstehen.

Wir verstehen also den Satz von der Verborgenheit Gottes als das Bekenntnis zu der Wahrheit und Wirksamkeit des gerade in Gottes Offenbarung in Jesus Christus über den Menschen und damit auch über sein Anschauen und Begreifen ergehenden Gerichtsurteils, durch das ihm eine ihm eigene Möglichkeit zur Realisierung der Erkenntnis des ihm begegnenden Gottes abgesprochen, durch das ihm allein die durch Gottes Gnade ihm gewährte und gebotene Erkenntnis des Glaubens und also auch nur das Anschauen und Begreifen des Glaubens übrig gelassen wird.

Aber eben damit sind wir nun bereits vorgestoßen zu der positiven Bedeutung dieses Satzes. Wo man sich wirklich zu Gottes Gericht bekennt, da bekennt man sich auch zu Gottes Gnade. Der Satz von der Verborgenheit Gottes ist also nicht als ein Satz verzweifelnder Resignation zu verstehen, sondern tatsächlich als der *terminus a quo* unserer wirklichen Erkenntnis Gottes, als die grundlegende und entscheidende Bestimmung nicht unseres Nichtwissens, sondern unseres Wissens um Gott. Sie besagt, daß unser Wissen um Gott darum nicht in uns anhebt, weil es in Gott, nämlich in Gottes Offenbarung und im Glauben an ihn schon angehoben hat. Das Bekenntnis zu Gottes Verborgenheit ist das Bekenntnis zu Gottes Offenbarung als dem Anfang unseres Wissens um ihn. Nur sekundär und abgeleitet ist es dann auch das Bekenntnis zu unserem eigenen Unvermögen. Die Emphase des Bekenntnisses zu Gottes Verborgenheit ist nicht zuerst die der Demut, sondern zuerst und entscheidend die der Dankbarkeit. Indem Gott uns unsre Sünden vergibt, erkennen wir, daß wir dessen bedürftig, daß wir Sünder sind. Und indem Gott sich selber anschaut und begreift in seinem Wort, erkennen wir, daß er uns anders als so nicht anschaulich und begreiflich ist, daß wir ihn also von uns aus nicht anzuschauen und zu begreifen vermögen. Diese Negation ist nur von jener Position her zu verstehen. Gerade dann, wenn uns das Bekenntnis zu dieser Negation unvermeidlich wird, gerade dann sind wir also von aller Resignation und Skepsis durch einen Abgrund getrennt. Gerade dann, wenn wir uns zu Gottes Verborgenheit vorbehaltlos bekennen müssen, haben wir ja schon begonnen, Gott wirklich und gewiß zu erkennen. Als Offenbarungs- und also als Glaubenssatz, als Bezeugung unserer dankbaren Verantwortung gegenüber dem uns gegenwärtigen Gott ist die Einsicht, daß Gott uns verborgen ist, das untrügliche Zeichen der Tatsache, daß wir durch Gott selbst, nämlich durch seine Offenbarung, zur Erkenntnis seiner selbst geführt sind, daß wir mit unserem Erkennen nicht draußen in der Ferne, sondern drinnen in der Nähe Gottes stehen. Eben in der wirklichen Erkenntnis Gottes geht es ja um das Erfassen Gottes in seiner Verborgenheit, um das *comprehendere incomprehensibile*. Nur in der wirklichen Erkenntnis Gottes kann es darum gehen. Erfassen wir, schauen wir, begreifen wir Gott in seiner Verborgenheit, dann stehen wir eben damit in der wirklichen Erkenntnis Gottes.

«Die Furcht des Herrn ist der Anfang der Erkenntnis» (Spr. 1, 7). Man wird alle vier Begriffe in diesem Spruch als gleichgewichtig hören und verstehen müssen, um dann sofort einzusehen, daß mit ihm Alles gesagt ist, was an dieser Stelle zu sagen ist. Eben an dieser Stelle: hinsichtlich dieser notwendigen Wendung von der Negation zur Position — und von der Position her zu der zunächst im Vordergrunde stehenden Negation — haben wir nun auch in der kirchlich-theologischen Tradition (wie es auch mit ihrer Begründung des Satzes von Gottes Unbegreiflichkeit stehen möge) wieder festeren Boden unter den Füßen. Man ist jedenfalls im Altertum einig darüber: Gott erkennen heißt ihn «begreifen in seiner Unbegreiflichkeit». *Sic eum digne aestimamus, dum inaestimabilem dicimus* (Minucius Felix, *Octavius* 18). Das ist die eine, allein mögliche Weise Gott zu erkennen: *si cogitaverimus id illum esse, quod, quale et quantum sit, non possit intelligi nec in ipsam quidem cogitationem possit venire* (Novatian, *De trin.* 2). *Unus est hominis intellectus de Dei natura certissimus, si scias et sentias nihil de illo posse mortali oratione depromi* (Arnobius, *Adv. nat.* 3, 19). Ἐν τοῖς γὰρ περὶ θεοῦ μεγάλη γνῶσις τὸ τὴν ἀγνωσίαν ὁμολογεῖν (Cyrill v. Jerusalem, *Kat.* 6, 2). *Perfecta scientia est, sic Deum scire, ut, licet non ignorabilem, tamen inenarrabilem scias* (Hilarius, *De trin.* II, 7). Εἴδησις τῆς θείας οὐσίας ἡ αἴσθησις αὐτοῦ τῆς ἀκαταληψίας (Basilius *Ep.* 234, 2, *ad Amphilochium*). Καλῶμεν τοίνυν αὐτὸν τὸν ἀνέκφραστον, τὸν ἀπερινόητον θεόν, τὸν ἀόρατον, τὸν ἀκατάληπτον, τὸν νικῶντα γλώττης δύναμιν ἀνθρωπίνης, τὸν ὑπερβαίνοντα θνητῆς διανοίας κατάληψιν, τὸν ἀνεξιχνίαστον ἀγγέλοις, τὸν ἀθέατον τοῖς σεραφίμ, τὸν ἀκατανόητον τοῖς χερουβίμ, τὸν ἀόρατον ἀρχαῖς, ἐξουσίαις, δυνάμεσι, καὶ ἁπλῶς πάσῃ τῇ κτίσει, ὑπὸ δὲ υἱοῦ μόνου καὶ πνεύματος ἁγίου γνωριζόμενον (Chrysostomus, *De incompr.* 3, 1). *Sic enim sunt incomprehensibilia requirenda, ne se existimet nihil invenisse qui, quam sit incomprehensibile quod quaerebat, potuerit invenire* (Augustin, *De trin.* XV 2). *Hoc ergo non est, si comprehendisti, si autem hoc est, non comprehendisti* (*Sermo* 52, 16).

Nicht eine Unvollkommenheit, sondern gerade die Vollkommenheit, nicht eine Problematisierung, sondern gerade die Gewißheit, nicht eine Grenze, sondern gerade die Wirklichkeit der Erkenntnis Gottes ist hinsichtlich ihres *terminus a quo* bezeichnet durch den Satz von der Verborgenheit Gottes.

Da dem so ist, darf aus diesem Satz auf keinen Fall der Schluß gezogen werden, daß es eine wahre Erkenntnis Gottes nicht gebe, daß wir auf das Unternehmen Gott anzuschauen und zu begreifen und also auf das Reden von ihm zu verzichten hätten.

Es wäre ein schweres Mißverständnis des *Deus definiri nequit,* wenn daraus geschlossen werden sollte: Also hat die Theologie und die Verkündigung überhaupt zu verstummen. Hier ist eben der positive Ursprung und Sinn dieser Sache nicht verstanden. *Deus definiri nequit* ist, recht verstanden, das Bekenntnis zu Gottes Offenbarung, durch das wir freilich bestätigen, daß uns das Unvermögen unseres eigenen Anschauens und Begreifens Gottes aufgedeckt ist, durch das uns aber der Mund nicht verschlossen, sondern für die Ausrichtung des göttlichen Auftrags gerade geöffnet wird. Und es wäre wiederum ein Mißverständnis, wenn aus dem *Deus definiri nequit* der Schluß gezogen werden sollte, daß alle Theologie und Verkündigung nur in negativen Aussagen verlaufen dürfe, daß sie aber eben in dieser Form, als «kataphatische» Theologie, in Form von Aufhebung bezw. Relativierung aller Bestimmtheit des göttlichen Wesens wahre Erkenntnis Gottes auszusprechen und zu begründen in der Lage sei. Hier, bei Ps. Dionys Areopagita und allen seinen Nachfolgern, ist das *Deus definiri nequit* zu wenig radikal verstanden. Vor der Verborgenheit Gottes kann man sich auch nicht in die Möglichkeit einer negativen Begrifflichkeit flüchten, als ob diese weniger als eine positive unsere eigene menschliche Begrifflichkeit, als ob sie als solche nicht ebenso unvermögend wäre wie jene. Und es wäre noch einmal ein Mißverständnis des *Deus definiri nequit,* wenn die Theologie und Verkündigung auf das Anschauen und Begreifen Gottes selbst verzichten wollte, um an Stelle dessen zu einer Theologie und Verkündigung der subjektiven Empfindungen und Erlebnisse des frommen Menschen bezw. des diesen zu Grunde liegenden Gefühls «schlechthiniger Abhängigkeit» zu werden. Hier, bei Schleiermacher, ist nicht verstanden, daß der Satz von der Unbegreiflichkeit Gottes uns nicht von Gott weg an den Menschen verweisen, sondern gerade bei Gott, aber eben bei der Gnade Gottes in seiner Offenbarung festhalten will. Gerade mit dem *Deus definiri nequit* empfängt die Kirche die Erlaubnis und den Befehl, sich an die ihr von Gott selbst geschenkte wahre Gotteserkenntnis zu halten und sich ja nicht in die vermeintliche Gotteserkenntnis einer Selbstexplikation des frommen Menschen zu flüchten. Sie könnte es dort nur mit einem Gott zu tun bekommen, der zwar erfaßbar, der aber eben darum nicht der wirkliche Gott wäre. Der wirkliche Gott ist der verborgene Gott. Die Kirche darf sich nicht flüchten vor der Aufgabe, eben diesen Gott zu erkennen und zu verkündigen. — Die berührten Mißverständnisse des *Deus definiri nequit* — sie sind die Mißverständnisse der verschiedenen Spielarten der mystischen Theologie — sind allesamt Versuche, dieser Aufgabe und das heißt: dem wirklichen Gott in seiner Verborgenheit auszuweichen. Es ist ratsam, sich an diesen Versuchen nicht zu beteiligen.

Indem wir den wirklichen Gott in seiner Offenbarung erkennen, erfassen wir ihn in seiner Verborgenheit. Und eben indem wir das tun, erkennen wir den wirklichen Gott in seiner Offenbarung. Wäre er uns nicht und bliebe er uns nicht der, den wir von uns aus nicht anzuschauen und nicht zu begreifen vermögen, dann wäre der, den wir erkennen, nicht der wirkliche Gott in seiner Offenbarung. Wiederum wäre er nicht dieser wirkliche Gott, wenn es bei seiner Erkenntnis nicht zu einem wirklichen, nun freilich allein von ihm aus begründeten und durch ihn geordneten und also seine Verborgenheit nicht aufhebenden, sondern bestätigenden menschlichen Anschauen und Begreifen käme. Wir müßten, wenn wir das Eine oder Andere in Abrede stellen wollten, seine Offenbarung und also ihn selbst in Abrede stellen. Noch in Abrede stellen oder wieder in Abrede stellen! Es könnte beides nur in einem gleich unseligen Vorher oder Nachher des Glaubens geschehen. Im Glauben selbst und also konfrontiert mit dem wirklichen Gott in seiner Offenbarung können wir weder Gottes Macht, noch unsere Ohnmacht, noch unsere Macht durch Gottes Gnadengabe in Abrede stellen.

§ 27. *Die Grenzen der Erkenntnis Gottes*

Es muß dabei, daß der Satz von der Verborgenheit Gottes auch unsere Ohnmacht bezeichnet, unter allen Umständen sein Bewenden haben. Gerade in der im Glauben an Gottes Offenbarung stattfindenden Erkenntnis Gottes wird diese unsere Ohnmacht unmöglich geleugnet werden können. Dürfen wir von Gottes Erlaubnis Gebrauch machen — müssen wir seinem Befehl gehorchen, den Versuch zu unternehmen, ihn mit unseren menschlichen Anschauungen und Begriffen zu erkennen, in unseren menschlichen Worten von ihm zu reden, dann bedeutet das in keinem Sinn dies, daß unser menschliches Anschauen, Begreifen und Reden nun doch ein eigenes Vermögen — vielleicht ein durch die Offenbarung und den Glauben erwecktes und aktualisiertes Vermögen — für Gott besitze. Unser Anschauen, Begreifen und Reden wird dann vielmehr in einen D i e n s t gestellt und in einen G e b r a u c h genommen, zu dem es die F ä h i g k e i t aus sich selber und in sich selber nach wie vor n i c h t hat. Es ist dann die Wahrheit Gottes, die sich unserem Anschauen, Begreifen und Reden, das als solches der Wahrheit Gottes nicht fähig ist, selber m i t t e i l t. Es bleibt dabei, daß unsere Wahrnehmungsbilder, Denkbilder und Wortbilder als solche keine Bilder Gottes sind und auch nicht sein können. Sie w e r d e n es. Sie w e r d e n w a h r. Aber sie werden es nicht aus sich selber; sie werden es ganz und gar von ihrem G e g e n s t a n d e her, nicht durch ihr eigenes Vermögen, sondern durch das ihres Gegenstandes. Es bleibt also bei der Verborgenheit Gottes. Wir werden ihm nicht zu nahe treten, indem wir ihn erkennen: wir werden ihm von uns aus nicht gleich; wir werden seiner von uns aus nicht mächtig; wir werden mit ihm von uns aus nicht Eines. Und das Alles heißt: wir können ihn von uns aus nicht erfassen.

A u g u s t i n hat das einmal folgendermaßen ausgedrückt: *Vide quemadmodum tu contingendo efficeris quod non eras, non illud, quod contingis, facis esse quod non erat. Hoc dico: Deus non crescit ex cognitore, sed cognitor ex cognitione Dei.* Es müsse darum unser Reden von Gott sein: eine *pia confessio ignorantiae magis quam temeraria professio scientiae (Sermo* 117, 5). Es kann sich, wie wir schon von P o l a n u s hörten, nur handeln um eine *descriptio quaedam Dei quatenus nobis est patefactus.* Auf die Offenbarung des unaussprechlichen *nomen Dei, quod vult cognosci, narrari, celebrari et invocari* (M. C h e m n i t z, *Loci theol.* ed. 1590 *De Deo* c. 3) antworten wir erlaubnis- und befehlsgemäß, wenn wir recht von Gott reden. Mit dieser Quelle und Norm sind aber auch die Schranken dieses Redens bezeichnet. Seine ä u ß e r e Schranke: *Quid Deus sit, nemo explicare potest praeterquam Deus in verbo suo. Quicumque vero alias opiniones fingunt et diversa ratione Dei cognitionem assequi conantur, hi se ipsos fallunt et idola cordis sui venerantur* (B u l l i n g e r, *Comp. chr. rel.* 1556 II 2). Und seine i n n e r e Schranke: *Definitio* ὀνοματώδης *dari potest,* οὐσιώδης *vero minime* (J. G e r h a r d, *Loci theol.* 1610 f. *L.* II 90). Λέγωμεν γὰρ οὐχ ὅσα δεῖ περὶ θεοῦ ... ἀλλ' ὅσα κεχώρηκεν ἡ ἀνθρωπίνη φύσις καὶ ὅσα ἡ ἡμετέρα ἀσθένεια βαστάσαι δύναται (C y r i l l v. J e r u s a l e m, *Kat.* 6, 2).

Es wird gut sein, ausdrücklich festzustellen, daß das Alles von j e d e m Wort gilt, das der Mensch aussprechen kann auf Grund seines Anschauens und Begreifens. Es gilt also nicht etwa erst von den Versuchen der wissenschaftlichen Theologie, von Gott in strengen Begriffen zu reden. Es gilt freilich auch von ihnen.

Es gibt also nicht, wie noch A. E. Biedermann und überhaupt die Hegelsche Schule meinte, eine die inadaequate Sprache der Vorstellungen hinter sich lassende reine Begriffssprache, die, den Esoterikern solcher hohen Kunst zugänglich, als solche die Sprache der Wahrheit wäre. An der Inadaequatheit der menschlichen Sprache nimmt auch die Sprache der strengsten Begrifflichkeit teil. *Nec nomen sapientiae mihi sufficit ostendere illud, per quod omnia facta sunt de nihilo.... nec nomen essentiae mihi valet exprimere illud, quod per singularem altitudinem longe est supra omnia et per naturalem proprietatem valde est extra omnia* (Anselm v. Canterbury, *Monol.* 65).

Es ist aber auch nicht so, daß es irgend ein «einfaches» Denken und Reden gäbe, das nun etwa in seiner «Kindlichkeit» nicht unter der Krisis der Verborgenheit Gottes stünde. Und es sind dieser Krisis nicht nur die Vokabeln des kirchlichen Dogmas, sondern auch die biblischen Vokabeln nicht entzogen. Es kann also nicht davon die Rede sein, daß wir etwa nur die biblische Anschauungs- und Begriffswelt wieder zu finden, die biblische Sprache aufzunehmen brauchten, um eben damit das Anschauen und Begreifen und die Sprache der Wahrheit uns zu eigen zu machen.

Das ist oft genug der Irrtum einer biblizistischen Orthodoxie gewesen. Schon die Kirchenväter waren sich aber klar darüber, daß es keine, auch nicht die einfachsten christlichen Urworte gibt, bei deren Gebrauch wir jene innere Schranke alles menschlichen Redens nicht zu bedenken hätten. Ihnen war es vielmehr deutlich: auch die Worte Vater, Schöpfer, Herr, Herrscher, auch das Wort «Gott» selber — sind an sich und als solche mit dem unaussprechlichen Namen, mit dem Gott sich selber nennt und der also seine Wahrheit ausspricht, nicht identisch: sie können also seine Wahrheit an sich nicht aussprechen (vgl. Justin, Apol. II 6, Clemens Alex., Strom. V 12, 81, 6). *Quem si patrem dixero, carnalem opineris; si regem, terrenum suspiceris; si dominum, intelliges utique mortalem* (Minucius Felix, *Oct.* 18). Es liegt aber schon im Begriff jedes, auch des biblischen Zeugen: er ist ein Mensch, der in menschlichen Worten Gottes Wort bezeugt und insofern Gottes Wort redet, dessen menschliche Worte als solche also von der Verborgenheit Gottes an sich ebenso betroffen sind wie die jedes anderen Menschen, die also auch in ihrer Wiederholung durch eines anderen Menschen Mund der Krisis der Verborgenheit Gottes nicht entzogen sind.

Es ist darum so wichtig, das Alles ausdrücklich festzustellen, weil es bestimmt nicht zu vermeiden ist: wenn die innere Schranke übersehen oder vergessen oder geleugnet wird, die unser Anschauen, Denken und Reden als solches gerade dann vom Wesen Gottes trennt und fernhält, wenn es in der Verantwortung gegenüber Gottes Offenbarung geschieht, dann fällt auch die äußere Schranke, dann fällt der Charakter der Offenbarung Gottes als Quelle und Norm unseres Erkennens Gottes und unseres Redens von ihm, dann fällt dessen unbedingte Unterordnung unter jene.

Es eröffnet sich dann jetzt diese, jetzt jene *diversa ratio Dei cognitionem assequi*, das Reich der fingierten *aliae opiniones*. Dann *crescit Deus ex cognitore*, d. h. dann hört unser Erkennen auf, der Spiegel von Gottes Offenbarung zu sein, dann beginnt die Offenbarung Gottes der Spiegel unseres Erkennens zu werden. Jede eigene und ursprüngliche Fähigkeit, die unserem Anschauen und Begreifen Gottes,

§ 27. Die Grenzen der Erkenntnis Gottes

die unserer menschlichen Sprache zugeschrieben wird, muß ja dann bedeuten, daß wir kraft dieser Fähigkeit eine zweite Quelle und Norm der Offenbarung Gottes in uns selbst haben, die wir jener: der uns in Jesus Christus begegnenden Offenbarung immer schon entgegentragen, an der wir jene mindestens vergleichend messen und beurteilen werden, der wir jene dann aber, weil sie uns so viel näher liegt, heimlich und wohl rasch genug auch offen, sicher überordnen werden und die sich wahrscheinlich in unaufhaltsamer Entwicklung zuletzt als die eigentliche und einzige Quelle dessen, was wir für Offenbarung halten, herausstellen wird. Was Gott ist, werden wir dann zuerst und schließlich sehr wahrscheinlich allein, wir werden es jedenfalls entscheidend der immanenten Bedeutung der Worte entnehmen, mit denen wir ihn bezeichnen, diese aber den Anschauungen und Begriffen, auf Grund derer wir diese Worte aussprechen, deren Ausdrücke unsere Worte sind. Eine Philosophie oder eine Weltanschauung oder ein Mythus entscheidet dann praktisch über den Inhalt unserer Gotteserkenntnis, auch dann, wenn wir es nicht ganz versäumen, bei deren Bildung auch die Offenbarung Gottes in Jesus Christus wenigstens ehrerbietig und aufmerksam zu Rate zu ziehen. Es ist nicht einzusehen, daß wir, wenn der Satz von der Verborgenheit Gottes nicht gelten und uns jene Deutung unseres Erkenntnisvermögens verwehren sollte, diese Umkehrung nicht vollziehen könnten und sogar vollziehen müßten.

Nur wenn dieser Satz gilt, sind wir bei der Offenbarung Gottes festgehalten als bei der alleinigen Quelle und Norm unserer Gotteserkenntnis. Indem er deren innere Schranke bezeichnet, bezeichnet er auch ihre äußere. Indem es ein uns eigenes Vermögen der Anschauung, des Begriffes und der Sprache Gott gegenüber nicht gibt, sind und bleiben wir angewiesen darauf, daß unser Anschauen, Begreifen und Reden, dessen Vermögen wir Gott selbst zuschreiben müssen, durch Gottes Offenbarung begründet werden muß, sind wir also auf Gottes Offenbarung angewiesen: nicht nur so, wie alles Erkennen auf seinen Gegenstand, sondern so, wie die Erkenntnis Gottes auf Gott als auf ihren Gegenstand und freien Ursprung angewiesen ist.

Wenn dies feststeht, wenn es nun also als ausgemacht gelten soll, daß die Fähigkeit, Gott zu erkennen und also anzuschauen und zu begreifen, nicht in eine Fähigkeit des Menschen uminterpretiert, sondern nur als göttliches Geschenk verstanden werden kann, dann können wir jetzt den zweiten Schritt tun und feststellen: Von dem Gott, der uns durch seine Offenbarung zum Glauben an ihn erweckt, kann, darf und muß geredet, dieser Gott kann, darf und muß also von uns angeschaut und begriffen werden. Die Schranke, in der dies geschieht, soll bedacht sein. Es soll jetzt aber nicht mehr nur von der Schranke, sondern es soll jetzt auch von der Sache selbst die Rede sein. Es ist, wenn wir uns auf Gottes Offenbarung beziehen, kein Sophisma, sondern klar und wahr: Der Satz *Deus definiri nequit* würde sich selbst aufheben, wenn sein Subjekt nicht, seinem Prädikat zum Trotz (und doch auch als die Möglichkeit dieses seines Prädikats!), als erkennbar, d. h. dann aber als anschaulich und begreiflich zu verstehen wäre. Auch mit dem *definiri nequit* definieren, begreifen, erfassen wir ja, erfassen wir also ein Erfaßbares. Gott in seiner Offenbarung **ist** erfaßbar: so, daß er sich selbst denen erfaßbar macht, die ihn von sich aus nicht erfassen können, aber eben so erfaßbar! Der Mensch ist nicht, wie es die letzte Voraussetzung aller mystischen Theologie ist, mit sich selbst allein gelassen. Im Wunder der Offenbarung und des Glaubens steht er vor Gott, steht Gott vor ihm, erkennt er Gott und begreift er ihn also in seiner Unbegreiflichkeit.

Wir können uns den Sachverhalt dieses Begreifens Gottes in seiner Unbegreiflichkeit vorweg deutlich machen in der schönen Darstellung, die die pseudoaugustinische, aus dem 13. Jahrhundert stammende Schrift *Soliloquia animae ad Deum* (cap. 31) von dieser Sache gegeben hat. Sie weiß auch um das *Deus definiri nequit: Soli quidem tibi soli, Trinitas, integre nota es, Trinitas sancta, Trinitas supermirabilis et superinenarrabilis et superinscrutabilis et superinaccessibilis et superincomprehensibilis et superintelligibilis et superessentialis, superessentialiter exsuperans omnem sensum, omnem rationem, omnem intellectum, omnem intelligentiam, omnem essentiam supercoelestium animorum: quam neque dicere, neque cogitare, neque intelligere, neque cognoscere possibile est etiam oculis angelorum.* Also sollen und können wir von Gott schweigen? Nein, gerade nicht! *(Domine) vae tacentibus de te, quoniam loquaces muti sunt* (aus Augustin, Conf. I 4, 4)! *Et ego non tacebo, quoniam fecisti me et illuminasti me; et inveni me et cognovi me et inveni te et cognovi te quoniam illuminasti me Sed qualiter cognovi te? Cognovi te in te. Cognovi te non sicut tibi es, sed cognovi te sicut mihi es; et hoc non sine te sed in te, quia tu es lux quae illuminasti me. Sicut tibi es, soli tibi cognitus es. Sicut mihi es, secundum gratiam tuam et mihi cognitus es.* Durch Gnade! Das heißt aber: *Intonasti desuper voce grandi in interiorem aurem cordis mei et rupisti surditatem meam et audivi vocem tuam et illuminasti caecitatem meam et vidi lucem tuam et cognovi quoniam Deus meus es. Propterea dixi quod cognovi te; cognovi te quoniam Deus meus es; cognovi te solum verum Deum et quem misisti Jesum Christum.*

Die Verborgenheit Gottes ist die Unbegreiflichkeit des Vaters, des Sohnes und des Heiligen Geistes, des einen wahren Gottes, unseres Schöpfers, Versöhners und Erlösers, der als solcher nur sich selber bekannt und also auch nur sich selber anschaulich und begreiflich und der allein vermögend ist, recht, d. h. in Wahrheit von sich selber zu reden. Aber eben dieses: recht, d. h. in Wahrheit von sich selber zu reden, hat er nicht unterlassen. Er hat dafür gesorgt, daß er von denen zu finden ist, die ihn da suchen, wo er selber sich ihnen zu finden gegeben hat. Und er hat auch dafür gesorgt, daß sie ihn daselbst suchen möchten. Liegt es in keines Menschen, ja in keines Geschöpfes Möglichkeit, sich Gott von sich aus offenbar zu machen, wie wir uns andere Gegenstände offenbar machen können — weil Gott das Prius alles Erkennens und alles Erkannten ist! — so liegt es doch in Gottes eigener Möglichkeit, sich selbst seinem Geschöpf offenbar zu machen. Und eben diese Möglichkeit ist Wirklichkeit. Gott **hat** sich offenbart und Gott **ist** offenbar durch sich selber: in seinem Sohne, nämlich indem er Mensch wurde, durch den Heiligen Geist, nämlich durch dessen Ausgießung über alles Fleisch. Erkennen und Bekennen wir ihn als den **verborgenen**, dann ist eben dies das erste Werk des Lobpreises, mit dem wir ihm danken für die Gnade seiner Offenbarung. Es liegt im Wesen dieser seiner Offenbarung (im Unterschied zu anderen Offenbarungen, die es auch geben mag, die aber nicht Offenbarung in diesem strengen Sinne sind), daß sie Gnade, d. h. daß sie ein all unser Vermögen, unser Sein und unsere Existenz als solche schlechthin übersteigendes Geschenk ist und uns nun doch nicht aufhebt, unser Sein und unsere Existenz nicht verzehrt und nicht sprengt, sondern u n s — von uns aus gesehen ein Wunder, eine überschwengliche, nicht zu begründende, nicht abzuleitende, nicht zu erklärende Wirklichkeit — zu unserem Heil g e g e n w ä r t i g ist, im Glauben von uns bejaht und ergriffen werden, zu einer Bestimmung unseres Seins und unserer Existenz werden kann. Es liegt darum im Wesen dieser Offenbarung, daß wir ihr nur mit dem Lobpreis des D a n k e s begegnen können. Danken heißt: annehmen mit dem Geständnis, daß wir das Angenommene nicht erworben und nicht verdient, daß wir dieses Annehmen nicht vorhergesehen, daß wir keinen Anspruch darauf gehabt haben. Danken heißt: Anerkennen, daß es sich um das Annehmen eines reinen Geschenkes handelt, dessen Wirklichkeit anderswo als in der Güte des Schenkers keinen Grund hat, im Blick auf das wir also nur diese Güte des Schenkers preisen können. Eben indem wir Gott danken für seine Offenbarung, werden wir ihn lobpreisen in seiner Verborgenheit. Aber eben indem wir das tun, bekennen wir — wie würden wir sonst dazu kommen, das zu tun? — daß wir ihn schon e r k a n n t h a b e n, daß jenes Wunder schon E r e i g n i s ist, daß uns jenes reine Geschenk schon g e m a c h t ist und daß wir es schon a n g e n o m m e n haben. Eben indem wir seine Verborgenheit erkannten, haben wir durch die Gnade seiner Offenbarung ihn selbst erkannt. Nicht kraft des Vermögens eines von uns mitgebrachten Begriffs des Unbegreiflichen, nicht kraft unseres Vermögens, Rätsel als solche festzustellen, Geheimnisse als solche zu anerkennen, Paradoxien als solche gelten zu lassen. Wie sollte uns dieses Vermögen als solches gerade zu Gott führen, gerade für ihn öffnen? Kraft dieses Vermögens könnten uns zwar alle möglichen Wunderlichkeiten in ihrer Weise offenbar sein, könnte uns aber Gott noch immer verborgen bleiben. Wenn u n s e r e m Vermögen nämlich nicht Gottes e i g n e s Vermögen beigelegt wird durch die Gnade seiner Offenbarung! Wenn es nicht geschieht, daß der von uns mitgebrachte Begriff des Unbegreiflichen im Ereignis jenes Wunders, in dem fleischgewordenen Sohne Gottes durch den über uns ausgegossenen Heiligen Geist zu einem Gefäß w i r d, den unbegreiflichen G o t t zu fassen! Durch Gott selbst in der Gnade seiner Offenbarung muß es geschehen, daß unser Bekenntnis zu Gottes Verborgenheit und also der Lobpreis unseres Dankes zu einem Lobpreis G o t t e s und also zum Anfang unserer E r k e n n t n i s Gottes wird. Eben dies ist es aber, was durch Gott selbst in der Gnade seiner Offenbarung tatsächlich geschieht. Und indem es geschieht, wird unser Anschauen des unanschaulichen, unser Begreifen des unbegreiflichen Gottes, unserem Unvermögen zum Trotz, durch Gottes eigenes Vermögen ein echtes Anschauen und Begreifen: dessen ganze Wahrheit Gottes Wahrheit ist und das nun doch und gerade so, durch das Vermögen seines Gegenstandes, ein wahres Anschauen und Begreifen ist.

Wir hörten: *Cognovi te in te* — dich, die unbegreifliche Dreieinigkeit! — nämlich *sicut mihi es, et hoc non sine te sed in te, quia tu es lux, quae illuminasti me. Sicut tibi es, soli tibi cognitus es. Sicut mihi es, secundum gratiam et mihi cognitus es.* Du hast von oben gesprochen mit gewaltiger Stimme in mein inneres Ohr und hast meine Taubheit gebrochen und ich hörte deine Stimme und du hast erleuchtet meine Blindheit und ich sah das Licht und erkannte dich, daß du mein Gott bist! *Cognovi te solum verum Deum et quem misisti, Jesum Christum!* Gott ist nach Irenäus *invisibilis propter eminentiam, ignotus autem nequaquam propter providentiam (Adv. o. h.* II 6, 1; vgl. IV 6, 4). Jenseits aller Negation unseres Unvermögens durch die Unbegreiflichkeit Gottes und indem es bei dieser Negation sein Bewenden hat, gibt es nach Clemens Alex. die neue Möglichkeit: einzutauchen εἰς τὸ μέγεθος τοῦ Χριστοῦ. Darum habe schon Mose zu Gott gesagt: Offenbare dich mir! und habe damit erklärt, μὴ εἶναι διδακτὸν πρὸς ἀνθρώπων μηδὲ ῥητὸν τὸν θεόν, ἀλλ' ἢ μόνῃ τῇ παρ' αὐτοῦ δυνάμει γνωστόν. ἡ μὲν γὰρ ζήτησις ἀειδὴς καὶ ἀόρατος, ἡ χάρις δὲ τῆς γνώσεως παρ' αὐτοῦ διὰ τοῦ υἱοῦ. (*Strom,* v, XI, 71.)

Eben in seiner Offenbarung, eben in Jesus Christus, hat sich ja der verborgene Gott faßbar gemacht. Nicht direkt, sondern indirekt. Nicht für das Schauen, sondern für den Glauben. Nicht in seinem Wesen, aber im Zeichen. Nicht unter Aufhebung seiner Verborgenheit also — aber faßbar! Das ist ja Gottes Offenbarung: daß Gott der von ihm erwählten und dazu bestimmten Kreatur den Auftrag und die Macht gegeben hat, ihn zu vertreten und darzustellen, von ihm Zeugnis abzulegen. Das Wort ward Fleisch: das ist das erste, ursprüngliche und regierende Zeichen aller Zeichen. Auf dieses Zeichen hin, als Zeichen dieses Zeichens, gibt es eine kreatürliche Bezeugung seines ewigen Wortes auch sonst, nicht überall, aber da, wo dieses sein ewiges Wort sich selbst seine Zeugen erwählt, berufen und geschaffen hat: eine Bezeugung durch das Wort der Propheten und Apostel dieses Wortes, durch die sichtbare Existenz seines Volkes, seiner Kirche, durch die Botschaft, die da ausgerichtet wird und zu vernehmen ist, durch die Sakramente, in denen diese Botschaft ihre auch physisch sichtbare und greifbare Gestalt hat, durch unsere, der an diese Zeugnisse Glaubenden, Existenz endlich. Jesus Christus und sein sichtbares Reich auf Erden: das ist die große, von Gott selbst geschaffene Möglichkeit, ihn anzuschauen und zu begreifen und also auch von ihm zu reden — so wie wir Menschen ihn anschauen und begreifen, so, wie wir von ihm reden können, nicht ohne die Hülle, nicht ohne den Vorbehalt seiner Verborgenheit also, nicht außerhalb des Wunders seiner Gnade. Es ist nicht so, daß die Gnade seiner Offenbarung je und in irgend einer Beziehung aufhörte, Gnade und Wunder zu sein, nicht so, daß Gott selbst und sein freies Handeln je überflüssig würde, weil wir an seiner Stelle die von ihm erwählte und bestimmte Kreatur hätten. Es ist aber auch nicht so, daß wir Menschen nun doch uns selbst überlassen wären: der Unwissenheit oder unseres eigenen Herzens Erfindungen. Es ist vielmehr so, daß wir als Menschen und im Raume unserer menschlichen Anschauungen und Begriffe eine von Gott selbst ausgehende, seinem Willen entsprechende und mit seiner Verheißung versehene Weisung haben, auf Grund und nach Anweisung derer wir ihn anschauen und begreifen dürfen und sollen, auf Grund und nach Anleitung derer nun auch in menschlichen Worten von dem verborgenen Gott geredet werden darf und soll. Es ist also nicht so, daß Gott nun doch wieder in den Bereich unserer eigenen Übersicht und Verfügung käme: nur im Mißbrauch und nur unter Verlust seiner Offenbarung könnte das geschehen. Sondern ohne und gegen unser Vermögen, in Form einer Indienstnahme unseres unvermögenden Vermögens wird uns in Gottes Offenbarung erlaubt und geboten, zu tun, was als unsere eigene Willkür nur Wahnsinn sein könnte, was aber in der Freiheit und im Gehorsam der Offenbarung gegenüber der Sinn Gottes selbst ist: anschauend und begreifend jenen von ihm selbst gewollten und angeordneten kreatürlichen Zeugnissen nachzugehen, sie aufzunehmen als seine Zeugnisse, sie wiederum als seine Zeugnisse zu wiederholen und wiederzugeben. Gottes Offenbarung ist Gottes Kondeszendenz zur Kreatur. Indem diese Kondeszendenz wirklich wird in seinem Wort durch seinen Heiligen Geist, empfangen wir die Erlaubnis und den Befehl, im Glauben den Versuch zu unternehmen und immer wieder zu unternehmen — ohne Rücksicht auf unser eigenes Unvermögen im Vertrauen allein auf Gottes eigenes Vermögen — auf seine Offenbarung zu antworten mit menschlichen Anschauungen und Begriffen und also auch mit menschlichen Worten.

Die Aussagen der Tradition könnten auch in dieser Hinsicht deutlicher sein als sie es sind. Sie weisen in diese Richtung; sie können aber wieder nicht ohne Vorsicht und Kritik aufgenommen werden: Gibt es keinen geschöpflichen Namen, unter dem der, den wir den Vater, den Schöpfer, den Herrn nennen, zu begreifen wäre, so gibt es doch ἐκ τῶν εὐποιῶν καὶ τῶν ἔργων προσρήσεις (Justin. Martyr, *Apol.* II 6). *De Deo quidem Patre quamvis digne proloqui nemo valeat, tamen possibile est, intellectum aliquem capi ex occasione visibilium creaturarum* (Origenes, Περὶ ἀρχῶν I 3, 1). *Admirare creaturas et glorifica creatorem!* (Ephraem, *Adv. scrut.* 47). Gibt es keinen einzigen Namen, der genügte, um das ganze Wesen Gottes umfassend auszusprechen, so gibt es doch viele und verschiedene, ein jeder von besonderem Bedeutungsgehalt (σημασία), die uns eine im Verhältnis zum Ganzen zwar dunkle und dürftige, aber für uns doch genügende Anschaulichkeit und Begreiflichkeit Gottes vermitteln können (Basilius, *Adv. Eunom.* 10). Erkennen wir nicht Gottes *essentia,* so erkennen wir doch *habitudinem ipsius ad creaturas* (Thomas v. Aquino, *S. theol.* I qu. 12 art. 12). Am einsichtigsten vielleicht Gregorius Eliberitanus (4. Jahrh.): *Quidquid de eo dixeris, efficientiam operum suorum et dispensationes sacramentorum ipsius nominabis* (Tract. Orig. 1).

1. Die Verborgenheit Gottes

Die Problematik aller dieser Aussagen — mit Ausnahme der letzten — liegt in der merkwürdigen Allgemeinheit, in der da von einem Verhalten Gottes zur Kreatur als solcher geredet wird, durch welches er sich uns anschaulich und begreiflich mache. Ist damit einfach die Schöpfung als solche und also eine relative Erkennbarkeit Gottes in ihr gemeint? Wahrscheinlich hat man die meisten dieser Aussagen in der Tat so oder mindestens auch und zwar primär auch so zu verstehen. Es ist also mindestens weithin die natürliche Theologie bezw. eine natürliche Offenbarung, aus der die Kirchenväter die uns geschenkte relative Anschaulichkeit und Begreiflichkeit Gottes abgeleitet haben. Es ist klar, daß wir ihre Aussagen, sofern sie diesen Sinn haben, nicht aufnehmen können. Gottes Offenbarung, durch die wir die Erlaubnis und den Befehl bekommen, ihn in den Maßen unseres unvermögenden Vermögens anzuschauen und zu begreifen, kann wirklich nur — man möchte Clemens Alex. hier beim Wort nehmen dürfen — «die Gnade seiner Erkenntnis durch seinen Sohn», d. h. die «Größe Jesu Christi» sein. Diese Offenbarung geschieht im Bereich der Schöpfung Gottes, aber nicht aus der Kraft der Schöpfung als solcher. Es sind also, wie es in der zuletzt erwähnten Stelle hieß: die *dispensationes sacramentorum ipsius* im Zusammenhang mit der Erscheinung Jesu Christi selbst, in denen uns Gott — *sicut mihi es!* — erkennbar und also auch anschaulich und begreiflich wird. Wagen wir es und dürfen wir es wagen im Blick auf diese geschöpflichen *dispensationes* unserseits in unseren menschlichen Anschauungen und Begriffen von Gott zu reden und also Gebrauch zu machen von den uns in unserem Verhältnis zur Schöpfung überhaupt gegebenen Möglichkeiten, dann stammt die Legitimität und Kraft dieses Gebrauchs nicht aus einer von der Schöpfung a u s g e h e n d e n , sondern aus der in die Schöpfung h i n e i n g e t r e t e n e n und sie e r l e u c h t e n d e n Offenbarung. Weil und indem die eine Offenbarung Gottes in Jesus Christus die Schöpfung und unser Verhältnis zu ihr und so auch unsere menschlichen Anschauungs- und Begriffsmöglichkeiten tatsächlich erleuchtet — darum und damit bekommen wir die Erlaubnis und den Befehl, von ihnen jenen Gebrauch zu machen.

Der uns durch Gottes Offenbarung gegebenen Erlaubnis haben wir nun aber auch V e r t r a u e n und ihrem Befehl haben wir G e h o r s a m zu schenken. Es würde in seiner Konsequenz nicht mehr und nicht weniger als eine Verleugnung Jesu Christi und eine Lästerung des Heiligen Geistes bedeuten, es wäre dem Tun jenes Knechtes zu vergleichen, der das eine ihm anvertraute Pfund nahm und vergrub es, wenn wir unser Unvermögen höher schätzen wollten als das Vermögen, das Gott selbst in seiner Offenbarung unserem Unvermögen beilegt, wenn wir also unter Berufung auf jenes, unter der resignierenden Anklage, daß Gott ein harter Herr sei, den Versuch, ihn anzuschauen und zu begreifen, unterlassen und uns auf einen der Wege der mystischen Theologie begeben würden. Indem uns Gott in den Zeugnissen seiner Offenbarung anschaulich und begreiflich begegnet: in der kreatürlichen Gestalt eines geschichtlichen Ereignisses oder einer Folge von solchen und in Beziehungen unseres eigenen Lebens zu diesen Ereignissen sind wir eingeladen und aufgefordert, ihn als den in diesen Ereignissen und Beziehungen Handelnden und Herrschenden zu erkennen. Eben damit wird aber unser menschliches Anschauen und Begreifen innerhalb seiner natürlichen Schranken in Anspruch genommen. In Anspruch genommen freilich durch Gottes Offenbarung seiner selbst in diesen sichtbaren Ereignissen und Beziehungen: Gottes selbst, der als solcher nicht sichtbar ist noch wird. Und es ist freilich vor und über allem Anschauen und Begreifen unser Glaube, der hier in Anspruch genommen wird: unser Glaube, der als solcher kein Anschauen und Begreifen ist, sondern in unserem Ergriffensein durch den unsichtbaren Gott besteht. So bleibt unser Anschauen und Begreifen, auch wenn und indem es auf die Ereignisse und Beziehungen der Offenbarung gerichtet ist, schlechterdings zurück hinter Gott als seinem Gegenstande und hinter dem Glauben, der von uns aus gesehen die Kraft seiner Bewegung ist. So kommt unser Erkennen nur in Gott selbst und nur im Glauben zu seinem Ziel. Aber das ändert nichts daran, daß es als unser innerhalb seiner Schranken verlaufendes Anschauen und Begreifen auf dem Wege ist zu diesem Ziel, und daß es auch als Anschauen und Begreifen innerhalb dieser seiner Grenzen auf dem Wege zu diesem Ziel an dessen Wahrheit Anteil hat. Nur in Gott und nur im Glauben ist es Erkennen Gottes. Aber nur als der Versuch anschaulich-begrifflichen Erkennens ist es unser Erkennen. Und es soll und darf ja auf Grund der Offenbarung Gottes nicht nur Erkennen Gottes, sondern unser Erkennen Gottes sein. Als Erkennen Gottes ist es mächtig, als unser Erkennen ohnmächtig. Aber auf Grund von Gottes Offenbarung kann und darf das nicht auseinanderfallen, sondern ist und bleibt das zusammengehalten: Gott und der Mensch, seine Macht und unsere Ohnmacht, er als das Ziel und wir auf dem Wege dazu und also: der Glaube, der schon am Ziel ist und unser Anschauen und Begreifen, welches immer nur eine Etappe unseres Weges zu diesem Ziel sein kann. Es darf uns nicht gereuen und nicht zu gering sein, im Glauben auch immer noch auf dem Wege zu sein. Es darf uns nicht zu gering sein, auch den Versuch des Anschauens und Begreifens zu unternehmen und immer wieder zu unternehmen. Wollten wir das nicht, wollten wir dessen müde werden, würden wir uns davon dispensieren zu können oder zu sollen meinen, dann würden wir gewiß auch nicht mehr im Glauben stehen und also am Ziele sein. Auf dem Grunde der Offenbarung darf und muß der Mensch innerhalb der Schranken, die ihm zukommen, bei der Erkenntnis Gottes, die ja in ihrer Wahrheit ganz und gar Gottes Selbsterkenntnis ist, auch dabei und also auch in der Wahrheit sein. Auf dem Grunde der Offenbarung darf und wird auch der Mensch, werden auch seine an sich und als solche unvermögenden Anschauungen und Begriffe an der Wahrheit des Zieles, zu dem der hier begonnene Weg führt, teilnehmen.

Daß niemand den Vater kennt denn nur der Sohn, das bedeutet nach Joh. Chrysostomus keineswegs: πάντες ἐν ἀγνοίᾳ ἐσμέν, sondern eben nur das, daß wir ihn nicht so, nämlich nicht unmittelbar, nicht in seinem Wesen, erkennen, wie Gott sich selbst, wie also der Sohn den Vater erkennt (*In Joann.* 15, 1). Ist uns das Letztere verwehrt, so ist doch unser Anschauen und Begreifen auf dem Grunde der Offenbarung auch nicht schlechthin verhindert an einer «Annäherung» (προσέγγισις)

d. h. an der Bewegung in der Richtung auf das Sein und Wesen Gottes und also nicht ohne die Fähigkeit — die ihm durch die Offenbarung beigelegte Fähigkeit — τοῦ ζητουμένου λαβεῖν εἰκασίαν, ein Abbild dessen, was es meint und sucht, zu erreichen (Gregor v. Nyssa, C. Eunom. 12).

Es hätte also keinen Sinn, das auf dem Grunde der Offenbarung geübte menschliche Anschauen, Begreifen und Reden mit einer grundsätzlichen Skepsis zu begleiten, es etwa zum vornherein und als solches mit Mißtrauen hinsichtlich seiner Leistungsfähigkeit und also seines Wahrheitsgehaltes zu umgeben. Ist das *Deus definiri nequit* einmal anerkannt und bekannt als Glaubenssatz, ist und bleibt es ausgeschlossen, die uns durch die Offenbarung beigelegte Fähigkeit in eine dem Menschen als solchem eigene Fähigkeit umzuinterpretieren, geben wir also mit unserem Anschauen, Begreifen und Reden nicht uns selbst, sondern Gott, nämlich seiner Gnade in Jesus Christus die Ehre, dann erkennen wir ihn, wenn auch in den Schranken menschlichen Erkennens, in Wahrheit, dann darf und muß dieses Erkennen ein zuversichtliches Erkennen sein. Werden wir uns selbst dabei immer mit Kritik zu begleiten haben, liegt es im Wesen dieses Erkennens, daß es nur in «Annäherungen» bestehen, daß es also nicht abgeschlossen sein kann, daß es auf der ganzen Linie korrekturbedürftig bleibt, daß das Gespräch zu seiner Erhaltung und Förderung in der Kirche nicht abbrechen darf — so wäre es doch Undankbarkeit und Aufruhr, wenn wir um seiner Inadaequatheit willen seine Wahrheit grundsätzlich negieren oder auch nur bezweifeln wollten. Die Verborgenheit Gottes einmal richtig verstanden und wie es ihr zukommt anerkannt, wird gerade eine grundsätzliche Resignation hier nicht mehr möglich und erlaubt sein können.

Κἂν γὰρ ἀδυνάτως ἔχωμεν καταλαβεῖν, ὅ τι ποτέ ἐστιν, ἀλλ' ἀκούοντες τὸ Πατὴρ καὶ τὸ Θεὸς καὶ τὸ Παντοκράτωρ, οὐχ ἕτερόν τι, ἀλλ' αὐτὴν τὴν τοῦ ὄντος οὐσίαν σημαινομένην νοοῦμεν (Athanasius, *Ep. de synodis* 35). Daß wir Gott anders verstehen als er sich selbst versteht, muß nicht bedeuten, daß wir ihn falsch (ψευδῶς) und verkehrt (διεστραμμένως) verstehen. Warum soll es nicht so sein, daß zwar Gott allein sich selbst nach seinem Wesen vollkommen erkennt, ἡμᾶς δὲ ἀνθρώπους ὄντας ἔλαττόν τε νοοῦντας αὐτοῦ, μὴ πάντως καὶ διεψευσμένας ἔχειν τὰς δόξας (*inferiore modo eum intellegamus, minime tamen falso conceptu* (Cyrill v. Alex., *Thesaurus* 31)?

Es ist also nicht am Platz, die menschliche Vorstellung und das menschliche Wort von Gott als solche zu verdächtigen und gering zu schätzen. Sie werden, wie gesagt, als solche der Kritik ausgesetzt und nur zu bedürftig sein. Wir werden auch nie vergessen, daß sie als solche mit dem Menschen überhaupt unter dem Gerichte Gottes stehen, daß sie als solche kein Vermögen haben, die Wirklichkeit Gottes auch nur zeichenhaft wiederzugeben, daß das Schwert der Verborgenheit Gottes über ihnen allen hängt. Es liegt aber — und das ist nun gegenüber aller hochmütigen und verzagten Skpesis zu sagen — in keines Menschen Macht, dieses Schwert gegen sie in Bewegung zu setzen. Dieses Schwert trifft sie wohl, wenn und sofern sie, auf der Willkür und Eigenmacht des Menschen beruhend, mit dem Anspruch einer selbständigen Vollmacht, der dann nur ein geraubter und ohnmächtiger Anspruch sein kann, gebildet und vorgebracht werden. Wer will sie aber prinzipiell angreifen und verwerfen, wenn und sofern ihre Bildung und Aussprache von Gottes Offenbarung herkommt? Der Mensch kann es sich nicht nehmen, daß dies von seinen Anschauungen, Begriffen und Worten in Wahrheit zu sagen ist. Es ist Gottes Gnade, die das wirklich macht. Aber wenn Gottes Gnade das wirklich macht, dann kann es dem Menschen auch nicht genommen werden durch irgend einen prinzipiellen Einwand, den andere Menschen gegen ihn erheben können. Er braucht sich dann durch solche Einwände tatsächlich nicht anfechten zu lassen.

Audio vulgus, cum ad coelum manus tendunt, nihil aliud quam «Deum» dicunt et «Deus magnus est» et «Deus verus est» et «si Deus dederit». Vulgi iste naturalis sermo est an christiani confitentis oratio?» (Minuc. Felix, Octav. 18). Gewiß, diese Frage kann immer aufgeworfen werden. Aber mehr als eine Frage wird hier von Mensch zu Mensch nicht aufgeworfen, ein grundsätzlich vernichtendes Verdikt wird hier nicht gefällt werden können. Es besteht kein prinzipielles Hindernis dagegen, daß wir uns diesem *vulgus* getrost beigesellen. Wir müssen und wir werden das sogar tun, wenn uns durch Gottes Offenbarung der Befehl und die Erlaubnis dazu und also zu der *christiani confitentis oratio* gegeben ist.

Auf derselben Linie ist aber schließlich zu sagen, daß die Bemühung um die Wahrheit auf dem Boden der menschlichen Anschauungen und Begriffe und Worte von Gott darum kein unmögliches und also überflüssiges Bemühen zu sein braucht, weil sie sich nun eben auf diesem Boden abspielt. Theologie kann freilich lauter Eitelkeit sein. Sie ist es dann, wenn sie nicht sachlich und das heißt dann einfach: nicht demütig ist. Die Sachlichkeit der Theologie besteht darin, daß sie sich die Auslegung der Offenbarung zu ihrer einzigen Aufgabe macht. Wie sollte sie in der Ausführung dieses Programms nicht demütig sein, da sie ja die Offenbarung nicht zu ihrer Verfügung hat, sondern sie immer wieder finden, vielmehr von ihr sich immer wieder finden lassen muß. Setzen wir dieses Geschehen voraus — man wird es gewiß immer nur betend und arbeitend voraussetzen können — dann ist Theologie so wenig Eitelkeit wie das Stammeln des «alten Mütterleins». Wenn dieses stammeln darf, dann darf die Theologie ja gewiß auch zu reden versuchen. Es darf und muß dann auch der Versuch gewagt werden, innerhalb der Schranken menschlichen Erkennens nach der Wahrheit zu fragen, Richtiges und Falsches zu unterscheiden, jene «Annäherung» — durchaus in der Meinung, daß das Ziel als solches nur dem Glauben und nicht unserem Anschauen und Begreifen als solchem erreichbar ist — weiter und weiter zu treiben, d. h. nach besseren, dem Gegenstand näher entsprechenden menschlichen Anschauungen und Begriffen zu suchen und damit das Zeugnis von der Wirklichkeit Gottes so viel an uns liegt, vollständiger und einleuchtender zu machen. Gilt jene Voraussetzung — so wie eben sie gelten kann und will — dann kann und darf in derselben Zuversicht, die uns gerade auf dem Hintergrund der Verborgenheit Gottes nicht verboten, sondern geboten ist, in aller Anspruchslosigkeit, aber auch ohne alle falsche Scham auch Theologie getrieben werden, um so mehr, da dies kein willkürliches, sondern von der Aufgabe der Verkündigung der Kirche her ein notwendiges Unternehmen ist. Gilt jene Voraussetzung, dann hat die Theologie bei ihrem Unternehmen festen Boden: einen sogar unverhältnismäßig viel festeren Boden als alle anderen Wissenschaften, unter den Füßen.

Wir schließen unsere Überlegungen über den *terminus a quo* der Erkenntnis Gottes mit Augustin: *Deus, cum de illo nihil digne dici possit, admisit humanae vocis obsequium et verbis nostris in laude sua nos gaudere voluit (De doctr. chr.* I 6). Und wir erinnern uns noch einmal an jenes andere Wort desselben Kirchenvaters: *Vae tacentibus de te, quoniam loquaces muti sunt* (Conf. I 4, 4). Wir sind zugelassen, den unbegreiflichen Gott im Gehorsam anzuschauen und zu begreifen, den Unaussprechlichen im Gehorsam zu verkündigen. Gott freut sich des Lobes, das wir ihm in solchem Gehorsam darbringen, obwohl und indem wir nicht seiner würdig zu reden wissen. Und wehe uns, wenn wir auf unsere Ohnmacht uns versteifen und das unterlassen würden!

2. DIE WAHRHAFTIGKEIT MENSCHLICHER GOTTESERKENNTNIS

Mit dem *terminus ad quem* der Erkenntnis Gottes haben wir uns nun zu beschäftigen. Wir verstehen darunter nicht den von ihr erreichten Gegenstand als solchen, obwohl wir auch hier — wie könnte es anders sein? — entscheidend von ihrem Gegenstand zu reden haben werden. Wir verstehen unter dem *terminus ad quem* der Erkenntnis Gottes genauer das durch ihren Gegenstand bestimmte Ziel und Ende des Geschehens, der Bewegung, des menschlichen Handelns, das wir Erkenntnis Gottes nennen: die Grenze, durch die sie als solche von ihrem Gegenstand als solchem getrennt, durch die sie aber auch mit ihm verbunden ist.

Erkenntnis Gottes ist nicht nur die Voraussetzung, sondern, wie wir schon am Anfang unseres ersten Teils feststellten, auch das Ziel aller christlichen Lehre. Wenn die Kirche lebt, wenn ihr Glaube und ihr Bekenntnis wirklich sind und nicht ins Leere gehen, dann kommt sie von der Erkenntnis Gottes nicht nur her, dann kommt es in ihr wieder und wieder zur Erkenntnis Gottes. Wir haben uns im Bisherigen deutlich zu machen versucht, daß und inwiefern die Kirche von der Erkenntnis Gottes herkommt. Wir haben nun zu verstehen, daß und inwiefern sie ihr — es handelt sich um einen Kreislauf — immer zugleich auch entgegengeht. Es handelt sich darum um einen Kreislauf, weil Gott durch Gott und zwar nur durch Gott erkannt wird, weil Erkenntnis Gottes auch als ein von Menschen unternommenes und vollzogenes Handeln objektiv und subjektiv durch Gott selbst ebenso begründet wie zu ihrem Ziel geführt wird: weil Gott der Vater und der Sohn durch den Heiligen Geist ihr primäres und eigentliches Subjekt und Objekt ist. Ist sie auch ein menschliches Unternehmen und Handeln, kommt sie auch als solches zu ihrem Ziel, dann daraufhin, daß Gott sich selber nicht erkennen will, ohne uns an diesem Geschehen von sich aus in der Gnade seiner Offenbarung, Anteil zu geben. Darum und daraufhin ist dieses Unternehmen in Gewißheit und Zuversicht zu wagen. Nur daraufhin, haben wir gesehen, und darum gewiß in kritischer B e s o n n e n h e i t ; denn Gott ist verborgen. Aber daraufhin in der der göttlichen Treue entsprechenden und also alles Mißtrauen und alle Skepsis hinter sich lassenden G e w i ß h e i t und Z u v e r s i c h t. Anders als durch Gott selbst kann dieses Unternehmen und Handeln prinzipiell nicht angefochten werden. Eben unter diesem Gesichtspunkt haben wir nun auch nach seinem G e l i n g e n zu fragen. Wir können uns auch bei dieser zweiten Frage nicht außerhalb jenes Kreislaufes stellen. Das Erste und das Letzte, was auch hier zu sagen ist, muß darin bestehen: wir haben es in der Erkenntnis Gottes durch Gott selbst m i t G o t t s e l b s t und zwar wiederum in nicht zu überbietender und nicht zu bestreitender, auf die Treue Gottes selbst sich gründender Gewißheit mit Gott selbst zu tun. Es will der Anfang aller Erkenntnis Gottes nun auch als ihr E n d e und Z i e l verstanden sein: Gott der Vater und Gott der Sohn durch den Heiligen Geist auch als das O b j e k t der Erkenntnis Gottes.

Wenn das nun näher erklärt werden soll, müssen wir zunächst, entsprechend dem zu Anfang des ersten Teils Gesagten feststellen: In dieses Geschehen in der Höhe, im verborgenen Sein und Wesen Gottes ist der M e n s c h nachfolgend und also sekundär und uneigentlich mit a u f g e n o m m e n, sodaß Gott nun nicht nur Objekt seines eigenen, sondern a u c h O b j e k t m e n s c h l i c h e n E r k e n n e n s ist. In der Weise wirklich Objekt, wie das auch von anderen Objekten menschlichen Erkennens zu sagen ist: als das Gegenüber eines Anderen, das der Mensch von sich selbst und von dem der Mensch sich selbst unterscheiden, das er also wahrnehmen und denken, von dem er reden kann. Denn wäre dem nicht so, dann würde er Gott nicht erkennen. Erkenntnis Gottes wäre und bliebe dann doch ein im Schoße der göttlichen Trinität verschlossenes Geschehen. Ein echtes Sprechen von Gott und also auch christliche Lehre könnte dann nicht oder jedenfalls nicht mit der Verheißung und nicht mit dem Anspruch, wahre Rede zu sein, stattfinden. Was dann vermeintlich und angeblich von Gott geredet würde, wäre in Wirklichkeit nicht von ihm, sondern von einem Anderen geredet. Mißtrauen und Skepsis wären dann diesem menschlichen Unternehmen und Handeln gegenüber angesichts seiner inneren Unmöglichkeit ein noch viel zu schwaches Verhalten.

Es könnte dann nur in dieser seiner inneren Unmöglichkeit durchschaut und also unterlassen werden.

Aber was sagen wir, wenn wir Gott als Objekt menschlichen Erkennens, ein Objekt menschlichen Erkennens als Gott bezeichnen? Daß solche Bezeichnung notwendig ist, wenn es ein Sprechen von Gott und also auch christliche Lehre als wahre Rede von Gott geben soll, das dürfte zwar einleuchten. Aber **ist** Gott ein Objekt menschlichen Erkennens? **Ist ein Objekt menschlichen Erkennens Gott**? Daß dem so ist, das wird durch die Kraft eines noch so notwendigen Postulates nicht als Wahrheit zu erzwingen sein. Wäre es nicht in sich wahr, daß Gott nicht nur selbst, sondern durch die Gnade seiner Offenbarung und also durch sich selbst auch uns Objekt werden will und wird, dann würden wir uns wohl mit der inneren Unmöglichkeit jenes menschlichen Unternehmens und Handelns und also damit, daß alles Sprechen von Gott und auch die christliche Lehre keine wahre Rede ist, abfinden müssen. Denn ohne die Gnade seiner Offenbarung ist Gott bestimmt kein Objekt menschlichen Erkennens, ist bestimmt kein Objekt menschlichen Erkennens Gott. Eben durch Gottes Offenbarung erkennen wir ja Gott als den schlechterdings in sich selbst Vollkommenen, als den schlechterdings sich selbst Genügenden, als den, dessen Sein schlechterdings durch ihn selbst beschlossen und vollzogen und also auch in ihm selbst verschlossen ist, weil er in seinem Sein und zu der Seligkeit seines Seins keines Anderen bedarf, in dessen Erkenntnis er erst als der, der er ist, bestätigt und wahr werden müßte. Eben **durch** Gottes Offenbarung kennen wir also Gott als den, der **nur** durch seine Offenbarung als durch das freie Wohlgefallen und die freie Tat seiner überströmenden Liebe Objekt unseres Erkennens, Gegenstand unserer Bestätigung und unseres Fürwahrhaltens werden kann. Eine andere Notwendigkeit, daß dem so sein müsse, oder auch nur eine andere Möglichkeit, daß dem so sein könnte, gibt es nicht. Gott offenbart sich uns in Jesus Christus als der, der sich uns nicht schuldig ist, sondern der sich uns geschenkt hat. Haben **wir** es mit **ihm** zu tun, dann ist die Möglichkeit und die Notwendigkeit, auf Grund derer dies der Fall ist, darin und allein darin begründet, daß **er** es mit **uns** zu tun haben wollte. Wir können also Gott nur unter **der** Bestimmung als Objekt menschlichen Erkennens und ein Objekt menschlicher Erkenntnis nur unter **der** Bestimmung als Gott bezeichnen, daß es Gott gefallen hat und gefällt — wir haben in einem früheren Zusammenhang von einem göttlichen «Übergriff» geredet — sich selbst zum Objekt unseres Erkennens zu machen. Wie wir selbst keine Fähigkeit zur Gemeinschaft mit Gott haben, und also keine Fähigkeit, Gott anzuschauen und zu begreifen, ihm gegenüber wahrhaftig Empfangende und Schaffende und also Subjekt jener Erkenntnis zu sein, so gibt es an sich weder eine Notwendigkeit noch auch nur eine Möglichkeit, daß Gott zur Stelle sein müßte und könnte als Gegenstand unseres Anschauens und Begreifens. Gott ist der an sich, durch sich und in sich selbst Seiende: wir werden das auf Grund seiner Offenbarung mit noch ganz anderem Nachdruck und Gewicht sagen müssen, als wir es auf Grund irgend einer philosophischen Bestimmung des Absoluten sagen könnten. Gott muß als solcher nicht Gegenstand unseres Erkennens sein. Er kann es als solcher gar nicht sein und wenn er es dennoch ist, so zeigt sich darin nur die überschwängliche Freiheit der Liebe, in der er ist, der er ist, nicht aber eine Notwendigkeit, auf Grund derer er es sein müßte, nicht einmal die Möglichkeit, auf Grund derer er es sein könnte. Wir können in seiner Selbstoffenbarung als Vater, Sohn und Heiliger Geist sehen, daß er es ist; wir können ihn dort finden als den, der in allen Tiefen seines Wesens faktisch kein Anderer ist als der uns Liebende und also der sich uns Schenkende, der zum Gegenstand unseres Erkennens sich selbst Setzende. Aber eben indem wir ihn dort als Diesen und nur als Diesen finden, können wir gerade dort nicht sehen, warum und wie, auf Grund welcher Notwendigkeit und Möglichkeit er Dieser ist. Wir würden ihn gerade in seiner Offenbarung, in seinem Heraustreten aus seiner sich selbst genügenden Herrlichkeit schlecht erkennen, wenn wir dieses Heraustreten, wenn wir seine Liebe nicht als freie Liebe gelten lassen, wenn wir seine Gegenständlichkeit für uns also für notwendig oder auch nur für möglich halten würden. Seine Gegenständlichkeit ist und bleibt auch in seiner Offenbarung, ja sie erweist sich gerade in seiner Offenbarung ebenso als Gnade wie wir das von unserem Vermögen, ihn anzuschauen und zu begreifen, gesagt haben. Es ist dies, daß er Objekt unserer Erkenntnis ist, ebenso wunderbar, ebenso notwendiger Grund unseres Bittens, Lobens und Dankens, wie das Andere, daß wir Subjekt dieser Erkenntnis sein dürfen. Gott, der ein Objekt unseres Erkennens — ein Objekt unseres Erkennens, das Gott ist, das ist freilich eine Wirklichkeit mitten in unserer Welt. Denn Erkenntnis von Weltwirklichkeit muß unsere Erkenntnis sein, wenn sie wirklich unsere Erkenntnis sein soll. Und eben indem er Weltwirklichkeit zu seinem Zeugnis macht, wird Gott uns in seiner Offenbarung objektiv, kann uns ein Objektives zum Zeugnis Gottes werden. Immer ist und bleibt dann aber diese Weltwirklichkeit eine von allen anderen durch die Gnadengegenwart Gottes ausgezeichnete, das heißt: immer durch die freie Gnade des Wortes und Geistes Gottes, immer in seinem freien Erwählen und Berufen wird und ist es dann so, daß Gott wirklich durch dieses Objekt bezeugt wird, daß dieses Objekt wirklich Gott bezeugt, daß also nicht etwas ganz Anderes an der Stelle Gottes steht, daß also unsere Erkenntnis Gottes wahrhaftig ist. Wie könnten wir es anders als so, anders als eben in der Gnadengegenwart Gottes in einer solchen Weltwirklichkeit mit Gott selbst zu tun haben? Das wäre nicht Gott, dessen Gegenwart nicht, indem sie uns objektiv geschenkt wird, notwendiger Grund unseres Bittens, unseres Lobens und Dankens werden müßte. Nur falsche Götter könnten uns anders gegenwärtig sein.

Es wird gut sein, uns an dieser Stelle noch einmal an die Bedeutung und Funktion des Begriffes der Wahrheit im Sprachgebrauch der Bibel zu erinnern. Das hebräische Äquivalent *emet* bezeichnet zunächst (gewissermaßen rechtlich) die Eigentlichkeit eines Vorganges oder Sachverhaltes und damit dessen Festigkeit, Kräftigkeit und Beständigkeit und also seine Tragfähigkeit, Gültigkeit, Verbindlichkeit und Unanfechtbarkeit. Eben diese nicht nur das menschliche Erkennen und Reden, sondern letztlich das menschliche Leben als Ganzes ermöglichende und begründende Wirklichkeit hat aber ihren ursprünglichen Ort und also ihre Quelle nicht im Menschen, so daß es in dessen Vermögen und Befinden gestellt wäre, die Wahrheit zu erkennen und zu sagen, Wahrheit als solche festzustellen, aus der Wahrheit und in der Wahrheit zu leben. Sondern eigentlich und entscheidend und also in Wahrheit erscheint die Wahrheit genau gesehen durchgehend als ein Prädikat der Praerogative Gottes als des in Israel redenden und handelnden Herrn. Sie ist, wie es in zahlreichen Psalmstellen heißt: «deine» Wahrheit. Sie erscheint immer wieder in Verbindung mit den großen Prädikaten der Offenbarung und des Heilshandelns Gottes unter seinem Volke: mit Gottes Barmherzigkeit, Güte, Gerechtigkeit, Licht und besonders (so Ps. 89, 15; 98, 3; 115, 1; 117, 2 — was dann z. B. Joh. 1, 14 f. aufgenommen wird) mit Gottes Gnade. Sie ist als Gottes Wahrheit selber «Schild und Schutz» (Ps. 91, 7). Sie scheint weithin als geradezu gleichbedeutend, mit der Treue, in der Gott seine Verheißungen ergehen läßt und zu ihnen steht. Wie er redet und handelt, und zugleich: was er will, anstrebt und schafft mit seinem Reden und Handeln, das ist als solches wahr. Und darum kann die Wahrhaftigkeit menschlichen Seins, Denkens, Redens und Handelns in nichts Anderem bestehen als darin, daß der Mensch sich an die Art und an das Werk Gottes halte, auf seine Treue antworte mit der entsprechenden Treue. In Gottes Wahrheit und also Treue hat die des Menschen sowohl ihren Ursprung, als auch ihren Gegenstand, als auch ihren Maßstab. An jener Grundbedeutung des Begriffs ist nun auch im neutestamentlichen Sprachgebrauch nichts verändert worden. Auch ἀλήθεια heißt an sich und als solche: was in sich beständig, gültig, zuverlässig ist und damit dem menschlichen Reden und Handeln den Charakter des Rechten gibt. Es ist aber auch damit nichts zur Sache hinzugekommen, daß das so verstandene «Rechte» jetzt eben als ἀλήθεια bezeichnet und so schon im Begriff auf Gottes Offenbarung bezogen, ja mit dieser identifiziert, wenn die Erkenntnis der Wahrheit — schon die LXX hatten *emet* häufig mit πίστις übersetzt — jetzt ausdrücklich als die Erkenntnis des Glaubens verstanden, wenn die Wahrheit jetzt mit der Gnade zusammen und im Gefolge der Gnade als die Fülle des eingeborenen Sohnes Gottes bezeichnet (Joh. 1, 18), mit dem πνεῦμα zusammen genannt (Joh. 4, 24; 1. Joh. 5, 6), wenn sie mit «deinem Wort», durch das die Jünger geheiligt werden, gleichgesetzt (Joh. 17, 17), wenn Jesus Christus selbst die Wahrheit (Joh. 14, 6), wenn die Botschaft von ihm jetzt «das Wort der Wahrheit» (2. Kor. 6, 7; Kol. 1, 5; Eph. 1, 13; Jak. 1, 18) genannt wird, wenn ἀληθεύειν (Gal. 4, 16; Eph. 4, 15) jetzt einfach als die rechte Lehre des Evangeliums oder als die dieser Lehre entsprechende Haltung zu verstehen ist. Man darf sagen, daß hinsichtlich des Begriffs der Wahrheit: sowohl hinsichtlich jenes Grundsinnes, wie hinsichtlich der Art, wie er praktisch angewendet wird, zwischen dem Alten und dem Neuen Testament volle Einhelligkeit besteht. Es gibt eine Wahrheit: ein in sich Eigentliches, als solches Beständiges, als solches Gültiges und als solches Rechtes, das der Inhalt und die Ordnung menschlichen Redens und Handelns werden kann. Es ist aber diese Möglichkeit keine selbständige, keine dem Menschen an sich zur Verfügung stehende, sondern eine ihm durch das Reden und

§ 27. Die Grenzen der Erkenntnis Gottes

Handeln Gottes zugeteilte Möglichkeit. Bei ihm ist die Wahrheit: sie ist seine Wahrheit; er ist selbst die Wahrheit. Γινέσθω δὲ ὁ θεὸς ἀληθής, πᾶς δὲ ἄνθρωπος ψεύστης (Röm. 3, 4). Erkennen wir die Wahrheit, dann kann das nur durch die von der Wahrheit selbst ausgehende Befreiung geschehen (Joh. 8, 32).

Von da aus werden wir nun über das Gelingen des menschlichen Unternehmens, Gott anzuschauen und zu begreifen und also über die Wahrhaftigkeit unserer menschlichen Gotteserkenntnis nachzudenken haben. — Das Gelingen dieses Unternehmens besteht offenbar, wenn es zu einem solchen kommt, eben in der Wahrhaftigkeit menschlicher Gotteserkenntnis: darin nämlich, daß wir es als Gott Erkennende nicht mit etwas Anderem oder mit einem Anderen, sondern gültig, verbindlich, unanfechtbar und zuverlässig mit Gott selbst zu tun haben, und darüber hinaus: daß wir es nicht nur irgendwie, nicht aufs Geratewohl, nicht unter Bedrohung durch unbekannte Fehlerquellen, nicht unter dem Vorbehalt, daß Alles in Wirklichkeit ganz anders sein möchte, sondern eben recht, also nicht nur in der Sache, sondern auch in der von der Sache nicht zu trennenden Form und also auch in dieser Hinsicht gültig, verbindlich, unanfechtbar und zuverlässig mit ihm zu tun haben. Wenn unser Unternehmen, Gott anzuschauen und zu begreifen als ein Objekt unseres Erkennens in diesem doppelten Sinn wahrhaftig ist — und wahrhaftig dann auch unser Versuch, auf Grund jenes Unternehmens von Gott zu reden, dann ist jenes Unternehmen ein gelingendes Unternehmen. Unser Unternehmen Gott anzuschauen und zu begreifen, bedeutet dann keine Selbsttäuschung, und unser Versuch, von Gott zu reden, bedeutet dann keine Täuschung Anderer. Von mehr als von einem Unternehmen und Versuch werden wir ja nicht reden wollen und darum auch nicht von einem «gelungenen» Unternehmen. Ein vollzogenes, in definitiven Ergebnissen vorliegendes Werk wird ja unser Anschauen und Begreifen Gottes und unser Reden von ihm niemals sein; als «gelungen» kann uns also das, was wir da tun, niemals vor Augen stehen. Die Verborgenheit Gottes als der Ausgangspunkt dieses unseres Tuns bezeichnet in dieser Hinsicht zum vornherein auch die Grenze, die auch in seinem Endpunkt nicht überschritten werden wird. Das vollzogene Werk der Wahrheit wird immer Gottes eigenes und nicht unser Werk sein. Es kann aber unser Werk als solches — und danach fragen wir jetzt — ein innerhalb seiner natürlichen und nicht zu überschreitenden Grenzen gelingendes, das heißt ein seiner allein in Gott selbst vollzogenen Vollendung entgegenstrebendes Werk sein. Wenn das der Fall ist, wenn wir in unserem Erkennen nach dem in Gott selbst und im Glauben an Gott verborgenen Ziel — in welcher Ferne immer! — unterwegs sind, dann ist unser Unternehmen, ihn zu begreifen und anzuschauen, keine Selbsttäuschung, dann ist auch der Versuch, unter Voraussetzung unserer Anschauungen und Begriffe von ihm zu reden, keine Täuschung Anderer. Es ist dann jenes Unternehmen und dieser Versuch im Gelingen — in dem uns Menschen angemessenen Gelingen — begriffen. Unsere Erkenntnis Gottes ist dann **wahrhaftig**: so wahrhaftig, wie sie es als unsere Erkenntnis, die mit der Selbsterkenntnis Gottes nicht zusammenfallen kann, werden kann.

Wir sind unterwegs. Das bezeichnet wohl auch die Schranke, das bezeichnet aber auch die positive Möglichkeit unseres Erkennens. Unsere Theologie ist bestenfalls *theologia viatorum*. Sie steht aber auch unter der **Verheißung** dieses besten Falles: daß sie eben *theologia viatorum* sein kann. Eben als solche kann und wird sie wahrhaftig sein. Man hat diesen Begriff in der alten Theologie verwendet zur Bezeichnung des Unterschiedes unserer gegenwärtig zeitlichen von unserer zukünftig ewigen Erkenntnis Gottes, des Unterschiedes von Glauben und Schauen. Man bezeichnete dann das letztere im Unterschied zu jenem als *theologia comprehensorum* oder *theologia patriae:* die Erkenntnis derer, die zuhause sind, die nicht mehr wandernd von einer Stunde und von einer Entscheidung zur anderen, sondern einfür allemal am Ziel des Glaubens stehen, Gott von Angesicht zu Angesicht erkennen. Gott wird uns dann nicht mehr im **Glauben** verborgen sein. Aber Gott als Gott, Gott in sich selber, wird uns auch dann **verborgen** sein. Ein Wundergeschenk seiner Gnade, ein unbegreifliches Herabsteigen Gottes in die Sphäre der Objektivität unseres Erkennens und ein unbegreifliches Zugelassensein unserer selbst zu diesem Erkennen wird — so haben auch die Alten diese *theologia comprehensorum* verstanden — auch dieses Erkennen Gottes von Angesicht zu Angesicht sein. Die Gnade wird auch als ewige, als die von dem ganzen sie umgebenden Schleier der Zeitlichkeit und unserer Verwerflichkeit befreite Gnade Gottes Gnade und nicht unsere Natur sein. Insofern werden wir auch in der ewigen Erlösung nicht am Ziele sein, wird auch die Seligkeit unseres vollkommenen Erkennens Gottes in einem Unterwegssein bestehen, wird also auch sie als *theologia viatorum* zu bezeichnen sein. Es wird nicht mehr die vom Irrtum bedrohte und mit dem Irrtum ringende Erkenntnis einer streitenden, es wird die von jeder Auseinandersetzung befreite, in sich geschlossene Erkenntnis einer triumphierenden Kirche — es wird aber in alle Ewigkeit die Erkenntnis der **Kirche** Jesu Christi und nicht die Erkenntnis des dreieinigen Gottes selber sein. Es wird sich um eine aller Anfechtung und Störung enthobene Wahrhaftigkeit unseres Erkennens, es wird sich aber in alle Ewigkeit um die uns als Menschen und Kreaturen angemessene, der Wahrhaftigkeit Gottes selbst entsprechende, aber doch auch von ihr unterschiedene Wahrhaftigkeit handeln. Eben darum ist nun aber auch umgekehrt zu sagen: Um **wahrhaftige** Erkenntnis handelt es sich nicht erst dort und einst, sondern schon **jetzt und hier**. Die Wahrheit Gottes dürfen und sollen wir im Dunkel des Glaubens nicht weniger erkennen als im Lichte des Schauens. Wird sie von den Seligen und Engeln im Himmel anders erkannt als von uns, so ist sie darum doch keine andere für uns als für jene, so stehen wir doch mit jenen zusammen vor dem Geheimnis, aber auch vor der Offenbarung Gottes, in der Ferne, aber auch in der Nähe Gottes, die hier wie dort die Nähe seiner Offenbarung und also seiner Gnade ist.

Die Wahrhaftigkeit unserer Erkenntnis Gottes ist die **Wahrhaftigkeit seiner Offenbarung**. Das ist der Satz, den wir nun zu entfalten haben. Die Wahrhaftigkeit der Offenbarung Gottes besteht zunächst und entscheidend darin, daß sie seine, **Gottes Offenbarung** ist. Nicht ein Anderer und nicht etwas Anderes offenbart Gott, sondern Gott offenbart sich selber. So ist Gottes Offenbarung jedenfalls in der heiligen Schrift bezeugt, und indem sie dieses Zeugnis aufnahm, hat die Kirche des vierten Jahrhunderts die Gottheit des Sohnes und des Heiligen Geistes gegen diejenigen verteidigt, die in ihnen zwei von Gott selbst verschiedene bloße Offenbarungsprinzipien sehen wollen. Indem die Offenbarung Gottes eigene Offenbarung ist, ist dafür gesorgt, daß sie recht und zuverlässig ist, daß wir nicht durch einen Anderen oder durch etwas Anderes — dadurch, daß es sich an Gottes Stelle drängte — hingehalten, oder durch seine falsche oder halb richtige Belehrung über Gott ganz oder teilweise getäuscht werden. Gottes Offenbarung ist darum authentische Belehrung über Gott, weil sie Belehrung aus erster Hand, weil Gott in ihr sein eigener Zeuge und Lehrer ist. Daß wir es mit ihm zu tun haben — nein, daß er es in seiner Offenbarung mit uns zu tun hat, das macht unsere Erkenntnis Gottes wahrhaftig. Was auch immer über ihre natürlichen Schranken zu sagen und welche kritische Vorsicht und Offenheit bei ihrem Vollzug geboten sein mag: vor allem Anderen muß dies gesagt werden, daß sie rechte Gotteserkenntnis ist, weil die Offenbarung, von der sie herkommt und auf die sie sich bezieht, recht, weil sie nämlich Gottes eigene Offenbarung ist. Jede Näherbestimmung, jeder Vorbehalt, jede Warnung kann doch nur folgen auf diese Feststellung: daß wir bei unserer Erkenntnis Gottes nicht aus eigener Quelle und auch nicht aus irgendwelchen fremden Quellen, sondern unmittelbar aus der Quelle Gottes selbst schöpfen, daß sie lauter Lob und Dank ist gegen den Vater, der uns im Sohne durch den Heiligen Geist selber sich selber dargestellt hat. Darum ist sie wahrhaftige Erkenntnis; darum ist unser Unternehmen, ihn anzuschauen und zu begreifen, ein gelingendes Unternehmen, darum reden wir, da wir glauben, in der Zuversicht, nicht umsonst zu reden, mit dem guten Gewissen vor uns selbst und vor Jedermann, die Wahrheit und nichts als die Wahrheit zu sagen.

Aber eben weil Gottes Offenbarung, ist sie nun weiter auch rechte und zuverlässige Offenbarung. Das ist der Wille, das ist aber auch die Macht dieses Gegenstandes: sich uns bekannt zu machen. Der Wille: In der Offenbarung jedenfalls, die uns von der Bibel als Gottes Offenbarung bezeugt wird, wird von seiten Gottes nicht gespielt mit dem Menschen. Sie ist die Offenbarung des verborgenen Gottes. Sie erweist sich gerade darin als des wahrhaftigen Gottes Offenbarung, daß Gott in ihr der Herr ist und bleibt, über den der Mensch keine Macht hat noch bekommt: es wäre denn die Macht, sein ihm vertrauendes und gehorsames Kind zu sein. Sie ist aber die Offenbarung dieses unbegreiflichen Gottes. Es ist gerade die Verborgenheit, in der er hier offenbar wird, nur das Merkmal der Gnade seiner Offenbarung, mit deren Erkenntnis unsere Erkenntnis Gottes anfangen muß und von der sie sich auch nie entfernen darf. Es bleibt aber in Gottes Offenbarung kein verborgener Gott, kein *Deus absconditus* hinter seiner Offenbarung zurück, mit dessen Existenz und Wirksamkeit wir dann über sein Wort und seinen Geist hinaus gelegentlich auch noch zu rechnen, den wir hinter seiner

2. Die Wahrhaftigkeit menschlicher Gotteserkenntnis

Offenbarung auch noch zu fürchten und zu verehren hätten. So könnte es in gewissen Zusammenhängen bei Luther manchmal aussehen. Im Zeugnis der heiligen Schrift aber sieht es nicht so aus. Gott ist auch hier Gott und also Geheimnis, aber eben in diesem Geheimnis begegnet und gibt er sich dem Menschen, ohne sich vorzubehalten, ohne daß wir nun doch auch noch eines Anderen zu warten hätten. Und wo dieser Wille ist, da ist auch die Macht, sich uns bekannt zu machen. Die von ihm verschiedene Weltwirklichkeit, in deren Mitte er sich offenbart, die in seiner Offenbarung selber zu seinem Zeugnis werden muß, wird wohl nie identisch mit ihm, sie ist aber als die von ihm geschaffene Weltwirklichkeit auch nicht in der Lage, seinem Willen, sich uns zu offenbaren, einen realen Widerstand entgegenzusetzen. Sie kann uns von ihm nicht scheiden, da er in der Allmacht seiner Gottheit für uns sein will. Und wenn unsere Anschauungen und Begriffe ohnmächtig sind, ihn zu erfassen, weil sie die unsrigen sind, weil sie an sich und als solche nur Weltwirklichkeit und nicht seine Wirklichkeit zu erfassen vermögen, so können sie doch auch in dieser ihrer Ohnmacht gegenüber seiner Macht, sich uns zu offenbaren und also zu erkennen zu geben, kein reales Hindernis bedeuten. Wo wir ohnmächtig sind, da kann er erst recht mächtig sein und indem er das will, tut er es auch. Mit dieser Wahrhaftigkeit seiner Offenbarung, das heißt mit diesem seinem Willen und mit dieser seiner Macht, sich zu offenbaren, ist aber darüber entschieden, wie seltsam uns das immer erscheinen möge: Es gibt eine wahrhaftige Erkenntnis Gottes durch den Menschen.

Wir müssen weitergehen: Die Wahrhaftigkeit der Offenbarung Gottes bewährt sich darin, daß sie das Denken und die Rede des Menschen wahrhaftig in Anspruch nimmt. Unser in Anschauungen und Begriffen sich vollziehendes Denken ist unsere Verantwortung vor uns selbst. Unsere Rede ist unsere Verantwortung vor den Anderen. In dieser doppelten Verantwortung werden wir — und darin bewährt sich die Wahrhaftigkeit der Offenbarung Gottes — durch diese wahrhaftig in Anspruch genommen. Will sagen: Wir können uns vor uns selbst und vor Anderen nicht mehr verantworten, ohne uns zugleich vor Gottes Offenbarung als solche zu verantworten, die diese Offenbarung angeht: wie es auch mit ihnen stehe und was auch darüber aus ihnen werden möge. Uns ist durch Gottes Wort und Geist gesagt, daß Gott ist und wer er ist und was er will und tut und tun wird und was das für uns bedeutet. Dieses uns Gesagte müssen wir nun auch uns selbst und eben dieses uns Gesagte müssen wir nun auch Anderen sagen. Dieser Anspruch würde nicht oder würde doch nicht unbedingt bestehen, wenn wir es in Gottes Offenbarung nicht wahrhaftig mit Gott selbst, oder wenn wir es nicht mit seiner wahrhaftigen Offenbarung zu tun hätten. Wir würden uns dann fernerhin vor uns selbst und vor Anderen verantworten können, ohne Gottes zu gedenken, ohne von Gott zu reden. Die Wahrhaftigkeit Gottes in seiner Offenbarung und die Wahrhaftigkeit seiner Offenbarung aber begründet die Wahrhaftigkeit des an uns gestellten Anspruchs, seiner zu gedenken, von ihm zu reden. Dieser Anspruch hebt unsere Situation als Menschen nicht auf. Er ignoriert und er beseitigt auch nicht die Tatsache, daß außer Gott noch vieles Andere, bedingt durch uns selbst und durch die uns umgebende Weltwirklichkeit, Inhalt unserer doppelten Verantwortung und also unseres Denkens und Redens ist. Er erlaubt uns aber nicht, uns dagegen zu wehren, daß nun jedenfalls auch Gott zum Inhalt dieser doppelten Verantwortung wird. Er bestätigt unsere Situation als Menschen auch insofern, als wir uns nach wie vor ohnmächtig finden müssen, Gott zum Inhalt dieser unserer doppelten Verantwortung und also unseres Denkens und Redens von ihm zu machen. Es wird vielmehr gerade die Wahrhaftigkeit der Offenbarung Gottes sein, die uns diese unsere Ohnmacht zu Gemüte führt, die uns also jenes Urteil über uns selbst auf die Lippen legt. Aber der Anspruch ergeht — und er erweist sich gerade darin als wahrhaftiger Anspruch — dieser unserer Ohnmacht zum Trotz! Uns wird aufgedeckt, daß wir Gott nicht anschauen und denken, daß wir von ihm nicht reden können und eben indem uns das aufgedeckt wird, wird uns auch zugemutet, daß das Alles unter allen Umständen geschehen müsse, daß wir von dem Allem nicht mehr lassen dürfen. Es ist auch das eine Eigentümlichkeit der in der Bibel bezeugten Offenbarung Gottes: indem sie ergeht, ist es unmöglich, daß der Mensch fortfährt, Gottes nicht zu gedenken, von Gott zu schweigen. Indem sie ergeht, wird der Mensch seiner Unfähigkeit überführt, Gott zu denken und von Gott zu reden. Und indem sie ergeht, wird der Mensch dieser seiner Unfähigkeit zum Trotz, in dieser seiner Unfähigkeit angefordert, beides dennoch zu tun. Auf Grund dieser Anforderung, kraft der ihr innewohnenden Wahrhaftigkeit Gottes kommt es zu wahrhaftiger menschlicher Gotteserkenntnis. Menschliche Gotteserkenntnis ist darin wahrhaftig, daß sie dieser Anforderung nicht ausweichen, daß sie ihr im Gehorsam Rechnung tragen muß.

Aber wir müssen noch weiter gehen. Wir sahen: dem Willen Gottes, sich zu offenbaren, entspricht seine Macht dazu, und wie es seinem Willen gegenüber keinen Widerspruch gibt, so auch seiner Macht gegenüber keine realen Hindernisse. Damit ist gesagt, daß der durch seine Offenbarung an uns gerichtete Anspruch nichts Unmögliches fordert und also kein ohnmächtiger, kein wirkungsloser Anspruch ist. Wenn Gott gebietet, dann steht es da! Und das bedeutet in unserem Zusammenhang: Wenn er es so haben will, daß wir mit unseren (auf uns gesehen mit Recht geurteilt) ohnmächtigen Anschauungen und Begriffen ihn denken und daß wir mit unseren (auf uns gesehen wieder mit Recht geurteilt) ohnmächtigen Worten von ihm reden sollen, dann bedeutet das, daß Gott selbst mit seinem Willen, sich zu offenbaren und also mit seinem an uns gerichteten Anspruch an **unsere Stelle tritt** und also mit seiner Macht, sich zu offenbaren, die Leere unserer Ohnmacht, ihn anzuschauen und zu begreifen, ohne sie zu ignorieren und auch ohne sie zu beseitigen, ausfüllt. Unsere Unfähigkeit, durch unser Tun das Geforderte zu leisten, ist ja wohl nicht seine Unfähigkeit, durch unser Tun das Geforderte geschehen zu lassen. Was wir nicht können **aus** uns selbst, das kann er **durch** uns selbst. Sind unsere Anschauungen, Begriffe und Worte an sich zu eng, um Gott zu fassen, so ist doch nicht einzusehen, inwiefern dadurch Gott eine Schranke gezogen sein, inwiefern es deshalb Gott unmöglich sein sollte, in dieser Enge Wohnung zu nehmen. Ist ihm kein Himmel und keine Erde, ja keine Ewigkeit zu groß, um sie sein Herrschafts- und Wirkungsgebiet sein zu lassen, warum sollten ihm dann unsere Anschauungen, Begriffe und Worte zu klein sein, um auch in ihnen Gott zu sein in seiner ganzen Herrlichkeit? Es geht nicht um eine diesen unseren Werken heimlich doch innewohnende Kraft, diesen Gast aufzunehmen. Sie haben keine Kraft dazu, wie ja auch aller Himmel Himmel ihn nicht zu fassen vermögen. Es gibt aber eine Kraft der göttlichen Einwohnung in der Weite wie in der Enge, der unsere Werke in ihrer ganzen Unkraft nun doch auch nicht zu widerstehen vermögen. Es handelt sich bei dieser Einwohnung nicht um irgend eine magische Verwandlung des Menschen, um irgend eine übernatürliche Ausweitung seines Vermögens, so daß er jetzt könnte, was er zuvor nicht konnte. Er «kann» es nach wie vor nicht. Er wird aber durch Gottes Gnade aufgenommen und bestimmt zur Teilnahme an der Wahrhaftigkeit der Offenbarung Gottes. Er wird in seiner ganzen Ohnmacht zu einem Ort, an dem seine — nicht seine eigene, sondern Gottes — Ehre wohnt. Er wird als Sünder gerechtfertigt. Aber diese Rechtfertigung ist kein Schein und kein Spiel, so gewiß sie in der Wahrhaftigkeit der Offenbarung Gottes Ereignis wird. Sie ist eine wirkliche und effektive Rechtfertigung der Anschauungen und Begriffe, in denen sich der Mensch vor sich selbst — und der Worte, in denen er sich vor Anderen verantwortet auf Grund des an ihn ergangenen göttlichen Anspruchs. In der Heiligung, die ihm durch diesen Anspruch widerfährt, wird seine Sünde nicht ignoriert und nicht entschuldigt. Sie wird auch nicht einfach beseitigt. Sie wird ihm aber vergeben und eben das bedeutet, daß er in seinem sündigen Stande und Verhalten Gegenstand, aber nun eben auch Instrument des göttlichen Wohlgefallens ist. Diesem göttlichen Wohlgefallen gegenüber hat seine aufgedeckte und wahrhaftig ernst genommene Sünde, hat auch die Sündigkeit seines Denkens und Redens keine eigene, keine definitive Macht mehr, kann und darf sie nun aber auch nicht mehr als Argument des faulen Knechtes und also des Ungehorsams gegenüber dem göttlichen Anspruch geltend gemacht werden. Die Wahrhaftigkeit der Offenbarung Gottes, der in seinem Wort durch seinen Geist den Sünder rechtfertigt, macht dessen Erkenntnis Gottes ohne ihn, gegen ihn — und nun doch als seine eigene Erkenntnis und insofern durch ihn selbst wahrhaftig. Wir dürfen durch Gottes Gnade Gott anschauen und begreifen, von Gott reden in unserem Unvermögen. Und wir sollen das tun. Wir dürfen es nicht lassen, von diesem Dürfen Gebrauch zu machen. Wir dürfen es nicht lassen, obwohl und indem unser Unvermögen dabei gen Himmel schreit. Wir haben, wenn wir nach unserem Vermögen oder also Unvermögen gehorsam sind, die Verheißung, daß Gott selbst für uns eintritt, daß Gott sich selbst, unserem Vermögen und also Unvermögen zum Trotz zu unserem Gehorsam bekennen, das heißt unserem Anschauen, Begreifen und Reden seine eigene Wahrhaftigkeit verleihen wird. Gerade der Gehorsam gegen die Gnade Gottes, in welchem der Mensch sich selbst ganz Unrecht gibt, um Gott allein ganz Recht zu geben, gerade dieser Gehorsam hat auch diese Verheißung.

Wieder die Wahrhaftigkeit der Offenbarung Gottes wird uns also gerade um der Wahrhaftigkeit unserer Erkenntnis von Gottes Willen notwendig in die Demut verweisen. Wir werden durch Gottes Gnade mit unseren Anschauungen und Begriffen wahrhaftig Gott erkennen und mit unseren Worten wahrhaftig von Gott reden. Wir werden aber nicht in die Lage kommen, uns dessen zu rühmen, als ob das uns gelungen sei, als ob wir das vollbracht und vollendet hätten. Wir werden erkannt, wir werden geredet haben, es wird aber immer Gott und allein Gott sein, der dabei die Ehre der Wahrhaftigkeit unseres Denkens und Redens haben wird. Wie sollte in der wahrhaftigen Erkenntnis Gottes nicht auch das wieder und wieder wahr sein und erkannt werden: daß Gott wahrhaftig ist, alle Menschen aber Lügner sind? Aber das kann nicht bedeuten, daß wir nun doch wieder in das Nichts und in die Resignation zurückgeschleudert wären. Resignation ist nicht Demut, sondern der Hochmut, der die Gnade Gottes, der die Rechtfertigung des Sünders nicht als solche annehmen will. Und Demut ist gerade nicht Resignation. Demut hält sich an die Gnade im Gericht. Demut läßt sich also durch das Gericht nicht in eine Verzweiflung treiben, die als Verzweiflung an Gott doch nur die Rebellion eines aufs Höchste gesteigerten menschlichen Selbstbewußtseins sein könnte. Demut läßt sich durch das Gericht vielmehr in die heilsame, in einer letzten Ruhe begründete Beunruhigung eines sich immer erneuernden Fragens nach Gott, nämlich nach Gott in seiner Offenbarung treiben. Und das wird nun konkret bedeuten: Wir können, indem wir uns, in Anspruch genommen von Gottes wahrhaftiger Offenbarung, nach unserem Vermögen (oder also Unvermögen) unsere Anschauungen, Begriffe und Worte bilden, bei keinem einzigen dieser unserer Werke stehen bleiben, als ob wir nun Gott gedacht und von Gott geredet hätten, als ob wir nun bloß diese unsere Gedanken und Worte zu wieder-

2. Die Wahrhaftigkeit menschlicher Gotteserkenntnis

holen brauchten, um eben damit wieder Erkenntnis Gottes zu gewinnen und auszusprechen. Die Wahrhaftigkeit unserer Erkenntnis Gottes könnte sterben über solcher Wiederholung; denn sie hat sie nicht in sich selbst, sie kommt ihr zu aus der Wahrhaftigkeit der Offenbarung Gottes. Das Gelingen unseres Unternehmens steht und fällt damit, daß wir auf dem Wege sind, daß also jedes erreichte Ziel der Ausgangspunkt zu neuem Gehen auf diesem Wege wird, auf dem uns die Offenbarung Gottes mit ihrer Wahrhaftigkeit jederzeit zukünftig ist. Jedes Wiederholen unseres Werkes kann bedeuten, daß wir nicht mehr gehen auf diesem Wege und daß wir dann auch nicht mehr unter der Verheißung seines Zieles und also des Gelingens stehen. Daß Gott in seiner Gnade in der Enge unseres Denkens und Redens Wohnung nehmen will, das kann ja nicht bedeuten, daß er sich uns gefangen gegeben hätte. Er wohnt da, wo unser Denken und Reden von ihm im Gehorsam geschieht: im Gehorsam gegen seine Gnade, die seine Gnade ist, die als solche, ob wir uns wiederholen oder nicht, jedenfalls immer aufs neue uns geschenkt und also auch immer aufs neue von uns gesucht sein will. Jedes Wiederholen unseres Werkes kann bedeuten, daß wir Gott meistern wollen, daß wir also seiner Gnade nicht mehr gehorsam sind. Die durch die Wahrhaftigkeit seiner Offenbarung nicht nur geforderte, sondern herbeigeführte Demut wird uns wohl auch erlauben können, unseren Weg zu wiederholen, sie wird aber jede solche Wiederholung begleiten mit der Warnung und mit dem Aufruf, uns, sei es in der Wiederholung, sei es in neuer Gestaltung unseres Werkes nach dessen Gegenstand, d. h. also nach der Gnade seiner Offenbarung, auszustrecken und auszurichten, von der her es auf alle Fälle allein wahrhaftig werden und sein kann.

Das Entscheidende, was über die Wahrhaftigkeit menschlicher Erkenntnis Gottes gesagt werden kann, ist damit, daß wir an die Wahrhaftigkeit der Offenbarung Gottes erinnern, zweifellos gesagt: Menschliche Gotteserkenntnis wird und ist damit wahrhaftig, daß Gott wahrhaftig Gott ist in seiner Offenbarung, daß diese seine Offenbarung als solche wahrhaftig ist, daß er durch sie menschliches Denken und Reden wahrhaftig in Anspruch nimmt, daß er in ihr menschliches Denken und Reden wahrhaftig rechtfertigt, daß er uns durch sie als die ihn Denkenden und von ihm Redenden in der Demut vor ihm erhält. Indem dies geschieht, ist unser menschliches Unternehmen, Gott anzuschauen und zu begreifen und von ihm zu reden, ein gelingendes Unternehmen. Die Gnade der Offenbarung Gottes, die wir als den *terminus a quo* unserer Erkenntnis Gottes kennen gelernt haben, ist also auch ihr *terminus ad quem*. Wie der verborgene Gott und also der Glaube an ihn ihren Anfang bildet, so bildet der wahrhaftige Gott und wieder der Glaube an ihn auch ihr Ziel. Ihre eigene Wahrhaftigkeit aber besteht darin, daß sie von jenem Anfang her zu diesem Ziele unterwegs ist und so an der Wahrhaftigkeit dieses Zieles — in den ihr von ihrem Anfang her auferlegten Schranken — Anteil hat.

Es bleibt uns nun noch die Aufgabe, den Charakter und die Tragweite dieser Anteilnahme unseres Erkennens an der Wahrhaftigkeit seines Zieles einer genaueren Bestimmung zu unterwerfen. — Wir sagten eben: Unser Erkennen hat seine Wahrhaftigkeit von seinem Ziele, seine Bestimmung und Grenze aber von seinem Anfang her. Gewiß könnten diese Angaben auch umgekehrt werden: Eben daß es von dem verborgenen Gott herkommt, garantiert auch seine Wahrhaftigkeit und eben daß es dem wahrhaftigen Gott entgegengeht, gibt ihm auch seine Bestimmung und Grenze. Von Gottes Offenbarung reden wir ja hier wie dort. Gerade indem Gott sich verhüllt in seiner Offenbarung, enthüllt er sich auch. Und eben indem er sich enthüllt, verhüllt er sich auch. Aber nun ist ja nicht die Verhüllung, sondern die Enthüllung der Sinn seiner Offenbarung, die Richtung seines Willens. Und wenn wir seine Enthüllung, indem wir ihn erkennen, nicht feststellen können, ohne zugleich seine Verhüllung zu anerkennen — und wenn wir umgekehrt, indem wir ihn erkennen, seine Verhüllung nicht feststellen können, ohne ihm zugleich für seine Enthüllung zu danken, so halten sich diese beiden Momente in seiner Offenbarung und im Glauben nun doch nicht einfach die Wage, so besteht zwischen beiden nun doch nicht einfach Gleichmäßigkeit, nicht das Verhältnis eines monotonen und gewissermaßen unübersichtlich notwendigen Wechsels und Umschlags. Wo es so verstanden würde, da würden wir uns wohl noch im Banne einer zur Metaphysik erhobenen formalen Logik befinden, die durch die Faktizität der Offenbarung Gottes und darum auch des Glaubens an ihn nun gerade gesprengt und Lügen gestraft ist. Gott handelt ja an uns und mit uns in seiner Offenbarung, und so besteht auch der Glaube an ihn in einem Handeln, nämlich darin, daß wir seinem Handeln folgen. In diesem vorangehenden göttlichen und in diesem nachfolgenden menschlichen Handeln bleibt es aber nicht bei einem Gleichmaß von Verhüllung und Enthüllung und auch nicht bei einem kontinuierlichen Wechsel zwischen beiden, sondern indem die eine nie ohne die andere sein wird, treten sie zugleich auseinander als das Woher und Wohin des Weges, auf dem Gott uns vorangeht, auf dem wir ihm folgen dürfen, als der Modus und als der Sinn seiner Offenbarung. Gott offenbart sich im Modus der Verborgenheit; aber der Sinn seiner Offenbarung ist seine Wahrhaftigkeit. Er enthüllt sich uns in seiner und durch seine Verhüllung und insofern anhebend mit seiner Verhüllung. Aber er enthüllt sich: darum und dazu verhüllt er sich und insofern ist seine Enthüllung das Ziel seines und unseres Weges. Insofern haben wir das Recht, jetzt, bei der Bestimmung des *terminus ad quem* unserer Erkenntnis Gottes, ohne ihren *terminus a quo* zu vergessen oder zu verleugnen und also bestimmt und begrenzt durch die Erinnerung an Gottes Verborgenheit, im Besonderen nach der Wahrhaftigkeit zu fragen, die ihr von ihrem Ziele her, kraft ihrer Teilnahme an der Wahrhaftigkeit der Offenbarung Gottes, kraft der göttlichen Enthüllung als dem Ziel des Weges Gottes und unseres Weges zu eigen ist. Was ist das für eine Teilnahme?

1. Es geziemt sich, daß wir, da wir es nur als Teilnahme an Gottes Offenbarung verstehen können, an die Spitze ihrer Näherbestimmungen diese zu stellen: daß sie grundsätzlich nur in der Darbringung unseres Dankes bestehen kann. Unsere Erkenntnis Gottes steht hier unter derselben Ordnung, wie unser menschliches Werk, das auf das Werk des Wortes und Geistes Gottes antworten möchte, überhaupt. Tut es das wirklich, ist es wirklich Antwort auf jenes Werk, ist es wirklich das Werk unserer Nachfolge, auf dem Weg, auf dem Gott uns vorangeht, von seiner Verhüllung zu seiner Enthüllung, dann steht es unter der Überschrift «Von des Menschen Dankbarkeit».

Das bedeutet aber zunächst: Es hat seine Notwendigkeit nicht in sich selbst; es geschieht nicht um seiner selbst willen, sondern es ist hervorgerufen durch einen Gegenstand. Es hat seine Notwendigkeit auch nicht in uns, die wir dieses Werk tun; wir tun es nicht, weil wir es aus einem inneren Zwang tun müßten oder aus einer inneren Lust tun möchten, sondern wir tun es, weil wir dazu von außen angefordert sind, weil Gott Gott ist in seiner Offenbarung, weil sie seine wahrhaftige Offenbarung ist und weil wir durch sie wahrhaftig in Anspruch genommen sind. Ein anderer Grund zur Erkenntnis Gottes, zu dem Unternehmen menschlichen Anschauens, Begreifens und Redens im Blick auf ihn existiert nicht. Es hat dieses Unternehmen nur jenen außerhalb seiner selbst und außerhalb unserer selbst liegenden Grund. Dieser Grund aber ist genügend. Genügend, um uns zu veranlassen, dieses Werk in Angriff zu nehmen, um uns die Furcht vor unserem Ungenügen dazu auszutreiben, um uns in seinem Vollzug nicht müde werden zu lassen, sondern in aller Demut mutig zu erhalten. Ist nun Gott in seiner Offenbarung dieser Grund außer uns, dann ist das mit diesem Grund gesetzte Dürfen — das «ihn zum Grund unseres Tuns haben Dürfen» — als solches so groß und stark, daß es in uns zu einem alle Trägheit und alle Zurückhaltung durchbrechenden Müssen wird.

Daß unsere Erkenntnis Gottes als Teilnahme an der Wahrhaftigkeit seiner Offenbarung in einer Darbringung unseres Dankes besteht, das bedeutet aber weiter, daß dieses unser Werk zum vornherein nur eine Empfehlung und Würde in Anspruch nehmen kann: die nämlich, daß es eben Antwort auf Gottes Offenbarung sein möchte. Es kann also sich selbst, indem es neben andere, in ihrer Weise wohl auch gute Werke des Menschen tritt, diesen gegenüber nicht empfehlen wollen. Wenn und sofern diese anderen menschlichen Werke ebenfalls Antwort auf Gottes Offenbarung sein möchten, dann i s t es ihnen gegenüber empfohlen, dann leuchtet seine Güte in ihrer Mitte, ohne mit ihnen zu konkurrieren, ohne von ihnen konkurrenziert zu werden. Denn wie könnten die Werke der Dankbarkeit sich untereinander im Streit befinden können? Es bedeutet das Werk der Gotteserkenntnis als Teilnahme des Menschen an der Wahrhaftigkeit der Offenbarung Gottes gewiß ein Zeugnis, gewiß eine Frage, gewiß einen Aufruf allen anderen Werken gegenüber. Es geschieht aber als solches, als menschliches Werk, in derselben Anspruchslosigkeit, in der sie alle geschehen müßten und als gute Werke allein geschehen können. Wo sie etwas Anderes sein wollen als Antwort auf Gottes Offenbarung und also als Werke der Dankbarkeit, da wird sich gerade dieses Werk, das Werk der Erkenntnis Gottes in ihrer Mitte sehr seltsam, sehr anfechtbar, sehr wehrlos ausnehmen. Ihm fehlt dann offenbar gerade die innerweltliche Empfehlung und Würde, die jene für sich in Anspruch nehmen, die ihnen auch scheinbar zu eigen ist. Ihm bleibt dann nur die Güte, die, wo Gottes Offenbarung als Ziel und Gegenstand des menschlichen Handelns nicht erkannt und anerkannt ist, als Güte gar nicht gesehen und verstanden werden kann. Ihm bleibt dann nur seine verborgene Vortrefflichkeit in seiner Eigenschaft als Antwort auf das Wort, das dort nun eben nicht gehört worden ist. Erkenntnis Gottes wird sich in diesem Fall — in diesem immer wieder eintretenden Fall — dabei bescheiden müssen, v o r G o t t offenbar zu sein in ihrer Vortrefflichkeit als gutes Werk. Sie wird als solches geschehen, sie wird Zeugnis, Frage und Aufruf sein allen anderen Werken gegenüber; sie wird aber nicht in Konkurrenz und Streit mit jenen treten. Dankbarkeit kann nicht streiten wollen: weder gegen andere Dankbarkeit, noch auch gegen die Undankbarkeit. Dankbarkeit kann nur stattfinden. Sie hat ihre Güte nur in der Güte, die sie widerspiegelt. Sie ist nur Quittung, nicht Wertpapier, weder dem Geber noch irgendwelchen Dritten gegenüber. Ihr notwendiger Streit als Zeugnis, Frage und Aufruf findet schlicht damit statt, daß sie eben Dankbarkeit ist und als solche da ist. Ein Streit findet allerdings statt, wo das Unternehmen, Gott anzuschauen und zu begreifen, von Gott zu reden im Gange ist. Aber in diesem Streit sind nicht wir die Streiter, weder für noch gegen jemand, sondern Gott selbst streitet in diesem Streit: gegen Alle für Alle. Zu einer Empfehlung der Einen und zu einer Diskreditierung der Anderen kann es in diesem Streit nicht kommen. Gott ist es, der in diesem Streit sich selber empfiehlt und seine Würde behauptet.

Besteht unsere Teilnahme an der Wahrhaftigkeit Gottes in der Darbringung unseres Dankes, dann bedeutet das weiter: sie kann nur in einer A n e r k e n n u n g d e r O f f e n b a r u n g G o t t e s bestehen. Nicht also in einer

2. Die Wahrhaftigkeit menschlicher Gotteserkenntnis

Vergeltung, nicht in einer dem Werke Gottes im Wesen gleichen Werk, nicht in einer adaequaten Antwort auf das uns von Gott über Gott Gesagte. Wahrhaftige Gotteserkenntnis braucht sich nur schon darum durch keine kritische Erkenntnistheorie in ihre Schranken rufen, an die Inadaequatheit aller menschlichen Anschauungen, Begriffe und Worte gegenüber diesem Gegenstand erinnern zu lassen, weil sie als Werk der Dankbarkeit gar nicht Vergeltung und also gar nicht eine im Gleichmaß zu dem dem Menschen von Gott Gesagten erfolgende Antwort sein wollen kann. Wo man Gleiches mit Gleichem vergilt, da wird nicht gedankt, da wird Handel getrieben: da befinden wir uns auf dem Markt, wo das Angebot und die Nachfrage, der Wert und der Preis in gegenseitigem Ausgleich regieren. Wo dagegen gedankt wird, da kann nur anerkannt werden, da stellt sich der Anerkennende mit seiner Leistung bewußt und ausdrücklich unter den Geber und seine Gabe. Auch die reichste Gegengabe als Zeichen des Dankes wird dann — wenn sie nicht etwa in der bösen Absicht erfolgt, sich des Dankes zu entledigen — nur den Sinn haben, die Anerkennung des Gebers und der Gabe, die dem Wesen des Dankes entsprechende Unterordnung des Empfangenden unter den Geber hervorzuheben. Es gehört also das Unternehmen, Gott zu erkennen, in menschlichen Anschauungen, Begriffen und Worten grundsätzlich in die Kategorie des Opfers und zwar des Opfers im biblischen Sinne des Begriffs, bei welchem es dem Menschen nicht einfallen kann, die Gottheit herbeizurufen, zu versöhnen, für sich zu gewinnen durch eine ihrer Güte ebenbürtige und insofern sie befriedigende Leistung, bei welchem es vielmehr darum geht, die Gottheit durch eine ihrer Güte gar nicht angemessene, auf ihre Befriedigung keinen Anspruch erhebende Leistung, durch eine Gabe, die dem Geber von ferne nicht entspricht, derer dieser auch nicht im geringsten bedarf, als Gottheit zu bezeugen: als den Herrn, dem der Mensch Alles, dem er sich selber mit Allem, was er ist und hat, schuldig ist, ihm die Ehre zu geben, die ihm in unserem menschlichen Raume zukommt, die Ehre, die er damit empfangen kann, daß wir hier in seinem Dienste unser Bestes tun. Als Opfer in diesem Sinn ist unser Unternehmen Gott zu erkennen, ein ihm wohlgefälliges Opfer, teilhaftig der Wahrhaftigkeit seiner Offenbarung, der Wahrhaftigkeit dessen, daß er selbst sich uns geschenkt hat mit allen seinen Reichtümern.

Eben als Darbringung unseres Dankes bedeutet unsere Teilnahme an der Wahrhaftigkeit der Offenbarung Gottes weiter dies: daß unsere Erkenntnis Gottes als Anerkennung seiner Offenbarung unter deren Maß, Ordnung und Regel gestellt ist. In unserem menschlichen Raum stattfindend, unser Bestes, also unser zu diesem Zweck bestes Denken und Reden in Anspruch nehmend, ist die wahrhaftige Erkenntnis Gottes doch keineswegs unserer Willkür überlassen, dieses Beste auszuwählen nach unserem eigenen Gutfinden und Zugriff. Planloses oder willkürliches

Danken, ein Danken, bei dem der Dankende entweder dem Zufall oder seiner eigenen Laune, Phantasie oder Steckköpfigkeit folgt, ist kein Danken. Er ist ja dann entweder im Grunde gar nicht dabei bei jener Anerkennung oder er ist wohl dabei, aber, indem er anerkennt, mehr mit seiner Anerkennung als mit dem beschäftigt, den er anerkennen möchte. Wahrhafte Anerkennung kann so nicht zustande kommen. Wahrhafte Dankbarkeit fragt — und sie fragt nicht im Selbstgespräch, sondern sie fragt nach dem, dem sie Dankbarkeit erweisen möchte. Gewiß ohne den Anspruch, ihm zu genügen. Gewiß nicht in der Meinung, ihm vergelten zu sollen und zu wollen. Aber sie fragt nach ihm und nach ihm fragend, handelt sie dann: gerade nicht willkürlich, gerade nicht nach der eigenen Empfindung des Dankbaren, sondern so, daß der, dem sie dankbar sein möchte, das Gesetz ihres Tuns ist. Das bedeutet: wir sind in der wahrhaftigen Gotteserkenntnis nicht uns selbst überlassen, weder dem Zufall, noch auch einer allgemeinen oder individuellen Eigengesetzlichkeit menschlichen Wesens, Denkens und Redens. Es geht in ihr unter allen Umständen darum, Gottes Offenbarung zu anerkennen. Dieser bestimmte Gegenstand regiert jetzt unser Denken und Reden, fordert hier ein Ja und dort ein Nein, setzt hier Zusammenhänge und dort Unterschiede, zeigt hier Beziehungen und zeigt sie dort ebenso bestimmt nicht, hebt bestimmte Anschauungs- und Begriffsmöglichkeiten und die entsprechenden bestimmten Worte vor anderen heraus, um andere zurückzudrängen, legt uns gewisse Wahrnehmungsbilder und Begriffsbilder als notwendig und möglich nahe und erinnert uns zugleich an deren gegenseitige Begrenzung und an ihre gemeinsame Begrenzung durch ihren Gegenstand. Vollzieht sich das Alles in unserem menschlichen Raum, sind wir selber bei all dem zweifellos nicht untätig, sondern tätig, ist das Alles zweifellos in unsere Hände gelegt, so ist es darum doch nicht uns überlassen. Sondern, indem es in unsere Hände gelegt ist, ist von uns verlangt, daß das Werk unserer Hände Verantwortung gegenüber diesem Gegenstand und also nach diesem Gegenstand unseres Dankes ausgerichtet sei.

Ein Letztes unter demselben Gesichtspunkt: Ist Gotteserkenntnis als Teilnahme an der Wahrhaftigkeit der Offenbarung Gottes ein Werk der Dankbarkeit, dann kann sie nicht anders als in F r e u d i g k e i t geschehen. Wie könnte jene Anerkennung der Offenbarung Gottes stattfinden, ohne daß wir selbst dabei wären? Auch daß wir dabei strikte unter jene Regel des Gegenstandes gestellt und also gehorsam werden, kann ja, gerade wo es zu diesem Gehorsam kommt, nichts Anderes bedeuten, als daß wir selbst angefordert werden, um selber dieses Werkes Täter zu sein. Erreicht uns die Offenbarung, wird sie uns notwendiger Grund unserer Erkenntnis, dann heißt das wohl, daß sie uns von außen angeht, dann heißt das aber auch — wie würde sie uns sonst erreichen? — daß sie zu uns und also nach innen kommt, daß wir ihr, ohne daß sie aufhörte, uns transzendent zu sein, immanent werden, so daß der Gehorsam gegen sie unser freier Wille wird. Aber eben weil uns Gott auch in seiner Offenbarung transzendent bleibt, bedeutet die Subjektivität unserer Anerkennung seiner Offenbarung unsere Erhebung über uns selbst. Das ist es, was unsere Erkenntnis Gottes notwendig zu einer freudigen Aktion macht. Ein Dank, der in einer gezwungenen, widerstrebend und also bedrückt und unfroh dargebrachten Leistung bestünde, wäre ja kein Dank. Ein einem Tyrannen wohl oder übel dargebrachter Tribut ist kein Dank. Ein in Angst und Verlegenheit dargebrachtes Opfer ist jedenfalls im biblischen Sinn kein Opfer. Opfer und Dank ist nur das, was gerne dargebracht wird. Und der Grund, der die wahrhafte Erkenntnis Gottes notwendig macht, ist in sich selbst auch der Grund, Gott gerne zu erkennen. Wo er nicht gerne erkannt würde, da würde er auch nicht notwendig, da würde er gar nicht erkannt. Gerne heißt aber: in der Freude jener Erhebung des Menschen über sich selbst, in dem Überschwang jener Bewegung, in der er wohl bei sich selbst bleibt und nun doch wenigstens zeichenhaft auch über sich selbst hinausgreift, in der er wohl ein Mensch bleibt und im Raume seines menschlichen Vermögens und nun doch und gerade im Raume dieses seines menschlichen Vermögens das bezeugt, was über all sein Vermögen geht, weil er es auf Grund seiner Gegenwart bezeugen darf. In diesem nüchternen Überschwang geschieht wahrhaftige menschliche Gotteserkenntnis, geschieht das Unternehmen, Gott menschlich anzuschauen und zu begreifen, in menschlichen Worten von ihm zu reden. Es ist kein knechtisches, sondern ein kindliches Unternehmen: kindlich gewiß auch in dem einschränkenden Sinn dieses Begriffs, aber so, daß eben die Schranke des Kindlichen auch das Kennzeichen der dem Menschen hier geschenkten eigentümlichen Freiheit wird. In diesem Überschwang, der mit Einbildung und Übermut nichts zu tun hat, in dem Überschwang des Lobpreises Gottes im Herzen und im Munde der sündigen Kreatur ist menschliche Gotteserkenntnis ein Akt der Dankbarkeit und also teilhaftig der Wahrhaftigkeit der Offenbarung Gottes.

2. Besteht nun die Teilnahme unserer Erkenntnis Gottes an der Wahrhaftigkeit seiner Offenbarung in der Darbringung unseres Dankes, so werden wir, etwas weiter zurückgehend, sagen müssen: daß sie immer auch ein Akt staunender Ehrfurcht sein wird. Wir konnten schon von der Dankbarkeit nicht reden, ohne das, was hier gemeint ist, mehrfach zu berühren: das notwendige Bewußtsein von der Unangemessenheit des Menschen als des Empfängers gegenüber der Erkenntnis Gottes als der Gabe und gegenüber Gott selbst als dem Geber in dem durch die Offenbarung begründeten Verhältnis. Erkenntnis Gottes wäre offenbar kein Akt der Dankbarkeit, wenn sie nicht in diesem Bewußtsein und in der durch dieses Bewußtsein charakterisierten Haltung geschähe. Indem wir

Gott erkennen, machen wir auf alle Fälle denkend und sprechend Gebrauch von irgendwelchen, sei es von Anderen übernommenen oder von uns selbst neu gebildeten Anschauungen, Begriffen und Worten, die als menschliche Hervorbringungen in keinem Verhältnis stehen zu diesem, kein Fassungsvermögen haben für diesen Gegenstand. Wie zwischen Gott und Mensch überhaupt Inkongruenz besteht, so hier im besonderen zwischen Gott als dem Erkannten und dem Menschen als dem Erkennenden. Findet hier wirklich Erkenntnis statt, dann, von uns aus gesehen in dieser Inkongruenz, dann also in Überwindung dieser Inkongruenz, dann aber — da ihre Überwindung von seiten des Menschen nicht in Frage kommt — in ihrer Überwindung von seiten Gottes als des Erkannten, wie sie in der Gnade seiner Offenbarung Ereignis und wie sie auch wiederum allein in der Gnade seiner Offenbarung von uns erkannt wird. Dieses Ereignis der von Gott vollzogenen, von uns im Glauben erkannten Überwindung der Inkongruenz zwischen ihm als dem Erkannten und uns als dem Erkennenden — dieses Ereignis ist der Gegenstand der Ehrfurcht, die gewissermaßen die Probe auf die Echtheit unserer Dankbarkeit und insofern der Echtheit unserer Teilnahme an der Wahrhaftigkeit seiner Offenbarung bildet. Wie kommen wir dazu, mit den Mitteln unseres Denkens zu denken, was wir mit diesen Mitteln gar nicht denken können — mit den Mitteln unserer Sprache zu sagen, was wir mit diesen Mitteln gar nicht sagen können? Daß wir es tatsächlich denken, tatsächlich sagen, das ist die gewisse Verheißung, in die wir durch Gottes Offenbarung gestellt sind, die wir im Glauben ergreifen dürfen und sollen, das immer wieder vor uns liegende Ereignis der wirklichen Erkenntnis Gottes. Aber wie kommen wir dazu, das tatsächlich zu denken und zu sagen? Wie kommen wir zu dieser unserer Teilnahme an der Wahrhaftigkeit seiner Offenbarung und also an seiner eigenen Wahrhaftigkeit? Angesichts dieses *terminus ad quem* unseres Erkennens Gottes werden wir nur staunen und zwar nur in Ehrfurcht staunen können. Um ein Staunen über uns selbst, über die Gewalt unseres Denkens und unserer Sprache wird es sich ja nicht handeln können. Wie groß auch diese Gewalt tatsächlich sein mag: das Himmelreich werden wir mit ihr nicht an uns reißen. Sondern wenn unser Denken und unsere Sprache in dieser Sache nicht gegenstandslos sind, wenn unser Unternehmen, Gott zu erkennen, mit diesen unseren Erkenntnismitteln gelingt, dann darum, weil das Himmelreich zu uns gekommen ist. Es muß also das Staunen, ohne das wir diesen Akt als einen Akt der Dankbarkeit nicht vollziehen können, das Staunen über das zu uns kommende Himmelreich und also das Staunen der Ehrfurcht sein.

Wenn der Mund, die Zunge, die Lippen des Menschen zu Instrumenten werden, durch die Gott, seine Wahrheit, seine Gerechtigkeit, seine Herrlichkeit gepriesen, durch die Gottes Wort verkündigt wird, dann ist das nach der heiligen Schrift nie ein selbstverständliches Vorkommnis, nie ein Gelingen, das der Mensch sich selber zuschreiben dürfte, dann hat vielmehr zuvor jene Überwindung von Gott her stattgefunden, der der Mensch, indem er jene Instrumente betätigt, indem er selber Instrument wird in dieser Sache, immer auch als ehrfürchtiger, weil seines eigenen Versagens bewußter Zuschauer gegenübersteht. Prototypisch ist auch in dieser Hinsicht die Gestalt und das Verhalten des Mose, wie es u. a. Ex. 4, 10 f. beschrieben wird: «Ach, Herr, ich bin kein beredter Mann; ich war es von jeher nicht und bin es auch jetzt nicht, seitdem du mit deinem Knechte redest, sondern schwerfällig ist mein Mund und meine Zunge. Da sprach der Herr: Wer hat dem Menschen den Mund geschaffen? oder wer macht ihn stumm oder taub oder sehend oder blind? Bin nicht ich es, der Herr? So gehe nun hin: ich will mit deinem Munde sein und dich lehren, was du sagen sollst». Das wiederholt sich dann in dem Geständnis des Jesaia: «Wehe mir! ich bin verloren! denn ich bin ein Mensch mit unreinen Lippen und wohne unter einem Volk mit unreinen Lippen und habe den König, den Herrn der Heerscharen, mit meinen Augen gesehen» — und in dem, was ihm in jener Vision widerfährt, indem der Seraph eine glühende Kohle mit der Zange vom Altar nimmt «und er berührte damit meinen Mund und sprach: Siehe, das hat deine Lippen berührt, und deine Schuld ist gewichen und deine Sünde gesühnt» (Jes. 6, 5 f.). Das wiederholt sich in der Berufung des Jeremia: «Ach, Herr, mein Gott, ich verstehe ja nicht zu reden, ich bin noch zu jung» — «Und der Herr streckte seine Hand aus und berührte meinen Mund. Und er sprach zu mir: damit lege ich meine Worte in deinen Mund» (Jer. 1, 6 f.). Das wiederholt sich bei Hesekiel: «Wenn ich mit dir rede, dann will ich deinen Mund auftun und du sollst zu ihnen reden: So spricht der Herr!» (Hesek. 3, 27). Das wiederholt sich drastisch bei Daniel: «Während er mit mir redete, blickte ich zur Erde und blieb stumm. Siehe, da rührte so etwas wie eine Menschenhand an meine Lippen und ich konnte den Mund wieder öffnen» (Dan. 10, 15 f.). «Ich schaffe Frucht der Lippen... spricht der Herr» (Jes. 57, 19 vgl. Hebr. 13, 15). «Ich will ihm meine Worte in den Mund legen und er soll ihnen Alles kundtun, was ich ihm gebieten werde» heißt es Deut. 18, 18 von dem Propheten der Endzeit. «Gott der Herr hat mir eines Jüngers Zunge verliehen, daß ich die Müden durch sein Wort zu erquicken wisse» (Jes. 50, 4). Darum muß gebetet werden: «Herr, tue meine Lippen auf, daß mein Mund dein Lob verkündige!» (Ps. 51, 17). Und nun wird man auch Num. 22, 28 nicht unterschlagen dürfen, wo eben doch auch der Eselin des Bileam der Mund aufgetan wird! (Wie um gelegentlich zu zeigen, daß die göttliche Möglichkeit, um die es hier geht, in der Humanität keineswegs ihre Grenze, geschweige denn ihre Bedingung hat!) Und wenn im Neuen Testament die Menschen Zungen haben, Jesus Christus als den Herrn zu bekennen, dann ist das wieder das Wunder der Pfingsten (Act. 2, 3 f.) hinter ihnen und das Wunder der künftigen Offenbarung (Phil. 2, 11) vor ihnen, das darin wirksam ist. «Es wird euch in jener Stunde gegeben werden, was ihr reden sollt. Denn nicht ihr seid es, die reden, sondern der Geist eures Vaters ist's, der in euch redet» (Matth. 10, 19 f.). Ist es nötig, ausdrücklich zu sagen, daß es bei der Hemmung menschlichen Redens, auf die da überall hingewiesen wird, und bei deren göttlicher Überwindung natürlich nirgends um technische Unvollkommenheiten und deren Behebung und auch nirgends um die Schwierigkeit geht, sich von Mensch zu Mensch verständlich zu machen, als ob die biblischen Zeugen sich etwa bloß praktisch nicht geziemend auszudrücken gewußt hätten? Nein, die Schwierigkeit, ja die Unmöglichkeit, auf die da hingewiesen ist, ist eine prinzipielle, sie ist die des Gegenstandes, von dem sie reden sollen und an dem sie als sündige und schwache Menschen mit ihren Worten nur scheitern können; des Gegenstandes, der offenbar nur im Scheitern ihrer Worte zur Geltung und Aussprache kommen und ihren als solchen ohnmächtigen Worten Angemessenheit verleihen kann.

Man wird auch an dieser Stelle mit Behutsamkeit zuhören müssen, wenn man die Kirchenväter von dieser Unangemessenheit aller menschlichen Worte gegenüber diesem Gegenstand reden hört. Sind sie dabei durch den Zauber des ebenfalls unaussprechlichen griechischen Eins und Alles, d. h. des *ineffabile* des Menschen bestimmt oder durch die Ehrfurcht vor dem Gott Israels, der nur in seiner Gnade und also nur in Anerkennung der Ohnmacht unserer eigenen Werke und also auch unserer eigenen Worte erkannt sein will? Sie haben es doch fast zu gut gewußt und fast zu eifrig gesagt, daß wir menschlich und also unangemessen von Gott reden, wenn wir dies in sinnlichen Ausdrücken tun, wenn wir also z. B. von seinem Mund, seinen Armen und Händen, von seinem Sicherinnern und Vergessen, von seinem Erbarmen, von seinem Zorn und von seiner Reue reden. Die Gefahr lag nahe und sie ist auch akut geworden, daß man die Uneigentlichkeit gerade dieser im engeren Sinn so zu nennenden «Anthropomorphismen» überbetonte und ihnen gegenüber den abstrakten Begriffen etwa des Seins, der Weisheit, Güte oder Gerechtigkeit Gottes so etwas wie eine gemilderte Uneigentlichkeit, den negierenden Begriffen wie Unbegreiflichkeit, Unveränderlichkeit, Unendlichkeit usf. aber gar eine gewisse Eigentlichkeit zuschrieb und infolgedessen hinsichtlich der Taten Gottes in seiner Offenbarung nur noch unsicher, wie von Bildern und Akkommodationen reden zu können meinte und also lieber etwas weniger redete, um sich von da auf das vermeintlich sicherere Gebiet jener Allgemeinheiten und vor Allem jener Negationen zu retten. Es ist verständlich, daß auch dieses Vorurteil hinsichtlich der im engeren Sinn so zu nennenden Anthropromorphismen zu dem leidigen Übergang von der Theologie zur Philosophie bezw. von der Offenbarungstheologie zur natürlichen Theologie Grund und Anlaß bieten konnte. Je weiter man sich vom Zeugnis der heiligen Schrift entfernt auf das Gebiet allgemeiner Vermutungen über Gott, desto reiner wird ja vermeintlich die Luft des Gedankens, d. h. um so weniger bedarf man dann jener als besonders bedenklich empfundenen Anthropomorphismen. Die Theologie dürfte aber, wenn sie sich von ihrem Gegenstand leiten läßt, gerade diesen Anthropomorphismen am allerwenigsten ausweichen wollen. Und es liegt hier offenbar auch ein Irrtum über deren besondere Bedenklichkeit vor: «Anthropomorphismus» ist nicht nur «die Anwendung von Ausdrücken, die dem Menschlichen, Materiellen, Körperlichen, entnommen sind zur Bezeichnung des Göttlichen, Geistigen» (so J. Braun, Handlex. der kath. Dogm. 1926, S. 18). Anthropomorph sind die geistigen, d. h. abstrakten Begriffe ebenso wie die, mit denen eine konkrete Anschauung umschrieben wird. «Anthropomorph» muß als Charakterisierung der menschlichen Sprache im Verhältnis zu Gott umfassend besagen: der Gestalt des Menschen entsprechend und also und darum Gott nicht entsprechend. Das ist's, was die Kirchenväter, wo sie tiefer gruben, denn auch sehr wohl erkannt haben. Da liegt die Schwierigkeit, erklärt Athanasius, daß wir zwar vom Menschen sagen können: er schafft, er ist, daß wir aber auch von Gott nur dasselbe sagen können, obwohl doch Gott nicht so wie der Mensch, sondern ganz anders (ἄλλως, ἑτέρως) schafft und ist (*Ep. de decr. Nic. syn.* 11). Dasselbe gilt aber auch von Begriffen wie *vita, intelligentia, substantia, existentia* Gottes: *Non proprie nominamus nec appellamus,* sondern *a nostris actionibus nominamus actiones Dei* (Marius Victorinus, *De gen. div. Verbi* 28). Es widerfährt der Weisheit, dem Leben, der Kraft Gottes alsbald eine συνταπείνωσις, wenn wir entsprechend dem, was wir als solche kennen, nun auch von seiner Weisheit, seinem Leben, seiner Kraft reden. Denn unsere Natur ist vergänglich, unser Leben kurz, unsere Kraft schwach, unser Wort unbeständig. Und so wird umgekehrt durch die Wirklichkeit des göttlichen Wesens, indem es uns begegnet, Alles, was wir von ihm sagen können, aufgehoben συνεπαίρεται (Gregor von Nyssa, *Or. cat.* 1). *Aliter bonum Deum appellamus, aliter hominem. Aliter iustum Deum appellamus, aliter hominem.* (Augustin, *De off. minist.* III 2, 11). Wir reden, indem wir von Gott reden, im Blick auf die von

2. Die Wahrhaftigkeit menschlicher Gotteserkenntnis

ihm geschaffene Welt, im Blick auf ihre Schönheit und Güte, im Blick auf ihr Sein. Aber: *Nec ita pulchra sunt, nec ita bona sunt, nec ita sunt, sicut tu conditor eorum, cui comparata nec pulchra sunt, nec bona sunt, nec sunt (Conf. XI 4, 6)*. Wenn wir nur sicher sein dürften, daß dieses *nec ita* oder *aliter*, jenes ἄλλως oder ἑτέρως nicht nur auf einen Superlativ von Unähnlichkeit, sondern prinzipiell auf die Verschiedenheit zwischen Gott und der Kreatur und also zwischen dem göttlichen Sein und den kreatürlichen Anschauungen, Begriffen und Worten hinweist! Wenn eben nur die vorangehende besondere Kritik der Anthropomorphismen im engeren Sinn nicht zeigen würde, in welcher Richtung man die Inkongruenz des göttlichen Seins und der menschlichen Rede suchen zu sollen meinte: in dem Unterschied nämlich zwischen der Geistigkeit jenes Seins und der Sinnlichkeit dieser unserer Rede! Und in welcher Richtung man die in der Erkenntnis Gottes hergestellte Kongruenz beider suchte: in einem Vergeistigungsverfahren nämlich, dem die kreatürlichen Anschauungen, Begriffe und Worte nun doch nicht ganz ohne Erfolg unterworfen werden können! Von einer innerweltlichen und auch innerweltlich zu überwindenden Inkongruenz ist dann also die Rede, und es dürfte dann auch das den Kirchenvätern sichtlich nicht fremde Staunen vor der Tatsache dieser Überwindung im Unterschied zu dem, das sich in jenen Bibelstellen ausdrückt, doch mehr von dem Staunen vor dem *ineffabile* des Menschen bzw. vor der letztlich alle Hindernisse überwindenden Gewalt des menschlichen Denkens und der menschlichen Sprache als von dem Staunen der Ehrfurcht vor dem Allmachtswunder der göttlichen Herablassung an sich gehabt haben. Wie sollte man es den Kirchenvätern nicht zugute halten, daß auch sie jene Bibelstellen über die Unangemessenheit aller menschlichen Rede von Gott und über deren göttliche Überwindung, daß sie die Tatsache, auf die diese Bibelstellen hinweisen, vor Augen hatten und daß sie eigentlich diese biblisch bezeugte Offenbarungswahrheit interpretieren wollten? — Aber indem wir das anerkennen, werden wir doch jedenfalls deutlicher als sie den prinzipiellen Charakter jener Inkongruenz und den Offenbarungscharakter der in ihrer Überwindung hergestellten Kongruenz betonen müssen.

Wir sagen Ehrfurcht, nachdem wir zuvor Dankbarkeit gesagt, nachdem wir gerade zuletzt auf die notwendige Freudigkeit der an der Wahrhaftigkeit der Offenbarung Gottes teilnehmenden Erkenntnis hingewiesen haben. Wir müssen aber, gerade nachdem wir Dankbarkeit und also Freudigkeit gesagt haben, notwendig auch Ehrfurcht sagen. Ehrfurcht bezieht sich nun eben auf die Distanz zwischen unserem Werk und dessen Gegenstand, gewiß auf die überwundene, aber auf die allein durch Gottes Gnade überwundene Distanz zwischen hier und dort, unten und oben. In Ehrfurcht dankbar werden wir die Gnade immer wieder als Gnade gelten lassen und in Empfang nehmen, werden wir aus dem Empfangen nie ein Nehmen werden lassen, wird unsere Erkenntnis Gottes immer ein Gebet des Dankes, der Buße und der Bitte bleiben müssen. Gerade so und nur so geschieht sie in Teilnahme an der Wahrhaftigkeit der Offenbarung Gottes.

Geschähe sie nicht in diesem Staunen der Ehrfucht, würden wir die Distanz zwischen unserem Werk und seinem Gegenstand nicht sehen oder würden wir uns das Vermögen zuschreiben, sie von uns aus überwinden zu können, würden wir ihre Überwindung sozusagen als unsere eigene Tat in Anspruch nehmen und als solche vollführen und meistern wollen, würden wir uns also jener Schule entziehen, der sich die Propheten und Apostel, indem sie auf Grund von Gottes Offenbarung von

Gott redeten, unterzogen haben, dann könnte es auf Grund der Offenbarung Gottes wohl zu einer mehr oder weniger wundervollen theologischen Systematik der göttlichen Wahrheit kommen; wir hätten aber unseren Lohn dahin: es säße dann der Wurm eines menschlichen Zugriffs und Übergriffs zum vornherein im Gebälk eines solchen Gebäudes; wir würden es früher oder später zu spüren bekommen, daß die Wahrhaftigkeit der Offenbarung nur als die Wahrhaftigkeit seiner Gnade zu haben ist und daß wir sie, indem wir sie als Wahrhaftigkeit der Gnade verschmähten oder verleugneten, auch als Wahrhaftigkeit seiner Offenbarung vermissen müßten, daß Gott eben wirklich nicht anders als durch Gott erkannt werden kann.

Wir haben uns auf die Frage: wie wir dazu kommen, mit den Mitteln unseres Denkens und mit den Mitteln unserer Sprache Gott zu erkennen, die Antwort zu geben, daß **wir von uns aus** tatsächlich **nicht** dazu kommen, daß dies vielmehr nur so geschieht, daß die Gnade der Offenbarung Gottes zu uns und also auch zu den Mitteln unseres Denkens und unserer Sprache kommt, um sich unserer und also auch ihrer verzeihend, heilend, bedeckend, gut machend, anzunehmen. **Wir dürfen** von den uns gegebenen Mitteln Gebrauch, und zwar einen gelingenden Gebrauch machen. **Wir schaffen** dieses Gelingen **nicht**. **Unsere Mittel schaffen es nicht**. Aber die Gnade der Offenbarung Gottes schafft es. Das Wissen darum ist die Ehrfurcht, in der unsere Erkenntnis Gottes wahrhaftig wird.

3. Aber eben das, was dieses **Dürfen** für den Akt unseres Erkennens als solchen bedeutet, müssen wir nun noch einer genaueren Überlegung unterziehen. Setzen wir alles bisher Gesagte als bekannt und anerkannt voraus: was ist dann zu sagen über das Verhältnis zwischen den von uns auf Grund der uns an die Hand gegebenen Mittel gebrauchten Anschauungen, Begriffe und Worte zu Gott als zu ihrem Gegenstand? Das ist sicher, daß dieses Verhältnis auf Grund und nach Maßgabe der jetzt geklärten Voraussetzungen als ein **positives** Verhältnis, d. h. als ein solches zu beurteilen ist, in welchem zwischen dem Erkennenden und seinem Erkennen auf der einen, dem Erkannten auf der anderen Seite eine reale **Gemeinschaft** besteht. Gott wäre dem Menschen nicht offenbar, seine Gnade wäre nicht Gnade, des Menschen Glaube wäre nicht Glaube — oder Gottes Offenbarung wäre nicht wahrhaftig (entweder, daß er in ihr nicht wahrhaft Gott oder als Gott nicht wahrhaft offenbar wäre) oder des Menschen Erkenntnis Gottes geschähe nicht in Teilnahme an der Wahrhaftigkeit der Offenbarung Gottes, der Weg menschlichen Erkennens Gottes hätte gar kein Ziel, keinen *terminus ad quem*, und er würde dann wahrscheinlich auch keinen Anfang, keinen *terminus a quo*, haben, es wäre dann eine auf Illusion beruhende Fiktion, daß wir uns überhaupt auf diesem Wege befänden — wenn jenes Verhältnis als negativ zu beurteilen, wenn jene Gemeinschaft in Abrede zu stellen wäre. Ist sie aber nicht in Abrede zu stellen, in was besteht sie dann? In was ist dann die Wahrhaftigkeit zu sehen, in der wir menschliche und als solche Gott nicht angemessene Worte nun dennoch auf Gott anwenden, wie wir es

ausnahmlos auf der ganzen Linie tun, wenn wir direkt oder indirekt von Gott reden?

Besteht dann einfach Gleichheit des Inhalts und Sinnes, wenn wir ein Wort jetzt auf die Kreatur, jetzt, auf Gottes Offenbarung hin, auf Gott anwenden? Wir wissen oder wir meinen zu wissen, was Sein, Geist, Herrschaft, Schöpfung, Erlösung, Gerechtigkeit, Weisheit, Güte usw. bedeutet, wenn wir mit diesen Begriffen Kreaturen bezeichnen. Wir wissen auch, oder meinen zu wissen, was wir sagen, wenn wir im Bereich der Kreatur Auge, Ohr, Mund, Arm oder Hand, wenn wir Liebe, Zorn, Barmherzigkeit, Geduld und dergl. sagen. Bedeutet das Alles dasselbe, wenn wir es nun auch von Gott sagen? Ist, hat, tut Gott das Alles so wie wir es die Kreaturen sein, haben und tun sehen? Das kann offenbar darum nicht behauptet, es kann die Wahrhaftigkeit unserer Erkenntnis in solcher Gleichheit zwischen unserem Erkennen und ihm als dem Erkannten darum nicht gefunden werden, weil Gottes Verborgenheit damit geleugnet, weil Gottes Offenbarung dann nicht mehr als seine Enthüllung in der Verhüllung verstanden wäre. Solche Gleichheit würde entweder bedeuten, daß Gott aufgehört hätte, Gott zu sein, um nur noch Kreatur zu sein. Oder umgekehrt, daß der Mensch mit seinem Vermögen selbst ein Gott geworden wäre. Es müßte also jene Gleichheit entweder dies bedeuten, daß sich der Erkennende und der Erkannte als zwei Kreaturen oder aber dies, daß sie sich als zwei Götter gegenüberstehen würden. Handelt es sich um die Kreatur hier und um Gott dort, ist die Gnade der Offenbarung Gottes das A und das O der Positivität jenes Verhältnisses, dann kann diese Positivität nicht so verstanden werden, dann kann von Gleichheit zwischen unserem Wort, das als solches ein kreatürliches Sein meint und dem gemeinten Sein Gottes keine Rede sein.

Sollte nun also vielmehr Ungleichheit des Inhalts und Sinnes zu behaupten sein, wenn wir eine Bezeichnung jetzt auf die Kreatur, jetzt auf Gottes Offenbarung hin auf Gott anwenden? Bedeuten Sein, Geist, Herrschaft, Schöpfung, Erlösung, Gerechtigkeit, Weisheit, Güte, bedeuten aber auch Auge, Ohr und Mund, Arm, Hand, Liebe, Zorn, Barmherzigkeit, Geduld etwas schlechthin Anderes, wenn wir damit Gott, als wenn wir damit die Kreatur bezeichnen? Man sehe wohl zu, was man behauptet, wenn man das behaupten will! Es könnte eine allzu menschliche Übertreibung jener Ehrfurcht in der Erkenntnis Gottes geben, durch die wir Gottes Gnade nicht preisen, sondern leugnen würden. Solche Ungleichheit müßte doch bedeuten, daß wir Gott faktisch nicht erkennen. Denn wenn wir ihn erkennen, dann erkennen wir ihn mit den uns an die Hand gegebenen Mitteln; sonst erkennen wir ihn gar nicht. Es muß dies, daß wir ihn erkennen, bedeuten, daß wir mit unseren Anschauungen, Begriffen und Worten gerade nicht etwas schlechthin Anderes als ihn bezeichnen und zur Aussprache bringen, sondern in und mit diesen unseren Mitteln, den einzigen, die wir haben, nun eben doch ihn! Sonst, ohne diese Beziehung, unter Voraussetzung einfacher Ungleichheit, könnte von Wahrhaftigkeit unserer Erkenntnis Gottes unmöglich die Rede sein. Es wäre dann das ganze Verhältnis eben doch als ein negatives, als ein Verhältnis gegenseitiger Ausschließung, zu beurteilen. Es bestünde dann zwischen dem Erkennenden und dem Erkannten, zwischen Gott und dem Menschen faktisch doch keine Gemeinschaft. Gottes Offenbarung wäre dann als seine bloße Verhüllung, sie wäre dann also gerade als Offenbarung nicht verstanden. Daß man sich also durch die Unmöglichkeit der These von der Gleichheit zwischen unserem Wort und Gottes Sein nur ja nicht in die Gegenthese von der Ungleichheit zwischen beiden drängen lasse. Es ist diese tatsächlich auf Grund derselben Voraussetzung so unmöglich wie jene.

Die alte Theologie hat in dieser Verlegenheit den Begriff der A n a l o g i e geltend gemacht als diejenige Bezeichnung der in Frage stehenden Gemeinschaft, durch die sowohl die falsche These von der Gleichheit wie die ebenso falsche These von der Ungleichheit bestritten und aufgehoben, durch die aber auch die Wahrheitsmomente beider ans Licht gestellt würden, die also in diesem Fall als richtige Bezeichnung des Sachverhalts in Anspruch zu nehmen sei. «Analogie» bedeutet im Unterschied zu Gleichheit und Ungleichheit: Ähnlichkeit d. h. t e i l w e i s e und darum die Gleichheit wie die Ungleichheit begrenzende E n t s p r e c h u n g und Ü b e r e i n s t i m m u n g zwischen zwei oder mehreren verschiedenen Größen. Der Begriff ist (vgl. oben S. 82 ff.) durch seine Verwendung in der natürlichen Theologie belastet. Er wird in dieser Hinsicht ausdrücklich zu klären sein. Er ist aber als solcher an dieser Stelle tatsächlich unvermeidlich. Wenn es sich in jener Gemeinschaft weder um Gleichheit noch um Ungleichheit handeln kann, dann bleibt nur das übrig, was eben mit Analogie allgemein gemeint ist: Ähnlichkeit, teilweise Entsprechung und Übereinstimmung. Wir werden uns, was über die Entstehung und den Bestand dieser Entsprechung und Übereinstimmung als solche und was über den Sinn des «teilweise» zu sagen ist, vorbehalten müssen. Es ist uns aber durch den Gegenstand — Gottes Wahrhaftigkeit in seiner Offenbarung als Grund der Wahrhaftigkeit unserer Erkenntnis Gottes — keine andere Wahl gelassen, als zunächst nach diesem Begriff zu greifen.

Man bemerke, wie dieser Vorgang als solcher die Sache, von der wir reden, beispielsweise illustriert, vielmehr: wie wir eben in diesem Vorgang als solchem schon mitten in der Sache sind. Wir fragen nach dem Verhältnis zwischen dem, was wir mit unseren, an sich nur Kreatürliches bezeichnenden Worten von Gott sagen möchten und dem, was Gott ist und was also von ihm in Worten, die nicht zu unserer Verfügung stehen, gesagt werden müßte. Wir können auch das, was über dieses Verhältnis zu sagen ist, nur mit unseren auf das Kreatürliche gerichteten Worten sagen. Gleichheit, Ungleichheit und Analogie sind in gleicher Weise solche kreatürlichen Worte und also an sich alle unzureichend, zu sagen, was hier, wo es um Gott und um die Kreatur geht, zu sagen wäre. Dennoch muß hier eine Auswahl stattfinden: Zurückstellung der Worte Gleichheit und Ungleichheit, Bevorzugung des Wortes Analogie. Mit welchem Recht? Rein auf die Worte als solche gesehen, ist tatsächlich eines zu diesem Gebrauch so unzureichend wie das andere. In allen drei Worten ist ja offenbar die Koexistenz von vergleichbaren Gegenständen vorausgesetzt. Nur unter dieser Voraussetzung können diese als gleich, ungleich oder analog beschrieben werden. Gott aber ist kein mit anderen vergleichbarer Gegenstand. Aber wie nun, wenn jenes Verhältnis zwischen Gottes Sein und menschlichen Worten in Gottes wahrhaftiger Offenbarung, indem diese uns wahrhaftige Erkenntnis Gottes vermittelt, tatsächlich besteht? Wenn zu dieser wahrhaftigen Erkenntnis auch die Erkenntnis dieses Verhältnisses gehört, und also auch ein Wort zur Bezeichnung dieses Verhältnisses? Sind wir jetzt nicht — was auch über die Unzulänglichkeit der Worte Gleichheit, Ungleichheit, Analogie zu diesem Gebrauch zu sagen sein mag, dennoch (nicht wegen eines heimlichen Vermögens dieser Worte, aber vermöge des Dennoch der wahrhaftigen Offenbarung Gottes, in welcher Gott sich selber als vergleichbaren Gegenstand setzt) in den Bereich gerade jener drei Worte getrieben? Und nun sehen wir, nach wie vor nicht mit diesen Worten als solchen beschäftigt, diesen Worten gewissermaßen nur den Rücken zukehrend, auf die wahrhaftige Offenbarung Gottes und werden durch sie von den Worten Gleichheit und Ungleichheit abgedrängt, weil das in Gottes wahrhaftiger Offenbarung gesetzte Verhältnis weder diese noch jene Bezeichnung erträgt, obwohl sie doch beide an sich ebensowohl wie das Wort Analogie Instrumente zu diesem Gebrauch werden könnten und in anderen Zusammenhängen (man denke etwa an die Trinitätslehre!) auch tatsächlich sind. Hier aber, zur Beantwortung dieser konkreten, durch die Offenbarung gestellte Frage, können sie es offenbar nicht sein. Hier werden sie unrichtig. Und wieder durch die wahrhaftige Offenbarung Gottes gedrängt, werden wir jetzt auf das Wort Analogie gestoßen, obwohl es doch an sich und als solches vor den Worten Gleichheit und Ungleichheit keinen Vorzug hat, obwohl es doch in anderen Zusammenhängen (etwa als die Bezeichnung des Verhältnisses von Gott und Christus) sicher ein ganz verkehrtes Wort wäre. Es ist also nicht an sich richtig, es ist es auch hier nicht, es wird aber hier darum richtig, weil das in Gottes wahrhaftiger Offenbarung gesetzte Verhältnis, das hier zur Sprache gebracht werden soll, dieses Wort gewissermaßen an sich zieht, im Bereich unserer für diesen Gebrauch unzulänglichen Worte gerade diesem Wort den Charakter einer Bezeichnung für seine, für dieses Verhältnisses göttliche Wirklichkeit gibt: Es ist ein Verhältnis nicht der Gleichheit, nicht der Ungleichheit, sondern der Ähnlichkeit. Das denken wir, das sprechen wir aus als wahrhaftige Erkenntnis Gottes, obwohl wir doch im Glauben wissen und uns vor Augen halten, daß Alles, was wir als «Ähnlichkeit» kennen, nicht identisch ist mit der hier gemeinten Ähnlichkeit. Indem wir aber ebenso, und wieder im Glauben, wissen und uns vor Augen halten, daß es der hier gemeinten Ähnlichkeit gefällt, sich in dem, was wir als Ähnlichkeit kennen und mit diesem Wort benennen, zu spiegeln, so daß Ähnlichkeit in unserem Denken und Reden der in der wahrhaftigen Offenbarung Gottes gesetzten Ähnlichkeit (der sie an sich nicht ähnlich ist) ähnlich wird, so daß wir nicht falsch, sondern richtig denken und reden, wenn wir jenes Verhältnis als ein Verhältnis der Ähnlichkeit bezeichnen! Es bedeutet keine Vergottung des Menschen und eines menschlichen Wortes, wenn wir ihm diese Richtigkeit zutrauen und es daraufhin in den Mund nehmen. Wir trauen ja dabei nicht auf eine uns oder diesem Worte immanente Fassungskraft und also Richtigkeit. Wir wissen, daß es diese an sich und aus sich selber nicht haben kann. Wir trauen aber der nun auf uns und also auch auf diese Worte zukommenden wahrhaftigen Offenbarung Gottes. Um ihretwillen darf der Mensch und sein menschliches Wort nun auch nicht fallen gelassen werden in ein

Nichts von prinzipieller Gottlosigkeit. Sondern die Wahrheit ist die, daß der Mensch mit seinem menschlichen Wort «Ähnlichkeit» Anteil bekommt an der als solcher unbegreiflichen Ähnlichkeit, die in Gottes wahrhaftiger Offenbarung damit gesetzt ist, daß Gott in ihr am Menschen und seinem menschlichen Wort Anteil nimmt. Waren wir der Wahrhaftigkeit jener Offenbarung nicht ungehorsam, sondern gehorsam, indem wir gerade nach diesem Wort griffen, war unsere Entscheidung für den Begriff der Analogie nicht ein Willkürakt, begründete sie sich nicht auf ein geheimes Vorurteil zugunsten eines immanenten Vermögens gerade dieses Begriffs, sondern geschah sie unter dem Zwang des Gegenstandes, war sie also nicht eine systematische, sondern eine exegetische Entscheidung, dann und insofern war und ist sie eine richtige Entscheidung.

Was wir eben vollzogen, war eine Analyse des Vorgangs der Auswahl des Begriffs der Analogie zur Bezeichnung des Verhältnisses zwischen dem, was wir von Gott sagen und dem, was Gott ist. Grundsätzlich um denselben Vorgang handelt es sich nun aber überall in diesem Verhältnis selber. Es ist, wenn wir nun den Begriff der Analogie oder Ähnlichkeit als in dem eben erklärten Sinn «richtig» voraussetzen dürfen, die Richtigkeit dessen, was wir von Gott sagen, in seinem Verhältnis zu dem, was Gott ist, überall darin begründet, daß Gottes wahrhaftige Offenbarung dem, was wir mit unseren menschlichen Worten sagen können, von sich aus **entgegenkommt** und unter ihm eine **Auswahl** vollzieht, der wir uns dann im Gehorsam **anschließen** dürfen. Was wir in diesem Anschluß sagen werden, das werden wir richtig gesagt haben, wir werden damit — als *terminus ad quem* unseres Erkennens Gottes — an der Wahrhaftigkeit seiner Offenbarung teilnehmen. Ihr *terminus a quo,* Gottes Verborgenheit, wird damit nicht aufgehoben sein und von uns nicht geleugnet werden; wir werden dann aber auch das Andere nicht leugnen: daß es Gott in seiner wahrhaftigen Offenbarung gefallen hat und gefällt, sich uns, seiner Verborgenheit unbeschadet und also in den Schranken unseres Begreifens, begreiflich zu machen.

Zwischen unseren Anschauungen, Begriffen und Worten und Gott als ihrem Gegenstand besteht auf Grund der wahrhaftigen Offenbarung Gottes das Verhältnis der Analogie, der Ähnlichkeit, der teilweisen Entsprechung und Übereinstimmung. Auf Grund dieser Ähnlichkeit kommt es zu wahrhaftiger menschlicher Gotteserkenntnis, kommt menschliches Erkennen Gottes also zu seinem Ziele. Aber wie kommt es zu solcher teilweisen Entsprechung und Übereinstimmung? Kommt es auch nur teilweise dazu, dann müssen wir als eine Voraussetzung dieses Geschehens feststellen: sie besteht offenbar, indem und bevor sie geschieht, indem und bevor unser Werk ihrer teilhaftig wird, in Gott selber, als dem Subjekt und Herrn, der in seiner Offenbarung sich selber offenbart, als dem Schöpfer, der in seiner Offenbarung über sein eigenes Werk verfügt. Ist er in sich selber ganz **anders**, was er ist, als er es in unserem Werk ist, ist also das Verhältnis zwischen dem, was er in sich selbst und dem, was er in unserem Werk ist, nur ein Verhältnis der Ähnlichkeit, so ist er doch dort wie hier, in sich selber und in unserem Werk **kein Anderer**. Und weil er in unserem Werk dieser Eine ist auf Grund seiner **Offenbarung**, weil seine Offenbarung in ihrem Verhältnis zu uns **Gnade** ist, darum werden wir sagen müssen, daß er **zuerst in sich selber dieser Eine ist, daraufhin dann auch** (nicht ein Anderer,

2. Die Wahrhaftigkeit menschlicher Gotteserkenntnis

aber anders!) für uns, in unserem, auf seine Offenbarung sich begründenden Werk. Unser Werk besteht in der Anwendung von menschlichen Anschauungen, Begriffen und Worten auf Gott, die doch als solche nur auf Kreatürliches angewendet werden können. Wird nun dieses unser Werk, begründet auf Gottes Offenbarung, ein gelingendes Werk, ist es nun so, daß jene unsere Anschauungen, Begriffe und Worte, begründet auf Gottes Offenbarung, legitim auf Gott angewendet werden, daß sie Gott jetzt wirklich, wenn auch in diesem unserem Raum und in seinen Schranken bezeichnen, daß sie in ihrer ganzen Unangemessenheit richtig, wahrhaftig werden können, dann beruht dieses Können nicht auf einer Lüge, durch die schwarz für weiß erklärt würde, das heißt: es ist dann nicht so, daß unseren Anschauungen, Begriffen und Worten ein Vermögen bloß angedichtet würde, sodaß der Gebrauch, den wir von ihnen machen, eben doch von dem Vorbehalt eines «als ob» umgeben bliebe. Sondern indem Gott in diesem Verhältnis, Gott seiend und bleibend, sich des Menschen annimmt, kommt es zu echter Entsprechung und Übereinstimmung. Es ist ja nicht so, daß Gott, indem er uns in seiner Offenbarung erlaubt und gebietet, von unseren Anschauungen, Begriffen und Worten Gebrauch zu machen, etwas sozusagen Ungehöriges täte, weil diese unsere Anschauungen, Begriffe und Worte, damit daß sie jetzt auf ihn angewendet werden, ihrem eigentlichen ursprünglichen Sinn und Gebrauch entfremdet würden. Nein, er nimmt sich damit etwas, was ihm ursprünglich und eigentlich schon gehört. Er vollzieht, obwohl sein Tun lauter Gnade ist, keine $\mu\varepsilon\tau\acute{\alpha}\beta\alpha\sigma\iota\varsigma$ $\varepsilon\mathit{\iota}\varsigma$ $\mathit{\ddot{\alpha}}\lambda\lambda o$ $\gamma\acute{\varepsilon}\nu o\varsigma$. Er ist gerecht in allen seinen Werken und so auch in diesem: Er «kommt in sein Eigentum». Die Kreaturen, die der angemessene Gegenstand unserer menschlichen Anschauungen, Begriffe und Worte sind, sind ja seine Schöpfung. Es ist aber auch unser Denken und unsere Sprache in ihrer Angemessenheit für diesen ihren Gegenstand seine Schöpfung. Es ist also auch die Wahrheit, in der wir diesen uns angemessenen Gegenstand in der uns angemessenen Weise erkennen, seine Schöpfung, seine Wahrheit. Ganz anders — in dem ganzen Unterschied des Schöpfers vom Geschöpf — seine als unsere Wahrheit: so offenbar, daß sie ursprünglich, primär, selbständig und eigentlich, weil schöpferisch, seine, nur nachträglich sekundär, abhängig, uneigentlich, weil geschöpflich, unsere Wahrheit ist. Und so offenbar, daß uns unsere Wahrheit nur als die unsere, nicht als die seine bekannt, so also, daß eine Umkehrung des Verhältnisses, ein Verfügen des Menschen über Gott, ausgeschlossen und unmöglich ist, so, daß aus der Nachfolge kein Vorangehen werden kann.

Eben darum ist es nicht an dem, daß wir mit unserem auf die Schöpfung gerichteten Denken und Reden den Gedanken und die Wahrheit des Schöpfers zwar nicht erfassen, wohl aber meinen, intendieren, daß wir über unser Denken und Reden hinaus wenigstens die Idee Gottes konzipieren und vielleicht wenigstens gefühlsmäßig realisieren könnten. Unsere vermeintliche Idee Gottes, der Gegenstand auch unserer intimsten Gefühle, wird immer die Idee der Welt und letztlich des Menschen, sie wird immer unser eigenes Spiegelbild, die Hypostasierung unseres Denkens und unserer Sprache sein. Sie wird es auch dann und dann erst recht sein, wenn wir sie nach der Lehre A. Ritschls, die schon die Augustins war, mit der Idee eines höchsten Wertes oder Gutes verbinden. Wir werden Gott von uns aus nie auch nur meinen. Er aber meint uns nicht nur, sondern er weiß uns. «Du verstehest meine Gedanken von ferne» (Ps. 139, 2). Seine Wahrheit ist nicht unsere Wahrheit. Aber unsere Wahrheit ist seine Wahrheit. Das ist die Einheit der Wahrheit in ihm als der Wahrheit.

Was wir tun in unserem in Anschauungen, Begriffen und Worten zu vollziehenden Erkennen seiner Schöpfung, das hat seine uns verborgene Wahrheit in ihm als ihrem und unserem Schöpfer. Was immer von uns gesagt wird, es war, ist und wird zuvor in ihm wahr gesagt: in ihm in ursprünglicher, primärer, selbständiger, eigentlicher, von uns in nachträglicher, sekundärer, abhängiger, uneigentlicher Wahrheit — in ihm untrüglich, von uns (denn wir sind nicht nur Geschöpfe, sondern von ihm abgefallene, sündige Geschöpfe!) immer im Irrtum, aber so, daß wir auch im Irrtum, uns selber doppelt verborgen (durch unsere Kreatürlichkeit und durch unsere Sünde!) und also im doppelten Sinn ohne Rückgriffsmöglichkeit, von seiner untrüglichen Wahrheit leben. Wir haben mit unseren Anschauungen, Begriffen und Worten keinen Anspruch auf ihn, keinen Anspruch darauf, daß er ihr Gegenstand sein müsse. Wohl aber hat er selber allen, den begründetsten und gerechtesten Anspruch auf uns und auf alle unsere Anschauungen, Begriffe und Worte, den Anspruch darauf, ihr erster, letzter und eigentlicher Gegenstand zu sein. Er hebt also seine Wahrheit nicht auf und er verleugnet sie nicht, er statuiert nicht eine doppelte Wahrheit und er versetzt uns nicht in den zweifelhaften Zustand eines Erkennens «als ob», wenn er uns in seiner Offenbarung erlaubt und befiehlt, von unseren Anschauungen, Begriffen und Worten Gebrauch zu machen zur Bezeichnung seiner selbst, seines Wortes und seiner Taten. Er statuiert dann vielmehr als Wahrheit unserer Anschauungen, Begriffe und Worte die eine, seine Wahrheit. Nochmals: nicht darum, weil jene dazu geeignet wären, weil sie ursprünglich ohnehin ihn meinten. Als die unsrigen tun sie das gerade nicht. Nicht uns, sondern sich selber bestätigt er, indem er sie in Anspruch nimmt. Er bestätigt aber damit in ihnen tatsächlich sich selber. Denn so steht es doch, daß Gott der Schöpfer in ihnen allen, so gewiß sie seine Schöpfung zum Gegenstand haben und so gewiß sie selber seine Schöpfung sind, um sich selbst weiß, daß Gott mit ihnen allen wie mit der Existenz der Schöpfung überhaupt sich selbst bezeichnet und verkündigt. Daraufhin nimmt er, der Schöpfer, in seiner Offenbarung, uns und damit auch sie in Anspruch. Er vollzieht also kein tumultuarisches Mirakel, sondern er betätigt einen Rechtsanspruch, er vollzieht eine Restitution, indem er in seiner Allmacht jenes Wunder geschehen läßt, durch

2. Die Wahrhaftigkeit menschlicher Gotteserkenntnis

das wir Teilnehmer an der Wahrhaftigkeit seiner Offenbarung, durch das unsere Worte wahre Bezeichnungen seiner selbst werden. Unsere Worte sind nicht unser, sondern sein Eigentum. Und indem er über sie als über sein Eigentum verfügt, stellt er sie nun zu unserer Verfügung — zur Verfügung unseres dankbaren Gehorsams! — indem er uns erlaubt und befiehlt, von ihnen auch im Verhältnis zu ihm Gebrauch zu machen. Der Gebrauch, in den sie damit genommen werden, ist also nicht ein uneigentlicher, bloß bildlicher, sondern ihr eigentlicher Gebrauch. Uneigentlich und bildlich gebrauchen wir unsere Worte — so werden wir, von Gottes Offenbarung aus rückwärts blickend, jetzt sagen können: wenn wir sie in den Schranken des uns Angemessenen auf die Kreaturen anwenden. Indem wir sie auf Gott anwenden, werden sie ihrem ursprünglichen Gegenstand und damit ihrer Wahrheit nicht entfremdet, sondern im Gegenteil: wieder zugeführt.

Es haben z. B. die Worte «Vater» und «Sohn» ihre Wahrheit nicht eigentlich zuerst dort, wo die ihnen zugrunde liegenden Anschauungen und Begriffe in unserem Denken und Reden hinblicken, d. h. in ihrer Anwendung auf je die beiden nächsten männlichen Glieder in der Reihe der physischen Generationenfolge des Menschen bezw. der animalischen Kreatur überhaupt, sondern zuerst und eigentlich dort, wo sie als unsere Worte allerdings nicht hinzielen können, wo sie aber auf Grund der Gnade der Offenbarung Gottes hinzielen dürfen und auf Grund des Rechtsanspruchs Gottes des Schöpfers sogar hinzielen müssen und so, auf Grund dieses Dürfens und Müssens nun tatsächlich auch hinzielen können: in ihrer Anwendung auf Gott, in der Trinitätslehre. Der Vater und der Sohn ist, uns unbegreiflich und verborgen, aber in der unbestreitbaren Priorität des Schöpfers vor dem Geschöpf, Gott selber. Wenden wir diese Worte auf Gott an, dann entziehen wir ihnen also nicht ihren eigentlichen Sinn, wir reden dann nicht «als ob», wir reden vielmehr gerade dann in der ursprünglichen Wahrheit dieser Worte. Und so ist «Herrschaft» nicht zuerst und eigentlich das, was wir als Machtübung von Menschen über Menschen kennen und so benennen, sondern die in Jesus Christus ausgeübte und offenbarte κυριότης Gottes. So ist «Geduld» nicht primär das bißchen Tugend, das wir unter diesem Namen ausüben oder auch nicht ausüben, sondern das unbegreifliche Sein und Sichverhalten Gottes, das darin sichtbar wird, daß er uns Zeit läßt, an ihn zu glauben. So ist die Wahrheit dessen, was «Liebe» heißt, aus dem, was wir als das die natürliche Selbstsucht überbietende Verlangen des Einen nach dem Anderen kennen, nur abzulesen im Lichte dessen, was zwischen Gott dem Vater und dem Sohn geschieht durch den Heiligen Geist, bezw. im Lichte dessen, daß Gott in seinem Sohne die Welt geliebt hat. So sagen auch Worte von so sinnlichem Gehalt wie «Arm» und «Mund» — uns freilich als solche unfaßbar — ihre Wahrheit erst da (also gerade da, wo die Spiritualisten sich selbst oder vielmehr die Bibel glauben entschuldigen zu müssen!), wo von dem Arm und von dem Munde Gottes, von seinen Taten und Worten geredet wird. «Der das Ohr gepflanzt hat, sollte der nicht hören? Der das Auge gemacht hat, sollte der nicht sehen?» (Ps. 94, 9). «Wird auch ein Weib ihres Kindleins vergessen, daß sie sich nicht erbarme über den Sohn ihres Leibes? Und ob sie gleich seiner vergäße, so will ich doch dein nicht vergessen» (Jes. 49, 15). «So denn ihr, die ihr arg seid, könnt euren Kindern gute Gaben geben, um wieviel mehr wird euer Vater im Himmel denen gute Gaben geben, die ihn darum bitten» (Matth. 7, 11). Wo ist in allen solchen Worten der eigentliche, wo der uneigentliche Gebrauch unserer

Anschauungen und Begriffe? Offenbar gerade indem sie über sich selbst hinausweisen, überschwänglich werden, auf das hinzielen, auf das sie als unsere Anschauungen und Begriffe gar nicht hinzielen können, bekommen sie ihre Eigentlichkeit.

Es steht nun freilich nicht in unserer Macht, unsere Worte dieser ihrer Eigentlichkeit zuzuführen. Hier steckt der Irrtum in der mißbräuchlichen Verwendung, der dem Begriff der Analogie in der natürlichen Theologie immer wieder zu widerfahren pflegt. In seiner Offenbarung v e r f ü g t Gott über sein Eigentum, e r h e b t er unsere Worte zu dieser ihrer Eigentlichkeit, g i b t er sich selbst zu ihrem eigentlichen Gegenstand, g i b t er ihnen also Wahrheit. Analogie der Wahrheit zwischen ihm und uns i s t wohl in s e i n e m, das unsrige umfassenden, nicht aber in u n s e r e m, das seinige nicht umfassenden Erkennen. Sondern in unserem Erkennen w i r d diese Analogie der Wahrheit vermöge der Entscheidung seiner Gnade, die eben insofern die Gnade seiner Offenbarung ist. Es ist nicht an dem, daß wir dieses göttliche Verfügen, Erheben, Geben vorwegnehmen oder umgehen, daß wir auch vor Gottes Entscheidung oder ohne sie unsere Wahrheit als sekundär zu der seinigen und also im Reflex u n s e r e r Wahrheit s e i n e Wahrheit, unsere Worte als überschwänglich, als eigentlich Gott meinende Worte verstehen könnten. Es ist also nicht an dem, daß wir mittels einer Klärung des Sinnes und Verständnisses unserer Worte als solcher zu einem Vorsinn und Vorverständnis ihres Gebrauches im Verhältnis zu Gott vorzustoßen vermöchten. Der Vorsinn und das Vorverständnis, zu denen wir durch solche Klärung allerdings vorzustoßen vermögen, ist der Vorsinn und das Vorverständnis unseres W e l t verständnisses und letztlich unseres S e l b s t verständnisses, wie es dann in unserer Begegnung oder vermeintlichen Begegnung mit einem von den Göttern dieser Welt tatsächlich Ereignis werden mag. Unserer Begegnung mit Gott, der der Schöpfer ist und der Sünden vergibt, kann ein solches Vorverständnis nicht vorangehen. Sie kann als die schlechterdings von Gott selbst herbeigeführte Begegnung nur das Erste sein, dem unser Erkennen folgen muß, nicht aber vorangehen kann. Ihr f o l g t der Reflex seiner Wahrheit in unserer Wahrheit. Ihr f o l g t die Eigentlichkeit unserer Worte im Gebrauche dieses Erkennens. Sie folgt ihr damit, daß Wahrheit und Eigentlichkeit unseren Worten von ihm zur Verfügung gestellt wird. Gott muß sich uns in der Gnade seiner Offenbarung zum Gegenstande g e m a c h t und damit unserem auf die kreatürlichen Gegenstände gerichteten Erkennen Wahrheit, die Wahrheit der Ähnlichkeit mit ihm v e r l i e h e n haben. Ohne diese Verleihung haben unsere Worte wohl in ihm, aber nicht für uns Wahrheit, sind und bleiben sie in unserem Munde Worte, die wohl die Kreatur, aber nicht ihn bezeichnen und ihn auch nicht bezeichnen k ö n n e n. Es steht und fällt diese ihre Möglichkeit mit der Wirklichkeit dessen, daß sie durch Gottes Offenbarung zur Teilnahme an seiner Wahrheit herangezogen, daß sie gewissermaßen von den

Toten auferweckt werden. Daß ihnen das durch Gottes Offenbarung widerfährt, daß er ihnen das gibt, was es nicht gibt: in ihrer Geschöpflichkeit den Charakter einer Analogie zu sich selbst als dem Schöpfer — das darf freilich nicht geleugnet werden.

Eben dieses Geben meint ja wohl ursprünglich die Analogielehre der natürlichen Theologie, wenigstens soweit sie sich als christliche natürliche Theologie, als Erkennen der Kirche ausgeben zu können meint. Dies ist aber ihr Irrtum, daß sie aus dem «er» ein «es», aus dem Werden ein Sein, aus dem durch Gottes Offenbarung zu uns Kommenden ein auch ohne Offenbarung, auch anders als im Glauben Vorfindliches und Feststellbares macht. Dieses ihr statisches statt dynamisches Verständnis der Analogie zwischen unserem Wort und dem, was Gott ist, muß also, wenn wir diesen Begriff aufnehmen wollen, ausdrücklich zurückgewiesen werden. Indem diese Zurückweisung erfolgt, indem wir die Analogie, so gewiß sie ihren Grund in Gottes Sein, in seinem Verhältnis zur Schöpfung hat, verstehen als einen Modus — den im besonderen unsere Erkenntnis Gottes betreffenden Modus — seiner Offenbarung, als das Werk seiner Gnade, ist die Belastung, die diesem Begriff eigentümlich, die Gefahr, die mit seinem Gebrauch unstreitig verbunden ist, beseitigt. Wir haben da keinen Grund, Nein zu sagen, wo Gott in seiner Offenbarung nun einmal Ja gesagt hat. Es kommt aber alles darauf an, daß wir da und nur da Ja sagen, wo Gott in seiner Offenbarung zuvor selbst Ja gesagt hat.

Wir können den Mund nicht öffnen, um von Gott zu reden, ohne die Verheißung zu ergreifen, daß wir dabei in der Analogie seiner Wahrheit selber die Wahrheit reden werden. Es kommt aber Alles darauf an, daß wir das mit gutem Gewissen tun, und es kommt eben dazu Alles darauf an, daß wir dabei tatsächlich seine Verheißung ergreifen und also von unseren menschlichen Worten nicht ohne die Erlaubnis und den Befehl seiner Offenbarung, gerade nicht auf Grund eines Vorverständnisses, sondern auf Grund der in seiner Offenbarung fallenden Entscheidung Gebrauch machen. In diesem Gebrauch haben unsere Worte dann die ganze Wahrhaftigkeit, die sie in Gott selber haben, in der Gott der Schöpfer, der sie uns zur Verfügung stellt, in ihnen um sich selber weiß, mit ihnen sich selbst bezeichnet. In diesem Gebrauch lebt und redet Gott selbst in ihnen. In diesem Gebrauch wird Menschenwort Gottes eigenes Wort, bekommt das Menschenwort jenes Gefälle, jene Parrhesie, jene Zuversicht und Autorität, die die echte Verkündigung von einem bloßen Reden über Gott und an Gott vorbei, von einer bloßen religiösen «Alsob»-Rede, und wäre sie noch so ernst und pathetisch, unterscheidet. Der Mensch hat sich dann nichts genommen, indem er von Gott redet. Er redet dann, was ihm gegeben ist.

Man bemerke: Dadurch und nur dadurch bekommt das menschliche Wort von Gott konkreten Inhalt und konkrete Form, dadurch und nur dadurch wird es fähig, etwas zu sagen: daß es auf Gottes Erlaubnis und Befehl hin ausgesprochen, daß es also die bestimmte, durch Gottes Offenbarung verheißene und verliehene und nicht eine eigenmächtig entdeckte und behauptete Ähnlichkeit mit seinem Gegenstand hat. Wo das Letztere von ihm zu sagen ist, da ist oder wird es notwendig uferlos und damit früher oder später nichtssagend. Was könnte nicht Analogie Gottes sein, wenn Gott von seiner Allmacht in seiner Offenbarung nicht einen ganz bestimmten, abgrenzenden Gebrauch gemacht hätte und noch machte? Wenn nämlich die durch seine Offenbarung gewirkte Analogie des Geschöpfes und des geschöpflichen Wortes nicht eine von ihm selbst gewollte und vollzogene Auswahl unter den unendlich vielen Möglichkeiten bedeutete, wenn wir also nicht je und je an ganz bestimmte Möglichkeiten gewiesen, von anderen aber ebenso bestimmt weggewiesen wären? Und was könnte nicht Analogie Gottes werden, wenn es unserer Weisheit oder Willkür überlassen wäre (unter Berufung darauf, daß bei Gott kein Ding unmöglich sei, daß wir ihm keine Schranken auferlegen dürften!) dieses oder jenes als eine Analogie Gottes in Anspruch zu nehmen, heute hier, morgen dort eine solche zu entdecken und als solche auszurufen? Es wäre dann das menschliche Reden von Gott ein Strom von gestaltloser Überschwemmung, der jetzt da, jetzt dort einen Damm durchbricht, Straßen und Dörfer unter Wasser setzt und schließlich überall das Einerlei des Todes schafft. Denn willkürliche Unterscheidungen zwischen wirklichen und nicht wirklichen Analogien, wie sie ja auch dann versucht werden könnten, könnten offenbar auch nur willkürlich und letztlich unwirksam gegeneinander behauptet und durchgeführt werden. Es wäre dann doch nur die Beharrlichkeit bezw. der Trotz der einen oder anderen philosophischen Schule, die da die Analogie Gottes behaupten und dort sie leugnen und also eine Grenze ziehen würde, in völliger Unwissenheit darüber, ob sie nicht nächstens doch auch keine Grenze mehr sein werde oder als solche ganz anders gezogen werden müsse.

Man darf nicht übersehen, daß die gemäßigte Analogielehre der natürlichen Theologie, wie sie insbesondere in der katholischen Kirche vertreten worden ist und vertreten wird, mit dem unter Berufung auf Gottes Allmacht alle und jede Analogie behauptenden Liberalismus sachlich und geschichtlich im engsten Zusammenhang steht. Es bedeutet eine Willkür und zwar eine nur philosophisch zu begründende, wenn auch durch das kirchliche Lehramt geweihte Willkür, wenn der Katholizismus dem christlichen Denken und der christlichen Sprache doch nun faktisch doch nicht erlauben will, aus der behaupteten *analogia entis* die Konsequenz einer allgemeinen Analogie der Welt zu Gott zu ziehen. Und es ist umgekehrt der Liberalismus mit seiner grundsätzlich nach allen oder fast allen Seiten betätigten Bereitschaft zur Entdeckung von immer neuen Weltanalogien, ob er es weiß oder nicht, des Korrektivs durch irgend eine philosophische Willkür (und durch ein diese Willkür heiligendes Lehramt?) nur zu bedürftig und wird mindestens die Sehnsucht danach notwendig wach rufen. Echte Verkündigung ist auf dem Boden der Meinung, wir hätten mit einer auch ohne Gottes Offenbarung von uns aus festzustellenden Analogie menschlicher Anschauungen, Begriffe und Worte zu rechnen, auf dem Boden der Analogielehre der natürlichen Theologie also, nicht möglich. Sie ist nicht anders möglich als da, wo die Analogie als Werk und Setzung der Offenbarung selber verstanden wird. Echte Verkündigung muß bestimmt und also begrenzt reden. Sie muß wissen, warum sie dieses sagt und jenes nicht sagt, dieses so und jenes anders sagt. Diese ihre Bestimmtheit darf aber gerade keine willkürliche, sie darf nicht dem Zufall und dem Wechsel der Philosophien und schließlich dem Diktat eines «Lehramtes» ausgeliefert sein. Sie muß, soll sie Verkündigung Gottes sein, auf der von Gott selbst vollzogenen Auswahl beruhen. Eben darum muß sie an Gottes Offenbarung gebunden, muß sie Auslegung der Offenbarung Gottes sein und bleiben und nicht, auch nicht indirekt, zur Selbstauslegung des Menschen werden und auch nicht zur Auslegung der Offenbarung Gottes unter Voraussetzung und nach Maßgabe einer vorangehenden Selbstauslegung des Menschen. Sie ist Auslegung der Offenbarung Gottes, wenn sie sich hält an die menschlichen Worte, die uns in unserer Konfrontierung mit Gottes Offenbarung zur Verfügung gestellt und damit als zu diesem Gebrauch dienlich bezeichnet werden, wenn sie der Freiheit folgt, in welcher Gott seine Gnade, wie dem Menschen überhaupt, so auch seinem menschlichen Anschauen, Begreifen und Reden gegenüber walten läßt. Dann

2. Die Wahrhaftigkeit menschlicher Gotteserkenntnis 263

wird sie etwas Bestimmtes zu sagen haben und dieses mit gutem Gewissen, mit der Verheißung, sachlich zu sein, d. h. in realer Beziehung zu der von ihr verkündigten Realität zu stehen, und mit dem berechtigten Anspruch, mit der begründeten Aussicht Gehör zu finden.

Aber nun müssen wir noch einen letzten Schritt tun. Wir sahen zunächst: unsere Worte über Gott k ö n n e n in Analogie zu Gottes Sein stehen, weil Gott als der Schöpfer aller Dinge und der Wahrheit aller Dinge die erste und letzte Wahrheit auch aller unserer Worte ist. Und wir sahen weiter: Dieses Können wird zur Wirklichkeit, d. h. unsere Worte über Gott b e k o m m e n Analogie zu Gottes Sein, indem Gott in seiner Offenbarung über sie verfügt, sich ihnen zum Gegenstand und ihnen so Wahrhaftigkeit gibt. Das ist das Ziel unseres Erkennens Gottes, sein *terminus ad quem*. Weil dem so ist, darum ist das Verhältnis zwischen dem Erkennenden und dem Erkannten auf Grund der Offenbarung als ein positives zu verstehen. Wir müssen uns nun aber klar machen, daß diese Positivität eine bestimmt umschränkte ist, daß dieses Z i e l unseres Erkennens Gottes: seine Wahrhaftigkeit tatsächlich auch seine (der Unbegreiflichkeit Gottes entsprechende und sachlich mit ihr zusammentreffende) G r e n z e nach vorwärts bedeutet. Ist unsere Erkenntnis Gottes wahrhaftig, dann stehen unsere Worte in einer Entsprechung und einer Übereinstimmung mit dem Sein Gottes. Wir sahen aber bereits: um eine solche Entsprechung und Übereinstimmung, die Gleichheit bedeuten würde, kann es nicht gehen, weil das entweder die Aufhebung der Gottheit Gottes, oder die der Menschheit des Menschen bedeuten würde. Geht es auch nicht um Ungleichheit — denn wo bliebe dann die Entsprechung und Übereinstimmung, wo bliebe dann die Positivität des ganzen Verhältnisses, die Wahrhaftigkeit unseres Erkennens und letztlich auch die Wahrhaftigkeit der Offenbarung Gottes? — dann kann es nur um Ähnlichkeit, um Analogie gehen und also um t e i l w e i s e Entsprechung und Übereinstimmung zwischen unseren Worten und Gottes Sein. Das «teilweise» ist jetzt noch zu klären: eben als Bezeichnung des Ziels als der G r e n z e unseres Erkennens Gottes.

Man sieht auf den ersten Blick, daß dieses «teilweise» eine an sich und als solche hilflose und unzureichende Bezeichnung des in Frage stehenden Sachverhaltes ist.

Es war darum angebracht, daß wir uns, als wir auf diesen Begriff der Analogie stießen, als wir ihn gelten ließen und aufnahmen, sofort feststellten: es ist auch dieser Begriff als solcher — mit dem wir ja scheinbar noch gar nicht direkt Gott, sondern nur unser Erkennen Gottes bezeichnen möchten — an sich zweifellos ein ungenügender Begriff. Das ist nur die Bestätigung dafür, daß wir uns bei der Lehre von der Erkenntnis Gottes tatsächlich schon mitten in der Lehre von Gott selber und nicht etwa in einem unter anderen Bedingungen stehenden Raume bloßer Prolegomena befinden. Wie sollte es anders sein. Wenn der geheime und offene Hauptsatz dieses ganzen ersten Kapitels der Gotteslehre dieser ist, daß Gott durch Gott und zwar allein durch Gott erkannt wird, dann haben wir es schon hier und nicht erst, wenn wir direkt vom Wesen Gottes reden werden, mit Gott selbst zu tun. Dann ist es auch nicht verwunderlich, daß unsere Begriffe und Worte zur Bezeichnung dieser Sache, der Erkenntnis Gottes, unter eben die Bestimmtheit und Begrenztheit fallen, die unseren Begriffen und Worten zur Bezeichnung Gottes selber eigentümlich ist.

Das Ungenügende des Begriffs der Analogie zeigt sich darin, daß wir zu seiner näheren Erklärung dieses Wort «teilweise» einführen müssen. Wenn wir in dem Verhältnis zwischen zwei kreatürlichen Größen nicht Ungleichheit und doch auch nicht Gleichheit, sondern eben Ähnlichkeit meinen feststellen zu müssen, dann handelt es sich eben um eine teilweise Entsprechung und Übereinstimmung, das heißt, das Verhältnis zwischen diesen Größen läßt sich dann algebraisch als ein Mehr und Minder auf beiden Seiten verstehen und darstellen: die Entsprechung und Übereinstimmung besteht zu einem Teil, zu einem anderen Teil nicht. Um ein solches algebraisches Teilen — und das Teilen, das wir kennen und vollziehen können, ist ein solches algebraisches Teilen — kann es nun zwischen Gott und uns nicht gehen.

Viel Unklarheit in allen dogmatischen Loci würde zu vermeiden sein, wenn man sich das klar machte, statt immer wieder zu Fragestellungen und Lösungen zu greifen, deren Voraussetzung ein algebraisches «teilweise» ist, das als solches zur Bezeichnung des Verhältnisses zwischen Gott und Mensch nie genügend sein kann und das darum auch nie unbesehen, das heißt nie ohne die ihm von diesem Gegenstande her widerfahrende Korrektur verwendet werden dürfte.

Gott ist Einer, er ist der Eine, und wie er selbst nicht aus Quanten besteht und sich nicht aufgelöst in Quanten verstehen läßt, so auch nicht seine Beziehung zu uns, so auch nicht unsere Erkenntnis Gottes. Besteht in diesem Erkennen, so gewiß es ein wahrhaftes Erkennen ist, Ähnlichkeit zwischen unseren Worten und seinem Sein, so kann das nicht, wie das hier notwendig zu brauchende Wort «teilweise» zunächst vermuten läßt, dies bedeuten: daß zwar ein gewisses Quantum des Sinns und Inhalts unserer Worte einem gewissen Quantum in Gottes Sein entspräche, einem anderen Quantum in Gottes Sein aber würde im Sinn und Inhalt unserer Worte ein Vakuum entsprechen, so daß diese dem Sein Gottes in dieser Hinsicht, in diesem «Teil» nun auch nicht entsprechen würden. Sondern die «Teile», die hier in Betracht kommen, sind auf der einen Seite das eine, ganze und unteilbare Sein Gottes, der sich uns in seiner Offenbarung ohne Vorbehalt erschlossen und mitgeteilt hat, auf der anderen Seite unsere Worte, d. h. wir selbst, wiederum ganz und unteilbar in unserer Geschöpflichkeit und Sündigkeit, in unserem dieser unserer Bestimmtheit entsprechenden Werke. Die Positivität und Wahrhaftigkeit des Verhältnisses zwischen diesen beiden Größen bezeichnen wir mit dem Begriff der Ähnlichkeit und also einer teilweisen Entsprechung und Übereinstimmung. Kalkulierbar ist weder die eine noch die andere dieser beiden Größen. Denn indem in diesem Verhältnis der Mensch mit Gott konfrontiert, in das Licht gerückt ist, das damit gegeben ist, daß Gott in Be-

2. Die Wahrhaftigkeit menschlicher Gotteserkenntnis

ziehung zu ihm getreten ist, kann auch der Mensch, kann auch sein Vermögen und seine Leistung nicht mehr als kalkulierbar betrachtet und verstanden werden. Auch der Mensch kommt in diesem Verhältnis nur ganz oder gar nicht in Frage. So meint also das «teilweise», das wir zur Erklärung des Begriffs Analogie verwenden müssen, in diesem Zusammenhang: es geht um diese beiden, in sich und in ihrem Verhältnis zueinander gerade nicht kalkulablen «Teile». Gott ist und bleibt Gott und der Mensch ist und bleibt der Mensch in diesem Verhältnis. So, in der Bestimmtheit der besonderen Beziehung, wie sie zwischen Gott und Mensch besteht und allein bestehen kann, in der Fülle dieser Beziehung, aber auch in der Schranke, die damit gegeben ist, daß sie diese besondere Beziehung ist, findet die Entsprechung und Übereinstimmung zwischen unseren Worten und dem Sein Gottes statt. Weil Gott Gott ist und bleibt in diesem Verhältnis, darum ist er (in seiner Ganzheit, in der quantitativ wie qualitativ schlechthin unbegrenzten Wahrheit seines Seins) Gegenstand der Anschauungen, Begriffe und Worte, die er dem Menschen in seiner Offenbarung zur Verfügung stellt, die zu seiner Bezeichnung zu gebrauchen er ihm in seiner Offenbarung erlaubt und befiehlt. Er ist es, sofern er dem Menschen gnädig ist und sich seiner tatsächlich in Gnaden annimmt. Aber eben weil Gott Gott ist und bleibt, ist er auch in seiner Offenbarung (wieder in seiner Ganzheit und also ohne Abzug eines Teils von seinem Sein, von dem nun doch etwas Anderes zu sagen wäre) der verborgene Gott, ganz und gar nicht Gegenstand der Anschauungen, Begriffe und Worte, die wir auf ihn anwenden dürfen, fern davon, sich durch jenes sein Erlauben und Befehlen auch nur in den Bereich unseres Zugriffs und unserer Verfügung, geschweige denn in unsere Hand begeben zu haben. Er ist verborgen, sofern seine Gnade Gnade, d. h. sofern er sie uns nicht schuldig ist, sondern in Freiheit widerfahren läßt. Und weil der Mensch der Mensch ist und bleibt in diesem Verhältnis, darum sind und bleiben seine Anschauungen, Begriffe und Worte als solche, als die seinigen, nicht nur zu einem Teil, sondern ganz und völlig unzureichend dazu, Gott zu bezeichnen, kann er diese Instrumente nicht in die Hand nehmen, ohne sich dessen bewußt zu sein, daß sie zu diesem Gebrauch ganz ohnmächtig, und daß sie eben in dieser Ohnmacht sein, des Menschen Teil, in dieser Sache sind. Sie sind es, sofern ihnen nicht durch Gottes Gnade jene Auferweckung und Indienststellung widerfährt. Wiederum: weil der Mensch der Mensch ist und bleibt, sind seine Anschauungen, Begriffe und Worte kraft jener Auferweckung und Indienststellung, auch sie nun in ihrer menschlichen Ganzheit — ohne Abstrich von irgendwelchen allzu menschlichen Menschlichkeiten, also gerade ohne Ausklammerung gewisser vermeintlich allzu krasser Anthropomorphismen — zureichend, Gottes Sein (das eine ganze unteilbare Sein Gottes!) zu fassen und also wahrhaftig zu sein, wahrhaftige Erkenntnis Gottes auszudrücken und zu begründen. Sie sind es, sofern sie im Glauben an Gottes Offenbarung, im Gehorsam gegen die dem Menschen in ihr gegebene Weisung gebildet und ausgesprochen werden. Das ist das «teilweise», die Schranke in dem Begriff der Ähnlichkeit und also die Grenze unseres Erkennens Gottes nach vorwärts: Wir sollen und wir werden, indem wir Gott erkennen, aus der Gnade seiner Offenbarung nicht herauskommen. Wir werden sie nicht entbehren müssen. Sie wird uns aber auch nicht überflüssig werden. Es soll und es wird jeder Schritt, den wir, herkommend von der Verborgenheit Gottes, tun, in einem neuen Empfangen der Gnade der Offenbarung bestehen.

Wir werden aber gerade an dieser Stelle eine schon gemachte Feststellung aufzunehmen und mit ihr den Schluß zu machen haben. Wir sind jetzt noch einmal auf das Miteinander und Ineinander von Verhüllung und Enthüllung in Gottes Offenbarung gestoßen. Das scheidet ja den Begriff der Gleichheit als Bezeichnung des Verhältnisses zwischen unseren Worten und Gottes Sein aus: daß Gott sich auch verhüllt in seiner Offenbarung. Und das scheidet den Begriff der Ungleichheit aus: daß Gott sich auch enthüllt in seiner Offenbarung. Und das nötigt uns, uns des Begriffs der Analogie zu bedienen: daß beides wahr ist in Gottes Offenbarung, seine Verhüllung und seine Enthüllung. Aber nachdem wir nun geklärt haben: es geht in der Verhüllung und in der Enthüllung Gottes nicht um Quanten, weder von Gott noch vom Menschen her gesehen, es geht beidemal um den einen ganzen Gott, beidemal um den einen ganzen Menschen — nachdem das geklärt ist, erinnern wir uns: zwischen Verhüllung und Enthüllung besteht kein symmetrisches, kein in seiner Richtung zweideutiges, schwankendes, unübersichtliches Verhältnis, kein auf Willkür — sei es auf einer Willkür Gottes, sei es des Menschen — beruhender Umschlag und Wechsel. Sondern wenn man das Verhältnis dieser beiden Begriffe und damit die Erklärung des Begriffs der Analogie als dialektisch bezeichnen will, so notiere man unter allen Umständen: es handelt sich um eine geordnete und zwar um eine teleologisch geordnete Dialektik. Wir reden mit beiden Begriffen von der Gnade der Offenbarung Gottes. Denn gnädig ist Gott nicht nur in seiner Enthüllung, sondern auch in seiner Verhüllung, nicht nur in seinem verzeihenden und heiligenden Ja, sondern auch in seinem richtenden Nein unserem Werk gegenüber. Und nur um seiner Enthüllung willen verhüllt er sich, nur um seines Ja willen will und muß er auch Nein sagen. Enthüllung und Verhüllung bezeichnen also den Weg, den Gott mit uns geht, nicht einen Widerspruch, den er über uns verhängt, in den er uns hineinstößt, den wir als solchen zu erleiden und auszutragen hätten. Es geht auf diesem Weg von Anfang bis zu Ende um den einen heilsamen Vollzug der Gemeinschaft zwischen ihm und uns. Im Vollzug dieser Gemeinschaft muß er uns verborgen werden, um uns offenbar zu sein, offenbar werden und doch verborgen bleiben, wobei doch das Offenbarwerden, das Ja, das er zu uns sagt, wie verborgen es immer sein möge unter dem Nein, das Ziel und Ende seiner Wege ist. Das ist es, was sich von seiner Verhüllung, von seinem Nein, **nicht** sagen läßt. Würden wir beide anders als so, würden wir sie und also den recht verstandenen Begriff der Analogie nicht in dieser teleologischen Ordnung verstehen, dann würden wir weder die Enthüllung als **seine** Enthüllung, noch auch nur die Verhüllung als **seine** Verhüllung sehen und verstehen. Als seine Offenbarung und also als seine Enthüllung und Verhüllung werden wir sie immer in dieser teleologischen Ordnung erkennen. Außerhalb dieser Ordnung würde uns das Evangelium, würde uns aber auch das Gesetz je als solches, nämlich als das Evangelium und das Gesetz Gottes, fremd bleiben müssen. Das recht gesehene und verstandene Evangelium ist immer das siegreiche, immer das das letzte Wort behaltende Evangelium — das Evangelium, das dann als solches das Gesetz als den Zuchtmeister nicht außer — weder vor sich noch hinter sich — sondern in sich hat, zu dessen Offenbarung die Offenbarung des Gesetzes **dienen** muß. So ist das «teilweise» mit seiner Erinnerung an die Verborgenheit Gottes wohl an sich und als solches Bezeichnung der **Grenze** unseres Erkennens Gottes, in seinem Zusammenhang mit der Offenbarung aber — es geht ja um die teilweise **Entsprechung** und **Übereinstimmung** unserer Worte mit Gottes Sein — zugleich die **Verheißung**, die unserem Unternehmen, Gott zu erkennen, wenn es ein gehorsames Unternehmen ist, mit auf den Weg gegeben ist.

Es kann lehrreich sein, an dieser Stelle einen vergleichenden Rückblick zu werfen auf die Art, wie das Problem der Wahrhaftigkeit menschlicher Gotteserkenntnis in seiner hier zuletzt in Gestalt des Analogieproblems erörterten Zuspitzung in der alten Theologie behandelt worden ist. Ich wähle dazu als gediegene Zusammenfassung der Ergebnisse aller früheren Forschungen die Darstellung des A. Quenstedt (*Theol. did. pol.* 1685 I *c.* 8 sect. 2 qu. 1).

In welchem Sinn, so will Quenstedt die Frage gestellt wissen, werden gewisse Eigenschaften wie *essentia, substantia, spiritus, bonitas, sapientia, iustitia,* gleichzeitig von Gott und von der vernünftigen Kreatur ausgesagt? Mit welchem Recht kommt es zu dieser doppelten Verwendung? Auch Quenstedt gibt eine dreifach gegliederte Antwort: *Essentia, substantia, spiritus et consequenter reliqua attributa, quae Deo et creaturis simul tribuuntur, de Deo et creaturis rationalibus non* συνωνύμως, *univoce, nec* ὁμονύμως, *aequivoce, sed* ἀναλόγως, *analogice praedicantur.* **Univoce** ist das gesagt, was in Anwendung desselben Begriffs auf zwei verschiedene Gegenstände in gleicher Weise in beiden von ihnen denselben Sachverhalt bezeichnet. *Univoce* fallen unter einen Begriff: *quae et nomen et rem nomine illo denotatam communem habent aequaliter.* Es fragt sich, ob Gott und die Kreatur in diesem Sinn unter einen Begriff fallen? Es ist offenbar die These von der **Gleichheit** zwischen menschlichem Wort und göttlichem Sein, die Quenstedt (er fand sie bei **Duns Scotus** und seiner Schule) hier im Auge hat. Er wendet dagegen ein: Was die Kreaturen mit Gott gemein haben, das haben sie in Abhängigkeit von ihm, so, daß es zuerst in ihm, dann erst und durch ihn in ihnen ist. Also kann es nicht *univoce* von ihm und von den Kreaturen ausgesagt werden. **Aequivoce** ist das gesagt, was in Anwendung desselben Begriffs auf zwei verschiedene Gegenstände je in dem einen und in dem anderen einen verschiedenen Sachverhalt bezeichnet: *Aequivoce* fallen unter einen Begriff: *quae nomen habent commune, sed non rem nomine significatam.* Es fragt sich, ob Gott und die Kreatur in diesem Sinn unter einen Begriff fallen? Gemeint ist sichtlich das, was wir die These von der *Ungleichheit* zwischen unserem Wort und Gottes Sein nannten. Quenstedt hat diese These u. a. bei gewissen reformierten Theologen vom Anfang des 17. Jahrhunderts vertreten gefunden. Und in der Tat lesen wir bei Polan: *Spiritus non dicitur de Deo et angelis ac animis hominum* συνωνύμως, *univoce, sed* ὁμονύμος, *aequivoce. (Synt. theol. chr.* 1609, *col.* 859). Quenstedt wendet ein: Indem Gott allerdings *essentia et substantia singularissima* ist, sind doch auch die Kreaturen *proprie entia, essentiae et substantiae,* und indem Gott allerdings in seiner einzigartigen Weise Geist ist, sind es in ihrer Weise doch auch die Engel und die menschlichen Seelen. Gott hat keine *non-entia* geschaffen und Christus hat, indem er menschliche Natur angenommen hat, kein *non-ens* angenommen. Quenstedt hält es aber auch für richtig, sich ein Argument des Thomas von Aquino anzueignen, der das *aequivoce* darum abgelehnt hat, weil mit dessen Bejahung darüber entschieden wäre, daß Gott nicht aus der Kreatur erkannt werden könne. *Et hoc est tam contra philosophos, qui multa de Deo demonstratione probant quam etiam contra apostolum dicentem Rom.* 1: *Invisibilia Dei per ea quae facta sunt, intellecta conspiciuntur. (S. theol.* I *qu.* 13 *art.* 5 c.) Also: *Entia creata non sunt plane nihil, sed posita extra nihil ... Deus distat a creaturis toto genere, verum non in esse entis, sed in esse talis entis h. e. infiniti.* Man wird also auch solche Stellen der Schrift, die der Kreatur das wahre Sein abzusprechen scheinen, nur als extenuative, nicht aber als destruktive Aussagen, also nicht als schlechthinige Leugnungen des in seiner Art wahren Seins auch der Kreatur zu interpretieren haben. *Licet solus Deus sit ens per essentiam, propterea tamen res caeterae non negantur vere esse aliquid, vel rationem entis habere.* Und nun greift auch Quenstedt nach der dritten Möglichkeit: *analogice* ist das gesagt, was in Verwendung desselben Begriffs auf zwei verschiedene Gegenstände denselben Sachverhalt je in dem einen und in dem anderen von ihnen in verschiedener Weise bezeichnet. *Analogice* fallen unter einen Begriff: *quae et nomen et rem nomine designatam communem habent, sed inaequaliter.* Es fragt sich, ob Gott und die Kreatur in diesem Sinn unter einen Begriff fallen? Quenstedt bejaht diese Frage im Einklang mit Thomas und mit den meisten Theologen und Philosophen, insbesondere der lutherischen Schule. Seine nähere Erklärung ist diese: Es handelt sich nicht um eine *analogia inaequalitatis,* um eine Ähnlichkeit, wie sie z. B. zwischen den verschiedenen *species* eines *genus* (in deren höherer oder geringerer Vollkommenheit usw.) besteht. Es handelt sich auch nicht um eine *analogia proportionalitatis,* d. h. um jene Ähnlichkeit, die in der Übereinstimmung einer gewissen Zahl von Bestimmungen zweier Gegenstände, bei übrigbleibender Nichtübereinstimmung einer gewissen Zahl von anderen Bestimmungen besteht. Es handelt sich aber um eine *analogia attributionis,* um eine Ähnlichkeit zweier Gegenstände, die darin besteht, daß das ihnen Gemeinsame zuerst und eigentlich in dem einen, dann und darauf hin, daß ein zweiter von jenem abhängig ist, auch in diesem zweiten besteht. Die *analogia* ist in jenem ersten *analogans,* in diesem zweiten *analogata.* Dies ist die zwischen Gott und der Kreatur bestehende Ähnlichkeit, auf Grund derer sie unter gemeinsame Begriffe fallen können. Quenstedt will aber hier noch genauer sein: Es handelt sich zwischen Gott und der Kreatur nicht nur um eine *analogia attributionis extrinsecae,* so daß die Analogie des *analogatum,* also des Geschöpfs, diesem nur äußerlich, im Bestand und in Form seines Verhältnisses zu dem *analogans,* also zu Gott, innerlich aber nur diesem *analogans* als solchem zu eigen wäre. Sondern es handelt sich um eine *analogia attributionis intrinsecae:* die Analogie ist sowohl dem *analogans* wie dem

2. Die Wahrhaftigkeit menschlicher Gotteserkenntnis 269

analogatum, sie ist sowohl Gott wie dem Geschöpf innerlich, *proprie* zu eigen, obwohl dem letzteren nur δευτέρως *et per dependentiam. Sic de utroque (scil. Deo et creatura rationali) vere dicitur, quod substantia sit, quod immaterialis sit etc., non tamen eodem modo et sensu... Deus substantia est absoluta et independenter, creatura vero dependenter et per participationem.*

Soweit Quenstedt. Haben wir nun dasselbe gesagt wie er? Inwiefern und inwiefern nicht? Eine ausdrückliche Antwort auf diese Frage lohnt sich geschichtlich, weil Quenstedt hier wie anderwärts, obwohl Lutheraner, als Kompendiator der alten Theologie in ihrer protestantischen Prägung jedenfalls hinsichtlich der den verschiedenen konfessionellen Schulen gemeinsamen Fragestellungen gelten darf, so daß wir uns, indem wir zu ihm Stellung nehmen, unsere in dieser Sache einzunehmende Stellungnahme der alten Theologie überhaupt gegenüber klar machen können. Und die Frage lohnt sich sachlich, weil der Vergleich uns Anlaß bieten kann, die von uns gewonnene Position im Blick auf eine klassische Gegenposition und an ihrem Maßstab noch einmal zu prüfen und zu erläutern. — Wir stellen zunächst das Gemeinsame fest: Wir haben uns in der Frage nach dem Sinn der Gemeinschaft zwischen dem menschlichen Wort und dem göttlichen Sein im Einklang mit Quenstedt gegen den Begriff der Gleichheit und gegen den der Ungleichheit für den der Analogie entscheiden müssen. Und wir können ihm darüber hinaus auch darin zustimmen, daß er diese Analogie als eine *analogia attributionis* verstehen will. Auch wir sahen ja bei unserer Diskussion des Begriffs der «teilweisen Entsprechung und Übereinstimmung», daß eine kalkulable *analogia inaequalitatis* oder *proportionalitatis* zwischen Gott und der Kreatur nicht in Betracht kommen kann. Auch wir suchten und fanden die Analogie in einer *attributio*, in dem Verhältnis eines *analogans* und eines *analogatum.* — Aber wenn zwei dasselbe sagen, ist es nicht immer dasselbe. Sehen wir näher zu, so wäre Quenstedt gegenüber zunächst doch einmal die Frage zu stellen: Ob nicht ausdrücklich gesagt werden müßte, daß der Begriff der Analogie in diesem Gebrauch, als analogia *attributionis* jedenfalls keine andere Anwendung zuläßt als die auf Gott und die Kreatur, und daß er in diesem Gebrauch ganz und gar überschwänglich wird, das heißt, daß er nach Ausschaltung der Vorstellung von einer Kalkulierbarkeit der in Frage stehenden Entsprechung und Übereinstimmung mehr und etwas Anderes sagt, als was er in dem uns möglichen Gebrauch sagen kann, daß er also, indem er in d i e s e n Gebrauch genommen wird, in einen n e u e n, schlechthin singulären, nur auf die Möglichkeit einer Gemeinschaft zwischen Gott und Mensch sich begründenden Gebrauch ü b e r g e g a n g e n ist. Sagen wir mit Quenstedt: *analogia attributionis,* dann nennen wir damit nicht nur, wie es bei ihm den Anschein haben kann (er hat die Unterscheidung von C a j e t a n übernommen), ein Drittes neben *analogia inaequalitatis* und *proportionalitatis* als Erstem und Zweitem, sondern es ist einzusehen und zuzugeben, daß der Begriff jetzt aus einem allgemeinen zu einem spezifisch und ausschließlich t h e o l o g i s c h e n Begriff geworden ist. Ist es ein Zufall, daß diese Erwägung bei Quenstedt keine Rolle spielt? Wir können unsere nächste an ihn zu richtende Frage sofort an seine nähere Erläuterung eben dieser *analogia attributionis* anschließen. Wir hörten: er will diese *attributio* als *attributio i n t r i n s e c a* verstanden haben: die Analogie soll nicht nur Gott, sondern auch dem Geschöpf «innerlich» *proprie* zu eigen sein, *dependenter et per participationem* zwar, aber doch innerlich, *per habitudinem,* auf Grund seines Verhältnisses zu Gott zwar, aber nicht nur als *habitudo,* nicht so, daß sie ganz und allein in diesem Verhältnis bestünde. Was bedeutet dann aber *attributio*? Ist damit diejenige Qualifizierung gemeint, die dem Geschöpf durch die Gnade der Offenbarung Gottes widerfährt? Von dieser Qualifizierung haben w i r geredet, von dieser *dependentia* und *participatio* des Geschöpfs also. In diesem Sinn würden also w i r diese *attributio* zu verstehen haben. Aber damit würden wir uns offenbar von dem, was

Quenstedt mit diesem Begriff meint, entfernen. Von Gottes Offenbarung ist in der ganzen *quaestio,* in der er von dieser Sache spricht, mit keinem Wort die Rede. Und daß er, wenn er von *attributio* redet, in der Tat etwas Anderes meint als die Gnade der göttlichen Offenbarung, das zeigt sich eben darin, daß er sie näher bestimmt als *attributio intrinseca.* Hätte er an die Gnade der Offenbarung gedacht, hätte dem Lutheraner die lutherische Lehre von der Rechtfertigung des Sünders allein durch den Glauben auch hier vor Augen gestanden, dann hätte er sich in seiner Sprache zweifellos für den Begriff einer *attributio extrinseca* entschieden, er hätte dann sagen müssen, daß die Analogie dem *analogatum* nicht nur *per habitudinem* zukomme, sondern daß sie allein *in habitudine,* in seinem Verhältnis zu Gott als dem *analogans* ihren Bestand und ihre Wahrheit habe, daß sie mit diesem Verhältnis stehe und falle, nicht aber, daß sie ihm, dem Geschöpf, als solchem «innerlich», *proprie* zu eigen sei! Aber Quenstedt hat hier die Rechtfertigungslehre n i c h t vor Augen gehabt. Er hat sie wohl gekannt und in seiner Weise selber treulich überliefert. Er hat an anderer Stelle seines Werks, wo er von der Bedeutung des Glaubens für die Rechtfertigung redet (III *c.* 8 *sect.* 1 *th.* 11) sehr genau definiert: *Ratio causandi, vis iustifica est competens fidei non in se et in sua natura, sive ex liberali Dei aestimatione seu acceptatione dignitatem aliquam sive parvam, sive magnam habens, sed unice ex obiecto iustifico apprehenso, Rom.* 3, 25. Angewendet auf das Problem der Erkenntnis Gottes würde dieser Satz besagen: Dasjenige, was das Geschöpf zum Analogon Gottes macht, liegt nicht in ihm und seiner Natur, auch nicht in dem Sinn, daß Gott etwas von dem in der Natur des Geschöpfs Liegenden von sich aus als Analogon anerkennen und annehmen würde. Es liegt dasjenige, was das Geschöpf zum Analogon Gottes macht, vielmehr allein in der Wahrhaftigkeit des in der Erkenntnis Gottes analog erkannten Gegenstandes und also Gottes selber. Sie ist ihm also *extrinsece* in Form von *apprehensio* und gerade nicht *intrinsece* zu eigen. So hätte Quenstedt im ersten Teil seines Werks schreiben müssen, wenn er diesen «in Analogie» zu dessen drittem Teil geschrieben, wenn er den ersten Artikel des Glaubensbekenntnisses «in Analogie» zu dessen zweitem Artikel, und also in der Analogie des Glaubens verstanden und ausgelegt hätte! Aber eben das hat er notorisch und auch ihm selbst sehr wohl bewußt n i c h t getan. Nicht nur er nicht, sondern mit ihm, mit gewissen glücklichen Ausnahmen und Inkonsequenzen die ganze Orthodoxie nicht! Man dachte gar nicht daran, die Frage der Erkenntnis Gottes, obwohl man sie doch auch nicht ganz ohne Erwähnung und Heranziehung des Begriffs des Glaubens beantworten wollte, nun wirklich und konsequent als die Frage der Erkenntnis des Glaubens und also in Analogie zur Rechtfertigungslehre zu behandeln. Und so denkt Quenstedt in unserem Zusammenhang gar nicht daran, daß jene *attributio* etwas mit der Gnade Gottes zu tun haben könnte. Er kann in diesem Zusammenhang ohne alle Hemmung und ohne allen Vorbehalt mit Thomas von Aquino zusammengehen und also dem Geschöpf ebenso wie dem Schöpfer ein *proprium* von Analogie zuschreiben. Steht er nicht in Gefahr, wenn er später zu seiner leidlich reformatorischen Lehre von der Gnade kommen wird, sich vom Katholizismus her fragen lassen zu müssen, warum das Verhältnis von Gott und Mensch hier auf einmal so ganz anders dargestellt werde als dort, ob denn jenes *proprie* kreatürlicher Ähnlichkeit mit Gott hier — etwa in der Frage des *liberum arbitrium* — auf einmal keine Rolle spielen sollte? Wird nicht das *intrinsece* h i e r früher oder später (bei Quenstedt ist es noch leidlich vermieden) in einem *intrinsece* d o r t, d. h. in der Lehre von einer die Rechtfertigung vorbereitenden oder auch ihr nachfolgenden menschlichen Bereitschaft zum Glauben sich durchsetzen müssen? Es ist nun schon sichtbar: w i r werden wohl tatsächlich mit denselben Worten etwas ziemlich A n d e r e s gesagt haben als Quenstedt. W i r wollten ja das Problem der Erkenntnis Gottes und im besonderen auch das der Analogie gerade im strengsten Verständnis des ersten Artikels vom zweiten her

2. Die Wahrhaftigkeit menschlicher Gotteserkenntnis 271

anfassen. Quenstedt hingegen hat offenbar, wenn er von *dependentia* redet, ein Verhältnis zwischen Schöpfer und Geschöpf vor Augen, das als solches auch gelöst von der Erkenntnis Gottes in Jesus Christus erkannt werden kann. — Darum hat nun schon seine Bestreitung der These von der Gleichheit und Ungleichheit zwischen menschlichem Wort und göttlichem Sein, obwohl wir in dieser Bestreitung mit ihm zusammentreffen, bei ihm einen anderen Sinn als bei uns. Was bei uns (der These von der Gleichheit gegenüber) die Abwehr einer Leugnung der Verhüllung Gottes in seiner Offenbarung bedeutet, das ist bei ihm die Abwehr einer Leugnung des Unterschiedes zwischen dem absoluten und dem relativen Sein als solchem. Und was bei uns (der These von der Ungleichheit gegenüber) die Abwehr einer Leugnung der Enthüllung in Gottes Offenbarung bedeutet, das ist bei ihm die Abwehr einer Leugnung der Einheit des relativen und des absoluten Seins in der Wahrheit. Das besagt nicht nur nicht dasselbe, das kommt auch nicht auf dasselbe hinaus. Wer bei der Frage nach der Wahrhaftigkeit der Gemeinschaft zwischen menschlichem Wort und göttlichem Sein die Verhüllung und die Enthüllung Gottes in seiner Offenbarung bekennen will und deshalb sowohl das *univoce* wie das *aequivoce* ablehnen muß, der sucht jene Gemeinschaft offenbar in Gottes Offenbarung und ihre Wahrhaftigkeit in der Gnade dieser Offenbarung, die sowohl durch das *univoce* wie durch das *aequivoce* geleugnet würde. Umgekehrt: wer die Unterschiede zwischen dem absoluten und relativen Sein einerseits, die Einheit der Wahrheit beider andererseits behauptet wissen will, und das *univoce* und *aequivoce* ablehnt, weil beide jener Behauptung widersprechen würden, der sucht jene Gemeinschaft in einem Gott und dem Geschöpf gemeinsamen Sein und ihre Wahrhaftigkeit in der Dialektik dieses Seins: in seiner Verschiedenheit und Einheit, Einheit und Verschiedenheit. So wird wohl auf beiden Seiten nach der Wahrhaftigkeit desselben Verhältnisses gefragt. Sie wird aber offenbar an ganz verschiedener Stelle gesucht: es ist also, obwohl hier wie dort von Gott und dem Menschen die Rede ist, hier und dort von einer ganz verschiedenen Wahrhaftigkeit ihres Verhältnisses die Rede. Es meint Quenstedt die Wahrheit des Seins im Allgemeinen, welches für ihn, bevor er an das Problem überhaupt herantritt, in seiner Güte offenbar nicht zu übertreffendes Kriterium ist — ein Kriterium, mit dem bewaffnet er dann gegen das *univoce* entscheidet: das wahre Sein ist in sich unterschieden als absolutes und relatives Sein, und gegen das *aequivoce:* das absolute und das relative Sein ist ein in beiden Gestalten in sich wahres Sein. So sucht er nach der Wahrhaftigkeit jenes Verhältnisses, bezw. so kritisiert er zunächst die beiden Mißdeutungen dieses Verhältnisses. Daran kann nun kein Zweifel bestehen: auch wir sind an die Frage nach derselben Wahrhaftigkeit nicht voraussetzungslos herangetreten, sondern ebenfalls versehen mit einem bestimmten Kriterium, dessen Güte auch wir als unübertrefflich vorausgesetzt haben. Wir meinten zum vornherein die Wahrhaftigkeit des Seins, das in sich selber das besondere Sein der Gnade ist. Wir konnten es also nur in Gottes Offenbarung suchen. Wir mußten uns gegen das *univoce* entscheiden, weil es mit dem Bekenntnis zu Gottes Verhüllung in seiner Offenbarung streitet — gegen das *aequivoce,* weil es dem Bekenntnis zu seiner Enthüllung widerspricht — gegen das eine wie gegen das andere: weil es sich eben mit dem Bekenntnis zu Gottes Gnade in seiner Offenbarung nicht vereinigen läßt. So haben wir nach der Wahrhaftigkeit jenes Verhältnisses gesucht; so haben wir die beiden Mißdeutungen jenes Verhältnisses kritisiert. Von diesen schon in der Polemik sichtlich verschiedenen Voraussetzungen her muß nun auch die positive Bestimmung des Begriffs der Analogie hier wie dort eine ganz andere werden. Es könnte zwar so scheinen, als würden wir wenigstens auf der ersten und obersten Stufe unserer Überlegung mit Quenstedt beisammen sein: dort, wo wir die Feststellung machten, daß die Wahrheit unserer Worte ja ursprünglich und eigentlich die Wahrheit Gottes als des Schöpfers ist, so daß er nur von seinem Rechtsanspruch Gebrauch macht, indem er sie uns in seiner Offenbarung zur Bezeichnung seiner selbst zur Verfügung stellt. Aber dieser unser Ausgangssatz: unsere Wahrheit ist Gottes Wahrheit, war verstanden als ein unumkehrbarer Satz. Gottes Wahrheit ist nicht unsere Wahrheit, haben wir sofort hinzugefügt und mußten wir hinzufügen, weil wir ja unter Gottes Wahrheit von vornherein die Wahrheit seiner Gnade verstanden. Quenstedt aber versteht unter Gottes Wahrheit jedenfalls in diesem Zusammenhang Gottes Sein und versteht unter Gottes Sein das absolute Sein, dem das unsrige nur als relatives Sein gegenüberstehen kann. Eben auf Grund dieser inhaltlichen Bestimmung ist jener Satz bei Quenstedt offenbar als umkehrbar zu verstehen: Unsere Wahrheit, d. h. unser Sein, das als das unsrige freilich nur relativ sein kann, ist Gottes Wahrheit, sofern Gott absolut ist, was wir relativ sind. Wir sind aber relativ dasselbe was Gott absolut ist. Und so ist Gottes Wahrheit auch unsere Wahrheit. Ist das Sein und nicht die Gnade das Kriterium der Wahrheit, dann ist diese Umkehrung nicht zu vermeiden. Es bedarf bei Quenstedt nicht erst der Offenbarung, um uns der Wahrheit Gottes teilhaftig zu machen. Wir sind es schon, sofern wir eben, wenn auch relativ, sind, wie Gott absolut ist. Daher kommt es nun, daß die zweite und sachlich wichtigste Stufe unserer Überlegungen: die Feststellung der göttlichen Verfügung und Verleihung, auf Grund derer unsere Worte wahrhaftig werden, bei Quenstedt überhaupt ausfällt. Zur Feststellung der Wahrhaftigkeit unserer Worte genügt nach ihm die offenbar einwandfrei zu vollziehende Besinnung auf unser Sein, bezw. auf das kreatürliche Sein überhaupt: wir stehen dann vor dem Sein, das, hier relativ, dort absolut, doch auch das Sein Gottes ist. Die Entdeckung der Analogie vollzieht sich auf dem Wege dieser freien Besinnung. Es bedarf zu dieser Entdeckung weder der Offenbarung noch auch des Glaubens. Sie ist ein uns zwar vielleicht nicht auf den ersten Blick ersichtlicher, aber auch nicht schlechthin verborgener, sie ist kein solcher Sachverhalt, der uns durch Gott in einer über den Tatbestand, daß wir seine Geschöpfe sind, hinausgehenden Entscheidung eröffnet werden müßte. Und so sind wir nun auch auf der dritten und untersten Stufe unserer Überlegung keineswegs mit Quenstedt beisammen. Wohl redet auch er von einer *attributio:* Aber wo bleibt in dieser *attributio* die Freiheit des gnädigen Gottes, die Quenstedt, wenn er von der *justificatio* redet, so gut kennt? Indem er diese *attributio* beschreibt als *attributio intrinseca*, verrät er, daß er gerade die Vorstellung einer bloß von Gott verfügten und verliehenen Ähnlichkeit des Geschöpfs mit ihm abwehren, daß er diese Ähnlichkeit als eine in und mit der Koexistenz von Schöpfer und Geschöpf gegebene und feststehende verstanden wissen will. Es bezeichnet also das *inaequaliter,* durch welches die Ähnlichkeit in seiner Definition von Gleichheit und Ungleichheit unterschieden werden soll, nicht den Unterschied zwischen der Wahrhaftigkeit des göttlichen Seins und unserer Worte, der darin besteht, daß jenes wahrhaftig ist, diese aber durch die besondere Entscheidung Gottes in seiner Offenbarung und also auf dem Wege von seiner Enthüllung zu seiner Verhüllung wahrhaftig werden. Sondern *inaequaliter* bei Quenstedt bezeichnet nur noch einmal die Verschiedenheit der Absolutheit und der Relativität des in Gott und in uns doch fraglosen identischen Seins.

Die Tragweite des damit beschriebenen Unterschiedes der beiden Gedankengänge dürfte nicht zu verkennen sein. Wenn Quenstedt recht hat, dann geschieht die Erkenntnis Gottes durch den Menschen daraufhin, daß zwischen Gott und Mensch, auch abgesehen von Gottes Offenbarung, auch ohne Jesus Christus, eine nicht nur reale, sondern auch als real einsichtige und so von uns in Anspruch zu nehmende Gemeinschaft besteht, zurückgehend darauf, daß das Verhältnis zwischen ihm und uns ja das Verhältnis zwischen Schöpfer und Geschöpf ist: ein Verhältnis, des eben darum ein Gemeinschaftsverhältnis ist, weil beide Schöpfer und Geschöpf, wenn auch verschieden, nämlich jener absolut, dieses relativ, sind und weil das beiden gemeinsame Sein eine nicht nur Gott, sondern auch dem Menschen bekannte oder doch bekannt werden könnende Tatsache ist. Wohin das führen müßte, wenn mit der dabei vorausgesetzten Anschauung von dem Verhältnis von Gott und Mensch auf der ganzen Linie ernst gemacht würde, braucht nur angedeutet zu werden. Man sollte ja denken, die Konsequenz sei unentrinnbar: Das Kriterium aller Wahrheit in diesem Verhältnis ist gar nicht Gott, sondern eben das Sein, an welchem Gott und Mensch — jener absolut, dieses relativ — Anteil haben. Und nun wird Alles, was in diesem Verhältnis und darüber zu sagen ist, auf eine Explikation dieser Anteilhabe — nicht des Menschen an Gott, sondern Gottes und des Menschen an dieser letzten, letztlich beiden überlegenen Wahrheit des Seins, hinauslaufen müssen. Gottes Gnade und des Menschen Sünde, Gottes Offenbarung und des Menschen Glaube, das alles kann nur noch als Modifikation dieser Anteilhabe an dem Sein verstanden werden, das Gott absolut, das aber auch der Mensch zwar relativ aber *intrinsece, proprie* und also mit Gott gemeinsam hat — alle besondere christliche Wahrheit nur als Modifikation der auf Grund jener Besinnung vorauszusetzenden allgemeinen Wahrheit des Seins, eines Seins, dessen nähere Interpretation dann eben uns, bezw. dem Wechsel und der Entwicklung der verschiedenen Anschauungen davon, was wahrhaftiges Sein nun etwa zu heißen verdienen möchte, überlassen wäre. Wird es ein moralisches, ein geistiges, ein transzendentales, ein empirisches, ein menschheitliches, ein individuell-humanes, wird es eines Tages vielleicht ein «deutsches» Sein werden? Und was wird unter diesen Umständen aus dem im Rahmen dieses Seins stehenden und zu verstehenden Verhältnis von Gott und Mensch werden? Nun, Quenstedt hat jene Konsequenz und erst recht solche Konsequenzen jener Konsequenz in seiner Theologie nicht gezogen. Er nicht und die übrigen altprotestantischen Orthodoxen auch nicht. Haben sie den gefährlichen Boden der allgemeinen Gotteslehre einmal hinter sich, dann werden sie schon in der Trinitätslehre, wie wenn es nicht anders sein könnte, darauf zurückkommen, sich keineswegs aus dem, was sie über das Sein zu wissen meinen, über Gott, sondern vielmehr aus dem, was Gott von sich selbst offenbart hat, über das Sein zu unterrichten. An diesem und nicht an jenem Leitfaden werden sie dann, wenn auch nicht ohne gelegentliche mißliche Spuren jenes Ansatzes, alles Übrige zu sagen versuchen, was über Gott und Mensch zu sagen ist. Die Christologie wird plötzlich dastehen und durchschlagen als das eigentliche Lebenszentrum ihrer Theologie und von der Christologie aus werden sie als protestantische Theologen hinsichtlich der Erbsünde und Sünde des Menschen, hinsichtlich des *liberum* und *servum arbitrium*, hinsichtlich der Rechtfertigung und Heiligung des Sünders zu sehr anderen Ergebnissen kommen, als jene ihre Lehre von der Erkenntnis Gottes es vermuten lassen würde. Wir stehen also auch hier vor dem Phänomen der glücklichen Inkonsequenz, mit der die protestantische Orthodoxie in Sachen der natürlichen Theologie überhaupt operiert hat. Und wir haben, wollen wir uns nicht unsererseits einer üblen Konsequenzmacherei schuldig machen, keinen Anlaß, wegen jenes Ansatzes ihrer Erkenntnislehre den Stab über sie zu brechen. Wohl aber haben wir Anlaß, uns vor Augen zu halten, daß die fatale Konsequenz aus jenem (w i e d e r katholischen oder s c h o n neuprotestantischen!) Ansatz der orthodox-protestantischen Theologie in den letzten zweihundert Jahren faktisch — man nannte das triumphierend die Überwindung der «alten Orthodoxie!» — doch gezogen worden ist. Sie k o n n t e eben gezogen werden. Es war von jenem Ansatz aus nicht als notwendig einsichtig, daß die Christologie als das Lebenszentrum der Theologie in jenen anderen Räumen der dogmatischen Überlegung sich nun dennoch durchsetzen müsse. Sie konnte diese Stellung von jenem Ansatz aus verlieren; es lag sogar in der Logik der Sache, daß sie sie verlieren mußte; sie hat sie faktisch verloren und die dogmatischen Ergebnisse in jenen anderen Räumen sind dementsprechend, d. h. unter der durchgeführten Herrschaft irgend einer Seinsinterpretation alsbald auch ganz andere geworden als die, zu denen die alte Orthodoxie auf Grund jener glücklichen Inkonsequenz noch gekommen ist.

Das dürfte uns nun unsererseits veranlassen, an dem Punkt, wo damals im 17. Jahrhundert zunächst noch ohne Schaden, aber zum großen Schaden der späteren Entwicklung die Weiche falsch gestellt wurde, Remedur zu schaffen. Wir können die orthodoxe Lehre von der Analogie nicht einfach aufnehmen und wiederholen. Täten wir das, dann könnten wir es uns zwar vielleicht ebenfalls leisten, nachher, spätestens von der Christologie ab, zu tun, wie wenn hier nichts oder etwas ganz anderes geschehen wäre. Es würde das aber, wenn es bei den Männern des 17. Jahrhunderts allenfalls verstanden und entschuldigt werden kann, nach den seitherigen geschichtlichen Erfahrungen ein unverantwortliches Tun sein, das wir uns faktisch nicht leisten können. Dieselben Ursachen würden dann nach menschlichem Ermessen in kurzer Zeit dieselben Wirkungen haben müssen. Gewarnt durch jenen Vorgang haben wir es also unternommen, die Analogielehre anders zu verstehen und zu formen als es die alte Orthodoxie getan hat, u. zw. so, wie sie verstanden und geformt werden muß, wenn man schon hier vor Augen hat, daß die Christologie wirklich das Lebenszentrum der Theologie und zwar der ganzen Theologie ist und bleiben muß und wenn man auch die richtige Interpretation der Christologie, wie sie in der Lehre von der Rechtfertigung des Sünders allein durch den Glauben auch von der alten Orthodoxie vorgetragen wurde, schon hier vor Augen hat. Denn darum geht es ja sachlich: daß es nicht wohlgetan sein kann, in der Theologie mit einer doppelten Wahrheit zu arbeiten. Es geht darum, daß auch in der Gotteslehre, auch in der Lehre von der Erkenntnis Gottes von Jesus Christus, vom Worte Gottes und nicht anderswoher zu denken, zu reden und zu argumentieren ist.

Das bedeutet nun aber: Die Notwendigkeit und Legitimierung des von uns eingeschlagenen Weges kann durch die Warnungen der Theologiegeschichte doch nur beleuchtet, nicht aber bewiesen werden. Mit welchem Recht sind wir an jener entscheidenden Stelle (bei der Frage nach der Wahrhaftigkeit der Gemeinschaft zwischen Gottes Sein und unseren Worten) mit jenem bestimmten Begriff von Wahrhaftigkeit an das Problem schon herangetreten, indem wir sie, im Unterschied zu Quenstedt zum vornherein als die Wahrhaftigkeit der Gnade Gottes verstanden? Nun, darauf könnten wir freilich antworten: wir haben dies darum getan, weil die andersartige Voraussetzung der Quenstedtschen bezw. der altorthodoxen Analogielehre zweifellos beweist, daß diese Lehre in der Sache identisch ist mit dem Kardinaldogma des römischen Katholizismus, nämlich mit der Lehre von der *analogia entis,* von der aus man nur entweder katholisch oder aber liberal weiterdenken kann und darum müssen wir jene Voraussetzung ablehnen. Gewiß, so könnten wir antworten, hätten aber damit, so richtig das Alles sein mag, auf die Frage nach dem Recht dieser Ablehnung und erst recht auf die Frage nach dem Recht unserer eigenen Wahl noch nicht geantwortet! Die Voraussetzung der Quenstedschen Analogielehre krankt ja — sofern sie krankt — schon daran, daß sie letztlich eine willkürliche Voraussetzung ist. Denn es ist wirklich nicht einzusehen, mit welchem Recht die protestantische Theologie des 17. Jahrhunderts dazu kam, mit der Scholastik des Mittelalters auf einmal wieder in jene eigentümliche Hochschätzung des Begriffs des Seins zu verfallen und nun wenigstens ansatzweise gerade diesen Begriff zum Maß aller Dinge zu erheben. Aber wenn wir jetzt von ihr abweichen, dann darf das nicht wiederum ein Akt der Willkür sein. Sehen wir heute, daß jene Analogielehre auf Grund ihrer Voraussetzung eine Rückkehr zu den Fleischtöpfen Ägyptens bedeutete und sehen wir in der Theologiegeschichte die fatalen Folgen, die das hatte, so können wir doch unsere eigene Entscheidung nach ihrer negativen und vor allem nach ihrer positiven Seite nur dann für begründet halten, wenn sie ihrerseits das ist, was jene offenbar nicht ist, nämlich eine dem biblischen Sach-

2. Die Wahrhaftigkeit menschlicher Gotteserkenntnis

verhalt entsprechende und insofern eine durch das Wort Gottes geforderte Entscheidung. Auch unser theologiegeschichtliches Urteil über die Fatalität dieser Lehre bezw. über das Kardinaldogma des römischen Katholizismus bedarf ja der Begründung an diesem Maßstab. Wir werden also mit den Vertretern jener Lehre letztlich nicht streiten über den Vorzug einer *analogia gratiae* vor einer *analogia entis* oder umgekehrt. Sondern wir werden sie fragen, ob ihre Lehre von der *analogia entis* überhaupt den Anspruch erhebe, sich als eine von der heiligen Schrift her geforderte Entscheidung rechtfertigen zu lassen und inwiefern sie sich von daher rechtfertigen lassen möchte? Wir werden ihnen entgegenhalten, daß dies, soweit wir sehen könnten, unmöglich sein dürfte. Und wir werden demgegenüber darauf hinweisen, daß die Lösung des Problems, die wir der ihrigen gegenübergestellt haben, jenen Anspruch allerdings erhebt, nicht willkürlich gesucht und gefunden zu sein, sondern in Orientierung an dem Verhältnis zwischen Gott und Kreatur, Gott und Mensch, das uns in der heiligen Schrift des Alten und Neuen Testamentes als maßgebend vor Augen steht. Dort ist es aber nicht ein Gott und den Menschen gemeinsames Sein, das letztlich und eigentlich die Gemeinschaft zwischen beiden begründet und erhält, sondern Gottes G n a d e. Von dorther gesehen muß also Gottes Gnade die Voraussetzung und das Kriterium sein, mit dem wir an das Problem der Analogie schon herantreten. Haben wir recht oder unrecht gehabt, wenn wir eben dies getan haben in der Meinung, daß dieses Kriterium von unübertrefflicher Güte und Gediegenheit sei? Indem wir an die Schrift appellieren, sind wir weiterer Antwort auf diese Frage enthoben. Sie ist es, die als Richter zwischen uns und den Vertretern jener anderen Lösung stehen und selber sprechen mag. Gerade im Blick auf diesen Richter dürfen wir nun aber diesen historischen Exkurs nicht unser letzteres Wort sein lassen. Sondern unser letztes Wort wird in einer ausdrücklichen Wiederholung eben unseres Appells an diesen Richter bestehen müssen.

Von was haben wir nun geredet und was soll nun geklärt sein? Nach der Ankündigung des Leitsatzes unseres Paragraphen ging es um das Gelingen des Unternehmens, auf Grund menschlicher Anschauungen und Begriffe auf Gottes Offenbarung im Glauben zu antworten und also um die Wahrhaftigkeit menschlicher Gotteserkenntnis. Diese Klärung haben wir in drei Gedankengängen vollzogen. Wir haben nämlich 1. die hier in Frage kommende W a h r h a f t i g k e i t bestimmt als die Wahrhaftigkeit Gottes in seiner Offenbarung, die uns in Anspruch nimmt, die uns eben damit in die Demut führt und in ihr erhält, die uns aber auch in den Stand einer bestimmten positiven Teilnahme an ihr versetzt. Wir haben 2. diese unsere A n t e i l n a h m e an Gottes Wahrhaftigkeit erläutert als das Verhältnis des Dankes, in welchem unser Erkennen den Charakter eines ganz bestimmten Dürfens bekommt, in welchem unserem Anschauen, Begreifen und Reden Ähnlichkeit mit seinem Gegenstand und eben damit die uns angemessene göttliche Wahrhaftigkeit verliehen wird. Und wir haben 3. diese Ä h n l i c h k e i t expliziert nach ihrem Ursprung, nach ihrem Zustandekommen, nach ihrer Wirklichkeit, womit wir denn wieder vor der Wirklichkeit der Offenbarung selber, d. h. vor ihrem Weg von der Verhüllung zur Enthüllung Gottes standen: vor der Verborgenheit, in der Gott ist, der er ist, um es sich nun doch nicht zu gering sein zu lassen, auch und gerade im Bereich unseres Fassens zu sein, der er ist. — Diese

§ 27. *Die Grenzen der Erkenntnis Gottes*

drei Gedankengänge in ihrem Zusammenhang bedürfen nun noch einer letzten Sicherung und Bestätigung. Man könnte freilich auch sagen: einer letzten Entsicherung und Aufhebung, einer letzten Erklärung, in der Hinsicht, daß wir alle diese Wege nur gegangen sein können in der Meinung, damit das Gelingen des Unternehmens des G l a u b e n s beschrieben zu haben. Man könnte sagen, daß dies ja darin sichtbar geworden sei, daß wir mit diesen drei Gedankengängen offenkundig und zugestandenermaßen einen Kreis beschrieben haben: sind wir doch fraglos von der Verborgenheit Gottes her, in der wir den *terminus a quo* seiner Erkenntnis fanden, eben zu der Verborgenheit Gottes auch bei der Feststellung des *terminus ad quem* seiner Erkenntnis wieder zurückgekehrt. Aber dieser Kreislauf unserer Darstellung ist an sich noch nicht der Beweis dafür, daß wir nun wirklich die Wahrhaftigkeit der im Glauben geschehenden Erkenntnis Gottes festgestellt und verstanden haben. Eben daß hier ein Kreislauf stattfand, könnte an sich auch ein Indiz dagegen sein, daß wir nun unser Erkennen Gottes als w a h r h a f t i g verstanden haben. Es gibt mancherlei *circuli*. Es gibt jedenfalls auch *circuli vitiosi*. Und wenn wir demgegenüber hervorheben wollten, daß es bestimmt auch *circuli veritatis* gebe, so wäre zu erwidern, daß eben dies, daß es auch *circuli veritatis* nämlich auch a n d e r e *circuli veritatis* gibt, uns bedenklich stimmen könnte, ob es denn — angenommen unser *circulus* sei ein solcher *circulus veritatis* gewesen — die Wahrhaftigkeit gerade unserer Erkenntnis G o t t e s gewesen sei, die wir in diesem unserem Kreislauf als solchem festgestellt haben. Es gibt eben tatsächlich auch andere, in ihrer Weise und ihrer Art erlaubte, schöne, aufschlußreiche und fruchtbare Kreisläufe, in denen es sich doch durchaus nicht um die Erkenntnis Gottes und ihre Wahrhaftigkeit, sondern mehr oder weniger deutlich um eine von den verschiedenen Formen eines metaphysisch vertieften menschlichen Selbsterkennens handelt. Wir haben uns auf unserem ganzen Wege Mühe gegeben, uns gegenüber solchen anderen Kreisläufen abzugrenzen und uns also gegen die Verwechslung unseres Weges mit einem dieser anderen Wege zu verwahren. Aber wer und was schützt uns letztlich gegen die Vermutung, es könnte diese Abgrenzung und Verwahrung vielleicht doch mehr eine in ihrem Eifer etwas verdächtige Behauptung als eine nun wirklich vollzogene Sicherung gewesen sein? Es war ja unvermeidlich, daß wir auf diesem ganzen Weg dauernd eben von der Möglichkeit Gebrauch machten, deren Prüfung und Diskussion der Sinn dieses Weges war: von der Möglichkeit, allgemeine menschliche Begriffe (wie z. B. gleich die Hauptbegriffe Wahrhaftigkeit, Anteilnahme, Ähnlichkeit) auf diese Sache, auf das Ereignis der Erkenntnis Gottes, anzuwenden. Wir befanden uns damit dauernd in der Nähe, sogar in größter Nähe von Aussagen, die sich in sich und als solche auch auf ganz andere Gegenstände als auf dieses Ereignis beziehen könnten. Wer oder was schützt uns davor, daß wir vielleicht trotz aller Abwehrversuche doch zweideutig gedacht und mißverständlich geredet haben? Daß wir dauernd von der Gnade der Offenbarung geredet, daß wir alle anderen zur Anwendung gekommenen Begriffe dauernd von diesen Begriffen her zu klären versucht haben, das kann uns hier offenbar nicht endgültig schützen. Denn ein allgemeiner menschlicher Begriff ist offenbar auch der der Offenbarung, auch der der Gnade. Möglich wäre es auch bei noch so zentraler und noch so sorgfältiger systematischer Verwendung dieser Begriffe, daß wir nun zwar die immanente Wahrhaftigkeit einer metaphysisch-anthropologischen Relation, aber keineswegs die Wahrhaftigkeit unserer Erkenntnis Gottes dargestellt haben. Ist diese Möglichkeit nicht vielleicht so drohend, daß wir jetzt feststellen müßten: zu einem Verständnis der wahrhaftigen Erkenntnis Gottes sind wir nun eben doch nicht vorgestoßen? Und wenn es uns zwar gelungen wäre, die hier gemeinte Wahrhaftigkeit von anderen denkbaren Wahrhaftigkeiten einigermaßen abzugrenzen, so droht im Hintergrund immer noch die erste Frage, ob denn der Kreislauf, in welchem wir uns offenkundig und zugestandenermaßen bewegt haben, überhaupt ein *circulus veritatis* und nicht doch ein *circulus vitiosus* gewesen sein könnte, d. h. ob wir nicht bei der Frage nach der hier gemeinten Relation und ihrer Wahrhaftigkeit einem Schatten nachgejagt seien, ob die Mühe, die wir hatten, uns gegen naheliegende, allgemein menschliche Gedankengänge abzugrenzen, nicht ein Hinweis darauf sei, daß wir besser daran getan hätten, uns selbst auf den Boden jener allgemeinen Gedankengänge zu begeben, die vielleicht ebenfalls *circuli*, die aber als *circuli veritatis*, vielleicht doch leichter einsichtig zu machen sein dürften, als der, in dem wir uns bewegen wollten. Man täusche sich nicht: allein damit, daß wir uns auf Gottes Offenbarung und Gnade berufen haben als auf die Notwendigkeit und den Rechtsgrund, uns nun gerade in diesem Kreis zu bewegen — allein damit können wir jene Frage nicht niederschlagen. Eben danach fragt sie ja: ob wir uns, indem wir uns von diesen Begriffen leiten ließen, nicht in einen *circulus vitiosus*, in ein solches Unternehmen verleiten ließen, das seinem Wesen nach gar nicht gelingen kann, ob wir nicht nach einer Wahrhaftigkeit fragten, die es gar nicht gibt, oder die doch in keiner Weise festgestellt und behauptet und nun gar noch in der Bestimmtheit behauptet werden kann, wie wir es getan haben. Von der Möglichkeit, daß sie sich ein unmögliches Thema gestellt haben könnte, ist offenbar auch eine Theologie der Offenbarung und der Gnade als solche, d. h. damit, daß sie diese Begriffe zu ihren Leitbegriffen gemacht hat, nicht geschützt. Ist diese Möglichkeit nicht vielleicht so drohend, daß wir jetzt feststellen müßten: zu einem Verständnis der Wahrhaftigkeit der Erkenntnis Gottes sind wir eben doch nicht vorgestoßen? Kurzum: Wir wollten das Unternehmen, in menschlichen Anschauungen und Begriffen Gott zu erkennen, als ein gelingendes Unternehmen verstehen. Das war offenbar selber ein Unternehmen, dessen Gelingen ein Problem bedeutet. Ist es uns nun etwa gelungen, jenes Gelingen festzustellen und zu verstehen? Bestehen nicht die Möglichkeiten zur Rechten und zur Linken, daß uns das trotz allem nicht gelungen sein könnte, daß wir jetzt zwar die Wahrhaftigkeit eines Erkennens, aber nicht die Wahrhaftigkeit des Erkennens Gottes oder aber zwar das Erkennen Gottes, nicht aber dessen Wahrhaftigkeit dargestellt und verstanden haben könnten?

Es ist klar, daß damit das ganze Problem unseres §: «Die Grenzen der Erkenntnis Gottes» noch einmal aufgerollt ist. Damit könnte ja nun gesagt sein, daß wir jetzt zurückgreifen dürften auf die beiden ersten §§ dieses Kapitels von der Erkenntnis Gottes in ihrem Vollzug und von der Erkennbarkeit Gottes. Die Bestimmung der Grenzen, die Frage nach der Wahrhaftigkeit der Erkenntnis Gottes setzt ja eben dies voraus, was dort zu klären versucht wurde: daß Erkenntnis Gottes wirklich und möglich ist. Aber wurde das dort so geklärt, konnte es so geklärt werden, daß die Frage, die jetzt, im Rückblick auf unsere Darstellung der Grenzen der Erkenntnis Gottes sich erheben kann, als gegenstandslos niedergeschlagen wäre? Wird mit dieser Frage nicht vielmehr auch das Problem jener früheren Untersuchungen und also das ganze Problem der Erkenntnis Gottes noch einmal aufgerollt? Wäre nicht zu sagen, daß wir uns in diesem ganzen Kapitel von der Erkenntnis Gottes in einem Kreislauf bewegt haben, welchem Ganzen gegenüber dann die Frage, die wir hier in engerer Absicht gestellt haben, am Platze wäre: War es der *circulus veritatis Dei,* der *circulus veritatis Dei,* in welchem wir uns bewegt haben? Und nun genügt es dieser im engeren und weiteren Sinn gestellten Frage gegenüber eben nicht, daß wir einfach behaupten: wir hätten das Alles im Glauben und eben darum in wahrhaftiger Erkenntnis Gottes gedacht und gesagt. Das könnte eine leere Phrase sein, durch die wir vor der Drohung dieser Frage bestimmt nicht geschützt sein würden. Denn eben danach fragt ja diese Frage, ob und inwiefern wir das alles im Glauben gedacht und gesagt haben. Und wir könnten uns gegen die Drohung dieser Frage auch dadurch nicht schützen, daß wir unseren Weg im engeren und im weiteren Kreis jetzt noch einmal und dann wohl gleich noch ein drittes und xtes Mal gehen würden. Weder die rastlose Wiederholung dieses Weges als solche würde uns schützen, noch auch die im Einzelnen vielleicht ganz gehaltvollen und bedeutsamen Einblicke und Ausblicke, die wir uns dabei wieder und wieder in Erinnerung rufen könnten. Es ist nämlich überhaupt nicht an dem, daß wir uns gegen diese Frage schützen könnten. Wenn unsere dauernde Berufung auf Gottes Gnade und Offenbarung — was auch von ihr im übrigen zu denken sein mag — jedenfalls für uns subjektiv kein Spiel mit Worten und auch kein Operieren mit einem systematischen *Deus ex machina* war, wenn wir wenigstens zu wissen meinten, was wir gerade mit diesen Worten sagten, dann können wir es ja gar nicht anders haben wollen, als daß wir uns jener Frage gegenüber in der Tat nicht selber schützen können. Könnten wir es, was hätten wir dann getan, wenn wir unsere ganzen Überlegungen unter die Leitbegriffe der Offenbarung und der Gnade stellten? Und ebenso brauchen wir uns ja nur selbst bei dem Wort zu nehmen: daß wir jenen Weg im Glauben gegangen seien, um sofort einzusehen, daß wir uns vor jener Frage tatsächlich nicht selber schützen wollen können. Gibt es hier eine letzte Sicherung und Bestätigung, dann muß diese bestimmt zugleich in einer letzten Entsicherung und Aufhebung bestehen. Haben wir uns im Glauben in dem *circulus veritatis Dei,* dem *circulus veritatis Dei* bewegt, dann müssen wir uns eben danach: ob und inwiefern das im Glauben geschehen sei, offen und ehrlich fragen lassen. Gerade der Glaube, auf den hier Alles ankommt, wird ja sich selbst als solchen niemals als eine fraglos gegebene Voraussetzung behandeln. Wir müssen uns nun freilich klar sein darüber, daß diese letzte Sicherung und Entsicherung unseres ganzen Gedankenganges kein durch uns vollziehbarer Akt ist. Schon die Frage: ob wir denn wirklich glauben und als Glaubende wahrhaftig Gott, Gott wahrhaftig erkennen — schon diese Frage ist viel zu radikal und erschütternd, als daß wir sie ernstlich selber an uns selber richten könnten.

Man sollte sich über den Ernst, mit dem wir diese Frage allenfalls selber an uns selber richten können, keinen Täuschungen hingeben. Er ist so groß nicht, wie wir, ergriffen von unserer eigenen Ernsthaftigkeit, wohl meinen möchten. Das beweist die verhältnismäßige Leichtigkeit, mit der wir sie zu beantworten vermögen, sei es, daß wir uns den Glauben, kaum in Frage gestellt, nun doch auch wieder zusprechen und mit dem Glauben die Wahrhaftigkeit unserer Gotteserkenntnis, sei es, daß wir unserem Glauben das Vertrauen entziehen und dann auch mit der Wahrhaftigkeit unserer Gotteserkenntnis nicht mehr so recht zu rechnen wagen. In dieser Fluktuation unserer Selbstbefragung und Selbstbeurteilung kommt es bestimmt zu keinen ernsten Entscheidungen, sondern bestenfalls zum Fortexistieren in einer unbesonnenen Gläubigkeit oder in einer ebenso unbesonnenen Ungläubigkeit. Beide mit den ihnen entsprechenden, scheinbar sehr bestimmten, in Wahrheit völlig schwankenden Gedankenbildern und Redensarten, die mit wahrhaftiger Gotteserkenntnis allerdings nichts zu tun haben. Als von uns selbst an uns selbst gerichtete Frage nach unserem Glauben bedeutet diese Frage nicht nur Zeitverlust (weil wir viel besser tun würden, zu glauben, statt uns zu fragen, ob wir glauben!) — sie bedeutet vielmehr ein gefährliches Spiel mit dem Glauben, weil wir uns dabei notwendig von ihm lösen, ihn gleichsam von außen betrachten und betasten müssen. Das kann und mag man mit seinen Gefühlen, Erlebnissen und Erfahrungen tun; das hat aber dem Glauben gegenüber keinen Sinn. Darüber kann man den Glauben nur verlieren. Im Glauben kann man nur wieder glauben, von vorne anfangen und fortfahren zu glauben. Alles Andere ist gerade nicht ernsthaft und kann nur zu religiöser oder unreligiöser Wichtigtuerei, zu allerlei pietistischer oder freidenkerischer Hochstapelei führen.

Schon die Frage nach unserem Glauben und also die notwendige Entsicherung unserer systematischen Überlegung und Feststellung der Grenzen unserer Erkenntnis Gottes, ihrer Wirklichkeit und Möglichkeit — schon sie kommt, wenn sie gründlich ist, von Gott her, der der Quell und die Fülle aller Antwort ist; sie kommt also von außen an uns heran und nicht auf Grund von allerlei nicht so wichtigen Zweifeln aus uns heraus. Sie kommt also, weil sie von Gott kommt, an unseren Glauben heran. Sie würde gerade nicht an uns heran kommen, wenn wir uns vielleicht eben vom Glauben dispensiert hätten, um ihn unsererseits von außen zu betrachten und mit ihm zu spielen, um uns dann, so oder so mutwillig — zur Gläubigkeit oder zur Ungläubigkeit zu entschließen. Was kann Gott mit uns anfangen, was kann die von ihm an uns gerichtete Frage für uns bedeuten, wenn er uns zufällig gerade nicht zu Hause, d. h. zufällig gerade außerhalb des Glaubens findet? Er kann uns dann nur unserer letztlich sicher unernsten und unfruchtbaren Selbstbefragung und Selbstbeurteilung überlassen. Es bedarf des Glaubens, sollen wir uns ernstlich nach unserem Glauben und also hinsichtlich unserer Erkenntnis nach unserem Stehen und Gehen in dem *circulus veritatis Dei* fragen lassen. Es bedarf des Glaubens, damit uns diese Frage radikal und erschütternd treffe, so treffe, daß von jener munteren Beantwortung in dem einen oder anderen Sinn keine Rede sein kann — so treffe, daß wir sie tatsächlich nicht beantworten können, daß sie tatsächlich wie ein tödlicher Pfeil als Frage in uns stecken bleibt. Es bedarf des Glaubens, um der Anfechtung teilhaftig zu werden. Die Anfechtung ist ja genau so wie der Trost (und vom Trost gar nicht zu trennen) ein göttliches Werk. Glauben wir nicht, dann mögen wir wohl zweifeln und zweifelnd zur Rechten und zur Linken fallen, unsere Zuflucht jetzt in dieser, jetzt in jener unechten Behauptung suchen. Gerade der Glaube aber, der Johannes den Täufer, der den Petrus von Judas Ischarioth unterscheidet, zweifelt nicht; er kann nicht zweifeln, schon darum nicht, weil ihm das göttliche Werk der Anfechtung widerfährt, durch das ihm die Zeit und Lust zum Zweifeln genommen ist. Der Glaube fällt in Anfechtung und «achtet es für eitel Freude», wenn das geschieht (Jak. 1, 2 f.). Der Glaube bekennt: «Selig ist der Mann, der die Anfechtung erduldet» (Jak. 1, 12). Denn die Anfechtung ist die Frage Gottes nach seinem Dasein. Dem Glauben kann nichts lieber sein, als diese Frage entgegenzunehmen. Durch die Anfechtung wird er ganz aufgehoben, um eben so ganz auf seinen Grund gestellt zu werden. In der Anfechtung wird er dem Menschen genommen, um ihm von seinem Gegenstand her wiedergegeben zu werden. In der Anfechtung wird er getötet, um durch den, an den er glaubt, aufs neue lebendig gemacht zu werden. Das ist die Seligkeit der Anfechtung. Man weiß ja noch gar nicht um den Glauben und also um Gott und also um die Erkenntnis Gottes in jenem *circulus veritatis Dei,* wenn man nicht weiß um die Seligkeit der Anfechtung, die vom Zweifel so verschieden ist wie der Himmel von der Erde. Aber eben weil es sich bei der Entsicherung, die uns am Ende eines Gedankenganges wie des jetzt abgeschlossenen not tut, um die selige Anfechtung handelt, die Gottes eigenes Werk an unserem Glauben ist — eben darum kann schon die entsichernde Frage, die hier zu bedenken ist, kein von uns vollziehbarer Akt, keine kritische Krönung menschlicher Systematik sein.

Es könnte also nur auf einem grauenhaften Mißverständnis dessen, was uns an dieser Stelle als Kritik not tut, beruhen, wenn wir uns im Rückblick auf unsere Untersuchung der Erkenntnis Gottes nun doch noch für von irgend einer kritischen Philosophie her prinzipiell gefragt halten würden oder wenn wir uns gar von dorther Gesichtspunkte und Argumente borgen würden, um uns durch eine letzte kritische Einklammerung unserer Untersuchungen und Ergebnisse — indem wir uns gewissermaßen selber neben den richtenden Gott stellen würden — das Gewicht der an uns gerichteten Frage zu erleichtern, uns ihr gegenüber ein ruhiges Gewissen und einen freien Rücken zu verschaffen. Könnten wir sie zu unserer eigenen Frage machen und also unsere Systematik mit einem Akte der Selbstkritik zum Abschluß bringen — was wäre das für eine Erleichterung! Könnten wir unsere Heldenlaufbahn mit einem Harakiri beendigen, was wäre das für ein höchster Triumph unseres Heldentums! Aber gerade dann, wenn wir das könnten, wäre offenbar schon damit, d a ß wir es könnten, Alles, was diesem Abschluß voranging, als nichtig erwiesen, als nichtiger letzter Sicherungsversuch dann aber auch unser kritischer Abschluß, unsere vermeintliche Entsicherung selber. Wichtig und richtig kann ein kritischer Abschluß an dieser Stelle nur dann sein, wenn er gerade nicht in einer prinzipiellen und so doch wieder uns selbst rechtfertigenden, aber auch anklagenden, sondern in der schlechthin faktischen Infragestellung besteht, die nur von Gott her, in der Seligkeit der Anfechtung, Ereignis wird. Wir werden also, wollen wir unsere wirkliche und wahre Entsicherung bezeichnen, nur schlechterdings über uns selbst und unsere Möglichkeiten hinausweisen können.

Das gilt nun aber erst recht von jeder auf diese Frage zu gebenden A n t w o r t. Ist sie eine wirkliche Antwort auf diese Frage, dann ist sie so radikal, so ursprünglich und endgültig begründend, daß davon, daß wir selbst sie uns zu geben vermöchten, gar keine Rede sein kann.

Über den Ernst, mit dem wir im Blick auf den *circulus veritatis Dei* irgendwelche p o s i t i v e n Abschlüsse zu vollziehen pflegen, sollte man sich erst recht keinen Täuschungen hingeben. Es gab eine Zeit, da hat sich die Theologie bei der Frage nach dem wahren Glauben und seiner wahrhaftigen Gotteserkenntnis dabei beruhigen können, daß sie sich selbst versicherte, es sei der Kreis, in welchem sich diese Erkenntnis bewegt, mit dem Lebenskreis des absoluten Geistes identisch. Es gab eine andere Zeit, da fand sie ihren Hort darin, daß der Glaube darum Glaube und also wahrhaftige Erkenntnis Gottes sei, weil er gleichsam als Urakt des menschlichen Selbstbewußtseins sein eigener Garant vor dem Richterstuhl der letzten geistigen Wirklichkeit sei. Es gab wieder eine andere Zeit, da tröstete man sich damit, daß der Glaube und seine Erkenntnis dadurch bestätigt und gerechtfertigt sei, daß er dem höchsten Wert oder Gut alles menschlichen Daseins, ja allen Daseins überhaupt entspreche. Es lassen sich aber auch biblisch und kirchlich klingende positive Antworten denken und sie sind im selben Zusammenhang oft genug gegeben worden: Man kann statt des Absoluten den Heiligen Geist sein letztes Wort sein lassen und sich aller Nachfrage gegenüber darauf zurückziehen, daß sie durch die Gegenwart und das Werk des Heiligen Geistes beantwortet würden, daß durch ihn unser Glaube wahrer Glaube und unsere Erkenntnis wahrhaftige Erkenntnis Gottes sei. Man kann sich auch einfach auf die Kirche berufen, deren Lehre von Gott und göttlichen Dingen nun einmal durch Offenbarung begründet und beglaubigt, durch deren Existenz also die Frage nach unserem Glauben und nach dem *circulus veritatis Dei* entschieden und erledigt sei. Man kann aber auch auf die praktische Erfahrung, oder auf die heilige Trinität, man kann auch auf Jesus Christus rekurrieren... Es gilt einzusehen, daß in dieser Sache alles Rekurrieren als solches unernst und vom Übel ist. Wo man rekurriert, wo man sich selber antwortet, da meint man, auch wenn die Antworten inhaltlich noch so ernst wären, sich selbst sichern zu können. Eben das kann man aber nicht. Und gerade der Glaube weiß, daß man das nicht kann. Wieder dispensiert man sich heimlich vom Glauben, wieder ist man nicht dort zur Stelle, wo Gott uns mit seiner Antwort finden möchte, wenn man meint, daß man in der Lage sei, sich den Glauben und mit dem Glauben die Wahrhaftigkeit seiner Erkenntnis Gottes selber bestätigen und garantieren zu können. Wer von der radikalen, der erschütternden Frage: ob er denn glaubt? wer von der Anfechtung betroffen und so für die göttliche Rettung bereit gemacht ist, der weiß, daß er sich selber nicht retten kann.

Es muß auch die Bestätigung unseres Glaubens und also die notwendige Sicherung unserer systematischen Überlegungen und Feststellungen hinsichtlich der Erkenntnis Gottes von außen an uns heran, sie darf, wenn sie echt ist, gerade nicht aus uns heraus kommen als ein Griff, mit dem wir uns zu retten versuchen. Sie muß der Griff sein, von dem sie ergriffen wird, sonst ist sie keine Bestätigung, keine Sicherung. Gerade nach dem Heiligen Geist, nach der Kirche, nach der christlichen Erfahrung, nach der Trinität, gerade nach Christus — um von jenen anderen Stützpunkten nicht zu reden — kann man nicht greifen, um damit sich selber Sicherheit schaffen zu wollen. Die Sicherung, derer unsere Systematik bedarf, kann nicht selber wieder eine systematische sein, weder unter diesem, noch unter jenem Namen und gerade unter dem Namen am allerwenigsten, der ja eben das besagt, daß uns in unserer Hilflosigkeit geholfen ist, der ja eben die von außen zu uns kommende Antwort selber ist. Also gerade unter dem Namen Jesu Christi sicher nicht! Und darum auch nicht unter dem des Heiligen Geistes oder der Kirche oder was da in vielleicht richtiger Meinung im Blick auf Gottes Offenbarung genannt werden kann. Es bedarf auch zur Entgegennahme dieser Antwort und Sicherung schlechterdings des Glaubens. Es bedarf des Glaubens, um des **Trostes**, um der Bestätigung teilhaftig zu werden, daß wir den Glauben haben und im Glauben wahrhaftige Gotteserkenntnis. Und der Glaube rekurriert nicht. Der Glaube behauptet nicht und trotzt nicht. Der Glaube unterläßt den Griff nach allen Axiomen und Garantien. Der Glaube weiß, daß der Mensch sich selber nicht trösten kann, daß der Trost wie die Anfechtung ein göttliches Werk ist. Nur indem wir nicht glauben, nur indem wir uns jenes Intermittieren des Glaubens gestatten, können wir auf den Gedanken kommen, uns so oder so selbst trösten zu wollen. Der Glaube hat dazu so wenig Zeit und Lust wie zum Zweifeln. Wer glaubt, wird gerettet. Von diesem Trost lebt der Glaube. Sein Trost hängt also unmittelbar zusammen mit der Anfechtung. Er setzt gerade dort ein, wo die Anfechtung am größten, wo der Glaube uns genommen, wo er aufgehoben und getötet wird, um eben so uns wirklich gegeben, um eben so gegründet und lebendig zu werden. Er hält und bestätigt den Glauben von dessen Ziel und Ende her. Er tröstet ihn damit, daß er ihn anweist, über sich selbst hinauszusehen, daß er ihn unterrichtet, über sich selbst hinauszuweisen. Er tröstet ihn mit der Wahrheit, die außer ihm, über ihm in der Höhe ist als Gottes und gerade so als seine, des Glaubens Wahrheit. Er tröstet ihn mit der Hoffnung. Eben so ist er der wirkliche, göttliche Trost, der wieder von aller Selbsttröstung so verschieden ist wie Himmel und Erde, wie die Anfechtung und der Zweifel verschieden sind. Mit einem von uns zu vollziehenden Akte der Synthese darf also auch der positive Abschluß unserer Lehre von der Erkenntnis Gottes, darf unsere Antwort auf die offene Frage nach dem *circulus veritatis Dei* nichts zu tun haben. Sie ist nur dann Antwort, wenn sie nicht unsere Antwort, oder als unsere Antwort nur das Bekenntnis zu Gottes Antwort ist. Nur dann ist sie ja die Antwort, in der der Glaube auf die Frage nach seinem Dasein legitime Antwort gibt, indem er sich als Glaube betätigt und eben damit auch die Wahrhaftigkeit unserer Erkenntnis Gottes faktisch beweist.

In diesem Sinn muß nun allerdings zum Schluß noch einmal schlicht auf Jesus Christus hingewiesen werden. Nicht um damit unser letztes Wort zu sprechen. Wir haben hinsichtlich des *circulus veritatis Dei* gerade kein letztes Wort zu sprechen. Wir würden uns nur wiederholen, wir würden ihn also nur noch einmal und dann wohl gleich noch oft und schließlich endlos oft beschreiben können. Wir würden, wenn wir von den Grenzen unserer Erkenntnis Gottes und von der Erkenntnis Gottes überhaupt abschließend reden wollten, gerade zu keinem Abschluß kommen, sondern nur in irgend welchen Variationen immer wieder davon reden können, wie Gott uns in seiner wahrhaftigen Offenbarung Anteil an der Wahrhaftigkeit seines Erkennens und so unserem Erkennen Ähnlichkeit mit dem seinigen und eben damit Wahrhaftigkeit gibt — um dann doch gefragt zu sein und zu bleiben: ob wir denn im Glauben stehen, um dieses von uns sagen zu können? Ob wir also tatsächlich **wahrhaftiger Erkenntnis Gottes** teilhaftig seien? Wir haben hier bestimmt kein letztes Wort zu sprechen. Indem wir meinen würden, dies tun zu können, hätten wir schon unser eigenes Urteil gesprochen, weil wir damit den Glauben verleugnet hätten. Eben darum kann und darf auch der Hinweis auf Jesus Christus auf keinen Fall den Charakter eines abschließenden Wortes unsererseits haben wollen. Jesus Christus ist wirklich zu gut dazu, um sich jetzt noch als letztes Wort unserer Selbstbestätigung einführen und verwenden zu lassen. Eben darum haben wir ja ausdrücklich festgestellt, daß es sich schon bei jener Frage auf keinen Fall um eine Selbstbefragung und bei ihrer Beantwortung so oder so in keinem Fall um eine Selbstbeurteilung handeln könne. Es handelt sich bei der Frage wie bei der Antwort um Jesus Christus und also nicht um uns selbst: um uns selbst nur auf Grund dessen, daß es sich selbstlos um Jesus Christus handelt. Wir können nun freilich auf Jesus Christus nicht hinweisen, ohne von diesen und jenen Sätzen der Christologie Gebrauch zu machen. Ein christologischer Satz ist ja schon das Aussprechen des Namens Jesus Christus. Es sind aber nicht die Sätze der Christologie, auf die hier hinzuweisen ist. Meinten wir sie, dann wären wir wohl doch wieder in dem Versuch (dem Versuch des Unglaubens) begriffen, in einem sicheren Hafen Anker zu werfen, wo es sich doch im Glauben gerade darum handelt, auf Christi Geheiß ins offene Meer zu fahren. Wir weisen nicht auf die Christologie hin. Sie als solche ist weder die Anfechtung noch der Trost des Glaubens. Wir weisen, christologisch redend, auf Jesus Christus selber hin. Wir haben schon auf ihn hingewiesen, indem wir von Gottes Anfechtung und von Gottes Trost gesprochen haben als von der göttlichen Wirklichkeit, von der der *circulus veritatis Dei*, in welchem wir uns bewegen, umschlossen ist. Diese göttliche Wirklichkeit ist eben Jesus Christus selber.

Wo ist es wahr, daß Gott uns in seiner wahrhaftigen Offenbarung Anteil gibt an der Wahrhaftigkeit seines Erkennens und so unserem Erkennen Ähnlichkeit mit dem seinigen und eben damit Wahrhaftigkeit? Wir haben in diesem unserem ganzen Gedankengang vorausgesetzt, daß das in uns wahr werde und sei. Um die Grenzen und so um die Wahrhaftigkeit unseres Erkennens Gottes wollten und müssen wir ja auch wissen. Der Vorbehalt, mit dem wir das voraussetzten, lag in der Sache, indem der Zentralbegriff unseres Gedankengangs der der Offenbarung und also der Gnade Gottes sein mußte, die wir uns nicht selber nehmen können. Dennoch und gerade so: mit diesem Vorbehalt, der nun doch auch als solcher wie eine letzte gewaltige Sicherung wirken konnte, haben wir tatsächlich vorausgesetzt, daß der Inhalt unseres Gedankengangs in uns selber wahr werden und sein könne. Es war in Ordnung, daß wir das taten. Aber eben die Berufung auf Gottes Gnade, unter der wir das taten, — ob sie nun Vorbehalt oder Sicherung bedeutete — bedeutete auf alle Fälle dies, daß wir uns selbst in den Bereich stellten, in welchem wir uns der Anfechtung des Glaubens nicht entziehen, in welchem wir uns nur noch mit dem Troste des Glaubens trösten können. Dieser Bereich ist aber der Bereich Jesu Christi. Gnade ist keine allgemeine Möglichkeit, auf die man als solche systematisch rekurrieren und sich beziehen könnte, gleichviel, ob man damit den Vorbehalt oder die Sicherung hinsichtlich des eigenen Tuns im Auge hat. Die Gnade ist «die Gnade unseres Herrn Jesus Christus» (2. Kor. 13, 13). Wer sich auf sie beruft, der hat damit nicht nur zugestanden, daß er des Vorbehaltes oder der Sicherung hinsichtlich seines eigenen Tuns bedürftig ist, der hat damit vielmehr zugestanden, daß sein Tun, in unserem Fall also sein Gedankengang gerade in seiner über das Ganze entscheidenden Mitte ein Vakuum aufweist, von dem her gesehen er entweder ganz richtig oder aber ganz nichtig ist. Er hat zugestanden, daß er dieses Vakuum nicht, auch mit keinem Zentralbegriff, weder vorbehaltend noch sichernd ausfüllen kann. Er hat zugestanden, daß dort, in jenem Vakuum seines Tuns und Gedankengangs Jesus Christus steht: nicht ein christologischer Satz, den er als Schlüssel benützen könnte, um nun auch noch dieses letzte Schloß zu öffnen, nicht als ein letztes Wort in seinem Munde also, sondern Jesus Christus selbst als der überlegene Richter und Heiland seines Tuns. Er hat zugestanden, daß sein Tun und Gedankengang nur in Jesus Christus ursprünglich und eigentlich wahr sein und nur daraufhin, daß Jesus Christus auch sein Richter und Heiland wirklich ist, auch in ihm wahr werden und sein kann. Er hat sich in seine Hand gegeben, damit er nach seinem eigenen Wohlgefallen sein Richter und Heiland sei und als solcher von dorther, wo er sein eigenes Vakuum feststellen muß, an ihm handle. D a s bedeutet die Berufung auf die Gnade, die uns auf unserem ganzen Gedankengang begleitet hat. Sie bedeutet, soll sie nicht die schlechte Auskunft einer allzu schlauen Philosophie gewesen sein, den Verzicht sowohl darauf, uns selbst unter den Vorbehalt zu stellen, als auch darauf, uns selbst Sicherung zu verschaffen. Sie bedeutet, wenn sie echt ist, bestimmt nicht das Ankerwerfen, sondern die Ausfahrt. Sie bedeutet, daß wir uns hinsichtlich unserer Erkenntnis Gottes und ihrer Wahrhaftigkeit die Anfechtung des Glaubens gefallen lassen und daß wir dabei auf nichts Anderes als auf den Trost des Glaubens warten. Sie bedeutet, daß wir den Ort unserer Erkenntnis Gottes den sein lassen, in welchem Gottes Anfechtung und Gottes Trost für uns Ereignis geworden sind, von dem her die Anfechtung und der Trost des Glaubens zu uns kommen. Und das ist eben Jesus Christus. Denn gerade indem er dieser Ort ist, aber nur indem e r es ist, werden und sind auch w i r es. Sind w i r es, dann im Glauben an i h n, das heißt dann aber gerade, indem wir i h n diesen Ort sein lassen. «In ihm sind verborgen alle Schätze der Weisheit und Erkenntnis» (Kol. 2, 3). Das bedeutet nicht nur allgemein, daß wir ihn erkennen müssen, um Gott zu erkennen. Das bedeutet im besonderen, daß wir i h n erkennen müssen als das erste und eigentliche S u b j e k t der Erkenntnis Gottes. Haben wir recht vom Menschen geredet, wenn wir bei unserem Gedankengang voraussetzten, daß er seine, des Menschen Wahrheit enthalte und ausspreche, dann haben wir ursprünglich und eigentlich nicht von uns, sondern von diesem Menschen, von Jesus Christus geredet. In ihm, der wahrer Gott und wahrer Mensch ist, ist es wahr, daß Gott dem Menschen in seiner wahrhaftigen Offenbarung Anteil gibt an der Wahrhaftigkeit seines Erkennens und so seinem Erkennen Ähnlichkeit mit seinem eigenen und damit Wahrhaftigkeit. Auf Grund der Gnade der

Inkarnation, auf Grund der in Jesus Christus geschehenen An- und Aufnahme des Menschen in die Einheit des Seins mit Gott ist das Alles in diesem Menschen, in Jesu Christi Menschsein, Wahrheit geworden. Der ewige Vater erkennt den ewigen Sohn und der ewige Sohn erkennt den ewigen Vater: aber der ewige Sohn ist nicht nur der ewige Gott, sondern in der durch die Gnade der Inkarnation vollzogenen Einheit auch dieser Mensch: Jesus von Nazareth. Nicht unsere Erkenntnis Gottes, sondern die, die da war, ist und sein wird in diesem Menschen Jesus haben wir beschrieben, indem wir ihre Wirklichkeit, ihre Möglichkeit und nun zuletzt ihre Grenzen beschrieben haben. Anders hätten wir sie nicht im Glauben und nicht als die Erkenntnis des Glaubens und dann gewiß in keinem Sinn als die wahrhaftige Erkenntnis Gottes beschrieben. Wir berufen uns, wenn wir uns auf Gottes Gnade berufen, eben auf die Gnade der Inkarnation, eben auf diesen Menschen als auf den, in welchem, weil er der ewige Sohn Gottes ist, Erkenntnis Gottes ursprünglich und eigentlich war, ist und sein wird, durch den uns aber wiederum, weil er der ewige Sohn Gottes ist, unsere eigene Gotteskindschaft und damit unsere Gemeinschaft an seiner Erkenntnis Gottes zugesagt ist. Wir ergreifen diese Zusage, indem wir uns selbst wahrhaftige Erkenntnis Gottes zuschreiben, indem wir es wagen, uns getrost in jenem *circulus veritatis Dei* zu bewegen. Und nun kommen wir, indem wir das tun, darum in den Bereich der Anfechtung und des Trostes des Glaubens, weil eben die Anfechtung und der Trost die Form der diesem Menschen zugewendeten Gnade der Inkarnation, weil alle Schätze der Weisheit und Erkenntnis eben in dieser Gestalt, in der der Anfechtung und des Trostes, in ihm verborgen sind.

Was heißt Anfechtung ursprünglich und eigentlich? Nicht etwas von dem, was wir an uns selbst erfahren und erleben und also auch wohl uns selbst verschaffen können, sondern das, was nach der Schrift dem Sohne Gottes in der Erniedrigung seines Menschseins in seinem Kreuzestod von Gott widerfahren ist: das Gericht Gottes, unter das er sich, unsere Stelle einnehmend und uns an dieser Stelle vertretend, begeben hat. So, als der selber das Gericht Leidende, wird er zu unserem Richter. So stellt er unseren Glauben in Frage, so nimmt er ihn weg, so tötet er ihn als unser eigenes Werk. Denn was bleibt von unserem Glauben übrig, wenn wir ihn schreien hören: Mein Gott, mein Gott, warum hast du mich verlassen? Wenn der Sohn Gottes den Glauben nur bewähren konnte, indem er ihn sich nehmen ließ, was kann das Anderes für uns bedeuten als die Offenbarung, daß unser Glaube als unser eigenes Werk ein verlorenes Werk ist? Aber nicht wir, sondern Jesus Christus hat die Anfechtung Gottes zuerst und eigentlich erlitten und unsere Sache ihr gegenüber kann es nur sein, sie als die von ihm erlittene zu anerkennen und allen Ansprüchen unseres eigenen Werks gegenüber gelten zu lassen.

2. Die Wahrhaftigkeit menschlicher Gotteserkenntnis

Unser Glaube ist also dann, obwohl unser eigenes Werk, kein verlorenes Werk, wenn er in der Berufung darauf besteht, daß die notwendige Anfechtung unseres Glaubens in Jesus Christus schon stattgefunden hat, daß sie in ihm erledigt ist. Eben darum kann sie denn auch mit den Zweifeln unserer Selbstbefragung und Selbstbeurteilung nicht mehr verwechselt werden. Und was heißt ursprünglich und eigentlich Trost? Wieder nichts von dem, was wir als Bestätigung und Bestärkung an uns selbst erfahren, erleben und uns verschaffen können, sondern das, was nach der Schrift dem Sohne Gottes in der Erhöhung seiner Menschheit, in seiner Auferstehung von den Toten widerfahren ist: die Bestätigung des Wohlgefallens, das Gott an ihm — und nun wiederum: an ihm an unserer Stelle — gefunden hat. Als der, dem selbst Heil und ewige Herrlichkeit zuteil geworden, ist dieser Mensch unser Heiland. So gibt er uns den Glauben wieder, so erweckt er ihn aus dem Tode, so macht er ihn zum lebendigen Glauben. So verschafft er unserem Glauben die Anerkennung, die wir ihm nicht zu verschaffen vermöchten: die Anerkennung, daß er unsere Gerechtigkeit vor Gott ist. Wir dürfen nicht nur an den Auferstandenen, wir dürfen mit dem Auferstandenen, d. h. auf Grund des ihm widerfahrenden göttlichen Trostes glauben. Das ist die Kraft unseres Glaubens, daß Gott sich seines Sohnes im Fleische angenommen, daß er diesen Menschen Jesus in Ewigkeit getröstet hat. Und in ihm hat er im voraus uns Alle getröstet. Was können wir tun, als auch diesen Trost wie die Anfechtung geschehen sein lassen, ihn also unseren eigenen Trost sein lassen? Und so kann beides, die Anfechtung und der Trost, nur die Bestätigung sein, daß wir uns, indem wir uns in unserem *circulus veritatis Dei* bewegen, im Bereich Jesu Christi befinden, in welchem nun eben dies — wir nannten es in früherem Zusammenhang: die Verhüllung und Enthüllung Gottes, der Weg von jener zu dieser — die Hausordnung bildet, der wir uns nicht entziehen können. Es ist der Glaube nichts Anderes als die Anerkennung dieser Hausordnung. Und es besteht der Glaube schlechterdings darin, daß wir nur noch um die Jesus Christus widerfahrene Anfechtung und Tröstung, nur noch um sein Kreuz und seine Auferstehung wissen wollen als um die wirklich an uns gerichtete aber eben so wirklich für uns beantwortete Frage nach unserem Tun: nach der Richtigkeit unseres Gedankengangs, nach den Grenzen, nach der Wahrhaftigkeit unserer Erkenntnis Gottes.

SECHSTES KAPITEL
DIE WIRKLICHKEIT GOTTES

§ 28
GOTTES SEIN ALS DER LIEBENDE IN DER FREIHEIT

Gott ist, der er ist in der Tat seiner Offenbarung. Gott sucht und schafft Gemeinschaft zwischen sich und uns und so liebt er uns. Eben dieser Liebende ist er aber als Vater, Sohn und Heiliger Geist auch ohne uns, in der Freiheit des Herrn, der sein Leben aus sich selber hat.

1. GOTTES SEIN IN DER TAT

Gott ist. Diesen einfachen Satz haben wir in dem vor uns liegenden Kapitel zu entfalten und zu erklären auf Grund und in Anwendung dessen, worüber wir uns im vorangehenden Kapitel hinsichtlich des Vollzugs, der Möglichkeit und der Grenzen der Erkenntnis Gottes verständigt haben. Wir stehen damit vor der schlichtesten und zugleich umfassendsten Aufgabe einer kirchlichen Dogmatik, hinter der sich auch die schlichteste und zugleich umfassendste Aufgabe aller christlichen Verkündigung verbirgt. Die Aufgabe besteht darin, das Subjekt aller hier notwendigen und möglichen Sätze zu bezeichnen. Das Problem seiner Bezeichnung als solches liegt nun (soweit es sich um seine wissenschaftliche Entwicklung und Darstellung handelt) hinter uns: eben darum ging es in der Lehre von der Erkenntnis Gottes. Daß dieses Problem uns nicht loslassen kann, daß es uns gerade auf dieser nächsten Strecke unseres Weges (aber auf welcher weiteren Strecke etwa nicht?) auf Schritt und Tritt weiter begleiten wird, ist selbstverständlich. Aber die Ergebnisse unserer dort angestellten Überlegungen werden sich bewähren müssen, indem wir die Bezeichnung jenes Subjektes, über die als solche wir uns Rechenschaft abgelegt haben, nunmehr zu vollziehen suchen, indem wir nun also im Rahmen und nach Maßgabe der Lehre von der Erkenntnis Gottes tatsächlich zu sagen versuchen: Gott ist. Gerade dieser Satz und also der Gegenstand der vor uns liegenden Aufgabe ist nun gewiß nicht bloß ein besonderes Theologumenon neben anderen. Genau genommen wird das von keinem einzigen Satz des Glaubens und also auch der Dogmatik zu sagen sein. Genau genommen ist in der Dogmatik und in der kirchlichen Verkündigung jeder einzelne Satz zugleich der Grund und Inbegriff aller übrigen. Aber wie sollte es anders sein, als daß dies von diesem Satz, in welchem wir die Bezeichnung des Subjektes aller anderen Sätze vollziehen, in hervorgehobener Weise gelten muß?

Die Dogmatik in allen und jeden von ihren Teilen und Unterteilen, mit ihren sämtlichen Fragen und Antworten, mit ihren sämtlichen biblischen und geschichtlichen Feststellungen, mit ihren sämtlichen formalen und materialen Besinnungen, Untersuchungen und Zusammenfassungen kann erstlich und letztlich, kann im Ganzen und im Einzelnen nichts Anderes sagen wollen als dieses: Gott ist. In dem Maß, als sie das tut, dient sie der Kirche als Kritik ihres Tuns und als Ratschlag und Vorschlag zu ihrem Tun. Indem sie das sagt oder auch nicht sagt: Gott ist, entscheidet sie selbst nicht nur über ihre Brauchbarkeit oder Unbrauchbarkeit, sondern auch über ihren wissenschaftlichen Wert oder Unwert. In jedem Gedankengang, in jedem Satz, der direkt oder indirekt dazu dient, das zu sagen, tut die Dogmatik, was sie tun soll, was ihre Existenz als solche erfordert und rechtfertigt. Und umgekehrt: in jedem Gedankengang oder Satz, der dazu nicht dienen, in welchem sie nicht direkt oder indirekt das sagen, in welchem sie direkt oder indirekt etwas Anderes sagen würde als: Gott ist — auf jedem solchen Wege, wie einleuchtend und ertragreich er unter anderer Betrachtung immer sein möchte, würde sie sich bestimmt einer Entgleisung schuldig machen, würde sie die Kirche in die Irre statt in die Wahrheit führen, würde sie also auch sich selbst und ihr Existenzrecht in Frage stellen.

Dem ist aber so, weil auch die Kirche, deren Auftrag die Dogmatik an ihrem Ort und in ihrer Weise zu dienen hat, davon und nur davon lebt, daß sie hören darf: Gott ist, und weil sie sich selber und der Welt in Ausrichtung ihres Auftrags erstlich und letztlich dies und nur dies zu sagen hat: Gott ist. Dies ist es ja, was Gott mit den Menschen und von den Menschen will laut seines Wortes: sie dürfen und müssen hören, glauben, wissen, damit rechnen, sie dürfen und müssen im Großen und im Kleinen, im Ganzen und im Einzelnen, in der Totalität ihrer Existenz als Menschen leben mit der Alle und in Allen Alles nicht nur neu beleuchtenden, sondern real verändernden Tatsache, daß Gott ist. Daß dem so ist: daß Gott die Menschen leben lassen will mit dieser Tatsache seines eigenen Seins und daß, was Gott will, geschieht, dafür braucht die Kirche freilich nicht zu sorgen. Dafür sorgt überhaupt kein Mensch und keine andere Kreatur, dafür sorgt Gott selbst in seinem Wort. Die Kirche hat aber diesem seinem Wort, in welchem er selbst dafür sorgt, zu dienen. Denn vom Worte Gottes und für das Wort Gottes lebt die Kirche. Das ist also der Auftrag der Kirche, dem auch die Dogmatik in ihrer Art und in ihrer Weise zu dienen hat: sie hat, belehrt und gebunden durch das Wort Gottes und um seinetwillen (weil sie keinen anderen Existenzgrund hat als den, dem Worte Gottes zu dienen) zu sagen, daß Gott ist. So ist auch von ihr (und zuerst von ihr) zu sagen: sie tut, was sie tun soll, was allein, was aber auch unbedingt von ihr gefordert ist, was sie allein, was sie aber auch unbedingt rechtfertigt — wenn sie sagt, daß Gott ist. Indem sie selbst vom Worte Gottes und für das Wort Gottes lebt, weiß sie ja, daß eben dies unter allen Umständen gesagt werden muß, daß die Menschen eben dies zu hören, eben mit der Tatsache in der Totalität ihrer Existenz zu leben unter allen Umständen nötig haben, daß sie aber eben dies unter keinen Umständen sich selber sagen können (wie auch sie, die Kirche, es sich nicht selber gesagt hat): daß Gott ist. Sie ist ihrem Auftrag getreu, indem sie, belehrt und gebunden durch das Wort Gottes und um seinetwillen, sich selbst und der Welt direkt oder indirekt aber unzweideutig eben dieses sagt. Denn was sie auch sagen kann, es wird, wenn es recht gesagt sein soll, direkt oder indirekt dieses sein müssen. Es würde aber auch von ihr (und zuerst von ihr) gelten, daß sie sich selbst unmöglich machen würde, wenn sie dieses nicht sagen, wenn sie direkt oder indirekt etwas Anderes sagen würde.

So schlicht und so umfassend ist dieser Satz: Gott ist, daß man sich wohl fragen könnte, ob eine besondere Entfaltung und Erklärung dieses Satzes, als wäre er ein Satz für sich und nicht der Satz aller Sätze, nicht überhaupt überflüssig und unmöglich sei. Sollten wir uns nicht begnügen dürfen und müssen mit der Bezeichnung jenes Subjektes, die wir damit vollziehen, daß wir diejenigen Sätze aufnehmen, die laut des Wortes Gottes als Beschreibung des Tuns und Wirkens dieses Subjektes notwendig werden? Darauf ist zu antworten: Wenn das Wort Gottes uns die Frage nach Gottes Sein als eine besondere Frage verbieten oder wenn es uns dieser besonderen Frage gegenüber im Stich lassen würde, dann würde das doch bedeuten, daß es uns keine wirkliche Offenbarung Gottes bieten würde. Ein Tun und Wirken, sehr bedeutsam, sehr mächtig vielleicht, würde es uns dann zwar offenbaren, aber daß und inwiefern es das Tun und Wirken Gottes sei, das würde es uns dann gerade vorenthalten und also nicht offenbaren. Jenes Tun und Wirken wird und ist aber doch erst damit bedeutsam und mächtig in einer von allerlei anderem Tun und Wirken qualitativ unterschiedenen Bedeutsamkeit und Mächtigkeit, daß es Gottes Tun und Wirken ist. Nicht indem es an sich, nicht indem eine Schöpfung, eine Versöhnung, eine Erlösung verkündigt und geglaubt wird, sondern indem das Alles als Gottes Tun und Wirken verkündigt und geglaubt wird, wird in Jesus Christus, wird in der heiligen Schrift, wird in der Kirche Gottes Wort als wirkliche Offenbarung verkündigt. Die wirkliche Offenbarung bleibt auch auf die besondere Frage nach Gottes Sein — abgesehen davon, daß sie im Ganzen eine einzige Antwort auf diese Frage ist — nicht stumm. Sie ist die volle Wahrheit. Sie erlaubt und gebietet uns, ruhig und aufrichtig auch an dieser Stelle Halt zu machen und uns im besonderen zu besinnen auf das, was wir sagen, wenn wir dieses Schlichteste und Umfassendste sagen: Gott ist. Und weil dem so ist, darum würden wir uns einer Nachlässigkeit schuldig machen, die sich rächen müßte, wenn wir an dem Satz «Gott ist» vorüber eilen würden als wäre er nur die allgemeine Wahrheit in allen anderen Sätzen, als lohne es sich nicht, sich über seine besondere Wahrheit auch besonders Rechenschaft zu geben.

Es war darum eine an sich mit Recht nachher wieder aufgegebene Übereilung, wenn der erste Dogmatiker der evangelischen Kirche, Melanchthon, in seinen Loci von 1521 die besondere Gotteslehre überhaupt meinte unterschlagen zu sollen, um sich sofort der Darstellung der *beneficia Christi* zuzuwenden. Er tat dies mit der Begründung: *mysteria divinitatis rectius adoraverimus, quam vestigaverimus. Immo sine magno periculo tentari non possunt.* Dazu ist zu sagen, daß zu den nur unter Gefahr zu erforschenden offenbarten *mysteria divinitatis* doch wohl auch die *beneficia Christi* gehören, daß auch die *beneficia Christi* nicht recht erforscht werden können, wenn an ihrem Ort nicht auch eine Besinnung über die *mysteria divinitatis* als solche stattgefunden hat, daß die Gefahr alles menschlichen *vestigare* der göttlichen Wahrheit hier wie dort gewiß nicht als solche zu vermeiden ist, daß ihr aber auch hier wie dort damit begegnet werden kann, daß das *vestigare* von dem *adorare* gerade nicht getrennt, d. h. daß hier wie dort auf Gottes Offenbarung und nur auf sie gehört wird. Der zweite, später begangene Fehler Melanchthons war allerdings schlimmer als der erste. Er bestand darin, daß er, als er sich später entschloß, die Gotteslehre in seine Loci wieder aufzunehmen, aus einer anderen Quelle als aus Gottes Offenbarung, nämlich aus einem frei gebildeten allgemeinen Gottesbegriff zu schöpfen und also die *mysteria divinitatis* ohne ihren Zusammenhang mit den offenbarten *beneficia Christi* zu betrachten begann. Und damit gerade dem *magnum periculum* verfiel, vor dem er sich 1521 gefürchtet hatte und gerade dessen, was er bei jener ersten Übereilung im Gegensatz zu der mittelalterlichen Spätscholastik mit richtigem Instinkt hatte vermeiden wollen, nunmehr — der ganzen protestantischen Orthodoxie ein fatales Beispiel gebend — sich selber schuldig machte! Wir werden Anlaß haben, uns Mühe zu geben, diesen b e i d e n Fehlern Melanchthons aus dem Wege zu gehen.

Wir werden aus dem Einwand gegen die Möglichkeit einer besonderen Gotteslehre, obwohl wir ihn als solchen nicht gelten lassen können, etwas lernen müssen: Wir können uns, wenn wir nach dem Sein Gottes fragen, aus dem Bereich seines Tuns und Wirkens, wie es uns in seinem Wort offenbart ist, tatsächlich nicht hinausbegeben. Gott ist, der er ist, in seinen Werken. Er ist derselbe auch in sich selber, auch vor und nach und über seinen Werken, auch ohne sie. Sie sind an ihn, aber er ist nicht an sie gebunden. Sie sind nichts ohne ihn. Er aber ist, der er ist, auch ohne sie. Er ist also, der er ist, nicht n u r in seinen Werken. Er ist aber auch in sich selber kein Anderer als eben der, der er in seinen Werken ist. Es bleibt angesichts dessen, was er in seinen Werken ist, keine Frage offen nach dem, was er in sich selber ist, so daß er vielleicht in sich selber ein ganz Anderer oder etwas ganz Anderes oder wohl auch Nichts sein könnte. Sondern in seinen Werken ist er selber offenbar als der, der er ist. Es ist also schon richtig, daß wir uns bei der Entfaltung und Erklärung des Satzes: «Gott ist», auf alle Fälle ganz und gar an seine (in der Tat seiner Offenbarung sich ereignenden oder als solche sichtbar werdenden) Werke zu halten haben. Nicht nur darum, weil wir Gott und wer Gott ist anderswo nicht erkennen können, sondern auch darum, weil wir ihn auch anderswo, wenn wir ihn dort erkennen könnten, nur als eben den erkennen würden, der er in seinen Werken ist, weil er dieser und kein Anderer ist. Wir dürfen und müssen nach Gottes S e i n fragen, weil Gott als das Subjekt seiner Werke für deren Wesen und Erkenntnis so entscheidend charakteristisch ist, daß sie ohne dieses Subjekt etwas ganz Anderes wären als das, was sie laut des Wortes Gottes sind, daß wir sie also auf Grund des Wortes Gottes notwendig nur mit diesem ihrem Subjekt zusammen erkennen und verstehen können.

Wir hatten schon im vorangehenden Kapitel Stellung zu nehmen gegen das drohende Aufgehen der Gotteslehre in einer Seinslehre und wir werden das gleich wieder zu tun haben. Wir dürfen aber einem Ressentiment gegen den Seinsbegriff als solchen, wie es (z. T. unter Berufung auf Melanchthon) in der protestantischen Theologie der Neuzeit eine Zeitlang eine Rolle spielte — so auch noch in der im übrigen hervorragend lehrreichen Schrift von H. C r e m e r «Die christliche Lehre von den Eigenschaften Gottes» 1897, 2. Aufl. 1917 — nicht Folge geben. Gott geht nicht auf in seinem Sichbeziehen und Sichverhalten zur Welt und zu uns, wie es in seiner Offenbarung Ereignis ist. Die Würde und Kraft seiner Werke, seines Sichbeziehens und Sichverhaltens hängt vielmehr daran, daß er ihnen gegenüber, ohne ein Anderer zu sein als eben der in ihnen sich Betätigende — er selber ist, daß er ihnen, indem er sich in ihnen offenbart, zugleich überlegen bleibt. Diese Erinnerung vollziehen wir, indem wir auch den Seinsbegriff an dieser Stelle in aller Unbefangenheit aufnehmen.

Wir müssen uns aber nach der anderen Seite darüber im Klaren sein, daß Gott und nicht das Sein — das Sein nur als das Sein Gottes unser Gegenstand ist, daß es sich also bei dem hier in Rede stehenden Sein Gottes nicht um einen frei zu wählenden allgemeinen und neutralen, sondern um einen zum vornherein in ganz bestimmter Weise gefüllten Seinsbegriff handelt, und daß diese seine Füllung nicht willkürlich, sondern nur aus dem Worte Gottes geschehen kann, nachdem sie im Worte Gottes schon geschehen und uns vorgegeben ist. Das bedeutet aber, daß wir Gottes Sein nun doch nicht anders bestimmen können als im Blick dahin, wo Gott sich selber uns zu sehen gibt und also im Blick auf seine Werke, auf sein Sichbeziehen und Sichverhalten: in der Zuversicht, daß wir es in diesen seinen Werken nicht mit irgendwelchen anderen, sondern eben mit seinen Werken und also zugleich mit ihm selber, mit seinem Sein als Gott, zu tun haben.

Was heißt das: Gott «ist»? Was oder wer «ist» Gott? Wollen wir diese Frage legitim und sinnvoll beantworten, dann dürfen unsere Gedanken keinen Augenblick anderswohin streben als zu Gottes Tat in seiner Offenbarung, keinen Augenblick anderswoher kommen, als eben von daher.

Wir stehen hier vor der Fehlerquelle, die sich in der Gotteslehre der alten Theologie mit Einschluß der protestantischen Orthodoxie fast auf der ganzen Linie geltend machte. Diese Gotteslehre strebte mindestens zum großen Teil auch anderswohin als zu Gottes Tat in seiner Offenbarung und sie kam in großen Teilen auch anderswoher als von dort. Das hängt damit zusammen, daß man in einer seltsam allgemeinen Gedankenlosigkeit die Gotteslehre der Trinitätslehre — von der man doch theoretisch behauptete, daß sie die Grundlage der ganzen Theologie sei — aus formal-logischen Gründen voranzustellen pflegte. In dem leeren Raum, in den man sich damit begab, konnte etwas Anderes als allgemeine, von gewissen menschlichen Anschauungen und Begriffen als von unanfechtbaren Gegebenheiten ausgehende und dann ein wenig kraftlos von allerlei biblischen Reminiszenzen durchzogene Reflexionen über das, was Gott allenfalls sein möchte, unmöglich wirklich werden. Damit schuf man eine Gotteslehre, die für den übrigen Inhalt der Dogmatik entweder keine oder aber nur eine fatale Bedeutung haben konnte. Und eben damit schuf man ungewollt selber die Basis, von der aus eine antikirchliche Philosophie (und gleichzeitig und später eine härctische Theologie) das Trinitätsdogma und damit alle entscheidenden Aussagen des Glaubens und seiner Erkenntnis des Wortes Gottes nur zu leicht angreifen konnte. Es war an sich schon richtig, wenn man das Wesen Gottes definierte: *Essentia Dei est ipsa Deitas, qua Deus a se et per se absolute est et existit* (Polanus, *Synt. Theol. chr.* 1609, *col.* 865). Aber eben bei der Bestimmung dieses *a se et per se* hätte man von der

Trinität und das heißt von der Tat der göttlichen Offenbarung unter keinen Umständen abstrahieren dürfen. Wir werden uns in energischer Distanzierung gegenüber dieser Tradition bei allen in diesem Kapitel anzustellenden Überlegungen vor Augen zu halten haben, daß eine kirchliche Dogmatik vom Trinitätsdogma immer schon herkommt, daß sie also keine Möglichkeit hat, mit dem Sein eines anderen Gottes oder mit einem anderen Sein Gottes zu rechnen als mit dem, welches das des Vaters, des Sohnes und des Heiligen Geistes ist in Gottes Offenbarung und in Ewigkeit — und daß sie also, wie sie auch Gott als den Seienden bezeichne und erkläre, nicht irgend eine freie Reflexion über das Wesen des Seins anzustellen, sondern, welches auch die heranzuziehenden Anschauungen und Begriffe sein mögen, deren besonderen Sinn in diesem Zusammenhang unter allen Umständen im Blick auf die Offenbarung dieses, des Seins des dreieinigen Gottes zu gewinnen und zu erläutern hat.

Was Gott zu Gott macht: die göttliche Selbstheit und Eigentlichkeit, die *essentia* oder das «Wesen» Gottes — wir werden ihm entweder da begegnen, wo Gott an uns handelt als Herr und Heiland oder wir werden ihm gar nicht begegnen. Die Tat seiner Offenbarung als solche schließt einmal dies in sich, daß Gott gerade sich selber als das wahre Sein den Menschen gegenüber nicht vorbehalten hat, daß er ihnen als Überwindung ihrer Not, als Licht in ihrer Finsternis, nicht weniger als sich selbst geschenkt hat: den Vater in seinem eigenen Sohne durch den Heiligen Geist. Die Tat der Offenbarung Gottes schließt sodann dies in sich, daß der Mensch als Sünder, der von sich aus nur verkehrte Wege gehen kann, von allen eigenen Versuchen, die Frage nach dem wahren Sein zu beantworten, zurückgerufen und an die von Gott selbst in dieser Sache gegebene Antwort gebunden wird. Und die Tat der Offenbarung Gottes schließt endlich dies in sich, daß der Mensch durch Gottes Wort im Heiligen Geist ohne alle **andere** Zuversicht mit **unüberwindlicher** Zuversicht den den Seienden sein läßt, in dem das wahre Sein selbst sucht und findet, der ihm hier als die Quelle seines Lebens, als Trost und Gebot, als die Macht über ihn und alle Dinge begegnet.

Darum muß das unsere erste und entscheidende Umschreibung des Satzes «Gott ist: sein: «Gott ist, der er ist, in der Tat seiner Offenbarung.» Darum haben wir diesen Satz gleich in der Überschrift unseres Kapitels wiedergegeben in dem Sein und Tat zusammenfassenden (und nicht wie der Begriff «Wesen» auseinanderreißenden!) Begriff «Die Wirklichkeit Gottes». Man bemerke, daß der Satz auch in dieser Umschreibung und Zusammenfassung vom Sein Gottes redet und also Antwort gibt auf die besondere Frage nach dem Subjekt aller anderen Sätze des Glaubens. Aber eben das Sein Gottes umschreiben wir, indem wir es als Gottes Wirklichkeit bezeichnen, als «Gottes Sein in der Tat», nämlich in der Tat seiner Offenbarung, in welcher das Sein Gottes seine Realität bezeugt: nicht nur seine Realität für uns — das freilich auch! — sondern zugleich und eben so seine eigene, innere, eigentliche Realität, hinter der und über der es keine andere gibt.

Treten wir den uns damit gewiesenen Weg an, so wird unsere erste Feststellung die Bestätigung sein müssen: wir haben es in Gottes Offenbarung, die der Inhalt seines Wortes ist, wirklich mit seiner **Tat** zu tun.

§ 28. *Gottes Sein als der Liebende in der Freiheit*

Wir sagen zunächst allgemein: mit einem Ereignis, mit einem Geschehen. Und zwar mit einem als solchem in keinem Sinn zu transzendierenden Ereignis. Also nicht mit einem Ereignis, das sich bloß einmal ereignet hätte, nun aber Vergangenheit, geschichtliche Tatsache geworden wäre. Das ist Gottes Offenbarung freilich auch. Sie ist aber zugleich gegenwärtiges, eben jetzt und heute sich ereignendes Ereignis. Aber das wiederum nicht so, als erschöpfte sie sich in der Bewegung des Augenblicks von der Vergangenheit zur Gegenwart, in unserem Heute, sondern sie ist zugleich ein für allemal abgeschlossenes Ereignis und vollendete Tatsache. Und sie ist zugleich Zukunft: das ganz und gar vor uns stehende, noch nicht geschehene, sondern rein auf uns zukommende Ereignis. Und dies wiederum ohne daß damit ihrer geschichtlichen Abgeschlossenheit und ihrer vollen Gegenwärtigkeit auch nur das Geringste entzogen wäre. So vielmehr, daß sie eben in ihrer geschichtlichen Abgeschlossenheit und vollen Gegenwärtigkeit zugleich wahrhaft zukünftig ist. «Jesus Christus gestern und heute derselbe und in Ewigkeit.» (Hebr. 13, 8.) Hier gibt es keine Überhöhung, keine Überbietung, kein Außerhalb. Es geht immer um Jesu Christi Geburt, Sterben und Auferstehen, immer um seine Rechtfertigung des Glaubens, immer um seine Regierung der Kirche, immer um seine Wiederkunft und so um ihn als unsere Hoffnung. Wir könnten die Offenbarung und mit ihr Gottes Wort nur verlassen, um hier ein Außerhalb zu gewinnen. Mit ihr stehen wir, nein bewegen wir uns notwendig im Kreise ihres Ereignisses. Biblisch gesprochen: im Kreise des Lebens des Volkes Israel. Und eben in diesem Ereignis ist nun Gott, der er ist. Gott ist der, der in diesem Ereignis Subjekt, Prädikat und Objekt ist, der Offenbarer, die Offenbarung, das Offenbarte, Vater, Sohn und Heiliger Geist. Gott ist der in diesem Ereignis handelnde Herr. Wir betonen zunächst: handelnd: in diesem Ereignis und also zu unserem Heil und zu seiner Ehre, aber auf alle Fälle handelnd. Wir können, indem wir Gott in seiner Offenbarung suchen und finden, über Gottes Handeln nicht hinauskommen zu einem nichthandelnden Gott. Nicht nur darum, weil wir es nicht könnten, sondern darum, weil es ein Oberhalb und Außerhalb des göttlichen Handelns überhaupt nicht gibt, weil eine Transzendenz seines Handelns Nonsens ist. Es geht um das Sein Gottes; aber eben hinsichtlich des Seins Gottes ist das Wort «Ereignis» oder «Akt» jedenfalls auch ein letztes, ein nicht zu überbietendes, noch irgendwoher in Frage zu stellendes Wort. Gottes Gottheit besteht bis in ihre tiefsten Tiefen hinein jedenfalls auch darin, daß sie Ereignis ist: nicht irgend ein Ereignis, nicht Ereignis im Allgemeinen, sondern eben das Ereignis seines Handelns, an welchem wir in Gottes Offenbarung beteiligt werden.

Die Bestimmung, mit der wir von da aus anfangen müssen ist die, daß Gottes Sein Leben ist. Nur der Lebendige ist Gott. Nur die Stimme des Lebendigen ist Gottes Stimme. Nur das Werk des Lebendigen ist Gottes Werk, nur die Anbetung und Gemeinschaft des Lebendigen ist Gottesdienst und Gottesgemeinschaft. Und so ist auch nur die Erkenntnis des Lebendigen Erkenntnis Gottes.

Wir gedenken hier der emphatischen alt- und neutestamentlichen Bezeichnung Gottes als des «lebendigen Gottes». Sie ist kein Gleichnis. Sie ist auch keine bloße Bezeichnung des göttlichen Verhaltens zur Welt und zu uns selbst. Sondern indem sie das ist, bezeichnet sie Gott selbst als den, der er ist. «So wahr ich lebe» oder «So wahr der Herr (oder Gott, oder der Gott Israels) lebt» ist nicht umsonst die bezeichnende Schwurformel des Alten Testamentes. Gott ist «die lebendige Quelle» (Jer. 2, 13; 17, 13), «die Quelle des Lebens» (Ps. 36, 10). Der Vater hat das Leben in ihm selber (Joh. 5, 26). Christus ist «der Anfänger des Lebens» (Act. 3, 15), ja, «das Leben» (Joh. 14, 6, Phil. 1, 21, Kol. 3, 4, 1. Joh. 1, 2) ja, das «ewige Leben» (1. Joh. 5, 20), «lebendig in alle Ewigkeit» (Apoc. 1, 18). Der Heilige Geist ist Leben (Joh. 6, 63, Röm. 8, 10). Das Alles offenbar im Gegensatz zu den Göttern und Götzen, die «kein Leben haben» (Jer. 10, 14, Act. 14, 15). Und so war es schon richtig, wenn die alte Theologie das Wesen Gottes bezeichnet hat als *vita* und diese wiederum als *actuositas* oder schlichter als *actus*. Gemeint war: als *actus purus*, ja *purissimus*. *Domine, cui esse et vivere non aliud atque aliud est, quia summe esse atque summe vivere idipsum es...* (Augustin, *Conf.* I, 6, 10). Es handelt sich zwar im Wesen Gottes um einen Akt, der an Aktualität Alles, was wir als Akt zu kennen meinen, schlechterdings hinter sich läßt, an dem gemessen Alles, was wir als Akt zu kennen meinen, kein Akt ist, weil es als Akt auch transzendierbar ist, was von dem in der Offenbarung sich ereignenden Akt Gottes nun gerade nicht gilt. Es ist auch damit nicht Alles gesagt, was wir von Gott sagen müssen, wenn wir ihn als Akt oder als lebendig bezeichnen. Wir müssen aber unter allen Umständen auch das (und wenn es darum geht, zu verstehen, wer Gott ist, zuerst das) von ihm sagen, daß er Akt oder daß er lebendig ist. *Vita Dei est tale attributum, quo Deus semetipsum perfectissime actuat per actus intrinsecos et immanentes cognoscendi et volendi seque semper actuosum demonstrat* (Quenstedt, *Theol. did. pol.* 1685 I c. 8 sect. 1 th. 22). Polanus hat wohl recht: *Propriissime solus Deus vivere dici potest* (a. a. O. col. 986). Aber eben damit ist mit Thomas von Aquino (*S. theol.* I qu. 18 art. 3 c) gesagt: *vita maxime proprie in Deo est*. Gerade Gott lebt wirklich. Und auch die Definition des Polanus (a. a. O. col. 985) ist lehrreich: *Vita Dei est essentialis Dei proprietas seu ipsa divina essentia vivens, per quam Deus actuose vivere et se ipso omnia agere et vi agitandi movendique praeditus esse ac proinde aliis quoque vitam indere significatur*.

Aber nun müssen wir uns sofort präzisieren: indem wir Gott auf Grund seiner Offenbarung auf alle Fälle als Ereignis, als Akt, als Leben verstehen, haben wir ihn keineswegs mit einer Summe oder mit einem Inbegriff von Ereignis, Akt, Leben im Allgemeinen identifiziert. Wir können nicht etwa im Allgemeinen zu wissen meinen, was Ereignis, Akt, Leben ist, um dann von da aus zu schließen und zu verfügen: Gott ist der, dem das Alles in irgend einer unanschaulichen und unausdenkbaren Fülle und Vollkommenheit zu eigen ist. Einmal werden wir ja gerade indem wir Gott als Ereignis, Akt, Leben, erkennen, gestehen müssen, daß wir im übrigen und abgesehen von ihm nicht wissen, was das Alles ist. Und sodann ist Gott, wenn wir ihn als Ereignis, Akt, Leben erkennen, bestimmt ein Besonderes, im Unterschied von dem, was wir sonst unter diesen Anschauungen und Begriffen zu erkennen meinen. Gottes Offenbarung ist ein **besonderes** Ereignis, nicht identisch mit der Summe, nicht identisch mit irgend einem Inbegriff sonstigen Geschehens: weder dessen in der Natur, noch auch dessen in der menschlichen Geschichte. Sie ist ein bestimmtes Geschehen im allgemeinen Geschehen: so bestimmt, daß sie, indem sie an diesem teilnimmt, ihm zugleich widerspricht und nur in diesem ihrem Widerspruch mit ihm zusammen gesehen und zusammengedacht werden kann, ohne die Möglichkeit einer Synthese, es wäre denn die Synthese, die in ihr selber angekündigt und schon vollzogen ist. So ist nun auch das in der Offenbarung sich ereignende Handeln Gottes ein **besonderes**, vom sonstigen Geschehen sich unterscheidendes, ja ihm widersprechendes Handeln. *Actus purus* genügt als Bezeichnung Gottes nicht; *et singularis* muß dann jedenfalls hinzugefügt werden. Daß in Gott zugleich der Ursprung, die Versöhnung und das Ziel alles sonstigen Geschehens wirklich und sichtbar ist, das ist eine Sache für sich, die als solche doch nur wahr ist in der **Sonderung** dieses Handelns von allem sonstigen Geschehen. Gott ist jedenfalls auch der, der Allem, was nicht er selbst ist, gegenüber, indem er ihm Ursprung, Versöhnung und Ziel ist, zugleich in seiner **eigenen** Weise Ereignis, Akt, Leben ist. Gott unterscheidet sich von aller anderen Aktualität nicht nur als die Aktualität überhaupt und als solche, nicht nur als deren Wesen oder Prinzip, so daß er, indem er sich von aller anderen Aktualität unterschiede, zugleich an sie gebunden bliebe: so, wie die Idee der Erscheinung zugleich transzendent und immanent ist. So unterscheidet er sich allerdings **auch** von ihr; so kann wenigstens sein Wirken in der Schöpfung und Erhaltung der Welt ein Stück weit — auch das nur ein Stück weit — beschrieben werden. Die Besonderheit seines Wirkens und damit sein Sein als Gott erschöpft sich aber nicht in dieser dialektischen Transzendenz, die dann, wie streng sie immer verstanden sei, mit derselben Strenge auch als Immanenz verstanden werden muß. Sondern jenseits und unbeschadet, aber auch unabhängig von seiner Beziehung zu dem, was Ereignis, Akt, Leben **außer** ihm ist, ist Gott **freies Ereignis, freier Akt, freies Leben** in sich selber.

Wir verwahrten uns dagegen, die biblische Bezeichnung Gottes als des «lebendigen» Gottes als ein Gleichnis zu verstehen. Es sind aber wiederum keine Gleichnisse, wenn Gott in der heiligen Schrift Zorn, Barmherzigkeit, Geduld, Reue, Wohlgefallen, Schmerz und dergl. oder wenn ihm Gedenken und Vergessen, Reden und Schweigen, Kommen und Gehen, Anwesenheit und Abwesenheit zugeschrieben wird und wenn Gottes Handeln nach ihrem Zeugnis in der Tat ein solches ist, dessen Beschreibung die Anwendung solcher Kategorien notwendig macht. «Anthropomorphismen» sind, wie wir uns aus der Lehre von der Erkenntnis Gottes erinnern, nicht nur einige sondern alle, auch alle von der Schrift gebrauchten menschlichen Anschauungen und Begriffe. Es bedeutet also eine Willkür, gerade diese in besonderer Weise als *attributa metaphorica* (Polanus a. a. O. *col.* 1231 f.) zu bezeichnen, so daß nun etwa gerade sie ihrer prägnanten Bedeutung erst entkleidet werden müßten, um die Wahrheit Gottes sichtbar zu machen. Sie sind vielmehr gerade in ihrer Prägnanz — die sie zur Bezeichnung etwa der höchsten Idee nach der Lehre Platos oder des πρωτον κινοῦν nach der Lehre des Aristoteles freilich unbrauchbar macht — zur Bezeichnung des besonderen Lebens und Seins Gottes besonders geeignet. Es ist jener in der Offenbarung stattfindende heilsame Widerspruch Gottes (der mehr ist als eine bloße dialektisch doch wieder aufzuhebende Verschiedenheit) und es ist damit die Besonderheit der Offenbarung inmitten alles übrigen Geschehens, die Besonderheit der göttlichen Aktualität gegenüber aller anderen, es ist die undialektische Transzendenz, das freie Ereignis, der freie Akt, das freie Leben des göttlichen Seins, was mit diesen Anschauungen und Begriffen bezeugt ist und was darum unter keinen Umständen durch eine idealistische Umdeutung eskamotiert werden darf, wenn es dabei bleiben soll, daß wir von dem Sein des dreieinigen Gottes in seiner Offenbarung und nicht von einem anderen Sein hier zu reden haben.

Aber wir müssen noch weiter vorstoßen. Welches ist das Besondere, welches ist also die spezifische Freiheit des Ereignisses, des Aktes, des Lebens Gottes in seiner Offenbarung? Wir reden offenbar noch zweideutig, wenn wir, Gott bezeichnend, von Ereignis, Akt, Leben reden. Ereignis, Akt, Leben könnte auch auf ein Naturereignis oder auf ein in der Linie dessen, was wir als Naturereignisse kennen, zu suchendes, transzendentes Geschehen hinweisen. Daß das Sein Gottes auch auf dieser Linie zu suchen ist, ist nun zwar, wenn wir uns für gebunden halten, von dem Gott der Offenbarung zu reden, nicht etwa einfach abzuweisen. Wir haben also in dem Bestreben, hier noch eindeutiger zu reden, jedenfalls Vorsicht walten zu lassen. Die Unterscheidung des göttlichen von dem nicht göttlichen Geschehen fällt in der heiligen Schrift durchaus nicht zusammen mit der Unterscheidung zwischen Geist und Natur, Seele und Leib, Innerem und Äußerem, Sichtbarem und Unsichtbarem. Es hat das Offenbarungsgeschehen, wie es uns in der Schrift bezeugt ist, vielmehr durchgängig auch eine natürliche, leibliche, äußere, sichtbare Komponente: von der Schöpfung (nicht nur des Himmels sondern auch der Erde!) über die konkrete Existenz des Volkes Israel in Palästina, über die Geburt Jesu Christi, seine physischen Wunder, sein Leiden und Sterben unter Pontius Pilatus, seine leibliche Auferstehung bis zu seiner Wiederkunft und bis zur Auferstehung des Fleisches. Man kann auch diese Komponente nicht umdeuten ohne den spezifischen Sinn dieser Offenbarung und damit sie selbst wegzudeuten, ohne sich auf das Feld einer anderen, dem Grund und der Botschaft der Kirche fremden Reflexion zu begeben. Und dieser Sachverhalt kann nun auch für die Bestimmung des göttlichen Seins nicht gleichgültig sein. Wer dieses als absoluten «Geist» beschreibt und unter dieser Absolutheit eine sozusagen chemische Reinheit der «Natur» gegenüber versteht, der sehe wohl zu, ob ihm nicht schon im Ursprung seines Nachdenkens über diese Sache das höchst grundsätzliche und höchst folgenschwere Mißverständnis widerfahren ist, die Wirklichkeit Gottes zu verwechseln mit der von der Wirklichkeit Gottes nicht weniger als die der Naturwelt verschiedenen Wirklichkeit der Geisteswelt.

Si Deus est Spiritus, nihil ergo de eo terrenum aut carnale cogitandum. Deinde ex analogia spiritualium essentiarum simpliciumque de natura eius iudicium aliquomodo fieri potest. (Polanus, a. a. O. col. 860.) Hier ist diese Verwechslung schon geschehen oder doch unaufhaltsam im Kommen!

Der Himmel, die übernatürliche, nicht sinnliche, geistige Realität ist nämlich nach der heiligen Schrift auch in ihren höchsten Sublimierungen und Spitzen mit Gott jedenfalls keineswegs identisch, sondern grundsätzlich ebenso wie die Erde Gottes Geschöpf. Schöpferisch nur in dem ganz beschränkten, relativen, uneigentlichen Sinn, in welchem innerhalb der Geschöpfwelt von Schöpfungen die Rede sein kann! Ist man durch den Aberglauben einer die Theologie mit Metaphysik verwechselnder Geist-Natur-Systematik nicht gebunden, versteht man, daß das, was wir als Geist zu kennen meinen, an sich und als solches nicht weniger Geschöpf ist als das, was wir die Natur nennen, dann ist man frei für die Einsicht, daß das Wesen Gottes, wenn wir es als Geist bezeichnen, deshalb jedenfalls nicht (wie das der Engel!) unter Ausschluß und Negation der Natur beschrieben werden darf.

Wir müssen uns nun wohl erinnern, daß die heilige Schrift nicht nur von Gottes Zorn, Barmherzigkeit usw., sondern zur noch größeren Beschwerde aller Spiritualisten bekanntlich auch sehr selbstverständlich und nachdrücklich von seinem Angesicht, seinen Augen, seinem Mund, seinen Ohren, seiner Nase sogar, seinem Rücken, seinem Arm, seiner Hand, seiner Rechten, seinem Finger, seinen Füßen redet. Kann man wirklich meinen, das Alles sei *non theologice, sed oeconomice* gesagt: *secundum captum nostrum et ex imbecillae cognitionis nostrae sensu.* (Polanus, a. a. O. col. 1231 f.)? Sind die entscheidenden und wahrhaftig sehr sinnlichen trinitarischen Bestimmungen Gottes als «Vater» und «Sohn» etwa auch nicht *theologice* zu verstehen? Ist es nicht *theologice* zu verstehen, daß wir Gottes Kinder heißen sollen? Kann man meinen, die heilige Schrift zu erklären, wenn man alle diese Anschauungen als uneigentlich behandelt und ihnen gegenüber irgend ein «rein Geistiges» als das eigentlich Gemeinte hinstellt? Hängt das Verständnis aller der von solchen Anschauungen bestimmten Zusammenhänge nicht etwa mit daran, daß die Realität der in ihnen angedeuteten natürlichen Komponente des göttlichen Seins an ihrer Stelle und in dem ihr zukommenden Maß ebenso ernst genommen wird wie die erst recht nicht zu leugnende geistige? — Gerade an dieser Stelle kann man es mit Händen greifen, wie die Gotteslehre der Orthodoxie, bestimmt durch die der Philosophie der heidnischen Antike, der späteren «Aufklärung» mit allen ihren Folgen vorgearbeitet hat.

Es geht natürlich nicht darum, Schöpfer und Geschöpf nun etwa nach dieser Seite zu verwechseln und zu vermischen und also Gott unsere, die geschöpfliche Natur zuzuschreiben. Wie Gottes Gedanken nicht unsere Gedanken sind, wie sein Geist nicht unser Geist ist, so sind selbstverständlich auch seine Augen keine Menschenaugen, seine Hände keine Menschenhände. Es geht aber allerdings darum, das, was von Gott natürlich gesagt ist, nicht willkürlich ins Geistige umzuinterpretieren, sondern dem göttlichen Sein sein dem Geist und der Natur überlegenes, aber beide auch übergreifendes und in sich begreifendes Wesen zu lassen, wie es sich in seiner Offenbarung nach dem Zeugnis der heiligen Schrift bezeugt hat. Es geht allerdings darum, das Ereignis, den Akt, das Leben Gottes — in seiner Transzendenz gegenüber der ganzen Geschöpfwelt, in der dieser Sache zukommenden Ordnung — aber auch auf der Linie dessen zu suchen, was wir als «Natur»ereignis zu kennen meinen. Gott wäre ja — von dem, was uns die Schrift über ihn bezeugt, ganz abgesehen — als Herr des Himmels und der Erde, als Heiland der Seele und des Leibes, als Gott des ganzen Menschen, gar nicht zu verstehen, wenn wir ihn wirklich nur unter Zuhilfenahme jener spiritualistischen Abstraktion verstehen könnten. Man bemerke wohl: an dieser Abgrenzung gegen einen sich selbst systematisch verabsolutierenden, sich selbst der Gottheit sozusagen aufdrängenden Spiritualismus hängt es, ob wir von Gottes Sein ernstlich und eigentlich als von Gottes Tat reden können. Wenn Gott nämlich keine Natur hat, wenn er jener chemisch gereinigte absolute Geist ist, dann tut er auch nichts, dann kann er sogar nichts tun.

Der Satz des Polanus: *quo quid spiritualius est, eo magis activum est* (a. a. O. col. 860) kann nur richtig sein in dem Sinn, daß der «Geist» allerdings das Prinzip aller Tat, daß eine Tat umsomehr Tat ist, als sie Geistestat ist. Er verliert aber in dem Augenblick jede Richtigkeit, wo von einem Geist ohne Natur die Rede ist.

Taten geschehen nur in der Einheit von Geist und Natur. Ist eine solche hinsichtlich Gottes zu leugnen, dann gibt es — und diese Konsequenz mußte von Allen, die sie leugneten, so oder so, früher oder später gezogen werden — auch keine wirkliche, eigentliche und in Wahrheit so zu nennende Geschichte seines Handelns: keine Ratschlüsse und kein Wirken Gottes, keine Offenbarung und Versöhnung, aber auch keine Schöpfung und Erlösung als Ereignis und Entscheidung und wohlverstanden und erst recht: keine ewige Zeugung des Sohnes durch den Vater, keinen ewigen Ausgang des Heiligen Geistes vom Vater und vom Sohne, kein inneres Leben Gottes. Dann sind auch das Alles Bilder und Gleichnisse und Uneigentlichkeiten, denen als Eigentliches, als die in dem Allem angeblich gemeinte Wahrheit nur das gestaltlose und bewegungslose Sein eines Geistes gegenüberstehen würde, der im höchsten Verdacht steht, doch nichts Anderes als eine Hypostasierung unseres eigenen geschaffenen Geistes zu sein. Es ist also schon eine wichtige und folgenreiche Scheidung der Wege, an der wir stehen, wenn wir feststellen, daß wir uns der sog. «rein geistigen» Deutung des göttlichen Seins nicht anschließen können.

Nachdem wir uns darüber im Klaren sind, haben wir die Freiheit nun auch das Andere zu sagen: die spezifische Freiheit des Ereignisses, des Aktes, des Lebens Gottes in seiner Offenbarung und in Ewigkeit ist allerdings die Freiheit des Geistes. Also nicht der Zufall oder die Notwendigkeit, nicht die Gesetzmäßigkeit oder Schicksalhaftigkeit eines

Naturgeschehens, obwohl die Natur von ihm auch nicht ausgeschlossen ist, sondern die Freiheit eines wissenden und wollenden, sich selbst von dem, was es nicht ist, und das, was es nicht ist, selbst von sich selbst unterscheidenden, über die Natur verfügenden Ich. Die Besonderheit des göttlichen Ereignisses, Aktes und Lebens ist die Besonderheit des Seins einer Person. Wir reden von einem Handeln, von einer Tat, wenn wir von dem Sein Gottes als von einem Geschehen reden. Es besteht ja die Spitze alles Geschehens in der Offenbarung nach der heiligen Schrift darin, daß Gott als Ich redet und von einem angeredeten Du gehört wird. Es besteht ja der Inbegriff dieses Geschehens darin, daß das Wort Gottes Fleisch wurde und daß sein Geist ausgegossen wird über alles Fleisch. Es ist ja die Natur und Sinnenwelt in diesem Geschehen zweifellos die untergeordnete, die dienende, die nicht um ihrer selbst, sondern nur in ihrer Beziehung und Funktion wichtige und so allerdings notwendige Komponente.

Man wird also bei allen — im Gegensatz zu jenem Spiritualismus noch so berechtigten — Aufstellungen über die sog. «Geist-Leiblichkeit» des Offenbarungsgeschehens Vorsicht walten lassen müssen. Es wäre ein falscher Realismus, der Geist und Natur, Inneres und Äußeres, Seele und Leib hier einfach ins Gleichgewicht setzen, der ihr Verhältnis als ein symmetrisches und umkehrbares behandeln würde. Es geht schon in der Offenbarung als solcher zweifellos um den Geist: um seinetwillen, aber auch nur um seinetwillen dann auch um die Natur. Es bedeutet das bekannte Wort von Fr. Chr. Ötinger, daß das Ende der Wege Gottes die Leiblichkeit sei, eine historisch verständliche, aber sachlich bedenkliche Überspitzung, die nur dadurch erträglich wird, daß man «auch die Leiblichkeit» zu lesen sich erlaubt.

In Entsprechung zu dem Geschehen der Offenbarung haben wir, indem wir einen falschen Spiritualismus links und einen falschen Realismus rechts neben uns liegen lassen, Gottes Sein als das «Sein in Person» zu verstehen. Gemeint ist gerade nicht: das personifizierte, sondern: das in der Wirklichkeit seiner Person die Fülle alles Seins in sich verwirklichende und vereinigende Sein. In seiner Person und also in seiner Einheit von Geist und Natur, indem es in dieser Einheit, in der seiner Geistigkeit gebührenden Überordnung, in der seiner Natürlichkeit gebührenden Unterordnung, nicht ein Es ist, aber auch nicht ein Er wie geschöpfliche Personen, sondern eigentlich (und so auch für eine eigentliche Erkenntnis) immer ein Ich: das Ich, das um sich selber weiß, das sich selber will, sich selber setzt und unterscheidet und eben in diesem Akte seiner Machtvollkommenheit in vollem Genügen sich selber ist.

Wir interpretieren mit diesen Formeln nichts Anderes als das trinitarische Sein Gottes als des Vaters und des Sohnes in der Einheit des von beiden ausgehenden Heiligen Geistes. Dieses Sein als solches und in seiner Ganzheit ist das Sein, die *essentia* der Gottheit und was immer weiter von dieser zu sagen sein wird, wird sich als Bestimmung dieses Seins zu verstehen haben. Im Blick auf dieses Sein ist die berühmte Definition Joh. 4, 24: «Gott ist Geist» zu verstehen und wenn wir die üblichen Definitionen der orthodoxen Dogmatik: *Deus est spiritus independens* oder: *spiritus existens a se ipso* u. dergl. (vergl. etwa J. Wolleb, *Chr. Theol. comp.* 1626 I 1, 1) als im Blick auf dieses Sein gebildet verstehen dürften, so würden wir auch ihnen nur zustimmen können.

Aber wir müssen, bevor wir uns über dieses Geistsein Gottes als solches im 2. Abschnitt unseres § näher erklären, dieses noch besonders hervorheben: daß Gottes Sein das sich selber wissende, wollende und unterscheidende, das durch sich selbst bewegte Sein ist. Indem Gottes Sein in Gottes Tat besteht, kennzeichnet es sich als das durch sich selbst bewegte Sein. Durch sich selbst bewegt: damit unterscheidet es sich sowohl von dem abstrakt angeschauten Sein der Natur als auch von dem abstrakt begriffenen Sein des Geistes. Das natürliche Sein, sofern es uns als solches in je einem Aggregatzustand der Materie anschaulich werden kann, ist in sich unbewegt. Als bewegtes Sein verstehen wir es erst in einer Folge von solchen Aggregatzuständen. In dieser Folge aber, als lebendige Natur, ist es uns gerade nicht anschaulich. In sich unbewegt ist aber das uns begreifliche geistige Sein als solches: wir begreifen es nämlich als das Sein von Inbegriffen, Gesetzen und Ideen. Bewegung hat es doch nur in seiner Beziehung von Individuum zu Individuum. In dieser Beziehung aber ist es uns gerade unbegreiflich. Natürliches und geistiges Sein je als solches heißt also unbewegtes Sein. Das Sein Gottes, wie wir es aus seiner Offenbarung kennen, ist aber in sich bewegtes und so bewegendes Sein.

Von hier aus werden die Angaben eines naturalistischen oder spiritualistischen Deismus, denen sich doch auch die eines mystischen Pantheismus oft genug angenähert haben, unmöglich, in denen Gott die Gegenständlichkeit oder auch die Nichtgegenständlichkeit eines in sich ruhenden Seins zugeschrieben wird. Die Bezeichnung dieses Seins als des höchsten oder wahren Seins bedeutet — wie kräftig auch die Beteuerung seiner Überweltlichkeit sein mag, in der sie vollzogen wird — noch nicht, daß hier Gott bezeichnet wird. Sie bedeutet vielmehr, daß hier eine abstrakte Naturanschauung oder ein ebenso abstrakter Geistesbegriff das Maß aller Dinge ist. Daß Jemand sein Maß aller Dinge mit Gott identifiziert, sagt auch in diesem Falle nicht, daß er wirklich von Gott redet.

Es gibt nun freilich auch eine konkrete Naturanschauung und einen konkreten Geistbegriff, d. h. ein Wissen um das bewegte Sein der Natur und des Geistes: bewegt durch eine ihnen beiden in ihrer gegenseitigen Beziehung von außen, von einem dritten Orte her, widerfahrenden Bewegung. Und nun werden wir das Andere hervorheben müssen: Gottes Sein ist nicht nur ein bewegtes, sondern das durch sich selbst bewegte Sein. Die bewegte Natur und der bewegte Geist sind ja eben nicht durch sich selbst und auch nicht Eines durch das Andere, sondern es sind beide von außen bewegt. Der uns allein wirklich bekannte Ausgangs- und Quellpunkt dieser ihrer Bewegung, der dritte Ort, von dem her sie beide bewegt sind, ist aber der erkennende und wollende, der wertende, handelnde und leidende Mensch. Wir leben und nun und daraufhin gibt es eine lebendige Natur, einen lebendigen Geist. Unser Wirken ist die konkrete

Anschauung der Natur, das konkrete Begreifen des Geistes. In diesem
unserem Wirken kommt es auch zu der eigentümlichen Zusammenordnung beider, in welcher der Geist vorangeht, die Natur aber nachfolgt,
der Geist Subjekt, die Natur aber Objekt ist, die Natur das Material, der
Geist aber die Form bildet. Durch Gottes Offenbarung, in der uns Gott
als der Herr des Menschen begegnet, ist es uns nun aber verboten und
verwehrt, das Sein Gottes mit diesem Wirken des Menschen zu verwechseln und gleichzusetzen. Gott ist nicht das in und durch uns bewegte Sein,
das wir als unsere Bewegung der Natur und des Geistes kennen oder zu
kennen meinen. Und wie es auch mit diesem unserem Bewegen stehen
möge, wir können — wollen wir uns selbst nicht mit Gott gleichsetzen
(und dies ist es, was uns durch Gottes Offenbarung verboten und verwehrt ist) — dieses unser bewegtes und bewegendes Sein nicht als ein
durch sich selbst bewegtes und also sich selber bewegendes Sein verstehen. Sondern nicht nur der unbewegten Natur und dem unbewegten
Geist, sondern auch unserem bewegten und bewegenden Sein steht das
Sein Gottes gegenüber als das eine und einzige, das allein durch sich
selbst bewegt ist.

Von hier aus werden alle diejenigen Angaben über das Wesen Gottes unmöglich, hinter denen mehr oder weniger deutlich das bewegte und bewegende Sein
des Menschen: sein Bewegen der Natur und des Geistes, sein eigentümliches Zusammenordnen beider als das Maß aller Dinge sichtbar wird: «ähnlich, wie sich
Phidias einen Jupiter bildete... indem er Erhabenheit, gebietendes Wesen, Größe,
Schönheit seinem Bilde in erhöhtestem Maßstabe gab!» (J. Wichelhaus, Die
Lehre der heil. Schrift³ 1892, S. 332.) Wieder ist hier auch mit den gewaltigsten und
frömmsten Unterstreichungen dieser Bewegtheit nicht zu helfen. Man kann in den
stärksten Tönen «der Mensch» sagen, man kann die Aussage über den Menschen
vor den tiefsten metaphysischen Hintergrund stellen und hat darum doch noch
nicht «Gott», sondern vielleicht gerade damit nur noch einmal und besonders nachdrücklich «der Mensch» im Unterschied und Gegensatz zu Gott, man hat dann wohl
gerade mit dieser Überhöhung erst recht «der sündige Mensch» gesagt. Denn
das ist doch wohl — nach Gottes Offenbarung nämlich — der sündige Mensch,
der, sich selbst überhöhend, in seiner eigenen Wirksamkeit das Sein Gottes wahrnehmen und geltend machen zu können meint. Kant hat gewaltig von Gott geredet. Aber wenn er Gott definiert hat als die notwendig zu postulierende Idee der
Grenze und des Zieles der theoretischen und als die ebenso notwendig vorauszusetzende Idee des Gesetzgebers und Garanten der praktischen Vernunft, was hat er
dann Anderes getan als gewaltig (ohne über seine Anthropologie hinaus etwa sachlich Neues zu sagen) noch einmal und erst recht vom Menschen (von der Tiefe der
Natur seines Vernunftvermögens) geredet? Auch Hegel hat gewaltig von Gott
geredet. Aber wenn er ihn als den Prozeß des absoluten Geistes beschrieben hat,
der ewig bei sich selbst ist, ewig aus sich selbst hervorgeht und in sich und
außer sich seiend ewig derselbe ist, so ist das zwar eine mächtige und tiefe
Beschreibung jener in uns selbst begründeten, von uns selbst ausgehenden und
zu uns selbst zurückkehrenden Bewegung der Natur und des Geistes, aber eben
darum noch keine Beschreibung Gottes, dessen Bewegung noch etwas Entscheidendes mehr ist als diese unsere, wenn auch hypostasierte, d. h. in die Ewigkeit
projizierte Selbstbewegung, durch dessen Bewegung uns vielmehr gerade diese

Hypostasierung und Projektion verboten und verwehrt bleiben müßte. Gewaltig hat auch Schleiermacher von Gott geredet, wenn er ihn als das Woher unseres Bewußtseins schlechthiniger Abhängigkeit und damit nicht nur als den Grund aller Religion, sondern zugleich und als solchen als den jenseitigen Grund unseres ganzen Selbstbewußtseins, als die geheimnisvolle Mitte unserer erkennenden und tätigen Existenz beschrieben hat. Gerade Schleiermacher hat vielleicht doch deutlicher als alle seine Geistesverwandten gewußt um die Entbehrlichkeit eines besonderen Gottesbegriffs zur Bezeichnung des den Geist und die Natur und zuerst den Menschen als solchen Bewegenden. Gerade Schleiermacher hat mit einem solchen, uns von außen Bewegenden und also zuerst und vor allem in sich selbst Bewegten faktisch so wenig gerechnet, daß er seiner Glaubenslehre zuletzt eine Gestalt zu geben gedachte, in welcher sie zur reinen Darstellung des in sich selbst bewegten christlich-religiösen Selbstbewußtseins als solchen geworden wäre: ein Unternehmen, das dann — man darf wohl um der uns entgangenen Belehrung willen sagen: leider — infolge seines Todes nicht mehr zur Ausführung gekommen ist. Gewaltig hat (für das Empfinden seiner Zeitgenossen) auch A. Ritschl von Gott geredet, gewaltig darum, weil er es in eindrucksvollem Gegensatz zu aller alten und modernen theoretischen Metaphysik ganz und gar auf die praktische, religiös sittliche Bedeutung der Gottesidee abgesehen hatte. Aber man darf doch wohl sagen, daß wir aus dem Regen in die Traufe gekommen sind, wenn wir bei ihm hören müssen, daß Gott «in und über der Welt» (!) die Macht sei, «welche der Mensch verehrt, weil sie sein geistiges Selbstgefühl gegen die Hemmungen aus der Natur aufrecht erhält» (Theol. u. Metaphysik 1881, S. 11). In der Religion gehe es ja um die Lösung des Widerspruchs, «in welchem sich der Mensch vorfindet als Teil der Naturwelt und als geistige Persönlichkeit, welche den Anspruch macht, die Welt zu beherrschen» (Rechtf. u. Vers.⁴, 3. Bd. 1895, S. 189). Es vermittle das Christentum als höchste Religion dem Menschen sowohl eine sichere Beurteilung seiner selbst als einer für die Erlangung des höchsten Gutes bestimmten geistigen Persönlichkeit, als auch solche der Welt als eines geschlossenen «Ganzen» und es sei so die christliche Gottesidee «das ideelle Band» zwischen jenem unserem Selbstbewußtsein und dieser unserer Weltanschauung (a. a. O. S. 190 f.). Es dürfte wieder deutlich sein, daß sowohl die Gewinnung jenes Selbstbewußtseins als auch die Bildung dieser Weltanschauung, als auch die Herstellung des «ideellen Bandes» zwischen beiden so verschieden von dem, was der Mensch in seinem Verhältnis zu Natur und Geist ohnehin vollbringt, nicht ist, daß es sich ernstlich lohnte, an dieser letzten Stelle ernstlich von «Gott» zu reden. Ist Gott «in und über der Welt» nur dies: die potenzierte Bewegung, die wir als unsere eigene gut genug kennen, dann ist nicht abzusehen, inwiefern er darüber hinaus der in sich selbst Bewegte sein, inwiefern dann also eine besondere Gottesidee nötig sein müßte.

Man bedenke, was daran hängt, daß Gottes Sein als durch sich selbst bewegtes Sein verstanden wird! Daran hängt nämlich, daß die in seiner Offenbarung sich ereignende und durch sie bewirkte Bewegung der Natur und des Geistes nun gerade nicht auf eine Selbstbewegung des Menschen zurückgeführt, daß sie nicht durch die Überlegung entkräftet werden kann, als ob der Mensch, den sie angeht, in ihr doch schließlich und letztlich mit sich selber allein sei. Gottes Offenbarung nimmt ihre Autorität und Glaubwürdigkeit von daher, daß sie jenseits aller menschlichen Begründungen in sich selbst begründet ist. Gottes Gebot, Gottes Gnade, Gottes Verheißung sind darum gewaltig ohnegleichen, weil es ihnen gegenüber keine Nachfrage gibt nach menschlicher Kraft oder auch Schwachheit. Gottes Werk ist darum siegreich, weil es an unser Werk nicht gebunden ist, sondern ihm vorangeht und nachfolgt in seiner Art, welches auch unseres Werkes eigene Art sein möge. Gottes Recht an den Menschen und Gottes Treue im Bunde mit ihm sind darum unwidersprechlich und unwiderruflich, weil es zu ihrer Bewährung nur Gottes selbst und nicht eines korrelaten Verhältnisses des Menschen bedarf. Das Alles wäre nicht nur dann bezweifelt, ja geleugnet, wenn wir Gottes Sein für unbewegt, sondern auch dann, wenn wir es für anders als durch sich selbst bewegt halten würden. Daß Gottes Sein Ereignis, das Ereignis von Gottes Tat ist, das muß (wenn wir, indem wir von ihm reden, nicht anderswohin als auf seine Offenbarung blicken wollen) dies bedeuten: daß es seine eigene, bewußte, gewollte und vollbrachte Entscheidung ist. Seine eigene Entscheidung und also unabhängig von den Entscheidungen, in denen wir unsere Existenz verwirklichen. Seine bewußte Entscheidung und also nicht der mechanische Ablauf eines Prozesses, dessen Vernünftigkeit, sofern von einer solchen zu reden ist, außerhalb seiner selbst zu suchen wäre. Seine gewollte Entscheidung und also nicht ein durch fremden Anstoß oder auch nur in fremder Bedingtheit sich abwickelndes Geschehen. Seine vollbrachte Entscheidung: ein für allemal in Ewigkeit und in jeder Sekunde unserer Zeit aufs neue vollbracht und also nicht so, daß sie dem, was nicht göttliches Sein ist, als eine bloße Möglichkeit, sondern immer so, daß sie jenem als abgeschlossene, sich selbst abschließende Wirklichkeit gegenübersteht. Gewiß ist Gottes Sein in dieser seiner Selbstbewegung auch Geist, aber eben göttlicher Geist, gewiß auch Natur, aber eben göttliche Natur, gewiß beides in der Einheit und Zusammenordnung einer Person, aber eben der göttlichen Person, die wir zunächst dadurch vor anderen Personen ausgezeichnet sehen müssen, daß sie durch sich selbst bewegte Person ist. Kein anderes Sein ist schlechterdings in seiner Tat. Kein anderes Sein ist schlechterdings seine eigene, bewußte, gewollte und vollbrachte Entscheidung. Nur in der Illusion der Sünde kann der Mensch sich selbst oder einem Inbegriff der Welt als der Projektion seiner selbst ein solches Sein zuschreiben. Indem ihm Gott begegnet in seiner Offenbarung, wird ihm diese Illusion zerstört, wird ihm, wird der ganzen Welt ein solches Sein abgesprochen. In Anerkennung des Gerichtes und der Gnade, die ihm in Gottes Offenbarung widerfahren, wird der Mensch ein solches Sein Gott und zwar Gott allein zusprechen müssen. Ist nun aber das Sein einer Person ein Sein in der Tat und kann ein Sein in der Tat, streng und eigentlich genommen, allein Gott zugesprochen werden, so folgt, daß unter dem Sein einer Person, streng und eigentlich genommen, nur das Sein Gottes verstanden werden kann. Das Sein in seiner eigenen, bewußten, gewollten und vollbrachten Entscheidung und also das Personsein ist das Sein Gottes in den Seinsweisen des Vaters, des Sohnes und des Heiligen Geistes. Ursprünglich und eigentlich kein anderes neben und außer ihm: jedes andere neben und außer ihm nur sekundär, nur auf Grund seiner gnädigen Schöpfung und Erhaltung und dieses wieder bedingt durch seine gnädige Versöhnung des Sünders und im Blick auf seine künftige Erlösung, und dies alles erkennbar allein durch Gottes Wort und Offenbarung. Nicht im Blick auf das Sein Gottes, sondern im Blick auf **unser** Sein ist also von «Personifizierung» zu reden! Nicht der Mensch ist **eigentlich** Person, sondern **Gott ist es**. Nicht Gott ist **uneigentlich** Person, sondern **wir sind es. Gott ist in seiner Tat. Gott ist seine eigene Entscheidung. Gott lebt aus und durch sich selber.**

Gott ist. Die erste, grundlegende, allgemeine Umschreibung dieses Satzes liegt hinter uns. Alles Weitere, was zu sagen sein wird, wird unter allen Umständen dieser ersten Umschreibung entsprechen müssen. Alles, was im Widerspruch dazu gesagt wäre, wäre notwendig falsch gesagt. Jede Angabe darüber, **was** Gott ist oder jede Erklärung darüber, **wie** Gott ist, wird unter allen Umständen angeben und erklären müssen, was und wie er in seiner Tat und Entscheidung ist. Es gibt kein Moment im Wesen Gottes oberhalb dieser Tat und Entscheidung. Es gibt also kein Zurückgreifen hinter diese Tat und Entscheidung, hinter die Lebendigkeit Gottes, es gibt nur das Ergreifen seiner Lebendigkeit daraufhin, daß wir in seiner Offenbarung von ihr ergriffen sind. Eben damit ist schon gesagt, daß sie nicht nur die höchste Lebendigkeit, nicht nur die Lebendigkeit ohnegleichen, sondern ursprünglich und eigentlich die **eine, einzige** Lebendigkeit ist: *propriissime solus Deus vivere dici potest.* Haben auch wir Leben auf Grund seiner Schöpfung und in der Hoffnung auf Grund der Auferstehung Jesu Christi, so wird diese unsere Lebendigkeit mit der seinigen doch niemals verwechselt, sie wird ihr niemals gleichgestellt, niemals konkurrierend gegenübergestellt werden können. Die Legitimität jeder weiteren Aussage über Gott hängt daran, daß sie, indem sie eine Aussage über den lebendigen Gott ist, diese Verwechslung unterlassen, diese Gleichstellung und Gegenüberstellung zwischen seinem und unserem Leben vermeiden wird. Das wird aber ganz von selbst geschehen, wenn der positive Gehalt der nun sichtbar gewordenen Regel uns deutlich, wenn jede weitere Aussage darüber, was und wie Gott ist, daran gebunden bleibt: Gott ist der, der nicht nur allein in seiner Tat zu finden, sondern der darum allein in seiner Tat zu finden ist, weil er allein in seiner Tat **ist**, der er ist. Bleibt uns das deutlich, bleiben alle unsere Gedanken gefangen durch Gottes Tun, weil wir es eben in ihm mit Gottes Sein zu tun haben, dann ist gesorgt dafür, daß sie nicht abirren und offen oder heimlich zu Gedanken über uns selbst werden können.

2. GOTTES SEIN ALS DER LIEBENDE

Es wäre gefährlich und zweideutig, wenn wir länger bei der Umschreibung des göttlichen Wesens als seines Seins in der Tat im Allgemeinen, also bei der Feststellung der Form dieses Wesens: seiner Aktualität oder seines Lebens verweilen wollten. Daß Gottes Sein schlechterdings seine Tat ist, das will, nachdem es gesagt ist, sofort nicht länger gesagt, sondern ernst genommen sein in der Einsicht, daß eben diese seine Tat, die sein Sein ist, nicht etwa Akualität im Allgemeinen und als solche, sondern in seiner Offenbarung und in Ewigkeit eine ganz bestimmte, inhaltlich gefüllte Tat ist: Personsein gerade in jener nur ihm zukommenden Ursprünglichkeit und Eigentlichkeit, das Sein einer nicht nur durch ihre formale Vollkommenheit, sondern durch ihr besonderes, unterschiedenes Tun als solches ausgezeichneten Person. Welche Tat — so müssen wir jetzt weiter fragen — ist seine, die göttliche Tat, die das göttliche Sein ist, so daß wir ihr zu entnehmen haben, was denn nun göttlich ist, das heißt: was dazu gehört, um Gott zu sein, was Gott zu Gott macht, was also Gottes «Wesen» ist. Es steht nun nach den Überlegungen unseres 1. Abschnittes fest, daß Gott das, was er ist, schlechterdings durch sich selber und nicht durch ein Anderes ist, das ihm sein Gottsein erst verleihen würde. Und so kann auch die uns in Gottes Offenbarung sichtbare Tat, in welcher er ist, der er ist und der wir zu entnehmen haben, was und wie er ist, sachlich nichts Anderes sichtbar machen als eben dies: daß er ist, der er ist. Macht sie uns das nicht sichtbar, dann hat sie uns, was göttlich, was das Wesen Gottes ist, bestimmt nicht sichtbar gemacht. Aber nun ist eben die in Gottes Offenbarung sichtbare Tat nicht so beschaffen, daß wir ihr mehr als die Tautologie: «Gott ist Gott» nicht zu entnehmen hätten! Sondern eben diese Tautologie als solche finden wir in Gottes Offenbarung erklärt und aufgelöst. Sie ist ja nicht weniger als Gottes Selbstoffenbarung, sie ist die Offenbarung des Namens, unter dem er von uns erkannt und angeredet sein will, des Namens, der nun doch keine zweite, fremde Wahrheit neben die erste und eigentliche seines inneren, verborgenen Wesens stellt, sondern der der Name und der Erkenntnisgrund und die Wahrheit (d. h. die Erschließung und Bezeichnung der Eigentlichkeit) seines innersten verborgenen Wesens ist. Dieses in seinem offenbaren Namen sichtbare Wesen Gottes ist aber sein Sein und also seine Tat als Vater, Sohn und Heiliger Geist. Daß er sich in diesem Namen sichtbar macht, das ist die Auflösung der Tautologie. Diesem seinem Namen haben wir zu entnehmen, was und wie er ist in seiner Tat und also in seinem Sein: was denn nun göttlich ist, was dazu gehört, um Gott zu sein, was Gott zu Gott macht, was also sein «Wesen» ist. Daß wir hinter seine Lebendigkeit nicht zurückgehen können zur Bestimmung seines Seins, das bedeutet konkret, daß wir nicht hinter diesen seinen

Namen zurückgehen können, weil eben in der Offenbarung dieses seines Namens die Tat geschieht, die auch sein Sein ist in alle Ewigkeit. Wir können, dürfen und müssen aber zur Bestimmung dieses seines offenbarten und ewigen Seins danach fragen, was uns eben dieser Name über das besondere Sein Gottes in seiner Tat zu sagen hat.

Dieser Name, so wie er uns offenbart ist als die Bezeichnung des in seiner Offenbarung an uns Handelnden, hat uns nun aber bestimmt vor Allem und entscheidend in allen seinen Bestandteilen dies zu sagen: daß Gott der ist, der, ohne dessen zu bedürfen, Gemeinschaft zwischen sich und uns sucht und schafft. Ohne dessen zu bedürfen: weil er das, was er zwischen sich und uns sucht und schafft, auch ohne uns und also auch ohne dies zu tun, in sich selber hat, weil es sozusagen einen Überfluß seines Wesens bedeutet, daß er es auch uns zuwendet — einen Überfluß, den wir nun gewiß als selber wieder seinem Wesen entsprechend, seinem Wesen zugehörig betrachten müssen, der aber doch ein Überfluß ist, dem kein Bedürfnis, keine Nötigung, keine Verpflichtung, am allerwenigsten eine solche von außen, von uns her ihm auferlegte, aber auch kein Gesetz, dem Gott in sich selber verbunden und verpflichtet wäre, entspricht und zugrunde liegt, sondern der selber und als solcher wieder allein in ihm selber begründet ist. Aber wir stellen diese Erklärung, so wichtig sie ist, zunächst zurück und halten uns an das Positive: Gott ist jedenfalls der, der in seiner Offenbarung Gemeinschaft mit uns sucht und schafft und der (weil seine Offenbarung seine Selbstoffenbarung ist) dasselbe auch in sich selber, in seinem ewigen Wesen tut. Ein Suchen und Schaffen von Gemeinschaft ist ja offenbar schon die Schöpfung, d. h. die Setzung und Erhaltung einer von ihm selbst real verschiedenen Wirklichkeit, als deren geistig-natürliche Einheit der mit Gott konfrontierte Mensch sich selber entdecken darf. Es potenziert sich aber dieses Suchen und Schaffen in dem die Schöpfung nicht sowohl fortsetzenden als überbietenden Werk der Offenbarung selber: identisch mit der Versöhnung des sündigen Menschen in der Fleischwerdung, im Tode und in der Auferstehung des Sohnes Gottes. Und es findet dieses Suchen und Schaffen seine Krönung und endgültige Bewährung in der zukünftigen Bestimmung des in Jesus Christus versöhnten Menschen, in seiner Bestimmung für eine ewige Erlösung und Lebendigmachung. Eben das, was Gott in dem Allen tut, das ist er. Und er ist kein Anderer als eben der, der Alles das tut. Was tut er aber laut seines dreieinigen Namens und also in dieser ganzen, in seiner Offenbarung sichtbaren Gottestat? Ist es berechtigt und notwendig, die Richtung und den Sinn dieser Tat zusammenzufassen, um sie zu verstehen und also Gott selbst zu verstehen, so werden wir jetzt sagen müssen: Er will der Unsrige sein und er will, daß wir die Seinigen seien. Er will zu uns gehören und er will, daß wir zu ihm gehören. Er will nicht ohne uns sein und er will nicht, daß wir ohne ihn seien. Er will also gewiß Gott sein und er will nicht, daß wir Gott seien. Er will aber nicht für sich und nicht als Gott mit sich allein, sondern er will als Gott auch für uns und mit uns, die wir nicht Gott sind, sein. Indem er sich selbst ist und bejaht, im Unterschied und Gegensatz zu Allem, was er nicht ist, setzt er sich in diese Beziehung zu uns. Er will nicht anders **er selbst** sein, als indem er es auch in dieser **Beziehung** ist. Sein Leben, das doch sein Leben in sich selber, das ursprünglich und eigentlich das eine und einzige Leben ist, drängt nach diesem Zusammensein mit unserem Leben. Es ist das Gut seines Gottseins so groß, daß es überströmt als Güte gegen uns, die wir nicht Gott sind. Das ist Gottes Verhalten gegen uns laut seiner Offenbarung. Es fehlt nicht an Gegensätzlichkeit in diesem Verhalten. Es bestätigt und umschließt notwendig den Gegensatz zwischen dem Schöpfer und seinen Geschöpfen. Es bestätigt und umschließt notwendig auch Gottes Zorn und Streit gegen die Sünde, Gottes Scheidung von den Sündern, Gottes über sie verhängte und an ihnen vollzogene Strafe. Es gibt Tod und Hölle und ewiges Verlorengehen im Bereich dieses seines Verhaltens. Es ist aber in dem Allem dieses und kein anderes Verhalten: er sucht und schafft Gemeinschaft zwischen sich und uns. Es kann uns als dieses Verhalten auf weiteste Strecken zweifelhaft, dunkel, unfaßlich sein. Es wird uns auf weiteste Strecken gleich dem Gegenteil dieses Verhaltens erscheinen. Es wird sich ja durch Gericht und Gnade, durch ein Töten und Lebendigmachen, durch Verhüllung und Enthüllung als solches offenbaren. Es wird immer das aus der Finsternis leuchtende Licht sein, wenn es uns als solches offenbar wird. Wir werden auch immer wieder zu lernen haben, was das in Wirklichkeit bedeutet, daß Gott Gemeinschaft zwischen sich und uns sucht und schafft. Es wird aber in sich selber, es wird erstlich und letztlich immer dieses und kein anderes Verhalten sein. Gott will und tut nicht zweierlei, sondern Eines: **dieses** Eine. Und dieses Eine, das er will und tut, ist das Gute Gottes, das, was seine Tat als göttliche und also seine Person als die göttliche auszeichnet. Dieses Eine also ist das Göttliche, das ϑεῖον, das Wesen Gottes in der Offenbarung seines Namens, nach dem wir jetzt fragen. Wir werden nämlich auch und gerade in Gott selber, in seinem ewigen Sein nichts Anderes als dieses Eine finden. Indem und bevor Gott Gemeinschaft mit uns sucht und schafft, will und vollbringt er sie ja in sich selber. In sich selber will er ja nicht für sich, nicht einsam sein, ist er vielmehr der Vater, der Sohn und der Heilige Geist und also lebendig in seinem eigensten Miteinander und Füreinander und Ineinander, ist die ungebrochene Einheit seines persönlichen Seins, Wissens und Wollens zugleich ein Ratschlagen, Beschließen und Handeln: nicht in der Einsamkeit, sondern in der Gemeinschaft. So ist das, was er sucht und schafft zwischen sich und uns tatsächlich nichts Anderes als das, was er will und

2. Gottes Sein als der Liebende

vollbringt und also ist in sich selber. Gerade darum und so: indem er uns in seinem Sohne aufnimmt in seine Gemeinschaft mit sich selber ist es das Notwendige, das Heilsame, das Gute auch für uns, über dem es ein höheres Gutes nicht gibt — darum nicht, weil Gott etwas Höheres als dies, nämlich sich selber, nicht zu geben hat, weil uns eben damit, daß er uns sich selber gibt, alles Gute gegeben ist. Dieses Gute erkennen und anerkennen wir, wenn wir Gottes Sein jetzt näher bezeichnen mit dem Satz: er ist der Liebende. Er ist darin Gott, es besteht darin das Göttliche Gottes, daß er liebt und das ist sein Lieben: daß er Gemeinschaft mit uns sucht und schafft. Es dürfte richtig und wichtig sein, in diesem Zusammenhang mit Betonung zu sagen: sein Lieben, d. h. seine Tat als die des Liebenden.

Die hier naheliegende Definition: «Gott ist die Liebe» scheint sich auf 1. Joh. 4, 8 u. 16: ὁ θεὸς ἀγάπη ἐστίν berufen zu können. Es bedeutet aber eine exegetische Gewaltsamkeit, diesen Satz außerhalb seines Zusammenhangs und ohne die ihm durch seinen Zusammenhang widerfahrende Interpretation zu zitieren und definitionsmäßig zu benützen. Wir lesen nämlich einmal in v 9: darin sei die Liebe Gottes unter uns offenbart worden, «daß Gott seinen einzigen Sohn in die Welt gesandt hat, daß wir durch ihn leben sollten», sodann in v 10 (in merkwürdiger Gleichheit der Prädikation!) darin bestehe die Liebe, «nicht, daß wir Gott lieb gewonnen haben, sondern daß er uns lieb gewonnen und seinen Sohn zur Sühne für unsere Sünden gesandt hat», endlich in v 15: darin hätten wir die Erkenntnis und den Glauben an die Liebe, die Gott gegen uns hat, daß wir bekennen, «daß Jesus der Sohn Gottes ist». Die Liebe Gottes oder Gott als die Liebe wird also gerade 1. Joh. 4 als der in der Sendung Jesu Christi vollzogene Akt des göttlichen Liebens interpretiert. Will man den Satz v 8 und v 16 mit M. Dibelius als eine «Gottesgleichung» bezeichnen, so muß man jedenfalls hinzufügen, daß sie als solche (als Gleichsetzung Gottes mit einem abstrakten Inbegriff seines Tuns) sofort wieder aufgelöst und durch eine Bezeugung der göttlichen Tat als solcher ersetzt wird. Und dieser Befund wird bestätigt durch die recht verstandene Stelle Joh. 3, 16: «In der Weise (*Vulg.: sic*) liebte Gott die Welt, daß er seinen einzigen Sohn gab, damit Jeder, der an ihn glaubt, nicht verloren gehe, sondern das ewige Leben habe».

Wenn wir jetzt also die entscheidende Wendung vollziehen, indem wir unsere Aufmerksamkeit auf die uns in Gottes Offenbarung begegnende inhaltliche Bestimmung und Füllung des göttlichen Seins richten, und wenn wir dabei als Erstes gerade den Begriff der Liebe aufnehmen, so kann die Meinung nicht sein, als wüßten wir irgendwoher schon zuvor im Allgemeinen, was Liebe ist als Inbegriff eines in bestimmtem Sinne guten Tuns und als kämen wir von diesem unserem Wissen her dazu, Gott mit diesem Inbegriff gleichzusetzen. Der Vorgang ist vielmehr der, daß wir es, aufgerufen durch die Wirklichkeit der göttlichen Tat, aufgerufen, uns über das Wesen dieser Tat und damit über das Wesen Gottes selbst Rechenschaft abzulegen und angeleitet durch die heilige Schrift selber, wagen dürfen und wagen müssen, den Begriff der «Liebe» — dessen eigentlichen und letzten Sinn wir gerade damit in der uns sonst naheliegenden Verwendung noch nicht zu wissen bekennen — in den Dienst dieser Aufgabe: der Bezeugung der Tat und also des Seins Gottes zu stellen, wobei wir aber ganz offen sein müssen für die Möglichkeit, daß er in diesem Dienst eine Bedeutung bekommt, die ihn in der Weise erfüllt, daß seine Bedeutung in der uns sonst naheliegenden Verwendung geradezu gesprengt wird, um dann und so erst neu geformt zu werden. Wir haben darum absichtlich nicht mit irgendeiner Definition der Liebe begonnen, sondern damit, daß wir Gottes in seiner Offenbarung sichtbare Tat für sich selber sprechen ließen: Gott ist in seiner Tat der, der Gemeinschaft mit uns sucht und schafft. Bezeichnen wir nun dieses sein Tun als Gottes Lieben und also Gott als den Liebenden und (sei es denn, im rechten Verstand!) als die Liebe, dann muß unser Blick auf alle Fälle steif auf die Sache, nämlich auf Gottes Tat gerichtet bleiben und sich nicht in die Irre führen lassen durch den Zwang eines mitgebrachten und vorausgesetzten Allgemeinbegriffs von Liebe. Sagen wir mit 1. Joh. 4: Gott ist die Liebe, so ist uns die Umkehrung: die Liebe ist Gott, so lange verwehrt und verboten, als nicht von Gottes Sein und also von Gottes Tat her ermittelt und geklärt ist, was die Liebe ist, die nun ihrerseits legitim mit Gott identifiziert werden kann und muß. Eben die Erklärung dieser Liebe ist nun unsere Aufgabe.

1. Es geht in Gottes Lieben um ein Suchen und Schaffen von Gemeinschaft um ihrer selbst willen. Es ist die Gemeinschaft des Liebenden mit dem Geliebten selbst und als solche dasjenige, was der Liebende dem Geliebten mitzuteilen, was der Geliebte von dem Liebenden zu empfangen hat. Gott ist also nicht zuerst das Gute und dann insofern auch der Liebende, als er dieses sein Gutsein nicht für sich behält, sondern Anderen mitteilt. Sondern Gott ist der Liebende und als solcher der Gute und der Inbegriff aller Güter. Darin ist Gott gut, daß er der Vater, der Sohn und der Heilige Geist und als solcher unser Schöpfer, Versöhner und Erlöser ist, als solcher uns aufnimmt in seiner Gemeinschaft, d. h. in die Gemeinschaft, die er in sich selber hat und ist, und über der als solcher es kein höheres Gut gibt, das uns durch seine Gemeinschaft mit uns erst zu vermitteln wäre. Gott gibt uns, indem er uns liebt, nicht etwas, sondern sich selbst und eben und nur, indem er sich selbst, indem er seinen einzigen Sohn gibt, gibt er uns Alles. Es ist der Liebe Gottes genug, seine Liebe zu sein, um uns eben damit Alles zu werden.

«Der seines eigenen Sohnes nicht verschonte, sondern hat ihn für uns Alle dahingegeben, wie sollte er uns mit ihm nicht Alles schenken?» (Röm. 8, 32.) Eben darum gelten die Erkenntnis und das Bekenntnis, auf die besonders in den johanneischen Schriften so viel Gewicht gelegt wird, nicht dem Licht und nicht dem Leben, nicht dem Weg und nicht der Wahrheit, die uns durch den Sohn Gottes geschenkt werden, nicht den Gaben, obwohl diese bestimmt genug genannt und hoch genug gepriesen werden, sondern dem Geber dieser Gaben und also dem Sohne Gottes als solchem. Darum ist das Reich Gottes bei den Synoptikern keine selbständige Wirklichkeit, sondern schlechterdings gebunden an den erschienenen

Messias, an sein Wort und seine Taten, an den Glauben an ihn. Es ist dieses Reich von seinem König schlechterdings nicht zu trennen. Eben darum lautet die Antwort des von Gott Geliebten nach Ps. 73, 23 f.: «Nun aber bleibe ich stets bei dir, du hältst mich bei meiner rechten Hand. Du leitest mich nach deinem Ratschluß und nimmst mich hernach in die Herrlichkeit. Wen habe ich im Himmel außer dir? Und wenn ich dich habe, so wünsche ich nichts auf Erden. Mag Leib und Sinn mir schwinden, Gott ist ewiglich mein Fels und mein Teil. Denn siehe, die dir ferne bleiben, kommen um; du vernichtest alle, die dir untreu werden. Mir aber ist es köstlich, Gott nahe zu sein; ich setze meine Zuversicht auf Gott den Herrn und verkünde alle deine Werke». Und entsprechend nochmals Paulus: «Ich bin dessen gewiß, daß weder Tod noch Leben, weder Engel noch Gewalten, weder Gegenwärtiges noch Zukünftiges, noch Kräfte, weder Hohes noch Tiefes noch irgend ein anderes Geschöpf uns zu scheiden vermag von der Liebe Gottes, die in Jesus Christus ist, unserem Herrn» (Röm. 8, 38 f.). Ausgegossen in unsere Herzen durch den Heiligen Geist, ist sie allein — die Liebe Gottes als solche — der Grund der nicht zu Schanden werdenden Hoffnung und so der Bewährung und so der Geduld (Röm. 5, 4 f.). Das Alles übersieht man, wenn man die Liebe Gottes mit Thomas v. Aquino bindet an die Definition: *Amare nihil aliud est, quam velle bonum alicui* (*S. theol.* I qu. 20 art. 2 c), um dann fortfahren zu müssen: *Amans sic fit extra se in amatum translatus, inquantum vult amato bonum et operatur per suam providentiam sicut et sibi* (ib. ad. 1). Richtig, d. h. biblisch müßte dieser Satz als Beschreibung der Liebe Gottes lauten: *amans sic vult amato bonum et operatur per suam providentiam sicut et sibi, inquantum fit extra se in amatum translatus*. Denn in dieser *translatio* oder besser: *communicatio* als solcher geschieht dem Anderen das Gute, wenn es um das Handeln Gottes geht und nicht umgekehrt. Weil und indem Gott liebt, ist sein Wille ein *velle bonum alicui*, denn nur, weil Gott liebt, gibt es überhaupt ein *aliquid* oder einen *aliquis*, auf den sein Wille sich richten kann oder gerichtet ist. Indem es ein solches Anderes gibt und indem sich der Wille Gottes tatsächlich darauf richtet, also indem er mit ihm Gemeinschaft hält, indem er es liebt, will er sein Gutes. Weil und indem er Er ist, weil und indem es sein Wille ist, der sich auf dieses Andere richtet und also weil und indem er liebt, ist sein Wille guter Wille. Sucht man das Gute Gottes hinter seiner Liebe in einem *summum bonum,* das von seiner Liebe verschieden ist, dann wird man bei der Bestimmung dieses *summum bonum* einem Rückfall in die Idee des reinen, unbewegten Seins schwerlich entrinnen können und mag dann zusehen, wie man diese vor dem Gotteszeugnis der Offenbarung verantworten will. Die Polemik, mit der G. Thomasius diese patristische und scholastische Bestimmung des Wesens Gottes verteidigt hat: die Definition «Gott ist die Liebe» setze «schon einen positiv-guten Gehalt des sich mitteilenden persönlichen Lebens voraus» und außerdem sei sie «eine schlechte Verflüchtigung des Selbst» (Christi Person und Werk[3] 1886, 1. Bd., S. 31) ist in ihren beiden Argumenten hinfällig. Der «positiv-gute Gehalt» des persönlichen Lebens Gottes existiert nicht hinter oder außer seiner Mitteilung, sondern besteht eben darin, daß es das sich mitteilende Leben als solches ist. Und daß es dabei nicht zu einer Verflüchtigung des göttlichen Selbst kommt, dafür ist dadurch gesorgt, daß Gott ja gerade in sich selbst als Vater, Sohn und Heiliger Geist das sich selbst mitteilende Leben ist. Zurechtzustellen ist demgemäß auch die Definition von H. Lüdemann: «Die Liebe Gottes ist seine Selbstmitteilung; sein innerstes Selbst aber ist er als *summum bonum*. Weil er die Welt liebt, will er, daß sie Anteil erlange an seiner Vollkommenheit.» (Dogm. 1926, 2. Bd., S. 261). Nein, sondern sein innerstes Selbst ist seine Selbstmitteilung und indem er die Welt liebt, gibt er ihr Anteil an dieser seiner Vollkommenheit.» Und wenn R. Seeberg (Chr. Dogm., 1. Bd. 1924, S. 354) einwendet, daß man doch unmöglich das gesamte Wirken Gottes an der Welt als Liebe zu charakterisieren vermöge, daß diese Bezeichnung vielmehr nur der «spezifisch christlichen Gotteserfahrung» entspreche, so ist daran zu erinnern, daß Gott nach Joh. 3, 16 gerade laut der «spezifisch christlichen Gotteserfahrung» (die doch wohl nicht nur eine neben anderen ist, deren Relevanz also keine Einschränkung dulden kann) in einer allerdings sehr bestimmten Weise die Welt geliebt hat, so daß es sich wirklich nicht empfehlen kann, mit Seeberg die Allmacht Gottes in diesem Zusammenhang an die Stelle seiner Liebe zu setzen.

2. Es geht in Gottes Lieben um ein Suchen und Schaffen von Gemeinschaft **ohne Rücksicht** auf eine schon vorhandene **Eignung und Würdigkeit** des Geliebten. Gottes Liebe ist nicht nur nicht bedingt durch irgend eine Gegenliebe, sondern auch nicht bedingt durch irgend eine sonstige Liebenswürdigkeit des Geliebten, durch irgend eine auf seiner Seite schon bestehende Bündnis- und Gemeinschaftsfähigkeit. Ist ihm eine solche zu eigen, so ist sie selber schon die Schöpfung der Liebe Gottes. Sie ist und wird aber nicht deren Bedingung. Sie ist der Gegenstand des der vorangehenden Liebe nachfolgenden göttlichen Wohlgefallens. Der Gegenstand der Liebe Gottes als solcher aber ist ein Anderes, das dieses seines Wohlgefallens an sich gerade nicht bezw. noch nicht würdig ist. Die Liebe Gottes schlägt immer eine Brücke über einen Abgrund. Sie ist immer das aus der Finsternis leuchtende Licht. Sie sucht und schafft in seiner Offenbarung Gemeinschaft, da, wo keine Gemeinschaft und an sich auch keine Fähigkeit dazu vorhanden ist, da, wo es sich um ein Gott gegenüber wirklich Anderes, als Geschöpf Fremdes, als sündiges Geschöpf sogar Feindseliges handelt. Dieses Andere, Fremde, ja Feindselige liebt Gott. Gemeinschaft gerade mit ihm als solchem ist die Gemeinschaft, die er sucht und schafft. Wir werden die Liebe Gottes darum gewiß keine blinde Liebe nennen wollen. Aber was er sieht, indem er liebt, ist eben das ganz von ihm selbst Verschiedene und als solches in sich Verlorene, ohne ihn dem Tode Preisgegebene. Daß er von sich selbst zu diesem Preisgegebenen die Brücke schlägt, daß er in der Finsternis Licht ist, das ist das Wunder der allmächtigen Liebe Gottes.

Darum ist des Menschen Sohn «gesandt zu den verlorenen Schafen aus dem Hause Israel» (Matth. 15, 24), «gekommen zu suchen und selig zu machen, das verloren ist» (Luk. 19, 10). «Die Gesunden bedürfen des Arztes nicht, sondern die Kranken. Ich bin gekommen die Sünder zur Busse zu rufen und nicht die Gerechten» (Luk. 5, 31 f.). Es ist nach Luk. 15 das verlorene Schaf, der verlorene Groschen, der verlorene Sohn der Gegenstand des messianischen Werkes, während zu den Pharisäern Joh. 9, 41 gesagt werden muß: «Wäret ihr blind, so hättet ihr keine Sünde; nun ihr aber sprecht: Wir sind sehend! bleibt eure Sünde». So steht es mit jener in unsere Herzen ausgegossenen Liebe Gottes: Gott beweist sie gegen uns «dadurch, daß Christus für uns gestorben ist, als wir noch Sünder waren» (Röm. 5, 8). Dazu paßt schlecht die Definition des Polanus: *Amor Dei est essentialis proprietas seu essentia Dei, qua oblectans sese in eo quod approbat, ei bonum vult. Hoc enim est amare: oblectare se eo quod placet, eique bonum velle et praestare. (Synt. Theol. chr.* 1609, *col.* 1094). Über die Unzulänglichkeit der offenbar von Thomas v. Aquino übernommenen Formel: *bonum velle* ist schon gesprochen. Der Korrektur bedürftig ist aber auch die andere Angabe: es sei ein vorangehendes Wohlgefallen an dem Geliebten das eigentlich Konstituierende und Bewegende der göttlichen Liebe. Wie könnte uns Gott lieben, wenn es dabei wirklich auf eine uns gebührende *approbatio* ankäme? Und es gilt dasselbe von der Definition von Quenstedt: *Amor Dei est, quo ipse cum obiecto amabili se suaviter unit (Theol. did. pol.* 1685 I *c.* 8 *sect.* 1 *thes.* 30). *Amabilis* wird der von Gott Geliebte als *amatus.* Er wird aber nicht *amatus,* weil er *amabilis* ist! Man hat an das Kreuz Christi, an die Sünde des erwählten und begnadigten Volkes Israel, man hat an die Rechtfertigung des Gottlosen (Röm. 4, 5) und an den Glauben an den, der die Toten lebendig macht und ruft dem, das nicht ist, daß es sei (Röm. 4, 17) nicht gedacht, sondern an einen (auch in sich sehr diskutierbaren) Allgemeinbegriff von Liebe, wenn man solche Definition aufstellte! In Wirklichkeit liegt der Grund der Liebe Gottes außerhalb des von ihm Geliebten in Gott selber. «Ich liebe, die mich lieben» (Spr. 8, 17). «Wer mich liebt, wird von meinem Vater geliebt werden und ich werde ihn lieben» (Joh. 14, 21 vgl. 23). Und: «Er selbst, der Vater, liebt euch, weil ihr mich geliebt und geglaubt habt, daß ich von Gott ausgegangen bin» (Joh. 16, 27). Aber sogar von sich selbst sagt Jesus: «Deshalb liebt mich der Vater: weil ich mein Leben hingebe, um es wieder zu nehmen» (Joh. 10, 17). Und darum wird die Vorstellung von einem *obiectum amabile* auch da nicht maßgebend sein dürfen, wo es sich um das Verhältnis der Liebe des Vaters zum Sohne handelt, mit der «du mich geliebt hast vor Grundlegung der Welt» (Joh. 17, 23—26) und überhaupt der Liebe, die in dem dreieinigen Gott selber von Ewigkeit zu Ewigkeit Ereignis ist. Gewiß ist Gott sich selber *obiectum amabile,* aber wiederum ist er nicht deshalb die ewige Liebe, weil er sich selbst liebenswürdig findet, sondern darin wird er sich selbst liebenswürdig, darin ist er selig in sich selber, daß er, lebendig als der Vater, der Sohn und der Heilige Geist, die ewige Liebe ist.

3. Gottes Lieben ist Selbstzweck. Es sind alle in ihm gewollten und erreichten Zwecke in diesem Selbstzweck und also in diesem Lieben selbst und als solchem enthalten und erklärt. Wie dieses Lieben selber das Gute ist, das es dem Geliebten vermittelt, und wie es sein eigener Grund dem Geliebten gegenüber ist! Gewiß will Gott, indem er uns liebt, seine eigene Ehre und unser Heil. Aber nicht um deswillen liebt er uns, weil er das will. Sondern um seiner Liebe willen will er das. Gott liebt, indem er diese Zwecke verwirklicht. Aber Gott liebt, weil er liebt: weil eben dieses Tun sein Sein, sein Wesen, seine Natur ist. Er liebt auch ohne und bevor er diese Zwecke verwirklicht; er liebt in Ewigkeit. Er liebt, auch indem er sie verwirklicht, weil er liebt. Und es ist das Zweckvolle dieser Verwirklichung nicht in dieser selbst, sondern in seiner Liebe als solcher, in der Liebe des Vaters, des Sohnes und des Heiligen Geistes begründet und sie ist, indem wir an Gott glauben, indem wir ihn wiederlieben, nicht aus sich selbst, sondern nur aus diesem seinem Lieben als solchen zu verstehen.

«Weil der Herr euch liebte und weil er den Eid hielt, den er euren Vätern geschworen, darum hat auch der Herr mit starker Hand herausgeführt und hat dich aus dem Sklavenhause befreit, aus der Hand des Pharao, des Königs von Ägypten» (Deut. 7, 8). «Von ferne her» erschien der Herr seinem Volk in der Wüste und sprach: «Mit ewiger Liebe habe ich dich geliebt; darum habe ich dich aus Güte zu mir gezogen» (Jer. 31, 3). «Nicht ein Bote oder Engel, er selber rettete sie; er selbst in seiner Liebe und Erbarmung erlöste sie» (Jes. 63, 9). Von hier aus wird es schwer oder unmöglich sein, der von A. Ritschl entwickelten Lehre von der Liebe Gottes zuzustimmen. Ritschls allgemeine Definition der Liebe lautet dahin, sie sei «der stetige Wille, welcher eine andere geistige, also gleichartige Person zur Erreichung ihrer eigentlichen höchsten Bestimmung fördert, und zwar so, daß der Liebende darin seinen eigenen Endzweck verfolgt (Unterricht § 12; Rechtf. u. Vers.⁴, 3. Bd. 1895, S. 263 f.). Danach wäre das Reich Gottes, d. h. die «sittliche Vereinigung des Menschengeschlechts durch das Motiv der allgemeinen Nächstenliebe» — «als Endzweck der Welt und als höchstes Gut für die geschaffenen Geister», das notwendige Korrelat des göttlichen Selbstzwecks. Indem Gott Beides will: diesen Endzweck der Welt und in und mit ihm seinen eigenen Endzweck ist er nach Ritschl die Liebe — indem er beides stetig will, die ewige Liebe. «Wenn also Gott ewig die Gemeinde des Gottesreiches liebt (Eph. 1, 4, 6), so liebt er auch die darin zu verbindenden Einzelnen immer schon insofern, als er sie in das Gottesreich aufzunehmen beabsichtigt. Wenn nun solche als Sünder vorauszusetzen sind, so liebt Gott auch die Sünder in Hinsicht ihrer idealen Bestimmung, zu deren Verwirklichung er sie erwählt» (a. a. O. S. 303). Und Ritschl war der Meinung, es sei der so beschriebene Denkakt «auch gar nicht schwer». Er habe nämlich «seine Analogie an dem Selbstgefühl und der Selbstbeurteilung, welche uns in den gehobenen Momenten unseres sittlichen Wollens eigen ist, in denen wir die Macht unserer Selbstbestimmung zum Guten mit Hinwegsetzung über alle in uns und außer uns vorhandenen Hindernisse erleben» (a. a. O. S. 269). Man wird sagen dürfen, daß dieser Denkakt darum nur zu leicht zu vollziehen ist, weil sein Gegenstand der uns allerdings wohlbekannten Betätigung unseres menschlichen Selbstgefühls in dessen gehobenen Momenten nur zu ähnlich ist. So seinem eigenen und des Geliebten Selbstzweck verhaftet, mag der Mensch lieben (obwohl auch er vielleicht doch manchmal auch noch anders als so lieben dürfte!) So ist aber die Liebe nicht zu beschreiben, die nicht nur einen Selbstzweck und den eines anderen verwirklicht, sondern die ihren Zweck in sich selber hat: die göttliche Liebe. Und so, in dieser Verhaftung Gottes, als wäre er nicht Gott, bevor und ohne daß er diesen doppelten Zweck verwirklichte, läßt sich dann doch auch dieses Geschehen nicht als die göttliche Verwirklichung göttlicher Zwecke verstehen. So bleibt er vielmehr in einem Zwielicht stehen, das es möglich macht, es zuletzt doch auch ohne das Vorzeichen des Namens Gottes, als die Aktion des menschlichen Selbstgefühls und also das, was nach Ritschl die Analogie sein soll, als die eigentlich gemeinte Wirklichkeit zu verstehen. Wer das, was Gott in Liebe tut, in Zweckhaftigkeit auflöst, der sehe zu, wie er nachher das Göttliche dieses Tuns, das, was es als heiliges und gnädiges, als anbetungswürdiges und beseligendes Tun auszeichnet, wiederfinde, von dem Pragmatismus alles möglichen anderen Geschehens unterscheide und als das souveräne Tun dieses Subjektes kenntlich mache. Wer diese Aufgabe vor Augen hat, der wird es dem göttlichen Lieben lassen, daß es wie seine Güte, wie seinen Grund, so auch seinen Zweck in unerforschlicher Wirklichkeit in sich selber habe.

4. Gottes Lieben ist zwar notwendig, so gewiß es das Sein, das Wesen, die Natur Gottes selbst ist, aber darum eben ist es auch frei von jedem Bedürfnis hinsichtlich seines Gegenstandes. Gott liebt uns, Gott liebt die Welt laut seiner Offenbarung. Er liebt aber uns und die Welt als der, der der Liebende wäre auch ohne uns, auch ohne die Welt, als der also, der keines Anderen bedarf, um erst auf Grund von dessen Existenz

der Liebende und also Gott zu sein. Gewiß, er ist, der er ist ganz in seiner Offenbarung, in seiner Zuwendung und also in seiner Liebe zu uns. Er hat sich uns nicht vorenthalten, sondern geschenkt. Es ist also seine Liebe zu uns seine **ewige** Liebe, unser Geliebtwerden von ihm, unser Aufgenommensein in die Gemeinschaft seiner ewigen Liebe, in der er von Ewigkeit zu Ewigkeit er selber ist. Aber eben: es geht um ein Aufgenommensein. Es gehört nicht zu Gottes Tun und also Sein, daß es als Liebe einen Gegenstand in einem von ihm unterschiedenen Anderen haben müßte. Gott ist sich selber als Gegenstand und also auch als Gegenstand der Liebe genug. Er würde nicht weniger der Liebende sein, wenn er keinen von ihm unterschiedenen Gegenstand lieben würde. Daß er sich selber dazu bestimmt, ein solches Anderes zu lieben, darin überströmt seine Liebe, darin erschöpft sie sich aber nicht, dadurch ist sie nicht begrenzt und bedingt, sondern gerade dies ihr Überströmen ist dadurch bedingt, daß sie sich selbst genügen **könnte** und nun doch kein Genügen **hat** an diesem Selbstgenügen, sondern als Liebe zu einem Anderen noch mehr sein kann und will als das, worin sie sich selbst genügen könnte. Indem Gott Alles für sich ist, will er wiederum Alles nicht nur für sich, sondern auch für dieses Andere sein. Indem er Alles nur für sich sein könnte (ohne daß sein Leben deshalb ein zweckloses, regungs- und bewegungsloses Leben, ohne daß es darum weniger herrlich, weniger gerade auch das Leben der Liebe wäre) will er es — das ist die für uns ewig wunderbare doppelte Dynamik seiner Liebe — nicht nur für sich, sondern auch für uns haben. Und eben so gehört es uns ja nicht, das Sein zu haben und indem wir es haben, gehört es uns noch einmal nicht, in diesem unserem Sein Gegenstand der Liebe Gottes zu sein. Wir könnten auch nicht sein und wir könnten sein, ohne deshalb Gegenstand der Liebe Gottes zu sein. Gott ist uns weder unser Sein, noch in unserem Sein seine Liebe schuldig. **Sind** wir und sind wir **Gegenstände der Liebe Gottes,** so bedeutet das, daß wir uns selbst Gott schuldig sind, ohne daß er uns etwas schuldig wäre oder würde. Liebt er uns, hat er also unser Sein unserem Nichtsein, unser Geliebtwerden unserem Nichtgeliebtwerden vorgezogen, dann ist das wieder die für uns ewig wunderbare Dynamik seiner Liebe, dann ist das Gnade und nicht Natur, so gewiß es in dem ganzen Einsatz des göttlichen Tuns und Seins Ereignis ist, so gewiß wir hinter dieses Ereignis nicht zurückgehen, Gott nicht anderswo als in diesem Ereignis und nicht als einen Anderen, denn als den hier und so Seienden suchen und denken sollen. Gerade indem wir uns daran halten müssen, muß es uns klar sein, daß es wieder auf jenem Überströmen der göttlichen Liebe beruht, wenn wir uns tatsächlich gerade daran halten dürfen. Die ewige Korrelation zwischen Gott und uns, wie sie in Gottes Offenbarung sichtbar ist, ist in Gott allein und nicht etwa in Gott **und** in uns begründet. Sie bedeutet unsere Bindung an Gott, aber nicht Gottes

Bindung an uns. Und eben damit zum Höchsten und Letzten (dasselbe gilt schon für das über die Güte, den Grund und den Zweck des göttlichen Liebens Gesagte!) sprengt und übersteigt der Begriff der Liebe Gottes jeden von uns mitzubringenden und vorauszusetzenden allgemeinen Begriff von Liebe. Auch hier und gerade hier muß dieser allgemeine Begriff nach der Besonderheit dieses Gegenstandes interpretiert werden. Gerade in dieser Hinsicht hat man sich vor einer unbedachten Umkehrung und also vor einer Bestimmung der göttlichen Liebe von einem allgemeinen Liebesbegriff her in acht zu nehmen. Die Entgottung Gottes würde die unausbleibliche Folge sein, wenn man sich hier nicht in acht nehmen würde.

Was hier zu vermeiden ist, kann man sich in krasser Gestalt klar machen an einigen von den berühmten Sinnsprüchen des Angelus Silesius:

> Ich weiß, daß ohne mich Gott nicht ein Nu kann leben.
> Werd ich zunicht, er muß vor Not den Geist aufgeben.

> Gott ist so viel an mir, als mir an ihm gelegen
> Sein Wesen helf ich ihm, wie er das meine hegen.

> Daß Gott so selig ist und lebet ohn Verlangen,
> Hat er sowohl von mir, als ich von ihm empfangen.

> Was Gott in Ewigkeit begehrn und wünschen kann,
> Das schauet er in mir als seinem Gleichnis an.

> Gott ist wahrhaftig nichts und so er etwas ist,
> So ist ers nur in mir, wie er mich ihm erkiest.

> Gott liebet mich allein, nach mir ist ihm so bange,
> Daß er auch stirbt vor Angst, weil ich ihm nicht anhange.

> Nichts ist als Ich und Du und wenn wir zwei nicht sein
> So ist Gott nicht mehr Gott und fällt der Himmel ein.

Der «Cherubinische Wandersmann», in welchem diese frommen Unverschämtheiten zu lesen stehen (Ähnliches hat auch Rainer Maria Rilke auf dem Gewissen!), ist seinerzeit mit dem *Imprimatur* eines römisch-katholischen Bischofs versehen ausgegangen, und man kann sich wohl fragen, ob dieser Bischof ein Schwachkopf war oder ob er mit dem modernen Schalk unter einer Decke steckte. Sicher ist das die unmögliche Rede über das Verhältnis von Gott und Mensch, die aber da unweigerlich möglich und bei einiger Konsequenzmacherei sogar notwendig wird, wo man im Blick auf das für alle menschliche Liebe allerdings unentbehrliche Requisit des von dem Liebenden verschiedenen geliebten Gegenstandes auch die Liebe Gottes wesensmäßig an die Existenz eines solchen Anderen binden und in der Beziehung zu diesem Anderen aufgehen lassen will. Liest man also z. B. bei A. E. Biedermann die Definition, es sei die Liebe Gottes das «Durchsichselbstbestimmtsein zum Aussichsetzen des absoluten Weltprozesses und das diesem als sein Grund Immanentsein des absoluten Gottes» (Chr. Dogmatik 1896, S. 636), so ist in diesem Satz, wenn er erträglich sein soll, das «Durchsichselbstbestimmtsein» so stark zu betonen, daß von ihm aus die gleichzeitige Rede von einem absoluten Gott und von einem absoluten Weltprozeß unmöglich werden und also beseitigt werden müßte. Die Gleichsetzung beider unter dem Zeichen des «Absoluten» müßte nämlich unvermeidlich nach sich ziehen, daß entweder Gott als der Weltprozeß oder der Weltprozeß als Gott verstanden und so oder so sicher die in Gottes Offenbarung sichtbare Wirklichkeit seiner Liebe zugunsten eines allgemeinen (und wiederum in sich selbst nicht einmal unanfechtbaren, des Hegelschen!) Liebesbegriffs übersehen und vergessen würde. Aus demselben Grunde dürfte doch auch die Definition von E. Böhl (Dogmatik 1887, S. 61): Liebe sei« die Hinneigung, das Trachten und Begehren eines Wesens nach einem Anderen, das Ausgehen einer Person aus sich selber mit dem Verlangen, in eine andere überzugehen oder die andere in sich aufzunehmen ... Sie kann nicht einsam sein, sondern sie verlangt nach ihres Gleichen» in ihrer Anwendung auf Gott bedenklich sein. Daß Gott, indem er uns liebt, sich selbst nicht behält, sondern schenkt, das ist gerade darin und so seine und also die über alle unsere Begriffe hinaus wahre Liebe, daß es mit einem Übergang der Person Gottes in die unsere oder der unsrigen in die Gottes n i c h t verbunden ist, daß Gott uns liebt, indem er sich selber treu bleibt, daß er sich selber gerade darin am h ö c h s t e n treu bleibt, daß er uns liebt». Im übrigen hat aber gerade E. Böhl hier sehr richtig gesehen und geredet: «Geschöpfe kann der Allerhöchste nur beziehungsweise zum Gegenstand seiner Liebe m a c h e n ... Sonst käme man auf den Gedanken, daß, weil Gott die Liebe ist, er immer die Geschöpfe, denen er diese Liebe bezeugte, um sich gehabt haben müßte und so würde man auf ein ewiges Bestehen der Welt bei Gott geraten, was die Negation des Kreatürlichen, von Gott erst Gewollten und Erschaffenen sein würde. Es gehört aber nicht zur Vollkommenheit dieser göttlichen Liebe, daß sie sich endlichen, geschaffenen Wesen mitteilt. Ein ganz Anderes ist es, ob Gott nach seinem freien Entschluß die Welt zum Gegenstand seiner Liebe machen w i l l» (a. a. O. S. 62). Wogegen man sich bei gewissen Stellen der angeführten Schrift von H. Cremer (etwa S. 19 f. 25) fragen muß, ob in der Richtung der Betonung des Seins Gottes in seinem Verhalten zu uns die Grenze des Erträglichen nicht bereits überschritten ist. Wenn Cremer (S. 25) schreibt «daß wir ewig das Objekt der Liebe Gottes sind, oder noch bestimmter, daß es das sich uns kundgebende Wesen Gottes ist, sich selbst ewig nicht für irgend Jemanden, nicht in *abstracto* für irgend ein mögliches Objekt, sondern ganz für uns und nur für uns zu wollen und zu sein», so ist zu bemerken: Man wird gewiß nicht deutlich genug sehen und nicht stark genug sagen können: daß Gott sich uns, indem er uns liebt, geschenkt hat und schenkt, und zwar völlig schenkt, indem eben dieses Lieben sein eigenstes Sein und Wesen ist. Was wäre hier zu viel gesagt, da Gott uns in seinem eigenen Sohn geliebt hat, liebt und lieben wird? Wiederum darf aber die Völligkeit seines Seins in der Liebe zu uns dies nicht verdunkeln: daß wir nicht von seiner, der göttlichen Liebe, sprechen würden, wollten wir ihr die Bewegung absprechen, die ihr in sich selber zu eigen ist, auch ohne daß sie ein Verhalten zu uns ist. Es muß dabei bleiben, daß Gott der ist, der Allem Leben und Atem und Alles gibt und der also des Dienstes menschlicher Hände nicht bedarf, um zu sein, der er ist (Act. 17, 25), der Vater der Lichter, von dem alle gute und vollkommene Gabe ἄνωθέν ἐστιν καταβαῖνον (Jak. 1, 17), der μακάριος καὶ μόνος δυνάστης (1. Tim. 6, 15), dessen Wort darum als «das Evangelium von der Herrlichkeit des s e l i g e n Gottes» verstanden sein will (1. Tim. 1, 11). Im Blick gerade auf diese Schriftworte hat darum die alte Theologie mit Nachdruck nicht nur von der Liebe, sondern auch (und gewissermaßen darüber hinaus) von der Seligkeit *(beatitudo)* Gottes geredet: *qua nullius indigus et omnium bonorum complementum se ipso fruitur et in se acquiescit (Syn. pur. Theol. Leiden 1642 Disp. 6, 43). Nam ipse per se et sua natura semper ab omnibus malis liber, semper omnibus bonis affluens est, semper hanc suam felicitatem perfecte cognoscit, semper sibi αὐτάρχης et sufficiens, semper se ipso contentus est, nullo nostro bono eget* (hier wurde gerne an Ps. 50, 7 f. erinnert) *eoque nihil extra se appetit* (Polanus, *Synt. Theol. chr.* 1609 col. 996). Und es hat schon Augustin die Unterscheidung vorgetragen, es sei das göttliche Lieben, sofern es ein von Gott verschiedenes Anderes zum Gegenstand habe, nicht wie das unsrige (passiv) als ein *frui*, sondern (aktiv) als ein *uti* zu beschreiben, wobei auch *ille usus, qui dicitur Dei, quo nobis utitur, non ad eius sed ad nostram utilitatem refertur, ad eius autem tantummodo bonitatem. (De doctr. chr.* I 31—32). Wir werden nur hinzuzufügen haben, daß eben diese Seligkeit Gottes selber wieder als die Seligkeit seines Liebens zu verstehen ist. *Beatitudo in actu consistit* (Polanus a. a. O.). Der Akt Gottes ist aber sein Lieben. Es ist seine Seligkeit, sofern es auch ohne uns sein Wesen ist: dasselbe Wesen, das er nun doch nicht für sich allein, sondern, indem er es für sich hat, auch in der Gemeinschaft mit uns haben will, ohne unserer zu bedürfen und nun doch kein Genügen findend an seinem Selbstgenügen, ohne Mangel zu leiden, sondern gerade im Überfluß der Vollkommenheit seines Wesens und also seines Liebens uns zugewendet, in und mit seinem Lieben auch dessen Seligkeit uns mitteilend. Es ist diese Seligkeit des Liebens Gottes aber darin begründet, daß er der Vater, der Sohn und der Heilige Geist ist, als solcher uns liebt: als unser Schöpfer, Versöhner und Erlöser, eben als solcher aber auch die Liebe selber, der ewig Liebende ist. Es ist darum gut, sich das Alles klar zu machen, weil eben das uns an das alles Denken übersteigende Geheimnis des göttlichen Liebens, an seine von allem anderen Lieben unterschiedene, alles andere Lieben unendlich übertreffende Göttlichkeit und also daran erinnert, daß wir es, indem wir es in Gottes Offenbarung mit Gottes Sein zu tun bekommen, mit der einen, der wahren Liebe zu tun haben, von der alles Andere Lieben nur Zeugnis ablegen kann, nicht aus sich selber, nicht aus einer ihm innewohnenden Zeugniskraft, sondern daraufhin, daß unser geschöpfliches Lieben in Gottes Offenbarung mit dieser einen und wahren Liebe konfrontiert wird, daß wir, die geschöpflich Liebenden, in Gottes Offenbarung als Gegenstände dieses göttlichen, des einen und wahren Liebens, in Anspruch genommen werden.

Dies also ist die besondere Aktualität des göttlichen Seins, der Inhalt dessen, was wir vorher nach seiner Form als Gottes Tun oder Leben beschrieben haben. Dies ist das in der Offenbarung seines Namens sichtbare Wesen Gottes: Gott liebt. Er liebt, wie nur er lieben kann: indem sein Lieben selbst das Gute ist, das er als der Liebende dem Geliebten vermittelt, indem sein Lieben selbst der Grund seines Liebens ist, indem sein Lieben seinen Zweck und seine Zwecke in sich selber hat, indem sein Lieben in der Zuwendung des Liebenden zu einem von ihm selbst unterschiedenen Geliebten ein Überfluß des Liebens ist, mit welchem Gott in sich selber selig ist. Aber eben so liebt Gott. Eben so, wahr und wirklich, liebt nur er. Und eben dieses Lieben ist Gottes Sein in Zeit und Ewigkeit. «Gott ist» heißt «Gott liebt». Was immer wir weiter hinsichtlich des göttlichen Seins zu erkennen und zu bekennen haben werden: es wird unter allen Umständen eine Bestimmung dieses seines Seins als des Liebenden sein müssen. Es werden alle unsere weiteren Sätze darüber, wer und was Gott ist, kreisen müssen um dieses Geheimnis: das Geheimnis seines Liebens. Sie werden in gewissem Sinn alle nur Wiederholungen und Umschreibungen dieses einen Satzes: «Gott liebt», sein können. Wir werden auch bei der im dritten Abschnitt unseres § aufzuwerfenden Frage nach Gottes Geheimnis keinen Augenblick außer acht lassen dürfen, daß wir von Gottes Lieben, von dessen Geheimnis, von dessen Unterschiedenheit und Besonderheit als Gottes Lieben zu reden haben. Es kann und darf uns auch der Blick auf das Geheimnis seiner Freiheit nicht anderswohin führen, nicht zu einem anderen Gott, der nicht der Liebende wäre. Und in derselben Sammlung auf diese Mitte werden wir nachher nachzudenken und zu reden haben, wenn es in der Lehre von den Eigenschaften Gottes um die einzelne Erklärung sowohl des göttlichen Liebens als solchen als auch seiner göttlichen Freiheit gehen wird. Es wird alles darauf ankommen, daß uns die nun gefundene Grundbestimmung: Gott ist der Liebende, nicht mehr loslasse, daß alles Weitere tatsächlich eine Explikation dieser Grundbestimmung sein wird.

Bevor wir aber weitergehen, haben wir an Hand dieser Grundbestimmung des göttlichen Seins eine Bestimmung zu wiederholen und zu unterstreichen, die wir schon im ersten Abschnitt unseres §· in der dort gebotenen Allgemeinheit berührt haben und die nun noch ausdrücklicher und genauer als dort zu vollziehen ist. Wir haben dort Gott im Blick auf die Bestimmung seines Seins als eines Seins in der Tat als Person bezeichnet. Daß dies kein willkürliches Postulat (aus dem Begriff einer Tat im Unterschied zu einem bloßen Geschehen) war, dürfte nun, nach der näheren Bestimmung der göttlichen Tat, sichtbar geworden sein. Der uns (in seiner Weise!) liebt, der (in seiner Weise!) Gemeinschaft zwischen sich selbst und uns sucht und schafft, der gibt uns damit auch Bescheid über das, was Person ist, indem er sich selber (in seiner Weise! nicht als wüßten wir von uns aus, was das ist! also so, daß wir es hier erst zu erkennen bekommen!) als Person betätigt. Die Definition einer Person — sie sei ein wissendes, wollendes und handelndes Ich — kann nur den Sinn eines Bekenntnisses zu der in seiner Offenbarung sichtbaren Person Gottes haben, zu dem Liebenden, der als solcher (als der in seiner Weise Liebende!) die Person ist. Gott ist, was der Mensch an sich niemals ist, als was der Mensch sich selber nur im Blick auf ihn verstehen kann, indem er gesteht, daß er im Blick auf sich selbst nicht weiß, was er damit sagt. Der Mensch ist nicht Person, sondern er wird es auf Grund dessen, daß er von Gott geliebt wird und Gott wieder lieben darf. Der Mensch findet das, was Person ist, wenn er es findet in der Person Gottes und sein eigenes Personsein in der Gabe der ihm von Gott in Person gewährten Gemeinschaft. Er ist dann (in seiner Weise, als Geschöpf) Person schlechthin und ausschließlich in der Gemeinschaft mit dem, der es (in seiner Weise, nämlich als sein Schöpfer) in sich selber ist. Eigentlich und ursprünglich heißt also Personsein eben das sein, was Gott ist, heißt also der in Gottes Weise Liebende sein. Nicht wir sind, sondern Gott ist Ich. Denn er allein ist es als der, der ohne ein anderes

Gut, ohne einen anderen Grund, ohne einen anderen Zweck, ohne eine andere Seligkeit als die, die er in sich selber hat, liebt und damit zugleich sich selber ist und als solcher einem Anderen, einem Du gegenübertreten kann. Der ohne von ihm bedingt und begrenzt zu sein, vielmehr selber dessen Bedingung und Grenze, ja dessen Seinsgrund sein kann und das nun doch so, daß er diesem Anderen seinerseits als Du begegnen, von diesem Anderen als Du verstanden und angeredet werden kann. Der also auch gemeinschaftsfähig ist — gemeinschaftsfähig auf Grund seiner eigenen Kraft und Tat, gemeinschaftsfähig und gemeinschaftsverwirklichend in sich selber und ohne Bedürfnis nach jenem Anderen, aber eben so nun auch gemeinschaftsfähig und gemeinschaftsverwirklichend diesem Anderen gegenüber. Das heißt ursprüngliches und eigentliches Ich-Sein. Das Sein und also das Lieben Gottes und nur es hat den Charakter dieses Ich-Seins.

Denn: «Solche Selbstbestimmung... ist die vollendetste Selbstbejahung, solche Betätigung vollendete Selbstbetätigung, vollendetes Leben, in welchem das Subjekt, das eigene Sein und Leben mit der Bestimmung und Betätigung für andere zusammenfällt, so daß Leben vom Leben ausgeht, daß Leben Leben wirkt und schafft» (Cremer a. a. O. S. 21).

Und darum ist nun auch das ursprüngliche und eigentliche Wissen, Wollen und Handeln, das ein Ich von einem Es, das eine Tat von einem bloßen Geschehen unterscheidet, die Eigenschaft und Prärogative nicht des menschlichen, sondern des göttlichen Seins als des Liebenden. In Wahrheit wissend, in Wahrheit wollend, in Wahrheit handelnd, ist ja nur die göttliche Liebe, weil in ihr das wissende und wollende Subjekt, sein Gegenstand, das Suchen und Schaffen der Gemeinschaft mit ihm, Eines sind auch abgesehen von der Existenz eines von ihm selbst verschiedenen Anderen und dann und so auch als Seinsgrund dieses Anderen und als Bestimmung ihres Verhältnisses zu diesem Anderen. So wissen, wollen und handeln wie Gott es tut als der Liebende in sich selbst und in seinem Verhältnis zu seinem Geschöpf, das heißt (in Bestätigung seines Ich-Seins): Person-Sein. So ist Gott Person und so ist er allein Person. Eben so ist er aber wirkliche und nicht nur ideale, nicht personifizierte, sondern vielmehr die personifizierende Person, die Person, auf deren Existenz hin erst (hypothetisch!) auch von anderen, von ihm unterschiedenen Personen geredet werden kann. Indem Gott uns in seiner Offenbarung begegnet als der Liebende, begegnet er uns als der Eine sondergleichen.

Was wissen wir denn von unserer eigenen Ichheit, bevor uns Gott seinen Namen und wiederum uns selbst bei unserem Namen genannt hat? Was wissen wir, was das heißt, Du zu sagen, bevor Gott uns so genannt und bevor wir, ihm dankend, ihn lobend, ihn bittend, wiederum Du zu ihm gesagt haben? Was wissen wir, was Reden heißt, bevor Gott mit uns geredet hat? Was Hören heißt, bevor wir Gott gehört haben? Was Handeln heißt, bevor Gott uns in Jesus Christus als der für uns Handelnde sichtbar geworden ist? Was Leiden heißt, bevor wieder Gott

2. Gottes Sein als der Liebende

und er wieder in Jesus Christus als der für uns Leidende uns bekannt ist? Was Macht und Herrschaft ist, ohne die Erkenntnis seiner Macht und seines Herrschens in seinem Wort? Wir denken und reden in lauter matten Abbildern und Nachklängen der Person Gottes, wenn wir den Menschen als Person, als Einen, beschreiben. Es ist das Lieben Gottes in seiner Offenbarung, dem wir es bewußt oder unbewußt verdanken, daß wir den Menschen so beschreiben können und es ist bewußt oder unbewußt nicht das Sein des Menschen sondern Gottes Sein als der Liebende, d. h. Gottes durch sein Wort aufgedecktes Spiegelbild im Menschen, das uns dabei als Wirklichkeit vor Augen steht.

Der Eine, die Person, die wir wirklich kennen als menschliche Person, ist die Person Jesu Christi und eben diese ist ja die Person Gottes des Sohnes, in die die Menschheit, ohne selber Person zu sein oder zu haben, aufgenommen wurde in die Gemeinschaft mit dem Personsein Gottes. Eben dieser eine Mensch ist also das sich uns selbst bekanntgebende Sein Gottes als der Liebende.

Es ist also — und das ist der entscheidende Ertrag dieser ganzen Überlegung — nicht etwa an dem, daß wir gewissermaßen zu erröten hätten, wenn wir, der Redeweise der heiligen Schrift folgend, von Gott gerade nicht in abstrakten Begriffen als von dem «höchsten Gut» oder dem «Absoluten» oder der «Allmacht» oder der «Allweisheit» und dergl., sondern personal als von dem Einen reden, der das Alles ist als wissendes, wollendes und handelndes Ich, wenn wir sogar die Gleichung «Gott ist die Liebe» nach 1. Joh. 4 personal verstehen: Er ist der Liebende. Die personale Redeweise der Schrift ist keineswegs kindlich, naiv, und anthropomorph (oder dieses nicht mehr als jeder Begriff und jede Anschauung, die wir auf Grund von Gottes Offenbarung und im Gehorsam gegen sie in den Dienst des Glaubens und der Verkündigung stellen). Sondern gerade die personale Redeweise der heiligen Schrift ist schlechterdings und ausschließlich der Sache entsprechend: Gott ist nicht Etwas, sondern Einer, der Eine, von dem der Mensch es nur zu Lehen trägt, wenn auch er Einer sein darf. Erröten müßten wir vielmehr jedesmal dann (weil wir jedesmal dann in falscher Weise kindlich, unreif, unangemessen reden würden): wenn uns doch wieder Worte entschlüpfen würden, in denen wir gerade mit der Personalität Gottes nun doch wieder nicht gerechnet oder nicht Ernst gemacht hätten.

Es ist aber auch nicht an dem, daß diese Redeweise etwa in dem Sinn unter Vorbehalt zu stellen wäre, daß sie uns zwar als Element unserer anthropomorphen Vorstellungssprache erlaubt und wohl auch geboten sei, mit der Erinnerung jedoch, daß Gott jenseits dieser unserer Vorstellungssprache nun doch nicht Einer sondern Eines, also z. B. das unpersönliche Absolute, das höchste Gut, der Weltgeist oder Weltgrund u. dergl. sei. Daß wir Gott, indem wir ihn erkennen, nicht erfassen, weil wir ihn nur als Menschen erkennen und nicht so, wie er sich selbst erkennt, das hat mit solchem Vorbehalt (laut dessen ihn ja der Esoteriker schließlich doch erkennen würde, wie er sich selbst erkennt!) nichts zu tun. Erkennen wir Gott nur in menschlicher Weise, so erkennen wir ihn doch in dieser Schranke auf Grund seiner Offenbarung als den, der er ist. Er ist aber der Liebende — alle unsere Anschauungen und Begriffe von Liebe übersteigend, aber eben so der wahrhaft Liebende und eben so Einer, Person. Als der Eine, als die Person übersteigt er alle unsere Anschauungen und Begriffe von Person, aber eben so offenbart er auch, was Einer, was eine Person ursprünglich und eigentlich ist. Uns ist also erlaubt und geboten, in den Schranken des Menschlichen die Wahrheit zu reden, indem wir von ihm als von Einem, indem wir personal von ihm reden: die Wahrheit, hinter der es keine höhere gibt, weil Gott auch in der für uns unauflöslichen Verborgenheit seines Wesens nichts Anderes ist als der Eine, als der er sich uns in seiner Offenbarung anschaulich und begreiflich gemacht hat.

Es ist aber schließlich auch nicht an dem, als bedeutete die Anwendung der personalen Redeweise auf Gott die Anerkennung eines für uns unauflöslichen Paradoxons im Wesen Gottes, indem wir Gott zwar notwendig einerseits als das unpersönliche Absolute, aber zugleich andrerseits (und in unvermeidlichem logischem Widerspruch zu jenem) als Person verstehen müßten. Dazu ist zu bemerken, daß das für uns unauflösliche Paradoxon des Wesens Gottes keineswegs das einer logischen Spannung zwischen zwei uns als solchen einsichtigen und verfügbaren Begriffen ist, als wüßten wir zwar, was das «Absolute» auf der einen und was «Persönlichkeit» auf der anderen Seite ist, als bestünde die Schwierigkeit nur darin, beide miteinander zu vereinigen und als sei Gottes Wirklichkeit nun eben die Überwindung dieser Schwierigkeit. Nein, daß Gott zuerst und eigentlich das Alles ist, was unsere Begriffe meinen möchten und doch von sich aus nicht einmal meinen können, daß Gott sich uns in seinem ursprünglichen und eigentlichen Sein offenbart hat, um uns doch auch in seiner Offenbarung unbegreiflich zu bleiben, um uns aber zu erlauben und zu gebieten, unsere Begriffe in den Dienst seiner Erkenntnis zu stellen, um unseren Gehorsam zu segnen, um uns innerhalb unserer Schranken in Wahrheit erkennbar zu werden, das ist das für uns unauflösliche Paradoxon seines Wesens. Es ist das Paradoxon des Zusammenseins seiner Gnade mit unserer Verlorenheit, nicht das Paradoxon des Zusammenseins von zwei für uns logisch unvereinbaren Begriffen. Gerade in Anerkennung des wirklichen, des göttlichen Paradoxons werden wir Gottes Personsein und Gottes Absolutheit nicht nebeneinander sehen und nebeneinanderstellen in der Weise, wie wir es zur Beschreibung geschöpflicher Wirklichkeiten mit und ohne logische Widersprüche allerdings oft genug tun müssen, sondern werden wir uns daran halten, daß Gott sich uns als der, der er ist, nämlich als der Liebende und also als der Eine, als die Person offenbart hat und daß wir daneben nichts Anderes (sei es nun mit jenem logisch vereinbar oder unvereinbar), sondern in aller Aufmerksamkeit auf dessen einzigartige Eigenart Dieses und nur Dieses, mit allen Konsequenzen dieses Eine zu sagen haben: dieses Eine (daß er der Eine ist!) so, daß es dem entspricht, was er selber uns in seinem Wort darüber vorgesagt hat, wobei dann gewiß auch das, was mit «dem Absoluten» gemeint sein könnte, zu Ehren kommen wird, aber gerade nicht so, als ob dies, daß er der Eine ist, dadurch, daß er «absolut» ist, als dialektisch begrenzt und ergänzt erscheinen würde, als müßten wir nun doch, um Gott zu bezeichnen, über seine Personalität und über seine Absolutheit hinaus in irgend einen leeren Raum weisen, als ob Gott erst dort, in der dialektischen Überwindung dieses Gegensatzes, wahrhaft und wirklich Gott wäre. Er ist es (innerhalb der Schranken unseres menschlichen Erkennens) als der (in seiner Weise!) Liebende und also als der Eine, und er ist Alles, was er ist, indem er dieser Eine ist: nicht dahinter in einem Sein als das Eine, auch nicht in einem Zugleichsein als der Eine und das Eine, auch nicht darüber in einem Jenseits dieses Gegensatzes, sondern schlicht, indem er (in seiner Weise!) der Eine ist.

Wir können von hier aus die Auseinandersetzung über die Persönlichkeit Gottes überblicken, die in der Theologie des 19. und teilweise noch des 20. Jahrhunderts eine beträchtliche Rolle gespielt hat.

Ihr Ursprung ist tief in der Gotteslehre der orthodoxen Zeit, ja des Mittelalters zu suchen. Wir erwähnten schon die in dieser Gotteslehre allgemein übliche Stellung der Trinitätslehre hinter der Entwicklung eines Begriffs vom Wesen und von den Eigenschaften Gottes im Allgemeinen. Schon durch diese Anordnung führte man sich selbst in Versuchung, von Gott zunächst abgesehen von seiner Offenbarung und damit von seinem Sein als der Liebende, auf Grund freier Erwägung dessen, was etwa göttlich sein möchte, zu reden, kam damit unwillkürlich aus der Schule der Schrift in die Schule der heidnischen Antike, bestimmte das Wesen Gottes als jenes mit allen denkbaren Superlativen ausgestattete Neutrum, als das *ens perfectissimum* und *summum bonum,* das als solches, als der *actus purus* des Geistes, auch das *primum movens* sein sollte, und hatte nachher Mühe genug, die Existenz dieses *Deus unus* auch noch mit der des biblischen *Deus triunus* in eins zu setzen. Die Voraussetzung, daß dieser Gott Einer und gerade nicht Eines, sondern Alles als der Eine sei, war bei den Reformatoren sichtbar und wirksam, bei ihren Nachfolgern stillschweigend selbstverständlich, sie hatte aber in dieser ganzen alten Gotteslehre keinen eigentlichen Grund und keine beherrschende Stellung: von jenem Wesens- und Eigenschaftsbegriff her schon gar nicht, aber auch nicht von der Trinitätslehre her. Von der Trinitätslehre her konnte sich vielmehr nur weitere Verdunkelung ergeben, je mehr man dort den Terminus *persona (modus subsistentiae,* Seinsweise) mit der einer «Person» (in unserem Sinn des Begriffs) zu verwechseln und also (sehr im Widerspruch zu den Intentionen der altkirchlichen Trinitätslehre) von drei Persönlichkeiten in Gott zu träumen begann, je weniger man das Sein Gottes als der Liebende und also als der Eine aus dem einen Leben des dreieinigen Gottes in seiner Offenbarung und in sich selbst zu verstehen wußte. In dieser Situation traf dann die Theologie der Einbruch der von der anhebenden Anthropologismus der Neuzeit herkommenden sogen. «Aufklärung» mit ihrer Reduktion des Gottesbegriffs auf die ewige Wahrheit der theoretisch-praktisch-aesthetischen menschlichen Vernunftideen oder schließlich auf die diese erzeugende (hypostasiert gedachte) Vernunft als solche. Es konnte nicht allzu schwer fallen, dieses angeblich mit der Gottheit identische Gebilde in der von der Orthodoxie vorgetragenen Lehre vom Wesen und von den Eigenschaften Gottes leidlich wiederzuerkennen, bezw. diese alte Gotteslehre ganz leidlich nach Maßgabe jenes Gebildes zu interpretieren. Was war denn auch sie, im Wesentlichen nach den Weisungen der heidnischen Antike gebaut, Anderes gewesen als eben eine Hypostasierung der Ideenwelt, bezw. der Idee aller Ideen, die ebenso gut und wohl besser die Vernunft wie gerade Gott genannt werden konnte.

Diese Gleichsetzung oder Umkehrung ist dann freilich erst das Werk des die Aufklärung angeblich überwindenden, in Wirklichkeit krönenden und vollendenden Idealismus der Wende vom 18. zum 19. Jahrhundert gewesen. Von der theologischen Schule, die sich dessen Anregungen am konsequentesten zu eigen machte, nämlich aus der an Hegel orientierten, ist dann auch der bewußte und förmliche Stoß gegen den Begriff der Persönlichkeit Gottes ausgegangen, den die ältere Aufklärungstheologie, der Tragweite ihres Reduktionsverfahrens noch nicht bewußt oder auch intellektuell-moralisch noch nicht gewachsen, trotz alles längst mitlaufenden Spinozismus zu führen im Ganzen noch unterlassen hatte. War Gott in Wirklichkeit nur die höchste Idee oder der Ursprung aller theoretisch-praktisch-aesthetischen Ideen oder «der Geist», kannte man ihn, indem man diesen Geist kannte und in ihm den Ursprung aller Vernünftigkeit und in diesem das Absolute oder das höchste Gut des Menschen, dann war nicht abzusehen, warum und wieso er Einer, warum und wieso er Person sein konnte und durfte. Was Person sei, das meinte man jetzt zu wissen, indem ein Jeder um sich selbst wußte: Person ist die einzelne Erscheinung des Geistes, seine als solche begrenzte, zufällig notwendige Individualisierung. Wie könnte also Gott Person sein? Der exoterische bezw. der explizite Sinn dieser Frage war: Wie könnte Gott begrenzt sein? Wie reimt sich die Unendlichkeit des Geistes mit der ihm mit dem Begriff der Persönlichkeit zugeschriebenen Endlichkeit? *Omnis determinatio est negatio,* hat man dem Spinoza in allen Tönen nachgesagt. Persönlichkeit bedeute eben *determinatio* und also eine dem Absoluten unerträgliche *negatio* und also könne das Absolute oder Gott nicht Persönlichkeit sein. «Als Personen fühlen und wissen wir uns nur im Unterschiede von anderen gleichartigen Personen außer uns, von denen wir uns unterscheiden, mithin als endliche; in diesem Gebiete der Endlichkeit und für dasselbe gebildet scheint folglich der Begriff der Persönlichkeit außerhalb desselben jeden Sinn zu verlieren und ein Wesen, welches kein anderes seinesgleichen außer sich hat, auch keine Person sein zu können. Von einem persönlichen Gott oder göttlicher Persönlichkeit zu sprechen, erscheint auf diesem Standpunkt als eine Verbindung von Begriffen, deren einer den anderen schlechthin ausschließt und aufhebt. Persönlichkeit ist sich zusammenfassende Selbstheit gegen Anderes, welches sie damit von sich abtrennt; Absolutheit dagegen ist das Umfassende, Unbeschränkte, das nichts als eben nur jene im Begriff der Persönlichkeit liegende Ausschließlichkeit von sich ausschließt: absolute Persönlichkeit mithin ein *non ens,* bei welchem sich nichts denken läßt». (D. F. Strauß, Die chr. Glaubenslehre I. Bd. 1840, S. 504 f.). «Der Begriff der Persönlichkeit kann nicht vom endlichen Geiste so abgenommen werden, daß dabei zugleich vom Moment der Endlichkeit abstrahiert würde. Die Persönlichkeit ist vielmehr die spezifische Subsistenzform des menschlichen Geistes als endlichen, an welcher die endlich sinnliche Subsistenzbasis sowohl für die Form als für den Inhalt der Persönlichkeit ein konstitutives Moment bildet... Die Behauptung der Persönlichkeit Gottes ist daher nur das Schibboleth des noch vorstellungsmäßigen Theismus. Vom strengen Denken aber ist diese Vorstellung in den reinen, Gott allein adaequaten Begriff des absoluten Geistes aufzuheben, der nicht zu seiner Voraussetzung an ihm selbst endliches Dasein hat, sondern der in seinem In-sichsein selbst die absolute Voraussetzung für die Totalität alles endlichen Daseins ist»

(A. E. Biedermann, Chr. Dogm. 1869, S. 639). Daß die Besinnung auf das Wesen der «Persönlichkeit», auf die Bedingungen, die für deren Entstehen und Bestehen unerläßlich sind, das Reden von einer «Persönlichkeit Gottes» unmöglich mache, ist doch auch noch von H. Lüdemann (Chr. Dogmatik, 2. Bd. 1926, S. 168) mit großer Bestimmtheit behauptet worden.

Man sieht, daß diese Kritik sich selbst die Form eines fast calvinisch-puritanischen Eiferns um die Reinheit und Erhabenheit des Gottesgedankens gegen seine Vermischung mit einer, mit der fundamentalen Selbstbestimmung des Menschen zu geben wußte. Man wird auch an der subjektiven Aufrichtigkeit hinsichtlich dieses Sinnes des von den Hegelianern geführten Kampfes nicht zweifeln dürfen. Die nicht ohne Mitschuld der alten Orthodoxie vorgekommene und durchgedrungene Verwechslung zwischen dem Gottesgedanken und dem allgemeinen Geistgedanken war durch den klassischen Idealismus den philosophisch-theologischen Denkern des 19. Jahrhunderts so undiskutierbar selbstverständlich geworden, daß auch die scharfsinnigsten Erforscher der christlichen Lehre — auch ein Theologe wie Biedermann, der unzweifelhaft seiner Lebtage redlich und mit großer und eindringender Sachkenntnis bemüht war, sich mit der kirchlichen Tradition auseinanderzusetzen, der auch in der modernen Gegenwart unzweifelhaft Kirche bauen und nicht zerstören wollte — nicht fähig waren, einzusehen, daß sie mit der Verherrlichung des absoluten Geistes einem, gemessen an der biblischen Offenbarung, fremden, ja gemessen an demselben Maßstab, nicht göttlichen sondern geschöpflichen Gott dienten. Indem sie einen anderen Gott als diesen (jedenfalls als Theologen!) nicht mehr kannten, mußte es ihnen verborgen bleiben, daß es allerdings höchst folgerichtig war, diesem die Persönlichkeit abzusprechen, daß sie aber eben mit dieser Folgerichtigkeit nur bestätigten, daß sie den Gegenstand einer evangelischen Theologie gänzlich aus den Augen verloren hatten. Der absolute Geist, der der Gegenstand ihrer Theologie geworden war, war in der Tat nicht Person und konnte — darin hatten sie in ihrer Abwehr aller ihrer weniger konsequenten Widersacher ganz recht — als solcher auch nicht gedacht werden. Sie konnten freilich infolge ihrer Befangenheit hinsichtlich jener Verwechslung und also hinsichtlich der wahren Natur ihres ganzen Ansatzes auch den esoterischen bezw. impliziten Sinn der Frage: Wie könnte Gott Person sein? selber nicht sehen, den entscheidenden Grund selber nicht geltend machen, warum ihr Gott durchaus keine Person sein konnte. Ja, warum mußte denn die diesem Gott zugeschriebene Absolutheit und Unendlichkeit gerade den Begriff der Persönlichkeit als den Inbegriff des Endlichen erscheinen lassen und also ausschließen? Doch wohl darum — es steckt ein gewaltiges positives Pathos hinter den scheinbar bloß negativen Feststellungen dieser Theologen — weil in ihrem Denken die Stelle, wo von Persönlichkeit ernstlich, wahrhaftig und wirklich die Rede sein mußte, schon besetzt, und zwar sehr feierlich und endgültig besetzt, weil also dieser Titel kein zweites Mal zu vergeben war. Persönlichkeit schrieb man ja mit derselben Selbstverständlichkeit, mit der man sie dem, was man als «Gott» dachte und bezeichnete, absprach, dem Subjekt dieses Denkens und Bezeichnens, nämlich dem denkenden und bezeichnenden Menschen, zu. Was verschlug es, daß man dieses Subjekt damit im Unterschied zu seinem «Gott» in die Sphäre und Existenzweise der Endlichkeit verwies, da man es ja gleichzeitig mit diesem Prädikat schmückte, da man es ja als das Subjekt verstand, das des Denkens und Bezeichnens des absoluten Geistes, des höchsten Gutes, des unendlichen Seins jederzeit von sich aus fähig sei? Das Subjekt, dem die Würde und Macht zukommt, Subjekt dieses Prädikates zu sein, — wie sollte es nicht der Inbegriff des Personseins, das Wesen des wahren Ich, erfüllen, wie sollte es nicht das wissende und wollende Ich sein? Was sollte ihm seine Endlichkeit anhaben, da es in dieser Beziehung zum Unendlichen, da es diesem in seiner Endlichkeit zugleich so schöpferisch, bewegend und verfügend gegenübersteht, da das Unendliche ja doch offenkundig als solches des endlichen Subjektes Prädikat ist? Ungemächlich, bedrohend, richtend, kann ihm dieses Unendliche, kann ihm der Gott, der seiner Kontrolle in dieser Weise unterliegt, offenbar trotz seiner, des Subjektes, eigenen Endlichkeit keinen Augenblick werden. Hinter und über seiner ganzen Unendlichkeit steht ja doch jederzeit die beruhigende Gewißheit, daß es selber, das endliche Wesen, als dieses unendlichen Prädikates Subjekt unzweifelhaft die Person sei, die diesem Unendlichen gegenüber souverän denkend und bezeichnend am Werk ist. Nur an eine Regel muß sich dieses Werk offenbar halten, wenn es nicht zu einer Selbstbedrohung des endlichen Subjektes werden wollte: es darf das Prädikat unter keinen Umständen etwa ebenfalls als Subjekt (in demselben oder vielleicht gar in einem grundsätzlich überlegenen Sinn dem menschlichen Subjekt gegenüber), es darf also Gott unter keinen Umständen als Person gedacht und bezeichnet werden. Das wäre ja das Zugeständnis, daß Gottes Unendlichkeit dessen eigene und nicht des Menschen Unendlichkeit sei. Damit wäre ja jene Voraussetzung: daß Gott der Inbegriff der menschlichen Vernunftidee ist, geleugnet und preisgegeben. Damit hätte man sein so sicheres, nämlich das schlicht auf das menschliche Selbstbewußtsein begründetes Wissen um das, was Person ist und damit die Letztwirklichkeit der menschlichen Persönlichkeit aufs schwerste problematisiert. Damit wäre der Mensch seiner eigenen schöpferischen Rolle den sichtbaren und den unsichtbaren, und also allen Dingen gegenüber, schließlich wohl gar entkleidet. Und das war es, was nach den heiligsten Überzeugungen der durch die Aufklärung, die Romantik und den klassischen Idealismus erzogenen Generationen unter keinen Umständen geschehen durfte. Gottes Prädikation als Persönlichkeit mußte für sie geradezu die Absurdität sein, deren man sich als Philosoph oder Theologe unter keinen Umständen schuldig machen durfte. Denn diese Prädikation mußte das prädizierende Subjekt aufheben. Diese Prädikation konnte sinnvollerweise überhaupt nicht mehr als Prädikation verstanden werden, sondern nur noch als die Anerkennung eines aller menschlichen Prädikation schlechterdings vorangehenden Sachverhaltes, als das Ende jener Kontrolle, unter der sich das neutrale Unendliche als des Menschen eigenes, im Akte seines endlichen Personseins sich realisierendes Unendliches, so gemächlich überblicken und meistern ließ. Weil das das Ende aller Dinge war, zu dem es nicht kommen durfte, weil die ganze in jener Gleichung zwischen Gott und der Vernunftidee zusammengefaßte Errungenschaft der Neuzeit zu verteidigen war gegen die Erschütterung des menschlichen Selbstbewußtseins durch die Wirklichkeit oder auch nur Möglichkeit eines von ihm real verschiedenen göttlichen Selbstbewußtseins, weil man in dieser Erschütterung etwas Anderes als einen Einbruch uralter Barbarei in das Gehege der neu entdeckten und doch schon so selbstverständlich gewordenen «Religion innerhalb der Grenzen der bloßen Vernunft» nicht erblicken konnte, — darum haben die Hegelschen Theologen die Persönlichkeit Gottes so scharf und schneidig in Abrede stellen müssen. Sie waren gerade an dieser Stelle die sehr sachkundigen, über den wahren Feind und die von ihm her drohende Gefahr sehr wohl unterrichteten und, von ihrem Standpunkt aus geurteilt, mit Recht höchst wachsamen Apologeten der neuchristlichen Kirche, die sich seit 1700 immer bewußter und entschiedener zu sammeln und zu konsolidieren begonnen hatte. Nur von hier aus ist ihre Bestreitung der Persönlichkeit Gottes wirklich verständlich. Sie war darum unwiderstehlich schlagkräftig, weil sie sich in lauter analytischen Sätzen bewegte, weil sie nur die sozusagen allgemein gewordene Voraussetzung wiederholte, daß der Mensch die Person ist, die, indem sie die Idee ihrer Vernunft denkt, Gott zu denken vermag und daß Gott eben darum und in Bestätigung dessen als absolut und unendlich zu denken ist, unter keinen Umständen aber ebenfalls als Person und damit als der überlegene Konkurrent des Menschen gedacht werden darf. Auf dem Boden der Aufklärung, der Romantik und des Idealismus war und ist diese Bestreitung der Persönlichkeit Gottes nicht abzuwehren, weil sie daselbst einfach lebensnotwendig ist. Wer mit jener Gleichung anfängt, der hat damit, ob er es weiß und will oder nicht, schon bestritten, daß Gott Person ist und wird dies nachher nicht wohl zurücknehmen können; denn eben mit dieser Gleichung hat er die wahre und eigentliche Persönlichkeit dem Menschen als dem Subjekt der Vernunftidee zugeschrieben und damit den Schritt getan, der ihn mit dem Glauben an den persönlichen Gott in unauflöslichen Widerspruch bringen muß.

Daran krankte denn auch alle moderne Verteidigung dieses Glaubens: daß sie sich mit seinen Bestreitern auf den gleichen Boden, nämlich auf den jener Gleichung stellte, wo die Bestreiter notwendig recht behalten mußten. Es hat ja natürlich nicht gefehlt daran, daß den Hegelschen Theologen das Naheliegende geantwortet wurde: ob Gott nicht gerade darum auch Persönlichkeit zugeschrieben werden müsse, weil der Mensch mit diesem Begriffe das Eigentlichste und Beste seiner eigenen Existenz bezeichne und also gerade mit ihm auch die letzte und höchste, ja entscheidende seiner Prädikationen des absoluten Geistes zu vollziehen habe. So hat H. Siebeck argumentiert: Es gehe die innere Entwicklung des Menschen einem Höhepunkt entgegen, der darin bestehe, daß er sich als Einheit gegenüber der Welt wisse: einerseits als Teil, andererseits als Zentrum der Welt. In diesem letzteren Sinn sich selbst verstehend, dürfe er die Welt als Mittel seiner Selbsterhaltung und Selbstbetätigung betrachten, ja noch mehr: die Persönlichkeit erkenne ihre sittliche Eigentümlichkeit als begründet im Grunde der Gesamtwelt; die Welt müsse auf das Hervortreten der Persönlichkeit angelegt sein. Und also müsse der Gottesbegriff nach Analogie des Persönlichen konstruiert werden. (Lehrb. d. Rel. Phil. 1893, S. 168 ff.). «Das Wesen des Persönlichen wird aus der Erfahrung in das Transzendente projiziert» (a. a. O. S. 363). Siebeck gab freilich zu, daß alle Merkmale der empirischen Persönlichkeit, auf ein absolutes Wesen angewendet, ihrer diskursiven Denkbarkeit verlustig gehen. Aber er meinte sich darüber beruhigen zu können durch die Erwägung, daß ohne die wirkliche Persönlichkeit Gottes die ganze Religionsgeschichte für eine Illusion erklärt werden müßte und durch die besonders bestechende Feststellung, daß alle mächtigen geistigen Bewegungen der Geschichte immer aus dem Tiefengehalt des Lebens bestimmter geistesmächtiger Persönlichkeiten heraus geboren worden seien (a. a. O. S. 364 f.). Ähnlich hat H. Lotze argumentiert: «Der Sehnsucht des Gemütes, das Höchste, was ihm zu ahnen gestattet ist, als Wirklichkeit zu fassen, kann keine andere Gestalt des Daseins als die der Persönlichkeit genügen oder nur in Frage kommen. So sehr ist sie davon überzeugt, daß lebendige, sich selbst besitzende und genießende Ichheit die unabweisliche Vorbedingung und die einzig mögliche Heimat alles Guten und aller Güter ist, so sehr von stiller Geringschätzung gegen anscheinend lebloses Dasein erfüllt, daß wir stets die beginnende Religion in ihren mythenbildenden Anfängen beschäftigt finden, die natürliche Wirklichkeit zur geistigen zu verklären; nie hat sie hingegen ein Bedürfnis empfunden, geistige Lebendigkeit auf blinde Realität als festeren Grund zurückzuführen» (Mikrokosmos[3] 3. Bd. 1880, S. 563 f.). So hat R. Rothe erklärt, es sei «ein borniertes Wahn, zu meinen, man müsse sich den lieben Gott so vornehm denken, daß ihm auch alles das abzusprechen sei, was gerade die eigentümlichen Vorzüge des menschlichen Wesens ausmacht» (Ethik, 1. Bd. 1867, S. 122). Und so hat A. Ritschl sagen können, die Anerkennung der Persönlichkeit der Götter verrate «den Wert, welchen die Religion für das menschliche Geistesleben behauptet» (Rechtfert. u. Versöhnung[1], 3. Bd. 1874, S. 173). Es ist bei allen diesen Überlegungen deutlich, daß sie die Voraussetzung mit den Leugnern der Persönlichkeit Gottes gemeinsam haben: daß Gott als der Inbegriff menschlicher Höchstwerte zu verstehen ist. Eben auf diesem gemeinsamen Boden vermögen sie aber der von der Gegenseite geübten Kritik nicht standzuhalten.

Sie sind zunächst technisch nicht durchführbar: Die Unendlichkeit des Geistes oder des Guten oder des Seins, sofern diese als der Inhalt einer menschlichen Idee gedacht werden, erträgt nun einmal, soll sie nicht geleugnet und aufgehoben werden, keine andere Endlichkeit als die, die dem Subjekt dieser Idee als solchem zukommt, die aber eben darum in dem Prädikat dieses Subjektes notwendig als aufgehoben gedacht und also geleugnet werden muß. Ist das Absolute das Absolute der menschlichen Idee, dann ist der Begriff einer «absoluten Persönlichkeit» mit Strauß (a. a. O. S. 505) als *Nonsens* oder mit Biedermann (a. a. O. S. 643) als *contradictio in adiecto* zu bezeichnen. Denn immer gibt er dann dem Prädikat jene schöpferische Endlichkeit, die als solche nur dem Subjekt zukommen kann. Immer wird dann das Subjekt gegen die ihm drohende Konkurrenzierung mit jenem Eifer um die Reinheit seines Prädikates nur zu einleuchtend verteidigt werden, und immer wird dann allzu leicht gezeigt werden können, daß es dem Merkmal des Subjekts als solchem schlecht bekommt, ins Prädikat erhoben zu werden. Man kann nicht gut vorgehen, wie Lotze es wollte, der zunächst den die menschliche Persönlichkeit konstituierenden Gegensatz von Ich und Nicht-Ich reduziert auf den Gegensatz des Geistes zu seinen (allerdings auf Veranlassung einer eigentlichen Außenwelt entstandenen) Vorstellungen, um dann umgekehrt einen unbedingten Geist zu postulieren, der, indem er «selbst alles ist, was ist», keiner solchen äußeren Veranlassung bedarf, um dennoch in beständiger Tätigkeit und also Persönlichkeit zu sein. «Wenn wir das innere Leben des persönlichen Gottes, den Strom seiner Gedanken, seiner Gefühle und seines Willens als einen ewigen und anfangslosen, nie in Ruhe gewesenen und aus keinem Stillstand zur Bewegung angeregten bezeichnen, so muten wir der Einbildungskraft keine andere und größere Leistung zu, als ihr von jeder materialistischen oder pantheistischen Ansicht angesonnen wird.» (Lotze, a. a. O. S. 569—80; Grundzüge der Rel. Phil.[3] 1894, S. 39—45). Daß auch die materialistische und pantheistische Ansicht der Einbildungskraft allerhand zumuten, dürfte doch ein schlechter Trost sein angesichts der Verlegenheit, in der man sich solcher Verteidigung des persönlichen Gottes gegenüber befindet, sofern in ihr nicht einmal das deutlich wird, ob dabei das Absolute durch die Persönlichkeit oder die Persönlichkeit durch das Absolute oder vielleicht Eines durch das Andere verschlungen wird, sofern der Leser in einem vollkommenen Nebel sogar hinsichtlich der Frage zurückgelassen wird, ob er sich hier nicht ebenfalls und trotz der Versicherung des Gegenteils im Raume einer materialistischen oder pantheistischen Ansicht befinde. Es war kein gutes Zeichen für die Umsicht der protestantischen Theologie der Neuzeit, daß sie (von Rothe bis zu Ritschl und z. T. noch bis in die Gegenwart hinein) gerade diese Lotze'sche Verteidigung der Persönlichkeit Gottes für eine besonders meisterliche und hilfreiche Sache glaubte halten zu sollen.

Diese Verteidigung und die ähnlichen Versuche seiner Gesinnungsgenossen hatten ja zweitens auch die fatale Eigentümlichkeit, daß sie den eigentümlichen Postulatcharakter der ganzen modernen Gotteslehre in einer nun wirklich kompromittierenden Weise bloßlegten. Wie hatte doch, lange vor Lotze und Siebeck, L. Feuerbach geschrieben: «Die Theologie ist Anthropologie, d. h. in dem Gegenstande der Religion, den wir griechisch *Theos*, deutsch Gott nennen, spricht sich nichts Anderes aus als das Wesen des Menschen, oder: der Gott des Menschen ist nichts Anderes als das vergötterte Wesen des Menschen». (Das Wesen der Religion 1848, 3. Vorl.) «Das Christentum warf dem Heidentum Götzendienst vor, der Protestantismus warf dem Katholizismus, dem alten Christentum Götzendienst vor, und der Rationalismus wirft jetzt dem Protestantismus, wenigstens dem alten, orthodoxen, Götzendienst vor, weil er einen Menschen als Gott, ein Bild Gottes also — denn der Mensch ist ja ein solches — statt des eigentlichen Originals, statt des eigentlichen Wesens, verehrt habe. Ich aber gehe noch weiter und sage: auch der

Rationalismus, ja jede Religion, jede Religionsweise, die einen Gott, d. h. ein nicht wirkliches, ein von der wirklichen Natur, dem wirklichen Menschenwesen abgezogenes und unterschiedenes Wesen an die Spitze stellt, zum Gegenstand ihrer Verehrung macht, ist Bilderdienst und folglich Götzendienst... Denn nicht Gott schuf den Menschen nach seinem Bilde, wie es in der Bibel heißt, sondern der Mensch schuf, wie ich im ‚Wesen des Christentums' zeigte, Gott nach seinem Bilde. Und auch der Rationalist, der sogen. Denk- oder Vernunftgläubige schafft den Gott, den er verehrt, nach seinem Bilde; das lebendige Urbild, das Original des rationalistischen Gottes ist der rationalistische Mensch. Jeder Gott ist ein Wesen der Einbildung, ein Bild und zwar ein Bild des Menschen, aber ein Bild, das der Mensch außer sich setzt und als ein selbständiges Wesen vorstellt» (a. a. O, 20. Vorlesung). «Weil dem Christen der Geist, das fühlende, denkende, wollende Wesen sein höchstes Wesen, sein Ideal ist, so macht er es auch zu seinem ersten Wesen, d. h. er verwandelt seinen Geist in ein gegenständliches, außer ihm existierendes, von ihm unterschiedenes Wesen... Ist der unendliche Geist nicht eben der unendliche, der vollkommen sein wollende Geist des Menschen?... Wünscht nicht der Mensch frei von den Schranken des Leibes, wünscht er nicht allwissend, allmächtig, allgegenwärtig zu sein? Ist also nicht auch dieser Gott, dieser Geist der verwirklichte Wunsch des Menschen, unendlicher Geist zu sein? Haben wir nicht also auch in diesem Gotte das menschliche Wesen vergegenständlicht?... Ist also ihr Gott, ihr unendlicher Geist etwas Anderes als das Vor- und Musterbild von dem, was sie einst selbst werden wollen, das Urbild und Abbild ihres eigenen, in der Zukunft sich entfaltenden Wesens?... Der unendliche Geist ist nichts als der Gattungsbegriff des Geistes, welcher aber von der Einbildungskraft auf Befehl der menschlichen Wünsche und Glückseligkeitstriebe als ein selbständiges Wesen versinnbildlicht wird» (a. a. O. 28. Vorl.). Man sieht, wie hier das Geheimnis der modernen Gotteslehre: das Wesen Gottes ist das Prädikat des menschlichen Subjektes, von einem ebenfalls aus der idealistischen Schule kommenden, an der Kirche nun allerdings gar nicht mehr interessierten Philosophen längst rücksichtslos ausgeplaudert war. Man kann sich wundern darüber, daß sein Einwand auf die Leugner der Persönlichkeit Gottes nicht mehr Eindruck machte, sofern er sich doch auch und gerade gegen ihre positiven Voraussetzungen richtete. Man muß sich aber doch noch mehr darüber wundern, wie deren Verteidiger mit ihren Hinweisen auf die Sehnsucht des Menschenherzens, auf den Höchstwert der menschlichen Persönlichkeit, auf den Sinn aller Religionsgeschichte, auf die Bedeutung der Persönlichkeit in der Geistes- und Weltgeschichte, mit ihrer ganzen offenkundigen und ausdrücklichen Projektion des menschlichen Selbstbewußtseins ins Transzendente diesem Feuerbachschen Einwand so geradeswegs und ohne sich von seiner Existenz auch nur Rechenschaft zu geben, in die Arme laufen konnten. Konnte man den Charakter der neueren Theologie als eine in erhöhtem Ton vorgebrachte Anthropologie gewiß nicht zum Nutzen der Sache, der man dienen wollte, so verschweigen und verdecken, wie es ein kirchlich gesinnter Moderner wie Biedermann für möglich hielt, so bedeutet es doch erst recht eine Ahnungslosigkeit sondergleichen, diese Angelegenheit nun geradezu a u s z u s c h r e i e n, wie es nicht die Leugner sondern die Verteidiger der Persönlichkeit Gottes getan haben! Und es konnte nicht anders sein, als daß sie auf diesem Weg den Satz, den sie vertreten wollten, nur noch verdächtiger machen, ja daß sie mit ihrer im Gegensatz zu jenen Anderen vorgebrachten Ergänzung die gemeinsame Lehre von Gott als dem unendlichen Geist als solche und als Ganzes in Frage stellen mußten.

Aber nehmen wir an, ihr Versuch wäre nicht an seiner technischen Unzulänglichkeit gescheitert und es wäre möglich gewesen, ihn von einem Selbsteingeständnis des Illusionismus der modernen Gotteslehre wirksam zu unterscheiden — nehmen wir an, er hätte bewiesen, was bewiesen werden sollte, nämlich daß der unendliche Geist, mit Recht mit Gott gleichgesetzt, als solcher auch Person, also selber Subjekt, wissendes und wollendes Ich in realer Unterschiedenheit zum menschlichen Ich sei — nehmen wir an, daß man (die Folgerichtigkeit, in der man das wirklich tun wollte, ist allerdings gerade bei Lotze nicht zweifelsfrei) diese Prädikation des höchsten Wesens wirklich wagen wollte: wie sehr war man dann der ganzen Intention der modernen Gotteslehre untreu geworden! Welche Perspektiven hinsichtlich des menschlichen Subjektes als des angeblichen Maßes aller Dinge hatte man eröffnet, indem man ihm statt des gemächlich zu überblickenden und zu meisternden neutralen Absoluten ein mit dessen Absolutheit ausgestattetes göttliches Ich gegenüberstellte! Indem man die Persönlichkeit Gottes konzedierte, machte man sich offenbar gerade jener Absurdität schuldig, die den Einbruch in das Heiligtum der Gott und Welt im Menschen zusammenschließenden Lebenseinheit und damit das Ende des modernen Selbstbewußtseins bedeutete, mit dem man doch den christlichen Glauben zu vereinigen, ja als dessen tiefste Weisheit man doch den christlichen Glauben darstellen und empfehlen zu können gehofft hatte. Nur die Dunkelheit und Mattheit der von diesen Verteidigern der Persönlichkeit Gottes vorgetragenen Gedankengänge konnte verhindern, daß dieses Ende aller Dinge hereinbrach. Hätte jemand die Sache, mit der Lotze und Siebeck im Grunde doch bloß spielten, plötzlich ernst genommen, hätte jemand auf einmal daraufhin über Gott zu denken und von Gott zu reden begonnen, daß Gott als solcher die reale, die redende, die handelnde Person sei, hätte jemand dies (wie es ja anders nicht wohl geschehen konnte) nicht etwa auf Grund spekulativer Erwägungen, sondern auf Grund dessen getan, daß Gott als diese Person in seiner Offenbarung faktisch auf dem Plane ist, dann wäre mitten in den 80er und 90er Jahren des 19. Jahrhunderts die grundsätzliche Störung jedenfalls des theologischen und damit indirekt auch des philosophischen und damit, nochmals indirekt, des allgemeinen Denkens Ereignis geworden, die der vom 18. Jahrhundert her so selbstverständlich übernommenen und fortgesetzten Entwicklung jedenfalls gerade diese ihre Selbstverständlichkeit genommen hätte. Es kam nicht dazu. Die von Lotze u. a. vertretene Reaktion konnte dem modernen Selbstbewußtsein faktisch nicht gefährlich werden, weil sie dessen Voraussetzungen teilte. Man versteht aber, weil sie ihm tatsächlich hätte gefährlich werden können, daß sie der Zeit unheimlich sein mußte und schon darum keinen geschichtlichen Erfolg haben konnte. Das wird man ihr freilich nicht absprechen können, daß sie in ihrer ganzen Hinfälligkeit objektiv ein Symptom dafür war, daß, der herrschenden Lehre zuwider, mit ihren Grundvoraussetzungen unvereinbar, die Erinnerung an den biblischen Gottesbegriff nicht einfach verschwunden war, sondern innerhalb der ihm fremden Umgebung des modernen anthropologischen Denkens und auf dem seltsamen Umweg ausgerechnet über den Begriff der menschlichen Persönlichkeit sich immerhin auch noch geltend machte.

Daß das Problem, den eigenen Intentionen und der eigenen Systematik entgegen, gestellt war und gestellt blieb, das haben ja seltsamerweise auch die beiden klassischen Bestreiter der Persönlichkeit Gottes, Strauß und Biedermann, zum Schaden der Klarheit und Konsequenz ihrer Position damit zugestehen müssen, daß sie sich beide auf dem Höhepunkt ihrer Kritik dann doch zu einem gewissen Kompromiß geneigt erwiesen haben. Es endigen nämlich die Darlegungen von Strauß (a. a. O. S. 523 f.) dann doch mit der Feststellung, Gott sei nicht bloß «allgemeine Substanz», zu deren Sein das Insichsetzen der Persönlichkeit nicht mitgehörte. Eine Person neben und über anderen sei er freilich auch nicht, wohl aber «die ewige Bewegung des sich stets zum Subjekt machenden Allgemeinen, das erst im Subjekte zur Objektivität und wahrhaften Wirklichkeit kommt und somit das Subjekt in seinem abstrakten Fürsichsein aufhebt». Indem er die ewige Persönlichkeit sei, lasse er ewig das Andere seiner selbst, die Natur, aus sich selbst

2. Gottes Sein als der Liebende

hervorgehen, um ewig als selbstbewußter Geist in sich zurückzukehren. Seine Persönlichkeit müsse nicht als Einzelpersönlichkeit sondern als «Allpersönlichkeit» gedacht werden. Statt das Absolute zu personifizieren, müßten wir es als das ins Unendliche sich selbst personifizierende begreifen lernen. Hat Strauß damit etwas Anderes gesagt als das, was später Lotze g e g e n ihn zu sagen gemeint hat? Daß er mit dieser Abwandlung der Hegelschen Trinitätslehre einerseits den biblischen Begriff des persönlichen Gottes nicht nur von ferne nicht erreichte, sondern vielmehr erst recht leugnete und daß er sich mit dieser «Allpersönlichkeit» andererseits selber sein technisches Konzept verdarb — hat er doch zuvor das Absolute so definiert, daß es den Begriff der Persönlichkeit nun einmal unwiderbringlich ausschloß — das darf nicht übersehen lassen, wie stark doch offenbar auch in seinem Denken eine auf ihm fremd gewordenen Voraussetzungen beruhende andere Konzeption vom Wesen Gottes nachwirkte und seinen Absichten zuwider sich geltend machte. Und noch deutlicher zeigt sich dieser programmwidrig faktische Zwang des Problems bei B i e d e r m a n n (a. a. O. S. 645 f.). Nachdem auch er mustergültig gezeigt, wie der Begriff einer «absoluten Persönlichkeit» notwendigerweise in seine Komponenten zerfallen müsse, wie eine die andere notwendig ausschließe, fährt er erstaunlicherweise fort: die Erlaubnis, eine absolute Persönlichkeit uns vorzustellen, bleibe darum doch, ja noch mehr: «Wenn wir Gott recht und vollständig als absoluten Geist denken, so können wir ihn, wenn wir ihn überhaupt uns auch noch vorstellen, dann allerdings nur als absolute Persönlichkeit vorstellen». Die pantheistischen Vorstellungen einer durch das All ausgegossenen Lebenskraft oder Weltseele sind auch nach Biedermann unzulässig. Gott ist absoluter Geist und also unpersönlich im Begriff; er ist aber absolute Persönlichkeit in unserer Vorstellung, im «Wechselverkehr der Religion» der «zwischen dem unendlichen und dem endlichen Geist innerhalb des endlichen menschlichen Geisteslebens vorgeht, also durchweg in der Form des letzteren sich vollziehen muß». Auch durch diesen Vorbehalt wird die durch die vorangegangene Leugnung der Persönlichkeit Gottes vollzogene Beschädigung bezw. Beseitigung des biblischen Gottesbegriffs selbstverständlich nicht rückgängig gemacht, wie sie ja auf dem Boden der modern-anthropologischen Voraussetzung überhaupt nicht rückgängig gemacht werden kann, weil sie schon mit dieser Voraussetzung selbst und als solcher vollzogen ist. Der in seiner Offenbarung redende und handelnde und so seiende Gott wird in der Biedermannschen «Vorstellung» (welches auch deren Inhalt, wie biblisch gefüllt sie immer sein möge) so wenig wiederzuerkennen sein wie in dem gnostizisierenden Gebilde, das Strauß schließlich positiv als das Wesen Gottes angeben zu können meinte, schon darum nicht, weil die Biedermannsche «Vorstellung» eben ausschließlich und unwiderruflich n u r Vorstellung sein, n u r subjektive Wahrheit haben soll. Dieses «nur» macht die Biedermannsche Lehre von Gott trotz der Konzession, mit der sie endigt, kirchlich unerträglich. Der Gott, der zwar in subjektiver Wahrheit Person, in objektiver Wahrheit aber gerade nicht Person sondern ein unpersönliches Absolutes ist, mag sein, was er will, mit dem Gott der biblischen Offenbarung ist er jedenfalls nicht gleichzusetzen. Und man wird auch bei Biedermann ernstlich fragen müssen, ob er sich durch diese Konzession nicht sein eigenes technisches Konzept bis zur Unkenntlichkeit verdorben hat. Denn: läßt sich die Unterscheidung von Begriff und Vorstellung in der Weise durchführen, daß mit dem Begriff das Erfassen der objektiven, mit der Vorstellung aber das einer bloß subjektiven Wahrheit zu bezeichnen und beide einander dann doch wie eine höhere und niedere Stufe derselben Erkenntnis sich gegenseitig zuzuordnen wären? Wie kommt es hier zur Unterscheidung? Und wenn zur Unterscheidung, wie zur Zuordnung? Kann auch der reinste Begriff mehr sein als eine von aller Anschaulichkeit möglichst gereinigte, eine möglichst mathematisierte Vorstellung? Inwiefern sollten wir uns im Begriff auf einer g r u n d s ä t z l i c h höheren Stufe der Wahrheitserkenntnis befinden? Und hat nicht jede noch so naive Vorstellung auch etwas von der Würde und von dem Anspruch des Begriffs notwendig an sich? Inwiefern befinden wir uns hier **grundsätzlich** auf einer niedereren Wahrheitsstufe? Der Unterschied zwischen Begriff und Vorstellung kann doch bestenfalls nur ein Unterschied der Deutlichkeit sein; und wie oft wird zu fragen sein, ob nicht gerade die Vorstellung den höheren Grad von Deutlichkeit gegenüber dem Begriff für sich hat? Sollte aber die Unterscheidung auf Grund irgend einer besonderen Erkenntnistheorie nun dennoch als die Unterscheidung objektiver und subjektiver Wahrheitserkenntnis behauptet werden — wie kommt man dann dazu, beide als Stufen nun doch derselben Erkenntnis sich zuzuordnen und also z. B. von demselben Gegenstand zu sagen, daß ihm ein bestimmtes Prädikat hier unmöglich zukommen könne, dort notwendig zukommen müsse? Wie kommt man dann dazu, von Stufen der Wahrheitserkenntnis statt von einem Widerspruch der wahren gegen eine falsche, einer falschen gegen die wahre Erkenntnis zu reden? Läßt sich aber entweder die Unterscheidung oder die Zuordnung nicht wirklich durchführen, gibt es entweder nur ein so oder so auf die eine Wahrheit gerichtetes Erkennen oder aber nur den Widerspruch zwischen wahrem und falschem Erkennen, dann hat sich Biedermann gegenüber dem ganzen Gewicht seiner eigenen Kritik zu verantworten, wenn er den Begriff der «absoluten Persönlichkeit» zwar auf der Stufe des Begriffs als unmöglich erklären, auf der Stufe der Vorstellung aber nun dennoch festhalten will. Entweder es muß nun auch auf der Stufe der Vorstellung zum Konflikt, oder es muß nun auch auf der Stufe des Begriffs zur Auflösung des Konfliktes kommen. Wie es ein Drittes geben soll, wird nur dann erfindlich, wenn es, was Biedermann nun doch nicht behaupten wollte, eine doppelte Wahrheit gäbe. Daß Strauß und Biedermann mit ihrer Konzession ihrer eigenen Systematik untreu wurden, ist merkwürdig genug. Noch merkwürdiger ist doch das Andere, daß sie damit in der Wirkung schließlich doch dasselbe — und auf dem Hintergrund ihrer vorangehenden Kritik dasselbe sogar noch eindrucksvoller — taten, wie jene Philosophen mit ihrem Versuch einer direkten Rettung der Persönlichkeit Gottes. Der Intention der ganzen modernen Gotteslehre zuwider war offenbar auch nach ihrem Verständnis und Zugeständnis mindestens das Problem der Persönlichkeit Gottes als solches faktisch nicht zu leugnen. Gerade das Problem, das man doch schon mit dem ganzen Ansatz der Fragestellung leugnen wollte! Man war bei aller Energie der idealistischen Reduktion und Reinigung des Gottesbegriffs, bei aller Kraft des dahinter stehenden Anliegens der Bewahrung des menschlichen Subjekts vor dem ihm von der Persönlichkeit Gottes her drohenden überlegenen Konkurrenz faktisch nicht in der Lage, ganz zu ignorieren, daß der Gottesbegriff, ob man sich dessen freute oder nicht, einst **mehr** bezeichnet hatte und in der noch immer gelesenen Bibel dauernd **mehr** bezeichnete, als jenen Inbegriff menschlicher Ideen und die diesem als solchem eigene Unendlichkeit. Erreichte man zwar den biblischen Gottesbegriff mit den bewußten Konzessionen so wenig, wie ihn die neuzeitlichen Verteidiger der Persönlichkeit Gottes erreichen konnten, so bezeugte man doch, indem man gerade als Bestreiter der Persönlichkeit Gottes zum Schluß die bewußten Konzessionen machte, daß man den **biblischen** Gottesbegriff faktisch **nicht** losgeworden, daß er als Frage und Drohung, als Irrtum, dem man irgendwie Genüge tun mußte noch immer vorhanden war.

Indem man zwischen der Intention dieses Gottesbegriffs und der modernen bezw. antik-heidnischen Gotteslehre in einer unglücklichen Mitte schwankte und schwebte — indem man diese bejahte, aber offenbar nicht durchführen konnte und wollte, jene zwar nicht wahr haben und widerwillig doch mit ihrem Vorhandensein rechnen mußte — indem man so irrte und im Irren doch zögerte, den Irrtum zwar beging und die Verirrung doch nicht vollenden konnte, bewies man, wie es der Neuprotestantismus auch in vielen anderen Stücken getan hat, daß es zwar leicht ist, in der

2. Gottes Sein als der Liebende

Kirche durch Einführung fremder Lehre Störung und Zerstörung anzurichten, aber nicht so leicht, die Kirche durch Aufrichtung einer konsequenten Gegenlehre und also Gegenkirche nun wirklich zu sprengen. Der Neuprotestantismus des 18. u. 19. Jahrhunderts hat es zwar versucht, die Kirche in das erneuerte antike Heidentum zurückzuführen; er hatte aber notorisch nicht die Kraft, diesen Versuch auch nur mit letztem Ernst anzusetzen, geschweige denn die, ihn durchzuführen. Er ist heute vielleicht doch schon zu überblicken als ein Zwischenspiel — vergleichbar etwa mit dem des Marcionitismus in der alten Kirche — und es lohnt sich vielleicht heute schon nicht mehr, seinen Vertretern so böse zu sein, wie man es, wenn man die innere Ohnmacht der ganzen Angelegenheit außer acht läßt, gelegentlich sein möchte. Weiß man, daß man schon die in der orthodoxen Gotteslehre übliche Umsetzung des Wesens Gottes in ein neutrales Absolutes, den heimlich dort schon wirksamen Anthropozentrismus in Verantwortung gegenüber der Offenbarung Gottes nicht mitmachen kann, dann sieht man sich auch nicht in eine unglückliche Mitte gedrängt, dann kann man die dort notwendig entstehende Dialektik mit ihren Inkonsequenzen und Aporieen sich selber überlassen, ohne sich durch sie mitbedrängt zu fühlen, dann wird man auch gegen die in dieser Dialektik Befangenen keine allzu große Entrüstung mehr aufbringen können. Der Streit um die Persönlichkeit Gottes ist dann zu einer historischen — als solche sehr interessanten, nach allen Seiten sehr bewegenden und lehrreichen, aber eben doch historischen Angelegenheit geworden.

Wir schließen mit zwei terminologischen Erklärungen: Zum Ersten. Es liegt in unserem Zusammenhang Alles an dem Satz: Gott ist der Liebende. Es liegt aber an sich gar nichts an dem Satz: er ist oder er hat Persönlichkeit. Dieser zweite Satz ist ja auch der Bibel und dem altkirchlichen und reformatorischen Dogma unbekannt. Er ist aufgetaucht, als das Richtige und Wichtige, was damit gemeint ist, aus den erörterten Gründen problematisch zu werden begann, als von den Einen bestrittener, von den Anderen vertretener Kampfsatz. Er sagt aber für sich selber genommen das Richtige und Wichtige gerade nicht, was er sagen sollte. Er kann das nur sagen im Zusammenhang des Satzes: Gott ist der Liebende, als die ausdrückliche Erklärung und Bestätigung: Gott ist nicht Etwas und nicht Eines, sondern Einer, der Eine, das redende und handelnde Subjekt, das ursprüngliche und eigentliche Ich. Aber als der er ist und also als der Liebende ist er dies. Der Begriff der Persönlichkeit als solcher ist zu blaß, als daß wir uns zur Bezeichnung des gemeinten allerdings schlechterdings unentbehrlichen Momentes des Wesens Gottes gerade auf ihn festlegen müßten. Wir können ihn gebrauchen und werden dies, wo es not tut, auch tun. Wir können und müssen aber, da wir an dem modernen, gerade um diesen Begriff geführten Streit kein sachliches Interesse mehr haben können, eingestehen, daß wir ihn, wenn das, was damit gemeint ist, gesichert und festgehalten ist, auch entbehren könnten. In der Verkündigung ist mit ihm nichts zu gewinnen und nichts zu verlieren. Alles wird dort darauf ankommen, daß Gottes Wort wirklich als das Wort des Einen, des Liebenden, als das Wort, das ihn selbst als solchen zum Gegenstand und Inhalt hat und ja nicht als ein Ausdruck unserer eigenen Unendlichkeit und also ja nicht als das Wort von einem allgemeinen, neutralen Wahr- und Gutsein verkündigt wird. Aber nicht daß Gott Person, sondern welche bestimmte Person er ist, wird dann verkündigt werden müssen. Wenn das geschieht, dann geschieht Alles, was nötig ist. Und das wird weithin geschehen können und müssen, ohne daß die Begriffe «Persönlichkeit» und «Person» als solche zur Anwendung kommen. — Zum Zweiten. Wenn wir den Begriff der Persönlichkeit Gottes aufnehmen, so müssen wir uns der gewissen Unklarheit bewußt sein, die dadurch entsteht, daß man auch in der Lehre von der Dreieinigkeit Gottes bis in die Neuzeit hinein (in der Mehrzahl!) von göttlichen «Personen» geredet hat. Gemeint ist dort das Sein Gottes in den drei Seinsweisen des Vaters, des Sohnes und des Heiligen Geistes. Wir sind in unserer Behandlung der Trinitätslehre dafür eingetreten, den Begriff «Personen» zur Bezeichnung dieser Sache fallen zu lassen, weil er faktisch von der ganzen klassischen Theologie nie in der Richtung verstanden und interpretiert worden ist, in der man heute bei dem Begriff «Person» zu denken pflegt. Die christliche Kirche hat nie gelehrt, daß es in Gott drei Personen und also drei Persönlichkeiten in dem Sinn eines dreifachen Ich, eines dreifachen Subjektes gebe. Das wäre der Tritheismus, den man vielmehr gerade mit dem Begriff *persona*, verstanden als *modus subsistentiae*, abwehren wollte. Das Richtige und Wichtige, was mit dem Begriff der Persönlichkeit im modernen Sinn des Begriffs als Bezeichnung Gottes gemeint sein kann, hängt freilich mit der Trinitätslehre nicht nur eng, sondern unlöslich zusammen. Indem Gott in sich selber der Vater, der Sohn und der Heilige Geist ist, ist er in sich selber Lebende und Liebende und also Einer und also der Eine und immer, indem wir ihn als den Vater, den Sohn und den Heiligen Geist erkennen, erkennen wir ihn als den uns Liebenden und also als den uns begegnenden und uns als Du anredenden und behandelnden Einen. Es ist gerade die ganze göttliche Trinität als solche, in dem Zusammensein des Vaters, des Sohnes und des Heiligen Geistes in Gott selber und in seinem Werk — es sind nicht die einzelnen Seinsweisen für sich, in denen Gott das ist und hat, was wir als Persönlichkeit bezeichnen können. Nicht dreifach, sondern dreimal — und dreimal nicht in einem Fürsichsein je einer der drei Seinsweisen, sondern in ihrem Miteinander- und Füreinander- und Ineinander-Sein, in ihrer Perichorese, ist der eine trinitarische Gott der Lebende und Liebende und also Einer, der Eine und also, wenn wir es so nennen wollen, Persönlichkeit. Es gibt nicht drei Angesichte sondern nur ein Angesicht, nicht drei Willen, sondern nur einen Willen, nicht drei Rechte sondern nur eine Rechte, nicht drei Worte und Werke, sondern nur ein Wort und Werk Gottes. Schlechterdings der eine Gott ist uns offenbar in Jesus Christus, schlechterdings derselbe eine Gott ist er auch in sich selber. Eben dieser eine Gott als der trinitarische ist, sei es denn: der persönliche Gott.

3. GOTTES SEIN IN DER FREIHEIT

Gottes Wesen ist sein Wesen. Gottes Tat ist seine Tat. Gottes Lieben ist sein Lieben. Gott ist als Person, in diesem seinem Sein und Tun, der er ist. Wir können nach Allem, was wir bis jetzt gehört, diese Unterstreichungen in der Bezeichnung des göttlichen Seins nicht stark genug machen. Aber was meinen wir mit dieser Unterstreichung? Es gibt ja offenbar auch andere Wesen, andere Taten; es gibt auch andere Liebende, auch andere Personen. Das ist sicher: wenn wir betonen, daß es gerade um ihn, um Gott geht, dann zeichnen wir ihn nicht nur so aus, wie wir mit einem Personal-, Demonstrativ- oder Possessiv-Pronomen auch ein anderes Subjekt als eben dieses im Unterschied zu anderen seiner Art auszeichnen. Sagen wir von Gott: «Er», «Dieser», «Sein» geben wir dem Worte «Gott» in jedem Satze ausgesprochen oder unausgesprochen den Ton und das Gewicht, die ihm gebühren, dann sagen wir, indem wir unterscheidend gerade auf ihn hinweisen, zugleich etwas Sachliches, in gewisser Hinsicht geradezu das Sachliche, was von ihm zu sagen ist. Seine Tat ist in einzigartiger Weise seine Tat. Sein Lieben ist in einzigartiger Weise sein Lieben. Er ist in einzigartiger Weise, der er ist. Dies ist das Sachliche, was von Gott zu sagen ist: die Bezeichnung dieser einzigartigen Weise der Form und des Inhalts seines Seins und indem wir ihn von Allem, was sonst ist, unterscheiden, müssen wir notwendig zugleich dieses Sachliche aussprechen. Wir konnten schon von Gottes Leben und Lieben nicht wohl reden, ohne dauernd auf diese einzigartige Weise seines Lebens, seines Liebens hinzuweisen. Wir hätten von Gottes Leben und Lieben offenbar unsachlich geredet, wenn wir nicht dauernd unterschieden und damit diesen Hinweis vollzogen, wenn wir nicht dauernd in diese Tiefe des göttlichen Wesens geblickt und uns vor Augen gehalten hätten, daß wir es wohl mit einem Leben und Lieben, aber nicht mit diesem und jenem, sondern mit dem Leben und Lieben Gottes zu tun hatten. Dieser Gegenstand erlaubt und gebietet uns wohl, von Leben und Lieben, von einem lebenden und liebenden Ich zu reden zu seiner Bezeichnung, Bezeugung und Verkündigung. Aber indem er uns das erlaubt und gebietet, nötigt er uns auch, ihn über alle unsere Anschauungen und Begriffe hinaus als das in seiner einzigartigen Weise lebende und liebende Ich zu verstehen und zu benennen, ihm eine Ehre zu geben, die keinem der uns sonst bekannten lebenden und liebenden Wesen als solchem auch nur von ferne zukommen kann eine Ehre, die wir vielmehr allen uns sonst bekannten lebenden und liebenden Wesen ausdrücklich absprechen müssen, weil sie eigentlich und ursprünglich schlechterdings nur seine Ehre ist, weil wir alles andere Leben, Lieben und Sein nur als kraft seiner Schöpfung und also als Abbild und Nachklang seines Lebens und Liebens wirklich verstehen können. Nur wenn uns die Tiefe vor Augen steht, in welcher er lebt und liebt und ist, haben wir sein Sein in der Tat, sein Sein als der Liebende und also wirklich sein, Gottes Wesen, als solches erkannt und anerkannt.

Wir wenden uns nun zu der Frage nach dieser Tiefe des göttlichen Wesens. Wir haben sie bis jetzt beiläufig gestellt und beantwortet, sie muß uns aber, soll unsere Besinnung über Gottes Sein nicht unvollständig sein, wohl oder übel auch direkt beschäftigen. Wir müssen wissen, was wir meinen und tun, wenn wir von Gottes Leben und Lieben nicht ohne Hinweis auf dessen Einzigartigkeit, nicht ohne jenes Unterscheiden geredet haben. Wir müssen wissen, um was es sich handelt bei der besonderen Sachlichkeit, die gerade mit diesem Hinweis und Unterschied zu betätigen ist. Wir müssen nach derjenigen Bestimmtheit des Wesens Gottes fragen, die unsererseits gerade diese Sachlichkeit notwendig macht. Die Schwierigkeit und die Bedenklichkeit dieser Frage ist offenkundig. Ihre Schwierigkeit: Wie sollen wir gerade hinsichtlich des Besonderen und Unterscheidenden im Wesen Gottes auch nur ein Wort zu fragen, geschweige denn zu antworten wissen? Und ihre Bedenklichkeit: Wird hier nicht notwendig an Gottes offenbarem Wesen vorbei nach etwas Anderem, vermeintlich dahinter Liegendem gefragt? Wird hier nicht notwendig auf Grund irgend eines anderen, vielleicht nun doch auf Grund irgend eines vermeintlichen allgemeinen Wissens um Gott geantwortet werden? Wir nehmen sofort Stellung zu dieser zweiten Frage: Eben dies ist es, was natürlich unter keinen Umständen geschehen darf! Wir fragen auch jetzt, wenn wir nach dem Besonderen und Unterscheidenden des Lebens und Liebens Gottes fragen, nicht nach dem Inhalt eines allgemeinen Gottesbegriffs, als ob dieser uns über das Besondere und Unterscheidende belehren könnte. Wir fragen fernerhin unter der Voraussetzung, daß der Gegenstand jedes allgemeinen, d. h. jedes anderswie als im Blick auf Gottes Offenbarung in Jesus Christus gebildeten Gottesbegriffs notwendig ein anderer ist als der, der der Herr und das Heil und so der Gegenstand des Glaubens der Kirche und als solcher der allein wahre Gott ist. Wir fragen nicht nach einem Merkmal, das dieser Gott mit anderen Göttern als Göttlichkeit überhaupt gemeinsam hätte. Wir fragen nicht nach einer Idee des Göttlichen, unter die wir den allein wahren Gott mit anderen Göttern subsumieren würden. Wir bleiben uns bewußt, daß wir damit in Wirklichkeit gar nicht nach der Idee Gottes, sondern mit den Verehrern jener anderen Götter zusammen nach der Idee des Menschen, nach dem Inbegriff seiner Wünsche und Sehnsüchte, nach der höchsten Vergegenständlichung und Verabsolutierung unseres eigenen Wesens fragen würden. Wir fragen also nach wie vor nicht an Gottes Offenbarung vorbei, sondern nach wie vor im Blick auf sie und nur auf sie.

Es ist die entscheidende Schwäche der mehrfach erwähnten und in ihrer Grundrichtung so mutig vorstoßenden Schrift von H. Cremer, daß sie darin wenigstens formell in der Tradition befangen bleibt, daß sie zuletzt doch mit dem Vorhandensein und der Maßgeblichkeit eines «auch den Heiden bekannten Gottesbegriffs», eines allgemeinen «gottheitlichen Prädikats» rechnet, das freilich seinen Inhalt erst durch das Subjekt, nämlich durch den allein wahren in Jesus Christus offenbaren Gott erhalte, das also «im Lichte» dieser Offenbarung verstanden und ausgelegt werden müsse (S. 32 f.). Die Energie, mit der dies letztere bei Cremer versucht und durchgeführt wird, soll nicht verkannt sein. Aber ist die biblische Gottesbotschaft nicht auch hinsichtlich des «gottheitlichen Prädikates», hinsichtlich dessen, was Gottes Leben und Lieben als das seinige, das göttliche, auszeichnet, mehr als eine besondere Auffassung und Auslegung eines allgemeinen Begriffs von Gott, den die Propheten Jahves dann wohl mit denen des Baal, den die Apostel mit den Vertretern der Mysterienreligionen usf. zunächst und als solchen geteilt hätten? Gehört nicht mit dem neuen Subjekt «Gott» auch das Prädikat, die Gottheit Gottes zu dem anderen Text, in welchem die Propheten und Apostel gelesen und in welchem sie als Propheten und Apostel allein gelesen haben? Ist hier nicht auch das Prädikat in dem Sinn ein neues geworden, daß es nur noch in dieser seiner Neuheit und gar nicht mehr — oder eben nur noch polemisch — im Rückblick auf seine alte, auf eine allfällig allgemeine Bedeutung gewürdigt werden kann?

Es konnte sich, schon als wir zuerst von Gottes Leben, dann von Gottes Lieben, zuerst von seinem Sein in der Tat, dann von seinem Sein als

3. Gottes Sein in der Freiheit

dem Liebenden sprachen, nicht um einen Wechsel des Themas handeln: als wüßten wir zuerst und im Allgemeinen um Gottes Leben als solches, um dann erst dieses Allgemeine mit dem besonderen Prädikat zu versehen: daß es das Leben und Walten der Liebe sei. Sondern Gottes Leben selbst und als solches ist in alle seine Tiefen hinein Gottes Lieben und nur zur Vorbereitung dieser Erkenntnis, nur in Entfaltung des logischen Vordersatzes: Gott ist handelndes Subjekt, verweilten wir zunächst einen Moment — aber sachlich doch eben nur einen Moment — bei dem Sein Gottes in der Tat, die doch nicht Tat im Allgemeinen, sondern die konkrete, besondere Tat seines Liebens ist. Und so kann es sich auch jetzt, wenn wir nach dem Besonderen und Unterscheidenden, nach der Gottheit Gottes, nach der eigentümlichen Tiefe seines Wesens als solcher fragen, nicht um ein neues Thema handeln, nicht um einen Blick hinter die Kulissen, bei welchem wir, die Frage: Wer ist Gott? sozusagen hinter uns, *in abstracto*: Was ist Gott? fragen könnten? Wie Gott kein Es sondern ein Er ist, so ist er auch kein solcher Er, der an irgend einem Es erst teilnehmen müßte, um dieser Er zu sein. In Gott ist kein Es, das nicht Er selbst wäre, kein Allgemeines, das nicht sein Besonderes, das Besondere seiner Tat und also seines Lebens und also seines Liebens wäre. Wir können, auch indem wir jetzt fragen: Was ist Gott? sein göttliches und also ihn als Gott Unterscheidendes? nur noch einmal fragen: Wer ist Gott? Denn er hat, was er ist, nicht nur in sich, an sich, bei sich, sondern indem Er ist, ist Alles, was er ist. Es gibt genau genommen kein «gottheitliches Prädikat», keinen «Gottesbegriff», der im besonderen das zum Inhalt haben könnte, was Gott ist, es gibt genau genommen nur das göttliche Subjekt als solches und in ihm die Fülle seines gottheitlichen Prädikates. Es kann der Gottesbegriff genau genommen nur dies göttliche Subjekt als solches zum Inhalt haben und in ihm selbst als solchem das gottheitliche Prädikat, das außerhalb dieses Subjektes keine Existenz hat und also auch nicht Inhalt eines Begriffs werden kann. Fragen wir jetzt nach dem, was Gott ist, dann ist diese Frage nur dann nicht unangemessen, nur dann nicht töricht und blasphemisch, wenn wir sie uns sofort nehmen und zurechtstellen lassen, wenn wir uns bewußt sind, daß wir dabei nur noch einmal, in der größten Kindlichkeit, die hier auch der größte, der allein mögliche Tiefsinn ist, danach fragen: wer er ist? Wir brauchen bloß stehen zu bleiben an dem Ort, den wir von Anfang an bezogen haben: bei der Frage nach der Wirklichkeit Gottes in seiner Offenbarung, in welcher er sich selbst treu ist, in welcher wir also auch sein Wesen in sich selbst vor uns haben — dann verliert die Frage nach der Tiefe seines Wesens, nach der ihm besonderen, ihn unterscheidenden Gottheit jene Bedenklichkeit, die ihr zunächst anzuhaften scheint. Aber auch ihre scheinbare Schwierigkeit braucht uns dann keine weitere Sorge zu machen. Sie ist so schwierig, sie ist aber nicht schwieriger wie jede Frage, die uns durch Gottes Offenbarung gestellt ist und die wir im Blick auf sie zu beantworten haben. Wir können wohl wissen, was wir meinen und tun, wenn wir von Gottes Leben und Lieben als von einem besonderen reden. Es ist nötig und recht und es ist auch nicht unmöglich, uns darüber Rechenschaft abzulegen. Es muß uns nur klar bleiben, daß wir eben nach dem Besonderen dieses Lebens und Liebens und nach diesem nicht unter irgend welchen allgemeinen Maßstäben und Gesichtspunkten, sondern im Blick auf dessen durch Gott selbst uns offenbarte Wirklichkeit zu fragen haben.

Und nun dürfen wir uns wohl daran erinnern, daß wir an unsere Frage, indem wir sie jetzt direkt aufwerfen, insofern nicht mit ganz leeren Händen herantreten, als wir schon unsere Besinnung auf das Leben und Lieben Gottes als solches gar nicht vollziehen konnten, ohne uns das Besondere des göttlichen Lebens und Liebens eben in seiner Besonderheit auf Schritt und Tritt zu vergegenwärtigen. Wir haben Gottes Sein als bewegtes, aber als durch sich selbst bewegtes Sein, als das aus sich selbst lebende Leben verstanden und sein Lieben als ein Lieben um seiner selbst willen, als ein unbedingtes, sich selbst seinen Grund und seinen Zweck setzendes, ein schlechterdings souveränes Lieben. Ohne diese Näherbestimmung, ohne diese Bezeichnung der Einzigartigkeit seines Lebens und Liebens würden wir offenbar nicht von Gottes Leben und Lieben, sondern im Allgemeinen von Leben und Liebe und dann bestimmt nicht von Gott geredet haben. Eben bei dieser Näherbestimmung haben wir jetzt einzusetzen. Sie wurde im Titel unseres § und dieses dritten Abschnitts angegeben mit dem Begriff der Freiheit. Die Meinung kann nicht die sein, als ob mit diesem Begriff auch nur von ferne alles zu umfassen und zu erschöpfen wäre, was in Beantwortung unserer Frage zu sagen ist. Er kann gerade nur die Richtung angeben, in die hier zu blicken ist. Das aber kann er. Gottes Sein als der Lebende und Liebende ist sein Sein in der Freiheit. So, nämlich frei, lebt und liebt er. Und so und darin, daß er in der Freiheit lebt und liebt, ist er Gott, unterscheidet er sich von anderen Lebenden und Liebenden. So, als die freie Person unterscheidet er sich von anderen Personen, ist er die eine, ursprüngliche und eigentliche Person, durch deren Schöpfermacht und Schöpferwillen alle anderen Personen allein sind und erhalten werden. Wir sagen mit dem Begriff der Freiheit nichts Anderes, als was wir sagen würden, wenn wir Gott schlicht als den Herrn bezeichnen würden. Aber eben seine Herrschaft ist unter allen Umständen die seines Lebens und Liebens. Und eben um das Wie seiner Herrschaft und also seines Lebens und Liebens geht es jetzt: um die göttliche Näherbestimmung, in der er als der Lebende und Liebende der Herr ist. Dieses Wie ist dadurch gekennzeichnet, daß es schlechterdings Gottes eigenes, in keiner Weise von außen ihm aufgedrängtes, durch keine höhere Notwendigkeit als die seines eigenen Wählens und Entschließens, Wollens und Tuns bedingtes Wie ist. Fragen wir, was Gottes Herrschaft nach seiner Offenbarung in Jesus Christus als göttliche von anderen Herrschaften unterscheidet, dann müssen wir antworten: sie ist freie Herrschaft. Nur der Wahn könnte dieses Wie auch anderen Herrschaften, auch einem anderen Leben und Lieben als dem Gottes zuschreiben. Es gibt auch andere Herrschaften, aber die Freiheit ist die Praerogative der göttlichen Herrschaft. Freiheit ist ja mehr als Unbeschränktheit, Ungehemmtheit, Unbedingtheit. Das ist nur ihre negative und insofern uneigentliche Seite: uneigentlich sofern sie nach dieser Seite eines Anderen mindestens insofern bedarf, als sie als Freiheit von ihm Freiheit ist. Freiheit heißt aber positiv und eigentlich: durch sich selbst und in sich selbst begründet, durch sich selbst bestimmt und bewegt sein. Eben dies ist die Freiheit des göttlichen Lebens und Liebens. In dieser positiven Freiheit ist Gott dann auch unbeschränkt, ungehemmt, unbedingt nach außen: der freie Schöpfer, der freie Versöhner, der freie Erlöser. Aber daß seine Göttlichkeit in seiner Offenbarung auf der ganzen Linie diese seine Freiheit nach außen ist: freies Reden und Handeln, freies Beginnen und Vollenden, freies Richten und Begnadigen, freie Macht und freier Geist, darin erschöpft sich seine Göttlichkeit nicht, sondern in dem allem wird sie nur offenbar: daraufhin, daß er sie in sich selber hat auch ohne alles Andere, von dem er frei ist, daß er in sich selber die Macht, die Wahrheit, das Recht ist, daß er es aus sich selbst nehmen kann in eigener Vollmacht zu leben und zu lieben, wie wir ihn in seiner Offenbarung leben und lieben sehen.

Es gibt keine deutlichere Umschreibung der Gottheit Gottes als das im Pentateuch und dann wieder im Buch Hesekiel so häufige: «Ich bin der Herr», dem dann das Andere: «Ich bin der Herr, euer (oder dein) Gott» analysierend auf dem Fuße folgt und das in dem «Ich bin» des johanneischen Jesus seine genaue neutestamentliche Parallele hat. Es ist ja offenkundig, wie in diesem biblischen «Ich bin» das Subjekt sich selber und eben damit sich selber als den lebenden und liebenden Herrn setzt. Indem es das tut, ist dieses Subjekt Gott. Der das tut, dieser ist der Gott der Bibel. Weil er dieser ist, der das tut, darum hängt Alles, was außer ihm ist, an seinem Wohlgefallen oder Nicht-Wohlgefallen. Darum ist sein Thron «hoch und erhaben» (Jes. 6, 1), von ihm selbst «im Himmel errichtet» (Ps. 103, 19), «über den Cherubim» (2. Kön. 19, 15). Darum sehen seine Augen «herab auf die Erde» (Ps. 11, 4; 33, 13 f.; 102, 20). Darum ist niemand wie er (Ex. 8, 10; 15, 11; Ps. 86, 8; 89, 7), darum ist er allein Gott und keiner sonst (Deut. 4, 35; 2. Kön. 19, 15; 1. Chron. 17, 20). Darum ist er «der Herr aller Herren, der König aller Könige» (I. Tim. 6, 15); Apc. 17, 14; 19, 16); darum ist er das A und das O, der Anfang und das Ende, der Erste und der Letzte (Jes. 44, 6; Apc. 1, 8, 17; 21, 6; 22, 13). Darum Röm. 11, 35 f.: «Wer hat ihm etwas zuvor gegeben, daß ihm wieder zu vergelten wäre?» ὅτι ἐξ αὐτοῦ καὶ δι' αὐτοῦ καὶ εἰς αὐτὸν τὰ πάντα. αὐτῷ ἡ δόξα εἰς τοὺς αἰῶνας.

Die Erhabenheit, die Souveränität, die Majestät, die Heiligkeit, die Herrlichkeit — auch das, was man die «Transzendenz» Gottes nennt — was ist das Alles real Anderes als eben dieses Sichselbstbestimmen, diese

Freiheit des göttlichen Lebens und Liebens, der göttlichen Person? Werden wir später alle Näherbestimmung der Eigenschaften der göttlichen Liebe nicht anders vollziehen können als in Berücksichtigung ihrer Göttlichkeit, d. h. ihrer göttlichen Erhabenheit, so werden wir umgekehrt diese Göttlichkeit Gottes selbst in allen ihren Eigenschaften verstehen müssen als den Inbegriff dieser seiner Freiheit.

Wir bezeichnen mit «Freiheit» das, was in der altkirchlichen Theologie die *aseitas Dei* genannt wurde. Der Begriff ist in der Sache schon in den bei den griechischen Vätern beliebten Zusammensetzungen der Attribute Gottes mit dem Worte αὐτός sichtbar: Gott eignet αὐτουσία, αὐτοζωή, αὐτοαγαθία, er ist αὐτάρκης αὐτοκράτωρ, αὐτόθεος usf. Zum ersten Mal formuliert erscheint er bei Anselm v. Canterbury: *summa natura ... per se ipsam et ex se ipsa est, quidquid est (Monol. 6); summa veritas ... nulli quidquam debet nec ulla ratione est, quod est, nisi quia est. (De verit.* 10) ... *te tibi omnino sufficiens et nullo indigens quo omnia indigent, ut sint et ut bene sint (Proslog.* 22). Und ausdrücklich: *Ille igitur solus a se habet, quidquid habet (De casu diab.* 1). Dementsprechend haben auch die altprotestantischen Dogmatiker eine Bestimmung wie: *a se ipso ab aeterno existens* (Wolleb, *Comp. Theol. chr.* 1626 I c. 1, 1) oder dergl. häufig schon in die Definition des Wesens Gottes als solches aufgenommen. Man bezeichnete die Sache in der Regel als die göttliche *independentia*, von der dann etwa von W. Baier (*Comp. Theol. pos.* 1686 I c. 1, 6) folgendes an sich richtig gesagt wurde: *Per hoc enim sicut Deus ab aliis rebus omnibus adaequate distinguitur, ita nihil est, quod a Deo, tanquam proprium et determinatum conceptum prius concipere possis, quam quod non sit ab aliis adeoque a se et necessario exsistat.* Aber schon der Ersatz des Begriffs der *aseitas* durch den der *independentia* und dann doch auch der Inhalt dieser Erklärung zeigen, daß man geneigt war, das Positive, um das es hier primär gehen muß, wenn es wirklich um das Wesen Gottes gehen soll, die Freiheit Gottes, sich selbst zu sein, weniger bestimmt zu sehen und weniger wichtig zu nehmen als das Negative: die göttliche Freiheit von allen fremden Bedingungen. Der Anschluß an den biblischen Gottesbegriff, dem man doch an dieser Stelle, wo man Ex. 3, 14 mit besonderer Vorliebe zitierte, sehr nahekam, mußte auf diesem Wege in der Folge verfehlt werden.

Der Akzent in der Bestimmung des Begriffs darf auf keinen Fall auf diese seine negative Seite fallen. Gewiß ist auch diese seine negative Seite höchst bezeichnend nicht nur für Gottes Verhältnis zur Welt, sondern auch für sein eigenes Wesen. Wir können den Begriff der Schöpfung und Vorsehung Gottes, wir können aber schon den Begriff seiner Allmacht, seiner Allgegenwart und Ewigkeit unmöglich erfassen und entfalten, ohne dauernd auch auf diese negative Seite seiner Freiheit Bezug zu nehmen. Wir können und werden das aber doch nur dann legitim tun, wenn es geschieht auf dem Hintergrund der Erkenntnis, daß Gottes Freiheit gerade die eigentliche Positivität nicht nur seines Tuns nach außen, sondern auch seines eigenen inneren Wesens ist. Das biblische Zeugnis von Gott sieht seinen Vorzug vor all dem, was ihm verschieden ist, nicht nur in dieser seiner Verschiedenheit als solcher, die dann am Höchsten und entscheidend als seine Freiheit von aller Bedingtheit durch dieses von ihm Verschiedene zu bezeichnen ist, sondern darüber hinaus darin, daß er in dieser seiner Verschiedenheit und Freiheit, ohne sie aufzugeben, ja gerade indem er sie betätigt, nun dennoch mit der von ihm verschiedenen Wirklichkeit als Schöpfer, Versöhner und Erlöser in Gemeinschaft tritt und ihr in dieser Gemeinschaft Treue hält. Gott hat nach dem biblischen Zeugnis den Vorzug, frei zu sein ohne Beschränkung durch diese seine Freiheit von aller äußeren Bedingtheit, frei auch dieser seiner Freiheit gegenüber, frei dazu, sich, ohne sich ihrer zu begeben, ihrer nun doch auch dazu zu bedienen, sich in jene Gemeinschaft zu begeben und in jener Gemeinschaft jene Treue zu betätigen und eben so wirklich frei, frei in sich selber zu sein. Gott muß nicht nur unbedingt, Gott kann und will in seiner Unbedingtheit, in dem er jene Gemeinschaft aufnimmt, auch bedingt sein. Der das kann und tut, der ist der Gott der heiligen Schrift, der dreieinige Gott, den wir aus seiner Offenbarung kennen. Dieses in seinem Handeln bewährte und bewiesene Können ist seine Freiheit.

Eben darum bedeutete es einen Rückschritt, als der Begriff der Aseität Gottes interpretiert oder vielmehr verdrängt wurde durch den der *independentia* oder *infinitas* und später durch den des Unbedingten oder Absoluten. Nicht als ob diese Begriffe an ihrem Ort nicht dienlich, zulässig und sogar notwendig wären. Aber an ihrem Ort und das heißt: auf dem Hintergrund eines positiven Begriffs von Gottes Sein, der dann als solcher (aber eben als solcher!) auch ein ganz bestimmtes Nicht-Sein in sich schließt, der sich aber in diesem Nicht-Sein nicht erschöpft, der vielmehr vorausgesetzt sein muß, wenn sein Nicht-Sein wirklich sein, das göttliche und nicht irgend ein ganz anderes Nicht-Sein sein soll. Es bezeichnet der hier ebenfalls als Ersatz eingeschobene Begriff der «Transzendenz» Gottes das Wesen Gottes doch nur dann, wenn man bedenkt, daß er sich nicht etwa darin erschöpfen kann Gottes Gegensatz zu der von ihm verschiedenen Wirklichkeit zu bezeichnen, daß er in der Beziehung Gottes zu dieser Wirklichkeit vielmehr auch Gottes Gemeinschaft mit ihr und also auch seine «Immanenz» bedeuten, ja daß er hier, weil es Gott tatsächlich gefallen hat, diese Gemeinschaft aufzurichten und aufrecht zu erhalten, sogar zuerst «Immanenz» und nur in ihrem Rahmen und als Erklärung ihres Wie auch das bedeuten kann, was er zunächst und an sich sagt: daß er das Wesen Gottes also nur dann bezeichnet, wenn er ihn wieder in seiner, in der ihm auch jenseits seines Gegensatzes zu der von ihm verschiedenen Wirklichkeit eigenen Freiheit bezeichnet.

Wird das nicht bedacht, sieht man das Wesen Gottes nach der verhängnisvollen Anleitung des Neuplatonismus in seiner abstrakt verstandenen Transzendenz d. h. dann aber in seinem im Verhältnis zum Sein der von ihm verschiedenen Wirklichkeit als Nicht-Sein bestimmten Sein, dann hat man den biblischen Gottesbegriff ersetzt durch einen Begriff, der unschwer als der höchste Begriff des Menschen von sich selbst zu erkennen ist. Denn was ist der Begriff des Unendlichen, Unbedingten oder Absoluten an sich Anderes als der Begriff unserer eigenen Grenze, die als solche doch auch unser Ziel und als Ziel offenbar auch unser Ursprung ist, die wir aber als solche doch nur als unsere Grenze und also als die Negation, als das Nicht-Sein alles dessen, was wir sind, begreifen können? Interpretieren wir dieses unser Nicht-Sein als das wahre Sein, machen wir diese unsere Grenze gar zum Gegenstand einer Apotheose, dann bezeugen wir damit keineswegs Gott, sondern unter dem Namen und also unter Mißbrauch des Namens Gottes unsere Gewißheit, in dieser Grenze zugleich unser Ziel und unseren Ursprung zu haben, die tiefe Schätzung und Verehrung, die wir diesem unserem Ziel und Ursprung und damit unserem eigenen, von aller Unvollkommenheit zuversichtlich gereinigten, aber hinsichtlich seines Seins (und nun gar noch seines göttlichen Seins) doch schlechterdings nur postulierten Idealbild entgegenbringen.

Gottes Freiheit ist seine eigene Freiheit: seine Freiheit zu sein, nicht nur wie die von ihm verschiedene Wirklichkeit, sondern als deren an und in ihr handelnder Schöpfer, Versöhner und Erlöser und also als ihr Herr, aber auch nicht nur in der Verschiedenheit seines Seins von ihrem Sein, sondern in sich selber der zu sein, der, wie er es tatsächlich tut, mit dieser Wirklichkeit Gemeinschaft haben und halten kann in seiner ganzen Verschiedenheit ihr gegenüber.

Nach dem Selbstzeugnis seiner Offenbarung hat Gott die Freiheit, **seine Existenz innerhalb der von ihm verschiedenen Wirklichkeit selbst zu beweisen.** Man bemerke: **seine Existenz**, also das Dasein des von dieser ganzen Wirklichkeit verschiedenen Seienden! aber seine **Existenz**, d. h. sein von seinem Gedachtwerden unabhängiges, ihm vorangehendes, es allererst begründendes, schlechthin gegenständliches Dasein! und diese seine Existenz innerhalb der von ihm **verschiedenen** Wirklichkeit, sodaß sie in dieser Wirklichkeit, zu der auch der Mensch gehört, und in ihrer ganzen Verschiedenheit von ihr, von diesem **erkannt,** sodaß der göttliche Selbstbeweis vom Menschen erkannt und anerkannt, im Rahmen seines Erkennens wiederholt werden kann! Das Alles **geschieht** doch offenbar, indem Gottes Offenbarung stattfindet und Glauben schafft und findet. Das Alles **kann** also geschehen, zu dem Allem hat also Gott die **Freiheit.** Er bewährt und beweist in seiner Offenbarung die Freiheit, **mit sich selbst anzufangen**: Wirklich mit sich **selbst** als dem, der er ist, ohne Abzug an seinem Wesen, ohne Geheimhaltung eines Anderen, was er auch noch wäre über das hinaus, was er ist, indem er hier selber mit sich selber anfängt. Mit sich selbst **anzufangen**, d. h. seine Existenz nicht anders, denn als eben mit oder vielmehr in seiner Existenz selbst zu begründen. So mit sich selbst anzufangen, daß kein Denken an dem unüberhörbaren, unwiderleglichen, unvergeßlichen Ereignis dieses Anfangs vorbeidenken kann — und das hier: inmitten einer Wirklichkeit, die von ihm so verschieden ist wie er von ihr, hier also, wo seine Existenz von beiden Seiten gesehen als unmöglich erscheinen muß. Die Freiheit, sie dennoch zu beweisen, bewährt und beweist Gott in seiner Offenbarung. Das ist doch die Freiheit seiner in der Erwählung und Regierung Israels vorgebildeten Inkarnation in Jesus Christus, die Freiheit seines Wortes, die Freiheit seines Geistes, die Freiheit seiner Gnade. Sie ist auf der ganzen Linie die Freiheit **seines** Existenzbeweises, den jeder menschliche Beweis der Existenz Gottes nur **nachbuchstabieren** kann, wenn er wirklich seine Existenz, wenn er nicht etwas ganz Anderes, nämlich letztlich eben die Existenz des Menschen aus dem Bewußtsein seiner Grenze beweisen will.

3. Gottes Sein in der Freiheit

Daß er diese Bedingung erfüllt, das ist die einzigartige Größe des (fälschlich so genannten und im Zusammenhang damit dauernd mißverstandenen) «ontologischen» Gottesbeweises des Anselm von Canterbury (Prosl. 2—4). Am Rande des großen neuplatonischen Irrtums von dem Gott, dessen Sein doch nur der hypostasierte Inbegriff seines Nicht-Seins im Verhältnis zu allem anderen Sein, von dem Gott, der als Inbegriff des Menschen wohl zu denken, dessen gegenständliches Dasein als solches immer nur durch Sophismen zu beweisen sein wird — hart am Rande dieses Irrtums hat Anselm Halt gemacht und Gottes Dasein bewiesen daraus, daß Gott sich selbst bewiesen hat, beweist und beweisen wird, indem er sich selbst, des Dankes würdig und das Gebet erhörend, als den Anfang setzt, über den kein Denken zurück und hinausgehen kann, mit dem alles Denken anfangen muß, weil Gott in jenem Ereignis seines Selbstbeweises der ist, *quo maius cogitari nequit:* der, durch dessen heiligen Namen seine Nichtexistenz nicht nur, sondern auch der Gedanke seiner Nichtexistenz ausgeschlossen ist, weil diese Übertretung dem Menschen dadurch verwehrt ist, daß Gott sich seinem Erkennen zum Gegenstand gegeben und den Menschen zugleich zum Erkennen dieses Gegenstandes erleuchtet hat.

Diese Freiheit seines Existenzbeweises ist die Freiheit Gottes in seiner Offenbarung. Und eben diese seine Freiheit zu existieren, die er in seiner Offenbarung ausübt, ist dieselbe, die ihm auch in sich selber, die ihm auch abgesehen von dieser ihrer Übung nach außen eigen ist. Eben der in seiner Offenbarung so mit sich selber Anfangende ist der von Ewigkeit her mit sich selbst Anfangende und so der eigentlich und notwendig Existierende. Und eben dies: daß er dieser ist, ist Gottes Sein in, der Freiheit.

Die katholische Dogmatik (Bartmann, Lehrb. d. Dogm.[7] 1. Bd. 1928, S. 106 f.; Diekamp, Kath. Dogm.[6] 1. Bd. 1930, S. 151 f.) setzt sich an dieser Stelle auseinander mit einer Theorie des Modernisten Hermann Schell, nach welcher die Aseität Gottes zu verstehen wäre als «göttliche Selbstverwirklichung», «Selbstsetzung», «Selbstverursachung»: *Deus est causa sui,* wie Schell im Anschluß an ein Wort des Hieronymus sagen wollte. Die formal-logischen Einwände, die man gegen diesen Satz erhoben hat — *causa* muß etwas Anderes sein als das *causatum,* sie muß diesem logisch vorangehen usf. — sind weniger durchschlagend als der sachliche: daß Gott als die *causa prima* nicht zugleich *causa* und *causatum,* sondern eben nur *causa* sein kann. Dahin darf die Aseität als die göttliche Selbstverwirklichung, als das Anfangen Gottes mit sich selber auf keinen Fall interpretiert werden: als entstehe Gott gewissermaßen aus sich selber, wo es sich doch offenbar nur um den Grund und die Verwirklichung seines keines besonderen Entstehens und Bestehens bedürftigen Seins handeln kann. Der aus sich selbst entstehende oder durch sich selbst bestehende Gott wäre — weil gewissermaßen durch die Möglichkeit seines eigenen Nicht-Seins beschränkt — nicht der freie Gott. Dennoch wird man Schells Anliegen als solches anerkennen müssen. Seine, der katholischen Schuldogmatik gegenüber durchaus beachtliche, auf katholischem Boden freilich schwer oder nur unglücklich zu realisierende Absicht war nämlich der Widerspruch gegen die scholastische Gleichsetzung Gottes mit dem «unbewegten Bewegenden» des Aristoteles und positiv: die Fruchtbarmachung der Lehre von der ewigen Hervorbringung des Sohnes durch den Vater, des Heiligen Geistes durch den Vater und den Sohn. Ist das innere Leben Gottes das Leben des Vaters, des Sohnes und des Geistes und also sein Leben in diesen Hervorbringungen, dann wird man gegen dessen Bezeichnung durch den Begriff einer göttlichen «Selbstverwirklichung» — Schell redete übrigens später zurückhaltender von «Selbstwirklichkeit» und «Selbsttat» — schwerlich etwas Entscheidendes einwenden können. Unter der doppelten Bedingung freilich, daß bedacht wird, daß 1. von den drei Seinsweisen Gottes die des Vaters nicht einmal Gegenstand einer «Selbstverwirklichung» ist, womit die Begrenzung dieses Begriffs in seiner Anwendung auf das Leben Gottes offenbar gegeben ist — und daß 2. eine ewige Selbstverwirklichung, wie sie bei Gott allein in Frage kommen kann, mit einer Entstehung Gottes aus sich selbst nichts zu tun haben kann, durch den Begriff *causa sui* also mindestens sehr unzulänglich bezeichnet ist. Das Wort «Selbstverwirklichung» kann also, wenn es legitim gemeint ist, jedenfalls nur die Freiheit des keiner Entstehung (auch keiner Entstehung aus sich selbst) bedürftigen göttlichen Seins meinen.

Das ist die Freiheit, in der Gott ist: daß er auch seines eigenen Seins nicht «bedarf», um zu sein, der er ist, und zwar darum nicht, weil er sein Sein immer schon hat, ja selber ist, weil ihm auch aus sich selbst nichts zukommen kann, was er nicht zuvor schon hätte und wäre, weil also sein Sein in der Tat oder die Tat seines Seins auf keinen ihm auferlegten Zwang antwortet, sondern nur die Bestätigung seiner eigenen Fülle und also in der Freiheit Ereignis ist. Sagen wir also, daß Gott *a se* ist, so sagen wir nicht, daß Gott sich selbst schaffe, hervorbringe, verursache, wohl aber: daß er (wie es in dem Verhältnis des Vaters, des Sohnes und des Heiligen Geistes offenbar und in Ewigkeit wirklich ist) der ist, der in sich selber Alles schon hat und ist, was als sein Sein Gegenstand seines Schaffens, Hervorbringens, Verursachens sein müßte, wenn er eben nicht Er, wenn er nicht Gott wäre, der als solcher sein eigenes Sein immer schon hat und ist, dessen Sein also keines Entstehens und Bestehens bedarf, der also auch dieses seines Seins nicht «bedürftig» sein kann, weil er es bestätigt, indem er ist, der er ist. Nicht weil er dieser Bestätigung bedürfte, sondern weil er es damit faktisch bestätigt! Und was er schafft, hervorbringt, verursacht, was des Entstehens und Bestehens bedürftig ist, um zu sein, was seines Seins bedürftig sein kann, das ist nicht er, das ist nicht seine, sondern die von ihm verschiedene Wirklichkeit. Sagen wir, daß Gott frei ist zu existieren, so sagen wir gerade nicht, daß Gott sich selber sozusagen von der Nicht-Existenz in die Existenz erhebe, sich selber zur Existenz befreie, wohl aber daß ihm diejenige Existenz zu eigen ist, die von aller Begrenzung durch die Möglichkeit seiner Nicht-Existenz unbelastet ist, der in sich selber der Existierende ist, der mit seinem Existieren keinem Zwange folgt, als müßte er erst existieren, um zu sein, der er ist, sondern der eben mit seinem Existieren wiederum nur sich selbst bestätigt. Nicht weil er dessen bedürfte, sich selber zu bestätigen, sondern weil er, indem er ist, der er ist, sich selbst und damit seine Existenz faktisch bestätigt! Sagen wir, daß Gott mit sich selbst anfange, so sagen wir nicht, daß er einer Begründung bedürfe, in der er sich von dem, was er nicht ist, oder von seiner eigenen Nicht-Existenz erst abheben und abgrenzen müßte, um innerhalb dieser Grenze sein Sein und seine Existenz zu haben, wohl aber, daß er selbst, indem er ist, seine eigene Begründung ist und mit seiner Begründung auch die Abgrenzung seines Seins von dem, was er nicht ist, seiner Existenz von seiner Nicht-Existenz, ja von der Denkbarkeit seiner Nicht-Existenz und daß er in der Tat seines Seins eben diese Begründung und Abgrenzung bestätigt. Wieder nicht, weil sie auch nur der Bestätigung bedürfte, wohl aber weil die Tat seines Seins, frei von allem Bedürfnis, diese Bestätigung faktisch ist! Das also ist primär Gottes Sein in der Freiheit, in der Aseität.

Es bedeutet eine Gefährdung der damit formulierten Erkenntnis, wenn man den Begriff der Aseität Gottes mit der katholischen Dogmatik (etwa Diekamp, a. a. O. S. 153) vervollständigen und vertiefen zu müssen meint durch den weiteren Satz, daß Gott notwendig sei, daß er also als das *ens necessarium* zu bezeichnen sei: «Es ist innerlich unmöglich, daß er nicht sei oder anders sei.» Aus dem Begriff der «lauteren Wirklichkeit» oder aus dem des «ersten Seins» soll sich das ergeben. Aber eben sofern sich diese Feststellung aus einem solchen Begriff nur zu leicht ergibt, werden wir sie mit großer Zurückhaltung entgegennehmen müssen. Das deutsche Wort «notwendig» mindestens ist hier mehr als bedenklich. Denn in Gott und für Gott gibt es keine Not, die er durch sein Sein erst zu wenden, von sich abzuwenden hätte. Aber auch in dem lateinischen *necesse, necessarium, necessitas* steckt ja die Verbindung von *ne* und *cedere* und also die Vorstellung von einem nicht möglichen Ausweichen, um von der griechischen ἀνάγκη, die ja geradezu «Enge» bedeutet, nicht zu reden! Der Fall ist typisch dafür, wie unsere Worte jedenfalls einer völligen, bis zur Verwandlung in das Gegenteil gehenden Veränderung ihres Wortsinnes bedürfen, wenn sie in der Anwendung auf Gott nicht in die Irre führen sollen. Mag es von der «lauteren Wirklichkeit» oder von dem «ersten Sein» noch so wahr gesagt sein, daß das Gemeinte «notwendend», unausweichlich, «in die Enge getrieben» sein muß, um das Gemeinte zu sein — von Gott kann man das nicht sagen, Gott kann das unter dieser Bestimmung Gemeinte jedenfalls gerade nicht sein. Von Gott kann man nur sagen, daß er in der Tat seines Seins faktisch dessen Bestätigung ist, faktisch allerdings so, daß in der Tat seines Seins sein Nicht-Sein oder Anderssein ontisch und noetisch ausgeschlossen ist, zur Unmöglichkeit und zwar zur absoluten, also keiner Möglichkeit gegenüberstehenden Unmöglichkeit gemacht ist. Es besteht aber im Unterschied zu dem in jenen Begriffen Gemeinten kein Bedürfnis, auf Grund dessen Gott sein müßte. Sondern wenn Gott ist, dann ist eben dies das Werk seiner keine Not, keine Unausweichlichkeit, keine Enge kennenden Freiheit. Indem er faktisch ist, ist freilich (und das ist das Richtige an jenem Satz) schlechterdings entschieden darüber, daß er ist und also nicht nicht ist, ja nicht einmal nicht sein kann, ja als nicht-seiend nicht einmal gedacht werden kann. Aber eben in seinem faktischen Sein als der, der Er ist, fällt diese Entscheidung und angesichts und im Gehorsam gegenüber dieser faktischen Entscheidung, indem er in ihr gesucht und angebetet wird, ist zu sagen, daß er nicht nicht-sein und nicht anders sein kann. Sucht man die «innere Unmöglichkeit» dessen, daß Gott nicht sein oder anders sein könnte, sucht man also die «Notwendigkeit» seines Seins und Soseins anderswo als in dieser seiner faktischen Entscheidung, dann sehe man wohl zu, ob man nicht einen «Gott» meint, der in seiner Seinsbedürftigkeit offenbar nicht Gott wäre, sondern die postulierte Apotheose des geschöpflichen Seins. Und man sehe dann wohl zu, ob die Zuversicht, in der man von der Notwendigkeit des Seins dieses Gottes reden zu können meint, standhält in der Anfechtung der dennoch und dennoch aufsteigenden Frage: ob Gott nicht auch nicht sein? ob er nicht auch ganz anders sein könnte? Die echte «Notwendigkeit» der Verneinung dieser Frage kann nur in dem Gott selbst liegen, der keine Notwendigkeit kennt, der, seines eigenen Seins nicht bedürftig, sein eigenes Sein faktisch hat und sich eben damit, aber auch dessen nicht bedürftig, faktisch als der Seiende bestätigt. Der Unterschied zwischen jener unechten und dieser echten Verneinung jener Frage besteht freilich darin, daß jene in der Entwicklung eines Begriffs im Handumdrehen, diese aber nur im Hören des Wortes Gottes und unter Gebet und Flehen, nur in der Erfahrung des Kampfes zwischen Geist und Fleisch, nur in der wirklichen Überwindung der wirklichen Anfechtung gewonnen werden kann. Der Weg der katholischen Dogmatik ist hier ein merkwürdig leichter und ebener Weg. Wir sehen aber nicht ein, wie wir ihn im Gehorsam — und wir sehen auch nicht ein, mit welcher Verheißung wir ihn gehen könnten. Denn es kann keine Verheißung haben, sich an etwas vermeintlich Höheres und Besseres halten zu wollen als an den Gott, der eben in der Freiheit ist, der er ist.

Wenn dieser erste Satz feststeht, daß Gott der ist, der frei ist in sich selber, dann können wir seine Aseität jetzt auch aussprechen in dem zweiten Satz: daß er der ist, der frei ist von aller Begründung, Bedingung, Bestimmung von außen, von einem Anderen her. Das konstituiert Gottes Freiheit nicht, aber darin betätigt er sich, darin besteht seine Göttlichkeit nicht, aber darin ist er göttlich: daß er von jeder anderen Wirklichkeit in jeder Hinsicht unabhängig ist. Bedarf er seines eigenen Seins nicht und keiner Begründung und Begrenzung durch sich selber, hat und ist er sich selber Sein, Grund und Grenze, indem er faktisch ist und also in der ihm eigenen Freiheit, wie sollte er dann eines anderen Seins oder der Begründung und Begrenzung von ihm her bedürftig sein? Gott ist «absolut», d. h. losgelöst von Allem, was nicht er ist. Gott ist, gleichviel ob alles Andere ist oder nicht ist, so oder anders ist. Gibt es ein Anderes, dann kann es Gott nicht zuvorkommen, Gott nicht in Abhängigkeit von sich selbst versetzen, Gott nicht einschränken, Gott nicht verändern. Gibt es ein Anderes, dann kann es nur durch Gott und von Gott her sein und so sein. Gibt es ein Anderes, dann kann es nur unter Gott sein, ihm nur dienen. Gott aber war, ist und wird sein der er ist, ohne daß das Sein und Sosein dieses Anderen für ihn eine andere Bedeutung haben könnte als die, die er selber ihm geben will. Das Alles können und müssen wir nun also auch sagen: nachdem wir es abgelehnt haben, es zuerst zu sagen, nachdem wir uns zuerst haben sagen lassen: daß Gott frei ist in sich selber.

Denn das müssen wir uns zuerst sagen lassen durch die in Gottes faktischer Existenz fallende Entscheidung, das muß vorangehen als Inhalt einer Erkenntnis, deren Gegenstand kein Begriff, sondern eben nur Gott selber in seinem Existenzbeweis sein kann: daß Gott frei ist in sich selber. Wie sollte sonst der zweite Satz: daß Gott frei ist von aller äußeren Bedingtheit, von einem Satz über unser eigenes Wunschbild zu unterscheiden sein? Absolutes, von aller äußeren Bedingtheit gereinigtes Sein als solches, das könnte ja, wie wir sahen, an sich auch das Sein bedeuten, das wir selber uns selber so gerne zudenken möchten und, wenn auch in einiger Unsicherheit und Unbestimmtheit, als «lautere Wirklichkeit» auch tatsächlich zudenken können. Inwiefern haben wir damit Gott und nicht uns selbst bezeichnet? Offenbar genau insofern, als wir zuvor Gottes Freiheit auch abgesehen von dieser seiner Freiheit von aller äußeren Bedingtheit erkannt und anerkannt, genau insofern, als wir es gelernt haben, die faktische Bestätigung des göttlichen Seins als solche zu respektieren und so mit ihm zu rechnen als mit dem, der absolut ist auch jenseits der Absolutheit, in der er einem Anderen gegenübersteht und in der ihm gleichkommen zu wollen uns so unwiderstehlich naheliegt — mit ihm zu rechnen als mit dem, der allein absolut ist, können wir nun gleich sagen und also als mit dem, dem wir nicht gleichkommen können, nicht gleichkommen wollen dürfen, weil uns eben dies mit seinem eigenen Existenzbeweis, durch die faktische Bestätigung seines Seins verwehrt und verboten ist. Ist uns das klar, dann werden wir uns vor aller bei der Erklärung dieser sekundären Freiheit Gottes so leicht unterlaufenden Selbstapotheose zu hüten wissen. Es wird uns freilich diese Voraussetzung sehr klar sein und bleiben müssen, wenn es zu solcher Selbstapotheose nicht heimlich oder offen doch wieder kommen soll.

Und noch ein Zweites ist ohne weiteres klar, wenn es bei der Geltung dieser Voraussetzung sein Bewenden hat, dies nämlich: daß die Existenz und das Sein einer von Gott verschiedenen Wirklichkeit in ihrer Verschiedenheit dem absoluten Gott gegenüber dann keine Verlegenheit bedeuten kann. Das muß sie bedeuten dem Absoluten gegenüber, das als des Menschen eigenes Spiegelbild seine Absolutheit nur in diesem Gegensatz, nur in der Leugnung seiner Bedingtheit durch jenes Andere hat. Es wird die Bestimmung dieses Absoluten immer schwanken zwischen den beiden Extremen seiner konsequenten Behauptung, durch die dann das Sein und die Existenz dieses Anderen problematisiert und letztlich ausgelöscht, die wirkliche Welt in das fahle Licht des Nicht-Seienden gerückt wird — und seiner Auflösung dadurch, daß ihm dieses Andere inkonsequenterweise nun doch als irgendwie selbständige Wirklichkeit gegenübergestellt, das angebliche Absolute also doch wieder gewissen Bedingtheiten durch dieses Andere, die angebliche Gottheit also doch einer durchgehenden Bestimmtheit durch die ihr zugeordnete Welt unterworfen wird. Dieses Dilemma ist aufgehoben und beseitigt, wenn die Freiheit Gottes zuerst und eigentlich als Gottes Freiheit in sich selbst und dann erst und von da aus als seine Freiheit von der Welt und also als seine Absolutheit im üblichen Sinn des Begriffs verstanden wird. Gott hat ja dann seine Absolutheit, er hat das, was sie zur wahren Absolutheit macht, nicht entscheidend in seinem Verhältnis zur Welt. Eben darum kann er nun auch ein wirkliches Verhältnis zu dieser haben, kann es ihm gegenüber eine wirkliche, durch seine Absolutheit nicht bedrohte oder gar ausgelöschte, sondern eine gerade kraft seiner Absolutheit gesetzte Welt geben, die gerade vom Gottesbegriff her kein *pudendum*, die nicht als Widerspruch zu ihm, sondern als seine Bestätigung, als eine Veranstaltung zur Verherrlichung Gottes zu verstehen ist. Mit aller Weltfremdheit oder gar Weltfeindschaft des absoluten Gottes (oder vielmehr einer einen Götzen dieses Namens verehrenden Mystik) wird es dann, wenn die Welt *sub specie aseitatis*, d. h. aber im Lichte der primären, der positiven Freiheit Gottes betrachtet werden darf und muß, vorbei sein. Und Gott hat dann seine Absolutheit entscheidend in sich selber. Eben darum kann nun ein solches Sein und Existieren jenes Anderen, das eine Konkurrenzierung der göttlichen Absolutheit bedeuten, dessen Anerkennung eine Einschränkung seiner Freiheit, eine auch nur teilweise Umkehrung des Abhängigkeitsverhältnisses nach sich ziehen würde, gar nicht in Betracht kommen. Seine Relativität ist dann durch Gottes Absolutheit notwendig (hier gilt der Begriff!) und zwar unaufhebbar notwendig gemacht. Mit aller Weltvergötterung, mit allen Dämonisierungen dieses Anderen wird es dann auch zu Ende sein. M. e. W.: ist die Freiheit Gottes primär als seine ihm eigene Freiheit verstanden, dann kann und muß sie sekundär, in seinem Verhältnis zu dem, was nicht er, sondern durch ihn und unter ihm ist, als seine echte Immanenz ebenso wie als seine echte Transzendenz verstanden werden.

Man bemerke auch hier die Gefährlichkeit jeder anderen, jeder rein begrifflichen Begründung dieser sekundären Absolutheit Gottes. «Das Sein selbst oder die lautere Wirklichkeit hängt von niemanden ab, bedarf keines Anderen, um zu sein und zu wirken, und kann von keinem Anderen irgendwelche Ergänzung des Seins erhalten» (Diekamp, a. a. O. S. 152 f.). Das kann wohl, das muß aber nicht von Gott gesagt sein. Denn wieder ist die «lautere Wirklichkeit» nicht als solche Gott, sondern nur indem Gott Wirklichkeit ist, ist Er (als der Er ist!) wohl auch so etwas wie lautere Wirklichkeit. Die «lautere Wirklichkeit» als solche könnte auch das Spiegelbild unserer eigenen Existenz sein und würde uns als solches notwendig in das Dilemma führen, entweder konsequent denkend die Realität der von ihr verschiedenen «unlauteren» Wirklichkeit, oder aber inkonsequent denkend die Eingeschränktheit jener «lauteren» Wirklichkeit durch die «unlautere» behaupten zu müssen. Womit sich dann doch wohl die Verschiedenheit des mit diesem Begriff Gemeinten von Gott an den Tag stellen würde.

Wir versuchen auf diesem Hintergrund und unter dieser Voraussetzung eine allgemeine Erklärung der göttlichen Freiheit nun auch in diesem sekundären Sinn des Begriffs: als der «Absolutheit» Gottes. Daß Gott frei ist in seinem Verhältnis zu allem, was nicht Gott ist, das bedeutet offenbar schon noetisch dies, daß Gott mit nichts von dem, was er nicht ist, unter eine Kategorie, unter einen gemeinsamen Art- oder Gattungsbegriff zusammengestellt, zusammengefaßt, zusammengeordnet werden kann. Es gibt keine Synthese, in welcher dasselbe, heiße es nun Sein oder Geist oder Leben oder Liebe im gleichen Sinn von Gott und von einem Anderen auszusagen, in welcher also Gott von der Synthese umfaßtes Element neben anderen Elementen wäre. Wenn und wo wir Gott mit einem Anderen zusammenstellen (mit der explizierten oder nicht explizierten Kopula «und» oder anderswie), da müssen wir uns klar sein darüber, daß eine Synthese dabei nicht in Frage kommen kann, daß durch das in eine Reihe mit anderen Elementen gestellte Element «Gott» jede denkbare Synthese, noch bevor sie versucht ist, gesprengt ist, daß das Element «Gott» allen anderen Elementen so gegenübersteht, daß sie bei aller Verschiedenheit untereinander dadurch als ein einziges Element charakterisiert werden, daß sie alle von jenem durch ihre innere Verschiedenheit von ihm so getrennt sind, daß eine höhere, in einem gemeinsamen Oberbegriff auszudrückende Einheit zwischen ihnen und ihm nicht besteht. Besteht hier eine Einheit, dann jedenfalls gerade keine höhere, das heißt keine Gott und sie umfassende und also in einem Oberbegriff als dem Begriff dieses Höheren auszudrückende Einheit. Denken und reden wir von Gott als von einem Element in einer Reihe und Folge mit anderen, dann muß schon der Begriff oder die Anschauung der Reihe und Folge als solcher es erleiden, dadurch grundsätzlich gestört (d. h. aber in diesem Fall sachgemäß interpretiert!) zu werden, daß das Element «Gott» in der Reihe zugleich von allen anderen Elementen aber auch von der Reihe und Folge als solcher in der Weise unabhängig ist, daß es, was auch dort das Verbindende sein möge, gerade nicht mit unter dieses Verbindende fällt, sondern eben diesen verbundenen Elementen sowohl als auch ihrer Verbindung untereinander unverbunden, selbständig, unabhängig gegenüber steht und stehen bleibt. *Deus non est in genere,* haben wir schon früher gehört.

Die theologische Konsequenz gleich dieses ersten Satzes ist methodisch so umfassend, daß sie hier nur in einigen Beispielen angedeutet werden kann. Weil *Deus non est in genere,* darum muß gegen das Verfahren der römisch-katholischen Theologie Einspruch erhoben werden, die — man sollte denken: im unbegreiflichen Widerspruch zu diesem Satz des Thomas von Aquino!! — bei jeder Gelegenheit auf den Gott und das, was nicht Gott ist, umfassenden Begriff des S e i n s zurückgreifen und im Grunde die ganzen Beziehungen zwischen Gott und dem, was nicht Gott ist, in Form einer Explikation dieses allgemeinen Seinsbegriffs erklären zu können meint. Weil *Deus non est in genere,* darum ist die Gotteslehre K a n t s unerträglich, schon darum, weil die Idee Gottes in ihr in einer Reihe mit den gleichermaßen höchsten Ideen der Freiheit und der Unsterblichkeit steht und offenbar mit diesen zusammen der allerhöchsten Idee der Vernunft unterworfen ist. Weil *Deus non est in genere,* darum ist jedes theologische Verfahren als untheologisch abzulehnen, in welchem Gottes Offenbarung zwar scheinbar als solche anerkannt, aber zugleich einem höheren Begriff, sei es dem der Wahrheit oder dem einer göttlichen Offenbarung im Allgemeinen, sei es dem der Religion, sei es dem der Geschichte subsumiert wird und darum notwendig von diesem Oberbegriff her interpretiert werden muß. Wir haben gehört, wie sich die Bibel gerade solches «Vergleichen» Gottes mit anderen Instanzen, solche Überhöhungen Gottes, als wäre er nicht der Höchste, nicht das A und das O, verbittet. Wo man sich das nicht sagen läßt, wo man solche Gleichstellungen und Subsumtionen, solche Einklammerungen Gottes wagt, da kann, was dann auch innerhalb der Klammer geschehen möge, nicht mehr oder noch nicht redlich und ernstlich von Gott geredet werden. Der Einsatz, die Leidenschaft und der Ernst, mit dem man auch von dem in solche

Klammer gesetzten Gott zu reden versuchen kann, gelten dann letztlich und entscheidend doch nicht ihm, sondern dem ihn einklammernden Höheren, repräsentiert durch den jeweils gewählten Oberbegriff. Die Absolutheit Gottes erlaubt uns keinerlei solche Einklammerungen.

Aber hinter dieser noetischen Absolutheit Gottes steht entscheidend seine ontische. Entscheidend insofern, als es in Gottes Offenbarung real um Gottes ontische Absolutheit geht, der dann jene noetische notwendig folgen muß. Daß Gott frei ist in seinem Verhältnis zu Allem, was nicht Gott ist, das bedeutet: er ist von allem Anderen verschieden, ihm gegenüber selbständig und unabhängig, und zwar in einzigartiger, in eminenter Weise verschieden, selbständig und unabhängig: so wie kein Wesen es einem anderen gegenüber ist. Keine anderen Wesen sind ja in der Weise unabhängig voneinander, daß sie nicht so oder so auch von einander abhängig wären und zwar bei aller Unabhängigkeit, die ihnen relativ zu eigen sein mag, in der Weise, daß letztlich keines von ihnen das Sein und sein Sosein hat außerhalb des Zusammenhangs mit dem Sein und Sosein aller Anderen. Gott aber ist ihnen allen gegenüber schlechthin unabhängig, d. h. er wäre nicht weniger und nichts Anderes, auch wenn sie alle nicht wären oder anders wären. Gott ist in unendlichem Abstand zu ihnen, nicht in dem endlichen Abstand, in welchem sie unter sich sind. Haben sie alle ein Sein und haben sie alle ihr bestimmtes Sosein, so hat Gott es ihnen gegeben in seiner Freiheit: nicht weil er es mußte, nicht weil er in seinem Sinn bedingt wäre durch ihr Sein und Sosein, sondern indem ihr Sein und Sosein schlechthin durch das seinige bedingt ist. Gehören sie ihm und gehört er ihnen, so ist auch dieses doppelte Gehören kein Erfordernis seines Wesens, das vielmehr dasselbe wäre, auch wenn sie ihm nicht, wenn er ihnen nicht gehörte. Gibt es eine Beziehung und Verbindung zwischen ihm und ihnen, so ist Gott auch in dieser Beziehung und Verbindung unabhängig von ihnen der er ist. Er teilt sein Sein nicht mit dem ihrigen. Er setzt sich mit ihnen nicht zusammen zu einem Sein dritter Art. Er vermischt und vermengt sich nicht mit ihnen. Er verwandelt sich nicht in sie. Er bleibt auch in der Beziehung und Verbindung mit ihnen, der Er ist. Er schafft und erhält diese Beziehung und Verbindung. Er regiert in ihr in schlechthiniger, im Größten wie im Kleinsten ungebrochener und vorbehaltloser Hoheit. Er wäre, der er ist, auch ohne diese Beziehung und Verbindung. Alle tatsächlich bestehende Beziehung und Verbindung Gottes mit einem Anderen muß, wie sehr dadurch jeder uns zunächst zur Verfügung stehende Begriff von Beziehung und Verbindung gestört (oder vielmehr zurechtgerückt!) werden mag, dahin interpretiert werden, daß sie zwischen zwei schlechterdings ungleichen Partnern stattfindet, wobei die schlechthinige Ungleichheit darin besteht, daß keine Selbstbestimmung des zweiten Partners eine Bestimmung des ersten bedeuten kann, während die Selbstbestimmung des ersten zugleich die die Selbstbestimmung des zweiten zwar

3. Gottes Sein in der Freiheit

nicht aufhebende, wohl aber ihr schlechterdings vorangehende souveräne Vorherbestimmung ist.

Alle diejenigen Vorstellungen und Ideen von Gott kommen von da aus *a limine* und endgültig in Wegfall, die auf der Linie des sogen. P a n t h e i s m u s oder auch P a n e n t h e i s m u s liegen. Gott ist mit keinem Anderen zusammen ein Ganzes, weder in Identität mit ihm, noch als ein aus sich und diesem Anderen zusammengesetztes oder vermengtes Drittes (das ja dann wohl der Gegenstand jenes so oft gesuchten und gefundenen Oberbegriffs, das ja dann wohl jenes Höhere oberhalb Gottes und dessen, was nicht Gott ist, wäre!) Auch indem Gott faktisch mit einem Anderen zusammen ist, bildet er kein solches Ganzes mit ihm. Weder die Vorstellung einer Identität Gottes mit dem Universum in seiner Totalität ist also annehmbar, noch auch die einer Identität Gottes mit einem das Universum konstituierenden Elementarsein, mit der einst in Jonien die Geschichte der abendländischen Philosophie begonnen hat, noch auch die seiner Identität mit einer das Universum als *élan vital* durchgreifenden oder durchflutenden Weltseele oder Weltvernunft oder mit dem Inbegriff seiner geistigen Wirklichkeit, gleichviel, ob man diese mehr statisch-idealistisch als das in sich ruhende Prinzip alles menschlichen Geistes oder mehr dynamisch-idealistisch als die bewegende Kraft der menschlichen Geistesgeschichte oder wohl auch Religionsgeschichte verstehe. Die Mythologie einer solchen bloß teilweisen, gewissermaßen ausgewählten Identität Gottes mit der Welt, die man als Panentheismus oft für die bessere Möglichkeit gegenüber einem sog. krassen Pantheismus gehalten hat, ist eher noch schlimmer als die des letzteren. Und es wäre wiederum kurzsichtig, innerhalb des Panentheismus gerade dem Idealismus einen allzu großen Vorzug zu geben, als ob seine beiden Spielarten oder doch die eine von ihnen vielleicht geeignet wären, den Grundirrtum, auf dem auch sie beruhen, wieder gut zu machen, zum christlichen Gottesbegriff zurückzuführen. Die jonische Möglichkeit war ja innerhalb des ganzen Irrtums in ihrer Art auch nicht schlecht. Und so hat es denn auch nicht fehlen können, daß in der zweiten Hälfte des 19. Jahrhunderts zur Abwechslung auch ein solcher Panentheismus vorgetragen worden ist, der nun gerade den sog. Stoff oder die Atome oder ein anderes für die Naturseite des Universums repräsentatives Mythologumen in derselben Weise, wie es die Anderen mit dem Geist, mit der Seele, mit der Vernunft taten, auswählen und mit dem höchsten Sein oder mit der Gottheit identifizieren wollte. Wenn man dieses Unternehmen nun ebenfalls als «kraß», nämlich als «krassen Materialismus» beschimpft und sich weithin daran erfreut hat, nachzuweisen, daß die Behauptung einer von aller Geistigkeit gereinigten Natürlichkeit so leicht nicht sei, wie die Unbesorgteren unter den Materialisten sich das vorstellten, so hätte man doch bedenken müssen, daß von der Behauptung einer von aller Natürlichkeit gereinigten Geistigkeit mindestens dasselbe gilt und daß dieser krasse Materialismus schließlich nur der Rückschlag war gegen einen vorher ebenso kraß auftretenden Spiritualismus, und daß schließlich beide einem einfachen, undifferenzierten und insofern «krassen» Pantheismus so viel nicht vorzuhalten hatten, weil sie doch nur Aktion und Reaktion innerhalb derselben Anschauung darstellten, laut derer Gott überhaupt mit einem Anderen identisch sein könnte. Wollte man diese I d e n t i f i z i e r u n g im Unterschied zum Pantheismus nur t e i l w e i s e wagen, dann mußte man Gott über die gewählte Identifikation hinaus auch noch mit einem Anderen v e r m e n g e n : die Spiritualisten mit der unvermeidlichen Natur des Universums, die Materialisten mit dem ebenfalls nicht ganz zu vermeidenden Geist. Insofern ist der Panentheismus in seinen beiden Gestalten eher noch «krasser» als der «krasse» Pantheismus! Es wäre aber einzusehen, daß hier alle gegenseitige Diffamierung darum ebensogut unterbleiben kann, weil bei jeder Identifizierung Gottes mit einem Anderen der Grundfehler schon begangen ist, der sich dann wohl in doppelter und dreifacher Dialektik in sich und als solcher entfalten, auf dessen Boden es aber zu einer Rückkehr zu einem redlichen und ernsten Denken und Reden von Gott doch nicht kommen kann. Hier wäre grundsätzlich einzusehen, daß Gott mit keinem Anderen zusammen ein Ganzes ist oder bildet, weder so noch so. Die Bibel redet von dem Gott, der das nicht ist und nicht tut. Sie redet von dem absoluten Gott. Eben darum redet sie redlich und ernstlich von Gott. Und eben das ist es, was jedenfalls in der christlichen Kirche zum Zeugnis gegen alle Pseudogötter ebenfalls geschehen muß.

Und nun bedeutet gerade diese streng verstandene Absolutheit Gottes dies: daß Gott die Freiheit hat, dem, was nicht Gott ist, in einer Weise gegenwärtig zu sein, sich ihm mitzuteilen, sich mit ihm und es mit sich zu vereinigen, die alles das schlechterdings hinter sich läßt, was an gegenseitiger Gegenwart, Mitteilung und Verbindung zwischen anderen Wesen Ereignis werden kann. Gerade Gottes recht verstandene Absolutheit kann gar nicht nur seine Freiheit zur Transzendenz allem Anderen gegenüber, gerade sie muß auch seine Freiheit zur Immanenz bedeuten, und zwar zu einer solchen Immanenz, die es unter anderen Wesen schlechterdings nicht gibt. Kein Wesen kann ja dem anderen innerlich gegenwärtig sein, innerlich in Gemeinschaft mit ihm treten und stehen; kein Wesen kann das andere schaffen und erhalten, keines das andere ernstlich führen und regieren, keines sich dem anderen und keines das andere sich verbinden in ewiger Treue, in gänzlicher Hingabe. Es ist das Wesen jedes anderen Wesens, endlich zu sein und also seine Grenzen zu haben jedem anderen gegenüber und diese Grenzen eifersüchtig bewahren zu müssen. Es ist sein Wesen, sich selber in der Weise treu sein zu müssen, daß es beim besten Willen keinem anderen schlechterdings treu sein kann. Es ist sein Wesen, daß es sich selbst nicht anders behaupten kann als in der Weise, daß es sich gegen andere behauptet. Eben darum können alle anderen Wesen einander nur andeutend, nur versuchsweise, d. h. aber im Grunde nicht wirklich gegenwärtig sein, sich mitteilen, sich verbinden, sich gegenseitig angehören. Eben darum gibt es zwischen allen anderen Wesen wie keine echte Transzendenz so auch keine echte Immanenz. Es braucht immer schon eine pantheistische oder panentheistische Verwechslung zwischen Gott und einem Anderen dazu, um das Stattfinden einer wirklichen Immanenz auch zwischen anderen Wesen, statt zwischen Gott allein und allen anderen Wesen zu behaupten. Es braucht viel «Poesie» zu solcher Behauptung! Gott aber ist frei. Er ist frei auch zur Immanenz, zu einer einzigartig innigen, zur echten Immanenz seines Seins in und mit dem von ihm verschiedenen Sein.

Also: Gott kann wohl (und das ist seine Transzendenz) allem Anderen jenseitig genug sein, um sein Schöpfer aus dem Nichts zu werden und zugleich frei genug, sein Sein teilweise oder ganz und gar zu ändern oder auch es ihm wieder zu nehmen, wie er es ihm gegeben hat. Aber Gott kann, wenn man so sagen darf, noch mehr als dies: Er

3. Gottes Sein in der Freiheit

kann (und das ist seine Immanenz) allem Anderen so inseitig sein, daß er, indem er sein Schöpfer und also der Geber seines Seins ist und indem er ihm dieses sein Sein nicht wieder nimmt, diesem seinem Sein in der ganzen Verschiedenheit seines eigenen, des göttlichen Seins sich nun nicht etwa entzieht, ihm (nachdem es durch seinen Willen entstanden ist, indem es durch seinen Willen Bestand hat) nicht etwa als Fremder unbeteiligt gegenübersteht, sondern als das Sein seines Seins gegenwärtig ist in eben jener ewigen Treue, deren kein Geschöpf dem anderen gegenüber fähig ist. Gott kann dieses Andere, von ihm gänzlich Verschiedene, nun doch und als solches leben, weben und sein lassen in ihm selber. Er kann ihm sein besonderes, von seinem eigenen verschiedenes Sein ganz und gar gönnen, gewähren und lassen und es nun dennoch und gerade so und also in seiner geschöpflichen Freiheit ganz und gar durch sein eigenes Sein erhalten, tragen, regieren, ganz und gar sein Anfang, seine Mitte und sein Ende sein. Ihm tatsächlich näher sein als es sich selber ist, es besser verstehen als es sich selbst versteht, es intimer bewegen als es sich selbst bewegt: unendlich viel näher, besser, intimer sogar und dies Alles nun doch nicht in Auflösung sondern in Bestätigung seiner göttlichen Eigenheit und wiederum nicht in Auflösung sondern in Bestätigung der Eigenheit auch des Anderen! Daß Gott das kann, das ist seine Freiheit in seiner Immanenz.

Aber wir müssen noch mehr sagen: Gott ist frei genug, dem Anderen im Blick auf dessen eigene Unterschiedenheit in der verschiedensten Weise inseitig zu sein. Die ganze Fülle der Bewegung, in der wir Gott nach dem Zeugnis der Bibel in seinem Verhältnis zur Kreatur finden, kann und darf darum nicht uneigentlich, sie kann und muß darum im strengsten Sinn als Realität interpretiert werden, weil er eben in dieser Bewegung als Gott im Unterschied zu einem Götzen und das heißt als frei bezeugt wird: im Unterschied zu der Gebundenheit eines Seins, das sich eben darin, und wenn es die höchsten Attribute trüge, als geschöpfliches Sein verraten würde, daß es sich zu anderem geschöpflichen Sein, von diesem her gesehen, nur so und so und nicht anders verhalten könnte. Auch Gott kann sich in seinem Verhältnis zur Welt allerdings immer nur so und so und nicht anders verhalten: nämlich so und so und nicht anders, als es von ihm aus gesehen sein muß, als es seinem göttlichen Sein und Wesen entspricht, als er es in seiner Freiheit beschließt und will. Aber in dieser seiner Freiheit, in der er sich selbst je und je in bestimmter Weise an die Welt bindet, ist er von der Welt und von ihrem So- und Sosein her gesehen schlechterdings ungebunden. Seine «Unveränderlichkeit» fällt nicht zusammen mit irgend einer unserer Stetigkeiten. Seine Treue ist seine Treue und nicht die metaphysische Entsprechung irgend einer der regelmäßigen Bestimmtheiten kreatürlichen Daseins. Seine Gegenwart in Sein und Leben der Welt ist seine persönliche und also aktuelle und also seine in souveränen Entscheidungen je so und so gestaltete Gegenwart.

Sie ist also nicht die starre Gegenwart eines Seins, dessen Natur wir auf dieses oder jenes Prinzip sozusagen festlegen könnten. Gott ist frei, der Kreatur darin gegenwärtig zu sein, daß er sich ihr schenkt und erschließt oder auch darin, daß er sich ihr verbirgt und entzieht. Gott ist frei, in der Kreaturwelt unbedingt, er ist aber auch frei, in ihr bedingt zu sein und zu wirken. Gott ist frei, innerhalb dessen, was wir für die Gesetze des Weltgeschehens halten und eben so frei, auch im Wunder sein Werk zu tun. Gott ist frei, dem Weltgeschehen seine Immanenz zu gewähren, indem er in dessen eigener Tiefe oder auch indem er in der fernen Höhe über ihm ist. Gott ist frei, sich in seiner Gottheit der Kreatur gegenüber zu verbergen, ja selber Kreatur zu werden und frei, seine Gottheit wieder offen an sich zu nehmen. Gott ist frei, seine Distanz als Gott ihr gegenüber zu wahren und ebenso frei, mit ihr ins Bündnis zu treten, ja noch mehr: die Kreatur selbst im strengsten vollkommensten Sinn in die Einheit mit seinem eigenen göttlichen Sein, in die Einheit mit sich selbst zu erheben. Gott ist frei, über die Welt zu herrschen in vollkommenster Majestät, aber ebenso frei, in der Welt zu dienen als der geringste und schlechteste aller Knechte, frei auch dazu, der in der Welt und von der Welt Verstossene und Verworfene zu sein. Gott ist frei, das Leben der Welt in seiner ganzen Herrlichkeit zu seinem eigenen Gewand zu machen; aber Gott ist ebenso frei, den Tod, der alles weltlichen Lebens Ende ist, selber zu sterben in letzter Verlassenheit und Finsternis. Gott ist frei, der Welt gegenüber ganz unbegrenzt zu sein: nicht gebunden durch ihre Endlichkeit, nicht gebunden auch an ihre Unendlichkeit, nicht eingeschlossen in ihren Raum und in ihre Zeit im Ganzen und nicht eingeschlossen in irgend einen Einzelraum, irgend eine Einzelzeit — und zugleich frei, sich selbst zu begrenzen: ewig zu sein in der kleinen Unendlichkeit unseres Sternenhimmels oder auch unserer Begrifflichkeit, ewig aber auch in unserer Endlichkeit, eingeschlossen in das Ganze unserer Raumzeitlichkeit, aber auch in aller Demut eingeschlossen in diese und jene bestimmte Raumzeitlichkeit im Unterschied zu andern Raumzeitlichkeiten. Gott ist frei, sich innerhalb seiner Schöpfung mit dem Geist gegen die rebellische Natur, aber auch frei, sich mit der Natur gegen den wohl noch viel rebellischeren Geist zu verbünden. Gott ist frei zu zürnen und frei gütig zu sein, frei zu segnen und frei zu strafen, frei zu töten und frei lebendig zu machen, frei uns in den Himmel zu erheben und frei uns in die Hölle zu verstoßen. Gott ist frei, der Kreatur innerlich und zugleich als Er selbst ganz äußerlich zu sein: *totus intra et totus extra,* und — wohlverstanden! — das Alles als Gestalten seiner Immanenz, seiner Gegenwart, der von ihm selbst gewählten, gewollten und geschaffenen Beziehung und Gemeinschaft zwischen ihm und ihr. Gerade so begegnet er uns ja in Jesus Christus. Gerade seine Offenbarung in Jesus Christus umschließt ja alle diese unter sich scheinbar so verschiedenen und widersprechenden Möglichkeiten. Sie sind alle seine Möglichkeiten! Man bestreite ihm eine einzige von ihnen, so bestreitet man Jesus Christus und damit Gott selber, so hat man sich, statt Gott zu erkennen und anzubeten, einen Götzen gemacht, indem man ihm, seiner faktisch bewiesenen Freiheit zum Trotz, eine Gefangenschaft auferlegte, die keine andere als die unseres Eigensinns sein kann, der als solcher Gott leugnen, sich selber an die Stelle Gottes setzen möchte. Bricht das Wort Gottes erst hindurch durch die Mauer dieses unseres Eigensinns, dann kann der Lobpreis der gerade in seiner Immanenz betätigten Freiheit Gottes keine Grenzen haben: es erscheint aller Pantheismus und Panentheismus wohl erst dann in seiner ganzen Dürftigkeit; denn welcher dürftige, so oder so beschränkte Gott und welche dürftige, so oder so sich selbst behauptende Welt sind es, deren Grenzen in jenen Systemen ganz oder teilweise ineinander verschwimmen, die da ganz oder teilweise als Einheit interpretiert werden sollen! Es kann von da aus, wenn der grenzenlose Lobpreis der Freiheit Gottes in seiner Immanenz einmal als notwendig erkannt und angestimmt ist, einen Rückfall in jene Systeme schlechterdings nicht mehr geben.

Aber nun müssen wir noch mehr sagen: Gott ist frei genug, seine Gegenwart nicht nur mit Rücksicht auf die Verschiedenheit der Kreatur, sondern auch in sich selbst, d. h. in seiner eigenen Absicht auf die Kreatur in entscheidender Weise ins Unendliche zu differenzieren. Es ist die Beziehung und Gemeinschaft Gottes mit der Welt nicht gebunden an ein bestimmtes Schema, an ein einförmig von ihm ausgehendes *quantum* und *quale* einer bestimmten Aktionsweise.

Sie ist, obwohl und indem er in seinem ewigen Sein und in seinem Tun nach außen ungeteilt und unteilbar Einer und Derselbe, obwohl er immer ganz ist, der er ist, eine andere in der Fleischwerdung seines Wortes, in der einmaligen und einzigartigen Aufnahme der menschlichen Natur in die Einheit mit seinem ewigen Sohn, in der Gemeinschaft mit dessen göttlichem Sein — eine andere in dem weiteren Reich seiner Gnade: im Leben der Kirche und der Kinder Gottes, in der Kraft der Predigt und der Sakramente, in der Kraft der neuen Zeugung und Geburt des Menschen zum Glauben durch den Heiligen Geist — eine andere in der Schöpfung, Erhaltung und Regierung der Existenz und des Soseins der Welt und des Menschen, kraft derer sie immer auch neutrale Wirklichkeit sind — und wieder eine andere in der künftigen Vollendung, in der Wiederkunft Christi, in der Auferstehung der Toten, im letzten Gericht und dann, wenn er selbst Alles in Allem sein wird. Er handelt und redet anders in den Propheten, anders in den Aposteln, anders in der Predigt und anders im Sakrament, anders in der heiligen Schrift und anders in den Vätern und Bekenntnissen der Kirche, anders gestern, anders heute und anders morgen. Er ist in seiner Beziehung und Gemeinschaft mit den Engeln bestimmt anders als in der mit der übrigen Welt, in der mit den Menschen anders als in der mit der übrigen Geistnatur, in der mit den Glaubenden anders als in der mit den Menschen im Allgemeinen, anders in der Kirchengeschichte und anders in der Weltgeschichte als solcher, und endlich anders in seiner Beziehung jedem Engel, jedem Ding, jedem Menschen, jedem Glaubenden je allen Anderen gegenüber.

Es gibt nicht nur jene grenzenlose Individualisierung des göttlichen Tuns nach außen, von der wir zuerst sprachen, sondern es gibt als deren Grund im Sein und Willen Gottes selbst, in seinen Dekreten, eine ganze Hierarchie seiner Beschlüsse und Vollstreckungen, deren Verschiedenheit seine Einheit nicht aufhebt sondern bestätigt als die göttliche Einheit in ihrem Unterschied von der einer Naturmacht oder eines Geistprinzips. Es geht nicht um Spekulation, wenn man das feststellt. Es wäre vielmehr Spekulation, unerlaubte Vereinfachung, es würde Vergötzung Gottes bedeuten, dies nicht festzustellen, da es in Gottes Offenbarung unzweideutig so festgestellt ist. Es ist für die Kirche, für den Glauben jedes Einzelnen und für dessen ewige Seligkeit lebensgefährlich, auch nur eine einzige jener offenbarten Andersheiten der Immanenz Gottes zu übersehen, zu leugnen, zu verwischen, einzuebnen in irgend ein Allgemeines, das dann als solches sicher nicht das Göttliche sein kann.

Man kann sagen, daß speziell die Dogmatik, bei der es ja fortwährend um ein Sondern und Scheiden geht (und zwar um ein notwendiges, um der Reinheit und Fülle der kirchlichen Lehre willen ja nicht zu unterlassendes Sondern und Scheiden!) an dieser Stelle ihre Legitimierung und Rechtfertigung im Gottesbegriff hat. Wer die Dogmatik etwa nicht liebt um des in ihr unvermeidlichen Distinguierens willen, der sehe wohl zu, ob er nicht etwa gegen Gott selbst anrennt, der nun einmal die Freiheit hat, in seinem ganzen *opus ad extra* in einer scheinbar unübersehbaren Fülle von notwendig zu beachtenden Distinktionen der Eine zu sein, der er ist, der uns übersichtlicher Gegenstand unserer Erkenntnis nur werden kann, wenn wir ihm diese Freiheit und damit den scheinbar unübersichtlichen Reichtum seines Sichunterscheidens nicht absprechen, sondern gerade mit ihm in aller Gewissenhaftigkeit auf der ganzen Linie rechnen, gerade ihn uns zum Bewußtsein, gerade ihn zur Geltung zu bringen bemüht sind.

Gottes Freiheit in seiner Immanenz triumphiert gerade in jener Hierarchie seines Seins und Tuns im Verhältnis zu dem von ihm verschiedenen Sein. Und nun doch wieder nicht so — wie würde es sich sonst um eine Hierarchie handeln? — daß wir diesem Reichtum Gottes als einem tatsächlich unübersichtlichen Ozean von allen und jeden Möglichkeiten gegenüberstehen würden. Sondern nach dem Zeugnis derselben Offenbarung, die zunächst einfach diesen Reichtum als solchen vor uns ausbreitet, die uns zunächst einfach einladet, Gott je in dieser und dieser seiner Andersheiten als Gott ganz ernst zu nehmen, ist es so, daß alle diese Möglichkeiten göttlicher Gegenwart und Wirkung eine ganz bestimmte Mitte, daß sie nämlich in Jesus Christus ihren Grund und ihre Spitze, ihren Sinn, ihr Maß und ihr Gesetz haben. Die in Jesus Christus vollzogene Einheit zwischen göttlichem und menschlichem Sein ist ja gewiß zunächst eine von diesen Möglichkeiten göttlicher Immanenz neben anderen, aber darüber hinaus in ihrer Einmaligkeit und Einzigartigkeit zugleich die Möglichkeit aller anderen Möglichkeiten. Denn der Sohn Gottes, der in Jesus Christus Fleisch geworden ist, ist als ewige Seinsweise Gottes selbst nicht mehr und nicht weniger als das Prinzip aller Weltimmanenz Gottes und also das Prinzip dessen, was wir die sekundäre Absolutheit Gottes genannt haben.

Wir sahen, wie Gottes Freiheit ursprünglich, als seine Freiheit in sich selbst, als seine primäre Absolutheit ihre Wahrheit hat in dem innertrinitarischen Leben des Vaters mit dem Sohne durch den Heiligen Geist. Eben hier, und zwar im besonderen in der Seinsweise Gottes als des Sohnes, des «Ebenbilds des unsichtbaren Gottes» (Kol. 1, 15) — eben hier hat nun auch seine Freiheit in der Beziehung und Gemeinschaft zu einem Anderen in Gott selbst, seine sekundäre Absolutheit ihre ursprüngliche Wahrheit. Sie ist hier noch nicht Beziehung und Gemeinschaft zu einem Anderen außer Gott, zur geschaffenen Welt. Es wäre der von der Kirche der ersten Jahrhunderte sofort zurückgewiesene Irrtum des Philo und der Gnosis, wenn man den Sohn Gottes etwa mit der Welt identifizieren und so die Welt gewissermaßen als notwendiges Element, ja als göttliche Seinsweise in die Gottheit selbst hineinversetzen wollte. Von einer Freiheit Gottes ihr gegenüber könnte dann offenbar nicht die Rede sein. Wohl aber ist der Sohn Gottes in Gott selbst die prinzipielle Wahrheit eines Anderen. Dieser Andere ist als der Sohn Gottes Gott selbst; aber eben Gott selbst wird sich selbst in seinem Sohne ein Anderer. Es bedarf nicht erst der Welt, damit es für ihn eine Andersheit gebe. Er hat vor aller Welt auch die Andersheit in seinem Sohne von Ewigkeit und in Ewigkeit in sich selber. Aber eben weil dem so ist, ist die Schöpfung und Erhaltung der Welt, ist seine Beziehung und Gemeinschaft mit ihr, so gewiß sie in seiner vollkommenen Freiheit, so gewiß sie ohne Zwang, ja ohne Notwendigkeit Ereignis wird, keine fremdartige, keine widerspruchsvolle, sondern eine natürliche, ja geradezu die natürliche Betätigung des Wesens Gottes nach außen. Die Welt ist, weil und indem der Sohn Gottes ist. πάντα δι' αὐτοῦ ἐγένετο καὶ χωρὶς αὐτοῦ ἐγένετο οὐδὲ ἕν ὃ γέγονεν (Joh. 1, 3) ὁ κόσμος δι' αὐτοῦ ἐγένετο (Joh. 1, 10). Hören wir nun, daß von demselben Sohn Gottes darüber hinaus auch dies gesagt ist: σάρξ ἐγένετο (Joh. 1, 14), daß er also darüber hinaus, daß er der Schöpfer ist, auch selbst Geschöpf wurde, so ist es klar, daß wir in dieser besonderen, höchsten, in der Inkarnation aufgerichteten Beziehung und Gemeinschaft zwischen Gott und der Welt zugleich das Wesen und den Inbegriff aller in Betracht kommenden Beziehung und Gemeinschaft überhaupt und als solcher, daß wir in der hier betätigten Freiheit Gottes zugleich die Urform und das Gesetz aller anderen Formen, in denen er seine Freiheit in dieser Beziehung und Gemeinschaft betätigt, vor uns haben. Indem der Sohn Gottes in die Reihe aller anderen Geschöpfe tritt, tritt er notwendig an deren das Ganze beherrschende Spitze, ist er notwendig der πρωτότοκος πάσης κτίσεως (Kol. 1, 15) und was immer sonst geschaffen ist, es ist als δι' αὐτοῦ zugleich ἐν αὐτῷ und εἰς αὐτόν geschaffen. Und in welcher Freiheit sich Gott auch sonst in diesem Raume der Geschöpfwelt betätigt: in der Form, in der er sie hier und nur hier betätigt, werden wir zugleich den Sinn, das Maß und das Ziel aller anderen Formen, in denen er dies auch noch und ganz anders tut, zu erkennen haben.

So erkennen wir trotz des fast verwirrenden Reichtums der Gestalten der göttlichen Immanenz eine Hierarchie, eine heilige Ordnung, in welcher Gott der Welt gegenwärtig ist. Wir brauchen bloß einzusehen, daß Jesus Christus der Mittelpunkt und Höhepunkt, aber eben nicht nur der Mittelpunkt und Höhepunkt aller Beziehung und Gemeinschaft zwischen Gott und Welt, sondern als solcher zugleich ihr Prinzip, ihre innergöttliche Möglichkeit und Voraussetzung ist, um eben von da aus Gottes Freiheit sich entfalten und gestalten zu sehen: gerade nicht als ein Chaos, gerade nicht als ein Meer von Einzelheiten und Widersprüchen und auch nicht als ein zufällig willkürliches Gebilde, in dessen Zusammenhang dieses auch fehlen, jenes auch ganz anders sein könnte, auch nicht als eine Pyramide, deren Spitze eben doch nur die Spitze wäre, gegründet auf Elemente ganz anderer eigenartiger Natur und Herkunft, mit denen zusammen sie dann ein Ganzes bilden würde — sondern als ein einziges Werk einer und derselben Weisheit, die keinen Zufall und keinen Widerspruch zuläßt, die auch nicht Verschiedenes will und Verschiedenes nebeneinander setzt, sondern die in der ganzen Fülle ihres Wirkens nur Eines, nämlich sich selber will und setzt zu ihrer eigenen Verherrlichung, aber eben so auch zum Leben und Heil des Anderen, das durch sie und in ihr sein Sein hat. Also: Alles, wozu Gott frei und Alles, worin Gott frei ist, wird von uns dann als die Einheit der Freiheit seines Wesens verstanden werden, es wird uns dann in seiner Mannigfaltigkeit nicht verwirren, sondern trösten, mahnen und erfreuen, wenn wir es so verstehen — als von dem Sohne Gottes Jesus Christus herkommend, ihn bezeugend, ihm dienend, zu ihm hinführend — wie es uns in Gottes Offenbarung tatsächlich vor Augen gestellt und zu Gehör gebracht wird. Gottes Freiheit ist keine Willkür. Es ist auch die Treue, die er in seiner Freiheit seiner Schöpfung gegenüber beweist und bewährt, wohl s e i n e Treue und also nicht auf den Nenner irgend einer kosmischen Stetigkeit zu bringen, aber darum nun doch nicht in der Weise uns verborgen, daß wir faktisch und praktisch nicht wüßten, an wen und was wir uns zu halten hätten, wenn wir seine Treue im Glauben bejahen und ergreifen, wenn wir uns von ihr rufen, wenn wir uns ihrer trösten und wenn wir sie wiederum anrufen möchten. Sondern, was sie meint und will und daß sie wirklich Treue, verantwortliches Handeln und nicht ein unverantwortliches Spiel mit uns ist in allen ihren Gestalten, das steht fest. Daß Gott uns zugewandt ist und bleibt, ob er uns ferne oder ob er uns nahe, ob er im schweigenden Geheimnis oder ob er offen mit uns redet, ob er uns segnet oder straft, tötet oder lebendig macht — daß er kein Anderer ist als der Schöpfer, kein Anderer als der Herr der Kirche, kein Anderer als der Meister unserer Herzen und Gewissen, kein Anderer als der Richter am jüngsten Tage, kein Anderer dir und mir und kein Anderer seinen Engeln und Erzengeln, kein Anderer gestern, heute und morgen, kein Anderer jetzt und hier und in den fernsten Ländern und Zeiten: immer anders in seiner Freiheit, aber eben in seiner Freiheit kein Anderer, nie und nirgends ein Anderer! — das steht fest. Es steht aber darin und nur darin fest, daß Gott Jesus Christus und Jesus Christus Gott ist, daß Gottes Immanenz in allen ihren Möglichkeiten und Gestalten in Jesus Christus ihren Ursprung und darum in ihm, aber auch nur in ihm die Einheit in ihren verschiedenen Aktionen und Stufen hat. Eben darum kann nicht eifrig genug darüber gewacht, eben darum kann dies in der Kirche und durch die Kirche in der Welt nicht dringlich genug gemacht werden: daß wir Gott allein in Jesus Christus und daß wir in Jesus Christus den einen Gott erkennen. Eben darum muß in dieser Sache immer wieder zur Entscheidung aufgerufen werden und kann alle Entscheidung, zu der aufzurufen ist, letztlich immer nur die Entscheidung in dieser Sache sein. Jede Abweichung hier oder dort, jedes Vorbeischauen an Jesus Christus, nach allerlei vermeintlich anderer Gegenwart Gottes oder jeder Abstrich an der Vollkommenheit der Gegenwart Gottes in ihm würde uns angesichts des in der Freiheit Gottes begründeten Reichtums seiner Gegenwart in unabsehbares Dunkel stürzen, weil wir ihm dann, ohne den Schlüssel zum Ganzen, überall da, wo er zweifellos auch gegenwärtig ist, zwar objektiv auch begegnen, ihn aber als Gott nicht finden würden, als Gott nicht erkennen und preisen könnten, weil wir ihm dann nur in der Verschiedenheit, in den kuriosen Einzelheiten und rätselhaften Widersprüchen seiner Gegenwart begegnen würden. Wir wären dann darauf angewiesen, diese seine Gegenwart in der Welt nach bestem Wissen und Gewissen von uns aus, nach unserem Ermessen von irgend einem andern Punkte auf irgend eine andere Einheit zu bringen. Wir würden Gott dann hier und dort suchen und würden nicht einmal objektiv Unrecht haben; denn wo sollte er nicht zu suchen sein als der, der uns in Jesus Christus zuerst gesucht und gefunden hat? Mit welchem Sinn und Erfolg sollte er aber irgendwo zu suchen sein, wenn er uns gerade als dieser etwa unbekannt, wenn er von uns nun gerade hier als der eine Gott etwa nicht anerkannt sein sollte? Gerade hier wo er als die Einheit im Reichtum seiner Gegenwart, gerade hier, wo er selbst sich zu finden gegeben hat! Alle hier und dort gesuchten und vermeintlich gefundenen Einheiten seiner Immanenz würden dann, weil anderswo gesucht und gefunden als da, wo sie von Gott selber offenkundig gemacht, wo er uns zuerst gesucht und gefunden hat, die Einheit s e i n e r Immanenz nicht sein können. Sondern einen Trümmer seiner Immanenz, der als solcher gesehen und aufgenommen, ihn nicht bezeugen, sondern verleugnen würde, hätten wir dann zum Götzen gemacht, in dessen Anbetung und Dienst wir uns gegen den wahren, seiner Schöpfung gegenwärtigen Gott erst recht nur verschließen könnten.

So entstehen die verschiedenen Heidentümer, so freilich auch die verschiedenen, d. h. die häretischen Christentümer. Die H e i d e n t ü m e r entstehen da, wo der Mensch von der Einheit der Gegenwart Gottes in Jesus Christus überhaupt nicht weiß oder nicht wissen will. Die h ä r e t i s c h e n C h r i s t e n t ü m e r entstehen da, wo der Mensch mit der erkannten Einheit der Gegenwart Gottes in Jesus Christus nicht ernst macht, wo er gerade aus ihrer Offenbarung, statt Jesus Christus und in ihm das Ganze zu ergreifen, willkürlich dies und das herausgreift und zum Nebenzentrum macht: eine Schöpfung als solche vielleicht, oder das Sakrament als solches, oder das Leben der Seele oder auch das Reich Gottes als solches, die Erneuerung des Menschen als solche oder auch das Bekenntnis, die Lehre als solche. Es gibt eine Vergötzung Gottes auch in der Form, daß ein Glied oder eine Stufe jener Hierarchie seiner Gegenwart aus ihrem Zusammenhang mit ihrem Haupt herausgenommen und an sich und als solche für die Wahrheit und Wirklichkeit Christi genommen wird — in Verkennung dessen, daß sie als Ganzes und in ihren Teilen nur begründet in Jesus Christus und zusammengefaßt in ihm christliche Wahrheit und Wirklichkeit ist, daß sie als Ganzes und in ihren Teilen, als Zentrum neben ihm behauptet, verkündigt und geglaubt, die Kirche notwendig in das Heidentum und seinen Elementardienst zurückführen muß.

Weil die außer und neben Jesus Christus gesuchte und vermeintlich gefundene Freiheit der göttlichen Immanenz praktisch immer nur unsere Gefangennahme durch irgend einen Nicht-Gott bedeuten kann, darum muß den Heiden ganz allein Jesus Christus als der gegenwärtige Gott verkündigt werden, darum muß in der Kirche so streng darüber gewacht werden, daß Alles von J e s u s C h r i s t u s und von Jesus Christus A l l e s erwartet, daß er als d e r Weg, d i e Wahrheit, d a s Leben erkannt werde und bleibe (Joh. 14, 6). Mit christlichem Absolutismus hat jenes und mit kirchlicher Engstirnigkeit hat dieses darum nichts zu tun, weil eben in Jesus Christus, aber auch allein in ihm, die Fülle des Reichtums der göttlichen Gegenwart beschlossen und erschlossen ist. Hat man ihn nicht, dann hat man keineswegs, sondern dann entbehrt man gerade die Fülle der göttlichen Gegenwart. Trennt man sich von ihm, dann ist man nicht etwa auf dem Weg zu jenem Reichtum, sondern auf dem Weg zurück in die Armut, wo der allgegenwärtige Gott gar nicht erkannt wird. Die Freiheit Gottes will als *seine* Freiheit und das heißt: sie will so, wie sie in Gott besteht und so, wie Gott sie betätigt hat, erkannt sein. Sie besteht aber in Gott in seinem Sohne Jesus Christus und eben in ihm hat er sie auch betätigt. Sie ist in allen ihren Möglichkeiten und Gestalten diese eine in Jesus Christus bestehende und betätigte Freiheit. Wir können, indem wir sie erkennen und preisen, nicht anderswoher als von ihm her kommen und nicht anderswohin als zu ihm hin gehen.

Es ist also die Christologie, die für die Erkenntnis und für das Verständnis der göttlichen Freiheit in seiner Immanenz die Voraussetzung und Richtschnur bilden und bleiben muß. Man kann jeden Satz über das Verhältnis von Gott und Mensch, bezw. Gott und Welt daran auf seine Legitimität erproben, ob er auch als Interpretation der in Jesus Christus geschaffenen und aufrecht erhaltenen Beziehung und Gemeinschaft verstanden werden, ob er es ertragen kann, an den Grunderkenntnissen der Kirche über die Person und das Werk Christi als an der *analogia fidei* gemessen zu werden, oder ob er diesem fremd und selbständig gegenübersteht, als Vordersatz oder Nachsatz mit jenen erst zusammengehängt werden muß, ohne daß er aus ihnen hervorgegangen wäre oder ohne daß er zu ihnen zurückführen würde. Es gibt streng genommen keine der Christologie gegenüber selbständigen christlichen Themata und die Kirche muß es auch der Welt gegenüber vertreten: es gibt streng genommen überhaupt keine der Christologie gegenüber selbständigen Themata. Unter Berufung auf Gott und seine Freiheit jedenfalls wird man das Gegenteil nicht behaupten können. Unter Berufung auf Gott und seine Freiheit wird man, direkt oder indirekt, letztlich nur dies eine Thema entfalten und erläutern können.

Damit ist nun schon entscheidend gesagt, was zum Schluß dieses Teils und dieses ganzen § noch zu sagen ist. «Gottes Sein in der Freiheit» haben wir diesen Teil überschrieben und von Gottes Aseität, von seiner primären und sekundären Absolutheit haben wir darin geredet. Erinnern wir uns jetzt noch einmal: Wir haben bei dem Allem nicht an Gottes Offenbarung vorbei in eine irgendwo dahinter liegende Tiefe seines Wesens geblickt. Wir haben kein gottheitliches Prädikat, keinen allgemeinen Gottesbegriff etwa beschrieben, sondern die Tiefe eben des offenbaren Gottes: seine Aseität, seine primäre und seine sekundäre Absolutheit. Wehe uns, wenn wir jetzt von einer Freiheit überhaupt und im Allgemeinen gesprochen und diese als solche dann Gott zugeschrieben hätten als ein Attribut, um dessen Sinn wir auch abgesehen davon, daß es göttliches Attribut ist, wissen könnten. Wir hätten dann gerade an dieser Stelle das schlimmste aller Götzenbilder errichtet. Gott ist nicht frei, sondern Gott ist frei. Was Freiheit ist, in welchem legitimen Sinn Gott als der in der Freiheit Seiende zu erkennen und zu verstehen ist, das konnte und das kann nur in Form einer Befragung Gottes selbst und in Anhörung der von ihm selbst gegebenen Antwort sichtbar gemacht werden. Darum sind wir von Gottes Leben und Lieben ausgegangen; darum müssen wir jetzt noch einmal ausdrücklich darauf zurückweisen und darauf aufmerksam machen: wir sind von Gottes Leben und Lieben nicht etwa weggegangen, sondern eben die Aseität, die Freiheit des göttlichen Lebens und Liebens und nur insofern die Göttlichkeit dieses Lebens und Liebens, die Göttlichkeit Gottes war es, was uns auch in diesem letzten Abschnitt beschäftigt hat. Wir können über Gott und zwar über Gott selbst in seiner Offenbarung nicht hinausgehen, um dann von außen fragen und sagen zu wollen, was er ist. Wir können uns nur sagen lassen und daraufhin nachzusagen versuchen, was nur er selber uns sagen kann, was er selber uns aber auch gesagt hat: wer er ist. Er ist aber, der er ist, als der Liebende, nicht in irgend einer Substanz, in der er mehr oder weniger oder etwas Anderes als der Lebende wäre. Wir sahen ja, wie auch das Leben oder Tun Gottes das Leben und Tun seiner Liebe ist. Nur darum müssen wir zwischen dem Leben und dem Lieben Gottes überhaupt unterscheiden, weil er nicht nur die Idee der Liebe, sondern in der Tat seiner Existenz der Liebende ist. Es ist nicht so, als ob Gott zuerst lebte und dann wohl auch noch liebte. Sondern Gott liebt und so lebt er. Haben wir nun das Göttliche dieser seiner Tat oder also die Göttlichkeit Gottes als seine Freiheit verstanden, so konnte und kann mit dieser Freiheit wieder nichts von ihm, dem Liebenden, Verschiedenes, kein Allgemeines, an dem er als der Liebende nur partizipieren würde, sondern wiederum nur die Art, und zwar die schlechthinige Eigenart seines Liebens gemeint und bezeichnet sein. Sein Lieben ist, wie wir nun gesehen haben, das freie, in sich selbst begründete, keines Anderen bedürftige und nun doch auch eines Anderen nicht entbehrende sondern einem Anderen souverän zugewendete und sich schenkende Lieben. In dieser Freiheit ist es das göttliche Lieben. Wir müssen aber auch umgekehrt sagen: in diesem göttlichen Lieben und nur in ihm ist die von uns beschriebene Freiheit die göttliche Freiheit. Man denke Gottes Liebe und also Gottes Person weg, so haben wir trotz aller Vorsicht und Umsicht doch nur ein Weltprinzip beschrieben! Man darf und soll also Gottes Lieben oder Gottes Person keinen Augenblick wegdenken, wenn man von Gottes Göttlichkeit das Rechte denken will. Er ist frei. Eben darum mußte zum Schluß ausdrücklich gesagt werden: die Freiheit Gottes ist die in seinem Sohne Jesus Christus bestehende und betätigte Freiheit. In ihm hat Gott von Ewigkeit her sich selbst, in ihm hat er auch die Welt geliebt, gerade in ihm, in der Freiheit, die sein Leben zum göttlichen und damit zum herrlichen, siegreichen und hilfreichen Leben macht.

§ 29

GOTTES VOLLKOMMENHEITEN

Gott lebt sein vollkommenes Wesen in der Fülle vieler, einzelner und unterschiedener Vollkommenheiten, deren jede für sich und mit allen andern zusammen darin vollkommen ist, daß sie, sei es als eine Gestalt der Liebe, in der Gott frei ist, sei es als eine Gestalt der Freiheit, in der Gott liebt, nichts Anderes als Gott selber, sein eines, einfaches, ihm eigenes Wesen ist.

Gottes Wesen ist dies: der in Freiheit Liebende zu sein. Darin ist er das vollkommene Wesen — das Wesen, das selbst das Vollkommene und damit das Maß aller Vollkommenheit ist: das Wesen nämlich, das sich selbst und damit jedem wirklichen Bedürfnis genügt, das in sich selbst keinen Mangel leidet und durch sich selbst jedem wirklichen Mangel gegenüber aufkommt. Dieses Wesen ist Gott. Er ist es, indem er es l e b t. Indem wir jetzt auf das Leben als auf die Grundbestimmung des göttlichen Seins zurückkommen, kommen wir vorwärts zu Gottes Vollkommenheiten. Das eine Vollkommene Gottes, sein Lieben in der Freiheit, ist als das von ihm gelebte identisch mit einer Fülle vieler, einzelner und unterschiedener Vollkommenheiten. Keine Erkenntnis des Vollkommenen Gottes, die sich nicht vollzöge als Erkenntnis seiner Vollkommenheiten. Es gilt auch das Umgekehrte: Erkenntnis der göttlichen Vollkommenheiten gibt es nur in der des Vollkommenen Gottes, seines Liebens in der Freiheit. Aber eben diese letztere Erkenntnis ist — so gewiß Gott sein vollkommenes Wesen l e b t — ein W e g : der Weg, den wir im Angesicht des lebendigen Gottes gehen müssen. Anders ausgedrückt: eben in Erkenntnis des einen Vollkommenen Gottes stehen wir vor Gottes R e i c h t u m. Der wirkliche Gott ist der eine, in Freiheit liebende und eben als solcher der «ewig reiche Gott». Ihn erkennen heißt: ihn wieder und wieder, anders und wieder anders erkennen. Ihn und nur ihn, aber eben ihn den Vollkommenen in der Vielheit, Einzelheit und Unterschiedenheit seiner V o l l k o m m e n h e i t e n.

Indem wir das eine Wesen Gottes unter diesem Aspekt verstehen, betreten wir das Gebiet des Lehrkomplexes, den die alte Dogmatik unter dem Titel der «Lehre von den E i g e n s c h a f t e n Gottes», von seinen *appellationes, virtutes, attributa, proprietates* oder eben: *perfectiones* behandelt hat. Wir wählen aus diesem Angebot von Begriffen — indem wir uns gelegentliche Verwendung auch der andern vorbehalten — den letzten, weil er statt bloß auf ein Formales sofort auf die Sache hinweist und weil er statt etwas Allgemeines sofort das hier einschlagende Besondere sagt. Daß Gottes Wesen «Eigenschaften» hat, das hat es mit dem Wesen anderer Größen gemeinsam. Daß es identisch ist mit einer Fülle von V o l l k o m m e n -

heiten, das ist — wenn dieser Begriff streng genommen wird — Gottes und nur Gottes «Eigenschaft».

Das alte Problem der «Lehre von den Eigenschaften Gottes» ist so umfassend, daß wir ihm in diesem § zunächst eine allgemeine Betrachtung widmen müssen, um es dann in den beiden folgenden §§ konkret zu entfalten.

Versuchen wir zunächst, das Problem als solches zu fixieren. Wir stellen dazu vor allem dies fest: es soll auch hier von nichts Anderem als von Gott selber die Rede sein. Aber eben weil von Gott selber, darum von dem Einen, der zugleich, in Bestätigung und Verherrlichung seiner Einheit, Vieles ist. Wir werden uns hüten, zu sagen: Alles. Es gibt Vieles, was Gott nicht ist. Gott ist nicht Kreatur. Gott ist nicht Sünde. Gott ist nicht Tod. Er ist aber Vieles, gerade nicht nur Etwas, gerade nicht nur Eines. Er ist, der er ist und was er ist, in Einheit und Vielheit zugleich. Er ist der Eine, der dieses Viele ist und das Viele, das dieser Eine ist. Der Eine als solcher ist der in Freiheit Liebende. Das Viele als solches sind seine Vollkommenheiten: die Vollkommenheiten seines Lebens. Nur Vollkommenheiten kommen hier in Betracht; denn was er ist, das ist darum vollkommen, weil er es ist. Und jegliche Vollkommenheit, die es geben kann, kann nur seine Vollkommenheit sein. Wie könnte er etwas sein, was er nicht in Vollkommenheit wäre und was könnte anderswo als in ihm vollkommen sein? Es ist aber Alles, was hier genannt werden mag, darum und darin vollkommen, daß er es ist: nicht nur hat, sodaß auch Andere es haben könnten, sondern zu eigen hat, sodaß er es allein hat, und nicht nur zu eigen hat, sondern eben: ist, sodaß es in ihm sein Wesen und seine Existenz hat.

Sed certe quidquid es, non per aliud es quam per te ipsum. Tu es igitur ipsa vita, qua vivis et sapientia qua sapis et bonitas ipsa qua bonis et malis bonus es (Anselm v. Canterbury, *Prosl.* 12).

Indem Gott der Vater, der Sohn und der Heilige Geist ist und das heißt: liebt in der Freiheit, ist ihm jede Vollkommenheit wesentlich zu eigen.

Deo autem hoc est esse, quod est fortem esse, aut iustum esse, aut sapientem esse et si quid de illa simplici multiplicitate vel multiplici simplicitate dixeris, quo substantia eius significetur (Augustin, *De Trin.* VI 4, 6 vgl. VI 7, 8). *Hoc enim est Deo esse quod velle, et hoc velle, quod sapere* (*Conc. Tolet.* XV 688, Denz. Nr. 294). *Sicut nefas est putare, quod substantia supremae naturae sit aliquid, quo melius sit aliquo modo non ipsum, sic necesse est ut sit, quidquid omnino melius est quam non ipsum... Quare necesse est eam esse viventem, sapientem, potentem et omnipotentem, veram, iustam, beatam, aeternam et quidquid similiter absolute melius est quam non ipsum* (Anselm v. Canterbury, *Monol.* 15). Und so wollte Calvin alle Eigenschaften Gottes als *virtutes* seiner *aeternitas* καὶ αὐτουσία verstanden wissen (*Instit.* I 10, 2).

Von Gottes «Eigenschaften» reden, wie wir es ja tun müssen und tun dürfen, indem wir auf Grund seiner Offenbarung von ihm reden, heißt also noch einmal und erst recht, konkret bezeichnend jetzt, von seinem Wesen reden. Keine Erkenntnis Gottes selbst, die nicht Erkenntnis einer göttlichen Vollkommenheit und keine Erkenntnis einer göttlichen Vollkommenheit, die nicht *eo ipso* Erkenntnis Gottes selbst wäre: Erkenntnis des Dreieinigen, der als solcher der in der Freiheit Liebende ist. Denn als dieser Dreieinige existiert er in seiner Offenbarung und in sich selbst **in diesen Vollkommenheiten** und diese Vollkommenheiten wieder existieren **in ihm** und nur in ihm als in dem, der in seiner Offenbarung und in Ewigkeit derselbe ist. Diesen Zusammenhang zu sehen und zu verstehen, ist die Aufgabe der «Lehre von den Eigenschaften Gottes». Wir haben in dieser Lehre die Erkenntnis zu vollziehen, daß Gott — die deutsche Sprache bietet hier eine Ausdrucksmöglichkeit, die andere so nicht haben — nicht nur der **Herr**, sondern als solcher **herrlich** und andererseits: daß jegliche **Herrlichkeit** die Herrlichkeit Gottes des **Herrn** ist.

Wir berühren, indem wir von der «Herrlichkeit» Gottes ausgehen, einen Begriff, mit dessen Erklärung und Entfaltung wir die ganze Darstellung dieser Lehre und damit die Lehre von der Wirklichkeit Gottes überhaupt schließen werden. Es ist nicht gut anders möglich, als daß wir hier eben mit diesem Begriff schon anfangen müssen.

Es versteht sich nicht von selbst, daß Gott (nach 1. Kor. 2, 8, Jak. 2, 1 Jesus Christus!) — beides gleich nachdrücklich betont — der **Herr der Herrlichkeit** ist und als solcher erkannt und anerkannt wird. Immer droht hier eine Zerreißung: nach beiden Seiten gleich gefährlich, nach beiden Seiten nicht weniger als alles in Frage stellend.

Es kann Gott als der **Herr** sozusagen punktuell oder linear gesehen und verstanden werden: ein überaus aktuell Seiender und vielleicht auch nach unserer Definition überaus liebend und überaus frei, aber als solcher ein vielleicht sehr intensives aber gewissermaßen auch unendlich schmales, um nicht zu sagen: dürftiges, um nicht zu sagen: gespenstisches Wesen, das wohl erst dadurch lebendig wurde, erst dadurch Fülle, Anschaulichkeit, Greifbarkeit und damit Wirklichkeit für uns **bekäme**, daß es eben zu uns in Beziehung tritt, daß es eine Welt und vor allem den Menschen in mannigfacher Bewegtheit sich gegenüber hat, im Verhältnis zu der es selber Bewegtheit empfinge. Gerade in dieser Bewegtheit, gerade in seiner Herrlichkeit wäre es nicht so recht, nicht letztlich ernst zu nehmen, gerade mit seiner Herrlichkeit wäre nicht eigentlich zu rechnen, weil Alles, was uns seine Offenbarung darüber zu sagen scheint, nur als eine Art göttlicher Ökonomie aufzufassen wäre, die als solche doch mehr in der Natur der Welt, bezw. in unserer eigenen Natur als in der Natur Gottes begründet wäre, während diese als solche, als das eigentliche Sein Gottes nun doch in jener Unlebendigkeit hinter und über dieser Ökonomie stünde. Daß Gott mächtig, heilig, gerecht, barmherzig, allgegenwärtig ist, das wäre dann doch mehr im Blick auf eine Bilderwelt gesagt, in der er für uns existiert, als im Blick auf ihn selbst als den, der er in Wirklichkeit ist. Der Glaube an ihn könnte dann im Grunde doch nie ganz frei werden von einem allerletzten Mißtrauen gegen einen Herrn, dem es gefällt, sich so und so, in diesen und diesen Gestalten zu einer Art von Spiel mit uns herzugeben, ohne doch sich selbst in Wirklichkeit herzugeben, ohne uns doch die Gewähr dafür zu geben, daß er nicht in sich selbst noch einmal ein so ganz Anderer, von den Gestalten des mit uns gespielten Spiels seiner Herrlichkeit so Verschiedener sein könnte, daß es sich vielleicht doch nicht lohnte, sich an diesem Spiel oder an dieser Ökonomie zu beteiligen. Der Mensch könnte und kann der so verstandenen Herrlichkeit Gottes gegenüber Lust bekommen, dem dunklen Geheimnis seiner eigenen Existenz (als dem ihm immerhin naheliegenderen Geheimnis!) jener ganzen, bloß ökonomischen Herrlichkeit Gottes bezw. dem sich dahinter verbergenden Unbekannten, jenem unlebendigen Sein gegenüber den Vorzug zu geben. Der Mensch stünde dann in der starken Versuchung, letzten Endes trotz der Fragwürdigkeit seiner eigenen Existenz, trotz der Löcherigkeit seiner eigenen Herrlichkeit, lieber mit diesen Lumpen vorliebnehmen, lieber sich selbst der Nächste sein zu wollen, statt sich auf eine Uneigentlichkeit einzulassen, der gegenüber er schließlich doch nicht wissen kann, in wessen Händen er sich, wenn er sich ihr anvertraut, befindet. Es wäre für den Glauben an Gott gefährlich und im letzten Grunde tödlich, wenn Gott nicht der Herr der Herrlichkeit wäre, wenn wir nicht die Gewähr dafür hätten, daß er Alles das, als was er uns in seiner Offenbarung begegnet: der Allmächtige, der Heilige, der Gerechte, der Barmherzige, der Allgegenwärtige und Ewige bei und trotz aller Bildhaftigkeit der Sprache, in der wir das Alles sagen, ohne allen Vorbehalt tatsächlich ist: nicht weniger sondern unendlich viel mehr als wir es fassen können, in Wirklichkeit und das heißt nicht nur für uns sondern in sich selber. So redet die heilige Schrift von Gott, daß sie uns diese Gewähr gibt. Sie weist uns über die ganze Herrlichkeit Gottes nicht hinaus auf jenes punktuelle oder lineare Wesen, als ob dieses der eigentliche und wahre Gott, seine Herrlichkeit aber nur seine Offenbarungs- und Erscheinungsweise wäre. Sondern indem sie uns Gottes Herrlichkeit bezeugt, bezeugt sie uns, daß eben dieser Herrliche als solcher der eigentliche und wahre Gott ist. Eben damit und so ruft die Schrift uns zum ernsten und eigentlichen Glauben an Gott selbst auf und nicht bloß dazu, uns auf die Ökonomie bezw. auf das Spiel eines großen Unbekannten, möge er auch der in der Freiheit Liebende heißen, einzulassen. Diese biblische Einheit des Herrn mit seiner Herrlichkeit zu bezeugen und darzustellen, ist die Aufgabe der Lehre von den göttlichen Vollkommenheiten.

Man muß diese Aufgabe aber auch von der anderen Seite sehen: es kann die **Herrlichkeit** Gottes zerstreut, aufgelöst und herrenlos gesehen und verstanden werden. Sie besteht dann gewissermaßen in einer Versammlung von mächtigen Potentaten, von denen sich der Mensch umgeben sieht und von denen er nun auf Grund der Offenbarung glauben soll, daß er es in ihnen allen mit «Gott» zu tun habe. Er soll an ein Alles durchdringendes, in Allem gegenwärtiges Eines glauben und an dessen unendliche und unwiderstehliche Macht. Er soll nun aber auch an eine über ihm und der Welt waltende Heiligkeit und Gerechtigkeit glauben, an der er gemessen und der er verantwortlich ist, ohne ihr jemals genügen zu können. Er soll aber darüber hinaus auch noch an eine Güte und Barmherzigkeit glauben, an eine Geduld, die über Allem waltet, wohl auch an eine Weisheit, die Alles aufs Beste ordnet, zusammenhält und zum Ziele führt und schließlich an eine Ewigkeit, von der er, der Mensch, schlechterdings herkommt, der er schlechterdings entgegengeht. Wie wird ihm bei alledem? Was für eine fremdartige, offenbar unübersichtliche, ungeordnete und widerspruchsvolle Welt letzter Dinge, in der er sich da befindet — um so widerspruchsvoller, je ernster er jetzt diesen, jetzt jenen von jenen göttlichen Potentaten nimmt, je aufrichtiger er es zu Herzen nehmen will, daß er es in ihnen allen mit der Gottheit zu tun habe! Wirklich mit der Gottheit? Wirklich mit Gott selber? Das ist ja eben die Frage, ob diese ganze vermeintliche Herrlichkeit Gottes nicht in Wirklichkeit eine Welt von Ideenmächten, von Herrschaften, Fürstentümern und Gewalten sein möchte, die als die objektivierte Projektion des menschlichen Wünschens und Fürchtens schließlich doch nicht weniger, ja in gewissem Sinn noch viel mehr Welt wäre als die übrige Welt und als der Mensch selber. Wo und wer ist Gott in dieser seiner angeblichen Herrlichkeit? Ist er mehr als ein Sammelname für allerlei vermeintlich Höchstes und Letztes, das als solches wohl auch ohne ihn göttlich wäre? Wie muß man an dieser Herrlichkeit irre werden, wenn die Erkenntnis, daß sie Gottes Herrlichkeit ist, ein bloßer, nachträglicher und als solcher ohnmächtiger Zusatz ist zu der eigentlichen Meinung, in der sie doch nur der Kosmos oder vielmehr: das Chaos gewisser hypostasierter Prinzipien ist! Welche Knechtschaft bedeutet dann der vermeintliche Gottesdienst, die vermeintliche Frömmigkeit! Und welcher Aufruhr steht dann auch hier im Hintergrunde unserer Unterwerfung, welche Lust zum Ausbrechen aus der Knechtschaft unter Herren, die ihren Herrschaftsanspruch schon durch ihre Vielzahl so offenkundig kompromittieren, mit denen man offenbar allenfalls auch so fertig werden kann, daß man sich ihnen **allen** gegenüber unabhängig zu machen versucht, d. h. daß man die Verfügung darüber, was heilig, gerecht, gut, ewig und was in dem Allem das Eine sein möchte, sich selber zuschreibt. Wieder müßte es für den Glauben gefährlich und letztlich tödlich sein, wenn Gott nicht der **Herr** der Herrlichkeit wäre, wenn wir nicht die Gewähr dafür hätten, daß alles, was im Himmel und auf Erden wahrhaft herrlich und also Macht, Güte, Gerechtigkeit, Weisheit usw. sein kann, von ihm selbst nicht verschieden, sondern schlechterdings Er selber ist. Wiederum liegt hier von der heiligen Schrift her Alles ganz klar. Sie weist uns, indem sie uns die Herrlichkeit Gottes bezeugt, nicht dahin und dorthin, nicht auf allerlei Potentaten von denen wir uns dann nachträglich sollten sagen lassen, daß sie Gottes Vertreter und Diener seien. Sondern nach der Schrift ist alle Herrlichkeit Gottes gesammelt, zusammengerafft und geeint in ihm selber als dem Herrn der Herrlichkeit. In der Schrift haben wir es, indem Gott ganz bestimmte Eigenschaften, eine Fülle von Vollkommenheiten hat, nie mit diesen Eigenschaften oder Vollkommenheiten als solchen, sondern mit ihnen als den seinigen und so immer unmittelbar mit ihm selbst zu tun. Darum und so kann die Schrift uns zum Glauben aufrufen, der nicht in der Bejahung von allerlei Höchstem und Letztem, sondern in der Bejahung einer einzigen echten über uns aufgerichteten Herrschaft besteht, einer Bejahung, die mit knechtischer Unterwerfung nichts zu tun hat, die keine Furcht und darum auch nicht den Keim des Aufruhrs in sich trägt. Aufruhr gegen diesen Herrn gibt es nur in Form der Rückkehr in die Knechtschaft, in den vermeintlichen Gottesdienst, in die vermeintliche Frömmigkeit, die wir einer diffusen Herrlichkeit, die nicht die Gottes ist, meinen darbringen zu sollen. Die biblische Einheit aller Herrlichkeit mit ihrem Herrn darzustellen: das ist die Aufgabe der Lehre von Gottes Vollkommenheiten von ihrer anderen Seite gesehen.

Man bemerke, daß wir es in dieser Sache mit einer genauen Parallele zu dem Anliegen der Trinitätslehre zu tun haben. Dem Herrn der Herrlichkeit hier entspricht dort der eine Gott in den drei Seinsweisen. Wie es dort entscheidend wichtig ist, die drei Seinsweisen nicht nur im Sinn des Modalismus ökonomisch, sondern entsprechend dem Ernst der göttlichen Gegenwart und Wirkung gerade in der Ökonomie seiner Werke, als Seinsweisen des einen ewigen Gottes selbst zu verstehen, so ist es hier entscheidend wichtig, zu erkennen, daß Gott selbst von seiner Herrlichkeit, von seinen Vollkommenheiten, nicht entblößt, daß er nicht nur nachträglich, erst in seinem Handeln mit der Welt mit ihnen bekleidet ist, daß sie vielmehr seine ihm eigene ewige Herrlichkeit bilden. Und wie es dort entscheidend wichtig ist, den einen Gott nicht tritheistisch in drei Gottheiten aufzulösen, sondern die drei Seinsweisen streng als die Seinsweisen des einen Gottes zu verstehen, mit dem wir es in allen seinen Werken zu tun haben, so ist es hier entscheidend wichtig, Gottes Herrlichkeit und seine Vollkommenheiten nicht für sich und als solche, sondern als die Herrlichkeit des Herrn zu verstehen, der allein sie als wirkliche Herrlichkeit zu konstituieren, zu offenbaren, und zu bestätigen vermag. — Die Eigenschaften oder Vollkommenheiten Gottes sind sozusagen die Buchstaben des göttlichen Wortes. Nur durch den Zusammenhang und die Einheit dieser Buchstaben ist es Wort. Aber wiederum nur in ihrem Zusammenhang und in ihrer Einheit können die Buchstaben Wort sein. So wird die Lehre von Gottes Vollkommenheiten auf Schritt und Tritt nur in der Entfaltung und Bestätigung der Lehre von seinem Wesen bestehen, wir werden tatsächlich nur fortfahren können zu sagen, daß er der Liebende in der Freiheit ist. Eben zu dieser Entfaltung und Bestätigung der Lehre von Gottes Wesen, eben zum Begehen dieses Weges muß es aber in der Lehre von Gottes Vollkommenheiten kommen.

Wir richten unsere Aufmerksamkeit zunächst auf die Frage: inwiefern hier tatsächlich von Vollkommenheiten (in der Mehrzahl) inwiefern von der Herrlichkeit Gottes als von einer Vielheit von Vollkommenheiten und also von diesen in ihrer Einzelheit und Unterschiedenheit gesprochen werden kann? darf und muß. Dieses Können, Dürfen und Müssen ist nicht selbstverständlich.

Daß es eine solche Vielheit, daß es Einzelheiten und also Unterschiedenheit objektiv in Gott selbst gebe, das ist im Gegensatz zu dem, was wir eben als das Verhältnis von Einfachheit und Reichtum im Wesen des Herrn der Herrlichkeit angedeutet haben, in der Geschichte der christlichen Gotteslehre auf breiter Front, mehr oder weniger konsequent und ausdrücklich, aber in der Sache bestimmt bestritten worden. Es ist die Vielheit der Eigenschaften im Gegensatz zu der Einheit des Wesens Gottes immer wieder als uneigentlich, es ist die Einheit seines Wesens immer wieder als die allein eigentliche Bezeichnung seines Seins behauptet worden. Wir werden zwischen einem extremen und einem gemäßigten, bezw. vermittelnden Gegensatz, mit dem wir es hier zu tun haben, unterscheiden müssen, ohne doch übersehen zu können, daß wir ihm in beiden Formen gleich bestimmt entgegentreten müssen.

Der extreme Gegensatz ist die streng nominalistische These, wie sie im Altertum von Eunomius und im Mittelalter von Wilhelm v. Occam und Gabriel Biel vertreten worden ist, nach denen alle einzelnen und unterschiedlichen Aussagen über Gottes Wesen als solche keinen andern Wert als den von rein subjektiven Vorstellungen und Benennungen (*conceptus, nomina*) haben, denen in Gott, dem schlechthin Einfachen, keine Realität entspricht. Nach Eunomius wäre Gott tatsächlich nur als *nuda essentia* zu bezeichnen! Im Sinn dieses extremen Gegensatzes — der in Gestalt einer These von Meister Eckhart (*nulla distinctio in ipso Deo esse potest aut intelligi*) durch Papst Johannes XXII 1329 als unkirchlich verurteilt worden ist — ist doch wohl auch Schleiermacher zu verstehen, nach welchem alle Eigenschaften, die wir Gott (dessen Wesen sich nach ihm in dem Begriff der Ursächlichkeit erschöpfen würde) beilegen, nicht etwas Besonderes in Gott bezeichnen, sondern nur etwas Besonderes in der Art, das schlechthinige Abhängigkeitsgefühl auf ihn zu beziehen, um verschiedene Momente des religiösen Selbstbewußtseins als solchen (Der chr. Glaube § 50). «Entsprechend der absoluten Einheit Gottes werden wir in den Eigenschaften nichts Anderes erblicken als einen für unser Denken unvermeidlichen Ausdruck der an sich schlechthin einheitlichen Gottheit» (R. Seeberg, Chr. Dogmatik 1. Bd. 1925, S. 399).

Nach dem in dieser Sache die Mitte bildenden Hauptstrom der theologischen Überlieferung wäre nun freilich der Nachdruck im Unterschied zu diesem strengen Nominalismus weniger auf die Negation, weniger auf das «nur» als auf das Positive zu legen, daß die Aussagen von einer in Gott bestehenden Vielheit von Vollkommenheiten tatsächlich Aussagen unserer Erkenntnis Gottes seien. — Das konnte entscheidend im Blick auf die Eigenart, d. h. auf die Beschränktheit des menschlichen Erkennens als solchen diesem Gegenstand gegenüber gesagt werden. So definierte Irenäus die Eigenschaften Gottes als *earum virtutum quae semper sunt cum Deo appellationes, quemadmodum possibile est et dignum hominibus audire et dicere de Deo.* (*Adv. o. h.* II 13, 9). So schrieb Thomas v. Aquino: *De Deo loquentes, utimur nominibus concretis, ut significemus eius*

§ 29. Gottes Vollkommenheiten

subsistentiam, quia apud nos non subsistunt nisi composita: et utimur nominibus abstractis, ut siginificemus eius simplicitatem. Quod ergo dicitur Deitas vel vita vel aliquid huiusmodi, esse in Deo, referendum est ad diversitatem, quae est in acceptione intellectus nostri et non ad aliquam diversitatem rei (S. theol. I qu. 3 art. 3 ad 1). Deus in se consideratus est omnino unus et simplex: sed tamen intellectus noster secundum diversas conceptiones ipsum cognoscit, eo quod non potest ipsum ut in se ipso est, videre. Sed quamvis intelligat ipsum sub diversis conceptionibus, cognoscit tamen quod omnibus suis conceptionibus respondet una et eadem res simplex. (ib. qu. 13 art. 12 c.) Und noch positiver: *Sicut diversae res uni simplici rei, quae Deus est, similantur per formas diversas, ita intellectus noster per diversas conceptiones ei aliqualiter similatur ... Et ideo de uno intellectus noster multa concipiens non est falsus neque vanus, quia illud simplex esse divinum hujusmodi est, ut ei secundum formas multiplices aliqualiter assimilari possint (S. c. gent. I 35).* So Polanus: *Proprietates Dei essentiales ut non realiter, ita nec ex natura rei sed ratione distinguntur, aut modo potius, id est nostra conceptione et comprehensione seu nostro intelligendi modo (Synt. theol. chr.* 1609, *col.* 902.) So Quenstedt: *Quia intellectus noster finitus infinitam et simplicissimam Dei essentiam uno conceptu adaequato adaequate concipere nequit, ideo distinctis et inadaequatis conceptibus essentiam divinam inadaequate repraesentantibus eandem apprehendit, qui conceptus inadaequati dicuntur affectiones et attributa Dei (Theol. did. pol.* 1685 *I c.* 8 *sect.* 1 *th.* 3). Was dann von Wegscheider gröblich auch so formuliert werden konnte: *Cognitio attributorum Dei... ob mentis nostrae imbecillitatem ita comparata est, ut... anthropopathiam plus minusve redoleat, nec nisi analogice, symbolice atque imperfecte esse possit (Inst. Theol.* 1815 § 60). — Es konnte der Ton aber auch darauf gelegt werden, daß Gott selbst sich, indem er in jener Vielheit seiner Eigenschaften erkannt wird, zu uns herabgelassen, sich unserem Erkenntnisvermögen angepaßt hat. So meinte es wohl Joh. Damascenus: Gott ist ohne Namen, «läßt sich aber aus Güte benennen nach dem, was uns entspricht» (*Ekd.* I 12). So Calvin: Die Eigenschaften Gottes sagen *non quis sit apud se, sed qualis erga nos: ut ista eius agnitio vivo magis sensu quam vacua et meteorica speculatione constet (Inst.* I 10, 2). So Wolleb: *Proprietates divinae sunt attributa Dei, quibus se nobis infirmis cognoscendum praebet et a creaturis distinguit (Chr. Theol. comp.* 1626 I 1, 2). Und so sind die Eigenschaften Gottes nach C. I. Nitzsch begriffliche Auffassungen der wirklichen Beziehungen Gottes zur Welt: «Die Idee Gottes schließt sich nur auf Anlaß der Bewegungen und Veränderungen des Selbst- und Weltbewußtseins eigenschaftlich auf» (*Syst. d. chr. Lehre*[6] 1851, S. 149). — Der nominalistische Hintergrund und Sinn aller dieser Sätze ist doch unverkennbar. Das ist deutlich: man möchte auf diesem Boden die Eigenschaften Gottes als solche nicht einfach preisgeben und leugnen, man möchte sie sogar behaupten und man tut das auch. Sogar Schleiermacher tut das und erst recht Thomas v. Aquino, erst recht die protestantische Orthodoxie, die sich durchgängig auf diesen Boden stellte. Man konnte sogar mit Quenstedt die These vertreten: *Attributa divina ante omnem intellectus nostri operationem revera et proprie sunt in Deo (Theol. did. pol.* 1685 *I c.* 8 *sect.* 2, *qu.* 2), mit der die nominalistische Grundanschauung scheinbar — aber doch nur scheinbar — gesprengt war. Auch Polan wußte: *Proprietates essentiales Dei sunt in Deo ab aeterno in aeternum... non sunt posteriores essentia Dei quia reipsa sunt idem... Sine proprietatibus divinis essentialibus Deus esse non potest, ne sine seipso sit (ib. col.* 903 f.). Und auch Petrus van Mastricht: *Omnia attributa vere Deo competere. Est enim, non per cogitationem tantum nostram, sed ex naturae suae conditione bonus, sapiens, justus etc. (Theor.-pract. Theol.* 1698 II *cap.* 5, 7). Aber unmittelbar darauf fährt Polan dann doch fort: *Non sunt proprie loquendo multae proprietates in Deo sed una tantum, quae nihil aliud est quam ipsa divina essentia...*

sed respectu nostri quasi multae proprietates dicuntur, quia in nobis sunt multae.
Und so nimmt sich auch Quenstedt zurück: *Si enim proprie et accurate loqui velimus, Deus nullas habet proprietates sed mera et simplicissima est essentia quae nec realem differentiam, nec ullam vel rerum vel modorum admittit compositionem... Quia vero simplicissimam Dei essentiam uno adaequato conceptu adaequate concipere non possumus, ideo inadaequatis et distinctis conceptibus inadaequate essentiam divinam repraesentantibus eum apprehendimus, quos ... attributa vocamus. Et sic intellectus noster distinguit, quae ex parte rei distincta non sunt* (ib. *ekth.* 3). So auch Petrus van Mastricht: *Attributa Deo competere quasi in esse quodam secundo, quatenus prius essentiam Dei concipimus velut radicem a qua attributa oriuntur. Concipimus enim, Deum esse, antequam concipere possumus, eum misericordem, sapientem, justem esse* (a. a. O.). Man konzedierte zwar gerne, dieser *modus concipiendi* sei *non destitutus omni fundamento in re* (Quenstedt, ib. *font. sol.* 5) und gründete darauf das Recht und die Notwendigkeit *vere et proprie* und nicht nur anthropopathisch von Gottes Eigenschaften zu reden — auch in der dem Thomas folgenden katholischen Dogmatik ist von diesem *fundamentum in re* viel die Rede — man hat sich aber nie darauf eingelassen, zu erklären, was unter diesem *fundamentum* nun etwa zu verstehen sei. Man konnte sich auch nicht darauf einlassen; denn die Voraussetzung war festgelegt: unter dem Wesen Gottes sollte nun einmal seine *essentia* als solche, d. h. aber im Grunde doch seine *nuda essentia* zu verstehen sein, deren Einfachheit begriffsmäßig das Erste, Letzte und Eigentliche, das *proprium* sein mußte, von dem in dieser Sache zu reden war, dem gegenüber jede andere Aussage keinen anderen Charakter als den einer Konzession, einer bloß sekundär gültigen Wahrheit bekommen konnte. Es ist gerade bei Polan, Quenstedt und van Mastricht sehr deutlich, daß sie bemüht sind, dem Gewicht, mit dem die Bibel von einem eigenschaftlich bestimmten Wesen Gottes redet, gerecht zu werden. Es kann der Satz, daß die *proprietates Dei* keine *qualitates aut accidentia* seines Wesens, sondern dieses Wesen selbst seien, geradezu als der Kernsatz der alten Eigenschaftslehre bezeichnet werden. Seine Interpretation aber geschah nun doch unfehlbar und auf der ganzen Linie zu ungunsten der *proprietates:* so nämlich, daß die *proprietates* ihre Eigentlichkeit letztlich verlieren mußten zugunsten der *essentia,* so also, daß sie als nicht in dieser *essentia* als solcher, sondern — trotz gelegentlicher Vorbehalte, ja trotz gelegentlicher glücklicher Behauptungen des Gegenteils — so oder so doch nur als in deren Relationen zu uns bezw. als in unseren Relationen zu ihr begründet erklärt wurden. Daß man das Wesen Gottes in jenem reinen Sein zu finden gemeint, daß man seinen Gottesbegriff nicht von der Trinitätslehre, sondern auch seine Trinitätslehre von einem allgemeinen Gottesbegriff (dem der antiken Stoa und des Neuplatonismus) her bestimmt hatte, das rächte sich jetzt an empfindlichster Stelle. Von jenem Gottesbegriff her mußte man den Begriff der Einfachheit Gottes zu jenem Alles beherrschenden Prinzip, zu jenem Götzenbild erheben, das, alles Konkrete verschlingend, im Hintergrund aller jener Sätze steht. Von ihm her konnte man das nicht fruchtbar machen, was noch Augustin mit seinem Wort von der *multiplex simplicitas* oder *simplex multiplicitas* so glücklich angedeutet hatte: die in Gott bestehende und triumphierende Einheit des Herrn mit der Herrlichkeit, der Herrlichkeit mit dem Herrn. Von ihm her konnte man nur schwankend von der Realität der göttlichen Vollkommenheiten reden. Von ihm her mußte man, wenn man von Gott redete, im Grunde nur die Einfachheit und nicht den Reichtum, im besten Fall die Einfachheit seines Reichtums, im Grunde aber doch nur die Einfachheit meinen. Von ihm her konnte man durch alle Bestimmtheit hindurch letztlich doch nur in das Loch der *nuda essentia* zielen und zeigen. Daß man dies nur «letztlich» tat, daß man wenigstens schwankte, daß man das durch die Bibel gestellte Thema nicht einfach fallen ließ, sondern trotz der fremdartigen Voraussetzung und im Rahmen der damit vorgegebenen Bedingungen

wenigstens aufnahm und zur Geltung zu bringen suchte, das war das Beste an allen diesen Entwürfen. Aber daß man zwischen Realität und Nicht-Realität, zwischen objektiver und bloß subjektiver Unterscheidung der göttlichen Eigenschaften tatsächlich schwankte, daß man sich damit, wie D. F. Strauß (Die chr. Glaubenslehre 1840 1. Bd., S. 541) spottete, in eine «unglückliche Mitte» stellte, das ist nicht zu bestreiten. Sie mußte darum eine «unglückliche» Mitte sein, weil daselbst die Eigenschaften Gottes zwar *proprie* behauptet werden sollten und doch nicht behauptet werden konnten, weil das *proprie*, indem man es in den Mund nahm, als ein *improprie* interpretiert werden mußte, weil man daselbst nur behaupten konnte, was man mit dem ganzen Ansatz schon geleugnet hatte.

Es gehört zum Ruhm einiger deutscher Theologen des 19. Jahrhunderts, daß sie hier nicht nur mit dem ganzen, sondern auch mit dem halben Nominalismus der thomistischen und protestantisch-orthodoxen Überlieferung grundsätzlich gebrochen haben: «Der christliche Glaube lebt im Angesichte des ewigen und allgegenwärtigen, des heiligen und gnädigen Gottes und so wenig fallen ihm diese Bestimmungen... in das subjektive Gebiet bloßer Anschauung von Gott, die nicht etwas in Gott Seiendes ausdrückte, hinein, daß Gott ohne solche Attribute für ihn aufhören würde, der reale und lebendige Gott zu sein — er würde zu einem unlebendigen schattenhaften Abstractum. Daß damit Gott in seinem Ansichsein Vieles, Mannigfaltiges, Unterschiedenes beigelegt wird... kümmert den Glauben nicht und macht ihn nicht irre an Gottes Absolutheit und Einheit. Im Gegenteil, er würde Gott gar nicht als den Realen, Absoluten, Einen anerkennen, wenn er ihm nicht das Attribut der Ewigkeit und der Allmacht und der Heiligkeit beilegen dürfte als ihm objekiv eignende». Es kann die «dogmatische Auffassung dieser Eigenschaften nur dann dem Glaubensbewußtsein entsprechen, wenn beide Seiten, die objektive Realität der Attribute als dieser mannigfachen und ihrem Begriff nach nicht zusammenfallenden — und zugleich die ungebrochene Einheit Gottes, auf welche die Eigenschaften zurückgehen, ja die sie erst zu dem macht, was sie in ihrer Mannigfaltigkeit Reales sind, für die Erkenntnis hervortreten und sich widerspruchslos vermitteln». (F. H. R. Frank, Syst. d. chr. Wahrh.² 1885, 1. Bd., S. 222 f.) Der Satz, daß die Eigenschaften Gottes nichts Anderes sind als das Wesen Gottes, ist richtig — und richtig ist auch der andere Satz, daß sich in ihnen das Verhältnis Gottes zu Anderem, Geschaffenem kundgebe; nicht richtig ist es aber, diese beiden Sätze sich so gegenüberzustellen, «als wäre um deswillen, weil Gottes Verhältnis zu Anderen sich darin kundgibt, den Eigenschaften weniger oder nicht das göttliche Wesen oder als wäre dadurch daß die Attribute in der Tat das göttliche Wesen sind und ausdrücken, irgendwie ausgeschlossen, daß sie es sind und ausdrücken in der Relation zu Anderem. Denn zu dem göttlichen Wesen müssen sie doch wohl gehören, müssen das göttliche Wesen konstituieren und bezeichnen, wenn sie überhaupt göttliche Eigenschaften sind und Alles, was göttlich ist, Gott nicht erwächst aus Anderem, was nicht er selbst ist» (a. a. O. 226). «Steht Gott nur im Verhältnis zur Welt, so sind auch alle seine Eigenschaften nur Beziehungen, Offenbarungen und Wirkungsweisen nach außen... und diese Ansicht gefährdet die Unabhängigkeit Gottes von der Welt; denn er wird dann immer erst durch die Beziehung zur Welt, was er ist... Nun besteht aber ein Verhältnis Gottes zu sich selbst... Und eben darauf beruht das Recht, immanente oder wesentliche Eigenschaften Gottes festzustellen» (G. Thomasius, Christi Person und Werk³ 1886, 1. Bd., S. 38). Auf derselben richtigen Linie hat auch J. A. Dorner argumentiert: «Kann oder will Gott uns kein Wissen von seinem in sich Sein, sondern nur von seinem Sein in der Welt gönnen, so offenbart er in der Welt, weil nicht sich, notwendig ein Anderes als sich selbst» (System der chr. Glaubenslehre², 1. Bd. 1886, S. 191). «Da Gott weder anders kann scheinen wollen als sein, noch eine dualistische Macht seinen Offenbarungswillen hindert, so wird nur übrig bleiben, in Gottes

Offenbarungen seiner selbst Offenbarungen davon, was und wie er ist (nicht was und wie er nicht ist) also die Offenbarung objektiver Eigenschaften zu sehen» (a. a. O. S. 186). — Dies ist die Linie, auf der wir weiter zu denken haben.

Wir entwickeln die Wahrheit der Vielheit, Einzelheit und Unterschiedenheit der Vollkommenheiten Gottes — im Blick auf deren nominalistische Bestreitung und auf deren halbnominalistische Abschwächung und in Auseinandersetzung mit beiden — in drei erklärenden Sätzen:

1. **Die Vielheit, Einzelheit und Unterschiedenheit der Vollkommenheiten Gottes ist die seines *einen* und also nicht die eines mit ihm verbundenen anderen göttlichen Wesens.** Man hat der realistischen Auffassung der göttlichen Vollkommenheiten gegenüber die Frage aufgeworfen: ob mit ihr nicht die Existenz eines zweiten, eines uneigentlich Göttlichen in Gott behauptet werde? Diese Frage ist rundweg zu verneinen. Indem Gott allmächtig, ewig, weise, barmherzig usw. ist, kommt zu seinem Sein als der Liebende in der Freiheit nichts Neues, nichts Anderes, nichts Halbgöttliches hinzu. Sondern eben Gottes Sein als der Liebende in der Freiheit ist sein göttliches Sein in der Vielheit, Einzelheit und Unterschiedenheit dieser seiner Vollkommenheiten. Er hat nicht diesen Reichtum, sondern Er selbst ist dieser Reiche. Er ist, was er ist, nicht irgendwo in der Höhe oder Tiefe jenseits dieser seiner Vollkommenheiten in ihrer Vielheit, Einzelheit und Verschiedenheit, sondern er ist selbst der Vollkommene in der Vielheit, Einzelheit und Verschiedenheit dieser seiner Vollkommenheiten. Es kann jede Frage: Wie ist Gott? sich selber nur verstehen als Wiederholung der Frage: Wer ist Gott? und jede Beantwortung jener Frage nur als Wiederholung der Antwort, die uns auf diese Frage durch Gott selber gegeben ist, der Antwort, die diese Frage: Wer ist Gott? und also auch die Frage: Wie ist Gott? als Fragen möglich und notwendig macht. Indem wir Gott allmächtig, ewig, weise, barmherzig nennen, wiederholen wir nur diese Antwort, nennen wir ihn nur noch einmal und noch einmal den Liebenden in der Freiheit. Aber eben diese Antwort ist von ihrem Ursprung, von dem Lebendigen her, der der Liebende in der Freiheit ist, so beschaffen, daß wir sie noch und noch einmal wiederholen müssen: ohne von einem anderen Wesen als von Gottes einem Wesen zu reden, aber in Erkenntnis und Betätigung des Reichtums eben des einen Wesens Gottes: noch und noch einmal. Gott ist Alles, was er ist, wesentlich. Er ist aber wesentlich nicht nur Eines, sondern Vieles, Einzelnes, Unterschiedenes. Und dies eben sind seine Vollkommenheiten.

Der der realistischen Auffassung dieser Vollkommenheiten entgegengestellte Satz: *In Deum non cadit accidens* ist also an sich schon richtig. Er muß aber, gerade weil er so richtig ist, nach beiden Seiten zur Anwendung gebracht werden. Wenn Gilbert de la Porrée († 1154) lehrte, die Gottheit als die Fülle der göttlichen Eigenschaften sei real verschieden von Gott, Gott sei Gott durch die Gottheit, wie der Mensch Mensch sei durch die Menschheit, so trat ihm Bernhard von Clairvaux und so trat ihm die Synode von Reims (1148) in Gegenwart von Papst Eugen III. mit Recht entgegen mit der Feststellung: *non aliquo sensu catholico posse negari, quin divinitas sit Deus et Deus divinitas. Si vero dicitur: Deum sapientia sapientem, magnitudine magnum, aeternitate aeternum, unitate unum, divinitate deum esse et alia huiusmodi* — *credimus nonnisi ea sapientia, quae est ipse Deus, sapientem esse, nonnisi ea magnitudine, quae est ipse Deus, magnum esse, nonnisi ea aeternitate, quae est ipse Deus, aeternum esse, nonnisi ea unitate, quae est ipse Deus, unum esse, nonnisi ea divinitate, Deum, quae est ipse, id est se ipso sapientem, magnum, aeternum, unum Deum* (Denz. Nr. 389). — Zwei Jahrhunderte später hat dieselbe Sache, leider mit ganz entgegengesetztem Resultat, auch die griechische Kirche beschäftigt. Es waren die Mönche vom Berge Athos, die unter Führung des Gregorius Palamas die Lehre vortrugen von einem ewigen, ungeschaffenen und doch der Kreatur mitteilbaren ewigen Lichte, das unter anderem auf dem Berge der Verklärung geleuchtet habe und auch ihnen aufgegangen sei. In der durch den Widerspruch des Mönches Barlaam hervorgerufenen Diskussion haben diese sogen. Hesychasten (so genannt, weil sie es eigentlich auf eine theologische Begründung der Mystik abgesehen hatten!) die Anschauung herausgearbeitet: daß dieses Licht, obwohl ἄκτιστον, überirdisch und göttlich als Inbegriff aller göttlichen Wirkungen, Zuflüsse und Kraftäußerungen in seinem Verhältnis zur Welt vom eigentlichen Wesen Gottes unterschieden werden müsse und gleichsam eine Mittelstufe des Göttlichen darstelle, auf der es einer Berührung mit der Kreatur fähig werde und dieser ihrerseits eine höhere Natur vermitteln könne. «Es sind die von Gott ausgehenden und doch unlöslich mit ihm verbundenen Gottheiten (θεότητες) die Ausstrahlungen der in sich geschlossenen Trinität» (P. R. E.³ Bd. 8 Art. Hesychasten). Darauf ist von der Gegenseite, besonders von Nicephorus Gregoras leider vergeblich erwidert worden: Eine solche Unterscheidung zwischen dem Wesen und der Wirksamkeit Gottes müsse entweder zur Behauptung einer weiteren göttlichen Hypostase und also zu einer Quaternität Gottes oder aber zur Annahme einer subjektlosen göttlichen Wirksamkeit in der Welt führen, zu einer Lehre von zwei Göttern, einem ὑπερκείμενος und einem ὑφείμενος. Gottes Wesen sei in sich nicht wirkungslos und Gottes Wirken sei das seines Wesens; Gott habe aber nicht nur, sondern Gott sei αὐτοενέργεια und in ihm selber sei auch alle Duplizität und Multiplizität, die er in seinem Verhalten zur Welt beweise und bewähre, zu suchen und zu finden. Aber die abstrakte Konzeption von der Einfachheit des göttlichen Wesens auf der einen und das Drängen auf eine in der Mystik unmittelbar zu erlebende Wirksamkeit Gottes auf der anderen Seite waren in der griechischen Theologie und Kirche von jeher viel zu stark gewesen, als daß es hier ein Aufhalten hätte geben können: eine Synode von Konstantinopel 1351 hat sich — übrigens ohne begriffliche Klarheit zu schaffen, — auf Seiten der Hesychasten gestellt und auf deren Lehre muß die östliche Orthodoxie bis auf diesen Tag angesprochen werden. Die Westkirche hat sich mit Recht auf Seiten des Barlaam und seiner unterlegenen Anhänger gestellt; denn die hesychastische Lehre trennt, was nicht getrennt werden darf, wenn aus dem Wesen und den Eigenschaften Gottes nicht in der Tat zwei getrennte göttliche Bereiche, wenn das Wesen Gottes nicht völlig gestaltlos und die Gestalt Gottes nicht völlig wesenlos werden sollen. — Es muß aber gefragt werden, ob sich die westliche Orthodoxie, sofern sie sich auf die seminominalistische Linie verlegte, und also die Eigenschaften Gottes entscheidend doch nur in seinem Verhalten nach außen suchen wollte, nicht selber (man beachte z. B. den oben angeführten Satz des Petrus van Mastricht von dem *esse quodam secundo,* in welchem die Attribute Gottes ihre Realität hätten!) auf dem Wege zu den Irrtümern des Gilbert de la Porrée und des Gregorius Palamas befunden hat. Will man diese Irrtümer vermeiden, dann wird man nicht nur die Trennung der Eigenschaften vom Wesen Gottes bestreiten, sondern auch das in unserem Satz ausgedrückte Positive beachten und unterstreichen müssen: daß die Vollkommenheiten Gottes in ihrer Vielheit, Einzelheit und Unterschiedenheit nicht nur die seines Verhaltens zur Welt, sondern die seines eigenen Wesens, seines Seins als der Liebende in der Freiheit sind.

2. Die Vielheit, Einzelheit und Unterschiedenheit der Vollkommenheiten Gottes ist die seines *einfachen* und also nicht in sich geteilten und zusammengesetzten Wesens. Vielheit, Einzelheit und Unterschiedenheit sind in Gott in keinem Widerspruch mit der Einheit. Sondern das ist gerade die Einheit seines Wesens: die Vielheit, Einzelheit und Unterschiedenheit seiner Vollkommenheiten, die als die seinigen keiner Auflösung und also keiner Trennung, keiner Nicht-Identität und die wiederum als die seinigen doch echter Vielheit, Einzelheit und Unterschiedenheit fähig sind. Das Viele, was von Gott zu sagen ist, kann also auch in seiner Vielheit, weil es um das Viele Gottes geht, nur das Eine meinen. Es muß aber das Eine, was von Gott zu sagen ist, ebenso notwendig, weil es das Eine Gottes ist, das Viele meinen. Es kann jedes Einzelne, was von Gott zu sagen ist, nur das Eine, es muß aber das Eine, was von ihm zu sagen ist, notwendig auch jedes Einzelne als solches und die Gesamtheit alles Einzelnen meinen. Es kann jede Unterschiedenheit in Gott nur so behauptet werden, daß sie zugleich seine Einheit und also auch die Nichtverschiedenheit des Unterschiedenen behauptet. Aber wiederum wäre das nicht die Einheit Gottes, in der keine Unterschiedenheit erkannt und anerkannt würde. Unser Satz bedeutet also einerseits: daß jede einzelne Vollkommenheit Gottes nichts Anderes ist als Gott selbst und also auch nichts Anderes als jede andere seiner Vollkommenheiten. Er bedeutet aber andererseits ebenso streng: daß Gott selbst nichts Anderes ist als jede einzelne seiner Vollkommenheiten in ihrer Einzelheit und daß jede einzelne seiner Vollkommenheiten mit jeder anderen und mit der Fülle aller anderen identisch ist.

Totus ipse sibimet ipsi similis et aequalis est; totus quum sit sensus et totus spiritus et totus sensualitas et totus ennoia et totus ratio et totus auditus et totus oculus et totus lumen et totus fons omnium bonorum (Irenaeus, *Adv. o. h.* II 13, 3). Καθ' ὅλον γὰρ οὐδὲν ἐφ' ἑαυτοῦ τῶν ὑψηλῶν τούτων ὀνομάτων διεζευγμένων τῶν ἄλλων ἀρετὴ κατὰ μόνας ἐστίν. Außerhalb der Einheit mit allen anderen wird ja keine der göttlichen Vollkommenheiten gut und also göttlich sein (Gregor von Nyssa, *Or. cat.* 20). *Proprietates in Deo non sunt... res ab essentia aut a se invicem diversae* (Wolleb, *Comp. Theol. chr.* 1626 I 1, 2 c. 1). *Proprietates Dei non sunt partes essentiae divinae, sed quaelibet proprietas essentialis est ipsamet Dei essentia tota et integra, ita ut essentia Dei et essentialis Dei proprietas non sunt aliud et aliud, sed unum et idem... Quicquid Deus est aut in sese agit, uno et eodem actu, qui est ipsius essentia, id est in sese agit; ideo uno et eodem actu simplex, infinitus, immutabilis est, uno et eodem actu vivit, intelligit, vult, amat etc.* (Polan a.a.O. col. 902 f.). Man muß aber demgegenüber gleich stark betonen, was Polan auch gesagt hat (s. o.): *Proprietates essentiales Dei sunt in Deo ab aeterno in aeternum... non sunt posteriores essentia Dei, qua reipsa sunt idem... Sine proprietatibus divinis essentialibus Deus esse non potest, ne sine seipso sit: ipse enim ipsissima sapientia, bonitas, potentia est.* Man wird also den seminominalistischen Vorbehalt: als ob schließlich doch nur *improprie* von den *proprietates Dei* geredet werden könne, als ob eine undialektisch zu verstehende *simplicitas* doch das eigentlichste und innerste Wesen Gottes sei, gerade zu streichen haben. Tut man das nämlich nicht, weigert man sich, zu anerkennen, daß Gottes Wesen ü b e r dem Gegensatz von *simplicitas* und *multiplicitas* steht und beide in sich schließt und vereinigt, dann ist wieder nicht einzusehen, wie man einerseits der Anschauung von einem in seiner reinen Einfachheit zwar höchst erhabenen, aber auch gänzlich leeren wirklichen Gott entrinnen und mit welchem Recht und Nachdruck man dann anderseits doch im Blick auf Gottes Verhalten zur Welt von seinen verschiedenen Vollkommenheiten als von den Vollkommenheiten des einen wirklichen Gottes reden kann. Ist Gott der in sich selber reiche Gott und ist er auch in seinen Werken nach außen der eine wirkliche Gott, dann wird man sich weder an seine *simplicitas* noch an seine *multiplicitas* so binden dürfen, als ob man es in der einen oder in der anderen *in abstracto* mit dem Wesen Gottes zu tun habe, nicht so also, daß die eine die andere ausschließen dürfte. Man wird sich dann eben an G o t t e s *simplicitas* und an G o t t e s *multiplicitas* zu halten und einzusehen haben, daß sie sich als solche nicht ausschließen, sondern gegenseitig einschließen, vielmehr in Gott selber gegenseitig eingeschlossen sind.

3. **Die Vielheit, Einzelheit und Unterschiedenheit der Vollkommenheiten Gottes ist in seinem *eigenen* Wesen und nicht in dessen Teilnahme an anderen Wesen begründet.** Die Erkenntnis und Anerkennung göttlicher Eigenschaften kann und darf nicht dies bedeuten: daß wir Gott unter allgemeine Begriffe, unter die Höchstbegriffe unserer Erkenntnis der geschöpflichen Wirklichkeit subsumieren, ihn an deren Vollkommenheiten teilnehmen lassen. Es kann nicht an dem sein, daß wir Gott in seiner Unendlichkeit, Gerechtigkeit, Weisheit usf. erkennen und anerkennen daraufhin, daß wir von anderswoher schon wissen, was das Alles ist, um es in irgend einer eminenten Bedeutung nun auch auf Gott anzuwenden und also ein Bild Gottes nach unserem Bild der Welt, d. h. aber letztlich nach unserem eigenen Bilde zu entwerfen. Und erst recht ist es in der ontischen Ordnung nicht an dem, daß Gott an irgendwelchen von ihm selbst verschiedenen Wahrheiten und Wirklichkeiten teilnehmen, irgendwelchen allgemeinen Gesetzen des Seins überhaupt unterworfen sein würde, um dann in dieser Teilnahme, bezw. Unterordnung so oder so bestimmt, dieser und dieser Eigenschaften teilhaftig zu sein. Gott steht unter keiner Idee, in der er begründet, an der er gemessen wäre. Es gibt nicht zuerst im Allgemeinen Macht, Güte, Erkenntnis, Wille und dergleichen und dann im Besonderen auch Gott als eines von den Subjekten, denen das Alles als Prädikat zukommen würde. Sondern Alles, was Gott und in Gott ist, das ist (als Ursprung alles dessen, was von ihm verschieden, was Prädikat auch anderer Subjekte sein kann) zuerst und eigentlich in ihm, ja zuerst und eigentlich er selber als der Liebende in der Freiheit, er selber in seinem eigenen Wesen. Gott leiht sich also das, was er ist, nicht von außen, nicht von einem Anderen; sondern das ist umgekehrt das Problem alles Anderen, das außer ihm ist,

daß es, was es ist, nur sein kann auf Grund der ihm von Gott verliehenen Wahrheit und Wirklichkeit. Gott ist das Sein alles Seins und das Gesetz aller Gesetze und also auch das Sosein alles Soseins und darum ist er in sich selbst reich, vielfach, einzeln, verschieden und bedarf es nicht, das Alles erst zu werden, indem er mit dem «goldnen Überfluß der Welt» in Beziehung tritt.

Die alte Dogmatik hat dies logisch zum Ausdruck gebracht mit der Feststellung, daß Gottes Eigenschaften nicht etwa *formae accidentales seu accidentia* seien, daß sie nicht dahin verstanden werden dürften, daß Gott unter die Kategorien des Seins bezw. unseres Denkens falle: *Nihil est in Deo non per se subsistens,* also nichts, was Quantität, Qualität, Bewegung, Erleiden, Raum, Zeit und dergl. als allgemeine Möglichkeiten voraussetzt. Sondern ohne alle solche Voraussetzungen ist Gott in sich selber (als reiner Akt ohne Potentialität) die Voraussetzung aller solcher Voraussetzungen und also in sich selber in seinem Wesen unendlich, gut, weise, barmherzig. *Proprietates Dei essentiales sunt actus, prout Deus actus purissimus est et simplicissimus* (Polan, a. a. O. col. 904). Das alles wäre in seiner Weise ausgezeichnet, wenn darauf nur nicht der seminominalistische Pferdefuß folgte, der notorisch alles wieder in Frage stellt mit der Erklärung: *Proprie loquendo* gebe es doch nur eine *proprietas Dei,* nämlich seine *essentia — sed respectu nostri quasi multae proprietates dicuntur, quia in nobis sunt multae: in Deo autem sunt una reipsa; ratione tantum differunt, rationeque multae sunt, et quidem non ipsius Dei sed nostri ratione, nimirum magis ut intelligentiae nostrae accomodantur, quam ut revera sunt (quae enim creatura eas ut sunt, intelligeret?) inter se distinguuntur, quoniam tam* ὑπερούσιον καὶ ὑπερουράνιον φύσιν *explicare aut intelligere non nisi nostris verbis et pro nostri captus ratione possumus. Intellectus noster non potest uno simplici actu, sed necesse habet multis distinctisque actibus, ut alia omnia, ita et Deum cognoscere.* (a. a. O. col. 904.) Die Fiktion, die hinter dieser Erwägung steht, besteht immer wieder darin, daß man, gewissermaßen geblendet durch den platonisch-aristotelischen Begriff des Seins, in welchem man Gott zu erkennen meinte, dem Begriff des Einen gegenüber dem des Vielen eine prinzipiell höhere Dignität glaubte zuschreiben zu sollen — so viel höher, daß man in der Anwendung dieses Begriffs des Einen nun doch *proprie* von Gott glaubte reden zu können — als ob man nicht auch so *respectu nostri, pro nostri captus ratione* von Gott redete! Als ob nicht im Blick auf Gottes (aber eben Gottes!) Verborgenheit — in seiner Offenbarung — auf der ganzen Linie zuzugeben wäre, daß unsere Begriffe — unter ihnen auch der des Einen! — an sich unangemessen und ungenügend sind, Gott zu erfassen! Und als ob unter Voraussetzung dessen, daß Gott sich uns in seiner Verborgenheit offenbart und uns zur Anwendung unserer Begrifflichkeit auf ihn im Wissen um deren Beschränktheit ermächtigt und autorisiert hat, mit der Vielheit seines Seins nicht ebenso ernst gemacht werden müßte wie mit dessen Einheit! Indem man sich dieser Fiktion hingab, und auf Grund einer philosophischen Voreingenommenheit den Unterschied von *proprie* und *improprie* da einführte, wo an sich Alles *improprie,* auf Grund und nach Maßgabe von Gottes Offenbarung aber auch Alles *proprie* zu verstehen und zu sagen ist, hat man gerade das, was man doch vermeiden wollte, getan: man bestimmte einerseits das vermeintlich *proprie* zu bezeichnende Wesen Gottes zwängerisch so, als stünde es nicht über sondern unter der Idee nun gerade der Einheit. Und man machte andererseits die Fülle der göttlichen Eigenschaften als solche, die man Gott nur *improprie* zuschreiben wollte, abhängig von der Diskursivität des menschlichen Intellekts, bezw. von der Mannigfaltigkeit der geschaffenen Welt. Man arbeitete hier wie dort — programmwidrig genug — mit der Voraussetzung einer in sich feststehen-

§ 29. Gottes Vollkommenheiten

den Ordnung der Ideen, innerhalb derer man Gott damit die Ehre zu geben gedachte, daß man ihn unter die Idee des Einen subsumierte, unter die vermeintlich tieferstehende Idee des Vielen dagegen nicht subsumierte — wo doch alles darauf ankommen mußte, Gott überhaupt nicht (weder hier noch dort) subsumieren zu wollen, dafür aber seinem offenbarten Wesen als solchem begrifflich standzuhalten, d. h. Gott in seiner Vielheit ebenso ernstlich und eigentlich wie in seiner Einheit die Ehre zu geben und also auch in seiner Vielheit als solcher ohne Vorbehalt ihn selber — ihn selber als den Einen, aber als den Einen in seiner Vielheit! — zu erkennen.

Die weitere grundsätzliche Frage, an die wir nun herantreten müssen, ist aber diese: inwiefern gibt es diese vielen einzelnen und verschiedenen Vollkommenheiten Gottes? Wie kommen wir dazu, sie als solche zu erkennen und — *proprie*, d. h. auf Grund der Offenbarung Gottes und in Verantwortung dieser Offenbarung gegenüber ohne Vorbehalt hinsichtlich ihrer Wahrheit — von ihnen als solchen zu reden?
Es ist die Bemühung, die in der theologischen Überlieferung bekannt ist unter dem Titel des Problems der Ableitung und Einteilung der göttlichen Eigenschaften, der wir uns nun zuzuwenden haben. Die Unangemessenheit dieser Begriffe leuchtet ohne weiteres ein. Wie naheliegend und versuchlich der ganze oder halbe Nominalismus ist, kann uns wohl erst hier ganz klar werden. Was soll es da «abzuleiten» und «einzuteilen» geben, wo es sich um das Wesen Gottes und seine Vollkommenheiten handelt? Haben wir nicht selbst zum vornherein feststellen müssen, daß jede der göttlichen Vollkommenheiten mit jeder anderen aber auch mit der Fülle aller anderen, aber auch mit Gott selbst in der Sache identisch ist? daß jede Aussage über die göttlichen Vollkommenheiten nur eine Wiederholung der Aussage über sein Wesen sein kann? Woher soll hier «abgeleitet» und wie soll hier «eingeteilt» werden? Nun, so kann und muß in der Tat gefragt werden. Es ist ein großer Gewinn unserer vorangehenden Überlegung, daß wir von dorther einsehen können, daß diese Frage jedenfalls nicht sinnlos, sondern notwendig ist. Daß Gott in allem Vielen der Eine und daß alles Viele in ihm er selbst, der Eine, ist — das ist nur die eine Seite der Sache, die wir bestimmt im Auge behalten müssen. Aber wiederum steht auch geschrieben, daß Gott allmächtig, ewig, gerecht, weise, barmherzig — nicht nur erscheint, sondern ist: nicht nur für uns sondern in sich selber. Und wenn er uns in dem Allem verborgen ist, sofern alle diese Worte unsere Worte und als solche nicht sein eigenes Wort über sich selber sind, so bleibt es doch dabei, daß wir durch seine Offenbarung aufgerufen und ermächtigt sind, ihn mit diesen unseren Worten zu benennen in dem Vertrauen, daß wir uns eben so in der Wahrheit und nicht in der Lüge bewegen, sofern wir dauernd ihn selbst den Ausleger dieser unserer durch ihn auf unsere Lippen gelegten menschlichen Worte sein lassen. Ist dem aber so, dann kann die Frage nach einem Verständnis seines Wesens im Einzelnen, in

der Wiederholung, kann also die Frage nach einer Ableitung und Einteilung seiner Eigenschaften auf alle Fälle, so unangemessen solche Begriffe auf den ersten Blick erscheinen mögen, weder sinnlos noch nichtig sein. Wer sich der Aufgabe, zu sagen, wer und wie Gott ist, nicht überhaupt entschlagen will — und das kann man in der christlichen Kirche, das kann man jedenfalls in der Theologie und das kann man speziell in der Dogmatik auf keinen Fall tun — der wird sich gerade dieser Aufgabe, so wunderlich sie ihn anschauen mag, auch nicht entschlagen. Ist Erkenntnis Gottes wirklich Erkenntnis und kein vages Ahnen und Fühlen, wäre das keine Erkenntnis, die sich auf keine Worte bringen ließe oder die sich die Mühe ersparen würde, sich selbst auf Worte zu bringen, muß mit der Objektivität Gottes in seiner Offenbarung ernst gemacht werden und darf es also Gott gegenüber weder bei einem andächtigen Schweigen noch bei einem entzückten Lallen sein Bewenden haben, besteht die Demut unserer Erkenntnis Gottes nicht in der Faulheit jenes Knechtes, der sein eines Pfund nahm und vergrub es (Matth. 25, 18), sondern darin, daß wir Gott, durch seine Offenbarung nun eben dazu aufgerufen und ermächtigt, die Ehre geben, die ihm gebührt, so gut — wirklich nicht weniger gut! — als es in unserem Vermögen steht, d. h. als er selber uns das Vermögen dazu gibt, dann darf nicht nur, dann **muß** in menschlichen Worten und Begriffen gefragt werden nach dem, was Gott ist und nicht ist und nach der Art und Weise, in der er ist, was er ist und darum dann auch gewissermaßen nach einem Oben und Unten, Links und Rechts, nach den Konturen seines Wesens. Und das eben ist die Frage nach der Ableitung und Einteilung seiner Eigenschaften. Wer sich dessen weigert, danach zu fragen, der sehe zu, ob er nicht heimlich der Meinung ist, auf Erkenntnis Gottes lieber verzichten zu wollen oder aber sich dabei seiner Willkür oder dem Zufall zu überlassen! Er sehe zu wie er das Eine oder das Andere dem Faktum der Offenbarung Gottes gegenüber verantworte, durch das uns der Vorwand unseres Unvermögens nun einmal genommen ist, dem gegenüber wir also keine Entschuldigung haben, wenn wir — etwa im Blick auf die Fülle der in der Geschichte der Theologie in dieser Sache schon unternommenen Versuche — die Faulheit dem Fleiß oder die Liederlichkeit der Ordnung vorzuziehen wünschen sollten.

Keine irgendwie ernsthafte Inangriffnahme der christlichen Gotteslehre hat sich denn auch tatsächlich der vor uns liegenden Aufgabe ganz entziehen können, obwohl offenbar Jeder oder die Meisten von denen, die sich mit der Sache beschäftigten, an dieser Stelle eine gewisse Hemmung zu überwinden hatten. Es entbehrt nicht des Humors, wie immer wieder die jeweils vorliegenden Versuche der Früheren, hier etwas zu sagen, wie besonders das angebliche Chaos der Verschiedenheit dieser Versuche zunächst die Verwunderung, das Mitleid und das etwas skeptische Lächeln der neu hinzukommenden Späteren erweckten, die dann offenbar am liebsten gar nichts von der ganzen Sache gehört hätten, um nun doch selber nicht umhin zu können, sich mit der Aufgabe ihrerseits auseinanderzusetzen, irgendwie zu ihren Problemen Stellung zu nehmen und schließlich die Fülle des bisherigen Angebots um weitere Möglichkeiten zu bereichern!

Sieht man genau zu, so ist nun doch die Aufgabe so unüberwindlich schwierig nicht, wie sie auf den ersten Blick wohl erscheinen mag. Es wäre schon viel zu viel gesagt, wenn man angesichts der unbestreitbaren Fülle der bisherigen Lösungsversuche einfach von einem Chaos reden wollte, angesichts dessen man den Mut verlieren, bezw. die Frage selbst als sinnlos erkennen und fallen lassen müßte. Es ist auch gar nicht an dem, daß jeder zu dieser Aufgabe neu Hinzukommende eine andere Lösung gefunden hätte, sodaß wir selber vor der Notwendigkeit stünden, unsererseits irgend eine neue originelle Lösung ausfindig zu machen, weil alles bisher Geleistete durchaus uneinheitlich und unbrauchbar wäre. Es ist vielmehr so, daß hier zwar eine Reihe von Irrtümern zu vermeiden und zurückzuweisen sind, daß aber auch diese sich verhältnismäßig leicht überblicken, zusammenfassen und als solche durchschauen lassen und daß es andererseits doch auch eine klassische, gewissermaßen ökumenische Linie der theologischen Überlegung schon gibt, in die jedenfalls unser bisheriger Weg ohne weiteres einbiegt, auf dem wir uns gewiß in unserer eigenen Weise zu bewegen haben werden, auf dem wir aber, wenn wir uns selbst von seiner Richtigkeit überzeugen können, aus der Anwesenheit vieler Gefährten zur Rechten und zur Linken jedenfalls den Schluß ziehen können, daß es keines besonderen Geistreichtums bedarf, um sich in der ganzen Sache nun eben doch einigermaßen zurecht zu finden.

Irrtümer sind in dieser Sache offenbar alle diejenigen Formen einer «Eigenschaftslehre», die die Vollkommenheiten Gottes so zu bestimmen und zu ordnen versuchen, als wären sie die verschiedenen Prädikate eines als bekannt vorauszusetzenden allgemeinen Wesens dieser oder jener Art, wo doch in Wirklichkeit eine jede von ihnen das besondere Wesen des in seiner Offenbarung sich erschließenden Gottes selber ist. Der richtige Weg wird im Gegensatz dazu darin bestehen, die Vollkommenheiten Gottes zu verstehen als die dieses seines besonderen Wesens selber und also als die seines Lebens, seiner Liebe in der Freiheit.

Es ist bemerkenswert, daß jene Irrtümer als solche, obwohl sie ihre letzten Gründe in den Fehlern haben, die schon die altkirchliche Gotteslehre durchgängig belasteten, nun doch erst in der neueren Theologie zum offenen Ausbruch gekommen sind, während die Orthodoxie bei aller Bedenklichkeit schon ihres Ansatzes mit einer gewissen Instinktsicherheit nun dennoch wenigstens grundsätzlich auf den richtigen Weg geraten und so oder so auch darauf geblieben ist. — Wir vergegenwärtigen uns zunächst die verschiedenen Versuche, von denen wir hier auf Grund unserer bisherigen Überlegungen Abstand zu nehmen haben. Es sind drei Typen, die dabei in Frage kommen:

1. Man hat versucht, die Eigenschaften Gottes sozusagen in einem psychologischen Schema unterzubringen. Das hat seinen Anlaß und sein relatives Recht darin, daß die heilige Schrift Gott unzweifelhaft als Person und also als ein solches Subjekt bezeichnet, das denkt oder weiß und das will. Vom *intellectus* und von der

voluntas Dei an dieser Stelle zu reden, hat darum schon die altkirchliche Dogmatik mit Recht nicht unterlassen und werden wir, indem wir Gott als den in der Freiheit Liebenden verstehen, auch nicht unterlassen können. In der Theologie des 19. und 20. Jahrhunderts hat man dann dieses einfachste psychologische Schema noch erweitern zu sollen geglaubt, indem man (wie etwa A. E. Biedermann, Dogmatik 1869, S. 635 und R. Seeberg, Chr. Dogm. 1. Bd. 1925, S. 334, 428 f.) auch von einem Gefühl Gottes redete. Das Wesensmoment der Freiheit oder Absolutheit oder Aseität Gottes, das bei diesem Versuch zurückzutreten scheint, wird von seinen Vertretern als die alle diese psychologischen Kategorien umfassende und charakterisierende Klammer verstanden. Wobei dies bei Biedermann, wie wir sahen, so gemeint ist, daß es jene faktisch in sich aufsaugt, die psychologische Form des Gottesbegriffs zur bloßen, letztlich nicht wahren, sondern nur vorstellungsmäßigen Form des an sich unpersönlichen absoluten Geistesprozesses macht. Eben in dieser Konsequenz verrät sich aber schon etwas von der Bedenklichkeit dieses ganzen Versuches. Die Orthodoxie, die diese Konsequenz nicht zog, sondern, wenn auch unter dem leidigen nominalistischen Vorbehalt, den psychologischen Eigenschaften Gottes ihre Wahrheit lassen wollte, hat neben ihnen ebenso bestimmt von den anderen Eigenschaften Gottes gesprochen, die in kein psychologisches Schema zu bringen sind, weil sie nun eben die Eigenschaften der göttlichen Freiheit, Absolutheit oder Aseität und doch als solche nicht weniger (auch nicht mehr!) sondern gleich sehr und gleich wahr die Eigenschaften des einen göttlichen Wesens sind. Das psychologische Schema kann und muß als Ableitungs- und Einteilungsprinzip an seiner Stelle zu seinem Rechte kommen, so gewiß Gott der in der Freiheit Liebende ist. Zum übergeordneten Prinzip der ganzen Eigenschaftslehre kann es sich darum nicht eignen, weil dabei übergeordnet wird, wo, da Alles Gott selber ist, schlechterdings nichts überzuordnen ist und dann auch nicht nachträglich doch wieder, wie es bei Biedermann sichtbar wird, untergeordnet werden kann. Gottes Freiheit ist nicht bloß die Form seiner Liebe, wie seine Liebe nicht nur die Form seiner Freiheit ist. Es ist nur die böse Willkür des Unternehmens, das Wesen Gottes entscheidend dem Wesen des Menschen entsprechen zu lassen, in Gott den verabsolutierten Menschen wiederzufinden, die diesen psychologischen Versuch auf die Bahn bringen konnte. Und diese Willkür verrät sich auch in seinem leeren Formalismus: Denn was ist mit der Bestimmung des Wissens, Wollens und Fühlens im allgemeinen gerade über Gott ausgesagt? Wo bleibt hier die Voraussetzung, daß es sich bei den Eigenschaften Gottes nicht um neutrale Bestimmungen, sondern nur um göttliche Vollkommenheiten handeln kann? Sollte etwa Gottes Weisheit nur eine Näherbestimmung seines Wissens, sollten Gottes Gerechtigkeit, Heiligkeit und Barmherzigkeit nur Näherbestimmungen seines Willens sein? Wo bleibt die Wohltat und wo bleibt die Verbindlichkeit der Existenz eines so menschlichen und zugleich im Grunde so neutral bestimmten Gottes?

2. Man hat weiter eine *religionsgenetische* Ableitung und Einteilung der göttlichen Eigenschaften in Vorschlag gebracht. Dieser zweite, in seiner Weise interessante Typ ist vertreten durch Schleiermacher und seinen genuinsten Schüler Alexander Schweizer. Wir hörten schon, wie Schleiermacher die Eigenschaften Gottes als Objektivierung der einzelnen Momente des frommen Selbstbewußtseins verstehen wollte. Aus dem frommen Bewußtsein an sich (abgesehen von dem Gegensatz von Sünde und Gnade) ergeben sich nach ihm: Gottes Ewigkeit, Allgegenwart, Allmacht und Allweisheit, aus dem frommen Bewußtsein unter dem Gegensatz (dem Bewußtsein der Sünde): Gottes Heiligkeit und Gerechtigkeit, aus dem frommen Bewußtsein in der Ausscheidung des Gegensatzes (dem Bewußtsein der Gnade): Gottes Liebe und Weisheit. Bei Alex. Schweizer (Chr. Glaubenslehre² 1. Bd. 1877) findet das fromme Gefühl Gott in der Naturwelt: als

Allmacht, Allwissenheit, Ewigkeit und Allgegenwart, in der sittlichen Welt: als Güte, Heiligkeit, Weisheit und Gerechtigkeit, im spezifisch christlichen Heilsleben endlich als Liebe und Gnade, als Vaterweisheit und Barmherzigkeit. Man wird diesem Versuch zunächst zugestehen müssen, daß er in seiner Weise — auch er freilich in den Schranken der nominalistischen Voraussetzung — offenbar ernstlich über einen bloß formalen Gottesbegriff hinauszukommen, daß er in seiner Weise die Wohltat und die Verbindlichkeit der Existenz Gottes ins Licht zu stellen versucht hat. Aber mit welchem Recht wurde hier diesen zeitlichen oder sachlichen Stufen des religiösen Bewußtseins oder Gefühls je eine besondere Entsprechung im Wesen Gottes zugeschrieben? Mit welchem Recht konnte etwa von dem Bewußtsein der Sünde als solchem gesagt werden, daß mit ihm die Erkenntnis der Heiligkeit und Gerechtigkeit oder von dem frommen Gefühl gegenüber der Naturwelt, daß mit ihm die Erkenntnis der Allmacht und Allwissenheit Gottes verbunden sei? Wo bleibt hier die in der Orthodoxie mit Recht so ängstlich gewahrte Einsicht, daß das göttliche Wesen sich nicht auseinanderreißen läßt in eine Reihe von je für sich wirklichen und wahren Eigenschaften? Gibt es auf Schweizers erster Stufe wirklich eine Erkenntnis von Gottes Ewigkeit, ohne die angeblich erst auf der zweiten verwirklichte von Gottes Heiligkeit und ohne die angeblich erst auf der dritten erkennbare seiner Barmherzigkeit? Und ist die angeblich schon auf der zweiten Stufe erkennbare Gerechtigkeit wirklich die Gottes ohne die angeblich erst auf der dritten erkennbare Gnade? Ist das Kriterium, daß wir es wirklich mit einer Eigenschaft Gottes zu tun haben, nicht dieses, daß sie eine Eigenschaft des einen Gottes selbst sein und darum jede andere und die Gesamtheit aller anderen in sich schließen muß? Erkennen wir das Wesen Gottes anders als indem wir ihn selbst und ihn ganz erkennen und also in jeder einzelnen Eigenschaft jede andere und deren Gesamtheit? Die konstitutive Rolle, die dem religiösen Subjekt bei diesem Versuch zugeschrieben wird, und insbesondere die ihm offenkundig zugrundeliegende Einführung einer natürlichen Theologie macht sich hier geltend in Form einer geradezu katastrophalen Auflösung und Zerstörung des ganzen Gottesbegriffs. Schleiermacher und Schweizer wollten diese Auflösung gewiß nicht. Aber wenn man sie wirklich nicht will, wenn man die verschiedenen Stufen, wie dies Schleiermachers ausdrückliche Meinung war, als gleichzeitige Schichten oder Momente in einem und demselben religiösen Bewußtseins auffassen will — woher dann das Interesse an deren Selbständigkeit, woher dann ihre Würde als je besondere Erkenntnisquellen? Nimmt man dagegen den genetischen Charakter dieser Stufe ernst, wie dies Schweizer im Unterschied zu Schleiermacher getan hat, dann führt diese Ableitung und Einteilung nicht sowohl zu den Eigenschaften des einen Wesens Gottes, als vielmehr zu einer Hierarchie von allgemeinen und besonderen, unter- und übergeordneten, wesenlos in der Luft hängenden göttlichen oder vielmehr religiösen Ideen und Hypostasen. Es ist die ganze Mißlichkeit der nominalistischen Behandlung der Eigenschaftslehre, die in diesem Versuch, die bei Schleiermacher und Schweizer an den Tag kommt: Man findet, was man gesucht — aber eben wirklich nicht mehr als man gesucht hat: die gigantischen Reflexe oder Projektionen des menschlichen religiösen Bewußtseins; man findet den Menschen selbst und als solchen auf seinem vermeintlichen Wege zu Gott, der in Wirklichkeit doch nur der Weg zu seinem eigenen innersten Selbst ist und wird sich nur mit Mühe nun doch wieder einreden können, bei diesem Anlaß auch Gott gefunden zu haben. «Diese Zerstreuung, wonach für die Schleiermacherianer Gott der Schöpfer die Attribute der Gerechtigkeit, Weisheit, Barmherzigkeit u.a. gar nicht besitzt, ist die ganz natürliche Folge davon, daß man die Idee Gottes aus dem menschlichen Verstand und Bewußtsein konstruieren will und demnach Dinge von Gott aussagt, welche in sich gar keine Gewähr und Realität, sondern bloß formale Geltung haben» (J. Wichelhaus, Die Lehre der hl. Schrift[3] 1892, S. 333).

3. Den dritten Typ bezeichnet man vielleicht am besten als den historischintuitiven und er ist derjenige, demgegenüber vielleicht die stärkste Mißbilligung am Platze ist, weil er — der wegen seiner angeblichen «starken Vereinfachung und religiösen Vertiefung» (Fr. Nitzsch, Lehrb. d. ev. Dogm., 3. Aufl. v. H. Stephan 1912, S. 452) eine Zeitlang besonders dringend empfohlen worden ist — das ganze Problem in einer Weise verkürzt und verharmlost, die seinem Ernst trotz des Richtigen und Wichtigen, das auch hier gesehen ist, nun doch völlig unangemessen ist. Um was es geht, kann man sich beispielsweise an der Dogmatik von Julius Kaftan (3.—4. Aufl. 1901, § 13—18) veranschaulichen: Man erklärt zunächst, daß das, was wir als die Freiheit des göttlichen Wesens bezeichnet haben («das Absolute») überhaupt nur durch die weltflüchtige Form der altkirchlichen Frömmigkeit und durch die philosophische Überlieferung des Altertums in die christliche Theologie hineingekommen und dann leider auch von der von der Scholastik abhängigen protestantischen Orthodoxie, ja bedauerlicherweise (in *De servo arbitrio*) sogar von Luther festgehalten worden sei. Demgegenüber gelte es nun wieder auf die in der Schrift bezeugte, im Glauben aufzunehmende Gottesoffenbarung, wurzelnd und hervorbrechend vor allem in dem «Innersten des Personlebens» Jesu zurückzukommen. Während «das Absolute» nur das Schema der Gotteserkenntnis in jeder geistigen Religion sei, sei der Offenbarung zu entnehmen, daß Gott überweltlicher, persönlicher Geist sei, wobei aber «überweltlich» nur dies bedeute: daß sein Sein und Leben mit dem der Welt (gemeint ist: der materiellen Welt) «unverworren» sei — und daß dieses Geistes Eigenschaften seien: seine Liebe, Heiligkeit und Allmacht. Es soll dabei die Heiligkeit als das Prädikat der Liebe und wiederum die Allmacht als das Prädikat der «heiligen Liebe» verstanden werden. Was ist hier geschehen? Gänzlich abgeschüttelt scheint hier der Neuplatonismus der orthodoxen Tradition und mit ihm auch die Willkür seiner liberal-spekulativen Erben. Und Gottes in der Schrift bezeugte Offenbarung scheint jetzt zu Worte gekommen zu sein. Ist dem wirklich so? Doch nur insofern, als jetzt der als «Liebe» bezeichnete, als «heilige» Liebe ausgezeichnete und schließlich mit «Allmacht» ausgestattete «Geist» (vom «Geist» der Hegelianer unterschieden durch seinen ausgeprägt moralischen Charakter), der nun auf einmal das Geheimnis des «Personlebens» Jesu ausmachen soll, als das göttliche Wesen proklamiert und Gott nun eben dieser Metaphysik und diesem Begriffsschema unterworfen wird. Dieser Geist ist aber noch einmal und erst recht nicht der göttliche, sondern eine bestimmte Interpretation des menschlichen Geistes. Das beweist die Direktheit, in der hier seine Wirklichkeit aus dem «Personleben» Jesu kraft historischer Intuition abgelesen wird wie von einer Wandtafel. So liest man aus der «Offenbarung» heraus, was man zuvor als ein bekanntes Allgemeines in sie hineingelesen hat! So konstruiert man das Wesen eines auch ohne Offenbarung nur zu wohlbekannten Gottes: Wäre hier die orthodoxe Tradition in ihrem entscheidenden Mangel wirklich überwunden, wäre hier wirklich der Offenbarung Gottes selbst das Wort gegeben worden, dann wäre es ganz unmöglich gewesen, das in der orthodoxen Tradition und auch von den spekulativen Liberalen mit Recht aufgewiesene, wenn auch unglücklich behandelte Problem der Aseität (der Freiheit!) Gottes einfach fallen zu lassen. Das ist es aber, was da notwendig geschieht, wo man sich vor der Skylla der Spekulation zu der Charybdis der historischen Intuition meint flüchten zu können. Inwiefern ist die Liebe, die Heiligkeit, die Allmacht, von der man da redet, gerade göttliche Liebe, Heiligkeit und Allmacht? Das ist die Frage, auf die man bei den Ritschlianern ebensowenig Antwort bekommt, wie bei den Orthodoxen und ihren liberalen Erben auf die Frage: Inwiefern das unendliche einfache Sein, das ihnen «Gott» heißt, gerade göttliches Sein zu heißen verdienen möchte? Fehlt der von diesen letzteren mit Recht betonten Freiheit die Liebe, so fehlt der von den Ritschlianern wieder mit Recht betonten Liebe die Freiheit. «Starke Vereinfachung» kann man das,

was bei beiden geschieht, wohl nennen und «religiöse Vertiefung», wenn man will, ebenfalls. Christliche Vereinfachung und Vertiefung ereignet sich offenbar weder hier noch dort, sondern auf das Christliche gesehen wird man das auf beiden Seiten geübte Verfahren vielmehr als Verflachung bezeichnen müssen.

Es gibt aber neben den drei genannten einen weiteren und besseren Weg, den hier — in allerhand Variationen, in denen doch das Grundthema unverkennbar ist — die ältere Theologie und ihr folgend dann doch auch manche von den Neueren gegangen sind. Dieser Weg war und ist, kurz zusammengefaßt, dadurch charakterisiert, daß mit jener Doppelfrage, auf die wir im vorangehenden § geantwortet haben: Wer? und: Was ist Gott? sowohl hinsichtlich der Unterschiedenheit als auch hinsichtlich der Einheit ihrer beiden Bestandteile ernst gemacht, daß also die Eigenschaftslehre streng als das verstanden und vorgetragen wird, was sie allein sein kann: als eine Wiederholung und Entfaltung der Lehre vom Wesen Gottes. Auf diesem Weg — der für uns bedeuten wird, daß wir nach den Vollkommenheiten des göttlichen Liebens und nach denen der göttlichen Freiheit zu fragen haben werden — haben die lutherisch-orthodoxen Dogmatiker des 17. Jahrhunderts mit mehr oder weniger Glück und Genauigkeit, z. T. nicht ohne gefährliche Einwirkung ihres gefährlichen Grundbegriffs, aber in der Sache offenbar einheitlich und richtig, unterschieden zwischen den *attributa negativa* und *positiva*, oder *quiescentia* und *operativa*, oder *interna* und *externa*, oder *absoluta* und *relativa*, oder *immanentia* und *transeuntia*, oder *primitiva* und *derivata*, oder *metaphysica* und *moralia*. Die Unterscheidung in den alten reformierten Schulen lautete fast durchgängig: *attributa incommunicabilia* und *communicabilia*. Es unterschied unter den Neueren Wegscheider (*Instit. Theol.* 1815 § 62 u. 64): Attribute der *substantia perfectissima infinita per se spectata* und Attribute der *substantia perfectissima spiritualis*. Es fragte Martensen (Chr. Dogm. 1856, S. 85) nach dem Verhältnis der Einheit und des Gegensatzes, in welchem Gott sich zur Welt befindet. Es wollte Frank (Syst. d. chr. Wahrh.[2] 1885 1. Bd., S. 232 f.) die Eigenschaften zunächst als Eigenschaften des absoluten und sodann als solche des persönlichen bezw. des dreieinigen Gottes verstehen, wobei doch nicht einmal der Schein bestehen dürfe, «als seien die zunächst auf den absoluten Gott zurückgeführten Eigenschaften nicht zugleich die seiner Persönlichkeit und die zunächst an den persönlichen Gott angeschlossenen nicht auch seiner Absolutheit eigen». Es unterschied R. A. Lipsius (Lehrb. d. ev. prot. Dogm.[2] 1879, S. 224) «metaphysische» und «psychologische» Eigenschaften Gottes, während Wichelhaus (Die Lehre der hl. Schrift[3] 1892, S. 333 und Ed. Böhl, Dogmatik 1887, S. 45 f.) derselben Unterscheidung an Hand des Unterschiedes der biblischen Gottesnamen Elohim und Jahve, θεός und κύριος nachzugehen unternahmen. Aber bis in die Reihen der Ritschlianer hinein läßt sich trotz deren ganz anderer Orientierung die Spur dieses klassischen Schemas verfolgen: Es unterscheidet O. Kirn (Grundriß d. ev. Dogm.[8] 1930, S. 55) «formale (metaphysische) Bestimmungen, welche Gottes Erhabenheit über die Welt ausdrücken» und «materiale (ethische) Bestimmungen, welche den Inhalt und die Richtung des göttlichen Willens und Tuns aussagen». Es unterscheidet Th. Haering (Der chr. Glaube 1906, S. 320): Eigenschaften der heiligen Liebe und Eigenschaften der absoluten Persönlichkeit Gottes. Und es haben sich die Eigenschaften Gottes schließlich sogar für E. Troeltsch (Glaubensl. 1925, S. 183 f. u. 212 f.) und für H. Stephan (Glaubensl.[2] 1928, § 12 u. 13) zusammengedrängt unter die Gesichtspunkte der Heiligkeit und der Liebe, bezw. der «Nähe» Gottes. Es ist aber bemerkenswert, daß auch der in dieser Sache so eigene Wege gehende H. Cremer (Die chr. Lehre von den Eigenschaften Gottes[2] 1917) jedenfalls in der Sache zu keiner anderen Einteilung gekommen ist. Dieselbe Zweiteilung: Eigenschaften des göttlichen Seins und Eigenschaften der göttlichen Tätigkeit beherrscht aber auch die Darstellung der römisch-katholischen Dogmatik (J. M. Scheeben, Handb. der kath. Dogmatik 1. Bd. 1925, S. 513 u. 616; H. Hurter, *Theol. dogm. comp.*,[12] 1907, 2. Bd., S. 23 u. 52; B. Bartmann, Lehrb. d. Dogm.[7] 1928, 1. Bd., S. 116 u. 132; Fr. Diekamp, Kath. Dogm.[4] 1930, S. 150 u. 184). Man wird bei aller Verschiedenheit in der Nomenklatur, in der Begründung und Durchführung dieser Einteilung und bei allen Bedenken, die man im Einzelnen so oder so fast überall anmelden kann und muß, nicht gut übersehen oder leugnen können, daß hier mit mehr oder weniger Schärfe letztlich Eines und Dasselbe gesehen und gemeint, daß ein gewisser breiter Consensus der christlichen Theologie an diesem nicht unwichtigen Punkte tatsächlich vorhanden ist. Es geht auf der einen Seite um das Wesensmoment der göttlichen Aseität, Absolutheit oder Freiheit: um Gott, in der ihm eigenen Hoheit in sich selbst und gegenüber Allem, was nicht er selbst ist. Und es geht auf der anderen Seite um das Wesensmoment der Liebe Gottes, um das Sein und den Akt seiner Persönlichkeit. So groß wie es auf den ersten Blick erscheinen möchte, ist das Chaos der Meinungen in dieser Sache gerade nicht und es dürfte deutlich sein, daß wir nach allen unseren bisher erarbeiteten Voraussetzungen nicht etwa nötig haben, uns nach einer grundsätzlichen neuen Lösung umzusehen, daß wir sogar gar keine andere Wahl haben, als uns grundsätzlich — genauere Erklärung und Bereinigung vorbehalten — auf den Boden dieses vierten, man darf wohl sagen, dieses klassischen Versuches zu stellen.

Eine zugleich völlig nüchterne und völlig aufgeschlossene Lehre von Gottes Eigenschaften wird zunächst davon auszugehen haben, daß Gott uns in seiner Offenbarung ebenso völlig enthüllt wie völlig verhüllt ist. Man kann nicht sagen: teilweise enthüllt und teilweise verhüllt, sondern man muß tatsächlich sagen: völlig enthüllt und völlig verhüllt. Völlig enthüllt, sofern unsere menschlichen Anschauungen und Begriffe durch die Gnade seiner Offenbarung zur Teilnahme an Gottes Wahrheit angefordert und erhoben und also zu Mitteln wirklicher Erkenntnis Gottes (in seinem Sein für uns und in sich selber!) wunderbar gemacht werden. Völlig verhüllt, sofern unsere menschlichen Anschauungen und Begriffe (die einzigen zur Erkenntnis Gottes uns zur Verfügung stehenden und von Gott selbst dazu in Anspruch genommenen Mittel) an sich und als solche das Vermögen, Gott zu fassen, nicht, auch nicht im geringsten, haben. Eine Lehre von Gottes Eigenschaften wird unter allen Umständen von beidem, von Gottes Enthüllung und von seiner Verhüllung, Zeugnis und Rechenschaft ablegen müssen. Das Erkennen Gottes darf nicht verschwinden im Nicht-Erkennen. Wiederum darf das Nicht-Erkennen nicht verschwinden im Erkennen. Durch Gott selbst in seiner Offenbarung ist uns in gleicher Weise Beides auferlegt: der Gehorsam des Erkennens und die Demut des Nicht-Erkennens. Und Gott ist, indem er uns dieses und jenes auferlegt, gleich sehr Gott, derselbe eine Gott. Es ist Beides die eine Gnade seiner Offenbarung und weil seine Offenbarung seine Wahrheit ist, müssen wir fortfahren: es ist Beides er selber, seine eigenste Wirklichkeit. Und er ist uns auch in Beidem: darin, daß er uns enthüllt und darin, daß er uns verhüllt ist, zugleich erkennbar und unerkennbar. M. a. W.: er hat sich uns in seiner Offenbarung ganz zum Gegenstand unseres Erkennens gemacht, in seiner Enthüllung und in seiner Verhüllung, wie er uns auch in Beiden (eben in seiner Offenbarung) ganz unerkennbar bleibt. Beides verhält sich nicht so zueinander, daß wir ihn zwar in seiner Enthüllung zu erkennen, in seiner Verhüllung aber nicht zu erkennen hätten, daß wir dort zu reden, hier aber zu schweigen hätten. Wir haben ihn vielmehr ganz und also in Beiden zu erkennen und darum gewiß überall zu schweigen aber auch überall zu reden. Die Ehre, die wir ihm so oder so geben, ist in sich gleich problematisch. Wir sind aber zu Beidem gleich sehr aufgerufen und können uns darum Beidem nicht entziehen, also auch dem nicht, ihn zu erkennen in seiner Verhüllung wie in seiner Enthüllung. Es wird wohl dafür gesorgt sein, daß er uns hier wie dort, indem wir ihn erkennen dürfen und sollen, völlig unerkennbar bleibt, daß wir mit unserem Denken und Reden von ihm nicht seine Herren werden, sondern ganz und gar seine Knechte, und zwar seine ganz und gar unnützen Knechte bleiben und immer wieder werden müssen. Es ist aber auch — und das muß ebenso nachdrücklich gesagt werden — dafür gesorgt, daß er uns hier wie dort völlig erkennbar wird, nicht auf Grund unseres Vermögens, unseres Denkens und unserer Sprache, wohl aber auf Grund der Gnade seiner Offenbarung, der wir uns nicht verweigern können, so wenig wir uns ihrer jemals überheben dürfen. Um diesem ganzen Sachverhalt gerecht zu werden, ist einer Lehre von Gottes Eigenschaften offenbar ein Doppeltes zu sagen auferlegt. Wir können gar nicht in einem zeitlichen Zugleich Beides bekennen, unser Erkennen und unser Nicht-Erkennen. Und wir sollen das auch nicht. Denn eben so, daß es kein zeitliches Zugleich gibt, sondern nur ein Neben- bezw. Nacheinander — eben so hat sich Gott in Jesus Christus geoffenbart. Eben ein solches zeitliches Zugleich entspricht also, wenn wir seiner Offenbarung trauen wollen, auch nicht Gottes eigener Wirklichkeit. Wiederum können und sollen wir nicht etwa das Eine zu Ungunsten des Anderen bekennen wollen und also unser Erkennen aufgehen lassen in einem vermeintlich eigentlichen und letzten Nicht-Erkennen oder umgekehrt: unser Nicht-Erkennen in einem vermeintlich eigentlichen und letzten Erkennen. Denn in Gottes Offenbarung und also in Gottes Wirklichkeit gibt es kein solches Aufgehen des Einen im Anderen, sondern das ist Gottes Wirklichkeit, daß hier Eines mit dem Anderen, Eines im Anderen und zwar immer auch Eines neben und nach dem Anderen ist, ein ewiges Zugleich und Nicht-Zugleich, sodaß wir uns auch hier nicht auf die Schranken unseres Erkenntnisvermögens zurückzuziehen genötigt sind, sondern schlicht im Blick auf die Realität des Gegenstandes selber reden, wenn wir sagen, daß in einer Lehre von Gottes Eigenschaften Beides auch nebeneinander und also nacheinander und also besonders zur Geltung kommen muß: Gottes Enthüllung und seine Verhüllung.

Diese Einheit und dieser Unterschied trifft nun aber zusammen mit der Einheit und dem Unterschied in Gottes Wesen: zwischen seiner Liebe und seiner Freiheit. Indem Gott uns liebt, ist er, indem er — so gewiß wir seiner Offenbarung trauen dürfen als seiner Selbstoffenbarung — auch in sich selber der Liebende ist, völlig erkennbar. Indem Gott uns liebt in seiner Freiheit, indem er — so gewiß wir seiner Offenbarung auch hier trauen dürfen als seiner Selbstoffenbarung — auch in sich selber der Freie ist, ist er uns völlig unerkennbar. Eben in der Gnade seiner Offenbarung ist ja Beides wahr: er liebt uns und er tut das in seiner Freiheit. Ist seine Offenbarung seine Wahrheit, dann ist er in Wirklichkeit in Einheit und Unterschiedenheit beides: der Liebende in der Freiheit. Dann ist eben das sein Wesen: daß er Beides ist, nicht in einer Trennung, sondern in der Einheit, aber wiederum nicht in der Aufhebung, sondern in der Unterscheidung dieses Doppelten. Und dieses Doppelte als das Wesen des einen Gottes, muß dann den Inhalt der Lehre von seinen Vollkommenheiten bilden: sie muß dann von den Vollkommenheiten seiner Liebe und sie muß dann von den Vollkommenheiten seiner Freiheit handeln. Darum kann es nach allem Gesagten nicht gehen, daß wir jetzt von zwei verschiedenen Subjekten zu sprechen beginnen würden. Die Einheit von Enthüllung und Verhüllung, von Erkennbarkeit und Unerkennbarkeit Gottes konstituiert ja den biblischen Begriff der Offenbarung Gottes und wiederum die Einheit von Liebe und Freiheit den biblischen Begriff des Wesens Gottes. Wir werden also hier wie dort — und hier wie dort bei allen einzelnen Bestimmungen — von dem einen ganzen Gott und darum (explizit oder implizit), wenn wir von der Liebe Gottes reden, auch von seiner Freiheit, wenn wir von seiner Freiheit reden, auch von seiner Liebe, wenn wir hier oder dort von einer einzelnen Bestimmung reden, dann auch von allen anderen zu reden haben. Es ist aber die Einheit Gottes, wenn wir uns von der heiligen Schrift nicht entfernen wollen, zu verstehen als diese in sich bewegte und insofern unterschiedene Einheit seiner Liebe und seiner Freiheit. Es handelt sich also um eine völlige Reziprozität in der Bezeichnung desselben Subjektes, in der je einer der sich gegenüberstehenden Begriffe den anderen nicht nur ergänzt sondern schlechterdings füllt, ohne daß doch der eine den anderen überflüssig machen und verdrängen würde, so vielmehr, daß jeder von den beiden nur mit dem anderen zusammen — und mit ihm zusammen dasselbe sagend das Subjekt Gott bezeichnen kann.

Außer Frank war es unter den Neueren besonders Th. Haering, der, wie er in dieser Sache auch sonst eine glückliche Hand hatte, gerade für diese Reziprozität ein feines Verständnis aufbrachte. Er hat sie damit zum Ausdruck gebracht, daß er auf der einen Seite von der «absoluten Persönlichkeit», auf der anderen von der «heiligen Liebe» Gottes redete, hier durch das Adjektiv und dort durch das Substantiv, also die Erinnerung an den jeweils gegenüberstehenden und zum Verständnis unentbehrlichen zweiten Begriff aufgerufen und wachgehalten hat: die Erinnerung daran, daß die Eigenschaften des persönlichen Gottes auch die des aseitarischen sind und umgekehrt, wie wir denn unter diesem oder jenem Namen nur von einem und demselben Gott reden können. Aber eben von diesem einen

Gott werden wir nicht anders recht reden können als in der gegenseitigen Bezeichnung und Begrenzung dieser beiden Namen, seiner Liebe durch seine Freiheit, seiner Freiheit durch seine Liebe.

Auch für uns ergibt sich also die Notwendigkeit, von Gottes Eigenschaften in einer doppelten Reihe zu reden. Es ist die Einheit und Unterschiedenheit von völligem Vertrauen und völliger Demut, in der sich die christliche Gotteserkenntnis (angesichts der völligen Enthüllung und der völligen Verhüllung des einen Gottes in seiner einen Offenbarung) vollzieht und es ist die Einheit und Unterschiedenheit, in der Gott liebt als der Freie und frei ist als der Liebende, die uns einen anderen Weg als diesen unmöglich macht. Es werden also diese beiden Grundzüge des Wesens Gottes: Gottes Liebe und Gottes Freiheit in ihrer Einheit und Unterschiedenheit die beiden Richtungen angeben müssen, in denen wir jetzt, da es ja nicht mehr um eine Analyse unserer Erkenntnis Gottes als solcher, sondern um die Darstellung des Erkannten selbst gehen muß, zu denken haben werden. Von den Vollkommenheiten des göttlichen Liebens und von den Vollkommenheiten der göttlichen Freiheit werden wir darum in den nächsten §§ zu handeln haben.

Bevor wir diesen Weg antreten, von dem wir wissen, daß er jedenfalls grundsätzlich und allgemein der viel begangene Weg einer ganzen theologischen Tradition ist, müssen wir uns aber Rechenschaft darüber ablegen, in welchem Sinn wir uns dabei dieser Tradition anschließen und nicht anschließen. So einheitlich, unzweideutig und ungefährlich ist das, was auf diesem im Allgemeinen und grundsätzlich gutzuheißenden Weg versucht worden ist, nun auch wieder nicht, daß wir nicht von allem Einzelnen abgesehen, schon hinsichtlich der Fragestellung Mißverständnisse abzuwehren und Korrekturen anzubringen hätten. Es handelt sich entscheidend um drei Punkte:

1. Es liegt im Wesen der Sache, daß wir, indem wir von Gottes Liebe reden, zunächst an Gott in seiner Gemeinschaft mit einem Anderen, allgemein gesagt: mit der von ihm geschaffenen Welt zu denken veranlaßt sind. Und es scheint umgekehrt, wenn wir von Gott in seiner Freiheit reden, zunächst um seine Hoheit gegenüber Allem, was nicht er selber ist und also gegenüber der von ihm geschaffenen Welt zu gehen. Aber diese Unterscheidung kann keine eigentliche und prinzipielle sein. Denn um Gottes Hoheit gegenüber Allem, was nicht er selber ist, geht es auch in seiner Gemeinschaft mit der von ihm geschaffenen Welt. Und wiederum ist diese seine Hoheit selbst keine andere als eben die, die er in seiner Gemeinschaft mit der von ihm geschaffenen Welt beweist und betätigt. Gott ist ja nicht der Liebende, um dann irgendwo und irgendwie im Unterschied dazu auch noch frei zu sein, wie er auch, indem er liebt,

seine Freiheit nicht preisgibt, sondern aufs Höchste betätigt. Es kann und darf also die Einteilung, der wir uns hier anschließen, nicht dies bedeuten, daß wir aus dem in Gottes Offenbarung freilich angezeigten aber auch aufgehobenen Unterschied zwischen einem Gott in sich und einem Gott für uns nun doch wieder eine Trennung machten, um dann das Wesen Gottes wahrscheinlich entscheidend doch wieder dort: in der Freiheit Gottes in sich und in deren Vollkommenheiten: in seiner Ewigkeit, Allmacht usw. zu suchen, die Liebe Gottes aber und ihre Vollkommenheiten, seine Heiligkeit, Gerechtigkeit, Barmherzigkeit usw. nominalistisch oder seminominalistisch als Sache einer bloßen Ökonomie, als uneigentlich zu verstehende, vielleicht wohl bloß noetische Bestimmungen zu behandeln, sodaß das letzte und entscheidende Wort der Gotteslehre eben doch der Satz von Gott als dem unpersönlichen Absoluten wäre.

Es läßt sich nicht leugnen (es wäre ja auch verwunderlich, wenn es anders wäre!), daß die verschiedenen von den lutherisch-orthodoxen Theologen vorgeschlagenen Einteilungen mehr oder weniger deutlich in diese Richtung weisen. Wir werden also, wenn wir diese Einteilung an sich und als solche nicht ablehnen, sondern für richtig halten, erläuternd hinzufügen müssen: Es gibt keine *attributa absoluta*, die nicht auch *relativa*, keine *quiescentia*, die nicht auch *operativa*, keine *metaphysica*, die nicht auch *moralia*, und umgekehrt: keine *externa*, die nicht auch *interna*, keine *transeuntia*, die nicht auch *immanentia*, keine *derivata*, die nicht auch *primitiva* wären. Man wird auch die von den Reformierten bevorzugte Unterscheidung von *attributa incommunicabilia* und *communicabilia* nur als Unterscheidung, aber auf keinen Fall als Trennung gelten lassen können. Denn welche von den Eigenschaften Gottes, an denen er als Schöpfer, Versöhner und Erlöser seine Geschöpfe teilnehmen läßt, wäre als die seine, von den Geschöpfen her gesehen, nicht auch ganz und gar unmitteilbar, d. h. mitteilbar allein durch das Wunder seiner Gnade? Und umgekehrt: Welche von diesen seinen unmitteilbaren Eigenschaften hätte Gott in seiner Offenbarung, hätte er, indem sein Wort Fleisch wurde, dem Geschöpf nun nicht dennoch auch mitgeteilt? Ist uns Gottes Barmherzigkeit nicht völlig unergründlich und unzugänglich? Und hat er uns seine Ewigkeit nicht völlig ins Herz gegeben? Gott hat uns in seinem Sohne nicht weniger als Alles, sich selber und sich selber ganz erschlossen und geschenkt. Wie sollte da seine Freiheit als eine Begrenzung seiner Liebe verstanden, wie sollte sie da anderswo als in seiner Liebe selbst gesucht werden dürfen? Wiederum ist ja damit, daß wir ihn nur daraufhin erkennen und haben, daß er sich uns selber in dem Wunder seiner Gnade erschlossen und geschenkt hat, darüber entschieden, daß er uns in strengster Majestät und Unterschiedenheit gegenübersteht und daß wir seine Liebe schlecht erkennen würden, wenn wir nicht gerade in ihr seine Freiheit erkennen würden. Die Erkenntnis der Majestät Gottes darf nicht mißbraucht werden zur Aufrichtung jenes Götzenbildes des «eigentlich» bewegungs-, sprach- und tatlosen Einen und Absoluten und es darf die Erkenntnis von Gottes Herablassung nicht dazu mißbraucht werden, ihn schließlich nur noch in gewissen Relationen zu suchen, in denen wir zu stehen und die wir als solche zu verstehen haben. Sondern wie Gott dort als die ewige L i e b e verstanden sein will, so hier als die in unsere Zeitlichkeit hineingetretene F r e i h e i t in Person. Was er dort in der Höhe auch für uns ist, das ist er hier in der Tiefe auch in sich. Und nur dann reden wir von Gott, wenn wir wissen, daß er Beides — und Beides in dieser gegenseitigen Beziehung, in dieser unterschiedenen Einheit ist.

Wir werden darum der ganzen Unterscheidung zwischen Gott in sich selber und Gott in seinem Verhältnis zur Welt in dieser Sache gerade nicht konstitutive, sondern nur heuristische Bedeutung zuschreiben können. Eine solche hat sie allerdings. Daß Gott uns erkennbar und unerkennbar, daß er der Liebende und der Freie ist, das wird uns in der Tat in dieser Unterscheidung sichtbar. Keines von beiden ist ja selbstverständlich. Keines kann von uns einfach vorausgesetzt werden. Beides muß uns sichtbar werden. Beides ist wahr im Ereignis der göttlichen Offenbarung, in welcher Gott den Schritt von dort nach hier und also von seinem Insichsein zu seinem Sein mit uns vollzieht und eben damit beides als wahr sichtbar macht: nicht als ein Getrenntes, wohl aber als ein Unterschiedenes, als dasselbe in zwei zu unterscheidenden Gestalten. Eben an dieser im Ereignis der Offenbarung sichtbar werdenden Unterscheidung Gottes in seinem Sein in sich und für uns kann und muß uns der Unterschied zwischen seiner Liebe und seiner Freiheit erkennbar werden: seine Liebe darin, daß Gott, wie er in sich ist, Gott für uns sein will — seine Freiheit darin, daß er für uns kein Anderer sein will und kann, als der er in sich ist. An jener Unterscheidung wird uns diese und damit die Einteilung der göttlichen Eigenschaften erkennbar. Eine konstitutive Bedeutung aber können wir jener Unterscheidung nicht zukommen lassen, wenn wir die bekannten Irrwege, die die Orthodoxie in der Gotteslehre gegangen ist, nicht an dieser Stelle aufs neue betreten wollen.

2. Die Einteilung der göttlichen Vollkommenheiten in die beiden genannten Reihen kann sich in versuchlicher Weise verbinden mit einem bestimmten logisch-erkenntnistheoretischen Ableitungsversuch. Wird nämlich die Unterscheidung zwischen Gott in sich und Gott für uns an dieser Stelle als konstitutiv verstanden, dann liegt folgende Erwägung sehr nahe: Ist die Freiheit Gottes identisch mit Gottes Sein in sich in seiner Hoheit gegenüber Allem, was nicht er selber ist, dann können ihre Vollkommenheiten offenbar nicht mit solchen Begriffen bezeichnet werden, deren Gegenstände nur in der von Gott verschiedenen Wirklichkeit gesucht werden können. Ihre Bezeichnung muß sich dann vielmehr in einem Transzendieren dieser Wirklichkeit vollziehen. Wie aber kann es, da unsere Begriffe an die Gegenstände jener ganz anderen Art gebunden sind, zu solchem Transzendieren und damit zur Bezeichnung Gottes kommen? Offenbar nur — aber, so meint man, dann wirklich! — wenn wir rein negative Begriffe, d. h. solche Begriffe bilden, die nur die Verneinung der den menschlichen Begriffen als solchen und an sich zukommenden Gegenständlichkeit aussagen, die aber in solcher Verneinung eben über diese Gegenständlichkeit hinaus und also — so meint man — auf Gott als den dieser Gegenständlichkeit frei Gegenüberstehenden hinweisen. Und ist umgekehrt die Liebe Gottes identisch mit Gottes Sein für uns, in

seiner Gemeinschaft mit der von ihm geschaffenen Welt, dann können die Vollkommenheiten dieser Liebe als göttliche zwar zunächst auch nicht mit solchen Begriffen bezeichnet werden, die das Sein und Sosein der geschaffenen Welt als solches zum Inhalt haben, wohl aber kann es dann unternommen werden, diese Begriffe die geschaffene Welt dadurch transzendieren zu lassen, daß wir sie gewissermaßen dehnen, erhöhen, überschwenglich machen, in ihre Superlative erheben, sodaß sie eine Gestalt bekommen, in der sie nicht mehr die Welt, sondern — so meint man — nur noch die der Welt zugewandten und in der Welt offenbaren Liebe Gottes bezeichnen können. Diese beiden Möglichkeiten lassen sich dann auch noch ergänzen oder auch begründen und zusammenfassen in einer dritten, nach welcher Gott in seinem Fürsichsein und Fürunssein der Welt als deren Grund gegenübergestellt, die Welt also als negatives und positives Zeugnis von der Vollkommenheit ihres göttlichen Grundes betrachtet und daraufhin die eigentlich auf die weltliche Gegenständlichkeit gerichteten menschlichen Begriffe zur Bezeichnung des Wesens Gottes und seiner Vollkommenheiten in Anwendung gebracht werden.

Wir haben es zu tun mit der in der Dogmengeschichte unter dem Namen des Ps. Dionysius Areopagita (*De div. nom.* VII, 3) berühmt gewordenen Lehre von der *via triplex:* der *via negationis* (ἐφαιρέσεως), *eminentiae* (ὑπεροχῆς) und *causalitatis* (αἰτίας). Die Aufstellung dieser Lehre muß nicht notwendig als Aufstellung eines natürlichen Gottesbeweises und also nicht notwendig als ein Ersatz der offenbarten Gotteserkenntnis verstanden werden. Sie kann vielmehr zur Not auch verstanden werden als ein von der Frage der Gotteserkenntnis zunächst unabhängiger Vorschlag zur Methode der theologischen Begriffsbildung. Es leuchtet ein, daß es verlockend sein mußte und daß denn auch manche von den Orthodoxen dieser Verlockung folgen konnten: die Eigenschaften Gottes kurzerhand einzuteilen in negative und positive, d. h. in *via negationis* und *via eminentiae* zu bestimmende, während die dritte, die *via causalitatis,* von Schleiermacher und Alex. Schweizer wohl richtig als die gemeinsame Voraussetzung oder auch Krönung beider interpretiert worden und tatsächlich auch nicht als eine dritte den beiden ersten koordinierte Methode in Anwendung gebracht worden ist.

Nehmen wir den besten Fall: daß wir es hier gar nicht mit einem Versuch natürlicher Theologie, sondern nur mit einer Methode der Begriffsbildung zu tun hätten, so wird dennoch zu sagen sein, daß die Unterscheidung jener beiden Reihen bestimmt nicht von dieser logisch-erkenntnistheoretischen Unterscheidung her vollzogen werden sollte. Es ist nun einmal, was zunächst die *via negationis* betrifft, nicht an dem, daß unsere die weltliche Gegenständlichkeit als solche verneinenden Begriffe in dieser ihrer Abwendung von dem, was nicht Gott ist, *per se* die Zuwendung zu Gottes In-Sich-Sein bedeuten würden. Wie sollte unser Negieren zugleich ein zuverlässiges Transzendieren der geschaffenen Welt und als solches ein zuverlässiges Bezeichnen Gottes sein? Und selbst wenn dem so wäre, selbst wenn solche negativen Begriffe in ihrer Negativität geeignet sein sollten, Gottes In-Sich-Sein zu bezeichnen, so müßte dieser

§ 29. Gottes Vollkommenheiten

Weg doch dadurch problematisch werden, daß ja, wie wir sahen, Gottes Freiheit keineswegs mit Gottes In-Sich-Sein der Welt gegenüber identisch, vielmehr in seiner Beziehung zur Welt ebenso wirklich ist wie in seinem Insichsein und also in negativen Begriffen auf keinen Fall erschöpfend zu beschreiben ist: auch dann nicht, wenn wir diesen eine besondere Kraft zur Bezeichnung des überweltlichen Gottes tatsächlich zuschreiben wollten und dürften. Gott ist frei auch in seinem Fürunssein, in welchem er gerade allein mit negativen Begriffen nicht zu erfassen ist. Wiederum ist es, was die *via eminentiae* betrifft, nicht an dem, daß unsere der weltlichen Gegenständlichkeit in Gestalt von Superlativen enteilen wollenden Begriffe als solche der der Welt zugewandten und in der Welt offenbarten Liebe Gottes entgegeneilen würden. Es könnte auch dieses Transzendieren der geschaffenen Welt ein höchst unzuverlässiges Transzendieren und jedenfalls eine höchst unzuverlässige Bezeichnung Gottes sein. Aber selbst wenn es auf diesem Weg ein zuverlässiges Transzendieren geben, selbst wenn unsere Begriffe in dieser Gestalt in irgend einem Sinn geeignet sein oder werden sollten, Gottes Fürunssein zu bezeichnen — und es könnte ja auf Grund der Gnade Gottes hinsichtlich der *via eminentiae* wie hinsichtlich der *via negationis* so sein, daß sie dazu geeignet würden — so hätten wir uns dennoch zu erinnern, daß Gottes Liebe keineswegs zusammenfällt mit seinem Fürunssein. Er ist in sich selber der Liebende auch abgesehen von seiner Beziehung zu der Existenz eines Anderen. An diesem seinem Insichsein zerbrechen also die Begriffe, mit denen wir dieses Andere superlativisch zu transzendieren versuchen. Mag also die *via negationis* und die *via eminentiae* immerhin zur Begriffsbildung hinsichtlich der göttlichen Vollkommenheiten ihre bestimmten aber auch begrenzten Dienste tun: dies ist sicher, daß der Unterschied der beiden Reihen der göttlichen Vollkommenheiten mit dem Unterschied dieser beiden Wege der theologischen Begriffsbildung — die ja immerhin nicht die einzigen sind — nicht zusammenfallen können.

Was als sicherer Wahrheitsgehalt der Lehre von der *via triplex* übrig bleibt, gehört nicht in unseren Zusammenhang: es ist das, was, neutral gegenüber jenem Unterschied, mit der *via causalitatis* — wenn der Weg einer natürlichen Theologie damit wirklich nicht gemeint sein sollte — legitim gemeint sein kann. Wir sprachen früher davon: Unsere als solche auf die Welt gerichteten Anschauungen und Begriffe können, dürfen, sollen — nicht kraft einer immanenten Fähigkeit, die ihnen in dieser Hinsicht notwendig abgeht, wohl aber kraft des göttlichen Gebotes und Segens — zu Bezeichnungen Gottes als des Herrn der Welt und so zu theologischen Anschauungen und Begriffen werden. Warum sollte dabei nicht auch die *via negationis* und die *via eminentiae* in Betracht kommen? Es gibt an ihrem Ort eine Notwendigkeit und eine Freiheit zur Anwendung auch dieser logischen Möglichkeiten. Aber daß gerade diese beiden Möglichkeiten das Schema der christlichen Gotteserkenntnis, das Schema der Einteilung der göttlichen Vollkommenheiten bilden sollten, davon kann keine Rede sein.

3. Es kann nicht gleichgültig sein, in welcher **Folge** die beiden Reihen der göttlichen Vollkommenheiten zur Sprache gebracht werden. Es ist wohl wahr, daß wir es hier wie dort: ob wir von der Liebe oder von der Freiheit Gottes reden, mit dem einen ganzen Gott mit der Herrlichkeit des Herrn in ihrer Fülle zu tun haben, in welcher es kein Mehr oder Weniger und also auch kein Vorher und Nachher geben kann, sodaß es auf den ersten Blick wohl scheinen möchte, als könnten wir ohne besonderen Gewinn und ohne besondere Gefahr ebenso gut hier anfangen und dort aufhören wie umgekehrt. Aber diese Folgerung wäre voreilig. Die Vollkommenheit der uns hier beschäftigenden Dialektik kann und darf uns den Blick dafür nicht trüben, daß wir hier nicht mit irgend einer sondern mit einer ganz bestimmten Dialektik, nämlich mit der der Offenbarung und des Wesens Gottes beschäftigt sind, in deren Erkenntnis wir weder dem Zufall noch der Willkür überlassen sind, in deren Erkenntnis wir uns vielmehr der in der Sache selbst vorliegenden bezw. sich ereignenden Ordnung zu fügen haben. Und es wird wichtig sein, diese Ordnung nicht zu verfehlen, wenn nicht mit ihr auch die Sache selbst verfehlt werden soll. Es läßt sich aber nicht leugnen, daß diese Ordnung und mit ihr ein großes Stück weit auch die Sache selbst in der Tradition, der wir uns grundsätzlich angeschlossen haben, fast allgemein verfehlt worden ist: sofern man nämlich fast allgemein zuerst von den *attributa absoluta, quiescentia, incommunicabilia* usw., also von den Vollkommenheiten der göttlichen Majestät oder in unserer Sprache: der göttlichen Freiheit und dann erst von den *attributa relativa, operativa, communicabilia* usw., also von den Vollkommenheiten der göttlichen Liebe reden wollte. Der Grundfehler der ganzen altkirchlichen Gotteslehre spiegelt sich in dieser Anordnung: zuerst Gottes Wesen im Allgemeinen, dann seine Dreieinigkeit — mit allen Zweideutigkeiten und Fehlerquellen, die sich aus dieser Folge ergeben müssen. Ihr Nominalismus oder Seminominalismus spiegelt sich darin; denn zweifellos besagt auch diese Anordnung: es geht zuerst um das Eigentliche des Wesens Gottes in sich selber, dann um sein Uneigentliches in seinem Verhältnis nach außen. Und endlich das sachlich Bedenklichste ihres Gottesbegriffs: Gott ist zuerst und eigentlich in sich selber das unpersönliche Absolute, dann erst, uneigentlich und nach außen, der persönliche Gott der Liebe in seiner Weisheit, Gerechtigkeit, Barmherzigkeit usw. Diese Folge entspricht aber weder der Ordnung der Offenbarung noch der des in seiner Offenbarung erkennbaren Wesens Gottes. Sondern es ist zunächst in **Gottes Offenbarung** so, daß Gottes Enthüllung sachlich das Erste und das Letzte ist, der Ursprung und das Ende der Wege Gottes. Gottes Offenbarung ist zuerst und zuletzt Evangelium, frohe Botschaft, Wort und Tat der Gnade Gottes. Nicht ohne Verhüllung, also nicht ohne daß Gott sich eben indem er sich offenbart als das Geheimnis aller Geheimnisse beweist, nicht ohne

Offenbarung seiner Allmacht und Ewigkeit, seiner Verborgenheit, seiner Majestät, nicht ohne daß das Evangelium uns zum Gesetz und zum Gericht wird, nicht ohne Offenbarung unserer Sünde und Ohnmacht und also unseres Abstandes von Gott und also der Hoheit Gottes gegenüber Allem, was nicht er selber ist. Und das Alles gewiß nicht beiläufig, nicht scheinbar bloß, nicht vorübergehend, nicht so, daß diese Seite seines Redens und Handelns auch übersehen und übergangen werden könnte. Wohl aber so, daß dieses Zweite jenem Ersten folgt, von ihm eingeschlossen, nur in ihm und von ihm her wirklich ins Licht tritt und sichtbar wird. Jetzt erst, indem Gottes Geheimnis sich er öffnet, wird es als Geheimnis sichtbar: was wüßten wir denn ohne Offenbarung von dem Geheimnis Gottes? Jetzt erst, indem Gott sich enthüllt, verhüllt er sich auch. Jetzt erst, indem Gott redet und handelt, wird seine Allmacht und Ewigkeit für uns Wirklichkeit. Jetzt erst, indem er sich uns gibt als der Liebende, entzieht er sich uns auch in seiner heiligen Freiheit. Jetzt erst, in der Kraft des Evangeliums, gibt es für uns ein als göttlich bindendes und verpflichtendes Gesetz, gibt es Erkenntnis unserer Sünde und damit und daraufhin unserer Kreatürlichkeit, unseres Abstandes von Gott und so Erkenntnis der Hoheit Gottes in sich selbst und gegenüber Allem, was nicht er selbst ist. Es ist nicht an dem, daß Gott in seiner Offenbarung weniger dieses Zweite als jenes Erste wäre. Er ist es aber anders; er ist es nämlich in diesem Zusammenhang des Zweiten mit dem Ersten, er ist es also in dieser Folge. Und es wird sich eine an die Ordnung seiner Offenbarung sich haltende Erkenntnis seines Wesens und seiner Vollkommenheiten an diese Folge zu halten haben. Dasselbe ergibt sich aber auch im Blick auf das in Gottes Offenbarung erkennbare Wesen Gottes. Wir sahen, daß das Gottes Wesen ist: der Liebende, d. h. der uns, aber auch der in sich selbst Liebende, der Gemeinschaft Begründende, Erhaltende und Betätigende zu sein. Er ist es als der Freie, in seiner Freiheit, als der aus und durch und in sich selbst Seiende und also unbedingt durch irgend ein Anderes, vielmehr alles Andere selber bedingend. Er ist es also in Majestät, in Allmacht und Ewigkeit. Er ist es als der aseitarische Gott. Und wieder ist er dieser gewiß nicht beiläufig, nicht scheinbar, nicht vorübergehend, nicht so, daß diese Seite seines Wesens übersehen und übergangen werden dürfte. Er ist aber gerade in seiner Freiheit der Liebende. Es ist also seine Gottheit, sofern sie als seine Freiheit zu verstehen ist, die Gottheit seiner Liebe. Als der persönliche dreieinige Gott ist er der aseitarische. Und wenn das bestimmt auch umgekehrt zu sagen ist, dann doch nur daraufhin, daß es zuerst so gesagt werden darf und muß: als der persönliche dreieinige Gott ist er der aseitarische; als der Liebende ist er der Freie. Besteht hier, wie wir sahen, völlige Reziprozität, so besteht doch auch in der völligen Reziprozität diese Ordnung, die kein Mehr oder Weniger, keine Verschiedenheit der Göttlichkeit beider Seiten bedeutet, wohl aber die Bewegung des Lebens, in welchem Gott Gott ist, dem genau entsprechend, wie er als Gott sich offenbar macht. Und eben an diese Ordnung und also an diese Folge werden wir uns bei der Erkenntnis und Darstellung der Vollkommenheiten Gottes zu halten haben.

Es ist klar, daß die alte Schullehre, deren Grundgedanken wir uns formell anschließen, durch die drei genannten Korrekturen und insbesondere durch diese dritte: durch die Umstellung der Folge der beiden Reihen, ein stark verändertes Gesicht bekommt. Es dürfte aber das dem Zwang des Gegenstandes entsprechende Gesicht sein.

§ 30

DIE VOLLKOMMENHEITEN DES GÖTTLICHEN LIEBENS

Die Göttlichkeit der Liebe Gottes besteht und bewährt sich darin, daß Gott in sich selber und in allen seinen Werken gnädig, barmherzig und geduldig und eben damit auch heilig, gerecht und weise ist.

1. GOTTES GNADE UND HEILIGKEIT

Gott ist der, der in seinem Sohne Jesus Christus alle seine Kinder, in seinen Kindern alle Menschen, in den Menschen seine ganze Kreatur liebt. Gottes Sein ist sein Lieben. Er ist Alles, was er ist, als der Liebende. Darum sind alle seine Vollkommenheiten Vollkommenheiten seiner Liebe. Indem unsere Erkenntnis Gottes in seiner Offenbarung in Jesus Christus begründet ist und an sie gebunden bleibt, können wir, wenn wir jetzt im Besonderen und nacheinander bedenken und sagen wollen, wer und was Gott ist, nicht anderswo anfangen als mit der Betrachtung seiner Liebe. In dem Evangelium von dem Messias Israels und von seiner Gesetzeserfüllung, von dem Wort, das Fleisch ward und wohnte unter uns, von dem, der um unserer Sünde willen dahingegeben und um unserer Gerechtigkeit willen auferweckt ist — in diesem Evangelium ist die Liebe Gottes das erste Wort, und wenn wir uns, wie es sich gehört, von diesem Evangelium sagen lassen wollen, wer und was Gott ist, dann müssen wir uns dies als erstes Wort gesagt sein lassen: daß Gott die Liebe ist, dann müssen wir alle seine Vollkommenheiten als die Vollkommenheiten seiner Liebe erkennen und verstehen. Obwohl wir das Göttliche des göttlichen Seins auf den ersten Blick wohl viel eher und viel mehr in Gottes Freiheit, d. h. in Gottes Einheit, Beständigkeit und Ewigkeit, in seiner Allgegenwart, Allmacht und Herrlichkeit suchen zu sollen meinen könnten. Von dieser Freiheit Gottes wird im folgenden § die Rede sein. Gottes Freiheit ist in der Tat nicht weniger göttlich als sein Lieben. Und

Gottes Liebe ist in der Tat nur insofern göttlich, als sie seine Liebe in seiner Freiheit ist. Aber wiederum ist auch Gottes Lieben nicht weniger göttlich als seine Freiheit. Wiederum ist auch Gottes Freiheit nur insofern göttlich, als sie die Freiheit ist, in der er liebt. Und nicht nach Maß und Würde, nicht im Sinn einer Überordnung, wohl aber im Sinn der Ordnung, in der Gott, wie am Ende des vorangehenden § gezeigt wurde, Gott ist, im Sinn der Ordnung seines göttlichen Lebens ist er zuerst der Liebende und dann und als solcher der Freie. Anerkennen wir das, so bedeutet das nicht, daß wir uns zuerst unter vorläufigem Absehen von Gottes Freiheit einseitig der Liebe Gottes als solcher zuwenden könnten und wollten, nachher dann ebenso einseitig seiner Freiheit. Mit einer solchen statischen Systematik würden wir der Ordnung im Wesen Gottes gerade nicht gerecht. Es gibt keine Liebe Gottes an sich und als solche, wie es auch keine Freiheit Gottes an sich und als solche gibt. Gottes Sein ist sein Sein als der Liebende in der Freiheit. So werden wir, seine Liebe bedenkend, seine Freiheit (und nachher seine Freiheit bedenkend, seine Liebe) ständig mitzubedenken haben. Nur um eine Gewichtsverlegung oder nur um eine Veränderung des Vorzeichens kann es sich handeln, wenn wir hier einen gewissen, den durch das einzigartige Sein Gottes selbst geforderten Weg gehen. Er kann nur darin bestehen, daß wir zuerst das Lieben Gottes zu bedenken haben, wie es in seiner Freiheit wirklich ist, dann seine Freiheit, in der sein Lieben wirklich ist. Dieses «zuerst» und «dann», diese Folge aber könnte nur willkürlich und um den Preis großer Künstlichkeit und Mißverständlichkeit umgekehrt werden. Diese Willkür können wir uns nicht gestatten. Darum beginnen wir mit den Vollkommenheiten der göttlichen Liebe: in der Absicht und Zuversicht, gerade so, wenn auch indirekt, auch mit der göttlichen Freiheit zu beginnen. Gott ist gnädig, barmherzig und geduldig: in sich selber und in allen seinen Werken. Das ist sein Lieben. Er ist aber in der Weise gnädig, barmherzig und geduldig, daß er eben damit — weil sein Lieben in seiner Freiheit geschieht — auch heilig, gerecht und weise ist: auch das in sich selber und in allen seinen Werken. Denn das ist die Freiheit, in der er der Liebende ist. Darin also besteht und bewährt sich die Göttlichkeit seiner Liebe: sie ist Gnade, Barmherzigkeit und Geduld und gerade so und damit Heiligkeit, Gerechtigkeit und Weisheit. Das sind die Vollkommenheiten seiner Liebe. Darin besteht und darin bewährt sich ihre Göttlichkeit.

Warum gerade darin? Jede Lehre von Gottes Vollkommenheiten wird sich im Einzelnen an eine gewisse Auswahl und also an gewisse Zusammenfassungen der Begriffe halten müssen — eine Auswahl und Zusammenfassung, die sich als solche weder auf den direkt aufweisenden Vorgang der heiligen Schrift noch auf den von irgendwelchen relativen Autoritäten berufen können wird. Sowohl die kirchlichen Bekenntnisse wie die ältere und neuere Dogmatik haben in dieser Lehre hinsichtlich der Nennung der einzelnen Eigenschaften wie hinsichtlich deren

Zusammenstellung bei gewissen Übereinstimmungen doch auch eine große Verschiedenheit an den Tag gelegt, wie uns denn auch die heilige Schrift in dieser Sache nirgends eine verbindliche Anweisung gibt. Es wiederholt oder spezifiziert sich hier ein Problem, das sich uns schon bei der Frage nach der Anordnung der Dogmatik im Ganzen gestellt hat. *Methodus est arbitraria,* haben wir dort festgestellt und eben das müssen wir auch hier feststellen. Jede solche Auswahl und jede solche Zusammenstellung, wie wir sie nun auch versuchen müssen, kann grundsätzlich nur den Charakter eines Versuches und Vorschlages haben. Willkürlich, d. h. sinnlos oder eigensinnig muß und darf sie darum doch nicht sein. Der hier gemachte Versuch und Vorschlag beruht auf der Überlegung einmal der Frage: Unter welchen Bestimmungen wird die Liebe Gottes — nicht nach einem allgemeinen Begriff von Liebe, sondern als die Liebe Gottes in Jesus Christus, wie sie in der heiligen Schrift bezeugt ist — Ereignis und Wirklichkeit, sodaß wir sie daraufhin als Bestimmungen seines Wesens verstehen dürfen und müssen? Die erste Reihe: Gnade, Barmherzigkeit, Geduld will auf diese Frage Antwort geben. Und sodann auf die Überlegung der Frage: unter welchen Bestimmungen steht die Freiheit Gottes — wiederum nicht eine allgemeine Freiheit, sondern Gottes in Jesus Christus betätigte und in der heiligen Schrift bezeugte Freiheit — in der seine Liebe Ereignis und Wirklichkeit wird? Auf diese Frage will die a n d e r e Reihe antworten: Heiligkeit, Gerechtigkeit, Weisheit. Ob diese Antworten richtig, genügend und verbindlich sind, ob also unser Vorschlag brauchbar ist, das wird sich nur aus unserer Darstellung selbst bezw. aus dem Verhältnis zum biblischen Offenbarungszeugnis ergeben können. — Man bemerke: Was hier an unvermeidlicher Systematik sichtbar werden mag, ist Mittel zum Zweck. Der Zweck ist die möglichst konkrete, d. h. dem lebendigen Gott in seiner Selbstdarstellung möglichst folgende und entsprechende Beantwortung der Frage: Wer und was ist Gott? Das Mittel ist eine durch diesen Gegenstand in dessen Selbstdarstellung her möglichst geordnete und von ihm her möglichst übersichtliche Begriffsentwicklung. Eben auf dieses Mittel bezieht sich unser Vorschlag. Eine chaotische oder tumultuarisch irgendwelchen Einfällen sich anvertrauende Begriffsentwicklung, eine sinnlose oder eigensinnige Auswahl und Zusammenfassung würde hier offenbar ein schlechtes, der Ehre des Gottes, der (1. Kor. 14, 33) nicht ein Gott der Unordnung, sondern des Friedens ist, unwürdiges Mittel sein. Eine gewisse Systematik braucht dann noch keinen Übergriff zu bedeuten, wenn sie der anspruchslose Versuch ist, würdig oder doch nicht unwürdig von diesem Gegenstand zu denken und zu reden.

Wir beginnen unsere Betrachtung der göttlichen Liebe mit der des Begriffs der **Gnade** in unmittelbarer Gegenüberstellung mit dem diesen Begriff von der Freiheit Gottes her bestimmenden und erläuternden Begriff der **Heiligkeit**.

Wenn Gott liebt und darin der ist, der er ist, daß er liebt und also Gemeinschaft sucht und schafft, dann ist dies insofern das göttliche, von allem anderen Lieben verschiedene Tun und Sein, als sein Lieben **Gnade** ist. Gnade ist das Sein und Sichverhalten Gottes, das sein Gemeinschaft suchendes und schaffendes Tun auszeichnet als bestimmt durch seine eigene, freie Neigung, Huld und Gunst, die durch kein Vermögen und

1. Gottes Gnade und Heiligkeit

durch keinen Rechtsanspruch der Gegenseite bedingt, aber auch durch keine Unwürdigkeit und durch keinen Widerstand dieser Gegenseite gehindert ist, sondern jede Unwürdigkeit und jeden Widerstand zu überwinden kräftig ist. Eben in dieser Auszeichnung erkennen wir die Göttlichkeit der Liebe Gottes.

Gratia in Deo residens est essentialis proprietas eius nimirum benignissima voluntas Dei et favor, per quem vere et proprie est gratiosus, quo favet et gratis benefacit creaturae suae (Polanus, *Synt. Theol. chr.* 1609 col. 1040). *Gratia Dei est favor eius gratuitus, quo creaturae rationali ac inprimis hominibus credentibus benefacit, vel est benignissima Dei voluntas qua sine merito omni favet et benefacere gaudet* (Quenstedt, *Theol. did. pol.* 1685 I c. 8 sect. I th. 31). Polans Formel dürfte als die umfassendere vor der Quenstedts den Vorzug verdienen.

Wir stellen vor Allem fest: Gnade ist nach dem den biblischen Sprachgebrauch beherrschenden Sinn der Worte *chen, chesed,* χάρις ein **inneres Sein und Sichverhalten Gottes selber**.

«Wem ich gnädig bin, dem bin ich gnädig» (Ex. 33, 19). Gnade verheißen, erzeigen, geben, widerfahren oder walten lassen, mit Gnade füllen oder krönen, das Alles ist Gottes Werk, daraufhin sich ereignend, daß er selber in sich gnädig ist und darum auch als gnädig sich zu erkennen gibt und gnädig handelt. Wer «Gnade findet», der findet sie «vor seinen Augen» und also bei ihm. Sie ist die Gnade dessen, «der in dem Dornbusch wohnt» (Deut. 33, 16), also des Herrn des Bundes mit Israel und gerade als solche ist sie «ewige Gnade» (Jes. 54, 8; Ps. 89, 3), reicht sie, «soweit die Himmel gehen» (Ps. 108, 5 vgl. Ps. 103, 11). Sie ist nach der bei Paulus ständigen Formel die Gnade unseres Herrn Jesus Christus, d. h. die in Jesus Christus in Person wohnende, erschienene, erkennbare, wirksame und mitgeteilte Gnade. Es geht darum nicht an, die Gnade mit der römisch-katholischen Dogmatik (vgl. z. B. Bartmann, Lehrb. d. Dogm.[7] 2. Bd. 1929, S. 3 f.) zum vornherein und entscheidend als «übernatürliche **Gabe**» Gottes zu definieren und dann wohl gar ausdrücklich als ein «Drittes» zwischen Gott und der Kreatur zu bezeichnen. Eine Gabe — und allerdings eine sehr «übernatürliche» Gabe! — ist die Gnade **auch**. Sie ist geradezu der Inbegriff aller göttlichen Gabe: der Offenbarung, Versöhnung und Erlösung nicht erst, sondern schon der Schöpfung. Sie ist es aber — und das ist es, was zum vornherein und was entscheidend von ihr zu sagen ist — sofern der Geber selbst und also Gott selbst sich **selbst** zur Gabe macht, sich **selbst** in die Gemeinschaft mit einem Anderen begibt und also sich **selbst** dem Anderen gegenüber als der Liebende erweist. Und nicht ein Drittes zwischen Gott und Kreatur ist das «Übernatürliche», das dadurch entsteht, daß Gott gnädig ist, sondern das ist Gottes Gnade, daß er als der Erste zwischen sich selbst und jenem Zweiten, seiner Kreatur, unmittelbar Gemeinschaft stiftet und aufrecht erhält. Das Urbild der **Gnadengabe** Gottes ist die Fleischwerdung seines Wortes, die Einheit von Gott und Mensch in Jesus Christus. Und da entstand kein Drittes zwischen Gott und dem Menschen. Da ist das Geheimnis und Wesen der Gnade vielmehr darin offenbar, daß aus Zweien — ganz und gar durch den Willen und die Macht des Ersten! — unmittelbar Eines, daß zwischen Gott und Mensch jener direkte «Friede» gestiftet wurde, den Paulus im Zusammenhang mit dem Wort «Gnade» und offenbar als dessen inhaltliche Bestimmung so oft zu nennen pflegt. Zwischen dem gnädigen Gott und dem, dem er gnädig ist, darf gerade nicht die gnostizisierende Vorstellung von der Gnade als einem Zwischenreich eingeschaltet werden. Hier hängt Alles an der Unmittelbarkeit und also Alles daran, daß das in Frage stehende Sein und Tun Gottes wirklich als Gottes *essentialis proprietas* d. h. als Gott selbst verstanden wird, der, indem er sich selbst ist und betätigt, gnädig ist. Darum ist im Alten und Neuen Testament so nachdrücklich auf Gott hinweisend, von «meiner», «deiner» oder «seiner» Gnade die Rede. Darum beten die biblischen Menschen nicht nur: «Hilf mir nach deiner Gnade!» (Ps. 109, 26) «Gedenke meiner nach deiner Gnade!» (Ps. 106, 4) «Erquicke mich durch deine Gnade!» (Ps. 119, 88) «Laß mich hören deine Gnade!» (Ps. 143, 8) und dergl., sondern an den meisten Stellen direkt und einfach: «Sei mir gnädig!» Dagegen m. W. nirgends: Gib mir, verleih mir Gnade u. dgl.! Darum kann Alles, was die Apostel ihren Gemeinden wünschen, zusammengefaßt werden in der bekannten Grußformel: Gnade sei mit euch!» Darum kann das Wort Gottes Act. 14, 3; 20, 32 auch einfach «das Wort der Gnade» heißen. Darum bilden bei Paulus die Gnade, seine eigene Bekehrung, sein Apostelamt und dessen Ausübung und damit die Verkündigung des Evangeliums ein einziges zusammengehöriges Ganzes: «Durch Gottes Gnade bin ich, was ich bin und seine Gnade an mir ist nicht vergeblich gewesen, sondern ich habe mehr geschafft als sie alle — aber nicht ich, sondern die Gnade Gottes, die mit mir ist» (1. Kor. 15, 10 vgl. Röm. 1, 5). Es bezeichnet eben Gnade umfassend die Art, in der Gott als der, der er ist, sich uns zuwendet. Dieses Sich-zuwenden und zwar das eines Höheren zu einem Niedrigeren, als eine Zuwendung, die sich in Form einer Niederbeugung, einer Herablassung vollzieht, liegt ja auch im Sinn schon des Wortes χάρις und auch des lateinischen *gratia* und am stärksten des deutschen Wortes «Gnade». In dieser Zuwendung ist, wie besonders die alttestamentlichen Verbindungen, in denen das Wort erscheint, sichtbar machen, Alles beschlossen, was Gott als Wohltat am Menschen tut: seine Wahrheit, seine Treue, sein Recht, seine Barmherzigkeit, sein Bund (Dan. 9, 4) oder, nach jener apostolischen Grußformel, sein Friede. Das Alles ist zuerst und grundlegend auch seine Gnade.

Aber Gnade meint Zuwendung nicht auf gleichem Fuß, sondern in Herablassung. Daß Gott gnädig ist, bedeutet: er läßt sich herab, er, der Einzige, der sich wirklich herablassen kann, weil er wirklich hoch, weil er wirklich mit nichts Anderem auf gleichem Fuße steht. Gerade sein innerstes Wesen ist, indem er gnädig ist, nicht etwa dies: nur dort zu sein. Gerade seine Höhe leuchtet vielmehr auf als die Voraussetzung seiner Herablassung, vollzogen in jener heilsamen, alle erdenkbare Wohltat in sich schließenden Zuwendung zu dem, das mit ihm nicht auf demselben Fuße steht. Nicht auf demselben Fuße! Und hier greift nun dies ein, daß Gnade ein Sein und Tun Gottes ist, auf das niemand und nichts Anspruch hat. Was das positiv bedeutet, das werden wir aufzuzeigen haben, wenn wir von Gottes Barmherzigkeit reden werden. Im Begriff der Gnade als solcher, bei dem wir hier zunächst stehen bleiben, liegt in dieser Hinsicht nur das Negative: Gottes Zuwendung ist nicht die Antwort und Entsprechung auf eine Leistung, ein Verdienst, eine Würdigkeit der Gegenseite. Wo es eine Gegenseite gäbe, der solche Antwort und Entsprechung zukäme, die auf Gottes Zuwendung einen Rechtsanspruch hätte, die seine Gnade zu bedingen in der Lage wäre, da wäre offenbar von einer wenn auch vielleicht nur teilweisen Gleichstellung dieser Gegenseite mit Gott zu reden. Eine solche Gleichstellung kommt aber Gott gegenüber nicht in Frage. Gerade in Gottes Gnade leuchtet vielmehr auf seine Höhe gegenüber jeder Gegenseite. Gerade daß Gott gnädig ist, bedeutet dies, daß er sich selbst keiner Gegenseite schuldig ist. Seine Herablassung ist freie, d. h. unbedingte, d. h. nur durch seinen eigenen Willen bedingte Herablassung. Seine Neigung, Huld und Gunst, die er in dieser Herablassung der Gegenseite zuwendet, ist Geschenk und Gabe, der etwas, was sie als notwendig hervorriefe, auf der Gegenseite nicht etwa vorausgeht und auch nicht nachfolgen kann, weil, was immer ihr nachfolgen kann, selber nur in ihr seinen Grund haben wird. Sie ist also Geschenk und Gabe im strengsten Sinn dieses Begriffs.

Δωρεὰν ἐλάβετε (Matth. 10, 8). «Nach gnädiger **Auswahl** (κατ' ἐκλογὴν χάριτος) ist der Rest aus Israel, ist die Kirche Jesu Christi zustandegekommen: εἰ δὲ χάριτι, οὐκέτι ἐξ ἔργων, ἐπεὶ ἡ χάρις οὐκέτι γίνεται χάρις (Röm. 11, 5 f.). Gnade bedeutet **Rettung**: καὶ τοῦτο οὐκ ἐξ ὑμῶν, θεοῦ τὸ δῶρον. οὐκ ἐξ ἔργων, ἵνα μή τις καυχήσηται. αὐτοῦ γάρ ἐσμεν ποίημα, κτισθέντες ἐν Χριστῷ Ἰησοῦ ἐπὶ ἔργοις ἀγαθοῖς (Eph. 2, 5, 7—10 vgl. 2. Tim. 1, 9). «Nach dem **Wohlgefallen seines Willens** zum Lob der Herrlichkeit seiner Gnade hat Gott uns begnadigt in dem Geliebten» (Eph. 1, 5 f.).

Es liegt aber weiter in dem biblischen Begriff der Gnade, daß die sie von Gott empfangende Gegenseite ihrer nicht nur nicht würdig, sondern geradezu unwürdig, daß Gott den Sündern gnädig, daß sein Gnädigsein eine auch durch die Sünde, durch den ihm entgegensetzten Widerstand der Kreatur nicht gehinderte Neigung, Huld und Gunst ist. Wiederum wird das Positive, was dazu zu sagen ist, unter dem Namen der Barmherzigkeit Gottes besonders aufzuzeigen sein. Gnade als solche sagt erst dies, aber immerhin schon dies: Es kann die Sünde der Kreatur, es kann der von ihr Gott entgegengesetzte Widerstand seine Gnade nicht aufhalten, nicht abschwächen, nicht unmöglich machen. Gnade ist vielmehr mächtig über und gegen die Sünde. Gnade setzt das Vorhandensein dieses Widerstandes voraus, rechnet mit ihm, fürchtet ihn aber nicht, wird durch ihn nicht begrenzt, sondern überwindet ihn, triumphiert gerade in diesem Gegensatz und in seiner Überwindung.

Es steht der Übertretung des einen Adam die Gnade des einen Jesus Christus in jenem schlechthinigen Überlegensein und Übergewicht gegenüber, das Paulus öfters durch ein nicht weiter begründetes, sondern einfach hingestelltes πολλῷ μᾶλλον ausdrückt (Röm. 5, 15, 17), das ihm als so entscheidend, so durchschlagend vor Augen steht, daß er schließlich geradezu sagen kann: οὗ δὲ ἐπλεόνασεν ἡ ἁμαρτία ὑπερεπερίσσευσεν ἡ χάρις (Röm. 5, 20). Daß Gott gnädig ist, das schließt nämlich in sich, daß er — und das ist der Vollzug dieser Überlegenheit — dem Sünder seine Sünde **vergibt** (Ex. 34, 9; Num. 14, 19), d. h. daß er selbst mit seiner Neigung, Huld und Gunst für den, der an ihm gesündigt hat, eintritt, daß ihm sein eigener freier guter Wille diesem Sünder gegenüber wahrer und wichtiger, und zwar unendlich viel wahrer und wichtiger ist als dessen böser Wille, daß er ihn nicht ansieht und behandelt, wie er entsprechend seinem bösen Menschenwillen angesehen und behandelt werden müßte, sondern so, wie er nach seinem ihm zugewendeten guten Gotteswillen angesehen und behandelt werden muß: weil er Gott ist, weil dieses Bedecken und Auslöschen der Sünde, dieses unverdiente, gütige andere Ansehen und Behandeln seiner Kreatur nicht nur in seiner Macht steht, sondern sein Recht und als solches sein majestätischer Wille ist. «Barmherzig und gnädig ist der Herr, langmütig und reich an Güte... Er handelt nicht mit uns nach unseren Sünden und vergilt uns nicht nach unserer Schuld. Denn so hoch der Himmel über der Erde ist, so hoch ist seine Gnade über denen, die ihn fürchten. So fern der Aufgang ist vom Niedergang, so fern tut er unsere Übertretungen von uns» (Ps. 103, 8 f.). Darum, daß dies geschehe und wahr sei für uns, wird gebetet, wenn der biblische Mensch betet: «Sei mir gnädig!» Dies ist es, was Gottes Zuwendung, Neigung, Huld und Gunst für Gott selbst und für uns bedeutet. Dies ist es, worin alle göttliche Wohltat eingeschlossen ist. Sie ist immer Zuwendung zu solchen, die sie nicht nur nicht verdient, sondern die ihr Gegenteil verdient haben.

Man beachte, wie wichtig es gerade bei dieser Spitze des Begriffs ist, daß wir bei dem Verständnis seiner Wurzel im Gegensatz zum römisch-katholischen Gnadenbegriff daran festhalten: Gnade ist nicht nur eine Gabe Gottes, die er geben oder auch nicht geben, nicht nur ein Attribut, das ihm zukommen oder auch nicht zukommen könnte. Nein, Gott selber ist gnädig. Und die Gnade ist selber, ist eigentlich und wesentlich göttlich. Das ist ja das Geheimnis der Sündenvergebung, darum bedeutet sie nicht einen merkwürdigen Zwischenfall, an dessen Tragweite dann doch auch gezweifelt werden könnte, darum kann sie nicht Gegenstand von Ungewißheit, darum kann sie aber auch nicht leichtfertig aufgenommen und behandelt werden, darum widerfährt sie uns nicht trotz, sondern in und mit der ganzen Heiligkeit, Gerechtigkeit und Weisheit Gottes, darum nimmt sie uns heiligend, richtend und zurechtweisend in Anspruch, darum ist sie aber auch unser rechter und endgültiger Trost: weil Gott selber in ihr, in diesem «Überströmen» der Gnade ganz und gar sich selber ist, weil es kein höheres göttliches Sein gibt als das des gnädigen Gottes und keinen höheren göttlichen Ernst als den, den er eben damit beweist, daß er gnädig ist und also Sünden vergibt, weil er in diesem Tun nicht weniger und nichts Anderes als sich selbst für uns einsetzt, mit seinem guten Willen trotz unseres bösen Willens selber unsere Sache und die Verantwortung für uns übernimmt, weil er eben in diesem Tun in der ganzen Majestät seines Seins auf dem Plane ist. Wie wir an Gott selber sündigen, so setzt Gott selber sich für uns ein, indem er uns gnädig ist. Finden wir, erkennen wir, empfangen und haben wir seine Gnade, dann finden, erkennen, empfangen, haben wir nicht weniger, nichts Anderes als ihn selber. Darum und so geschieht gerade durch die Gnade das allein Wirksame gegen die Sünde. Darum wird sie durch die Gnade in der Wurzel angegriffen und ausgerottet. Darum gibt es keine weitere Furcht, darum aber auch keine weitere Willkür, wo Gnade gefunden, erkannt und empfangen wird. Darum kann man sich an der Gnade genügen lassen. Wo Gnade offenbar und wirksam ist, da ist unter allen Umständen Gott selber offenbar und wirksam. Da haben wir nicht nötig, nach einem Höheren, Besseren, Hilfreicheren Ausschau zu halten. Gottes Verheißung aber auch Gottes Gebot, Gottes Wahrheit aber auch Gottes Kraft, Gottes Gericht aber auch Gottes Zurechtweisung können da nicht fehlen, wo Gott gnädig ist. Und wiederum: Wo Gott offenbar und wirksam ist, da ist er es unter allen Umständen als der gnädige Gott. Gott ist *vere et proprie gratiosus*. Er ist es auch als der uns unbekannte und verborgene Gott. Er ist es auch als der von uns geleugnete und gehaßte und also als der uns zürnende Gott. Er ist es auch als der Gott, an dem wir sündigen, und der uns darum richtet und straft. Wir erkennen und verstehen auch unsere Sünde erst, wenn wir sie als Feindschaft eben gegen seine Gnade erkannt und verstanden haben. Und wir bekehren uns von unserer Sünde erst dann, wenn wir uns zu Gottes Gnade bekehren. Alle andere Gottesvorstellung, bei der Gott noch nicht oder noch nicht grundlegend, entscheidend und umfassend als gnädig erkannt ist, meint, ob sie bejaht oder abgelehnt wird, noch irgendwelche Götter und Götzen dieser Welt und nicht den wahren, lebendigen Gott. Und dem entspricht dann auch der Glaube, den wir dem Gegenstand solcher Vorstellung entgegenbringen, die Sündenerkenntnis, in der wir ihm gegenüberzustehen, die Bekehrung zu ihm, die wir vollziehen zu müssen oder schon vollzogen zu haben meinen. Es muß und wird das Alles des ernstlichen Ernstes, der kräftigen Kraft darum sicher entbehren, weil der wirkliche Gott, dem gegenüber es allein wirklichen Ernst und von dem her es allein wirkliche Kraft gibt, der gnädige Gott ist: er ganz allein, weil er ganz allein der wahre und lebendige Gott ist. Grundlegend und entscheidend in seiner Gnade unterscheidet sich Gott von der Kreatur. Grundlegend und entscheidend in seiner Gnade besteht und bewährt sich seine Göttlichkeit. Es darf also nicht nur, sondern es muß als Kriterium dessen, ob wir einen Gott oder einen Götzen gefunden haben und anbeten, dies geltend gemacht werden: ob wir Gnade — nicht im Allgemeinen, nicht in irgend einem willkürlichen Sinn — sondern Gnade vor ihm, bei ihm, bei ihm selbst gefunden haben, ob es die Gnade ist, die wir als Gott zu verehren und anzubeten gelernt haben.

So also liebt Gott, so sucht und schafft er Gemeinschaft zwischen sich und uns. In dieser Auszeichnung erkennen wir die Göttlichkeit seiner Liebe. Denn so, nämlich gnädig, handelt Gott nicht nur nach außen an seiner Kreatur, sondern so ist er auch von Ewigkeit und in Ewigkeit in sich selber.

Man möchte einwenden, daß in ihm selber doch keine Gegenseite und erst recht kein Widerstand dieser Gegenseite sein und also auch keine besondere Zuwendung, keine Herablassung, keine Überwindung des Widerstandes dieser Gegenseite stattfinden und also auch für Gnade kein Raum sein könne. Wir antworten: In der Tat nicht für d i e Gestalt der Gnade, in der sie für uns und an uns offenbar wird. In der Gestalt, in der die Gnade in Gott selbst und als Gott selbst wirklich ist, ist sie uns in der Tat verborgen und unbegreiflich. Eben darum ist sie uns ja auch in ihrer Offenbarung und Wirksamkeit für uns und an uns das Geheimnis, das nur als solches und also nur im Glauben erkannt werden kann.

Eben darum kann uns Gnade nur durch Gnade offenbar und zu Teil werden. Aber eben in diesem Geheimnis ist sie ja offenbar und wirksam als göttliches Sein und Tun in unserer Mitte. Wie sollte dann aber geleugnet werden können, daß sie zuvor in anderer uns verborgener und unbegreiflicher Gestalt in Gott selbst wirklich ist: in ihm, der als Vater, Sohn und Heiliger Geist Einer ist, in ihm, der ganz und gar bei sich selber und also keiner Zuwendung und Herablassung bedürftig und fähig ist, in ihm, in dem kein Streit und also auch keine Versöhnung stattfindet? Werden wir nicht sagen müssen: gerade weil dem so ist, gerade indem er der Vater, der Sohn, der Heilige Geist, von Ewigkeit zu Ewigkeit der Ort und Quell aller Einheit und alles Friedens ist, gerade darum kann und muß er der Ursprung und das Wesen dessen sein, was wir als Gnade in so ganz anderer Gestalt kennen. Wie könnte sie in dieser uns bekannten Gestalt göttliche Wirklichkeit haben und sein, wenn sie sie nicht in jener unerforschlichen Gestalt in Gott selber hätte und wäre? Von dorther, wo sie noch nicht besondere Zuwendung, noch nicht Herablassung, noch nicht Überwindung eines Gegensatzes, von dorther, wo sie die reine Neigung, Huld und Gunst ist, die den Vater mit dem Sohne, den Sohn mit dem Vater verbindet durch den Heiligen Geist: von dorther und von dorther allein kann sie das werden, was sie in der uns bekannten Gestalt ist: Zuwendung, Herablassung, Überwindung. Und eben von dorther wird sie das werden, sofern sie in der uns bekannten Gestalt göttliche Wirklichkeit hat und ist.

Diesen Begriff der Gnade Gottes stellen wir nun zusammen mit dem seiner Heiligkeit. Die Meinung dabei kann nicht die sein, als ob das, was wir mit dem Begriff Gnade bezeichnen, einer Begrenzung und Ergänzung bedürftig sei. Wir haben Gott selbst, den einen ganzen Gott, bezeichnet mit diesem Begriff. Wir werden uns nicht irren, wir werden nichts versäumen und übersehen, wenn wir uns sagen lassen, daß seine Liebe und also sein Wesen ganz und gar, bis in alle Tiefen seiner Gottheit hinein eben dies ist: Gnade. Aber eben, was dies ist: Gnade, das ist in unserem Herzen und Munde, in unserer Erkenntnis, von ferne nicht so völlig, so unzweideutig klar und vor allem auch nicht so reich und tief wie in der Wahrheit Gottes, die wir in diesem Begriff allerdings erkennen — aber so erkennen, wie wir Menschen Gott im Glauben erkennen: so nämlich, daß unsere Erkenntnis weitergehen, wachsen, zunehmen darf, aber auch muß. Eben hier bedarf die Gnade — nicht in sich selber, nicht in Gott, aber in unserer Erkenntnis der Begrenzung und Ergänzung. Es vermag unser Begriff der Gnade die Klarheit und den Reichtum dessen, was Gnade in Gott selber ist, nicht zu fassen.

1. Gottes Gnade und Heiligkeit

Geht es uns um die Wahrheit des Gottes, der ganz und gar Gnade ist — dann können und dürfen wir uns an unsern Begriff Gnade nicht klammern, als dürfte und müßte unsre Erkenntnis Gottes nicht wachsen, als hätten wir mit diesem unserem Begriffe eine Macht über Gott gewonnen. Es kann in unserer Erkenntnis des Wesens Gottes nur darum gehen, daß wir uns immer aufs neue veranschaulichen, wie Gott Macht über uns gewinnt. Eben darum dürfen wir uns an keinen unserer Begriffe klammern; eben darum müssen wir dauernd dafür offen und bereit bleiben, unsere Begriffe begrenzen und ergänzen zu lassen. Wir haben das schon anerkannt mit der Voraussetzung der großen gegenseitigen Begrenzung und Ergänzung der beiden Hauptbegriffe der Liebe und der Freiheit Gottes, mit der wir keine Trennung und Zweiheit in Gott statuieren, mit der wir aber die Einheit Gottes in der Klarheit und Fülle seiner Offenbarung und seines Wesens respektieren mußten und wollten. Eben diese Bewegung müssen wir nun aber von einem Schritt zum anderen auch im Einzelnen vollziehen — und also solche Unterscheidung, die doch kein Zweites neben ein Erstes setzen, sondern nur das Eine entsprechend der Klarheit und Fülle, in der es in Gott Eines ist, erkennen und anerkennen möchte. Wir vollziehen also keine Wendung und keinen Themawechsel, wenn wir jetzt von Gottes Heiligkeit reden. Wir fahren damit nur fort, von Gottes Gnade zu reden. Wir werden auch mit allen anderen Begriffen, die uns in diesem und in dem nächsten § weiter beschäftigen werden, nur fortfahren, von Gottes Gnade zu reden. Wir müssen aber, wollen wir fortfahrend von des einen reichen Gottes Gnade reden, tatsächlich in anderen Begriffen weiterreden. Immer von dem Mittelpunkt aus, daß Gott ganz und gar Gnade ist, aber nicht so, daß wir unseren Begriff Gnade als Mittelpunkt festhalten wollten, sondern so, daß wir erkennen und anerkennen, daß derselbe eine Mittelpunkt auch noch andere Namen trägt, so also, daß wir nun auch unter anderen Begriffen denselben Mittelpunkt Mittelpunkt sein und als solchen unser Denken und unsere Sprache regieren lassen.

Gottes Lieben ist darin das göttliche, von allem anderen Lieben verschiedene Tun und Sein, daß seine Liebe heilig ist. Als heilig ist es aber dadurch ausgezeichnet, daß Gott, indem er Gemeinschaft sucht und schafft, der Herr ist und bleibt und also seinen eigenen Willen von jedem anderen unterscheidet und ihm gegenüber behauptet, jeden Widerspruch und Widerstand ihm gegenüber verurteilt, ausschließt und vernichtet und also in dieser Gemeinschaft allein seinen eigenen und als solchen guten Willen gelten und geschehen läßt. In dieser Auszeichnung und allein in ihr ist die Liebe Gottes seine, ist sie göttliche Liebe.

Sanctitas Dei est proprietas eius essentialis, per quam intelligitur naturam eius esse universe et perfectissime iustam, in qua prorsus nihil iniqui, nihil mali, nihil labis inest ac perinde esse etiam summe puram et castam amantemque et causam puritatis et castitatis in creaturis rationalibus, contra autem summe abhorrentem ab omni impuritate et immunditie sive interna sive externa eamque severissime detestantem et punientem (Polanus, *Synt. Theol. chr.* 1609 col. 1185). *Sanctitas Dei est summa omnino labis aut vicii expers in Deo puritas, munditiem et puritatem debitam exigens a creaturis — sive qua Deus summe purus mundus et sanctus est omnisque puritatis et sanctitatis in creaturis autor* (Quenstedt, *Theol. did. pol.* 1685 I *c.* 8 *sect.* 1 *th.* 34). Wenn wir die von den beiden gleichen Autoren gegebenen Definitionen der Gnade ohne wesentliche Beanstandung zitieren konnten, so wird von diesen ihren Formulierungen des Begriffs der Heiligkeit Gottes zu sagen sein: sie kranken bei aller Richtigkeit im Einzelnen in fataler Weise daran, daß sie gerade im Blick auf die Gnade Gottes die Einheit seines Wesens nicht deutlich machen, sondern Heiligkeit als ein Zweites oder Drittes in Gott neben jener erscheinen lassen. Das gilt auch von der eindringenden Darstellung des Petrus van Mastricht *(Theor. Pract. Theol.* 1698 II 19, 5 f.), welcher in dem Begriff der *sanctitas Dei* unterschieden haben will zwischen: 1. der *segregatio* (in welcher Gott sich von allem Allgemeinen und als solchem «Profanen» abhebt), 2. der *dedicatio* (in welcher Gott um seiner selbst willen, *sibi addictus, seipsum quaerens,* tut, was er tut), 3. der *repraesentatio* (in welcher er der Urheber und zugleich der Erfüller seines Gesetzes ist), 4. der *detestatio* (seiner gänzlichen Fremdheit gegenüber dem von ihm als solches bezeichneten und verworfenen Bösen). Diese Analyse ist bemerkenswert für den Charakter der Heiligkeit als eines Momentes der göttlichen Freiheit. Umso schmerzlicher läßt auch sie den Zusammenhang nach der andern Seite vermissen. Die Aufgabe besteht doch zum vornherein darin, zu zeigen, daß und inwiefern Gott eben als der Gnädige heilig und wiederum als der Heilige gnädig ist. Lassen wir uns über diese Sache aus der Schrift belehren, dann werden wir hier nicht unterscheiden und also kein Zweites neben einem Ersten feststellen, ohne die Zusammenhänge zu sehen und also in der Einheit der Erkenntnis des einen Gottes zu bleiben.

Das Gemeinsame zwischen dem biblischen Begriff der Gnade und der Heiligkeit Gottes liegt schon darin, daß sie beide in eigentümlicher, wenn auch verschiedener Weise auf die Hoheit Gottes gegenüber Allem, was nicht er selber ist, hinweisen. Sagen wir Gnade, so denken wir an die Freiheit, in welcher Gott einem Anderen seine Neigung, Huld und Gunst zuwendet. Sagen wir Heiligkeit, so denken wir an dieselbe Freiheit, die Gott darin bewährt, daß er in dieser Zuwendung sich selbst treu bleibt und durchsetzt. Wie sollte hier getrennt werden dürfen? Die Freiheit, in welcher Gott sich selber treu bleibt, kann nicht herrlicher aufleuchten als in der Freiheit, in der er sich der Kreatur ohne Rücksicht auf deren Verdienst und Würdigkeit zuwendet. Und wiederum kann diese Freiheit doch nicht anders sichtbar und verstanden werden, denn als seine Freiheit, sich selbst treu zu sein. Das Gemeinsame zwischen den Begriffen Gnade und Heiligkeit liegt weiter darin, daß beide auf Gottes Überlegenheit gegenüber dem seinem Tun und Sein begegnenden Widerstand der Gegenseite hinweisen. Sagen wir Gnade, so denken wir daran, daß seine Zuwendung zu seinem Geschöpf sich durch dessen Widerstand nicht erbittern, nicht zunichte machen läßt. Sagen wir Heiligkeit, so denken wir umgekehrt daran, daß seine Zuwendung diesen Widerstand widerlegt und zunichte macht. Sagen wir Gnade, so sagen wir Vergebung der

Sünde. Sagen wir Heiligkeit, so sagen wir Gericht über die Sünde. Aber wie gäbe es, da beide von Gottes Liebe reden, Eines ohne das Andere, Vergebung ohne Gericht, oder Gericht ohne Vergebung? Nur wo Gottes Liebe noch nicht offenbar, noch nicht oder nicht mehr geglaubt ist, könnte hier statt unterschieden getrennt werden. Aus der Sünde heraus würde dann *in abstracto* von Vergebung, und aus der Verdammnis heraus würde dann *in abstracto* vom Gericht geredet: dort nicht von Gottes Vergebung und hier nicht von Gottes Gericht. Reden wir im Glauben und also im Angesichte Gottes und seiner Liebe und also von Gottes Vergebung und Gericht, dann werden wir in wachsender Erkenntnis unterscheiden, aber gerade nicht trennen zwischen Gottes Gnade und Heiligkeit. Das Gemeinsame zwischen beiden besteht ja umfassend und entscheidend darin, daß beide seine Liebe und also ihn selber in seinem Handeln im Bunde, als der Herr des Bundes zwischen ihm und seinem Geschöpf charakterisieren und auszeichnen.

Der heilige Gott der Schrift ist gerade nicht «das Heilige» Rud. Ottos, jenes Numinose, das als *tremendum* an sich und als solches das Göttliche wäre. Sondern der heilige Gott der Schrift ist — das ist das Erste und Grundlegende, was von ihm zu sagen ist — der Heilige Israels. Und das bedeutet nicht etwa zuerst und entscheidend: der über Israel Erhabene, der von ihm Getrennte und ihm Entgegentretende, der von ihm zu fürchten und dem es verpflichtet ist. Das Alles bedeutet die Heiligkeit Gottes freilich auch, aber nur indem sie zuerst und entscheidend dies bedeutet: daß Gott sich Israels angenommen, daß er es erwählt, daß er ihm seine Verheißung gegeben und bereits seine Hilfe geschenkt hat. Man beachte, daß das Wort Ex. 15, 11: «Wer ist wie Du, Herr, unter den Göttern, wer ist wie Du so hehr und heilig, furchtbar in Ruhmestaten, Wunder verrichtend» zu dem Lobgesang angesichts der Errettung am Schilfmeer gehört, das Wort 1. Sam. 2, 2: «Niemand ist heilig, wie Du, Herr, denn außer Dir ist Keiner und es ist kein Fels wie unser Gott» zu dem Lobgesang der Hannah nach der Erhörung ihres Gebetes und das Wort Ps. 77, 14: «O, Gott, dein Weg ist heilig!» zu einem umfassenden Lobgesang auf die Taten Gottes an seinem Volke. Der Heilige Israels ist nach Jes. 41, 14; 43, 3, 14; 47, 4; 48, 17; 49, 7; 54, 5 der Erlöser *(goel)*. Daß die Israeliten seinen Namen heilig halten werden, wird nach Jes. 29, 23 darauf beruhen, daß sie sehen werden, was seine Hände unter ihnen getan haben. An allen diesen und ähnlichen Stellen könnte Heiligkeit offenbar geradezu für Gnade stehen, sofern sie Gott als den bezeichnet, der für Israel ist und handelt. Und dasselbe gilt nun gerade für den wichtigsten Gebrauch, in welchem der Begriff im Neuen Testament auftaucht, nämlich in der Bezeichnung der Zuwendung der Gnade Jesu Christi an seine Kirche und an die Einzelnen in der Kirche durch die Gegenwart und Gabe des Heiligen Geistes. Sicher heißt «heilig» auch hier und gerade hier: abgesondert, entgegentretend, furchtbar, verpflichtend, aber offenbar doch gerade hier zuerst und grundlegend: auszeichnend, segnend, helfend, zurechtbringend und erst dann und so, in diesem positiven Zusammenhang alles jenes Andere.

So, indem Gott seinen eigenen guten Willen in der Weise behauptet und durchsetzt, wie es der Begriff Gnade sagt, so und nicht anders ist dann auch das wahr und wirklich, was Heiligkeit im Besonderen sagt: seine Absonderung und Entgegenstellung dem ihm begegnenden Widerstand gegenüber, sein Gericht über die Sünde. Er übt auch dieses Gericht, sein Gericht, so, daß es als das seinige, als göttliches Gericht nicht anders denn auf diesem Wege, dem Wege der Gnade offenbar wird und wirklich erkannt und erfahren werden kann. Aber das muß nun allerdings gesagt werden: Eben auf diesem Wege kommt es unvermeidlich und unübersehbar zur Wahrheit und Wirklichkeit des Gerichtes und also der Heiligkeit seiner Gnade.

Wir denken jetzt an die feierlichen Verwahrungen des Paulus Röm. 6, 1 u. 15: Ob es möglich ist, in der Sünde zu verharren, damit die Gnade noch größer werde? Ob wir sündigen dürfen, weil wir nicht unter dem Gesetz, sondern unter der Gnade stehen? Antwort: μὴ γένοιτο· Wir sind der Sünde gestorben und können ihr also nicht mehr leben (v 2)! μὴ γένοιτο· Befreit von der Sünde sind wir der Gerechtigkeit dienstbar geworden (v 18)! Das ist die Heiligkeit der Gnade Gottes.

Indem Gott gnädig ist, gibt er sich nicht in die Hand dessen, dem er gnädig ist, findet er sich nicht ab mit dessen Widerstand, ignoriert er ihn auch nicht, geschweige denn, daß er ihn guthieße. Sondern indem Gott gnädig ist, behauptet er sich selbst gegenüber dem, dem er gnädig ist, indem er dessen Widerstand widersteht und ihn bricht und so oder so seinen eigenen guten Willen an ihm geschehen läßt. Es bekommt also der, dem Gott gnädig ist, Gottes Gegensatz zu ihm zu erfahren.

«Wen der Herr lieb hat, den züchtigt er, wie ein Vater den Sohn, dem er wohl will» (Spr. 3, 12). Dieses Wort ist im Neuen Testament an zwei Stellen ausdrücklich aufgenommen worden: Hebr. 12, 6 und Apoc. 3, 19. Und Tit. 2, 11 f. lesen wir: «Es ist erschienen die allen Menschen heilsame Gnade Gottes und züchtigt uns». Das ist die Heiligkeit der Gnade Gottes. Gerade darum, weil Gott gnädig ist, haben wir ihn zu fürchten. Denn: «Wenn wir vorsätzlich sündigen, nachdem wir die Erkenntnis der Wahrheit erlangt haben, so bleibt für solche Sünde kein Opfer mehr übrig, sondern nur eine schreckliche Erwartung des Gerichts und des Eifers des Feuers, das die Widerspenstigen verzehren wird. Wenn jemand das Gesetz des Mose gebrochen hat, muß er ohne Erbarmen sterben auf zwei oder drei Zeugen hin. Wieviel schlimmerer Strafe, meint ihr, wird der schuldig geachtet werden, der den Sohn Gottes mit Füßen getreten und das Blut des Bundes, durch das er geheiligt ist, für gemein geachtet und den Geist der Gnade gefrevelt hat? Denn wir kennen den, der gesagt hat: Mir gehört die Rache, ich will vergelten! und wiederum: Der Herr wird sein Volk richten! Schrecklich ist es, in die Hände des lebendigen Gottes zu fallen!» (Hebr. 10, 26—31). Man beachte den Zusammenhang, in welchem gerade dieses letzte Wort — vielleicht hinsichtlich der Heiligkeit Gottes das ausdrucksvollste in der ganzen Bibel — gesprochen ist. In die Hände des Gottes, der uns seinen Sohn gesandt, der der Herr des durch Jesu Christi Blut geheiligten Bundes, der der Geist der Gnade ist — in die Hände dieses Gottes zu fallen, das — und letztlich nur das ist furchtbar. Aber eben: Das ist furchtbar. Hier kommt es zum Konflikt zwischen Gott und der Kreatur, einem Konflikt, in welchem der Kreatur nur der schlechterdings bedrohte Teil sein kann. Offenbarung Gottes bedeutet, gerade weil und indem sie Offenbarung seiner Liebe und also seiner Gnade ist, Offenbarung seines Gegensatzes zum Menschen, d. h. seines Gegensatzes zu dem Gegensatz, in welchem der Mensch ihm gegenüber existiert.

Nur in diesem Gegensatz wird Gott gerade in seinem Wesen als Liebe und Gnade erkannt. Denn nur in diesem Gegensatz schafft und erhält er tatsächlich Gemeinschaft zwischen sich und uns, schenkt er uns seine Zuwendung. Nur in diesem Gegensatz, indem wir ihn als solchen erfahren und anerkennen, indem wir uns ihm unterwerfen, wird Gott geglaubt, wird Gott das Recht gegeben, das er gegen uns und so an uns hat: dasselbe Recht, auf das wir dann auch unser Vertrauen setzen können. Würde er uns nicht in diesem Gegensatz gegenwärtig sein, dann würde er uns überhaupt nicht gegenwärtig sein. Wollten wir diesen seinen Gegensatz zu uns nicht anerkennen und, wie es sich gehört, erleiden, dann würden wir eben damit auch seine Gnade zurückstoßen. An Gott glauben heißt: daß wir uns diesem seinem Gegensatz zu uns beugen, daß wir ihn uns gefallen lassen, um dann, an uns selbst aber nicht an ihm verzweifelnd, seinen guten Willen über und mit uns unsere Zuversicht sein zu lassen.

Wir könnten dieses Letztere nicht tun, wenn das, was uns von Gott widerfährt, der nackte, abstrakte Gegensatz und nicht der Gegensatz seines guten aber auch gnädigen, hilfreichen und heilsamen Willens mit uns, wenn der Gegensatz zu uns nicht sozus. eingewickelt wäre in das Wunderwerk seiner Erwählung und Zuwendung: wie eben die Gesetzestafeln mit ihren vernichtenden Forderungen und Drohungen geborgen waren in der Bundeslade und also unter dem mit dem Blute des Versöhnungsopfers besprengten Gnadenthron. Aber wiederum kann dieser Bund nicht bestehen ohne die Offenbarung des Gesetzes Gottes in seiner ganzen Heiligkeit und also nicht ohne die Offenbarung des göttlichen Gegensatzes und Gerichtes, nicht ohne die Offenbarung des Zornes Gottes vom Himmel her über alle Gottlosigkeit und Ungerechtigkeit der Menschen (Röm. 1, 18). Und darum kann auch kein Glaube an Gott stattfinden, der nicht gerade angesichts des Wunderwerks der göttlichen Erwählung und Zuwendung in den entsetzten Ruf des Petrus Luk. 5, 8 ausbrechen müßte: «Herr, gehe hinaus von mir, denn ich bin ein sündiger Mensch!» Wohlverstanden: gerade der Glaubende und nur der Glaubende redet so. Denn gerade von der Gnade und nur von der Gnade geht das Gericht aus, das den Menschen so zu reden nötigt. Es würde der, der keine Gnade gefunden und also nicht glaubt, nicht so reden, er würde sich dem Gericht vielmehr entziehen, er würde es sich verheimlichen, ja, er würde es gar nicht sehen können. Er würde nur faktisch gerichtet und dem Gericht ewig verfallen sein, ohne es zu wissen; er würde leiden ohne sich dem zu beugen, was ihm widerfährt, ohne Buße, ohne Erkenntnis und damit ohne Hilfe und Hoffnung. Es ist bekannt, daß Luther die Erkenntnis der Sünde, den Schrecken vor Gottes Zorn, die Buße, in der Regel auf eine besondere, von der Offenbarung der Gnade Gottes getrennte Gesetzes-, Heiligkeits- und Zornesoffenbarung, ja, auf ein besonderes Wesen Gottes in seiner Majestät und Verborgenheit zurückgeführt hat. Wir folgen Luther darin nicht, weil dieses Schema sich dem scheinbar komplizierteren, in Wahrheit doch viel einfacheren Zeugnis der Schrift gegenüber mit gutem Gewissen nicht aufrecht erhalten läßt. Wir finden in der Schrift das Gesetz nicht neben dem Evangelium, sondern im Evangelium und darum die Heiligkeit Gottes nicht neben, sondern in seiner Gnade, seinen Zorn nicht neben, sondern in seiner Liebe. Aber Luther scheint sich manchmal in glücklicher Weise widersprochen zu haben. Daß gerade der Heilige Geist — derselbe, der die Welt auch hinsichtlich der Gerechtigkeit (nämlich in der Auferstehung Jesu Christi) und hinsichtlich des Gerichts (über den Fürsten dieser Welt) überführt — dieselbe Welt auch hinsichtlich der Sünde überführt (Joh. 16, 8 f.), das stand schließlich wirksam auch in seiner Bibel. Und so konnte gerade Luther sich in einer Predigt über Petri Fischzug (Luk. 5, 4—11) auch folgendermaßen aussprechen: «Ja, was ist für eine ernstlichere, schrecklichere Anzeigung und Predigt Gottes Zorns über die

Sünde, denn das Leiden und Sterben Christi, seines Sohnes? ... folget doch das daraus, daß der Mensch, wo das Leiden Christi recht in sein Herz fället, wohl von ihm selbst muß darin sehen und fühlen den unerträglichen Zorn Gottes über die Sünde und davon erschreckt werden, daß ihm die Welt zu enge wird, wie auch St. Bernhard zeuget, daß ihm selbst geschehen sei, da er das Leiden Christi recht angesehen, und spricht: Ach! Ich meinete, ich wäre sicher und wüßte nicht von dem Urteil und Zorn, der über mich gegangen war, bis daß ich sahe, daß der einige Gottes Sohn für mich mußte dahintreten etc. Denn es ist dies Bild so schrecklich, daß auch die Verdammten in der Hölle keine größere Pein und Fühlen Gottes Zorns und Verdammnis werden haben, denn von diesem Ansehen des Sterbens des Sohnes Gottes, welches sie haben lassen an ihnen verloren sein; wie auch Judas, der Verräter, da er nicht wollte des Herrn Christi freundliche Vermahnung und Warnung hören, noch bedenken, was er an ihm täte, zuletzt dennoch durch diesen Blick in solch Schrecken getrieben ward, daß er selbst ihm das Gesetz und Verdammnis predigte, da er sprach: Ich habe das unschuldige Blut verraten Matth. 27, 4. Also prediget ihm auch allhier St. Petrus selbst das Gesetz von seiner Sünde und Gottes Zorn, eben aus dieser großen Wohltat Christi» (1538 E. A. Bd. 13, 116 f.). Und Luther zeichnete ein anderes Mal «das traurige, elende, schädliche, jämmerliche, blutige Bild, da wir am Charfreitage von gehöret haben, daß Christus da hängt mitten unter den Mördern und stirbt in großen Schmerzen. Solches Bild sollen wir also ansehen, wie bisher gesagt ist, daß wir gewiß schließen, daß es alles um unserer Sünde willen geschehen sei, daß er, als der rechte und ewige Priester, sich zum Opfer für unsere Sünde gegeben und mit seinem Tode dafür habe bezahlen wollen. Denn da soll ein jeder Mensch wissen, daß seine Sünden Christum also verwundet und elendiglich zugerichtet haben und daß sein Leiden anders nichts denn deine und meine Sünden sind. Derohalb so oft wir an solches trauriges blutiges Bild gedenken, oder es ansehen, sollen wir anders nichts (!) gedenken, denn daß wir unsere Sünden da sehen und daran Gottes schrecklichen Zorn betrachten, darein wir mit unseren Sünden gefallen, welcher so groß ist, daß ihn keine Kreatur hat können ertragen, noch Versöhnung erlangen, denn allein der Sohn Gottes durch sein eigen Opfer und Sterben» (Pred. üb. Matth. 28, 1—10, 1531 nach Dietrich E. A. Bd. 3, 299).

Die Heiligkeit Gottes ist die Einheit seines Gerichtes mit seiner Gnade. Heilig ist Gott darin, daß seine Gnade Gericht, sein Gericht aber auch Gnade ist.

Gerade in diesem Sinn ist Jesus Christus selber «der Heilige Gottes» (Mc. 1, 24 vgl. Act. 3, 14, Apoc. 3, 7). Die Einheit des Alten und Neuen Testamentes ist gerade hier unübersehbar und unwidersprechlich. Gerade jener «Heilige Israels» bei Deuterojesaia ist ja, indem er die exakteste Umschreibung des die ganze Geschichte Israels bestimmenden Jahvenamens ist, zugleich der Inbegriff der Israel gegebenen Verheißung, seiner Hoffnung und Erwartung. Gott handelt mit Israel von den Tagen der Väter über Mose und David bis zu seiner Wiederbringung aus dem Exil daraufhin, daß er sich einst offenbaren und bestätigen wird als der Heilige Israels, d. h. als der, der in Israel seinen eigenen Willen behaupten und durchsetzen wird. Davon kann gar keine Rede sein, daß die Idee der Heiligkeit im Gegensatz zum Offenbarungsgedanken die Unnahbarkeit Gottes seinem Volk gegenüber und als solche eine ältere Schicht im alttestamentlichen Gottesgedanken bezeichne, die dann in der neutestamentlichen Gemeinde zugunsten der Idee der Liebe und Barmherzigkeit Gottes «abgestoßen» worden sei (so A. Ritschl, Rechtf. u. Vers.[4] 2. Bd. 1900, S. 89—102). Offenbarung und Verborgenheit Gottes sind nun einmal schon im Alten Testament wohl zu unterscheiden, aber nicht zu trennen und so auch nicht Gottes Gnade und Gottes Heiligkeit. Indem Gott sich offenbart, offenbart er sich als der Verborgene, aber eben der Verborgene macht sich selbst zum offenbaren Gott. Und eben indem Gott gnädig ist, beweist er seine Heiligkeit und eben als der Heilige ist er gnädig. Eben in dieser Einheit redet und handelt Gott aber auch nach dem Zeugnis des Neuen Testamentes. Heilig ist nach 1. Petr. 1, 15 f. eben der Gott, der die Gemeinde berufen hat als die durch das Blut des unbefleckten und tadellosen Lammes Jesus Christus Losgekauften, die als solche ihre Hoffnung ganz auf die Gnade setzen dürfen. Als «heiligen Vater» ruft Jesus Joh. 17, 11 den an, der die Jünger in seinem Namen, in welchem er sie ihm gegeben hat, bewahren wird, damit sie wie der Vater und der Sohn Eines seien. Der Heilige ist nach 1. Joh. 2, 20 der, von dem die Christen ihre Salbung, ihr Sein in Christus haben. Er ist — wir haben schon darauf hingewiesen — der Heilige Geist, der als solcher geradezu der Inbegriff aller vollzogenen Gemeinschaft zwischen Gott und Mensch, und nach I. Kor. 2, 10 zugleich geradezu der Inbegriff der «Tiefe Gottes» ist. Und gerade die Tatsache, daß der ausdrückliche Hinweis auf die Heiligkeit Gottes im Neuen Testament häufig im Zusammenhang von alttestamentlichen Zutaten erfolgt, beweist doch nur, daß die neutestamentlichen Zeugen gerade in dieser Sache bewußt in Einheit mit dem Alten Testament reden wollten und geredet haben. Es ist aber von allem Wortgebrauch abgesehen, schlechthin rätselhaft, wie man an der Zentralstelle der neutestamentlichen Botschaft, nämlich an der Leidensgeschichte und an dem in so vielen apostolischen Stellen direkt und indirekt bezeugten unauflöslichen Zusammenhang zwischen Tod und Auferstehung Christi so vorbei sehen konnte, daß man auch nur einen Augenblick von der Notwendigkeit loszukommen vermochte, eben im Gericht Gottes seine Gnade und also auch in seiner Gnade sein Gericht zu erkennen.

Weil Gott und Israel laut dessen, was Gott an Israel tut, zusammengehören und indem Gott in dieser Zusammengehörigkeit und als ihr Schöpfer weiter an Israel handelt, ist er heilig. Daß der Begriff so zu verstehen ist, darauf weist ja auch dies hin, daß die von Israel geforderte Heiligkeit — «Ihr sollt heilig sein, denn Ich bin heilig!» Lev. 11, 44, 1. Petr. 1, 16 — grundsätzlich und umfassend den Charakter kultischer Heiligkeit hat. Heiligkeit von Menschen und menschlichen Handlungen, von Dingen und Orten bezeichnet sozus. ihre Brauchbarkeit in dem von Gott gestifteten und eröffneten Umgang zwischen Gott und Mensch. Unheiligkeit wäre also Unbrauchbarkeit zu dieser Sache. So beschreibt auch die Heiligkeit Gottes die Form seines Verhaltens in diesem Umgang. Sünde ist die Störung und Verunmöglichung dieses Umgangs. Darum hat Gottes Verhalten in diesem Umgang den Charakter der Heiligkeit, der Ausschließung, Verurteilung, Vernichtung der Sünde. Darum ist der heilige Gott gerade dem Menschen, mit dem er Umgang hat, gefährlich. Indem seine Sünde diesen Umgang stört und verunmöglicht, wird der Mensch selbst unmöglich, sofern er als sündiger Mensch vor Gott nicht bestehen, sondern eben nur vergehen kann. Daß er seinerseits heilig werde, ist also nicht ein Gebot, durch das ihn Gott veranlassen wollte, sich ihm gegenüber irgend eine Würde oder Verdienst zu verschaffen, sondern als Gottes Gebot sehr einfach das Gebot, sich an seine Gnade zu halten. Und wiederum ist dieses Heiligungsgebot nicht ein Gebot, das der Mensch erfüllen oder auch nicht erfüllen könnte, sondern als Gottes Gebot sehr einfach das Gebot seiner Selbsterhaltung. Der Mensch vor Gott steht und fällt damit, daß er selbst heilig wird. Er selbst wird aber heilig, vermöge der Heiligkeit des sich selbst für ihn einsetzenden und also gnädigen Gottes. Der ganze konkrete Inhalt des «Heiligkeitsgesetzes» veranschaulicht nur — wie es in der Ökonomie der Offenbarung in der Erwartung Jesu Christi nötig ist — diesen völligen, das ganze Leben umfassenden göttlichen Einsatz für den Menschen. Er erinnert den Menschen — und darum wollen alle diese Gebote gehalten sein — daß auf der ganzen Linie Gottes eigener guter Wille an ihm geschieht, und daß er, der an sich unheilige Mensch, dadurch — nicht indem er sich selbst heiligt, aber indem er im Gehorsam gegen diese Gebote der Heiligkeit Gottes unterworfen wird — gerettet ist. Weil der gute Wille Gottes sein eigener freier Wille ist, darum läßt sich der Inhalt des «Heiligkeitsgesetzes» nicht etwa auf ein allgemeines moralisch-teleologisch bestimmtes System bringen. Man wird hier immer wieder staunen können und müssen darüber, daß dies gerade so und jenes gerade so gefordert wird mit der Begründung: «Denn ich bin der Herr». Es handelt sich in unendlichen Variationen — deren Unendlichkeit darum nicht überflüssig ist, weil eben sie deutlich macht, um was es hier geht — um das Eine, daß Gott in kontingenter Wirklichkeit, persönlich handelnd, gleichsam in eigenwilligen Kurven und Zacken seinen Namen einschneidend in alles persönliche, familiäre und völkische Leben und wiederum in derselben Eigenwilligkeit aus diesem Leben herausschneidend, was er zu seinem Dienst bestimmt oder als seinem Dienst widersprechend erklärt hat, diesem Volke sich selbst verbindet, vergegenwärtigt und schenkt, sein Heiliger und damit selber seine Heiligkeit ist. Und so kann das Halten des «Heiligkeitsgesetzes» von ferne nichts bedeuten, was als verdienstlich sein wollende Werkgerechtigkeit auftreten könnte. Kann es doch nur darin bestehen, daß Israel dieser kontingenten Wirklichkeit seines Gottes Raum gibt, damit er in seiner Herrlichkeit unter ihm wohne, damit er seine Heiligkeit sei, und damit es selbst nicht von Gottes Heiligkeit verzehrt werde. Gehorsam heißt, gerade indem er wesentlich und innerlichst in der Anbetung der Gnade Gottes, im Dank für die Wohltat seines Bundes besteht, sehr schlicht die Scheu vor dem Verderben, das Israel sofort und an jeder Stelle treffen müßte, wo es «übertreten», d. h. jene die kontingente Wirklichkeit Gottes in seiner Mitte umreißende Linie überschreiten und damit in den Bereich des tödlichen Gegensatzes Gottes zu seiner Sündigkeit geraten würde. Da und da erst gibt es Sünde, wo der Mensch Gottes Gebote übertritt, d. h. aber in den Bereich dieses Gegensatzes hinübertritt. Gerade weil Gott Israel so gnädig ist, hat es ihn so gründlich, so total zu fürchten. Gerade so und nicht anders: indem Gott sich selbst heiligt in seiner Mitte und damit auch von ihm Heiligkeit, d. h. aber Respektierung seiner eigenen Heiligkeit fordert, gerade so macht er und erhält er Israel brauchbar für den Umgang mit ihm, für den Umgang, in welchem es als das erwählte Volk das gerettete Volk ist. Es bedeutet keine Eintragung, sondern es ist eine schlichte Feststellung der im Zusammenhang einfach nicht zu überhörenden Aussage der Texte selbst, wenn man sagt, daß die Göttlichkeit der Liebe Gottes an wenig anderen Orten der Bibel so manifest wird, wie gerade in dem so oft verkannten, als dunkel, unfruchtbar oder doch als rein zeitgebunden berüchtigten Buch Leviticus und in den ihm verwandten Partien im übrigen Pentateuch, wobei man ja gleich auch an das von der gleichen Ungunst umgebene Buch des Propheten Hesekiel denken kann. Was heißt messianische Erwartung und Verheißung, wenn sie nicht hier auf dem Plane ist? Gerade hier, wo Natur und Gnade, Vernunft und Offenbarung nun freilich in der unversöhnlichsten Weise aufeinanderstoßen, weil tötendes Gesetz und lebendigmachendes Evangelium Gottes gerade hier in der unerhörtesten Weise bei und ineinander sind! Joh. Wichelhaus hatte wohl recht, wenn er (lange vor Rud. Otto!) in dieser Sache schrieb: «Es kann und will dem Menschen nicht einleuchten, daß Gott, gerade weil er gut, darum heilig ist und daß er, gerade weil er liebt, darum zürnt, züchtigt, verwundet und in den Feuerofen wirft. Die Heiligkeit Gottes ist dem Menschen schrecklich. In seiner Heiligkeit hat Gott für den Menschen den Anschein eines Moloch, eines Saturn, eines verzehrenden Feuers. Gott ist auch in seiner Heiligkeit ein verzehrendes Feuer und muß dennoch, soll ja der Mensch wieder zu Gott gebracht sein, gerade in seiner Heiligkeit von den Menschen aufs allerhöchste geliebt und gepriesen werden» (Die Lehre der hl. Schrift[3] 1892, S. 343). Es war im Unterschied zu dieser Einsicht wieder A. Ritschl, der Alles das, was das Alte Testament über

1. Gottes Gnade und Heiligkeit

den Zorn Gottes sagt, reduzieren wollte auf die Vorstellung eines gelegentlich ausbrechenden Affektes und Vernichtungswillens Gottes gegen die Feinde Israels und gegen die Bundbrüchigen in Israel selber, von dem aber die Gerechten nicht getroffen würden, dem sie sich vielmehr nur aus «Sympathie mit dem Volke» unterstellten — eine Vorstellung, die dann mit der von der Heiligkeit Gottes überhaupt im Neuen Testament hinter der von seiner Gnade und Liebe immer mehr zurücktrete, bezw. zu einem «nur eschatologisch» zu verstehenden Ausdruck der endgültigen Willensentscheidung Gottes gegen seine Widersacher werde. «Welches religiöse Interesse könnte uns Christen bestimmen, die Vorstellung vom Zornaffekt Gottes auf gegenwärtige Erfahrungen anzuwenden? ... «Wer Gott als seinen Gott anruft, der ist nicht von Gott fern und dem ist auch Gott nicht fern; ein solcher also unterliegt in diesem Augenblick nicht dem göttlichen Zorn» (Rechtf. u. Vers.⁴ 2. Bd. 1900, S. 119—156). Ritschl hat — um von aller exegetischen Gewalttat seiner These hier abzusehen — nicht bemerkt, daß er mit der gegenwärtigen Erfahrung des Zornes Gottes auch seine eschatologische Wirklichkeit und mit dem Zorne Gottes überhaupt auch seine Gnade und Liebe eliminiert, bezw. in eine Idee umgedeutet hat, die mit der kontingenten Wirklichkeit, in der sich Gott nach dem Zeugnis des Alten und Neuen Testamentes des Menschen in eigener Person annimmt, kaum noch etwas Gemeinsames hat. Begegnet uns Gott nicht eifrig, eifersüchtig, zornig — genau so, wie er Israel nach dem Zeugnis des Alten Testamentes begegnet, genau so, wie er ihm nachher in der Person seines eigenen Sohnes in dessen Kreuzestod begegnet — dann begegnet er uns überhaupt nicht, dann ist der Mensch — alle Beteuerungen über die Liebe Gottes werden daran nichts ändern können! — faktisch sich selbst überlassen. Daß er nicht sich selbst überlassen, daß Gott ihm real gnädig ist, das erweist sich darin, daß er ihm in seiner Heiligkeit entgegentritt. Eben so ist er ihm gegenwärtig, eben so übernimmt und führt er seine Sache: die Sache, die der sündige Mensch nicht selber führen kann. Eben so versöhnt ihn Gott selber mit sich selber. Indem Gott nicht zuläßt, daß Israel, daß der Gerechte, daß die Kirche verderbe, kann er sie nicht ihres Weges gehen, kann er sie nicht unangeklagt, nicht unverurteilt, nicht ungestraft lassen, wenn sie sind und handeln als wären sie Leute, die solcher Errettung und solchen Schutzes nicht teilhaftig sind. Eben der brennende Dornbusch Ex. 3, 2 kann nicht verzehrt werden. Aber eben der nicht verzehrte Dornbusch muß brennen. Dieser Dornbusch ist Israel. Und dieser Brennende und nicht Verzehrende, nicht Verzehrende und Brennende ist der Gott Israels, ist der heilige Gott. Indem Gott sprach: Es werde Licht! indem es Licht ward und indem Gott sah, daß das Licht gut war, s c h i e d Gott das Licht von der Finsternis und nannte das Licht Tag und die Finsternis Nacht (Gen. 1, 3 f.). Vor dieser Scheidung gäbe es nur dann ein Entrinnen, wenn Gott nicht gesprochen hätte: Es werde Licht! wenn es nicht Licht geworden wäre, wenn Gott nicht gesehen hätte, daß das Licht gut war. Indem das Alles wahr und wirklich ist, muß auch das Andere wahr und wirklich werden: «Das Licht Israels wird zum Feuer werden und sein Heiliger zur Flamme, die wird zünden und seine Dornen und Disteln an e i n e m Tage verzehren. Und die Herrlichkeit seines Waldes und seines Fruchtgefildes wird er vertilgen, Seele wie Leib, und es wird sein, wie wenn ein Kranker dahinsiecht. Und was übrig bleibt von Bäumen in seinem Walde wird zu zählen sein, ein Knabe schriebe es auf» (Jes. 10, 17 f.). Und wie sollten wir hier nicht an Jes. 6, 1 f. denken müssen, wo der Prophet den Herrn auf einem hohen und erhabenen Thron sitzen sieht und seine Säume füllten den Tempel und die Seraphe standen über ihm und riefen einander zu: Heilig, heilig, heilig ist der Herr der Heerscharen! Die ganze Erde ist seiner Herrlichkeit voll! und die Grundlagen der Schwelle erbebten vor der Stimme des Rufenden und das Haus ward voll von Rauch. Da bricht der Prophet (ganz wie Petrus Luk. 5) in den Ruf aus: Wehe mir! ich bin verloren! denn ich bin ein Mensch mit unreinen Lippen und wohne unter einem Volk mit unreinen Lippen — und habe den König, den Herrn der Heerscharen, mit meinen Augen gesehen. Und dementsprechend erfolgt dann jene furchtbare Berührung seiner Lippen mit einem glühenden Stein vom Altar, aber auch die Erklärung: «Siehe das hat deine Lippen berührt und deine Schuld ist gewichen und deine Sünde gesühnt!» Siehe d a s ! Nicht nach, sondern in der Zornes- und Gerichtshandlung erfolgt die Vergebung, die Versöhnung, die Berufung und Befähigung zum Propheten, kurz, die Gnade, die offenbar der Sinn der ganzen Heiligkeitsoffenbarung Gottes von Anfang an gewesen war. Auf dieser Linie muß dann offenbar die dem Jesaja sofort aufgetragene Gerichtspredigt an das Volk, die prophetische Gerichtspredigt überhaupt, verstanden werden, auch da, wo sie durch keine ausdrückliche Heilsweissagung und dergl. ergänzt und erklärt ist. Wie könnte sie als die unmittelbare Konsequenz eben der Heiligkeitsoffenbarung und des Heiligkeitsgesetzes überhört werden? Eben wo der Name, das Volk, die Stadt, das Haus Gottes ist, da muß das Gericht anfangen (Jer. 25, 29; 1. Petr. 4, 17). Indem Gott sich an Israel bindet, bindet er Israel an sich und indem er Israel an sich bindet, wird er ihm zu jenem Feuer, das nicht verlöscht und dessen Flamme nun doch wieder nichts Anderes als die Flamme seiner Liebe ist. Indem er sich zu seinem Gott macht, unterwirft er es seinem Gesetz, seinen Drohungen, seinen Strafen, um ihm doch eben in dieser Unterwerfung seine Wohltat zu erweisen. Indem er es aussondert von den Völkern, muß er Allem dem gegenüber, was in seiner eigenen Art der Art der Völker immer noch gleich ist, eben so, ja unvergleichlich viel strenger als so verfahren wie er es den Völkern gegenüber tut, muß er Israel im Unterschied zu allen Völkern bis auf diesen Tag so unglücklich machen, um eben damit höchst real seine Aussonderung und damit seine Verheißung und damit seine eigene gnädige Wahl und Zuwendung zu diesem Volke zu betätigen. Die F r e i h e i t der Gnade offenbart sich darin, daß sie immer wieder im Gericht offenbar wird. Es ist aber die Freiheit der G n a d e, die darin offenbar wird. Ist es Gott, der in Gemeinschaft mit den Menschen tritt, ist es also Gnade und also Erwählung, wenn das geschieht, wie sollte dann nicht der Gegensatz und zwar der verzehrende Gegensatz zwischen Gott und dem sündigen Menschen offenbar werden müssen? Und umgekehrt: Träte Gott nicht in Gegensatz, und zwar in vernichtenden Gegensatz zur Sünde und also zu dem sündigen Menschen, wie träte er — er, der das nur auf Grund von Gnade und Erwählung tun kann — dann wirklich in Gemeinschaft mit ihm? Gottes Gnade annehmen muß darum heißen: Gottes Heiligkeit respektieren und also seine Gebote annehmen, hören, halten, seine Drohung fürchten, seinen Zorn erfahren, seine Strafe leiden. Hieße es etwas Anderes, so würde es sich durch nichts von irgend einem heidnischen Quietismus unterscheiden. Aber wiederum kann Respekt vor Gottes Heiligkeit nur heißen — wiederum wäre das Alles eitel heidnische Furchtreligion, wenn es nicht direkt und unmittelbar hieße: Gottes Gnade annehmen, dankbar sich gefallen lassen, an seiner Gnade sich genügen lassen. «Darum lasset uns, indem wir ein unerschütterliches Reich empfangen, Dankbarkeit hegen, durch die wir Gott wohlgefällig dienen mit Scheu und Furcht. Denn unser Gott ist ein verzehrendes Feuer» (Hebr. 12, 28 f.). Nochmals: wenn irgendwo die Einheit von Altem und Neuem Testament sichtbar ist, wenn man irgendwo von Christuszeugnis des Alten Testamentes und von Christus als dem Erfüller des Alten Testamentes nicht nur reden darf sondern reden muß, dann gerade in diesem Zusammenhang, wo eine allzu landläufige Exegese beider Testamente Mose und Christus, Gesetz und Evangelium immer wieder hat auseinanderreißen wollen. Denn das ist das Zeugnis des Alten Testamentes und das ist seine Erfüllung: daß Gott seinen eigenen geliebten Sohn, an dem er Wohlgefallen hat (Mc. 1, 11), zur Sünde machte (2. Kor. 5, 21), in ihm die Sünde richtete (Röm. 8, 3), ihm eben um dieser seiner Erniedrigung bis zum Tod am Kreuz willen den Namen gab, der über alle Namen ist (Phil. 2, 9)

— und eben damit, in Bestätigung dessen, was seine Heiligkeitsoffenbarung immer gewesen war, die Heiligung seines Volkes, die Beseitigung seiner Sünde, das Geschehen seines Willens in seiner Mitte zu seiner eigenen Sache machte, um es diesem Volk zu überlassen, im Glauben an ihn sein schon an ihm geschehenes Gericht, aber in diesem Gericht auch die Vergebung seiner Sünden und die Verheißung des ewigen Lebens anzunehmen und wahr sein zu lassen und darum die Sünde so gewiß zu fliehen, als es vor seiner Gnade nicht fliehen wollen kann. «Ich heilige mich für sie, damit auch sie geheiligt seien in der Wahrheit» (Joh. 17, 19). Eben auf Jesus Christus blickend, können wir nicht übersehen, daß und wie die scheinbar verschiedenen Fäden im alttestamentlichen Zeugnis von Gott: von seinem Erwählen und Zürnen, von seinem Sündenvergeben und Gebieten, von seinem Gnädig- und Heiligsein, zusammenlaufen, daß und wie der nach dem Zeugnis des Alten Testamentes an Israel handelnde Herr eben der Eine in dem Allem ist. Wiederum bezeugt und beweist das Alte Testament, daß eben Jesus Christus, in welchem Gott sich dem Menschen so ganz zuwendet, indem er sich selbst so ganz treu bleibt, das zukommt, was in seinem, des Alten Testamentes Sinn, nur mit dem Gottesnamen würdig wiedergegeben werden kann. Ist Gottes Liebe das, was uns in Jesus Christus offenbart ist, ist Jesus Christus selbst die offenbare Liebe Gottes, dann ist des Trennens zwischen Gnade und Heiligkeit Gottes ein Ende, dann bleibt uns nur die Erkenntnis und Anbetung dessen, der gnädig und heilig ist: gnädig, indem er heilig, heilig, indem er gnädig ist.

So liebt Gott, sagen wir jetzt, in gewachsener Erkenntnis, noch einmal. In dieser Auszeichnung: als heilige Liebe, erkennen wir die Göttlichkeit seines Tuns und Wesens. Denn wieder müssen wir hinzufügen: so, als der Heilige, handelt Gott nicht nur, sondern so, wie er handelt, so ist er auch von Ewigkeit zu Ewigkeit. In ihm ist freilich keine Sünde, der er erst widerstehen müßte. Aber in ihm ist mehr: in ihm ist die Reinheit, ja er ist selbst die Reinheit, die als solche Allem widerspricht und Allem widerstehen wird, was ihm nicht gleich ist, die sich aber diesem Ungleichen gerade nicht entzieht, die, indem sie die Reinheit des Lebens des Vaters, des Sohnes und des Heiligen Geistes ist, dem ihm Ungleichen von Ewigkeit her entgegengeht: um ihm, indem sie ihm begegnet, zu widerstehen, um es zu richten, aber um es gerade damit an- und aufzunehmen, um gerade so mit ihm in die es rettende Gemeinschaft zu treten.

2. GOTTES BARMHERZIGKEIT UND GERECHTIGKEIT

Indem wir unter den biblischen Bezeichnungen Gottes zwei weitere, jede für sich und beide in ihrem Zusammenhang untereinander, als göttliche Vollkommenheiten hervorheben, kann es sich nicht darum handeln, das bisher von seinem Wesen Gesagte, zunächst also die Vollkommenheiten seiner Gnade und Heiligkeit hinter uns zurückzulassen, um uns sozus. etwas Anderem in Gott zuzuwenden. Es gibt, wie wir uns bei dieser ganzen Untersuchung und Darstellung vor Augen halten müssen, ein Anderes in Gott nur insofern als auch es das Eine ist. Es gibt aber eine in Gott selbst und darum auch für uns nicht in Armut sondern im

Reichtum und so immer wieder anders, so als die in ihrer Entfaltung anzuschauende und zu begreifende Fülle der göttlichen Vollkommenheiten. Wir fahren fort, die Liebe Gottes und also Gott selbst als den in Freiheit Liebenden zu betrachten und zu bedenken. Eben fortfahrend in der Betrachtung dieses einen Gegenstandes kommen wir, indem wir dem Zeugnis der heiligen Schrift folgen, nach dem ersten notwendig zu dem zweiten Satze: Gott ist barmherzig und gerecht. Fortfahrend! Der erste Satz: daß Gott gnädig und heilig ist, ist also nicht erledigt, nicht erschöpft, nicht zurückgelassen. In Gegenteil: wir könnten die Aufgabe, die jetzt vor uns liegt, ja wir könnten alle auf diesem Feld noch vor uns liegenden Aufgaben auch ganz schlicht in der weiteren Ausschöpfung und Entwicklung jenes ersten Satzes sehen. Wir werden tatsächlich noch einmal zu sagen und zu verstehen haben, daß Gott gnädig und heilig ist. Wir werden diesen Satz in wachsender Erkenntnis zu wiederholen haben. Unser zweiter Satz und alle weiteren Sätze können auch einfach als Transformationen dieses ersten Satzes verstanden werden. Aber wie das Wesen Gottes in sich selber real Eines ist in realem Reichtum und nicht in der Armut, so kann unsere Erkenntnis Gottes sich wohl auf einem geordneten Wege bewegen und darum doch mehr sein als bloß die logische Entfaltung eines einzigen Prinzips und Satzes. Sie kann nicht nur, sondern sie muß neben ihrem ersten Satz einen zweiten und neben diesen einen dritten stellen: nicht in der Meinung, je etwas Neues hinzuzufügen, wohl aber in der Meinung, das Eine, indem uns das zuerst Gesagte als Voraussetzung begleitet, je neu und immer wieder neu zu sagen. In diesem Sinne lassen wir uns jetzt gesagt sein und sagen wir uns jetzt, daß das Eine, was Gott ist, auch Dieses ist: Barmherzigkeit und Gerechtigkeit.

Wir beginnen mit der Vollkommenheit der göttlichen Barmherzigkeit. Schon der deutsche und lateinische, entscheidend aber der biblische, hebräisch-griechische Sprachgebrauch lehren uns, daß wir uns bei diesem Begriff nicht nur in der Nachbarschaft, sondern tatsächlich im Bereich des Begriffs der göttlichen Liebe, und zwar in ihrer besonderen Bestimmtheit als Gnade befinden. In einem allgemeinen Begriff von Liebe wäre der der Barmherzigkeit nicht notwendig enthalten — er so wenig wie der der Gnade. Liebe an sich und im allgemeinen könnte auch unter ganz anderen Bestimmungen stehen. Die Liebe Gottes aber als der Gemeinschaftswille des Schöpfers gegenüber seinem Geschöpf hat notwendig den Charakter der Gnade, d. h. der freien Zuwendung eines unbedingt Überlegenen gegenüber einem ihm ebenso unbedingt Untergeordneten. Wenn das gilt — in der Unbedingtheit, in der es von den beiden hier in Betracht kommenden Partnern gelten muß — dann müssen wir aber diese beiden Partner, den Liebenden und den Gegenstand seiner Liebe, nunmehr noch genauer ins Auge fassen und sofort fortfahren: die göttliche Liebe hat notwendig den Charakter der Barmherzigkeit Das Wort «notwendig» darf und muß hier gerade wörtlich verstanden werden: es handelt sich zwischen dieser Liebe und ihrem Gegenstand, es handelt sich also in der Gnade Gottes um eine Not-Wende. Es erfolgt die freie Zuwendung Gottes zu seinem Geschöpf, die das biblische Zeugnis als Gnade bezeichnet, unter der Voraussetzung, daß das Geschöpf sich in Not befindet und unter der Absicht Gottes, sich seiner in dieser Not anzunehmen, ihm in dieser Not Beistand zu gewähren, seiner Not abzuhelfen. Indem die Gnade, die gnädige Liebe Gottes, in dieser Zuwendung besteht, ist sie, ist also Gott selber barmherzig, ist Gottes Sein und Wesen Barmherzigkeit. Die Barmherzigkeit Gottes ist seine in seinem Wesen liegende, sein Sein und Tun konstituierende Beteiligung am Elend eines Andern und damit sein in seinem Wesen liegender, sein Sein und Tun konstituierender Wille, sich selbst für die Behebung dieses seines Elends einzusetzen. Denn indem Gott an ihm beteiligt ist, ist schon gesagt: er ist real dabei und indem er, Gott, real dabei ist, ist schon gesagt: er will dieses Elend nicht, er will und wird es also beheben. Man sieht sofort: der Begriff der Barmherzigkeit Gottes folgt tatsächlich nicht logisch aus dem Begriff, nämlich aus einem allgemeinen Begriff der Gnade. Gerade allgemein verstanden: als freie Herablassung eines Höheren zu einem Niedrigeren schließt sie die Beteiligung und den Einsatz dieses Höheren gegenüber dem Elend des Niedrigeren an sich nicht in sich. Gnade an sich und im Allgemeinen könnte auch eine teilnahmslose und wirkungslose Zuwendung bedeuten. Wir reden aber von der Gnade Gottes und also von der konkreten Relation, in der sie Ereignis ist: von seiner Gnade gegenüber dem, dem Er gnädig ist. In dieser Relation ist die Barmherzigkeit in der Gnade eingeschlossen, ist Gnade selber Barmherzigkeit. Und in dieser Auszeichnung und in ihr allein erkennen wir die Göttlichkeit der Liebe und Gnade Gottes: daß sie barmherzig ist.

Misericordia Dei est gratiosissima voluntatis divinae propensio, qua Deo cordi est miseria hominis, eandemque benevole sublevatam cupit (Quenstedt, *Theol. did. pol.* 1685 I *c.* 8 *sect.* 1 *th.* 32). Es ist eine Eigentümlichkeit der LXX, daß sie das alttestamentliche *chesed* (wo man χάρις erwarten sollte) in der Regel mit ἔλεος übersetzt haben, dessen alttestamentliche Äquivalente eigentlich *chanan* und *rachan* sind. Sie haben damit doch ganz richtig den Affekt der Liebe, der der biblisch verstandenen Gnade in der Tat eigentümlich ist, zum Ausdruck gebracht und also den Begriff gleich unmißverständlich in seinem im biblischen Zusammenhang vorliegenden konkreten Gehalt wiedergegeben. Es ist bekannt, wie oft Gnade und Barmherzigkeit im Alten Testament nebeneinander auftreten, offenbar Eines das Andere bestimmend und erklärend. Auch die neutestamentlichen Begriffe ἔλεος und οἰκτιρμοί reden allerdings nicht nur von einer Empfindung, sondern auch von einem Handeln, aber eben von einem durch eine Empfindung bestimmten Handeln. Quenstedt hatte exegetisch und sachlich recht, wenn er den Anthropomorphismus der

Wendung: *qua Deo cordi est miseria* nicht scheute. Es geht in der Tat, wie das lateinische und das deutsche Wort gut hervorheben, zunächst darum, daß Gottes Liebe und Gottes Gnade keine mathematischen, keine mechanischen Relationen sind, sondern in der Bewegung des Herzens Gottes ihren eigentlichen Ort und Ursprung haben. Was der Begriff der Persönlichkeit Gottes meint, was, indem man an diesem Begriff festhält, gegen die Vorstellung von Gott als einem unpersönlichen Absoluten zu verteidigen ist, das wird gerade an dieser Stelle einsichtig. In einer anderen Relation zwischen Gott und Kreatur als der in der Bibel bezeugten, in einer zur Not auch mathematisch oder mechanisch zu beschreibenden Relation könnte der Begriff der Persönlichkeit Gottes allenfalls entbehrlich sein. In der Relation zwischen dem barmherzigen Gott und dem erbärmlichen, d. h. der Barmherzigkeit bedürftigen Geschöpf zeigt es sich — hier spätestens muß es sich zeigen! — daß er unentbehrlich ist, daß er die Wahrheit sagt. Es war ganz in Ordnung, wenn Schleiermacher es für unmöglich hielt, Gott «einen durch fremdes Leiden besonders aufgeregten und in Hülfeleistung übergehenden Empfindungszustand» zuzuschreiben und deshalb den Begriff der Barmherzigkeit Gottes vom dogmatischen auf das homiletische und dichterische Sprachgebiet verweisen wollte (Der chr. Glaube § 85). Das Woher des Gefühls schlechthiniger Abhängigkeit hat kein Herz. Der persönliche Gott aber hat ein Herz. Er kann fühlen, empfinden, affiziert sein. Er ist nicht unberührbar. Nicht daß er von außen, sozus. durch fremde Macht, berührt werden könnte. Aber auch nicht so, daß er sich nicht selbst berühren und rühren könnte. Nein, Gott ist berührt und gerührt, gerade nicht wie wir in Ohnmacht, sondern in Macht, in seiner eigenen freien Macht, in seinem innersten Wesen: durch sich selbst berührt und gerührt, d. h. offen, bereit, geneigt *(propensus)* zum Mitleid mit fremdem Leid und also zum Beistand, zum eigenen Einsatz gegenüber diesem fremden Leid. Nur um Mitleid, und zwar nur um **freies** Mitleid mit **fremdem** Leid kann es sich handeln. In sich selber findet Gott kein Leid. Und nichts außer Gott kann Gott leid tun, wenn er es nicht in seiner Freiheit so will. Aber eben um Mitleid mit fremdem Leid in der vollen eigenen Freiheit Gottes **handelt** es sich — handelt es sich wesentlich und eigentlich, wenn wir wirklich an den von der Schrift bezeugten Gott denken, wenn wir von ihm und keinem Anderen reden. Alles, was Gott ist und tut, ist von daher bestimmt und charakterisiert, daß in ihm, ja, daß er selber diese ursprüngliche, freie, mächtige Rührung, daß er für fremde Not, fremdes Elend, fremde Qual in sich selber zum vornherein offen, bereit und geneigt ist, daß sein mitleidiges Reden und Handeln keine nachträgliche Wendung, keine bloße Appropriation an bestimmte Verhältnisse in der von ihm unterschiedenen Kreatur, sondern daß es in seinem Herzen, in seinem Sein und Leben als Gott begründet ist. Polanus hat also schon recht, wenn er sagt: *Deus est misericors sua aeterna et simplici essentia, non autem qualitate aliqua, non affectu, non passione (Synt. Theol. chr.* 1609 col. 1119), sofern er mit dieser Negation die Vorstellung eines von außen zu berührenden und zu rührenden Gottes abwehren will. Der Affekt Gottes ist im Unterschied zu allen geschöpflichen Affekten durch sich selbst affiziert. In diesem Sinn aber darf er nicht geleugnet werden. In diesem Sinn ist er eben, wie er auch Gottes Zorn sein kann, Gottes Barmherzigkeit. Wir erinnern uns, daß Luk. 1, 78 ausdrücklich von dem σπλάγχνα, dem Innern (den Eingeweiden!) des Erbarmens Gottes die Rede ist, Phil. 1, 8 im selben Sinn von den σπλάγχνα Χριστοῦ Ἰησοῦ, wie diese σπλάγχνα Phil. 2, 1; Kol. 3, 12 mit οἰκτιρμοί zusammengenannt werden und wie das Verbum σπλαγχνίζεσθαι in einer ganzen Reihe von Synoptikerstellen direkt für «Sicherbarmen» zu stehen kommt und immer das Sicherbarmen Jesu bezeichnet. Im Blick darauf werden wir den positiven Teil des Satzes von Polanus mindestens ebenso ernst zu nehmen haben wie den negativen. Es geht bei der Barmherzigkeit Gottes wirklich um seine σπλάγχνα und also nicht weniger als bei allen seinen anderen Eigenschaften um seine *aeterna et simplex essentia.* Der Gott, den Jesus Christus Vater nennt, ist barmherzig (Luk. 6, 36), «reich an Barmherzigkeit» (Eph. 2, 4), «der Vater der Barmherzigkeiten» und als solcher «der Gott alles Trostes» (2. Kor. 1, 3). Alles, was er tut, hat von daher seine Kraft aber auch seinen Charakter. Gnade wird als solche, als freie, ungeschuldete und unverdiente Gnade, aber auch in der Realität und also Wirksamkeit der durch sie bezeichneten Zuwendung — recht empfangen und richtig verstanden, wenn der Zusammenhang wirklich ist und beachtet wird: «Wem ich gnädig bin, dem bin ich gnädig und wessen ich mich erbarme, dessen erbarme ich mich» (Ex. 33, 19). Das kann die «Unveränderlichkeit» Gottes auf keinen Fall bedeuten, daß er nicht selbst sich erbarmen könnte und wirklich erbarmte. Es geht, wo Gnade offenbar und wirksam wird, einerseits immer um des Menschen Elend: darin wird ihre Freiheit sichtbar; sie ist wirklich ein Geschenk, das einem Armen gemacht wird. Es geht aber andererseits immer um nicht mehr und nicht weniger als um das Herz, um das Innerste Gottes, das eben für dieses Elend des Menschen nicht verschlossen, sondern offen ist, in welchem Gott selbst, er, der von außen nicht zu Berührende und zu Rührende, von innen, von sich selbst her teilnimmt und also mitleidet an diesem Elend: darin wird die Kraft der Gnade sichtbar; das bedeutet ja, daß sie tatsächlich nicht bloß eine Gabe Gottes, sondern er selber ist, der Geber, der als Gabe sich selber gibt. Man darf und muß in diesem Zusammenhang auch an solche Stellen denken, wo das Erbarmen Gottes sich auf den ersten Blick, wie etwa Phil. 2, 27 «nur» auf die physische Bedürftigkeit des Menschen zu beziehen scheint. «Sein Erbarmen waltet über allen seinen Werken» (Ps. 145, 9). Gemessen an seiner Herrlichkeit und eben im Sinn von Bedürftigkeit ist ja die ganze Kreatur als solche in Not und Elend und darauf angewiesen, daß Gottes Erbarmen jeden Morgen neu ist (Klagel. 3, 23). Und Gott versagt sich ihr nicht. Er erhält sie, wie er sie geschaffen hat. Er nimmt sich ihrer Bedürftigkeit an, indem er ihr jeden Morgen aufs Neue sich selber gibt. Daß dem so ist, wird aber da sichtbar, wo das Werk Gottes die Gestalt seines Offenbarens, Versöhnens, Heiligens, die Gestalt seines Bundes mit Israel, die Gestalt Jesu Christi gewinnt.

Wir sahen, wie die Gnade in Jesus Christus zum siegreichen Gegensatz zu dem von der Kreatur Gott entgegengesetzten Widerstande wird. Diesen Gegensatz bezeichnet auch die Barmherzigkeit Gottes. Nur daß eben dieser Widerstand — nicht nur im Blick auf seine Folgen und Strafen, also nicht nur im Blick auf das Gericht, das er nach sich zieht, sondern an sich und als solcher im Lichte der Barmherzigkeit der Gnade Gottes als Not, Leid und Elend des Menschen erscheint: der Hochmut als klägliche Torheit, die usurpierte Freiheit als harte Gefangenschaft, die böse Lust als bittere Qual. Daß der Mensch sich selbst in dies Alles gestürzt hat und immer wieder stürzt, das ist auch wahr — und im Blick darauf wird nachher von Gottes Gerechtigkeit zu reden sein. Es ist aber wiederum wahr, daß dieser Widerstand der Kreatur, daß die Sünde des Menschen auch in sich und als solche ganz einfach Torheit, Gefangenschaft und Qual bedeutet. Und eben als solche ist sie Gegenstand der Barmherzigkeit Gottes. Barmherzigkeit Gottes bedeutet also konkret: seine Berührtheit gerade durch das Leid, das der Mensch sich selber zufügt, sein Interesse an dessen Abwendung und Beseitigung, sein Wille, den Menschen in diesem Leid zu trösten und überwinden zu lassen. So frei ist Gott, daß seine Gnade, seine Zuwendung zum Menschen den Sinn und Charakter haben kann, darf und muß, gerade die Sünde und Schuld des Menschen zum Anlaß seines Mitleidens zu machen, daß er die Sünde hassen und eben darum den Sünder lieben, daß er den sündigen und schuldigen Menschen, indem er ihm widersteht, auch einfach nur bedauern und aus diesem Bedauern heraus mit ihm umgehen kann. Und dieses Bedauern ist kein bloßes Sentiment, sondern Kraft und Tat. Dafür bürgt eben dies, daß es Gott selber nicht zu wenig ist, sich dem Menschen eben in dieser Weise zuzuwenden, noch mehr: für den Menschen vorgängig seiner Erschaffung, vorgängig aller Zuwendung eben in dieser Weise von Ewigkeit her offen, der ewig Barmherzige zu sein.

> Da iamert Gott ynn ewigkeyt
> Meyn ellend uber massen,
> Er dacht an seyn barmhertzigkeyt,
> Er wollt mir helffen lassen.
> Er wand zu myr das vater hertz,
> Es war bey yhm furwar keyn schertz,
> Er lies sein bestes kosten.
>
> Er sprach zu seynem lieben son,
> Die zeyt ist hie zurbarmen,
> Far hyn meyns hertzen werde kron
> Und sey das heyl dem armen,
> Und hilff yhm aus der sunden not,
> Erwurg fur yhn den bittern todt
> Und las yhn mit dyr leben.

(Luther, «Nun frewt euch lieben Christen gmeyn...» 1523? W. A. 35, 424, 4.) Man bemerke: Gott ist barmherzig, d. h. es kann für ihn Zeit werden, sich zu erbarmen, weil und indem es ihn in Ewigkeit jammert, weil er seiner Barmherzigkeit nur zu gedenken braucht! Die Freiheit und Kraft seiner Barmherzigkeit ist also gerade nicht erst (so noch H. Cremer in seinem Lexikon-Art. ἔλεος), die eines «heilsökonomischen Verhaltens», sondern echt und recht die Freiheit und Kraft seiner ewigen Gottheit. Gott der Vater, der Sohn und der Heilige Geist ist in sich selber barmherzig. Eben in dieser wesentlichen Freiheit und Kraft redet und handelt er barmherzig in seiner Offenbarung, Versöhnung, Heiligung, in seinem Bunde mit Israel, in der Epiphanie und Parusie Jesu Christi.

Wir lesen Röm. 9, 16 in unmittelbarem Anschluß an das Zitat von Ex. 33, 19: «So liegt es nun nicht an Jemandes Wollen und Laufen, sondern an Gottes Erbarmen» und gleich darauf Röm. 9, 18: «Wessen er will, dessen erbarmt er sich». Auf alle Fälle auf dieser Linie ist dann auch Röm. 11, 32 zu verstehen: «Gott verschloß alle unter den Ungehorsam, auf daß er sich aller erbarme.» Gottes Barmherzigkeit ist Gottes Freiheit; darum ist es nicht möglich, unter diesen «Allen» mathematisch und mechanisch die Summe aller Menschen zu verstehen, denen Gott seine Gnade nun doch etwa als solchen schuldig wäre. Sie sind vielmehr nach den Stellen in Röm. 9 unzweifelhaft jenes erwählte Volk, das einst kein Volk war, jetzt aber sein Volk wurde, das Volk jener einst Gnadlosen, die jetzt Gnade gefunden haben (1. Petr. 2, 10). Eben als Gottes Barmherzigkeit ist sie notwendig wählende Gnade und als solche offenbar und wirksam an denen, die ihn lieben (Ex. 20, 6) und fürchten (Ps. 103, 13; Luk. 1, 50). Eben so und an diesen wird sie

2. Gottes Barmherzigkeit und Gerechtigkeit

dann aber auch kräftig, unwidersprechlich, unwiderleglich offenbar und wirksam: so, daß keine menschliche Sünde und Schuld dazwischen treten kann, so, daß gerade die menschliche Sünde und Schuld zum Anlaß des gewaltigen göttlichen Mitleidens wird. Es ist wieder die Freiheit und die Kraft der «herzlichen Barmherzigkeit unseres Gottes», von der es Luk. 1, 78 f. heißt: in ihr sei es geschehen, «daß uns besucht hat der Aufgang aus der Höhe, zu leuchten denen, die da wohnen in der Finsternis und im Schatten des Todes, zu richten unsere Füße auf den Weg des Friedens». Es ist wieder diese Freiheit und diese Kraft der göttlichen Barmherzigkeit, von der es 1. Petr. 1, 3 heißt: nach ihr habe uns Gott «wiedergeboren zu einer lebendigen Hoffnung durch die Auferstehung Jesu Christi von den Toten», oder Tit. 3, 5: nach ihr — nicht auf Grund von Werken in Gerechtigkeit, die wir getan hätten — habe Gott uns gerettet durch das Bad der Wiedergeburt und Erneuerung kraft des Heiligen Geistes. Und wieder sie, wenn es von dem an Barmherzigkeit reichen Gott Eph. 2, 4 f. heißt, daß er uns, die in unseren Übertretungen Toten mit Christus lebendig gemacht habe. Und wieder sie Ps. 78, 37 f.: «Ihr Herz hielt nicht fest zu ihm und sie waren untreu seinem Bunde. Er aber in seiner Gnade und seinem Erbarmen, er vergab ihre Schuld und vertilgte sie nicht.» Und wieder sie Jes. 54, 7—10: «In kurzem Unmut habe ich dich verlassen, doch mit großem Erbarmen werde ich dich versammeln. Im Aufwallen des Zornes verbarg ich einen Augenblick mein Antlitz vor dir, aber mit ewiger Güte habe ich mich deiner erbarmt, spricht der Herr, dein Erlöser ... denn die Berge mögen weichen und die Hügel wanken, aber meine Gnade soll nicht von dir weichen und mein Friedensbund nicht wanken, spricht der Herr, dein Erbarmer.» Man muß in allen diesen und ähnlichen Sätzen die Prädikate vom Subjekt her und dann das Subjekt in diesen seinen Prädikaten verstehen. Daß er, Gott, indem er zürnt, nicht nur zürnt, sondern um dessentwillen, was seinen Zorn erregt, seinem Zorne Grenzen setzt und mitleidig ist und daß dieses Mitleid nun sein und also eben dort, wo sein Zorn tötet, lebendigmachendes wiedergebärendes, erleuchtendes Mitleid ist, das ist das Geheimnis und zugleich die einfache, offenbare Wirklichkeit seines Erbarmens.

Man bemerke, daß es, gerade wenn wir bekennen, daß Gott barmherzig ist, von ferne nicht möglich ist, dies als eine irgendwoher deduzierbare Möglichkeit aufzuweisen, sondern daß es sich da schlechterdings nur um die Anerkennung der faktischen Wirklichkeit Gottes handeln kann. Was sollten wir zum Beweis dieses Bekenntnisses geltend machen, als das Faktum, daß Gott sich uns im Namen Jesu Christi so und nicht anders zu erkennen gegeben hat? Wo und wie wollten wir die Wirklichkeit der Barmherzigkeit Gottes anders erkennen als in diesem Namen?

Die Offenbarung dieses Namens als der Inbegriff dessen, auf was Israel gewartet hat, und dessen, wessen die Kirche sich erinnern darf, ist ja auch in der heiligen Schrift zugleich der Inbegriff der Realität der Barmherzigkeit Gottes. Wir können nicht hinter diesen Namen zurückgehen, um zu erfahren, warum Gott barmherzig ist. Wir können aber eben diesem Namen mit unüberwindlicher Gewißheit entnehmen, daß er es ist. Alles kommt bei dieser Erkenntnis und diesem Bekenntnis für uns darauf an, daß wir durch das Wort und den Geist Gottes so an diesen Namen gebunden werden, daß uns in und mit seiner Offenbarung, wie sie uns durch das Wort und den Geist bezeugt werden, sofort die Offenbarung der Barmherzigkeit Gottes vor Augen steht und stehen bleibt, daß wir uns eben durch diesen Namen göttlich und also unwidersprechlich und unwiderleglich getröstet sein lassen. Dadurch getröstet, daß wir es annehmen: Es ist nicht nur unsere Geschöpflichkeit, nicht nur die Bedürftigkeit und also das Elend unserer Existenz in ihrer schlechthinigen Abhängigkeit, sondern es ist wirklich auch das Elend dieses unseres Elendes, nämlich unser Widerspruch und Widerstand gegen den, von dem wir so schlechthin abhängig sind, der Gegenstand seiner e i g e n e n Teilnahme, s e i n e r Sorge, s e i n e s Leides und also auch s e i n e s Beistandes, s e i n e s e i g e n e n Einsatzes. B e v o r irgend ein Leid, das wir mit unserer Sünde und Schuld auf uns ziehen, uns getroffen hat oder treffen kann, bevor unsere Sünde als solche uns leid tut und leid tun kann, bevor Tod und Hölle uns schrecken können und bevor der größere Schrecken darüber, daß wir solche sind, die Tod und Hölle verdient haben, uns erreicht hat — v o r h e r schon haben wir es eben in dem, an welchem wir sündigen und schuldig werden, eben in dem, dessen Strafe uns deshalb droht, mit dem Gott zu tun, der sich durch unsere Sünde und Schuld selber weh tun läßt, dem sie also keine fremde, sondern eine eigene Sache ist. Und so viel größer er, Gott, ist als wir, seine Geschöpfe, so viel größer ist dieses s e i n Leid um uns als alles Leid, das wir s e l b e r erfahren oder das wir selber um uns tragen könnten. Erkennen wir Gottes Barmherzigkeit in Jesus Christus, dann muß das bedeuten, daß wir aufhören dürfen, in dem von uns zu erfahrenden oder um uns selbst zu tragenden Leid sozusagen göttliches, ewiges, unaufhebbares Leid erfahren und tragen zu wollen. Weil Gott barmherzig ist, darum ist uns solch göttliches Leiden nicht nur abgenommen, sondern als Anmaßung, als eine im Grunde übermütige Tragik verboten. Es sind die Höhe und die Tiefe, es ist das Äußere und das Innere unseres Leides wirklich Gottes — und dann erst, als von Gott gesehen und getragen — auch unsere Sache. Was ist unser Leid, nachdem Gott es sich so zu Herzen gehen ließ, daß er seinen eigenen Sohn, um es zu wenden, dahingegeben hat? So hat unser Leid uns nicht getroffen, so k a n n es uns gar nicht treffen, wie es i h n getroffen hat. So können wir es uns selbst nimmermehr zu Herzen nehmen. Vor d e r Tiefe unseres Leides, wie es von Gott selbst gesehen, getragen und erlitten wird, muß die Klage über die Gestalt, in der es vor unseren Augen steht und auf uns wirkt, verstummen. Unsere Klage kommt zu spät und sie wird immer unverhältnismäßig viel zu schwach, sie wird ja auch immer ohnmächtig und letztlich unwahr sein! Denn was hilft alles Klagen, wenn das das Elend unseres Elends ist, daß wir eben Gott gegenüber Sünder und Schuldige sind — Gott gegenüber, dem gegenüber wir gut machen können? Wer darf da klagen, wo Gott zu klagen hat, wo das Recht dazu allein sein Recht ist? Um sein Herz und nicht um unser Herz geht es, wo wir zu leiden meinen und klagen zu dürfen oder zu sollen meinen. Sein Herz ist verwundet, und zwar durch unser Herz verwundet. Wie könnten wir dieses Verhältnis umkehren und so tun, als ob wir sozus. im leeren Raume, als ob wir göttlich, ewig zu leiden oder um uns selber Leid zu tragen hätten? In der Erkenntnis und im Bekenntnis der Barmherzigkeit Gottes zerbricht gerade das, was man als die Tragik der menschlichen Existenz so ernst zu nehmen pflegt. Es gibt etwas Ernsteres als sie, nämlich dies, daß unsere Not — und zwar gerade die Not unserer Sünde und Schuld — in Freiheit aufgenommen, in Gott selber ist und dort erst, nur dort, wirkliche Not ist. Daß dem so ist, das ist die Barmherzigkeit Gottes. Vor ihr müssen wir verstummen, müssen wir ganz klein und bescheiden werden im Erleiden unserer Not und in der Klage darüber, im Protest und Streit dagegen. Aber dieses Müssen ist ein Dürfen! Denn das ist doch unser Elend in der dritten und entscheidenden Potenz: daß wir meinen, unser Elend, gerade das eigentliche Elend unserer Sünde und Schuld s e l b e r tragen, uns selbst anzuklagen, zu richten und zu reinigen und dann doch auch wieder uns selber über die Folgen unserer Sünde und Schuld beklagen zu müssen. Eben damit, als Widerstand gegen die Gnade Gottes, kommt ja unsere Sünde erst zu ihrer Eigentlichkeit, wird sie erst hoffnungslos sündig, werden alle ihre Folgen erst auswegslos schmerzlich. Und eben damit greift ja nun die Gnade Gottes als

Gottes Barmherzigkeit, greift Jesus Christus in die menschliche Existenz ein als die große Freude, die allem Volke widerfahren soll: damit, daß er diesen Widerstand gegen die Gnade bricht durch sich selber als die erschienene siegreiche Gnade, d. h. als die königliche Hinwegnahme unserer Sünde und Schuld durch Gott selber. Indem sie in Gottes Herz ist, ist sie nicht mehr die unsrige. Indem er sie erleidet, ist ihr Erleiden, ihre Strafe uns abgenommen, kann uns auch unser eigenes Leiden nur noch eine Erinnerung eben an sein Leiden sein. Indem er sich unsere Sünde und Schuld in seinem Sohne zu eigen machte, sind wir befreit von der Notwendigkeit, sie anders denn als die seinige, anders als im Glauben an ihn, und das heißt dann wirklich: anders als die von ihm von uns weggetane Sünde und Schuld zu sehen, zu erleiden, zu beklagen. Uns bleibt nur übrig, die zu sein, an deren Stelle er getreten ist, die also ihr Leben real in ihm haben.

In Freiheit, aber auch in Kraft hat der barmherzige Gott an unserer Stelle gehandelt. In Freiheit: denn unsere Sünde und Schuld war nicht die seine und mußte sie nicht werden. Weil dem so ist, darum glaubt der Glaube an Gottes Gnade und Erwählung, kraft welcher uns widerfährt, was wir nicht verdient haben. Aber auch in Kraft: denn er hat unsere Sünde und Schuld zu der seinigen gemacht und damit wirklich von uns weggetan; darum ist der Glaube Freudigkeit und Dankbarkeit, darum Gewißheit, die nicht mehr rückwärts, sondern nur noch vorwärts blicken kann. In Freiheit und Kraft und also einen demütigen aber starken Glauben erweckend, trat er darum an unsere Stelle, weil er Gottes ewiger Sohn, weil es in ihm offenbar war, daß Gott in sich selber barmherzig ist, weil es also nichts gibt, was hinter oder über dieser Stellvertretung noch wahrer und wirklicher wäre, weil eben diese Stellvertretung das Innerste und Eigentlichste in Gott selber, das Wesen seiner Gottheit ist, dem wir in Freudigkeit und Dankbarkeit die Ehre geben müssen, so gewiß wir nicht gegen ihn freveln dürfen, so gewiß wir Gott Gott sein lassen müssen.

Daß wir müssen und daß wir dürfen, das erscheint gerade an dieser Stelle, im Lichte der Barmherzigkeit Gottes, aufs neue als ein untrennbar Einziges. Müssen die Heiden oder dürfen sie Gott preisen wegen der ihnen widerfahrenen Barmherzigkeit (Röm. 15, 9)? Die Frage ist offenbar gegenstandslos. Auf Liebe mit Liebe zu antworten, erlaubt das Evangelium, gebietet das Gesetz Gottes. Aber wie sollte man es nicht auch umgekehrt sagen?

So also liebt Gott. Seine Liebe ist barmherzige Liebe. Es liegt im Wesen der Sache, daß wir nicht besonders zu unterstreichen brauchen: so barmherzig, wie er handelt, ist Gott auch in sich selber. Denn der Begriff Barmherzigkeit weist als solcher von Gottes Verhalten und Tun zurück auf Gottes Sein, auf sein Herz, auf seine Gesinnung und so auf ihn selber. Jedes Mißverständnis hinsichtlich des Begriffs der Gnade: als wäre sie etwa nicht ewig in Gott selber, wird unmöglich, wenn wir sie jetzt verstanden haben als barmherzige Gnade. Wie sie von da aus verstanden wird als Hinwendung Gottes nicht nur sondern als freies, kräftiges Mitleiden, so auch nach rückwärts als Erscheinung nicht nur, sondern als Beschaffenheit des Herzens und also des Wesens Gottes. Als barmherzige Gnade steigt die Liebe Gottes zugleich noch tiefer auf die Erde herunter und noch höher in den Himmel hinauf, als der Begriff Gnade an sich und als solcher uns verraten würde. In dem so erklärten Sinn muß er uns nun weiter begleiten.

Wenden wir uns nun zu dem in der heiligen Schrift so besonders bedeutsamen und in der Geschichte des christlichen Bekenntnisses so besonders umstrittenen Begriff der Gerechtigkeit Gottes, so haben wir uns wieder vor Augen zu halten, was uns schon bei dem Übergang vom Begriff der Gnade zu dem der Heiligkeit Gottes beschäftigt, was nachher unsere ganze Erklärung und Darstellung des Begriffs der Heiligkeit beherrscht hat: Hier tritt kein Zweites neben ein Erstes; hier geht es nach wie vor um das Erste und Eine. Nicht auch um das Zweite? Doch, ganz und gar auch um das Zweite. Man könnte sogar sagen: ganz und gar nur um das Zweite, weil ja auch dieses Zweite ganz und gar das Eine ist. In diesem Einen, in Gott selber, im Reichtum seines Wesens findet keine Teilung und also auch keine gegenseitige Begrenzung und Ergänzung seiner Eigenschaften statt. Wohl aber gilt dies von unseren Begriffen, in denen wir ihn auf Grund seiner Offenbarung in der Wahrheit seiner Einheit und seines Reichtums erkennen dürfen: dann nämlich, wenn dies in Demut geschieht und also ohne daß dieser oder jener unter unseren Begriffen herrschen wollen, System bilden wollen darf und also so, daß wir diese Begriffe sich untereinander begrenzen und ergänzen lassen, so also, daß wir, den Einen, das Eine, erkennend und bezeugend in seinem Reichtum, von Begriff zu Begriff weitergehen. Wir können aber nicht nach Belieben, wir müssen in Ordnung, in der durch den Gegenstand, durch die Offenbarung Gottes in Jesus Christus und also durch sein Wesen bestimmten Ordnung weitergehen. In dieser Ordnung muß die Barmherzigkeit Gottes seiner Gerechtigkeit vorangehen, wie seine Gnade seiner Heiligkeit vorangehen mußte. Nicht als ob Gott weniger heilig und gerecht als gnädig und barmherzig wäre. Gott ist Alles, was er ist, ganz. Er ist in Allem, was er ist, er selber. Und er ist Alles, was er selber ist, in unüberbietbarer, von nirgendswoher konkurrenzierbarer Vollkommenheit. Er ist es aber in seiner, nicht in irgend einer willkürlich bestimmten Vollkommenheit, also z. B. nicht in der Vollkommenheit eines Kreises oder einer Kugel, in der Vielheit seiner Vollkommenheiten nicht etwa den vielen dem Mittelpunkt gleich nahen und gleich fernen Punkten der Peripherie oder der Oberfläche eines solchen Gebildes zu vergleichen. Gott ist niemand und nichts zu vergleichen. Gott ist nur sich selbst gleich. Und wer und was er selbst ist, das haben wir weder mathematisch noch logisch noch moralisch noch psychologisch zu konstruieren, darüber haben wir schlechterdings ihn selbst zu hören. Tun wir das, halten wir uns an seine Offenbarung in Jesus Christus, dann ergeben sich aber auf Schritt und Tritt bestimmte Verhältnisse zwischen seinen Vollkommenheiten: nicht obwohl, sondern gerade weil er in jeder von ihnen nicht weniger als in der anderen ganz er selber ist. Wir sahen: es besteht ein Verhältnis zwischen Gottes Gnade und Heiligkeit, ein von der notwendig vorangehenden Gnade bestimmtes Verhältnis gegenseitiger Durchdringung und Erfüllung. Ganz entsprechend steht es nun auch zwischen der Barmherzigkeit und der Gerechtigkeit Gottes. Wir werden nicht weniger stark von Gottes Gerechtigkeit zu reden haben als von seiner Barmherzigkeit. Wir werden hier vielmehr womöglich noch stärker zu reden haben. Wir könnten das aber nicht tun, wir könnten gerade von der in der Bibel so hervorgehobenen Gerechtigkeit Gottes überhaupt nicht reden, ohne daher von Gottes Barmherzigkeit her zu kommen. Als ein Verhältnis gegenseitiger Durchdringung und Erfüllung wird sich uns auch das Verhältnis von Gottes Barmherzigkeit und Gerechtigkeit darstellen, aber auch es so, daß es von der notwendig vorangehenden Barmherzigkeit Gottes her seine Bestimmung empfängt. Denn so und nur so entspricht es dem beständig zu beachtenden (und durch keine etwa willkürlich eingeführte Symmetrie zu ersetzenden) Schema der Offenbarung und also des Wesens Gottes.

Gottes Lieben ist darin das göttliche, von allem anderen Lieben verschiedene Tun und Sein, daß es **gerecht** ist. Die Gerechtigkeit Gottes ist, davon haben wir von Anfang an auszugehen, eine Bestimmung der Liebe und also der Gnade und also der Barmherzigkeit Gottes. Es hat aber Gottes Liebe, Gnade und Barmherzigkeit notwendig, wie sie die Bestimmung der Heiligkeit hat, so auch die der Gerechtigkeit. Notwendig: wäre sie nicht heilig, wäre sie nicht gerecht, so wäre sie nicht Gottes Liebe. Das ist aber ihre Auszeichnung und Bestimmung als gerechte und also als Gottes Liebe, daß Gott, indem er Gemeinschaft will und schafft, das tut und vollbringt, was seiner selbst würdig ist und also in dieser Gemeinschaft seine Würde gegenüber allem Widerspruch und Widerstand zur Geltung bringt und also in dieser Gemeinschaft allein seine Würde triumphieren und regieren läßt. In dieser Bestimmung und Auszeichnung und allein in ihr ist die Liebe Gottes seine, ist sie göttliche Liebe.

Die Definition muß so lauten wie angegeben, wenn hier nicht eine Aufspaltung des Wesens Gottes stattfinden, wenn die **Gerechtigkeit** Gottes in ihrer **Einheit** mit seiner Barmherzigkeit, aber auch rückwärts in ihrer Einheit mit seiner Heiligkeit sichtbar werden soll. In ihrer Einheit mit seiner **Barmherzigkeit**: Wir definierten diese als Bestimmung der zeitlichen Liebe und Gnade, u. zw. als Gottes in seinem Wesen liegende aktive Beteiligung am Elend eines Anderen. Daraus folgt nun gewiß nicht logisch, daß Gott gerecht ist, d. h. daß er, indem er in dieser Weise Gemeinschaft mit einem Anderen begründet und erhält, auch das seiner eigenen Würde Entsprechende will, tut und durchsetzt. Ist es aber faktisch so, daß Gott in diesem Sinn gerecht ist — und wir gehen seiner Offenbarung zufolge davon aus, daß er das ist — dann kann man von der eben gegebenen Definition seiner Gerechtigkeit auch dies nicht sagen, daß sie der seiner Barmherzigkeit logisch widerspreche. Gott muß nicht, aber er kann sich in der Weise des Elends eines Anderen annehmen, daß er eben damit, in der Begründung und im Vollzug dieser seiner Gemeinschaft mit einem Anderen, das seiner Würde Entsprechende tut. Unsere Definition der Gerechtigkeit kann neben der der Barmherzigkeit Gottes bestehen und also mit jener zusammen die Einheit Gottes sichtbar machen. Und dasselbe gilt im Blick auf die Einheit von Gerechtigkeit und Heiligkeit Gottes. Wir definierten Gottes Heiligkeit als die in der Begründung und im Vollzug von Gemeinschaft mit einem Anderen stattfindende Selbstbehauptung des Willens Gottes. Wiederum folgt daraus nicht logisch, daß Gott gerecht ist, daß das, was Gott in dieser Gemeinschaft will, tut und durchsetzt, das seiner Würde Entsprechende ist. Daß es eine Würde Gottes gibt, die in jener Selbstbehauptung seines Willens gewahrt, verteidigt, durchgesetzt wird, das ist in jener Selbstbehauptung als solcher nicht logisch notwendig eingeschlossen. Ist es aber faktisch in ihr eingeschlossen, weil es laut Gottes Offenbarung so ist, daß Gottes Heiligkeit seine Gerechtigkeit ist, dann besteht zwischen Gottes Heiligkeit und Gerechtigkeit nach den hier gegebenen Definitionen kein Widerspruch. Sie können dann nebeneinander stehen und in gleicher Weise das eine Wesen Gottes bezeichnen.

Wir sahen, wie die Definitionen der protestantischen Orthodoxie schon in dem Verhältnis von Gnade und Heiligkeit Gottes darin versagten, daß sie eben die Einheit seines Wesens nicht sichtbar machten. Dasselbe gilt auch hier.

Wir hören Quenstedt: *Iustitia Dei est summa et immutabilis voluntatis divinae rectitudo a creatura rationali quod rectum et iustum est exigens. Estque vel remuneratrix, qua bonos praemiis, vel vindicatrix, qua malos suppliciis afficit* (*Theol. did. pol.* 1685 I c. 8 sect. 1 th. 35). Diese Definition paßt freilich zu der von demselben Autor gegebenen Definition der Heiligkeit Gottes, in der ebenfalls das göttliche *exigere* eine so entscheidende Rolle spielt, nur zu gut. Auf derselben Linie hat später Schleiermacher die Gerechtigkeit Gottes definiert als «diejenige göttliche Ursächlichkeit, kraft deren in dem Zustand der gemeinsamen Sündigkeit ein Zusammenhang des Übels mit der wirklichen Sünde geordnet ist» (Der chr. Glaube § 84). Wo aber bleibt neben der so definierten Gerechtigkeit Gottes das, was auch Quenstedt die *gratiosissima voluntatis divinae propensio, qua Deo cordi est miseria hominis* nennt? Ist Gott in seiner Gerechtigkeit nur fordernd, bezw. die Erfüllung seiner Forderung belohnend, ihre Nicht-Erfüllung bestrafend, wie kann er sich dann in seiner Barmherzigkeit das Elend des Menschen zu Herzen nehmen? Und tut er dieses, wie kann er dann seiner Gerechtigkeit gerecht werden, wenn diese nur als fordernde und distributive zu verstehen ist? Wir stellen der

2. Gottes Barmherzigkeit und Gerechtigkeit

These dieses lutherischen Autors zur Illustration ihrer sachlichen Bedenklichkeit sofort Luther selbst gegenüber, dessen Einsichten sich im Laufe des 16. und 17. Jahrhunderts in seiner eigenen Kirche merkwürdig verflüchtigt haben. Luther hat sich 1532 in seiner Erklärung des 51. Psalms (zu v 3: *Miserere mei, Deus, secundum magnam misericordiam tuam)* folgendermaßen vernehmen lassen: *Sancti patres, qui in psalmos scripserunt, fere exposuerunt ,iustus Deus' pro eo, quod iuste vindicat ac punit, non pro eo, quod iustificat. Inde mihi accidit iuveni, ut hanc appellationem Dei odissem et ex illa hexei seu habitu adhuc hodie quasi cohorresco, cum audio Deum iustum dici. Tanta est vis impiae doctrinae, si ea animo in prima aetate imbuantur, et tamen veteres doctores fere omnes sic exponunt. Sed si Deus sic iustus est, ut puniat iuste seu pro merito, quis potest subsistere in huius iusti Dei conspectu? Si quidem omnes sumus peccatores et afferimus ad Deum iustam poenarum infligendarum causam. Procul hinc cum tali iustitia et tali iusto Deo, quia nos omnes sicut «ignis consumens» vorabit. Quia autem Christum salvatorem Deus misit, profecto non hoc modo iustus vult esse, ut puniat pro merito, sed vult iustus esse et dici, ut agnoscentes peccata iustificet et eorum misereatur...* Und zu v 16 *(Exultabit lingua mea iustitiam tuam): Hoc vocabulum Iustitiae magno sudore mihi constitit; sic enim fere exponebant, iustitiam esse veritatem, qua Deus pro merito damnat seu iudicat male meritos. Et opponebant iustitiae misericordiam, qua salvantur credentes. Haec expositio periculosissima est, praeterquam quod vana est, concitat enim occultum odium contra Deum et eius iustitiam. Quis enim eum potest amare, qui secundum iustitiam cum peccatoribus vult agere? Quare memineritis, iustitiam Dei esse, qua iustificamur seu donum remissionis peccatorum. Haec iustitia in Deo grata est, facit enim ex Deo non iustum iudicem, sed ignoscentem patrem, qui iustitia sua vult uti non ad iudicandos, sed iustificandos et absolvendos peccatores. Hanc tuam iustitiam, inquit, non iustitiam hominum aut Mosis, ego cum gaudio et laetitia praedicabo, etiam si mihi hostes capiendi sint omnes homines, modo tu hoc facias ut etiam coram ecclesia me absolvas.* (W. A. 40 II, 331, 25 u. 444, 36). Und in der Vorrede zu seinen lateinischen Schriften von 1545 hat Luther dieselbe Sache in der berühmten Zusammenfassung seines theologischen Werdegangs noch einmal so dargestellt: *Miro certe ardore captus fueram cognoscendi Pauli in Epistola ad Rom., sed obstiterat hactenus non frigidus circum praecordia sanguis sed unicum vocabulum, quod est Cap. 1: iustitia Dei revelatur in illo. Oderam enim vocabulum istud «iustitia Dei», quod usu et consuetudine omnium doctorum doctus eram philosophice intelligere de iustitia (ut vocant) formali seu activa, qua Deus est iustus et peccatores iniustosque punit. Ego autem, qui me, utcumque irreprehensibilis monachus vivebam, sentirem coram Deo esse peccatorem inquietissimae conscientiae nec mea satisfactione placatum confidere possem, non amabam, imo odiebam iustum et punientem peccatores Deum, tacitaque si non blasphemia, certe ingenti murmuratione indignabar Deo, dicens: quasi vero non satis sit, miseros peccatores et aeternaliter perditos peccato originali omni genere calamitatis oppressos esse per legem decalogi, nisi Deus per euangelium dolorem dolori adderet et etiam per euangelium nobis iustitiam et iram suam intentaret. Furebam ita saeva et perturbata conscientia, pulsabam tamen importunus eo loco Paulum, ardentissime sitiens scire, quid S. Paulus vellet. Donec miserente Deo meditabundus dies et noctes connexionem verborum attenderem, nempe: Iustitia Dei revelatur in illo, sicut scriptum est: Iustus ex fide vivit, ibi iustitiam Dei coepi intelligere eam, qua iustus dono Dei vivit, nempe ex fide, et esse hanc sententiam, revelari per euangelium iustitiam Dei, scilicet passivam, qua nos Deus misericors iustificat per fidem, sicut scriptum est: Iustus ex fide vivit. Hic me prorsus renatum esse sensi et apertis portis in ipsam Paradisum intrasse. Ibi continuo alia mihi facies totius scripturae apparuit. Discurrebam deinde per scripturas, ut habebat memoria, et colligebam etiam in aliis vocabulis analogiam, ut opus Dei, id est, quod operatur in nobis Deus, virtus Dei, qua nos potentes facit, sapientia Dei, qua nos sapientes facit, fortitudo Dei, salus Dei, gloria Dei. Iam quanto odio vocabulum ‚iustitia Dei' oderam ante, tanto amore dulcissimum mihi vocabulum extollebam, ita mihi iste locus Pauli fuit vere porta Paradisi. Postea legebam Augustinum de spiritu et litera, ubi praeter spem offendi, quod et ipse iustitiam Dei similiter interpretatur: qua nos Deus induit, dum nos iustificat... Istis cogitationibus armatior factus coepi Psalterium secundo interpretari...* (W. A. 54, 185, 14). Blickt man von da aus auf die These von Quenstedt zurück, so wird man gewiß gewarnt sein davor, das Problem auf der von ihm angegebenen Linie aufzunehmen.

Wir haben aber an dieser Stelle einen Vorbehalt auch gegen den Reformierten P o l a n u s anzumelden. Er definiert die Gerechtigkeit Gottes als *voluntas eius per quam ipse iustus est et omnis iustitiae in creaturis autor,* und fährt dann fort: *Iustitiae divinae regula summa perfectissima et infallibilis est voluntas eius. Nam Deus sibi ipsi lex est. Quicquid Deus fieri vult, eo ipso quod vult, iustum est: Quicquid Deus facit, scit et vult (Synt. Theol. chr.* 1609 *col.* 1157 f.). Man kann von dieser Formulierung der Gerechtigkeit Gottes zwar nicht sagen, daß sie mit der seiner Barmherzigkeit in Streit gerate. Man kann gewiß ohne Widerspruch ergänzen: Gottes Barmherzigkeit ist darum Gerechtigkeit, weil sie sein Wille und weil Gottes Wille, da Gott sich selber Gesetz ist, notwendig gerechter Wille ist. Aber es ist doch folgenschwer, daß dies ergänzt werden muß, daß dieser Zusammenhang, in welchem der Wille Gottes als *eo ipso* gerecht offenbar wird und in welchem er auch in Gott selbst *eo ipso* gerecht ist, hier so wenig wie bei Quenstedt in die Definition aufgenommen ist. Indem dieser Zusammenhang fehlt, bekommt die an sich richtige Begründung der Gerechtigkeit im Willen Gottes als solchem einen eigentümlich willkürlichen Charakter, der nun, umgekehrt als bei Quenstedt, die H e i l i g k e i t Gottes zu kompromittieren droht. Denn wenn Gott in der Tat sich selber Gesetz und insofern gerecht ist, so unterscheidet er sich doch darin von einem Tyrannen, der heute liebkost und morgen schlägt, daß sein seinem eigenen Gesetz gehorchender Wille als g u t e r, als ein seiner selbst würdiger und also wirklich g e r e c h t e r Wille offenbar wird, und eben solcher Wille in sich selber ist. Dies kann aber in der Abstraktion, in der auch bei Polan von der Gerechtigkeit Gottes die Rede ist, nicht sichtbar werden. Es wäre sichtbar geworden, wenn er die Gerechtigkeit Gottes — auf einer Linie, die er im weiteren Verlauf seiner Darlegung übrigens in glücklicher Weise wieder gefunden hat — im Zusammenhang mit den Begriffen der Liebe und also der Gnade und Barmherzigkeit Gottes, als eine Bestimmung der Art, wie Gott Gemeinschaft begründet und erhält, definiert hätte. Wird bei Quenstedt nicht sichtbar, wie neben der Gerechtigkeit Gottes seine Barmherzigkeit möglich ist, so ist es bei Polan (wenigstens nach seiner Definition) nicht verständlich, wie Gott zugleich barmherzig und doch gerecht sein kann. Und wie man sich gegenüber der Trennung der Gerechtigkeit Gottes von seiner Barmherzigkeit durch Luther zur Ordnung rufen lassen kann, so gegenüber der Trennung der Barmherzigkeit Gottes von seiner Gerechtigkeit durch A n s e l m   v o n C a n t e r b u r y, bei dem man nützliche Anregung findet, das Problem, wie es ja geschehen muß, auch von dieser Seite zu sehen und zu bedenken. Wie kann Gott Guten und Bösen gut sein, sich also auch der Bösen erbarmen und doch und gerade so gerecht sein? so hat Anselm die Frage zunächst Prosl. 9—11 gestellt. Er hat sie dort so beantwortet: Gerade von der verborgenen Grundgüte Gottes (dem *altissimum et secretissimum bonitatis tuae* als der unerforschlichen Quelle seines Wesens) geht der Strom seiner Barmherzigkeit aus. Also gerade weil Gott *totus et summe iustus* ist, ist er auch den Bösen — nicht einfach allen Bösen, aber auch Bösen — gut. Er wäre nicht der vollkommen Gute, wenn er nicht Guten und Bösen, sondern etwa nur Guten gut wäre, wenn er nicht auch den Bösen als Richter u n d als Erbarmer begegnete. Was aus seiner Güte stammt, das ist als solches auch gerecht. *Si misericors es, quia es summe bonus, et summe bonus non es, nisi quia es summe iustus: vere idcirco es misericors quia summe iustus es.* Gottes Barmherzigkeit — wir sehen, wie Anselm hier gerade den umgekehrten Weg geht als Luther, um doch in der Sache zum selben Ergebnis zu kommen — wird erkannt aus seiner Gerechtigkeit: *misericordia tua nascitur ex iustitia tua.* Wie das? Es besteht Gottes Gerechtigkeit darin, daß er sich selbst gerecht ist, d. h. daß er die Güte ist, die größer nicht gedacht werden kann. Diese Güte ist es aber, in der er nicht nur richtet, sondern sich auch erbarmt, indem er vom Bösen Gute macht. *Hoc itaque modo iustus es, ut parcas malis et ut facias bonos de malis.* Erbarmt er sich der Bösen, so tut er es gerade nicht ungerechter sondern gerechter Weise. Er tut es nicht *quia illorum meritis*, (dann täte er es ungerechter Weise!) *sed quia bonitati suae condecens est... Ita iustus es, non quia nobis reddio debitum, sed quia facis, quod decet te summe bonum... Sic ergo nascitur de iustitia tua misericordia tua; quia iustum est, te sic esse bonum, ut et parcendo sis bonus.* Es ist darum gerecht, weil Gott es will. Und was Gott will, ist darum gerecht, weil er will, was seiner würdig ist. Etwas anders, nämlich jetzt konkret in Bezug auf das geschichtliche Handeln Gottes in der Versöhnung, hat Anselm die Frage in *Cur Deus homo?* I, 12 und 24 gestellt. Sollte Gott nicht auch *sola misericordia* und also ohne rechtliche Wiederherstellung seiner verletzten Ehre Sünden vergeben können? Antwort: In Gottes Reich gibt es keine Unordnung. Gäbe es eine durch jene *sola misericordia* sozusagen stehen gelassene und insofern göttlich legitimierte, keiner göttlichen Bestrafung ausgesetzte, keiner göttlich-rechtlichen Wiederherstellung bedürftige Ungerechtigkeit, dann würde diese *iniustitia* Gott gegenüber sozus. den Charakter einer zweiten Gottheit haben. Eben indem uns Gott gebietet, unseren Schuldnern zu vergeben, will er von uns haben, daß wir uns nicht (als Richter) anmaßen, was seine Sache ist. Es ist aber seine Sache eben in der Freiheit seiner Güte, in der er über aller Notwendigkeit steht, unter allen Umständen seine *dignitas* zu wahren. *Libertas enim non est nisi ad hoc, quod expedit aut quod decet, nec benignitas dicenda est, quae aliquid Deo indecens operatur.* Gott kann nur wollen, was seiner würdig ist. Eben das will er aber auch. In der Freiheit seiner Güte kann also das Unterlassen einer rechtlichen Wiederherstellung der durch die Sünde gestörten Ordnung seines Reiches nicht begründet werden. Gerade in ihr ist vielmehr das Gegenteil begründet. Barmherzigkeit wäre das ja gar nicht, die dem Menschen zwar Vergebung vermitteln, ihn aber in seiner Ungerechtigkeit belassen würde. Ungerechtigkeit heißt ja, indem sie nicht nur Unrecht, sondern auch Ohnmacht ist, Unseligkeit. Geht es in Gottes Barmherzigkeit um des Menschen Seligkeit, dann muß gerade sie die Form jener rechtlichen Wiederherstellung und also eines Triumphs der Gerechtigkeit Gottes haben.

Wir haben von Luther von der einen und von Anselm von der anderen Seite zu lernen, daß es keine Gerechtigkeit gibt, die nicht Barmherzigkeit und keine Barmherzigkeit, die nicht Gerechtigkeit Gottes wäre. Ist dem so, dann ist aber einzusehen, daß uns auch ein Schwanken hin und her zwischen Gottes Barmherzigkeit hier und Gottes Gerechtigkeit dort, ein unsicher abwechselndes Betrachten und Ernstnehmen jetzt dieser, jetzt jener, auf keinen Fall weiterführen könnte. Bernhard von Clairvaux hat Gerechtigkeit und Barmherzigkeit die beiden Füße Gottes genannt: *curato, ut neutro frauderis illorum. Si dolore peccati et iudicii timore compungeris, veritatis iudiciique vestigio labia impressisti. Si timorem doloremque divinae intuitu bonitatis et spe consequendae indulgentiae temperas, etiam misericordiae pedem te amplecti noveris. Alioquin alterum sine altero osculari non expedit, quia et recordatio solius iudicii in barathrum desperationis praecipitat et misericordiae fallax assentatio pessimam generat securitatem.* (*In Cant. serm. 6*). Aber könnte nicht auch dieses Bild von den zwei Füßen der fatalen Vorstellung dienen, als ob es wirklich Gottes Gerechtigkeit sei, die wir ohne seine Barmherzigkeit und Gottes Barmherzigkeit, die wir ohne seine Gerechtigkeit «küssen» könnten? Könnte nicht auch hier den beiden richtig angezeigten Gefahren der *desperatio* und der *securitas* Vorschub geleistet werden! Die Einheit, auf die Luther und Anselm uns aufmerksam machen, scheint Augustin doch schärfer gesehen zu haben als Bernhard: *intendite ipsam misericordiam et iudicium... Ne putetis, quia ista a se possunt in Deo aliquo modo separari. Videntur enim sibi aliquando contraria: ut qui misericors est, non servet iudicium, et qui iudicii tenax est, obliviscatur misericordiam. Omnipotens est Deus, nec in misericordia amittit iudicium, nec in iudicio misericordiam (Enarr. in* Ps. 32, zu v 5).

Wir können zur biblischen Begründung dieses Sachverhalts zunächst davon ausgehen, daß in der heiligen Schrift eben die Bezeugung der Barmherzigkeit Gottes nicht selten die Gestalt einer Mahnung hat: «Dein Erbarmen ist groß, o Herr, erhalte mein Leben nach deinen Ordnungen» (Ps. 119, 156). «Zerreißet euer Herz und nicht eure Kleider und kehret um zu dem Herrn, eurem Gott, denn er ist gnädig und barmherzig, langmütig und reich an Huld und es gereuet ihn des Übels» (Joel 2, 13). «Deshalb, weil wir diesen Dienst haben, gemäß der Barmherzigkeit, die uns widerfahren ist, werden wir nicht müde» (2. Kor. 4, 1). «Ich ermahne euch nun, Brüder, durch das Erbarmen Gottes, eure Leiber darzustellen als ein lebendiges, heiliges, Gott wohlgefälliges Opfer: euer vernünftiger Gottesdienst» (Röm. 12, 1). Oder in noch direkterer Anwendung: «Seid barmherzig, wie euer Vater im Himmel barmherzig ist» (Luk. 6, 36). Und im Gleichnis vom Schalksknecht: «Mußtest du dich nicht erbarmen deines Mitknechtes, wie ich mich deiner erbarmt habe?» (Matth. 18, 33). Diesen Stellen stehen aber gerade auch im Alten Testament mindestens ebenso viele solche gegenüber, in denen umgekehrt gerade die Erinnerung an die Gerechtigkeit und das Gericht Gottes die Form von Äußerungen des Vertrauens, der Dankbarkeit und der Freude bekommt. Wir lesen Jes. 30, 18—21 (in unmittelbarer Fortsetzung einer Gerichtsdrohung) Folgendes «Und darum harrt der Herr darauf, euch gnädig zu sein und darum erhebt er sich, daß er sich eurer erbarme; denn ein Gott des Rechtes ist der Herr. Wohl Allen, die auf ihn harren! Ja, du Volk in Zion, das zu Jerusalem wohnt, weinen wirst du nicht! Erbarmen wird er sich deiner, wenn du schreist; kaum vernimmt ers, hat er dich schon erhört. Und gab euch der Herr Brot der Not und Wasser der Drangsal, so wird dein Lehrer sich nicht mehr verbergen, sondern deine Augen werden stets deinen Lehrer sehen, und wenn ihr zur Rechten oder zur Linken abweichen wollt, werden deine Ohren den Ruf hinter dir vernehmen: Dies ist der Weg, den gehet!» In seiner Gerechtigkeit leitet der Herr den Weg dessen, der ihn anruft um seiner Feinde willen (Ps. 5, 9). Er errettet ihn nach seiner Gerechtigkeit und läßt ihn nimmermehr zuschanden werden (Ps. 31, 2) und darum ist Gottes Gerechtigkeit und sind seine Rechte, seine Rechtssatzungen und seine Gerichte, wenn man aufs Ganze sieht, ebensosehr ein Gegenstand der Lust (Ps. 119, 16), der Freude (Ps. 48, 11 f.) des Dankes (Ps. 7, 18), wie der Ehrfurcht und des Schreckens. Und darum ist, wenn das Alte Testament vom Gesetz Gottes als von der Offenbarung seiner Gerechtigkeit redet, auch da, wo es um seine Übertretung und also um seine Drohung geht, sicher durchweg (nicht nur im 119. Psalm!) auch das mitzuhören, daß es die große Wohltat Gottes an Israel — die mißachtete, verschmähte, zurückgestoßene und darum zum Fluch werdende, aber in sich beständige Liebe Gottes ist, wie es ja noch mitten in der paulinischen Polemik gegen den Nomos (Röm. 7, 7, 12—14, 16) immer wieder sichtbar wird. Gerade als der Barmherzige ist Gott nach der Schrift zu fürchten und gerade als der Gerechte ist er zu lieben. Wer hier trennen, ja wer hier auch nur der Umkehrung von Furcht und Liebe ausweichen wollte, der würde einen anderen Gott meinen, als den, der in der Schrift so heißt.

2. Gottes Barmherzigkeit und Gerechtigkeit

Aber versuchen wir es nun, die Sache im Zusammenhang darzustellen. Der, der in der heiligen Schrift Gott heißt, ist in der Tat — nicht nur auch, nicht nur teilweise, nicht nur nach einer besonderen Seite oder Erscheinung seines Wesens, sondern ganz und gar der Richter, seine Offenbarung ganz und gar das Gesetz, das seinen Willen als Gerechtigkeit kundgibt und von aller Ungerechtigkeit unterscheidet, sein Tun ganz und gar die Durchführung dieses Gesetzes.

Das Neue Testament unterscheidet sich darin nicht vom Alten. Es ist auch der Dienst des Neuen Testamentes der «Dienst der Gerechtigkeit» (2. Kor. 3, 9). Man ruft auch im Neuen Testament «den als Vater an, der ohne Ansehen der Person richtet nach eines jeglichen Werk» (1. Petr. 1, 17). Es ist auch der Stuhl des im Neuen Testament verkündigten Jesus Christus ein Richterstuhl, von dem ein jeder empfängt, je nachdem er bei Leibesleben gehandelt hat, er sei gut oder böse (2. Kor. 5, 10; Röm. 14, 10). Man schafft auch im Neuen Testament seine Rettung mit Furcht und Zittern, weil Gott es ist, «der in euch beides wirkt, das Wollen und das Vollbringen» (Phil. 2, 12—13), d. h. weil man weiß, daß man es eben in dem, der das wirkt, mit dem Richter und eben in diesem Wirken selbst mit seinem Richten zu tun hat. Man lebt auch im Neuen Testament, man lebt auch und gerade im Glauben an Jesus Christus in der Verantwortlichkeit gegenüber dem, der sich diesem Glauben offenbart hat: «Wer da hat, dem wird gegeben werden und er wird die Fülle haben; wer aber nicht hat, dem wird auch das genommen werden, was er hat (Matt. 13, 12). Man darf also den Begriff der Gerechtigkeit auf alle Fälle weder im Alten noch im Neuen Testament so deuten, daß vom Gesetz, vom Richter und seinem Richten schließlich gar nicht mehr oder doch nicht mehr ernstlich und eigentlich die Rede ist. Das wird gelegentlich gegen Luther zu sagen sein: daß Gott in seiner Gerechtigkeit in der Tat der *ignoscens pater* ist, das kann nicht bedeuten, daß er aufhört, der *iustus iudex* zu sein. Das ist vor Allem gegen A. Ritschl zu sagen. Man wird anerkennen müssen, daß er in seiner Polemik gegen die *iustitia distributiva* der orthodoxen Dogmatik etwas biblisch Richtiges gesehen und gemeint und ihr gegenüber die bessere Einsicht Luthers wieder in Erinnerung gebracht hat. Er ist aber, wie es nach seiner Stellung zu dem Problem der Heiligkeit und des Zornes Gottes nicht anders zu erwarten ist, sofort nach der anderen Seite zu weit gegangen, wenn er die Gerechtigkeit Gottes nun einfach auflöste in «die Folgerichtigkeit der göttlichen Leitung der Menschen zum Heil, welche teils an den frommen und aufrichtigen Anhängern des alten Bundes sich bewährt, teils in Aussicht genommen wird für die Gemeinde, in der sich die Herrschaft Gottes zu ihrem Heil vollenden soll», wenn er in ihr nur noch den «Maßstab der eigentümlichen Wirkungen, durch welche die Gemeinde Christi zustande gebracht und ihrer Vollendung entgegengeführt wird» sehen wollte, wenn er sie schließlich einfach mit der Gnade identifizierte (Unterr. in d. chr. Rel. 1875 § 16). Gewiß ist Gottes Gerechtigkeit mit Gottes Gnade identisch, aber gerade als Gerechtigkeit ist sie das und gerade inwiefern sie es als Gerechtigkeit ist, muß hier gesehen und verstanden werden. Darum bedeutet es aber auch eine Abschwächung, wenn Fr. Nitzsch der Gerechtigkeit Gottes die allgemeine Bedeutung der «Lindigkeit» ἐπιείκεια) geben wollte: nach Aristoteles «die Milde des Richters, der ohne das Gesetz zu verletzen oder parteiisch zu werden, individuelle Umstände berücksichtigt». Gott wäre nach Nitzsch der König und Erlöser des Bundesvolkes, der «die ihn beherrschende, aus seiner eigenen Heiligkeit stammende Norm so handhabt, daß er aus Rücksicht auf die besondere Schonungsbedürftigkeit des bundestreuen Volkes nicht das ‚Zahn um Zahn', sondern die Gnade walten läßt als ein milder Richter und Regent» (Lehrb. d. ev. Dogm.[3] 1912, S. 467 f.). Daß Gott in der

Tat Milde walten läßt, darüber wird unter dem Gesichtspunkt der Geduld Gottes zu reden sein. Aristoteles aber hat hier gar nichts zu suchen. Es ist in der biblischen Beschreibung der Gerechtigkeitsübung Gottes von einer Berücksichtigung individueller Umstände, von solcher Begrenzung seiner Gerechtigkeit durch seine Milde, es ist davon, daß Gott «Gnade vor Recht» gehen ließe, nirgends die Rede, sondern überall davon, daß er Recht unbedingt Recht und Unrecht ebenso unbedingt Unrecht sein läßt und demgemäß richtet, belohnt und straft, ohne sich weder nach der einen noch nach der anderen Seite auch nur um Fingersbreite zurückzunehmen. Nur wenn man das uneingeschränkt gelten läßt, versteht man, was es bedeutet, daß auch Gottes Gerechtigkeit in der Tat eine Bestimmung seiner Liebe ist, daß es Gnade ist, was in seinem Gericht empfangen wird. Um das zu verstehen, muß verstanden werden, daß es Gericht ist, was in seiner Gnade empfangen wird. Eben indem Gott Sünden vergibt in seiner Barmherzigkeit, richtet er. Es ist wörtlich zu verstehen, wenn Paulus Röm. 1, 16 f. das Evangelium darum die rettende Kraft Gottes für jeden Glaubenden nennt, weil in ihm die Gerechtigkeit Gottes offenbar wird: nicht eine uneigentliche, nicht eine abgeschwächte und eingeschränkte, sondern, wie die Fortsetzung v 18 f. (von der gleichzeitigen Zornesoffenbarung über alle Gottlosigkeit und Ungerechtigkeit der Menschen) zeigt, die unbedingte, also nicht zu umgehende und nicht zu beugende, die durchaus auch als *iustitia distributiva* zu verstehende ewige Gerechtigkeit Gottes. Nicht daß sie an diesem Begriff festgehalten, sondern daß sie nicht nach Anweisung der heiligen Schrift eben unter diesem Begriff die Barmherzigkeit Gottes verstanden und verständlich gemacht haben, war der Fehler der orthodoxen Dogmatiker. Es geschieht gerade die Vorherbestimmung Jesu Christi zum ἱλαστήριον ἐν τῷ αὐτοῦ αἵματι als Grund der die Sünder umsonst rechtfertigenden Gnade, wie Röm. 3, 24 f. zweimal hervorgehoben wird: πρὸς τὴν ἔνδειξιν τῆς δικαιοσύνης αὐτοῦ, also nicht zur Durchsetzung einer von seiner Gerechtigkeit verschiedenen Willensrichtung Gottes, sondern zur Durchsetzung seines einen gerechten Willens: εἰς τὸ εἶναι αὐτὸν δίκαιον καὶ (indem er!) δικαιοῦντα τὸν ἐκ πίστεως Ἰησοῦ (Röm. 3, 26). Eben darum ist es denn auch kein inkonsequenter nachträglicher Vorbehalt, sondern die folgerichtigste Erklärung eben der sündenvergebenden Gnade als solcher, wenn Paulus wenige Verse später, nachdem er v 28 die Gerechtigkeit aus Glauben ausdrücklich von der aus den Werken abgegrenzt, in v 31 den Gedanken, daß das die Aufhebung des Gesetzes bedeuten könnte, mit Entsetzen von sich weist: μὴ γένοιτο· ἀλλὰ νόμον ἱστάνομεν. Und wie es unbedingt gerechtes Richterwalten Gottes ist, was jenen Grund der Gnade schafft, so ist es auch unbedingt, wirkliche Gerechtigkeit, was dem glaubenden Sünder (nach Röm. 4, 5 dem Gottlosen), der seinerseits keine ihn rechtfertigenden Werke vorzuweisen hat (und solche tun zu können, auch nicht wähnt) zugeschrieben wird. Es ist auch dieses Zuschreiben (λογίζεσθαι) als solches nicht das, was wir unter einem «Gnadenakt» zu verstehen pflegen, keine «Amnestie». Es erfolgt dieses Zuschreiben vielmehr daraufhin, daß diesem Sünder Gerechtigkeit tatsächlich zukommt und also von rechtswegen zugeschrieben werden muß: weil er tatsächlich Recht hat gegenüber jeder gegen ihn erhobenen Anklage, weil er das Gesetz erfüllt hat. Es ist der Gottlose, wie H. Cremer (Die Lehre von den Eigenschaften Gottes 1917, S. 49) richtig sagt, nicht vor Gottes Hand, sondern durch seine Hand, und zwar durch seine gerechte Hand gerettet.

Gott kann sich selbst in seiner Gerechtigkeit nicht stärker bejahen und bestätigen, er kann das Gesetz als seine eigenste und eigentlichste Offenbarung nicht stärker bezeugen und bekräftigen, er kann auch den Gottlosen nicht stärker an sich selbst als den Gerechten und an sein Gesetz binden, als gerade durch seine sündenvergebende Gnade. Denn gerade sie ist nach allen Seiten: in ihrer Begründung im Willen Gottes, in ihrem Vollzug im Tode Jesu Christi, in ihrer Zuwendung an die Glaubenden durch und durch der Existenzbeweis des gerechten Gottes. Gott braucht seiner Gerechtigkeit nichts zu vergeben, indem er barmherzig ist. Gerade indem er barmherzig ist, ist er gerecht. Er ist barmherzig, indem er wirklich fordert und dementsprechend straft und belohnt.

Daß Gott die Zeiten der Unwissenheit übersieht (Act. 17, 30) bedeutet so wenig wie die Röm. 3, 26 erwähnte ἀνοχή gegenüber den geschehenen Sünden dies, daß Gott die Unwissenheit oder die Sünden gutheißt oder auch nur, sie ignorierend, auf sich beruhen läßt. Sondern was Röm. 3 als der Erweis der Gerechtigkeit Gottes bezeichnet wird, in welchem sich Gott der Sünde richtend gegenüberstellt, das wird Act. 17, 30 f. beschrieben als der Anbruch des Tages, an welchem Gott durch die Auferstehung Jesu Christi von den Toten Allen den Glauben anbietet (πίστιν παρασχών). Wozu? Als Hintertüre, durch die sie seiner Gerechtigkeit entgehen möchten? Nein, sondern eben damit «verkündigt er allen Menschen allüberall Buße zu tun, demgemäß, daß er einen Tag angesetzt hat (das ist der Tag des Glaubens!), an dem er (nach Ps. 96, 13) den Erdboden richten will in Gerechtigkeit». Wir können und müssen schon hier ins Alte Testament hinüberblicken, wo es etwa Jes. 1, 24 f. in derselben Unbedingtheit gerade von dem gnädigen Handeln Gottes an Jerusalem heißt: «Darum spricht der Herr, der Gott der Heerscharen, der Starke Israels: Ha! Ich will mich letzen an meinen Widersachern und mich rächen an meinen Feinden! Und ich will meine Hand wider dich wenden und deine Schlacken läutern im Schmelzofen und wegschaffen alle deine Bleistücke. Ich will dir wieder Richter geben wie vor alters und Ratsherren wie vorzeiten. Alsdann wird man dich nennen Rechtsburg, treue Stadt. Zion wird durch Recht erlöst und seine Bekehrten durch Gerechtigkeit. Aber Verderben über die Abtrünnigen und Sünder zumal! Und die den Herrn verlassen, kommen um». Das ist darum nicht weniger konkret in die damalige Lage hinein gesagt, weil es diese Lage mit dem kommenden Tag des Herrn konfrontiert: sondern gerade indem das geschieht, sagt der Prophet Gottes Wort in diese Lage hinein. Und es ist dieser Tag des Herrn darum nicht weniger der Tag der Gnade und des Heils, weil er offenkundig so notwendig als Tag des Gerichts beschrieben werden muß: sondern gerade so, indem Gott sein Recht behauptet gegenüber den Menschen und neues Recht, sein Recht, unter ihnen aufrichtet — gerade so, indem er in und mit dem Schrecken, den das notwendig bedeutet, handelt er barmherzig an ihnen. Er wäre nicht barmherzig, wenn er auch nur um ein Kleinstes weniger gerecht wäre. Das wäre nicht das Himmelreich, nahe herbeigekommen als das Reich der Sündenvergebung und Erlösung, das nicht, wie es nach Matth. 3, 2 und 4, 17 Johannes der Täufer und Jesus in denselben Worten getan haben, eben mit dem Ruf zur Buße verkündigt werden müßte. Und da wäre gerade die Verkündigung des Himmelreichs nicht gehört, da wäre kein Eingang in dieses Reich, wo diese Verkündigung als Auflösung des Gesetzes und der Propheten oder auch nur des kleinsten Teiles ihrer Botschaft verstanden würde, wo ihr nicht eine Gerechtigkeit entspräche, die besser ist als die der Pharisäer und Schriftgelehrten (Matth. 5, 17—20). Gerade die Gerechtigkeit Gottes und des Himmelreiches hat Israel immer wieder verkannt (Röm. 10, 3). Indem der Tag der Offenbarung der Gerechtigkeit Gottes anbricht, indem in der Epiphanie Jesu Christi, in und mit der Verkündigung des Evangeliums das Himmelreich nahe herbeigekommen ist, ist gerade Buße das Eine, was Israel not tut. Lesen wir in der Parallele Mc. 1, 15: Tut Buße und glaubet an das Evangelium, so wird in diesem Zusatz ebenso bestimmt die Buße als Glaube und der Glaube als Buße ausgelegt. Es kann, wie es noch in den Ausgängen des neutestamentlichen Zeugnisses (2. Petr. 1, 1) sehr deutlich ist, gerade im Glauben nur darum gehen, die offenbarte Gerechtigkeit Gottes zu erkennen und ihr gehorsam zu werden.

Denn gerade das ist nach der Schrift Alten und Neuen Testamentes der Erweis und die Betätigung der Gerechtigkeit Gottes, gerade das macht auf Seiten des Menschen Buße und Gehorsam nötig: daß Gott mit ihm in einen Bund tritt und ihm zusagt, daß ihm seine Sünden vergeben und das ewige Leben gewiß sein soll. Gerade Gottes Liebe, Gnade und Barmherzigkeit, gerade Jesus Christus nach dem Zeugnis des Alten und Neuen Testamentes ist also der Erweis und die Betätigung der Gerechtigkeit Gottes. Und gerade so und nur so kann seine Liebe, Gnade und Barmherzigkeit erkannt, empfunden und empfangen, gerade so und nur so kann an Jesus Christus geglaubt werden: er ist Gottes Gerechtigkeit. Jede andere Art von Glauben, jeder solche Glaube, der nicht stahlhart auf Gottes Gerechtigkeit gerichtet und gegründet wäre, jede Frömmigkeit, die nicht nach dem in dieser Sache ganz unzweideutigen Zeugnis des Alten und des Neuen Testamentes als solche ihrerseits des Menschen Gerechtigkeit wäre, würde sowohl des Ernstes, als auch der Zuversicht, als auch der Freudigkeit darum entbehren müssen, weil sie offenkundig einen anderen Gott zum Gegenstand hätte als den, dessen Offenbarung uns in der Schrift als Sein und Grund und Substanz der Kirche verkündigt ist. Denn eben damit, daß Gott diesen Bund errichtet und hält, unterscheidet er sein Handeln von aller Willkür und Zufälligkeit, von aller Unordnung und von allem Unrecht. Eben damit tut er das im höchsten Sinn Rechte, nämlich das, womit er sich selbst gerecht wird — das, was ihm als Gott gebührt, was seiner als Gott würdig ist. Eben in diesem Bunde offenbart er sich als der, der er ist, als der in sich selbst Gebundene, als der, der sich selbst treu ist.

Es ist nicht an dem, daß sich in Jesus Christus sozusagen ein unvorhergesehener Zwischenfall zu unseren Gunsten ereignet hätte. Es ist nicht an dem, daß Gott sich in seiner Liebe, Gnade und Barmherzigkeit sozusagen eine Extratour, die Herstellung eines Ausnahmezustandes, leistete. Sondern es ist an dem, daß er eben darin ganz Er ist und sich selbst getreu ist, daß er uns Treue hält. Und darum geht es im Glauben: sich dem Gott ganz zu vertrauen, der sich selbst darin getreu ist, daß er uns Treue hält. Darum stehen der Glaube und die Gerechtigkeit schon in der ersten biblischen Stelle, in der diese beiden Begriffe auftauchen (Gen. 15, 6), in einem innerlich notwendigen, unauflöslichen Zusammenhang. Darum ist der biblische Glaube Buße und Gehorsam, ὑπακοὴ πίστεως (Röm. 1, 5; 16, 26) ὑπακοὴ τοῦ Χριστοῦ (2. Kor. 10, 5), ὑπακοὴ τῆς ἀληθείας (1. Petr. 1, 22), Umkehr und Unterwerfung. Darin hat er seinen Ernst, aber auch seine Zuversicht und Freudigkeit: Es ist die Gerechtigkeit Gottes, in deren Offenbarung (Jes. 56, 1, Ps. 98, 2) der Glaube sein Leben hat. Ihm haben die Himmel Gottes Gerechtigkeit verkündigt (Ps. 50, 6; 85, 12; 97, 6), ja regnen lassen (Hos. 10, 12, Jes. 45, 8). Er sieht die Gerechtigkeit Gottes stehen wie die Berge Gottes (Ps. 36, 7). Er kennt sie als ewige Gerechtigkeit (Ps. 111, 3; 112, 3; Jes. 51, 6). Er kennt seinen Gott nicht anders denn als den, der sein Reich festigt (Jes 9, 7), der sich den Seinigen verlobt in Recht und Gerechtigkeit (Hos. 2, 19), der sie umhüllt mit dem Mantel der Gerechtigkeit gleich dem Bräutigam, der sich den Kopfschmuck aufsetzt und wie die Braut, die ihr Geschmeide anlegt (Jes. 61, 10). Er nennt Jahve selbst «unsere Gerechtigkeit» (Jer. 23, 6; 33, 16 vgl. Ps. 4, 2). Deshalb weiß er, daß «Gerechtigkeit und Friede sich küssen» (Ps. 85, 11 vgl. Jes. 32, 17). Deshalb bittet er darum, geleitet zu werden in Gottes Gerechtigkeit (Ps. 5, 9), durch sie errettet zu werden (Ps. 31, 2), erhört zu werden (Ps. 143, 1), aus der Not geführt zu werden (Ps. 143, 11), Gottes Angesicht zu schauen (Ps. 17, 15) eingehen zu dürfen durch die Tore der Gerechtigkeit (Ps. 118, 19). Deshalb weiß er nach dem Buch der Sprüche: daß Gerechtigkeit des Menschen Weg eben macht (11, 5), daß sie ein gewisses Gut ist (11, 18), daß sie die Unschuldigen behütet (13, 6), daß sie ein Volk erhält (14, 34), daß sie vom Tode errettet (10, 2). Darum rühmt sich der Glaube — nicht nur im Munde Hiobs (27, 6; 29, 14) — seiner Gerechtigkeit. Darum eben weiß und versteht sich der Fromme als «Gerechter». Was Anderes sollte er sein, indem er sich — und darin besteht ja seine Frömmigkeit — an Gott selber hält? Wie sollte er Gottes Gerechtigkeit verkündigen (Ps. 22, 32; 35, 28; 71, 15 usw.), wenn er mit dieser Zueignung der Gerechtigkeit Gottes und also mit ihr als seiner eigenen Gerechtigkeit nicht ernst zu machen wagte? Sie ist darum nicht weniger, sie ist gerade so Gottes eigene Gerechtigkeit! Das ist Gottes eigene Gerechtigkeit, daß der Mensch im Bunde mit ihm zum Gerechten wird: zu einem solchen, der daraufhin vor ihm recht hat, daß Gott in seiner Gerechtigkeit zu ihm gesprochen, an ihm gehandelt, ihm Recht verschafft hat. Wiederum ist aber nicht abzusehen, wie der Glaube an den in seiner Gerechtigkeit sich offenbarenden, sprechenden und handelnden Gott nicht als solcher den Charakter der Umkehr und der Unterwerfung haben müßte. Eben der Gott ruft uns zu sich, bindet uns an sich, eben der Gott reißt uns los von uns selbst und von Allem, was ihm widerstehen will, um uns hineinzureißen in die Analogie unseres Wollens mit dem seinigen — eben der Gott und nur der, der in der beschriebenen Weise so unser Gott ist, daß er unsere Gerechtigkeit ist. *Prodest meditatio haec ad colligendos omnes sensus nostros ad unam Dei iustitiam, ne varie spes nostras partiamur, sed relictis omnibus pravis fiduciis, quibus totus fere mundus circumagitur huc et illud, prorsus defixi in Dei voluntate propensissima ad exhibendam nobis promissam salutem. Neque consilio proprio, neque industriae, neque virtuti inniti, neque ullis opibus, neque hominum auxiliis debemus, ut secure nobis salutem pollicamur, sed hoc unum nobis propositum esse debet, quia iustus est Deus, fieri non posse, ut ab eo deseramur... Nihil est tutius quam sicut in clementia et misericordia, ita in iustitia Dei acquiescere ne alio nos quicquam rapiat: nam qui consilio destituti, sibi ipsis prospicere nequeunt, qui obiecti sunt iniuriis, qui cavendis iniuriis minime sunt solertes, qui denique a filiis huius mundi superantur astu et fraudibus, si solummodo in fiducia iustitiae Dei sint firmi, ne utiquam subvertentur. Iustitia Dei exseret se ad ipsos tuendos; iustitia Dei pericula, quibus salus ipsorum impeditur, depellet.* (Polanus, Synt. Theol. chr. 1609 col. 1162 f.).

Es ist gerade der Glaube an die Gerechtigkeit Gottes zugleich die Quelle alles Trostes und der Inbegriff strengster Inanspruchnahme des Menschen. Denn darum geht es ja in diesem Glauben, sich an Gott selbst zu halten, der das tut, was ihm gebührt, was seiner würdig ist. Daß er eben dies damit tut, daß er sich des Menschen annimmt, daß er sich mit ihm verbündet und ihm Treue hält, das ist der Trost dieses Glaubens. Er ist aber darin strengste Inanspruchnahme, daß er eben den Gott bejaht und ergreift als des Menschen Verbündeten, als den ihm Getreuen, der in diesem Bunde das tut, was ihm gebührt, was seiner würdig ist. Wir können also seine Liebe, Gnade und Barmherzigkeit nicht empfangen und bedenken, ohne eben damit den Ruf zu empfangen und zu bedenken, der uns aus all dem Sein und Tun heraus ruft, in welchem wir unserer eigenen Gerechtigkeit, d. h. dem, was uns gebührt und unserer würdig ist, nachgehen möchten. Es bedeutet der Glaube an Gottes Gerechtigkeit notwendig und in sich die Wahl und Entscheidung zugunsten seiner Gerechtigkeit gegen unsere eigene, anders ausgedrückt: die Wahl und Entscheidung, in der wir an Stelle unserer eigenen Gottes Gerechtigkeit — neutestamentlich präzisiert: die Gerechtigkeit Christi — die unsrige sein lassen. So sehr ist die Offenbarung der Gerechtigkeit Gottes tatsächlich das über uns ergehende Gericht, so sehr unsere Verurteilung, so sehr immer wieder der Tod des alten Menschen. So sehr bedeutet der Glaube dies: daß wir diese unsere Verurteilung, diesen Tod des alten Menschen annehmen, und als die Verurteilten, als die Toten, d. h. als die ihrer eigenen Gerechtigkeit Entblößten von uns selbst zu Gott fliehen, der, indem er unsere Gerechtigkeit und unser Leben ist, beides ganz allein sein will, der, indem er uns gerecht macht durch sich selber, zwischen sich und uns nicht teilen will.

In diesem Zusammenhang wird es nun wichtig, daß als das Volk, dem Gott sich in seiner Gerechtigkeit als Helfer und Retter zuwendet, im Alten Testament durchweg das bedrängte, unterdrückte, recht- und hilfslose, das ohne ihn der Übergewalt seiner Feinde preisgegebene, das aus eigener Kraft ohnmächtige Israel sichtbar wird und innerhalb Israels im Besonderen: die Armen, die Witwen und Waisen, die Schwachen und Rechtlosen. Der Sproß aus der Wurzel Jsai «wird Wohlgefallen haben an der Furcht des Herrn. Er wird nicht richten nach dem, was seine Augen sehen, noch Recht sprechen nach dem, was seine Ohren hören», d. h. offenbar: er wird nicht dem Recht geben, der nach menschlicher Meinung schon Recht hat, sondern: «Er wird die Armen richten mit Gerechtigkeit und dem Elenden im Lande Recht sprechen mit Billigkeit. Er wird den Tyrannen schlagen mit dem Stabe seines Mundes und den Gottlosen töten mit dem Hauche seiner Lippen». Und so wird «Gerechtigkeit der Gürtel seiner Lenden und Treue der Gurt seiner Hüften sein» (Jes. 11, 3 f.). Darum hat denn auch die von Gott geforderte, die im Gehorsam hergestellte menschliche Gerechtigkeit — jene Gerechtigkeit, die nach Amos 5, 24 in Israel strömen soll wie ein unversieglicher Bach, notwendig den Charakter der Herstellung des Rechtes zugunsten der bedrohten Unschuldigen, der unterdrückten Armen, Witwen, Waisen und Fremdlinge, darum steht Gott innerhalb der Verhältnisse und des Geschehens in seinem Volk jederzeit unbedingt und leidenschaftlich auf dieser und nur auf dieser Seite: immer gegen die Hohen, immer für die Niedrigen, immer gegen die, die ihr Recht schon haben, immer für die, denen es geraubt und entzogen ist. Was bedeutet das? Man erklärt das wirklich damit nicht, daß man *in abstracto* von dem politischen Zug und speziell von dem Rechtscharakter der alttestamentlichen und überhaupt der biblischen Botschaft redet. In der Tat hat sie diesen Charakter und kann man sie nicht hören, kann man ihr nicht glauben, ohne in der angedeuteten Richtung zur Verantwortung gezogen zu werden.

In der Tat folgt aus dem Glauben an die Gerechtigkeit Gottes schnurgerade eine sehr bestimmte politische Problematik und Aufgabe. Aber *in abstracto* gesehen und verstanden könnte diese (könnte der Zusammenhang von Rechtfertigung und Recht in seiner ganzen Relevanz für den von Kirche und Staat!) nicht wirklich einsichtig und notwendig werden. Das geschieht dann, wenn man sieht und versteht: Gottes Gerechtigkeit, die Treue, in der er sich selbst treu ist, offenbart sich als Hilfe und Erlösung, als rettendes göttliches Eintreten für die Menschen an den Armen, Elenden, Hilflosen als solchen und nur an ihnen, während er mit den Reichen, Fetten und Sicheren als solchen seinem Wesen nach nichts zu tun haben kann. Gottes Gerechtigkeit triumphiert da, wo der Mensch nichts zu triumphieren hat. Sie ist da Licht, wo der Mensch in sich Finsternis ist, da Leben, wo der Mensch im Tode ist. In der Begegnung mit Gottes Gerechtigkeit sind wir Alle das völlig bedrohte, mit seinen eigenen Kräften ganz verlorene Volk Israel, sind wir Alle Witwen und Waisen, die sich selbst nicht Recht schaffen können. In diesem Gegenüber sind doch offenbar alle jene Psalmworte von Gottes Gerechtigkeit, von dem glaubenden Menschen und seiner Gerechtigkeit vor Gott gesprochen. Der Zusammenhang zwischen Gottes Gerechtigkeit und Gottes Barmherzigkeit wird sichtbar. Die Gerechtigkeit des Glaubenden besteht darin, daß Gott für ihn eintritt, und zwar ganz eintritt, weil er sich selbst nicht vertreten und weil auch niemand sonst für ihn eintreten kann. An dieses völlige Eintreten Gottes glaubt der Glaube, der eben darum *eo ipso* der Glaube an Gottes Erbarmen und also der Glaube der vor Gott Armen und Elenden ist. Aus dieser Natur des Glaubens folgt nach dem Lukasevangelium und nach dem Jakobusbrief ebenso wie nach dem der Propheten eine politische Haltung, die entscheidend dadurch bedingt ist, daß der Mensch allen denen gegenüber verantwortlich gemacht ist, die vor seinen Augen arm und elend sind, daß er seinerseits aufgerufen ist für das Recht, u. zw. für das Recht derer einzutreten, die Unrecht leiden. Warum? Weil ihm in ihnen sichtbar gemacht wird, was er selber vor Gott ist, weil das liebende, gnädige, barmherzige Tun Gottes an ihm ist, daß Gott ihm als einem Armen und Elenden durch sich selber in seiner eigenen Gerechtigkeit Recht verschafft — weil er, weil alle Menschen vor Gott dastehen als solche, denen nur durch ihn selbst Recht verschafft werden kann. Wer im Glauben davon lebt, daß das wahr ist, der steht als solcher in der politischen Verantwortung. Er weiß, daß das Recht, daß jeder wirkliche Anspruch den ein Mensch dem Andern und den Andern gegenüber hat, unter dem besonderen Schutz des gnädigen Gottes steht. Er kann diesem Anspruch, so gewiß er selbst von Gottes Gnade lebt, nicht ausweichen. Er kann sich der Frage nach dem menschlichen Recht nicht entziehen. Er kann nur den Rechtsstaat wollen und bejahen. Mit jeder andern politischen Haltung würde er die göttliche Rechtfertigung von sich stoßen.

Aber nicht das beschäftigt uns jetzt, sondern das, daß an dieser Stelle sichtbar wird: daß Gottes Gerechtigkeit wirklich nicht neben Gottes Barmherzigkeit steht, sondern, daß sie, wie gerade dieser ihr nach der Schrift notwendiger Zusammenhang mit Armut und Elend zeigt, selber Gottes Barmherzigkeit ist. Eben als Gerechter erbarmt sich Gott, beugt er sich teilnehmend und helfend zu denen hernieder, die dessen ganz und gar bedürftig sind, die ohne das tatsächlich verloren wären. Darin wird Gott sich selbst gerecht, darin tut er, was ihm gebührt, was seiner würdig ist, darin verteidigt und verherrlicht er sein göttliches Wesen: daß er unsere Gerechtigkeit ist, daß er denen Recht schafft durch sich selber, die aus sich und in sich keine Gerechtigkeit haben, deren eigene Gerechtigkeit vielmehr durch ihn aufgedeckt wird als Ungerechtigkeit und die er nun doch nicht sich selber überläßt, sondern denen er sich in seiner göttlichen Gerechtigkeit zu eigen gibt und so zu dem Grunde macht, auf dem sie — gegen ihr Verdienst und gegen ihre Würde, allein durch sein Verdienst und seine Würde, hinweggerufen von sich selbst, hingerufen zu seinem Willen, aber eben so wirklich — stehen und leben können. Es bedeutet also keine Bedrohung, sondern, recht verstanden, vielmehr geradezu die Begründung dieses Stehens und Lebens des Menschen durch die Gerechtigkeit Gottes, wenn der Mensch sich selbst in seinem Gegenüber zu Gott — sich selbst, sofern er auch abstrahiert von Gottes Eintreten für ihn er selbst ist! — notwendig als **Sünder** erkennen und bekennen muß. Eben der seine Sünde erkennende und bekennende Mensch ist ja recht eigentlich der Arme, dessen Sache Gott in seiner Gerechtigkeit zu seiner eigenen macht. Es besteht also nur scheinbar ein Widerspruch zwischen der Bitte Ps. 143, 2: «Gehe nicht ins Gericht mit deinem Knechte; kein Lebender ist ja vor dir gerecht» und der Bitte Ps. 7, 9: «Schaffe mir Recht, o Herr, nach meiner Gerechtigkeit und nach der Unschuld, die in mir ist». Spricht in Ps. 7 die Zuversicht dessen, dem Gott Recht gegeben und der damit eine rechte Sache gewonnen hat gegen alle seine Ankläger und Feinde, so zeigt Ps. 143, wie es zu dieser Zuversicht kommt: so nämlich, daß der Mensch Gott recht geben muß gegen sich selber, so, daß er Gott seine einzige, aber gerade so **seine**, seine **wirkliche** Gerechtigkeit sein läßt. In diesem Sinn hören wir Micha 7, 7 f. Zion ihre Hoffnung rühmen: «Ich aber will ausschauen nach dem Herrn, will harren auf den Gott meines Heils. Er wird mich erhören, mein Gott. Freue dich nicht über mich, meine Feindin! Wenn ich gefallen bin, stehe ich wieder auf; wenn ich in der Finsternis sitze, ist der Herr mein Licht. Ich will den Grimm des Herrn tragen — denn ich habe wider ihn gesündigt — bis er sich meiner Sache annimmt und mir Recht schafft, mich an das Licht herausführt, daß ich seine Gerechtigkeit schaue. Meine Feindin aber soll es sehen und Beschämung soll über sie kommen, die zu mir sagt: wo ist der Herr: dein Gott?» Man höre, wie der gerechte, der notorisch von Gott selbst gegen alle Einwände geschützte **Hiob** von seinem eigenen Recht als solchem und *in abstracto* redet: «Wie kann ein Mensch Recht haben vor Gott? Hätte er Lust mit ihm zu rechten: nicht auf eins von tausend könnte er ihm antworten. Der weisen Herzens ist und stark an Kraft — wer böte ihm Trotz und bliebe heil?» (Hiob 9, 2—4). «Rafft er dahin, wer will ihm wehren? Wer will zu ihm sagen: Was tust du da? Gott tut nicht Einhalt seinem Zorn, sondern ihm duckten sich die Helfer Rahabs. Wie sollte da ich ihm Rede stehen, meine Worte wählen ihm gegenüber? Und wenn ich im Recht wäre, ich könnte nicht antworten, zu meinem Richter müßte ich flehen. Wollte ich ihn vor Gericht ziehen, er stünde nicht Rede» (9, 12—16). «Gilt es die Kraft eines Starken: Siehe, da ist er; gilt es das Recht: Wer will ihn vorladen? Hätte ich auch Recht, mein Mund gäbe mir Unrecht und spräche mich schuldig, wäre ich gleich schuldlos» (9, 19—20). «Ich soll ja schuldig sein; warum denn mühe ich mich umsonst? Wenn ich mich schon wüsche mit Schnee und mit Lauge reinigte meine Hände, dann würdest du mich in Unrat tauchen, daß meine Kleider vor mir einen Abscheu hätten. Denn er ist nicht ein Mensch wie ich, daß ich ihm erwiderte, daß wir zusammen vor Gericht gingen; es ist kein Schiedsrichter zwischen uns, der seine Hand auf uns beide legte» (9, 29—33). «Der Mensch vom Weibe geboren, ist kurzen Lebens und voll Unruhe. Wie eine Blume geht er auf und welkt, schwindet dahin wie ein Schatten und hat nicht Bestand. Und über einen solchen hältst du dein Auge offen, und ihn ziehst du vor dein Gericht? Wie könnte ein Reiner von Unreinen kommen? Auch nicht Einer!» (14, 1—4). Die Klage, ja die Anklage, die Bitterkeit, ja die grimmige Ironie, mit der das Alles im Zusammenhang der Rede Hiobs gesagt ist, ändert nichts daran, daß damit die Wahrheit gesagt wird. Und eben darin ist es dann auch begründet, daß Hiob wiederum von seinem eigenen Recht sagen kann: «Siehe doch, ich habe meine Sache gerüstet und weiß, daß ich im Rechte bin. Wer ist, der mit mir rechten könnte? Denn alsdann wollte ich schweigen und sterben» (13, 18—19). «Siehe, im Himmel lebt mir ein Zeuge, mir ein Mitwisser in der Höhe. Es spotten meiner meine Freunde; zu Gott blickt tränend auf mein Auge, daß er Recht schaffe dem Manne gegen Gott, dem Menschen gegen seinen Freund!» (16, 19—21). «Ich aber weiß: mein Anwalt lebt und ein Vertreter ersteht mir über dem Staube. Selbst wenn die Haut an mir zerschlagen ist, mein Fleisch geschwunden, werde ich Gott schauen mir (zum Heil) und meine Augen werden ihn sehen, nicht als Feind... Wenn ihr sagt: Wie wollen wir ihn verfolgen, den Grund der Sache an ihm finden! so fürchtet für euch selbst das Schwert! Denn Zorn kommt über die Schuldigen, auf daß ihr wißt: Es gibt noch ein Gericht!» (19, 25—29). Wieder ist das Alles nicht ohne Trotz, ja Überheblichkeit gesagt. Wiederum ist es so, daß die tröstenden und mahnenden Gegenreden der Freunde Hiobs theologisch zweifellos viel besser klingen, daß sie tatsächlich dazu dienen, ihn subjektiv noch mehr in Unrecht zu setzen, als er selbst in seinen eigenen Reden es schon getan hat. Aber wieder ist es so, daß Hiob gerade mit dem Allem objektiv die Wahrheit redet und daß nach 42, 7 f. der Zorn Gottes nicht etwa gegen ihn entbrennt, sondern gegen seine Freunde: «Denn ihr habt nicht recht von mir geredet wie mein Knecht Hiob». Er also hat in seiner ganzen Auflehnung und in seiner ganzen Überheblichkeit recht geredet von Gott, weil er sich faktisch, wenn auch murrend und spöttisch als Sünder vor Gott bekannt und weil er wiederum faktisch, wenn auch nicht ohne kecken Übergriff, Gottes Gerechtigkeit als seine eigene in Anspruch genommen hat. In der Objektivität dieser doppelten Wahrheitserkenntnis ist Hiob geradezu das Urbild der geistlich Armen, derer das Himmelreich ist (Matth. 5, 3). «Wenn wir unsere Sünden bekennen, so ist er treu und gerecht und vergibt uns unsere Sünden und reinigt uns von aller Ungerechtigkeit» (1. Joh. 1, 9). «Selig sind, die da hungert und dürstet nach der Gerechtigkeit, denn sie sollen satt werden» (Matth. 5, 6). Es ist immer und notwendig ein subjektiv sündiges, ein unrechttuendes, ins Unrecht gesetztes und sein Unrecht anerkennendes Volk, das vor Gott eine gerechte Sache hat, dessen gerechte Sache Gott schützt, weil er selber seine gerechte Sache ist. Es ist das Volk, dessen Gerechtigkeit nach Jes. 64, 6 ist wie ein besudeltes Gewand! Es ist das Volk, das nach Jes. 59, 9 f. bekennen muß «Wir harren auf das Licht und siehe da, Finsternis, auf den hellen Tag, und wir wandeln im Dunkeln. Wir tappen wie die Blinden an der Wand, wie ohne Augen tasten wir; wir straucheln am Mittag wie in der Dämmerung, sitzen im Finstern wie die Toten. Wir brummen alle wie die Bären, seufzen und girren wie die Tauben; wir harren auf das Recht, und es will nicht kommen, auf Heil, und es ist fern von uns. Denn unserer Vergehen sind viele vor dir und unsere Sünden zeugen wider uns; ja unsere Vergehen sind uns bewußt und wir kennen unsere Schuld: daß wir untreu sind und den Herrn verleugnen und abtrünnig werden unserem Gott, Gewalttat und Abfall planen, Lügenworte aus dem Herzen hervorbringen. Und so wird das Recht aufgehalten und das Heil bleibt in der Ferne; denn es strauchelt auf dem Markte die Wahrheit und die Rechtschaffenheit findet nicht Eingang. So kams, daß die Wahrheit vermißt wird und wer das Böse meidet, der wird zum Raube». Eben dieses Volk ist es, das dann unter der göttlichen Antwort stehen und leben darf: «Der Herr sah es, und es mißfiel ihm, daß nirgends Recht war. Er sah, daß niemand da war und staunte, daß keiner ins Mittel trat. Da half ihm sein eigener Arm und seine Gerechtigkeit stützte ihn. Er zog Gerechtigkeit an als Panzer und setzte den Helm des Heils auf sein Haupt; er zog die Rüstung der Rache an und hüllte sich in Eifer als seinen Mantel... Und kommen wird der Erlöser für Zion und für die vom Abfall Bekehrten in Jakob, spricht der Herr. Ich aber, ich schließe diesen Bund mit ihnen, spricht der Herr: Mein Geist, der auf dir ruht, und meine Worte, die ich in deinen Mund gelegt, sollen aus deinem Munde nimmer weichen, noch aus dem deiner Kinder und deiner Kindeskinder, von nun an bis in Ewigkeit, spricht der Herr» (Jes. 59, 15 f.). Es kann nicht anders als durch **Sündenvergebung** dazu kommen, daß Gott diesem Volk gegenüber seine Gerechtigkeit beweist und betätigt, ihm damit eine gerechte Sache gibt und dieser seiner gerechten Sache sich selber annimmt. Denn «nicht **mich** hast du angerufen, Jakob, nicht um **mich** dich gemüht, Israel, hast **mir** nicht **dar**gebracht die Schafe deiner Brandopfer, mit deinen Schlachtopfern **mich** nicht geehrt ... Nein, du hast mich belästigt mit deinen Sünden, mir Mühe gemacht mit all deiner Verschuldung. Ich, ich tilge deine Missetaten um meinetwillen und deiner Sünden will ich nimmermehr gedenken» (Jes. 43, 22 f.). Daraufhin kann dann die Botschaft lauten: «Nun aber höre, Jakob, mein Knecht, du Israel, den ich erwählt habe! So spricht der Herr, der dich geschaffen, der dich gebildet von Mutterschoß an, dein Helfer: Fürchte dich nicht, mein Knecht Jakob, du Jeschurun, den ich erwählt; denn ich gieße Wasser auf durstiges Land und rieselnde Bäche über das Trockene. Ich gieße meinen Geist aus über deine Kinder und meinen Segen über deine Sprößlinge und sie werden sprossen wie Gras zwischen Wassern, wie Weiden an Wasserbächen. Da wird der Eine sprechen: Ich bin des Herrn! ein Anderer wird sich mit dem Namen Jakobs nennen; und wieder Einer schreibt auf seine Hand: Dem Herrn eigen! und empfängt den Ehrennamen Israel» (Jes. 44, 1 f.). Nur unter Anrufung der sündenvergebenden Gnade Gottes kann Mose (Ex. 32, 11 f., Deut. 9, 23 f.), kann Salomo (I Kön. 8), kann Daniel (Dan. 9, 4 f.) vor Gott dafür eintreten, daß er dieses Volkes auch fernerhin sich annehmen möchte. Es ist nie sein eigenes Sein, Tun und Verhalten, an welchem es seine gerechte Sache hat, um dessenwillen das göttliche Eintreten und Eingreifen stattfindet. Es findet immer darum und nur darum statt, weil Israels Untreue die Treue Gottes unmöglich aufheben kann (Röm. 3, 3), weil Gott seine Gnadenverheißungen und seine Berufung nicht gereuen können (Röm. 11, 29), also wirklich nur um Gottes eigener Gerechtigkeit willen. Auf Israels eigenes Sein, Tun und Verhalten blickend, kann Gott nur richten, verwerfen, strafen. Daß er eben in, mit und unter diesem Richten, Verwerfen und Strafen seinen Bund nicht bricht, sondern hält und also tröstet, hilft, errettet, daß er diesem gerichteten, verworfenen, gestraften Volk Recht gibt und schafft gegen alle anderen Völker, daß er nicht aufhört, an ihm zu handeln als an seinem, dem von ihm erwählten und berufenen Volk, darin triumphiert kein Vorzug, den Israel als solches vor ihm hätte oder sich je verschafft hätte, das ist durchweg die *iustitia peccatorum,* darin triumphiert ganz allein Gottes eigene Gerechtigkeit. Nur im Glauben an ihn, nur in jenem mosaischen, salomonischen und danielischen Gebet um die Vergebung der Sünden kann Israel auch subjektiv Recht haben. Eben im Glauben, eben in jenem Gebet, hat es nun aber tatsächlich auch subjektiv Recht. Ergreift es nämlich jene Verheißung des göttlichen Eintretens und Eingreifens, so lebt es, indem es sie ergreift, schon in ihrer Erfüllung, kann und darf und wird es bestehen von seinen Feinden und in allem Unglück. «Glaubet ihr nicht, so bleibt ihr nicht» (Jes. 7, 9). Aber eben das impliziert die Zusage: «Wer glaubt, wird nicht zuschanden!» (Jes. 28, 16) oder nach Luthers Übersetzung den Aufruf: «Wer glaubt, der flieht nicht!» Eben der Glaubende darf nämlich mit Hiob getrost auf Gottes gerechtes Gericht w a r t e n : trotz und in der ganzen verdienten und notwendigen Bedrohung seiner eigenen Existenz als solcher, trotz und in der Anerkennung seiner Schuld und im Bekenntnis seiner Sünde. Er darf geradezu an dieses gerechte Gericht Gottes a p p e l l i e r e n als an die Instanz, vor der er jetzt schon Recht hat und vor der er in der Öffentlichkeit seiner Offenbarung allen Anklagen der Menschen und seines eigenen Herzens gegenüber in Ewigkeit Recht behalten wird. Ihm wird der Tag des Herrn nicht, wie es Amos 5, 18 f., Joel 2, 11, Zeph. 1, 14 f. beschrieben ist, Finsternis und Schrecken, sondern Licht und Freude sein. Der Gerechte wird an diesem Tage — laut des Röm. 1, 17 zitierten und für Luther so wichtig gewordenen Wortes Hab. 2, 4 — kraft seines Glaubens am Leben bleiben: *iustus ex fide vivet.*

Der, an dem sein Volk seine gerechte, von Gott erhaltene und geschützte Sache hat, ist aber nach dem Zeugnis des Neuen Testamentes J e s u s C h r i s t u s. In i h m offenbart und in i h m tut Gott, was seiner würdig ist, offenbart und betätigt **er** seine eigene Gerechtigkeit zugunsten derer, die er erwählt und berufen hat, obwohl und indem ihre Gerechtigkeit ist wie ein besudeltes Kleid. I h n jammerte des Volks, denn sie waren verschmachtet und erschöpft, wie Schafe, die keinen Hirten haben (Matth. 9, 36). Sein Ruf ist der Ruf zur Buße und so zum Glauben und so zum Himmelreich, und zugleich die Seligpreisung der Armen im Geist, der Leidtragenden, der nach Gerechtigkeit Hungernden und Dürstenden, der um der Gerechtigkeit willen Verfolgten usw. Seine Einladung lautet: Kommet her zu mir Alle, die ihr mühselig und beladen seid, so will ich euch erquicken! (Matt. 11, 28). Er ist der gerechte Anwalt der Sünder beim Vater (1. Joh. 2, 1). Er errettet die völlig, welche durch ihn zu Gott kommen, weil er «immerdar lebt, um für uns einzutreten» (Hebr. 7, 25, Röm. 8, 34). Er ist «uns gemacht zur Gerechtigkeit» (1. Kor. 1, 30). Und der Glaube an ihn, die πίστις Ἰησοῦ Χριστοῦ ist die Bestimmung, unter der der gerechte Gott den Gottlosen gerecht macht, es ist der Glaube an ihn, den Gott dem Gottlosen anrechnet als Gerechtigkeit, in welchem er ein real Gerechter wird und ist.

Aber gerade von hier aus müssen wir nun noch zu einer weiteren Überlegung ansetzen. Gerade indem wir die Gerechtigkeit Gottes und also seine in seinem Wesen begründete, ja sein Wesen bildende Treue: seine Treue gegen sich selbst, in der er uns treu ist, in Jesus Christus anschauen und ergreifen, werden wir ja gewarnt sein vor jener allzu bequemen, einlinigen Denkweise, die den Begriff der Gerechtigkeit Gottes von der Vorstellung einfach entkleidet hat, die sich mit dem Begriff des Gerichts notwendig verbindet, nämlich von der Vorstellung einer Entscheidung über gut und böse, über Lohn und Strafe. Gerade indem wir die Gerechtigkeit Gottes in Jesus Christus anschauen und ergreifen, werden wir damit, daß wir sie als Trost und Hilfe gegenüber dem Elend der menschlichen Sünde, als Verheißung und Vollzug der Vergebung dieser Sünde eingesehen und verstanden haben, noch nicht Alles eingesehen und verstanden zu haben meinen. Vielmehr: gerade weil sie — irgend eine Preisgabe oder Abschwächung der Gerechtigkeit Gottes darf ja nicht in Frage kommen, um sie selbst in ihrer ganzen Wesentlichkeit und Strenge muß es sich handeln — Trost und Hilfe in unserem Sündenelend, Verheißung und Vollzug der Vergebung unserer Sünde ist, gerade darum muß jetzt, wenn wir sie wirklich in Jesus Christus zu erkennen haben, eine Überlegung Platz greifen, in der (im Widerspruch gegen ihre modernen Deutungen) nun doch auch ihr Charakter als *iustitia distributiva* zur Geltung kommen muß. Sie ist richtende und also sowohl freisprechende als auch verurteilende, sowohl belohnende als auch strafende Gerechtigkeit.

Die Orthodoxie hatte diese Seite des Begriffs allzusehr in den Vordergrund gerückt und damit die Einheit der Gerechtigkeit Gottes mit seiner Barmherzigkeit verdunkelt. Wir haben sie nun, weil sie als Gerechtigkeit des in Jesus Christus offenbarten Gottes notwendig als eine Bestimmung seiner Liebe und Gnade verstanden werden muß, zunächst gerade in dieser Einheit mit seiner Barmherzigkeit zu sehen und zu verstehen gesucht. Ihr Charakter als *iustitia distributiva* mußte dabei zunächst zurücktreten. Entscheidend als freisprechende und belohnende, nämlich den Glauben freisprechende und belohnende Gerechtigkeit ist sie uns bis jetzt sichtbar geworden. Aber wenn sie wirkliche Gerechtigkeit ist, die wesentliche Gerechtigkeit des in Jesus Christus offenbaren Gottes, dann muß jetzt auch das sichtbar werden, daß sie verurteilende und strafende Gerechtigkeit ist. Gewiß auch als solche Gottes Barmherzigkeit, Gnade und Liebe! Aber als Barmherzigkeit, Gnade und Liebe nun auch verurteilende und strafende Gerechtigkeit. Ihre Einheit mit der Heiligkeit Gottes würde sonst verdunkelt und wir haben uns in unseren einleitenden Erinnerungen von Anselm sagen lassen, daß es zu dieser Verdunkelung ebensowenig kommen darf wie zu der, deren sich etwa Ritschl schuldig gemacht hat. Wir werden gerade die Barmherzigkeit Gottes, wir werden gerade die Erkenntnis Luthers, daß Gottes Gerechtigkeit seine Barmherzigkeit ist, noch tiefer verstehen müssen, indem wir nun auch dem Anliegen nachgehen, das die Orthodoxie zu jenem Fehler (den wir nun vermieden haben) geführt hat. Dieses Anliegen kann nicht etwa darin bestehen, einen menschlichen Begriff von Gerechtigkeit vollständig und nun also auch nach seiner anderen Seite zur Anwendung zu bringen. Es ist vielmehr das Zeugnis der Schrift, und zwar gerade das Christuszeugnis der Schrift, das uns nötigt, deutlich einen Schritt weiter zu gehen, als dies Ritschl getan hat. Wir haben zwar schon bisher mehrfach auf die Einheit des Evangeliums mit dem Gesetz, auf den Charakter des Glaubens als Buße hingewiesen. Wir haben die Not und Armut Israels, der Gott in seiner Gerechtigkeit zu Hilfe kommt, als die Not und Armut des Volkes verstanden, das seine Sünde und seinen Abfall vor Gott zu erkennen und zu bekennen hat. Wir haben gesehen, wie das Ergreifen der rettenden Gerechtigkeit Gottes im Glauben dies bedeutet, daß der Mensch vor Gott vergehen muß, um allein in ihm und mit ihm zu leben. Aber eben das Alles bedarf nun noch einer besonderen Unterstreichung und Erklärung, wenn es ganz ernstlich gesehen und gesagt sein soll.

Wir können hier einsetzen bei dem Gebet Salomos, gesprochen bei der Einweihung des Tempels, dessen erste Bitte (1. Kön. 8, 31 f.) davon ausgeht, daß im Tempel auch Recht gesprochen werden soll, auch Gottesurteile zu erwarten sind. Wenn dies geschehen wird, dann, so betet Salomo, «wollest du im Himmel es hören und eingreifen und deinen Knechten Recht schaffen, indem du den Schuldigen schuldig sprichst und lässest seine Tat auf sein Haupt zurückfallen, den Unschuldigen aber unschuldig erklärst und ihm nach seiner Unschuld tust». Das ist offenbar eine Anrufung der *iustitia distributiva* Gottes. So ist und das tut der gerechte Gott also offenbar auch in seiner Barmherzigkeit: er spricht den Schuldigen schuldig und läßt seine Tat auf sein Haupt zurückfallen. Hat seine Treue kein Ende, kann sie durch Israels Untreue nicht aufgehoben werden, so ist damit nicht geleugnet, daß sie mit Israels Untreue zusammenstößt. Und was sich dann und insofern ereignet, das ist eben die verurteilende und strafende Wirkung seiner Gerechtigkeit. Hört sie darum auf, Barmherzigkeit zu sein? Das nicht; seine Barmherzigkeit hört aber auch nicht auf, Gerechtigkeit, seine Gerechtigkeit hört nicht auf, Gottes heiliges Wesen zu sein und sich im Zusammenstoß mit dem menschlichen Ungehorsam als solche (auch als solche!) zu erweisen. Gott ist und tut auch in diesem Zusammenstoß als solchem, was seiner würdig ist und das muß notwendig bedeuten: Verurteilung und Strafe, wo er Ungehorsam findet — wie es da, wo er den Gehorsam des Glaubens findet, Freispruch und Lohn bedeutet.

Es bleibt dabei: «Welchen Tages du davon issest, wirst du des Todes sterben» (Gen. 2, 17). Es bleibt dabei: «Verflucht ist, wer nicht die Worte dieses Gesetzes in Kraft erhält, indem er danach tut» (Deut. 27, 26). Es bleibt dabei: «Du bist nicht ein Gott, dem gottloses Wesen gefällt; wer böse ist, darf nicht bei dir weilen. Prahler dürfen nicht vor deine Augen treten; du hassest alle Übeltäter. Umkommen lässest du die Lügner; Mörder und Fälscher sind dem Herrn ein Greuel» (Ps. 5, 5 f.). Es bleibt dabei: «Das Antlitz des Herrn steht wider die Übeltäter, daß er ihr Gedächtnis von der Erde vertilge» (Ps. 34, 17). Die ganzen Drohungen des Gesetzes und der Propheten über das sündige Israel und über die Gottlosigkeit auch der anderen Völker und alle die Berichte über die tatsächlichen Ausführungen dieser Drohungen stehen auch in der Bibel und bilden in ihrer ganzen Härte und Schonungslosigkeit einen integrierenden Bestandteil ihres Zeugnisses von Gottes

2. Gottes Barmherzigkeit und Gerechtigkeit

Offenbarung und so von Gottes Wesen. Und es handelt sich hier keineswegs um eine spezifisch alttestamentliche Angelegenheit, die nachher unwirksam würde. Der Sünde Sold ist auch nach Röm. 6, 23 der Tod. Der kein hochzeitliches Gewand mitbringt zu der Hochzeit des Königs (Matth. 22, 13), der als unnützer Knecht sein anvertrautes Talent vergraben hat, statt damit zu arbeiten (Matth. 25, 30), der wird auch nach dem Evangelium hinausgestoßen in die Finsternis draußen und da wird sein Heulen und Zähneknirschen. Es wird der Feigenbaum, der nichts als Blätter trägt, von Jesus verflucht und verfällt dem Verdorren (Matth. 21, 18 f.). Es stoßen die törichten Jungfrauen auf die verschlossene Türe des Hochzeitssaales und zu ihnen wird gesagt: «Ich kenne euch nicht!» (Matth. 25, 11 f.) und zu denen, die des Menschen Sohn nicht gespeist, nicht getränkt, nicht beherbergt, nicht bekleidet, nicht besucht haben in seinen geringen Brüdern: «Gehet hinweg, von mir, ihr Verfluchten, in das ewige Feuer, das mein Vater dem Teufel und seinen Engeln bereitet hat!» (Matth. 25, 41 f.). Wir lesen 2. Thess. 1, 6 f. ausdrücklich: «Es ist vor Gott gerecht, euren Bedrängern mit Drangsal zu vergelten... bei der Offenbarung des Herrn Jesus vom Himmel her mit Engeln seiner Macht im flammenden Feuer, wenn er Rache übt an denen, die Gott nicht kennen: an denen, die dem Evangelium von unserem Herrn Jesus nicht gehorsam sind. Und sie werden Strafe leiden, ewiges Verderben vom Angesicht des Herrn und von der Herrlichkeit seiner Stärke aus, wenn er kommen wird, um verherrlicht zu werden in seinen Heiligen...». Und so redet auch die Apokalypse; und auf welcher Seite des Neuen Testamentes würde nicht direkt oder indirekt auch so geredet? Gewiß, das Alte und das Neue Testament rufen Israel, rufen die Kirche zum Glauben auf und damit gerade zur Zuversicht auf die Errettung vor dieser Wirkung der Gerechtigkeit Gottes. Sie verheimlichen aber auch nicht — sondern das ist der gewaltige Nachdruck ihres Aufrufs zum Glauben, daß sie nachdrücklich darauf hinweisen: die Wirkung der Gerechtigkeit und also die Wirkung der Barmherzigkeit Gottes ist auch sein Gericht, dem wir ohne Glauben gewiß nicht entgehen würden, der Abgrund, über dem wir allein durch den Glauben gehalten sind, das Verderben, vor dem wir allein im Glauben bewahrt sind, das wir von uns aus verdient haben und dem wir auch von uns nicht entrinnen können — dem wir nur dadurch entnommen sind, daß wir (und darum geht es ja im Glauben) nicht mehr darauf angewiesen sind, von uns aus zu leben und daß wir uns als solche erkennen und verhalten, die darauf nicht mehr angewiesen sind, die sich vielmehr dankbar darein gefunden haben, daß Gott für sie lebt.

Man verstehe: nicht dazu etwa sind wir im Glauben aufgerufen, an diesem für uns lebenden Gott vorbei nun doch in diesen Abgrund zu starren, uns nun etwa doch auch zu fürchten, als ob er uns wieder bedrohen dürfte, als ob wir wieder von ihm verschlungen werden könnten. Im Glauben ergreifen wir Gottes freisprechende und belohnende Gerechtigkeit und es wäre der Unglaube von Lots Weib, der nun doch wieder zurückblicken und nun doch auch mit der Wirklichkeit oder auch nur Möglichkeit der Verdammnis und des Todes fernerhin rechnen oder vielmehr spielen wollte. Denn kein ernstes Rechnen, sondern ein leichtfertiges Spielen wäre das. Es kann immer nur ein falscher christlicher Ernst sein, der den Menschen dazu anleitet, den Glauben sozus. zu suspendieren, die in der Offenbarung Gottes schon gefallene Entscheidung seiner Errettung wieder in Klammer zu setzen und sich selbst sozus. an den Scheideweg zu stellen, wo am Ende der beiden Wege hier ewige Herrlichkeit, dort das ewige Feuer sichtbar wird. So, in dieser Symmetrie, denkt alle heidnische Eschatologie, so stellt uns aber die Schrift diese beiden Wege gerade nicht vor Augen. Dahin, an diesen Scheideweg, werden wir durch ihren Aufruf zum Glauben gerade nicht gerufen.

Wir werden durch diesen Aufruf vielmehr eindeutig zu dem für uns lebenden und uns durch sein Leben für uns rettenden Gott hingerufen. Aber das will jener

Hinweis auf die verurteilende und strafende Wirkung der Gerechtigkeit Gottes: wir sollen — und eben darum gehört er notwendig zu dem Aufruf zum Glauben! — das Leben Gottes für uns und also unsere Errettung vom Gericht verstehen als seine Barmherzigkeit, durch die uns widerfährt, was wir nicht verdient haben, wessen wir nicht würdig sind. Das ist die eine, die negative Seite des Sachverhaltes. Was wir verdient haben und wessen wir würdig sind in unserem Sein, Tun und Verhalten, ist immer und wird immer sein jene verurteilende und strafende Wirkung seiner Gerechtigkeit. Denn wir in unserem Sein, Tun und Verhalten befinden uns immer in jenem Zusammenstoß mit der Treue Gottes. Wenn die Treue Gottes uns begegnet, dann ist das, was wir ihr von unserer Seite als unser Sein, Tun und Verhalten entgegenbringen, immer Untreue. Immer als törichte Jungfrauen und unnütze Knechte, immer als der unfruchtbare Feigenbaum, als das murrende, verstockte, götzendienerische Volk Israel werden wir dann entdeckt und sichtbar. «Vor dir ist kein Fleisch gerecht» (Röm. 3, 20). «Der Herr sah, daß der Menschen Bosheit groß war auf Erden und daß alles Dichten und Trachten ihres Herzens die ganze Zeit nur böse war» (Gen. 6, 5). Das ist die Feststellung, die vor der Sündflut gemacht, die aber nach der Sündflut (Gen. 8, 21) wiederholt und zwar ausdrücklich als Voraussetzung jetzt auch der Unterlassung weiterer göttlicher Strafe wiederholt wird. «Der Herr schaut vom Himmel herab auf die Menschenkinder, daß er sehe, ob ein Verständiger da sei, der nach Gott frage. Alle sind sie entartet und miteinander verdorben, Keiner ist, der Gutes tut, auch nicht Einer» (Ps. 14, 2—3). Dazu ist es dem Glauben notwendig, jenes Abgrundes aus dem er gerettet, über dem er gehalten ist, zu gedenken: damit er als wirklicher Glaube Gott als denjenigen preise, der den Menschen in seiner völligen Verlorenheit gefunden, der ihn dem Tode entrissen und so ins Leben versetzt hat, damit er der freien Barmherzigkeit: gerade in ihrer Freiheit, in der sie das gänzlich Unerwartete und Unbegreifliche tut, die Ehre gebe, damit er in gänzlichem Gehorsam an diesen Gott gebunden bleibe, der ihm nichts schuldig war und dem er Alles schuldig geworden ist.

Aber eben dieser Lobpreis des barmherzigen Gottes muß nun, um ein ganz klarer, ganz würdiger Lobpreis des wahren, lebendigen Gottes zu sein, als solcher auch seiner Gerechtigkeit gelten. Seine Barmherzigkeit wäre nicht seine, sie wäre nicht die rettende göttliche Barmherzigkeit, wenn sie nicht auch Gerechtigkeit wäre und wir würden nicht die Barmherzigkeit Gottes loben, wenn wir nicht eben in ihr auch seine Gerechtigkeit loben würden.

Eben das ist die Frage, die hier nun noch zu beantworten ist, vielmehr die hier zu erwägende, in der Offenbarung Gottes und in seinem Wesen zum vornherein gegebene Antwort auf alles Fragen nach der Tiefe, Kraft und Macht seiner Barmherzigkeit: Inwiefern ist Gottes im Glauben zu ergreifende Barmherzigkeit zugleich seine richtende Gerechtigkeit und daran erkennbar als seine, als die göttliche und damit die ewige und wirkliche, die hilfreiche und siegende Barmherzigkeit? Gottes Offenbarung in Jesus Christus gibt uns auf diese Frage die Antwort, daß eben Gottes verurteilende und strafende Gerechtigkeit selber und als solche die Tiefe Kraft und Macht seiner Barmherzigkeit ist. Wir befinden uns dort, wo die heilige Schrift von Gottes Drohungen und Strafgerichten redet, tatsächlich nicht etwa an einer Peripherie, von der wir zugunsten eines ganz andersartigen Zentrums ihrer Botschaft schließlich doch hinwegzublicken hätten. Wir befinden uns vielmehr gerade dort im Zentrum dieser Bot-

2. Gottes Barmherzigkeit und Gerechtigkeit

schaft. Wir können diese Botschaft nur überhören oder nicht verstehen, wenn wir es uns aus irgend einem Grund ersparen wollten, es ganz ernst zu nehmen, daß Gott auch dieser ist: der um seiner Gerechtigkeit willen zürnende, verurteilende und strafende Gott. Er ist nicht nur dies, aber er ist auch dies. Wäre er nicht auch dies, so wäre er nicht der für uns lebende Gott, zu dem wir gerufen werden, wenn wir zum Glauben aufgerufen werden. Wollen wir uns ernstlich an ihn klammern und halten, wollen wir die uns durch ihn in ihm selbst geschehene und angebotene Rettung annehmen, wollen wir wirklich im Glauben vorwärts und nicht rückwärts blicken, dann dürfen wir gerade dies, daß er auch zürnt, verurteilt, straft, nicht wegwünschen, nicht übersehen, nicht durch Abschwächung der hier nötigen Erkenntnis umgehen wollen. Lieben wir ihn wirklich, dann müssen wir ihn auch in seinem Zürnen, Verurteilen, Strafen lieben, vielmehr: seine Liebe zu uns auch in seinem Zürnen, Verurteilen und Strafen als solchem sehen, fühlen und erkennen. Denn es ist nun einmal nicht anders: gerade dort, wo die göttliche Liebe und also Gottes Gnade und Barmherzigkeit in derjenigen Eindeutigkeit bezeugt wird, in der sie dann notwendig als der Sinn und die Absicht auch der ganzen übrigen Schrift erkannt werden muß, gerade dort, wo sie ein für allemal Ereignis wurde, nämlich in Jesus Christus — gerade dort begegnet sie uns nach dem nicht mißzuverstehenden Zeugnis des Neuen Testamentes selber als göttlicher Zornesakt, Gerichtsakt, Strafakt.

Nicht nur als das: sofern ja dort auch Jesu Christi Auferstehung von den Toten Ereignis wird. Insofern ist das, was dort geschieht, Gottes Gerechtigkeit im Akt des göttlichen Wohlgefallens, des göttlichen Freispruchs, des göttlichen Lohnes. Es darf aber keinen Augenblick vergessen werden, was das bedeutet, daß es der gekreuzigte Jesus Christus ist, der dort aufersteht. Das bedeutet: daß das göttliche Ja des Ostertages ein göttliches Nein zur Voraussetzung hat, von dem es nicht getrennt werden kann, ohne das es das göttliche Ja, der Akt der freisprechenden und belohnenden Gerechtigkeit Gottes gar nicht wäre. Das Ereignis des Karfreitags ist das Ereignis des göttlichen Nein — das als göttliches Nein das Ja schon in sich enthält, das die Voraussetzung des göttlichen Ja ist — das aber darum nicht minder bestimmt als göttliches Nein gehört und verstanden werden will: als das Gericht, neben dessen Furchtbarkeit schließlich doch auch die furchtbarsten, nach dem Zeugnis des Alten Testamentes von Gott gedrohten und vollzogenen Gerichte blaß erscheinen. Oder umgekehrt ausgedrückt: das Gericht, dessen mit ewiger Flamme brennendes Feuer erst das Licht ist, in dessen Schein die wahre Furchtbarkeit auch jener alttestamentlichen Gerichtsdrohungen und Gerichtstaten wirklich sichtbar wird. Wollten und könnten wir diese für sich ansehen, so könnte man sich ja bei aller Schrecklichkeit der beinahe zahllosen alttestamentlichen Texte dieses Inhalts fragen: ob ihr Schreckliches schließlich nicht doch in einer Reihe stehe mit allzuviel Ähnlichem, was als mit mehr oder weniger Schuld verknüpftes Schicksal auch über andere Völker, was in alter oder neuer Zeit wohl über alle Völker der Erde gegangen ist und wieder gehen wird? Oder, wenn man tiefer blickt und zugibt, daß das Schicksal gerade Israels nun immerhin unter ähnlichen und gleichen Schicksalen anderer Völker eine Kontinuität und Radikalität aufweist, die es zu einem exemplarischen macht bis auf diesen Tag: ob die christliche Kirche aller

Zeiten und Völker etwa deshalb veranlaßt sei, ihren Gott gerade in diesen alttestamentlichen Texten, in seinem zornigen Handeln an diesem Volke Israel zu erkennen? Was geht dieses Schreckliche des Schicksals jenes Volkes in jener — oder sei es denn auch in unserer — Zeit uns an, die wir nicht zu diesem Volk gehören? Nun, so wird man nicht mehr fragen, wenn man das Schreckliche des Karfreitags gesehen und verstanden hat. Das ist es ja eben, daß man Gottes Gerichtsdrohungen und Gerichtstaten an Israel und mit ihnen das israelitische Schicksal in allen Zeiten und Zonen gerade nicht für sich ansehen kann, daß hier kein selbständiges Feuer ein selbständiges Licht verbreitet, daß das Alles, so furchtbar es auch an sich zu sein scheint und tatsächlich ist, nur Widerschein ist von dem unendlich viel Furchtbareren, das sich am Karfreitag zugetragen hat. Aber das Licht von dem Feuer dieses Ereignisses geht noch weiter. Dieses Ereignis ist das Gericht, neben dessen Ernst alle anderen Gerichte, die wir seit Anbeginn der Welt über die Völker und über die einzelnen Menschen gehen sehen — von den großen Natur- und Geschichtskatastrophen, die über Tausende und Millionen gekommen sind, kommen und kommen werden bis zu dem, was wir alle früher oder später an Entbehrung von Gesundheit, Besitz und Lebensmöglichkeit, als Konsequenz eigener oder fremder Torheit oder Bosheit und schließlich in der ganz einzigartigen Gestalt je unseres eigenen Sterbens zu erleiden haben — weniger und zwar wieder unendlich viel weniger Ernst haben. Und wieder sagt man es besser umgekehrt: was mit Krankheit und Not, was mit dem inneren und äußeren Leid jedes Einzelnen, was mit Krieg, Hunger, Tyrannei und Revolution im Leben der Völker, was schließlich mit dem unaufhaltsam über Alle und Alles sich ausbreitenden Leichentuch des Todes gemeint ist, das wird dort, erst dort, in seiner wahren Schrecklichkeit sichtbar. Man kann ja bekanntlich an sich jeden fremden, aber auch eigenen Kummer und Schmerz, man kann aber auch das erschütterndste gemeinsame Schicksal relativieren, verharmlosen und schließlich wieder vergessen: Was ist nicht schon Alles vergessen worden? was werden wir nicht Alle eines Tages doch wieder vergessen haben? Es gibt nichts Entsetzliches, das so entsetzlich wäre, daß es uns auf die Dauer bestimmen könnte: merkwürdigerweise auch nicht der Gedanke, daß wir morgen tot sein können. Das wird aber notwendig anders, sobald man das Alles nicht mehr — wie wir es zunächst und gewöhnlich tun — für sich sieht, sondern mit dem zusammen, mit dem es eben zusammengehört, nämlich mit dem Ereignis des Karfreitags, zusammen mit dem dort erlittenen Schmerz und Tod — wenn man sieht, daß es allerdings kein eigenes Gewicht hat, wohl aber Gewicht bekommt, und zwar nun doch ein unsere Apathie endgültig störendes Gewicht bekommt von der Stelle her — und das ist eben das Kreuz von Golgatha — wo das unendliche Gewicht des Schmerzes, des Todes getragen worden ist, an den unser Schmerz und Tod in aller seiner Herbheit von ferne nicht heranreicht, als dessen Zeichen aber unser Schmerz und Tod nun doch zu einem Zeugnis wird, das wir nicht mehr übersehen können, wenn wir auch gleichzeitig dankbar dafür sein werden, daß es eben nicht mehr als ein Zeichen jenes Schmerzes und Todes, der Passion Jesu Christi, seines Erleidens des ewigen Zornes Gottes ist. Denn das ist das Furchtbare, das ist das göttliche Nein des Karfreitags: daß dort alle Sünde Israels, alle Sünde der ganzen Menschheit, unsere Sünde und jede einzelne unserer Sünden tatsächlich Gegenstand des göttlichen Zornes und der göttlichen Vergeltung geworden ist. Wohlverstanden: dort und dort allein! Dort und also nicht in dem großen Töten nach der Aufrichtung des goldenen Kalbes, nicht in dem Untergang der Rotte Korah, nicht in der Niederlage und Tötung Sauls durch die Philister, nicht in dem, was David zu leiden hatte durch Absalom, nicht in der Zerstörung von Samaria und nicht in der von Jerusalem, nicht in der Wegführung des Volkes nach Babel und auch nicht in der endgültigen Auflösung des Tempeldienstes und des Judenstaates im Jahre 70. Viel zu gewaltig sind ja die

Dimensionen, in denen dieses eigentlich dauernde Schlagen Jahves gegen das ungetreue Volk seines Eigentums im Alten Testament dargestellt und gedeutet werden und viel zu merkwürdig ist ja die Tatsache, daß Israel in und unter all diesem göttlichen Schlagen gerade nicht etwa vernichtet, sondern in irgend einem Restbestand immer wieder erhalten bleibt — als daß man nicht sehen müßte, daß dieses göttliche Schlagen trotz und in der ganzen furchtbaren Realität, in der es zu seiner Zeit angekündigt wird und stattfindet, doch das eigentliche wirkliche Gericht Gottes noch nicht ist, sondern über sich selbst hinaus erst darauf hinweist, erst sein Vorzeichen ist. Es ist der leidende «Knecht Gottes» in seiner historischen Gestalt — ob diese nun die des Propheten oder die des ganzen Volkes oder die seines Königs oder das Alles zugleich ist — der Platzhalter eines ganz Anderen. Allzu überlebensgroß sind die auf diesen Knecht Gottes gehäuften negativen und positiven Prädikate, als daß er allein in jener historischen Gestalt sie zu tragen vermöchte. Der in Israel wirklich Leidende, den Zorn und das Gericht Gottes Erleidende — das ist nicht Israel selbst und als solches, sondern das ist der, in dessen Erwartung Israel den Sinn seiner Existenz hat: Israels Messias in dem Leiden seines einen einzigen Leidenstages. Er und nicht Israel ist auch der wirklich Leidende, nämlich der das Gericht Gottes Erleidende in dem, was die Juden heute zu leiden haben. Er ist gemeint, er ist angegriffen und getroffen, er wird gehaßt, er wird aus dem Wege geschafft. Und was Israel als solches bis heute leidet, das leidet es im Nachklang und Nachspiel dessen, was die Heiden dem Messias Israels längst getan haben und als Werkzeuge Gottes tun mußten, als Nachklang und Nachspiel des einen wirklichen Losbrechens, Schlagens und Tötens des göttlichen Zornes auf Golgatha. Darin besteht die unendliche Nichtigkeit und die sicher vorauszusagende Erfolglosigkeit alles dessen, was irgend welche Menschen zu allen Zeiten gegen die Juden getan haben und auch heute gegen die Juden tun können. Sie können gerade nur das Zeichen der Kreuzigung Christi und damit das Zeichen des wirklichen Gerichtes Gottes noch einmal aufrichten. Das wirkliche Gericht Gottes ist doch die Kreuzigung Christi ganz allein und das eben ist das Furchtbare dieses Ereignisses, daß es die Wirklichkeit ist, die alle anderen Gerichte über Israel, aber auch alle anderen Gerichte über die Welt und uns Menschen nur vorbilden konnten und nachbilden können. Das ist das Furchtbare der Kreuzigung Christi: daß die eigentliche Substanz aller alttestamentlichen Gerichtsdrohung und Gerichtstat, d. h. aber der Offenbarung des Zornes Gottes über alle Gottlosigkeit und Ungerechtigkeit der Menschen (Röm. 1, 18), ohne die die Offenbarung nicht Gottes Offenbarung wäre, dort Ereignis wurde. Denn, daß die menschliche Sünde und mit ihr der sündige Mensch Gegenstand des göttlichen Zornes und Gerichtes geworden ist, das kann man eigentlich und im strengen Sinn nur im Blick auf dieses Ereignis sagen. Der ganze Ernst der menschlichen Lebenssituation und ihrer ganzen einzeln und insgesamt wirksamen Bedrohung von der Natur und von der Geschichte her, der Ernst der Tatsache, daß es dem Menschen gesetzt ist, einmal zu sterben, wird dadurch nicht abgeschwächt, sondern erst ins rechte Licht gesetzt, er wird damit erst wirklicher Ernst, daß man sich klar wird darüber: Alles das, was die Weltgeschichte und was eines jeden Einzelnen Lebensgeschichte von langsam schleichender oder plötzlich hereinbrechender Not, von Übelständen und Katastrophen, von Leiden und Sterben aller Art zu melden wissen (die ganze Ausschüttung der Zornesschalen Apoc. 15—16!) — das Alles ist noch nicht oder nicht mehr das Gericht Gottes selber. Alle diese Plagen waren und sind ja nicht das verdiente Ende. Immer waren wir, immer sind wir wieder da: genau so wie Israel trotz Allem und Allem immer wieder da war, immer wieder da sein wird! Immer noch und immer wieder gibt es — ob wir einen guten oder schlechten Gebrauch davon machen ist eine Frage für sich — Zeit und Raum und sind wir in der Lage, uns auch den schwersten über andere oder über uns selbst hereinbrechenden Geschehnissen gegenüber durch Übersehen, durch allerlei Deutungen und vor allem durch Vergessen zu distanzieren. Ob wir das rein physisch könnten, wenn wir es in dem, was uns widerfährt, eigentlich und letztlich und substantiell mit Gottes Zorn und Gericht zu tun hätten? Würde uns wirklich Gottes Zorn und Gericht treffen in dem Allem — nicht nur seine «Zeichen» (Apoc. 15, 1), nicht nur seine Vor- und Nachwehen — wo würden wir da bleiben, wo würden wir da längst geblieben sein? Die Ansicht, w i r hätten in dem, was uns widerfährt, den Zorn Gottes s e l b e r zu ertragen, ist zu unserm Heil unrichtig. Richtig, d. h. dem biblischen Sinn dieser ganzen Sache allein angemessen ist das, was im Heidelberger Katechismus Fr. 14 zu lesen steht, daß «keine bloße Kreatur die Last des ewigen Zornes Gottes wider die Sünde ertragen kann». Vor Gottes wirklich ausbrechendem rächendem und schlagendem Zorn verginge die Kreatur; Gottes wirkliches Gericht bedeutete, daß es mit uns aus wäre. Es ist aber notorisch nicht aus mit uns, mit uns so wenig wie es mit Israel je aus war noch aus sein wird, sondern wir haben notorisch immer noch und immer wieder Zeit und Raum und so kann es Gottes wirkliches Gericht noch nicht oder nicht mehr gewesen sein, sondern nur sein Z e i c h e n, nur ein allerdings ernstes Z e u g n i s von ihm, was uns jetzt und jetzt getroffen hat und hätte es uns auch mitten ins Herz getroffen.

Dies ist die Bedeutung des T o d e s J e s u C h r i s t i, daß dort Gottes verurteilende und strafende Gerechtigkeit losgebrochen ist und die menschliche Sünde, den Menschen als Sünder, das sündige Israel wirklich geschlagen und getroffen hat. Wirklich I s r a e l s Sünde, u n s e r e Sünde, u n s die Sünder, sodaß durch das, was dort (nicht an Israel, nicht an uns, sondern an Jesus Christus) geschehen ist, die durch Israel, die durch uns verletzte Gerechtigkeit Gottes wirklich offenbar geworden, ihr wirklich Genüge getan worden ist, so jedoch, daß es nicht a n Israel, nicht a n uns, sondern f ü r Israel, f ü r uns geschehen, so, daß, was dort wegen Israel, wegen uns gelitten worden ist, f ü r Israel, f ü r uns, gelitten worden ist: der Zorn Gottes, den wir verdient haben, durch den wir vergehen mußten und längst vergangen wären und der nun an unserer Stelle — als ob er uns getroffen hätte und nun doch so, daß er uns nicht traf und auch nicht mehr treffen kann — getragen und erlitten ist. Denn darum ist das am Karfreitag gesprochene Nein so furchtbar und eben darum verbirgt sich in ihm doch auch schon das österliche Ja der Gerechtigkeit Gottes: weil der, der am Kreuze den Zorn Gottes auf sich nahm und erlitt, kein Anderer als Gottes eigener Sohn und so der ewige Gott selber in seiner in freier Barmherzigkeit angenommenen Einheit mit der menschlichen Natur gewesen ist.

Man könnte mit Recht sagen, daß eigentlich das ganze Neue Testament, insbes. die Evangelien mit ihrem so unübersehbar hervorgehobenen Skopus in der Leidensgeschichte, aber auch die Episteln mit allen ihren Bezugnahmen auf das Kreuz oder auf das Blut oder auf das Opfer Christi, aber auch die Apokalypse mit der sie so zentral beherrschenden Figur des «geschlachteten Lammes» von dieser Sache reden. Es fehlt aber wirklich auch nicht an ausdrücklichen Erklärungen darüber, wie dieses Geschehen zu verstehen sei.

Wir können ausgehen von der bekannten Stelle Joh. 3, 16, laut welcher Gott die Welt in der Weise (οὕτως) liebte, laut welcher seine Liebe in ihrer Offenbarung

2. Gottes Barmherzigkeit und Gerechtigkeit

und Betätigung uns gegenüber diese Gestalt, diesen Weg hatte: «daß er seinen eigenen Sohn gab» (ἔδωκεν), «für uns alle dahingab»: ὑπὲρ ἡμῶν πάντων παρέδωκεν, wie es Röm. 8, 32 noch deutlicher und stärker heißt. Oder Tit. 2, 14: «Er, unser großer Gott und Heiland, Christus Jesus, gab sich selbst für uns»: ἔδωκεν ἑαυτὸν ὑπὲρ ἡμῶν (vgl. Gal. 2, 20). In dieses «Geben» oder «Sich-Geben» mündet aber nach Gal. 4, 4, Röm. 8, 3 auch das, was besonders im vierten Evangelium gerne in dem Begriff der «Sendung», des göttlichen πέμπειν oder ἀποστέλλειν seines Sohnes zusammengefaßt wird. Seine «Sendung» meint: seine in dem freien Willen des Vaters und des Sohnes begründete Dahingabe im Vollzug der dem Kosmos, der Menschenwelt zugewandten göttlichen Liebe. Es ist aber so, daß Gott in dieser Dahingabe oder Sendung seines Sohnes, daß der Sohn sich selbst in der Übernahme dieser Sendung, in diesem seinem Dahingegebenwerden etwas auferlegt hat, daß Gott, indem er liebte, sich selber hart begegnete, sich selber ein Letztes und Höchstes zugemutet und angetan hat. «Er hat seines eigenen Sohnes nicht verschont» (Röm. 8, 32). Christus war reich und ist um unseretwillen arm geworden (2. Kor. 8, 9). «Er hielt es nicht für einen Raub, Gott gleich zu sein, sondern erniedrigte sich selbst» (Phil. 2, 6 f.). Worin besteht diese gegen sich selbst sich richtende Härte, diese Selbsterniedrigung Gottes in seinem eigenen Sohne? Sie bestand nach Phil. 2, 7 darin, daß er in «Selbstentäußerung», in einem völligen Verzicht nicht auf das Wesen, wohl aber auf die Gestalt seiner Gottheit, seiner Herrengestalt unsere eigene, unsere menschliche Gestalt: die «Gestalt des Knechtes» annahm, in der völligen Gleichheit mit anderen Menschen: ἐν ὁμοιώματι ἀνθρώπων γενόμενος, im Charakter eines Menschen sich finden ließ: σχήματι εὑρεθεὶς ὡς ἄνθρωπος. Er wurde wie wir alle «von einem Weibe geboren» (Gal. 4, 4). Aber was heißt das: an des Menschen Stelle treten, selber ein Mensch, von einem Weibe geboren werden? Das heißt nun auch für ihn, für Gottes Sohn, für Gott selber: «er trat unter das Gesetz» (γενόμενος ὑπὸ νόμον) d. h. er trat dorthin, wo es zwischen der Treue Gottes und der Untreue des Menschen zu jenem notwendigen Konflikt kommt. Er machte sich diesen Konflikt zu eigen. Er trug ihn in sich selber aus. Er war nun sozus. von beiden Seiten beteiligt in diesem Konflikt; er erlitt ihn von beiden Seiten: nicht nur als der vom Menschen beleidigte Gott, sondern auch als der von Gott mit dem Tode bedrohte, vor Gottes Gericht dem Tode verfallene Mensch. War er wirklich eingetreten in die Gleichheit mit uns — und eben das war er — so bedeutete das notwendig: er war eingetreten in die Gleichheit (in das ὁμοίωμα) des «Fleisches der Sünde» (Röm. 8, 3), in die Beteiligung an dem Status, an der Verfassung und Lage des Menschen, in der dieser als Gott Widerstehender vor Gott nicht bestehen konnte sondern vergehen mußte. Wie könnte Gott sich selber widerstehen? Wie könnte Gott sündigen? Der Sohn Gottes wußte von keiner Sünde (2. Kor. 5, 21, Joh. 8, 46, Hebr. 4, 15). Er konnte aber dahin treten, nämlich in das Menschsein, das Sein im Fleische hineintreten, in welchem vor Gott ganz und gar keine Rechtfertigung (Röm. 3, 20), ganz und gar nur Sünde zu finden ist. Es konnte Gott — und das ist es, was Gott nicht nur gekonnt, sondern getan hat — seinen Sohn im «Leibe des Fleisches» (Kol. 1, 22) sein lassen und insofern «für uns zur Sünde machen» (2. Kor. 5, 21): zu dem Gegenstande, der der Gegenstand seines eigenen Zornes sein, der seiner Verurteilung und Strafe verfallen muß. Eben dies ist es, was geschehen ist. Der Gott gleich war, ist gehorsam geworden bis zum Tode, nämlich zum Tode am Kreuz (Phil. 2, 8). Wo wir, die Ungerechten, stehen müßten, da steht jetzt Er, der Gerechte δίκαιος ὑπὲρ ἀδίκων (1. Petr. 3, 18). Wo wir, die Schwachen, die Gottlosen, stehen müßten, da steht jetzt Gottes Sohn (Röm. 5, 6). Wo wir, die Sünder, stehen müßten, da steht jetzt unser Richter (Röm. 5, 8). Wo wir, die Feinde Gottes, stehen müßten, da steht jetzt in Jesus Christus Gott selber (Röm. 5, 10). Und an ihm selber geschieht jetzt, was an uns geschehen müßte: die Verurteilung der Sünde im Fleische (Röm. 8, 3). In seinem Leibe — unser Fleischesleib ist ja der seinige geworden — trägt er unsere Sünden hinauf an das Holz (1. Petr. 2, 24), stirbt er um unserer Sünde willen (1. Petr. 3, 18, Röm. 6, 10), wurde er für uns zum Fluch, wie geschrieben steht: «Verflucht ist Jeder, der am Holz hängt!» (Gal. 3, 13). Und das Alles: damit es für uns keine Verurteilung mehr gebe (Röm. 8, 1), damit wir, die dem Gesetz Unterworfenen, losgekauft seien (Gal. 4, 5), nämlich losgekauft von dem Fluch des Gesetzes (Gal. 3, 13), damit wir vom Zorn gerettet würden (Röm. 5, 9), von der Sünde loskämen, durch seine Wunden geheilt (1. Petr. 2, 24), von allem gesetzwidrigem Wesen erlöst würden (Tit. 2, 14). Denn durch jenes Geschehen, in welchem Gott uns «mit sich selbst versöhnt hat»(ἀποκαταλλάσσειν wörtlich: «vertauschen»!) mit sich selber, in welchem er also sich selber zum Gegenstand seiner Härte, seiner verurteilenden und strafenden Gerechtigkeit gemacht hat an unserer Stelle — in diesem Geschehen ist es nicht nur möglich, sondern notwendig und vor allem wirklich geworden, daß er uns «unsere Übertretungen nicht anrechnete» (2. Kor. 5, 19). Durch sein Blut hat Jesus Christus uns gerecht gesprochen (Röm. 5, 9), hat er uns die Freiheit verschafft, in der Gerechtigkeit zu leben (Röm. 6, 16 f., 1. Petr. 2, 24), sind wir — wie er zur Sünde gemacht wurde für uns — «in ihm Gerechtigkeit Gottes geworden» (2. Kor. 5, 21). — Das ist das Zeugnis des Neuen Testamentes von dem Furchtbaren und eben in seiner Furchtbarkeit Befreienden und Tröstlichen des Ereignisses vom Karfreitag.

Es soll dieselbe Sache noch einmal in den Worten des Polanus wiedergegeben sein — schon zur Erinnerung, wie unerschrocken und einsichtig die «alte Orthodoxie» trotz aller ihrer Mängel gerade im Blick auf diese Mitte des Neuen Testamentes zu reden gewußt hat: *Nullum exemplum iustitiae, irae et comminationum divinarum est expressius, severius, horribilius quam in Christo. Nam quia omnes homines in Adamo peccaverunt, postulat iustitia Dei, ut, quod adversus summam atque infinitam Dei maiestatem commissum est, id etiam summis atque infinitis, hoc est sempiternis cum animi tum corporis suppliciis luatur, ut sit proportio culpae et poenae. Huic iustitiae satisfaciendum est necessario. At quia nemo hominum satisfacere posset in aeternum ne totum, humanum genus interiret, sponsorem* (zum Bürgen) *se ultro fecit unigenitus Filius Dei pro illis, quos pater ipsi dederat et ipse sese exinanivit* ... (Phil. 2, 7 f.). *Quoniam ergo Filius Dei homo factus constituit se pro electis sponsorem: Deus poenam, quae electis in sempiternum perferenda fuisset, in ipsum transtulit sponsorem et iram suam adversus peccata electorum in eum effudit* (Synt. Theol. chr. 1609 col. 1166).

1. Daraus, daß es der Sohn Gottes, daß es Gott selber war, der auf Golgatha für uns eintrat und uns damit von seinem Zorn und Gericht frei sprach — daraus erst ergibt es sich, was es mit dem Zorne Gottes, mit seiner verurteilenden und strafenden Gerechtigkeit auf sich hat, was für ein verzehrendes Feuer hier brennt gegen die Sünde und also auch: was es mit der Sünde selber eigentlich auf sich hat, was es bedeutet, Gott zu widerstehen, Gottes Feind zu sein, wie es die schuldhafte Bestimmung unserer menschlichen Existenz ist.

Was das bedeutet, das kann kein alttestamentliches oder neutestamentliches Gebot in seiner Überlegenheit gegenüber unserem besten Wollen und Tun an sich und als solches klar machen. Das kann auch keine Gerichtsdrohung und Gerichtstat Gottes an sich und als solche. Das kann keine von uns vollzogene Sündenerkenntnis und kein von uns empfundener Sündenschmerz. Das kann keines jener großen oder kleinen Gerichte, wie sie über uns ergehen mögen. Das kann keine Reue und keine Verzweiflung, wie auch wir sie — aber wann wären wir denn wirklich verzweifelt? — erleben mögen. Das Alles zeigt ja an sich und als solches im schlimmsten Fall

2. Gottes Barmherzigkeit und Gerechtigkeit

auf einen großen endlichen Ungehorsam und damit dann doch auch auf die Möglichkeit einer bloß endlichen Strafe und Wiedergutmachung. Das Alles an sich und als solches hat nicht die Kraft, uns in die Buße vor Gott zu rufen, in der wir uns als unendlich schuldig vor ihm und damit als unendlich verlorene, d. h. dem ewigen Tode verfallene Sünder erkennen und bekennen müssen. Von dem Allem an sich und als solchem her betrachtet, würden gerade unsere ernstesten, nämlich unsere der Erkenntnis und Sprache der Bibel entsprechenden Sündenerkenntnisse und Sündenbekenntnisse notwendig immer ein wenig nach Übertreibung schmecken. Und es würde sich die Frage schon dem Alten und Neuen Testament gegenüber fast notwendig stellen: ob denn das Verhalten Gottes in seinem Zorn, wie es uns da bezeugt ist, zu dem auf Seiten des Menschen vorliegenden Gegensatz, zu seiner Sünde und Schuld nun wirklich in einem sinnvollen Verhältnis stehen möchte? Und wie nahe liegt es erst, diese Frage dann aufzuwerfen, wenn wir uns selbst als die Betroffenen oder Mitbetroffenen jener zeichenhaften göttlichen Gerichte finden und fühlen müssen? «Ist Gott nicht ungerecht, indem er seinen Zorn walten läßt?» (Röm. 3, 5). Sollten wir es wirklich verdient haben, sollten wir wirklich so schuldig dastehen, daß wir solches zu leiden haben? Dieses Murren, diese Hiobsfrage muß verstummen — sie wird aber erst dann wirklich verstummen — wenn wir uns vor Augen halten, wie Gott die Welt richtet (Röm. 3, 6), nämlich indem er in der beschriebenen Weise hart wird gegen sich selber, indem er sich unsere Sünde so zu Herzen gehen läßt, daß er auch seines eigenen Sohnes nicht verschonte, sondern hat ihn für uns alle dahingegeben. Was wissen wir von Gottes Gerechtigkeit, von dem, was seiner würdig ist, und was er also, und was er uns begegnet, notwendig und als unser Schöpfer und Herr mit Recht wider uns hat? Hier, gerade hier, wo er es wahr macht — aber eben in seiner Liebe zu uns und also ganz und gar von sich aus wahr macht — daß er nicht wider uns sondern für uns ist (Röm. 8, 31), gerade hier haben wir uns danach zu erkundigen, was seine Gerechtigkeit und unsere Ungerechtigkeit ist. Und von hier aus, als Zeichen der hier sich offenbarenden Gerechtigkeit Gottes, haben wir dann auch alles Andere, das Gesetz und die Drohungen und Gerichte im Alten Testament und die in der ganzen Weltgeschichte und die in unserem eigenen Leben in ihrer Gerechtigkeit zu würdigen und zu verstehen. Hier erfahren wir, wessen wir angeklagt und schuldig sind, was unsere Übertretung ist und bedeutet. Sie ist diejenige Entfernung von Gott, diejenige Auflehnung gegen ihn, die damit gestraft werden müßte, daß wir gänzlich vergehen müßten und die ohne dieses unser Vergehen gerade nur so gestraft werden kann, daß Gott selbst für uns eintritt, daß Gott selbst in seinem Sohne die Strafe auf sich nimmt, trägt und erleidet. Soviel kostet es Gott, gerecht zu sein, ohne uns zu vernichten. So groß ist der Gegensatz zu ihm, in welchem wir uns befinden: daß er nur von ihm her, und zwar nur so, daß er selbst sich in diesen Gegensatz begibt und leidet, was in diesem Gegensatz zu leiden ist, überwunden und für uns unschädlich gemacht werden kann. So stehen wir da, daß uns nur durch gänzliche und restlose Stellvertretung, und zwar durch die von Gott selbst übernommene Stellvertretung vom ewigen Tode, nur durch sein Leben zum Leben geholfen ist. Wenn uns das klar ist, dann werden wir gegen die Angemessenheit dessen, was uns als Zeichen des göttlichen Gerichtes im Alten Testament, in der Weltgeschichte und in unserem eigenen Leben begegnen mag, nichts mehr zu erinnern haben. Welches Zeichen sollte deutlich und stark genug sein, um die Dimensionen unseres Gegensatzes zu Gott zu bezeichnen, nachdem er von Gott selbst durch das, was er zu seiner Überwindung getan hat, so bezeichnet worden ist?

2. Weil es der Sohn Gottes, weil es Gott selber war, der am Karfreitag für uns eintrat, darum konnte dort geschehen, was, weil Gott gerecht

ist, geschehen mußte. Es konnte dort — dieses «Können» zunächst rein physisch verstanden — geschehen, was an uns ohne unsere Vernichtung nicht geschehen konnte: es konnte nämlich die verurteilende und strafende Gerechtigkeit Gottes der menschlichen Sünde gegenüber ihren Lauf nehmen.

Jesus Christus konnte in seiner Einheit mit der «menschlichen Natur, die gesündigt hat, für die Sünde bezahlen» (Heid. Kat. Fr. 16) und zugleich «aus Kraft seiner Gottheit die Last des Zornes Gottes an seiner Menschheit ertragen» (Fr. 17). Er konnte ohne Minderung seiner göttlichen Majestät, er konnte in der Betätigung der göttlichen Majestät seiner Liebe eingehen in jene «Gleichheit des Fleisches der Sünde», um in derselben Majestät dem Gericht des göttlichen Zornes standzuhalten ohne zu vergehen, um gerade in seiner Erniedrigung am Höchsten göttliche Majestät zu sein und als solche sich zu offenbaren: um als Sieger über das Gericht, dem er sich unterworfen, von den Toten zu auferstehen als Erstling aller derer, die ihm folgen sollen. Er konnte den Kelch trinken, der hier zu trinken war. Er konnte sich, weil er Gott selber war, der Härte Gottes unterziehen. Und er mußte, weil er selber Gott war, der Härte Gottes nicht erliegen. Gott mußte ja hart sein, um in der Begegnung mit dem Menschen sich selber treu zu bleiben und gerade so dann auch dem Menschen treu zu sein. Gottes Zorn mußte offenbar werden über alle Gottlosigkeit und Ungerechtigkeit der Menschen. Aber nur Gott konnte diese notwendige Offenbarung seiner Gerechtigkeit vollziehen, ohne daß dies das Ende aller Dinge bedeutete. Nur Gott selbst konnte Gottes Zorn ertragen. Nur Gottes Barmherzigkeit war des Leidens fähig, dem die im Gegensatz zu ihm existierende Kreatur verfallen ist. Nur Gottes Barmherzigkeit konnte sich dieses Leiden so zu Herzen gehen lassen, daß sie es zu ihrem eigenen Leiden zu machen wußte. Und nur Gottes Barmherzigkeit war stark genug, um in diesem Leiden nicht zu vergehen. Und eben dies, was nur durch Gottes Barmherzigkeit geschehen konnte, ist am Kreuz von Golgatha geschehen: dieser doppelte Allmachtsbeweis, in welchem Gott, ohne seiner Gerechtigkeit etwas zu vergeben, seinem eigenen Zorne sich gewachsen erwies: einmal indem er selber sich ihm beugte und sodann indem er nicht von ihm verzehrt wurde. Kraft dieser seiner Allmacht konnte Gottes Barmherzigkeit zugleich aufrichtigstes tiefstes Mitleid und zugleich jene unveränderliche und unbewegliche Stärke Gottes sein, konnte Gott sich selbst ganz hingeben, um sich doch gerade in solcher Hingabe selbst ganz zu behalten und zu bewahren, konnte er sich zugleich als der offenbaren, der als unser Aller Knecht das Todesgericht trug, das wir verdient hatten und als der, der als unser Aller Herr dem Tode die Macht genommen, der ihn für immer besiegt und erledigt hat. In diesem doppelten Sinn triumphierte im Tode Jesu Christi Gottes Gerechtigkeit.

3. Weil es der Sohn Gottes, weil es Gott selbst war, der am Karfreitag für uns eintrat, darum konnte die dort geschehene Erledigung der Leidens- und Todesfolge des menschlichen Ungehorsams gegen Gott eine rechtmäßige, die rechtmäßige, konnte sie tatsächlich die Vollstreckung der Gerechtigkeit Gottes sein. Sie mußte als Vollstreckung der Gerechtigkeit Gottes unter allen Umständen dies bedeuten: daß im Konflikt zwischer der Treue Gottes und der Untreue des Menschen die Treue Gottes gegen sich selbst gewahrt, seine Ehre also nicht verletzt wurde. Anders als so konnte sie sich auch als Gottes Treue gegen den Menschen nicht

betätigen: wie könnte dem Menschen durch einen seine Ehre wirklich preisgebenden Gott wirklich geholfen sein? Wiederum konnte, sollte die Treue Gottes gegen sich selbst seine Treue gegen den Menschen nicht ausschließen und aufheben, Gottes Ehre nicht dadurch gewahrt werden, daß dem Menschen widerfahre, was ihm zukam, was er verdient hatte: die Vernichtung durch den ewigen Tod. Im Tode Jesu Christi ist Gott ebensowohl sich selbst wie dem Menschen treu gewesen.

Das Dilemma scheint unausweichlich: Entweder dem Menschen widerfährt n i c h t, was ihm im Konflikt mit Gott widerfahren muß. Dann ist Gottes Ehre verletzt und bleibt es. Dann ist Gott nicht mehr Gott. Dann kann dem Menschen auch Gottes Treue — eine Treue, in der Gott sich selbst untreu wird! — keine Hilfe sein. Oder dem Menschen w i d e r f ä h r t, was ihm gebührt. Dann wird Gottes Ehre zwar gewahrt. Dann bleibt Gott zwar Gott. Dann wird aber eben durch das Gottsein Gottes in diesem Konflikt der Abgrund aufgerissen, in welchem der Mensch nur ins Bodenlose stürzen und vergehen kann. Wo bleibt dann Gottes Treue gegen den Menschen, wo dann seine Barmherzigkeit? Eben dieses Dilemmas Auflösung ist das auf Golgatha geschehene Eintreten des Sohnes Gottes und also Gottes selbst an unserer Stelle. Weil Gott Gott ist und als solcher, indem er Gott bleibt, in jenem Konflikt nur tun kann, was seiner würdig ist, darum kann es in diesem Konflikt ohne das der geschehenen Übertretung notwendig angemessene göttliche Verurteilen und Strafen tatsächlich nicht abgehen. Es muß die unendliche Folge des unendlichen Ungehorsams, dessen sich der Mensch Gott gegenüber schuldig gemacht hat und immer wieder schuldig macht, vom Menschen getragen sein. «Ist denn Gott nicht barmherzig? Gott ist wohl barmherzig, er ist aber auch gerecht. Deshalb erfordert seine Gerechtigkeit, daß die Sünde, welche wider die allerhöchste Majestät Gottes begangen ist, auch mit der höchsten, das ist mit der ewigen Strafe an Leib und Seele bestraft werde» (Heid. Kat. Fr. 11). Aber nun bedenke man Folgendes: der Mensch und also Gottes G e s c h ö p f, ganz und gar durch Gott existierend und in Gottes Hand gegeben, hat gesündigt und sündigt, ist Gottes Gegenüber in diesem Konflikt. Und an G o t t, an Gott allein, hat er gesündigt und sündigt er. Es haben also der in diesem Konflikt Verletzte und der ihn Verletzende keinen höheren Herrn und Richter über sich. Sondern der Verletzte selbst ist auch der Herr und Richter. Er ist, indem er getroffen und beleidigt ist, zugleich das Maß u n d das Subjekt des Urteils und der Strafe, die seiner Verletzung entsprechen. Nicht nur das Maß, sondern auch das Subjekt, d. h. nicht nur die gerechte Norm, nach der geurteilt und gestraft wird, sondern auch der gerecht urteilende und strafende Richter. Weil er das Maß ist, darum muß es ein verdammendes Urteil und muß die Strafe der ewige Tod sein. Aber weil er auch das Subjekt ist, weil nur er in dieser Sache urteilen und strafen kann, darum kann ihm das Recht nicht abgesprochen werden, Urteil und Strafe zu vollziehen nach s e i n e m Wohlgefallen. Wieder wäre Gott nicht Gott, wenn ihm diese Freiheit seines Wohlgefallens in der Wahl des Vollzugs seines Urteils und seiner Strafe nicht zukäme. So gewiß Gott nicht Gott wäre, wenn seine Gerechtigkeit nicht verurteilend und strafend genau den Lauf nähme, den er im Konflikt mit dem Ungehorsam seines Geschöpfs nehmen muß, so gewiß wäre er wiederum nicht Gott, wenn er nicht frei wäre, seiner Gerechtigkeit den Lauf zu geben, den sie nach Maßgabe seiner Barmherzigkeit nehmen muß. Auch dann, wenn Gott im Vollzug seines Urteils und seiner Strafe sozus. gebunden wäre an eine abstrakte, ihm selbst überlegene Regel der Rechtlichkeit und also dieser Regel entsprechend verurteilen und strafen müßte — auch dann würde er offenbar nicht sein und tun, was seiner würdig ist, auch dann würde er also gerade nicht der gerechte Gott sein. Er ist es, indem er frei ist, gerecht zu sein in seiner Barmherzigkeit, frei dazu, sich selbst getreu zu sein, und eben darin auch uns getreu zu bleiben. Und eben dies war seine Gerechtigkeit in dem auf Golgatha vollzogenen Urteil und Gericht. Eben diese in Barmherzigkeit gehüllte Gerechtigkeit Gottes ist der Sinn des Eintretens des Sohnes Gottes an unsere Stelle, der Sinn jener Bürgschaftsleistung, auf Grund derer unser Urteil und unsere Strafe nicht von uns zu tragen sind, weil sie von ihm getragen wurden. Wohlverstanden: es «mußte» nicht so geschehen, sofern unter «Müssen» eine Verpflichtung Gottes zu verstehen wäre, seine Gerechtigkeit in Barmherzigkeit zu hüllen und also zur Erfüllung seiner Gerechtigkeit seinen eigenen Sohn für uns dahinzugeben. Gott konnte sich selbst treu sein, ohne seiner Treue die Bestimmung der Treue auch gegen uns zu geben. Es konnte auch Gottes Wohlgefallen sein, seiner Gerechtigkeit in ganz anderer Weise, nämlich in Form unserer Vernichtung ihren Lauf zu lassen. Gott wäre nicht weniger Gott, wenn dieses sein Wohlgefallen gewesen wäre. Wir hatten und wir haben keinen anderen Anspruch ihm gegenüber als den, der sich darauf gründet, daß sein Wohlgefallen faktisch das Wohlgefallen seiner barmherzigen Gerechtigkeit gewesen ist. Faktisch: d. h. wir können nur darum sagen, daß es so sein mußte, weil wir auf das blicken, was Gott in Jesus Christus faktisch getan, wie er in ihm sein Wohlgefallen faktisch offenbart hat. Im Blick auf ihn müssen wir allerdings sagen: es mußte geschehen, was geschehen ist. Aber damit können wir nur die in Gottes Wohlgefallen geschehene Entscheidung und deren Notwendigkeit, nicht die irgend eines abseits von dieser Entscheidung erkennbaren Prinzips anerkennen und preisen. Wir rühmen dann eben seine Liebe, Gnade und Barmherzigkeit. Aber eben damit Gottes Barmherzigkeit von uns gerühmt werde, darf nicht verkannt werden, daß Gott in seiner Barmherzigkeit Gerechtigkeit walten ließ, daß er wohl barmherzig, aber auch gerecht war, daß, indem er barmherzig war, Alles geschehen mußte, was geschehen ist, was zur Behauptung und Wahrung seiner Ehre notwendig war, daß wir es also in dem, der uns so treu ist nach seinem freien Wohlgefallen, tatsächlich — und darum ist seine Treue so hilfreich — mit dem zu tun haben, der sich selber ganz treu ist und bleibt. Gott war und blieb sich ja treu, indem er seinen eigenen Sohn für uns dahin gab. Er hat ja eben damit den Konflikt zwischen sich und dem Menschen nicht verhüllt, geschweige denn übersehen und ignoriert, sondern ausgetragen, wie er ausgetragen werden mußte, wie es ihm, dem Verletzten und wie es dem Menschen als Verletzer seiner Ehre zukam bis ans bittere Ende. Das ist seine Barmherzigkeit, daß er sich diesen Konflikt zu Herzen gehen ließ, ja daß er ihn in seinem eigenen Herzen ausgetragen hat. Es war darum doch nicht weniger der Konflikt zwischen ihm und uns, der da ausgetragen wurde. Denn eben in dem, der da an unsere Stelle trat, schlug Gottes eigenes Herz auf unserer Seite, in unserem Fleisch und Blut, in der völligen Einheit mit unserer Natur und Art, genau an der Stelle, wo Gott gegenüber, vor Gott schuldig, wir selber stehen. Weil es der ewige Gott war, der in Jesus Christus in die Mitte trat, darum konnte er mehr sein als der Vertreter und Bürge Gottes uns gegenüber, darum konnte er zugleich sein: unser Vertreter und Bürge Gott gegenüber, darum wie der bevollmächtigte Repräsentant des göttlichen Richters, so auch der des Gerichteten: des in Sünde gefallenen Adam, der ganzen sündigen Menschheit, jedes einzelnen Sünders in allem seinem Sein und Sündigen. Weil er Gottes Sohn war, konnte er das Menschsein so auf sich nehmen, daß er in ihm zugleich für Gott bei uns und bei Gott für uns alle eintrat: dieser Mensch für jeden Menschen. In dieser vollmächtigen Vertretung Gottes bei uns Allen und unser Aller bei Gott ist Jesus Christus in die Mitte getreten, um jenen Konflikt in Gerechtigkeit, aber in der barmherzigen Gerechtigkeit Gottes bis zum bitteren Ende auszutragen. In dieser vollmächtigen Vertretung, indem er wirklich unsere Not wirklich als die Not des Herzens Gottes selbst erlitt, ist er der Gegenstand des göttlichen Zorns und Gerichts, der Träger unserer

Schuld und Strafe geworden. Da ist also nicht — wie es die Karrikatur meint, in der man diese höchste Erkenntnis und Wahrheit des christlichen Glaubens so oft dargestellt hat — ein in seiner Sinnlosigkeit empörendes oder lächerliches Rasen Gottes gegen einen unschuldigen Menschen, dessen geduldiges Leiden Gott dann nachträglich «umgestimmt», d. h. zur Schonung und Nachsicht allen anderen Menschen gegenüber veranlaßt hätte, hinter dessen Leiden sich nun alle Anderen ein wenig beschämt, wenn auch glücklich gerettet, aber in sich selbst unverändert verbergen dürften wie hinter einem Ofenschirm. Nicht eine abstrakte Gerechtigkeit Gottes waltet hier, die dann nachträglich in ein ebenso abstraktes Mitleid und Übersehen sich verwandelt hätte. Sondern der wirkliche, furchtbare Zorn Gottes waltet hier nach Gottes freiem Wohlgefallen im Vollzug seiner zum vornherein barmherzigen Gerechtigkeit, die keiner nachträglichen Umstimmung und Abschwächung bedarf, die vielmehr eben in ihrem strengen Vollzug die Selbstdarstellung des ewigen, unveränderlich guten Willens Gottes ist. Und nicht, daß ein Mensch hier unschuldig und geduldig leidet, ist das Bewegende dieses Geschehens. Kein Bewegen Gottes von der Kreatur her findet hier statt, auf Grund dessen Gott sich dann zu einer allgemeinen Amnestie entschließen würde. Sondern Gottes eigenes Herz bewegt sich hier auf Grund seines freien Wohlgefallens inmitten der Kreatur, leidet das, was die Kreatur leiden müßte und ohne vernichtet zu werden nicht leiden könnte, leidet es in jener vollmächtigen Stellvertretung, kraft dessen, daß es das Herz des allmächtigen Herrn und Schöpfers der Kreatur ist, dem es, da es so sein Wohlgefallen ist, nicht verwehrt sein kann, seine Kreatur durch sich selbst zu erhalten (auch vor seinem eigenen Zorn zu erhalten) wie er sie durch sich selbst geschaffen hat. Und wenn nun die Kreatur dieses stellvertretende Leiden, wenn sie ihr eigenes Leben auf Grund dieser Stellvertretung als Gabe der Liebe, Gnade und Barmherzigkeit ihres Herrn und Schöpfers annimmt, dann kann das nicht heißen, daß sie sich hinter einem Anderen verbirgt vor Gott — das ist es bekanntlich, was nach Gen. 3, 8 Adam und Eva im Paradiese getan haben, das ist es aber, was nun gerade nicht mehr geschehen soll — dann heißt das vielmehr: daß sie aus ihrem Versteck hervorgeholt und ganz und gar vor Gottes Angesicht gestellt ist als vor das Angesicht dessen, vor dem sie ganz und gar verloren ist und der nun selber und allein ihr Retter vom Tode und ihr Leben ist. Dann heißt eben das: daß die Kreatur jetzt völlig auf Gott geworfen und an Gott gebunden ist als an den, der allein ihre Sache vor sich selber geführt hat und in Ewigkeit führen will.

4. Weil es der Sohn Gottes, weil es Gott selbst war, der am Karfreitag für uns eintrat, darum konnte dieses Eintreten **wirksam**, konnte mit ihm unsere Versöhnung mit dem gerechten Gott und also der Sieg der Gerechtigkeit Gottes und also unsere eigene Gerechtigkeit vor ihm Ereignis werden. Nur Gott, unser Schöpfer und Herr, konnte die Bürgschaft für uns übernehmen, konnte an unsere Stelle treten, konnte den ewigen Tod als die Folge unserer Sünde an unserer Stelle so erleiden, daß er zugleich endgültig erlitten und überwunden war und also von uns nicht mehr erlitten zu werden brauchte. Kein Geschöpf, kein anderer Mensch konnte das. Gottes eigener Sohn aber konnte es.

Wir sahen: er konnte es **physisch** und er konnte es **rechtlich**. Wir haben nun noch ausdrücklich hinzuzufügen: er konnte es auch **wirksam**, d. h. so, daß sein Leiden uns tatsächlich zugute kommt, daß es von uns nicht mehr erlitten werden muß, daß wir frei sein dürfen von der Angst, daß wir uns hinsichtlich der notwendig verurteilenden und strafenden Gerechtigkeit Gottes ganz und gar an ihn halten dürfen als an den, in welchem dieser Notwendigkeit Genüge getan ist. Jesus Christus konnte darum in dieser Wirksamkeit für uns eintreten, weil er, indem er als Gottes Sohn Mensch wurde und war, die Freiheit und Macht hatte, in seinem Menschsein als jener einzelne Mensch zugleich unser aller Haupt und Vertreter zu sein und also nicht nur im Namen Gottes zu uns, sondern auch in unserem Namen, als Fleisch von unserem Fleisch zu Gott zu reden. Hören wir ihn als das fleischgewordene Wort Gottes, dann hören wir ja, was mit uns auch Gott selbst hört, indem das Blut seines eigenen Sohnes zu ihm gen Himmel schreit. Gott hört aber in diesem seinem eigenen fleischgewordenen Wort dies: daß seiner Gerechtigkeit Genüge getan, daß die Folge der Sünde des Menschen getragen und gebüßt und damit vom Menschen — von dem Menschen, für den Jesus Christus eingetreten ist — hinweggenommen ist. Gott hört in seinem eigenen im Blut seines Sohnes gesprochenen Wort, daß es für die, deren Fleisch dieser sein Sohn zu einem eigenen gemacht hat, daß es für die, die in ihm, die in diesem Christus Jesus sind, keine Verdammnis mehr gibt (Röm. 8, 1). Gott hört in diesem seinem eigenen Wort, das ihm hier mitten aus der Menschheit heraus Antwort gibt, das Wort, durch das wir vor ihm gerechtfertigt sind, das also, so gewiß es sein eigenes Wort ist, zugleich unser Freispruch ist. Indem wir unsererseits dieses Wort auch hören dürfen, indem uns gesagt ist, was Gott in Jesus Christus, seinem fleischgewordenen Worte, zu sich selber gesagt hat, hören wir diesen unseren Freispruch. Alles hängt daran, daß wir bei dieser göttlichen Zwiesprache zugegen sind. Alles hängt daran, daß uns dieses Wort auch gesagt wird — alles daran, daß wir es auch hören. Wird es uns gesagt und hören wir es, dann wird uns gesagt und dann hören wir, daß es objektiv kein Gericht mehr über uns gibt, daß wir also auch keines mehr zu fürchten haben. Nicht weil Gott nicht gerecht oder nicht in ganzer Strenge gerecht wäre, sondern gerade weil er ein für allemal in ganzer Strenge gerecht, aber eben nach Maßgabe seiner Barmherzigkeit und also in der Dahingabe seines eigenen Sohnes gerecht gewesen ist. Nicht weil wir sein Gericht nicht verdient hätten — wir haben es tausendfach verdient — wohl aber weil es als das von uns verdiente Gericht schon vollzogen und erlitten ist. Nicht weil wir (als die, die wir für uns und in uns sind) es nicht zu fürchten hätten — wir würden es als die, die wir für uns und in uns selber sind, in Ewigkeit zu fürchten haben — wohl aber weil wir Gott jetzt nur noch darin und so zu fürchten haben, daß wir uns sein fleischgewordenes Wort gesagt sein lassen und hören: das Wort, das Gott zu sich selber gesagt und durch das wir vor ihm gerechtfertigt sind, das Wort unseres Freispruchs. Im Glauben an dieses Wort fürchten wir Gottes Gericht so wie es gefürchtet sein will. Alles hängt jetzt daran, daß wir uns mehr als vor allem Andern davor fürchten, Gottes Gericht etwa eigenmächtig auch noch anders fürchten zu wollen. Alles hängt jetzt daran, daß ich «lebe in dem Glauben an den Sohn Gottes, der mich geliebt hat und hat sich selbst für mich dahingegeben» (Gal. 2, 20). «Wie bist du gerecht vor Gott? Allein durch den Glauben an Jesum Christum, also daß, obschon mich mein Gewissen anklagt, daß ich wider alle Gebote Gottes schwerlich gesündiget und derselben keines nie gehalten habe, auch noch immerdar zu allem Bösen geneigt bin, doch Gott, ohne all mein Verdienst, aus lauter Gnade mir die vollkommene Genugtuung, Gerechtigkeit und Heiligkeit Christi schenket und zurechnet, als hätte ich nie eine Sünde begangen noch gehabt und selbst allen den Gehorsam vollbracht, den Christus für mich hat geleistet, wenn ich allein solche Wohltat mit gläubigem Herzen annehme» (Heid. Kat. Fr. 60). Daß dieser Glaube in uns erwache und nicht wieder einschlafe, anfange und nicht wieder aufhöre, lebe und nicht wieder sterbe, das ist der Sieg der Gerechtigkeit Gottes und also unsere eigene reale Gerechtigkeit vor Gott, das die rechte Darbringung der rechten, der allein von uns geforderten, der allein möglichen Gottesfurcht. Alles hängt daran, daß wir zu dieser Gottesfurcht kommen, von ihr nicht mehr lassen, mit ihr immer neu ernst machen, daß wir also nicht stecken bleiben und nicht mehr versinken in einer Gerichtsfurcht, die in Jesus Christus gegenstandslos geworden ist: in der Furcht eines Gerichtes, das uns selber treffen könnte, nachdem es doch in Jesus Christus Gott selber getroffen, nachdem es doch Gott in seinem eigenen Herzen für uns erlitten, nachdem es doch Gott gerade vor ihm ein- für allemal bewahrt hat. Im Blick auf Jesus Christus kann diese Gerichtsfurcht gerade nicht mehr Gottesfurcht genannt werden. Wirklich Gott fürchten wir nur in dem Gericht, das in seinem gerechten Vollzuge am Kreuze von Golgatha mit unserem Freispruch geendigt hat. Wirklich Gott fürchten wir nur, indem wir diesen Freispruch gesprochen, wahr sein und gelten lassen. Und das ist nun, von uns aus gesehen, die Wirksamkeit des Eintretens des Sohnes Gottes für uns: die Offenbarung Gottes, durch die wir zu Jesus Christus als zu unserem Haupt und Vertreter, durch die wir zu seiner Kirche versammelt, d. h. durch die wir zu dieser Gottesfurcht des Glaubens erweckt und berufen und in ihm erhalten werden. In der Offenbarung Gottes werden wir zu jener Zwiesprache Gottes mit sich selber zugezogen. In der Offenbarung Gottes wird uns gesagt, was Gott in seinem fleischgewordenen Worte mit sich selber geredet hat. Diese Offenbarung Gottes ist aber die Auferstehung Jesu Christi von den Toten als die Bestätigung dessen, daß am Kreuze der den ewigen Tod erlitten hat, der ihn, indem er ihn erlitt, überwinden mußte und als die Bestätigung dessen, daß Gott, indem er seinen eigenen Sohn, indem er sich selbst unter das Gericht stellte, des Gerichtes Ziel und Ende sein mußte. Als diese Überwindung des Todes und als dieses rechtmäßige Ende des Gerichtes ist die Auferstehung Jesu Christi zugleich dessen Offenbarung als der Sohn Gottes und die Offenbarung der Gerechtigkeit Gottes in ihrer Einheit mit seiner Barmherzigkeit und die Offenbarung des Glaubens als unserer Errettung durch die in Jesus Christus vollstreckte Gerechtigkeit. So ist Röm. 4, 24 f. zu verstehen: «Wir glauben an den, der Jesus, unseren Herrn, auferweckt hat von den Toten: ihn, der dahingegeben wurde um unserer Übertretungen willen und auferweckt wurde um unserer Gerechtigkeit willen», d. h. zur Offenbarung unserer Gerechtigkeit, zur Offenbarung dessen, daß Gottes Gerechtigkeit gesiegt hat, daß wir nach 2. Kor. 5, 21 selber Gerechtigkeit Gottes geworden sind. Wir sind es, weil wir Glieder des Leibes sind, an dem Jesus Christus das Haupt ist: er, der für uns eingetretene Gott selber. Und daß wir es annehmen, das zu sein, daß wir ihn Gott und daß wir ihn Gott für uns sein lassen, das ist der Glaube an ihn und also die rechte, die von uns geforderte Gottesfurcht. Offenbart er uns in seiner Auferstehung diesen Glauben, weckt und erhält er durch die Kraft seiner Auferstehung diese Gottesfurcht in uns, dann wird eben damit sein Eintreten für uns und also Gottes Gerechtigkeit wirksam als die Liebe, Gnade und Barmherzigkeit, in der er sich uns, den Sündern, ohne sich selbst das Geringste zu vergeben, ein für allemal zugewendet hat — als seine Treue, die gerade darin für Zeit und Ewigkeit kräftig ist, daß er, indem er sie gegen uns beweist, zuerst und vor allem sich selber treu ist.

Und nun ist von hier aus zurückzublicken — wirklich zurückzublicken — auf das, was als göttliche Gerichtsdrohung und Gerichtstat an Israel, aber auch als das an der Kirche und in der Welt unaufhaltsam sich vollziehende göttliche Richten, aber auch als das, was als göttliches Gericht jedes einzelne Menschenleben dauernd — und im Tode, dem jeder entgegengeht, endgültig — bedroht und trifft. Eines könnte nur im Unglauben, nur an Gottes Offenbarung in der Auferstehung Jesu Christi vorbei, nur in jener eigenmächtigen, in der rechten Gottesfurcht gerade zu überwindenden Furcht, gedacht und gesagt werden: daß wir es in dem Allem schon oder noch einmal und im gleichen Sinn mit dem Gerichte Gottes zu tun hätten, das am Kreuze von Golgatha vollzogen ist, das Gott in seinem eigenen Herzen, Richter und Gerichteter zugleich, vollzogen und erlitten hat. Wiederum besteht nach der ganzen heiligen Schrift — auch wenn wir uns dem, was wir tat-

sächlich zu erfahren haben, durch irgend eine Umdeutung entziehen könnten —
kein Zweifel daran, daß wir tatsächlich unter solchen Gerichten stehen, daß
das Volk Gottes, daß Israel in dem im Alten Testament verborgenen wie in dem im
Neuen Testament enthüllten Sinne, daß die Kirche Jesu Christi dem göttlichen
Richten tatsächlich nicht entzogen, sondern offen oder heimlich, direkt oder indirekt durch alle Zeiten hindurch immer wieder unterworfen ist. Und wiederum
besteht nach der ganzen heiligen Schrift zwischen jenem einen Leiden des Sohnes
Gottes und den vielen Leiden, die wir über Israel, über die Kirche, über die Welt,
über uns selbst gehen sehen, zweifellos ein innerer sachlicher Zusammenhang. Es
schließt die Gottesfurcht, in der wir uns an die offenbarende Gerechtigkeit Gottes
als an die Offenbarung der Überwindung des ewigen Todes und des Endes des
Gerichtes halten dürfen und müssen, zweifellos nicht aus sondern ein, daß wir
dauernd Zeugen und zwar bewußte, offene, ehrliche Zeugen dessen sein müssen, daß
Gott seiner (Gal. 6, 7 f.) weder in Israel, noch in der Kirche, noch in der Welt, noch
in unserem eigenen Leben spotten läßt, daß der Mensch vielmehr ernten muß, was
er gesät hat. Wir sehen den hier bestehenden Zusammenhang am besten, wenn wir
eben an die Wirksamkeit des in Jesus Christus geschehenen göttlichen Eintretens
für den sündigen Menschen denken. Wir sahen: die Wirksamkeit dieses Eintretens
besteht in der Errettung des Sünders vor dem Gericht und in der Offenbarung
des Glaubens, in welchem er diese seine Errettung ergreifen, in welchem er ihrer
bewußt und froh werden, in welchem er dem Sohne Gottes als seinem Erretter die
Ehre geben, in welchem er sein ganzes Vertrauen auf ihn setzen darf. Diese Wirksamkeit des göttlichen Eintretens für uns steht und fällt aber damit, daß wir in
die Einheit und Gemeinschaft mit dem Sohne Gottes aufgenommen sind und daß
wir im Glauben als in dieser Einheit und Gemeinschaft mit ihm unserem Haupte
und Vertreter, als Glieder an seinem Leibe leben dürfen. Als das Geschenk und
als die Betätigung dieser Einheit und Gemeinschaft ist der Glaube unsere Versöhnung, unsere Gottesgerechtigkeit. Wie sollte es nun anders sein, als daß eben
die Wirksamkeit des göttlichen Eintretens uns zugute auch dies nach sich zieht,
daß wir das Gericht Gottes, das in Jesus Christus für uns vollzogen und erlitten
ist, selber — so gewiß er es für uns selber erduldet hat! — zu sehen, d. h. aber zu
fühlen, zu erfahren, zu erleiden bekommen? Nicht so, wie er es erlitten hat. Den
ewigen Tod, den wir verdient haben, hat er ganz allein erlitten. Unser Kreuz ist
nicht das Kreuz von Golgatha, an welchem der verurteilenden und strafenden
Gerechtigkeit Gottes Genüge getan wurde. Wir können aber an die am Kreuz von
Golgatha uns zugute triumphierende Gerechtigkeit Gottes nicht glauben, ohne zu
sehen, daß wir dort ohne und gegen unser eigenes Verdienst recht bekommen
haben, ohne also auch unser Kreuz auf uns zu nehmen, ohne uns selbst unter die
Zeichen des göttlichen Gerichtes zu stellen. In der damit vollzogenen Beugung hat
der Glaube sein Leben. Er ist der in Jesus Christus seinerseits über den ewigen
Tod triumphierende, er ist der in Jesus Christus seinerseits am Ziel und Ende des
Gerichts stehende Glaube. Er lebt aber in der Beugung vor Gott, die damit notwendig und selbstverständlich geworden ist, daß Gott für den Menschen eingetreten,
seine Sache selbst in die Hände genommen und sie an seiner Stelle gut gemacht hat.
Er selbst hätte sie nicht gut gemacht. Des zum Zeichen muß das Leben des glaubenden Menschen im Schatten des göttlichen Gerichtes verlaufen. Von mehr als von
Zeichen und Schatten wird man hier nicht reden dürfen. Es handelt sich in all
dem, wovon Israel, die Kirche, die Welt und wir betroffen werden, um die Ankündigungen und um die Nachwehen der Wirklichkeit des göttlichen Gerichts. Das
göttliche Gericht selbst in seiner Wirklichkeit ist ganz allein das, was auf Golgatha
geschehen ist. Es ist aber in Wirksamkeit geschehen. Darum seine Spuren, seine Zeichen, seine Ankündigungen und Nachwehen in der Umgebung von Golgatha! Diese
Umgebung ist Israel, ist die Kirche, ist die Welt, ist auch unser eigenes Leben.

Darum gibt es neben dem Kreuz Christi unser Kreuz, neben seinem Leiden unser Leiden, neben seinem Tode unseren Tod. Nicht als das Gericht Gottes, das wir zu fürchten, wohl aber als das Gericht Gottes, das wir als das überwundene und beendigte, um in der Buße und im Gehorsam zu bleiben, zu s e h e n haben. Denn dieses Sehen des Gerichtes: in der Unvermeidlichkeit, in der wir es wirklich sehen, in der Ehrlichkeit, in der wir es aushalten müssen, es zu sehen, in der Willigkeit, das kleine Leiden, das uns dieses Sehen bereitet, zu tragen — dieses Sehen ist die notwendige Übung des Glaubens. Wir würden nicht glauben, wenn wir nicht in der Umgebung von Golgatha lebten. Und wir können nicht in der Umgebung von Golgatha leben, ohne vom Schatten des göttlichen Gerichtes betroffen zu werden, ohne uns diesen Schatten gefallen zu lassen. In diesem Schatten hat Israel gelitten. In diesem Schatten leidet die Kirche. Daß sie in diesem Schatten leidet, das ist es, was die Kirche der Welt als Antwort auf die Frage nach der «T h e o d i z e e», d. h. nach der Gerechtigkeit Gottes in den uns in der Welt auferlegten Leiden zu sagen hat. Daß das Leiden in diesem Schatten gelernt werde, das ist nach dem 1. Petrusbrief das Problem des Glaubens jeder Gemeinde und jedes Christen. «Aber in dem Allem überwinden wir weit durch den, der uns geliebt hat» (Röm. 8, 37). Der Schatten fiele nicht, wenn das Kreuz Christi nicht im Lichte seiner Auferstehung stünde. Wir hätten nicht zu leiden, gäbe es nicht unsre Wiedergeburt zu einer lebendigen Hoffnung durch die Auferstehung Jesu Christi von den Toten (1. Petr. 1, 3).

3. GOTTES GEDULD UND WEISHEIT

Indem wir unter den biblischen Bezeichnungen Gottes noch einmal zwei, jede für sich und beide in ihrem Zusammenhang untereinander, hervorheben und als Bezeichnungen der Vollkommenheiten seiner Liebe zu verstehen suchen, denken wir wieder daran, daß alles Weitergehen in der Betrachtung der Eigenschaften Gottes nur in einem Kreisen um das eine, aber in sich reiche Wesen Gottes bestehen kann, dessen Einfachheit die Fülle selber und dessen Fülle die Einfachheit selber ist. Wir reden nicht von einem neuen Gegenstand, aber wir lassen den einen Gegenstand, Gott, weiter von sich selber reden. Wir fahren fort, die Liebe Gottes und also Gott selbst als den in der Freiheit Liebenden zu betrachten. Wann könnte dieses Fortfahrens an sich ein Ende sein? Wir schöpfen aus dem Ozean; wir stehen also vor einer Aufgabe, deren Ende grundsätzlich nirgends abzusehen ist. Aber ein dritter Satz darf und muß jetzt den beiden ersten jedenfalls noch hinzugefügt werden, wenn wir auf den nicht auszuschöpfenden Ozean wenigstens die erlaubte und gebotene Aussicht gewinnen wollen. Gott ist gnädig und heilig, sagten wir zuerst. Und dann: Gott ist barmherzig und gerecht. Wenn wir uns mit diesen Sätzen auf der durch die biblische Offenbarung gewiesenen Linie bewegt haben, dann muß jetzt jedenfalls ein dritter Satz noch folgen, der dasselbe noch einmal (und noch einmal anders) ausspricht: Gott ist geduldig und weise. Die beiden ersten Sätze können nicht zurückbleiben indem wir zu diesem dritten weitergehen. Sie sind nicht erschöpft und nicht erledigt. Schreiten wir zu diesem dritten Satz, so anerkennen wir vielmehr gerade damit, daß der erste und der zweite nicht erschöpft und nicht erledigt sind, daß wir sie in einer neuen Transformation wiederholen müssen. Wiederum haben wir aber einerseits die durch den Gegenstand geforderte Bewegung, das durch ihn selbst verursachte Wachstum unserer Erkenntnis Gottes damit Ereignis werden zu lassen und andererseits den Reichtum Gottes selbst damit zu preisen, daß wir bei keinem unserer Sätze verharren, keinen zum letzten Wort, zum Leitsatz oder Prinzip werden lassen, sondern von einem zum anderen schreiten, vom zweiten zum dritten jetzt, wobei wir, wenn wir bei diesem dritten dann vorläufig Halt machen werden, wohl wissen, ein Letztes auch mit ihm keineswegs gesagt zu haben, sondern, indem wir vorläufig zu Ende kommen, nur angezeigt zu haben, daß wir uns auf einem menschlichen Wege befinden, auf dem wir es gerade im Angesichte Gottes seiner Unendlichkeit nicht gleich tun wollen können.

Es besteht schon im Blick auf gewisse ausdrückliche Schriftaussagen eine gewisse Notwendigkeit, nachdem wir von Gottes Gnade und Barmherzigkeit gesprochen haben, nun auch die Vollkommenheit der göttlichen Geduld als eine besondere Vollkommenheit der Liebe und also des Wesens Gottes für sich ins Auge zu fassen.

Es gibt eine Reihe von alttestamentlichen Stellen: Ex. 34, 6, Joel 2, 13, Jona 4, 2, Neh. 9, 17, Ps. 86, 15; 103, 8; 145, 8, in denen in verschiedener Reihenfolge, aber offenbar in einer gewissen zur Formel gewordenen Notwendigkeit gerade diese drei: die Gnade, die Barmherzigkeit und die Geduld (oder die Langmut) Jahves, gewöhnlich unter zusammenfassender Ergänzung durch den Begriff seiner «großen Treue» als die Wesensmerkmale des in Israel offenbarten und an ihm handelnden Gottes genannt werden.

Fragen wir uns zunächst grundsätzlich, was wir unter dem Zeichen dieses dritten Begriffs, der Geduld Gottes, im besonderen zu sehen und zu lernen haben, so wird es zunächst wiederum nützlich sein, sich klar zu machen, daß es sich auch bei diesem dritten Schritt nicht um eine Deduktion aus einem allgemeinen Begriff von Liebe handeln kann. Wir sahen schon: Liebe im Allgemeinen muß nicht notwendig den Charakter der Gnade, sie muß nicht notwendig den Charakter der Barmherzigkeit haben. Wir müssen nun fortfahren: auch nicht notwendig den der Geduld! Liebe kann höchst ehrlich, höchst tief und feurig und zugleich höchst ungeduldig sein: sie kann ihren Gegenstand alsbald haben oder in einer qualitativ oder quantitativ bestimmten Weise haben wollen; sie kann ihn fressen und wenn sie das nicht kann, rächerisch zerstören wollen. Aber auch die Gnade im Allgemeinen, auch die Barmherzigkeit im Allgemeinen könnte und kann sich durchaus auch ungeduldig gebärden. Wir müssen schon die Liebe, Gnade und Barmherzigkeit Gottes und zwar nicht die irgend eines Phantasiegottes, sondern Gottes in seiner Offenbarung in

3. Gottes Geduld und Weisheit

Jesus Christus meinen, wenn wir erkennen und sagen wollen, daß die Liebe, die Gnade, die Barmherzigkeit notwendig auch dies ist: geduldig. Wir sahen: die Liebe Gottes ist darum notwendig Gnade, weil sie die Zuwendung eines unbedingt Überlegenen gegenüber einem ihm ebenso unbedingt Untergeordneten, nämlich des Schöpfers zu seinem Geschöpfe ist. Weil diese Zuwendung — in der ganzen Freiheit, ohne die sie nicht diese Zuwendung wäre — im Wesen des in Jesus Christus offenbaren Gottes liegt, darum und daraufhin sagen wir, daß Gottes Liebe gnädige Liebe ist. Und wir sahen weiter: Gottes Gnade ist darum notwendig Barmherzigkeit, weil jenes in diesem Verhältnis unbedingt Untergeordnete, weil das Geschöpf als solches und in seiner Bestimmung als sündiges Geschöpf sich in Bedürftigkeit, Not und Elend befindet, weil Gottes Zuwendung zu ihm als die Zuwendung des ihm unbedingt Überlegenen, notwendig dies in sich schließt, daß Gott sich seines Geschöpfs in seiner Bedürftigkeit und Not annimmt, an ihr beteiligt ist, indem er sie sich zu eigen macht, indem er sie sich selbst zu Herzen gehen läßt. Daß er das tut, daß er der ist, in dessen Wesen es liegt, dies zu tun, das macht Gottes Gnade — die Gnade des in Jesus Christus offenbaren Gottes — zur barmherzigen Gnade. Wir sahen also schon auf unserem bisherigen Erkenntnisweg, daß unsere Sätze auf einer schlechthin faktischen, konkreten Notwendigkeit beruhten: Dieser, nämlich der in Jesus Christus offenbarte Gott, liebt in Gnade und Barmherzigkeit. Es verhält sich nicht anders, wenn wir nun fortfahren und sagen, daß seine Liebe notwendig den Charakter der Geduld hat. Geduld ist da, wo Einer einem Anderen in bestimmter Absicht Raum und Zeit gibt, wo Einer einen Anderen auf ihn wartend gewähren läßt. Daß Gott dies tut, ja, daß solch planvolles Raum- und Zeitlassen, solches wartende Gewährenlassen in Gottes Wesen liegt, ja selber ganz und gar Gottes Wesen ist, — daß Alles, was Gott ist, auch darin beschlossen, damit gesagt ist, daß er geduldig ist, das versteht sich wirklich so wenig von selbst wie alles Frühere; auch das ergibt sich keineswegs aus einer einfachen Begriffsentwicklung. Gott könnte auch in der Weise gnädig und barmherzig sein, daß seine Liebe sein Geschöpf verzehren würde. Er könnte sich seiner Not in der Weise annehmen, daß er ihm gerade keinen Raum und keine Zeit mehr ließe, sondern ihm beide nähme, daß er seine verdorbene und von ihm verwirrte Existenz zurücknähme und aufhöbe, daß er den verkehrten und verderblichen Willen des Geschöpfs vernichtete, seinen eigenen guten Willen als Alleinwirklichkeit aufs Neue an die Stelle alles anderen Willens treten ließe. Müßte die Zuwendung des unbedingt Überlegenen zu dem unbedingt Untergeordneten, müßte der Selbsteinsatz des Schöpfers für das elende Geschöpf nicht logisch notwendig eigentlich dies bedeuten? Und könnte das nicht der wundervollste, der wirksamste, der hilfreichste Erweis der göttlichen Gnade und Barmherzigkeit sein, wenn Gott in der Weise Alles in Allem sein wollte, wie er es ohne die Schöpfung in sich selber in Ewigkeit sein könnte: der Sinn und Grund alles Andern ohne eigene Existenz dieses Andern, ohne dessen Unterschiedenheit von Gott? Ist die Existenz alles Anderen nicht identisch mit seiner Not, seine Not nicht identisch mit seiner Existenz? Gäbe es eine radikalere Liebe als die, die die Existenz des Geliebten gar nicht erst brauchte — eine radikalere als die, in der der Geliebte ganz und gar nur in dem Liebenden existieren — eine radikalere als die, die den Geliebten auf diese Existenzform zurückführen würde? Könnte also nicht gerade jene Möglichkeit des vernichtenden Zornes Gottes gegen seine Kreatur, die zu bedenken wir nun schon öfters Anlaß hatten, die eigentliche Möglichkeit der göttlichen Liebe sein: der ewige Tod als das Werk dieses göttlichen Zornes in Wahrheit die ewige Ruhe, der ewige Friede der Kreatur in Gott selber: unangerührt, nun wirklich unanrührbar von all der Anfechtung und Qual, die mit Raum und Zeit, die mit unserer Existenz als solcher offenbar unvermeidlich verbunden sind?

Man höre die heidnische und die vermeintlich christliche Mystik aller Zeiten und Länder von Gottes Liebe, Gnade und Barmherzigkeit reden! Man höre sie gerade in ihren entscheidenden, in ihren Spitzensätzen! Die Mystik hätte uns vielleicht — mit einigen Vorbehalten und besonderen Deutungen — auf unserem bisherigen Wege zur Not folgen können. Sie müßte und würde aber spätestens an dem Punkt, an dem wir uns jetzt befinden, abschwenken und als die Pointe ihrer Lehre von Gottes Liebe, Gnade und Barmherzigkeit, als das eigentlich und letztlich erlösende Wort eine Lehre von Gottes Ungeduld verkündigen müssen. Spätestens hier würde das eigentliche Ärgernis der christlichen Gotteserkenntnis gerade gegenüber aller Mystik (und auch gegenüber aller mystischen Umdeutung der christlichen Gotteserkenntnis) unversöhnlich sichtbar werden.

Es ist dem, den die christliche Kirche Gott nennt, notwendig eigen, nicht ungeduldig sondern geduldig zu sein. Die Notwendigkeit, von der wir reden, ist wiederum faktische, konkrete Notwendigkeit. Aus der Logik der allgemeinen Begriffe könnte sich in der Tat auch die Ungeduld Gottes ergeben. Hätten wir von Gott zu denken nach Maßgabe dessen, was uns fein und lustig und also göttlich deucht, dann könnten wir ihn uns jetzt in der Tat — wir befänden uns dabei in bester Gesellschaft — auch als ungeduldig denken. Eine herrliche, geschlossene, befriedigende Gotteslehre und eine ebenso herrliche, geschlossene und befriedigende Erlösungslehre würde sich von hier aus ergeben. Wir können gerade hier tatsächlich nur dann von Notwendigkeit — davon, daß Gott notwendig geduldig ist — reden, wenn wir die faktische, konkrete Offenbarung Gottes in Jesus Christus in ihrer faktischen konkreten Bezeugung durch die heilige Schrift für die lautere Quelle und für die notwendige Bedingung unserer Erkenntnis Gottes halten. Halten wir dafür, daß sie das sei, denken und reden wir in der Kirche und also vom Grund und Sein der Kirche in Jesus Christus her, dann ist unser Steuer zum vornherein so gerichtet, daß unsere Fahrt in der von der Mystik gewünschten und eingeschlagenen Richtung, in der Richtung einer Lehre von der Ungeduld Gottes, gerade nicht verlaufen kann. Nicht weil es, allgemein geredet, nicht so sein könnte, daß Gott ungeduldig wäre. Und nicht darum, weil ein ungeduldiger Gott nicht eine sehr schöne tiefsinnige Wahrheit sein könnte. Sondern schlicht darum, weil Gott geduldig ist, weil er, da wo er sich uns zu erkennen gibt, da wo allein im strengen vollen Sinn von Gotteserkenntnis zu reden sich lohnt, als geduldiger und nicht als ungeduldiger Gott sich selbst zu erkennen gibt. Gott gibt sich so zu erkennen, daß wir sagen müssen: in der konkreten Relation, in der Gottes Liebe, Gnade und Barmherzigkeit Ereignis ist, ist sie unübersehbar charakterisiert als Geduld. Sie ist so charakterisiert, daß wir geradezu sagen müssen, daß wir sie allein in diesem Charakter als göttliche Liebe, Gnade und Barmherzigkeit erkennen können, so charakterisiert, daß seine Geduld uns geradezu zu einem weiteren Unterscheidungsmerkmal zwischen dem Göttlichen und dem Schein-Göttlichen, dem Dämonischen werden muß.

Wir definieren: die Geduld Gottes ist sein, in seinem Wesen liegender, sein Sein und Tun konstituierender Wille, einem Anderen um seiner Gnade und Barmherzigkeit willen und in Behauptung seiner Heiligkeit und Gerechtigkeit Raum und Zeit für seine eigene Existenz, ihm damit diese seine eigene Existenz Wirklichkeit neben der seinigen zu lassen und also seinen Willen an diesem Andern so zu vollstrecken, daß er es als dieses Andere nicht aufhebt und zerstört, sondern begleitet, erträgt und gewähren läßt.

Patientia Dei est, qua iram suam erga homines ita moderatur Deus, ut conversionem et resipiscentiam eorum expectet vel poenam differat, vel iram suam totam uno momento non effundat. (Quenstedt, *Theol. did. pol.* 1685 I *c.* 8 *sect.* 1 *th.* 33). Polanus hat neben dem von ihm ganz ähnlich definierten Begriff der göttlichen *patientia (Synt. Theol. chr.* 1609 *col.* 1146) den der clementia Gottes gestellt: *benignissima eius voluntas, per quam etiam in ira misericordiae suae recordans, nobis est propitius parcitque nobis etiam si aliter meriti simus, malens resipiscentiam et conversionem nostram quam mortem (ib. col.* 1152). Man wird in der Tat diese Ergänzung oder Erklärung: *etiam in ira ... recordans* hinzunehmen müssen und kann dann dieser orthodoxen Definition jedenfalls dies entnehmen: Es handelt sich, wenn Gott geduldig ist, auf keinen Fall um eine Schwäche Gottes in der Ausübung seiner Gnade und Barmherzigkeit. Daß Gott heilig und gerecht ist, daran ist nicht zu rühren, daran ist nichts zu ändern. Und von dem, was das für die Kreatur, für den Menschen in seiner Begegnung mit Gott bedeutet, ist nichts abzustreichen. Daß Gottes Zorn entbrennt in dieser Begegnung und daß es in ihr auf seiten des Menschen einer völligen Umkehr bedarf, dabei bleibt es. Aber darin zeigt sich nun die Göttlichkeit seiner Gnade und Barmherzigkeit und also auch seiner Heiligkeit und Gerechtigkeit, daß in dieser Begegnung und also in Gott selber eine *moderatio* oder eine *recordatio* stattfindet. Gottes Zorn ist darin Gottes und also ein heiliger und gerechter Zorn, daß er nicht wie irgend ein anderer Zorn losbricht und seinen Lauf, d. h. aber als der Zorn des Allmächtigen seinen schlechthin vernichtenden Lauf nimmt, sondern daß er gelenkt und bestimmt ist, daß er seine eigene Form und also auch seine Grenze hat: nicht eine von außen ihm auferlegte, wohl aber die ihm von Gott selbst, der der Herr auch seines Zornes ist, kraft dessen, was er weiß und will, gesetzte Bestimmung, Form und Grenze. Und darin zeigt es sich auf seiten des Menschen, daß er es mit **Gott** — mit **seiner** Gnade und Barmherzigkeit, mit **seiner** Heiligkeit und Gerechtigkeit, mit **seinem** Zorn zu tun hat und nicht mit einem Dämon, dem vielleicht in besimmtem Sinn das Alles auch zuzuschreiben wäre: es ist sein Teil in seiner Begegnung mit Gott nicht das Vergehen, nicht der Tod, sondern die Umkehr, *resipiscentia* und *conversio,* und eben dazu ist ihm Raum und Zeit und Existenz nicht genommen, sondern wie gegeben, so auch gelassen. Man merke: Gott ist nicht gewaltiger in seinem Tun als in seinem Ansichhalten. Ja, es besteht hier gar kein Gegensatz: es ist auch sein Ansichhalten nur eine bestimmte Form seines immer gewaltigen Tuns und Seins. Gott ist also nicht weniger gewaltig in seiner Geduld als in seiner Gnade und Barmherzigkeit und als in dem heiligen und gerechten Zorn, in welchem er gnädig und barmherzig ist. Gott nimmt sich nicht zurück, indem er an sich hält, sondern es ist auch das — und recht verstanden gerade das — das rücksichtslose Ausbrechen seiner ganzen göttlichen Herrlichkeit, daß er **geduldig** ist in seiner Gnade und Barmherzigkeit und also **geduldig** auch in seinem heiligen und gerechten Zorn. Polan hat recht, wenn er (*ib. col.* 1145) hervorhebt, daß die *patientia* Gottes kein *pati* bedeutet. Wir werden hinzufügen: kein von außen ihm auferlegtes, kein seine Majestät minderndes *pati*. Hält Gott sich zurück, wie es in dem neutestamentlichen Wort ἀνοχή ausgedrückt ist, so ist auch dieses Sichzurückhalten als die Machttat Gottes zu verstehen. Gott könnte nicht mehr, sondern er würde weniger, er würde gar nicht Gott sein, wenn er nicht geduldig wäre. «Um meines Namens willen halte ich hin meinen Zorn und um meines Ruhmes willen verschone ich, daß ich dich nicht ausrotte» (Jes. 48, 9). Heißt der andere neutestamentliche Begriff für diese Sache: μακροθυμία, so dürfte das deutsche Wort «Langmut» jedenfalls insofern eine schlechte Übersetzung sein, als sie die Vorstellung eines Zögerns, einer Weichheit, einer Nachgiebigkeit und Dehnbarkeit des Willens Gottes nahelegen könnte. Vielmehr dies, daß er ein großer, starker, harter, siegreicher Wille ist, sagt jener Begriff! Er ist es als gnädiger und barmherziger Wille und darum ist er wartend und gewährenlassend. Es muß aber dieses Warten und Gewährenlassen selber und als solches als ein Plus und nicht als ein Minus von Gottes Freiheit, Macht und Aktivität, es muß auch es als die besondere Form der göttlichen Majestät verstanden werden: genau so wie seine Barmherzigkeit zu verstehen ist.

Der Begriff der Geduld Gottes ist eine Erweiterung, Erklärung und Verstärkung des selber aktiv und dynamisch zu verstehenden Begriffs seiner Barmherzigkeit. Darin besteht aber dessen Erweiterung, Erklärung und Verstärkung durch den Begriff der Geduld, den wir jetzt besonders ins Auge zu fassen haben: Gott macht die Sache der Kreatur, der von ihm verschiedenen Wirklichkeit in der Weise zu seiner eigenen Sache, daß er die Kreatur als Wirklichkeit gelten läßt, daß er sich für sie in Anerkennung und nicht in Aufhebung ihrer Wirklichkeit einsetzt. Für sie als solche wird er hart gegen sich selber. Für sie als solche leidet er. Für sie als solche hat er seinen eigenen Sohn dahingegeben. Für sie als solche — das bedeutet: Gottes Barmherzigkeit waltet nicht in der Weise, daß sie ihren Gegenstand überrennt, überwältigt, aufhebt. Gott tritt nicht in der Weise an die Stelle der Kreatur, daß er diese auslöscht und zunichte macht. Daß er sich ihre Not zu Herzen gehen läßt, bedeutet nicht, daß er ihr das Leben nimmt, bezw. daß er ihr Leben zu einer bloßen Möglichkeit oder Erinnerung innerhalb seines eigenen Lebens werden läßt. Es bedeutet die Begegnung seiner ewigen Liebe mit der im Raum und in der Zeit existierenden Kreatur nicht die Zerstörung und Hinwegnahme ihres Raumes und ihrer Zeit und also ihrer Existenz als solcher. Daß Gott für sie eintritt in seiner Barmherzigkeit, das darf und muß in beiden Worten «für» und «sie« ganz real verstanden werden: so also, daß dieses Eintreten Gottes für die Kreatur ihr Leben, was immer jene Begegnung mit Gott für dieses ihr Leben bedeuten und mit sich bringen mag, nicht aus-, sondern in sich schließt — so also, daß der versöhnende Wille Gottes zugleich die Aufrechterhaltung seines Schöpferwillens und seiner Schöpfertat ist: «Was unser Gott geschaffen hat, das will er auch erhalten, darüber will er früh und spat mit seiner Gnade walten». D a r ü b e r — und also nicht so, daß die Gnade die Katastrophe der Natur bedeutet. Sie bedeutet das radikale Gericht über sie. Sie bedeutet ihre radikale Veränderung und Erneuerung. Sie bedeutet aber nicht ihre Katastrophe, nicht ihr Ende.

Insofern ist dem so oft gefährlich gebrauchten und sicher schon ursprünglich gefährlich gemeinten Wort des T h o m a s v. A q u i n o recht zu geben: *gratia non tollit (non destruit) sed (praesupponit et) perficit naturam.* So geht Gott mit seiner Kreatur um, indem er sich ihres Elends annimmt. So ist seine Barmherzigkeit bestimmt. Sie ist gewaltiger als so, daß sie verderben und töten müßte, um zu ihrem Ziel und Ende zu kommen. Sie ist so gewaltig, daß sie auch warten, daß sie auch gewähren lassen kann. Es ist der Abgrund des göttlichen Herzens so tief, daß in ihm das Andere, die von Gott verschiedene Wirklichkeit in allem ihrem Elend Raum hat, ohne vergehen zu müssen. Dieses Andere darf leben. Wohlverstanden: leben als Gegenstand seiner Barmherzigkeit und also leben unter seiner Gerechtigkeit, leben unter der vollen, strengen Auswirkung dessen, was ihre Begegnung mit Gott, was Gottes eigenes Eintreten für sie bedeuten muß. Von einem indifferenten Nebeneinandersein von Gott und Kreatur und also von einem Ansichhalten Gottes, das ein Nichttun Gottes bedeuten würde, kann gar keine Rede sein. Es ist das Verhältnis zwischen beiden vielmehr ein sehr bestimmtes Tätigkeitsverhältnis. Es ist dieses: das Gott-Kreatur-Verhältnis, in welchem an der Kreatur geschieht, was Gottes Wille ist. Aber eben das gehört mit in die volle strenge Auswirkung jener Begegnung. Eben das geschieht ihr als Gottes Wille: daß Gott an ihr als der handelt, der in seiner ganzen Freiheit, Macht und Aktivität erhält, was er geschaffen hat, sodaß sie leben darf. Das ist Gottes Geduld.

Daß auch sie das mächtige und nicht ein irgendwie ohnmächtig gewordenes Gottsein Gottes ist, das muß uns sofort deutlich werden, wenn wir dem Zeugnis der Schrift von Gottes Offenbarung unter diesem besonderen Gesichtspunkt im Einzelnen nachgehen.

Wir setzen ein bei der Erzählung von K a i n (Gen. 4, 1—17, vgl. dazu W. V i s c h e r, Jahve der Gott Kains 1929). Eva hat «mit Jahve einen Mann hervorgebracht»: die erste Menschengeburt, Kain in seiner Größe, aber auch in seiner ganzen Bedrohtheit vom Sündenfall des ersten Menschen her. Von diesem letzteren redet merkwürdigerweise nicht sein, sondern seines Bruders Name Habel. Daß sie beide, wie sie mit ihrem Opfer bezeugen, von Gottes Gnade leben müssen, das führt jetzt zur Offenbarung der menschlichen Sünde in Kains Tat und Schuld. Auch Kain hat Gnade gesucht, aber nicht so wie man Gottes Gnade suchen muß:

nicht im rechten Handeln vor Gott und darum nicht frei aufschauend, sondern, wie seine nachher aufbrechende Eifersucht zeigt, um Gott für sich zu gewinnen. Darum findet er keine Gnade. Vor seiner Türe lauert die Sünde und er wird ihr so, indem er die Gnade suchend, die Gnade von sich stößt, nicht Herr werden. Der Haß gegen die Gnade manifestiert sich als Haß gegen den Bruder, im Mord des Bruders, in der Verantwortungslosigkeit, in der er um beides nicht wissen will: «Ich weiß nicht. Bin ich denn meines Bruders Hüter?» Aber was er vor Gott verbergen will, das ist vor Gott nicht verborgen: «Was hast du getan? Horch, das Blut deines Bruders schreit zu mir empor vom Ackerland!» Und Kain wird verflucht, hinwegverflucht von diesem Acker: er soll ihm hinfort seinen Ertrag nicht mehr geben. «Unstet und flüchtig sollst du sein auf Erden.» Das ist die Begegnung der Kreatur mit ihrem Gotte. So unerträglich, so unmöglich wird ihre Existenz in dieser Begegnung. Man wird nicht sagen können, daß Gottes Heiligkeit und Gerechtigkeit in dieser Geschichte nicht zur Geltung komme. Aber die Geschichte ist noch nicht zu Ende. Gottes Heiligkeit und Gerechtigkeit scheint noch anders zur Geltung kommen zu wollen, noch anders beschaffen zu sein als es in dem Bisherigen sichtbar wurde. Schon die Verzweiflung, in der Kain selber allein auf das über ihn ausgesprochene Urteil antworten kann, ist nicht das Letzte, das auch nur über i h n zu sagen ist. In dieser Verzweiflung erkennt und bekennt er ja: «Meine Strafe ist größer, als daß ich sie tragen könnte». Darin steckt offenbar objektiv wie in der ähnlichen Klage des Hiob das, was Luther hier übersetzt mit: «Meine Sünde ist größer als daß sie mir vergeben werden könnte». Hat Kain jetzt nicht doch Gottes Gnade so gesucht, wie sie als Gottes Gnade gesucht sein w i l l ? Offenbar doch. Denn jetzt hat er sie nach der unzweideutigen Aussage der Geschichte jedenfalls gefunden. «So wird mich denn totschlagen, wer mich antrifft» meint Kain in seiner Verzweiflung. Jahve aber antwortet ihm: «Nicht also! Wer immer Kain totschlägt, an dem wird es siebenfältig gerächt. Und der Herr versah Kain mit einem Zeichen, daß Keiner ihn erschlüge, der ihn anträfe. Also zog Kain hinweg von dem Angesichte Jahves und wohnte in dem Lande Nod, östlich von Eden. Und Kain wohnte seinem Weibe bei; da ward sie schwanger und gebar den Henoch». Wir sehen: Von der G e d u l d Gottes ist in der Geschichte, die darin ihre Spitze hat. daß dem Tötenden nicht mit Tod vergolten werden soll, die Rede. Kain der Mörder darf leben. Nicht weil er es von sich aus könnte, aber weil Gott es so will und geschehen läßt. Nicht weil er den Tod nicht verdient hätte, aber weil Gott seinen verdienten Tod nicht will. Nicht weil er nicht unter Gottes Zorn und Fluch stünde: er hat den Kain getroffen und Kain muß ihn tragen. Kain soll aber nicht wieder getötet werden. Es ist das Zeichen, mit dem Gott ihn versieht, zweifellos das Malzeichen der aus seiner Verachtung der Gnade notwendig erwachsenen Sünde, das Malzeichen des Menschenmordes; aber es ist dasselbe Zeichen auch das ihm von Gott gegebene Schutzzeichen, das Bundeszeichen geradezu, laut dessen Jahve sich als den Rächer und Retter dieses Menschenmörders bekennt, laut dessen — hier zuerst in der Bibel! — Gott selbst sich an den sündigen Menschen gewissermaßen vertraglich gebunden hat. So ist Gott heilig und gerecht: so, daß er den hält, am Leben erhält (u. zw. mit dem Einsatz seines Wortes und mit der Gabe des Zeichens seiner eigenen Person als des Herrn dieses Menschen am Leben erhält), der sein Leben vor ihm verwirkt hat. So ist Gott heilig und gerecht, daß wer gegen diesen Kain ist, nun nicht etwa für sondern gegen ihn, den heiligen und gerechten Gott selber ist, seinem schwereren Gericht verfallen müßte. So triumphiert in Gottes Geduld das allmächtige, gnädige und barmherzige und gerade so heilige und gerechte Gottsein Gottes.

Wir finden denselben Sachverhalt in der N o a h geschichte Gen. 6—9. Von einem vernichtenden Gericht Gottes erzählt sie und dennoch ist sie 1. Petr. 3, 20 sicher auch in ihrem eigenen Zusammenhang und ursprünglichen Sinn richtig verstanden,

3. Gottes Geduld und Weisheit

indem sie unter das Zeichen der Geduld Gottes gestellt wird. Denn nicht das ist ja ihr Gehalt, daß es Gott gereute, den Menschen geschaffen zu haben und daß er es beschloß und vollendete, ihn und mit ihm alle lebenden Wesen zu vertilgen, sondern das ist ihr eigentliches und letztes Wort: daß Gott mitten in seinem Zorn den einen Noah findet und mitten in seinem Gericht den einen Noah errettet, wieder nicht um dessen eigener Vortrefflichkeit willen, sondern weil er Gnade fand vor ihm (Gen. 6, 8), weil und indem er «gerecht von ihm» erfunden wurde (7, 1). Dies ist der Gehalt dieser Geschichte: daß Gott, indem er um seiner Heiligkeit und Gerechtigkeit willen das Menschengeschlecht und alles Lebendige vernichtet, zugleich für das weitere Leben dieses Menschengeschlechtes und für den Nachwuchs aller übrigen Wesen sorgt und also nach dem großen Sterben alles Fleisches auf Erden des geretteten Noah Opfer annimmt und ihm zusagt: «Ich will hinfort nicht mehr die Erde um des Menschen willen verfluchen... Und ich will hinfort nicht mehr schlagen, was da lebt, wie ich getan habe» (Gen. 8, 21 vgl. 9, 11). Sondern: «Solange die Erde steht, soll nicht aufhören Saat und Ernte, Frost und Hitze, Sommer und Winter, Tag und Nacht». Und wieder wird ein Zeichen gestiftet: der Bogen in den Wolken als «Bundeszeichen zwischen mir und der Erde» (Gen. 9, 12 f.), das nach Gen. 9, 16 nicht nur der Mensch ansehen darf, sondern das Gott selber ansehen will um dieses Bundes zu gedenken. Wieder geht es, wie in der Kainsgeschichte, zunächst um das Leben — man möchte fast sagen: in einer gewissen Abstraktion n u r um das Leben — des Menschen und um dessen Erhaltung, um seinen ihm gewährten Raum auf der Erde, um sein ihm gelassenes Dasein in der Zeit und in den notwendigen Wechseln der Zeiten: trotz und angesichts dessen, daß das Dichten und Trachten des menschlichen Herzens böse ist von Jugend auf. Aber gerade in dieser Abstraktion sagt die Geschichte umso deutlicher: das gehört a u c h zu Gottes Tun und Wesen, das ist es a u c h, was seine Heiligkeit und Gerechtigkeit zu seiner, der göttlichen Heiligkeit und Gerechtigkeit macht, daß er wohl straft und tötet, aber strafend und tötend immer auch noch Raum läßt. Wem läßt er Raum? Der Kreatur? Geht es um sie? Um ihr Leben an sich und als solches? Offenbar auch um sie, aber wiederum offenbar — ihr Leben ist ja ein verwirktes Leben — vor Allem und eigentlich um Gott selber, der mit dieser Kreatur noch nicht fertig ist, der mit ihr weiter zusammensein und weiter an ihr handeln will, der also, indem er ihr das Leben läßt, sich selber Raum schafft für das, was er in seinem Verhältnis zu ihr selber fernerhin sein und tun will. Hängt nicht die ganze Geschichte seines Bundes mit dem Menschen, hängt nicht der Abrahamsbund, der Sinai-Bund und Alles, was in diesem geschieht — hängt aber nicht vor Allem auch die Erfüllung aller Verheißungen aller dieser Bünde in Jesus Christus auch daran, daß dieser noachitische Bund geschlossen und gehalten wurde und immer noch treulich gehalten wird? Hängt nicht die Gnade und Barmherzigkeit Gottes daran, daß es eine Geduld Gottes gibt: dieses Raumlassen für die sündige Kreatur, mit dem er sich selber Raum schafft, weiter mit ihr zu reden und zu handeln? Wir müßten gewiß das allmächtige Gottsein Gottes auch in dem Ende verehren, das er aller Kreatur endgültig bereiten wollen und längst bereitet haben könnte. Wie sollten wir aber, da er es anders gewollt hat und will, da er uns mit dem Zeichen des Kain und mit dem Zeichen des Noah versehen wollte, nicht sagen, daß das erst das allmächtige Gottsein des lebendigen Gottes ist, daß er gerade nicht ungeduldig sondern geduldig ist?

Daß der ungeduldige Gott tatsächlich ein kleiner, menschlicher, schwacher und letztlich falscher Gott wäre, daß gerade der geduldige Gott der große, göttliche, starke und wahre Gott ist, das ergibt sich besonders deutlich aus dem Buche J o n a. Man beachte das Verhältnis der beiden Teile dieser Schrift: Zuerst (cap. 1—2) Jonas eigener Ungehorsam gegenüber seiner prophetischen Sendung, die Bestrafung dieses Ungehorsams und seine gnädige und wunderbare Errettung aus dem Bauche des

Fisches, wie sie in dem Psalm cap. 2, 3 f. von Jona erfleht und schon im voraus verherrlicht wird. Dann, cap. 3—4, scheinbar der Gehorsam des Propheten. Aber dann derselbe Mensch, der in jener unbegreiflichen Weise der Gegenstand der Geduld Gottes gewesen ist, als deren allzu schlechter Interpret, ja man möchte sagen: gänzlich unwissend hinsichtlich des Textes, der ihm soeben gelesen worden ist: der Prophet angesichts der Tatsache, daß Gott es sich auf die Buße der Niniviten hin gereuen läßt, die Stadt zu zerstören. Dann die Anklage (!) dieses Menschen gegen Gott: «Ich wußte ja, daß du ein gnädiger barmherziger Gott bist, langmütig und reich an Huld und daß dich des Übels gereut». Dann geradezu die nachträgliche Begründung und Rechtfertigung seines eigenen ursprünglichen Ungehorsams, gewissermaßen die Wiederholung der ihm zuvor wunderbar vergebenen Sünde: «Ach, Herr, das ists eben, was ich mir sagte, als ich noch in meinem Lande war. Darum wollte ich auch das erste Mal nach Tharsis fliehen» (4, 2). Geradezu des Lebens überdrüssig wird dieser Prophet, der eben vom Tode Errettete und in letzten Tönen meint er, der Beter und Psalmsänger von cap. 2, jetzt, ungeduldig die Ungeduld Gottes sogar über sich selbst herabbeschwörend, beten zu dürfen: «Und nun, o Herr, nimm doch meine Seele von mir; denn es ist mir lieber ich sterbe, als daß ich noch weiter lebe.» Und dann 4, 5 f. die köstliche Wiederholung des Ganzen in Form einer förmlichen Burleske: der Prophet läßt sich jetzt im Osten der Stadt nieder, um zuzusehen, wie es dieser ergehen werde, erfreut über eine Ricinusstaude, die ihm bei diesem Warten auf den Zorn Gottes den nötigen Schatten gibt: «Über diesen Ricinus freute sich Jona sehr». Aber schon sendet Gott als kleines Gericht einen Wurm; der stach den Ricinus, so daß er verdorrte und Jona in unerwünschter Weise die Wärme der Sonne zu spüren bekommt und damit ein zweites Mal Gelegenheit, sich den Tod und also einen ungeduldigen Gott zu wünschen. Ihm hilft nicht die ironische Frage: «Ist es recht, daß du so zürnst um des Ricinus willen?» Ja, antwortet er, «mit Recht zürne ich so, daß mir das Leben verleidet ist». Was ist da zu tun? Wer hat nun Recht? Der ungeduldige Prophet, der um des Ricinus willen solchen Jammer erhebt und in solchem Jammer so recht zu haben meint? Oder der geduldige Gott, als dessen letztes Wort wir die Frage hören: «Und mich sollte der großen Stadt nicht jammern, in der über 120000 Menschen sind, die zwischen rechts und links noch nicht unterscheiden können, dazu die Menge Viehs?» Wir erfahren nichts davon, daß der Prophet eines Besseren belehrt worden wäre. Wir aber sollen durch seine Geschichte offenbar darüber belehrt sein, wer und was Gott ist und nicht ist. Denn wir erfahren a u c h nicht, daß des Jona ungeduldiges Gebet um das Tun eines ungeduldigen Gottes irgendwelche Erhörung gefunden hätte. Es scheint, daß er selbst samt jenen 120000 Unmündigen und allen übrigen Einwohnern jener Stadt und samt der Menge des Viehs, die es daselbst gab, n i c h t ums Leben kam, sondern am Leben — an dem Leben, das er sich selbst mit jenen abgesprochen hatte — g e l a s s e n wurde. Das Wort der Geduld Gottes ist gegenüber Ninive und ihm zum Heil auch gegenüber ihm selbst das letzte Wort, das in dieser Schrift zu lesen ist. Verkündigt sie nicht gerade so, gewaltiger als jede Strafgerichtsschilderung über die Stadt oder den Propheten es könnte, das allmächtige, heilige und gerechte Gottsein Gottes?

Gott gibt das Heft nicht aus der Hand, indem er Geduld übt. Gibt er dem sündigen Menschen Raum, läßt er ihm das Leben, dann geschieht das entweder wie bei den Niniviten im Blick auf dessen s c h o n g e s c h e h e n e Buße und Umkehr. Unter dieser Voraussetzung ist offenbar auch Hesek. 18, 21 f. zu verstehen: «Wenn sich der Gottlose bekehrt von allen seinen Sünden, die er begangen hat und alle meine Satzungen hält und Recht und Gerechtigkeit übt, so soll er am Leben bleiben, er soll nicht sterben. Aller der Missetaten, die er begangen hat, wird nicht mehr gedacht; um der Gerechtigkeit willen, die er geübt hat, soll er am Leben bleiben. Habe ich etwa Wohlgefallen am Tode des Gottlosen, spricht Gott der Herr und nicht vielmehr daran, daß er sich von seinem Wandel bekehrt und am Leben bleibe?» Oder aber Gottes Geduldsübung geschieht mit dem Ziel und der Absicht der **künftigen** Buße und Umkehr des Menschen. Davon scheint Paulus Röm. 2, 4 zu reden, wenn er den verstockten Juden fragt: ob er den Reichtum der Güte, Geduld und Langmut Gottes verachte? «Weißt du nicht, daß die Güte Gottes dich zur Buße leitet?» Davon doch wohl auch Röm. 9, 22 f., wo gesagt ist, «daß Gott, obwohl er seinen Zorn erweisen und seine Macht kundtun wollte, Gefäße des Zorns, die für das Verderben hergestellt waren, in viel Langmut getragen hat, zugleich um den Reichtum seiner Herrlichkeit an Gefäßen des Erbarmens kundzutun, die er zur Herrlichkeit vorbereitet hat». Und davon 2. Petr. 3, 9: «Derr Herr verzögert nicht die Verheißung, wie gewisse Leute es für eine Verzögerung halten, sondern er ist langmütig gegen euch, indem er nicht will, daß Jemand verloren gehe, sondern daß Alle zur Buße gelangen.» In diesem Sinn hat Paulus 1. Tim. 1, 16 sich selbst, der nachher durch Gottes Erbarmen zum Vorbild des Glaubens gemacht wurde, als Gegenstand der μακροθυμία Jesu Christi bezeichnet. In diesem Zeichen steht offenbar auch die merkwürdige, die Situation so ziemlich aller Zeiten der israelitischen Geschichte rekapitulierende Darstellung am Anfang des Richterbuches, nach welcher immer aufs neue auf Israels Abfall Gottes Zorn und Israels Preisgabe an seine Feinde, auf solches Unglück ein neues Rufen Israels zu seinem Gott, auf dieses Rufen eine neue Hilfe und Rettungstat Gottes, auf diese Hilfe und Rettung dann freilich auch immer wieder neuer Abfall, neuer Zorn und neue Preisgabe erfolgten. (Richt. 2, 11—22.)

Gerade hier bricht nun freilich auch das Problem auf, angesichts dessen man so oft zu jenen weichlichen und unwürdigen Vorstellungen von Gottes Geduld gegriffen hat: Was meint und worauf zielt Gott eigentlich, wenn er Geduld übt? Was ist es denn mit dieser menschlichen **Buße**, um derenwillen, auf die zurückblickend oder auf die vorausblickend, Gott in seinem Zorn innehält, die Strafe nicht vollzieht, sondern den Menschen das Leben läßt oder nur an den Einen vollzieht, um den Anderen das Leben zu lassen, oder jetzt gewaltig verdirbt, jetzt aber ebenso gewaltig errettet? Gibt es denn irgendwo und irgendeinmal eine wirkliche menschliche Buße, um derenwillen es sich für Gott lohnte, die Menschen zu verschonen, ihnen also Zeit und Leben zu lassen. Waren die Geschlechter nach der Flut etwa besser als die vorher? Haben sie nicht alsbald den Turm von Babel zu bauen für richtig gehalten? Ist nicht alles ihr Bußetun jenem vorübergehenden Hilferufen Israels in der Richterzeit nur allzu ähnlich? Wo ist auch nach der Darstellung der Bibel selber auch nur ein einziger Bekehrter, dessen Existenz die Geduld Gottes und also die Erhaltung der Kreatur nun wirklich rechtfertigen würde? Etwa Abraham, Isaak oder Jakob? Etwa Mose? Etwa David? Gibt es etwa echte Ausnahmen gegenüber dem, was Jes. 65, 1 f. zu lesen steht: «Ich war zugänglich für die, die **nicht** nach mir fragten; ich ließ mich finden von denen, die mich **nicht** suchten. Zu einem Volke, das meinen Namen **nicht** anrief, sprach ich: Da bin ich. Da bin ich! Ich streckte meine Hände allezeit aus nach einem störrischen widerspenstigen Volke, das auf schlimmem Wege geht, seinem eigenen Sinne folgend, nach Leuten, die mich ohne Unterlaß reizen offen ins Angesicht, die da opfern in den Gärten und räuchern auf den Ziegelsteinen, die in Gräbern sitzen und in Höhlen liegen die Nacht durch, die da Schweinefleisch essen und Greuelbrühe haben in ihren Geschirren...» Was soll dann aber die Geduld Gottes? Ist sie dann nicht doch Ohnmacht? Läßt sich dann Gott nicht doch zum Narren halten? Denn wo und wann wird sich nicht sowohl die geschehene als auch die erwartete Buße als eine Täuschung erweisen?

Und nun könnte man ja auch umgekehrt fragen: Wo **bleibt** faktisch die **Geduld** Gottes? Wie oft heißt es nun doch auch, daß es Gott nicht nur seines Zornes sondern auch seiner Güte und Wohltat «reute»! Wie oft, an wie Vielen und wie vernichtend scheint sich nun doch auch seine Ungeduld auszuwirken, wie gründlich scheint nun doch auch sein Zorn faktisch seinen Lauf zu nehmen! Wieviel Tod geht faktisch trotz Allem über Israel! Und ist das Letzte nicht doch die Katastrophe dieses Volkes, hinter der dann nach dem Neuen Testament sogar eine Katastrophe und zwar eine Endkatastrophe der ganzen Menschheit, ja der ganzen Welt, ein «Vergehen des Himmels und der Erde» (Matth. 24, 35) sichtbar zu werden scheint? Wo bleibt da die Geduld Gottes? Was hat es nun eigentlich zu bedeuten, wenn es Jes. 54, 8 heißt: «Im Aufwallen meines Zornes verbarg ich einen Augenblick mein Antlitz vor dir, aber mit ewiger Güte habe ich mich deiner erbarmt, spricht der Herr, dein Erlöser»? Oder Ps. 30, 6: «Sein Zorn währt einen Augenblick, seine Huld aber lebenslang: am Abend kehrt Weinen ein, und am Morgen Jubel»? Ist nicht Alles gerade umgekehrt? Wird auf diesen Morgen nicht ein neuer Abend des Weinens folgen und schließlich eine dementsprechende Nacht ohne Aufhören? Wird nicht schließlich die Güte und Huld Gottes die Sache eines Augenblicks gewesen sein, als das Lebenslängliche und Ewige aber gerade sein Zorn das Wort behalten müssen? Da er ja auf wirkliche Buße schließlich doch immer umsonst gewartet hat und warten wird? Man wird die Frage gerade wenn man sich an das biblische Zeugnis von Gottes Geduld hält, schon nicht vermeiden können, sondern allen Ernstes stellen müssen: Kann denn Gott geduldig sein? Und ist er es denn wirklich? Und wenn man sich nun nicht sofort die biblische Antwort geben läßt, wenn man diese Frage selber nun etwa nicht von der biblischen Antwort her stellt (wenn man nämlich nicht beachtet, daß wir das entscheidende Moment des biblischen Zeugnisses bis jetzt noch nicht berührt haben!) dann wird man diese Frage kaum anders als negativ beantworten können. Man wird dann im Blick auf das, was als menschliche Buße und Umkehr angeblich der Sinn und das Ziel der göttlichen Geduld sein müßte, sagen müssen, daß jene Geduld — wollen wir sie nicht geradezu als Schwachheit, als ein vorübergehendes Nicht-Gottsein Gottes auslegen — auf alle Fälle nur als sein vorläufiges und letztlich scheinbares Verhalten und also nicht als ewig verstanden werden darf, daß jene Geduld kein eigentliches und inneres Sein und Wesen Gottes ist, sondern allenfalls eine Bestimmung seines *opus ad extra* sein mag, dem aber *ad intra,* in der Eigentlichkeit Gottes doch seine Ungeduld und also auch *ad extra* schließlich sein zorniges Strafen und Vernichten entsprechen müßte: ein *dies irae,* in welchem Gerechte und Ungerechte, Fromme und Unfromme, Bußfertige und Unbußfertige in gleicher Weise nicht bestehen könnten. Das müßte das Ende sein und wäre Gott auch dann noch als die Liebe zu verstehen, dann nur als jene radikal ungeduldige, als die im Verzehren ihres Gegenstandes brennende Liebe. Wie merkwürdig freilich, daß dieses notwendige Ende und mit ihm die Offenbarung dieses eigentlichen Wesens Gottes nach der Bibel dann immer wieder hinausgeschoben wäre! Wie merkwürdig, daß es nach ihrer Darstellung nun doch zu jenem ganzen langen Spiel von Geduld und Ungeduld, Milde und Härte Gottes, Buße und neuem Abfall des Menschen überhaupt kommen kann? Wäre dies dann nicht ein schließlich für beide Teile auch wieder unwürdiges, ein unnütz grausam veranstaltetes und unnütz grausam zu erleidendes Spiel? Möchte man dann nicht schon angesichts des Alten Testamentes fragen: ob hier nicht Katze und Maus gespielt werde, ein Spiel, das sich der Mensch schließlich einmal — in bösem, verzweifeltem, prometheischem Trotz, aber zwischen zwei Übeln das geringere wählend, auch verbitten, dem er sich auch entziehen wollen dürfte? Ein Spiel, dem gegenüber — möge es denn mit uns gespielt werden! — uns wenigstens die Augen zu verhüllen endlich und zuletzt der Weisheit bester Teil sein dürfte? Dieser Gedankengang — und für die, die sich dazu für stark genug halten, wohl auch diese seine letzte Folgerung — ist kaum aufzuhalten, wenn das entscheidende Moment des biblischen Zeugnisses von Gottes Geduld nun etwa n i c h t zu Worte kommen sollte. Es kann und muß aber zu

Worte kommen und dann wird der eigentliche Sinn und Grund nun auch seiner bisher berührten Momente sichtbar, dann wird jener Gedankengang aufgehalten.

Das entscheidende Moment des biblischen Zeugnisses von Gottes Geduld ist dies, daß Gott nach Hebr. 1, 3 durch sein kräftiges Wort alle Dinge trägt. Durch sein Wort! D. h. auf alle Fälle: nicht veranlaßt durch und nicht gebunden an das, was als Buße und Umkehr auf unserer Seite von uns aus sichtbar und wirklich wird. Was hier sichtbar und wirklich wird, das ist in der Tat jenes Hin und Her von Bußfertigkeit und Unbußfertigkeit, das an Israel exemplarisch genug sichtbar wird und dessen letztes Wort schließlich doch Israels Unbußfertigkeit sein wird. Diesem letzten Wort von unserer Seite könnte auf Seiten Gottes in der Tat nur das Zorngericht entsprechen und ihm entspricht es denn auch. Durch das Mittel dieses unseres letzten Wortes könnte Gott alle Dinge, könnte er die sündige Kreatur in ihrem Elend auf keinen Fall tragen. Dieses Wort ist jedenfalls dazu, alle Dinge zu tragen, bestimmt nicht kräftig. Gott trägt sie aber durch sein Wort. Und dieses Wort ist als solches kräftig. Dieses Wort ist nach Hebr. 1, 2 das Wort des Sohnes, durch den er am Ende dieser Tage, nämlich am Ende der Tage der Väter und Propheten, zu uns geredet, den er zum Erben von Allem eingesetzt, durch den er auch die Welten gemacht hat, der der Abglanz seiner Herrlichkeit und das Ebenbild seines Wesens ist. Durch dieses sein Wort, in seinem Sohne Jesus Christus trägt er alle Dinge und trägt er sie kräftig.

«Denn wie der Regen und der Schnee vom Himmel herabkommt und nicht dahin zurückkehrt, sondern die Erde tränkt, daß sie fruchtbar wird und sproßt und dem Sämann Samen und dem Essenden Brot gibt, so auch mein Wort, das aus meinem Munde kommt: es kehrt nicht leer zurück, sondern wirkt, was ich beschlossen und führt durch, wozu ich es gesendet» (Jes. 55, 10 f.). Wir haben anläßlich der Noahgeschichte schon angedeutet, daß Gott der Kreatur ihren Raum offenbar dazu läßt, daß daselbst Raum sei für ihn selber: Zeit für die Ewigkeit. Dieser Sinn und Grund ist nun auch die unüberwindliche, die durchschlagende Kraft der Geduld Gottes: die Vernunft und zugleich die Gewalt, durch die sich ihre Übung von jenem zwecklosen unwürdigen und grausamen Spiel, das sie sonst sein müßte, gerade unterscheidet. Das Wort Gottes ist nicht umsonst zu den Menschen gesprochen und Gottes Sohn ist nicht umsonst selbst Mensch geworden. Sondern Gottes Wort wurde um Gottes selbst willen und so, eingeschlossen in den Willen Gottes, um des Menschen willen und eben so sinnvoll und wirksam gesprochen. Anders gesagt: Gottes Sohn ist um Gottes selbst willen und wiederum so, eingeschlossen in den Willen Gottes, um des Menschen willen und so wiederum sinnvoll und wirksam Mensch geworden. Indem dies um Gottes und so um des Menschen willen geschehen ist, ist des Menschen Existenz trotz und in ihrer Sündigkeit durch Gott selbst vor Gott gerechtfertigt, ist also die Geduld Gottes, die dem Menschen seine Existenz und zu dieser Raum und Zeit läßt, zugleich begründet und kräftig geworden. Weil Gottes Wort aus Gottes Mund hervorgeht, weil Gottes Wort auch aus unserer unbußfertigen Bußfertigkeit nicht leer zurückkehren kann, darum ist Gott geduldig, darum gewährt er uns Raum und Zeit. Er gewährt sie genau genommen seinem Worte und also sich selber. Er hat Zeit. Und daß er Zeit für uns hat, das ist es, was sein ganzes Tun uns gegenüber als Geduldsübung charakterisiert. Unter diese

Geduldsübung fällt ebenso Gottes Schonung wie sein Strafen, ebenso sein Erretten wie sein Töten, ebenso sein Heilen wie sein Schlagen. Es geschieht ja das Alles im Zug und im Dienst der Offenbarung seines Wortes. Es wird ja Israel durch das Alles in seinem Wort unterrichtet. Es bedeutet ja das Alles, daß Gott immer noch und immer wieder Zeit für Israel hat. Daß Israel Zeit hat, Gottes Wort zu hören und also Zeit zum Leben um des Wortes Gottes willen und durch seine Kraft, das zeigt sich — es zeigt sich nur zeichenhaft, nur vorläufig, aber es zeigt sich — gerade in dem so anstößigen Wechsel von Bußfertigkeit und Unbußfertigkeit, in welchem Israel diesen Unterricht entgegennimmt, wobei doch die größere Unbußfertigkeit, in der es das tut, daran erinnert, daß wir es primär und entscheidend mit dem Willen und Wesen des heiligen und gerechten Gottes und nicht mit der Vortrefflichkeit des Menschen zu tun haben, daß der Mensch nur als von Gott Geheiligter und Gerechtfertigter an diesem Unterricht und also an der Aufrichtung dieses Zeichens beteiligt sein kann, ohne Gottes Wort aber auch dieses Zeichen, das Zeichen der Buße und Umkehr, nicht aufrichten könnte und würde und also an sich und von sich aus auch keine Zeit haben, nicht Gegenstand der Geduld Gottes sein könnte und würde. Und daß Israel in dem Allem von Gott Zeit bekommt: Zeit Gottes Wort zu hören und also Lebenszeit um des Wortes Gottes willen und durch seine Kraft, das zeigt sich — wieder nur zeichenhaft und vorläufig, aber es zeigt sich — in dem anderen, ebenso anstößigen Wechsel von Gnade und Gericht, Verschonung und Strafe, Errettung und Verderben, in welchem Gott Israel diesen Unterricht gibt, wobei wiederum gerade das scheinbar durchschlagende Überhandnehmen des Gerichtes, der Strafe, des Verderbens darauf hinweist, daß es Gottes Wort ist, das in diesem Zeichen gehört werden muß, Gottes Wort, um des willen er für den Menschen Zeit hat, sodaß es immer nur als ein Wunder vor des Menschen Augen stehen kann, wenn bei diesem Anlaß, eingeschlossen in den Willen Gottes mit ihm zu reden, auch er, der Mensch selber immer aufs neue Zeit bekommt und hat und wieder bekommt. So aber, in der gerade durch diesen Wechsel charakterisierten und unzweideutig gemachten Sprache des Wortes Gottes **bekommt** der Mensch von Gott und **hat** er darum auch Zeit, lebt er durch die Kraft der Geduld Gottes: gewiß um Buße zu tun und umzukehren, aber nicht durch die Kraft seiner Buße und Umkehr, sondern durch die Kraft der Geduld Gottes.

Diese Kraft sehen, hören, schmecken und erkennen heißt aber an **Jesus Christus** glauben. Auf die Frage: wo und wann es denn zu den rechtschaffenen Früchten der Buße gekommen sei, auf die hin es sich für Gott lohnte, mit dem Menschen Geduld zu haben, ihm also Raum und Zeit zu geben, werden wir antworten müssen: daß es allerdings nie und nirgends als in Jesus Christus, in ihm aber wirklich und ein für allemal und für uns alle genugsam zu diesen Früchten gekommen ist in dem vollkommenen Gehorsam, den er, der eine und einzige unmittelbare und wirkliche Hörer und Gehorsame dem Worte Gottes im menschlichen Fleische geleistet hat. Um seinetwillen lohnte sich, wie es Röm. 3, 25 f. heißt, die göttliche ἀνοχή in der ganzen vergangenen Zeit — und alle übrige Zeit ist der seinigen gegenüber vergangene Zeit, alter Aeon — in welcher «die vorher geschehenen Sünden unter der Langmut Gottes ungestraft geblieben waren» (διὰ τὴν πάρεσιν τῶν προγεγονότων ἁμαρτημάτων ἐν τῇ ἀνοχῇ τοῦ θεοῦ). Um dieser Zeiten und der in ihr geschehenen Sünden willen hat Gott in Jesus Christus seine Gerechtigkeit erwiesen. Aber offenbar gilt auch die Umkehrung: um der Erweisung seiner Gerechtigkeit in Jesus Christus willen hat Gott in diesen Zeiten ἀνοχή geübt, gab es in diesen Zeiten eine πάρεσις τῶν ἁμαρτημάτων, nicht ohne Gericht, Strafe und Verderben, aber in und mit Allem eine Geduld Gottes, ein göttliches Sein und Gewährenlassen gegenüber seiner Kreatur.

Es wird nun deutlich: Es ist nicht an dem, daß Gottes Geduld den Menschen sich selbst überlassen würde. Sein Eifer gegenüber der Kreatur und um die Kreatur konnte offenbar nicht gewaltiger entbrennen, als indem sein eigenes Wort Kreatur, Fleisch wurde. Er hat sich ihrer angenommen bis ins Letzte. In einem indifferenten Abseitsstehen Gottes gegenüber ihrem Sein, Tun und Schicksal kann seine Geduld von hier aus gesehen auf keinen Fall bestehen. Läßt er die Vielen ihre eigenen Wege gehen, läßt er ihnen ihre Freiheit, gibt er ihnen immer wieder Zeit (und Speise zu ihrer Zeit) und wartet er in dem Allem immer wieder auf sie, so tut er dies daraufhin, daß er sie in dem Einen, in seinem eigenen Sohn schon ereilt hat, daß er in ihm s e i n e n eigenen Weg in s e i n e r Freiheit und zu s e i n e r Zeit schon mit ihnen gegangen, ja schon mit ihnen zu Ende gegangen ist. Er tut es daraufhin, daß sie in dem Einen, in welchem er sich in ihnen Allen zu eigen gegeben hat, schon in seine Hand gefallen sind. Er tut es daraufhin, daß dieser Eine für sie Alle steht und für sie Alle schon Buße, die rechtschaffene Buße, die er von ihnen Allen erwartet, getan hat. Um dieses Einen willen hat Gott Geduld mit den Vielen.

Um dieses Einen willen gibt es Raum und Zeit für die Vielen. Nicht als ob sie es mit ihrer zweifelhaften und letztlich gerade nicht rechtschaffenen Buße verdient hätten oder je verdienen würden oder könnten, Raum und Zeit zu haben. Natürlich auch nicht, als wäre ihnen Raum und Zeit dazu gelassen, in ihrer Unbußfertigkeit zu verharren. Wohl aber damit sie Raum und Zeit hätten, das Leben sich anzueignen, das ihnen durch die rechtschaffene Buße jenes Einen verschafft ist: Raum und Zeit zum Glauben an ihn, in welchem, als ihrem Haupte, ihre Buße rechtschaffen und in welchem sie von Gott angenommen ist. Weil dort: in dem Einen, der Eifer Gottes so gewaltig brennt und zu seinem Ziele kommt, darum können die Anderen, die Vielen, in ihm zusammengefaßt, in ihm schon zum Ziele geführt und gekommen, als die Vielen zu ihren Zeiten noch auf dem Wege sein: auf dem Wege des Glaubens, auf dem ihre Schritte eine Nachfolge in seinen Fußstapfen, ihre Freiheit eine Anerkennung seiner Freiheit, ihre Zeit eine Anteilnahme an seiner Zeit, auf dem sie gleichzeitig mit ihm sein werden. Den Weg des G l a u b e n s zu gehen, das ist es, was Gottes Geduld ihnen übrig läßt und gewährt. Es ist also der Aufruf zum Glauben der Sinn der göttlichen Geduld und wir brauchen bloß an den Gegenstand des Glaubens, an den einen Jesus Christus zu denken, an den zu glauben die Vielen durch Gottes Geduld aufgerufen sind, um einzusehen, daß von irgend einer Indifferenz Gottes gegenüber der Kreatur in dem Warten seiner Geduld gar keine Rede sein kann, daß vielmehr eben dieses Warten Gottes entscheidendes Handeln und Wirken ihr gegenüber ist.

Es wird nun weiter deutlich, daß von einer Täuschung, wohl gar von einer Selbsttäuschung Gottes hinsichtlich der Rechtschaffenheit, bezw. Nicht-Rechtschaffenheit der menschlichen Buße, auf die er in seiner Geduld wartet, ebenfalls keine Rede sein kann. Gott ist nicht kurzsichtig, Gott macht sich keine optimistischen Illusionen, wenn er Israel immer wieder errettet und erhält, um dann doch immer wieder Herlinge statt Trauben zu ernten. Gott erlebt also keine Desillusionierung hinsichtlich seines Volkes, hinsichtlich der Vielen. Er weiß vielmehr sehr wohl, was für ein Gemächte wir sind. Er hat aber, indem er das wohl weiß, realen

Grund dazu, mit uns Geduld zu haben: den Grund, den er selbst geschaffen und gelegt hat. Es ist sein An-sich-halten den Vielen gegenüber dadurch gerechtfertigt, daß inmitten der Vielen, in der Person des Einen, den er selbst zum Haupt dieser Vielen, zu ihrem Vertreter vor ihm eingesetzt hat, das, worauf er wartet, geschehen und erfüllt, der Gehorsam, den er von seiner Kreatur fordert, geleistet ist.

Indem dies geschehen ist, indem Gott selbst in diesem Geschehen für die Vielen eingetreten ist, ist tatsächlich das geschehen, was es ihm möglich macht, in Treue gegen sich selbst auch uns treu zu sein: treu auch in dem Sinn, daß er uns unsere Existenz lassen kann, obwohl wir selbst von uns aus, d. h. abgesehen von dem, was durch Jesus Christus als unser Haupt für uns geschehen ist, eine Rechtfertigung unserer Existenz nicht aufbringen können. Daß wir das nicht können, daran erinnert uns das Gericht, die Strafe, das Verderben, dem unsere Existenz dauernd, jetzt verborgen, jetzt offensichtlich unterworfen ist. Das Alles weist uns in unsere Schranken, d. h. es weist uns dahin, wo wir vor dem Ausbrechen des wirklichen Zornes und Gerichtes Gottes allein bewahrt sind. Es weist uns auf Jesus Christus und also auf den Glauben an ihn. Aber eben in Jesus Christus und im Glauben an ihn haben wir nun eine Rechtfertigung, die Rechtfertigung unserer Existenz in höchster Realität tatsächlich vorzubringen, können und dürfen wir uns auch unter den uns treffenden Gerichten und Strafen dessen trösten und rühmen, daß es mit uns nicht ganz aus sein wird. Nicht weil wir es nicht verdient hätten, wohl aber weil Gott selbst rechtmäßig — nicht in Verleugnung, sondern in voller Betätigung seiner Heiligkeit und Gerechtigkeit — dafür gesorgt hat, daß es nicht mit uns aus sein kann, daß unsere Erhaltung sinnvoll und notwendig ist. Darum, weil Gott seine eigene Existenz mit der unsrigen verbunden und für sie eingesetzt hat, sodaß wir, so wahr Gott lebt, nicht vergehen können! Indem wir durch die Geduld Gottes zum Glauben aufgerufen sind, sind wir aufgerufen, diese reale göttliche Rechtfertigung unserer Existenz und mit ihr die Rechtfertigung der göttlichen Geduld selbst als solche zu ergreifen und zu bejahen, Gott unsererseits die Ehre zu geben, die er sich selbst gerade dadurch gesichert hat, daß er jenen Grund seiner Geduld selber geschaffen und gelegt hat.

Und es wird nun weiter deutlich, daß eben auch die Gerichte und Strafen Gottes, jene ganze Härte seines Handelns an Israel nicht einen Widerspruch dazu bilden, daß er seine Kreatur tatsächlich erhalten und nicht verderben will. Sie sind allesamt zeitliche und als solche zeichenhafte Gerichte und Strafen und gerade nicht das Ausbrechen des wirklichen Zornes und Gerichtes Gottes. Sie sind allesamt nicht der ewige Tod, nicht das Fallenlassen und Stürzen in das Nichts, das Israel und das mit Israel die ganze Menschheit verdient hätte. Sie gehören vielmehr allesamt mithinein in das Walten der Geduld Gottes. Was wir verdient hatten, das hat an Israels und an unserer Stelle der Eine Gerechte erlitten, der Eine, der eben damit — er, der für sich keiner Buße bedurfte — rechtschaffene Buße getan hat, daß er sich nicht weigerte, den wirklichen Zorn und das wirkliche Gericht Gottes auf sich zu nehmen. Indem er das getan hat: getan als der, der als unser Haupt an unsere Stelle treten und für uns leiden konnte, ist Alles das, was mit Israel wir zu leiden haben, erwiesen als hereingenommen in das Walten der Geduld Gottes, erwiesen als jene Erinnerung an unsere Unfähigkeit, uns selbst zu rechtfertigen, aber eben damit auch als Erinnerung an den Gott, der uns rechtfertigt durch sich selber.

Indem er gelitten hat, hat er unser Leiden qualifiziert als Zeichen des Lebens und nicht des Todes, als Zeichen seiner Freundschaft und nicht seiner Feindschaft, als Zeichen, das unseren Glauben erwecken und erhalten und gerade nicht zerstören will. Es ist der Schatten des Todes, unter dem unsere Existenz allerdings steht, der Schatten des ewigen Todes, den Jesus Christus für uns erlitten hat. Das gibt ihm seinen Ernst, das nimmt aber diesem Ernste die Absolutheit. Das verhindert ihn, zur Angst zu werden. Er ist nur der Schatten des ewigen Todes. Wir werden diesen Kelch nicht zu trinken haben. Und er ist der Schatten des von Jesus Christus erlittenen ewigen Todes und also, obwohl und indem er — wie sollte das zu bestreiten oder wegzureden sein? — ein realer, ein ernsthafter Schatten ist, das Zeichen des Lebens — des ewigen Lebens, aber auch das Zeichen der immer wieder stattfindenden Erhaltung auch unseres zeitlichen Lebens durch ihn und um seinetwillen: damit wir Zeit und Raum hätten, an ihn zu glauben: an seine Buße und in seiner Buße an die Rechtschaffenheit unserer eigenen, als solche immer nicht rechtschaffenen Buße.

Also indem uns das Alles deutlich wird, indem wir das Wort Gottes, indem wir Jesus Christus verstehen als die Kraft, die alle Dinge trägt, als die Kraft, die Israel 40 Jahre lang getragen hat in der Wüste (Act. 13, 18) als die Kraft des An-sich-haltens, in der Gott die Zeiten der Unwissenheit übersehen (Act. 17, 30), in der er die in diesen Zeiten geschehenen Sünden vergeben konnte (Röm. 3, 25) — indem wir dieses Wort hören als das ewige und doch zu uns gesprochene Wort Gottes, hören wir das entscheidende Wort, hören wir die Mitte und die Wahrheit des biblischen Zeugnisses von Gottes Geduld.

Was soll die Geduld Gottes angesichts unserer erwiesenen Unbußfertigkeit, haben wir uns zunächst fragen müssen, und weiter: Wo bleibt nun eigentlich angesichts der erwiesenen Gerichte und Strafen Gottes, die auch über uns gehen, seine Geduld? Kann Gott geduldig sein? Und ist er es denn wirklich? — Nun, so kann und muß wohl zunächst gefragt werden, solange wir nämlich unter den Worten der Bibel das Wort Gottes etwa noch nicht gehört haben. Aber das offenbare Geheimnis der ganzen Bibel ist ja gerade das Wort Gottes selber. In seinem Worte macht sich Gott zum Schützer und Rächer des Menschenmörders Kain, errettet er den Noah und schließt er den Bund mit ihm und allen seinen Nachkommen, die doch nicht besser waren und wurden als das Flutgeschlecht, ist er geduldig, wo Jona, der Prophet, seine Ungeduld über das gottlose Ninive und über sein eigenes Haupt beschwören möchte. In seinem Worte ist er aber auch da geduldig, wo er schlägt und tötet, so gewiß er auch damit sein Wort redet, auch damit das Zeichen der Gemeinschaft zwischen ihm und der Kreatur aufrichtet. Man stelle jene beiden Fragen einander gegenüber! Im Lichte der zentralen biblischen Antwort und Wahrheit wird es dann sichtbar, daß und wie sie sich gegenseitig aufheben.

Daß Gott geduldig sein kann, das müssen wir uns gefallen und recht sein lassen daraufhin, daß er in seinem Wort geduldig ist, Raum und Zeit, indem wir es noch hören dürfen, offenkundig erhält für uns, die wir unsere Existenz vor ihm verwirkt haben und selber nicht rechtfertigen können. Und daß Gott geduldig ist, das müssen wir uns daraufhin gesagt sein lassen, daß er in seinem Wort, welches er selber ist, geduldig sein, d. h. Raum und Zeit für uns, d. h. für den Glauben haben kann. Glauben wir an sein Wort, dann kann uns die Möglichkeit — glauben wir an sein Wort, dann kann uns die Wirklichkeit seiner Geduld nicht mehr zweifelhaft sein.

Im Glauben an sein Wort kann also gerade die auf der Linie jener Fragen scheinbar notwendige Vorstellung von einem letztlich und eigentlich ungeduldigen Gott oder von jener ungeduldigen, ihren Gegenstand verzehrenden Liebe keinen Raum haben. Darum dann aber auch nicht die Vorstellung von einem Spiel, das Gott teils mit sich selbst spielen lassen, teils und noch mehr selber mit uns spielen würde. Und darum dann auch nicht die Vorstellung von der Möglichkeit des prometheischen Trotzes, in dem man sich diesem Spiel entziehen wollen könnte. Alle diese Vorstellungen können nur außerhalb des Glaubens an Gottes Wort, d. h. aber nur da Raum haben, wo die Mitte und Wahrheit des biblischen Zeugnisses von Gottes Geduld noch nicht zu uns gesprochen hat oder von uns noch nicht gehört worden ist. Der Glaube an Gottes Wort, d. h. aber der Glaube an Jesus Christus, muß und wird diesen ganzen Gedankengang tatsächlich schon in der Wurzel unmöglich machen. Die in ihm verkehrte Wahrheit ist, richtiggestellt, die, daß wir Gottes Geduld allerdings nicht verdient haben und daß Gottes Geduld allerdings auch in Gericht und Strafe an uns wirksam ist. Aber das Erstere bedeutet nicht, daß Gott nicht geduldig sein kann und das Letztere bedeutet nicht, daß er es nicht ist oder nur teilweise ist. Sein Wort ist vielmehr der Grund und in seinem Wort steht er auch bei uns dafür ein, daß er geduldig sein kann und daß er es tatsächlich ist. In seinem Wort wartet er darauf, daß wir ihm im Glauben die Ehre geben und also beides, die Möglichkeit und die Wirklichkeit seiner Geduld, wahr sein lassen. Gott ist der, der er in seinem Worte ist und kein Anderer. In ihm ist möglich und wirklich, was in seinem Worte möglich und wirklich ist. Offenbart uns Gott in seinem Wort seine Geduld, so ist Gott die Möglichkeit und Wirklichkeit der Geduld selber, so ist uns sowohl der Weg zu einem Gott der Ungeduld als auch der prometheische Weg eines Menschen, der nun seinerseits Gott gegenüber die Geduld verlieren zu dürfen sich anmaßen sollte, abgeschnitten. Offen ist dann nur noch der Weg der Dankbarkeit für die uns unverdient gelassene Existenz, der Weg, der ganz von selbst der Weg der nun auch von uns zu erweisenden Geduld im Erleiden der uns treffenden Gerichte und Strafen werden und sein wird. Daß wir sie, unendlich schuldig wie wir unsererseits sind, in der Gemeinschaft und im Schatten des unschuldigen Leidens Christi erleiden dürfen, durch welches das Erleiden des ewigen Zornes und Gerichtes Gottes uns erspart wird, das ist Grund genug, sie geduldig zu erleiden, sie uns dazu dienen zu lassen, wozu sie uns dienen müssen: nämlich zur Abkehr von jedem Wahn eigener Würdigkeit, zur Hinkehr zu dem, der uns Gottes würdig gemacht hat, zum Glauben also, in welchem wir uns selbst an den Gott preisgeben dürfen, der in seinem Sohne unsere Sache in seine eigene Hand genommen hat. Es ist der Zusammenhang mit Jesus Christus, in welchem wir leiden dürfen, Grund genug, uns unsere Leiden mit der ganzen Gabe unserer ganzen Existenz wirklich «zum Guten» (Röm. 8, 28) dienen zu lassen. In diesem Zusammenhang ist auch das Schlimmste und Härteste, das uns treffen kann und tatsächlich trifft, ist auch der unentrinnbare zeitliche Tod, mit dem wir uns zuletzt zu diesem Zusammenhang bekennen müssen, ist auch das drohende Ende aller Dinge nicht nur nicht unerträglich — in seiner uns unerträglichen Wirklichkeit ist das Alles von Jesus Christus für uns getragen — sondern geradezu die von außen bittere, aber von innen süße Verheißung des uns durch ihn erworbenen

3. Gottes Geduld und Weisheit

ewigen Lebens. Diese Verheißung ergreifen, mit ihr schon in dieser Zeit leben dürfen als mit der Gewißheit, neben der alles Andere zur Ungewißheit verblaßt, das heißt an Gottes Wort glauben. Und von da aus gesehen, hat es nun doch auch mit Jes. 54, 8, Ps. 30, 6 seine Richtigkeit: Es ist das Aufwallen des Zornes Gottes nur die Sache eines Augenblicks. Auch diesen Augenblick haben wir nicht durchzumachen und zu erleiden. Er ist in Wahrheit der Augenblick, da Jesus mit lauter Stimme sprach: Mein Gott, mein Gott, warum hast du mich verlassen»? (Mc. 15, 34). Aber hat nicht eben dieser Augenblick in seiner ganzen Finsternis schon alle Eigenschaften jenes anderen Augenblicks der letzten Posaune, bei deren Schall die Toten auferweckt werden sollen unverweslich? Gerade diesem Augenblick entspricht jedenfalls in der Tat die ewige Güte, die lebenslang währende Huld Gottes. Gerade die Leiden der durch diesen Augenblick qualifizierten Zeit: unsere, den Schatten aber auch das Licht jenes Augenblicks reflektierenden Leiden sind der Herrlichkeit tatsächlich nicht zu vergleichen, die an uns geoffenbart werden soll. Denn leiden wir mit ihm, so werden wir auch mit ihm verherrlicht werden (Röm. 8, 17 f.). Leiden wir aber in dieser Hoffnung mit ihm — und eben das glauben wir dem Worte Gottes, daß wir in dieser Hoffnung mit Jesus Christus zu leiden haben — dann können, dürfen und müssen wir in Geduld leiden: mit **unserer Geduld** antwortend auf **seine Geduld**, mit unserem Warten auf die **Erlösung** seinem Warten mit dem **Zorn** die rechte Antwort gebend.

Wenn wir jetzt, zu einem vorläufigen Schluß kommend, dem Begriff der Geduld den der **Weisheit** Gottes zur Seite oder gegenüberstellen, so ist der Sinn dieser Zusammenstellung grundsätzlich derselbe wie der der Zusammenstellungen, die wir schon hinter uns haben. Weisheit verhält sich in Gott zur Geduld wie Heiligkeit zur Gnade, wie Gerechtigkeit zur Barmherzigkeit. Es bezeichnen und umschreiben **alle** diese Begriffe die **Liebe Gottes**. Es bezeichnen und umschreiben sie aber je die **zweiten** Begriffe: Heiligkeit, Gerechtigkeit und Weisheit zunächst in größerer Bestimmtheit als die ersten (Gnade, Barmherzigkeit und Geduld) als seine **freie** und damit als die **charakteristisch göttliche Liebe**. Daß Gott in sich selber und in allen seinen Werken gnädig und eben damit heilig, barmherzig und eben damit gerecht, geduldig und eben damit weise ist, darin besteht und bewährt sich ja nach dem Leitsatz unseres § und nach den eingangs dort gegebenen Erläuterungen die Göttlichkeit der Liebe Gottes. Wir haben nun freilich Sorge getragen, auch von den Begriffen der Gnade, Barmherzigkeit und Geduld Gottes je für sich so zu reden, daß es zu sachlichen Gegensätzen zu den an zweiter Stelle zu nennenden Begriffen gar nicht erst kommen konnte, daß die Tiefe und Majestät aller dieser Vollkommenheiten der göttlichen Liebe in der göttlichen Freiheit schon in ihrem eigenen Gehalt möglichst sichtbar wurde. Aber die heilige Schrift selbst leitet uns dazu an, uns daran nicht genügen zu lassen, sondern dieselbe Sache jeweils sofort auch noch von der anderen, nicht entgegengesetzten, aber in dem einen verborgenen Wesen Gottes nun doch unterschiedenen Seite her zu betrachten und durchzudenken. Es rief gerade die Erkenntnis der Tiefe und Majestät der Gnade Gottes nach einer besonderen Betrachtung seiner Heiligkeit. Es rief gerade die Erkenntnis der Tiefe und Majestät der Barmherzigkeit Gottes nach einer besonderen Betrachtung seiner Gerechtigkeit. Wir hätten ganz dieselbe Erfahrung gemacht, wenn wir etwa jeweilen mit diesen zweiten Begriffen angefangen hätten. Wir werden in unserem nächsten § tatsächlich jeweilen mit den Begriffen anfangen, in denen zunächst in größerer Bestimmtheit die Freiheit als die Liebe Gottes bezeichnet und umschrieben ist. Und wir werden dann tatsächlich dieselbe Erfahrung machen: es wird dann bestimmt gerade die Erkenntnis der Tiefe und Majestät der Vollkommenheiten der göttlichen Freiheit nach einer besonderen Betrachtung solcher Vollkommenheiten rufen, durch die die göttliche Freiheit umgekehrt als die Freiheit der göttlichen Liebe bestimmt wird. Das ist eben das Besondere der Erkenntnis Gottes und das Besondere Gottes selbst, daß er Alles, was er ist, besonders ist, für sich ist, neu und anders ist in dem unerschöpflichen Reichtum seines einen Wesens, daß er also in Allem, was er ist, auch immer wieder besonders, für sich, neu und anders betrachtet und erkannt werden will.

So ruft jetzt, im Zusammenhang der Vollkommenheiten der göttlichen Liebe auch die Tiefe und Majestät der Geduld Gottes nach einer besonderen Betrachtung seiner Weisheit. Daß Gott alle Dinge trägt durch sein kräftiges Wort, das ist, wie wir gesehen haben, die Tiefe und Majestät der Geduld Gottes. Darin unterscheidet sie sich von aller Ungeduld, aber nicht minder von aller blöden, auf Gleichgültigkeit oder Schwachheit oder Kurzsichtigkeit beruhenden ungöttlichen und deshalb gerade nicht wahren Geduld. Darin ist sie eins mit der Gnade und Barmherzigkeit nicht nur, sondern auch mit der Heiligkeit und Gerechtigkeit Gottes. Aber eben dieses ihr Geheimnis, wie es in der Mitte des biblischen Zeugnisses von dieser Sache offenbar wird, ist als solches ein Besonderes in Gott, das nach besonderer Betrachtung ruft. Gottes Wort als die Tiefe und Majestät seiner Geduld ist wohl Gottes von Ewigkeit her ausgesprochener und als solcher anzunehmender, Gottes keinem Appell an eine höhere Instanz unterworfener Wille: dankbar und gehorsam zu anerkennen, weil er sein Wille ist. Aber wiederum offenbart sich Gott und ist Gott nicht so, daß nicht auch dieser sein ausgesprochener Wille in sich und als solcher Licht und als Licht erkennbar wäre. Gottes in seinem Wort ausgesprochener Wille ist weder in sich noch in seiner Offenbarung so beschaffen, daß er mit einem Abgrund von letzter Zufälligkeit oder Willkür auch nur von ferne zu vergleichen, geschweige denn identisch wäre. Nicht an den Rand eines solches Abgrundes werden wir geführt, wenn wir die Majestät und Tiefe der Geduld Gottes in der Kraft seines Wortes erkennen dürfen. Kein Zauber ist das, was Gott in seinem Sohne beschlossen und vollzogen hat. Kein *sacrificium intellectus* ist von uns gefordert in der Erkenntnis dieses Geschehens, in der Erkenntnis des göttlichen Seins als des Grundes der uns widerfahrenden göttlichen Geduld. Nicht darum, daß wir geblendet, sondern darum, daß wir sehend werden, handelt es sich in der ganzen Erkenntnis des Lebens und Waltens seiner Liebe. Ist sein Wort sein ausgesprochener Wille, so liegt es doch in seinem Wesen als s e i n Wort, daß es nicht nur die Wahrheit — als solche könnte es ja immer noch die Enthüllung eines Abgrundes letzter Zufälligkeit und Willkür sein — sondern die W e i s h e i t, daß es in sich sinnvoll ist und daß es sich auch uns, die es hören, als in sich sinnvoll offenbart. Das ist Gottes Weisheit: Gott will nicht nur, sondern er weiß, w a s er will — aber nicht nur, was er will, sondern auch w a r u m und w o z u er es will; und er will eben das und nur das, um dessen Warum und Wozu er w e i ß, das, dessen Warum und Wozu also sein eigener S i n n, sein P l a n, seine A b s i c h t ist. Eben insofern ist in ihm Licht und keine Finsternis. Eben weil sein Wort seine Weisheit, weil also auch die Kraft seines Wortes die Kraft seiner Weisheit ist, ist seine Geduld weise und ist deren dankbare Anerkennung zugleich die Anerkennung und Anbetung seiner Weisheit, kein Verschlossen-, sondern ein Geöffnetwerden unserer Augen, keine Aufhebung, sondern die Begründung wirklicher Erkenntnis Gottes. Zufällig und willkürlich sind alle anderen Geheimnisse: die Geheimnisse, die nicht direkt oder indirekt dieses, das Geheimnis der Geduld Gottes sind. Zufällig und willkürlich ist das, was die Kreatur von sich aus, d. h. ohne Gott und seine Offenbarung für weise, sinnvoll und planmäßig hält. Das Wort Gottes aber als der Grund seiner Geduld ist weder zufällig noch willkürlich. Das Wort Gottes leuchtet als Licht in der Finsternis. Hören wir es, so hören wir Gottes Vernunft, Sinn, Plan und Absicht. Hören wir es, so werden wir belehrt, aufgeklärt, wissend und klug. Hören wir es, dann lichtet sich die Finsternis des Zufalls und der Willkür. Nehmen wir also unsere Existenz auf Grund und laut der Offenbarung des Wortes Gottes an als uns gelassen um des einen Jesus Christus willen und nehmen wir die unsere Existenz bedrohenden und charakterisierenden Strafen und Gerichte an als notwendig und heilsam um unserer Gemeinschaft mit Jesus Christus willen, dann heißt eben dieses Annehmen: Vernunft annehmen, denjenigen Sinn, denjenigen Plan annehmen für unser Leben, für die es nicht nur bestimmt ist, so gewiß wir Gottes Geschöpfe sind, sondern die als Sinn und Plan Gottes der einzige Sinn und Plan, die einzige Vernunft sind, die unser Leben annehmen kann, weil sie die einzigen sind, die es letztlich gibt, weil ihnen gegenüber alles Andere, was sich so nennen mag, Sinnlosigkeit und Planlosigkeit, Unvernunft ist.

Eben das Wort Gottes, das uns dazu bestimmt, unsere Existenz als Geschenk der Geduld Gottes anzunehmen, eben Jesus Christus ist in sich selber d i e Vernunft, der Sinn, der Plan. Wir würden jede Vernunft, jeden Sinn, jeden Plan von uns stoßen, wir würden in der Finsternis versinken, wenn wir etwa die Ordnung der Geduld Gottes anzunehmen uns weigern würden. Wir können wirklich aus Vernunftgründen, d. h. aus dem einen Grund, daß wir hier und nur hier die Möglichkeit haben, Vernunft anzunehmen, nicht nicht glauben! — Dies ist die Weisheit Gottes in ihrer allgemeinen Beziehung zunächst zu seiner Geduld, das Besondere Gottes in der Kraft seines Wortes, das seine Geduld möglich und wirklich macht.

Es wird aber, bevor wir weitergehen, gut sein, die Linien auch nach rückwärts auszuziehen. Eben dies, daß Gott weiß, warum und wozu er will, was er will, eben dies: daß Gott das und nur das will, wovon er weiß, warum und wozu er es will — eben das ist auch von seiner Gnade und Barmherzigkeit zu sagen. Könnten nicht auch diese Vollkommenheiten Gottes, könnte nicht auch dies, daß er sich seiner Kreatur in Freiheit zuwendet und ihr Elend sich selbst zu Herzen nimmt, vielleicht immer noch im Schatten eines leisen Verdachtes stehen: als ob dem zwar wohl so sei, aber vielleicht doch auch ganz anders sein könnte, als ob gerade die Freiheit, in der wir Gott in diesen Vollkommenheiten sich verhalten, sich selbst geben sehen, mit Zufall oder Willkür doch noch Einiges gemein haben könnte? Warum ist Gott gnädig und barmherzig? Sicher können wir mit diesem Warum? nicht über Gott selbst hinausklettern wollen, um ihn gleichsam von oben her — ihn messend an irgend einem Maßstab von Wert und Billigkeit — rechtfertigen zu wollen. Wiederum ist es aber nicht so, als ob es in Gott selbst keine Antwort auf dieses Warum? gäbe und wiederum nicht so, als ob wir diese Antwort nicht hören, als ob wir Gott selbst nicht als den erkennen könnten, in welchem auch auf diese Frage Antwort ist. Die Antwort ist die, daß Gott weise ist, daß er weiß, warum und wozu er gnädig ist, daß eben dies nicht ein in sich finsteres, sondern vielmehr ein leuchtendes, d. h. ein in sich sinnvolles und planvolles Faktum ist, in dessen Anerkennung wir unsererseits nicht in die Finsternis gestürzt, sondern der Finsternis gerade entrissen, gerade ans Licht, und zwar an das Licht der uns bisher verschlossenen, hier aber sich offenbarenden und hier von uns anzunehmenden Vernunft gebracht werden. Gott leistet sich nicht eine Gedankenlosigkeit oder einen Denkfehler, indem er gnädig und barmherzig ist: dies so wenig, wie er seine Heiligkeit und Gerechtigkeit preisgibt, indem er so ist. Gott läßt sich dabei nicht überrumpeln durch irgend eine Laune, irgend einen Einfall. Gott ist nicht kapriziös. Sondern Gott ist in dieser wie in jeder anderen Hinsicht der Gott der Ordnung. Und eben dies ist selbst seine Ordnung, die Ordnung seiner Weisheit: daß er gnädig und barmherzig ist in sich selbst und in allen seinen Werken. Er wäre nicht gnädig, sondern ungnädig, nicht barmherzig, sondern unbarmherzig, oder er wäre gnädig und barmherzig in der Schwachheit und Unwirksamkeit, in der ein Geschöpf gnädig und barmherzig sein mag, wenn er nicht weise wäre. Er aber ist gnädig und barmherzig, weil und indem er weise ist. Die Linie ist aber auch auszuziehen in der Richtung seiner vollkommenen Heiligkeit und Gerechtigkeit. Blieb vielleicht auch dort noch der Schatten eines Verdachtes zurück? Haben wir die Frage zu scheuen: warum Gott nach seiner Heiligkeit so eifrig ist, sich selbst zu behaupten? Und warum nach seiner Gerechtigkeit so eifrig, sich selbst durchzusetzen? Könnte es vielleicht auch anders sein? Ist vielleicht auch die Einheit zwischen seiner Gnade und Heiligkeit und die zwischen seiner Barmherzigkeit und Gerechtigkeit so etwas wie Willkür und Zufall, ein *factum brutum*, das als solches dastünde, als solches von uns anzunehmen wäre? Warum ist Gott heilig und gerecht? Warum eben damit gnädig und barmherzig? Sicher gibt es auch hier kein sozusagen von außen oder von oben her über Gott zu sprechendes Darum! Es gibt aber auch hier das Darum der Weisheit in Gott selber. Seine Heiligkeit hat mit Trotz und seine Gerechtigkeit mit Tyrannei nichts zu tun. Und es hat die Einheit der Gnade und Heiligkeit und die Einheit der Barmherzigkeit und Gerechtigkeit Gottes mit einem «Paradoxon», wie man so oft gesagt hat, nichts zu tun. Sondern es ist das Geheimnis, auf das wir in dem Allem allerdings stoßen, das Geheimnis der Vernunft und des Sinnes, die Gott in sich selber hat, ja, die er selber ist, das Geheimnis seiner Weisheit. Wäre er nicht weise, so wäre er nicht heilig und gerecht, wie er dann auch nicht gnädig und barmherzig wäre und und noch weniger je Beides in Einem. Er ist heilig und gerecht, weil und indem er weise ist. Es gibt, genau genommen, keine Zuversicht und keine Befreiung in der Erkenntnis Gottes ohne das, was sich uns eben auf dieser letzten Stufe erschließen muß. Denn solange uns Gott der Abgrund des Zufalls oder der Willkür ist, solange wir womöglich gerade das Irrationale für das wesentlich Göttliche halten, solange haben wir bestimmt noch keine wirkliche Zuversicht zu Gott gefaßt, solange können wir das auch gar nicht tun. Denn Zuversicht gründet sich auf die Erkenntnis von Vernunft, Sinn und Ordnung. Solange wir solche nicht haben, kann uns die Erkenntnis Gottes auch keine Befreiung bedeuten. Denn auch Befreiung gibt es nur durch die Erkenntnis von Vernunft, Sinn und Ordnung und gerade nicht durch die Anschauung von Tumult, Zufall und Willkür. Man wird wohl sagen müssen, daß noch einmal schlechterdings Alles davon abhängt, daß wir Gott auch als die Weisheit erkennen. Gott ist weise, sofern sein ganzes Tun als von ihm gewollt auch von ihm bedacht, und als von ihm bedacht, in ursprünglicher Richtigkeit und Vollständigkeit bedacht und darum ein sinnvolles und eben damit ein zuverlässiges und befreiendes Tun ist. Von seinem Tun in seinen Werken und von seinem inneren Tun, von der eigenen Aktualität seines Gottseins ist das zu sagen: Gott ist weise, in ihm ist Weisheit, die Weisheit. Er ist selbst die Weisheit.

Polanus und Quenstedt, an die wir uns bisher zur Orientierung hinsichtlich der Gotteslehre der Orthodoxie gehalten haben, versagen in dieser Sache. Für

Polan (*Synt. Theol. chr.* 1609 *col.* 998 ff.) scheint die Weisheit Gottes aufzugehen in dem allgemeinen Begriff des Wissens Gottes als Allwissenheit. Daß Gottes allmächtiges Wissen das Wissen seiner Weisheit ist, das ist wohl wahr. Es ist aber zuerst und für sich zu sehen, daß die Weisheit der Sinn und die Vernunft der Liebe Gottes ist. Nur so kann sie dann auch als die Bestimmung allmächtigen Erkennens und Wissens verstanden werden. Wiederum weiß Quenstedt (*Theol. did. pol.* 1685 I *c.* 8 *sect.* 1 *th.* 26) von der Weisheit Gottes eigentlich nur dies zu sagen, daß sie als die göttliche und also verborgene Weisheit alles menschliche Erkennen und Wissen übersteige. Auch das ist wahr; aber das ändert nichts daran, daß sie wie alle göttlichen Vollkommenheiten, Inhalt seiner Selbstoffenbarung und also Gegenstand des Glaubens und insofern doch auch Gegenstand menschlicher Erkenntnis ist. Daß Gottes Weisheit unserem Sehen und Verstehen überlegen ist und bleibt, dafür ist gesorgt; aber wiederum muß in der christlichen Gotteslehre auch dafür gesorgt werden, daß auch Gottes Weisheit als Bestimmung seiner Liebe so wenig unbedacht bleibe wie seine Heiligkeit und Gerechtigkeit. Und wenn H. Cremer die Weisheit Gottes (a. a. O. S. 69 f.) sofort als die Erhabenheit seines der Welt geltenden Heilsratschlusses gegenüber dem in der Welt geltenden Gesetz der Folgerichtigkeit definiert, so ist zu sagen, daß es, eben weil das so wahr ist, ratsam ist, dabei einen Augenblick Halt zu machen: daß dieser Gott, der der Welt gegenüber seinen Heilsratschluß geltend macht, als solcher auch die ursprüngliche und eigentliche Folgerichtigkeit selber ist. Lehrreicher hat sich hier H. Heidegger geäußert, der die *sapientia Dei* zwar ebenfalls dem Begriff des göttlichen Wissens untergeordnet, aber sachlich dahin definiert hat: sie sei die Wesenseigenschaft Gottes, *per quam novit, quibus rationibus res ab eodem producendae gloriam suam illustrare queant, ut eas convenienter suae naturae, perfectioni et gloriae vocare et velle possit. Sie sei die moderatrix consiliorum Dei, per quam sic ad decentiam divinam gloriae suae attendit, ne veritati, ordini, pulchritudini in ulla verborum vel operum eius parte desit* (*Corp. Theol.* 1700 III, 65, zit. nach H. Heppe, Dogm. d. ev. ref. K. 1935, S. 49 f.). Der Hinweis auf die göttliche *convenientia* oder *decentia* erinnert offenbar an den Zusammenhang der Weisheit mit der Heiligkeit und Gerechtigkeit Gottes: Es geht auch in Gottes Weisheit um das, was Gott als Gott, gerade indem er liebt, würdig ist, zukommt und gebührt. Ihm gebührt es, sich selbst zu behaupten, ihm gebührt es, sich selbst durchzusetzen. Das ist seine Heiligkeit und Gerechtigkeit. Ihm gebührt aber auch in beidem — und hier werden wir an die Geduld Gottes erinnert — die *moderatio*, durch die beides mit seiner göttlichen Herrlichkeit zusammengehalten, in ihr begründet und auf sie bezogen ist. In dieser Begründung und Beziehung hat seine Heiligkeit und Gerechtigkeit, hat sein ganzes Sein und Tun Wahrheit, Ordnung, Schönheit, Sinn, Plan und Vernunft. Eben in dieser Begründung und Beziehung besteht seine Weisheit.

Die Weisheit Gottes ist die innere Richtigkeit und Klarheit, in welcher das göttliche Leben in seinem Vollzug als solches und in seinen Werken sich selber rechtfertigt und bestätigt und in welcher es der Ursprung, der Inbegriff und das Maß alles Richtigen und Klaren ist. In dieser seiner inneren Richtigkeit und Klarheit liebt Gott und sie ist die Würde, in der er in seiner Liebe frei ist. In ihr erweist er zugleich die Legitimität, die Notwendigkeit und die Genugsamkeit seiner göttlichen Existenz und seines göttlichen Handelns. In seiner Weisheit ist Gott herrlich, d. h. darin bezeugt er sich als Gott, daß er sich als Weisheit bezeugt.

Die Grundbedeutung von *sapientia* ist die des Geschmacks, die von σοφία ist die der Geschicklichkeit, die von «Weisheit» ist die des Richtunggebens.

Es ist klar, daß alle diese Worte tatsächlich korrekte Interpretationen auch der Weisheit Gottes sind, sofern sie bestimmte Prädikate, die ihr jedenfalls auch zukommen, richtig hervorheben. Die Grundbedeutung von *chokmah* ist aber die des **Festmachens und Festhaltens**, und eben in dieser Richtung werden wir zuerst zu denken haben, wenn wir von der Weisheit Gottes und nicht von irgend einer anderen Weisheit reden wollen. Was der göttliche Geschmack, die göttliche Geschicklichkeit, das göttliche Richtunggeben ist, das kann nur von dorther, wohin gerade das alttestamentliche Wort zeigt, sichtbar werden. Daß Gott weise ist, das muß ebenso wie seine Heiligkeit und Gerechtigkeit zunächst dies bedeuten, daß er sich selbst fest macht, an sich selbst festhält. Eben darin ist er vernünftig, er, der nichts zu vernehmen braucht von außen, er, dessen Vernehmen einer von ihm unterschiedenen Wirklichkeit schon seine Gnade, Barmherzigkeit und Geduld ist, er, der allerdings auch vernehmen kann und vernimmt, was außer ihm ist, so gewiß auch Gnade, Barmherzigkeit und Geduld sein innerstes und eigentliches Wesen ist. Daß Gott sich selber vernimmt und so ewige Vernunft ist, daß er richtig und klar lebt und tätig ist in sich selber, sich selber bestätigend, seine eigene Herrlichkeit preisend und insofern eben sich selber festmachend und an sich selbst festhaltend, das ist seine Weisheit, die dann in seinem Tun nach außen, in seinen Werken offenbar wird als sein Geschmack für das, was diesem ihrem höchsten und letztlich einzigen Zweck dient, als seine Geschicklichkeit, sie diesem Zweck dienen zu lassen, als sein Richtunggeben und also Führen, als die in und über ihnen waltende Vorsehung und Regierung. Man bemerke: eben darum bestimmt die Weisheit Gottes sein ganzes Tun als zuverlässig und befreiend, als ein Tun, auf das man seine Zuversicht setzen darf und soll, weil seine Weisheit darin besteht und letztlich immer darin sich auswirkt, daß er sich selbst festmacht, an sich selbst festhält, daß der *decentia* oder *convenientia divina* Genüge getan wird. Indem Gott als der erkannt wird, der unter allen Umständen **so** Sinn und Vernunft ist, **von daher** plant und beschließt, **daraufhin** redet und handelt, bedeutet die Erkenntnis Gottes, daß wir Zuversicht zu ihm fassen dürfen, bedeutet sie Befreiung, Ende aller Unsicherheit und Finsternis des Willkürlichen, Zufälligen und Irrationalen.

Daß die Weisheit Gottes nach biblischer Erkenntnis tatsächlich mit seiner Geduld zusammenhängt, das ergibt sich daraus, daß sie in der Bibel gerade dort, wo der Begriff einigermaßen deutlich expliziert wird, jedenfalls auch als die die **Welt** schaffende, erhaltende und regierende Weisheit als das eigentliche Organ eben der göttlichen **Vorsehung** beschrieben wird. Weil Gott die sich selbst rechtfertigende, bestätigende und bezeugende Richtigkeit und Klarheit selber ist, darum kann er einem andern neben sich Zeit, Raum und Existenz geben und lassen, ohne Ungewißheit, ohne Gefahr, ohne Untreue, als der Herr dieses Andern und zu seiner eigenen Verherrlichung. Und in dieser Richtigkeit und Klarheit tut er das Alles. So ist seine Weisheit der Sinn seines Gewährens und Wartens. So der Sinn der Welt!

Man bemerke: So und nicht anders! Gott ist nicht der der Welt als solcher immanente Sinn. Die Welt hat Sinn, sofern sie Sinn **bekommt** von dem, der allein Sinn hat und ist. Der Unterschied der biblischen Weisheit von der Weltidee der Stoa, des Philo usw. wird deutlich, wenn man sich aus den näheren und ferneren Zusammenhängen gerade jener expliziten Stellen klar macht, daß die Weisheit sich in der Bibel über die Geduld auf die **Gnade** und **Barmherzigkeit** Gottes zurückbezieht, und daß sie anderseits schon laut ihrer hebräischen Bezeichnung mit Gottes **Heiligkeit** und **Gerechtigkeit** zu nahe verbunden ist, als daß es etwa möglich wäre, das Auftauchen des Begriffs aus dem Eindringen des hellenischen Bedürfnisses nach Welterklärung und nach einem Welterklärungsprinzip abzuleiten.

Daß jene Hauptstellen dem dritten Teil des alttestamentlichen Kanons angehören und geschichtlich allerdings die Begegnung zwischen Israel und dem Griechentum mehr oder weniger sichtbar machen, das bedeutet nicht, daß hier eine Übernahme fremder Interessen und Vorstellungen, sondern das bedeutet, daß hier eine Auseinandersetzung und Entgegenstellung des israelitischen Gottesbegriffs mit solchen fremden Interessen und Vorstellungen stattgefunden hat. Ist der Gott Israels der Gott der Gnade, Barmherzigkeit und Geduld, dann kann und muß einerseits gesagt werden: in seiner Geduld und also um seiner selbst willen und zu seiner eigenen Ehre schafft, erhält und regiert Gott Alles, was ist. Er hat Alles, was ist, zum Schauplatz seines Tuns bestimmt. Darum ist es durch ihn. Dieser Zusammenhang seiner Bestimmung durch ihn mit seiner Schöpfung, Erhaltung und Regierung durch ihn ist Gottes Weisheit. Und andererseits: in dem tatsächlichen Sein und Sosein der Kreatur waltet kein Zufall und keine Willkür, sondern Gottes Geduld, die sie zum Schauplatz seines Tuns bestimmt und darum aus dem Nichts geschaffen hat und noch erhält und regiert. Also: der Zusammenhang zwischen dem tatsächlichen Sein und Sosein der Kreatur und dieser ihrer Bestimmung, das ist Gottes Weisheit.

Weil sie in dieser Einheit mit Gottes Geduld und durch diese mit allen anderen Bestimmungen des Gottes Israels steht, weil sie also wirklich die Weisheit dieses Gottes ist, darum kann und muß sie gleich Spr. 1, 20 f. und dann wieder 8, 1 f. nicht im Charakter eines logisch-ethischen Prinzips, sondern im Charakter einer Person und zwar offenkundig einer prophetischen Person auftreten: «Die Weisheit ruft auf der Gasse, auf den freien Plätzen erhebt sie die Stimme; oben auf den Mauern predigt sie, am Eingang der Stadttore spricht sie ihre Worte». Und daher kommt es, daß das, was sie ruft, predigt und spricht, inhaltlich offenkundig nichts Anderes ist als die wohlbekannte Buß-, Gerichts- und zugleich Heilspredigt, die fast in den gleichen Worten auch die eines Propheten sein könnte: «Wie lange, ihr Einfältigen, liebt ihr die Einfalt? Wie lange haben die Spötter am Spotten Gefallen und hassen die Toren Erkenntnis? Kehret euch zu meiner Rüge! Siehe, ich will euch meinen Geist hervorströmen lassen, will meine Worte euch kundtun. Weil ich rief, und ihr nicht wolltet, mit der Hand winkte und niemand aufmerkte, weil ihr all meinen Rat in den Wind schlugt und meine Rüge nicht annahmt, so will nun auch ich bei eurem Verderben lachen, will spotten, wenn der Schrecken über euch kommt, wenn der Schrecken über euch kommt wie ein Wetter, wenn euer Verderben wie Sturmwind daherfährt, wenn Not und Drangsal euch überfällt. Alsdann werden sie mich rufen, aber ich werde nicht hören; sie werden mich suchen, mich aber nicht finden. Weil sie die Erkenntnis haßten und an der Furcht des Herrn kein Gefallen hatten, meinen Rat nicht annehmen wollten, all meine Rüge verwarfen, darum werden sie die Frucht ihres Wandelns kosten müssen und an ihren eigenen Plänen genug bekommen; denn die Einfältigen bringt ihr eigener Abfall um, und den Toren wird die eigene Sorglosigkeit zum Verderben. Wer aber auf mich hört, der wohnt sicher; er lebt ruhig und hat kein Unheil zu fürchten» (Spr. 1, 22—33). Von dieser so sich aussprechenden und handelnden Weisheit heißt es dann Spr. 3, 19 f.: «Durch Weisheit hat der Herr die Erde gegründet, den Himmel durch Einsicht festgestellt. Durch seine Erkenntnis brachen die Fluten hervor und träufeln die Wolken den Tau». Aber steht nicht auch das schon Jer. 10, 12 zu lesen: «Der Herr ist's, der die Erde durch seine Kraft erschaffen, der durch seine Weisheit den Erdkreis gegründet und den Himmel ausgespannt hat durch seine Einsicht?» Was mit der kosmologischen Bestimmung der Weisheit Gottes Spr. 3, 19 f. gemeint ist, das ersehe man aus dem Zusammenhang dieses Kapitels. Eben mit dieser Bestimmung werden

3. Gottes Geduld und Weisheit

doch einfach sowohl jene Drohungen, als auch die hinsichtlich der Weisheit gemachten Behauptungen erklärt und unterstrichen: daß «ihr Erwerb besser ist als Erwerb von Silber, und sie zu gewinnen ist mehr als Gold» (v 14). «Langes Leben ist in ihrer Rechten, in ihrer Linken Reichtum und Ehre» (v 16). «Sie ist ein Lebensbaum denen, die sie ergreifen; wer sie festhält, der ist beglückt» (v 18). «Alsdann wirst du deinen Weg sicher gehen und dein Fuß wird nicht anstoßen. Legst du dich nieder, so schrickst du nicht auf und süß wird dein Schlaf sein auf deinem Lager. Vor plötzlichem Schrecknis mußt du dich nicht fürchten, noch vor dem Unwetter, das über die Gottlosen kommt» (v 23—25). Inwiefern gilt das Alles? Insofern als durch dieselbe Weisheit nach v 19 f. Alles geschaffen und erhalten ist. Insofern als sie den Menschen tatsächlich bewahrt und leben läßt. Und indem i h r e Buß-, Gerichts- und Heilspredigt angenommen wird, werden diese ihre Verheißungen wahr. Ihre Predigt? Nein, Gottes eigene Predigt! Wie sollte hier eine andere «Hypostase» als eben die der Offenbarung Gottes selber das Wort führen, predigen, verheißen? Wie sollten also auch jene Verse 18 f. auf einmal — in welcher Abstraktion muß man sie lesen, um sie so zu verstehen! — den Charakter eines selbständigen Versuches von Welterklärung, die Weisheit also den Charakter eines zwischen Gott und der Welt vermittelnden Zwischenträgers haben? Daß es keine selbständige Welterklärung, sondern nur die Selbsterklärung Gottes, die Erklärung seiner eigenen Weisheit gibt, die darin kräftig ist, daß sie beiläufig auch die Welt erklärt, d a s steht doch in diesem Kapitel und darum kann und muß es an seinem Schluß ausdrücklich heißen: «Der Herr wird deine Zuversicht sein und deinen Fuß vor der Schlinge behüten» (v 26). In diesem Zusammenhang muß aber auch die noch berühmtere Stelle Spr. 8, 22—31 gelesen werden, wo wieder die Weisheit selber folgendermaßen sich ausspricht: «Der Herr schuf mich, seines Waltens Erstling, als Anfang seiner Werke, vorlängst. Von Ewigkeit her bin ich gebildet, von Anbeginn, vor dem Ursprung der Welt. Noch ehe die Meere waren, ward ich geboren, noch vor den Quellen, reich an Wasser. Bevor die Berge eingesenkt wurden, vor den Hügeln ward ich geboren, ehe er die Erde gemacht und die Fluren und die ersten Schollen des Erdreichs. Als er den Himmel baute, war ich dabei, als er das Gewölbe absteckte über der Urflut, als er die Wolken droben befestigte und die Quellen der Urflut stark machte, als er dem Meer seine Schranke setzte, als das Wasser seinem Befehle gehorchten, als er die Grundfesten der Erde legte, da war ich als Liebling (oder: als Werkmeister) ihm zur Seite, war lauter Entzücken Tag für Tag und spielte vor ihm alle Zeit, spielte auf seinem Erdenrund und hatte mein Ergötzen an den Menschenkindern». Noch deutlicher als in cap. 3 wird die Weisheit hier als G o t t e s e w i g e s, vor allen anderen hervorgebrachtes W e r k, als sein erstes Zeugnis und so als Zeuge, Werkmeister und Spielgefährte einer Schöpfung aller anderen Werke mit Gott selber gleichgestellt: offenbar wieder und so noch stärker als dort, um zu sagen, daß alle Werke Gottes ihrerseits Zeugen seiner Weisheit als seines ersten und ursprünglichen Werkes sind. Man lese aber auch hier den Anfang und den Schluß des Kapitels, um sich zu überzeugen, daß ein selbständiger Versuch von Welterklärung gerade auch in dieser scheinbar hochkosmologischen Stelle nicht zur Aussprache kommt. Warum muß das von der Weisheit gesagt werden, was die Stelle sagt? Offenbar damit zum Beispiel v 17 unterstrichen sei: «Ich habe lieb, die mich lieben, und die nach mir suchen, werden mich finden». Oder v 35: «Wer mich findet, der findet das Leben». Offenbar überhaupt zur Unterstreichung der vorangehenden und nachfolgenden M a h n r e d e der Weisheit. Die Unterstreichung dieser Mahnrede, dieser praktischen Offenbarung der Weisheit, d. h. aber: die Unterstreichung dieser Gottesrede besteht darin, daß dieselbe Weisheit, derselbe Gott, dessen Mahnung der Anfang und das Ende des Kapitels wiedergeben in jener Stelle als der bezeichnet wird, der die Welt geschaffen hat und in seiner Geduld trägt und regiert, der also allen Anspruch darauf hat, daß seine Mahnung im Raume dieser

Welt, auf dem allein durch ihn geschaffenen, erhaltenen und beherrschten Boden gehört und beachtet wird. Wer sie nicht hört und beachtet, der verliert eben damit allen möglichen Boden unter den Füßen. Wer sie hört und beachtet, der lebt eben damit dem entsprechend, was der Sinn aller geschöpflichen Lebensmöglichkeit als solcher ist. Könnte man aber Spr. 3 und 8 allenfalls zweifeln an diesem Zusammenhang, weil er sich dort «nur» aus dem Context ergibt, aber nicht explizit sichtbar gemacht ist, so geschieht eben dies Letztere in aller wünschenswerten Deutlichkeit am Schlusse des ebenfalls hierher gehörigen Kapitels Hiob 28. Wir lesen dort in genauer Parallele zu Spr. 8: «Als er dem Winde seine Wucht zuwog und den Wassern ihr Maß bestimmte, als er dem Regen sein Gesetz gab und seine Bahn dem Wetterstrahl, da hat er sie (die Weisheit) gesehen und erforscht, sie hingestellt und auch erprobt» dann aber in unmittelbarer Fortsetzung: «Und er sprach zum Menschen: Siehe, die F u r c h t des Herrn, das ist Weisheit, und Böses meiden, das ist Erkenntnis» (Hiob 28, 25 f.). Aber eben das steht ja ausdrücklich auch am Anfang des Buches der Sprüche selber: «Die Furcht des Herrn ist der Anfang der Erkenntnis, die Toren verachten Weisheit und Zucht» (Spr. 1, 7) und wieder Spr. 9, 10 f.: «Der Weisheit Anfang ist die Furcht des Herrn und die Erkenntnis des Heiligen ist Verstand. Denn durch mich werden deine Tage sich mehren, werden Jahre sich fügen zu deinem Leben. Bist du weise, so bist du weise für dich; bist du ein Spötter, so hast du's allein zu tragen». «Frau Torheit» dagegen ist ein «erregtes Ding, voll Unverstand und kennt keine Scham» (Spr. 9, 13). Sie gründet ihre Botschaft sichtlich auf die Voraussetzung: «Wer u n e r f a h r e n ist, der kehre hier ein!» (Spr. 9, 16) und Lebensu n verstand ist das, was sie dem Menschen, den sie in ihr Haus einladet, beibringt: «Er weiß nicht, daß die Schatten dort hausen, daß ihre Gäste in den Tiefen der Unterwelt lagern» (Spr. 9, 18). Darum wird auch am Ende des Kohelet als «die Summe des Ganzen» dies bezeichnet: «Fürchte Gott und halte seine Gebote; denn das ist jedes Menschen Sache. Denn Gott wird jegliches Tun vor sein Gericht bringen, das über alles Verborgene geht, es sei gut oder böse (Pred. 12, 13 f.). Was heißt das Alles? Also die göttliche Weisheit ist der Sinn und Grund der Schöpfung und insofern des Bodens und Raumes, wo der Mensch leben kann. Also besteht alles Lebenkönnen, alle Lebenskunst, aller Lebensverstand eben darin, daß der Mensch die Weisheit Gottes vernehme und annehme und insofern selbst weise werde. Worin aber besteht dieses Vernehmen und Annehmen der Weisheit Gottes, das den Weisen vom Toren unterscheidet, das allein die Verheißung eines möglichen Lebens auf jenem Boden, in jenem Raume hat? Und nun kommt der scheinbare μετάβασις εἰς ἄλλο γένος, durch die sich die alttestamentliche Weisheitslehre von aller hellenischen unterscheidet: es besteht dieses den Menschen allein errettende und erhaltende Vernehmen und Annehmen in der Furcht Gottes, also in dem Verhalten gegenüber der in der Schöpfung, Erhaltung und Regierung der Welt wirksamen göttlichen Weisheit, das dadurch bestimmt ist, daß diese Weisheit zugleich heilig und gerecht, m. a. W. daß sie der Sinn und Grund der göttlichen Geduld mit dem Menschen ist. Ein Verhalten, das dieser göttlichen Weisheit entspricht, das ist die vom M e n s c h e n im Sinn des Alten Testamentes zu erlangende und von ihm geforderte Weisheit. Man bemerke zur weiteren Beleuchtung dieses Sachverhaltes, daß es Ps. 111, 10 ebenfalls heißt: «Die Furcht des Herrn ist der Anfang der Weisheit; einsichtig handelt, wer danach tut; sein Ruhm bleibt ewig bestehen», daß aber dort eben diese Mahnung den Abschluß bildet einer Erinnerung an d i e Werke Gottes, die in seinem Bunde mit seinem Volke geschehen sind und noch geschehen: «Er hat seinem Volke Erlösung gesandt; hat seinen Bund auf ewig bestellt; heilig und furchtbar ist sein Name» (v 9). Wenn d i e s e n Herren fürchten der Weisheit Anfang ist, dann ist seine Weisheit offenbar etwas sehr Anderes als ein abstraktes Weltprinzip und deren Erkenntnis, d. h. die ihr entsprechende menschliche Weisheit etwas sehr Anderes als das abstrakte Auf- und Annehmen einer bestimmten Welterklärung. Es ist dann vielmehr entschieden darüber, daß eben der und nur der auch das Weltprinzip ist: der in seiner Offenbarung an Israel als der Heilige und Gerechte handelt, und eben das und nur das die wirkliche Welterklärung: die Erkenntnis, daß uns in der Welt dazu Raum und Boden gegeben ist, daß wir es lernten, vor diesem Heiligen und Gerechten, im Bunde mit ihm zu leben, wie es seinem in der Stiftung und Durchführung dieses Bundes offenbarten Wesen entspricht, damit wir eben so das allein mögliche Leben leben möchten. Eben in Hiob 28 wird ja auch das ganz unzweideutig abgeschnitten, was man in der berühmten Stelle Spr. 8 vielleicht (aber auch dort fälschlich!) noch zu finden meinen könnte: die Vorstellung von einer dem Menschen von sich aus zugänglichen und erkennbaren göttlichen Weltweisheit. Wie der Mensch zwar Silber, Gold, Eisen und Erz aus den Tiefen der Berge ans Licht zu holen vermag, das wird dort anschaulich geschildert: «Ein Pfad ists, den der Geier nicht kennt und den der Falke nicht erspäht, den die stolzen Tiere nicht wandeln, den der Löwe nicht beschreitet. An Kieselgestein legt er (der Mensch) seine Hand, wühlt von Grund aus die Berge um. Durch die Felsen schlägt er Stollen und alles Köstliche erschaut sein Auge. Der Wasseradern Tränen hemmt er und das Verborgene bringt er ans Licht». Mit der göttlichen Weisheit aber verhält es sich ganz anders. «Doch die Weisheit — wo ist sie zu finden? Wo ist die Stätte der Erkenntnis? Der Mensch kennt nicht den Weg zu ihr, sie ist nicht zu finden im Land der Lebendigen. Die Flut spricht: In mir ist sie nicht, und das Meer spricht: Sie ist nicht bei mir. Man kann nicht Feingold für sie geben und nicht in Silber ihren Preis darwägen. Kein Gold von Ophir wiegt sie auf, kein kostbarer Sohamstein und kein Saphir... (Hiob 28, 7 f.). Kurzum, sie ist für den Menschen nicht zu haben, wie alles Andere endlich und zuletzt für ihn zu haben ist. «Die Weisheit aber — woher kommt sie? Wo ist die Stätte der Erkenntnis? Verhüllt ist sie den Augen alles Lebendigen, und den Vögeln des Himmels ist sie verborgen. Abgrund und Tod, sie sprechen: Nur ein Gerücht von ihr haben wir gehört. Gott, der weiß den Weg zu ihr und er, er kennt ihre Stätte. Denn er erschaut die Enden der Welt, was unter dem Himmel ist, sieht er Alles» (Hiob 28, 20 f.). Und dann folgt eben jener Schluß: «Und er sprach zum Menschen: Siehe, die Furcht des Herrn, das ist Weisheit...» (v 28).

Von da aus muß und nur von da aus kann es nun auch verständlich werden, wenn im Alten Testament gerade der Verweis auf die unergründliche Weisheit Gottes als Beweis für die Unmöglichkeit, d. h. für die völlige Torheit alles Götzendienstes angeführt wird. Wäre Gottes Weisheit und also Gott selber dem Menschen erkennbar in der Welt, würden ihm die Flut, das Meer, der Abgrund, der Tod das sagen, was sie ihm nach Hiob 28 gerade nicht sagen, wäre nicht verhüllt vor den Augen alles Lebendigen, was ihm nach Hiob 28 gerade verhüllt ist, dann wäre eigentlich nicht abzusehen, warum die Verehrung Gottes in allerlei B i l d e r n nicht ein berechtigtes und sogar notwendiges Werk solcher natürlicher Gotteserkenntnis sein sollte. Das Alte Testament aber sagt, von seiner Voraussetzung aus ganz folgerichtig, daß aller Bilderdienst Torheit ist: wohlverstanden, nicht Sünde, sondern eben Sünde in der Gestalt der Torheit, das ihm von Lebensunverständigen — nicht von Weltweisen, sondern gerade von Weltnarren, d. h. von solchen, die gerade den allein möglichen Boden und Raum, wo der Mensch existieren kann, gerade die Erkenntnis Gottes als des Schöpfers, Erhalters und Herrn der Welt gänzlich verfehlen: damit daß sie die Stätte seiner Erkenntnis so zu finden meinen, wie man den Ort des Goldes oder des Erzes in den Bergen finden kann. «Wer hat die Wasser mit der hohlen Hand gemessen und die Himmel mit der Spanne abgegrenzt? Wer hat ins Hohlmaß gefaßt den Staub der Erde, wer die Berge gewogen mit der Schnellwaage und die Hügel mit Waagschalen? Wer hat den Geist des Herrn gelenkt und wer ist sein Ratgeber, der ihn unterwiese? Mit wem hat er sich beraten, daß der ihn belehrte und ihm den Pfad des Rechten zeigte, den Weg der Einsicht ihn wiese? Siehe, die Völker sind wie ein Tropfen am Eimer, sind wie ein Stäublein auf der Wage geachtet» (Jes. 40, 12 f.). «Wem wollt ihr da Gott vergleichen und was als Ebenbild ihm an die Seite stellen? (v 18). «Wißt ihr es nicht, hört ihr es nicht? Ist es euch nicht von Anfang her verkündet? Habt ihr es nicht begriffen von der Gründung der Erde her? Der da thront über den Kreis der Erde, daß ihre Bewohner wie Heuschrecken sind, der den Himmel ausbreitet wie einen Teppich und ihn ausspannt wie ein Zelt zum Wohnen... wem wollt ihr mich vergleichen, daß ich wäre wie er? spricht der Heilige. Erhebt eure Augen zur Höhe und schaut: Wer hat jene geschaffen? Er, der ihr Heer herausführt nach der Zahl, sie alle mit Namen ruft. Ihm, der groß ist an Kraft und stark an Macht, bleibt nicht Eines aus» (v 21 f.). Aber eben von hier aus, eben gerade weil Gott dieser unfehlbare und völlige Schöpfer, Erhalter und Herr alles dessen ist, was ist, gibt es keinen Rückweg zu dem Tun der heidnischen Künstler und Goldschmiede. Eben darum gibt es keine Gottesbilder. Sondern gerade von hier, von der wirklichen Erkenntnis Gottes des Schöpfers her gibt es nur den Weg nach vorwärts, nämlich zu der Zuversicht auf den, der sich als Schöpfer nicht in seiner Schöpfung im Allgemeinen, sondern in seinem geistigen und barmherzigen Handeln an Israel offenbart und zu erkennen gibt. «Warum denn sagst du, Jakob, und sprichst du, Israel: ‚Mein Geschick ist dem Herrn verborgen und mein Recht entgeht meinem Gott?' Weißt du es nicht, oder hast du es nicht gehört: Ein ewiger Gott ist der Herr, der die Enden der Erde geschaffen! Er wird nicht müde noch matt. Unerforschlich ist seine Einsicht; er gibt dem Müden Kraft und dem Ohnmächtigen mehrt er die Stärke. Jünglinge werden müde und matt, Krieger straucheln und fallen; aber die auf den Herrn harren, empfangen immer neue Kraft, daß ihnen Schwingen wachsen wie Adlern, daß sie laufen und nicht ermatten, daß sie wandeln und nicht müde werden» (v 27 f.). Wo sind wir jetzt? Man sieht: von dem Bekenntnis und Lobpreis Gottes als des wirklichen und alleinigen Weisen in und über Allem, was er geschaffen hat, zur Erkenntnis seiner Unerforschlichkeit, Unvergleichlichkeit und also Unabbildbarkeit, zu seiner Erkenntnis dort, wo er sich Israel hat hören lassen, zu seiner Erkenntnis als dessen, der eben als der Schöpfer und Herr aller Dinge Israels Recht nicht vergessen hat, sondern wahrt, der eben als solcher Israel errettet und stark macht — wie er eben als der, der Israels gedenkt, ihm Recht schafft und immer neue Kraft gibt, auch der Schöpfer und Herr aller Dinge ist — von dort auf dieser Strecke nach hier ist gerade Jes. 40 ist so sozusagen schnurgerader Weg sichtbar. Und hier finden keine Gedankensprünge statt. Das Alles ist eben in der alttestamentlichen Gotteserkenntnis wirklich Eines und man hat es, um diese Erkenntnis selber zu vollziehen, nur in seiner Einheit zu belassen und es so nachzudenken, wie es in diesem und nicht nur in diesem Text — man findet zum Beispiel Jer. 10, 1—16 fast denselben Gang — nun einmal dasteht. Die Stätte der Erkenntnis der Weisheit Gottes, die Stätte, wo sie wirklich existiert und in der Furcht Gottes erkannt wird, ist schon nach dem alttestamentlichen Zeugnis, wenn man es in seinem Zusammenhang und in seinen ausdrücklichen Aussagen würdigt, die Stätte, wo Gott sich selbst als der Schöpfer, Erhalter und Herr der Welt zu erkennen gibt: und das ist eben sein heiliges und gerechtes, gnädiges und barmherziges Handeln an Israel.

Das ist's, was der Begriff der Weisheit über die der Gnade und Heiligkeit, der Barmherzigkeit und Gerechtigkeit hinaus Neues — vielmehr: das ists, was er in besonderer Erklärung dieser anderen Begriffe zu sagen hat: Gott ist nicht der Sklave seiner Geduld, wenn er sich selbst in dem Handeln, von dem jene anderen Begriffe reden, Zeit läßt und wenn er auch uns dabei Zeit gibt und also als Schöpfer, Erhalter und Herr der Welt Boden und Raum gibt und läßt. Es ist sein heiliger und gerechter, sein gnädiger und barmherziger Sinn, es ist sein Wille, uns diesen Sinn zu offenbaren, uns zur Buße zu leiten und so unser eigenes Leben sinnvoll zu machen, der ihn Geduld üben läßt. Dieser Sinn seiner Geduld ist seine Weisheit: die Weisheit seines Wesens und seiner Werke, und als die Weisheit seiner Werke die recht verstandene Weltweisheit, die Philosophie des geschaffenen Universums und die Philosophie der menschlichen Existenz. Diese «Philosophie» ist gerade nicht aus dem Universum oder aus dem Wesen des Menschen abzulesen, sondern nur durch Gottes eigenes Wort als das Wort Gottes selbst zu vernehmen, durch Gottes Wort und als Gottes Wort aber allerdings die rechte Philosophie des Universums und unserer eigenen Existenz. — Von hier aus dürfte sofort ersichtlich sein, daß auch das Zeugnis von Gottes Weisheit im Alten und Neuen Testament kein gespaltenes, sondern ein einheitliches Zeugnis ist. Von hier aus werden wir uns ja nicht wundern, Kol. 2, 3 zu lesen, daß in dem Geheimnis Gottes, das Christus heißt, «alle Schätze der Weisheit und Erkenntnis Gottes verborgen sind» und 1. Kor. 1, 30, daß uns eben Jesus Christus, wie es dort sogar hervorgehoben neben «Gerechtigkeit, Heiligung und Erlösung» gesagt ist, zur Weisheit gemacht ist: ὃς ἐγενήθη σοφία ἡμῖν ἀπὸ θεοῦ. Jesus Christus der Sinn der Geduld Gottes, das war ja das Ergebnis, bei dem wir bei der Erörterung der Vollkommenheit der Geduld Gottes tatsächlich zu Ende kamen.

«Die göttliche Weisheit ist das die Welt für die in der Erlösung sich betätigende göttliche Selbstmitteilung ordnende und bestimmende Prinzip» (Schleiermacher, Der chr. Glaube § 168). Diese Trennung zwischen der «göttlichen Selbstmitteilung» und einem besonderen die Welt für sie ordnenden und bestimmenden Prinzip ist undurchführbar. «Alle Dinge sind durch das Wort geworden und ohne das Wort ist auch nicht Eines geworden, das geworden ist» (Joh. 1, 3). Richtiggestellt muß der Satz lauten: «Die göttliche Weisheit ist die die Welt für sich selber ordnende und bestimmende göttliche Selbstmitteilung».

Einen höchst weisen Menschen, von Gott selbst mit Weisheit begabt und so zum Abbild und Verkündiger seiner eigenen Weisheit auf Erden eingesetzt, kennt schon das Alte Testament in der Figur des Königs Salomo. Und gerade ihm hat ja die einmütige Überlieferung auch jene Weisheitslehre des dritten Teils des Kanons im besonderen zugeschrieben. Wir hören 1. Kön. 5, 9 f., Gott habe ihm Weisheit und hohe Einsicht und einen Verstand gegeben, so weitreichend wie der Sand am Gestade des Meeres; seine Weisheit sei größer gewesen als die Weisheit aller Söhne des Morgenlandes und als alle Weisheit Ägyptens, so daß er weiser war als alle Menschen. Dreitausend Sprüche habe er gedichtet und seiner Lieder waren 1005. «Er redete von den Bäumen, von der Zeder auf dem Libanon bis zum Ysop, der aus der Mauer wächst. Auch redete er von den großen Tieren, von den Vögeln, vom Gewürm und von den Fischen». Wir lesen 1. Kön. 10, 1 f. wie die Königin von Saba von seinem Ruhme hörte und zu ihm kam, ihn mit Rätseln zu erproben. «Und als sie zu Salomo kam, fragte sie ihn Alles, was sie sich vorgenommen hatte. Salomo gab ihr auf alle ihre Fragen Bescheid; es war dem König nichts verborgen, das er ihr nicht hätte Bescheid geben können». Und eben weil er auf Gottes Antrag: Was soll ich dir geben? darum, um Weisheit, gebeten hatte und nicht um langes Leben, um Reichtum oder um den Tod seiner Feinde — eben darum gab ihm Gott auch das, worum er nicht gebeten hatte. «Reichtum und Ehre, daß deinesgleichen keiner sein soll unter den Königen, dein ganzes Leben lang» (1. Kön. 3, 4 f.), sodaß seine Weisheit nun eigentlich gerade in seinem Reichtum, in der Herrlichkeit seines Palastes und des von ihm gebauten Tempels, in dem ganzen irdischen Glanz seines Reiches sichtbar wird. Wir erkennen ohne weiteres den Zusammenhang, der uns schon im Buch der Sprüche begegnet ist: menschliche Weisheit heißt Lebenskunst, sofern der weise Mensch im Unterschied zum Toren von seiner Existenz und vom ganzen Universum den Gebrauch zu machen weiß, der ihrer Schöpfung und Erhaltung durch Gott entsprechend und darum sinnvoll und darum verheißungsvoll und heilsam ist. Der Mensch, der von seiner Existenz und vom Universum diesen Gebrauch macht, kann und wird leben und zwar wie das Leben Salomons zeigt, in unerhörtem Ausmaß, in strahlender Gestalt leben auf dieser Erde. Aber gerade aus der Salomo-Geschichte des ersten Königbuches ergibt sich nun über die Angaben der Weisheitslehre der Ketubim hinaus noch ein Doppeltes: Zunächst eben dies, daß solche menschliche Weisheit nicht eine dem Menschen an sich eigene und von ihm aus zu realisierende Möglichkeit, sondern eine Gabe Gottes ist, um die gebetet werden muß, die die Sache einer besonderen Zuwendung und Huld ist, um dann allerdings als solche göttliche Wunder- und Gnadengabe alsbald auch im menschlich-irdischen Raume beispiellose, alles andere in Schatten stellende Gestalt und Herrlichkeit zu gewinnen. Sodann und vor Allem: Es ist gerade die Weisheit Salomos nicht etwa eine Wissenschaft oder Weltklugheit, die ihren Sinn und Zweck in sich selbst bezw. in der Existenz des Individuums Salomo als solcher hätte. Das von Gott so überreichlich erhörte Gebet des Salomo um Weisheit lautet vielmehr nach 1. Kön. 3, 7 f. folgendermaßen: «Herr mein Gott, du hast deinen Knecht an meines Vaters Davids Statt zum Könige gemacht; ich aber bin noch ein Kind und weiß nicht aus noch ein. Und nun steht dein Knecht inmitten deines Volkes, das du erwählt hast, eines Volkes, so groß, daß niemand es vor Menge zählen und berechnen kann. So wollest du denn deinem Knechte ein verständiges (hörendes) Herz geben, dein Volk zu regieren und zu unterscheiden, was gut und böse ist; denn wer vermöchte sonst dies gewaltige Volk zu regieren?» Salomonische Weisheit ist also keine private, sondern eine öffentlich amtliche, sie ist Königsweisheit, Regierungsweisheit. Sie besteht (vgl. dazu auch Jes. 7, 15 f.), in wunderbarer Umkehrung dessen, was nach Gen. 3, 5 auf Rat der Schlange des ersten Menschen sündiges Privatbegehren war, in der den fähigen Richter auszeichnenden Gabe der Unterscheidung von Gut und Böse, im Besitz des Kriteriums, dessen der Herrscher eines Volkes bedarf, um Recht und Frieden unter ihm aufzurichten. Was das für ein Kriterium ist, das ergibt sich aber aus der (1. Kön. 3, 16 f.) unmittelbar auf jenes Gebet und jene Gebetserhörung folgenden merkwürdigen Geschichte von dem salomonischen Urteil. Welche von den zwei Dirnen, die da vor Salomos Richterstuhl auftreten, ist die Mutter des lebenden Kindes? Antwort: diejenige, die lieber auf dessen Besitz als auf dessen Leben verzichtet. Sie hat Recht nach dem salomonischen Urteil und eben ihr wird nun auch das lebende Kind zugesprochen. Wogegen die Unrecht hat, die lieber des Kindes Leben als seinen Besitz preisgibt. Was heißt das? Wirklich das Volk Gottes wird in diesem Urteil salomonischer Weisheit gerichtet: zwei Mütter, d. h. zwei Völker sind ja heimlich verborgen und müssen sich ja immer wieder scheiden in seiner Mitte: ein solches, das eine lebendige, und ein solches, das eine tote Hoffnung hat. Welches aber ist das eine, welches das andere Volk? Diese Frage und die göttliche Antwort darauf ist der rote Faden, der sich durch die ganze Geschichte Israels hindurchzieht. Macht nicht gerade das Volk mit der toten Hoffnung dauernd Anspruch darauf, die lebendige zu haben? Setzt es sich nicht immer wieder hinter-

3. Gottes Geduld und Weisheit

rücks in deren Besitz, um sich selbstgewiß, in seinem Anspruch gar nicht direkt zu widerlegen, als das wahre Volk Gottes auszugeben? Und wie steht dann das andere da: das in Wahrheit das Volk der lebendigen Hoffnung ist und diese doch so gar nicht als seinen Besitz ausweisen kann? Nun, Gott weiß, und der von ihm mit Weisheit begabte König Salomo wird es aussprechen, was gut und böse ist! Zwischen die beiden Völker hinein stellt er nämlich die Drohung: auch aus der lebendigen soll eine tote Hoffnung werden; es soll mit Israel ganz und gar aus sein. In dieser fürchterlichen Weise könnte ja die Entscheidung sofort vollzogen werden. Aber eben die Drohung dieser fürchterlichen Entscheidung, eben das gegen das lebende Kind schon gezückte Schwert, eben die der lebendigen Hoffnung Israels drohende Vernichtung ist doch nur das salomonische Mittel, Recht und Unrecht in seinem Volke und also zwischen den beiden Völkern in seinem Volke an den Tag zu bringen. Denn jetzt erweist es sich, daß das Volk der toten Hoffnung gleichgültig zusehen will, wie auch die lebendige Hoffnung, auf die es lügnerisch Anspruch erhoben hatte und noch erhebt, sterben und vergehen soll. Das Volk der lebendigen Hoffnung will angesichts dieser Drohung nur Eines: mag die Hoffnung zugute kommen, wem sie will, mag denn die Lügnerin sich ihrer freuen, wenn sie nur bleibt und lebendig bleibt! Eben dieses Volk: das Volk, das lieber auf seinen gerechten Anspruch, lieber auf alle Erfahrung des Heils, als auf das Leben der Hoffnung selbst verzichten, das lieber die Hölle als die Gottlosigkeit wählen will, das Volk der Mutterliebe, die nicht im Kinde sich selbst, sondern im Kinde das Kind liebt — eben es bekommt recht im salomonischen Urteil, eben es offenbart sich unter dem salomonischen Regiment, angesichts des gezückten Schwertes als das Volk, das auf die lebendige Hoffnung tatsächlich den gerechten Anspruch hat, dem sie darum auch tatsächlich gehören, das sein Heil nicht ewig entbehren müssen wird. Und das ist die salomonische Weisheit: die so in der Mitte des Volkes Gottes waltet, die dieses Kriterium kennt und anwendet: das lebendige Kind als Frage nach der rechten Mutter, die lebendige Hoffnung als Frage nach dem wahren Volke Gottes! Salomonische Weisheit weiß und entscheidet, daß das wahre Volk Gottes als solches darin offenbar und daran erkennbar werden wird, daß ihm die lebendige Hoffnung auf Gott lieber ist, als es sich selber ist. Eben darum wird sie ihm auf immer erhalten bleiben.

Eben in dieser salomonischen Weisheit, ja als diese salomonische Weisheit selber steht aber der, der «mehr ist als Salomo» (Matth. 12, 42), Jesus Christus, in der Mitte des Volkes Gottes. Wieder und erst recht ist jetzt gefragt: Welches ist die rechte Mutter? Wieder erscheint die Drohung — wird sie wieder scheidend und entscheidend sein? Wieder könnte es wohl so sein — und müßte es nicht eigentlich so sein? — daß niemand und keiner Recht bekäme, d. h. alle nur als Mütter eines toten Kindes. Wieder geht die salomonische, die göttliche Weisheit einen andern Weg. Aber hier ist wirklich «mehr als Salomo»: hier wurde ja das Schwert nicht nur gezückt; hier hat es zugeschlagen. Hier hat es der Richter selbst ertragen und erlitten, zugleich das getötete Kind, die vernichtete Hoffnung Israels und die ihres Kindes beraubte echte Mutter, das hoffnungslos gewordene Israel in eigener Person zu sein, um eben als dieser Geopferte (gekreuzigt, aber am dritten Tage wieder auferstanden von den Toten) die lebendige Hoffnung zu sein, die im Glauben um ihrer selbst willen geliebt werden will, die aber auch allen denen zu eigen gehört, die glauben, d. h. die wie die Muttes jenes Kindes nur dies bejahen, nur daran sich halten, nur das begehren wollen: daß er lebe, daß er sei und bleibe, der er ist, die dann aber auch eben um dieses Begehrens willen gerechtfertigt werden. Das ist Jesu Christi Tun als der König seines Volkes: daß er als der Richter, der jene Drohung ausspricht und vollzieht, aber zugleich als die Mutter und als das Kind, die ihren Vollzug erleiden müssen, immer wieder nach dem Glauben an ihn fragt, immer wieder die aussondert und ausscheidet als solche, die Recht haben, die an ihn glauben. Für sie, für uns andere Alle, bleibt es ja bei der Drohung, bei dem gezückten, bei dem noch nicht oder nicht mehr zuschlagenden Schwert. Für uns Alle bleibt aber, wenn wir unser Recht empfangen, wenn wir als das Volk Gottes offenbar werden wollen, nur der Glaube an ihn: der Glaube, in welchem er selbst uns lieber, wichtiger, bedeutender sein muß als jeder Anspruch, jede Erwartung, die wir für uns auf ihn setzen könnten, der Glaube, der sich wirklich nicht an sich selbst, sondern an ihn als seinen Gegenstand hält. Wiederum im Glauben an ihn bleibt uns aber auch das, was wir uns gerade, weil und indem wir glauben, nicht selbst verschaffen wollen können: unsere Rechtfertigung, unsere Zugehörigkeit zum wahren Volke Gottes und so die Verheißung des Lebens für Zeit und Ewigkeit. Indem wir uns Jesus Christus im Glauben unterordnen, vielmehr: indem er uns sich selbst unterordnet damit, daß er sich uns zum Gegenstand unseres Glaubens gibt, wird eben er uns «von Gott gemacht zur Weisheit» (1. Kor. 1, 30), ist uns unter der uns um seinetwillen erwiesenen Geduld Gottes, in der uns um seinetwillen gelassenen Zeit der Sinn dieser Geduld und so der Sinn unserer Zeit, nämlich er selber, gegenwärtig, um auch uns weise zu machen.

Von da her muß nun der ganze Zusammenhang 1. Kor. 1, 18—2, 10 gelesen werden. Daß das Wort vom Kreuz denen, die verloren gehen, Torheit und denen, die gerettet werden, Kraft Gottes sei, heißt es dort (v 18). Wieso jenen Torheit? Offenbar weil sie ohne den Glauben an ihn und also ohne zum wahren Volk Gottes zu gehören, in der Kunde von Jesu Christi Tod (mit oder ohne die von seiner Auferstehung! und mit dieser wohl erst recht!) nur die Kunde von einer weiteren Bestätigung der Sinnlosigkeit des menschlichen Lebens hören können: wohl gar die Proklamierung des Paradoxons, daß eben seine auch hier sichtbare Sinnlosigkeit als solche sein wahrer Sinn sei. So werden sie sich, wie Act. 17, 32 beschrieben ist, gelangweilt oder entsetzt von dieser törichten Kunde abwenden. Aber sie wissen nicht, daß sie eben, indem sie das tun, indem sie so urteilen, schon verurteilt sind, aufgedeckt und durchschaut als die Mutter des toten Kindes. Denn was ist geschehen, indem sie so urteilen? Wie geschrieben steht: «Ich will vernichten die Weisheit der Weisen und will verwerfen die Verständigkeit der Verständigen» (v 19, Jes. 29, 14). Also nur das, daß sie erledigt und abgetan und zu Ende sind mit ihrer Weisheit — nur das ist offenbart und besiegelt damit, daß sie jene Kunde für Torheit halten. «Wo ist ein Weiser? Wo ein Schriftgelehrter? Wo ein Forscher dieser Welt?» (v 20a). Da ist Keiner! Eben mit dem, was Gott getan hat laut jener Kunde hat er *tabula rasa* gemacht mit Allem, was sich in der Welt als Weisheit ausgibt und Weisheit doch nicht ist. «Zur Torheit gemacht hat Gott die Weisheit der Welt» (v 20b). Wie und was sie auch in sich sein möge: in der Konfrontation mit dem, was Gott laut jener Kunde getan hat, ist es am Tage, daß sie, was sie zu sein behauptet, Lebenskunst, Weltweisheit sicher nicht ist, sondern das Gegenteil. Denn was geschah hier? Διὰ τῆς σοφίας, in Anwendung ihrer eigenen vermeintlichen Weisheit verkannte die Welt Gott ἐν τῇ σοφίᾳ αὐτοῦ d. h. da, wo seine Weisheit war, handelte und sich offenbarte. Gott aber gefiel es, gerade durch die vermeintliche Torheit jener Verkündigung die Glaubenden zu retten (v 21): durch die Verkündigung des gekreuzigten Christus, der wie den Juden Ärgernis so den Heiden Torheit ist, den Berufenen aus Juden und Hellenen aber Gottes Kraft nicht nur, sondern gerade seine Weisheit (v 23 f). Eben dieses vermeintliche Törichte Gottes ist tatsächlich weiser als die Menschen — so viel weiser wie Salomo weiser war als alle Menschen! — und eben dieses vermeintlich Schwache Gottes ist tatsächlich stärker als die Menschen (v 25). Eben darum ist es kein schlechtes Zeichen für die Gemeinde, sondern das Zeichen ihrer echten Berufung, daß da nicht viele Weise nach dem Fleisch sind, nicht viele Starke, nicht viele Vornehme! Gott hat eben, entsprechend der vermeintlichen Torheit jener Kunde, das vermeintlich Törichte der Welt erwählt zur Beschämung der vermeintlich Weisen, das vermeintlich Schwache

3. Gottes Geduld und Weisheit

zur Beschämung der vermeintlich Starken, das vermeintlich Geringe und Verächtliche, das vermeintlich Nichtige (τὰ μὴ ὄντα) zur Erledigung des vermeintlich Seienden (ἵνα τὰ ὄντα καταργήσῃ), damit offenkundig sei, daß vor ihm kein Fleisch sich rühmen kann (v 26—29). Eben aus diesem Gott, vor dem kein Fleisch sich rühmen kann, haben die Christen ihr Sein in Jesus Christus: ἐξ αὐτοῦ δὲ ὑμεῖς ἐστε ἐν Χριστῷ Ἰησοῦ. Sie haben es durch die Kraft seiner Auferstehung von den Toten. Sie partizipieren offenbar einerseits an der vermeintlichen Torheit, Schwäche und Verächtlichkeit des in Jesus Christus geschehenen göttlichen Tuns: müssen sie es sich gefallen lassen, mit Jesus Christus, bezw. mit Gott selber, als seine Kinder, unter jenes Urteil der hellenischen Welt zu fallen. Eben darum partizipieren sie aber auch an dem Triumph der wirklichen, der göttlichen Weisheit über die vermeintliche, die menschliche Weisheit, aus der jenes Urteil stammt, das doch nur ihre tatsächliche Torheit zu enthüllen vermag. Ihnen ist ja eben Jesus Christus, der Gekreuzigte, in welchem sie ihr Sein aus Gott, ihr Sein als Gottes Kinder haben, durch seine Auferstehung von Gott selbst wie zur Gerechtigkeit, zur Heiligung, zur Erlösung, so auch vor allem zur Weisheit gemacht (v 30), damit an ihnen Jer. 9, 23 f. in Erfüllung gehe: «Wer sich rühmen will, der rühme sich des Herrn!» Der genaue Wortlaut jener Stelle lautet: «Der Weise rühme sich nicht seiner Weisheit, der Reiche rühme sich nicht seines Reichtums; sondern dessen rühme sich, wer sich rühmen will: einsichtig zu sein und mich zu erkennen, zu wissen, daß ich, der Herr, es bin, der Gnade und Recht und Gerechtigkeit auf Erden übt; denn an solchen habe ich Wohlgefallen, spricht der Herr». Wer sich des Herrn rühmt, der kann sich aus drei Gründen nicht zugleich seiner eigenen, der menschlichen Weisheit dieser Welt rühmen: 1. weil er sich schon der anderen, der wirklichen, der Weisheit Gottes rühmen darf, für jene seine eigene, die menschliche, also gar keinen Raum mehr hat; 2. weil durch diese göttliche Weisheit, deren er sich rühmen darf, die menschliche für ihn entlarvt ist als Unweisheit, als nun auch in seinen Augen ganz und gar unrühmliche Torheit; 3. weil er sich der Solidarität mit der göttlichen Weisheit auch hinsichtlich ihrer vermeinlichen Torheit, hinsichtlich des Urteils, das sie sich von der Welt her gefallen lassen muß, nicht entziehen wollen kann.

Wir können hier einen Seitenblick auf Matth. 11, 16—19 werfen. «Dieses Geschlecht» wird dort beschrieben, wie es sich ärgert an Johannes dem Täufer wegen seiner Askese: Er hat einen Dämon! und wieder ärgert an Jesus wegen seiner Nicht-Askese: Siehe, ein Schlemmer und Zecher, Freund mit Zöllnern und Sündern! Immer ist die wirkliche Weisheit anders als «dieses Geschlecht» es erwartet und gewünscht hat und darum glaubt es wie die enttäuschten Kinder auf dem Markt das Recht zu haben, sich zu beschweren: «Wir haben euch aufgespielt und ihr habt nicht getanzt; wir haben Klagelieder gesungen und ihr habt nicht getrauert». Was sollen die Vertreter der Weisheit dann tun? Diese Beschwerde annehmen? Nach ihren Ansprüchen sich richten und nun also tanzen, wo jene aufspielen, trauern, wo jene ihre Klagelieder singen? Nein, sondern indem sie angesichts dieser Beschwerde unentwegt tun, was sie als Vertreter der Weisheit tun müssen, geschieht es, daß die Weisheit gerechtfertigt wird, sich selbst rechtfertigt in ihren Werken, d. h. eben in dem, was die Vertreter der Weisheit als solche unentwegt tun müssen: καὶ ἐδικαιώθη ἡ σοφία ἀπὸ τῶν ἔργων αὐτῆς. Denn ihre, der Weisheit, eigene Werke sind die Werke ihrer Vertreter so lange diese ihr nur — aber wie könnte das anders sein, wenn sie Johannes der Täufer und Jesus heißen? — unentwegt gehorsam bleiben. Auch sie brauchen sich also nach einer anderen Rechtfertigung ihres Tuns gerade nicht umzusehen. Sie sind gerechtfertigt, indem die Weisheit in ihren Werken und durch diese sich selber rechtfertigt.

Und damit stehen wir wieder im Zusammenhang der Auseinandersetzung von 1. Kor. 1—2. Was wollte Paulus mit jener ganzen Darlegung 1, 18—31 begründen? Nach dem Anfang des zweiten Kapitels sehr schlicht dies: daß er nicht etwa καθ' ὑπεροχὴν λόγου ἢ σοφίας (v 1) nicht ἐν πειθοῖς σοφίας λόγοις (v 4) unter ihnen auftreten und sein «Zeugnis von Gott» ablegen, daß er also nicht nach ihrer Vermutung nach Anweisung des Aufspielens einer menschlichen Weisheit tanzen oder nach Anweisung ihrer Klagelieder trauern konnte. Er konnte ihnen als einer, der sich des Herrn und nur des Herrn zu rühmen hatte, nicht den Gefallen tun, sich gleichzeitig auch noch menschlicher Weisheit zu rühmen. Er konnte ihnen das «Zeugnis von Gott» nicht in einer solchen Gestalt vorlegen, in der es ihren Ambitionen als Kinder «dieses Geschlechts» entsprochen hätte. Er konnte es ihnen nur so vorlegen, wie es eben lautete. Er durfte, als er unter ihnen war, nichts wissen als Jesus Christus, und diesen als den Gekreuzigten (v 2). Wie sollte es denn anders sein als daß er «in Schwachheit und Furcht und viel Zaghaftigkeit» unter ihnen auftrat? (v 3). Es konnte sein Wort nur e i n e Begründung haben; diese freilich h a tt e es: die ἀπόδειξις πνεύματος καὶ δυνάμεως (v 4), d. h. offenbar eben jene Rechtfertigung der Weisheit durch ihre eigenen Werke, die da stattfindet, wo des Menschen Werk in nichts Anderem besteht als darin, daß er sich der Weisheit Gottes als Instrument völlig zur Verfügung stellt, um sie selbst vorbehaltlos, ohne Abstrich und Zutat, das sagen zu lassen, was sie selber sagen will. Wo das geschieht, da wird «der Beweis des Geistes und der Kraft» geführt, um dessen Wirksamkeit niemand besorgt zu sein braucht, dessen Wirksamkeit aber auch nicht durch die irgend eines anderen Beweises zu ersetzen oder gar zu ergänzen ist. Und eben dies ist es, was in Korinth niemandem zuliebe und niemandem zuleide geschehen ist. Es konnte und durfte nichts Anderes geschehen; denn der Glaube der korinthischen Christen wäre als Glaube gar nicht zustande gekommen, wenn Paulus einen anderen Beweis auch nur beiläufig hätte führen wollen: nicht auf Weisheit der Menschen konnte er sich gründen, sondern nur auf die Kraft Gottes in der Selbstrechtfertigung seiner Weisheit. Und zu dieser Begründung konnte es, was Paulus betraf, nur durch e i n Werk kommen, nämlich durch die Verkündigung des gekreuzigten Christus (v 5). Eben mit dieser Verkündigung redet Paulus Weisheit! Für die τέλειοι nämlich: das sind aber wieder nicht, wie in den Mysterienreligionen, die Esoteriker, die Eingeweihten einer menschlichen Weisheit — welche von dieser Verkündigung her gesehen nach 1, 20 f. vielmehr nur die Törichtesten unter allen Törichten sein können — sondern das sind schlicht die, die eben das Wort vom Kreuz im Glauben auf- und annehmen. Die das tun, die täuschen und irren sich nicht. Sie sind keine Toren. Sie gehören nicht zu jenen lamentierenden Kindern auf dem Markt. Sie machen sich also das Urteil der Torheit keineswegs zu eigen; sie richten sich auch nicht nach ihm. An ihnen ist der Beweis des Geistes und der Kraft darin mächtig geworden, daß sie weise genug sind, eben da Weisheit zu hören, wo die Toren Torheit zu hören meinen und, weil sie Toren sind, tatsächlich nur Torheit hören können. Weisheit der Welt ist das, was diese Vollkommenen, was die Glaubenden hören, indem sie das Wort vom Kreuz hören, allerdings nicht, auch nicht die höhere Weisheit der diese Welt vorläufig beherrschenden Engelmächte, der ἄρχοντες τοῦ αἰῶνος τούτου (v 6). Sondern was Paulus allein mit dem Worte vom Kreuz redet und was sie hören, das ist Gottes eigene Weisheit: seine Weisheit, die in diesem Geheimnis (dem Geheimnis des Kreuzes Jesu Christi) ebenso (für die Welt) verhüllt wie (für die Glaubenden) enthüllt ist, seine Weisheit, die Gott vor aller Welt zu unserer Verherrlichung bestimmt und vorgesehen hat (v 7), wie sie denn in Jesu Christi Auferstehung, indem Jesus Christus uns zur Weisheit gemacht wurde, tatsächlich schon zu unserer Verherrlichung gedient hat und weiter dienen wird. Denn das ist ja schon unsere Verherrlichung, darin wird jetzt und hier schon etwas wirklich und sichtbar an uns selber von der ganzen Herrlichkeit Salomos, darin leben wir jetzt und hier schon in aller Freude und Lust in Salomos Tempel und Palast: daß wir durch Christi Auferstehung unser

Sein von Gott als ein Sein in ihm, dem Auferstandenen, empfangen haben, daß er uns als Gottes Kindern von Gott zur Weisheit gemacht ist, daß wir im Glauben selbst weise werden und sein dürfen. Wir! Denn diese Weisheit ist nicht nur aller menschlichen Weisheit dieser Welt als solcher und insofern (ohne den Glauben) allen in dieser Welt lebenden Menschen als solchen verschlossen und fremd. Nicht nur alle menschliche Weisheit ist durch ihr Urteil, daß sie gerade als vermeintliche Weisheit Torheit sei, entlarvt und krompromittiert: als höchste Torheit gerade in denen, die sich vielleicht mit Recht rühmen können, die Vollkommenen dieser menschlichen Weisheit zu sein. Mehr noch: Verschlossen und fremd ist sie auch jener höheren oder höchsten Weisheit der diese Welt und Menschheit regierenden Engelmächte. Blamiert haben sich ja offenkundig auch diese; denn an der Verwerfung und Tötung Jesu Christi waren, vertreten durch die Ordnungsmacht des römischen Staates, auch sie beteiligt: Hätten sie die Weisheit Gottes da, wo sie nicht erst in ihrer Bezeugung, sondern in ihrer ursprünglichen Wirklichkeit selber existierte und sprach, gehört, wären sie für den Beweis des Geistes und der Kraft da, wo er nicht erst in Gestalt des apostolischen Wortes, sondern durch das fleischgewordene Wort selber geführt wurde, offen gewesen, dann «hätten sie den Herrn der Herrlichkeit nicht gekreuzigt» (v 8). Sie wären dann weise genug gewesen, seine Herrlichkeit, die Herrlichkeit der göttlichen Weisheit als solche zu sehen. Das haben sie nicht getan. Gerade sie sind es letztlich, die Jesus Christus gekreuzigt haben. Umsoweniger kann für Paulus irgend ein Anlaß bestehen, bei seinem «Zeugnis von Gott» nach den Wünschen und Erwartungen, nach dem Aufspielen und nach den Klagegesängen irgend welcher menschlichen Weisheit zu fragen und ihm also irgend eine andere Gestalt zu geben an Stelle der Gestalt, die es sich selber gegeben hat: an Stelle seiner Gestalt als das Wort vom Kreuz. Sondern es muß bei dem Beweis des Geistes und der Kraft, bei der Selbstrechtfertigung der göttlichen Weisheit gegenüber aller Torheit der Menschen, wie sie eben in der Verkündigung dieses Wortes Ereignis ist, und immer wieder Ereignis werden wird, sein Bewenden haben. So wird gerade das Wort vom Kreuz denen, die gerettet werden, zur Kraft Gottes: daß Gott ihnen, denen, die ihn lieben, d a s «bereitete», was kein Auge gesehen, was kein Ohr gehört, was in keines Menschen Herz gekommen ist (v 9). Was ist das? Nach dem ganzen Zusammenhang unzweifelhaft eben die Enthüllung des Geheimnisses des Kreuzes Christi und so der von Gott zu unserer künftigen und doch schon gegenwärtigen Verherrlichung von Ewigkeit her uns bestimmten, uns zugewendeten, uns zugedachten Weisheit Gottes selber. Eben diese seine Weisheit in ihrer ewig-konkreten Gestalt ist das, was kein Auge gesehen, kein Ohr gehört, was in keines Menschen Herz gekommen ist; und eben das hat Gott uns offenbart durch den Geist: ἡμῖν γὰρ ἀπεκάλυψεν ὁ θεὸς διὰ τοῦ πνεύματος (v 10).

Man sieht, wie die Weisheit Gottes tatsächlich auch in diesem neutestamentlichen Zusammenhang jene salomonische Regierungs- oder Richterweisheit ist, die einem Jeden gibt, was ihm gehört: Torheit den Toren, die die Weisheit nicht so lieben, daß sie es um ihretwillen vorziehen würden, vor ihren eigenen Augen und vor denen der Welt als Toren dazustehen. Weisheit den Weisen, die die Weisheit so lieben, daß sie es um ihretwillen auf sich nehmen, sich nur des Herrn und gar nicht mehr ihrer eigenen, menschlichen Weisheit rühmen zu können. Torheit den Toren, die in Anwendung und Durchsetzung ihrer vermeintlichen eigenen Weisheit nicht davor zurückschrecken, ja geradezu dazu getrieben sind, die wirkliche Weisheit zu töten, um eben damit ihre wirkliche Torheit an den Tag zu bringen. Weisheit den Weisen, für die und in denen entgegen aller vermeintlichen eigenen Weisheit die wirkliche, die Weisheit Gottes selber auf dem Plan ist: lebendig, sich selbst beweisend und rechtfertigend, wie es eben die wirkliche Weisheit, die Weisheit Gottes kann und tut. Aber im Unterschied zu dem alttestamentlichen Vorbild oder vielmehr in dessen heller Erklärung ist hier, in der neutestamentlichen Darstellung des Geheimnisses Gottes, das Jesus Christus heißt, die Weisheit Gottes im salomonischen Urteil Alles zugleich: 1. indem sie allein souverän weiß, entscheidet und verfügt, der Richter, 2. indem sie selber sowohl die verworfene und getötete, als auch die ewig lebendige ist, der Gegenstand der Klage und Gegenklage, 3. indem sie den Weisen sich selber schenkt und indem sie den Toren sich selber verweigert, die Vollziehung des Rechtsspruches.

So ist Gott auch nach dem Neuen Testament in der Weise der μόνος σοφός (Röm. 16, 27; 1. Tim. 1, 17), daß seine Weisheit zusammenfällt mit seiner Heiligkeit und Gerechtigkeit und ihre Erkenntnis bezw. das menschliche Weisewerden sehr schlicht damit, daß der Mensch zum Glauben kommt. Darum kann sich Paulus Eph. 3, 8 f. (vgl. Kol. 1, 25 f.) über den Sinn seines Apostolates dahin aussprechen; ihm sei aufgetragen, die «Ökonomie» (die Anordnung, die Struktur) des von Ewigkeit her in Gott, dem Schöpfer aller Dinge, verborgenen Geheimnisses ans Licht zu bringen mit dem Zweck (ἵνα), daß jetzt den ἀρχαί und ἐξουσίαι im Himmel durch die Kirche die πολυποίκιλος σοφία τοῦ θεοῦ kund werde gemäß der im Christus Jesus, unserem Herrn in die Tat umgesetzten göttlichen Vorherbestimmung. Dementsprechend hatte Paulus die Gemeinde schon Eph. 1, 7 f. darauf angeredet: Gott habe den Reichtum seiner Gnade, verwirklicht in der Erlösung durch das Blut Christi und also in der Vergebung der Sünden an uns groß werden lassen ἐν πάσῃ σοφίᾳ καὶ φρονήσει, indem er uns das Geheimnis seines Willens kundgetan, das darin besteht, allen himmlischen und irdischen Wesen in Christus ihr Haupt (ihren Vertreter, ihre Zusammenfassung, ihre Mitte, ihren Bestand (ἀνακεφαλαιώσασθαι) zu geben. Dementsprechend hatte er schon Eph. 1, 17 f. (vgl. Kol. 1, 9) gebetet: «Der Gott unseres Herrn Jesus Christus, der Vater der Herrlichkeit gebe euch den Geist der Weisheit und der Offenbarung zur Erkenntnis seiner selbst, erleuchtete Augen des Herzens, um die euch durch seine Berufung verliehene Hoffnung zu erkennen!» Und dementprechend fordert er sie nachher Eph. 5, 15 auf, ἀκριβῶς zu wandeln «nicht als die Unweisen, sondern als die Weisen». Oder nach der Parallele Kol. 4, 5: «in Weisheit zu wandeln angesichts derer, die draußen sind». Paulus versteht seine eigene Aufgabe dahin, Christus als die Hoffnung der Herrlichkeit zu verkündigen und damit «jeden Menschen zu unterrichten, jeden Menschen zu belehren in der völligen Weisheit, um so jeden Menschen als Vollkommenen (τέλειον) in Christus vor diesen zu stellen» (Kol. 1, 28). Eine andere Weisheit als die, die im Kolosser- und Epheserbrief deutlich genug als mit Jesus Christus selber identisch bezeichnet wird, ist aber auch Jak. 3, 13 f. nicht gemeint, wenn gefragt wird: «Wer ist weise und verständig unter euch?» wenn darauf geantwortet wird, daß ein solcher, der das sei, es zeigen möge durch einen Wandel ἐν πραΰτητι σοφίας wenn die «Weisheit von oben» Jak. 3, 17 beschrieben wird als keusch, friedlich, billig, fügsam, voll von Erbarmen und guten Früchten, frei von Zweifel, frei von Heuchelei — und wenn Jak. 1, 5 f. der, der solcher Weisheit ermangeln sollte, aufgefordert wird, Gott im Glauben darum zu bitten. Wobei es instruktiv genug ist, daß eben die Freiheit vom Zweifel, die 3, 17 als Kriterium der nach 1, 5 f. im Glauben zu erbittenden Weisheit angegeben wird, an dieser letzteren Stelle mit höchstem Nachdruck als die Grundbestimmung des Glaubens und also auch des rechten Gebetes um Weisheit bezeichnet wird. Weisheit den Weisen! diese Regel setzt sich offenbar auch hier durch, wie ja auch Salomo schon weise sein mußte, um gerade um Weisheit zu beten und wie es ja auch von Jesus selbst Luk. 2, 40, 52 nicht einfach heißt, daß er Weisheit empfing oder weise wurde, sondern daß er «zunahm» an Weisheit und Alter und Gnade bei Gott und den Menschen. Es ist offenbar die Weisheit auch in allen diesen neutestamentlichen Zusammenhängen nicht mehr und nicht weniger als der dem Menschen in Gnade und Barmherzigkeit sich zuwendende Gott selber, Gott in seiner Liebe, aber auch in seiner Freiheit, in seiner ganzen Liebe, aber auch in seiner ganzen Freiheit.

Die Beobachtung, von der wir schon bei der alttestamentlichen Weisheitslehre ausgegangen sind, wiederholt sich im Neuen Testament: man könnte auch hier stutzen angesichts der Tatsache, daß der Begriff der Weisheit nur in einem verhältnismäßig beschränkten Teil des Kanons explizit zur Aussprache kommt. Und es ist auch hier nichts dagegen zu sagen, wenn man das historisch damit erklären will, daß dies offenbar, entsprechend der Begegnung Israels mit dem älteren Hellenismus, in der Berührung und Auseinandersetzung der neutestamentlichen Gemeinde mit den die sogen. Gnosis vorbereitenden philosophischen und religiösen Zeitbewegungen nötig und wirklich geworden sei. Man beachte dann aber wohl, wie radikal kritisch diese Auseinandersetzung verläuft, bezw. wie vollständig die begrifflich vielleicht in der Tat im Verlauf dieser Auseinandersetzung aufgenommene Sache im apostolischen Zeugnis assimiliert und nicht etwa zur Abschwächung oder Veränderung, sondern gerade zur Unterstreichung und Verschärfung der Christusbotschaft als solcher in den Zusammenhang der übrigen Begriffe und Anschauungen hineingenommen und in diesem Zusammenhang — ich wüßte keine Stelle, wo dieser gesprengt oder auch nur gestört würde — verwendet wird. Aber wie man sich auch zu der historischen Frage stellen möge: das ist sicher, daß die Weisheitslehre im kanonischen Neuen Testament so gut wie im Alten faktisch zum integrierenden Bestandteil des apostolischen Wortes geworden ist. Paulus ohne 1. Kor. 1—2 wäre nicht Paulus und so würde der Inhalt des ganzen Kolosser- und Epheserbriefs in sich zusammenbrechen, wenn man etwa aus irgend einem Grunde diesen Stein herausnehmen wollte. Jesus Christus, unsere Gerechtigkeit, Heiligkeit und Erlösung ist auch unsere Weisheit und so ist der Glaube an ihn auch Belehrung durch die Weisheit Gottes. Das dürfte in der Sache doch auch das Zeugnis des Johannesevangeliums sein, obwohl es den Begriff als solchen auffallenderweise vermieden hat. Eindringlicher als jede andere neutestamentliche Schrift hat es dafür den Glauben und die Erkenntnis nebeneinander gestellt und miteinander verbunden.

§ 31.

DIE VOLLKOMMENHEITEN DER GÖTTLICHEN FREIHEIT

Die Göttlichkeit der Freiheit Gottes besteht und bewährt sich darin, daß Gott in sich selber und in allen seinen Werken Einer, beständig und ewig und eben damit auch allgegenwärtig, allmächtig und herrlich ist.

1. GOTTES EINHEIT UND ALLGEGENWART

Wir wenden uns keinem neuen Gegenstand zu und wir schlagen kein anderes Buch auf, wenn wir unsere Aufmerksamkeit nun den Vollkommenheiten der göttlichen Freiheit zuwenden. Von der göttlichen Freiheit sprachen wir schon als wir von der göttlichen Liebe sprachen. Wir konnten ja nicht von Gottes Liebe sprechen, ohne dauernd hinüber und hineinzublicken in Gottes Freiheit. Indem wir von Gottes Heiligkeit, Gerechtigkeit und Weisheit sprachen, haben wir den Inhalt dieses zweiten Teils der Lehre vom Wesen Gottes eigentlich schon vorweggenommen. Denn was Anderes war es als eben die Erinnerung an die göttliche Freiheit, die uns nötigte, Gottes Heiligkeit neben seiner Gnade, Gottes Gerechtigkeit neben seiner Barmherzigkeit, Gottes Weisheit neben seiner Geduld besonders ins Auge zu fassen: zur Begründung, Sicherstellung und Erklärung dessen, daß wir nicht von irgend einer, sondern eben von der göttlichen Gnade, Barmherzigkeit und Geduld gesprochen hatten. Die Göttlichkeit der Liebe Gottes besteht und bewährt sich darin, daß Gott eben in seiner Liebe frei und also eben in seiner Gnade, Barmherzigkeit und Geduld heilig, gerecht und weise ist.

Dieser Zusammenhang, diese Einheit des Wesens Gottes muß uns nun auch von seiner andern Seite her vor Augen treten. Wir denken jetzt gewissermaßen in der umgekehrten Folge. Wir beginnen jetzt dort, wo wir im vorigen § jeweils geendigt haben. Wir gehen jetzt also aus von der göttlichen Freiheit. Wir tun das der Ordnung des göttlichen Lebens entsprechend an zweiter Stelle. Aber wir sahen: eine Unterordnung kann diese Ordnung nicht bedeuten. Gottes Freiheit ist nicht weniger göttlich als seine Liebe. Gottes Freiheit ist darin göttlich, daß sie die Freiheit ist, in der Gott liebt. Es gilt aber auch das Umgekehrte: Gottes Liebe ist darin göttlich, daß sie seine freie Liebe ist. Das berechtigt und nötigt uns, seine Freiheit ebenso ernst zu nehmen und bei der Betrachtung seines Wesens nun, an zweiter Stelle, ebenso ernstlich wie zuvor von seiner Liebe, so jetzt von seiner Freiheit auszugehen. Wieder wissen wir jetzt schon, daß es keine Freiheit Gottes an sich und als solche gibt. Wir werden also, indem wir uns nun seiner Freiheit zuwenden, seine Liebe ständig mitzubedenken haben. Wir werden also in diesem zweiten Teil der Lehre vom Wesen Gottes den ersten notwendig (implizit und explizit) zu rekapitulieren haben: alles dort Eingesehene und Ausgesprochene wird uns hier begleiten und mitgegenwärtig sein müssen. Die Erinnerung an die göttliche Liebe wird uns auch hier nötigen, je eine erste und eine zweite Betrachtung anzustellen: beide diesmal auf die Freiheit Gottes gerichtet, je die zweite aber so, daß sie uns den Zusammenhang und die Einheit der Freiheit mit der Liebe Gottes in Erinnerung bringt und eben damit begründet, sicherstellt und erklärt, daß wir es nicht mit irgendeiner, sondern mit der göttlichen Freiheit zu tun haben. Die Göttlichkeit der Freiheit Gottes besteht und bewährt sich darin, daß Gott eben in seiner Freiheit, eben als der Freie der Liebende ist. Gott ist Einer, er ist beständig und ewig, in sich selber und in allen seinen Werken. Das ist seine Freiheit. Das ist seine Majestät und Souveränität. Davon wird in diesem zweiten Teil der Lehre von seinem Wesen jeweils zuerst zu reden sein. Gott ist aber nicht zufällig und nicht in einer willkürlich zu bestimmenden, sondern in einer durch ihn selbst ganz bestimmten Weise frei, majestätisch, souverän. Er ist also in der Weise Einer, daß er allgegenwärtig, in der Weise beständig, daß er allmächtig, in der Weise ewig, daß er herrlich ist. Seine Freiheit ist ja die Freiheit seiner Liebe.

1. Gottes Einheit und Allgegenwart

Indem wir von seiner Allgegenwart, Allmacht und Herrlichkeit reden, blicken wir von seiner Freiheit zurück und aufs Neue hinein in seine Liebe und — in diesem Zusammenhang nun eben damit — in seine Göttlichkeit. Darin besteht und bewährt sich die Göttlichkeit seiner Freiheit, daß er eben in seiner Einheit allgegenwärtig, eben in seiner Beständigkeit allmächtig, eben in seiner Ewigkeit herrlich ist. Daß dem so ist, das ist das Kriterium der Göttlichkeit aller Vollkommenheiten seiner Freiheit.

Wieder kann sich hier die Frage stellen, wir wir dazu kommen, gerade diese sechs Eigenschaften der göttlichen Freiheit gerade in dieser Zusammenstellung zu nennen. Und wieder ist das Geständnis zu machen, daß wir uns dabei allerdings weder auf eine direkte (d. h. verbale) Anweisung der heiligen Schrift noch auf eine Anleitung kirchlicher Autoritäten, noch auch nur auf den Vorgang einer andern Dogmatik stützen und berufen können, sondern daß diese Auswahl und Zusammenstellung als solche grundsätzlich nur den Charakter eines Versuchs und Vorschlags haben und beanspruchen kann. Wir fragen uns — nicht angesichts einer allgemeinen Idee vom Wesen Gottes, sondern angesichts des biblischen Offenbarungszeugnisses: Unter welchen Bestimmungen wird die hier bezeugte Liebe Gottes in seiner Freiheit Ereignis und Wirklichkeit, sodaß wir sie daraufhin als Bestimmungen seines Wesens verstehen dürfen und müssen? Die Reihe: Einheit, Beständigkeit und Ewigkeit will auf diese erste Frage Antwort geben. Und wir fragen uns zweitens — wiederum angesichts des biblischen Offenbarungszeugnisses: Unter welchen Bestimmungen steht die hier uns bezeugte Liebe Gottes, sofern sie es ist, die in seiner Freiheit Ereignis und Wirklichkeit wird, so daß wir daraufhin diese ihre Bestimmungen als solche des göttlichen Wesens verstehen dürfen und müssen? Auf diese Frage antwortet die zweite Reihe: Allgegenwart, Allmacht und Herrlichkeit. Man sieht, daß die Fragen, nur jetzt in umgekehrter Reihenfolge, in der Sache dieselben sind, die wir am Anfang des vorigen § gestellt haben. Sie können ja keine anderen sein, so gewiß wir, an dieselbe Quelle uns haltend, hier wie dort von demselben Gott, dem in seiner Freiheit Liebenden und also von derselben Freiheit und von derselben Liebe zu reden haben, die uns als Inhalt des biblischen Zeugnisses von Gott schon dort beschäftigten. Die Frage, ob unsere Auswahl und Zusammenstellung, für die als solche wir uns auf keine Autorität berufen können, richtig und genügend, ob sie also als Versuch und Vorschlag sinnvoll und nützlich ist, kann hier wie dort nur durch unsere Darstellung selbst, bezw durch deren Verhältnis zu dem biblischen Gotteszeugnis beantwortet, sie muß also zunächst an den Fragenden zurückgegeben werden. Wer die hier vorgeschlagene Auswahl und Zusammenstellung beanstanden will, wird sie auf alle Fälle nicht ohne Vorlage eines anderen, ihre allfälligen Fehler oder Lücken verbessernden Versuches und Vorschlags beanstanden können. Wieder sei erinnert, daß was hier an unvermeidlicher Systematik sichtbar wird, nur Mittel zum Zweck sein kann und eine selbständige Beachtung (etwa wegen der symbolkräftigen Zahlen 2, 3 und 12!) beileibe nicht auf sich ziehen möchte. Der Zweck ist hier wie dort «die möglichst konkrete, d. h. möglichst dem Gegenstand in seiner Selbstdarstellung folgende und entsprechende Beantwortung der Frage: Wer und was ist Gott?» Diesem, nur diesem Zweck hat das Mittel einer möglichst geordneten und also möglichst übersichtlichen Begriffsentwicklung zu dienen, weil das Gegenteil: eine chaotische oder tumultuarische Darstellung gerade dieses Zwecks nun einmal nicht würdig wäre und ihm darum vermutlich auch nicht dienen könnte.

Wir beginnen mit der Einheit Gottes. Man kann alle Vollkommenheiten der Freiheit Gottes und insofern alle Vollkommenheiten seiner in seiner Freiheit wirklichen und betätigten Liebe und insofern alle Vollkommenheiten des göttlichen Wesens überhaupt und als solchen in dieser einen zusammenfassen, man kann Alles, was Gott ist, wenn man es recht versteht, eben damit aussprechen, daß man dies sagt: Gott ist Einer. Darin unterscheidet er sich von Allem, was von ihm selbst verschieden ist, darin regiert und bestimmt er es, darin ist er aber auch in sich selber, der er ist: er ist Einer. Das Wort «Einheit» ist doppelsinnig. Es kann sowohl Einzigkeit *(singularitas)*, als auch Einfachheit *(simplicitas)* bedeuten. Und es muß als Aussage über Gott tatsächlich Beides bedeuten und Beides miteinander wird uns hier zu beschäftigen haben.

Wir verstehen Einheit zunächst als Einzigkeit. Was ist damit gesagt, wenn wir sagen, daß es Gott eigen ist, der Einzige zu sein? Natürlich nicht dies, daß er allein ist. Auch die von ihm geschaffene Welt ist ja. Aber Gott allein ist Gott. Gott ist einzig in seiner Art. Es ist kein anderer Gott, weder ein zweiter, noch viele. Der prinzipielle Charakter des Satzes, daß Gott Einer ist, ist gerade, wenn wir ihn in diesem ersten Sinn verstehen, nicht zu verkennen. Die Kirche hat das prophetische und apostolische Zeugnis von Anfang an so verstanden, daß sie mit ihrem Bekenntnis, in welchem sie darauf antwortete, vor Allem auch das sagen mußte: daß der, den dieses Zeugnis Gott nennt, dessen Offenbarung und Werk in diesem Zeugnis gefunden wird, Einer, ein Einziger, dieser Einzige ist. Jeder, der nicht einzig, nicht dieser Einzige wäre, wäre nicht Gott. Jeder vermeintliche oder angebliche Gott, der einen anderen neben sich hat, kann schon aus diesem Grund nur ein falscher, ein Nicht-Gott sein. Und in dem Augenblick, wo man neben Gott einen Zweiten oder ein Zweites von seiner Art, mit auch nur einem einzigen der Merkmale seines Wesens denken würde, würden wir aufhören, jenen als Gott zu denken. Er allein lebt; er allein liebt; er allein ist gnädig, barmherzig und weise; er allein heilig, gerecht und geduldig; er allein ist auch frei mit all dem, was das in sich schließt. Von ihm allein gilt auch dies in dem ihm zukommenden Sinn: daß er Einer, daß er einzig ist. Denn in ihm allein ist das Alles, ist auch die Einzigkeit wesentlich, ursprünglich, eigentlich und daraufhin dann auch schöpferisch, sodaß es nun, geschöpflich, unselbständig, abgeleitet, uneigentlich auch anderem Sein zukommen kann. Allen Anderen gegenüber ist Gott einzig als der, der er ist und als das, was er ist, während alles Andere nur durch ihn und also nur in Unselbständigkeit, Abhängigkeit und Uneigentlichkeit und also gerade nicht in Konkurrenz mit ihm ist, was es ist. Was und wie es auch sei, es ist nicht Gott; es kann weder als ein Zweites, noch als ein Vielfaches seiner Art neben ihm stehen. Erkenntnis Gottes, nämlich des in seiner Offenbarung von den Propheten und Aposteln bezeugten Gottes schließt also — und so leuchtet die Freiheit, die Majestät, die Souveränität Gottes auf in seiner Einzigkeit — dies in sich, daß alle vermeintlichen und angeblichen Gottheiten und Göttlichkeiten außer ihm ihren Charakter als solche, daß der ihnen zugewandte Glaube und Gottesdienst seinen Ernst verlieren, daß sie zu Götzen, zu Nichtsen verblassen müssen. Erkenntnis dieses Gottes zwingt die, die ihrer teilhaftig sind, was das Göttliche betrifft, unter einen nicht einzuschränkenden Totalitätsanspruch, in eine nicht aufzuhebende Isolierung, in eine durch nichts zu mildernde Exklusivität. Sie nötigt sie, was Gott betrifft, zu einer Abgrenzung, die sie nur fallen lassen können, indem sie die Erkenntnis dieses Gottes selber wieder fallen lassen würden. Eben darin erfahren sie Gottes Liebe als Gnade, Barmherzigkeit und Geduld. Sie erfahren sie als Gottes Wahl kraft seiner Freiheit, als eine Wahl, in welcher Gott nicht nur sie für sich, sondern eben damit sich für sie wählt, als den einen wirklichen und also einzigen Gott auszeichnet, als eine Wahl, in der darüber, wer und was göttlich ist und nicht ist, auf der ganzen Linie endgültig entschieden ist: dahin entschieden, daß dieser sie erwählende Gott allein Gott ist, daß alle anderen vermeintlichen und angeblichen Gottheiten und Göttlichkeiten nicht sind, was sie zu sein beanspruchen. Allein dieser Gott ist Gott: weil Alles, was dieser Gott ist und tut, darin seinen Sinn und seine Kraft hat, damit steht und fällt, daß er es in unvergleichlicher, in einzigartiger Weise ist und tut, daß er daher nicht seinesgleichen hat, daß ihm dabei keine Konkurrenz — keine feindliche, aber auch keine freundliche Konkurrenz gegenübersteht, daß also sein Wort keinen Widerspruch, sein Werk keinen Widerstand zu fürchten hat, daß aber beide auch keiner Nachhilfe, Ergänzung und Bestätigung von anderer Seite her bedürftig oder auch nur fähig sind.

Weil die Kirche das prophetisch-apostolische Zeugnis von Gott von Anfang an so verstanden hat, darum hat sie von Anfang an, und zwar in einer Art von Spitzensatz mit dem Bekenntnis zu seiner Einzigkeit darauf geantwortet. *Quod unus est Deus,* das ist nach Origenes die erste *species eorum quae per praedicationem apostolicam manifeste traduntur* (Περὶ ἀρχῶν I *Praef.* 4). *Regula fidei una omnino est, sola immobilis et irreformabilis: credendi scilicet in unicum Deum*... (Tertullian, *De virg. vel.* 1). *Deus, si non unus est, non est* (*Adv. Marc.* 1, 3). *Neque super eum, neque post eum est aliquid; neque ab alio motus sed sua sententia et libere fecit omnia quum sit solus Deus et solus Dominus et solus conditor et solus pater et solus continens omnia et omnibus ut sint, praestans* (Irenäus, *Adv. o. h.* II 1,1). *Praeter hanc nullam credimus esse naturam vel angeli, vel spiritus, vel virtutis alicuius, quae Deus est credenda* (*Libellus in modum Symboli* [5. Jahrh.?] Denz. Nr. 19). Gott ist der, *cuius nec magnitudini neque maiestati, neque virtuti quidquam, non dixerim praeferri sed nec comparari potest* (Novatian, *De trin.* 31). Gottes Erkenntnis im Sinn der neutestamentlichen Botschaft, die Erkenntnis des dreieinigen Gottes bedeutete im Gegensatz zu der ganzen religiösen Welt der ersten Jahrhunderte und sie bedeutet bis heute: radikalste Götterdämmerung, genau das, was Schiller als die Entgötterung der «schönen Welt» so ergreifend beklagt hat.

Es war nicht aus der Luft gegriffen, wenn das älteste Christentum von seiner Umwelt des Atheismus beschuldigt wurde, und es wäre einsichtiger gewesen, wenn seine Apologeten sich gerade dagegen nicht so eifrig verwahrt hätten. Es ist nicht ohne sachlichen Grund, wenn jede genuine Verkündigung des christlichen Glaubens bis auf diesen Tag als eine Störung, ja Zerstörung gerade des religiösen Aufschwungs, Lebens, Reichtums und Friedens empfunden wird. Denn es kann nicht anders sein: Olymp und Walhalla entvölkern sich, wenn wirklich die Botschaft von dem Gott laut und geglaubt wird, der der Einzige ist. Die Figuren jeder religiösen Welt werden dann notwendig profan, verflüchtigen sich dann zusehends, müssen dann als bloße Ideen, als Symbole, als Gespenster, als komische Figuren schließlich ihr Dasein fristen und endlich auch als solche der Vergessenheit verfallen. Kein gefährlicherer, kein revolutionärerer Satz als dieser: daß Gott Einer, daß Keiner ihm gleich ist! Alles Bestehende, aber auch alle Veränderung in der Welt lebt ja von Ideologien und Mythologien, von verkappten oder auch offenen Religionen und insofern von allen möglichen vermeintlichen und angeblichen Gottheiten und Göttlichkeiten. An der Wahrheit des Satzes, daß Gott Einer ist, wird das Dritte Reich Adolf Hitlers zu Schanden werden. Wird dieser Satz so ausgesprochen, daß er gehört und begriffen wird, dann pflegt es immer gleich 450 Baalspfaffen miteinander an den Leib zu gehen. Gerade das, was die Neuzeit Toleranz nennt, kann dann gar keinen Raum mehr haben. Neben Gott gibt es nur seine Geschöpfe oder eben falsche Götter und also neben dem Glauben an ihn Religionen nur als Religionen des Aberglaubens, des Irrglaubens und letztlich des Unglaubens.

Das kirchliche Altertum und Mittelalter hat die Erkenntnis der Einzigkeit Gottes theoretisch zweifellos in großer Klarheit herausgearbeitet. Es war aber, wenn wir von ihrer Bedeutung für den ursprünglichen Konflikt des Christentums mit dem Heidentum und hier vor Allem für die Ausscheidung der Gnosis absehen, doch erst die Reformation des 16. Jahrhunderts und hier insbesondere die calvinische Reformation, die den praktischen Entscheidungscharakter, die kritische Bedeutung gerade dieser Erkenntnis in das Licht gestellt hat, in das sie gehört. Daß *Deus non est in aliquo genere*, weil *nihil est prius Deo nec secundum rem, nec secundum intellectum,* diesen für die Logik der Theologie unübersehbar wichtigen Satz hatte freilich schon Thomas von Aquino (*S. theol.* I qu. 3 art. 5 s. c.) vertreten und begründet. Und daß Gott *non solum Deus sed solus Deus ineffabiliter trinus et unus* ist, *de quo solo prospera sunt operanda, ad quem solum ab adversis fugiendum, cui soli pro quavis re supplicandum,* das hatte schon Anselm von Canterbury (*Monol.* 80) — auch hier in merkwürdiger Vorwegnahme reformatorischer Tendenzen — ausgesprochen. Die praktische und insbesondere die kritische Applikation dieser Erkenntnis nicht nur nach außen, sondern nach innen, der Kirche und dem in ihr selbst möglichen und wirklichen Abfall gegenüber ist nach den altkirchlichen Kämpfen gegen die Gnosis doch erst in der Reformation ernstlich und umfassend vollzogen worden. *Religio* heißt Bindung, schreibt jetzt Calvin, und diese Bindung besteht entscheidend darin, *ne alio transferatur quidquid in divinitatem competit.* Wird nicht alles Göttliche als das alleinige Eigentum des einen Gottes erkannt, gesucht und geehrt, dann wird dieser eine Gott seiner Ehre beraubt, dann ist auch der ihm scheinbar zugewendete Gottesdienst geschändet (*Instit.* I 12, 1). Daß der Satan von Jesus (Matth. 4, 9) verlangt, daß er vor ihm niederfalle und ihn anbete, darin gibt er sich eben als Satan zu erkennen, während der Engel Gottes (Apoc. 19, 10) sich eben damit als Engel Gottes offenbart, daß er sich die allein Gott zukommende Proskynese verbittet. *Si volumus unum Deum habere, meminerimus ne tantulum quidem ex eius gloria delibandum quin retineat, quod sibi proprium est ... Quaecunque pietatis officia alio transferantur quam ad unicum Deum, sacrilegio non carere (ib.* 12, 3). Und darum beginnt die Schottische Konfession von 1560 mit dem lapidaren Satz: «Wir bekennen und erkennen einen einzigen Gott, an den allein wir uns zu halten, dem allein wir zu dienen, den allein zu verehren wir verpflichtet sind und auf den allein wir unser Vertrauen setzen». Darauf kommt ja nicht weniger als Alles an, daß Gott nicht nur als der Einzige erkannt, sondern daß mit ihm umgegangen werde, wie es ihm als dem Einzigen zukommt, daß ihm als dem einzigen dafür in Betracht Kommenden das dargebracht werde, was Gott als Furcht, Vertrauen, Ehrung und Dienst zukommen muß. Man bemerke wohl: es ist das Schriftprinzip, es ist die Rechtfertigungslehre, es ist aber vor allem die Christologie der Reformatoren mit allen darin beschlossenen Gegensätzen und positiven Ordnungen der Lehre und des Lebens, die eben an dieser Erkenntnis, d. h. aber an der praktisch-kritischen Applikation dieser Erkenntnis Gottes als des einzigen Gottes, hängen. Man wird diese Erkenntnis aber in ihren Konsequenzen noch fruchtbarer machen müssen als es sogar die Reformatoren getan haben. Man wird sie nicht leicht allseitig genug in Anwendung bringen können.

Wir wenden uns zunächst zu der anderen Seite oder Bedeutung des Satzes von der Einheit Gottes. Er bedeutet ja auch dies: daß Gott einfach ist. Das will sagen: er ist in Allem, was er ist und tut, ganz und ungeteilt er selber. Er ist nie und nirgends zusammengesetzt aus Verschiedenem. Er ist also nie und nirgends geteilt oder teilbar. Er ist Einer auch in der Unterschiedenheit der göttlichen Personen des Vaters, des Sohnes und des Heiligen Geistes. Er ist Einer auch in dem realen Reichtum seiner unterschiedlichen Vollkommenheiten. Er existiert in Diesem und Jenem, was er ist und tut, nie außerhalb des Anderen, nie ohne das Andere, was er immer auch ist und tut. Sondern in allem Anderen ist und tut er auch Dieses und Jenes. Und indem er Dieses und Jenes ist und tut, ist und tut er auch alles Andere.

Man kann den Satz von der Einheit Gottes auch in dieser zweiten Bedeutung den Fundamentalsatz der Lehre von der Freiheit Gottes nennen. Indem Gott in dem beschriebenen Sinn einfach ist, ist er frei, souverän, majestätisch ohnegleichen. Alle seine anderen Majestätseigenschaften: daß er beständig und ewig, aber auch daß er allgegenwärtig, allmächtig und herrlich ist, wurzeln in dieser ersten, sind darin schon gesetzt und beschlossen, daß er einfach ist. Ihn kann darum nichts anrühren, ihm kann darum nichts ferne sein, ihm kann darum nichts widersprechen und widerstehen, weil es in ihm selbst keine Verschiedenheit, keine Ferne, keinen Widerspruch und Widerstand gibt. Er ist der Herr in jeder Beziehung, weil er als der Vater, der Sohn und der heilige Geist, weil er in dem ganzen realen Reichtum seines Wesens der Herr seiner selbst, uneingeschränkt Einer ist, weil jede Unterschiedenheit seines Wesens und Wirkens nur eine Wiederholung und Bestätigung des Einen und in dem Einen alles dessen ist, was er von Ewigkeit und so von aller Zeit her war und in Ewigkeit und so für alle Zeit sein wird.

Eben in seiner Einfachheit gründet denn auch letztlich seine Einzigkeit: als der Einfache könnte Gott offenbar ohne Widerspruch zu sich selbst — und eben solchen Widerspruch gibt es ja nicht — keinen zweiten oder dritten ebenso einfachen und also ebenso ewigen Allmächtigen usw. neben sich haben. Daß es in der Gottheit kein Nebeneinander und Nacheinander und also keinen Gott neben Gott gibt, daß Alles, was Gottheit und göttlich ist, immer Gott selber und also immer der Eine ist, das eben macht ja die Einfachheit Gottes aus.

Von der Erkenntnis der Einfachheit Gottes her ergibt sich zum vornherein dies, daß das Verhältnis Gottes zur Welt auf alle Fälle nicht als das einer Kombination oder Amalgamierung oder gar Identifizierung Gottes mit der Welt verstanden und gedeutet werden darf. Es gibt aber von dorther gesehen auch keine Ausflüsse, Emanationen, Ergießungen, Durchbrüche des Göttlichen in die Welt hinein, kraft welcher es daselbst, unterschieden von Gott selbst, gewissermaßen Inseln oder ganze Festländer des Göttlichen inmitten des Nicht-Göttlichen geben würde. Die Schöpfung ist nicht so, aber auch die Inkarnation des Sohnes Gottes in Jesus Christus ist auf alle Fälle nicht so zu verstehen und zu deuten: weder als eine Vermischung oder Identifikation Gottes mit der Welt, noch als eine Art Ausgang Gottes aus sich selber. Daß Gott die Welt aus dem Nichts geschaffen hat, sagt eben dies, daß er seine Ehre als der Schöpfer keinem Anderen läßt und gibt. Und daß Jesus Christus wahrer Gott und wahrer Mensch ist, sagt eben dies, daß Gott in dieser Einheit mit dem Geschöpf keinen Moment und in keiner Beziehung aufhört, der eine wahre Gott zu sein. Und eben das ist die Kraft, der Segen und der Trost sowohl seines Schöpfungswerkes wie des Werkes der Versöhnung und Offenbarung, daß er auch in diesen seinen Werken nie weniger als ganz sich selber ist.

Der in der alten Kirche geführte Kampf um die Erkenntnis der Einfachheit Gottes war identisch mit ihrem Kampf um die Erkenntnis der Trinität und des Verhältnisses zwischen der göttlichen und der menschlichen Natur in Jesus Christus. Man kann ebenso gut sagen: daß die Kirche sich damals an der Wesenseinheit des Sohnes und des Heiligen Geistes mit dem Vater und an der ungetrennten aber auch unvermischten Einheit der göttlichen mit der menschlichen Natur in Jesus Christus die Einfachheit Gottes, wie umgekehrt: daß sie sich an der Einfachheit Gottes die Homousie des Sohnes und des Heiligen Geistes in dem einen göttlichen Wesen und die Einheit der beiden Naturen in Jesus Christus klar machte. Auf die Sache gesehen, besteht hier völlige Identität: die Einheit des dreieinigen Gottes, die Einheit des Sohnes Gottes mit dem Menschen in Jesus Christus, das ist die Einfachheit Gottes. Wir werden noch darauf zurückkommen müssen. Man muß aber dieses Hintergrundes eingedenk sein, wenn man die spätere kirchliche Theologie den Begriff weithin scheinbar rein logisch-metaphysisch entwickeln sieht. So wenn Augustin sagt, sie sei die *natura simplex: cui non sit aliquid habere, quod vel possit omittere, vel aliud sit habens aliud quod habet* (De civ. Dei XI 10, 2). Gott sei darum und darin *simplex: quia non aliud illi est esse, aliud vivere quasi possit esse non vivens; nec aliud illi est vivere, aliud intelligere, quasi possit vivere non intelligens; nec aliud illi est intelligere, aliud beatum esse, quasi possit intelligere et non beatus esse; sed quod est illi vivere, intelligere, beatum esse, hoc est illi esse* (ib. VIII, 6). Oder Anselm von Canterbury: In Gott sei *idem quodlibet unum eorum, quod omnia sive simul sive singula* (Monol. 17).

1. Gottes Einheit und Allgegenwart

Quomodo ergo, Domine, es omnia haec? An sunt partes tui, an potius unumquodque horum totum es quod es? Nam quicquid est partibus iunctum, non est omnino unum, sed quodammodo plura et diversum a se ipso et vel actu vel intellectu dissolvi potest: quae aliena sunt a te, quo nihil melius cogitari potest. Nullae igitur partes in te sunt, Domine, nec es plura sed sic es unum quoddam et idem tibi ipsi, ut in nullo tibi ipsi sis dissimilis; immo tu es ipsa unitas, nullo intellectu divisibilis (*Prosl.* 18). Oder nun gar unter Aufbietung von etwas Mathematik: *Punctum in puncto non est nisi punctum: habet enim punctum* (räumlich oder zeitlich verstanden) *non nullam similitudinem non parum ad eiusdem* (Gottes!) *aeternitatis contemplationem utilem* (*De fide trin.* 9). Mit ähnlichen Begründungen und Erläuterungen pflegte auch die altprotestantische Orthodoxie die Einfachheit Gottes an die Spitze ihrer Eigenschaftslehre zu stellen und auszulegen. Etwa mit der Definition von J. Wolleb: *Simplicitas est, qua Deus ens vere unum omnisque compositionis expers intelligitur* (*Chr. Theol. Comp.* 1626 I cap. 1, 3). Es wäre gegen die Logik, Metaphysik und Mathematik dieser Gedankengänge nichts einzuwenden, wenn sie sich damit begnügt hätten, den Dienst einer Erläuterung zu tun, der mittelst dieses Apparates an dieser Stelle tatsächlich möglich und bis zu einem gewissen Grade notwendig ist. Man liest aber diese Dinge bei den Alten darum nicht mit ungemischter Freude, weil sie, eben an die Spitze, statt, wir wir es hier versuchen, an ihren Ort in die Reihe gestellt, mindestens den Anschein erwecken, als werde nun doch (im Widerspruch zu dem Wege, auf dem sich diese Erkenntnis einst der Kirche aufgedrängt) nicht von dem Gott der Trinitätslehre und Christologie, sondern von dem allgemeinen Begriff eines *ens vere unum* aus gedacht und argumentiert — und weil es ja eben von dem so erfaßten Grundbegriff der Gotteslehre aus zu jenem Nominalismus und Seminominalismus in der Begründung der Eigenschaftslehre gekommen ist, in deren Lichte den unterschiedlichen Vollkommenheiten Gottes die eigentümliche Blässe und Gestaltlosigkeit eigen werden mußte, welche diesen Teil der altprotestantischen Dogmatik zweifellos kennzeichnet und seine Schwäche ausmacht. Aber das Alles darf uns nun wiederum an der Notwendigkeit und Tragweite dieser Erkenntnis als solcher nicht irre werden lassen. Wir werden diese Erkenntnis deutlicher biblisch und also christlich begründen müssen, als dies im Altertum und Mittelalter und in der Orthodoxie geschehen ist. Wir sind den fatalen Konsequenzen einer möglichen nichtchristlichen Begründung dieser Erkenntnis schon bisher aus dem Wege gegangen und werden dies weiter zu tun haben. Wir werden aber an dieser Erkenntnis selbst und als solcher festzuhalten müssen. Sie steht als solche, wie wir gesehen haben: als entscheidende Bestimmung der Freiheit und damit der Göttlichkeit Gottes, als Begründung seiner Einzigkeit, als Erklärung der Verschiedenheit und der Einheit seiner Vollkommenheiten und schließlich als Kriterium zum Verständnis seines Verhältnisses zur Kreatur auf festem, auf einem nicht preiszugebenden Boden.

Aber nun müssen wir die Fundamente des Satzes, daß Gott Einer ist, noch tiefer zu legen, seinen Sinn noch gründlicher, d. h. spezieller zu erfassen suchen, als es bisher geschehen ist. Wir verstehen den Begriff der Einheit Gottes zunächst als eine Bestimmung seiner Freiheit, seines in sich selbst begründeten und so allem anderen Sein schlechterdings überlegenen Wesens. Sagen wir, daß Gott **Einer**, daß er **einzig** und **einfach** ist, so sagen wir etwas Anderes, als wenn wir irgend einer anderen Größe Einheit zuschreiben. Alles Andere, dem wir Einheit zuschreiben können, ist ja Eines neben einem oder Vielem, das mit jenem vergleichbar ist, das mit ihm zusammen unter eine Art fällt. Es ist Exemplar innerhalb eines Genus. Es ist also nur relativ einzig. Gott aber ist Exemplar außerhalb jedes Genus. Gott ist also in einzigartiger, in einer mit keinem Begriff zu bezeichnenden Weise, Gott ist **absolut einzig**. Und alles Andere, dem wir Einheit zuschreiben können, ist nach innen offen oder heimlich teilbar und also zusammengesetzt und nach außen offen oder heimlich mit Anderem kompliziert, kombinierbar oder amalgamierbar. Alles Andere ist nur relativ einfach. Gott aber ist einfach ohne jede Möglichkeit innerer oder äußerer Zusammensetzung. Gott ist In-dividuum schlechthin. Er ist **absolut einfach**. Gott ist also sowohl hinsichtlich seiner Einzigkeit wie hinsichtlich seiner Einfachheit der in Wahrheit **allein Eine**. Seine Einheit ist seine Freiheit, seine Aseität, seine Gottheit. Nur an seiner Gottheit kann uns gelegen sein, wenn wir ihm Einheit, Einzigkeit, Einfachheit zuschreiben. Nur seine Gottheit können wir mit diesen Begriffen preisen wollen. Und so müssen wir es zulassen, daß diese Begriffe ganz und gar durch seine Gottheit bestimmt, aber auch begrenzt werden. So dürfen wir es umgekehrt gerade **nicht** zulassen, daß seine Gottheit durch die uns zur Verfügung stehenden Begriffe von Einheit, Einzigkeit und Einfachheit **begrenzt** werde. Das Verhältnis von Subjekt und Prädikat ist, wenn es um die Vollkommenheiten Gottes geht, ein unumkehrbares. Darauf werden wir hier wie bei allen Bestimmungen gerade der Freiheit Gottes besonders genau zu achten haben. Sonst würden wir sie ja gerade nicht als die Bestimmungen seiner und also der wirklichen Freiheit verstehen. Sonst würden wir das Geheimnis der Majestät Gottes verletzen, gerade indem wir es ehren wollen. Wir werden also wohl sagen müssen, daß Gott der absolut Eine, wir werden aber nicht etwa sagen können, daß das absolut Eine Gott ist. Das absolut Eine ist vielmehr das Spiegelbild der geschöpflichen Einheiten, mit deren Verabsolutierung wir keineswegs Gott den Schöpfer, sondern einen der Götter denken und verkündigen, die zwar nicht an sich, wohl aber als Götter (allein schon kraft ihres Ursprungs in unserer Phantasie, in der sie allein Götter sein können und wiederum allein schon kraft ihrer Vielheit!) Nichtse, bloße Fratzen Gottes sind.

Was es mit der Verabsolutierung der Einzigkeit auf sich hat, zeigt in exemplarischer Weise das fanatische Geschrei des Islam von dem einen Gott, neben dem dann humorvollerweise ausgerechnet nur die barocke Gestalt seines Propheten auch noch einen Ehrenplatz einnehmen soll. «Monotheismus» ist bekanntlich das esoterische Geheimnis so ziemlich aller bekannten und gerade auch der primitivsten Religionen. «Monotheismus» ist eine Anschauung, die man auch ohne Gott ohne Weiteres ahnen oder logisch-mathematisch konstruieren kann. «Monotheismus» ist entweder das Spiegelbild des subjektiven Selbstbewußtseins, des Freiheitsbedürfnisses und Herrschaftsanspruchs des menschlichen Individuums als solchen, oder aber, in doppelter Reflexion: das Spiegelbild der verschiedenen Weltmächte: der Natur oder des Geistes, des Schicksals oder der Vernunft, der Lust oder der Pflicht, oder noch konkreter: eine der verschiedenen vermeintlichen Inkarnationen dieser Weltmächte, in deren Verabsolutierung der Mensch, gelegentlich an der Gottheit seiner Individualität als solcher verzweifelnd, über sich selbst hinausgreifen zu können meint, um seine Erhöhung zur Gottheit zur Abwechslung auf diesem Wege zu betreiben. Der Kunstgriff des Islam besteht doch nur darin, daß er, gewissermaßen in Potenzierung alles sonstigen Heidentums, dessen esoterisches Wesen, d. h. aber eben den sogen. Monotheismus als solchen ans Licht und in den Mittelpunkt gerückt hat. Er konnte damit allen anderen Heidentümern, er konnte damit auch einem heidnisch auf die Einzigkeit Gottes bedachten Christentum zur tötlichen Gefahr werden. Man sollte aber nicht übersehen, daß seine Gefahr, sein versucherischer Tiefsinn doch nur in der (verglichen mit den andern Heidentümern) noch größeren Primitivität besteht, in der er statt Gott als den Einzigen, das Einzige als Gott verkündigt. Und es kann der Monotheismus, d. h. die religiöse Verklärung der Zahl Eins, die Verabsolutierung der Idee der Einzigkeit als Gotteserkenntnis doch nur so lange eindrucksvoll und überzeugend sein, als man etwa die vielfache Dialektik noch nicht bemerkt hat, in die man sich notwendig verwickelt und in die denn auch der Islam unheilbar verwickelt ist: Jene Weltmächte, in deren Objektivität man das Einzige gefunden zu haben meinen kann, sind nun einmal verschiedene, und nur gewaltsam wird man je der einen vor den andern den Vorzug geben, wird man heute in der Natur, morgen im Geist, heute im Schicksal, morgen in der Vernunft, heute in der Lust, morgen in der Pflicht das Einzige sehen können, das den Generalnenner alles Übrigen und damit das theoretische und praktische Prinzip der menschlichen Lebenserkenntnis und Lebensführung bilden soll. Das Eine Objektive von heute wird schnell genug durch irgend ein Anderes, das denselben göttlichen Anspruch erhebt, begrenzt und abgelöst werden. Da ist kein Zeus, dem nicht vor der Existenz und vor dem Auftreten sehr gewichtiger Konkurrenten in aller seiner Himmelsgöttlichkeit beständig sehr bange sein müßte. Und wenn sich der Streit im Olymp je schlichten ließe — wie soll der Gott (auch der Gott, der angeblich der Einzige und als solcher anerkannt wäre) mit dem menschlichen «Individuum», wie soll er mit Prometheus fertig werden? Wer ist zuerst, wer ist in Wahrheit der Einzige: Allah oder sein Prophet, Allah oder seine Gläubigen? Wohl dem Monotheismus, solange dieser Konflikt nicht aufbricht! Aber wird er nicht immer wieder aufbrechen müssen? Wird gegen einen Hegel nicht immer wieder ein Feuerbach und gegen diesen nicht immer wieder ein Max Stirner auftreten, wird nicht gegen jedes noch so einzige Allgemeine immer wieder der einzelne Mensch als das angeblich noch Einzigere sich auflehnen müssen? Wo ist, wenn aller Hader im Olymp geschlichtet wäre, dieses Haders Ende abzusehen? Ist diese Aporie als solche eingesehen, dann wird man sich vor der Verabsolutierung der Idee der Einzigkeit genau so hüten, wie vor jeder anderen Verabsolutierung. Was man ebensogut ahnen oder konstruieren wie glauben kann und was als Gegenstand menschlicher Ahnung oder Konstruktion so dialektisch ist wie die verabsolutierte Idee der Einzigkeit, das mag sein, was es will — wir werden gewiß nicht sagen, daß es an sich nichts ist! — das ist aber nicht Gott. Es bedeutet darum eine Gedankenlosigkeit, den Islam und das Christentum in der Weise zusammenzustellen, als ob sie wenigstens im «Monotheismus» ein Gemeinsames hätten. Nichts trennt sie vielmehr so gründlich als die Verschiedenheit, in der sie scheinbar dasselbe sagen: es ist nur ein Gott!

Es ist aber auch der Satz von der Einfachheit Gottes nicht in dem Sinne umkehrbar, daß man ebensogut sagen könnte: das Einfache ist Gott. Auch das Einfache, die Idee eines vollkommen Unzusammengesetzten oder eines unzusammengesetzten Vollkommenen kann allerdings Gegenstand und sogar sehr naheliegender Gegenstand menschlicher Ahnung und Konstruktion werden und wo man das Einzige als Gottheit zu verehren begann, da hat man es wohl immer auch mehr oder weniger folgerichtig als das Einfache zu bestimmen versucht. Es ist sehr verständlich, daß der Mensch, kompliziert wie er nun einmal ist und an seiner eigenen Kompliziertheit leidend, wie er es nun einmal tut, sich selbst anders, nämlich eben einfach haben möchte und darum seinem eigenen Spiegelbild, der vermeintlichen Gottheit, Einfachheit zuschreibt, bezw. in der von ihm ersehnten und verehrten Einfachheit die wahre Gottheit zu erblicken meint. Und es ist wieder verständlich, daß er, von der direkten zu der indirekten Selbstvergottung übergehend, dieselbe Einfachheit der von ihm jeweils verehrten Weltmacht zuschreibt und also in irgend einer von jenen Weltmächten das Einfache und insofern das Göttliche zu erblicken meint. Aber es ist leider nicht so, daß man das Einfache als solches — das Einfache, das der Gegenstand unserer Ahnungen und Konstruktionen sein kann — dem Komplizierten in irgend einer Eindeutigkeit und Gewißheit als das Göttliche gegenüberstellen kann. Denn e n t w e d e r wir versuchen es, die Idee des Einfachen in der Weise zu Ende zu denken, daß wir es nun wirklich in seiner Abstraktion von aller Kompliziertheit als f ü r s i c h, als nur einfach seiendes Wesen zu denken unternehmen: dann ist das Einfache ein schlechterdings unbewegt in sich selbst ruhendes, keines Lautes, keiner Handlung, keiner Einwirkung auf ein Anderes, keiner Beziehung zu einem Anderen fähiges Jenseitiges, dem gegenüber wir das ganze komplizierte Diesseits nur entweder als eine selbständige Welt für sich oder aber als einen bloßen Schein, als den Schleier der Maja verstehen können, das so oder so als Herr des Diesseits zu verstehen unmöglich ist. O d e r wir enthalten uns jener Konsequenz. Wir verstehen das Einfache als das Unbedingte, bekommen damit Raum für die Existenz eines zu ihm in Beziehung stehenden Bedingten, eines komplizierten Diesseits, müssen dann aber zugeben, daß ihm diese Beziehung und also die Existenz dieses Diesseits und also auch dessen Kompliziertheit wesentlich ist, daß es nicht das Unbedingte wäre ohne die ihm korrelate Totalität des Bedingten. Wer weiß, ob wir das Unbedingte und das Bedingte nicht aufs Nächste aneinanderrücken und schließlich nicht geradezu dialektisch identifizieren müssen? Sicher sind wir dann aber genötigt, die schlechthinige Einfachheit des angeblich Einfachen und damit gerade das, worin wir die Göttlichkeit Gottes suchten, doch wieder preiszugeben. Das ist die Dialektik, der die Gotteslehre der Orthodoxie, sofern sie sich auf den Begriff des *ens simplicissimum* gründete, ebenso verfallen war wie nachher die Schleiermachers und Hegels. Und wenn das die besondere Schwierigkeit des Begriffs der Einfachheit ist, so darf man nicht vergessen, daß auch hier die sachliche Frage von vorhin sich stellen muß: Was ist nun eigentlich das Einfache? Wo ist es zu finden? Welche von den Weltmächten kann und darf als das Einfache und damit als Gott proklamiert werden? Mit welchem Recht und welcher Autorität gerade diese und nicht jene? Und wenn schon eine von ihnen, wie steht es dann mit der Konkurrenz, die ihr, die ihnen allen durch den Menschen bereitet werden kann? Wer will und kann es diesem wehren, nun vielleicht doch sein eigenes, unmittelbares Lebensgefühl für das Allereinfachste zu halten und allem angeblich Einfachen im Himmel und auf der Erde als das eigentliche Göttliche entgegenzuhalten? Kurz, die Erlösung von der Kompliziertheit zur Einfachheit, die Proklamation des Einfachen als das wahrhaft Göttlichen ist, aus der Nähe gesehen, gerade n i c h t so «einfach», wie sie sich als Parole auszugeben pflegt. Gott ist wohl einfach und die göttliche Erlösung ist wohl auch die Erlösung aus der Kompliziertheit. Aber eben zu dieser Kompliziertheit des Menschen, aus der er erlöst werden muß, gehört auch die von ihm verabsolutierte Idee der Einfachheit. Sie ist als solche keineswegs das rettende Göttliche — sie so wenig wie die Idee des Einzigen — sie ist vielmehr der Kompliziertheit verfallen und geeignet, die Not, die alle Kompliziertheit uns in der Tat bereitet, zu vermehren.

Was da entsteht, wo man aus der Einheit Gottes die Göttlichkeit der Einheit macht, das sind so oder so tatsächlich Fratzen Gottes. Wir können, wenn wir nicht bei diesen Fratzen endigen wollen, schon die Einheit Gottes als die erste Bestimmung seiner Freiheit nicht zu Ende denken, ohne uns in Erinnerung zu rufen, daß wir von dem Gott reden, der die Liebe ist, wenn wir von dem einen, einzigen und einfachen Gott reden. Erkenntnis der Einheit Gottes ist nicht, sie ist in keinem Sinn das Ergebnis menschlicher Ahnung oder Konstruktion, sondern sie ist das Ergebnis der von Gott herbeigeführten Begegnung zwischen ihm und dem Menschen. Sie ist das menschliche Fazit aus dem Ereignis, in welchem dem menschlichen Du das Ich entgegengetreten und zur Wirklichkeit, zur Bestimmung seiner Existenz geworden ist, das alle Merkmale der Unvergleichlichkeit (das ist Gottes Einzigkeit!) und alle Merkmale der Ungeteiltheit (das ist Gottes Einfachheit) an sich trägt. Erkenntnis der Einheit Gottes ist die menschliche Antwort auf den Ruf und auf die Handlung dieses Unvergleichlichen und Ungeteilten. Sie ist die Anerkennung seiner Verheißung, unter die der Mensch gestellt wird. Und sie ist der Gehorsam gegen sein Gebot, das dem Menschen gegeben und von ihm entgegengenommen wird. Erkenntnis der Einheit Gottes durchbricht die eigenmächtigen Voraussetzungen alles Monotheismus ebenso wie alles Pantheismus. Erkenntnis der Einheit Gottes muß dem Monotheismus ein Ärgernis und dem Pantheismus eine Torheit sein, weil ihr an der Einheit an sich gar nichts, aber an Gott Alles liegt, weil sie der Liebe und nur der Liebe Gottes sich schuldig und verantwortlich weiß, weil sie eben in dieser Schuld und Verantwortlichkeit Erkenntnis des Einen, des Einzigen und Einfachen ist.

Es ist Gottes Liebe, in der er sich zunächst als der Unvergleichliche und so als der Einzige und eben damit als der wirkliche und wesentliche Gott offenbart — so offenbart, daß er mit einem Schlag das vollbringt, was die Idee der Einzigkeit in keiner ihrer verschiedenen Gestalten und Anwendungen zu vollbringen vermag. Wir haben auf den Erwählungscharakter der göttlichen Offenbarung bereits hingewiesen, auf jenes Doppelte: daß Gott, indem er den Menschen erwählt, um sich ihm als Gott zu offenbaren, zugleich sich selbst erwählt, um dem Menschen als Gott offenbar zu sein. Aber nicht aus dem Prinzip oder der Idee dieser doppelten Erwählung folgt die Erkenntnis der göttlichen Einzigkeit. In diesem Erwählungscharakter als solchem ist sie ja gerade nicht einzigartig. Die Idee der Erwählung als solche würde uns auf die Idee der Einzigkeit zurückführen, mit deren Erkenntnis die Erkenntnis der göttlichen Einzigkeit gerade noch nicht gegeben und vollzogen ist. Wohl aber ist diese gegeben und vollzogen mit der Wirklichkeit der doppelten Erwählung, wie sie nach dem Zeugnis des Alten und Neuen Testamentes in Gottes Offenbarung Ereignis ist: als Wahl — aber eben Ereignis ist! In diesem Ereignis als solchem offenbart sich und handelt die Liebe Gottes in der Unvergleichlichkeit, auf die nur das Bekenntnis zu Gottes Einzigkeit sachgemäß antworten kann. In diesem Ereignis vollzieht sich jene doppelte Wahl, durch welche auch der Gedanke an eine Konkurrenzierung Gottes durch andere Götter ausgeschlossen ist.

Es lohnt sich wohl, sich hier zunächst die Stelle Deut. 4, 32—40 in ihrem ganzen Umfang in Erinnerung zu rufen: «Frage doch nach den früheren Tagen, die vor dir gewesen sind, von dem Tage an, da Gott Menschen auf der Erde schuf, und von einem Ende des Himmels bis zum anderen, ob je solch große Dinge geschehen oder je dergleichen ist gehört worden, ob je ein Volk die Stimme Gottes hat aus dem Feuer reden hören, wie du sie gehört hast, und am Leben blieb, oder ob je ein Gott versucht hat herzukommen, und sich ein Volk mitten aus einem anderen Volk herauszuholen durch Prüfungen, durch Zeichen und durch Wunder, mit Krieg, mit starker Hand und ausgerecktem Arm, durch große und furchtbare Taten, wie das Alles der Herr euer Gott, vor deinen Augen in Ägypten für euch getan hat. Du hast es erfahren dürfen, damit du erkennest, daß der Herr allein Gott ist und keiner sonst. Vom Himmel her hat er dich seine Stimme hören lassen, daß er dich unterweise, und auf Erden hat er dich sein großes Feuer sehen lassen, und seine Worte hast du aus dem Feuer gehört. Und weil er deine Väter geliebt und ihre Nachkommen erwählt und dich herausgeführt hat aus Ägypten, er selbst durch seine große Kraft, um Völker, größer und stärker als du, vor dir zu vertreiben und dich in ihr Land zu führen und es dir zum Eigentum zu geben, wie es heute ist, so sollst du jetzt erkennen und dir zu Herzen nehmen, daß der Herr allein Gott ist im Himmel droben und auf der Erde drunten und keiner sonst und sollst seine Satzungen und Gebote halten, die ich dir heute gebe, auf daß es dir und deinen Kindern nach dir wohl ergehe, und du lange lebest in dem Lande, das dir der Herr dein Gott geben will für alle Zeit.» Auf diese Erinnerung an die Taten der Liebe Gottes gründet sich dann Deut. 5, 1 f. die Wiederholung der zehn Gebote, deren erstes: «Du sollst keine anderen Götter neben mir haben!» ausdrücklich damit begründet wird: «Ich bin der Herr dein Gott, der ich dich aus dem Lande Ägypten, aus dem Sklavenhause geführt habe!» und gründet sich Deut. 6 die Einschärfung des göttlichen Gesetzes im *fundamentum classicum* (so P. v. Mastricht, *Theor. Pract. Theol.* 1698 II 8): «Höre, Israel, der Herr unser Gott ist ein Herr. Und du sollst den Herrn deinen Gott lieben von ganzem Herzen, von ganzer Seele und mit aller deiner Kraft» (Deut. 6, 4). Daß das nicht bloß eine deuteronomistische Konstruktion ist, zeigt ein Blick auf Ex. 20, wo die zehn Gebote — das erste mit derselben entscheidenden Begründung — in dem Zusammenhang, in dem sie erscheinen, ebenfalls nichts Anderes bedeuten als die Verkündigung der Wahrheit, die in der Wirklichkeit dessen, was Jahve an Israel gegeben hat, als die für Israel gültige Lebenswahrheit ohne Weiteres ersichtlich ist, die ganz und gar von dieser Wirklichkeit her ihre Kraft, von dieser Wirklichkeit her nun aber auch höchste Kraft hat. Es ist also nicht etwa an dem, daß hier zunächst ein Gott wäre, der allerlei sagt und tut, ganz anderswo aber gäbe es auch noch so etwas wie die Vorstellung einer göttlichen Einzigkeit, worauf dann diese beiden irgendwie zusammenkommen müßten, dieser Gott sich mit dem Merkmal der Einzigkeit erst bekleiden oder gar erst bekleidet würde. Sondern zum vornherein, d. h. eben in dem, was er ist, sagt und tut, ist dieser Gott der Einzige. Es ist der Aufweis seines Seins und Tuns als solcher der Beweis seiner Einzigkeit. Er braucht sich bloß neben die vermeintlichen Götter der Völker zu stellen, wie er es in seiner Begründung, Erhaltung und Führung Israels faktisch tut, so wird er *ipso facto* sichtbar als der, der in ihrer Mitte allein Gott ist. «So spricht der Herr, der König Israels und sein Erlöser, der Herr der Heerscharen: Ich bin der Erste, und ich bin der Letzte, und außer mir ist kein Gott. Wer ist wie ich? Er trete auf und rufe, tue es kund und lege es mir dar! Wer ließ von Urzeit an das Künftige hören?

1. Gottes Einheit und Allgegenwart

Was kommen wird, sie mögen es uns kund tun! Erschrecket nicht und fürchtet euch nicht! Habe ichs euch nicht längst schon gemeldet und kundgetan? Und ihr seid meine Zeugen! Ist ein Gott außer mir? Ist ein Fels? ich weiß keinen. Die Bildner der Götzen sind allzumal nichtig und ihre Lieblinge sind nichts nütze, und ihre Zeugen sehen und merken nichts; denn sie sollen zuschanden werden». (Jes. 44, 6—9). Darum das Gebet des Hiskia: «Neige, Herr, dein Ohr, und höre! Öffne, o Herr, deine Augen und sieh! Vernimm die Worte Sanheribs, der hierher gesandt hat, den lebendigen Gott zu höhnen. Es ist wahr, Herr: die Könige von Assyrien haben die Völker und ihr Land verheert und ihre Götter ins Feuer geworfen; denn das sind keine Götter, sondern Werk von Menschenhand, Holz und Stein. Darum konnten sie sie verderben. Und nun, o Herr, unser Gott, errette uns doch aus seiner Hand, damit alle Königreiche der Erde erkennen, daß du, Herr, allein Gott bist!» (2. Kön. 19, 16—19). Darum schon Ex. 20, 5; 34, 14 und dann immer wieder die Rede von der Eifersucht Gottes, die etwa Hesek. 23 mit der Darstellung der von Juda und Israel begangenen Hurerei in schmerzlicher Ausführlichkeit begründet und Hosea 1—3 durch die Erinnerung an Gottes die Untreue seines Volkes vergebende und überwindende Treue wunderbar vertieft und überboten wird. Auf diesem und nur auf diesem Hintergrunde ist das Gebot: Du sollst keine anderen Götter neben mir haben!, ist der alttestamentliche «Monotheismus» überhaupt verständlich. Er hat mit dem zweideutigen Zauber der Zahl 1, er hat mit dem subjektiven und objektiven Monismus des menschlichen Selbst- und Weltbewußtseins gerade nichts zu schaffen. Er steht vielmehr im Kampf mit diesem Monismus; er entdeckt und er richtet dessen verborgene Dialektik; er greift den Menschen an als das abgefallene Geschöpf, das von Haus aus um den einzigen und also wirklichen Gott gerade nicht weiß, das wohl immer Eines sucht und doch nie Eines, sondern immer nur Vieles findet, weil das Eine der Eine ist, von dem es abgefallen, der ihm jetzt verborgen ist und der ihm nur durch sich selbst wieder offenbar werden kann. Der alttestamentliche Monotheismus besteht darin, daß Gott sich dem Menschen eröffnet und schenkt als der Eine, der nun auch in Wahrheit das Eine ist, nach welchem er sonst und von sich aus nur vergeblich fragen kann. Er ist also in Wahrheit gerade kein -ismus, kein System, das dann als solches auch in sein Gegenteil umschlagen könnte, sondern er ist die göttliche Wirklichkeit in ihrer Einzigkeit selber. Eben darum und so hat er nun aber auch Kraft: nicht die zweifelhafte Kraft einer auf eine Weile überzeugenden und Schule bildenden, nachher aber auch wieder verblassenden und durch andere abzulösenden Idee, sondern die konkrete Kraft, dieses Volk Israel durch eine lange Geschichte hindurch — eine Geschichte, die von Israel her gesehen eine einzige und dauernde Geschichte des Widerspruchs und Abfalls ist — ihm selber zum Trotz, wie es Hos. 1—3 geschildert ist, die Kraft der göttlichen Gnade, Barmherzigkeit und Geduld, in der doch seine Heiligkeit, Gerechtigkeit und Weisheit faktisch triumphiert, in immer neuer Auswahl und Scheidung bei Jahves Namen als dem Namen des einzigen Gottes zu erhalten. Er ist die Kraft, dieses Volk zu binden: nicht wie eine Idee bindet, sondern wie Gott selbst bindet, ohne daß es je ersichtlich wird, inwiefern ihm nun eigentlich die Menschen Ehre machen, aber immer so, daß es ersichtlich wird und bleibt, daß er sich selbst unter und an diesen Menschen Ehre macht — immer so, daß seine Liebe in ihrer Einzigkeit diesen Menschen gegenüber nie versagt, nie aussetzt, nie zweideutig wird. Der Gott des Alten Testaments ist also der Gott, dem Einzigkeit nicht erst zukommt und zuzuschreiben ist als eine Art Schmuck aus dem Reichtum geschöpflicher Herrlichkeit, den er nun tragen dürfte wie die Götterbilder der Heiden ihren Schmuck aus Gold und Silber. Sondern er ist der Gott, der in seiner an Israel handelnden Liebe Einzigkeit: seine, die göttliche, die einzige, die allen geschöpflichen Einzigkeiten gegenüber einzige Einzigkeit hat, der in sich selber einzig ist, ohne daß Israel ihm etwas Entsprechendes an Gotteserkenntnis und Gottesdienst entgegenzubringen, anzubieten und zu verleihen hätte, so vielmehr, daß Israels Gotteserkenntnis und Gottesdienst sich selbst nur als die seiner Existenz und seinem Handeln nachfolgende göttliche Gabe und insofern als Gehorsam gegen sein Gebot verstehen kann. Immer nur gezogen durch jene «Bande der Huld», immer nur entlang jenen «Seilen der Liebe» (Hos. 11, 4) und auf die Menschen gesehen immer widerstrebend, immer ausbrechend zur Linken und zur Rechten, kommt Israel, indem ihm durch die Treue Gottes Trotz geboten wird, zu jener Gotteserkenntnis, zu jenem Gottesdienst.

«Jüdischer Monotheismus»? Als es so etwas zu geben begann, als jener Widerspruch scheinbar gebrochen war, der Abfall scheinbar der Vergangenheit angehörte, als der Polytheismus scheinbar Geschichte geworden war, die Götzen Israel scheinbar nur noch als die Götzen der verachteten Heiden oder in Erinnerung an die Greuel der ungehorsamen Väter bekannt waren — nun, gerade da, unter der Herrschaft dieses siegreich gewordenen Monotheismus ist ja Israels Messias von Israel an die Heiden ausgeliefert und von diesen unter Israels Beifall ans Kreuz geschlagen worden! Gibt es einen besseren Beweis dafür, daß dieser Monotheismus nicht etwa als der endlich Ereignis und sichtbar gewordene Gehorsam Israels gegen das erste Gebot, sondern genau so wie der des Islam — in welchem er später seinen Affen gefunden hat! — nur die Potenzierung und Sublimierung, die letzte Vollendung des Ungehorsams war, der von jeher die menschliche Seite der Geschichte des einzigen Gottes mit seinem erwählten Volk gebildet hatte? So wenig hat die Idee des Einzigen, zu der sich Israel nun in der Tat auch durchgerungen hatte, mit der Einzigkeit Gottes zu tun, so sehr ist sie (und zwar immer) die Gestalt des höchsten, des sozus. reif gewordenen Widerspruchs gerade gegen den einzigen Gott, daß — nicht etwa in den alten götzendienerischen Zeiten Israels, sondern hier, auf der Höhe seiner religiösen Entwicklung, als scheinbar alle Anklagen des Mose und der Propheten, alle Drohungen des Gesetzes gegenstandslos geworden, als die Einzigkeit Gottes zum selbstverständlich respektierten Dogma aller Parteien der jüdischen Kirche geworden war — die Erfüllung der ganzen Geschichte Israels verkannt, der einzige Sohn des einzigen Gottes, d. h. aber das fleischgewordene Wort Gottes, das Mose und alle Propheten bezeugt hatten, von Israel verworfen und damit seine ganze Geschichte als eine Geschichte des menschlichen Ungehorsams gerade gegen den einzigen Gott feierlich und endgültig bestätigt werden konnte und mußte. Gibt es einen besseren Beweis dafür, daß die Einzigkeit Gottes wirklich seine, Gottes Einzigkeit, Sache seiner Offenbarung, seines Redens und Handelns, seines eigensten Wesens, unabtrennbar von seiner Gnade und Heiligkeit und also nicht Sache einer menschlichen Idee von ihm ist, daß sie so wenig in irgend eines Menschen Herz gekommen ist wie seine Gnade und Heiligkeit und alle anderen seiner Vollkommenheiten, daß sie vielmehr als göttliche Wirklichkeit der geschöpflichen Wirklichkeit mit Einschluß alles, auch des höchsten menschlichen Ahnungs- und Konstruktionsvermögens diametral gegenübersteht und Sache menschlicher Erkenntnis nur so werden kann, wie Gott überhaupt Sache menschlicher Erkenntnis wird? Angesichts des Kreuzes Christi ist es eine Ungeheuerlichkeit, die Einzigkeit Gottes als einen Gegenstand «natürlicher» Erkenntnis zu bezeichnen. Angesichts des Kreuzes Christi müssen wir sagen, daß es Erkenntnis des einzigen Gottes nicht anders gibt als in der immer unverdienten, immer unbegreiflichen neuen Zeugung des Menschen durch den Geist, die darin besteht, daß ein Mensch sein Leben nicht mehr in sich selber, sondern im Worte Gottes und also in der Erkenntnis Gottes durch den Glauben an sein Wort haben darf. Durch den Glauben an den, den gerade das monotheistische Judentum als Sünder gegen seinen Monotheismus, als Gotteslästerer, verworfen hat! Das ist der Graben, durch den der christliche Monotheismus, wenn man nun auch von einem solchen reden will, vom jüdischen und von allem anderen Monotheismus getrennt ist. Merkwürdig genug, aber es ist so:

1. Gottes Einheit und Allgegenwart

in dem einen gleichlautenden Satz, daß nur ein Gott ist, treffen haarscharf zusammen und sind abgrundtief getrennt das Bekenntnis zu dem einzigen Gott und die Verleugnung gerade des einzigen Gottes. Derselbe Satz kann faktisch sagen, was er sagt, und er kann es faktisch nicht, er kann faktisch sein Gegenteil sagen. Was zwischen diesen beiden Möglichkeiten liegt, die eine zur Wirklichkeit erhebend, die andere zunichtemachend, das ist die Auferstehung Jesu Christi, die Augießung des heiligen Geistes, der Glaube.

Daß Einer, ein Einziger, Gott ist, das sagt freilich ausdrücklich und vielfach (Matth. 19, 17; Gal. 3, 20; 1. Kor. 8, 4 f.; 1. Tim. 2, 5) auch das Neue Testament. Es sagt es aber darum faktisch und nicht nur verbal, weil es das genau so wie das Alte Testament in Bezeugung — nur jetzt in rückblickender Bezeugung — des Wortes und Werkes Gottes sagt.

Jene ausdrücklich von der Einzigkeit Gottes redenden Stellen sind gewissermaßen nur die Exponenten der viel umfassenderen Anschauung von der Einzigkeit der Art und des Inhaltes des zwischen Gott und dem Menschen stattfindenden Geschehens, in welchem das Wesen Gottes als des einzigen Gottes offenbar geworden ist. Sie wollen nicht für sich, gleichsam als abstrakte Aussagen über Gott an sich, sondern auf diesem Hintergrund gelesen und verstanden sein. Man beachte die höchst merkwürdige Tatsache, daß Paulus (im Einklang mit dem das Alte Testament beherrschenden «Henotheismus» übrigens!) 1. Kor. 8, 5 die Existenz vieler sogenannter (λεγόμενοι) Götter und Herren im Himmel und auf der Erde nicht nur nicht in Abrede gestellt, sondern geradezu behauptet hat: ὥσπερ εἰσὶν θεοὶ πολλοὶ καὶ κύριοι πολλοί. So sehr ist die neutestamentliche Lehre von der Einzigkeit Gottes auf die Anschauung jenes Geschehens, so wenig ist sie auf eine vorgefaßte Theorie begründet. Daß Gott Einer ist, das wird nach den Gleichnissen vom verlorenen Schaf und vom verlorenen Groschen wie in einem Spiegelbild darin offenbar, daß im Himmel mehr Freude sein wird über einen Sünder, der Buße tut als über 99 Gerechte, die der Buße nicht bedürfen (Luk. 15, 7, 10): So ist Gott selbst, so steht es mit seiner Barmherzigkeit und Gerechtigkeit, daß ihm der Mensch gerade in seiner Bedürftigkeit und Errettung als Einzelner am Herzen liegt! Und wieder ist Gott als der Einzige wie in einem Spiegelbild darin offenbar, daß jene Martha sich irrt, wenn sie sich um Vieles sorgt und Mühe macht: «Weniges ist not oder Eines. Maria hat das gute Teil erwählt, das ihr nicht wieder genommen werden soll» (Luk. 10, 41 f.): So ist Gott selbst, so steht es mit seiner Gnade und Heiligkeit, daß es gerade nur Eines ist, was er vom Menschen haben will! Wie denn auch nach Gal. 5, 14 das ganze Gesetz in einem Worte (in dem Worte: «Liebe deinen Nächsten wie dich selbst!») erfüllt ist. Für Paulus scheint der Gegenstand solcher zunächst indirekter Anschauung der Einzigkeit Gottes ein doppelter gewesen zu zu sein: Einmal die für seine Botschaft so entscheidende Zusammenfassung der Juden und der Heiden in der Sünde und im Erbarmen Gottes bzw. im Glauben: «Oder ist Gott nur der Juden Gott? Nicht auch der Heiden? Wahrlich auch der Heiden! Denn es ist ein Gott, der die Beschnittenen rechtfertigen wird und die Unbeschnittenen durch den Glauben» (Röm. 3, 29 f.). «Es ist kein Unterschied zwischen dem Juden und dem Hellenen. Denn es ist derselbe der Herr Aller, reich über Alle, die ihn anrufen» (Röm. 10, 12). Oder (bereits in Verbindung mit der direkten Anschauung gesagt): «Christus ist unser Friede, der aus zweien Eines gemacht und die Scheidewand des Zaunes, die Feindschaft, abgebrochen hat in seinem Fleische, indem er das Gesetz der in Satzungen bestehenden Gebote abgetan hat, um aus zwei in sich selbst den einen neuen Menschen zu schaffen, indem er Frieden stiftete und so die beiden in einem Leibe mit Gott versöhnte durch das Kreuz, nachdem er durch dieses die Feindschaft getötet hatte» (Eph. 2, 14—16). In diesen Zusammenhang gehört auch das Wort Joh. 10, 16: «Ich habe andere Schafe, die nicht aus diesem Stall sind; auch sie muß ich führen und sie werden meine Stimme hören, und es wird eine Herde, ein Hirte werden». Die andere, mit jener ersten freilich unmittelbar zusammenhängende indirekte Anschauung des Paulus ist die der Kirche als des einen Leibes (Röm. 12, 4 f.; 1. Kor. 10, 17; 12, 12 f.). «Ein Leib und ein Geist, wie ihr auch berufen seid in einer Hoffung eures Berufes. Ein Herr, ein Glaube, eine Taufe, ein Gott und Vater Aller, der über Allen und durch Alle und in Allen ist» (Eph. 4, 4 f.). Man kann es gerade an dieser Stelle mit Händen greifen, wie Paulus die Wahrheit der Einzigkeit Gottes einfach abliest aus der Wirklichkeit des durch sein Wort und Werk geschaffenen Lebens seines Volkes. Daß diese für ihn göttliche Wirklichkeit repräsentiert, das zeigt sich aber darin, daß sie gerade Eph. 4, 4 und dann immer wieder (1. Kor. 12, 11 f.; 2. Kor. 12, 18; Eph. 2, 18) auf die Wirklichkeit des einen heiligen Geistes zurückgeführt wird. Gerade darum kann und muß die Gabe der Offenbarung und Versöhnung, die im Leben der Gemeinde in ihrer Einheit sichtbar ist, nun auch wieder als Aufgabe beschrieben, zum Gegenstand der apostolischen Mahnung gemacht werden. Es ist Verkündigung der Einzigkeit Gottes, wenn Gal. 3, 28 (vgl. 1. Kor. 12, 13) nicht nur der Unterschied von Juden und Griechen, sondern auch der von Sklaven und Freien, aber auch der von Männern und Frauen relativiert wird durch die Feststellung: «Ihr alle seid Einer in Jesus Christus». Und es ist Verkündigung der Einzigkeit Gottes, wenn die Christen Phil. 1, 27 aufgerufen werden, in einem Geiste festzustehen, «indem ihr mit einer Seele gemeinsam kämpft für den Glauben an das Evangelium» oder Phil. 2, 2: «auf dasselbe zu sinnen», an derselben Liebe festzuhalten, als σύμψυχοι nur auf das Eine zu sinnen, oder Röm. 15, 5 f.: «gemeinsam aus einem Munde» Gott den Vater unseres Herrn Jesus Christus zu loben, oder wenn es von der Gemeinde in Jerusalem Act. 4, 32 nun faktisch heißen kann, daß die Menge der Glaubenden «ein Herz und eine Seele» war.

Aber das Alles ist ja nun doch erst die indirekte Anschauung, auf die sich das Bekenntnis zu dem einen Gott gründet. Sie kann anders als auf dem Hintergrund der eigentlichen, der direkten hier in Frage kommenden Anschauung stehend, nicht verstanden werden. Diese direkte Anschauung, mit der die Erkenntnis der Einzigkeit Gottes im Neuen Testament steht und fällt, ist aber eben die des von dem monotheistischen Judentum verworfenen Messias Jesus. Sie wird ja schon Eph. 2 und 4 als die konstitutive Mitte dessen, was dort über die Einheit der Gemeinde gesagt wird, deutlich genug sichtbar; sie beherrscht aber auch gerade die Hauptstellen 1. Kor. 8, 6 und 1. Tim. 2, 5. Wenn in der ersten zuerst das εἷς θεὸς ὁ πατήρ und dann das εἷς κύριος Ἰησοῦς Χριστός, in der zweiten zuerst das εἷς θεός und dann das εἷς μεσίτης θεοῦ καὶ ἀνθρώπων, ἄνθρωπος Χριστὸς Ἰησοῦς genannt wird («der sich selbst zum Lösegeld für alle dahingegeben»), so ist das verbindende καί in beiden Stellen bestimmt nicht so zu verstehen, als solle nun neben einem ersten ein zweiter Einziger genannt werden, sondern hier, wie so oft, bekräftigt, unterstreicht und interpretiert das, was hinter dem καί steht, das, was davor steht: es sagt also die Nennung des einen Herrn oder Mittlers nichts Anderes als eben dies, daß und inwiefern Gott der Vater der Eine, Einzige ist. Er ist es nämlich darin und damit, daß unser Herr, der Mittler zwischen Gott und den Menschen als solcher der Eine und Einzige ist. Weit entfernt davon, daß dies so etwas wie die Einführung eines neuen Polytheismus, so etwas wie die Anschauung von einem höheren und niederen Einzigen bedeuten würde (in Analogie zu dem «Allah ist groß und Mohammed ist sein Prophet» etwa) — wird gerade mit diesem doppelten εἷς der Monotheismus des Mose und der Propheten, der Monotheismus des in seinem Wort und Werk wirklichen und offenbaren, in seinem Wort und Werk sein Wesen habenden und kundgebenden Gottes endgültig, mit Nennung des konkreten Namens dieses Gottes aufgerichtet. Der christliche Monotheismus entsteht damit und besteht darin, daß Jesus Christus sich selbst als Sohn seines himmlischen Vaters bezeugt und offenbart, daß er sich selbst als der regierende Herr von den Mächten und Gewalten dieses Aeons unterscheidet und abhebt, daß er sich selbst als ihr Überwinder und Meister sichtbar macht. In diesem von Gott nicht nur verursachten, nicht nur ausgehenden, sondern mit seinem Sein und Handeln selbst identischen Geschehen offenbart er sich und wird er erkannt in seinem Wesen als der Einzige. Er ist nicht nur ein Einziger wie es Viele gibt. Er ist dieser Einzige. Und eben als dieser Einzige ist er der Einzige. Es hängt also Alles an der Offenbarung und Erkenntnis dieses Einzigen, wenn es sich im Sinn des Neuen Testamentes um Offenbarung und Erkenntnis der Einzigkeit Gottes handeln soll.

Und nun muß man wieder auf die Stellen achten, wo zwar nicht wie 1. Kor. 8 und 1. Tim. 2 jene ausdrückliche Nebeneinanderstellung des einzigen Gottes und des einzigen Christus erfolgt, wo vielmehr für sich die Einzigkeit des eben in Jesus Christus geschehenen göttlichen Wortes und Werkes bezeichnet und hervorgehoben wird. Gerade diese Stellen dürften die für das Verständnis des neutestamentlichen Monotheismus schließlich entscheidenden sein, denn gerade in ihnen erfahren wir über die in jener Zusammenstellung vollzogene Behauptung hinaus: inwiefern gerade Jesus Christus Einzigkeit, und zwar göttliche Einzigkeit tatsächlich zukommt. Sie kommt ihm nach Matth. 23, 8—10 in der Weise zu, daß er selbst — die Stelle klingt geradezu unerträglich, wenn man sich nicht klar macht, daß es der einzige Gott ist, der sich selber hier geltend macht — zu seinen Jüngern sagt: «Ihr sollt euch nicht Rabbi nennen lassen, denn E i n e r ist euer Lehrer. Und ihr sollt niemand Vater nennen auf Erden, denn E i n e r ist euer himmlischer Vater. Ihr sollt euch auch nicht Meister nennen lassen, denn euer Meister ist der E i n e , Christus!» Man merke: gerade in dem, was hier als menschliches Selbstzeugnis schlechterdings unerträglich wäre, gerade in dem messianischen Selbstzeugnis Jesu gründet der neutestamentliche Monotheismus — er genau so wie der alttestamentliche in dem Selbstzeugnis des an Israel handelnden Jahve. Man kann, was im Neuen Testament «der eine Gott» heißt, nicht hören, ohne dieses Selbstzeugnis zu hören. Man kann es natürlich auch verwerfen. Aber man verwirft dann mit dem, was hier «der eine Gott» heißt, diesen Gott selber. Dieser Gott, der Gott des Alten und des Neuen Testamentes ist in seinem Wesen nicht nur einzig, sondern dieser Einzige. Man kann auf sein Selbstzeugnis, durch welches er sich als solcher offenbart: «Ich und der Vater sind eins» (Joh. 10, 30) so reagieren, wie die Juden es nach Joh. 10, 31 taten: «Sie lasen Steine auf, um ihn zu steinigen». Es steht darum doch da als dieses Selbstzeugnis und ist als solches der einzige Zugang zu dem, was im Alten und Neuen Testament «Gott» genannt wird. Denn jeder, der nicht der durch dieses Selbstzeugnis bezeugte Einzige ist, mag zwar in seiner Weise auch einzig sein, er ist aber sicher nicht dieser Gott. Hier und nur hier ist der allerdings schmale Weg, die allerdings enge Pforte zu dem einen Gott der Propheten und Apostel. Es hat auch Alles, was bei Paulus über die Einheit des Geistes und der Gemeinde zu lesen steht, dieses Selbstzeugnis zum Hintergrund. «Bewahre die, die du mir gegeben hast, in deinem Namen, daß sie eins seien wie wir eins sind» (Joh. 17, 11). Aber dieses Selbstzeugnis geschieht nicht nur durch Worte. Man lese bei Paulus Röm. 5, 12—21 (vgl. 1. Kor. 15, 21 f.)! Von der Einzigkeit Gottes ist dort scheinbar mit keinem Worte die Rede, sondern allein von der durch Jesus Christus geschehenen Veränderung der menschlichen Lage von der Herrschaft der Sünde zur Herrschaft der Gerechtigkeit, vom Todesschicksal zur Gabe des Lebens. Aber nun beachte man einerseits das Verhältnis dieser beiden Parteien oder Möglichkeiten in seiner gänzlichen Unsymmetrie, in der gegen Ende hin immer eindrücklicher sichtbar gemachten schlechthinigen Überlegenheit der Gnade, der Gerechtigkeit, des Lebens — und man beachte anderseits, wie diese siegreiche Macht der unterliegenden gegenüber zusammengefaßt wird in der Gestalt des εἰς ἄνθρωπος, der gut gemacht hat, was ein anderer erster εἰς ἄνθρωπος böse gemacht hat. Adam war dieser «eine Mensch». Der andere «eine Mensch» aber ist Jesus Christus und eben er ist der Träger der in ihrer Überlegenheit als göttlich sich erweisenden Gnade und Gerechtigkeit des über den Tod triumphierenden Lebens. Dieses Geschehen ist jetzt das messianische Selbstzeugnis Jesu. Es ist offenbar auch hier zugleich und als solches das Zeugnis der Einzigkeit Gottes. Oder umgekehrt: das Zeugnis von der Einzigkeit Gottes ist auch hier dieses und nur dieses: das messianische Selbstzeugnis Jesu, das das Sünden- und Todeszeugnis des in dem einen Adam zusammengefaßten Menschengeschlechts in siegreicher, allen Streit, alle Konkurrenz beendigenden und ausschließenden Entscheidung schlechthin überbietet. Es hat dieser Eine sich den Anspruch und die Herrschaft über das Leben Aller damit erworben — man kann auch sagen: es hat dieser Eine seine Würde als der Schöpfer und Herr aller damit offenbart, daß er für sie Alle gestorben ist (2. Kor. 5, 14). Und wenn die menschlichen Priester durch ihre täglichen, also immer zu wiederholenden Opfer «die doch die Sünden niemals völlig hinwegnehmen können» ihren Charakter als bloße Zeugen und Vorbilder bewiesen haben, so hat dieser, Jesus Christus, »sich, nachdem er ein einziges Opfer für die Sünde dargebracht hat, für immer zur Rechten Gottes gesetzt und wartet fortan, bis alle seine Feinde zum Schemel seiner Füße gemacht werden. Denn durch eine einzige Opfergabe hat er die, welche geheiligt werden, für immer zur Vollendung geführt» (Hebr. 10, 11—14). Man wird sagen müssen, daß dies der einzige neutestamentliche Beweis für die Einzigkeit Gottes ist.

Wir schließen mit dem Hinweis darauf, daß eben dies in der Rechtfertigungslehre der Reformation wieder erkannt und anerkannt worden ist mit der Aufstellung, daß der Mensch allein durch den Glauben gerecht und selig werde. Dieses *sola fide* ist nur der Reflex des *soli Deo gloria,* in welchem ja die Väter der evangelischen Kirche ihr Bekenntnis ebenfalls zusammenzufassen pflegten, wie umgekehrt dieses *soli Deo gloria* nur der Reflex des *sola fide* ist. Recht verstanden besagen diese beiden *sola* (und das dritte: *sola scriptura* dazu!) Eines und Dasselbe. *Unicus Deus,* weil *unicus summus pontifex, patronus et pacificator* (*Conf. Scot.* Art. 11), das ist das Urbild, das beide, das alle drei *sola* reflektieren. Die Einzigkeit des Glaubens ist begründet in der Einzigkeit seines Gegenstandes, darum *soli Deo gloria.* Die Einzigkeit dieses Gegenstandes fordert aber die Einzigkeit des Glaubens: sie fordert, daß Gott allein der sei, der von uns gefürchtet, geliebt und verehrt wird, darum *sola fide.* Es ist aber die Macht dieser Einzigkeit die Macht des Namens, in welchem Gott sein Wesen offenbart und an welchem der Glaube glauben darf. Die Reformation hat das Zeugnis der ganzen heiligen Schrift wieder aufgenommen und ans Licht gestellt, wenn sie gesungen hat: «Fragst du, wer der ist, er heißt Jesus Christ, der Herr Zebaoth und ist kein andrer Gott, das Feld muß er behalten».

Auch die Einfachheit oder Unteilbarkeit Gottes, nach deren tieferem Wesen und Grund wir nun noch zu fragen haben, offenbart sich uns in der unüberwindlichen Wahrheit einer Bestimmung der Freiheit Gottes doch nur dann, wenn wir uns durch das Zeugnis der Schrift daran erinnern lassen, daß Gottes Freiheit und so auch Gottes Einfachheit die Freiheit und Einfachheit seiner Liebe ist. Nicht eine Idee der Einfachheit, die uns, wie gezeigt, als solche von der Erkenntnis Gottes nur entfernen könnte. Das schlechterdings Einfache ist in der Schrift «einfach» Gott selber in der Tatsächlichkeit, in der überlegenen Kraft, in der Beharrlichkeit, in der Selbstverständlichkeit — oder noch einfacher: in der Faktizität, in der er als Gott gegenwärtig ist, als Gott mit der Kreatur, mit dem Menschen handelt.

Sieht man sich die Ausführungen der orthodoxen Dogmatik über die *simplicitas Dei* an, so muß man sich wundern darüber, wie sie sich gerade hier in logischen und mathematischen Erwägungen ergehen und verlieren mochte, für deren Ergebnis sie naturgemäß irgend einen Schriftgrund nicht aufzutreiben wußte und der nun doch die Grundvoraussetzung ihrer ganzen Gotteslehre und so schließlich ihrer ganzen christlichen Lehre bilden sollte. Hat sie vor Bäumen den Wald nicht gesehen? Sie hat zum Glück im Allgemeinen besser fortgefahren, als sie hier anzufangen pflegte. Sie hat nachher von Gott alles das auch gesagt, was nach Anleitung der Schrift von ihm zu sagen ist. Sie hat auch die ganze übrige christliche Lehre treulich nach Anleitung der Schrift darzustellen und zu entwickeln versucht. Wäre man ihr nur später auch in dieser glücklichen Inkonsequenz treu geblieben! Es bleibt aber die Frage, warum sie selbst nicht nach rückwärts, hinsichtlich dieses ihres Ansatzpunktes konsequent war, sondern vielmehr den späteren Zeiten die Möglichkeit gab, aus diesem ihrem fatalen Ansatzpunkt noch fatalere Konsequenzen zu ziehen. Wie soll das schlechterdings Einfache, als das sie Gott mit Recht verstehen wollte, anders zu bezeichnen sein denn eben als Gott selber — und nun nicht «Gott selber» in der Deutung durch einen Begriff des schlechterdings Einfachen, sondern Gott selber in seiner Selbstdeutung, die die Orthodoxie doch theoretisch wahrlich streng genug in seiner durch die Schrift bezeugten Selbstoffenbarung zu finden meinte, an der sie sich aber gerade hier merkwürdigerweise praktisch nicht genügen ließ. Als ob die Einfachheit Gottes noch einfacher als durch den Verweis auf Gott selber, nämlich durch allerhand Spekulation über den Begriff des Unzusammengesetzten und Unteilbaren als solchen und im Allgemeinen bezeugt und dargestellt werden könnte! Als ob nicht gerade die wissenschaftliche Genauigkeit der Darstellung dieses Gegenstandes es verlangen würde, daß wir schlechterdings Gott selber in seiner durch die Schrift bezeugten Offenbarung als das schlechterdings Einfache, als das in der Tat Unzusammengesetzte und Unteilbare gelten lassen und geltend machen müssen! Gott selber, dieser Gott in seiner Wirklichkeit, d a s ist, e r ist einfach. Das ist das unvergleichlich, das einzig Einfache — unendlich viel einfacher als alle Kompliziertheiten, aber, wohlverstanden, auch unendlich viel einfacher als alle vermeintlichen Einfachheiten unserer sonstigen Erkenntnis: Gott selber. Gott selber ist das Allernaheliegendste, wie es das schlechterdings Einfache in der Tat sein muß und zugleich das Allerfernste, wie es das schlechterdings Einfache ebenfalls sein muß. Gott selber ist das Unauflösliche und zugleich das alles Andere Erfüllende und Umfassende. Gott selber ist das Eine in seinem Fürsichsein, der keines Anderen bedarf und zugleich das Eine, durch das alles Andere wurde und in dem alles Andere ist. Gott selber ist der Anfang, in dem Alles anfängt, mit dem immer wieder getrost und unverantwortlich angefangen werden muß und darf und zugleich das Ende, in dem alles legitim und notwendig endigt, mit dem man getrost und unverantwortlich zu endigen hat. Gott selber ist einfach: so einfach, daß er auch dem einfältigsten Erkennen in seiner ganzen Herrlichkeit nahe sein und auch des größten Tiefsinns und Scharfsinns immer noch spotten kann — so einfach, daß er Jeden zum Schweigen zwingt, um doch auch Jedem zu erlauben und zu gebieten, ihn in aller Unbefangenheit zum Gegenstand seines Denkens und seines Redens zu machen — so einfach, daß es wirklich keiner besonderen menschlichen Kompliziertheiten, aber wirklich auch keiner besonderen menschlichen Einfachheiten bedarf, um recht von ihm zu denken und zu reden, recht vor ihm zu leben, und daß uns doch je nach Gelegenheit und Bedarf beides, menschliche Kompliziertheit und menschliche Einfachheit erlaubt und geboten, daß uns freilich gelegentlich auch das Eine oder das Andere verboten sein kann.

Denn die Einfachheit Gottes ist seine Einfachheit. Sie ist Gott selber als Trost, Mahnung und Gericht für alle Menschen und über allen menschlichen Bemühungen. *Est igitur, ob quod pia αὐταρκείᾳ animum ad simplicitatem assuefaciamus ac rerum varietati unum substituamus Deum omnibus ad omnia sufficientissimum* (Petr. v. Mastricht, Theor. Pract. Theol. 1698 II 6, 29).

Wer und was ist dieser Gott selber? Daß wir jetzt nicht zurückfallen und eine Antwort geben, die besagen würde, was wir für Gott selber meinen halten zu sollen, was Gott um Gott zu sein, nach allen notwendigen Postulaten und Ideen hinsichtlich des Begriffs der Gottheit sein müsse! Gott selber ist schlicht und wirklich einfach der, von dem alle Propheten und Apostel erklärt haben, daß sie seine Stimme gehört hätten, daß sie ihm gehorchen, daß sie seine Botschaften und Aufträge ausführen, daß sie seinen Willen und sein Werk den Anderen bezeugen müßten und dessen Stimme merkwürdigerweise Einer im Zeugnis der Anderen jedenfalls insofern wiedererkannte, als sie alle in einer langen ununterbrochenen Kette, in sehr verschiedener Weise zwar, aber ohne Widerspruch in diesem Punkt eines und desselben Gottes Diener und Verkündiger zu sein meinten. Dieser ist Gott selber, den dieses einmütige Zeugnis als das Subjekt der Schöpfung, der Versöhnung, der Erlösung, als den Herrn bezeichnet und in Beschreibung und Erklärung dieser seiner Werke und Würdestellung als den, der gnädig und heilig, barmherzig und gerecht, geduldig und weise, aber auch allgegenwärtig, auch beständig und allmächtig, ewig und herrlich ist. Alle diese Vollkommenheiten sind nach diesem Zeugnis die Vollkommenheiten dieses Einen. Sie alle haben ihre Existenz und ihr Wesen nach diesem Zeugnis nicht außer ihm, sondern schlechterdings in ihm. Er, der das Alles und in welchem das Alles ist, er ist Gott selber. Und er ist einfach, d. h. er ist das Alles unteilbar, unauflöslich, unbeirrbar. Er ist es darum, weil er in sich selber unteilbar, unauflöslich, unbeirrbar ist. Das ist Gottes Einfachheit im Zeugnis der Bibel, das uns aus seiner Offenbarung als auf ihn selbst verweist: die Verläßlichkeit, die Wahrhaftigkeit, die Treue, in der er selber ist und in der er darum auch ist, was er ist und tut, was er tut. Wäre er teilbar, auflöslich, beirrbar, dann wäre er eben nicht verläßlich. Der Gott der Propheten und Apostel aber ist verläßlich, und zwar nicht irgendwie beiläufig und akzidentiell, nicht so, daß er etwa auch nicht verläßlich sein könnte, sondern in seinem Wesen, im innersten Grunde seines Seins als Gott verläßlich. Und das eben ist seine Einfachheit. Das meinte wohl auch die orthodoxe Dogmatik, wenn sie ihre Gotteslehre gerade mit diesem Begriff zu eröffnen pflegte. Hätte sie es nur deutlich gemacht, daß sie eben dies meinte: die Verläßlichkeit des in seinem von der Schrift bezeugten Wort und Werk sich selbst demonstrierenden Gottes! So verstanden ist Gott in seiner Einfachheit, wie es in der Bibel so oft heißt, der «Fels», das unerschütterliche Fundament, auf dem nicht nur die Gotteslehre, sondern die ganze christliche Lehre, und nicht nur die christliche Lehre, sondern auch das ganze Leben der christlichen Kirche, das ganze christliche Leben und zuletzt das menschliche Leben überhaupt und die Verheißung des ewigen Lebens begründet ist und ohne das das Alles sich in nichts auflösen müßte und würde. Aber eben diese Einfachheit Gottes ist nicht anderswo zu suchen als dort, wo die Propheten und Apostel sie gefunden haben, indem sie selbst sich ihnen zu finden gab, indem sie von ihr gefunden wurden: in der Selbstdemonstration Gottes, die er in seinem Wort und Werk gegeben hat und die als solche die Demonstration seiner Verläßlichkeit, seiner Wahrhaftigkeit und Treue ist. Die Einfachheit Gottes ist zu suchen in dem Gebet: «Beständigkeit verleihe, hilf uns aus aller Not!» und dieses Gebet selbst kann sich nur entzünden an jenem Feuer, das Mose am Horeb hat brennen sehen: immer verzehrend und immer erhaltend, immer richtend und immer rettend, immer tötend und immer lebendig machend. Diesen, den dort und so Handelnden haben die Propheten und Apostel in seinem Wort und Werk als verläßlich kennen gelernt und bezeugt. Dieser verleiht Beständigkeit, weil er selbst beständig ist. Auf ihn kann man sich verlassen, weil sein Wesen Verläßlichkeit ist. Indem man das erkennt, e r k e n n t man die Einfachheit Gottes, denn indem er sich so offenbart, o f f e n b a r t er seine Einfachheit. Man kann sie also nicht anders erkennen, als indem man ihn selbst erkennt, und man kann ihn selbst nicht anders erkennen, als da wo und so wie er sich selbst demonstriert und zu erkennen gegeben hat als der, der er selbst ist. Da und so, in seinem Wort und Werk bezeugt er sich als der Einfache, wie er sich da und so (nur da und nur so) als der Einzige bezeugt.

Es ist also sozusagen ein analytisches Urteil, wenn Gott Deut. 7, 9 als der «getreue Gott» oder im Lied des Mose Deut. 32, 4 als «ein Gott der T r e u e » bezeichnet wird; denn von dem Gott wird das gesagt, «der den Bund hält und die Huld bewahrt denen, die ihn lieben und seine Gebote halten bis zum tausendsten Geschlecht». Und wenn Paulus diesen Satz: «Gott ist getreu» aufnimmt, so tut er es im Blick auf den Gott, «durch den ihr berufen seid zur Gemeinschaft mit seinem Sohne Jesus Christus unserem Herrn» (1. Kor. 1, 9), «der euch stärken und vor dem Bösen bewahren wird» (2. Thess. 3, 3). Gott ist nach 1. Joh. 1, 9 darin treu und gerecht, «daß er uns die Sünde vergibt und uns von aller Ungerechtigkeit reinigt». Weil «du mich erlösest», darum wird er Ps. 31, 6 als «du getreuer Gott» angeredet. Und man beachte, wie oft das im Gegensatz zu der Feststellung der menschlichen Untreue gesagt wird: Deut. 32, 5; Röm. 3, 3; 2. Tim. 2, 13. Es gehört offenbar ebenso zu diesem analytischen Urteil, daß der, dem dieser getreue Gott als solcher sich offenbart und verbindet, mit Jakob gestehen muß: »Ich bin zu gering aller Barmherzigkeit und aller Treue, die du an deinem Knechte getan hast« (Gen. 32, 10). Heißt es Ps. 33, 4 unter Verwendung des verwandten Begriff der « W a h r h a f t i g k e i t » : «das Wort des Herrn ist wahrhaftig und all sein Walten ist voll Treue», so ist Röm. 3, 4 daneben zu halten: «Gott ist wahrhaftig, alle Menschen aber sind Lügner». Wird sein Wort Joh. 1, 9 das wahrhaftige Licht genannt, das in die Welt gekommen ist, so ist die Fortsetzung v 10 zu beachten: «Es war in der Welt und die Welt ist durch ihn geworden und die Welt erkannte ihn nicht». Gerade Gottes Treue und Wahrhaftigkeit und also Einfachheit kennzeichnet offenbar auch seine Liebe, seine Gnade, Barmherzigkeit und Geduld als Sache seiner freien, souveränen, von uns her unverdienten Entscheidung. Gerade Gottes Treue und Wahrhaftigkeit und also Einfachheit bezeichnet in besonderer Weise Gott selbst als den, der sich durch sich selbst zu erkennen gibt, der sich um seiner selbst willen dazu hergibt und schenkt, des Menschen Gott zu sein. Der Heilige, der Wahrhaftige ist nach Apoc. 3, 7 der, «der den Schlüssel Davids hat, der öffnet so, daß niemand schließt und schließt so, daß niemand öffnet». «Treu und wahrhaftig», das ist nach Apoc. 19, 11 der Name des Reiters auf dem weißen Pferd. Es ist der «treue Zeuge» von Apoc. 1, 5 (identisch mit dem «treuen und wahrhaftigen Zeugen» von Apoc. 3, 14) J e s u s C h r i s t u s «der Erstgeborene von den Toten und Herrscher über die Könige der Erde», der «treue Hohepriester im Dienst vor Gott» (Hebr. 2, 17). Wer s e i n Zeugnis annimmt, der bestätigt, daß Gott wahrhaftig ist (Joh. 3, 33). Er ist gekommen «und hat uns Einsicht gegeben, den Wahrhaftigen zu erkennen, und wir sind in dem Wahrhaftigen, indem wir in seinem Sohne Jesus Christus sind» (1. Joh. 5, 20). Gott ist wahrhaftig, weil und indem Jesus Christus nach Luk. 24, 34 «wahrhaftig a u f e r s t a n d e n » ist. Wir stehen also hinsichtlich der Einfachheit Gottes zuletzt an demselben Punkte wie hinsichtlich seiner Einzigkeit und hinsichtlich aller anderen göttlichen Vollkommenheiten. Hören wir Paulus den «treuen Gott» als Zeugen dafür anrufen, daß sein eigenes apostolisches Wort nicht ein Ja und Nein, sondern ein Wort der Treue und also ein einfaches Wort sei, dann kann er diesen Appell nicht anders begründen als indem er in Erinnerung ruft: «Denn Gottes Sohn Christus Jesus, der unter euch durch uns gepredigt worden ist, durch mich und Silvanus und Timotheus, war nicht Ja und Nein, sondern Ja ist in ihm gewesen».

Denn so viele Verheißungen Gottes es gibt, in ihm ist das Ja, daher durch ihn auch das Amen, Gott zur Ehre durch uns» (2. Kor. 1, 18—20). Gottes Einfachheit offenbart sich und besteht darin, daß er sich in seinem Reden und Tun immer aufs neue bestätigt, sich immer aufs neue zu sich selber bekennt und so in seiner Identität bezeugt: durch die Wiederholung seiner Verheißung, aber auch durch deren Erfüllung, in der sie doch nicht aufhört, Verheißung zu sein und erst recht zu werden, durch die Einheit seiner Verheißung mit seinem Gebot, des Evangeliums mit dem Gesetz: so, daß das Evangelium die Erfüllung des Gesetzes, das Gesetz aber die Gestalt des Evangeliums ist, durch die Einheit der Erwählung und Berufung des sündigen Volkes Israel und der durch Gnade geheiligten Kirche aus Juden und Heiden, durch die Einheit von Gnade und Heiligkeit, Barmherzigkeit und Gerechtigkeit, Geduld und Weisheit in dem ganzen Werk seiner Liebe. Immer indem Gott so und so sich selber bestätigt, einer und derselbe ist so und so, hier wie dort: immer genau dort, wo man zuerst Verschiedenheit, Gegensatz, Widerspruch zu sehen meint, um dann Einheit zu entdecken, bezeugt er sich und gibt er sich dem Glauben zu erkennen in seiner Einfachheit. Der Name, unter dem dieses Zeugnis seiner Einfachheit ergeht, ist aber, wie es in allen jenen neutestamentlichen Stellen zum Ausdruck kommt, der Name Jesu Christi. In ihm schneiden sich nicht, sondern in ihm treffen und vereinigen sich alle jene Linien: Verheißung und Erfüllung, Evangelium und Gesetz, Israel und Kirche, Liebe und Freiheit Gottes. In ihm ist in der Tat das Ja und das Amen der ganzen prophetisch-apostolischen Verkündigung der ganzen Schrift, denn in ihm ist das Ja und Amen des einen Gottes selber. Eben darum ist die Treue und Wahrhaftigkeit Gottes als der eigentliche Sinn und Grund seiner Einfachheit zu bezeichnen und zu verstehen. Und eben darum ist der Sinn und der Grund ihrer Erkenntnis der Glaube, in welchem der Mensch der Treue und Wahrhaftigkeit Gottes seinerseits die ihr zukommende Ehre gibt, das ihr zukommende Recht widerfahren läßt und insofern selbst ($\pi\iota\sigma\tau\varepsilon\upsilon\varepsilon\iota\nu$!) treu und wahrhaftig und insofern selbst — einfach wird. Der Glaube ist das auf die göttliche Treue gesetzte Vertrauen. Der Glaube ist die der göttlichen Wahrhaftigkeit entsprechende Aufrichtigkeit. «Ich glaube» heißt: ich verlasse mich darauf, daß ich es mit dem verläßlichen Gott zu tun habe und ich verlasse mich so auf ihn, wie man sich eben auf ihn verlassen darf und muß. Der verläßliche Gott ist aber der Gott, der in der Fleischwerdung seines Wortes zugleich seine Liebe und seine Freiheit und in beiden sich selber bezeugt hat. Der verläßliche Gott ist der Vater, der mit dem Sohn, der Sohn, der mit dem Vater Einer ist im Heiligen Geiste. Man rühmt mit Recht die Tugend der christlichen «Einfalt» als das gewissermaßen letzte des uns in der Kirche gebotenen und notwendigen Verhaltens. Es gibt aber nach der Schrift in der Kirche keine Einfalt als eben die des Glaubens an diesen verläßlichen Gott, keine andere Einfalt also als die des aufrichtigen Vertrauens auf die Kraft des offenbarten Geheimnisses der Fleischwerdung des Wortes und der göttlichen Dreieinigkeit. Als die Einfalt dieses aufrichtigen Vertrauens wird sich die gebotene und notwendige, die wahrhaft göttliche Einfalt des Christen darin erweisen, daß sie sich aus der Bindung an den Namen Jesus Christus nicht um Fingersbreite entfernen wird. In dieser Bindung ist sie in der Tat die *conditio sine qua non* der Erkenntnis des einfachen Gottes, Gottes selber, der als solcher der einzige, der eine Gott ist.

Weil und indem Gott Einer ist, einzig und einfach, darum ist er allgegenwärtig. Allgegenwart ist zweifellos eine Bestimmung der Freiheit Gottes. Sie ist die Souveränität, in der er als der, der er ist, existierend und handelnd wie es seinem Wesen entspricht, allem Anderen, Allem, was nicht er selbst, sondern von ihm verschieden ist, **gegenwärtig ist**. Sie ist die Souveränität, auf Grund derer Alles, was ist, nicht ohne ihn, sondern nur mit ihm sein kann, auf Grund derer es eigene Gegenwart nur unter der Voraussetzung seiner Gegenwart hat.

Gottes Gegenwart schließt in sich seine **Herrschaft**: wie sollte er gegenwärtig sein ohne zu herrschen? Und seine Herrschaft schließt in sich seine **Herrlichkeit**: wie sollte er herrschen, ohne sich selbst zu verherrlichen, ohne herrlich zu sein in sich selber? Und wenn nichts ohne ihn ist, so heißt das, daß Alles ihm unterworfen ist. Und daß es ihm unterworfen ist, heißt, daß es seiner Herrlichkeit dienen darf und muß. Aber das Alles stellen wir, ohne es zu vergessen, zunächst noch zurück, weil es jedenfalls auch für sich gesehen und gewürdigt sein will.

Die Voraussetzung aller göttlichen Souveränität ist die der göttlichen **Allgegenwart**. Darin gründet die ganze göttliche Souveränität, daß es für Gott nichts gibt, was nur ferne, d. h. das für ihn, indem es ferne ist, nicht auch nahe wäre, daß es also neben und außer ihm keine Ferne gibt, die Ferne ohne seine Nähe wäre. Es gibt Ferne, wie es Nähe gibt, sonst gäbe es keine Schöpfung. Und weil die Schöpfung **Gottes** Schöpfung ist, darum gibt es auch eine göttliche Ferne und Nähe. In Gott selber aber ist Ferne und Nähe Eines. Und so kann es auch in seiner Schöpfung wohl Ferne ohne Nähe, wohl Nähe ohne Ferne für seine Geschöpfe, aber keine Ferne und keine Nähe ohne seine, die göttliche Ferne **und** Nähe, geben. Es beruht die Ferne und Nähe in der Schöpfung auf ihrer Vielheit, auf ihrer Verschiedenheit, auf ihrem Nebeneinander. Es beruht aber die göttliche Ferne und Nähe auf dem Reichtum der göttlichen Vollkommenheiten. Und Gott ist Einer in diesem seinem Reichtum. Darum ist Gott der **Herr über** diesen Gegensätzen, sich selber ferne und nahe in Einem. Eben darum ist er aber auch als Schöpfer wie der Urheber der Vielheit und Verschiedenheit des Nebeneinander in der Schöpfung, so auch an das Alles seinerseits nicht gebunden; eben darum gibt es in ihr keine Nähe und keine Ferne ohne seine Nähe und Ferne, keine Gegenwart ohne seine Gegenwart: seine Gegenwart im Reichtum und in der Einheit seiner Vollkommenheiten, seine Gegenwart als er selber in der Einzigkeit und Einfachheit, in der er er selber ist.

Wir erkennen sofort, wie gerade diese die ganze Souveränität Gottes begründende Freiheit seines Seins über und in Allem, was ist, uns nötigt, dessen zu gedenken, daß Gott die **Liebe** ist. Im Begriff der göttlichen Einheit als solchem ist die Liebe Gottes noch nicht enthalten. Wir sahen freilich, daß wir ihn als Begriff der Einheit Gottes (nämlich des in der Schrift bezeugten Gottes) auch nicht zu Ende denken und klarstellen konnten, ohne dort schon von der Freiheit Gottes, deren Vollkommenheit er zunächst bezeichnet, hinüberzublicken auf Gottes Liebe, die allein uns die Freiheit Gottes als seine Freiheit erklären und verständlich machen kann. Nur die so interpretierte Einheit Gottes legitimiert uns zu dem Satz, mit dem wir jetzt weitergegangen sind: Weil Gott Einer ist, darum ist er allgegenwärtig. Der Begriff der Allgegenwart Gottes sagt aber dem Begriff der Einheit als solchem gegenüber etwas Neues. Insofern nämlich, als der Begriff der Einheit als solcher zunächst nur von Gottes Sein als solchem zu reden scheint. Allgegenwart dagegen enthält schon im Begriff den Hinweis auf ein All oder auf die Möglichkeit eines Alls, mit dem Gott in einer sehr direkten, sehr intimen Beziehung steht, dem er nämlich gegenwärtig ist, mit dem er aber nicht identisch, sondern von dem er verschieden und das von ihm verschieden ist. Wir sagen nicht, daß Gott nur insofern allgegenwärtig ist, als es dieses All gibt. Es läßt sich die Allgegenwart Gottes so wenig wie irgend eine andere seiner Vollkommenheiten auflösen in die Beschreibung seiner Beziehung zu seiner Schöpfung. Es ist vielmehr Alles, was Gott ist, und so auch seine Allgegenwart in seiner Beziehung zur Schöpfung nur eine äußere Betätigung und Verwirklichung dessen, was er auch ohne diese Beziehung und also auch ohne seine Schöpfung zuvor in sich selber ist. Nähe und Ferne in unauflöslicher Einheit (und also der Grund dessen, was in seiner Allgegenwart in der Beziehung zu seiner Schöpfung äußerlich betätigt und verwirklicht wird) wäre Gottes Vollkommenheit, auch wenn es diese Schöpfung und also diese Beziehung nicht gäbe. Aber eben darin, daß in Gott Nähe und Ferne ist und beide in unauflöslicher Einheit: Nähe nicht ohne Ferne, aber Ferne auch nicht ohne Nähe — eben darin (wir denken aufs neue an sein dreieiniges Wesen) ist er ja die Liebe. In äußerer Betätigung und Verwirklichung dieser seiner ewigen Liebe ist er dann auch Schöpfer, gibt es auch eine Schöpfung, und in ihr geschöpfliche Nähe und Ferne (Nähe ohne Ferne und Ferne ohne Nähe!) und in Beziehung zu ihr, nicht gebunden durch sie, sondern souverän über sie verfügend, aber in wirklicher Beziehung zu ihr, Gottes Allgegenwart in dem Sinn des Begriffs, in welchem er nun in der Tat die Existenz eines von Gott verschiedenen Alls voraussetzt. Wir sagen jetzt also präziser: Es scheint der Begriff der Einheit Gottes als solcher noch nicht so von Gottes Sein zu reden, daß er sein Sein als Liebe erklärt. Wohl aber tut dies unzweideutig der Begriff der göttlichen Allgegenwart und in der Zusammenstellung gerade mit ihm tut es dann auch der Begriff der göttlichen Einheit, sodaß es jetzt nachträglich verständlich wird, weshalb wir auch diesen nicht zu Ende denken konnten, ohne uns zu erinnern, daß der einzige und einfache Gott eben der Liebende ist. Daß er das ist, davon müssen wir jetzt, zum Verständnis seiner Majestäts- und Souveränitätseigenschaft der Allgegenwart geradezu ausgehen:

Gott selbst ist so beschaffen, er ist in der Weise der Einzige und Einfache, daß er Schöpfer einer von ihm unterschiedenen Welt und ihr Herr sein kann. Es gibt ja in ihm den Reichtum seiner Eigenschaften. Es gibt aber vor Allem auch in der Einheit dieses seines Reichtums die Dreieinigkeit seines Wesens. Es gibt also eine göttliche, eine in ihm selbst von Ewigkeit her wirkliche Nähe und Ferne als Grund und Voraussetzung des Wesens und der Existenz der Schöpfung und so der geschöpflichen Nähe und Ferne. Gott kann — das ist seine Freiheit — einem Anderen gegenwärtig sein; denn er ist sich selbst gegenwärtig. Das ist seine ewige Liebe in ihrer inneren und äußeren Tragweite. Gott ist in sich selbst nicht nur existierend, sondern koexistierend, darum kann er auch einem Anderen koexistieren. Es widerspricht seinem Wesen nicht, sondern es entspricht ihm, einem Anderen Koexistenz mit ihm selbst zu gewähren und also sich selbst in die Koexistenz mit diesem Anderen zu begeben. Es wird diese Koexistenz freilich keine andere sein können als die durch sein eigenes Wesen gesetzte, bedingte, bestimmte und begrenzte. Sie wird charakterisiert sein durch die unbedingte Priorität seiner, der göttlichen Existenz, und also durch die unbedingte Unterordnung der Existenz des mit ihm koexistierenden Anderen. Aber eben unter dieser Voraussetzung und in dieser Ordnung ist dieses Koexistieren in Gott selbst begründet und möglich. Gott ist in sich selber die Liebe. Ihm eignet darum und insofern in sich selbst die Majestäts- und Souveränitätseigenschaft der Allgegenwart. Ohne die göttliche Liebe wäre diese nicht zu verstehen. Denn ohne Gottes Liebe könnte es kein Anderes, kein All neben Gott und also auch keine darauf bezogene göttliche Allgegenwart und also auch keine Offenbarung und Erkenntnis des allgegenwärtigen Wesens Gottes selber geben. Man bemerke aber auch umgekehrt: daß es keine Liebe Gottes gäbe, keine Fleischwerdung seines Wortes und also keine Offenbarung seines Tuns als Schöpfer, Versöhner und Erlöser, wenn Gott nicht einem von ihm unterschiedenen Anderen gegenwärtig wäre auf Grund dessen, daß er der in sich selbst Allgegenwärtige ist. Es sind ja auch die von uns schon besprochenen Eigenschaften der Liebe Gottes: seine Gnade, Barmherzigkeit und Geduld in ihrer Offenbarung Näherbestimmungen seiner Allgegenwart, seiner souveränen Koexistenz mit einem von ihm verschiedenen Anderen und in ihrer Identität mit dem göttlichen Sein Bestimmungen der Art, wie Gott als der zuerst sich selbst Gegenwärtige eine von ihm verschiedene Welt lieben und also ihr Schöpfer, Versöhner und Erlöser, ihr göttlicher Herr sein kann. Es ist durch diesen Zusammenhang gesichert, daß wir uns auch bei der Betrachtung dieser göttlichen Vollkommenheit in dem uns nun schon wohlbekannten Kreis befinden, in welchem wir uns an das Wort und Werk der göttlichen Liebe als an die erste und letzte Instanz unseres Interpretationsversuches zu halten haben.

Die **Allgegenwart** Gottes ist in der alten Dogmatik fast regelmäßig mit seiner **Ewigkeit** zusammengestellt worden. Aus naheliegenden Gründen: um Gottes Verhältnis zum **Raum** scheint es sich in seiner Allgegenwart, um sein Verhältnis zur **Zeit** scheint es sich in seiner Ewigkeit zu handeln. Unter dem Oberbegriff der **Unendlichkeit** *(infinitas)* meinte man dann auch wohl beide zusammenzufassen und nach dem damit gegebenen gemeinsamen Schema erklären zu können: *Infinitatis enim duae quasi species statuuntur, aeternitas et immensitas. Aeternitas est talis Dei proprietas, per quam nullo tempore finiri nec principium nec finem exsistendi habere, sed citra omnem temporis successionem semper totus simul esse significatur. Immensitas est talis Dei proprietas, per quam nullo loco mensurari ac circumscribi, sed omnia et singula loca citra essentiae suae multiplicationem, extensionem, inclusionem ac divisionem penetrare ac replere significatur* (J. Gerhard, *Loci theol.* 1610 f. II, 171). Die Parallele von Allgegenwart und Ewigkeit scheint einleuchtend: sie schafft eine logisch-metaphysische Übersichtlichkeit, die seit der Rolle, die der Raum- und Zeitbegriff in der Erkenntnistheorie **Kants** gespielt hat, noch erfreulicher erscheinen konnte als vorher. Man versteht dann Raum und Zeit als die Schranken, innerhalb derer wir selbst da sind, innerhalb derer auch die Welt für uns da ist: als die Bedingungen, unter denen sich der Akt unsres Menschseins, unsres Wissens und Wollens als solcher (insofern zeitlich) und im Verhältnis zu einer Gegenständlichkeit (insofern räumlich) abspielt, den ewigen und allgegenwärtigen Gott aber als das durch diese Schranken und Bedingungen nicht gebundene, sie vielmehr setzende und umfassende höchste Existenz- und Weltprinzip.

Gegen diese so einleuchtende Konstruktion ist aber zunächst formal dies einzuwenden, daß es einer sachgemäßen Entwicklung der christlichen Gotteserkenntnis nicht wohl entsprechen könnte, wenn wir das Wesen Gottes, wie es bei dieser Parallelisierung von Allgegenwart und Ewigkeit offenbar geschieht, unter dem Gesichtspunkt der Probleme unserer geschöpflichen Existenz und Welt bezw. als deren Beantwortung und Lösung verstehen und darstellen wollten. Die christliche Gotteslehre hat sich die Fragen, auf die sie zu antworten hat, nicht von dem Gott begegnenden Menschen, sondern von dem dem Menschen begegnenden Gott stellen zu lassen. Tut sie das, dann kann es trotz aller allfälligen Parallelität des Raum- und Zeitproblems nicht so selbstverständlich erscheinen, nun auch die göttliche Allgegenwart und Ewigkeit dieser Parallelisierung zu unterwerfen. Gewiß sagen wir letztlich Eines und Dasselbe, wenn wir Gott allgegenwärtig und wenn wir ihn ewig nennen. Aber das gilt ja von allen Vollkommenheiten des göttlichen Wesens und von seiner Allgegenwart und Ewigkeit nicht etwa mehr als von andern. Im Gegenteil: Wir sehen uns gerade hier, wenn es uns wirklich um christliche Gotteserkenntnis zu tun ist, in bemerkenswerter Weise auf verschiedene Linien hingewiesen. Es ist die **Allgegenwart** Gottes, wie wir sahen, primär als eine Bestimmung der **Liebe** Gottes zu verstehen, sofern Gott nicht nur Einer, nicht nur der Einzige und Einfache, sondern als solcher sich selbst und dann auch Allem, was durch ihn außer ihm ist, gegenwärtig ist.

Das kann man so von seiner **Ewigkeit** nicht sagen. Kann man gewiß auch diesen Begriff nicht zu Ende denken, als indem man auch Gottes Ewigkeit als bestimmt durch seine Liebe, ja als mit ihr identisch versteht (in der Art wie wir die Einheit Gottes als die Einheit seiner Liebe zu Ende zu denken versuchen mußten, um sie wirklich als seine Einheit zu verstehen), so ist doch Ewigkeit zunächst an sich und als solche, als real besondere Vollkommenheit im Reichtum des Wesens Gottes, eine Bestimmung der göttlichen **Freiheit**. Sie bezeichnet wie Gottes Einheit, wie seine Beständigkeit zunächst die schlechthinige Souveränität und Majestät Gottes an sich und als solche, wie sie sich in dem Akte seines Gottseins nach innen und außen bewährt, wie sie in seiner Liebe als seiner, der ewigen Liebe wirksam ist. Gottes Liebe braucht und hat um ihrer Gottheit, um ihrer Freiheit willen nach innen und nach außen Ewigkeit: dem entspricht es dann, daß sie nach außen auch das braucht und schafft und also hat, was wir die Zeit nennen. Die Zeit ist diejenige Form der Schöpfung, kraft welcher diese zum Schauplatz der Taten der göttlichen Freiheit bestimmt geeignet wird. Gerade damit Gott auch nach außen der Ewige sei und als solcher handle, bedarf es als Bestimmung der Schöpfung der Zeit. Wäre auch die Schöpfung ewig statt zeitlich, so würde Gott gerade als der Ewige in der Schöpfung nicht ewig, d. h. nicht frei, nicht souverän, nicht majestätisch sein und handeln können; er würde dann an deren Ewigkeit wie an seine eigene gewissermaßen gebunden sein. Die Ewigkeit Gottes hängt also sowohl mit seiner Liebe wie mit der Zeit als einer Bestimmung der Schöpfung zusammen in der Freiheit, in der er nach innen und außen sich selber, Einer und Derselbe ist und bleiben will.

Das Alles kann man nun wieder von der göttlichen Allgegenwart so nicht sagen. Gewiß ist auch sie wie Gottes Allmacht und Herrlichkeit eine Eigenschaft der Freiheit Gottes, aber nun eben nicht der Freiheit Gottes als solcher, sondern der in seiner Liebe wirksamen — nach innen zuerst, dann auch nach außen wirksamen Freiheit Gottes. Indem diese sich als Liebe und in der Liebe bewährt und betätigt, braucht und hat sie Allgegenwart nach innen und nach außen: dem entspricht es dann wieder, daß sie nach außen das braucht und schafft und hat, was wir den Raum nennen. Der Raum ist diejenige Form der Schöpfung, kraft welcher diese als von Gott verschiedene Wirklichkeit Gegenstand seiner Liebe sein kann. Gerade damit Gott auch nach außen allgegenwärtig sei, wie er es in sich selber ist, bedarf es als Bestimmung der Schöpfung des Raumes. Wäre die Schöpfung ihrerseits sich selbst allgegenwärtig statt räumlich, so würde Gott gerade als der Allgegenwärtige in der Schöpfung nicht allgegenwärtig, er würde dort durch die eigene Allgegenwart der Schöpfung gewissermaßen verdrängt, sie könnte nicht Gegenstand seiner Liebe sein. So hängt die Allgegenwart Gottes sowohl mit seiner Freiheit wie mit dem Raume als einer Bestimmung der Schöpfung zusammen in seiner Liebe, in der er nach innen und nach außen nicht nur Einer und Derselbe, sondern auch der zuerst sich selber und dann auch einem Andern Begegnende, Zugewandte und Gegenwärtige ist, bleibt und immer wieder werden will. Es steht also mit dem nicht zu leugnenden Zusammenhang zwischen Gottes Allgegenwart und Ewigkeit unter sich und mit ihrem Zusammenhang mit dem Raum- und Zeitproblem so, daß wir, um beide zu verstehen, gerade nicht parallel denken können, wie wir es nach jenen Anweisungen der alten Dogmatik tun müßten, sondern zunächst in verschiedener Richtung zu denken haben, um dann und so das Eine zu denken, das natürlich auch in dieser Hinsicht den Gegenstand aller Betrachtung des göttlichen Wesens bildet. Es würde eine Gewaltsamkeit bedeuten, wenn wir wegen der anthropologischen Parallelität des Raum- und Zeitproblems — deren Prüfung wir gerne dem philosophischen Logiker, Metaphysiker oder Erkenntnistheoretiker überlassen dürfen, auf die wir uns aber hier jedenfalls nicht beziehen können — nun auch die Allgegenwart und Ewigkeit Gottes dem Schema jenes Parallelismus unterwerfen würden.

Zu dem Allem kommt nun aber noch ein sachliches Bedenken hinzu. Der Oberbegriff, unter dem die Allgegenwart und die Ewigkeit Gottes in der alten Dogmatik zusammengestellt wurden, war der der *infinitas*, definiert als *talis proprietas, quod Deus nec tempore nec loco nec ulla re alia finiri possit, sed sua natura et essentia actu simpliciter per se et absolute sit infinitus* (J. Gerhard, a. a. O. 162). Dieser Oberbegriff besagt also rein negativ — und offenkundig negativ im Verhältnis zum Menschen und überhaupt zu der von Gott unterschiedenen Wirklichkeit — die Nicht-Endlichkeit, die Nicht-Beschränktheit bzw. Nicht-Beschränkbarkeit und also die Zeitlosigkeit und Unräumlichkeit Gottes. Gott ist nach J. Wolleb (*Chr. Theol. Comp.* 1626 I *cap.* 1, 3) *omnis mensurae aut termini expers*. Dem entsprechend sagte man dann jedenfalls statt *omnipraesentia* oder *ubiquitas* — hinsichtlich der *aeternitas* war man durch den Sprachgebrauch der Bibel festgelegt — wieder rein negativ: *immensitas*. Was es auf sich hat, wenn man das Wesen Gottes vom Menschen statt von Gott her zu bestimmen unternimmt, das wird hier sichtbar: man wird dann gerade nicht das Wesen Gottes, sondern sehr gegen seine Absicht noch einmal und erst recht das Wesen des Menschen bestimmen. Denn was sollte jene Unendlichkeit an sich und als solche nun gerade mit dem Wesen Gottes zu tun haben? Der Begriff der Unendlichkeit ist der zum Vollzug der Vorstellungen der Zeit und des Raumes als zweier der Voraussetzungen der geschöpflichen Existenz als solcher unvermeidliche und auch mögliche Begriff der Grenze und des Ursprungs. Wir sind e n d l i c h und also n i c h t u n e n d l i c h, wohl aber unendlich b e g r e n z t und b e s t i m m t. Aber haben wir mit dieser Feststellung unserer Begrenztheit und Bestimmtheit irgendetwas über Gott gesagt? Haben wir damit nicht vielmehr, wenn auch negativ, nur noch einmal von uns selber geredet? Haben wir damit mehr als eine hinsichtlich Gottes noch gar nichts besagende Überhöhung oder Vertiefung des Begriffs gerade der von Gott verschiedenen Wirklichkeit vollzogen? Denn wenn das Endliche in der Tat begrenzt ist durch das Unendliche, so gilt doch notwendig auch das Umgekehrte. Ist jedes Endliche und jede Summe, die aus Endlichem sich zusammensetzt, in der Tat nur ein Tropfen im Ozean des Unendlichen, so wäre doch auch dieser Ozean in seiner ganzen Unendlichkeit nicht was er ist ohne jenen Tropfen des Endlichen, so kann doch auch der Ozean seiner Unendlichkeit nur in einer unendlichen Fülle solcher einzelnen Tropfen des Endlichen bestehen. Nicht in den Bereich eines andern, eines von dem des Endlichen verschiedenen Seins blicken wir hinüber, wenn wir dem Endlichen das Unendliche an die Seite und gegenüberstellen. Es ist nicht mehr als eine weitere Charakterisierung der von Gott verschiedenen Wirklichkeit als solcher, wenn S c h l e i e r m a c h e r, jenem überkommenen Oberbegriff entsprechend (Der chr. Glaube § 52—53) die göttliche Ewigkeit und Allgegenwart definierte als die mit allem Zeitlichen (bezw. Räumlichen) auch die Zeit (bezw. den Raum) selbst bedingende schlechthin zeitlose (bezw. raumlose) göttliche Ursächlichkeit, oder wenn B i e d e r m a n n (Dogmatik 1869 S. 627) sie bestimmt als «das reine unräumliche und unzeitliche Insichsein des absoluten Grundes der Welt». Aber auch die schönen Worte von J. W i c h e l h a u s (Lehre d. hl. Schrift 3 1892 S. 339) führen hier noch nicht entscheidend weiter: «Wo sich Gott offenbart, da entweichen Raum und Zeit, da entsinken die Grundfesten der Erde, und es macht sich ein ganz anderes Sein kund, nämlich ein ewiges Sein, das in sich ruht, in sich erfüllt ist und worin auch der Mensch... vollkommen ruht von allen seinen Werken, von allem Suchen und Begehren, etwas Anderes zu sein, werden und haben zu wollen, weil das Zeitliche und Sichtbare vergangen und ein Ewiges und in sich selbst Genugsames und Bleibendes gefunden ist.»

Ein solches Entweichen von Raum und Zeit, ein r a u m - u n d z e i t l o s e s S e i n als Grund des Räumlich-Zeitlichen gibt es nämlich auch i n n e r h a l b d e r S c h ö p f u n g. Eben in ihrer Begrenztheit sind ja Raum und Zeit die von Gott geschaffenen Bestimmungen der von ihm unterschiedenen Wirklichkeit. Und darum berühren, ergänzen und überschneiden sich in dieser Wirklichkeit zeitliches und zeitloses, räumliches und unräumliches Sein. Ist sie doch die Welt der Erde u n d des Himmels, der Natur u n d des Geistes, der Anschauung u n d des Begriffs, der Physik u n d der Mathematik. Es ist gesorgt dafür, daß wir innerhalb der Welt selber immer wieder auf die Unterscheidung, aber auch Beziehung eines Begrenzten und eines begrenzenden Unbegrenzten stoßen müssen. Wo anders vollzieht sich das ganze menschliche Leben als eben in dieser Unterscheidung und Beziehung und also in einem Miteinander, Gegeneinander und Ineinander von Zeit und Zeitlosigkeit, Raum und Unräumlichkeit? Aber mit dem Miteinander von Gott und Mensch sollte dieses

1. Gottes Einheit und Allgegenwart

Miteinander gerade nicht verwechselt, es sollte also Gott in jenem begrenzenden Unbegrenzten als solchem gerade nicht gesucht, und also gerade nicht als der Inbegriff der Zeit- und Raumlosigkeit bestimmt werden. Denn das sollte doch nicht zu übersehen sein, daß das Begrenzende und das Begrenzte, in deren Unterscheidung und Beziehung sich unser Leben abspielt, sich nie und nirgends in der Klarheit, Unzweideutigkeit und Unumkehrbarkeit gegenüberstehen, die uns ermächtigen würde, mit einer auch nur von ferne zureichenden Gewißheit zu behaupten, daß wir es hier mit Gott und hier mit der Welt zu tun haben. Ist etwa die natürliche Körperwelt als solche der Inbegriff endlicher und so der von Gott zu unterscheidenden Wirklichkeit? Nach Goethe hätten wir ja gerade in ihr das echte Unendliche und also Gott zu suchen, und wer will hier nun eigentlich vollmächtig das Gegenteil behaupten? Oder ist das Leben des Geistes als solches unendlich und als unendliches eins mit dem göttlichen Leben? Merkwürdig genug, daß gerade die geistigen Akte charakteristisch darin bestehen, im Unendlichen das Endliche zu sehen, dem Unendlichen endliche Gestalt zu geben! Immer begrenzt das uns als Grenze des Endlichen bekannte Unendliche dieses nicht mehr als es seinerseits durch jenes begrenzt wird. Immer kann man schwanken in dem Urteil, was hier Oben und Unten, Prius und Posterius, Urgrund und Schattenbild sein möchte. So sicher, wie die Idealisten es meinten, ist es ja nun gerade nicht, daß ausgerechnet das Raum- und Zeitlose als solches auch nur der «Grund der Welt» sein muß. Geschweige denn Gott, der als solcher ja wohl noch anderswo als bloß im Weltgrund zu suchen sein dürfte! Sieht man in der Raum- und Zeitlosigkeit des Weltgrundes das Wesen Gottes, dann bedeutet das nicht mehr und nicht weniger als dies, daß Gott selbst jetzt hineingezogen wird in die Dialektik jenes innerweltlichen Gegensatzes. Die Feuerbachsche Frage: ob Gott nicht eher im Menschen als der Mensch in Gott sein möchte, kann dann jeden Augenblick aufgeworfen und sie kann dann bestimmt nicht entscheidend beantwortet werden. Gäbe es nur jenen Gegensatz und Gott nur in ihm, dann wären wir darauf angewiesen, der Relativität der beiden Weltbereiche zum Trotz bald dem einen, bald dem andern die Würde und die Funktion der Gottheit zuzuschreiben, wie es denn außerhalb der Erkenntnis der Offenbarung und des Glaubens in der Tat immer wieder geschehen ist und geschehen muß.

Und nun ist ja vor Allem von Gott selbst her allen Ernstes zu fragen, ob denn etwa die der Endlichkeit entsprechende und entgegengesetzte Unendlichkeit, wie jene Definition es voraussetzt, zur Bezeichnung seines Wesens geeignet sein möchte? Ist denn Gott tatsächlich nur unendlich, *omnis mensurae aut termini expers* und also nur der Eigentümlichkeit jenes e i n e n Weltbereiches, nur der des raum- und zeitlosen Geistes in Vollkommenheit teilhaftig? Wir werden gewiß nicht leugnen, daß Gott auch dieses, daß er auch unendlich, d. h. daß er an die Grenzen des Raumes und der Zeit, ja überhaupt an die Formen des Raumes und der Zeit als an die Bestimmungen seiner Schöpfung nicht gebunden ist. Wir werden aber sofort hinzufügen müssen: Gott ist in seiner, der göttlichen Weise, unendlich und also gerade nicht so, wie das auch von dem geschöpflichen Geist zu sagen ist, sondern so, daß auch der Gegensatz zwischen Unendlichkeit und Endlichkeit, zwischen Raum- und Zeitlosigkeit einerseits und Räumlichkeit und Zeitlichkeit andererseits, — so, daß die Ausschließlichkeit dieses Gegensatzes für ihn keine Schranke, kein Gefängnis bilden kann, in welches er gerade durch jenes *omnis mensurae aut termini expers* eingeschlossen wäre. Wie käme Gott zu solchem Entbehren? Gerade die der Endlichkeit begriffsmäßig entgegengesetzte Unendlichkeit und insofern der isolierte Begriff der Unendlichkeit als solcher reicht zur Bezeichnung dessen, was Gott im Verhältnis zu Raum und Zeit ist, nicht zu. Gottes «Unendlichkeit» ist, wenn man denn von einer solchen reden will, gerade darin echte Unendlichkeit, daß es für sie keinen Widerspruch bedeuten könnte, zugleich und als solche auch

Endlichkeit zu sein. Denn es ist nicht abzusehen, wieso Gott nicht in seinem Wesen in derselben Vollkommenheit wie unendlich so auch endlich sein sollte. In Vollkommenheit — und das muß nun wieder bedeuten: so, daß auch seine Endlichkeit ihn nicht hindert, auch unendlich zu sein, so also, daß Endlichkeit als Grenze zwar eine Bestimmung seiner Schöpfung ist, eine Bindung, einen Mangel Gottes aber nicht in sich schließt, aber wiederum nicht so, daß sie nicht, indem er sie zur Bestimmung seiner Schöpfung macht, zuvor auch in ihm selbst, in seinem Wesen als Gott ihren Grund und ihre Wahrheit hätte. Nennen wir Gott unendlich, maß- und grenzenlos, raum- und zeitlos, so dürfen wir damit nicht ausschließen und leugnen oder auch nur in Frage stellen wollen, daß er es ja ist, der in seinem ganzen Tun Anfang und Ende, Maß und Grenze, Raum und Zeit s e t z t. Wie wäre er Gott, wie wäre er die in Freiheit lebendige Liebe, wie wäre er der Herr, der Schöpfer, Versöhner und Erlöser, wenn er das etwa nicht täte, wenn er nach jener Voraussetzung der alten Dogmatik die absolute Unendlichkeit wäre? Gott tut aber nichts, was er nicht in seiner Weise in sich selber h a t und i s t. Gott ist nicht in seinem Werk ein Gott der Ordnung und also des Maßes und der Grenze und also auch des Raumes und der Zeit, um in sich selber, in irgend einer göttlichen Verborgenheit — die doch immerhin die Verborgenheit seines eigentlichen Wesens wäre — jenes ἄπειρον zu sein, das er ja sein müßte, wenn jenes *omnis mensurae aut termini expers* als Bestimmung seines Wesens ernst zu nehmen wäre. Als dieses ἄπειρον benimmt sich, wenn auch in eitlem Hochmut und vergeblichem Aufruhr gegen die Endlichkeit jenes g e s c h ö p f l i c h e Unendliche, der geschaffene Geist in der dämonischen Eigenmächtigkeit, die ihm im Kosmos des sündigen Menschen eigentümlich ist. Eben mit diesem Hochmut und Aufruhr klingt aber Gottes Offenbarung in diesem Kosmos keineswegs harmonisch zusammen, wie es ja der Fall sein müßte, wenn jene etwa die Sache des eigentlichen verborgenen Wesens Gottes vertreten und verkündigen sollte. Sondern gerade diesem Hochmut und Aufruhr tritt Gottes Offenbarung in schärfstem, in ausschließlichem Gegensatz als einer Verkehrung und Zerstörung seiner Schöpfung entgegen. Wir haben also keinen Grund, ausgerechnet in diesem hochmütigen und aufrührerischen ἄπειρον das Wesen Gottes erkennen zu wollen. Wir haben nicht den geringsten Anlaß, sondern wir sind durch das, was wir aus seiner Offenbarung von Gott wissen können, geradezu gewarnt davor, unsere Erkenntnis Gottes in den Gegensatz der Begriffe Endlichkeit und Unendlichkeit einspannen zu lassen. Wir würden sonst denen recht geben, die sich in der Regel in dumpfer Furcht vor dem Unendlichen, das dann das Göttliche wäre, hinter die Mauern irgendeiner in sich beruhigten Endlichkeit, einer gottlosen Bürgerlichkeit, flüchten zu müssen meinen. Wir würden gleichzeitig aber auch denen recht geben, die im Namen des Unendlichen, das dann das Göttliche wäre, von Zeit zu Zeit der Störung und Zerstörung dieser beruhigten Endlichkeit dienen, dem Chaos mehr oder weniger, aber jedenfalls nicht weniger gottlos, die Schleusen öffnen zu müssen meinen. Reaktion und Revolution haben sich noch immer aus derselben Quelle genährt: in Furcht die eine, in Lust die andere, in Gottlosigkeit beide. Denn diese Quelle ist gerade nicht das wohlerkannte Wesen Gottes. Und eben darum eignet sich der Begriff der Unendlichkeit als solcher nicht zur Bezeichnung des Wesens Gottes, nicht zum Oberbegriff für Gottes Allgegenwart und Ewigkeit. Und daß die alte Dogmatik die Unvorsichtigkeit hatte, Allgegenwart und Ewigkeit Gottes als Species seiner Unendlichkeit verstehen zu wollen, das kann uns darum kein vorbildlicher Vorgang sein. Gott ist freilich u n e n d l i c h, d. h. ohne einen Grund, der nicht er selber, ohne ein Ziel, das nicht wieder er selber und ohne ein Maß und Gesetz, das nicht noch einmal er selber wäre. Er ist aber darin auch e n d l i c h — ohne seine Unendlichkeit aufzuheben, sondern eben in seiner Unendlichkeit — daß er als die Liebe sich selber Grund, Ziel, Maß und Gesetz ist. So aber (und gerade nicht in jener abstrakten Unendlichkeit) ist Gott ewig und allgegenwärtig.

Die Allgegenwart Gottes ist allgemein gesagt die Vollkommenheit, in welcher er gegenwärtig ist, in welcher er, der Eine, der von allem Anderen Verschiedene und allem Anderen Überlegene einen Ort, nämlich seinen eigenen, von allen anderen Örtern verschiedenen, aber auch allen anderen Örtern überlegenen Ort hat. Gott ist ja so der Eine, daß er gegenwärtig ist. Er ist sich selbst gegenwärtig in der Dreieinigkeit seines einen Wesens. Und er ist allem Anderen gegenwärtig als der Herr alles Anderen. Gegenwart heißt dort wie hier, heißt nach innen und nach außen nicht Identität, sondern Zusammensein in einer Distanz. Es geht dort, nach innen um das Zusammensein des Vaters, des Sohnes und des Heiligen Geistes in der Distanz, die durch ihre in dem einen Wesen Gottes bestehende Unterschiedenheit gesetzt ist. Und es geht hier, nach außen, um das Zusammensein in der Distanz des Schöpfers vom Geschöpf. In dieser Weise, als der sich selbst und allem Anderen Gegenwärtige ist Gott der Eine. Gegenwart schließt als Zusammensein (im Unterschied von Identität) die Distanz in sich. Wo aber Distanz ist, da ist notwendig ein Ort und ein anderer Ort. Insofern bedeutet die Gegenwart Gottes notwendig, daß er einen Ort, nämlich seinen eigenen Ort, oder sagen wir ruhig: seinen Raum hat. Die aus einer fälschlich vorausgesetzten abstrakten Unendlichkeit abgeleitete absolute Raumlosigkeit Gottes ist eine mehr als gefährliche Vorstellung. Hätte Gott keinen Raum, dann könnte er wohl als das in sich selbst und in Allem Eine verstanden werden, nicht aber als der Eine, der der Dreieinige ist und nicht als der, der als solcher der Herr alles Anderen ist, nicht in seinem Zusammensein mit sich selbst und allem Anderen, sondern nur in seiner Identität mit sich selbst und in Identität dann auch mit allem Anderen. Ist er dann noch als Gott verstanden? Der christliche Gottesbegriff jedenfalls wird gesprengt und aufgelöst, wenn Gott absolute Raumlosigkeit zugeschrieben wird. Raumlosigkeit heißt Distanzlosigkeit. Und Distanzlosigkeit heißt Identität. Die Allgegenwart Gottes im christlichen Sinn des Begriffs bedeutet im Gegensatz dazu gerade das, daß Gott als der Eine einen Raum, seinen eigenen Raum hat und gerade kraft dieser seiner Räumlichkeit der Dreieinige und der Herr alles Anderen und so der Eine in Allem und über Allem sein kann.

Das sagen gerade die ausdrücklichsten unter den hieher gehörigen Bibelstellen. Sie leugnen gerade nicht, daß Gott Raum hat, sondern sie beschreiben seinen Raum in seiner Verschiedenheit, aber auch in seiner Überlegenheit gegenüber allen anderen Räumen. So das Gebet des Salomo 1. Kön. 8, 27—30: «Sollte Gott denn wirklich auf Erden wohnen?» Diese Frage bestreitet nicht, daß Gott tatsächlich auf Erden wohnt; in der Fortsetzung wird das ja ausdrücklich gesagt werden; sie weist aber offenbar darauf hin, daß Gott dies in seiner Weise — nicht in der Weise wie irgend jemand sonst auf Erden wohnt — tut. «Siehe, der Himmel und aller Himmel Himmel mögen dich nicht fassen». Also der Himmel und jeder überhimmlische Ort kann als solcher d e r Ort Gottes allerdings nicht sein. Aber wieder ist damit nicht bestritten, daß Gott auch in Himmel, ja gerade im Himmel wohnt; auch das wird ja in der Fortsetzung ausdrücklich gesagt werden. «Wieviel weniger (mag) dieses Haus (dich fassen), das ich gebaut habe!» Also der irdische Ort auch des salomonischen Tempels kann als solcher nicht d e r Ort Gottes sein. Aber wiederum wird Salomo nachher darum beten, daß Gott in diesem Tempel seinen irdischen Ort haben möge: vom Himmel her, wie es ihm als Gott zukommt, aber nun doch auch seinen irdischen Ort haben möge! So lautet ja die Fortsetzung: «Doch wende dich zu dem Gebet und Flehen deines Knechtes, o Herr, mein Gott, daß du hörest auf das laute Flehen, mit dem dein Knecht dir heute naht: daß deine Augen offen stehen über diesem Hause Nacht und Tag, über der Stätte, von der du verheißen hast: Mein Name soll daselbst wohnen!, daß du erhörest das Gebet, mit dem dir dein Knecht an dieser Stätte naht! Du wolltest erhören das Flehen deines Knechtes und deines Volkes Israel, mit dem sie dir an dieser Stätte nahen! Ja, du wollest es hören an der Stätte, da du thronst im Himmel, und wenn du es hörst, so wollest du vergeben!» Man sieht: eine sehr eindringliche Betonung der Besonderheit, in der Gott Raum hat jenseits aller anderen Räume, aber doch offenbar keine Leugnung, sondern gerade die Behauptung, d a ß er tatsächlich Raum, diesen seinen b e s o n d e r e n Raum und eben diesen nun doch auch in a n d e r e n Räumen, im Himmel und auf Erden hat. Die Voraussetzung ist doch wohl dieselbe Hiob 11, 7—9: «Kannst du die Tiefen Gottes ergründen oder die Vollkommenheit des Allmächtigen fassen? Der höher als der Himmel — was willst du machen? tiefer als die Unterwelt — was willst du verstehen? weiter als die Erde im Maß und breiter noch als das Meer!» Gewiß von Gottes, von aller sonstigen v e r s c h i e d e n e n Tiefe und Höhe, Weite und Breite ist hier die Rede und so auch Eph. 3, 18, wo gerade die Erkenntnis dieser Dimensionen nun freilich nicht in Frage gestellt, sondern als Gegenstand des apostolischen Gebetes für die Gemeinde positiv namhaft gemacht wird. Aber von r e a l e n Dimensionen Gottes ist nichts destoweniger, vielmehr gerade so hier wie dort ausdrücklich und ernsthaft die Rede. So steht es aber auch in der besonders eindringlichen Stelle Ps. 139, 5—10: «Du hältst mich hinten und vorn umschlossen, hast deine Hand auf mich gelegt. Zu wunderbar ist es für mich und unbegreiflich, zu hoch, als daß ich es faßte. Wohin soll ich gehen vor deinem Geiste? Wohin soll ich fliehen vor deinem Angesicht? Stiege ich hinauf in den Himmel, so bist du dort; schlüge ich mein Lager in der Unterwelt auf — auch da bist du. Nähme ich Flügel der Morgenröte und ließe mich nieder zu äußerst am Meer, so würde auch dort deine Hand mich greifen und deine Rechte mich fassen!» Wie kann man auch in dieser Stelle übersehen, daß Gott gewiß in s e i n e r Weise, unvergleichlich allem Anderen, aber nicht weniger real, sondern realer als alles Andere, seinen R a u m hat? Ich wüßte nicht, welche andere biblische Stelle aus dieser Linie etwa herausfallen sollte: «Bin ich nur ein Gott aus der Nähe und nicht ein Gott aus der Ferne? Kann sich Einer so heimlich verbergen, daß ich ihn nicht sähe? Erfülle ich nicht den Himmel und die Erde? spricht der Herr» (Jer. 23, 23 f.). «Er ist nicht ferne von uns. Denn in ihm leben und weben und sind wir» (Act. 17, 27 f.). «Die Gerechtigkeit, die aus dem Glauben kommt, sagt so: Sprich nicht in deinem Herzen: ‚Wer wird in den Himmel hinaufsteigen' (nämlich um Christus herabzuholen)? Oder: ‚Wer wird in die Unterwelt hinabsteigen' (nämlich um Christus von den Toten heraufzuholen)?, sondern was sagt sie? ‚Nahe ist dir das Wort, in deinem Munde und in deinem Herzen', nämlich das Wort vom Glauben, das wir predigen» (Röm. 10, 6—8). Was sich in allen diesen Stellen vollzieht, das ist die Relativierung alles geschöpflichen Raumes gegenüber der Gegenwart Gottes, aber darum nicht die Leugnung, sondern gerade die Verabsolutierung des in der göttlichen Gegenwart begründeten göttlichen Raumes und seiner besonderen Bedingungen.

Wir versuchen zunächst eine allgemeine Bestimmung: Die Räumlichkeit Gottes unterscheidet sich dadurch von der Räumlichkeit aller anderen Wesen, daß sie seine, des göttlichen Wesens Räumlichkeit, ja daß sie wie alle göttlichen Vollkommenheiten mit diesem seinem Wesen identisch ist. Gott ist räumlich, indem er der in der Freiheit Liebende, also indem er er selber ist, nie und nirgends anders, nie und nirgends so, daß seine Räumlichkeit eine Einschränkung und Minderung, immer und überall so, daß sie eine Betätigung und Bewährung seiner Gottheit bedeutet. Gott hat seinen Raum und ist in sich selbst als in einem Raume, und er schafft Raum, um kraft seiner eigenen Räumlichkeit auch in diesem geschaffenen Raume er selbst zu sein, ohne daß dies ihn begrenzen würde, ohne daß es für ihn deshalb ein Außerhalb, ein Anderswo, ohne daß es für ihn einen Raum gäbe, der nicht kraft seiner eigenen Räumlichkeit auch sein Raum, der Raum seiner göttlichen Gegenwart, wäre. Oder positiv ausgedrückt: Gott hat als der schlechthin gegenwärtige Eine und in der ihm damit eigenen Räumlichkeit Raum in sich selbst und Raum in allen anderen Räumen. Er ist in seinem Wesen und also selbstverständlich auch in seiner Erkenntnis und in seiner Macht nirgends nicht und nirgends weniger als anderswo, sondern, wenn auch kraft der Freiheit seiner Liebe immer wieder anders und besonders, so doch überall ganz und ungeteilt, der Eine, der er ist und bleibt. Dies ist das Allgemeine seiner Allgegenwart.

Deus totus ipse intra et extra se omnia continet ut neque infinitus absit a cunctis, neque cuncta ei qui infinitus est, non insint (Hilarius, *De trin.* I, 6). Die alte Dogmatik pflegte an dieser Stelle einen aus dem Mittelalter überlieferten Hexameter zu zitieren, der jenes Allgemeine zusammenfaßt:

Enter, praesenter Deus, hic et ubique potenter.

Folgendes sind die Erläuterungen Augustins (*Ep.* 187 *De praesentia Dei*): *Quanquam et in eo ipso quod dicitur Deus ubique diffusus, carnali resistendum est cogitationi et mens a corporis sensibus avocanda, ne quasi spatiosa magnitudine opinemur Deum per cuncta diffundi, sicut humus, aut humor, aut aer, aut lux ista diffunditur (omnis enim huiuscemodi magnitudo minor est in sui parte quam in toto); sed ita potius sicuti est magna sapientia etiam in homine cuius corpus est parvum* (11) ... *Sic est Deus per cuncta diffusus, ut non sit qualitas mundi, sed substantia creatrix mundi, sine labore regens et sine onere continens mundum. Non tamen per spatia locorum, quasi mole diffusa, ita ut in dimidio mundi corpore sit dimidius et in alio dimidio dimidius, atque ita per totum totus; sed in solo coelo totus, et in sola terra totus et in coelo et in terra totus et nullo contentus loco, sed in seipso ubique totus* (14) ... *Ideo enim ubique esse dicitur, quia nulli parti rerum absens est; ideo totus, quia non parti rerum partem suam praesentem praebet et alteri parti alteram partem, aequales aequalibus, minori vero minorem, maiorique maiorem; sed non solum universitati creaturae, verum etiam cuilibet parti eius totus pariter adest* (17) ... *In seipso autem, quia non continetur ab eis quibus est praesens, tanquam sine eis esse non possit.* Denn: *Deus non, si minus capitur ab illo cui praesens est, ideo ipse minor est* (18). Und dies ist die Zusammenfassung des Polanus: *Deus est ubique tota sua individuaque essentia, sed ita, ut essentia divina non sit multiplicata, alibi alia existens; nec sit ubique per magnitudinem molis, nec per rarefactionem et extensionem aut divisionem, hoc est extensa aut divisa, alibi alia sui parte exsistens, nec in dimidio mundi dimidia: sed ut tota et una sit in seipsa tota et una in omnibus et singulis locis et rebus, atque adeo ut sit tota intra omnia et tota extra omnia, nusquam inclusa aut exclusa, omnia continens a nullo contenta — nec propterea immista est rebus aut a rerum sordibus inquinata. Deus est ubique essentia sua, non ut accidens in subiecto, sed ut principium et causa universalis efficiens et conservans adest rei quam efficit. (Synt. Theol. chr.* 1609 *col.* 937). An dem Paradoxon des «*philosophus*» Hermes Trismegistus pflegte sich die alte Dogmatik an dieser Stelle gerne zu erbauen: *Deum esse sphaeram intellectualem, cuius centrum est ubique,* περιφέρεια *vero nusquam.*

Aber solche allgemeinen Bestimmungen sind notwendig formal und also nicht ganz der Zweideutigkeit entrückt. Es könnte ja mit dem Allem doch auch immer noch das selbst raumlose Prinzip des Raumes und also eine geschöpfliche Wirklichkeit beschrieben sein. Gott aber ist wohl als der Schöpfer aller Dinge das Prinzip auch des Raumes. Er ist aber gerade nicht sein selbst raumloses Prinzip; sondern er ist Prinzip des Raumes, in dem er selbst in der ihm eigenen Weise räumlich ist. Das wird sichtbar, wenn wir uns jetzt einigen besonderen Bestimmungen seiner Allgegenwart zuwenden.

Gleich die einfachste Besinnung auf das Wesen des in seiner Offenbarung erkennbaren Gottes muß uns ja zu der Feststellung veranlassen: So steht es nicht etwa, daß man hinsichtlich des Verhältnisses Gottes zum Raume mit dem *ubique* und mit dem *nusquam* spielen könnte wie mit zwei Bällen, daß man ebensogut wie «Gott ist überall» auch dies sagen könnte: «Gott ist nirgends». Alles, was uns über das Sein und Tun Gottes in der Schrift in dieser Hinsicht bezeugt wird, besagt zwar, daß das Verhältnis Gottes zum Raume ein schlechterdings freies und überlegenes, es besagt aber gerade nicht, daß es ein negatives Verhältnis, daß Gott also raumlos ist. Gott ist zwar nirgends nicht, er ist aber nicht nirgends, sondern er ist in der noch näher zu bestimmenden Weise immer irgendwo: von dorther den Menschen suchend, dort vom Menschen zu suchen, dort in seiner Ferne, von dorther sich selbst nähernd, hier gegenwärtig gerade als der dort Seiende. Man streiche dieses »irgendwo», man mache ein «nirgends» daraus: wo bleibt dann der lebendige, der liebende Gott? Und was ist das dann für eine Freiheit Gottes, die darin besteht, daß er nirgends ist? Ist er, wie die alte Theologie mit Recht sagte, nicht so, nicht unter den einschränkenden Bedingungen dort und hier und überall, wie man das auch von der Luft oder von dem Licht sagen kann, ist er es vielmehr vollkommen, ungeteilt und durch sich selber, so folgt daraus doch keineswegs, daß er es nicht wirklich oder daß dieses «wirklich» durch ein «nicht wirklich» zu interpretieren wäre.

Er ist es in seiner, in der göttlichen Weise, aber er ist es. Er hat und er ist selbst Raum. Und nichts berechtigt uns, diesen Satz etwa auf Gottes Sein in und mit der Schöpfung zu beschränken, Gottes Räumlichkeit also nur auf den geschaffenen Raum zu beziehen, Gott selber und in sich nun etwa doch wieder als raumlos denken und bezeichnen zu wollen. Diese Unterscheidung müßte ja hier wie überall bedeuten, daß Gott uns in seinem Sein in und mit der Schöpfung und konkret: in seiner Offenbarung über sein wahres Wesen täuschen, daß er sich als der lebendige und liebende Gott zwar uns gegenüber ausgeben und benehmen würde, in sich selbst aber etwas ganz Anderes, nämlich als der Raumlose ein Lebloser und Liebloser wäre. Ist Gott auch in und mit seiner Schöpfung derselbe, der er in sich selbst ist, und offenbart er uns in seiner Offenbarung nicht weniger und nichts Anderes als sich selber, dann gehört es zu ihm selber, daß er dort **und** hier **und** überall, daß er also immer **irgendwo** und nicht nirgends, daß er in seinem göttlichen Wesen **räumlich** ist.

Man kann und muß jenes Spiel mit dem *ubique* und *nusquam*, dem sich schon die Kirchenväter manchmal hingegeben haben, wo es uns auch begegnen mag, als ein sicheres Indizium dafür ansehen, daß die so Spielenden im Begriff stehen oder sich schon dafür entschieden haben, sich statt dem Gott, der sich uns selbst gegeben und offenbart hat als der, der er ist, dem leblosen und lieblosen Gott eigener menschlicher Erfindung zuzuwenden, der das letzte Geheimnis alles Heidentums ist. Man wird dann also Anlaß haben, alle ihre weiteren Äußerungen mit einem gewissen Mißtrauen oder jedenfalls nur mit großer Vorsicht zu begleiten. Man kann sich nämlich nicht gleichzeitig jenen **beiden** Göttern zuwenden. Man hat den lebendigen, liebenden Gott immer schon verlassen, wenn man ihn gewissermaßen als die Interpretation jenes leblosen und lieblosen Gottes, oder wenn man umgekehrt diesen als die Interpretation jenes verstehen will. Zwischen dem *ubique* und dem *nusquam* muß gewählt werden. Allgegenwart heißt nun einmal nicht Allabwesenheit Gottes. Nur wenn man gar nicht von Gott, sondern von dem raumlosen Prinzip alles Raumes redet, braucht man hier nicht zu wählen, kann man jenes Spiel spielen, kann man das *ubique* durch das *nusquam* und das *nusquam* durch das *ubique* erklären wollen. Daß dieses Spiel und diese Erklärung ein Charakteristikum aller mystischen Gotteslehre ist, das ist es, was sie auch in der Gestalt einer sogenannten christlichen **Mystik** der wirklichen christlichen Gotteserkenntnis gegenüber als Angriffs- oder Fluchtbewegung kennzeichnet, was sie jedenfalls zu dieser in Gegensatz bringt.

Wieder in Besinnung auf das Wesen des in seiner Offenbarung erkennbaren Gottes sind wir nun aber zu einer zweiten Feststellung genötigt: Die Vollkommenheit, in der Gott allgegenwärtig und also nicht nirgends, sondern irgendwo ist, bedeutet wohl dies, daß er ungeteilt und ganz als der Eine, der er ist und in der ganzen Fülle seines Wesens überall ist. Sie bedeutet aber nicht — wie wäre sie sonst die Vollkommenheit seiner Freiheit und seiner Liebe? — daß Gott auch nur im geringsten daran gehindert wäre, überall **besonders** und also — ohne seine Identität mit sich selbst, ohne seine Einfachheit in Frage zu stellen — überall wieder **anders**, d. h. als Einzelner im Einzelnen **einzeln**, in der ihm durch sich selbst zustehenden und bestimmten Einzelheit gegenwärtig zu sein. Darin triumphiert vielmehr die Vollkommenheit der Räumlichkeit Gottes (darin triumphiert auch seine Identität mit sich selber, seine Einfachheit!), daß er frei ist in seiner Einheit und Ganzheit nach seinem Wohlgefallen je so und anders gegenwärtig zu sein, daß er in seiner Liebe tatsächlich je so und anders gegenwärtig ist: immer sich selbst gleich, aber, entsprechend dem Verhältnis zwischen seiner Einheit und Dreieinigkeit, entsprechend auch dem Verhältnis zwischen seiner Einheit und dem Reichtum seines Wesens, auch immer je so und anders. So also, daß Gott wohl überall, aber darum nicht minder hier und dort, so hier und anders dort, in Beziehung zwischen seinem Hier und Dort, in Bewegung von seinem Dort nach seinem Hier und umgekehrt, in größerer oder geringerer Ferne und Nähe zwischen dort und hier Gott sein, gegenwärtig sein kann und tatsächlich ist in Betätigung seiner Freiheit, im Vollzug seines Lebensaktes, in der Wirklichkeit seiner Liebe. In einer gleichsam unbeweglichen, ein göttliches Hier und Dort, seine Beziehungen und Distanzen ausschließenden Allgegenwart müßte er ja doch wieder leblos und lieblos und damit dann im Grunde doch wieder unfrei sein. Die Unterschiedenheit der Personen in der Einheit seines Wesens, die Mannigfaltigkeit des Reichtums dieses seines einen Wesens und erst recht Gottes Reden und Handeln als Subjekt und Herr seiner eigenen Geschichte mit der Schöpfung müßte und würde sich dann doch wieder als unmöglich, als eine in irgend einer Höhe oder Tiefe aufzulösende bloße Illusion erweisen. Das Spiel mit *ubique* und *nusquam* könnte und müßte dann doch wieder anheben. Denn in seiner Räumlichkeit selbst wäre Gott dann leblos und lieblos, gewissermaßen der Gefangene seiner eigenen Gottheit, durch seine Vollkommenheit daran verhindert, der zu sein, der er nach seiner Offenbarung ist. «Überall» könnte und müßte dann in der Tat doch wieder als gleichbedeutend mit «nirgends» verstanden werden. Wieder müßten wir dann seiner Offenbarung mißtrauen, wieder müßten wir annehmen, daß er in sich selbst ein ganz Anderer sei als in seiner Offenbarung und überhaupt in seiner Schöpfung. Eine üble göttliche «Vollkommenheit», die das bedeuten und diese Folgerung nach sich ziehen würde! Nein, in Gottes wahrer Allgegenwart ist nach dem Zeugnis der Schrift eben dies eingeschlossen, daß er, ohne sich selbst einzuschränken, zu schwächen und zu mindern, sich selbst und allem Anderen in real unterschiedener Weise gegenwärtig sein kann und tatsächlich gegenwärtig ist. Man verstehe wohl: Nicht auf einer Anpassung an die Natur der Schöpfung beruht diese Unterschiedenheit des göttlichen Gegenwärtigseins. Daß sie ihr tatsächlich angepaßt ist, das ist wohl wahr, aber das ist eine Sache für sich. Sie ist ihr eben darum angepaßt, weil sie im Wesen ihres Schöpfers real begründet ist, weil vor aller Verschiedenheit in der Schöpfung Gott selbst wie der Eine so auch in sich unterschieden ist, weil es keine Besonderheit, kein Anderssein in der Schöpfung gibt ohne seinen Willen und also ohne sein Wesen und also ohne ihn selbst, weil Alles — aber wirklich Alles auch in seiner Verschiedenheit zuvor wohlbedacht in ihm selber ist, weil er Allem gegenwärtig ist, nicht in einförmiger, sondern in unterschiedener, in einer differenzierten Gegenwart.

Wir versuchen es, einige der wichtigsten **Andersheiten** oder **Differenzierungen der göttlichen Allgegenwart**, in denen erst sie als göttliche Vollkommenheit sichtbar wird, als solche zu bezeichnen. Und wir werden hier anfangen müssen mit der Feststellung: daß sie nicht seine, die göttliche Allgegenwart wäre, wenn sie nicht auch zuerst und vor allem **die** Gegenwart in sich schlösse, in der Gott sich selbst und zwar **ausschließlich sich selbst** gegenwärtig ist, **den Raum also, der ausschließlich sein eigener Raum ist.** Schlösse sie diesen Raum nicht in sich, ginge sie auf darin, seine Gegenwart in und bei allerlei Anderem zu sein, gäbe es keinen Raum, der nur Gottes und keines Anderen Raum ist, dann wäre Gott selbst ja doch wieder raumlos und damit leblos und lieblos. Es ist aber vielmehr so, daß Gott darum dem Anderen gegenwärtig sein, darum dem Anderen Raum schaffen und geben kann, weil er selbst Raum hat auch ohne das Andere. Es ist der Raum, den alles Andere hat, der ihm aus der Fülle Gottes gegebene Raum. Es ist also so, daß Gott zuerst Raum hat für sich selbst und dann und so, weil er Gott ist und Schöpfer werden kann, für alles Andere. Wie er eben darum das Leben und die Liebe nach außen ist, weil er es zuerst in ursprünglicher Kraft und Fülle nach innen, in sich selber ist!

Es bezeichnet den Inbegriff der Heiligkeit und Herrlichkeit Gottes, es bezeichnet aber gerade auch diese **Grundform** seiner **Allgegenwart**: den Raum, der Gottes alleiniger Raum ist, wenn der Prophet, Jes. 6, 1 (ähnlich übrigens der Prophet Micha Ben Jimla 1. Kön. 22, 19) den Herrn auf einem hohen und erhabenen **Throne** sitzen sieht. Dieser Thron befindet sich, von Gott selbst errichtet, im Himmel (Ps. 103, 19). Er steht von Anbeginn fest (Ps. 93, 2). Er ist die Stätte, von der her Gott auf Alle blickt, die auf Erden wohnen (Ps. 33, 14); von ihm her sehen «seine Augen herab auf die Erde, seine Wimpern prüfen die Menschenkinder» (Ps. 11, 4). Dieser Thron befindet sich also offenbar im selben Raume wie die Erde. Aber er ist innerhalb dieses Raumes erhöht über den irdischen Raum. Und er ist ganz allein Gottes Raum. Wer oder was sollte neben Gott Raum haben auf diesem Throne? Der auf diesem Throne sitzt und wohnt, ist als solcher Gott selber und kein Anderer. Man beachte: auf alle Fälle **so**, als der Inhaber dieses **Thrones**, ist oder wohnt Gott nach der durch das Unservater (Matth. 6, 9) gewissermaßen kanonisch gewordenen allgemeinen biblischen Aussage «**im Himmel**». Der Himmel gehört nach der Schrift wie die Erde zu Gottes Schöpfung, die einmal vergehen, sich wandeln und neu werden wird. «Himmel» bezeichnet schlicht die obere, die unsichtbare, wir würden sagen: die geistige — und insofern die höhere Seite der von Gott geschaffenen Wirklichkeit. Heißt es nun von Gott, daß er «im Himmel» wohnt, so ist damit natürlich nicht geleugnet, daß er der Schöpfer und Herr auch des Himmels und aller himmlischen Wesen und Heerscharen ist. Die Schrift redet zwar von «Himmeln» und also (2. Kor. 12, 2!) vom Himmel in einem mehrfachen Sinn, und es ist bekannt, wie schon die jüdische und später die scholastische Spekulation ihn — nicht ohne Anleihen bei Plato und den Platonikern — in dieser Vielfachheit und wie sie die Hierarchie auch der himmlischen Einwohner, Kräfte und Ordnungen zu verstehen und zu beschreiben versucht hat. Es ist aber — das kann Gottes Sein «in den Himmeln» auf keinen Fall bedeuten! — auch der höchste unter diesen wirklichen oder möglichen Himmeln und auch die höchste von allen himmlischen Kräften mit Gott keineswegs identisch. Jenes Wort 1. Kön. 8, 27 greift hier ein: «Siehe, der Himmel und aller Himmel Himmel mögen dich nicht fassen». Daran ändern auch die Stellen nichts, in welchen Gottes Thron als der Himmel selbst, bezw. der Himmel als dieser Thron bezeichnet wird: Jes. 66, 1; Matth. 5, 34; Act. 7, 49. Wenn es nach diesen Stellen in gewissem Widerspruch zu jenen anderen so aussieht, als ob auch Gottes Thron zu Gottes Schöpfung gehöre und also von Gott selbst zu unterscheiden sei, so bleibt es doch dabei, daß Gott zwar den Himmel mit den Engeln, mit den himmlischen Heerscharen, seinen Thron aber mit keinem Anderen teilt. Wir haben dann diese Stellen wohl so zu verstehen, daß der Himmel in seiner ganzen herrlichen Vielfachheit und mit allen seinen Bewohnern dem, der auch sein Herr und Schöpfer ist, eben indem auch er unter ihm ist, zum Throne dient. Gewiß, Gott ist auch «im Himmel» oder «in den Himmeln» in dem Sinn, wie er auch auf Erden ist, d. h. er ist als Herr und Schöpfer der ganzen Welt auch der himmlischen Wirklichkeit ganz und gar gegenwärtig; er ist auch inmitten der himmlischen Heerscharen, er ist in dem untersten jener Himmel nicht weniger als er in dem höchsten ist. Es ist aber, sofern wir jenes Sein Gottes «im Himmel» streng, d. h. als Bezeichnung der eigentlichen und eigentümlichen «Wohnung» Gottes zu verstehen haben, das «im Himmel» bestimmt als «über dem Himmel» zu verstehen. Weil der Himmel die höhere Seite der von Gott geschaffenen Wirklichkeit ist, weil Gott auf alle Fälle der Höchste und also droben zu suchen ist, weil dieses »droben» für uns als Gottes Geschöpf jedenfalls jetzt und hier durch den Himmel gewissermaßen bezeichnet und vertreten wird, darum und insofern kann und muß sein solenner Name jetzt und hier für uns der des «Vaters im Himmel» sein. Man beachte, wie Kol. 3, 1—2, wo von dem «Suchen, was droben ist» geredet wird, dieses «droben» nun gerade nicht mit dem Himmel als solchem identifiziert, sondern mit den Worten «wo Christus ist, sitzend zur Rechten Gottes» beschrieben und so vom Himmel doch auch unterschieden wird. Dieses «droben» bildet den eigentlich gemeinten, den spezifischen Gegensatz zu dem «was auf Erden ist». Dorthin — es handelt sich auch hier um ein «dort», aber eben um dieses «dort» — haben wir zu sehen und zu denken, wenn wir an den «Vater im Himmel» denken. Wir haben an den Thron zu denken, den Gott im Himmel einnimmt und den einnehmend er über den Himmel ebenso wie über die Erde erhaben ist. Der Raum dieses Thrones ist aber, obwohl und indem auch er ein Raum ist, der Raum, der Gott selbst ganz allein gehört. So ist Gott dort und nur dort gegenwärtig. Um es dann — eben weil und indem er es dort so ist, — anderswo auch anders zu sein. Der seinen eigenen (ihm ausschließlich eigenen) Raum hat, der kann der Schöpfer und Herr auch noch anderer Räume und der kann in der Kraft jener seiner eigenen Räumlichkeit auch noch in diesen anderen Räumen gegenwärtig sein, so daß diese mit jenem zusammen — so scheint es die Meinung der Schrift zu sein — tatsächlich insofern einen einzigen Raum bilden, als er, Gott, zugleich sich selbst und in ihnen allen gegenwärtig ist, insofern als Gott selbst nicht nur sich selbst, sondern in ihnen allen dem, was in ihnen allen ist — immer wieder anders Raum gibt, ja selber Raum ist. Wie sollten wir es verstehen, daß wir, die Geschöpfe, nach Act. 17, 28 «in ihm» leben, weben und sind, wenn dem nicht so wäre? Was sollte die dem Bilde entsprechende Wahrheit sein, wenn Alles das, was in der Schrift über unser Sein und Leben «in Gott», «in Christus», «im Geiste» gesagt ist, wirklich nur bildlich zu verstehen, wenn Gott nicht wirklich und eigentlich und ursprünglich räumlich wäre, und zwar so, daß er es zunächst und an sich nur in und für sich selber, dann aber und eben in der Kraft dessen auch für Andere ist, die durch ihn Raum bekommen, ja so oder so in ihm ihren eigenen Raum finden könnten? Wenn es keine beiläufige und entbehrliche, wenn es die für die Wirklichkeit der Schöpfung, Versöhnung und Erlösung und also für die Vertrauenswürdigkeit des göttlichen Wortes entscheidende Wahrheit ist, daß wir von Gott Raum bekommen und in ihm Raum finden dürfen, dann kann man der Erkenntnis nicht ausweichen, daß Gott selbst räumlich ist, dann ist auch das biblische Bild vom Throne Gottes, zu dessen Rechten sein Sohn sitzt und als Träger unserer Menschheit unser Vertreter ist, jedenfalls insofern kein Bild, als er den wirklichen Ort Gottes und als solchen den allen anderen Orten überlegenen, sie begründenden und beherrschenden Ort, den Ort aller Orte und insofern nichts weniger als ein Nirgends, nichts weniger als ein Wolkenkukuksheim, sondern tatsächlich das Prinzip des Raumes, den e i g e n t l i c h e n r e a l e n R a u m überhaupt bezeichnet. Nicht jenes raumlose Raumprinzip unserer geschöpflichen Anschauung, sondern das echte und also selbst räumliche Raumprinzip der göttlichen Urwirklichkeit! Will man aber konkreter nach dieser Grundform der göttlichen Allgegenwart und also nach dem T h r o n e Gottes als solchem fragen, so wüßte ich nicht, auf was Anderes dann zu verweisen wäre als eben auf die D r e i e i n i g k e i t des einen Wesens Gottes als solche. In ihr ist ja darüber entschieden, daß Gott wohl der Eine, wohl allein Gott, aber darum nicht einsam, sondern in sich selbst wie die Einheit, so auch die Gemeinschaft ist: der Eine zugleich in drei Seinsweisen. Das ist die entscheidende Abweisung der Meinung, als ob Gott raumlos und also leblos und lieblos sei: Als der Dreieinige ist er lebendig und liebend und eben das ist die Begründung und die Urwirklichkeit des Raumes in Gott selber. Gottes Dreieinigkeit ist der Raum, der ausschließlich sein eigener Raum ist, um eben als solcher der Raum aller Räume werden, zum Raum aller Räume sich selber hergeben zu können. Als Vater, Sohn und Heiliger Geist braucht und hat und ist Gott Raum für sich selber und indem er wieder als Vater, Sohn und Heiliger Geist der Schöpfer und Herr alles dessen ist, dessen Sein und Sosein seinem Willen, Beschluß und Akt entspricht, braucht und hat und ist er auch Raum für alles dieses Andere, Raum im geschaffenen Raume, Raum im Raum des Himmels und der Erde also, Raum in unseren Räumen, die als solche mit seinem Raum so wenig identisch sind, wie die Welt überhaupt mit Gott identisch sein kann — die aber darum in ihm und in ihm, umschlossen von seinem Raum, Räume sein dürfen und in denen darum wiederum s e i n Raum, von seiner Eigenheit in der göttlichen Dreieinigkeit her, unbeschränkten Raum haben muß und tatsächlich hat, denen allen er gegenwärtig, in denen er allgegenwärtig ist.

Auf alle Fälle in D i f f e r e n z i e r u n g von dieser Grundform der göttlichen Allgegenwart ist sie nun auch seine Allgegenwart nach außen, seine Allgegenwart in der S c h ö p f u n g. Wir verstehen sie zunächst, weitere Unterscheidung vorbehalten, als ein Ganzes im Verhältnis zur ganzen Schöpfung als solcher. Die Liebe, die Gott als der Dreieinige in sich selber ist, hat sich in Freiheit — sie mußte es nicht, sie wäre nicht weniger Liebe, wenn sie es nicht getan hätte, sie hat es aber getan — auch nach a u ß e n gewendet und betätigt. Es gibt vermöge des göttlichen Seins ein von ihm verschiedenes geschöpfliches Sein, vermöge des göttlichen Raumes einen von ihm verschiedenen geschöpflichen Raum, den Raum des Himmels und der Erde, unseren Raum. Und wieder vermöge seiner eigenen Räumlichkeit ist Gott im Raume und in allen Räumen seiner Schöpfung gegenwärtig. Man bemerke: gegenwärtig! Das besagt Unterscheidung und Beziehung zugleich. U n t e r s c h e i d u n g : was wir als unseren Raum haben und kennen, das ist ja im Ganzen und im Einzelnen als solches nicht Gottes Raum und also nicht Gott selber. B e z i e h u n g : es ist aber, was wir als unseren Raum haben und kennen, nicht ohne den Raum Gottes, sondern durch ihn und und in ihm und in unserem Raum ist immer ganz und gar auch Gottes Raum, sodaß wir, indem wir in unserem Raume sind, so oder so immer zugleich auch ganz und gar im Raume Gottes, ja sogar v i e l m e h r im Raume G o t t e s als in unserem geschöpflichen Raume sind. Es gibt also wohl verschiedene, sehr verschiedene Formen der Anwesenheit, es gibt aber keine Abwesenheit Gottes in seiner Schöpfung. Es gibt in ihr wohl mancherlei Ferne und Nähe, mancherlei Kommen und Gehen Gottes in der vollen Realität dessen, was mit diesen Begriffen bezeichnet ist; es gibt eine zornige und eine gnädige Gegenwart Gottes; es gibt eine Gegenwart Gottes in seiner Verborgenheit und eine Gegenwart Gottes in seiner Offenbarung; und es gibt in dem allem die mannigfaltigsten Abstufungen. Es gibt aber in seiner Schöpfung keine Nicht-Gegenwart Gottes. So gewiß nicht, als eben Alles, was ist, im Raume und also auch in seinem Raume und also auch in ihm selber ist und also ihm in der ihm eigenen Räumlichkeit nicht entzogen sein kann.

An die Worte Ps. 139, 5—10 ist hier nochmals zu erinnern, die gerade das so deutlich machen: daß der Gott, dessen Wesen die Schrift als das durch ihn selbst offenbarte Wesen bezeugt, der ist, vor dem es kein Entrinnen in irgendwelche Räume gibt, die nicht als solche zuerst und entscheidend in seinem Raume wären, in denen nicht zuerst und entscheidend er selbst seinen Raum hätte. Daß er anders in seiner Offenbarung, anders in seiner Verborgenheit gegenwärtig ist, das bedeutet nicht, daß man ihm durch irgendeine imaginäre oder wirkliche Himmel- oder Hadesfahrt ausweichen könnte. Er wird d o r t wie h i e r , aber wenn auch anders dort als hier, anders im Himmel und anders im Hades, so doch als d e r s e l b e , der er überall und der er in sich selber ist, a n w e s e n d sein. «Kein Geschöpf ist vor ihm unsichtbar, vielmehr ist Alles entblößt und aufgedeckt vor seinen Augen, dem wir Rede zu stehen haben» (Hebr. 4, 13). Wie schrecklich das ist, lernen wir aus Amos 9, 1 f.: «Keiner von ihnen soll entrinnen, kein Flüchtiger unter ihnen sich retten. Brächen sie durch in die Unterwelt — meine Hand faßt sie auch dort, und stiegen sie hinauf in den Himmel — ich hole sie auch von dort herab. Versteckten sie sich auf dem Gipfel des Karmel, so spüre ich sie dort auf und fasse sie und verbärgen sie sich vor mir auf dem Grunde des Meeres, so gebiete ich dort der Schlange, sie zu beißen». Daß das aber nicht n u r schrecklich, ja daß das letztlich und entscheidend gerade n i c h t schrecklich sondern tröstlich ist, weil Gott ja gerade in seiner Liebe und um seiner Liebe willen Allem und also überall gegenwärtig ist, das lassen wir uns durch Jes. 57, 15 sagen: «So spricht der Hohe und Erhabene, der ewig thront und dessen Name ist ‚der Heilige': In der Höhe und als Heiliger throne ich u n d bei den Zerschlagenen und Demütigen, daß ich den Geist der Gebeugten belebe und das Herz der Zerschlagenen erquicke». Aber so oder so: Gott u m g r e i f t und u m s c h l i e ß t selbst seine Schöpfung und so kommt es zu seiner Allgegenwart im All der von ihm verschiedenen Dinge. Das Sein und Wohnen Gottes sowohl an seinem eigentlichen himmlischen oder vielmehr überhimmlischen Ort wie an den

1. Gottes Einheit und Allgegenwart

Orten in der Schöpfung, die er im Unterschied zu anderen in besonderer Weise zu seinen Stätten gemacht hat wird in der Schrift nie für sich bezeugt und interessant gemacht. Immer wegen der von dorther sich ergebenden Beziehungen anderswohin ist von jenen «Höhen» Gottes die Rede: immer darum, weil Gott aus seiner Höhe her sieht, redet, ja den Völkern und Menschen nachgehend, selber herabsteigt in das von seiner Höhe verschiedene All. Auch von seinen innerhalb der Welt dazu erwählten und bezeichneten Heiligtümern her ist er immer wieder im Aufbruch und Einbruch in die ganze übrige Welt (oder auch von einem bisherigen in ein neues, von einem primären in ein sekundäres Heiligtum) begriffen. Etwa so, wie es Ps. 68, 18—20 anschaulich geschildert ist: «Der Wagen Gottes sind vielmal tausend, tausend und abertausend; der Herr ist vom Sinai herabgekommen ins Heiligtum. Du bist emporgestiegen zur Höhe, hast Gefangene weggeführt. Du hast Gaben empfangen unter den Menschen; auch die widerstrebten, werden nun wohnen bei Gott dem Herrn. Gelobt sei der Herr Tag für Tag! Uns trägt der Gott, der unsere Hilfe ist». Wir werden im Blick gerade auf solche Stellen, die ja nicht die Ausnahme, sondern die Regel des Schriftzeugnisses hinsichtlich des Verhältnisses Gottes zum Raume bilden, schon im Blick auf die Allgegenwart Gottes in seiner Schöpfung im Ganzen sagen müssen: sie ist streng als Allgegenwart, sie ist aber nicht als eine Art Leichentuch zu verstehen, das unbewegt über das in sich bewegte All gebreitet wäre, sondern gerade sie ist bewegend und bewegt, ja das eigentlich Bewegende und Bewegte in diesem All. Sie ist wie Gott überhaupt Sein und Akt in einem. Wie sollte es anders sein? Sie ist die Allgegenwart des lebendigen Gottes.

Daß es keine Abwesenheit, keine Nicht-Gegenwart Gottes in seiner Schöpfung gibt, das hindert nun aber, eben weil es um die Gegenwart des lebendigen Gottes geht, wieder nicht, daß es (im Zusammenhang mit dem, was Gott tut, indem er sich offenbart, indem er die Welt versöhnt mit sich selber) eine ganze Fülle von besonderer Gegenwart, von konkretem Hier- und Dortsein Gottes gibt, das sich in der allgemeinen Gegenwart Gottes in seiner Schöpfung erhebt wie Berge aus einer Ebene. Man wird sogar sagen müssen, daß gerade diese besondere Gegenwart Gottes in der Reihenfolge biblischen Denkens und Redens immer die erste und in seiner Würdigung und Schätzung immer die eigentliche und entscheidende ist. Es ist die allgemeine Gegenwart Gottes in seiner Schöpfung auf keinen Fall so etwas wie eine allgemeine Wahrheit, die dann in seiner besonderen Gegenwart in eigentümlicher Gestalt offenbar würde, wobei doch die stille Voraussetzung der Möglichkeit dieser letzteren (und gleichsam die Sicherung und Rückzugslinie bei deren Feststellung) darin bestünde, daß Gott ja bekanntlich allgegenwärtig und also nicht nur im Besonderen da und da, sondern zuerst und vor Allem überall gegenwärtig ist. Gott ist allerdings überall. Aber Gott ist nicht nur überall! Sondern eben die Wirklichkeit dieser allgemeinen Voraussetzung begegnet dem Menschen nach der biblischen Darstellung nicht außerhalb, sondern in und mit seiner besonderen Gegenwart. Von der besonderen Gegenwart Gottes aus rückwärts und vorwärts blickend, wird seine allgemeine Gegenwart in der Welt erkannt und bezeugt und immer und ausschließlich

in der Identität des allgemein mit dem **besonders** gegenwärtigen Gott
— nie umgekehrt — besteht die Echtheit und Wirksamkeit auch der allgemeinen göttlichen Gegenwart. Es ist die allgemeine Wahrheit beschlossen in der **besonderen**, gesichert durch sie — und nicht umgekehrt!
Es führt also der Weg von jener Gegenwart, in welcher Gott als der Dreieinige sich selber gegenwärtig ist, nicht etwa direkt zu seiner Gegenwart in der ganzen Welt als solcher. Dahin führt er freilich! Aber gewissermaßen durch seine **besondere** Gegenwart hindurch und also zunächst und zuerst doch zu seiner besonderen Gegenwart. Das hat seinen Grund darin, daß die Welt ja durch Gottes Wort geschaffen ist, erhalten und getragen wird: durch dasselbe Wort, das das Wesen und das Geheimnis seiner Offenbarung und also seiner besonderen Gegenwart in der Welt ist. In seinem **Wort**, das innerhalb der Schöpfung als Wort der Offenbarung und Versöhnung einen **besonderen** Raum einnimmt, ist Gott der ganzen Welt von Anbeginn und für alle Zeiten gegenwärtig. Weil dem so ist, darum ist Gottes Allgegenwart nicht etwa nur noetisch (für unsere Erkenntnis), sondern ontisch (in ihrer Wirklichkeit) an die Besonderheit seiner Gegenwart eben in seinem offenbarenden und versöhnenden Handeln gebunden. Es ist nur der **so** und **hier** Gegenwärtige der auch der Welt im **Ganzen** gegenwärtige Gott.

Man bemerke, wie gerade die so nachdrücklich die allgemeine Gegenwart Gottes bezeugenden Stellen Ps. 139, 5 f., Amos 9, 1 f., nicht etwa im Blick auf eine allgemeine Gegenwart Gottes eine Regel anwenden: auch davon reden, wie er dem Menschen bzw. dem Volke Israel als Herr und Richter gegenwärtig ist, sondern umgekehrt: im Blick auf diese besondere Gegenwart kommt es zur Erinnerung und Feststellung jener allgemeinen. Man bemerke, wie auch jenes Wort Hebr. 4, 13 laut des vorangehenden Verses eine Aussage über das lebendige, wirksame und wie ein Schwert durch Alles hindurchdringende Wort Gottes ist. Ihm wird die Allgegenwart Gottes zugeschrieben und nicht umgekehrt: einer allgemeinen Gegenwart Gottes die Eigentümlichkeit, unter anderem auch die Gestalt und Wirksamkeit eines solchen Wortes Gottes zu haben. Man denke darum nur ja nicht, es werde uneigentlich, bildhaft, indirekt gesprochen oder es müsse doch von uns so verstanden werden, wenn Gott im Alten und Neuen Testament immer wieder als der Inhaber eines Ortes, einer Stätte, einer Wohnung oder vieler Wohnungen bezeichnet und beschrieben wird, die sich (im Unterschied zu jenem Throne Gottes im Himmel) ganz schlicht auf der Landkarte bezeichnen lassen, die man als Orte sehen und betreten, denen man sich nähern und von denen man sich entfernen, in denen man sich aufhalten, wo man Gott seiner Allgegenwart unbeschadet mehr und besser oder jedenfalls anders als anderswo suchen und anbeten konnte und sollte. Lesen wir etwa Ps. 103, 22: «Lobet den Herrn, all seine Werke, an allen Orten seiner Herrschaft!» so sind alle diese Orte seiner Herrschaft, obwohl ihrer unzählbar viele sind, doch keineswegs identisch mit dem ganzen geschaffenen Raum als solchem, sondern innerhalb dieses Raumes besondere Orte. Es gibt so etwas wie eine Konkurrenz dieser Orte mit andern Orten: «Was blickt ihr feindselig, ihr Berge, ihr Gipfel, auf den Berg, wo Gott Lust hat, zu weilen? Ja, ewiglich wird der Herr darauf thronen!» (Ps. 68, 17). Der im Himmel thront (Ps. 2, 4), der in der Höhe wohnt (Jes. 33, 5), in einem Lichte, da niemand zukann (1. Tim. 6, 16), eben dieser hat die Lust, den Willen und die Macht dazu, wohl überall, aber nicht nur überall, sondern auch in Besonderheit hier und dort — und gerade in der Besonderheit, in der er hier und dort ist, dann auch überall — zu sein. Es ist nicht uneigentlich, sondern eigentlich zu verstehen, wenn wir Ex. 24, 16 lesen, daß die Herrlichkeit des Herrn auf dem Sinai thronte und wieder nicht uneigentlich und nicht im Widerspruch zu jenem ersten, wenn es gleich darauf (Ex. 25, 8) heißt: «Sie sollen mir ein Heiligtum machen, daß ich mitten unter ihnen wohne». So gewiß ja auch Ex. 29, 45 f. nicht uneigentlich zu verstehen ist: «Ich will inmitten der Israeliten wohnen und ihr Gott sein, damit sie erkennen, daß ich, der Herr, ihr Gott bin, der sie aus dem Lande Ägypten herausgeführt hat, um mitten unter ihnen zu wohnen, ich, der Herr, ihr Gott». Nicht zu allen Völkern, nicht zu Ägypten oder Assur, nicht zu Moab oder Midian ist das gesagt, daß Gott ihr Gott sein will, sondern zu dem besonderen Volk Israel und so gewiß d a s nicht uneigentlich gesagt ist, so gewiß auch nicht das Andere von dem besonderen Wohnen Gottes an den besonderen Orten: auf dem Sinai als dem vorläufigen Ziel des Auszugs Israels aus Ägypten, im Heiligtumszelt während seiner Wanderung durch die Wüste und zur Zeit der Landnahme, in Jerusalem in der Zeit seines Wohnens in Palästina. Es entspricht der Konkretheit der Wahl und Berufung dieses Volkes die Konkretheit der Wahl und Heiligung dieser Orte. So ist es nicht nur ein Ausdruck frommer Gemütsbewegung, sondern die Bezeichnung des objektiven, dem ganzen Bunde zwischen Gott und Mensch zugrunde liegenden Sachverhaltes, wenn Jakob, erwachend aus jenem Traume (Gen. 28, 16 f.) sagt: «Fürwahr, der Herr ist an dieser Stätte und ich wußte es nicht. Und er fürchtete sich und sprach: Wie furchtbar ist diese Stätte! Hier ist nichts Anderes als Gottes Haus. Hier ist die Pforte des Himmels». Wäre der Herr nicht besonders an dieser besonderen Stätte, wäre sie nicht wirklich dieses besondere Beth-El gewesen, dann wären auch des besonderen Jakobs Träume, die er nun einmal an dieser und keiner anderen Stätte hatte, Schäume — es wäre dann der ganze Bund zwischen Gott und Mensch als konkreter Bund mit konkreten Menschen dort und für alle Zeiten hinfällig gewesen. So hat (Ex. 3, 5) nicht Mose Gott, sondern Gott Mose angeredet mit den Worten: «Tritt nicht herzu! Ziehe die Schuhe von den Füßen; denn die Stätte, darauf du stehest, ist heiliges Land». Es ist eine besondere Gestalt der Ordnung, ohne die die Existenz Israels im Bunde gar nicht denkbar wäre — weil sie anders gar nie wirklich geworden wäre — wenn Israel Deut. 12, 1—14 im Gegensatz zu der Weise der Völker, die «ihren Göttern gedient haben auf den hohen Bergen, auf den Hügeln und unter jedem grünen Baum» eingeschärft wird: «Ihr sollt es nicht so halten mit dem Herrn eurem Gott, sondern die Stätte sollt ihr aufsuchen, die der Herr euer Gott aus allen euren Stämmen erwählen wird, daß er seinen Namen daselbst wohnen lasse. Dorthin sollt ihr kommen und dorthin bringen eure Brandopfer und Schlachtopfer... Und sollt daselbst vor dem Herrn, eurem Gott, das Mahl halten und fröhlich sein». Man beachte: für die Götter der Heiden ist die Willkür und der Zufall in der Bestimmung des Ortes ihrer Wohnung und Verehrung bezeichnend. Der Gott Israels aber wohnt an einem bestimmten, von ihm selbst gewählten und bezeichneten Ort. Es ist sachlich und organisch notwendig, wenn Ps. 135 mit seiner Schilderung der in seinen Taten an Israel sich erweisenden Erhabenheit Jahves über alle Götter und Götzen anfängt mit den Worten: «Lobet den Namen des Herrn, lobt ihn, ihr Knechte des Herrn, die ihr steht im Hause des Herrn, in den Vorhöfen am Haus unseres Gottes!» (v 1 f.) und endigt mit den Worten: «Gepriesen sei der Herr von Zion her, er, der in Jerusalem thront. Hallelujah!» (v 21). «Denn (keine Willkür, sondern Notwendigkeit liegt hier vor!) der Herr (eben der Herr, der in jenen Taten so groß ist) hat Zion erwählt, als Wohnung für sich erkoren» (Ps. 132, 13). Und darum wird wirklich um Eines und Dasselbe gebetet, wenn es Ps. 74, 2 heißt: «Gedenke deiner Gemeinde, die du vor alters erworben, die du erlöst hast, daß sie dein Volk sei, des Berges Zion, auf dem du Wohnung genommen hast!»

Es gehört darum zu der Gerechtigkeit, die der rechte Israelit sich zugesprochen weiß und die er in Anspruch nehmen darf, notwendig auch dies, daß er sagen darf: «Herr, ich habe lieb die Stätte deines Hauses und den Ort, da deine Herrlichkeit wohnt» (Ps. 26, 8). Nicht in dichterischem Überschwang, sondern bei aller Wärme in nüchternster Sachlichkeit bekennt er Ps. 84, 2 f.: «Wie lieblich sind deine Wohnungen, o Herr der Heerscharen! Meine Seele sehnt sich, ja schmachtete nach den Vorhöfen des Herrn. Nun jauchzen mein Herz und mein Leib dem lebendigen Gott entgegen. Auch der Sperling hat ein Haus gefunden und die Schwalbe ein Nest für sich, darein sie ihre Jungen gelegt hat: deine Altäre, o Herr der Heerscharen, mein König und mein Gott! Wohl denen, die in deinem Hause wohnen, die dich immerdar preisen!» Und v. 11: «Ein Tag in deinen Vorhöfen ist besser als tausend draußen, besser an den Schwellen stehen im Hause meines Gottes, als wohnen in den Zelten des Frevels». Und es werden die Bilder weder vertauscht noch verwirrt, sondern es bezeichnet wieder diesen notwendigen Zusammenhang, wenn Ps. 46, 5 f. das, was durch den Gott Jakobs als durch unsere feste Burg beschützt wird, auf einmal selber die Stadt Gottes heißt: «die heiligste der Wohnungen des Höchsten. Gott ist in ihrer Mitte; so wankt sie nimmer. Gott hilft ihr, wenn der Morgen anbricht». Man muß natürlich verstehen, daß das Alles relativ zu d e r Wohnung (zu dem Throne Gottes!) gesagt ist, die auf k e i n e r Landkarte zu finden ist. Aber eben in dieser Relation ist auch das Alles zu sagen, gibt es nach dem alttestamentlichen Zeugnis, gibt es in der alttestamentlichen Gestalt der Offenbarung immer wieder eine auch auf der Landkarte zu bezeichnende Wohnung Gottes. Es ist freilich auch nach dem alttestamentlichen Zeugnis nicht so, wie jene meinen, die sich nach Jer. 7, 3 f. auf «täuschende Worte» verlassen: «Der Tempel des Herrn, der Tempel des Herrn, der Tempel des Herrn ist hier!», d. h. die den Ort als solchen für heilig halten und mit dem heiligen Ort als solchem den Herrn haben und für sich haben wollen. «Bessert euren Wandel, bessert eure Taten!» muß denen sehr unsakral zugerufen — daß G o t t hier wohnt und als solcher erkannt und geehrt sein will, das muß ihnen durch die prophetische Buß- und Gerichtspredigt in Erinnerung gerufen werden. Aber Gott w o h n t hier, daran hat auch Jeremia keinen Augenblick gezweifelt. Gott ist nicht der Gefangene dieses Ortes — was das Gebet Salomos in dieser Hinsicht sagt, darf als bezeichnend für den Tenor des ganzen Alten Testaments verstanden werden — er kann nach Jer. 7, 14 f. dieses Haus zerstören und verlassen, wie er das in Silo verlassen hat. Er war aber immer und wird immer sein der in Israels Mitte wohnende, der einen konkreten Ort einnehmende Gott.

Eben die R e l a t i v i t ä t, aber auch die R e a l i t ä t dieses Wohnens wird nun im Neuen Testament erst recht sichtbar. Es geht einerseits um die F r e i h e i t und also um die Relativität des göttlichen Wohnens. Man kann nicht sagen, daß das etwas Neues bedeutet gegenüber dem alttestamentlichen Zeugnis. Die Gott diese Freiheit absprachen, die ihn für einen bloßen Berg- oder Wüstengott hielten oder umgekehrt (in heimlicher Verwechslung mit den Göttern der Völker) für den Blut- und Bodengott von Kanaan, die ihn für gebunden hielten an das Tempelgebäude in Jerusalem oder schließlich die, die ihn zu einem fernen Himmelsgott machen wollten — die alle haben ihn schon in seiner Offenbarung in Israel n i c h t erkannt. Alle göttliche Wohnung steht unter dem Gesetz der Freiheit des göttlichen Wohnens als eines Aktes, in welchem Gott zwar verfügt, aber nicht unter Verfügung kommt. Die täuschten sich immer, die Gott, indem sie ihn nach seinem Gebot hier oder dort suchen, nicht hier oder dort als den Inhaber seines e w i g e n Thrones suchen wollten. Das Neue Testament zieht nur das Fazit, wenn es offen ausspricht, daß das «Zelt», in dem Gott in Israel wohnte, als «von Händen gemachtes Haus» zu den ὑποδείγματα und ἀντίτυπα der ἐπουράνια, der ἀληθινά gehörte (Hebr. 9, 23 f.). Daß es dazu gehörte, daß es von einem himmlischen Urbild und Gegenstand her Würde und Kraft hatte, das ist wahr, das wird auch durch das Neue Testament nicht geleugnet, sondern bestätigt. Wiederum wird jetzt aber auch das bestätigt, daß es nur die Würde und Kraft eines Hinweises und Vorbildes hatte, daß es nur in relativer Realität Gottes Wohnung war. Allem heidnischen, d. h. aber gottlosen Verständnis der Wirklichkeit göttlicher Wohnungen gegenüber wird jetzt (im Einklang mit Salomo und Jeremia!) erkannt und bekannt: «Gott, der die Welt geschaffen und alles, was darinnen ist, er, der Herr des Himmels und der Erde, wohnt nicht in Tempeln, die mit Händen gemacht sind, noch läßt er sich von Menschenhänden Dienst erweisen» (Act. 17, 24 f.). Und wenn das samaritanische Weib (Joh. 4, 20—26), auch es in der heidnischen Konzeption von den göttlichen Wohnungen befangen, die Situation mit den Worten schließt: «Unsere Väter haben auf diesem Berge angebetet und ihr sagt, in Jerusalem sei der Ort, wo man anbeten muß», so wird dem jetzt offen entgegengestellt: «Weib, glaube mir, die Stunde kommt, wo ihr weder auf diesem Berge, noch in Jerusalem den Vater anbeten werdet. Ihr betet an, was ihr nicht kennt; wir beten an, was wir kennen; denn das Heil kommt von den Juden. Aber die Stunde kommt und ist jetzt da, wo die wahren Anbeter den Vater im Geist und in Wahrheit anbeten werden; denn so will der Vater seine Anbeter haben. Gott ist Geist und die ihn anbeten, müssen ihn im Geist und in Wahrheit anbeten». Aber nun muß man gerade an dieser Stelle die Fortsetzung beachten: «Die Frau sagt zu ihm: ich weiß, daß der Messias kommt, der der Christus genannt wird; wenn dieser kommt, wird er uns Alles kundmachen. Jesus sagt zu ihr: Ich bin's, der ich mit dir rede». An dem ist es also nicht, daß die **Freiheit** des göttlichen Wohnens nun auf einmal aufgehört hätte, die Freiheit des göttlichen **Wohnens** zu sein, daß die Relativität dieses Wohnens jetzt seine **Realität** ausschließen würde. An dem ist es nicht, daß die göttliche Gegenwart in der Welt jetzt auf einmal nicht mehr die eines konkreten und unterschiedenen Hier oder Dort, sondern nur noch die eines planen Überall wäre. Der Gegensatz zu Jerusalem und dem Garizim und der Gegensatz zu den mit Händen gemachten Tempeln — wir können ja gewiß gleich auch anwenden: der Gegensatz zu Rom, Wittenberg, Genf und Canterbury ist nicht (wie liberaler Flachsinn diese Sache versteht) das Weltall, sondern eben **Jesus**. Und die Anbetung des Vaters im Geist und in Wahrheit ist nicht die unterschiedslose Anbetung eines unterschiedslos allgegenwärtigen Gottes, sondern, wie ein Blick auf die sonstige Verwendung der Begriffe «Geist» und «Wahrheit» im Johannesevangelium ohne weiteres zeigen kann, Gottes durch **Jesus** als den, der uns Alles kundmacht, vermittelte Anbetung. Gott hört auch nach dem Zeugnis des Neuen Testamentes nicht auf, konkret und verschieden zu **wohnen** in der Welt, d. h., seiner Allgegenwart unbeschadet, gerade als der Allgegenwärtige wirklich hier oder dort zu sein. Gerade die Realität des konkreten unterschiedenen Wohnens Gottes in der Welt wird jetzt, in diesem wahren, aber darum nicht abstrakten Gegensatz vielmehr als solche offenbar, jetzt, wo es heißen kann: «Das Wort (eben jenes Wort, das im Anfang, das bei Gott, das selbst Gott war, durch das alle Dinge geworden sind, ohne das nicht eines geworden ist, das geworden ist — eben jenes wahrhaft allgegenwärtige Wort! — ward Fleisch und wohnte unter uns und wir schauten seine Herrlichkeit» (Joh. 1, 14). Das meinten — nicht die Göttertempel der Heiden und auch nicht der auf dem Garizim («Ihr betet an, was ihr nicht kennt!») wohl aber Beth-El und der Sinai, wohl aber Silo und Jerusalem. Darum ist dort echtes ὑπόδειγμα und ἀντίτυπον. Das Heil kommt schon von den **Juden**. Aber eben das **Heil**, und nun nachdem es wirklich von den Juden **gekommen** und von den Juden als solchen verworfen ist, nicht mehr bloß zu den Juden, sondern von den Juden zu **allen** aus Juden und Heiden, die **solche** Anbeter, nämlich im Geist und in Wahrheit, wie sie der Vater haben will, sein wollen. Es geht nicht um die Aufhebung, es geht um die Erfüllung der im Alten Testament geschehenen Weissagung des göttlichen Wohnens. Denn **was** ist die Herrlichkeit des fleischgewordenen Wortes Gottes, die man schauen konnte? Was ruft jetzt, angesichts der Auferstehung und der Wiederkunft Jesu Christi die laute Stimme vom Thron? Jetzt nicht weniger, sondern jetzt erst recht, konkret und unterscheidend: «Siehe, da, die Hütte Gottes bei den Menschen und er wird bei ihnen wohnen und sie werden sein Volk sein und Gott selbst wird bei ihnen sein» (Apoc. 21, 3). Also nicht ein Nein, sondern das entscheidende, alles zusammenfassende und bestätigende Ja (mit den Worten von Ex. 29, 45 vgl. Lev. 26, 11 f.) wird hier ausgesprochen zu dem Zeugnis von Gottes konkretem und unterschiedenem Wohnen auf Erden! Es bleibt dabei, ja es wird erst jetzt ganz wahr und klar, daß von Zion her «Gott aufstrahlt» (Ps. 50, 2), weil er dort groß ist, erhaben über alle Völker (Ps. 99, 2), weil er dort und nur dort zu schauen ist (Ps. 84, 8), weil von dort die Weisung ausgeht und das Wort Gottes von Jerusalem (Jes. 2, 3). Es bleibt überhaupt bei Allem, ja es kommt jetzt erst zu der entscheidenden und endgültigen Bestätigung von dem Allem, was das Alte Testament von der Besonderheit aller jener Orte gesagt hat. Alle jene Orte meinten ja in ihrer Besonderheit, Konkretheit und Unterschiedenheit die Besonderheit des Ortes Gottes, von dem sein Wort und Gesetz und Heil, immer in der Besonderheit, die der Besonderheit Gottes selber entspricht, ausgeht, um an seinem besonderen Ort nun auch für uns, in der Welt da zu sein, um von Menschen mit menschlichen Organen gesehen, gehört, betastet und so geglaubt werden zu können. Es ist jetzt, indem es vorbei ist mit der Verborgenheit des Messias, indem seine Offenbarung durch das Volk Israel als solches verworfen ist, indem es also auch vorbei ist mit der Isolierung dieses Volkes als des Trägers des Bundes — auch vorbei mit dem Wohnen Gottes an jenen besonderen Orten, deren Besonderheit eben mit jenen jetzt dahingefallenen Bedingungen zusammenhing. Es ist mit ihm so vorbei, wie es auch mit den Opfern und mit dem ganzen Gesetz Israels als solchem vorbei ist. Besondere Orte in diesem Sinn kann es jetzt nicht mehr geben, und es war immer ein Rückfall ins Judentum (genauer gesagt: in ein sich selbst heidnisch verstehendes Judentum, noch genauer gesagt: eine Auflehnung gegen das echte Judentum des Salomo und des Jeremia), wenn die Christenheit ihrerseits auch wieder heilige Orte in diesem Sinn geltend machen und als solche annehmen wollte. Wie denn erst recht für die Juden von einer Rückkehr nach Palästina als dem heiligen Land theologisch betrachtet nichts zu erwarten ist. Und wie man es vollends nur als doppelte Verirrung ansehen kann, wenn neuerdings für die Versammlung aller Judenchristen in Palästina als dem Ort der gerade den Getauften aus Israel geltenden Verheißung Propaganda gemacht wird. Es gibt, nachdem der Messias Israels erschienen und von Israel verworfen und als der Heiland der Glaubenden aus Juden und Heiden offenbart ist, keinen heiligen Berg, keine heilige Stadt und kein heiliges Land mehr, die man auf der Landkarte als solche bezeichnen könnte. Nicht darum, weil räumliche Heiligkeit Gottes jetzt auf einmal seiner unwürdig geworden oder sich in ein heiliges Überall verwandelt hätte. Wohl aber darum, weil alle Weissagung jetzt erfüllt ist in Jesus, weil die räumliche Heiligkeit Gottes wie die ganze Heiligkeit Gottes jetzt Jesus von Nazareth heißt und ist und also wohl im geschaffenen, in dem auf Landkarten abzubildenden Raum, aber in diesem Raume immer nur da anzutreffen ist, wo Jesus selbst, nachdem er (in Erfüllung des Eingangs des Hohepriesters in die Stiftshütte!) in den Himmel eingegangen ist (Hebr. 9, 24) vom Himmel und also vom Throne Gottes her in der Welt so gegenwärtig ist, daß er durch sein Wort und seinen Geist Menschen zum Glauben an ihn und damit zu der vom Vater gewollten Anbetung im Geist und in Wahrheit aufruft und erweckt. In ihm ist der Sinai und der Zion, Beth-El und Jerusalem. In ihm aber ist das Alles als göttlicher Raum, als das himmlische Jerusalem (Apoc. 21, 2), das den Seinen bereitet ist, indem sie jetzt und hier schon ihre Heimat haben, das sie aber jetzt und hier in dieser Welt als Gäste und Fremdlinge suchen müssen, dem sie also eine entsprechende Heimat in dieser Welt nicht entgegenzustellen haben. Das bedeutet nun aber wieder **nicht**, daß man ihre Existenz und damit die sekundäre Existenz Jesu in der Welt als **raumlos** bezeichnen und verstehen dürfte. Sie ist es so wenig, wie Jesu eigentliche und primäre Existenz als Inhaber des Thrones Gottes raumlos ist, so wenig wie sie davon abstrahieren können, daß ihre Erwartung und Hoffnung nun einmal nicht auf ein raumloses Sein, sondern auf einen Bau gerichtet ist, «den Gott bereitet hat, ein nicht mit Händen gemachtes ewiges Haus in den Himmeln» (2. Kor. 5, 1), auf ihr Sein in dem himmlischen Jerusalem und also bestimmt in einem Raum, dem göttlichen Raume selber. Darum wird denn auch das durch Jesu Wort und Geist begründete Sein dieser Gäste und Fremdlinge, ihr Sein als das der an ihn Glaubenden räumlich beschrieben als ihr Sein **in Christus** oder als **Christi Sein in** ihnen. Und wie der Vater (Joh. 14, 10), ja die «Fülle der Gottheit» (Kol. 1, 19; 2, 9) in Christus **wohnt**, so **wohnt** nun auch sein Wort reichlich unter den Seinigen (Kol. 3, 16), so **wohnt** seine Kraft (2. Kor. 12, 9), so wohnt der Geist (Röm. 8, 9; 2. Tim. 1, 14; Jak. 4, 5), so **wohnt** Christus selbst (Eph. 3, 17) in ihnen, so werden die Christen in ihrer irdischen Einzelexistenz, aber auch die Christenheit als Ganzes als «**Tempel**» Gottes verstanden (1. Kor. 3, 16 f.; 6, 19; 2. Kor 6, 16; Eph. 2, 21; 1. Petr. 2, 4 f.). Es ist die Kirche trotz und in jener Fremdlingschaft ihrer Glieder nicht ein diffus über die Welt verstreuter grenzenloser, mit den Gestalten der Welt sich einfach mischender und in ihnen sich verlierender Haufe, sondern, wie der auch nach dieser Seite bezeichnende Ausdruck lautet: der **Leib** Christi, der, wie sehr er auch nur durch Glauben bzw. nur durch Christi Wort und Geist selbst erkennbar sein mag, als Leib nun eben doch **Konturen** hat wie alles Andere, was leibhaft existiert und im allgemeinen Raum einen besonderen Raum ausfüllt, so daß Kirche und Welt, Kirche und Staat, Kirche und Heidenschaft, mögen sie noch so oft ineinander aufzugehen scheinen, sich doch auch immer wieder unterscheiden und begegnen, sich anziehen und abstoßen können. Ist der eschatologische Ort des Thrones Gottes, der Ort, «da Christus sitzt zur Rechten Gottes» der eigentliche Raum der Kirche und also der Sinn ihres Gegenübers zu anderen Orten, so hat sie doch als die Kirche dessen, der dort seinen eigenen Raum hat, als die sekundäre Form seiner Existenz, auch im geschaffenen Raum diese räumliche Existenzform und Funktion, auf Grund derer es ein *extra* und ein *intra ecclesiam* gibt, in welchem nicht die Kirche, wohl aber der himmlische Herr der Kirche über Freispruch und Verdammnis, über Leben und Tod als über die Zukunft aller Menschen entscheidet. Diese **Räumlichkeit Jesu Christi im Himmel und auf Erden** ist das, was auch im Neuen Testament bleibt, nachdem das irdische Jerusalem zerstört und als Wohnung Gottes nicht bleiben konnte. Sie ist das Bleibende gerade dieses Nichtbleibenden, sein Ende und seine Erfüllung miteinander. So behauptet sich, nein, so offenbart sich auch nach dem Zeugnis des Neuen Testamentes die **Relativität**, aber auch die **Realität** der besonderen Gegenwart Gottes.

Wir sprachen von der **allgemeinen** und wir sprachen von der **besonderen** Gegenwart Gottes in seiner Schöpfung. Wir verstanden unter der allgemeinen die Gegenwart Gottes in der Schöpfung in ihrer Ganzheit, unter der besonderen seine Gegenwart in seinem konkreten und unterschiedenen Handeln im Werk seiner Offenbarung und Versöhnung innerhalb der Schöpfung. Und wir stellten fest, daß die letztere, die besondere Gegenwart Gottes, in der Reihenfolge und Würdigung des biblischen Denkens die erste und entscheidende, daß die allgemeine Gegenwart Gottes noetisch und ontisch an jene besondere gebunden ist, so gewiß alle Dinge eben durch Gottes Wort geschaffen und erhalten sind: durch das Wort, das kein anderes als eben das seiner Offenbarung und Versöhnung ist.

Eben dieser Zusammenhang nötigt uns nun aber noch zu einer dritten Differenzierung innerhalb der Gegenwart Gottes in seiner Schöpfung. Es gibt als Grund und konstituierende Mitte der besonderen und damit dann auch als Sinn und Voraussetzung der allgemeinen eine eigentliche Gegenwart Gottes in seiner Schöpfung, und das ist eben seine Gegenwart in seinem Worte, in dem Worte seiner Offenbarung und Versöhnung als solchem, in Jesus Christus: eben dort also, wo schon jede Untersuchung des alt- und neutestamentlichen Zeugnisses von Gottes besonderer Gegenwart zuletzt notwendig und eindeutig hinzeigen muß. Ist das Wohnen Gottes in Jesus Christus die Erfüllung, das Bleibende, zu dem alles andere Wohnen Gottes, wie es im Alten und Neuen Testament bezeugt ist, nur im Verhältnis der nichtbleibenden Erwartung und Erinnerung stehen kann, dann erhebt sich dieses Wohnen Gottes aus allem Anderen und also aus dem Ganzen, das wir als die besondere Gegenwart Gottes verstanden haben, noch einmal unterschiedlich heraus, und zwar nicht nur quantitativ, sondern qualitativ, nicht nur als ein Spezialfall in der Reihe, sondern als der Ursprung und das Ziel, als Grund und konstituierende Mitte der ganzen Reihe der besonderen Vergegenwärtigungen Gottes: als die einzigartige, einfache und eine, die eigentliche Gegenwart des einen und einfachen Gottes in seiner Schöpfung, in der sowohl seine besondere Gegenwart in aller jener Vielfachheit, als auch seine allgemeine in ihrer bewegten Gemeinsamkeit ihren Anfang und ihr Ende hat. Sagen wir, daß der Weg von jener Gegenwart, in welcher Gott als der dreieinige sich selbst gegenwärtig ist, zunächst und zuerst zu seiner besonderen Gegenwart in der Schöpfung führe, so müssen wir jetzt also noch einen weiteren Schritt rückwärts tun, nochmals unterscheiden und feststellen: er führt streng genommen zunächst und zuerst inmitten all jener besonderen Gegenwart zu seiner eigentlichen Gegenwart in Jesus Christus. Als der so und hier Gegenwärtige ist er der in Israel und in der Kirche besonders gegenwärtige und als solcher dann auch der der Welt im Ganzen, der überall gegenwärtige Gott.

Die Dreifachheit der Gegenwart Gottes nach außen hat seit Petrus Lombardus schon die Scholastik gesehen. Gott sei, so schreibt dieser (*Sent.* I *dist.* 37 A) 1. *praesentialiter, potentialiter, essentialiter in omni natura sive essentia.* Er sei 2. *excellentius sc. per gratiam inhabitans in sanctis spiritibus et animis.* Er sei aber 3. *excellentissime non per gratiam adoptionis, sed per gratiam unionis in homine Christo.* Gegen die in diesem *excellentissime* liegende Vorstellung (oder zu ihrem rechten Verständnis) hat J. Gerhard (*Loci theol.* 1610 f. II 187) mit Recht bemerkt, es müsse statt *excellenter* besser gesagt werden: *singulariter, …quia modus ille praesentiae hypostaticae non tantum gradu aut secundum plus et minus, sed toto genere a reliquis praesentiae modis differt.* Wir werden in der Tat sagen müssen: diese Form göttlicher Gegenwart in der Welt ist von allen anderen, auch von den höchsten, auch von den Formen besonderer göttlicher Gegenwart, die nach dem

1. Gottes Einheit und Allgegenwart

Zeugnis der Schrift zweifellos in ihrer Relativität, aber auch in ihrer Realität als solche zu erkennen und zu anerkennen sind, noch einmal prinzipiell unterschieden. So unterschieden, wie eben die schenkende von der geschenkten Gnade, der kommende Messias von seinem Volk, der gekommene Heiland von seiner Kirche, so wie die Erwartung und Erinnerung der Offenbarung und des Heils von deren Erfüllung und Gegenwart prinzipiell zu unterscheiden sind. Jakob in Beth-El und Mose am Dornbusch und die Wallfahrer nach dem Tempel in Jerusalem täuschen sich darum nicht hinsichtlich der besonderen Gegenwart Gottes an diesen irdischen Orten, weil Gott sich ihnen als der an diesen irdischen Orten Gegenwärtige bezeugt, als der, der **einen einzigartigen** irdischen Ort kraft seines Wohlgefallens und seiner Allmacht einnehmen und haben wird, um deswillen, im Blick auf den, in Verkündigung und Kraft dessen er jetzt schon und bevor das geschehen ist, an diesen anderen irdischen Orten, relativ zu jenem, aber real gegenwärtig sein will und kann. Und wiederum täuscht sich Paulus nicht, wenn er (wahrscheinlich ein Wort und sicher einen Gedanken heidnischer Weisheit aufnehmend und sich zu eigen machend) bekennt, daß wir in Gott leben, weben und sind, weil Gott sich ihm auf dem Areopag und wo er immer sich befinden mag, bezeugt als der, der jenen **einen einzigartigen** irdischen Ort (Jesus!) kraft seines Wohlgefallens und seiner Allmacht bezogen und eingenommen hat, sodaß nicht daran zu zweifeln ist: er kann und will um dieses **einen** Ortes willen, im Blick auf ihn, in Verkündigung und Kraft dieses einen Ortes auch jetzt und hier, an diesen und diesen anderen irdischen Orten, relativ zu jenem, aber wiederum real gegenwärtig sein. Man sieht: gerade in der **Beziehung** liegt die Realität der besonderen Gegenwart Gottes auch an solchen **anderen** Orten; gerade in ihr liegt aber auch ihre **Unterscheidung** von seiner Gegenwart an jenem einen Ort. Jene besonderen Orte wären nicht Orte **seiner** Gegenwart ohne diesen **eigentlichen** Ort, wie die Peripherie eines Kreises nicht ohne seine Mitte wäre. Real gegenwärtig ist Gott auch an jenen **andern** Orten — real gegenwärtig ist er zweifellos auch überall — er ist es aber dort und überall, weil und indem er es **hier** ist. Er ist es zuerst **hier** und dann (gleichviel, ob vor oder nach der Epiphanie Jesu Christi) dort und überall. Er ist es primär **hier**, sekundär **dort und überall**. Er ist Israel und der Kirche real gegenwärtig als dem Leibe der in seinen Bund aufgenommenen Menschheit, er ist es aber Jesus Christus als dem diesen Leib konstituierenden und beherrschenden **Haupte**.

Also in der Tat: hier ist nicht bloß ein Unterschied von Mehr oder Weniger. Zwischen dem Messias und seinem Volke, zwischen dem Heiland und seiner Kirche, zwischen dem, in welchem Alles beginnt und endigt und diesem Allem, das in ihm beginnen und endigen darf, besteht ein Artunterschied. Es besteht, wie schon **Petrus Lombardus** richtig gesagt hat, der Unterschied zwischen der *gratia adoptionis* und der *gratia unionis*. *Gratia adoptionis* war Gott Israel und war und ist er der Kirche gegenwärtig: den nicht um ihrer selbst, sondern um Jesu Christi willen adoptierten und so auch besonderer göttlicher Gegenwart gewürdigten und teilhaftigen Kindern, an denen sich Gottes Liebe, indem er in ihnen die Welt mit sich selber versöhnt, in seiner Schöpfung verherrlichen will. Adoptieren heißt hier: real hinzunehmen, nämlich zu Jesus Christus hinzunehmen, unter die Wahrheit und Wirklichkeit, unter das Gesetz und die Ordnung, in den Genuß der Frucht seiner Existenz stellen, sodaß Alles, was von ihm zu sagen ist, angefangen mit seiner Gottessohnschaft und so auch die ihm eigene reale Gottesgegenwart umfassend, nun auch von ihnen, diesen adoptierten Kindern in dem Sinn, wie es ihnen zukommen kann, zu sagen ist. In Verkündigung und Kraft dieser in Jesus Christus geschehenen Adoption Israels und der Kirche gab und gibt es hier wie dort reale Gegenwart Gottes an irdischen Orten. Aber daß in Jesus Christus diese Adoption von Israel und Kirche geschehen ist, das setzt ja voraus das davon unterschiedene Geschehen und Sein an und in Jesus Christus selbst, das setzt voraus, daß er selbst *gratia unionis* der Gottessohnschaft und so auch der realen Gegenwart Gottes für sich so teilhaftig ist, daß Israel und die Kirche sie «aus seiner Fülle empfangen», daß Israel und die Kirche, zu ihm hinzugenommen, ebenfalls (wenn auch als Hinzugekommene) in Verkündigung und Kraft dessen, was er ist und hat, durch ihn, von ihm und so mit ihm Kinder Gottes und der realen Gegenwart Gottes teilhaftig sein können. So teilhaftig muß dann aber heißen: anders teilhaftig, so anders, wie eben *adoptio* anders ist als *unio*. *Unio* begründet *adoptio*. *Adoptio* ist auf *unio* begründet. *Gratia unionis* ist die schenkende, *gratia adoptionis* ist die geschenkte Gnade Gottes. Das ist der Unterschied. Auf Grund der *adoptio* gibt es real: eine symbolische, eine sakramentale, eine geistliche, so oder so, die Israel und der Kirche geschenkte Gegenwart Gottes. In ihr ist aber, wenn wir noch weiter nach rückwärts blicken wollen — weil in ihr der Schöpfer aller Dinge sich selbst verherrlicht und also auch den Sinn und den Zweck aller Dinge sichtbar macht — auch das begründet, daß Gott wiederum geschenkweise überall, bei und in allen Dingen ist. Sie selbst, die *adoptio* aber, ist auf die *unio* begründet, auf die primäre schenkende Gegenwart Gottes in Christus, wie sie so, gerade indem sie die *adoptio* und mit ihr alle besondere aber auch die allgemeine Gegenwart Gottes als sekundäre begründet, nur in ihm und also weder vor noch nach ihm sonst Ereignis und Wirklichkeit ist. Sie heißt und ist darum *unio*, weil Gott in der Person seines Sohnes in Jesus Christus den Menschen nicht nur, wie er es in Israel war und in der Kirche war und ist, zugegen, nicht nur bei, um und in ihm ist in der Besonderheit eines Segens oder Auftrags, einer Demütigung oder Erhöhung, einer Kundgebung oder Tat im Zusammenhang des Werks seiner Offenbarung und Versöhnung — sondern weil Gott dieser Mensch Jesus Christus selbst ist: wahrer Gott und wahrer Mensch, beides unverwandelt und unvermischt, aber auch ungetrennt und ungeschieden in der einen Person dieses Messias und Heilandes. Das ist es, was man so von keinem anderen Geschöpf, auch von keinem Propheten oder Apostel sagen kann. Das, wahrer Gott und wahrer Mensch, ist Jesus Christus ganz allein; und eben auf diese *unio* hin, aber von ihr zu unterscheiden, gibt es dann auch *adoptio*.

Sehen wir hier von allem Anderen ab, so bedeutet das nun jedenfalls auch dies: In Jesus Christus ist menschliche Leiblichkeit und also geschöpfliche Räumlichkeit nicht nur wie alle geschöpfliche Räumlichkeit in der Räumlichkeit Gottes begründet, durch sie geschaffen und also von ihr getragen, von allen Seiten gehalten und umschlossen. Jesus Christus ist nicht nur eines, vielleicht das höchste von den Wesen, das im Allgemeinen oder Besonderen von sich bekennen darf, daß es in Gott lebt, webt und ist. In ihm wohnt vielmehr die Fülle der Gottheit leibhaftig (Kol. 2, 9). Σωματικῶς ist Adverb zu κατοικεῖ und das Subjekt des Satzes ist das πλήρωμα τῆς θεότητος. Und noch ausdrucksvoller sagt Kol. 1, 19: ἐν αὐτῷ εὐδόκησεν πᾶν τὸ πλήρωμα κατοικῆσαι. Beide Sätze reden zweifellos von einem leibhaftigen, eigentlichen Wohnen Gottes selbst in seiner Fülle oder Ganzheit und also ohne Vorbehalt eines göttlichen Oberhalbs oder Hintergrundes, der an diesem Wohnen nicht teilnehmen würde. Und sie sagen von diesem leibhaftigen, eigentlichen Wohnen Gottes selbst, wie es sonst nur in der Höhe seines Thrones, jenseits der Himmel und aller Himmel Himmel stattfindet, daß es in Jesus Christus nicht nur wie sonst die Voraussetzung seines Wohnens in der Schöpfung ist, sondern als solches sein Wohnen auch in der Schöpfung ist. In Jesus Christus ist zwischen Gott und der geschaffenen Welt Himmels und der Erde wohl der Unterschied von Schöpfer und Geschöpf und also auch im göttlichen und geschöpflichen Raum, aber keine Verschiedenheit, keine Trennung, sondern Einheit beider. Der Schöpfer ist hier zugleich Geschöpf. Und das heißt in dieser Hinsicht: der Schöpfer hat hier dem Geschöpf nicht nur Raum, sondern seinen eigensten Raum gegeben. Gott hat hier den Menschen auf seinen Thron erhoben. Der eigenste Raum Gottes ist hier selbst der Raum, den dieser Mensch einnimmt in der Krippe und am Kreuz und den er darum — seine Auferstehung und Himmelfahrt offenbart es — auch nicht wieder verlieren und verlassen kann, der eben darum sein bleibender Raum ist. Wie sollte jenes Wohnen der Fülle Gottes wieder rückgängig zu machen sein? So ist die menschliche Natur Christi (hier im besonderen: seine Leiblichkeit und also Räumlichkeit) in ihrer Einheit mit der Gottheit des Sohnes (unvermischt mit dieser aber auch ungetrennt von ihr, in indirekter aber realer Identität) die Offenbarung, aber als Offenbarung auch die Wirklichkeit des göttlichen Raumes, durch den alle anderen Räume geschaffen, erhalten und umschlossen sind. Sie ist — immer in dieser Einheit gesehen und verstanden — der Beweis und zugleich die Erklärung dieses göttlichen Raumes. Macht man mit der Realität der menschlichen Natur Christi — in dieser Einheit mit der göttlichen nämlich — ernst, entschlägt man sich alles groben oder feinen Doketismus, läßt man Joh. 1, 14 gelten: «... und wohnte unter uns», dann gibt es für die alte Irrlehre von der Raumlosigkeit Gottes keinen Raum mehr, dann versteht man aber auch die Realität, in der die Schrift von der Räumlichkeit Gottes in der ganzen Breite seiner Offenbarung auch vor und nach der Epiphanie Christi und in seinem Überallsein in der Welt reden kann. Man wird es dann unterlassen, sie zu bestreiten oder so oder so zu idealisieren. Eben der Gott, der hier so realen Raum hat, hat ihn anders auch dort. Eben der Gott, der hier eigentlich wohnt, wohnt dort symbolisch, sakramentalisch und geistlich. Eben der Gott, der hier bleibt, geht dort vorüber. Und immer gilt: Eben der Gott, der hier real gegenwärtig ist, ist es auch dort. Was er dort ist, bezeugt, was er hier ist. Was er hier ist, verkündigt und bekräftigt, was er dort ist. Und in seinem Hier- und Dortsein miteinander offenbart er sich als der überall Gegenwärtige, wie er umgekehrt der überall gegenwärtige Gott nur dann ist, wenn er identisch ist mit dem, der dort und hier und zwar primär hier, in Jesus Christus, gegenwärtig ist: in der Einheit des Wortes mit dem, was durch das Wort geschaffen wurde und erhalten wird.

Recht verstanden könnte man wohl sagen, daß wir mit der Feststellung dieser dritten und eigentlichen Form der Gegenwart Gottes in seiner Schöpfung: seiner Gegenwart in Jesus Christus, gewissermaßen auf unseren Ausgangspunkt, nämlich auf die Feststellung jener Gegenwart zurückgekommen sind, in der Gott sich selbst als der Dreieinige, als der Inhaber seines überhimmlischen Thrones gegenwärtig ist. Dieser, der in Jesus Christus gegenwärtige Gott ist der über Himmel und Erde Thronende und als solcher dann auch der in seinem Offenbarungs- und Versöhnungswerk besonders und in der Welt allgemein gegenwärtige Gott. Indem Gott diesem Geschöpf nicht nur wie allen andern Geschöpfen seinen Raum, geschaffenen Raum aus der Fülle seines eigenen, des ungeschaffenen und schöpferischen Raumes gibt, sondern zugleich diesen seinen eigenen Raum selber, indem Gott mit diesem Menschen eins wird, indem er ihn also aufnimmt zum Sitzen zu seiner Rechten, zum Inhaber seines überhimmlischen Thrones, ist Gott und offenbart sich Gott der Kreatur gegenüber als der, der er ist: der Allgegenwärtige in sich selber und als solcher dann auch außer sich selber, in seinem besonderen Werk, dessen Mitte eben sein Handeln in diesem Geschöpf, dem Menschen Jesus Christus, ist und in seinem allgemeinen Werk, das jenem

§ 31. *Die Vollkommenheiten der göttlichen Freiheit*

besonderen dient, das in jenem besonderen und also eben in Jesus Christus sein Ziel und seine Vollendung findet und also auch seinen Sinn und Ursprung hat.

Hält man sich diesen Kreislauf in dem Zusammenhang aber auch in der Verschiedenheit seiner Stadien, hält man sich also die Differenzierung der Wirklichkeit der Allgegenwart Gottes vor Augen, dann sollte es möglich sein, einen Streit, der einst die evangelische Theologie heftig bewegt hat, und der in irgend einer neuen Form wohl wieder aktuell werden könnte, zu überblicken und einigermaßen zu schlichten: den im 16. und 17. Jahrhundert zwischen Lutheranern und Reformierten im Anschluß an den Abendmahlsstreit unglücklich geführten Streit über die Ubiquität der menschlichen Natur und speziell des Leibes Christi.

Er war darum ein unglücklicher Streit, weil die Lutheraner die Unterschiede, die Reformierten aber den Zusammenhang der Stadien des Kreislaufes zu wenig ernst genommen haben, in welchem zu denken man in dieser Sache nun einmal nicht unterlassen darf. Und er war darum unglücklich, weil die Lutheraner nicht beachten wollten, daß auch die Reformierten um den Zusammenhang, die Reformierten aber nicht beachten wollten, daß auch die Lutheraner um die Unterschiede der Stadien dieses Kreislaufes wohl wußten. Von den Lutheranern wurde übersehen, daß auch die Reformierten den Zusammenhang — von den Reformierten wurde übersehen, daß auch die Lutheraner die Unterschiede nicht einfach ignorierten oder leugneten, sondern eben bloß zu wenig ernst nahmen, bezw. nicht deutlich zeigen konnten, inwiefern auch sie das Eine oder das Andere ernst nehmen wollten. (So entstehen die unglücklichen, die unnützen theologischen Streitigkeiten — nicht alle sind solche, aber es gibt solche: man macht sich zuerst selber, ohne geradezu im Irrtum zu sein, aber in einer zwängerischen Verengung der Wahrheit einer Verkürzung und Einseitigkeit schuldig und man behaftet dann den Gesprächspartner bei der Verkürzung und Einseitigkeit, deren er seinerseits sich schuldig gemacht hat, als ob er einfach im Irrtum begriffen sei, wo es sich doch auch bei ihm nur um eine zwängerische Verengerung der Wahrheit handelt! Dies ist es, was die Lutheraner und die Reformierten sich im 16. und 17. Jahrhundert in dieser — und nicht nur in dieser — Sache gegenseitig angetan haben.)

Wenn die Lutheraner (ich halte mich an die Darstellung des J. Gerhard, *Loci theol.* 1610 II 182) die Allgegenwart der Menschheit und also auch des Leibes Jesu Christi behaupteten, so wollten sie damit dessen Geschöpflichkeit und also die Beschränktheit seiner Räumlichkeit nicht leugnen: *Christum ut hominem non dicimus naturaliter et essentialiter... esse omnipraesentem.* Sie blickten aber auf jene in der Inkarnation vollzogene Einigung des Schöpfers mit dem Geschöpf (die Einseitigkeit und Verkürzung bestand darin, daß sie die Vereinigung fast nur in dieser Betonung verstehen wollten) und behaupteten die Allgegenwart der Menschheit Jesu Christi *quatenus ipsius assumpta humana natura in infinitam* Λόγου ὑπόστασιν *est evecta et in exaltatione ad dextram Patris coelestis collocata.* Das ist offenbar, allgemein gesagt, richtig, und wenn die Lutheraner Matth. 18, 20 («Wo Zwei oder Drei...»), Matth. 28, 20 («Siehe, ich bin bei euch...»), Eph. 4, 10 («Der aufgefahren ist über alle Himmel, auf daß er alles erfülle»), Kol. 1, 18 («Er ist das Haupt des Leibes...») zum Zeugnis anführten, so wird man gewiß anerkennen müssen, daß von diesen eine Gegenwart Jesu Christi in der Welt feststellenden Aussagen die Gegenwart seiner menschlichen Natur und also auch seines Leibes nicht wohl ausgeschlossen werden kann und erst recht natürlich nicht von den Aussagen der Abendmahlstexte, an denen sich dieser ganze Streit entzündet hatte. Der positive Satz der lutherischen Lehre: *Logos in et cum natura humana... omnes creaturas in coelo ac terra regit non absens sed praesens,* ist in Ordnung. Es war aber mißlich, wenn man den für das Verständnis solcher Gegenwart des ganzen Christus entscheidenden Begriff der «Rechten Gottes» als des Ortes, wo Christus ist, nun undifferenziert so interpretierte: *quae dextra Dei cum sit ubique praesens nullo loco inclusa, a nullo exclusa, utique etiam Christus ad eam evectus erit omnipraesens.* Diese Interpretation der Rechten Gottes, bei der die Gegenwart, in der Gott sich selbst gegenwärtig ist, bei der sein ü b e r h i m m l i s c h e r Ort auf- und unterzugehen scheint in seiner Gegenwart überhaupt und im Allgemeinen, in seiner Gegenwart in der Schöpfung, läßt sich biblisch nicht rechtfertigen, sondern hängt offenbar mit der fatalen und hier gewaltsam zur Anwendung gebrachten Voraussetzung der ganzen alten Theologie zusammen, daß das Wesen Gottes das raumlose Unendliche und daß Gott als dieser raumlos Unendliche allgegenwärtig sei. Das hat nun aber zur Folge, daß es bei der lutherischen Konzeption völlig undeutlich ist, inwiefern von der räumlichen B e s c h r ä n k t h e i t, damit aber auch von der G e s c h ö p f l i c h k e i t des Leibes und der menschlichen Natur Christi überhaupt noch ernstlich die Rede sein kann, ob die wahre Menschheit Christi nun nicht in seiner Gottheit verschwunden, damit aber die Inkarnation rückgängig gemacht und Gottes offenbarendes und versöhnendes Handeln in Christus gänzlich problematisch geworden sei. Gewiß, das wollten die Lutheraner nicht; sie haben aber in keinem Stadium des Streites deutlich machen können, inwiefern sie es vermeiden konnten, im Monophysitismus und vielleicht im Doketismus zu endigen. Der richtige Satz von der Allgegenwart Christi auch in seiner menschlichen Natur mußte so interpretiert werden, daß die E i g e n t l i c h k e i t des göttlichen Ortes, der als solcher der Ort Jesu Christi auch nach seiner menschlichen Natur ist, daß aber auch die Geschöpflichkeit und also auch die wahre, die beschränkte R ä u m l i c h k e i t seiner jenen göttlichen Ort einnehmenden Menschheit und damit seine ganze Stellung als wahrer Gott und wahrer Mensch, als Mittler, Offenbarer und Versöhner gewahrt blieb.

Daß dies in der lutherischen Position nicht in der wünschenswerten Weise der Fall war, das haben nun die Reformierten (ich halte mich an P o l a n u s, *Synt. Theol. chr.* 1609 *col.* 942 ff.) richtig gesehen. Sie haben ihrerseits die Göttlichkeit Christi und damit die Allgegenwart des ganzen Christus nicht leugnen wollen. Auch sie blickten auf die Inkarnation als auf die Vereinigung des Schöpfers mit dem G e s c h ö p f (und ihre Einseitigkeit bestand darin, daß sie sie fast nur in dieser Betonung verstehen wollten). Sie wehrten sich gegen die Anwendung des *ubique* auf die menschliche Natur und also auf die Leiblichkeit Christi als solche. Sie verstanden die «Rechte Gottes» (biblisch richtig!) als einen Ort, der zunächst und als solcher ein unterschiedener Ort für sich, der also nicht nur der Ort aller Orte, sondern als solcher auch der Ort ü b e r allen Orten ist. Und sie wollten andererseits auch Bethlehem, Nazareth, Jerusalem und alle anderen Orte, an denen Jesus nach seiner Menschheit örtlich gewesen ist, als wirkliche geschöpfliche Orte, sie wollten vor allem die Räumlichkeit der Menschheit Christi als die seiner wahren Menschheit und also als je auf diesen und diesen Ort beschränkte Räumlichkeit verstanden wissen. Die Lücke der lutherischen Argumentation ist bei den Reformierten tatsächlich aufgezeigt und ausgefüllt: bei ihnen bleibt es sowohl im Blick auf die biblische Geschichte wie im Blick auf den erhöhten Christus bei dessen konkreter, nicht zu problematisierender Menschheit und insofern bei der Echtheit seines Mittlertums zwischen Gott und den Menschen. Aber ihre eigene Argumentation hat eine andere Lücke. Auch sie müssen den Texten und der Sache offenbar Gewalt antun, wenn sie kühnlich behaupten, in Matth. 18, 20 und 28, 20 sei von einer leiblichen Gegenwart Christi nicht die Rede, Christus sage z. B. an der letzteren Stelle nur dies: *licet corpore discederet, manere tamen ipsum cum illis deitate, Spiritus virtute, efficacia et maiestate sua,* kurzum kraft seiner Gottheit, oder wenn sie Eph. 4, 10 dahin auslegten: *ascendit Christus in coelum, ut gratiis et donis Spiritus sancti omnia ecclesiae membra impleret,* oder wenn sie den wahren Leib Christi auch beim Empfang des Abendmahls nur im Himmel wissen wollten und dementsprechend von den Gläubigen behaupten mußten, daß sie ihn kraft der *spiritualis facultas fidei,* obwohl leiblich-seelisch auf Erden, dort, im Himmel, zu essen bekämen. Was es mit der Vereinigung der Menschheit mit der Gottheit Christi auf sich habe? ob sie nun nicht im umgekehrten Sinn rückgängig gemacht sei, ob es nun doch wieder eine seiner Gottheit entblößte Menschheit und eine außerhalb der Menschheit und ohne sie wirksame Gottheit Christi gebe? ob der unser Mittler sein könne, der nach dieser Lehre gerade nach seiner Menschheit zuerst in Bethlehem und Nazareth und nachher im Himmel gewissermaßen eingeschlossen und von der übrigen Welt abgesperrt sei? ob das die Rechte Gottes sei, die nur dort und nicht allmächtig auch hier und überall sei? das Alles haben sich nun die Reformierten ihrerseits von den Lutheranern fragen lassen müssen und es war schon so, daß auch sie in allen Stadien des Streites — obwohl sie alle ihnen zugemuteten gefährlichen Konsequenzen ihrerseits so wenig ziehen wollten wie die Lutheraner die, die ihnen drohten — exakte und befriedigende Antwort auf alle diese Einwürfe niemals haben geben können. Man höre die Antworten, die im Heidelberger Katechismus auf die Fragen 47 und 48 gegeben werden: «Ist denn Christus nicht bei uns bis ans Ende der Welt, wie er uns verheißen hat? Christus ist wahrer Mensch und wahrer Gott. Nach seiner menschlichen Natur ist er jetzt nicht auf Erden, aber nach seiner Gottheit, Majestät, Gnade und Geist weicht er nimmer von uns. — Werden aber mit der Weise die zwei Naturen in Christo nicht voneinander getrennt, so die Menschheit nicht überall ist, da die Gottheit ist? Mitnichten, denn weil die Gottheit unbegreiflich und allenthalben gegenwärtig ist, so muß folgen, daß sie wohl auch außerhalb ihrer angenommenen Menschheit und dennoch nichtsdestoweniger auch in derselben ist und persönlich mit ihr vereinigt bleibt». Wenn die Frage der Lutheraner dahin lautete, ob und inwiefern wir es jetzt und hier mit dem ganzen Christus zu tun hätten, dann mußten diese Antworten trotz aller ihrer richtigen Elemente als ungenügend bezw. als ausweichend empfunden werden. Die reformierte Christologie konnte nestorianisch und vielleicht ebionitisch verstanden werden. Ihr richtiger Satz von der unaufhebbar konkreten Räumlichkeit der menschlichen Natur Christi hätte so interpretiert werden müssen, daß die Göttlichkeit ihres Ortes, daß also Christi Allgegenwart auch nach seiner menschlichen Natur und damit die volle Realität der Einheit seiner mittlerischen Person und Aktion gewahrt blieb. Den lutherischen Einwand, daß dies nicht in der wünschenswerten Weise der Fall sei, haben die Reformierten nicht überzeugend beantworten können.

So gehört diese Frage zu den Punkten, an denen sich das interkonfessionelle Gespräch in der evangelischen Kirche seinerzeit totgelaufen hat. Der Streit ist auf der Ebene, auf der er von beiden Seiten her angesetzt wurde, tatsächlich nicht zu schlichten. Es wäre aber von den Voraussetzungen her, die wir hier hinsichtlich der Allgegenwart Gottes erarbeitet haben, folgender Vorschlag zu machen: Wenn gerade die Gegenwart Gottes in Jesus Christus Gottes eigentliche Gegenwart in der Welt ist, wenn sie also dahin zu verstehen ist, daß in Jesus Christus der Raum Gottes selber (im strengsten ursprünglichen Sinn des Begriffs: der Thron Gottes) mit dem geschöpflichen menschlichen Raume identisch geworden ist, dann ist einmal (mit den Reformierten gegen die Lutheraner) einzusehen, daß sowohl die Leiblichkeit des historischen und erhöhten Jesus Christus als auch die Rechte Gottes als der Ort Jesu Christi ihre Bestimmtheit und Unterschiedenheit von anderen Räumen haben und daß dies um der Wahrheit der Menschheit Jesu Christi willen nicht geleugnet werden sollte. Ebenso ist dann aber (mit den Lutheranern gegen die Reformierten) einzusehen: es gibt nicht nur eine Allgegenwart Jesu Christi nach seiner Gottheit, sondern auch eine menschliche, leibliche Allgegenwart Jesu Christi. Eben kraft jener eigentlichen ursprünglichen

Gegenwart Gottes auf seinem überhimmlischen Throne, an der in Jesus Christus auch die menschliche Natur in ihrer Leiblichkeit teilnimmt, gibt es ja (im Besonderen und im Allgemeinen) auch eine anderweitige, relative aber reale Weltgegenwart Gottes, aber nun auch des in Jesus Christus mit Gott vereinigten Menschen. Man wird diese (dies mit den Reformierten gegen die Lutheraner) mit jener nicht einfach in eins setzen, jene nicht einfach in dieser aufgehen lassen, man wird also die Bestimmtheit und Unterschiedenheit jenes überweltlichen Raumes, «da Christus ist sitzend zur Rechten Gottes» und damit die Wahrheit der menschlichen Natur Jesu Christi unter allen Umständen festhalten müssen. Man wird aber (dies mit den Lutheranern gegen die Reformierten) die Weltgegenwart des in Jesus Christus mit Gott vereinigten Menschen auch nicht leugnen und also die Gegenwart des ganzen Christus als des Inhabers des göttlichen Thrones, wie sie in Israel und in der Kirche im Besonderen und in der Welt im Allgemeinen Ereignis ist, nicht auf seine Gottheit, seinen Geist, seine Gnade usw. beschränken dürfen. Wo sein Geist und seine Gnade sind, da ist er selber ganz; wahrer Gott und wahrer Mensch. Wie sollten sie da sein, wo nicht er selber ganz wäre: der eine ungeteilte Mittler zwischen Gott und den Menschen? Wir werden also sagen: Der ganze Jesus Christus ist dort: zur Rechten Gottes so — derselbe hier: in Israel und in der Kirche, aber auch in der Welt anders gegenwärtig. Wir werden (mit den Reformierten) unterscheiden und sagen: Er ist dort eigentlich und ursprünglich und hier symbolisch, sakramental, geistlich gegenwärtig. Wir werden aber (mit den Lutheranern) zusammenfassen und sagen: er ist hier nicht weniger als dort, sondern dort und hier real gegenwärtig: dort und hier der ganze Christus nach seiner göttlichen und nach seiner menschlichen Natur. Auf dieser Linie könnte und müßte die Diskussion der einzelnen exegetischen Probleme, denen wir hier nicht nachgehen können, neu aufgenommen werden.

2. GOTTES BESTÄNDIGKEIT UND ALLMACHT

Wir fassen die Ergebnisse des vorangehenden Abschnittes zusammen in den Satz: Gott ist Einer in seiner vollkommenen Freiheit und eben als solcher ist er sich selbst und Allem, was ist, gegenwärtig in seiner vollkommenen Liebe. Der neue Satz, zu dem wir nun übergehen, ist eine notwendige Wiederholung und Bestätigung jenes ersten Satzes: Gott ist beständig und Gott ist allmächtig. Wieder bezeichnen wir mit der Beständigkeit zunächst die vollkommene Freiheit, mit der Allmacht aber die vollkommene Liebe, in der Gott frei ist. Inwiefern ist dieser zweite Satz neu und notwendig neben dem ersten? Nicht insofern, als er etwas Anderes als jener sagen wollte und könnte. Wohl aber insofern als er dasselbe anders sagt: in einer Andersheit, die durch den Gegenstand gefordert ist, die also sachlich auch in unserem ersten Satz vorgesehen und berücksichtigt sein muß, die aber unser erster Satz als solcher noch nicht zum Ausdruck bringen konnte. Von dem beständig Einen und von dem allmächtig Allgegenwärtigen haben wir gesprochen. Wie hätten wir sonst von Gottes Einheit und Allgegenwart gesprochen? Aber eben von dieser Beständigkeit und Allmacht Gottes muß nun ausdrücklich und selbständig gesprochen werden. Ausdrücklich: weil das Wesen Gottes auch das verlangt, weil es auch unter dem mit den Begriffen Beständigkeit und Allmacht bezeichneten Gesichtspunkt gesehen und verstanden sein will. Selbständig: weil das ganze Wesen Gottes auch unter diesem Gesichtspunkt gesehen und verstanden sein will, als ob nun gerade er der einzige wäre. Ist doch jede in Gottes Offenbarung sich kundgebende und erkennbare Eigenschaft und Vollkommenheit Gottes zugleich sein eines ganzes Wesen. Das gilt auch von Gottes Beständigkeit und Allmacht.

Man kann und muß alle Vollkommenheiten der Freiheit Gottes und insofern auch alle Vollkommenheiten seiner Liebe und insofern das eine ganze göttliche Wesen, eben darin erkennen und damit aussprechen, daß man erkennt und sagt: Gott ist beständig. Darin zeichnet er sich aus vor Allem, was von ihm verschieden ist, darin ist er, was er in sich ist, darin bestimmt und regiert er aber auch Alles, was von ihm verschieden ist. Weil er beständig ist und als der Beständige ist er auch allmächtig. Und eben weil er allmächtig ist und als der Allmächtige ist er auch beständig. Aber weil wir jetzt die Freiheit Gottes zu sehen und zu verstehen haben, darum stellen wir dies voran, darum gehen wir davon aus: er ist beständig.

Was heißt das? Gott ist der eine allgegenwärtige, der in sich selbst und gegenüber allem Anderen geschlossene und wieder sich selbst und allem Anderen gegenüber aufgeschlossene, sich selbst und alles Andere umschließende Gott. Sein Geschlossensein ist aber ebenso wie seine Aufgeschlossenheit und sein Umschließen, es ist seine Einzigkeit und Einfachheit ebenso wie seine Räumlichkeit in ihm selbst begründet, durch ihn selbst gesetzt, aufrecht erhalten und durchgeführt, und zwar, weil durch ihn selbst, so, daß irgend eine Abweichung, irgend ein Abnehmen oder Zunehmen, irgend ein Veralten oder Neuwerden, irgend eine Veränderung, irgend eine Nicht-Identität oder Nicht-Kontinuität in ihm selbst, dem Einen und Allgegenwärtigen, nicht stattfindet und auch nicht stattfinden kann und also auch nicht erwartet, in keinem Sinne auch nur als möglich gedacht werden kann. Der eine allgegenwärtige Gott bleibt der er ist. Das ist seine Beständigkeit. Sie streitet nicht mit seiner Freiheit und Liebe. Beide, seine Freiheit und seine Liebe, sind vielmehr eben darum göttlich, weil sie die Freiheit und die Liebe dessen sind, der in sich beständig ist, von dessen Freiheit also nichts Anderes, sondern unter allen Umständen genau nur das und immer wieder das zu erwarten ist: daß er er selbst sein und sich als sich selbst erweisen und bestätigen werde, von dessen Liebe nie etwas Anderes, sondern unter allen Umständen genau das und immer nur das zu erwarten ist, daß sie sich als Liebe betätigen und daß er in ihr sich selbst bestätigen werde. Gottes Beständigkeit streitet also auch nicht mit Gottes Leben. Der Eine Allgegenwärtige ist der lebendige Gott. Aber eben als der Lebendige ist er selbst keiner Veränderung unterworfen und fähig, hört er nicht auf, sich selbst zu sein. Indem sein Leben nicht nur der Ursprung aller geschöpflichen Veränderung, sondern in sich selbst geradezu die Fülle des Andersseins, der Bewegung, des Wollens, Beschließens und Tuns, des Alt- und Neuwerdens ist — lebt er es in ewiger Wiederholung und Bestätigung seiner selbst. Es wird als sein inneres Leben und als sein Leben in Allem, was ist, sich nie von ihm lösen, sich nie gegen ihn wenden, nie eine ihm fremde Gestalt und Wirkung haben. Es wird in allen seinen Gestalten und Wirkungen sein Leben sein. Es wird in aller Veränderung und Bewegung von der Ruhe ausgehen und zu der Ruhe zurückkehren, von der Ruhe begleitet, getragen und erfüllt sein, die er als der allein wirklich Lebendige insofern in sich selbst hat, als sein Selbst keiner Aufhebung, keiner Minderung oder Mehrung, keiner Verkehrung in ein anderes Selbst bedürftig, fähig oder ausgesetzt ist, als auch sein Leben und gerade sein Leben mit seiner Veränderung und Bewegung nur darin bestehen kann und eben darin in Herrlichkeit besteht, daß er nicht aufhört, er selbst zu sein, sich selbst in seinem Sein zu setzen, zu wollen und zu vollbringen: nicht in Notwendigkeit, sondern in Freiheit und in Liebe oder eben: mit der Notwendigkeit, kraft welcher er nicht aufhören kann, er selbst, der in Freiheit Liebende, zu sein.

Die altprotestantische Orthodoxie hat leider auch an dieser Stelle keine glückliche Hand gehabt. Sie erinnerte zwar an die Bibelstellen, an die man sich hier in der Tat erinnern muß: an das «Ich bin, der Ich bin» (Ex. 3, 14), dessen wir schon in unserer allgemeinen Überlegung des Begriffs der Aseität Gottes gedacht haben, an Num. 23, 19: «Gott ist kein Mensch, daß er lüge, kein Menschenkind, daß ihn gereue. Was er gesprochen, sollte er es nicht tun? Was er geredet, sollte er es nicht ausführen?», an Mal. 3, 6: «Ich, der Herr, habe mich nicht geändert», an Ps. 102, 26 f. vor allem: «Vorzeiten hast du die Erde gegründet und die Himmel sind deiner Hände Werk. Sie werden vergehen, du aber bleibst; wie ein Gewand zerfallen sie alle, wie ein Kleid wechselst du sie und sie gehen dahin. Du aber bleibst derselbe und deine Jahre nehmen kein Ende», an Jak. 1, 17: «Alle gute Gabe und alles vollkommene Geschenk kommt von oben herab, von dem Vater der Lichter, bei dem keine Veränderung ist und kein Schatten infolge von Wechsel» und an Hebr. 6, 13 f., wo es von Gott heißt, daß er dem Abraham seine Verheißung, «da er bei keinem Größeren schwören konnte» durch einen Eid bei sich selber bekräftigt habe, «damit wir durch zwei unwandelbare Tatsachen (Gott selber und sein Eid!) laut derer es unmöglich ist, daß Gott gelogen haben sollte, einen starken Trost besitzen möchten, wie wir unsere Zuflucht dazu genommen haben, die vor uns liegende Hoffnung zu ergreifen. Und diese besitzen wir als einen Anker der Seele, der sicher und fest ist und ins Innere hinter den Vorhang hineinreicht, wohin als Vorläufer für uns Jesus hineingegangen ist.» Man sieht sich doch nicht nur sprachlich, sondern sachlich in eine andere Welt versetzt, wenn man nun Polanus (*Synt. Theol. chr.* 1609 *col.* 967) die «Unveränderlichkeit» *(immutabilitas)* Gottes folgendermaßen erklären und begründen hört: *Deus a nulla re extra ipsum existente moveri mutarive potest: sic enim ipse primus motor et effector omnium bonorum in natura non esset. Ab interno etiam principio moveri aut mutari non potest. Quodcumque enim ab interno principio movetur aut mutatur, in eo aliud sit necesse est, quod moveat, aliud quod moveatur, ac proinde ex diversis rebus compositum. In Deo autem statuere rerum diversarum compositionem non patitur eius simplicitas absoluta, immensitas et summa perfectio. Non igitur aliquid in ipso mobile est, sed totus ipse immobilis existens omnibus aliis rebus motuum causa est. Quapropter etiam totus est immutabilis.* Wird das von jenen Bibelstellen her und also von dem in seiner Offenbarung sich selbst bezeugenden Gott gesagt? Von dorther und angesichts dieses Gottes hätte offenbar anders, nämlich nicht in solchem kaum gutzumachenden Streit gegen die Freiheit, die Liebe, das Leben Gottes von seiner «Unveränderlichkeit» geredet werden müssen. Die Quelle, aus der Polanus schöpft, ist aber (ausdrücklich genannt) eine andere: er entwickelt eben den Begriff des *ipsum ens,* des *actus simplex et perfectissimus,* der *immensitas,* des *primum principium et primum movens,* das als solches definitionsmäßig auch *immutabile* und nun eben in d i e s e m, jenen Bibelstellen keineswegs entsprechenden Sinn *immutabile* sein muß. Man wird es A u g u s t i n zugestehen müssen, daß er sich in verhältnismäßig viel größerer Sachnähe befand, wenn er sich über das Verhältnis von Ruhen und Wirken Gottes (*De civ. Dei* XII 17, 2) folgendermaßen äußerte: *Nobis fas non est credere, aliter Deum affici cum v a c a t, aliter cum o p e r a t u r : quia nec affici dicendus est, tamquam in eius natura fiat aliquid, quod non ante fuerit. Patitur quippe qui afficitur et mutabile est omne quod aliquid patitur. Non itaque in eius v a c a t i o n e cogitetur ignavia, desidia, inertia, sicut nec in eius o p e r e labor, conatus, industria. Novit q u i e s c e n s a g e r e et a g e n s q u i e s c e r e. Potest ad opus novum non novum, sed sempiternum adhibere consilium, nec poenitendo quia prius cessaverat, coepit facere quod non fecerat. Sed et si prius cessavit et posterius operatus est (quod nescio quemadmodum ab homine possit intelligi), hoc procul dubio quod dicitur ‚prius et posterius' in rebus prius non existentibus et posterius existentibus fuit. In illo autem non alteram praecedentem altera subsequens mutavit aut abstulit voluntatem, sed una eademque sempiterna et immutabili voluntate res quas condidit, et ut prius non essent egit, quamdiu non fuerunt, et ut posterius essent, quando esse coeperunt.* Augustin hat offenbar jedenfalls etwas von dem gesehen, auf was hier Alles ankommt: Gottes beständiges Gottsein steht jenseits des Gegensatzes von Ruhe und Bewegung; es darf also nicht das eine als göttlich gegen das andere als weniger göttlich ausgespielt, es darf weder seiner Bewegung zuliebe seine Ruhe, noch seiner Ruhe zuliebe seine Bewegung geleugnet werden. Bedenklich ist freilich auch bei Augustin dies, daß er die B e z i e h u n g zwischen beiden nun doch auf das Wirken Gottes nach a u ß e n beschränken zu wollen scheint, um Gott selbst und in sich eine Ruhe ohne alles *prius* und *posterius* zuzuschreiben, während die Beständigkeit Gottes, die in jenen Schriftstellen bezeugt ist, gerade keine abstrakte Ruhe, sondern d i e Ruhe, d i e ununterbrochene Kontinuität, d i e Unwandelbarkeit, d i e «Unveränderlichkeit» sein dürfte, die gerade dem lebendigen — dem nicht nur nach außen sondern auch, ja zuerst in sich selbst lebendigen Gott, dem Vater, dem Allmächtigen, der als solcher der Schöpfer des Himmels und der Erde ist, zu eigen ist. Das ist es, was I. A. D o r n e r in seiner großen Abhandlung «Über die richtige Fassung des dogmatischen Begriffs der Unveränderlichkeit Gottes» 1856 (Ges. Schriften 1883, S. 188 bis 377) in einer für die ganze Gotteslehre aufschlußreichen Weise ans Licht gestellt hat. Es wird dem Kenner gerade bei der Lektüre dieses Abschnitts nicht verborgen bleiben, wie viel Anregung ich Dorner zu verdanken habe.

Die Entscheidung **hinsichtlich** des richtigen Verständnisses dieses Begriffs fällt damit, daß man einsieht: es handelt sich nicht darum, in einem

2. Gottes Beständigkeit und Allmacht

mehr oder weniger konsequent als solches begriffenen Unveränderlichen Gott zu erkennen, sondern es handelt sich darum, Gott als «unveränderlich» zu erkennen, wobei wir auch hier der Bestimmung des Prädikates durch das Subjekt und der Bestimmung des Subjektes durch dessen Selbstoffenbarung zu folgen und also nicht etwa ein eigenmächtig gewähltes Subjekt durch ein eigenmächtig gewähltes Prädikat zu bestimmen haben. In dem Maß als man sich von jener ersten falschen Fragestellung nicht wirklich zugunsten der zweiten zu trennen vermag, gerät man zu den biblischen Aussagen, die nun einmal nicht von irgend einem *immutabile* oder *immobile* an sich, sondern von dem «unveränderlichen» Gott in seiner Selbstoffenbarung reden, in unheilbaren Widerspruch und wird man alles das, was man über einen lebendigen Gott wahrscheinlich doch auch sagen möchte, nur in qualvoller Gebundenheit an eine in dieser Hinsicht fatalste Voraussetzung oder nur in ebenso qualvollem Widerspruch zu dieser sagen können. Denn das wäre nun allerdings die denkbar fatalste Voraussetzung der besonderen Gotteslehre nicht nur, sondern alles Redens von Gott, wenn wirklich «das Unveränderliche» als solches Gott sein sollte.

Wäre dem so, wie Polan sagt, daß Gott weder von einem Anderen noch durch sich selbst bewegt, sondern, gleichsam gebannt durch seine Einfachheit, Unendlichkeit und schlechthinige Vollkommenheit das reine *immobile* wäre, dann müßte doch wohl jede Beziehung zwischen ihm und einer von ihm unterschiedenen Wirklichkeit — jede solche jedenfalls, die über das Verhältnis reiner gegenseitiger Negativität hinausginge, jede solche, die eine Anteilnahme Gottes selbst an dieser anderen Wirklichkeit in sich schließen würde — unmöglich sein. Nur in höchster Uneigentlichkeit oder aber nur in schwerstem Widerspruch zu der Grundvoraussetzung könnte dann von ihm als dem Schöpfer und Herrn der Welt, von dem Werk der Versöhnung und Offenbarung als von seinem wirklichen Werk, von der Inkarnation und von der Stellvertretung und von dem Mittlertum seines Sohnes und, darauf gegründet, von Gott als dem Vater und von den Glaubenden als seinen Kindern, von der Gabe des Heiligen Geistes, vom Gebet und von der uns gegebenen Verheißung ewigen Lebens die Rede sein. Es würde dann die Lösung Schleiermachers, das Alles exklusiv als Affektionen des frommen Gemütes zu interpretieren, ungemein nahe liegen und jenseits der Schleiermacherschen Lösung — wenn etwa die Affektionen des frommen Gemüts als allzu belangvoll sich nun doch nicht erweisen sollten — die atheistische Lösung. Denn man täusche sich nicht darüber: Das reine *immobile* ist der Tod. Wenn also das reine *immobile* Gott ist, dann ist der Tod Gott, d. h. es ist dann der Tod absolut gesetzt, als das Erste und Letzte und Eigentliche erklärt; es ist dann vom Tode gesagt, daß er keine Grenze und kein Ende hat, daß er allmächtig ist, daß es also keinen Überwinder des Todes und für uns keine über den Tod triumphierende Hoffnung gibt. Der Tod selber steht ja dann dort, von woher allein die Überwindung und die Hoffnung kommen könnte. Der Tod selber ist dann der Herr über Alles. Und wenn der Tod Gott ist, dann ist Gott tot, d. h. dann ist die Gleichung überflüssig, es ist dann innerlich unwahr und unmöglich geworden, die Letztwirklichkeit Tod mit allen jenen ohnmächtig widersprechenden Aussagen des frommen Gemüts über einen Schöpfer, Versöhner, Erlöser und Herrn gleichsam zu bekränzen, wie man ohnmächtig genug die Gräber bekränzt, für deren Bewohner es doch keine Sonne und keinen Frühling mehr gibt. Es ist dann aller Trost und alle Mahnung der Religion zur Heuchelei wider besseres Wissen, zum öden Pfaffenspuk geworden, den man sich in sentimentalen Augenblicken und Anwandlungen gefallen lassen mag, von dem man aber heimlich weiß, daß er mit der Wirklichkeit nichts zu tun hat und den man sich im Grunde nur vom Leibe zu halten bemüht sein wird. Es ist schon bedenklich, gerade an dieser Stelle sehen zu müssen, wie die orthodoxe Theologie auch der evangelischen Kirche knapp hundert Jahre nach Luther und Calvin, es gar nicht merkte, daß sie ja mit diesem *immobile* den heidnischen Gottesbegriff — den Gottesbegriff derer, die keine Hoffnung haben — auf- und anzunehmen in vollem Zuge war und wie sie damit nicht nur dem neuprotestantischen Zerfall von Kirche und Theologie, konkret: dem Anthropologismus Schleiermachers und Feuerbachs, sondern darüber hinaus dem primitiven Unglauben der Neuzeit vorgearbeitet hat. Denn wenn der Durchschnittsmensch gegenüber aller religiösen Verkündigung heimlich oder manchmal auch offen auf die «Wirklichkeit» rekurriert, so meint er damit im Einklang mit den alten und allen späteren Heiden die Letztwirklichkeit des Todes und damit doch nur das, was jedenfalls nach dem Locus *De immutabilitate Dei* gerade nach orthodoxer Lehre die Wirklichkeit Gottes sein sollte. Kann und wird man den Tod fürchten, so spricht doch viel für die Möglichkeit, auf die ihm ohne alle Glaubwürdigkeit angehängte Affiche «Gott» mit resolutem Unglauben zu reagieren.

Aber dem ist eben nicht so, daß das Unveränderliche als solches Gott wäre. Sondern — und das ist etwas Anderes — Gott ist «unveränderlich»: er der Lebendige, er in seiner Freiheit und Liebe, er selbst. Er ist in ewiger Aktualität, nie bloß potentiell (nie auch nur teilweise bloß potentiell!) nie und nirgends intermittierend, immer und überall stetig und sich selbst gleich, was er ist. Seine Liebe kann nicht aufhören seine Liebe, seine Freiheit kann nicht aufhören seine Freiheit zu sein. Nur er selbst könnte sich selbst angreifen, ändern, aufheben, zerstören. Aber eben darin ist er der «unveränderliche» Gott, daß er sich nie und nimmer gegen sich selbst kehren, nie und nimmer aus sich selbst herausfallen will, kann und wird, auch nicht kraft seiner Freiheit, auch nicht um seiner Liebe willen, denn was er kraft seiner Freiheit um seiner Liebe willen tut, das wird nie die Preisgabe, sondern als solches immer und überall die neue Selbstbehauptung seiner Freiheit und seiner Liebe, ein neuer Erweis seines Lebens sein. Und es wird diese seine Selbstbehauptung nie und nirgends der Akt eines heiligen Egoismus, sondern immer und überall der Akt der Gerechtigkeit sein, in der er seine Ehre über Alles setzt und schon als Akt seiner Gerechtigkeit muß seine Selbstbehauptung als notwendig, als keinem Zweifel und keiner Anfechtung unterliegend verstanden werden. Auf die Frage: Was ist das Unveränderliche? ist also zu antworten: Dieser lebendige Gott in seiner Selbstbehauptung ist das Unveränderliche. Das ist das Unveränderliche: daß dieser Gott ist als der, der er ist, daß er gnädig und heilig, barmherzig und gerecht, geduldig und weise ist. Das ist das Unveränderliche, daß er der Schöpfer, der Versöhner, der Erlöser, daß er der Herr ist. Eben dieses Unveränderliche schließt nun aber das Leben nicht aus, sondern ein, ja es ist geradezu das

Leben. Es braucht also nicht erst auf die Bewegtheit der geschaffenen Welt und erst recht nicht erst auf die Regungen unseres frommen Gemüts zu warten, um von daher Leben erst eingehaucht zu bekommen. Es hat also auch nicht nur nichts zu tun mit jenem heidnischen *immobile,* das nur die euphemistische Bezeichnung des Todes sein kann, sondern es ist dessen direkter Widerspruch. Es bedarf also keiner Sentimentalitäten zur heuchlerischen Verkleidung und Verschönerung seiner furchtbaren Wirklichkeit. Denn es ist n i c h t diese furchtbare Wirklichkeit. Es ist die Wirklichkeit des Lebens und nicht des Todes. Die Beständigkeit Gottes — dieses Wort ist besser als das verdächtig negative Wort «Unveränderlichkeit» — ist die Beständigkeit seines W i s s e n s, W i l l e n s und T u n s und also seiner Person; sie ist die Stetigkeit, die Unbeirrbarkeit, die Unermüdlichkeit, in der Gott sowohl er selbst ist als auch sein Werk treibt, es als solches erhält und immer wieder zu seinem Werke macht; sie ist die Selbstgewißheit, in der Gott in sich selbst und in allen seinen Werken in Bewegung und in sich selbst und in allen seinen Werken reich ist o h n e sich selbst zu verlieren, aber auch o h n e (aus Furcht vor solchem Selbstverlust!) in sich selbst erstarren, ohne auf seine Bewegung und auf seinen Reichtum verzichten zu müssen. Die Beständigkeit Gottes ist also nicht die Grenze und Schranke, sie ist nicht der Tod seines Lebens. Eben darum darf das rechte Verständnis der Beständigkeit Gottes auch nicht auf sein Zusammensein mit der Schöpfung beschränkt werden, als ob Gott in sich selbst nun etwa doch das nackte «Unveränderliche» und also in letzter Wirklichkeit doch der Tod wäre. Sondern eben in und kraft seiner B e s t ä n d i g k e i t ist Gott l e b e n d i g in sich selbst und in allen seinen Werken. Eben dies, daß ihm Selbigkeit und Stetigkeit eignet, macht ihn zu dem Lebendigen, der er ist, eben sie ist der Grund und Sinn seiner Macht und Kraft, eben dies ist das gottheitliche Geheimnis der Bewegung selbst und des Reichtums selbst, in welchem er herrlich ist auf seinem Throne und in allen Höhen und Tiefen seiner Schöpfung.

Es geht also nicht an, aus dem «Ich bin, der Ich bin» Ex. 3, 14 ein bewegungsloses *ipsum ens* herauszudestillieren, als ob die darin allerdings ausgesprochene göttliche Selbstbehauptung getrennt davon stattfände und verstanden werden könnte, daß sie die Selbstbehauptung des auf Mose und Israel sich hinbewegenden und mit beiden in sehr bestimmter Weise h a n d e l n d e n Gottes ist. Es gibt eine heilige V e r ä n d e r l i c h k e i t Gottes. Gott steht wohl über allen Zeiten, er steht aber über ihnen als ihr Herr, als der βασιλεὺς τῶν αἰώνων (1. Tim. 1, 17) und also als der — h e r r e n m ä ß i g und also in s e i n e r Weise — an ihrem Wechsel B e t e i l i g t e, also nicht ohne daß etwas ihrem Wechsel Entsprechendes auch seinem eigenen Wesen angehörte. Daß er in allem Wechsel derselbe ist und bleibt, das ist seine Beständigkeit. Was zu ihr im Gegensatz steht, was durch sie ausgeschlossen ist, ist nicht seine heilige Veränderlichkeit, sondern jene unheilige Veränderlichkeit des Menschen, wie sie etwa in Jes. 1, 21 f. beschrieben ist: «Wie ist zur Dirne geworden die treue Stadt, die voll war des Rechts! Gerechtigkeit wohnte in ihr, jetzt aber Mörder! Dein Silber ist zur Schlacke geworden, dein Wein mit Wasser verfälscht. Deine Führer sind Aufrührer und Gesellen der Diebe...», oder Röm. 1, 23: «Sie vertauschten die Herrlichkeit des unvergänglichen Gottes mit der Bildgestalt des vergänglichen Menschen», oder Gal. 3, 1: «O ihr unverständigen Galater, wer hat euch verzaubert, denen doch Jesus Christus der Gekreuzigte vor Augen gemalt wurde», und 3, 3: «Ihr, die ihr im Geiste begonnen hattet, vollendet es nun im Fleische» und 5, 7: «Ihr liefet gut, wer hat euch aufgehalten, daß ihr der Wahrheit nicht gehorcht?» Man beachte, wie Mal. 3, 6 f. die Unveränderlichkeit Gottes kontrastiert wird: «Ich, der Herr habe mich nicht geändert, und ihr, Söhne Jakobs, seid noch immer dieselben. Seit den Tagen eurer Väter seid ihr von meinen Satzungen abgewichen...» So wie nach diesen Worten der Mensch ist, beständig in seiner bösen Unbeständigkeit — so ist Gott nicht. Er ist konsequent Einer und Derselbe. Aber wiederum ist seine Konsequenz nicht eine sozus. mathematische, die Konsequenz eines höchsten Naturgesetzes, bezw. Naturmechanismus, sodaß er als Einer und Derselbe gebunden wäre, durchaus nur Eines und Dasselbe zu sein, zu sagen und zu tun, nicht so, daß alle Unterschiedenheiten seines Seins, Redens und Tuns nur ein Schein, nur die verschiedenen Brechungen des einen ewig gleichen Lichtstrahls wären. So dachte und so denkt aller Platonismus von Gott. Man kann sich auch hier nicht klar genug machen, daß man damit sagt, daß Gott im Grunde leblos, wortlos, tatenlos ist. Das biblische Denken von Gott wird sich lieber die Verwechslung mit dem schlimmsten Anthropopathismus als die Verwechslung mit dieser vornehmsten aller Gottesleugnungen gefallen lassen. Für das biblische Denken ist Gott wohl der Unveränderliche, aber als solcher der lebendige Gott und eignet ihm eine Beweglichkeit, eine Elastizität, die nicht weniger göttlich ist als seine Beharrlichkeit, die sogar die Göttlichkeit seines Beharrens nicht weniger bestätigen muß, als ihre eigene Göttlichkeit natürlich der Bestätigung durch sein göttliches Beharren bedarf.

Es ist also keine uneigentliche sondern eine sehr eigentliche Rede, es streitet nicht mit der Beständigkeit Gottes, sondern es bezeugt sie, wenn Ps. 18, 26 f. zu lesen steht: «Gegen den Frommen zeigst du dich fromm, gegen den Redlichen redlich; gegen den Reinen zeigst du dich rein, gegen den Verkehrten verkehrt. Ja, du hilfst dem gedrückten Volke, doch hochfahrenden Sinn demütigst du». Gerade so handelt der unveränderliche und als solcher lebendige Gott. Es ist faktisch nicht so, daß jenes Wort Num. 23, 19, nach welchem Gott kein Menschenkind ist, daß ihn gereue, durch jene zahlreichen anderen Stellen begrenzt oder gar geleugnet und aufgehoben würde, nach welchen es Gott nun tatsächlich doch gereut, dies und das verheißen oder gedroht oder auch getan zu haben, nach welchen er es gewissermaßen zurücknimmt: einmal, mehrere Male, um dann öfters auch sein Zurücknehmen selbst wieder zurückzunehmen und auf das, was er zuerst gesagt oder getan hat, zurückzukommen. Nach Gen. 6, 6 f. reute es den Herrn, daß er den Menschen geschaffen hatte auf Erden und es bekümmerte ihn tief und er beschloß, die von ihm geschaffenen Menschen vom Erdboden zu vertilgen. Ist das nun etwa weniger wahr und ihm entsprechend als sein Beschluß Gen. 1, 26: «Lasset uns Menschen machen nach unserem Bilde uns ähnlich!» und dessen Ausführung oder als das, was Gott nach Gen. 8, 21 nach der Sündflut bei sich selber spricht: «Ich will hinfort nicht mehr die Erde um des Menschen willen verfluchen» und als die Ausführung dieses Entschlusses in der Gen. 9 erzählten Aufrichtung des Bundes mit Noah? Wir lesen Gen. 18, 20 f. wie Abraham das den Städten Sodom und Gomorrha drohende göttliche Gericht mit seiner Fürbitte aufzuhalten sucht und wie ihm Gott Schritt für Schritt Konzessionen macht: wenn er dort fünfzig, wenn er dort schließlich nur zehn Gerechte findet, so will er dem ganzen Ort vergeben. Ist das eine Beeinflussung Gottes durch den Menschen und nicht vielmehr die Bestätigung dessen, daß Gott nach v 17 vor Abraham nichts geheim zu halten gesonnen war von dem, was er tun wollte, daß er ihn nach v 19 dazu erkoren hatte, seinen Nachkommen zu befehlen, den Weg des Herrn zu beobachten und Gerechtig-

2. Gottes Beständigkeit und Allmacht 559

keit und Recht zu üben? Eben der Weg des Herrn selbst wird offenbar «beobachtet» in jener Fürbitte Abrahams und sichtbar in jenen göttlichen Konzessionen. Und Entsprechendes wäre doch wohl zu sagen zu jenem Zwiegespräch zwischen Jahve und Mose Ex. 32, 9 f. nach der Aufrichtung des goldenen Kalbes: «Der Herr sprach zu Mose: Ich sehe, daß dieses Volk ein halsstarriges Volk ist. Und nun laß mich, daß mein Zorn wider sie entbrenne und ich sie vertilge; dich aber will ich zu einem großen Volke machen. Mose aber flehte den Herrn seinen Gott an und sprach: Ach, Herr, warum entbrennt dein Zorn wider dein Volk, das du mit großer Kraft und starker Hand aus dem Lande Ägypten herausgeführt hast? Warum sollen die Ägypter sagen: in böser Absicht hat er sie hinausgeführt, um sie im Gebirge umkommen zu lassen und sie vom Erdboden zu vertilgen? Laß ab von der Glut deines Zornes und laß dich das Unheil gereuen, das du deinem Volk bringen willst!... Da ließ sich der Herr das Unheil gereuen, das er seinem Volke angedroht hatte». Und Entsprechendes wäre zu sagen zu dem bewegten Kapitel Num. 11 mit seiner Schilderung des Entbrennens und Verlöschens und neuen Entbrennens des göttlichen Zornes über das in der Wüste murrende Volk. Und Entsprechendes zu Amos 7, 1—6: «Solches ließ Gott der Herr mich schauen: siehe, Heuschrecken zogen aus, als das Sommergras anfing zu wachsen... Doch als sie schon daran waren, das Grün des Landes kahl zu fressen, sprach ich: O Gott, mein Herr, verzeihe doch! Wie kann Jakob bestehen? Er ist ja schon gering. Da reute es den Herrn. Es soll nicht geschehen! sprach der Herr. — Solches ließ Gott der Herr mich schauen: siehe, Gott der Herr rief dem Feuer, damit zu strafen; daß es fresse die große Flut, daß es fresse das Ackerfeld. Da sprach ich: O Gott, mein Herr, laß doch ab! Wie kann Jakob bestehen? Er ist ja schon gering. Da reute es den Herrn. Auch dieses soll nicht geschehen! sprach Gott der Herr». Entscheidend für das, was hier zu verstehen ist, ist zunächst Jer. 18, 1—10: «Das Wort des Herrn, das vom Herrn an Jeremia erging: Mache dich auf und gehe hinab in das Haus des Töpfers; dort will ich dich meine Worte hören lassen. Und ich ging hinab in das Haus des Töpfers, und siehe, er arbeitete gerade auf seiner Scheibe. Wenn nun das Geschirr, das er aus dem Ton machte, ihm unter den Händen mißriet, so machte er wieder ein anderes Geschirr daraus, wie es ihn gut dünkte. Da erging an mich das Wort des Herrn: Kann ich mit euch nicht tun wie dieser Töpfer, Haus Israel? spricht der Herr. Siehe, wie Ton in der Hand des Töpfers, so seid ihr in meiner Hand, Haus Israel. Einmal rede ich über ein Volk und über ein Königreich, es auszureißen und niederzureißen und zu verderben; bekehrt sich dann aber ein solches Volk, über das ich geredet habe, von seiner Bosheit, so lasse ich mich das Unheil gereuen, das ich über sie zu bringen gedachte. Ein andermal rede ich über ein Volk und über ein Königreich, es zu pflanzen und aufzubauen; tut es dann aber, was mir mißfällt, und hört nicht auf meine Stimme, so lasse ich mich das Gute gereuen, das ich ihm zu tun gedachte». Auch in Amos 7 lautet ja die Fortsetzung v 7—9: «Solches ließ der Herr mich schauen: siehe, der Herr stand auf einer Mauer mit einem Senkblei in der Hand. Und der Herr sprach zu mir: Was siehst du Amos? Ich antwortete: Ein Senkblei. Da sprach der Herr: Siehe, ich lege das Senkblei an inmitten meines Volkes Israel; ich will ihm nicht länger vergeben. Die Höhen Isaaks werden verwüstet, und die Heiligtümer Israels werden zerstört; und wider das Haus Jerobeams erhebe ich mich mit dem Schwerte».

Es ist nun aber zu beachten, daß die beiden Möglichkeiten göttlicher Reue sowohl in der Amos- wie in der Jeremiasstelle sicher nicht zufällig in dieser Reihenfolge stehen, daß also beide auf keinen Fall darauf hinauslaufen — das ist auch bei der neutestamentlichen Wiederaufnahme des Töpfergleichnisses Röm. 9, 21 f. nicht der Fall — Gottes Freiheit zu zürnen und zu erretten, zu töten und lebendig zu machen gewissermaßen in Parallele und ins Gleichgewicht zu setzen, Gott selber also gewissermaßen in die indifferente Mitte zwischen beiden zu stellen, als ob er, gleichgültig über Beides verfügend, in ewig unübersichtlicher Dialektik bald des Einen bald des Anderen sich gereuen ließe und also bald das Eine, bald das Andere wollen und tun könnte. Gerade aus dem Jeremia-Buch ist vielmehr zu lernen, daß jene erste Reue Gottes (unbeschadet der strengen Realität auch der zweiten!) Gottes eigentliche Reue ist: die Reue nämlich, in der er auf seine Drohungen und schon hereingebrochenen Gerichte zurückzukommen verheißt und tatsächlich zurückkommt, um deretwillen er seinen Propheten aussendet, damit das Volk seinerseits umkehre und damit diese Verheißung und Wohltat ergreife, die gnädige Reue Gottes bestätige und rechtfertige: Jer. 26, 2—3, 13, 19; 36, 3; 42, 10. Daß Gott ein solcher ist, «den des Übels gereut», das erscheint Joel 2, 13, Jona 4, 2 neben seiner Gnade, Barmherzigkeit, Langmut und Huld geradezu als eine seiner Gottheitseigenschaften. Es kann Gott wohl gereuen, Israel so oder so seine Hilfe zugesagt und erwiesen zu haben; er kann sich also wohl in der furchtbarsten Weise darin zurücknehmen, daß er sich jetzt in seinem Zorn als der erweist, der er ist. Es kann ihn aber nicht gereuen und es gereut ihn auch nie, der zu sein, der er ist. Er ist es auch in seinem Zorne: der Gott Israels. Als solcher redet er zu Abraham, zu Mose, zu Amos und Jeremia, auch wenn er zürnend redet. Als solchen vernehmen sie ihn und rufen sie ihn an. Sein Wort geben sie weiter. Eben darum ist er aber, auch wenn ihn seines Helfens gereut, dennoch der Helfer Israels. Ebenso wie er ja auch der Schöpfer des Himmels und der Erde, der Schöpfer und Herr des Menschen ist und bleibt auch indem es ihn gereut, den Menschen geschaffen zu haben. Eben darum befindet sich in der merkwürdigen Verkündigung von seiner Reue die Reue, in der ihn des Übels gereut, heimlich oder offen, aber sachlich notwendig überall im Vorsprung, im Übergewicht gegenüber jener anderen Reue. Man beachte dieses Übergewicht auch Ps. 18, 21 f.! Das erste und das letzte Wort hinsichtlich der göttlichen χαρίσματα hinsichtlich der göttlichen κλῆσις muß also nach Röm. 11, 29 schon lauten: sie sind ἀμεταμέλητα. Dieses Übergewicht mindert nicht die Realität auch jener anderen Reue. Es bedeutet nicht, daß Gott nicht allen Ernstes zürne, wenn er zürnt. Es zeigt aber, in welcher Ordnung sein Zürnen geschieht: daß es als wirkliches Zürnen eine Funktion seiner in Freiheit sich betätigenden Liebe ist.

Es wäre also höchst unweise, wenn man das biblische Reden von der Reue Gottes als nur bildlich verstehen wollte. Was sollte denn etwa die durch dieses Bild bezeichnete Wahrheit sein, wenn man ihm die Wahrheit nicht geradezu absprechen will? Und es wäre ebenso unweise, in der mit dem Begriff der Reue zweifellos bezeichneten Veränderung nur eine Veränderung des Menschen in seinem Verhältnis zu Gott, nicht aber eine Veränderung Gottes in seinem Verhältnis zum Menschen erblicken zu wollen. Gewiß ist dieses Verhältnis, sofern es auf einem Verhalten Gottes beruht, darin ein unveränderliches, daß es eben immer und überall sein, Gottes Verhältnis zum Menschen ist, immer das Sein und Wesen des in der Freiheit Liebenden. Es würde aber kein Lobpreis, sondern eine Lästerung, ja letztlich eine Leugnung Gottes sein, wollte man sich das Sein und Wesen dieses sich selbst gleich bleibenden Gottes als ein gewissermaßen durch sich selbst in starre Ruhe gebanntes vorstellig machen, wollte man ihm die Fähigkeit, sich in seiner Gesinnung und in seinem Tun zu wandeln, absprechen. Gott ist in allen seinen Gesinnungen und Taten, wie sie in seiner Offenbarung nach- und nebeneinander sichtbar werden, er selber. Und er selber wandelt sich nicht (Ps. 102, 27 f.!), indem seine Gesinnungen und Taten sich wandeln. Er meint und behauptet in ihnen allen sich selber, seine Liebe und seine Freiheit. Er verliert sich nicht und er wird sich nicht untreu. Er ist aber durch diese seine Stetigkeit auch nicht gehindert, real und also in jenem Nach- und Nebeneinander zu leben und also vorzustoßen und sich zurückzunehmen, sich zu freuen und zu trauern, zu lachen und zu grollen, sein Wohlgefallen zu haben und seinen Zorn brennen zu lassen, sich zu

2. Gottes Beständigkeit und Allmacht

verbergen und sich zu offenbaren, jedesmal und in dem Allem ganz er selbst und also das Alles ernstlich und nun doch auch wieder in der Ordnung seines Wesens und als in bestimmter Folge und Abstufung zu sein. In seinem Verhältnis zur Schöpfung und zum Menschen, entscheidend in seinem Verhältnis zu Israel und zur Kirche, kommt das Alles zur Offenbarung. Es ist aber nicht so, als ob das Alles erst in seinem Verhältnis zur Schöpfung und zum Menschen bezw. in seiner Gnadenoffenbarung eine Wirklichkeit würde, die es in Gott selbst nicht wäre. Sondern daß Gott sich in seinem Verhältnis zur Schöpfung und zum Menschen in einer ihrer Veränderlichkeit und Veränderung angemessenen Weise verhält, das hat darin seinen Grund, daß sie diese ihre Art von ihm haben und daß sie sich auch in ihrer Unart dem, was sie von ihm haben, nicht entziehen können. Was ihnen angemessen ist, das ist es darum, weil es ihnen durch ihn zugemessen wurde, weil es also zuerst und ursprünglich in seinem eigenen schöpferischen Sein und Wesen begründet ist. Verhält sich Gott zur Schöpfung und zum Menschen so, wie es ihnen angemessen ist, so verhält er sich eben damit auch so, wie es als in ihm selbst begründet, vor allem auch ihm selbst angemessen ist. Ihm ist es aber angemessen, der beständig Lebendige zu sein.

Aus diesem Verständnis der Beständigkeit Gottes folgt zunächst hinsichtlich seines Verhältnisses zu seiner Schöpfung als solcher und im Allgemeinen dies: Daß Gott als Schöpfer eine von ihm verschiedene Wirklichkeit setzt und erhält durch seinen Willen, das tut er in Betätigung und Bewährung seiner beständigen Lebendigkeit. Er tut es in der Freiheit seiner Liebe. Er tut es also nicht, weil er in seinem Wesen der Notwendigkeit unterläge, außer sich selbst, vielleicht als Mitarbeiter oder auch als Spielgefährten, auch noch die Welt zu haben. Er tut es nicht, weil er in sich selbst nicht groß und reich genug wäre, weil seine Allmacht: die Allmacht des göttlichen Wissens und Willens eines von ihr selbst verschiedenen Gegenstandes oder eines außer ihrer selbst liegenden Raumes ihrer Betätigung bedürfte. Er tut es auch nicht aus einer Überfülle, die sich sozusagen ein Ventil suchen müßte, die, ohne in der Schöpfung einer Welt zu überströmen, Unvollkommenheit, Disharmonie oder Leiden wäre. Er tut es in keiner Weise, weil er eine Verbesserung und Ergänzung seiner selbst nötig hätte und sich verschaffen müßte. Allen solchen Konzeptionen widersteht eben die Beständigkeit des göttlichen Wesens. Er tut es in Liebe. Seine Liebe ist aber frei. Sie muß nicht tun, was sie tut. Das bedeutet: Gott wird, indem er Schöpfer und Herr der Welt wird, nichts, was er zuvor nicht gewesen wäre. Er ist als Schöpfer und Herr der Welt nicht mehr und nicht weniger als was er in sich selbst ist. Ihm bringt die Schöpfung mit ihrer Existenz als die von ihm verschiedene Wirklichkeit und mit ihrem Sosein, d. h. mit ihrer wachsenden und abnehmenden und sich verwandelnden Lebendigkeit keinen Zuwachs, keine Minderung, keine Veränderung seines göttlichen Seins und Wesens. Sie kann das darum nicht tun, weil sie eben seine Schöpfung ist: die Schöpfung seiner freien Liebe, weil sie ihr Dasein und ihr Sosein durch ihn hat, d. h. aber weil Gott zwar nicht ihr Dasein und Sosein als solches, wohl aber dessen Grund in sich selbst hat.

In Gott selbst ist ja zuvor die Andersheit: nicht die der Welt, sondern seine eigene. In Gott selbst ist ja zuerst auch das Leben und die Bewegung: nicht die der Welt, sondern wiederum seine eigene. Was könnte die Welt ihm Neues bieten, verleihen, sein, da doch der Grund der Neuigkeit ihres Daseins, aber auch aller Neuigkeiten ihres Soseins in ihm selber ist und nicht weniger in ihm selber wäre, auch wenn es keine Welt gäbe? Durch ihn ist das Neue einer von ihm unterschiedenen Wirklichkeit und durch ihn sind alle Neuigkeiten in dieser Wirklichkeit. Sie können aber durch ihn sein und sie sind durch ihn, weil sie in ihm selbst ihren Grund haben, weil er selbst darin unveränderlich ist, daß er der ewig Neue ist und weil er eben in dieser Unveränderlichkeit der Schöpfer und Herr der Welt werden, in Freiheit seine Liebe betätigen wollte. Sie ist frei darin, daß sie zwischen dem Sein und Nicht-Sein der Welt wählen konnte, ohne so oder so weniger Liebe zu sein. Sie ist aber Liebe darin, daß sie faktisch das Sein der Welt gewählt hat, ohne deshalb weniger frei zu sein. So existiert die Welt neben Gott und außer Gott, so hat sie ihr Dasein und ihr Sosein: indem sie durch ihn in ihm existiert.

Man sieht sofort, daß hier zwei Abgrenzungen vollzogen sind:
Die erste richtet sich gegen alle monistische Spekulation, nach der die Welt einen einst verborgenen, dann sichtbar gewordenen Bestandteil des Wesens Gottes selbst ausmachen würde: nach der sie selbst ewig in Gott existierte, um dann in Form einer Emanation oder einer Spaltung des göttlichen Wesens zeitliche Wirklichkeit zu werden — neben und außer ihm und doch in heimlicher Identität mit ihm — um endlich und zuletzt wieder in die reine Existenz in ihm zurückzukehren. Diese Spekulation (bei welcher das Einfache übersehen ist, daß die Welt wohl in Gott, aber nur durch Gott existiert) kann wieder in zwei Grundformen auftreten. Es kann nämlich die bewegte Existenz der Welt neben und außer Gott entweder als ein bloßer vorübergehender Schein, gewissermaßen als ein Selbstmißverständnis oder als ein böser Traum Gottes aufgefaßt werden, eine Art Abweichung Gottes von sich selbst, die dann durch die Rückkehr der Welt zu Gott wieder gutgemacht würde. Oder es kann die Existenz der Welt neben und außer Gott in der Weise ernst genommen werden, daß sie in ihrer ganzen Veränderung und Veränderlichkeit in das Wesen Gottes selbst hineingetragen, daß das Wesen Gottes mit ihr oder sie mit dem Wesen Gottes identifiziert wird: als wäre Gott darin Gott, daß die Welt in ihrem Dasein und Sosein die Welt ist. Es ist deutlich, daß bei jener ersten Auffassung das Werk der Schöpfung, die Wirklichkeit der Welt als solche in ihrer Unterschiedenheit von Gott mit einer Kühnheit geleugnet werden muß, die jedenfalls nur da möglich ist, wo ein Geschöpf der übrigen Welt gegenüber sich selbst auf den Thron Gottes zu setzen und dann sich selbst als träumenden Gott vorzustellen sich erlauben will. Und es ist deutlich, daß bei jener zweiten Auffassung der Schöpfer, die Wirklichkeit Gottes als solche, mit einer Stumpfheit geleugnet werden muß, die nur da möglich ist, wo das Geschöpf mit sich selbst so zufrieden ist, daß es ihm nichts ausmacht, seine eigene Wirklichkeit als solche mit der Gottes zu identifizieren. Es braucht nicht gesagt zu werden, daß diese beiden Auffassungen in ihrem Ursprung und in ihren Konsequenzen sich gegenseitig berühren und ergänzen und wohl letztlich auf Eines und Dasselbe hinauskommen. Ihnen gemeinsam ist das Nicht-Wissen um die Schöpfung als die freie Setzung der göttlichen Liebe und darum um die Unterscheidung zwischen Schöpfer und Geschöpf, ohne deren Erkenntnis sie weder dem Schöpfer noch dem Geschöpf die in

verschiedener Weise Beiden zukommende Ehre erweisen, ohne deren Erkenntnis sie weder das Dasein Gottes noch das der Welt ehrlich und folgerichtig anerkennen und behaupten können. Diesen beiden Auffassungen der Spekulation von der ewigen Existenz der Welt in Gott selber gegenüber besagt der Satz von der Beständigkeit Gottes, daß Gott vor und nach der Schöpfung der Welt, ohne die Welt und mit ihr zusammen, derselbe, daß er durch ihre Existenz weder scheinbar noch in Wirklichkeit, weder träumend noch wachend, dazu bestimmt ist, mit ihr identisch zu sein, daß seine ihn mit der Welt verbindende, aber auch ihn von ihr unterscheidende Beziehung zu ihm eben die des Schöpfers und Herrn ist, der sie in ihrer Existenz durch seine freie Liebe wirklich geschaffen, aber eben wirklich geschaffen hat und erhält, der aber eben in dieser schöpferischen und erhaltenden Liebe ihr gegenüber seine eigene Existenz hat und behauptet.

Es ist nun aber wiederum Spekulation, wenn die Unterscheidung des Schöpfers vom Geschöpf dualistisch so durchgeführt wird, daß jenem abstrakt die Unveränderlichkeit, diesem aber ebenso abstrakt die Veränderlichkeit zugeschrieben, daß also eine reale Beteiligung des Schöpfers an dem bewegten Dasein und Sosein des Geschöpfs und folgerichtig dann auch eine reale Beteiligung des Geschöpfs an der Unveränderlichkeit des Schöpfers geleugnet wird. Auch bei dieser Spekulation (bei welcher wieder etwas Einfaches, nämlich dies übersehen wird, daß die Welt wohl durch Gott aber eben darum auch in Gott ist) sind zwei Auffassungen möglich, entsprechend den beiden Seiten des aus ihrer Voraussetzung entstehenden Problems. Entweder der Nachdruck fällt auf die Unveränderlichkeit Gottes und also darauf, daß das Dasein und Sosein des Geschöpfs in seiner Veränderlichkeit als solches der Teilnahme Gottes entbehren muß oder sich ihrer nur in der Form eines für beide Seiten letztlich belanglosen Gegenübers erfreuen darf. Die veränderliche Welt mag von dem unveränderlichen Gott — wer weiß warum und wie? — geschaffen und erhalten sein; die beiden wohnen aber hüben und drüben, wie in zwei (durch eine von keinen Türen durchbrochenen Feuermauer) getrennten Nachbarhäusern. Das Geschöpf steht dann trauernd, mit bösem Gewissen, ratlos diesseits, in der Qual der Veränderlichkeit dieser Welt, die durch den unveränderlichen Gott zwar begrenzt sein mag, die aber von ihm als solchem her letztlich keinen Trost und keine Hoffnung empfangen kann. Der Schöpfer aber steht jenseits: sehr hoch, erhaben und überlegen in seiner Unveränderlichkeit gegenüber der Veränderlichkeit des Geschöpfs, aber eben darum auch sehr unbeteiligt an uns, deren Teil nun einmal diese Veränderlichkeit ist. Daß der Tod Gott oder daß Gott tot ist, diese praktische Folgerung wird sich dann schwerlich vermeiden lassen. Es ist klar, daß diese Auffassung sich nur da bilden und durchsetzen kann, wo man des lebendigen Gottes als solchen so oder so noch nicht gewahr geworden ist, wie es überall da der Fall ist und der Fall sein muß, wo man seine Offenbarung noch nicht als solche erkannt oder aber sich ihr verweigert hat. Oder der Nachdruck fällt auf die Veränderlichkeit des Geschöpfs und also darauf, daß der Schöpfer hierseits im Grunde nichts zu bedeuten und zu sagen hat, weil er von der hierseitigen Veränderlichkeit ja gerade ausgeschlossen ist, daß die Nachbarschaft mit ihm, dem Unveränderlichen, auf die Veränderungen, in denen wir hier leben, zum Glück keinen Einfluß hat. Das Bild von der Feuermauer würde also auch hier zutreffen, nur daß man sich jetzt hinter dieser Feuermauer nicht sowohl ausgeschlossen als geborgen fühlt, nur daß die durch jene Trennung zu selbständiger Würde und Geltung erhobene Eigengesetzlichkeit der Welt jetzt vom Geschöpf bejaht und genossen wird. Es ist eine in sich ruhende und sich selbst bestätigende und sichernde Profanität, die sich jetzt die Unveränderlichkeit Gottes und also seine Abwesenheit in dieser veränderlichen Welt zunutze macht. Es ist das Selbstgenügen der in sich bewegten Welt, die jetzt gerade auf Grund der scheinbar so notwendigen, so ehrfürchtigen Unterscheidung zwischen Schöpfer und Geschöpf seine Triumphe feiert. Es ist wieder klar: diese

§ *31. Die Vollkommenheiten der göttlichen Freiheit*

Auffassung kann sich nur da bilden und durchsetzen, wo das Geschöpf sich an seiner eigenen Veränderlichkeit gewissermaßen zu berauschen vermag und schon berauscht hat, wo es unaufmerksam geworden ist gegenüber der Tatsache, daß mindestens in der Gestalt des Todes ein Unveränderliches die Grenze aller ihm möglichen Veränderungen bedeutet, unaufmerksam gegen das Rätsel, das es sich selber sein muß, sofern seine Existenz diesseits des Todes sich nun wirklich in einer unendlichen Bewegung erschöpfen sollte. Aber auch um den Tod und um das Rätsel des bewegten Lebens diesseits des Todes wird man ja wiederum nur dann wissen, wenn man um den lebendigen Gott weiß. Und um um ihn zu wissen, würde man um seine Offenbarung wissen müssen. — Man sieht, wie auch die auf Grund dieser zweiten, Schöpfer und Geschöpf trennenden Spekulation möglichen Auffassungen unter sich zusammenklingen, wie sie sich nur dadurch unterscheiden, daß die eine einen negativen, die andere einen positiven Ton hat, die eine einen pessimistischen die andere einen optimistischen Aspekt eröffnet, wie sie aber in den Voraussetzungen und in den entscheidenden Konsequenzen zusammentreffen. Sie werden sich denn auch in der Praxis immer begegnen, sich gegenseitig ablösen und ergänzen, ihren Vertretern also einen weiten Spielraum zu den verschiedensten Kombinationen, Gelegenheit zu einer gefühlsmäßig und gedanklich unheimlich reichen Dialektik geben. Ihnen beiden ist gemeinsam das Nicht-Wissen um die Schöpfung als um die freie Setzung der **göttlichen Liebe**. Und darum um die Beziehung zwischen Schöpfer und Geschöpf, ohne deren Erkenntnis auch sie weder dem Schöpfer noch dem Geschöpf die je in ihrer Weise beiden zukommende Ehre geben können, ohne deren Erkenntnis sie weder das Sosein Gottes noch das der Welt mit offenen Augen sehen und gelten lassen können. Diesen beiden Formen der Spekulation von der ewigen Verschiedenheit des unveränderlichen Gottes gegenüber der veränderlichen Welt stellt der Satz von der **Beständigkeit** Gottes dies entgegen: daß Gott vor und nach der Schöpfung der Welt, ohne die Welt und mit der Welt zusammen derselbe, daß er ihr auch in ihrer Veränderlichkeit und gerade in ihr von Haus aus nicht fern sondern nahe, daß er ihr gerade in seinem unveränderlichen Wesen verbunden ist, weil dieses in sich selbst Leben ist, bevor es ein Leben der Welt und in der Welt gab, ohne dieses Leben und als Grund dieses Lebens. Eben darum kann aber das Leben der Welt gerade nicht für sich gelebt werden: nicht durch eine Feuermauer getrennt von seinem Leben, nicht kraft seiner selbst und nicht gemäß seiner Eigengesetzlichkeit. Sondern eben darum, weil Gott selbst beständiges Leben ist, lebt alles Leben der Welt wohl durch ihn aber eben darum **in** ihm, wohl unterschieden und gewiß unendlich unterschieden von seinem Leben, aber eben in dieser Unterschiedenheit von ihm her und zu ihm hin: so also, daß es der Teilnahme an seinem Leben gerade **nicht** entbehren muß, daß es sich aber auch nicht zur Selbständigkeit seinem Leben gegenüber erheben kann — so also, daß zum Pessimismus ihm gegenüber ebensowenig Anlaß ist wie zum Optimismus, so also, daß Pessimismus und Optimismus nur aus der Vergeßlichkeit gegenüber der kraft der Beständigkeit Gottes nun einmal stattfindenden Beziehung, in der das geschöpfliche Leben gelebt wird, entstehen und erklärt werden können.

Von der **monistischen** wie von der **dualistischen** Spekulation ist also zum Verständnis der Beständigkeit Gottes im Blick auf sein Verhältnis zu seiner Schöpfung als solcher und im Allgemeinen resolut **Abstand** zu nehmen. Der Abstand wird aber nach beiden Seiten dann wirklich resolut, d. h. grundsätzlich sein, wenn es einsichtig ist, daß Monismus und Dualismus je als Ganzes (also beide mit Einschluß der verschiedenen Auffassungen, in denen sie vollzogen werden können) unter sich so verschieden nicht sind, wie es auf den ersten Blick aussieht. Aus der Verkennung der Wahrheit, daß die Welt die freie Setzung der göttlichen Liebe und also aus der Verkennung des Wesens Gottes als dessen, der beständig, der der in Freiheit Liebende ist, entspringen sie beide. Es macht so viel nicht aus, ob man unter dieser falschen Voraussetzung eine falsche Einheit oder eine falsche Trennung zwischen Gott und der Welt behauptet. Man sagt dann in verschiedenen Worten (von verschiedenen Seiten des falsch angesetzten Problems ausgehend und also auch nach verschiedenen Seiten blickend) Eines und Dasselbe, eine und dieselbe Verkehrtheit. In der Praxis jedenfalls erweist sich auch dieser Gegensatz als das, was er ist: als ein bloß dialektischer Gegensatz, zwischen dessen Gliedern man zwar hin- und herwechseln kann (und, weil er ein falscher Gegensatz ist, auch wohl hin- und herwechseln muß) in welchem man aber letztlich monoton nur einen und denselben Irrtum denken und aussprechen kann. Man kann das nicht mehr, wenn man den Satz von der Beständigkeit Gottes recht verstanden hat.

Wieder als Bewährung und Betätigung der beständigen Lebendigkeit Gottes ist es nun aber auch zu verstehen, wenn Gott in und mit der von ihm geschaffenen Welt eine reale Geschichte hat: die Geschichte der von ihm vollzogenen Versöhnung und Offenbarung, durch die er sie einer künftigen Erlösung entgegenführt. Gott wird und ist in dieser Geschichte kein Anderer als der, der er von Ewigkeit her und in Ewigkeit in sich selber ist. Wiederum ist er durch seine Beständigkeit nicht daran gehindert, sondern gerade in seiner Beständigkeit fähig, ermächtigt und willig, das reale Subjekt dieser realen Geschichte zu sein. Und noch weniger kann er darin etwa durch sein Sein und Tun als Schöpfer behindert sein; sondern eben in dieser Geschichte wird es sichtbar, in welchem Sinn er der Schöpfer und Herr der Welt, wie die Welt tatsächlich die Setzung seiner freien Liebe, wie sie wirklich durch ihn in ihm ist. Denn das ist auf alle Fälle der Anfang und das Ende und die Quintessenz dieser Geschichte: daß die geschaffene Welt durch Gott ist und also durch ihre eigene Wirklichkeit und Gesetzlichkeit auf keinen Fall seiner Verfügung entzogen ist, daß sie vielmehr schlechterdings unter seiner Botmäßigkeit und in seiner Hand ist. Und andererseits: daß diese Welt in Gott ist, d. h. in ihrer von der Wirklichkeit Gottes verschiedenen Wirklichkeit von Gott gehalten ist und bleibt, daß sie ihm in dieser ihrer eigenen Wirklichkeit und Gesetzlichkeit nicht entfallen ist. Sie ist es darum nicht, weil er nicht aufhört, in der Verbindung mit ihr zu handeln, sich selbst, seiner Freiheit unbeschadet, in Liebe ganz in diese Verbindung hineinzugeben. Gott widerspricht sich also nicht, sondern er bestätigt sich gerade als der Schöpfer der Welt, indem er nun auch im Werk der Versöhnung und Offenbarung eine besondere Geschichte mit ihr hat. Das ist allerdings klar, daß in dieser Geschichte: in der Geschichte Gottes mit Israel und der Kirche etwas real Neues gegenüber dem Werk der Schöpfung als solchem von ihm her auf den Plan tritt. Um sein Tun und Verhalten gegenüber der von ihm abgefallenen und ihm widerstrebenden Kreatur, um die Rettung dessen geht es jetzt, was wegen seines Abfalls ohne dieses neue göttliche Sein und Tun verloren wäre.

Aber es involviert schon die Tatsache eines solchen im Raume der Schöpfung stattfindenden Widerspruchs gegen Gott keinen Widerspruch in Gott selber. Es charakterisiert das göttliche Wesen im Unterschied zu dem der Kreatur, daß in ihm ein Widerspruch zu sich selbst nicht nur ausgeschlossen, sondern in sich unmöglich ist. Ohne diese Unmöglichkeit, d. h. ohne den vollkommenen, ursprünglichen und endgültigen Frieden zwischen dem Vater und dem Sohn durch den Heiligen Geist würde Gott nicht Gott sein. Jeder mit sich selbst streitende Gott kann nur ein falscher Gott sein. Es charakterisiert aber umgekehrt das kreatürliche Wesen im Unterschied zu dem Gottes, daß in ihm ein Widerspruch zu Gott und damit auch der mörderische Widerspruch zu sich selbst nicht ausgeschlossen, sondern — wenn auch nur als die unmögliche Möglichkeit, nur als die Möglichkeit seiner Selbstaufhebung und so seines Verlorengehens — möglich ist. Ohne die so verstandene Möglichkeit des Abfalls oder des Bösen würde die Schöpfung von Gott nicht verschieden und also als seine Schöpfung nicht wirklich sein. Es bedeutet also keine Unvollkommenheit der Schöpfung und des Schöpfers, daß das Geschöpf von ihm abfallen und verloren gehen kann. Denn was bedeutet dies positiv Anderes als dies: daß es Geschöpf ist und als solches auf Gottes erhaltende Gnade ebenso angewiesen bleibt, wie es ja schon seine Existenz nur der Gnade des Schöpfers zu verdanken hat. Ein der Möglichkeit des Abfalls enthobenes Geschöpf würde nicht wirklich als Geschöpf existieren; es könnte nur ein zweiter Gott — es könnte, weil es keinen zweiten Gott gibt, nur Gott selber sein. Die Schuld der Sünde, die darin besteht, daß das Geschöpf von jener unmöglichen Möglichkeit im Widerspruch zu Gott und zum Sinn seiner eigenen Existenz Gebrauch macht — diese Schuld ist die Schuld des Geschöpfs und nicht die Schuld Gottes. Sie folgt mit keiner Notwendigkeit aus dem, was Gott in sich selber ist. Sie folgt mit keiner Nowendigkeit aus dem Wesen der Schöpfung. Sie folgt mit Notwendigkeit nur aus dem unbegreiflichen Faktum, daß das Geschöpf sich der erhaltenden Gnade Gottes verweigert. Nur daß es nicht physisch daran verhindert ist, das zu tun, liegt im Wesen des Geschöpfs. Wäre es das, dann könnte es als Geschöpf überhaupt nicht existieren; es würde dann die Gnade Gottes nicht Gnade, es müßte dann das Geschöpf selber Gott sein. So fällt schon von der Tatsache des Bösen in der Welt her kein Schatten auf Gott, als ob etwa in ihm selber oder doch in seinem Sein und Tun als Schöpfer das Böse, d. h. der Widerspruch gegen ihn auch irgend einen Raum hätte.

Wiederum entsteht nun auch daraus kein Widerspruch in Gott, daß er dem Widerspruch des Geschöpfs seinerseits Widerspruch entgegensetzt. Darin vollzieht sich ja gerade dieser göttliche Widerspruch gegen den Abfall und das Verlorengehen der Kreatur, daß Gott nicht aufhören kann, Gott zu sein und auch nicht aufhören kann als der Schöpfer und Herr der Welt und so auch der sündigen Welt zu handeln. Darin vollzieht sich das ganze Werk der Versöhnung und Offenbarung, daß Gott bleibt, der er ist, daß er sich nicht irre machen, daß er seiner nicht spotten, daß er sich durch den Widerspruch der Kreatur keine Grenze setzen, geschweige denn sich selbst in ihren Widerspruch hineinziehen läßt. Was er auch tun wird als Richter und als Helfer der sündigen Kreatur: er wird es tun als der, der er ist, unbewegt und unangerührt sich selber treu bleibend. Wie er auch antworten wird: er wird antworten als der, der in sich selbst der Friede ist und der sich auch als Schöpfer und Herr der Welt ihrer Sünde nicht mitschuldig machen kann. Er wird vielmehr antworten, indem er sich selbst der sündigen Welt gegenüber rechtfertigt und behauptet, indem er sich der sündigen Welt aufs Neue und erst recht so verbindet, daß er sich in seinem beständigen Wesen offenbart und eben in ihm ihr gegenwärtig und in ihrer Mitte wirksam ist. Das Heil, das er der Welt in diesem neuen Werk offenbart und schenkt, wird unter keinen Umständen darin bestehen, daß er ihr irgendwelche Konzessionen macht, daß er ihr gegenüber den Rückzug antritt, als ob er ihren Abfall etwa in dem Sinn ernst nehmen müßte, daß er selbst, gewissermaßen vor ein *fait accompli* gestellt, genötigt wäre, ein Anderer zu werden, z. B. das Gesetz seines Willens zurückzunehmen oder abzuschwächen, Gnade vor Recht ergehen zu lassen und dergleichen mehr. Er kann und will kein Anderer werden. Es könnte auch der Welt in keiner Weise dadurch geholfen oder etwas Gutes erwiesen werden, daß er ein Anderer würde. Es kann ihr vielmehr nur dadurch geholfen werden, daß er bleibt, der er ist, daß er es jetzt erst recht ist. Nicht darin, daß er seinen Widerspruch aufhebt, sondern darin, daß er ihn aufrecht erhält und durchführt, besteht die Rettung der Welt aus dem Unheil ihres Widerspruchs. Das ist es, was von der Beständigkeit Gottes zu sagen ist, in welcher er gerade in seiner Offenbarung, gerade als der Versöhner, gerade als der Herr Israels und der Kirche, gerade als der Geber künftiger Erlösung offenbar wird und tätig ist.

Man wird hier aller der alttestamentlichen Worte zu gedenken haben, nach denen Gott der Herr, der die Enden der Erde geschaffen hat, nicht müde noch matt wird (Jes. 40, 28), nach denen Jahve Israel mit ewiger Liebe geliebt und darum es in seiner Güte zu sich gezogen hat (Jer. 31, 3), nach denen Berge weichen und Hügel wanken mögen, Gottes Gnade aber nicht weichen und sein Friedensbund nicht wanken soll (Jes. 54, 10) — und aller jener neutestamentlichen Stellen wie Röm. 9, 11, Eph. 1, 4 f.; 3, 11, 2. Tim. 1, 9, 1. Petr. 1, 20, wo das der Gemeinde in Jesus Christus verkündigte Heil auf eine vor der Grundlegung der Welt, ja von Ewigkeit her in Gott zu ihren Gunsten gefallene Entscheidung zurückgeführt wird. «Ruhig will ich zuschauen an sicherem Ort wie flimmernde Glut beim Sonnenlichte, wie Taugewölk in der Ernteglut» (Jes. 18, 4). Es ist tatsächlich Alles, was im Vollzug der göttlichen Versöhnung und Offenbarung gesagt und getan wird, gleichviel ob es im Einzelnen Licht oder Schatten, Gericht oder Gnade, Zorn oder Geduld, Gesetz oder Evangelium bedeutet, die Ausführung des einen in sich unbeweglichen, einfür allemal gefallenen göttlichen Entscheides, kraft dessen Gott im Raum seiner Schöpfung auch angesichts des in diesem Raum geschehenen Abfalls und Aufruhrs sich selber gleich bleibt und eben damit das Beste, das Einzige, tut, was er seiner

Schöpfung zuliebe tun kann. Von dieser Höhe her geschehen und gesagt, hat es Wahrheit und Durchschlagskraft, ist es Entscheidung und ruft es nach Entscheidungen, hat es inmitten des sonstigen, kreatürlichen Seins und Wesens göttlichen Charakter. Alle Sünde, d. h. alle Feindschaft gegen die Gnade in Israel und in der Kirche wurzelt letztlich darin, daß dieses Woher des göttlichen Redens und Tuns verkannt wird, daß der zweifelnde Mensch Gott selbst für wankelmütig hält. Und aller Gehorsam, d. h. aller Glaube, der dem göttlichen Wort und Werk entgegengebracht wird, wurzelt darin, daß es als das Wort und Werk dessen verstanden wird, der nie etwas Anderes sein, wollen und tun kann und wird als eben das, was er jetzt so, jetzt anders als sein Wort und Werk verheißungsvoll und anspruchsvoll offenbar macht. Wenn die Beständigkeit Gottes erkannt wird, dann und nur dann kommt es zum Vertrauen auf seine Verheißung, zur Anerkennung seines Anspruchs.

Aber nun will die Beständigkeit Gottes auch hier als eine Vollkommenheit seiner Freiheit verstanden sein. Es will also gewürdigt sein, daß jener Widerspruch, den Gott dem Abfall im Raum seiner Schöpfung entgegenstellt, nicht etwa nur ein passiver Widerstand ist, nicht etwa nur darin besteht, daß Gott in sich selbst oder auch als Schöpfer und Herr der Welt auf der Höhe seines Thrones und also ferne von ihrem Irrtum und Leid, sich selber gleich bleibt. Das tut er freilich auch. Das Werk seines Widerspruchs gegen die Sünde, wie es in seiner Offenbarung und Versöhnung Ereignis wird, geht aber, indem Gott dabei bleibt, der er ist — insofern darüber hinaus, es ist insofern ein neues Werk, ein weiteres Überströmen der göttlichen Fülle, als er darin mit der Welt nun auch unter der weder in seinem eigenen Wesen möglichen, noch in seinem Schöpfungswerk gewollten Voraussetzung des Abfalls und Verlorengehens der Kreatur, Kontakt und Gemeinschaft hält. Er kann auch des sündigen Menschen Gott, sein Richter und sein Retter sein, und er ist es tatsächlich: ohne Veränderung seines unveränderlichen Wesens, aber eben in Bestätigung dessen, daß er unveränderlich lebendig ist: Leben, dem auch die Sünde nichts Neues, nichts Fremdes, nichts Überlegenes gegenüberstellen kann, Leben, das auch der Tatsache der Sünde zum vornherein so gewachsen ist, daß sie in ihm schon überholt und überwunden ist. Wie sollte es anders sein? Ist Gott, der er ist, der ewige Friede, dann ist zwar damit darüber entschieden, daß in ihm keine Sünde ist, zugleich aber auch darüber, daß er zur Sünde im Gegensatz, und zwar in einem aktiven, und zwar in einem unendlich überlegenen aktiven Gegensatz steht, daß sie in ihm (und also als unsere Sünde von ihm her) zum vornherein bestritten, widerlegt und überwunden ist. Und ist er der Schöpfer und Herr der Welt, dann ist zwar damit darüber entschieden, daß die Sünde auch innerhalb der Schöpfung nur die unmögliche, d. h. die durch seine erhaltende Gnade zurückgewiesene Möglichkeit sein kann, zugleich aber auch darüber, daß sie, indem sie wirklich wird, ihm, dem Schöpfer, als das Vergehen und als das Unheil seines Geschöpfs unmittelbar zu Herzen geht, daß sie ihm als dem Schöpfer seines Geschöpfs unerträglich ist, daß ihre Widerlegung und Überwindung wirklich seine eigenste Sache ist. Noch neuer als die Neuigkeit, daß der Mensch gesündigt hat, ist das Neue, das im Werk seines Gegensatzes zu ihr in seinem Wesen sichtbar und wirksam wird: das göttliche Erbarmen und der göttliche Zorn, in denen er doch kein Anderer wird, sondern in denen er sich als derselbe, der er von Ewigkeit und von der Schöpfung der Welt her war, aufs neue bestätigt. Insofern geschieht also etwas Neues, indem Gott sich in Abraham Israels und in Israel aller Völker erbarmt. Keine Notmaßnahme, keine zwangsläufige Reaktion! Von der Schöpfung, von der Existenz der Welt her und nun gar noch von der Sünde der Kreatur her kann es nicht als notwendig verstanden werden, daß Gott sie ihrem Abfall und dem darauf folgenden Verlorengehen nicht einfach überlassen hat. Er war und ist es der Kreatur nicht schuldig, seiner erhaltenden Gnade, gegen die sie gesündigt hat, diese neue — sie als Gnade neu bestätigende und erklärende — Form zu geben. Er war es ihr so wenig schuldig, wie er ihr oder wie er sich selbst ihre Schöpfung schuldig war. Es war und ist wieder freie Setzung — es ist im Neuen Testament mit Recht eine «neue Schöpfung»» genannt worden — daß Gott auch und gerade des sündigen Menschen sich annehmen wollte und immer wieder annimmt. Aber nun er das getan hat und tut, werden wir eben darin die neue — in ihrem Überströmen für uns neue — Fülle seines Wesens, die Tiefe seiner Gnade erkennen müssen, daß er auch des sündigen Menschen Gott, Richter und Heiland sein will und ist. Und nichts von alledem, was er als solcher ist und tut, werden wir darum weniger real verstehen dürfen, weil er es nun in der Tat in diesem neuen Verhältnis: als der Schöpfer und Herr auch seiner gefallenen Kreatur und also in Angemessenheit zu deren Situation und nicht einfach, nicht ausschließlich in der Funktion des Schöpfers als solcher ist und tut. Er ist und tut auch das ursprünglich und eigentlich in Angemessenheit zu sich selber.

Es sind so ziemlich alle Eigentümlichkeiten der Heilsgeschichte als solcher, deren wir an dieser Stelle gedenken müssen. Man kann den Gott der heiligen Schrift, und zwar gerade die Beständigkeit dieses Gottes, nicht verstehen, wenn man übersieht oder verwischt, daß hier wirkliche Eigentümlichkeiten vorliegen, in denen sich Gott gewissermaßen noch einmal von sich selbst, nämlich von seinem Sein und Tun als Schöpfer abhebt oder vielmehr: in denen sein Sein und Tun als Schöpfer und damit auch sein göttliches Sein als solches Konturen bekommt, die sich mit dem allgemeinen Begriff eines Unveränderlichen durchaus nicht vertragen. Es geht nun aber durchaus nicht an, diese Eigentümlichkeiten vom allgemeinen Begriff des Unveränderlichen her zu kritisieren bzw. zu idealisieren, sondern gerade in ihnen will der Gott der heiligen Schrift in seiner Realität verstanden, gerade an ihnen will gelernt sein, was das wirklich Unveränderliche, in welchem Sinn er, Gott, das Unveränderliche ist.

Wir denken zunächst schlicht daran, daß dieses neue Werk zwar innerhalb des Raumes der Schöpfung und Erhaltung der Welt und indem dieses Werk weitergeht, stattfindet, daß es aber ein besonderes Werk ist, das mit jenem nicht einfach zusammenfällt, das auch nicht einfach (wie Schleiermacher es wollte) als dessen Fortsetzung und Krönung verstanden werden kann (so gewiß es das auch ist! denn wie sollte Gott der Schöpfer nicht tatsächlich fortführend und abschließend in ihm lebendig und wirksam sein?), in welchem er vielmehr sich selbst noch einmal so überbietet, daß er jetzt erst und eben in dieser seiner Selbstüberbietung, gleichsam rückwärts auch als Gott der Schöpfer erkannt werden kann. Zwischen uns und Gottes Sein und Tun als Schöpfer steht ja die Sünde, der Abfall, durch den wir unsere Existenz als seine Geschöpfe und die Gemeinschaft mit ihm als dem Schöpfer verwirkt, durch den wir uns seine Erkenntnis verbaut haben. Der wirkliche Schöpfer und Herr der Welt ist nicht das Prinzip des Anfangs oder Ursprungs oder wahren Seins aller Dinge: halten wir dieses Prinzip für Gott, so vergessen wir, daß wir von Gott abgefallen sind und wiederholen und bestätigen unseren Abfall durch die Aufrichtung eines Götzenbildes. Der wirkliche Schöpfer und Herr der Welt ist der und nur der, der sich unserer gerade in unserem Abfall von ihm angenommen und der damit mehr, der in Bestätigung seiner Schöpfung noch etwas Anderes an uns getan hat als mit seiner Schöpfung als solcher. In und mit der Erkenntnis dieses Zweiten erkennen wir das Erste, in und mit diesem Besonderen das Allgemeine, nicht umgekehrt. Es geht, der Besonderheit des Abfalls entprechend, um ein Besonderes von Gott her und gerade in diesem um das wirklich Unveränderliche.

Dieses Besondere Gottes als des Subjektes und Herrn der Heilsgeschichte wird schon darin sichtbar, daß es jetzt zu jenem distinkten Verkehr zwischen Gott und dem Menschen kommt, wie er nach der Sage gleich nach dem Sündenfall begonnen hat. Mit dem allgemeinen Reden Gottes, wie es Gen. 1—2 wiedergegeben ist, ist es nun vorbei. Nun wandelt Gott (Gen. 3, 8 f.) im Garten, da der Tag kühl geworden war, ruft den Menschen, der sich ohnmächtig vor ihm versteckt hatte, nimmt seine Ausreden entgegen, entlarvt sie als solche, verkündigt ihm die neue Ordnung seiner Existenz unter der Voraussetzung dessen, was nun einmal geschehen ist: ihren Fluch und doch sofort auch ihre Verheißung. In dieser Form distinkten Verkehrs mit dem Menschen besteht von jetzt an das Sein und Tun des Schöpfers in seinem Verhältnis zur Schöpfung. Ist er damit ein Anderer geworden? Wie sollte er? Aber eben als der, der er ist und bleibt, hat er und verwirklicht er jetzt offenbar auch diese neue Möglichkeit. Hört er auf, der Schöpfer und Erhalter der ganzen Welt zu sein? Wie sollte er? Aber eben als solcher offenbart er sich, handelt er jetzt in dieser neuen Wirklichkeit. Ist seine Herrlichkeit, auch die Herrlichkeit seiner Liebe zu seinem Geschöpf, geringer geworden? Wunderbarer Weise Nein! Lebendiger, weil bestimmter, ist offenbar der Gott von Gen. 3 als der von Gen. 1—2 und intimer hat er sich jetzt der Kreatur zugewendet als vorher. Etwas Anderes, Größeres als die bloße Schöpfung ist jetzt Ereignis geworden: so viel größer, daß sich das gefährliche Wort von der *felix culpa, quae talem et tantum meruit redemptorem (Missale Rom.* Liturgie vom Karsamstag) schon hier auf die Lippen drängt — und gerade in diesem Anderen, Größeren doch nichts Anderes als gerade die für uns verwirkte, jetzt erst offenbar gewordene Herrlichkeit des Schöpfers und der Schöpfung. Darf man also diesen distinkten Verkehr Gottes mit dem Menschen verflüchtigen zu einem Bild der allgemeinen Wahrheit der Beziehung zwischen Schöpfer und Geschöpf? Nimmermehr, und zwar gerade um dieser allgemeinen Wahrheit willen nicht! Denn eben in der besonderen Wahrheit jenes Verkehrs ist diese allgemeine Wahrheit versorgt und aufgehoben. Wollen wir sie erkennen, wollen wir in ihr leben, dann müssen wir real in diesem real zu verstehenden Verkehr leben.

Das Besondere Gottes in diesem neuen Werk besteht weiter darin, daß Gott es in jenem Verkehr nicht verschmäht, in eine Art Partnerschaft mit dem Menschen einzutreten. Gen. 1—2 redet Gott allein. Von Gen. 3 ab aber gibt es ein

2. Gottes Beständigkeit und Allmacht 571

menschliches Antworten. Szenen wie jene Fürbitte Abrahams für Sodom und Gomorrha (Gen. 18, 20 f.) oder wie der Kampf Jakobs mit dem Engel (Gen. 32, 22 f.), eine Darstellung Gottes wie die im Gleichnis von der bittenden Witwe (Luk. 18, 1 f.) werden jetzt möglich und sogar notwendig. Gerade der, der als Schöpfer der alleinige und vollkommene Herr des Menschen ist, läßt sich jetzt auf ein solches Gegenüber ein. Und gerade in seiner eigenmächtig errafften Freiheit, gerade in der Pseudogöttlichkeit, in der er jetzt weiß was gut und böse ist, wird der Mensch jetzt ernst genommen. Und das bedeutet nicht nur, daß er strafend dabei behaftet, das bedeutet auch das, daß er gerade unter dieser Voraussetzung ganz neu gesegnet wird. Es zielen jetzt die göttlichen dauernd auch auf menschliche Entscheidungen. Es gibt jetzt in dem einen Zug des göttlichen Handelns nicht nur die göttliche Vorherbestimmung, sondern auch eine menschliche Selbstbestimmung, nicht nur Gottes Treue, sondern auch des Menschen Glauben, nicht nur Gottes Gebot und Verheißung, sondern auch die an den Menschen gerichtete und vom Menschen zu beantwortende Frage des Gehorsams und Vertrauens. Wie sollte Gott damit aufgehört haben, des Menschen Schöpfer und Herr zu sein? Wie sollte er es gerade in diesem Verhältnis weniger sein als vorher? Ist es nicht so, daß Gottes Freiheit vielmehr nur noch erhabener sichtbar wird, indem sie offenkundig die Freiheit auch des Geschöpfes umspannt, gerade in der Freiheit des Geschöpfs erkannt und anerkannt und geehrt sein will? Und ist es nicht so, daß jetzt erst die Wirklichkeit des Geschöpfs als von Gott verschiedene Wirklichkeit und jetzt erst die erhaltende Gnade als Gnade, die als solche auf Dank wartet und nur dankbar wirklich empfangen werden kann, sichtbar wird? Wieder möchte man an die *felix culpa* denken. Wieder ist Gott jedenfalls nicht kleiner, sondern indem er sich selbst neu bestätigt, erst recht groß geworden. Wieder wäre es geradezu verhängnisvoll, dieser jetzt offenbar möglich und notwendig gewordenen Partnerschaft zwischen Gott und Mensch ihre eigentümliche Realität abzusprechen, weil eben in ihr und nur in ihr die Alleinherrschaft, die Alleinwirksamkeit Gottes so, wie er selber sie verstanden haben will, auf dem Plane ist.

Das Besondere Gottes in diesem neuen Werk zeigt sich dann aber weiter darin, daß die Heilsgeschichte als solche von Anfang an und in allen ihren Stadien auf eine A u s w a h l begründet ist. Nicht zwischen Gott und dem Menschen im Allgemeinen, sondern zwischen Gott und diesem und diesem bestimmten (und zwar von Gott selbst dazu bestimmten) Menschen findet jener Verkehr, findet jene Partnerschaft statt. So von Abel über Noah zu Abraham, Isaak und Jakob, so innerhalb Israels in immer neuer Aussonderung und Scheidung, so in der Berufung und Sammlung der Kirche, so auch innerhalb der Kirche selber. Glaube beruht immer auf Berufung und Berufung immer auf Erwählung und immer weht der Geist, wo er will. Ohne daß Gott aufhörte, der Schöpfer und Herr der ganzen Welt und so auch aller Menschen zu sein und als solcher zu handeln: «Er läßt seine Sonne aufgehen über die Guten und über die Bösen und läßt regnen über Gerechte und Ungerechte» Matth. 5, 45)! Und ohne daß Gott aufhörte, zu wollen «daß allen Menschen geholfen werde und sie zur Erkenntnis der Wahrheit kommen» (1. Tim. 2, 4)! Vielmehr gerade s o will er d a s : gerade um der Erhaltung des Menschengeschlechts willen seinen Bund um den einen Noah, gerade um der Völker willen das eine auserwählte Volk Israel, gerade um aller Menschen willen die Gemeinde. Warum die Auswahl? Weil alle miteinander die erhaltende Gnade des Schöpfers als die alleinige Bedingung ihrer Existenz verworfen und verwirkt haben. Weil es sich um ihre Wiederherstellung, nein, um ihren Triumph über den ihr entgegengesetzten Widerspruch handelt. Weil dieser Triumph nicht stattfinden könnte, weil Gnade ja gar nicht Gnade wäre in einer gleichförmigen Beziehung zwischen Gott und allen Menschen. Weil es im Wesen der Sache liegt, daß es etwas Besonderes, eine unverdiente, frei gegebene Auszeichnung ist, wenn sündige Menschen nicht nur Geschöpfe Gottes sind und bleiben, sondern darüber hinaus Gottes Kinder heißen sollen. Gott wird und ist kein Anderer in diesem die Heilsgeschichte konstituierenden Akt der Auswahl, sondern eben der, der er ist, ist er als Erretter aus Sünde und Tod in dieser besonderen Form. Wiederum ist auch seine Herrlichkeit und die Intensität seiner Liebe zu seiner Schöpfung nicht geringer, sondern größer, leuchtender in dieser neuen Form. Wieder möchte man an die *felix culpa* denken, wenn man die gewisse Schemenhaftigkeit, in der der nichtgefallene Mensch im Paradiese vor Gott existiert, vergleicht mit dem Feuer des Geliebtwerdens und Wiederliebendürfens, das jetzt, auf Grund jener Auswahl, in seinen Kindern lebendig ist. Wieder ist ja dieses Zweite nichts Anderes als die jetzt erst sich offenbarende Größe des Ersten. Wieder darf dieses Zweite also auf keinen Fall auf dieses Erste reduziert, darf die Wahrheit über Gott und den Menschen auf keinen Fall außerhalb dieser göttlichen Auswahl und der durch sie begründeten Existenz des Menschen vor Gott gesucht werden, muß vielmehr gerade die Verkündigung des Wortes Gottes an alle Menschen — gerade um sich als solche an alle zu richten — diese Auswahl und also diese Existenz, die Existenz der besonderen Kinder Gottes zum Inhalt haben.

Das Besondere Gottes in diesem neuen Werk zeigt sich weiter darin, daß sowohl sein Geschehen als solches wie seine Aufnahme durch die Menschen wie seine Wirkung bei ihnen nie ohne das Merkmal des Wunderbaren, allgemein gesagt: des Außerordentlichen ist. Wenn Gott redet und handelt und wenn er bei Menschen Gehör und Gehorsam findet, dann geschieht das zwar im Raume der Schöpfung und irgendwo im Zusammenhang des durch die Schöpfung begründeten und erhaltenen Lebens, es ist doch in diesem Raum und in diesem Zusammenhang auch jedesmal ein schlechthin Neues. In der Folge eines Anderen und vieles Anderen geschehend, folgt es doch nicht aus diesem Anderen oder aus der Reihe alles Anderen, sondern hat es inmitten dieses Anderen auch den Charakter eines Abschlusses alles Anderen und zugleich den eines Anfangs eines ganz Anderen. Indem sie mitten im Lauf und in der Entwicklung der geschaffenen Dinge geschehen, indem sie selber ebenfalls den Charakter solcher geschaffenen Dinge haben, haben Gottes Worte und Taten und hat auch der Glaube und Gehorsam, in denen der Mensch ihnen begegnet (aber auch der Unglaube und Ungehorsam, in denen er sich ihnen widersetzt!) zugleich und entscheidend den Charakter eines Unterbruchs, einer Aufhebung aller bisherigen zugunsten einer neuen Ordnung. Man weiß dann vom Geiste nicht, von wannen er kommt, noch wohin er fährt. Es geschehen dann Zeichen, Umkehrungen, Wandlungen: auf derselben alten Erde unter demselben alten Himmel wie Alles, was sonst und in Kontinuität zu allem Bisherigen geschieht, aber eben daselbst einen neuen Himmel, eine neue Erde, eine neue Kontinuität ankündigend. Man kann weder das Werk des Sohnes noch das des Heiligen Geistes verstehen, wenn man auf dieses hier wie dort mitlaufende Moment des Wunderbaren nicht achten oder wenn man das Wunder als solches gar eskamotieren will. Wieder bedeutet auch das nicht, daß Gott aufhörte, sich selbst gleich und der Schöpfer und Herr dieser Welt zu sein. Aber wie sollte das Werk, in welchem Gott seine erhaltende Gnade über den Widerspruch des Menschen triumphieren läßt, geschehen, ohne daß der Mensch des göttlichen Widerspruchs als solchen ansichtig wird? Wie sollte ihm Gnade als Gnade widerfahren, wenn sie sich mit der Natur einfach decken würde, wenn die Natur als solche die Gnade wäre? Die Gnade ist gerade das Geheimnis, gerade der uns verborgene Sinn der Natur, und wenn die Gnade sich offenbart, dann hört zwar die Natur nicht auf — wie sollte sie aufhören, da Gott nicht aufhört, ihr Schöpfer zu sein? — da ist aber inmitten der Natur mehr als Natur, da wird die Natur selber zum Schauplatz der Gnade, da wird die Gnade als die Herrschaft über die Natur und also in ihrer Freiheit ihr gegenüber sichtbar. Wieder ist Gott nicht weniger herrlich, sondern für uns sogar noch herrlicher im Wunder als er es auch sonst ist. Und wieder ist das Wunder doch nur die Offenbarung der uns sonst verborgenen Herrlichkeit Gottes, auf die hin wir ihn dann als Schöpfer und Herrn auch sonst glauben und verehren dürfen. Wieder darf also auch das Wunder nicht zugunsten des sonstigen und allgemeinen Seins und Handelns Gottes in der Welt nivelliert und als Wunder geleugnet werden, gerade um dieser allgemeinen Wahrheit willen nicht, gerade weil das Wunder als solches und nur das Wunder uns das Tor aufschließt zu dem Geheimnis der Tatsache, daß uns der heilsame Widerspruch des Schöpfers nicht nur in einzelnen Punkten und Augenblicken, sondern faktisch auf der ganzen Linie unserer räumlich-zeitlichen Existenz begegnet.

Und wieder zeigt sich das Besondere Gottes in diesem neuen Werk darin, daß in ihm die Kreatur selbst: der Mensch, aber nicht nur der Mensch, sondern der ganze Raum und die ganze Wirklichkeit der Schöpfung als solcher perspektivische Tiefe bekommt, daß in ihm auseinanderrücken und doch aufeinander bezogen bleiben: die jetzt und hier zu glaubende Versöhnung und die einst und dort zu schauende Erlösung und also ein vorläufiges und ein endgültiges Wesen der Schöpfung, unsere Zeit und Gottes Zeit, dieses und das ewige Leben, diese und die kommende Welt, genauer gesagt: dieses Leben und diese Welt in ihrer uns jetzt bekannten Gestalt und Art und wieder dieses Leben und diese Welt in der uns jetzt und hier nicht, sondern allein Gott bekannten, einst und dort aber auch uns bekannten Gestalt und Art ihrer Vollkommenheit, d. h. aber in der Gestalt und Art des dort und einst schlechthin, ausschließlich und ohne allen Gegensatz sichtbaren und gesehenen Reiches Gottes. Eben dieser Schritt, Wandel und Weg, eben die Offenbarung dieser Perspektive als solche ist ja der Sinn und Inhalt des Verkehrs zwischen Gott und seinen auserwählten Partnern, ist die Bedeutung des Wunders als der notwendigen Form dieses Verkehrs, soweit es nämlich in diesem Verkehr nicht nur um Gott, sondern, als in einem wirklichen Verkehr, auch um den Menschen geht. Es geht dabei für die Kreatur, indem es um ihre Beziehung zu Gott geht, auch um ihr eigenes Eschaton, d. h. um ihre eigene, Gott jetzt schon gegenwärtige, ihr aber künftige, d. h. künftig zu offenbarende Letztwirklichkeit. Darin ist die Versöhnung wirkliche Versöhnung, daß sie uns zu solchen macht, die ihrer schon geschehenen und bereit stehenden Erlösung warten, entgegensehen und entgegengehen dürfen. Darin ist die Offenbarung wirkliche Offenbarung, daß sie uns durch das, was sie uns zu hören gibt, dorthin zu sehen zwingt, von woher, jetzt und hier noch unsichtbar, einst und dort unsere Erlösung sichtbar werden wird. Darin ist der Glaube wirklicher Glaube, daß er nach 1. Petr. 1, 3 Wiedergeburt ist zu einer lebendigen Hoffnung. Das Werk der Versöhnung und Offenbarung ist darin — alles Andere faßt sich darin zusammen! — ein radikal neues Werk gegenüber dem Werk der Schöpfung, daß es in der Eröffnung dieser perspektivischen Tiefe der Schöpfung besteht, für uns also in der Eröffnung des Ausblicks auf die Auferstehung des Fleisches, auf das ewige Leben, auf einen neuen Himmel und eine neue Erde. Es liegt nicht im Wesen und Begriff der Schöpfung als solcher, daß sie diese Perspektive haben muß. Aber siehe da: im Werk der Versöhnung und Offenbarung und also — welche Untiefe der Gnade tut sich damit auf! — gerade in der Auseinandersetzung Gottes mit dem Abfall der Kreatur — zeigt es sich, daß sie diese Perspektive tatsächlich hat. So ist Gott kein Anderer geworden, indem er nach dem Ersten dieses Zweite tut. So ist er auch mit diesem Zweiten jenem Ersten und also sich selbst nicht untreu geworden, sondern erst recht treu geblieben. Er hat auf den menschlichen Abfall nicht nur einer *restitutio ad integrum*, sondern mit der Offenbarung einer Vollkommenheit geantwortet, die auch in der ursprünglichen Integrität der Schöpfung als solcher erst verborgen war. Er hat den Kranken nicht nur gesund, sondern der Hoffnung eines unvergänglichen Lebens teilhaftig gemacht. Rückblickend können wir jetzt wohl fragen: Was wäre jenes

Erste, was wäre auch eine Wiederherstellung jenes Ersten ohne dieses Zweite? Wäre das, was Gott gemacht hat, gut, wenn ihm diese Tiefe fehlte? Wäre seine Wiederherstellung wirklich, gäbe es einen Trost, einen effektiven Widerspruch gegen Sünde und Tod, wenn es keine Hoffnung gäbe, wenn Gott nicht gerade auch der wäre, der uns inmitten von Sünde und Tod zu dieser Hoffnung erneuert? Aber Gott war und ist es uns nicht schuldig, uns auch dies zu sein. Nur darauf können wir pochen, daß er es faktisch ist. Da er es aber faktisch ist, müssen wir auch darauf pochen, dürfen wir also auch den Schritt, Wandel und Weg von jenem Ersten zu diesem Zweiten, der in der Eröffnung dieser Perspektive besteht, auf keinen Fall nivellieren oder leugnen, muß auch dieses (und gerade dieses) Besondere in dem beständigen Leben Gottes: daß er unser kommender Erlöser ist, als Besonderes dankbar gesehen und anerkannt werden. Nicht im Widerspruch zu der Dankbarkeit, die wir ihm schon als Schöpfer schuldig sind, sondern in der rechten Dankbarkeit gegenüber dem, der sich uns als unser Schöpfer und als unser Erlöser offenbart hat, weil er tatsächlich Beides ist: das Erste und dieses Zweite!

Wir schließen diese Übersicht mit einem Blick auf das Besondere Gottes in diesem seinem neuen Werk, das gewissermaßen die unmittelbare Frage bildet, die von dem in diesem neuen Werk handelnden Gott her an die Praxis unseres Glaubens gerichtet ist. Das Besondere Gottes in diesem neuen Werk besteht nämlich darin, daß es eine Erhörung des Gebetes gibt für die, die an ihn glauben dürfen und wollen, daß Gott also der ist und als der erkannt sein will, der das Gebet des Glaubens erhören will und wird. So wirklich ist sein Verkehr mit dem Menschen in der auf seine Auswahl begründeten Partnerschaft, so konkret wunderbar ist dieser Verkehr und das ist die konkrete Gestalt der Hoffnung, die dem Glaubenden durch die Eröffnung der perspektivischen Tiefe der Schöpfung gegeben ist: daß er Gott nicht nur hören, daß er ihm nicht nur antworten, daß er ihn auch nicht nur anbeten, daß er in solcher Anbetung nicht nur Trost, Ruhe und Klärung finden, sondern daß er Gott in aller Bestimmtheit anrufen darf, er möchte tun und ihm geben, wessen er bedarf, und das in der Erwartung, daß Gott es daraufhin tun und ihm nach seiner Weisheit das ihm Nötige tatsächlich geben werde. So wirklich ist dieser Verkehr, daß Gott da, wo er stattfindet, vom Menschen geradezu in dieser Weise angerufen sein will, um daraufhin sein Gott und Helfer zu sein. Man darf vor dem Ausdruck nicht zurückschrecken: es gibt auf Grund der Freiheit Gottes selbst eine Bestimmung Gottes durch das Gebet des Glaubens. Auf Grund der Freiheit Gottes: es ist also auch das eine Gestalt seiner Souveränität und also seiner unveränderlichen Lebendigkeit: daß er auf das Gebet des Glaubens nicht nur hören, sondern es erhören will, daß er dem Glauben solches Gebet, das auf Erhörung wartet, nicht nur erlaubt, sondern geboten hat. Die Bibel redet gerade hier schlechterdings eindeutig; «Das Gebet der Frommen erhört er» (Spr. 15, 29). «Der Herr ist nahe Allen, die ihn anrufen, Allen, die ihn mit Ernst anrufen. Er erfüllt der Gottesfürchtigen Begehren, er hört ihr Schreien und hilft ihnen» (Ps. 145, 18 f.). «Rufe mich an am Tage der Not, so will ich dich erretten und du sollst mich preisen» (Ps. 50, 15). «Des Gerechten Gebet vermag viel, wenn es ernstlich ist. Elia war ein Mensch von gleicher Art wie wir und er betete inständig, daß es nicht regnen sollte und es regnete nicht auf Erden drei Jahre und sechs Monate. Und er betete wiederum, da gab der Himmel Regen und die Erde ließ ihre Frucht hervorwachsen» (Jak. 5, 16 f.). «Bittet, so wird euch gegeben werden! suchet, so werdet ihr finden! klopfet an, so wird euch aufgetan werden! Oder welcher Mensch ist unter euch, der seinem Sohn, wenn er ihn um ein Brot bittet, einen Stein gäbe oder wenn er ihn um einen Fisch bittet, ihm eine Schlange gäbe? Wenn nun ihr, die ihr böse seid, euren Kindern gute Gaben zu geben wißt, um wieviel mehr wird euer Vater im Himmel denen Gutes geben, die ihn bitten!» (Matth. 7, 7 f.) «Höret, was der ungerechte Richter sagt! Gott aber sollte seinen Auserwählten, die Tag und

2. Gottes Beständigkeit und Allmacht

Nacht zu ihm rufen, ihr Recht nicht schaffen und sollte bei ihnen saumselig sein? Ich sage euch: Er wird ihnen Recht schaffen in Bälde» (Luk. 18, 6 f.). Ein unwiderstehlich waltendes Schicksal, vor dem der Mensch nur verstummen müßte, dessen Walten in Wohltaten oder Schlägen er nur passiv erwarten und über sich ergehen lassen könnte, ist bestimmt nicht der lebendige, gerade nicht der wirklich unveränderliche Gott. Es gibt keine christliche Resignation, in welcher man sich einem solchen Schicksal zu unterwerfen und sich mit ihm abzufinden hätte. Resignation (mit oder ohne Astrologie!) ist unter allen Umständen der trostlose Trost des Unglaubens. Es gibt eine christliche Geduld und Ergebung, es gibt ein christliches Warten auf Gott, aber eben dessen Echtheit wird sich immer darin erweisen, daß es in keinem Moment und in keiner Beziehung ohne das Eilen, ohne die Unruhe nun eben des zu Gott fliehenden, Gott bestürmenden Gebetes sein wird, nie ohne das Eilen, das auf der Erkenntnis beruht, daß Gott sich unsere Not zu Herzen nimmt und daß er nur darauf wartet, daß nun auch wir uns eben dies, nämlich seine Barmherzigkeit unsererseits zu Herzen nehmen, daß wir eben von seiner Barmherzigkeit wirklich l e b e n wollen, um eben in dieser gegenseitigen Zuwendung unser Gott und also der Helfer in unserer Not zu sein und also durch unser Bitten sich erhören zu lassen. εἰ ὑπομένομεν, καὶ συμβασιλεύσομεν (2. Tim. 2, 12). Das bedeutet nicht, daß Gott die Zügel des Weltregiments in die Hände der Glaubenden legt oder daß die Glaubenden sich als die Mitinhaber seines Thrones fühlen und gebärden dürften. Es wäre ja nicht das Gebet des Glaubens, das nicht aller Eindringlichkeit und Unermüdlichkeit unbeschadet und also eben als jenes stürmische Gebet der bittenden Witwe auch den Charakter des Gethsemane-Gebetes hätte, in welchem der Wille Gottes dem Willen des Menschen resolut und endgültig übergeordnet wird. Dieses und nur dieses Gebet hat die Verheißung der Erhörung. «Darin besteht die Zuversicht, die wir zu ihm haben, daß er auf uns hört, wenn wir nach seinem Willen um etwas bitten. Und wenn wir wissen, daß er auf uns hört bei dem, um was wir bitten, so wissen wir auch, daß wir das Erbetene wirklich besitzen, das wir von ihm erbeten haben »(1. Joh. 5, 14 f.). Wohl aber bedeutet jenes «Mit-Herrschen» dies, daß die Glaubenden, indem Gott allein das Weltregiment ausübt, nicht nur als seine Knechte unter ihm, sondern als seine Freunde neben ihm stehen dürfen. So wird es von Mose gesagt: «Der Herr redete mit ihm von Angesicht zu Angesicht, wie jemand mit seinem Freunde redet» (Ex. 33, 11). So sagt es Jesus zu seinen Jüngern: »Ihr seid meine Freunde, wenn ihr tut, was ich euch auftrage. Ich nenne euch nicht mehr Knechte; denn der Knecht weiß nicht, was sein Herr tut. Euch aber habe ich Freunde genannt; denn Alles, was ich hörte von meinem Vater, das tat ich euch kund» (Joh. 15, 14 f.). So offenbart sich und so handelt Gott in der Heilsgeschichte. Er ist kein Anderer geworden, indem er sich als der Erhörbare offenbart hat, aber er hat sich, dasselbe bleibend, was er war und ist, der Schöpfer und Herr aller Kreatur, jetzt auch noch anders und nun darin erwiesen, daß er nicht nur hören, sondern erhören will und tatsächlich erhört, daß ihm die Seinigen — nicht in ihrer kreatürlichen Freiheit und also nicht in irgend einer Konkurrenz mit seiner Alleinherrschaft und Alleinwirksamkeit, sondern eben in der Freiheit der Freunde, die er ihnen im Besonderen gegeben hat — gerade nicht etwa im letzten Grunde passiv, sondern im letzten Grunde höchst aktiv gegenüberstehen dürfen und nach seinem eigenen Gebot sogar sollen. Wie sollte Gottes Ehre dadurch verringert sein, daß er jetzt, auf Grund seines neuen Werkes, seinem Geschöpf diese neue Aktivität gibt, daß er jetzt sichtbar wird als der, der so frei ist, so sehr Alles beherrscht und wirkt, daß er sich auch dazu bestimmen kann, sich durch den Glauben an ihn bestimmen zu lassen? Was Anderes wird denn da sichtbar, wo Gott Gebete erhört, als eben dies, daß er der Schöpfer und Herr aller Dinge ist? Und wie sollte eben dies, daß er der Schöpfer und Herr aller Dinge ist, herrlicher, wie sollte es überhaupt anders sichtbar werden, als eben darin, daß er Gebete erhört? Das ist allerdings etwas ganz Neues und Besonderes, daß es, umschlossen von der ewigen Aktivität Gottes, auch diese Aktivität seines Geschöpfs ihm gegenüber gibt. Aber eben dieses Neue und Besondere offenbart doch nur das Alte und Allgemeine, den Sinn und die Meinung, die Kraft und die Wahrheit der Alles und Alle umschließenden göttlichen Aktivität. Wieder ist es allerdings unbegreiflich, daß dieses Neue und Besondere die Eigentümlichkeit gerade der Gnadenordnung ist, daß gerade das, daß Gott Gebete erhört und also der Kreatur diese Aktivität zuerkennt, zu der Auseinandersetzung Gottes mit der sündigen Welt gehört, daß es gerade sündige Menschen sind, die Gott, indem er sie zum Glauben erweckt, und im Glauben wach sein läßt, zu solch unerhörter Würde und Funktion erhebt. Aber daß das unbegreiflich ist, das ist kein Grund, die Gebetserhörung zu leugnen oder auch nur zu vergessen, kein Grund, sie als eine Sache zu behandeln, die dem Glauben auch fehlen oder unwesentlich sein könnte. Denn was hier unbegreiflich ist, das ist Gottes Gnade. Es kann aber der Glaube von nichts Anderem als eben von Gottes unbegreiflicher Gnade, und zwar von der vollen, ganzen Gnade Gottes leben wollen. Er kann nichts Anderes wollen als eben der Gnade gehorsam, und zwar, wie unbegreiflich ihn das auch dünken möge, völlig gehorsam zu sein. Es ist also dem Glauben wesentlich, Glaube an den Gott zu sein, der Gebete erhört: nicht weniger als es ihm wesentlich ist, Glaube an den Gott zu sein, der uns frei erwählt und der uns eine ewige Hoffnung gegeben hat. Daß man also die Erhörung des glaubenden Gebetes nur ja nicht auf das Allgemeine reduziere, daß wir als Gottes Knechte demütig und als seine Kinder dankbar vor ihm leben dürfen! Daß man nur ja verstehe, daß wir gerade in Realisierung dieses Allgemeinen des Besonderen teilhaftig sind: «Kein Tränlein ist vor dir zu klein, du hebst und legst es bei» (P. Gerhardt). Und noch viel kräftiger nach dem Evangelium: «Wenn ihr Glauben habt wie ein Senfkorn, so mögt ihr sagen zu diesem Berge: Hebe dich von hier dorthin! so wird er sich heben und nichts wird euch unmöglich sein» (Matth. 17, 20).

Der Sinn und das Geheimnis der Schöpfung und Erhaltung der Welt wird offenbar in der Heilsgeschichte. Der Sinn und das Geheimnis der Heilsgeschichte selber ist aber Jesus Christus. Und so müssen wir auch hier zuletzt und zuhöchst — nicht nur als von dem Letzten, sondern als von dem Ersten und Letzten, das hier zu nennen ist, von ihm reden, wenn wir von der Bewährung und Betätigung der unveränderlichen Lebendigkeit Gottes recht reden wollen. Alles das Besondere, in welchem Gott in der Geschichte der Versöhnung und Offenbarung unveränderlich lebendig ist, ist ja zunächst und ursprünglich nicht etwa das Besondere Israels und der Kirche. Das ist es allerdings auch. Wir haben es aber immer wieder das Besondere Gottes genannt und eben inwiefern es das und inwiefern es dann auch das echt Besondere Israels und der Kirche ist, haben wir nun noch näher zu erklären. Es ist ihr Besonderes daraufhin, daß es eigentlich und wesentlich das Besondere des fleischgewordenen Wortes Gottes, Jesus Christus, ist. Und weil auch das Allgemeine des Seins und Wirkens Gottes als Herr und Schöpfer der Welt für uns in der Heilsgeschichte, im Leben Israels und der Kirche verschlossen und aufgeschlossen ist, weil es für uns da und nur da zu finden ist, weil es also nach Gottes Willen da und nur da den Ort hat, wo auch es als Werk der freien Liebe Gottes wahr und wirksam ist, weil aber die Heilsgeschichte selbst zuerst und zuletzt, in ihrer Mitte und in ihrem Ursprung die Geschichte Jesu Christi ist — darum können wir auch dieses Allgemeine nicht außerhalb Jesu Christi, sondern nur in ihm suchen und finden, wie es denn nach Gottes Willen in ihm und nur in ihm den Ort seiner Wahrheit und Wirksamkeit hat. Es ist die Bewährung und Betätigung der unveränderlichen Lebendigkeit Gottes im Besonderen — (und weil im Besonderen, darum auch im Allgemeinen) — die Bewährung und Betätigung seiner freien Liebe, die sich unter dem Namen Jesus Christus offenbart hat und die darum für alle Zeit, aber auch für alle Ewigkeit diesen Namen tragen muß und wird. Daß und wie Gott der unveränderlich Lebendige ist, das offenbart und entscheidet sich darum erstlich und letztlich in der Person und in dem Werk, die diesen Namen tragen. — Was unter dem Namen Jesus Christus geschehen ist und geschieht nach Gottes Willen, das ist als Grund und Voraussetzung der Schöpfung, der Versöhnung und der Erlösung die reale Tat Gottes. Keine Bewegung bloß innerhalb der von Gott verschiedenen Wirklichkeit also! Wenn irgendwo, so haben wir es in diesem Werk, dem Inbegriff aller andern, mit Gott selber zu tun. Ist dem aber so, dann können wir die Realität Gottes ihrerseits jedenfalls nicht abgelöst von dem verstehen, was da geschehen ist und geschieht. Zum Wesen und Begriff der beständigen Lebendigkeit Gottes gehört dann unter allen Umständen auch dies, daß er der ist, der das, was hier geschehen ist und geschieht, wollen und vollbringen konnte und also dessen auch fähig und mächtig war, ja, daß er eben in diesem Wollen und Vollbringen als solchem, da er es nicht nur gewollt hat, da er dessen nicht nur mächtig und fähig war, da er es vielmehr durch sich selbst verwirklicht hat, der beständig lebendige Gott ist. Wir können in der Erforschung und Erkenntnis des beständigen Willens und Wesens Gottes nicht hinter Jesus Christus zurückgehen. Wir müssen Gott unter allen Umständen als den verstehen, der eben das getan hat und tut, was in Jesus Christus Ereignis wurde und noch Ereignis ist. Er ist unveränderlich dieser und kein Anderer.

Wieder hat dieses Ereignis mit dem Werk der Schöpfung und mit dem der Versöhnung nun freilich auch dies gemeinsam, daß es eine Tat der freien Liebe Gottes ist. Gott ist tatsächlich Gott, er ist herrlich in diesem Ereignis, in der Macht und Fähigkeit dazu, in seinem Willen und Beschluß, es zu vollbringen und in der Wirklichkeit dieses Ereignisses selber. Wir haben aber zu bedenken, daß dieses Ereignis als ein Geschehen in und an der geschaffenen Welt seine Herrlichkeit wohl groß und leuchtend macht nach außen, daß es aber seine Herrlichkeit nach innen, sein göttliches Wesen als solches, weder mehrt noch mindert, wie es denn keiner Mehrung noch Minderung fähig oder bedürftig ist. Gott war und ist der Welt, er ist uns auch dieses Ereignis nicht schuldig: dieses so wenig wie die Schöpfung, so wenig wie die Heilsgeschichte. Gott war und ist nicht anders gebunden, dieses Ereignis Ereignis werden und sein zu lassen, als sofern er sich selbst dazu verbunden hat. Daß er das konnte, wollte und tat, das bezeichnet sein Wesen entscheidend und endgültig als das, was es ist: eben als seine freie L i e b e. Es war und ist aber nicht so, daß sein Wesen ihn dazu nötigte: wie wäre es sonst seine f r e i e Liebe? Er wäre der, der er ist, auch wenn er sich nicht als solcher kennzeichnen würde. Daß er es nicht ist ohne diese Selbstkennzeichnung, dafür gebührt ihm Dank und Anbetung, das ruft uns auf zum Glauben und zum Gehorsam, das erlaubt uns aber nicht, die Bindung, in die er sich damit begeben hat, anders zu verstehen, denn als eben das Faktum seines Soseins, um deswillen wir ihm verbunden sind: ihm, der sich uns nicht zu verbinden brauchte, wie er es in diesem Ereignis faktisch getan hat, der sich aber eben dazu selber verbunden hat. Daß auch die Schöpfung, daß auch die Versöhnung und Erlösung Beides ist: reale Tat, aber reale Tat der freien Liebe Gottes, das will hier, das will in Jesus Christus, gesehen, im Glauben und Gehorsam gegen ihn, gegen seine Person und sein Werk gelernt, das will in der Gnade seiner Offenbarung und Wirklichkeit erkannt sein.

Dies aber ist es, was das Werk Gottes in Jesus Christus als die Mitte und der Inbegriff, als die Voraussetzung und den Grund der Schöpfung und der Versöhnung auszeichnet: In Jesus Christus ist Gott selbst Geschöpf, d. h. mit dem Geschöpf, mit dem Menschen E i n e r geworden. Also nicht nur: in Gemeinschaft getreten, wie er es in der Schöpfung tat, indem er das Geschöpf als solches werden ließ und sein Geschöpf sein läßt; wie er es in der Versöhnung tut, indem er sich des von ihm abgefallenen Geschöpfes hilfreich annimmt und wie er es in der Erlösung tut, indem er diesem Geschöpf das Leben in seinem vollkommenen Reiche schenkt. Das Auszeichnende dieses Ereignisses inmitten all der Ereignisse, in denen Gott dem Geschöpf in freier Liebe seine Gemeinschaft gewährt, ist dieses, daß er in ihm, in Jesus Christus, mit dem Geschöpf Einer wird. Indem dieses Geschöpf, der Mensch Jesus, da ist, ist Gott selbst da: nicht nur als Schöpfer und Herr, nicht nur in seiner versöhnenden Gnade gegenüber dem Geschöpf, nicht nur als dessen König, Helfer und Auftraggeber und also nicht nur im Zeugnis des Geschöpfs — das Alles ist er freilich auch hier! — sondern in und mit der Existenz dieses Geschöpfs unmittelbar sich selber bezeugend.

Jesus redet nicht nur von Gott — das tut er freilich auch! — sondern Gott selber redet durch ihn, so, daß er selbst in ihm Sprecher ist. Jesus handelt nicht nur im Gehorsam gegen Gott — das tut er freilich auch! — sondern indem er handelt, handelt Gott, tut Gott selber vollgültig und endgültig, was um Gottes willen vom Geschöpf getan werden muß. Jesus lebt, leidet und stirbt nicht nur unter der Obhut und Verheißung Gottes — das tut er freilich auch! — sondern er tut es in der zuerst verborgenen, dann offenbaren ganzen Herrlichkeit Gottes selber, im vollen Besitz aller göttlichen Vollkommenheiten, weil als Gottes eigener Sohn:

ebenso lebt, leidet und stirbt er und eben darum als der, der das Heil beschafft und bringt für Alle, die an ihn glauben, eben darum aber auch seiner eigenen Auferstehung und Himmelfahrt entgegen, eben darum, verborgen zuerst und dann offenbar, als der Inhaber des göttlichen Thrones von Ewigkeit und in Ewigkeit.

Weil Gott so Einer war mit dem Geschöpf in Jesus Christus, darum und daraufhin gab und gibt es Gemeinschaft zwischen Gott und dem Geschöpf. Wir können jetzt schon sagen: darum und daraufhin hat Gott die Welt geschaffen, darum und daraufhin hat er das Amt der Versöhnung aufgerichtet mitten in dieser Welt, weil er dessen mächtig, dazu willig und bereit war und weil er das tatsächlich vollbracht hat: mit dem Geschöpf Einer zu sein in Jesus Christus. Eben als der, der das getan hat und noch tut, ist Gott beständig in allen seinen Werken, ist er auch beständig in sich selber. Man merke: daß in diesem «beständig» gerade auch das eingeschlossen ist, daß es Gnade ist, wenn er das getan hat und noch tut; er mußte und muß es nicht tun; er tat und tut es in freier Liebe. Eben der, in dessen Wesen es liegt, nicht notwendig, aber in freier Liebe dies zu tun, eben dieser ist der beständige Gott. Aber eingeschlossen in diesem «beständig» ist auch dies, daß er es in freier Liebe faktisch getan hat. Also: Gott ist beständig, Gott wird kein Anderer, indem er in Jesus Christus mit dem Geschöpf Einer wurde und ist. Denn was ist hier Anderes Ereignis als ganz er selbst, sein freies Leben, in welchem er unerschöpflich, unermüdlich, unbeirrbar ist. Gott widerspricht sich nicht in diesem Tun, sondern bestätigt und offenbart sich: als der, der er ist und als der Schöpfer und als der Versöhner seiner Kreatur. Als der, der er ist: weil die Menschwerdung als solche die Bestätigung der Dreieinigkeit Gottes ist; offenbart sie doch, ohne die Einheit Gottes aufzuheben, die Andersheit des Vaters und des Sohnes und zugleich ihre Gemeinschaft im Heiligen Geiste. Als der Schöpfer: weil eben die Menschwerdung als solche die Bestätigung der Kreatur in ihrer von Gott verschiedenen Wirklichkeit ist; offenbart sie doch, indem Gott in ihr mit der Kreatur Einer wird, daß Gott und die Kreatur als solche zwei und also verschieden sind, daß also auch die Kreatur Gott gegenüber ihre eigene Wirklichkeit hat. Als der Versöhner und Erlöser schließlich: weil wieder die Menschwerdung als solche bestätigt, daß und warum Gott sich der gefallenen Kreatur angenommen hat und immer wieder annimmt, daß und warum er sie einer vollkommenen Erlösung entgegenführen will; offenbart sie doch, wo und wie sich Gott selber zur Treue gegenüber dieser Kreatur verpflichtet, wo und wie er sich selber mit ihr verbunden hat, so daß er sich selber untreu sein müßte, würde er sich ihrer nicht auch sonst und weiter annehmen. Insofern ist es gerade Gottes Beständigkeit, die in Jesus Christus offenbar und erkennbar wird.

Die ganze alte Theologie hat mit Recht betont, daß die Inkarnation des Logos, die Gottmenschheit Jesu Christi, von ferne nicht irgend so etwas wie eine Veränderung innerhalb des göttlichen Wesens, einen Abfall Gottes von sich selbst, eine

Verwandlung seiner göttlichen Natur in eine andere oder ihre Vermischung mit einer anderen bedeuten könne, weil sie in der Annahme der als solcher ebenfalls nicht aufgehobenen und zerstörten menschlichen Natur in die Einheit mit dem göttlichen Wort bestehe. *Nam Deus manifestatus in carne mansit quod erat et assumpsit, quod non habebat, non mutatione divinae naturae suae in humanam, nec transfusione proprietatum humanitatis in deitatem aut proprietatum deitatis in humanitatem, sed copulatione humanae naturae nostrae cum divina sua in unitatem personae* (Polanus, *Synt. Theol. chr.* 1609 col. 979). Das ist richtig. Aber hier ist stärker und positiver zu sagen, daß die Menschwerdung nicht nur keine Einschränkung oder Problematisierung der unveränderlichen Natur Gottes, sondern gerade ihre Offenbarung in Vollkommenheit bedeutet: in einer Vollkommenheit, die wir in Gott dem Schöpfer, Versöhner und Erlöser nur darum und daraufhin erkennen, daß er eben dieser, in der Gottmenschheit Jesu Christi offenbarte, gegenwärtige und handelnde Gott ist.

Wir lesen Phil. 2, 5 f., daß Jesus Christus **sich selbst entäußerte** (ἑαυτὸν ἐκένωσεν), indem er Knechtsgestalt annahm, in Gleichheit mit den Menschen einherging und in seiner Erscheinung (ἐν σχήματι) als ein Mensch erfunden wurde, daß er **sich als solcher selbst demütigte** (ἐταπείνωσεν ἑαυτόν), indem er gehorsam wurde bis zum Tode, ja bis zum Kreuzestode. Es ist nach allen von Paulus in dieser Darstellung gewählten Ausdrücken zunächst dies ganz klar, daß es in Übereinstimmung mit jenen Aufstellungen der alten Theologie nicht seine Meinung war, als ob Jesus Christus mit dem allem seine Gottheit preisgegeben und verloren oder auch nur gemindert hätte: ἐν μορφῇ θεοῦ ὑπάρχων, seiend in der Gottesgestalt, habe er das Alles getan. Nicht auf dieses sein göttliches Sein bezieht sich jene Selbstentäußerung, sondern negativ darauf, daß er sein Gleichsein mit Gott nicht als seine einzige, ausschließliche Möglichkeit betrachtete und behandelte: er ging nicht damit um, wie ein Räuber mit seiner Beute; es war ihm nicht unveräußerlich notwendig, nur Gott gleich und also von der Kreatur **nur** verschieden zu sein. Und es bezieht sich die Selbstentäußerung positiv eben darauf, daß er (unbeschadet seiner Gottesgestalt!) die Knechtsgestalt annehmen und in Gleichheit mit den Menschen einhergehen konnte und wollte, so also, daß er der Kreatur als Kreatur, daß er aber als Gott nur sich selbst kenntlich, so also, daß er innerhalb der Welt als Gott **unkenntlich**, daß seine göttliche Herrlichkeit der Welt verborgen war. Das war seine Selbstentäußerung. Und das war (als Sinn und Ziel seiner Selbstentäußerung) seine Selbstdemütigung, daß er in seiner angenommenen Knechtsgestalt und Menschengleichheit das tat, was der Mensch (als Sünder, im Widerspruch zu der ihm durch dieses sein Wesen auferlegten Bestimmung) nicht tut: daß er nämlich gehorsam war bis zum **Tode**, ja darüber hinaus, in seinem Gehorsam auch den Fluch und die Strafe dieses (von ihm nicht begangenen!) Widerspruchs auf sich nahm bis zum **Kreuzestode**. Was sollte diese Selbstentäußerung und Selbstdemütigung mit einer Preisgabe und einem Verlieren seines Gottseins zu tun haben? Nur um Eines kann es sich dabei handeln, nämlich um die **Selbsthingabe** Gottes an das Sein und Schicksal der Menschen: eine Selbsthingabe, in der er sich dieses Sein und Schicksal so zu eigen macht, daß sein Gottsein für alle anderen Augen als für seine eigenen schlechterdings **unsichtbar** wird. Seine Unterschiedenheit von der Kreatur ist ja schon mit der Annahme der menschlichen Knechtsgestalt, mit deren natürlichem Ende im Tode und nun erst recht mit diesem Tode als dem Verbrechertode am Kreuz für jedes Auge als sein eigenes dahingefallen. *Paulisper interea delitescebat eius divinitas, hoc est vim suam non exserebat: sa divinité se tenoit pour un peu de temps comme cachée, c'est-à-dire qu'elle ne demonstroit point sa vérité* (Calvin, *Cat. Genev.* 1542, Ausg. von W. Niesel Fr. 68). Niemand kennt hier den Sohn als nur der Vater. Das heißt aber nicht, daß der Sohn aufhörte, der Sohn und also mit dem Vater wahrer Gott zu sein. Es ist also nicht an dem, daß es Gott etwa wesentlich wäre, solcher Selbsthingabe und Verborgenheit unfähig zu sein, daß er es, um Gott zu sein und sich als solcher zu behaupten «für einen Raub halten», daß er sich darin verhärten mußte, nur sich selbst gleich, nur in seiner eigenen Gestalt, nur mit sich selbst Einer zu sein. Er kann vielmehr — das ist seine Freiheit — auch das Andere: er kann sich selbst in dem Sinn entäußern, daß er seiner Gottesgestalt unbeschadet, Knechtsgestalt annimmt und, seine Gottesgestalt verbergend, in Gleichheit mit den Menschen einhergeht. Er tritt sich selbst aber auch damit nicht zu nahe, daß er sich in dieser Knechtsgestalt demütigt, daß er also auch innerhalb des Kreaturseins nicht davor zurückschreckt, in dessen tiefste Tiefen hinabzusteigen. Er selbst entäußert sich, er selbst demütigt sich ja. Wie sollte er da sich selbst zu nahe treten? Es geschieht Alles in seiner Freiheit und also gewiß nicht im Widerspruch zu sich selbst, gewiß nicht in Veränderung oder Minderung seines göttlichen Wesens. Aber nun muß man, Phil. 2 weiter folgend, noch viel mehr sagen. Die Stelle fährt ja nach der Schilderung jener Selbsthingabe Jesu Christi (v 9 f.) fort mit jenem: «Darum — hat Gott ihn erhöht und hat ihm den Namen geschenkt, der über jeden Namen ist, daß in dem Namen Jesu sich beugen soll jedes Knie derer, die im Himmel und auf Erden und unter der Erde sind, und daß jede Zunge bekenne: Kyrios ist Jesus Christus zur Ehre Gottes des Vaters». Man beachte: nicht mit einem «dennoch» und auch nicht mit einem «sodann», sondern mit einem «darum» wird jetzt von der Erhöhung Jesu Christi durch die Kraft Gottes und also von der Offenbarung der in seiner Knechtsgestalt verborgenen Gottesgestalt geredet. Also: nicht trotzdem, sondern weil in Jesus Christus jene Selbsthingabe und Verborgenheit Gottes Ereignis wurde, weil er sich selbst entäußerte und demütigte, gehört ihm, wie es in einer Auferstehung offenbar wird, der Kyriosname, als dessen Träger er Gott bei aller Kreatur Ehre macht, oder in dessen Anerkennung alle Kreatur Gott die Ehre geben muß. «Kommet her zu mir, alle, die ihr mühselig und beladen seid, so will ich euch Ruhe geben... Denn ich bin sanftmütig und von Herzen demütig» (Matth. 11, 28 f.). Was bedeutet das? Das bedeutet, daß es dem Wesen Gottes nicht nur nicht widerspricht, sondern daß es ihm gerade wesentlich ist, jene Freiheit zu haben, jener Selbsthingabe und Verborgenheit fähig zu sein und nicht nur das: von jener Freiheit Gebrauch zu machen und also jene Selbsthingabe wirklich zu vollziehen, sich in jene Verborgenheit wirklich zu begeben. Sinn und Ziel der Selbstentäußerung Jesu Christi ist ja seine Selbstdemütigung. Eben in dieser und gerade in dieser ist er als Gott verborgen. Aber eben und gerade in dieser ist er wirklich und wahrhaft Gott. Eben und gerade um dieser willen muß und wird er also durch die Kraft Gottes in seiner Gottheit nun auch offenbar werden. Es ist also nicht an dem, daß diese Selbstentäußerung und Selbstdemütigung sein Gottsein problematisieren würde. An dem ist es vielmehr, daß eben sie sein wahres Gottsein offenbart. Es ist nicht an dem, daß Gott um der in Jesus Christus geschehenen Herablassung willen gewissermaßen entschuldigt und gerechtfertigt werden müßte. Es war zu wenig, wenn die alte Theologie jenes *mansit quod erat* verteidigte gegen alle Vorstellungen von einer durch die Inkarnation in oder an Gott vorgefallenen Veränderung. Es steht vielmehr so, daß Gott gerade durch die Inkarnation sein wahrhaft unveränderliches Wesen als die freie Liebe in der Vollkommenheit offenbart hat, die wir auf Grund der Inkarnation dann auch in seinem Tun als Schöpfer, Versöhner und Erlöser wiedererkennen und gleichsam bestätigt finden dürfen. «Unveränderlich» ist Gott eben der, der in seiner in Jesus Christus geschehenen Herablassung, der eben in seiner Selbsthingabe und Verborgenheit, der eben in seiner Selbstentäußerung und Selbstdemütigung wirklich ist. Er ist nicht ein Gott, der nur in irgend einer Höhe hinter dieser Herablassung, hinter dem Kreuz auf Golgatha, wäre, der er ist. Sondern eben dies, das Kreuz auf Golgatha, ist selbst seine göttliche Höhe und alle kraft seiner Gottheit notwendige «Erhöhung», das heißt Offenbarung dessen, was er ist, kann nur das **offenbaren**, alle ihr notwendig antwortende Anbetung im Himmel und auf Erden kann nur das **bestätigen**: daß eben der Gott in der **Höhe** ist, der sich in seinem Sohne so ganz zu uns **herablassen** konnte und wollte und faktisch zu uns herabgelassen hat, daß eben diese freie Liebe der eine wahre Gott selber ist. Alle göttliche Höhe ist darin hoch und göttlich, daß sie die Höhe und Gottheit dieser freien Liebe ist. Alles angeblich Hohe und Göttliche ist schlechterdings daran gemessen, ob es mit dieser freien Liebe, die in der ταπεινοφροσύνη Jesu Christi wirklich ist, identisch oder nicht identisch ist. Man kann die Geister, man kann alle Lehre und Mahnung und Gestalt der Kirche und ihrer Botschaft auf ihre Echtheit daran prüfen, ob sie diesem Maßstab standhalte: was sich als hoch und göttlich ausgibt, das muß auf alle Fälle in einer Anerkennung und Bestätigung der in Jesus Christus geschehenen Selbsthingabe und Verborgenheit Gottes, in einem Akt des Lobes, der Verehrung und Dankbarkeit gegenüber seiner am Kreuz auf Golgatha bewiesenen **Demut** bestehen. Denn sie ist es, in der Gott sich selbst offenbart hat und in ihrer, nur in ihrer Anerkennung kommt es dazu, daß Gott von seiner Kreatur geehrt wird. Alle anderen, diese Anerkennung unterlassenden oder von ihr abweichenden Angaben über Gott und seine Höhe, würden die Beständigkeit Gottes verleugnen und verletzen. Auch dann, wenn sie unter dem Namen Jesu Christi gemacht würden! Denn, vergessen wir nicht: darum und nur darum ist der Name Jesu «der Name, der über alle Namen ist», der Name der Ehre Gottes selber, weil er sich selbst entäußerte und demütigte, weil er der Name des Gottes ist, dem es nicht nur nicht zu gering war, sondern der eben darin seine göttliche Herrlichkeit triumphieren ließ und offenbar machte, daß er solche Herablassung vollzogen hat. (Das ist ja auch der praktische Sinn der Stelle Phil. 2, 5 f.: sie dient, vgl. v 1—4, sehr schlicht der Unterstreichung der apostolischen Mahnung zu der Demut, in der sich in der Gemeinde Einer dem Anderen unterordnen soll, nicht das Seine suchend, sondern das, was des Andern ist; auf das soll man nämlich bedacht sein in der Gemeinde, was «in Jesus Christus» Wirklichkeit ist. Das ist aber eben jene göttliche Herablassung, jene Selbstentäußerung und Selbstdemütigung. In ihr ist Christus Christus und in ihr ist Gott Gott; in ihr und nur in ihr können also auch die Christen Christen sein. Jedes nicht auf sie gerichtete Sinnen würde, wie hoch oder tiefsinnig es sonst sein möchte, an Christus und damit an Gott vorbeigehen und also ein unchristliches Sinnen sein.)

Wir haben schon festgestellt, es muß nun aber noch unterstrichen und erläutert werden, daß die in Jesus Christus offenbare Beständigkeit des Wesens Gottes die Beständigkeit seiner **Freiheit** ist: daß er sich selbst dazu bestimmt, dieser und kein anderer Gott, die gerade hier und so, gerade in Jesus Christus handelnde und wirksame Liebe zu sein. Gott hat sich in seinem eigenen Sohne der Kreatur verbunden zu ewiger Treue. Aber er selbst **von sich aus** hat sich ihr verbunden und in ihm selbst und **von ihm aus** ist auch dies begründet, daß er es gerade so und nicht anders getan hat. Er war es ihr nicht schuldig, sich ihrer damit anzunehmen, daß er ihr in seinem Sohne nicht weniger als sich selbst geschenkt, daß er selbst ihre Gestalt an- und aufgenommen hat und er war es weder ihr noch sich selbst schuldig, gerade in dieser und in keiner anderen Form mit ihr Einer zu werden und so sich selbst zum Pfand seiner Treue zu machen und einzusetzen.

Es sind zwei unter sich zusammengehörige und zusammenhängende Erkenntnisse, die in dieser Richtung wichtig werden.

Der Inhalt der einen ist dieser: Wir haben das, was in Jesus Christus an der Kreatur und für sie geschehen ist und geschieht, als einen freien Entschluß Gottes zu verstehen. Da er ihn faktisch ausgeführt hat, können und dürfen wir uns Gott nicht abstrahierend von dieser Ausführung und also nicht abstrahierend von seiner Wirklichkeit in Jesus Christus vorstellig machen und denken. Es liegt aber in der Natur der Sache (weil Gnade Gnade ist, weil es sich um eine wirkliche Herablassung handelt, wenn Gott sich unserer annimmt), daß wir es hier mit einer in Gottes Wesen selbst stattfindenden Wendung und Entscheidung zu tun haben, m. a. W. daß Gott nicht Mensch werden mußte aus irgend einer ihm überlegenen inneren oder äußeren Notwendigkeit, sondern daß er sich dazu entschlossen hat, weil es so sein freies Wohlgefallen war. Von diesem in der Fülle seiner freien Liebe gefaßten Entschluß her und also in ihm eingeschlossen ist dann das Andere ebenfalls als freier Entschluß Gottes zu verstehen: daß er der Schöpfer der Welt und der Versöhner und Erlöser des Menschen werden und sein wollte.

Dieser ersten Erkenntnis steht dann aber die andere unmittelbar gegenüber: Wir haben das, was in Jesus Christus geschehen ist und geschieht, als einen notwendigen Beschluß Gottes zu verstehen. Im rechten Verständnis der Gnade und also der göttlichen Freiheit jenes Entschlusses haben wir uns unter allen Umständen damit auseinanderzusetzen, daß Gott eben diesen seinen freien Entschluß zum Beschluß erhoben und als solchen ausgeführt hat, daß wir also an ihn gebunden sind und an ihm weder vorbeisehen noch vorbeileben können. Es liegt in der Natur der Sache (weil Gott Gott ist, weil er es ist, der sich zu uns herabgelassen und so sich unserer angenommen hat), daß wir ihn nicht anderswo und anderswie suchen und finden wollen können als da, wo und so, wie er sich selbst uns zu suchen und zu finden gegeben hat. Eben durch seine Freiheit ist für uns Notwendigkeit begründet. Und wieder ist es dann so, daß von diesem großen, die Fülle seiner freien Liebe verbindlich offenbarenden Beschluß her auch Gottes Walten als Schöpfer, Versöhner und Erlöser in seiner konkreten Gestalt als verbindlich verstanden werden muß.

Wir fassen zusammen: Eben weil wir es mit der Unveränderlichkeit der Freiheit Gottes zu tun haben, ist es unveränderlich Gottes Gnade, aber auch unveränderlich Gottes Wille, Gebot und Ordnung, was wir in Jesus Christus zu erkennen und zu anerkennen haben.

Die alte Theologie besonders der reformierten Kirche gebrauchte zur Bezeichnung dieses freien göttlichen Entschlusses, der für uns zum verbindlichen Beschluß wird, den Begriff des göttlichen Dekretes, unter welchem man alles das zusammenfaßte, was in der heiligen Schrift der Wille, der Ratschluß, der Vorsatz, das Wohlgefallen, die Hand Gottes genannt wird. Man behandelte dieses *decretum* an der Spitze der Lehre von allen übrigen Werken Gottes, den *opera externa* und verstand darunter (J. Wolleb, *Chr. Theol. comp.* 1626 I *cap.* 3) das *opus internum Dei*, *quatenus in ipsa Dei essentia permanet,* das also vom Wesen Gottes bezw. von Gott selbst nicht verschieden ist (denn *quicquid in Deo est, Deus est*), obwohl und indem es ein *opus ad extra* ist, *quatenus ad creaturas seu rem extra Deum refertur.* Wolleb definierte folgendermaßen: *Decretum Dei est interna voluntatis divinae actio, qua de iis, quae in tempore fieri debebant, ab aeterno liberrime et certissime statuit.* Man bezeichnete den diesem Dekret zugrunde liegenden und in ihm wirksamen göttlichen Willen als die *voluntas Dei beneplaciti,* sofern sein Inhalt eben schlechterdings Sache der freien göttlichen Entscheidung und Verfügung sei — als *voluntas antecedens,* sofern er dem Sein und Sosein der geschaffenen Welt schlechterdings vorangehe — als *voluntas absoluta,* sofern er von allem, was in der Zeit geschieht, völlig unabhängig sei — als *voluntas occulta* endlich, sofern kein Mensch und kein Engel von sich aus um seinen Inhalt wissen könne. Und *proprie,* so erklärte man, sei diese *voluntas beneplaciti* der eine und einzige Wille Gottes, dem dann Alles, was ihm zufolge geschieht, nicht als ein Zweites, sondern eben nur als dessen Offenbarung an uns *(voluntas signi* oder *revelata)* als dessen Ausführung *(voluntas consequens),* als dessen durch den Verkehr Gottes mit der Kreatur bedingte Gestalt *(voluntas conditionalis)* gegenübersteht: als *improprie* von jenem unterschieden, sofern es ja in Gott keinen in sich real verschiedenen Willen Gottes geben kann. Man erklärte weiter, daß es im kreatürlichen Raume wohl ein Geschehen *contra,* nicht aber ein Geschehen *praeter voluntatem Dei,* d. h. wohl einen Widerstand gegen die *voluntas signi,* nicht aber einen Widerstand gegen die *voluntas beneplaciti* geben könne, sofern auch das Böse unter dem Willen Gottes, nämlich unter einer *voluntas permittens Dei* geschehe, ohne daß es deshalb auf Gott als seinen Urheber zurückgeführt werden dürfte. Es sei nämlich die Notwendigkeit, mit der Alles, was geschieht, dem göttlichen Willen und Dekret entsprechend geschehen muß, keine *necessitas coactionis,* sondern die *necessitas immutabilitatis:* die Notwendigkeit, kraft welcher alles unter allen Umständen in seinem Endeffekt dem einen unveränderlichen Willen Gottes entsprechen muß. Es werde also durch diese Notwendigkeit die Freiheit und Kontingenz der Kreatur nicht aufgehoben. Sondern wenn das göttliche Dekret in sich ein einziges und einfaches sei, in welchem es kein Vorher und Nachher gebe, so werde es doch *rerum decretarum respectu* so unterschieden, *ut quo ordine eveniunt, eo ut evenirent, Deus decrevisse dicatur.*

Man wird dieser Lehre zunächst das Verdienst zuerkennen müssen, daß sie das Problem und die Erkenntnis, um die es uns hier geht, jedenfalls sichtbar gemacht hat: Wir haben es in der Beziehung zwischen Gott und der Kreatur auf alle Fälle mit dem einen unveränderlichen Gott selbst, mit der *essentia Dei* zu tun, in diesem einen unveränderlichen Wesen Gottes nun aber — denn diese Beziehung steht nicht einfach fest, sondern sie ist durch ein Dekret, durch einen Willensentschluß Gottes bestimmt und geordnet — mit einem Besonderen in Gott, mit einer *interna voluntatis divinae actio* zu tun. Daß man diese *actio* in ihrer durch die Beziehung auf die geschaffene Welt immerhin gegebenen Konkretheit ausdrücklich in das Wesen Gottes selbst verlegte und also mit Gott selbst identisch erklärte, das bedeutet eine dankenswerte Inkonsequenz gegenüber der Vorstellung von dem schlechthin einfachen und unbeweglichen Wesen Gottes. Sie wird unterstrichen durch die ebenfalls sehr ausdrücklich vollzogene Anerkennung der durch das göttliche Dekret nicht aufgehobenen Freiheit und Kontingenz der geschaffenen Welt, auf die sich das Dekret bezieht. Sie wird unterstrichen auch durch die durchaus beachtliche Art, in der die Realität des Bösen nicht geleugnet, und dem göttlichen Dekret nun doch so untergeordnet wird, daß weder an der Unveränderlichkeit noch an der Gerechtigkeit und also Schuldlosigkeit des Willens Gottes gerüttelt wird. Es gibt also nach diesem Kapitel gerade der reformiert-orthodoxen Dogmatik nun doch ein Besonderes in Gott: eine Bewegung, Wendung

2. Gottes Beständigkeit und Allmacht 585

und Entscheidung, kraft welcher er der sein kann und tatsächlich ist, der er im Verhältnis zu seiner Schöpfung ist. Davon, daß der Tod Gott und also Gott tot ist, könnte nach dem, was in diesem Kapitel (im Widerspruch zu dem von der *essentia Dei*) wenigstens ansatzweise gesagt ist, nicht die Rede sein. Eine Lehre vom lebendigen Gott beginnt hier wenigstens ansatzweise sichtbar, wenigstens möglich zu werden. Man fragt sich, wie es nun doch möglich war, von dem Wesen Gottes dort so zu reden, als ob man von dieser *actio interna,* die man hier mit dem Wesen Gottes identifizierte, nichts wüßte.

Bei näherem Zusehen wird man freilich sagen müssen, daß das Wissen um den lebendigen Gott, um seine Unveränderlichkeit nun leider doch auch hier nur im Ansatz wirksam wird. Denn mit jener Unterscheidung zwischen der *voluntas beneplaciti* und der *voluntas signi,* mit der Erklärung, daß wir es in dieser letzteren doch nur *improprie* mit dem Willen Gottes selbst zu tun hätten, wird offenbar — die Lehre von dem einfachen und unbeweglichen Wesen Gottes schlägt nun eben doch durch — der Begriff einer im Wesen Gottes selbst stattfindenden besonderen Aktion wieder problematisiert. Gerade Alles, was Aktion ist im Begriff des göttlichen Dekrets, fällt ja nach dieser Unterscheidung auf die Seite der nur uneigentlich als der wahre Wille Gottes zu verstehenden *voluntas signi.* Doch nur vorläufig — so sieht es im Lichte dieser Unterscheidung aus — nur im Verhältnis zu uns (vielleicht gar nur von uns aus gesehen?) ist Gott lebendig, ist er tätig in dem Sinn, wie Wolleb es in einem Hexameter aufzählt:

Praecipit et prohibet, permittit, consulit, implet.

Und wieder nur als vorläufig kann dann doch wohl auch sein Verhalten einer freien Kreatur als solcher gegenüber, die Wirklichkeit seines Handelns an einer in ihrer Weise ebenfalls wirklichen Kreatur verstanden werden. Als eigentlicher Wille Gottes aber bleibt irgendwo im Hintergrund nun doch wieder: ein in sich Unbewegtes und Unbewegliches, ohne Beziehung und Verhalten zu allem Anderen außer dem, daß es eben die höchste Notwendigkeit ist, die über allem Anderen waltet — von dem auch nichts zu erkennen ist als eben dies, daß es dieses Eine Notwendige und als solches unerforschlich ist. Das Wort Gottes sinkt ihm gegenüber zusammen zu der Bedeutung einer Auslegung, in der uns wohl dies und das über Gott, aber nicht Gott selbst, nicht jenes eine einzige Dekret seines Willens als solches gesagt wird. Indem es so dunkel wird, inwiefern die *voluntas beneplaciti* Gottes freie Gnade ist, muß es auch dunkel werden, inwiefern die *voluntas signi* für uns verbindlich sein soll.

Das ist der eine Schatten, der über der orthodoxen Lehre vom göttlichen Dekret liegt. Der andere besteht darin, daß sie mit ihren weniger guten aber auch mit ihren zweifellos guten Elementen im Widerspruch zu den Bibelsprüchen, die man auch hier anführte, so merkwürdig in der Luft steht als eine allgemeine Lehre von dem Sein und Verhalten Gottes zur geschaffenen Welt, m. a. W. als eine allgemeine Vorsehungslehre. Mit der *aeterna providentia Dei* ist das göttliche Dekret von Wolleb ausdrücklich identifiziert worden. Das ist nun gewiß an sich nicht unrichtig. Das göttliche Dekret ist in der Tat identisch auch mit der ewigen Vorsehung. Aber die alte Theologie hat es mit ihr und nur mit ihr identifiziert. Und dadurch geraten nun alle Inhalte dieses Dekrets: Schöpfung, Erhaltung und Regierung der Welt einerseits, Versöhnung und Erlösung andererseits, aber vor allem auch die Inkarnation des Sohnes Gottes und die Existenz Jesu Christi in eine Reihe als lauter auf einem Nenner stehende *opera externa,* als lauter Spezialfälle der *voluntas signi,* die jene unbewegte und unerforschliche *voluntas beneplaciti* irgendwo hinter sich hat, als lauter Spezialfälle des Waltens der göttlichen Vorsehung. Man halte nun die Bibelstellen daneben, mit denen man die Statuierung des göttlichen Dekrets beweisen wollte. Jes. 46, 9 f.: «Ich bin Gott und keiner sonst, bin Gottheit, es gibt nicht meinesgleichen, der ich von Anfang den Ausgang verkünde, von längst her, was noch ungeschehen war; der ich sage: Mein Ratschluß erfüllt sich und all mein Vorhaben führe ich aus; der ich vom Aufgang dem Stoßvogel rief, aus fernem Lande den Mann meines Plans. Ich habe es geredet, ich lasse es kommen; ich habe es entworfen, ich führe es aus. Höret auf mich, ihr Verzagten, die ihr fern seid vom Heil: schon lasse ich nahen mein Heil, es ist nicht fern und meine Rettung wird nicht verziehen. Ich schaffe Rettung in Zion für Israel, meine Zier.» Ps. 2, 7—8: «Kundtun will ich den Beschluß des Herrn. Er sprach zu mir: Mein Sohn bist du; ich habe dich heute gezeugt. Heische von mir, so gebe ich dir Völker zum Erbe, die Enden der Erde zum Eigentum.» Eph. 1, 9 f.: «Er hat uns das Geheimnis seines Willens kundgetan und seinen freien Entschluß, den er bei sich selbst zuvor gefaßt hat, für die Veranstaltung in der Erfüllung der Zeiten: Alles zusammenzufassen in Christus, was in den Himmeln und was auf Erden ist. Und in ihm sind wir auch zu Erben gemacht worden, vorherbestimmt nach der zuvor getroffenen Entscheidung dessen, der alles nach dem Ratschluß seines Willens wirkt.» Act. 2, 23: «Diesen, der nach Gottes festgesetztem Ratschluß und Vorsatz dahingegeben worden war, habt ihr... kreuzigen und töten lassen.» Act. 4, 27 f.: «In Wahrheit rotteten sich zusammen in dieser Stadt wider deinen heiligen Knecht Jesus, den du gesalbst hast, Herodes und Pontius Pilatus mit den Heiden und der Volksmenge Israels, um Alles zu tun, was deine Hand und dein Ratschluß vorherbestimmt hatte, daß es geschehen sollte.» Man staunt doch, daß es möglich war, alle diese Stellen zu zitieren, und nicht zu bemerken, daß sie natürlich auch (und sogar in eminenter Weise!) von dem Walten der allgemeinen ewigen Vorsehung reden, konkret aber doch offenkundig alle von einem höchst besonderen Geschehen, von dessen Inhalt man bei der Bestimmung dessen, was unter der göttlichen βουλή, εὐδοκία, πρόθεσις, χείρ usw. zu verstehen ist, unmöglich zugunsten der allgemeinen Vorstellung des Verhaltens Gottes zur Welt abstrahieren darf, aus dessen Besonderheit vielmehr abzulesen wäre, um was es sich auch in der durch den göttlichen Willen bestimmten und geordneten allgemeinen Beziehung zwischen Gott und Welt unter allen Umständen handeln muß. Wenn das Alte und das Neue Testament von dem reden, was unsere alte Theologie das göttliche Dekret genannt hat, dann haben sie indirekt oder direkt, aber faktisch, wie es in allen jenen Stellen und in allen übrigen, die hier zu nennen wären, ersichtlich ist, von Jesus Christus geredet: von dem, was die alte reformierte Theologie seit Coccejus (wieder in einem viel späteren Kapitel!) das *foedus gratiae* nannte und unter den Gesichtspunkten des ewigen Testamentes des Vaters, des Paktes zwischen dem Vater und dem Sohn, der vom Sohne übernommenen *fideiussio* (Bürgschaft) und endlich des darauf begründeten eigentlichen Gnadenbundes Gottes mit den Erwählten nicht ohne Subtilitäten zu erklären versuchte. Es ist aber schwer abzusehen, wie eine wirklich an der heiligen Schrift orientierte Darstellung es unterlassen kann, eben die dem Handeln Gottes in seinem besonderen Bunde mit der Kirche und mit Israel zugrunde liegende und in ihr wirksame göttliche Wahrheit schon bei der Erwägung des Wesens Gottes selbst in Betracht zu ziehen, und zwar entscheidend in Betracht zu ziehen als den Inhalt des göttlichen Dekrets, der allen seinen anderen Inhalten sachlich vorangeht und also nicht gleich-, sondern übergeordnet ist. Es ist schwer abzusehen, wie man es, wenn man sich an die heilige Schrift halten will, vermeiden kann, eben in dem Sinn und Grund des *foedus gratiae* und also eben in Jesus Christus selbst den Beschluß und Entschluß, den Willen, die Hand, das Wohlgefallen Gottes zu erblicken, die Wirklichkeit der göttlichen Entscheidung, in der dann alles Andere, was Gott auch will, was also Inhalt seines Dekrets auch ist, eingeschlossen, aber eben als jenem ersten untergeordnet, als durch jenes bestimmt und auf jenes ausgerichtet, eingeschlossen ist. Die Lehre vom Dekret pflegte in der altreformierten Dogmatik unmittelbar

2. Gottes Beständigkeit und Allmacht

nach der Trinitätslehre behandelt zu werden. Wie war es möglich, sie, indem man von dorther kam, nun doch in Form einer allgemeinen Vorsehungslehre vorzutragen: als ob die Trinitätslehre praktisch gar keine Bedeutung gehabt, als ob man die größe Eile gehabt hätte, die Dinge, als wäre nichts geschehen, dort wieder aufzunehmen, wo man sie in der allgemeinen Lehre *De essentia Dei* übel genug hatte liegen lassen? Hätte man an dieser Stelle von Jesus Christus als dem Dekret Gottes gesprochen, dann hätte die Lehre vom göttlichen Dekret nicht als eine Art Weltanschauungsentwurf leer, sie hätte dann nur sofort christlich gefüllt, an dem so wichtigen Anfang der Lehre von den *opera Dei* stehen können; sie hätte dann alles Folgende beherrschen und bestimmen müssen. Es hätte dann aber vor allem auch jene falsche Unterscheidung zwischen einem eigentlich und einem nur uneigentlich so zu nennenden Willen Gottes und jener neue Durchbruch der Anschauung eines unlebendigen Gottes nicht stattfinden können. Die in Jesus Christus geschehene und geschehende *actio divina* in eine nur uneigentlich als der Wille Gottes zu verstehende *voluntas signi* aufzulösen, würde man sich ja vielleicht gescheut haben. Man würde die *voluntas beneplaciti*, hätte man sich an dieses Dekret und seinen Inhalt gehalten, man würde den wirklichen Inhalt des Dekrets gerade in der konkreten Wirklichkeit Jesu Christi gefunden haben. Man hätte dann in diesem Dekret den beständigen Gott, aber nun eben die Beständigkeit der Freiheit Gottes erkannt und verehrt: die Freiheit, die Gott tatsächlich hat und von der er tatsächlich Gebrauch macht, die Freiheit seiner Liebe. So hätte man erkannt, daß und wie Gott unveränderlich gnädig ist, eben damit aber auch, daß und wie sein Wille, sein Gebot, seine Ordnung uns unveränderlich verbindlich gegenüberstehen. Man hätte dann die *voluntas signi* als eigentliche, wahre Offenbarung der *voluntas beneplaciti* verstanden und ebenso das, was man suchte, was man aber auf jenem Weg nicht finden konnte; die Erkenntnis des *decretum Dei*, das *in se unicum et simplicissimum* aber auch *in se* und *quoad nos* das *decretum* des lebendigen Gottes ist.

Wie nötig es war, das rechte Verständnis der Beständigkeit Gottes abzugrenzen und zu sichern gegenüber jeder Vorstellung, die direkt oder indirekt dies bedeuten könnte, daß der Tod Gott und daß also Gott tot sei, das wird ersichtlich, wenn wir der Vollkommenheit, in der er beständig ist, der er ist, die Vollkommenheit gegenüberstellen, in der er kann, was er will: die Vollkommenheit seiner Allmacht.

Eben als der Freie liebt Gott. Wir haben dies im 1. Abschnitt unseres § interpretiert: Eben als der Eine ist er allgegenwärtig. Wir interpretieren nun weiter: Eben als der Beständige ist er allmächtig. Die ältesten Glaubensbekenntnisse haben sich bekanntlich damit begnügt, Gott diese eine Eigenschaft beizulegen: *credo in Deum patrem omnipotentem, παντοκράτορα*. Sie haben offenbar gerade in dieser Eigenschaft den Inbegriff aller anderen, gewissermaßen ihr Kompendium gesehen. Eben dieser Begriff charakterisiert aber in ganz besonderer Weise den positiven Charakter der göttlichen Freiheit, das, was sie von der Freiheit, wie sie auch einem in sich unbewegten und unbeweglichen Sein zugeschrieben werden könnte, unterscheidet. Ein solches «Unveränderliches» könnte nur als ohnmächtig gedacht werden. Gott aber ist nicht ohnmächtig, sondern mächtig, und zwar allmächtig, nämlich alles dessen mächtig, was er tatsächlich will oder wollen könnte. Gott kann und er kann Alles, Alles das nämlich, was als sein Können wirkliches Können ist. Gott hat Möglichkeiten, und zwar alle die Möglichkeiten, die als Bewährungen und Betätigungen seines Wesens echte Möglichkeiten sind. Als dieser allmächtige Gott ist er beständig. Als dieser allmächtige Gott ist er verschieden von einem Veränderlichen, welches entweder nicht alles dessen mächtig wäre, was es will, nicht alles könnte, was wirkliches Können ist, nicht alle echten Möglichkeiten hätte — oder aber auch dessen mächtig wäre, was es nicht will, auch das könnte, was gar kein wirkliches Können ist, dem auch unechte, dem auch unmögliche Möglichkeiten nicht unmöglich wären. Als dieser allmächtige Gott ist er aber auch verschieden von jenem Unveränderlichen, dessen Unveränderlichkeit schlechthinige Ohnmacht, völliges Nicht-Können und ein Entbehren jeder Möglichkeit, das also den Tod bedeuten müßte. Der allmächtige Gott unterscheidet sich nach allen diesen Seiten (wo sich sein Geschöpf und wo sich die falschen Götter seines Geschöpfs befinden) als Gott und als der wahre, der lebendige Gott. In seiner Allmacht steht er als der Herr über der von ihm geschaffenen Wirklichkeit und erhebt er sich in deren Mitte, indem er sich selbst offenbart. In seiner Allmacht ist er die Quelle und die Erhaltung alles geschaffenen Lebens, das als solches durch sein Leben und in seinem Leben lebt und ist er zugleich souverän auch über dessen Tod, der in ihm keinen Raum hat und der schon als Negation nur unter seinen Füßen sein kann. In seiner Allmacht ist er von Ewigkeit und in Ewigkeit kraft seiner Existenz die Widerlegung aller wirklichen und möglichen Illusionen und Irrtümer hinsichtlich der Götter, die keine sind, gleichviel, ob die Geschöpfe sich selbst für solche Götter halten oder ob sie solche Götter in irgendwelchen Spiegelbildern ihrer eigenen nichtgöttlichen Existenz zu erkennen und verehren zu sollen meinen. Weil und indem er allmächtig ist, ist er der eine, einzige und einfache Gott und als solcher allgegenwärtig. Seine Gnade und Heiligkeit, seine Barmherzigkeit und Gerechtigkeit, seine Geduld und Weisheit erheben sich damit schlechthin über die Vollkommenheiten, die unter den gleichen oder ähnlichen Namen auch der Kreatur oder irgendwelchen Fiktionen der Kreatur zugeschrieben werden könnten. Sie haben darin die Kraft und Wahrheit, Vollkommenheiten des wahren Gottes, ja jede einzeln der wahre Gott selber zu sein, daß sie alle allmächtig sind: allmächtige Gnade, allmächtige Heiligkeit usw., weil sie alle selber die Allmacht Gottes sind.

Der wesentliche Inhalt der in der alten Theologie üblichen Definitionen der Allmacht Gottes ist damit bereits zu Worte gekommen. *Potentia Dei essentialis Dei proprietas, qua potest et efficit omnia in omnibus et singulis,* schreibt Polanus und erläutert: sie sei, vom Willen Gottes nicht zu trennen, als *omnipotentia* zu bezeichnen *natura sua et per se:* weil sie mit dem unendlichen Wesen Gottes identisch ist — *respectu obiectorum:* weil ihr Bereich — *respectu effectuum:* weil ihre

Wirkung — *respectu actionis,* weil ihr Wirken als solches unendlich ist (*Synt. theol. chr.* 1609 col. 1191). *Potentia Dei quae est principium exsequens operationum divinarum, nihil aliud est quam ipsa essentia divina extra se productiva, per quam concipitur ut potens facere ea omnia quae vult et velle potest* (Fr. Turrettini, *Inst. Theol. el.* 1679, I L. 3 qu. 21, I). *Potentia Dei est, qua Deus independenter per essentiae suae aeternae actuositatem facere potest omnia in universum: non ea tantum quae vult, sed et ea quae ullo modo possibilia sunt adeoque omnia illa, quae contradictionem non involvunt* (Quenstedt, *Theol. did. pol.* 1685 I c. 8 sect 1 th. 26). Man erkennt schon in diesen Formulierungen das Hauptproblem, das uns hier zunächst zu beschäftigen hat: Was kann der hier aufs Neue auftauchende Begriff der Unendlichkeit als Bestimmung der Allmacht und also des Seins und Wesens Gottes bedeuten und nicht bedeuten? Was Alles kann Gott und was Alles ist als wirklicher und möglicher Gegenstand seines Könnens anzusprechen? In welchem Sinn ist Gottes Vermögen ein unbeschränktes, in welchem Sinn beschränkt dadurch, daß es sein Vermögen und also das Maß des Möglichen an sich unter Ausschluß des ihm und also des überhaupt Unmöglichen ist? Kurzum: was heißt Macht als Gottes Macht und also als Allmacht, aber auch als wirkliche Macht, im Unterschied zu völliger oder teilweiser Ohnmacht, im Unterschied aber auch zu jeder solchen Macht, die, indem sie das Unmögliche vermöchte und vollbrächte, nur scheinbare Macht wäre?

Wir beginnen am besten auch hier mit der über Alles entscheidenden Feststellung, daß wir es nicht mit irgend einer Macht, nicht mit einer Macht an sich, auch nicht mit einer Allmacht an sich und im Allgemeinen, sondern mit der Macht Gottes und so und insofern mit der Allmacht, mit der wirklichen Macht, zu tun haben. Die Vergeßlichkeit, die das Subjekt durch das Prädikat statt das Prädikat durch das Subjekt bestimmen möchte, würde auch hier verhängnisvolle Folgen haben; sie würde gerade hier besonders sichtbar machen, wie verkehrt sie auf der ganzen Linie ist. Deutlicher noch als die Bestimmung Gottes durch den abstrakten Begriff des Unendlichen, des Einfachen, des Unbeweglichen usw. würde seine Bestimmung durch den der Macht an sich nicht nur eine Neutralisierung des Gottesbegriffs, sondern seine Verkehrung in sein Gegenteil zur Folge haben. Macht an sich ist ja nicht nur neutral, sondern Macht an sich ist böse. Denn was kann Macht an sich Anderes sein als Entfesselung und Unterdrückung, Ausbruch und Überwältigung. Wäre die Macht an sich die Allmacht Gottes, dann hieße das, daß Gott böse, daß er der revolutionäre und tyrannische Dämon *kat'exochen* wäre.

Von hier aus dürfte sich dann freilich auch ergeben, was sich uns ja schon mehrfach nahegelegt hat: daß auch jenes Unendliche, Einfache, Unbewegliche an sich, sofern ihm nun (widerspruchsvoll genug!) auch noch Potenz und Dynamik zuzuschreiben, sofern es als die nun auf einmal auch noch mächtige Ohnmacht zu verstehen wäre, so harmlos und neutral nicht ist, wie es sich auf den ersten Blick zu geben scheint. Das letzte, was von ihm zu sagen ist, ist damit nicht gesagt, daß man sagt, daß es nicht Gott ist. Ist es wirklich auch noch das Mächtige und zwar das Allmächtige an sich, dann ist von ihm zu sagen, daß es nicht nur nichts mit Gott, sondern sehr viel mit dem Teufel oder jedenfalls mit dem, was der Teufel sein und haben möchte, zu tun hat.

Die heilige Schrift und die durch sie bezeugte Offenbarung ist es aber nicht, die uns auf diese fatale Spur leitet. In ihr offenbart sich Gott als mächtig und also als allmächtig und nicht eine Macht, auch nicht eine Allmacht an sich als göttlich! Wir haben die Allmacht Gottes (wenn wir dabei bleiben wollen, auch sie nach der Schrift und also nach Maßgabe der Selbstoffenbarung Gottes zu verstehen) unter allen Umständen und unter Unterlassung jeder Umkehrung in dieser Folge zu verstehen.

Man wird schon im Symbol das *omnipotentem* nicht von dem *Deum patrem* trennen und dieses nicht aus jenem erklären dürfen, sondern jenes aus diesem zu erklären haben. Die Allmacht, von der das Symbol redet, ist die Allmacht Gottes des Vaters, und zwar eben des Gottes und Vaters, der sich selbst laut des übrigen Inhalts des Symbols als solcher zu erkennen gibt, der also mit dem Sohne und mit dem Heiligen Geiste eines Wesens ist. Es ist nicht so, daß wir etwa von uns aus schon wüßten, was Allmacht ist, um dann durch Gottes Offenbarung auch noch dies zu erfahren, daß eben er, Gott, allmächtig ist und daß wir ihn, den so als allmächtig Bestimmten als unseren Vater zu erkennen hätten. Was wir von uns aus als Macht und Allmacht zu kennen meinen könnten, könnte nur jene böse Macht an sich sein. Diese Macht Gott zuzuschreiben, wäre ein blasphemisches Unternehmen und von den Menschen zu verlangen, daß sie den so bestimmten Gott «Vater» zu nennen hätten, wäre dann eine Sentimentalität, in der sich der bösartige, der im Grunde grausam ironische Charakter aller Sentimentalität seltsam deutlich offenbaren würde. Sondern die Offenbarung Gottes des Vaters ist als solche die Offenbarung der göttlichen Allmacht, aus der wir grundlegend, im Widerspruch zu allem vermeintlichen Vorherwissen, zu lernen haben, was Macht und Allmacht ist. «Der Allmächtige» *in abstracto* dürfte mit jenem revolutionären und tyrannischen Dämon mehr zu tun haben als mit Gott! Die Bundesverfassung der Schweizerischen Eidgenossenschaft beginnt mit Recht mit den Worten: «Im Namen Gottes des Allmächtigen».

Man darf in dem Wort Gottes an Abraham Gen. 17, 1 f.: «Ich bin der allmächtige Gott» (der *el schaddai*) das «Ich» nicht übersehen, das sich selbst nachher in den Worten interpretiert: «Wandle vor mir, so wirst du unsträflich sein und ich will einen Bund stiften zwischen mir und dir und will dich über alle Maßen mehren». Dasselbe «Ich» hatte vorher (Gen. 12, 1 f.) zu Abraham gesagt: «Ziehe hinweg aus deinem Vaterlande und von deiner Verwandtschaft und aus deines Vaters Hause in das Land, das ich dir zeigen werde, so will ich dich zu einem großen Volke machen und dich segnen und deinen Namen berühmt machen, daß er zum Segensworte wird» und (Gen. 15, 1): «Fürchte dich nicht, Abram, ich bin dein Schild, dein wartet reicher Lohn» und (Gen. 15, 7): «Ich bin der Herr, der dich aus Ur in Chaldäa herausgeführt hat, daß ich dir dieses Land zu eigen gebe». Dieser, das Ich, das alle diese Absichten kundgetan und zum Teil schon ausgeführt hat — dieser nennt sich jetzt (nach der Komposition der Genesis zuletzt und zuhöchst unmittelbar vor der Aufrichtung der Beschneidung als des sichtbaren Bundeszeichens und vor der entscheidenden Verheißung der Geburt Isaaks): der allmächtige Gott. Nicht irgend ein Numen von überwältigender, an sich mächtiger und also die Erkenntnis einer Macht an sich erzwingenden Hoheit ist dem Abraham begegnet, sondern der, der sein Wesen in diesen Befehlen und Verheißungen bezeugt. Er ist es, der jetzt eben dieses sein Wesen als allmächtig und also sein Befehlen und Verheißen als ein allmächtiges Befehlen und Verheißen bezeichnet. Vor ihm wirft sich jetzt Abraham auf sein Angesicht. Ihm, diesem, glaubte Abraham und daß er ihm, diesem, glaubte, rechnete er, dieser, ihm als Gerechtigkeit an (Gen. 15, 6). Von demselben Abraham hören wir (Matth. 3, 9) Johannes

2. Gottes Beständigkeit und Allmacht

den Täufer sagen, daß Gott — offenbar wieder er, dieser — ihm aus den Steinen der Wüste Kinder zu erwecken vermöge. «Unser Gott ist im Himmel, Alles, was er will, vollbringt er» (Ps. 115, 3). Er, dieser ist es, dem nach dem Wort Abrahams an Sara (Gen. 18, 14) und nach dem Wort des Jeremia (Jer. 32, 17), das dann in der Rede des Engels an Maria (Luk. 1, 37) aufgenommen wird, nichts unmöglich ist. Und wieder — von dem rettenden Eingang in das Reich Gottes, der den in dieser Welt Reichen so schwer gemacht ist, ist ja die Rede — geht es offenbar um ihn, um diesen, wenn Jesus nach Matth. 19, 26 sagt: «Bei den Menschen ist dies unmöglich, bei Gott aber sind alle Dinge möglich». «Ich habe erkannt, daß du Alles vermagst» (Hiob 42, 1). Daß das Prädikat der «Allmacht» Gottes im Alten Testament nirgends so häufig wie im Hiobbuch und im Neuen Testament außer 2. Kor. 6, 18 nur in einer Reihe von Stellen der Apokalypse vorkommt, ist jedenfalls auch deshalb bemerkenswert, weil die Gestalt Gottes gerade in diesen beiden Schriften besonders konkret als die des Herrn — hier der Lebensgeschichte eines Erwählten, dort der dem Sieg Jesu Christi entgegeneilenden Kirchengeschichte gezeichnet ist. Der Zusammenhang und Bezug, in welchem es zu dieser Prädizierung Gottes kommt, zeigt die Doxologie Eph. 3, 20 f.: «Dem aber, der über Alles hinaus in noch weit höherem Maße zu tun vermag, als wir bitten und verstehen nach der Kraft, die in uns wirkt, ihm gebührt die Ehre in der Gemeinde und in Jesus Christus für alle Geschlechter von Ewigkeit zu Ewigkeit». Und aus Phil. 3, 21, wo es ausdrücklich von Jesus Christus heißt, er werde «unseren Leib der Niedrigkeit verwandeln, so daß er gleichgestaltet wird seinem Leib der Herrlichkeit vermöge der Kraft, mit der er auch alle Dinge sich zu unterwerfen mächtig ist». Kurz, was es auch bedeuten mag, daß Gott allmächtig ist und also Alles kann, alle Möglichkeiten hat — das ist sicher, daß wir uns von der Schrift entfernen würden mit jeder Aussage, in der wir heimlich oder offen von einem anderen Subjekt als eben von Gott dem Vater, dem Stifter und Herrn des Abrahamsbundes, dem Vater Jesu Christi und damit doch auch von seinem Sohn und von seinem Heiligen Geist reden, in der wir das Prädikat «mächtig» oder «allmächtig» nicht ganz und gar als von diesem Subjekt her gefüllt und bestimmt verstehen würden.

Diese erste Feststellung führt uns sofort zu einer zweiten: Die Füllung und Bestimmung des Machtbegriffs von diesem Subjekt her hat die konkrete Bedeutung, daß Gottes Macht niemals bloß als physische, sondern immer zugleich als moralisch-juristische Möglichkeit, nie bloß als *potentia*, sondern immer zugleich als *potestas* zu verstehen ist. Gottes Gewalt geht nie und nirgends vor Recht, sondern immer und überall mit dem Recht. Sie — und also alle echte Gewalt — ist von Hause aus und in sich selber Rechtsgewalt: die Gewalt der in sich selbst, in der Liebe und Freiheit der göttlichen Person begründeten Heiligkeit, Gerechtigkeit und Weisheit. Sie ist die Gewalt, die selber der Ursprung der Legitimität ist und die unter allen Umständen in der Fülle dieser Legitimität ausgeübt wird. Sie ist die Gewalt, der die Würde der Gottheit, die Würde des Schöpfers, Versöhners und Erlösers nie fehlen kann noch wird. Was Gott *de facto* kann, das kann er auch *de jure*. Und er kann nichts *de facto*, was er nicht auch *de jure* kann. Das Alles ist dann auch umzukehren: Gottes moralisch-juristische ist immer auch seine physische Möglichkeit. Seine *potestas* ist voller *potentia*. Seine Heiligkeit, Gerechtigkeit und Weisheit ist Allgewalt. Was er *de jure* kann, das kann er auch *de facto.* Und er kann nichts *de jure,* was er nicht auch *de facto* könnte. In unserem Zusammenhang interessiert uns der erste Satz: daß Gottes *potentia* unter allen Umständen *potestas* ist. Wie sollte es anders sein, wenn sie, wie wir zuerst festgestellt haben, nicht irgend eine, sondern eben Gottes Macht ist?

Potestas, ἐξουσία *Dei est jus ejus ac dominium universale, independens et absolutissimum in omnes creaturas statuendi de ipsis plane ex sententia. Jus enim ei competit... Cujus juris fundamentum in sola est deitatis* ὑπεροχῇ (Petrus van Mastricht, Theor. pract. Theol. 1698 II 20, 5 f.). Wenn Gott tun kann, wie jener Töpfer tut (Jer. 18, 6; Röm. 9, 20 f.), so ist dieses sein Können die Vollmacht dessen, dem der Ton gehört. Es steht ihm frei, mit dem Seinigen zu tun, was er will (Matth. 20, 15). «Alle Seelen sind mein» (Hes. 18, 4). «Wir sind des Herrn» (Röm. 14, 8). «Ist nicht er dein Vater, der dich erschaffen, ist nicht er es, der dich gemacht und bereitet?... Der Anteil des Herrn ist sein Volk, Jakob das Los seines Eigentums» (Deut. 32, 6, 9). So ist das Walten seiner Macht ein Verfügen dessen, der sie darum in Anspruch nehmen darf und muß, weil sie in seinem Recht, das das Recht schlechthin ist, begründet ist und weil eben damit, daß er über sie verfügt, sein Recht, das Recht schlechthin, aufgerichtet wird. *Imo quicquid potestatis quivis obtinent, non aliunde obtinent, quam ab hoc potestatis fonte:* Röm. 13, 1; Kol. 1, 16; Jak. 4, 12 (P. v. Mastricht, a. a. O. 20, 8 f.).

Eine dritte notwendige Bereinigung besteht in der Feststellung, daß das Bekenntnis zu der Allmacht Gottes eine Aussage über Gott macht, die zwar wie jede Aussage über Gott auf das blickt, was Gott laut seiner Selbstoffenbarung in seinem tatsächlichen Werk getan hat, tut und tun wird, die sich aber inhaltlich nicht erschöpft in einer Konstatierung und Beschreibung dieses Werkes. Es ist nicht an dem, daß dieses als solches, weil es durch den Willen und vermöge des vollkommenen Könnens Gottes geschieht, mit der Allmacht und also mit dem Wesen Gottes sich gewissermaßen deckte, sodaß die Allmacht Gottes nicht mehr und nicht weniger als eben seine Allwirksamkeit, seine Allwirksamkeit als solche die göttliche Allmacht wäre. Gewiß ist Gott eben der (und kein Anderer als der), der in seinem Werk, in dessen Mitte er sich selbst offenbart hat, wirksam ist. Gewiß ist also seine Allmacht die Macht dieser seiner Wirksamkeit, die Macht in der Wirksamkeit eben dessen, der dieses Werk vollbracht hat, vollbringt und vollbringen wird, die Macht in der Wirksamkeit dessen, der sich inmitten dieses seines Werkes als der, der er ist, offenbart hat, sodaß wir weder zu befürchten noch zu hoffen, sodaß wir in keinem Sinn zu erwarten haben, daß er in irgend einem uns unbekannten anderen Werk oder in seinem göttlichen Sein als solchem auch noch ein ganz Anderer als dieser: der Hirte Israels und der Herr seiner Kirche sein könnte. Die Vorstellung aber ist abzuweisen, als ob die Allmacht und also das Wesen Gottes in dem, was Gott tatsächlich tut, in seiner Allwirksamkeit, gewissermaßen aufginge und also mit dieser gleichzusetzen wäre. So ist es nicht, daß Gott nur darin Gott, seine Allmacht nur darin Allmacht wäre, daß er tatsächlich tut, was er tut.

Schöpfung, Versöhnung und Erlösung sind das Werk — aber eben wirklich das Werk seiner Allmacht. Er ist allmächtig in diesem seinem Werk. Indem er sich in Treue zu diesem Werk verbunden hat, hört er nicht auf, indem er in ihm allmächtig ist, es auch in sich selbst zu sein. Er hat seine Allmacht nicht etwa verloren an dieses Werk. Sie hat sich nicht in seine Allwirksamkeit in diesem Werk umgesetzt, gewissermaßen wie ein Kapital, das nun eben in diesem Unternehmen investiert wäre und insofern nicht mehr zur freien Verfügung seines Eigentümers stünde. Gottes Liebe, in der er sich uns in seinem Werk zugewendet, in der er sich zu unserem Gott gemacht hat, hat ihn nicht im Geringsten ärmer oder kleiner gemacht. Sie hat ihre Kraft und Wahrheit als Liebe auch für uns darin, daß sie freie Liebe ist und bleibt, daß Gott sich uns verbunden hat und verbindet als der, der sich verbinden kann und dessen Sichverbinden eben darum hilfreiche Gnade, Barmherzigkeit und Geduld ist, weil er zuvor ungebunden, weil er der Herr ist, und, indem er sich zu uns herniederbeugt, nicht etwa aufhört, der Herr zu sein, sondern eben aus der Höhe, in der er der Herr ist und bleibt, sich zu uns herniederbeugt. Er ist ganz unser Gott, aber er ist gerade darin ganz unser Gott, daß er nicht nur unser Gott ist. Das bedeutet aber, daß wir Gott seine Allmacht, indem wir sie in seinem Werk erkennen und verehren, lassen müssen als die Allmacht, die wohl auch die dieses seines Werkes (und also von uns in diesem seinem Werk zu lieben und zu loben!), aber in diesem Werk die seinige ist. Dann und nur dann werden wir sie in seinem Werk recht, das heißt als göttliche Allmacht erkennen und verehren, dann und nur dann ihr die Furcht und das Vertrauen zuwenden, die ganz frei und rein sind von dem Verdacht, als ob die Allwirksamkeit Gottes vielleicht doch nur ein Name sei für die Wirklichkeit überhaupt und als solche, die mit Einschluß ihrer religiösen Aspekte vielleicht doch auch anders denn gerade als Werk Gottes verstanden werden könnte. Es hängt gerade zum rechten Verständnis der in der göttlichen Allwirksamkeit, der in der Schöpfung, Versöhnung und Erlösung sich bewährenden und betätigenden Allmacht Gottes Alles daran, daß man auch die Höhe sieht, von der die göttliche Allmacht in der Begründung, im Vollzug und in der Vollendung seiner Werke gleichsam herniederstürzt — daß man sieht, wie sie die Allwirksamkeit Gottes nicht einfach und an sich ist — denn dann wäre Gott an die von ihm verschiedene Wirklichkeit gebunden, dann würde er in ihr gewissermaßen aufgehen — wohl aber wird, indem sich Gott dieser Wirklichkeit in Liebe annimmt und verbindet, ohne darum aufzuhören, auch in der Höhe, auch in sich selbst, Gott und allmächtig zu sein, um es eben von dorther ganz und gar auch für diese Wirklichkeit, auch für uns, und also in seiner Allwirksamkeit zu sein. Es gilt das Gefälle von Gnade, Barmherzigkeit und Geduld zu sehen, in welchem Gott, ohne dessen zu bedürfen und auch ohne damit etwas zu verlieren, sich selbst zu unserem allmächtigen Gott macht, seine Allmacht als Allwirksamkeit uns zuwendet und zugutekommen läßt. Würde das nicht gesehen, wie könnten wir sie dann als göttliche Allmacht erkennen und lobpreisen, wie könnten wir ihr dann die Furcht und das Vertrauen zuwenden, die sie als göttliche Allmacht verdient und in Anspruch nimmt? Es kommt nicht weniger als Alles darauf an, daß Gott als der in sich Allmächtige erkannt wird und also Alles darauf, daß seine Allmacht zwar in seiner Allwirksamkeit als Schöpfer, Versöhner und Erlöser auf Grund seiner Offenbarung erkannt, aber eben als seine Allmacht erkannt und insofern auch von seiner Allwirksamkeit unterschieden werde: nicht zu Ehren eines unbekannten Allmächtigen über und hinter seinem Werk, wohl aber zu Ehren gerade des uns in seinen Werken gegenwärtigen und durch seine Offenbarung bekannten allmächtigen Gottes, zu Ehren seiner Gottheit nämlich, zu Ehren der Freiheit seiner Liebe, ohne welche seine Liebe nicht göttliche Liebe und als solche nicht zu erkennen wäre.

Wir begegneten einer planen und insofern gefährlichen Gleichsetzung zwischen Gottes Allmacht und seiner Allwirksamkeit, wie sie hier gerade zu vermeiden ist, schon in der Definition von Turrettini, wo die *potentia Dei* ohne weiteres das *principium exsequens operationum divinarum,* und zwar ausdrücklich als die *essentia Dei extra se productiva* bezeichnet wird. Müßte, wenn das Alles ist, was hier zu sagen ist, nicht geschlossen werden, daß Gott *intra se,* abgesehen von seinen *operationes* nach außen, keine *potentia* und also *impotentia* zuzuschreiben sei? Fängt Gott erst damit an, allmächtig zu sein, daß es eine von ihm unterschiedene Wirklichkeit, ein *extra* gibt, in welchem seine Allmacht Allwirksamkeit sein kann? Ist sie erst sein Verhalten nach diesem *extra* hin? Wie aber kann es dazu überhaupt kommen, wenn es kein entsprechendes Sein Gottes in sich selber gibt? Und wie wird sich das Verhalten Gottes nach außen, seine Allwirksamkeit, von all dem unterscheiden, was da draußen ja ohnehin wirksam ist? Man findet aber schon bei Polanus (a. a. O. col. 1191) den Satz, es sei die Allmacht Gottes sein *principium agendi in aliud,* und außerdem eine Unterscheidung, die die Gleichsetzung zwischen Allmacht und Allwirksamkeit Gottes nun allerdings sehr instruktiv beleuchtet. Polan will nämlich die *potentia essentialis Dei* unterschieden wissen von der *potentia personalis,* vermöge derer Gott als der Vater von Ewigkeit den Sohn zeugen, der Sohn von Ewigkeit vom Vater geboren werden, der Vater und der Sohn von Ewigkeit den Heiligen Geist aus sich hervorgehen lassen *(spirare),* der Geist von Ewigkeit aus dem Vater und dem Sohn hervorgehen *(spirari)* kann. Diese trinitarische Potenz Gottes soll nach Polan mit seiner Allmacht nichts zu tun haben. Von hier aus versteht man freilich Alles oder vielmehr gar nichts! Man versteht, daß er, da er von jener trinitarischen Potenz gerade absehen wollte, von einer Gott eigenen Potenz nichts, sondern nur von einem *principium agendi in aliud* wissen konnte. Man versteht aber nicht, was unter diesen Umständen die ganze Trinitätslehre mit ihren von der Orthodoxie so sorgfältig und so streitbar durchgeführten Erwägungen über das angeblich entscheidende Geheimnis des Wesens Gottes sollte, wenn man nun doch, wenn es um die Erklärung dieses Wesens geht, ohne jeden ersichtlichen Grund darauf verzichten kann, von jenen Erkenntnissen Gebrauch zu machen, wenn man nun doch die Freiheit hat, ohne jeden ersichtlichen Grund von einer doppelten *potentia* Gottes zu reden, von der die eine «nur» innertrinitarische Bedeutung hat, die andere aber «nur» ein *principium agendi in aliud* sein soll. Wieder ist hier deutlich, wie die Orthodoxie selbst dem späteren Abbau der in der Trinitätslehre niedergelegten christlichen Grunderkenntnisse, ohne es zu wollen, und trotz aller redlichen Bemühung um diese als solche, damit vorarbeitete, daß sie sie nicht anwendete, um dann andererseits Gottes Eigenschaften als die Umschreibung eines höchsten Weltprinzips darzustellen, das später seines theologischen Charakters mit leichter Mühe entkleidet und als die (angebliche) philosophische Wahrheit interpretiert werden könnte, in der man vollen Ersatz für den Gottesglauben zu finden und zu haben meinte. Beides: den Abbau und den neuen Aufbau kann man in diesen von Polan keine 50 Jahre nach Calvins Tode beiläufig aber höchst selbstverständlich hingeworfenen Sätzen aufs trefflichste vorbereitet sehen. Gerade das, was Polan hier **nicht** sagen wollte, **muß** gesagt werden: indem Gott lebt als der dreieinige Gott, in jener seiner Macht, der Vater, der Sohn und der Heilige Geist zu sein, in der Macht, in der er Eines durch das Andere und Eines in dem Anderen ist in gleicher Ursprünglichkeit, Notwendigkeit und Herrlichkeit, in der Macht, in der er in sich selbst der ist, welcher sein Leben hat in jenem Erzeugen, Geborenwerden, Hervorgehen lassen und Hervorgehen, in dem Gott in sich selbst die Wirklichkeit solchen göttlichen Lebens und also auch dessen Möglichkeit hat und ist: eben indem er der **trinitarische** Gott ist, ist er der **Allmächtige**, um eben als solcher, der nicht erst und nicht nur in seiner Allwirksamkeit, nicht nur *agendo in aliud*, sondern auch **vor** und **über** allem *aliud* und allem *agere in aliud*, auch in der Höhe, auch in sich selbst, allmächtig zu sein.

Die eigentliche, die grundsätzlich und systematisch-plane Ineinssetzung der Allmacht mit der Allwirksamkeit Gottes, über der der Ausblick auf Gott selbst als das Subjekt seines Wirkens verloren gehen, ja über der er als solcher letztlich geleugnet werden mußte, war dann doch erst ein Theologumen des ausgebildeten Neuprotestantismus: **Schleiermachers** und seiner Schule. Der Leitsatz von § 54 von Schleiermachers Glaubenslehre lautet folgendermaßen: «In dem Begriff der göttlichen Allmacht ist sowohl dieses enthalten, daß der gesamte, alle Räume und Zeiten umfassende **Naturzusammenhang in der göttlichen**, als ewig und allgegenwärtig aller endlichen entgegengesetzten **Ursächlichkeit gegründet ist**, als auch dieses, daß die **göttliche Ursächlichkeit**, wie unser Abhängigkeitsgefühl sie aussagt, in der Gesamtheit des **endlichen Seins vollkommen dargestellt wird**, mithin auch alles wirklich wird und geschieht, wozu es eine Ursächlichkeit in Gott gibt.» Man sieht schon aus diesem Leitsatz, daß Schleiermacher an Gott als dem Subjekt der Allmacht gar nicht mehr interessiert war, sondern nur noch an dem Begriff einer göttlichen Allmacht als solcher und an diesem nur insofern, als damit nach der ersten Satzhälfte die ursächliche Begründung des «Naturzusammenhangs», d. h. der Gesamtheit des endlich Verursachenden und des endlich Verursachten bezeichnet ist: «Jedes besteht durch Alles und Alles ganz durch die göttliche Allmacht, so daß Alles ungeteilt durch Eines besteht.» Dieses Bestehen findet aber nach der zweiten Satzhälfte in der Weise statt, daß die Gesamtheit des endlichen Seins ihrerseits die vollkommene, die erschöpfende Darstellung der göttlichen Ursächlichkeit ist, daß es also keine göttliche Ursächlichkeit, keine göttliche Allmacht gibt, der nicht ein wirkliches Werden und Geschehen innerhalb der Gesamtheit des endlichen Seins entspräche. Das Abhängigkeitsgefühl, auf Grund dessen wir wie alle anderen so auch die Aussage, daß Gott allmächtig ist, allein machen können, bezieht sich ja zunächst und an sich auf den Weltzusammenhang: in ihm und nur in ihm fühlen wir die göttliche Ursächlichkeit und also «fehlt es uns an jedem Anknüpfungspunkt, um an die göttliche Ursächlichkeit Ansprüche zu machen, welche über den Naturzusammenhang, den eben jenes Gefühl umfaßt, hinausgehen». Das fromme Selbstbewußtsein führt uns aber auch darum nicht auf die Vorstellung von einem Möglichen außerhalb der Gesamtheit des Wirklichen, weil es, wenn es das tun würde, eine Selbstbeschränkung der göttlichen

§ *31. Die Vollkommenheiten der göttlichen Freiheit*

Allmacht aussagen und damit die ganze Voraussetzung und letztlich sich selbst aufheben würde. Schleiermacher zitiert an dieser Stelle ein Wort des Basilius (*Hom.* 1 *in Hexaem.*), nach welchem dem Schöpfer nicht nur die dieser einen Welt entsprechende Schöpfermacht, sondern eine εἰς τὸ ἀπειροπλάσιον (zu unendlich vielfachen Welten) zukomme und bemerkt, solche Aussprüche müßten wir uns «aus der Geringfügigkeit der damaligen Kenntnis des Weltalls erklären, über welche (hinaus) wir zu dem ἀπειροπλάσιον schon gekommen sind»! Die Frage nach einem Möglichen Gottes selbst außerhalb der Gesamtheit des Wirklichen (auch abgesehen von der Möglichkeit des inzwischen so glücklich zu unserer Erkenntnis gekommenen ἀπειροπλάσιον) hat für Schleiermacher nicht existiert, wie sie ja auch in jenem Dictum des Basilius nicht aufgeworfen ist. Weil Wollen und Können, Wollen und Tun, Können und Tun in Gott nicht zu trennen sind, darum ist «die ganze Allmacht ungeteilt und unverkürzt die alles tuende und bewirkende», darum ist darüber hinaus, d. h. über die göttliche Allwirksamkeit hinaus nichts von ihr zu sagen! Der schon bei der Orthodoxie sichtbare Fehler ist hier überboten und endgültig geworden. Denn wenn man sich dort damit begnügte, die Allmacht grundsätzlich als Gottes *potentia agendi in aliud* zu definieren, so gab man doch immerhin (Polanus a. a. O. *col.* 1192) zu, daß Gott mehr könne, als er tatsächlich will und tut, während hier das göttliche Können in seinem tatsächlichen Willen und Tun einfach aufgegangen und verschwunden ist. Was die nominalistische Eigenschaftslehre für Folgen hat, was es bedeutet, wenn die Identität der göttlichen Eigenschaften nur als reale *simplicitas* und nicht auch als reale *multiplicitas* verstanden wird, das wird hier in seiner Bedenklichkeit zum Greifen deutlich: indem Gott kraft der nur einfach verstandenen Identität seiner Eigenschaften sein eigener Gefangener (bei Schleiermacher: das wort- und tatlose Woher des schlechthinigen Abhängigkeitsgefühls) wird, wird er zugleich der Gefangene dessen, was nun dennoch als auf seine Ursächlichkeit begründet verstanden werden soll: der Gefangene der Welt, von der in irgend einem Sinn sich abzuheben ihm durch den Theologen verboten ist! — Besonders eingehend und ausdrücklich hat sich R. A. Lipsius in derselben Richtung geäußert: Die Allmacht Gottes ist «als seine in sich geordnete Allwirksamkeit zu bezeichnen, welche als raum- und zeitlose Kausalität alles wirklichen Geschehens in der Welt in bezug auf die Naturwelt mit seiner Naturordnung, in bezug auf die sittliche Welt mit seiner sittlichen Weltordnung, in bezug auf die Heilswelt mit seiner Heilsordnung gleichzusetzen ist, also nirgends über die Totalität seines geordneten Wirkens hinaus noch einiges Andere wirkt» (Lehrb. d. ev. prot. Dogm. 2. Aufl. 1879 S. 239). Man sieht, wie Lipsius im Unterschied zu Schleiermacher bemüht war, auf die innere Differenziertheit der göttlichen Allwirksamkeit und damit auch der göttlichen Allmacht aufmerksam zu machen. Die schlechthinige Kongruenz der Allmacht und der Allwirksamkeit Gottes hat er doch nur umso eifriger behauptet. Über die Totalität des geordneten Wirkens Gottes (in der Naturordnung, der sittlichen Ordnung, der Heilsordnung) hinaus «ihr noch allerlei anderweitige Wirkungen zuschreiben zu wollen, wäre einfach widersinnig» (S. 241). In der Naturwelt ist also die Naturordnung als die Totalität des auf sie gerichteten, in sich geordneten göttlichen Wirkens (ausgedrückt in den Naturgesetzen) die Offenbarung seiner Allmacht. In der sittlichen Welt besteht diese Offenbarung, bezw. die göttliche Allmacht selbst in der sittlichen Weltordnung, und dasselbe gilt von der in der Heilswelt gültigen Heilsordnung. «Der religiöse Gehalt des Dogmas von der göttlichen Allmacht ist die tatsächliche Aussage des frommen Bewußtseins, daß der Mensch wie im natürlichen und sittlichen, so auch im Heilsleben durchaus abhängig sei von der göttlichen Kausalität, daher nie und nirgends sich den göttlichen Ordnungen entziehen, wohl aber in der demütigen Unterwerfung unter den göttlichen Willen jederzeit der hilfreichen Nähe Gottes gewiß sein könne, eine Zuversicht, die sich insbesondere in den Erfahrungen des Heilslebens als ein tatsächliches Innewerden der alles Wollen und Vollbringen des Guten in uns wirkenden Gotteskraft bewährt» (S. 243). «Diese im Selbstbewußtsein des Gläubigen sich offenbarende Gottesmacht ist dem Glauben identisch mit der allbegründenden Macht, in welcher auch die Naturwelt und die sittliche Welt ihr Dasein und Bestehen hat» (S. 244). Deutlicher kann man das nicht sagen, was hier gerade nicht gesagt werden sollte: daß mit der Allmacht Gottes endlich und zuletzt doch nur die mit der natürlichen und sittlichen Macht überhaupt identifizierte Gottesmacht des religiösen Bewußtseins gemeint ist. Und offenkundiger kann nicht vergessen und verschwiegen werden, was hier gerade nicht vergessen und verschwiegen werden dürfte: daß Gott (vor und über aller Wirksamkeit in uns und in irgendwelchen Welten, vor und über allen in diesen Welten gültigen «Ordnungen») als der lebendige Herr in sich selber mächtig ist. Von der Bedenklichkeit jenes Redens und dieses Verschweigens scheint aber auch R. Seeberg (Chr. Dogm. 1. Bd. 1924 S. 355 f. u. 405 f.) keine Ahnung gehabt zu haben: Nicht darin, daß Gott Alles kann, sondern darin, daß Gott Alles macht, darin, «daß er in reiner Aktivität alles, was ist und wird, will und daß demgemäß der Umfang seines Wirkens unendlich und seine Ausführung unbeschränkt ist» — darin besteht nach Seeberg seine Allmacht, die er darum besser direkt als seine Allwirksamkeit bezeichnet sehen möchte. Und am Ende der Schleiermacherschen Epoche kann sich H. Stephan angesichts der Frage nach dem Verhältnis und der Unterscheidung zwischen Allmacht und Allwirksamkeit Gottes nur noch achselzuckend wundern über «eine Frömmigkeit, die sich nicht gewöhnt hat, Gott in der Wirklichkeit zu erleben und ihn daher in den luftigen Gebilden der Vernunft ergreifen möchte, die Frömmigkeit des Mönches oder des im abstrakten Denken lebenden Menschen» (Glaubenslehre 2. Aufl. 1928 S. 108).

Das Böse dieser in der Orthodoxie anhebenden und in der Schleiermacherschen Schule sich vollendenden Anschauung besteht direkt darin, daß sie mit der Aufhebung des Unterschieds zwischen Gottes Können und Tun das Verständnis für die Freiheit Gottes gerade auch in seinem Tun zerstört und damit den Lobpreis seines Tuns als des seinigen (im Unterschied zu allerhand anderem Geschehen), als eines in freier Liebe gnädig, barmherzig und geduldig gewirkten und uns zugewendeten Tuns unmöglich macht. Und es besteht dieses Böse indirekt darin, daß diese Anschauung notwendig auf die fatale Identifikation der Macht Gottes mit der in der Welt wirksamen Macht überhaupt und als solche zurückführt. Mit dem triumphalen Hinweis auf das Erleben Gottes in der Wirklichkeit ist entweder nichts oder etwas sehr Gottloses gesagt. Denn was ist es mit dieser Wirklichkeit? Und was mit dem «gesamten, alle Räume und Zeiten umfassenden Naturzusammenhang» Schleiermachers? Und was mit jener dreifachen Weltordnung bei Lipsius? Das Alles ist uns in seiner Einheit mit der Allmacht Gottes keineswegs vorausgegeben, so daß es nur noch erlebt oder erfahren zu werden brauchte, um uns ohne weiteres auch der Begegnung mit der Allmacht Gottes teilhaftig zu machen. Die Allmacht Gottes ist die Allmacht seiner freien Liebe, die als solche mit keinem Zusammenhang und mit keiner Ordnung seiner Werke zusammenfällt, von der auch nicht abstrahiert werden darf, wenn man ernstlich von dem Zusammenhang und der Ordnung seiner Werke reden will. Um sein Wirken und also um ihn selbst geht es ja auch in seinen Werken. Ohne die Offenbarung der besonderen, der ihm eigenen, der in seiner Allwirksamkeit sich nicht erschöpfenden Allmacht Gottes des Vaters, des Sohnes und des Heiligen Geistes können und werden wir in der angeblichen Wirklichkeit, in den angeblichen göttlichen Weltordnungen (mit Einschluß der sogen. Heilsordnung!) gerade nicht die Allwirksamkeit Gottes, sondern nur einen Ozean von Unwirklichkeiten, von Offenbarungen jener Macht der Ohnmacht, von Dämonien und also von Unmöglichkeiten aller Art zu erleben und zu erfahren bekommen. Gott und zwar Gott allein hat wirkliche, er hat alle wirkliche Macht. Das ist der Satz christlicher Gotteserkenntnis. Alle uns begegnende wirkliche (von uns für wirklich gehaltene!) Macht ist Gottes Macht? Das wäre der Satz einer blinden Apotheose der Natur, der Geschichte, des Schicksals und letztlich des Menschen selber. Die Identifikation von Gottes Allmacht mit Gottes Allwirksamkeit drängt auf diese Apotheose hin; sie hat sie mehr oder weniger verborgen in sich. Und eben darum ist sie abzuweisen. Wohl ist alle echte Wirklichkeit in Gottes Allmacht als in der einzigen echten Möglichkeit begründet. Was aber solche echte Wirklichkeit ist, das können wir in keiner Weise im voraus wissen, sondern erst durch und in Gottes Offenbarung entscheidet es sich, was echte Wirklichkeit ist und als solche Anlaß und Gegenstand unseres Lobpreises nun wirklich der göttlichen Allmacht sein kann und muß. Würden wir um diese Unterscheidung und also um die Gott eigene Allmacht nicht wissen, wie wären wir dann geschützt vor der beständig uns bedrohenden Versuchung, unseren Lobpreis der Allmacht Gottes, die Furcht und das Vertrauen, die ihr gehören, irgend einer nur als Unmöglichkeit, nur als Macht der Ohnmacht zu verstehenden Gewalt der Lüge und des Abfalls oder gar dem Inbegriff solcher Unmöglichkeit: der Gewalt des Teufels zuzuwenden?

Wir vollziehen einen vierten Schritt mit der Feststellung, daß Gottes Allmacht eben als die ihm eigene, mit einer Macht an sich nicht zu verwechselnde und in seiner Allwirksamkeit sich nicht erschöpfende, ein bestimmtes, d. h. ein inhaltlich nicht leeres, sondern gefülltes, nicht ein neutrales, sondern ein ganz konkretes Vermögen ist. Gott vermag als der Vater, der Sohn und der Heilige Geist er selber zu sein, aus und durch sich selber zu leben. Dies ist seine Allmacht. Alles, was er sonst vermag, vermag er kraft dieses Vermögens. Noch mehr: Alles, was er sonst vermag, ist nur eine Betätigung, Offenbarung und Anwendung dieses Vermögens. Denn wenn Gott nicht nur allmächtig, sondern als der Allmächtige allwirksam, d. h. in seiner Allmacht nach außen, im Verhältnis zu einem Anderen wirksam ist, so besteht dieses sein ganzes Wirken nur in einer Wiederholung seines eigenen Seins, nur darin, daß er, ohne dessen zu bedürfen, ohne dazu genötigt zu sein, nun auch nach außen, im Verhältnis zu einem Anderen, er selber ist. Wie könnte er wirken, wie könnte er etwa in höherer oder besserer Weise wirken als indem er noch einmal und erst recht, nun nach außen wie nach innen, er selber ist? Darin beruht die Güte, die Kraft, die Wahrheit aller Taten Gottes, eben darin sind sie Worte und Handlungen ohnegleichen: Gottes Worte und Gottes Handlungen, daß Gott in ihnen er selber ist, sich selber wiederholt, sich selber treu bleibt und als treu erweist. Eben sein Vermögen dazu, das Vermögen seiner beständigen Lebendigkeit also, erkennen wir, indem wir Gottes Allmacht erkennen. Eben in diesem Vermögen ist Gott das Maß aller echten Möglichkeit. Und eben in der Verwirklichung aller echten Möglichkeit ist Gott das Maß aller echten Wirklichkeit. Alles das — und nur alles das — ist wirklich, worin Gott sich selbst wiederholt und bestätigt: Dazu hat er ja die Welt und den Menschen geschaffen, daß sie Schauplatz, Instrument und Diener seiner Selbstbetätigung sein dürften und sollten. Dazu widersteht seine Gnade der Lüge und dem Abfall in der Welt, damit es dabei bleibe und neu dazu komme, daß er in der Welt und im Menschen er selber sein könne. Es besteht dieser Widerstand selbst darin, daß er nun in der Welt und im Menschen erst recht er selber ist. Und es besteht wiederum alle künftige Herrlichkeit seines Werkes im Reiche der Erlösung darin, daß er nach 1. Kor. 15, 28 «Alles in Allem» und also wieder und noch einmal neu er selber sein wird. Was mit dieser Wirklichkeit Gottes nichts zu tun hat, was ihr widerstrebt, was als vermeintliche und angebliche Wirklichkeit darin Gott ähnlich sein wollte, daß es wie Gott sein eigenes Sein bejahen, statt dem Selbstsein Gottes dienen wollte — das wäre und ist unechte, dämonische Wirklichkeit und alles Vermögen dazu wäre unechte, unmögliche Möglichkeit: eben darum in sich unmöglich, weil es die durch die Möglichkeit Gottes (durch das Maß alles Möglichen!) ausgeschlossene Möglichkeit ist.

Daß Gott «Alles» kann, kann also nur gesagt werden, sofern bei diesem «Können» bedacht wird, daß er selbst in seinem Vermögen, er selbst zu sein, das Maß des Möglichen ist, sofern also «Alles» nicht platthin die Summe irgend eines überhaupt «Möglichen», sondern die Summe des ihm Möglichen und so des echt Möglichen verstanden wird. Gott kann nicht unterschiedslos Alles, sondern nur das, was ihm (und was darum echt!) möglich ist. Und damit ist nun gerade keine Einschränkung seiner Allmacht ausgesagt, sondern eben damit ist sie als seine und also als wirkliche Allmacht bezeichnet. Gerade darin ist sie Allmacht, die wirkliche Macht über Allem und in Allem, daß er nicht «Alles» kann, daß die Möglichkeit des Unmöglichen, die Macht der Ohnmacht ihm fremd, von seinem Wesen und Wirken ausgeschlossen ist. Gottes Macht ist die Macht, die Summe des ihm und so des echt Möglichen zu tun, eben damit aber auch die Macht, das ihm (das damit überhaupt!) Unmögliche nicht zu tun. Sie ist die Macht, dem ihm Widersprechenden überlegenen Widerspruch entgegenzusetzen. Sie ist die Macht auszuschließen; sie ist die Macht, die Möglichkeit des Unmöglichen unter seine Füße zu treten. Insofern und nur insofern liegt auch diese Möglichkeit in seinem Bereich. Es wäre der Besitz der Macht, unterschiedslos Alles zu tun, nicht eine Erweiterung, sondern eine Einschränkung, ja die Aufhebung seiner Macht. Im Besitz dieser Macht würde er nicht Gott, sondern durch seine eigene Möglichkeit des Unmöglichen dauernd in seiner echten Möglichkeit gestört und bedroht, er würde dann selbst eine Kreatur, und zwar eine gefallene Kreatur sein. Dies ist das Mißverständnis, gegen das wir den Satz von der Allmacht Gottes durch die Erklärung zu sichern haben, daß Gottes Allmacht positiv in seinem Vermögen besteht, er selber und also sich selber treu zu sein.

Auf die Frage, ob Gott sich verändern könne und ob, wenn er dies nicht könne, dies nicht eine Einschränkung seiner Allmacht bedeute, hat Augustin darum richtig geantwortet: *Tanquam laudabile est omnipotentem non posse mutari quam laudabile quod omnipotens non potest mori... Hoc quia non potest, non deficienter non potest, sed potenter (C. serm. Arian.* 14). Und auf derselben Linie hat die ganze alte Theologie richtig geanwortet auf Fragen wie die: Ob und inwiefern der allmächtige Gott nicht lügen, sich selbst verneinen, sündigen, getäuscht werden, sterben könne? Man wird diese Fragen nicht als bloße Vexierfragen abtun wollen, wenn man sich darüber klar ist, wie sehr der Mensch, das Spielzeug eines allgemeinen Begriffs des «Könnens» in der Hand, auch mit Gott sachlich und praktisch so umzugehen geneigt ist, als ob er Alles und Jedes und so wohl auch ein Sünder, ein Lügner, ein toter Gott sein könnte. Die richtige Antwort der Alten auf diese Fragen lautete: Das Alles wäre ja nicht Macht, sondern Ohnmacht. *Deus omnipotens est et cum sit omnipotens, mori non potest, falli non potest, mentiri non potest et, quod ait apostolus, se ipsum negare non potest* (2. Tim. 2, 13). *Quam multa non potest et tamen omnipotens est! Et ideo omnipotens est, quia ista non potest: nam, si mori posset, non esset omnipotens; si mentiri, si falli, si fallere, si inique agere, non esset omnipotens; quia si hoc in eo esset, non fuisset dignus, qui esset omnipotens* (Augustin, *De symb. ad. cat.* 1, 2). Oder, systematisch noch vollständiger: Gott kann gewisse Dinge nicht, *non ob defectum... sed abundantiam et perfectionem potentiae, quae in eo consistit, quod potest* θεοπρεπῆ, *Deo, summo infinito et perfectissimo ente digna, non ea, quae ab eius natura et entitate degenerant et ad nihilum vergunt... Non potest ergo, sed potentissime non potest, quae naturae eius repugnant... non potest, quae impotentiam, debilitatem, defectionem a semetipso et perfectionibus suis arguunt* (H. Heidegger, *Corp. Theol.* 1700 III 107 zit. nach Heppe[2], S. 84). Oder, nun spezieller auf Gottes Willen und Handeln bezogen: *Omnipotentia Dei non est a sapientia, voluntate et iustitia eius separanda; non enim potest illa Deus facere, quae sapientiae, voluntati et iustitiae eius repugnant... Itaque potentia Dei licet infinita sit, nunquam tamen agit nisi prout a sapientia et voluntate Dei modificata sit* (Polanus, *Synt. theol. chr.* 1609 col. 1196). Oder noch kürzer: *Deo nihil impossibile nisi quod non vult* (Tertullian, *De carne Christi* 3). *Quod autem voluit et potuit et ostendit* (*Adv. Prax.* 10). Soweit ist Alles recht und klar: soweit nämlich, als die Bestimmung und Grenze des Gott Möglichen so oder so in Gott selbst gesucht und gefunden wird. Wobei bemerkenswert ist, den Zusammenhängen zu entnehmen, daß jedenfalls die erste der beiden angeführten Augustinstellen und daß die beiden Tertullianstellen von den Möglichkeiten bezw. Unmöglichkeiten des trinitarischen Gottes als solchen reden!

Wir hörten nun aber bereits die Angabe Quenstedts: Gegenstand der göttlichen Allmacht seien *omnia illa, quae contradictionem non involvunt.* Damit tritt ein allgemeiner, dem Begriff Gottes gegenüber selbständiger Begriff des Möglichen auf den Plan und hier muß widersprochen werden! Thomas v. Aquino (*S. theol.* I qu. 25 art. 3) war es, der hier auch die protestantische Theologie teilweise auf eine falsche Fährte gelockt hat. Er meinte nämlich, man bewege sich im Kreise, wenn man sich damit begnüge, zu sagen, Gott sei darin allmächtig, daß er Alles könne, was in seiner Macht stehe. Er sei es vielmehr darum, *quia potest omnia possibilia absolute.* Was Gegenstand der Allmacht Gottes sein kann, das müsse schlechthin (*absolute*) möglich sein, d. h. aber es müsse unter den Begriff des Seienden fallen. Was unter dessen Gegensatz, also unter den Begriff des Nicht-Seienden fallen würde, das würde als solches auch schlechthin unmöglich sein, das könnte also auch nicht Gegenstand der göttlichen Allmacht bilden: *non propter defectum divinae potentiae, sed quia non potest habere rationem factibilis neque possibilis. Quaecumque igitur contradictionem implicant, sub divina omnipotentia non continentur, quia non possunt habere possibilium rationem. Unde convenientius dicitur, quod non possunt fieri, quam quod Deus non potest ea facere.* Aus diesem Grunde soll es auch dem Allmächtigen unmöglich sein, nicht nur im Sinne jener anderen Aussagen der Väter Dinge zu tun, mit denen er sich selbst widerspräche, sondern auch allgemein, d. h. im Raume seiner Schöpfung: Dinge, die einen Widerspruch in sich enthalten, *quae rei definitioni repugnant,* also etwa: Geschehenes ungeschehen, den Menschen zu einem Tier zu machen, ein Dreieck zu schaffen, dessen drei Winkel nicht zwei Rechten gleich wäre oder einen Kreis, dessen Radien ungleich wären. *Talia impossibilia Deus non potest... Haec tamen non posse non est impotentiae sed potentiae,* weil *ille maxime potens est, qui constantem et immutabilem potestatem habet,* und weil es *omnino potentis est, in optimo perseverare* (Polanus, a. a. O. col. 1193). In dieser Richtung konnte dann sogar der Satz gewagt werden: *Prius enim est, res ex se non implicare contradictionem, quam Deum ad ipsas actu referri ut omnipotentem* (A. Heidanus, Corp. Theol. chr. 1686, S. 88). Es handelt sich selbstverständlich hier so wenig wie bei jenen Gott selbst in Frage stellenden Möglichkeiten bezw. Unmöglichkeiten darum, hinsichtlich der Gott zustehenden Möglichkeiten nun etwa das Gegenteil zu behaupten und also etwa dies: das Gott auch machen könnte, daß zwei mal zwei fünf sei! Wohl aber ist jenes *prius* zu bestreiten, wohl aber jener Begriff eines absolut Möglichen bezw. Unmöglichen, an welchem nun auch die Allmacht Gottes gemessen sein soll, statt daß umgekehrt diese als der Inbegriff des Möglichen verstanden wird. Zu bestreiten ist also die von Thomas und seinen Nachfolgern gegebene Begründung ihrer Abweisung des Satzes, daß auch das innerhalb der Schöpfung als absurd zu Bezeichnende Gegenstand der Allmacht Gottes sei. Es ist dieser Begründung gegenüber nicht einzusehen, inwiefern das, was hier berechtigtes Anliegen ist: die Anerkennung der relativen Einheit und Kontinuität auch in den Werken Gottes und also der relativen Einheit und Folgerichtigkeit auch unseres menschlichen Erkennens nicht ebensogut oder vielmehr besser in Form folgender Argumentation von H. Heidegger zu Ehren kommen sollte: *Potentiae divinae obiectum est* δυνατόν, *possibile, non in se, quasi extra Deum quicquam sit, quod possibilitatis suae causam in se, extra potentiam et voluntatem Dei habeat — sed in potentia et voluntate Dei, quae sola omnis possibilitatis fundamentum et radix est. Omnes enim res extra Deum essentiam et realitatem suam inde habent, quod Deus uti eas ad gloriam suam facere intelligit, ita esse vult et producit ... Sic ergo id demum possibile est, quod Deus ad gloriam suam velle, iubere, vocare, facere potest — impossibile, quod ad gloriam suam iubere, vocare, facere non potest. Neque enim in Deo agnoscimus potentiam eiusmodi absolutam, quae a rerum possibilium essentia earum respectum ad finem, glorificationem Dei, a quo ad quem et propter quem est quicquid est vel esse potest, separet* (ib. III 106 f., zit. nach Heppe², S. 83 f.). Ähnlich P. van Mastricht, a. a. O. 20, 12: *Res est possibilis, quia Deus eam potest. Prout vice versa: Deus hoc aut illud non potest, non quia illud est impossibile; sed impossibile est, quia Deus illud non potest.* Wir haben in der Tat eisern festzuhalten: Darin ist Gott der Allmächtige, daß er und er allein und endgültig (damit, daß er er selbst ist!) darüber verfügt und entscheidet, was ihm selbst — eben damit aber auch darüber, was überhaupt möglich und unmöglich ist. Was ihn bestätigt, das ist ihm selbst und das ist überhaupt, das ist also auch innerhalb der geschaffenen Welt möglich. Was seinem Selbstsein widerspricht, das ist ihm, das ist aber auch überhaupt, das ist also auch in der Welt in sich unmöglich, das kann nicht sein, das ist nur in Unwirklichkeit. Wieder verfügt und entscheidet aber er selbst und er allein darüber, was ihn bestätigt und also möglich, was ihm widerspricht und also unmöglich ist. Eben darin besteht Gottes Allmacht, daß seine Macht und sein Wille in diesem Sinn *sola omnis possibilitatis fundamentum et radix est,* und also keinem höheren, keinem von ihm unterschiedenen Begriff des Möglichen und Unmöglichen unterworfen und verantwortlich ist, weder in dem, was ihm hinsichtlich seiner selbst, noch in dem, was ihm hinsichtlich seiner Werke möglich und unmöglich ist. Gerade das, was Thomas als Zirkel vermeiden wollte, ist also zur Bezeichnung des hier vorliegenden Sachverhaltes unvermeidlich, der Satz: daß Gott darin allmächtig ist, daß er Alles kann, was in seiner Macht steht. Nicht irgend eine Macht (bestimmt durch irgend einen Begriff des Möglichen) ist dann auch seine Macht. Sondern Gott ist die Macht, die eine, einzige und alleinige Macht und als solcher ist er der Inbegriff auch alles Möglichen. Das bedeutet nun nicht, daß es nicht auch geschöpfliche Mächte und ihnen entsprechend auch Begriffe des geschöpflich Möglichen gäbe. Aber was wir als geschöpfliche Macht kennen, das ist wirklich nur kraft seiner Begründung in der Macht Gottes und nur insofern, als es dieser seiner Begründung Ehre macht, sofern es also der Macht Gottes entspricht und nicht etwa widerspricht. Eben dasselbe gilt dann aber auch von den Begriffen des geschöpflich Möglichen. Sie haben (bis und mit dem Satz, daß zwei mal zwei vier ist!) ihre Würde, Wahrheit und Geltung nicht in sich, nicht in einem als solchem «absolut», d. h. unabhängig von Gottes Freiheit und Willen und Entscheidung feststehenden System menschlicher Metaphysik, Logik oder Mathematik, sondern eben in der Freiheit, dem Willen und der Entscheidung Gottes als des Schöpfers aller geschöpflichen Macht, der als solcher auch der Grund und Ursprung und so die Grenze alles geschöpflich Möglichen ist. Das System oder die verschiedenen Systeme, innerhalb derer jene Begriffe des geschöpflich Möglichen ihren uns erkennbaren Ort haben, innerhalb derer dieses und jenes als definitionsmäßig, als in sich unmöglich zu bezeichnen ist, können sich selbst ja nur verstehen als Beziehungssysteme: bezogen auf die geschöpfliche Wirklichkeit und Macht als Ganzes und entworfen in der selbst geschöpflichen Macht und Wirklichkeit der menschlichen Vernunft. Messen wir ihnen Würde, Wahrheit und Geltung zu, rechnen wir mit ihrer Stetigkeit oder doch mit einer Stetigkeit ihrer entscheidenden, ihrer axiomatischen Elemente und also mit der Erlaubtheit und Notwendigkeit unserer Definitionen und also mit definitionsmäßig unmöglichen Prädikaten, rechnen wir mit dem Satz des Widerspruchs als mit der Grenze des Möglichen, dann tun wir das in einem Vertrauen auf die Einheit und Kontinuität der geschöpflichen Wirklichkeit und Macht, zu der auch unsere, diese geschöpfliche Wirklichkeit und Macht als solche reflektierende Vernunft gehört, das als solches nur ein relatives Vertrauen sein kann: begründet in der Vertrauenswürdigkeit, die wir zugleich jenem Gegenstand, seiner Beziehung zu uns, unserer Beziehung zu ihm und also letztlich doch auch uns selbst meinen zumessen zu dürfen. Die Grenze dieses Vertrauens und der dieses Vertrauen begründenden Vertrauenswürdigkeit ist nun offenbar damit gesetzt, daß das Vertrauenswürdige, dem wir uns dabei zuwenden, nur ein geschöpfliches Vertrauenswürdiges und daß wiederum das Vertrauen, in dem wir uns jenem zuwenden, selbst nur ein geschöpfliches Vertrauen sein kann. Als «absolut» (in sich selbst) feststehend könnten wir jenes System und innerhalb jenes Systems das, was wir für die Grenze des Möglichen halten müssen, nur dann verstehen, wenn wir in dem Geschöpflichen als solchem ein absolut Vertrauenswürdiges finden und zugleich uns selbst zu einem absoluten Vertrauen erheben könnten, wenn wir also das Geschöpfliche als solches für das Schöpferische halten, wenn wir also den Unterschied zwischen Welt und Gott leugnen wollten. Kommt dies nicht in Betracht, dann werden wir an dem relativen Charakter jenes Systems und also auch der in jenem System gesetzten Grenze des Möglichen festhalten müssen. Eben das bedeutet nun aber nicht den Zusammenbruch, sondern vielmehr die wahre und eigentliche Begründung jener Vertrauenswürdigkeit und jenes Vertrauens. Vertrauenswürdig ist freilich nicht das Geschöpf als solches, wohl aber Gott der Schöpfer des Geschöpfs. Ihm und nicht dem Geschöpf werden wir unser Vertrauen schenken, unter allen Umständen also in ihm und nicht im Geschöpf die Grenze des Möglichen suchen und finden. Ihm werden wir aber unser Vertrauen wirklich zu schenken, in ihm werden wir die Grenze des Möglichen tatsächlich zu suchen und zu finden haben. Wie es nichts außer Gott gibt, was in sich wirklich ist, so auch nichts außer ihm, was in sich möglich ist. Wie es außer Gott nichts Wirkliches gibt, es wäre denn durch ihn als durch den in sich selbst Wirklichen geschaffen und also in ihm begründet, so gibt es auch außer Gott nichts Mögliches, es wäre denn das Mögliche, das seiner von Gott geschaffenen und in ihm begründeten Wirklichkeit entspricht. Und wie es nichts Unwirkliches gibt außer dem, was, weil es nicht durch ihn geschaffen, auch nicht in ihm als dem in sich Wirklichen begründet ist, so gibt es auch nichts Unmögliches, nichts Absurdes als das, was, weil es nicht durch ihn geschaffen und nicht in ihm begründet ist, so auch in sich keine Möglichkeit haben kann. Die Grenze des Möglichen ist also nicht das sich selbst, sondern das Gott Widersprechende, nicht das definitionsmäßig Unmögliche, sondern das, was, weil nicht durch Gott geschaffen, in Gott keinen Grund und also überhaupt keinen Grund hat. Absurd sind, wie wir zuvor sahen, solche Sätze über Gott, laut welcher Gott sich selbst widerspräche, laut welcher Gott nicht Gott wäre, solche Sätze also, in welchen Gott als Gott geleugnet würde. Und absurd sind nun auch solche Sätze hinsichtlich der geschöpflichen Wirklichkeit und Macht, laut welcher ein nicht von Gott Geschaffenes und also Nicht-Wirkliches, das als solches auch nicht möglich sein kann, nun dennoch Wirklichkeit oder auch nur Möglichkeit zugeschrieben würde, Sätze also, in welchen Gott als das Maß alles Wirklichen und also als der Grund und die Grenze alles Möglichen und also Gott als der Schöpfer des Geschöpfs geleugnet würde. Im Blick auf die absolute Vertrauenswürdigkeit des Schöpfers und in ihr begründet, gibt es eine relative Vertrauenswürdigkeit auch der Schöpfung und im absoluten Vertrauen auf ihn, wie es im Glauben Ereignis wird, ein relatives Vertrauen gegenüber der Stetigkeit der Schöpfung, ihrer Beziehung zu uns, unserer Beziehung zu ihr und schließlich doch auch gegenüber uns selbst samt der Grenze des Möglichen, wie wir sie als die, die wir sind, in der Welt, wie sie ist, gezogen sehen müssen. Nur im Glauben (nicht in der Schöpfung, sondern nur im Schöpfer begründet!) gibt es dieses Vertrauen. Im Glauben aber gibt es dieses Vertrauen. Indem es nicht aus der Schöpfung stammt, bezieht es sich auf die Schöpfung. Es kann also Gott keine Grenzen ziehen wollen. Es anerkennt aber die von Gott seiner Schöpfung als solcher gezogenen Grenzen. Es rebelliert nicht gegen Gott mit dem Gedanken, daß er als Schöpfer gekonnt hätte, was er offenkundig nicht gewollt hat, sondern es ehrt in dem, was er offenkundig gewollt hat, sein relatives — nämlich sein als Schöpfer der von ihm gewollten wirklichen Welt betätigtes, in dieser Schöpfung nun aber doch auch absolutes Können. Wir haben nämlich nicht nur keinen Anlaß, sondern wir haben, im Glauben an Gott gebunden, auch keine Erlaubnis und also keine Freiheit, Gott hinsichtlich der von ihm geschaffenen Welt auch noch andere Möglichkeiten zuzuschreiben als die, die er, indem er sie geschaffen hat und erhält, tatsächlich gewählt und verwirklicht hat. Wir sind durch Gottes Wort nicht aufgerufen, Gott damit zu ehren, daß wir ihm ein solches Können andichten, von dem er als Schöpfer keinen Gebrauch machen wollte und das er damit als sein Können hinsichtlich seiner Schöpfung negiert, das er damit als echte Möglichkeit disqualifiziert hat. Wir sind durch Gottes Wort nicht aufgerufen, Gott damit zu ehren, daß wir die Gnade seiner Schöpfung, die Geduld, in der er sie erhält, die Weisheit, in der er sie regiert, in Frage stellen, um an Stelle dessen einen Phantasiegott in einer Phantasiewelt walten zu lassen. Wir sind also zum Beispiel durch Gottes Wort nicht aufgerufen zu der Behauptung, daß kraft der Allmacht Gottes zwei mal zwei auch fünf sein könnte! Nicht der Respekt vor dem Satz des Widerspruchs, nicht die absolute Würde, Wahrheit und Geltung irgend eines der Beziehungssysteme, innerhalb derer der Satz, daß zwei mal zwei fünf sei, unmöglich ist, wird uns von dieser Behauptung zurückhalten. Es ist notorisch so, daß der Respekt vor dem Satz des Widerspruchs uns vor dieser Absurdität und vor allerlei noch schlimmeren Absurditäten faktisch nicht zu bewahren vermag. Die Furcht

Gottes, die Erkenntnis der Gnade, Geduld und Weisheit, in der er um seiner selbst willen und durch sich selbst die Welt in ihr Dasein und Sosein gerufen hat und in ihrem Dasein und Sosein bestehen und gelten läßt, in der er sich selber dazu hergibt, ihr Sinn und Grund zu sein — diese Erkenntnis a l l e i n kann uns auch im Bereich der geschöpflichen Wirklichkeit und Vernunft mit letzter Bestimmtheit bewahren vor der Absurdität, das Unmögliche für möglich zu halten. Die Allmacht Gottes ist weder in sich noch hinsichtlich der Welt schrankenlos, sondern — und das ist es, was allein uns effektiv daran hindern kann, mit der Möglichkeit des Unmöglichen zu rechnen — dadurch b e s t i m m t und also auch b e s c h r ä n k t, daß sie s e i n e Allmacht ist. An diese Schranke wird sich halten, wer sie erkennen und ehren will. Diese Schranke ist uns aber durch G o t t e s W o r t gezeigt. In ihm ist uns gesagt, wer und was Gott, was also für Gott möglich und unmöglich ist. Jede sinnvolle Aussage über Gottes Allmacht muß sich also auf Gottes Wort begründen können. Kann sie das nicht, dann richtet sie sich gegen Gott, dann ist sie eine Verleugnung seiner Allmacht, auch wenn sie inhaltlich das Ungeheuerlichste und Wunderbarste über die Unendlichkeit seines Könnens aussagen würde. Gründet sie sich nicht auf Gottes Wort, dann verleugnet sie Gottes Allmacht ebenso bestimmt wie etwa eine solche Aussage, die Gott das Können abspräche oder einschränkte, das laut seines Wortes sein Wille und also auch ein wirkliches Können nun einmal ist. Man sehe wohl zu, ob es angesichts dieses Kanons, ob es also im Gehorsam gegen Gottes Wort möglich ist, eine wirkliche *contradictio in adiecto* unter Berufung auf die Allmacht Gottes auszusprechen und zu rechtfertigen oder nun gar die Allmacht Gottes damit zu preisen, daß man sie als Gottes Vermögen zu einer *contradictio in adiecto* beschreibt — oder ob man nicht damit (nicht bloß eine Grenze des m e n s c h l i c h M ö g l i c h e n überschreitend) zugleich von der Verherrlichung zu einer mutwilligen L ä s t e r u n g G o t t e s übergegangen ist! Man sehe aber auch auf der anderen Seite wohl zu, ob der Absturz in die *contradictio in adiecto,* beruhend auf der Erfindung eines Phantasiegottes und einer Phantasiewelt, ob die grundsätzliche Auflösung aller Beziehungssysteme und damit die völlige Skepsis und Anarchie innerhalb des geschöpflichen Raumes, ob der Einbruch eines Dritten Reiches des Wahnsinns wirklich zu verhindern, ob das berechtigte Anliegen einer relativen Gewißheit hinsichtlich der Stetigkeit des Seins der Welt und des Menschen wirklich zu wahren ist, wenn man von jenem Kanon, wenn man von der Frage nach dem Gehorsam gegen Gottes Wort etwa absehen, wenn man die Grenze des Möglichen statt in Gottes Wort, oder wenn man es neben Gottes Wort in einem verabsolutierten Beziehungssystem als solchem suchen wollte! So läßt sich im geschöpflichen Raume nun einmal nichts verabsolutieren, eine s o l c h e Vertrauenswürdigkeit des Geschöpfs läßt sich nicht proklamieren und ein s o l c h e s Vertrauen läßt sich hier nicht kommandieren, daß nicht aus demselben Geist der Selbstüberschätzung des Geschöpfs wie die B e h a u p t u n g seiner a n g e m a ß t e n, so auch der W i d e r s p r u c h g e g e n d i e w i r k l i c h e u n d e c h t e Würde, Wahrheit und Geltung seiner Existenz hervorgehen könnte, ja hervorgehen müßte. Als die vom Geschöpf selbst gezogene Grenze des Möglichen wird auch der Satz des Widerspruchs nicht nur nicht unerschütterlich haltbar sein, sondern sich früher oder später gegen sich selbst richten und damit dann allerdings alle Gewißheit, alle sicheren Tritte innerhalb des geschöpflichen Raums unmöglich machen müssen. Um seiner Geltung und also um aller Gewißheit und Sicherheit innerhalb des geschöpflichen Raums willen, muß die Grenze des Möglichen durch Gottes Wort gewährleistet sein als die Ordnung der Gnade, der Geduld und Weisheit Gottes: von Gott aufgerichtet und von Gott aufrecht erhalten, weil von ihm selbst gewollt in freier Entscheidung und darum von uns anzunehmen und zu respektieren, gerade darum durch keine Erfindungen unserer Phantasie in Frage zu stellen. Die thomistische Ansicht von der Beschränkung der Allmacht Gottes auf das an sich und als solches Mögliche ist also letztlich gerade darum abzuweisen, weil mit dem Ansetzen eines solchen an sich und als solches Möglichen, das gewissermaßen die Rolle eines Gott gegenüberstehenden und gleichgeordneten Partners und Korrektivs zu spielen hätte, eben jenes Element der Unruhe, Ungewißheit und Unsicherheit in den geschöpflichen Raum hineingetragen würde, das Thomas mit seiner These auszuschalten gedachte. Die wirkliche und effektiv gezogene Grenze des Möglichen ist die, die Gott sich und damit auch der Welt und uns selber gezogen hat. Gäbe es, wie Leibniz (zit. nach D. F. Strauß Glaubenslehre 1. Bd. S. 599) meinte, eine *nature des créatures raisonnables, avant que Dieu décerne de les créer,* wäre nicht auch das, daß zwei mal zwei vier ist, gänzlich in Gottes Willen und eben so in seiner Allmacht, und kraft seiner Allmacht in seinem Schöpfungswerk begründet, wie sollte es dann wirklich begründet sein? Als bloß in sich begründet, wäre es gerade nicht wirklich begründet. Indem wir weder durch Gottes Werk noch durch Gottes Wort zu einer anderen Arithmetik aufgerufen sind, dürfen und müssen wir die, die wir haben, und — die Existenz der Welt und unserer selbst vorausgesetzt — allein haben können, als durch Gottes Werk und Wort geschützt und gewährleistet ansehen, würden wir uns also zu dem Satz, daß zwei mal zwei fünf sei, nur mutwilliger und unsinniger Weise versteigen können.

Wir vollziehen einen fünften Schritt mit der Feststellung, daß Gottes Macht als die ihm eigene und also konkrete, also hinsichtlich seiner selbst wie hinsichtlich der Welt bestimmte Macht nun tatsächlich Macht über Alles ist. Wir sagen damit: die Macht aller Mächte, die Macht in und über ihnen allen. Wir sagen damit also nicht — durch alles Vorangehende ist das ausgeschlossen — die Summe oder der Inbegriff aller Mächte. Die geschaffenen Mächte und erst recht die Mächte des Widerspruchs, die Mächte der Ohnmacht sind und bleiben als solche von der Macht Gottes geschieden. Er läßt sie Mächte sein außer und neben seiner Macht. Er gibt ihnen Raum: nicht nur den durch sein Werk geschaffenen Mächten, sondern auch denen des Widerspruchs und der Ohnmacht, auch der Möglichkeit des Unmöglichen, des von seinem eigenen Tun Ausgeschlossenen! Aber eben das bedeutet nicht (auch nicht teilweise), daß er auf die Herrschaft über sie verzichtet, daß er ihnen (auch nur teilweise) ohnmächtig gegenüberstünde, daß ihnen (auch nur teilweise) eine selbständige Stellung und Funktion ihm gegenüber zukäme. Auch das geschieht vielmehr durch seine Macht, daß er andere Mächte schafft oder doch gewähren läßt. Und auch indem er das tut, bleibt seine Macht die Macht in und über ihnen, ist und bleibt er der erstlich und letztlich allein Mächtige: in keinem Punkt durch jene begrenzt und bestimmt, in jedem Punkte vielmehr sie begrenzend und bestimmend, der «König aller Könige» als ihr getreuer Schöpfer und Erhalter oder auch als ihr gerechter Richter — so, daß ihrer keine ihm entgehen kann, so, daß sie alle ihm dienen müssen und so oder so bestimmt dienen werden. Solche Macht über Alles ist Gott in sich selber, sofern er als der Vater, der Sohn und der Heilige Geist er selber zu sein, aus und durch sich selber zu leben vermögend ist. Dieses sein Vermögen ist Gottes Allmacht, die wirkliche Macht, die Herrenmacht: Nicht eine blinde Macht, sondern die Macht der ewigen Weisheit. Auch nicht eine Macht, die keine andere neben sich dulden könnte, sondern die Macht der ewigen Liebe, in der Gott vor aller Welt schon in sich selbst nicht nur **mächtig**, sondern als Vater und Sohn immer auch **in einem Anderen** mächtig ist. Nicht eine unvollkommene, aber wiederum auch keine unbestimmte Macht endlich, sondern die vollkommene und eben darum die vollkommen bestimmte Macht seines Gottseins. Das ist als wirkliche Macht die Macht über Alles, die Allmacht Gottes.

Wir schalten hier ein, was zu der der alten Theologie geläufigen Unterscheidung von *potentia absoluta* und *potentia ordinata* zu sagen ist.

Nach Thomas von Aquino (S. *theol.* I *qu.* 25 *art.* 5 *ad* 1) wäre unter *potentia absoluta* zu verstehen die Macht Gottes zu dem, was er an sich wollen und tun kann, was er aber wiederum nicht wollen und tun muß und was er faktisch weder will noch tut, unter *potentia ordinata* dagegen Gottes faktisch und also in bestimmter *ordinatio* gebrauchte und ausgeübte Macht. So verstanden bedeutet die Unterscheidung offenbar nichts Anderes als die Umschreibung der **Freiheit** der göttlichen Allmacht. Im Zusammenhang der Frage: *Utrum Deus possit facere quae non fecit?* kam Thomas zu jener Feststellung. Diese Frage ist ohne Zweifel zu bejahen. Gott wäre nicht mächtig, seine Macht wäre nicht in seinen Händen, sie wäre nicht jene Herrenmacht, nicht eigentliche Macht über Alles, wenn sie (wir haben diese Vorstellung bereits abgewiesen) aufginge in seiner Allwirksamkeit, in dem, was er tatsächlich will und tut, wenn sein tatsächliches Wollen und Tun nicht Entscheidung wäre, nicht in Freiheit geschehen, wenn also das Können, von dem er tatsächlich Gebrauch macht, sich nicht abheben würde von einem Anderskönnen, von dem er tatsächlich keinen Gebrauch macht. Die Gnade der Schöpfung, der Versöhnung, der Erlösung würde ja nicht Gnade sein, Gott würde den geschaffenen Mächten, über die er Herr ist, gewissermaßen verpflichtet, er würde also gar nicht ihr wirklicher Herr sein, wenn er als ihr Herr die Macht verloren oder wohl gar nie besessen hätte, auch ohne sie, auch außerhalb der über sie geübten Herrschaft, auch in sich selber, auch in einer Unendlichkeit ganz anderer innerer oder auch äußerer Möglichkeiten Herr zu sein. Sofern die Unterscheidung von *potentia absoluta* und *ordinata* daran erinnert, daß die Allmacht Gottes seine und also freie Macht ist, wird sie gutzuheißen sein.

Aber nun ist ihr auch noch ein ganz anderer Sinn gegeben worden und angesichts dieses anderen Sinnes ist sie mit Vorsicht, d. h. eben unter grundsätzlichem Festhalten an dieser ersten Erklärung aufzunehmen. Man hat nämlich zunächst aus der *potentia absoluta* eine *potentia extraordinaria* und aus der *potentia ordinata* eine *potentia ordinaria* gemacht. Thomas hatte unter *potentia ordinata* allgemein verstanden: die entsprechend dem göttlichen Willen in Gottes Tat faktisch gebrauchte und ausgeübte und insofern geordnete Allmacht. Daraus machte man jetzt: die in einem regelmäßigen Ablauf, die im Rahmen einer gewissen Gesetzlichkeit gebrauchte und ausgeübte Allmacht. Und ihr wurde gegenübergestellt: eine *potentia extraordinaria* als die diese Regelmäßigkeit als **Wundermacht** durchbrechende und damit ihre Freiheit beweisende göttliche Allmacht. Diese Unterscheidung zwischen einer gewöhnlichen und einer wunderbaren Allmacht in den Gottesbegriff hineinzutragen, besteht nun aber kein Anlaß und mußte zu bedenklichen Konsequenzen führen. Natürlich ist Gott auch im Wunder allmächtig, und, vom Menschen her gesehen (aber, sofern auch das ohne Gott nicht wirklich wird, auch von Gott her gesehen!) zweifellos in besonderer, in einer an dem geschichtlichen und natürlichen Zusammenhang, in dem das Wunder geschieht, gemessen, außerordentlichen Weise allmächtig. Er ist es aber im Wunder gerade nicht als ein Anderer, als er es auch sonst ist. Die Macht, in der Gott der Herr ist über alle geschaffenen Mächte, ist in sich eine und dieselbe, ob er sie für uns in der gewöhnlichen oder in einer ungewöhnlichen Weise ausübt und sichtbar macht. Nicht das ist die Funktion jedenfalls des biblischen Wunders, dem Menschen eine besondere, höhere, eine gewissermaßen ausnahmsweise ausgeübte und gebrauchte Allmacht Gottes vorzuführen, sondern dies, ihn zeichenhaft in sichtbarer Illustration seines Wortes, daran zu erinnern: daß er, Gott (nämlich indem er uns durch sein Wort zu sich ruft in sein Reich) allmächtig ist, daß also nicht, wie wir angesichts des gewöhnlichen Verlaufs der Dinge immer wieder meinen möchten, die geschaffenen Mächte an sich und als solche oder ihre Summe oder ihr Inbegriff die göttliche Allmacht und also Gott sind, daß wir nicht ihnen als solchen verfallen, nicht an sie gebunden, daß sie vielmehr seine Untergebenen und Diener sind, daß also Gott der Herr gerade auch des von uns immer wieder mißverstandenen gewöhnlichen Verlaufs der Dinge ist. Des zum Zeichen ist Gottes Offenbarung von Wundern begleitet. Daß sie den gewöhnlichen Verlauf der Dinge und insofern unser Bild von einer *potentia divina ordinaria*, nämlich unser Bild von der Regel des göttlichen Allmachtswaltens durchbrechen, das ist wohl wahr, das ist aber die weniger interessante, das ist nicht die entscheidende Seite im Wesen des biblischen Wunders, die denn auch nach der Bibel selber immer nur temporären Bestand und relative Bedeutung hat. Es kommt ja nach dem biblischen Zeugnis nicht etwa zur Aufrichtung eines zweiten *ordo extra ordinem*, nicht zur Begründung einer besonderen Wunderwelt in und neben der sonstigen Welt der Natur und Geschichte. Wir hören nichts davon, daß etwa das Speisungswunder in der Wüste zu einer regelmäßigen Institution der christlichen Kirche geworden wäre oder hätte werden sollen, nichts davon, daß der von den Toten auferweckte Lazarus nicht später doch gestorben wäre und erst recht nichts davon, daß etwa die Jungfrauengeburt und Himmelfahrt Jesu Christi zu allgemeinen Möglichkeiten des Menschen oder auch nur der Seinigen oder auch nur Einiger der Seinigen geworden wären. Es handelt sich bei dem biblischen Wunder nur insofern um prinzipiellen «Supranaturalismus», als sie eben Zeichen der Wirklichkeit Gottes — insofern dann allerdings auch unserer eigenen künftigen Wirklichkeit sind. Es kommt aber nicht zur Entstehung des Bildes einer göttlichen *potentia extraordinaria* neben dem einer *potentia ordinaria*. Im Gegenteil: die beiden schließen einander aus; indem das Wunder geschieht, wird das besondere Bild einer *potentia ordinaria*, eines «gewöhnlichen» Verlaufs der Dinge, das Bild einer Herrschaft von Mächten, die Gott vielleicht auch nicht dienen, die uns vielleicht ihrerseits als Götter beherrschen wollen könnten, sozusagen in seine Elemente aufgelöst und ganz neu aufgebaut in der Weise, daß wir jenen Mächten jetzt, angesichts des göttlichen Wunders, gerade keine Selbständigkeit, keine absolute Würde, Wahrheit und Geltung mehr zuschreiben können, in der Weise, daß uns im Wunder vor Augen geführt wird, daß alle Reiche dieser Welt Gottes und seines Christus sein werden und sogar jetzt schon sind, daß es also keine Regeln und Gesetze eines vermeintlich «gewöhnlichen» Verlaufs der Dinge gibt, die in sich feststünden, die etwas Anderes wären als die Ordnungen seines freien guten Willens, von ihm eingesetzt, an ihn gebunden: von uns zu erkennen in dem Maß, als wir ihn erkennen, aber eben darum in keinem Sinn als außer oder gar über ihm stehende und gültige Ordnungen. *Potentia ordinaria* wäre also mit viel mehr Berechtigung gerade die als Wundermacht sich offenbarende Allmacht zu nennen, sofern eben in ihr nicht eine Störung der göttlichen Ordnung, sondern deren Wirklichkeit als die Ordnung in und über Allem, sofern eben in ihr Gott als der Ordnende offenbar wird: damit wir an ihn glauben sollten, an ihn, dessen eine ordentliche Macht auch da, wo er kein Wunder tut, auch da, wo wir immer wieder andere Mächte an seiner Stelle meinen walten zu sehen, eben die ist, die er damit offenbart, daß er Wunder tut. Und *potentia extraordinaria* wäre mit viel mehr

Berechtigung gerade die im gewöhnlichen Verlauf der Dinge verborgene, die von uns immer wieder mit jenen anderen Mächten verwechselte, die noch nicht endgültig und ausschließlich als die seinige offenbar gewordene Allmacht zu nennen, sofern gerade die göttliche Ordnung in ihr noch nicht vollkommen ist, sofern sie wenigstens scheinbar noch ein *ordo extra ordinem* ist, sofern hier die Freiheit, in der Gott der Herr über Alles ist — eben die Freiheit, die er in seiner Wundermacht als solcher sichtbar macht — erst im Besonderen geglaubt, aber noch nicht im Allgemeinen als das alleinige Prinzip aller Ordnung gesehen werden kann. Aber da die Sache nur in solcher Umkehrung ihre Richtigkeit haben könnte und wegen des Mißbrauchs, der hier mit dem Begriff der «Ordnung» im Grunde getrieben wird, dürfte es am besten sein, die Unterscheidung von *potentia ordinaria* und *extraordinaria* überhaupt f a l l e n zu lassen. Das Wunder ist eben nicht der Erweis einer b e s o n d e r e n, sondern nur der besondere Erweis der e i n e n göttlichen Allmacht. Es ist wohl ein radikal Neues, aber darum nicht ein Anderes und Fremdes im Raume der Schöpfung, so gewiß der Gott, der sich in seinem Worte offenbart, kein Anderer als eben der Schöpfer ist. Es ist wohl eine Offenbarung des göttlichen Lebens, die als solche zu respektieren und also mit keiner anderen einfach zu identifizieren ist, aber eben als solche eine Offenbarung des e i n e n b e s t ä n d i g e n Lebens Gottes. Wie r e i c h und umfassend die Ordnung Gottes ist, das wird im Wunder offenbar, nicht aber das, daß Gott seine eigene Ordnung etwa a u f h e b e n und z e r s t ö r e n würde. Gehört es zu dieser Ordnung Gottes, daß er uns auch ein gewöhnliches Bild von seiner Allmacht gibt und läßt, jenes noch nicht vollkommene Bild, das dann allerdings durch das Wunder — nämlich um seines rechten Verständnisses willen, im Blick auf die künftige Offenbarung seiner Vollkommenheit — unterbrochen wird, so geschieht doch gerade diese Unterbrechung nicht außerhalb, nicht unter Aufhebung und Zerstörung dieser Ordnung, so gehört doch auch sie und gerade sie als rechtmäßiges Element und Glied in rechtmäßiger Funktion in diese Ordnung hinein. Es besteht also kein Anlaß, Gott hinsichtlich dieser Unterbrechung — der Unterbrechung unserer Gewohnheit — eine besondere, eine außerordentlich gebrauchte und ausgeübte Allmacht zuzuschreiben. Wir haben vielmehr Anlaß, sie gerade in dieser U n t e r b r e c h u n g (aber dann doch wieder n i c h t n u r i n i h r !) als seine o r d e n t l i c h gebrauchte und ausgeübte Allmacht zu erkennen und zu verehren.

Die Unterscheidung zwischen einer gewöhnlichen und einer wunderbaren Allmacht Gottes ist nun aber auch darum mißlich, weil sie zu offenkundig bedenklichen Konsequenzen führen kann und geführt hat. Die *potentia divina absoluta* ist nämlich von den spätmittelalterlichen Nominalisten auf dem Weg einer Art Rückübertragung jener *potentia extraordinaria* in das Wesen Gottes hinein dahin verstanden worden: Gott habe zwar vermöge seiner *potentia ordinata* tatsächlich Alles so gekonnt, wie er es gewollt und getan habe, er würde es aber vermöge seiner *potentia absoluta* tatsächlich auch ganz anders als so gekonnt haben und noch können; es eigne ihm also ursprünglich und eigentlich eine solche Macht, in deren Gebrauch er ebenso frei gewesen wäre und noch wäre, eine nach seiner Weisheit und Gerechtigkeit oder auch eine durch deren gerades Gegenteil regierte Welt zu schaffen und zu erhalten. Gewissermaßen zufällig, d. h. auf Grund einer schlechterdings unerforschlichen Entscheidung habe Gott gerade das gewollt und getan und also gekonnt, was jetzt als sein Wollen, Tun und Können in seinem Werk vor uns steht; es stehe aber nach wie vor über und hinter seinem Werk und dem in ihm offenbarten Wollen, Können und Tun auch noch ein ganz anderes Können und also Gottes Möglichkeit, sich auch noch in einem ganz anderen Werk als ein «ganz Anderer» zu betätigen und zu offenbaren. Es läßt sich nicht leugnen, daß L u t h e r von seinem *Deus absconditus* gelegentlich so geredet hat, als ob er darunter die so verstandene *potentia absoluta* oder vielmehr: *inordinata* verstanden hätte. Aus der

Wundermacht neben oder hinter der im Rahmen einer gewissen Regelmäßigkeit betätigten ist jetzt eine Willkürmacht neben oder hinter einer sich zufällig entsprechend dem wirklichen Werk Gottes betätigenden Ordnungsmacht geworden. In diesem Sinn verstanden ist die ganze Unterscheidung völlig unerträglich geworden. Nachdem Gott gewollt und getan hat, was er wollte und tat, nachdem er also sein Können offenbart hat, ist es wohl richtig und wichtig, mit Thomas festzustellen, daß dieses (aber eben dieses!) sein Können als ein freies zu verstehen ist, ist es aber geradezu nichtig, ihm noch ein anderes als das in seinem tatsächlichen Werk offenbarte, ein diesem widersprechendes Können zuzuschreiben. Gott war und ist nicht gebunden gerade an diese Möglichkeit. Er hat sie gewählt und es ist immer wieder als seine freie Wahl zu verstehen, wenn er gerade dieser Möglichkeit treu bleibt, gerade das will und tut und also kann, was wir ihn laut seiner Offenbarung wollen und tun und also können sehen. Aber indem Gott diese Möglichkeit gewählt hat und wählt, indem er sein Können kraft seines Willens in seiner Tat gerade dieser Möglichkeit zuwendet, haben wir sein Können, seine *potentia absoluta* nun eben in diesem von ihm gewählten Können und also in seiner *potentia ordinata* zu erkennen, haben wir nicht mehr damit zu rechnen, daß er auch noch anders gekonnt hätte, haben wir uns damit abzufinden, daß er in Freiheit so und also nicht anders gekonnt hat, daß eben dieses und also sein auf die Erschaffung und Regierung der Welt und auf sein ganzes Tun in dieser Welt hingeordnetes Können sein wahres eigentliches Können, alles denkbare andere das von ihm selber ausgeschlossene und verworfene Können ist: nicht ein solches Können, das nun, seinem wirklich betätigten Können widersprechend und also es in Frage stellend, dauernd irgendwo in der Höhe oder im Hintergrund doch auch noch sein Können wäre, als ob er nicht gewählt hätte, als ob wir ihn in seinem Wort nicht täglich wählen sehen, als ob es ihm damit nicht ganz ernst wäre, als ob er gegebenenfalls auch darauf zurückkommen und ganz anders wählen könnte, als ob wir uns also auf sein Werk und Wort nicht verlassen oder doch nur teilweise verlassen dürften, als ob wir ihn wenigstens teilweise auch noch anderswo als in seinem Werk und Wort zu suchen und zu finden Aussicht hätten. Mit einem anderen als dem uns bekannten Können Gottes haben wir auf Grund seiner Freiheit allerdings zu rechnen: mit einem reicheren, größeren, ganz anderen Bezirke und Dimensionen als mit dem uns bekannten umfassenden Können Gottes nämlich. Wir haben aber nicht damit zu rechnen, daß dieses sein anderes Können in der Unendlichkeit der Möglichkeiten, die wir ihm tatsächlich nicht absprechen dürfen, jemals und irgendwo sachlich ein anderes als eben das in seinem uns bekannten tatsächlichen Werk erwiesene, ein ungeordnetes oder in seiner *ordinatio* von diesem verschiedenes, ihm widersprechendes Können sein werde. Es ist klar, und das hat gerade Luther wohl gesehen (darum ging es letztlich in seinem ganzen Streit gegen die spätmittelalterliche Theologie), daß es, wenn es mit der nominalistisch verstandenen *potentia absoluta* seine Richtigkeit hätte, so etwas wie Heilsgewißheit und damit auch irgend so etwas wie einen kontinuierlichen Halt und Trost im Leben und im Sterben nicht geben könnte, sondern im Grunde immer nur ein unruhiges Suchen und Fragen nach dem wahren Können Gottes, das irgendwo in der Höhe oder Tiefe sachlich auch noch ganz anders sein, dem Können auch noch widersprechen könnte, dessen wir uns auf Grund seines Werkes vergewissern möchten. Es ist aber nicht ebenso klar, inwiefern Luther diese Not damit wirklich überwinden zu können meinte, daß er den Rat gab, sich um den *Deus absconditus* so wenig als möglich zu kümmern und sich ganz an das zu halten, was er als Gottes *opus proprium* bezeichnete, an den *Deus revelatus,* an den in Jesus Christus gegenwärtigen Gott also. Wie kann man das ernstlich und wirksam tun, wenn nun doch, wie es in Luthers Lehre vom Gesetz geschah, die Behauptung einer ganz anderen Existenz Gottes als *Deus absconditus,* wenn nun doch die Be-

§ *31. Die Vollkommenheiten der göttlichen Freiheit*

hauptung einer im Hintergrund immer noch wirklichen *potentia inordinata* nicht verneint, sondern aufrecht erhalten wird? Kann auch der richtige Hinweis auf den *Deus revelatus* genügen, wenn es nicht feststeht, daß eben dieser *Deus revelatus* als solcher auch der *Deus absconditus,* daß der *Deus absconditus* in allen seinen Möglichkeiten, in seinem ganzen Können auch in allen uns unzugänglichen Bezirken und Dimensionen kein Anderer als eben der *Deus revelatus* ist? Wir werden also der nominalistischen These auch in der von Luther vertretenen Form gegenüber sagen müssen: daß in dem, was Gott in Freiheit gewollt und getan und also gekonnt hat, gerade seine *potestas absoluta* als *potestas ordinata* endgültig und verbindlich sichtbar geworden ist, so sichtbar, daß es uns nicht mehr frei steht, sondern verboten ist, mit einer sachlich anderen Allmacht als eben der, die er in seinem tatsächlichen Wollen und Tun betätigt hat, zu rechnen, als ob Gott auch anders zu wählen, zu tun und zu können vermöchte, als er es nun eben getan hat. Wohl mit einer g r ö ß e r e n , aber nicht mit einer anderen Allmacht haben wir zu rechnen. Wohl mit der F r e i h e i t , in der Gott diese, seine in seinem Wort uns offenbarte Möglichkeit wählen wollte und wählt, aber darum nicht mit sachlich anderen Möglichkeiten. Gott ist die Macht über Alles; aber wir dürfen und müssen uns auch an dieser Stelle dabei beruhigen, daß es seine Sache war und ist, darüber zu verfügen, was «Alles» und was im Gegensatz dazu nun eben Nichts ist und also auch nur in seiner Nichtigkeit im Bereich seiner Macht liegt.

Wir fassen unsere bisherigen Feststellungen zusammen: Gott ist darin allmächtig, daß alle wirkliche Macht als solche s e i n e Macht, alles tatsächliche Können als solches s e i n Können, alle echte Möglichkeit als solche s e i n e Möglichkeit ist, sein Sein, Wesen und Leben also beständig eben das der wirklichen Macht, des tatsächlichen Könnens, der echten Möglichkeit als solcher ist. Gott h a t sie nicht nur, sondern er i s t sie, während Alles, was außer Gott ist, sie nicht selber s e i n , sondern eben bestenfalls nur h a b e n , d. h. durch ihn und von ihm haben, ohne ihn aber auch nicht h a b e n , ohne ihn nur o h n mächtig sein könnte. Aber wiederum ist seine Macht nicht darum und darin wirklich, tatsächlich, echt und göttlich, weil sie Macht, sondern darum, weil sie s e i n e Macht ist, weil e r sie hat und ist. Wiederum erschöpft sie sich nicht darin, daß er das, was außer ihm ist, Macht haben läßt; weil gerade das nur daraufhin geschehen kann und geschieht, daß er selber die Macht hat und ist in Überfülle gegenüber Allem, was durch ihn und von ihm Macht haben darf. Wiederum ist seine Macht aber als die seinige keine neutrale, sondern die durch sein Gottsein bestimmte, seine eigene Macht, die Macht seines Rechtes, die Macht er selber und sich selber treu zu sein, wiederum ist sie als solche das Maß und die Grenze aller Macht auch außer ihm. Wiederum ist sie aber als solche die freie Macht über Alles, die Macht über allen Mächten.

Aber das Alles waren nun genau genommen doch erst die unterscheidenden und abgrenzenden und noch nicht die p o s i t i v e n Bestimmungen der göttlichen Allmacht. Zu diesen haben wir nun vorzustoßen, indem wir Gottes Macht ausdrücklich und im Besonderen als die Macht des göttlichen Wissens und Wollens verstehen. So und nicht anders begegnet uns ja der, der uns in der heiligen Schrift als der allmächtige Gott bezeugt wird. Seine Freiheit und damit die Göttlichkeit seiner Liebe ist nach der heiligen Schrift die Freiheit seiner Persönlichkeit, die Freiheit, d. h. die Souveränität, die Überlegenheit, das durchdringende und umfassende Vermögen seiner Erkenntnis, seines Entschließens und Beschließens. Wir können, wenn wir den Begriff einen Augenblick abgesehen von seinem eigentlichen, dem trinitarischen Gebrauch, verwenden wollen, auch sagen: die Freiheit Gottes ist die Freiheit, in der er Geist ist: Geist im Gegensatz zur Natur, zum ausgedehnten, zum vielfachen, zum endlichen, zum sichtbaren Wesen. Wir haben an mehr als einer früheren Stelle gesehen, daß dieser Gegensatz des Geistes vom Wesen Gottes nicht etwa ausgeschlossen ist, daß Gott vielmehr auch ausgedehnt, auch vielfach, auch endlich, auch sichtbar ist, daß er insofern auch «Natur» hat und ist, so gewiß er nicht tot, sondern lebendig ist. Wie könnten wir ihm Macht zuschreiben, wenn wir ihm die Natur absprechen wollten? Gott hat und ist aber die Natur, die als solche Geist ist: geistige Natur, persönliche Natur, die nicht erst Gegenstand des Erkennens und Wollens von einem Anderen her werden muß, die nicht nur in diesem Gegensatz, sondern auch jenseits dieses Gegensatzes Natur ist: Natur, die ebensowohl Subjekt wie Objekt eines Wissens und Wollens ist. Darin besteht die Freiheit Gottes, daß er dieses Gegensatzes zwischen Geist und Natur zwar nicht entbehrt — denn wie wäre er Gott, wenn er nur Natur, wie wäre er Gott, wenn er etwa nur Geist wäre? — daß er aber in ihm zugleich überwunden, daß er ein von ihm völlig beherrschter Gegensatz ist. Für die positive Bestimmung der Allmacht Gottes wird nun aber gerade das entscheidend wichtig: daß er, seiner Natur unbeschadet, nein, gerade in der Herrlichkeit, in der er Natur ist, gerade im Geheimnis des Wesens seiner Natur als der seinigen auch Geist, daß er nicht nur wie die geschaffene Natur Gegenstand, sondern zugleich Subjekt eines Wissens und Wollens, ja ganz und gar dieses Wissen und Wollen selbst und so wie die Voraussetzung und der schöpferische Grund aller Natur, auch die Voraussetzung und der schöpferische Grund alles Wissens und Wollens, der persönliche Schöpfer alles Personseins, der selber geistige Schöpfer alles Geistes und daß er als solcher, in seinem Wissen und Wollen allmächtig, daß seine Allmacht eben die seines Wissens und Wollens ist.

Man bemerke, wie alle unsere bisher aufgestellten kritischen Sätze zum Allmachtsbegriff erst von daher Gestalt und Farbe bekommen. Noch mehr: von daher stehen und fallen sie.

Darum und darin ist Gottes Sein, Wesen und Leben beständig das der wirklichen Macht, des tatsächlichen Könnens, der echten Möglichkeit, weil es selbst Gottes Wissen und Wollen ist: das Wissen und Wollen, über dem es kein Höheres gibt, das keines anderen Wissens und Wollens Gegenstand ist in dem Sinn, daß es von ihm her in seiner Wirklichkeit, Tatsächlichkeit und Echtheit in Frage gestellt werden könnte. Das ist reale Macht, Gottesmacht: die nicht nur Besitz und Instrument ist in seiner Hand und also auch in der Hand eines Anderen sein könnte, die aber auch kein unbeherrschtes Können, keine Macht an sich, sondern die ihr eigener Herr, die sich selbst kennende und wollende Macht ist. Damit und erst damit unterscheidet sie sich ja von einer Macht an sich, erst damit ist sie wirklich seine, Gottes Macht, die Macht, die er selbst hat und ist, *potestas* und nicht nur *potentia:* daß sie die von ihm als solche gekannte und gewollte Macht, ja selber die Macht dieses seines Kennens und Wollens ist.

Eben darin ist aber auch das Weitere begründet: daß Gottes Macht größer ist als Gottes Werk, in welchem er auch Anderes außer ihm Macht haben läßt. Weil Gottes Macht die Macht seiner Persönlichkeit, die Macht seines Wissens und Wollens ist, darum ist zu sagen, daß es in Gottes Willen liegt, Vieles auch nicht zu wollen. Darum kann die Allmacht Gottes nicht aufgehen in seiner Allwirksamkeit. Sie ist auch seine Macht, das nicht zu tun, was er als untunlich kennt und also tatsächlich nicht tun will.

Und eben darin, daß Gottes Allmacht die Allmacht seines Wissens und Wollens ist, ist nun auch das begründet, daß sie nicht die Macht zu Allem und Jedem, sondern seine bestimmt gerichtete, konkret gefüllte Macht ist. Sie ist sowohl seine Macht, zu wollen, als auch seine Macht, nicht zu wollen, und also seine Macht, um ein von ihm Gewolltes, wie seine Macht, um ein von ihm Nicht-Gewolltes zu wissen. Was Gottes allmächtiger W i l l e will oder nicht will, das ist damit, daß er es will oder nicht will, geschieden als Licht und Finsternis, als Gegenstand seines allmächtigen Könnens und als Gegenstand seines ebenso allmächtigen Nicht-Könnens. Und was Gottes allmächtiges W i s s e n kennt als das, was er in allmächtiger Positivität will und also auch getan hat, tut und tun wird, das ist damit geschieden von dem, was er in ebenso allmächtiger Negativität nicht will und also auch nie getan hat, tut noch tun wird. Gegenstand seiner Allmacht ist schon «Alles», aber eben, weil seine Allmacht die seines Wissens und Wollens ist, Alles in bestimmter, geschiedener und also konkreter Weise so: daß er nicht der Gefangene seiner Allmacht, sondern ihr H e r r, so, daß er der R i c h t e r über Sinn und Unsinn, Mögliches und Unmögliches, so, daß er heilig und gerecht ist und bleibt in seinem Tun. Die Sünde aber, von ihm nicht gewollt und nur insofern Gegenstand seines Willens und Wissens, ist und bleibt die Sünde, die Narrheit die Narrheit, der Teufel der Teufel, ohne in irgend einer Ewigkeit die Aussicht zu haben, in einem anderen Sinn Gegenstand seiner Allmacht werden zu können. Darum nicht, weil seine Allmacht die Allmacht seines persönlichen U r t e i l s und seiner persönlichen E n t s c h e i d u n g ist, die gegenüber der Sünde, der Narrheit, dem Teufel eine negative ist und in alle Ewigkeit, weil Gott nicht aufhört, Gott zu sein, nur eine negative sein und bleiben kann.

Von hier und nur von hier aus wird endlich auch dies begründet und verständlich: daß und wie Gott die freie Macht über und in allen Mächten ist. In Freiheit steht er dann über ihnen, ihr Herr im strengen und eigentlichen Sinn ist er dann, wenn sie keine Macht haben als die, die er ihnen geben wollte und die er als die ihnen von ihm gegebene kennt, und wenn sie sie wiederum nur so haben, daß sie durch seinen Willen und durch sein Wissen um diesen seinen Willen begrenzt und bestimmt ist. Umschlossen von seinem Wissen und Willen, beherrscht von seinem Geist als von seiner Allmacht können sie zugleich ihre geschöpfliche Selbständigkeit, ja, sich selbst bestimmend, ihre Freiheit haben, können sie aber auch der Alles vorherbestimmenden Allmacht Gottes als jener unterscheidenden, richtenden, konkreten Macht untergeordnet sein und so oder so, in ihrem Gehorsam oder in ihrem Widerstreben willig oder widerwillig, dem dienen, der allein selber die Macht ist und also ursprünglich hat.

2. Gottes Beständigkeit und Allmacht

Es kann nun aber auch dies einleuchtend werden, daß und warum wir es, wie es offenbar die Meinung der ältesten christlichen Bekenntnisse war, gerade in dem Begriff der Allmacht mit einer Art Schlüsselstellung zum Verständnis aller Vollkommenheiten der göttlichen Freiheit und so indirekt zum Verständnis aller göttlichen Vollkommenheiten überhaupt zu tun haben. Daß seine göttliche Macht die Macht seiner Person, seines Wissens und Willens, seines Urteils und seiner Entscheidung ist, das erklärt uns ja nun nach rückwärts erst richtig, was es ist um die Beständigkeit seines Lebens. Es ist darum beständig und darum beständiges Leben, weil es kein Vermögen an sich ist, das als solches je nach seiner Anwendung auch ein ganz anderes werden oder aber abgesehen von seiner Anwendung ebensogut ein reines Unvermögen wie ein Vermögen heißen könnte. Es ist das Vermögen einer Person. Es ist ein geistiges, ein in Erkenntnis und Willen betätigtes Vermögen; es ist Urteils- und Entscheidungsvermögen. In der Beständigkeit dieser Person und ihres Lebens, in der Kontinuität ihres Urteilens und Entscheidens ist es begründet, daß es beständig und daß es lebendig ist. In dieser Bestimmung der Allmacht Gottes wurzelt aber auch der Zusammenhang zwischen seiner Einheit und seiner Allgegenwart: Kraft der Einheit seines betätigten Wissens und Wollens, in der Kontinuität seines Urteilens und Entscheidens ist Gott einzig und einfach. In dieser seiner persönlichen Tätigkeit, in seinem Urteilen und Entscheiden als solchem aber, indem er sich Gegenstände schafft und erhält und indem er zuvor sich selber Gegenstand ist und als solcher weiß und will, ist er allgegenwärtig. Und eben daran hängen erst recht alle Vollkommenheiten seiner Liebe. Wir haben schon festgestellt, daß sie alle Vollkommenheiten seiner Allmacht sind. Wie wären sie sonst göttliche Eigenschaften? Aber offenbar nur dann sind sie real, was sie sind, nur dann ist Gott real der Gnädige und Heilige, der Barmherzige und Gerechte, der Geduldige und Weise, nur dann sind das Alles keine ihm bloß zugedachten Ideen, keine ihm bloß angehängten Titulaturen, wenn er als allmächtig Wissender und Wollender das alles real, nicht nur in unserer Auffassung und auch nicht bloß in seinem Verhältnis zu uns, sondern auch in sich selber sein kann und wirklich ist, wenn das eben seine Macht, sein Wesen als Wissender und Wollender ist, gnädig und heilig, barmherzig und gerecht, geduldig und weise zu sein, wenn eben das die realen Bestimmungen seines Wissens und Wollens und als solche die realen Bestimmungen seiner Macht sind. Eben davon reden wir, wenn wir von Gottes Allmacht reden, wenn wir seine Freiheit aufs Höchste darin preisen, daß wir ihn als den Herrn über Alles erkennen und bekennen. Wir preisen gerade damit nicht ein neutrales Göttliches, das als solches auch das Prädikat eines anderen Subjektes als der ewigen Liebe sein könnte. Sondern wir preisen gerade damit die Liebe, die allein Gott ist. In besonders strengem Bezug auf das Ganze unserer Erkenntnis der Wirklichkeit Gottes haben wir uns nun also der Erkenntnis seiner Geistigkeit, der Erkenntnis seines Wissens und Wollens zuzuwenden.

Wollen wir verstehen, daß das wahr ist, daß Gott weiß und will und also in seiner Allmacht der persönliche Gott ist, dann dürfen wir von dem einfachen und sicheren Ort ausgehen, wo alle christliche Gotteserkenntnis ihren Ursprung hat, wo aber gerade diese Wahrheit: «Gott weiß» und «Gott will» unter allem Einfachen das Einfachste, unter allem Sicheren das Sicherste und gerade so auch unter allem Wunderbaren das Wunderbarste ist.

Alle christliche Gotteserkenntnis hat ihren Ursprung in Gottes Offenbarung. Eben in ihr als solcher begegnet uns aber Gott als Wissender: wissend um sich selbst, wissend um uns, denen er begegnet, wissend um alle Dinge. In seiner Offenbarung redet er ja: von sich selber, aber zu uns und weil von sich selber zu uns, darum nun auch sofort von uns und weil von sich selber und von uns, darum und damit von allen Dingen. Denn alle Dinge sind zwischen ihm und uns. Alle Dinge sind so oder so zugleich Gottes und unsere Dinge. Verstehen wir jetzt und hier noch nicht, wie und was Gott von allen Dingen redet, indem er sich offenbart, so können wir doch, indem er sich offenbart, indem er also von sich selber und von uns redet, nicht überhören, daß er zugleich von allen Dingen redet als der um alle Dinge Wissende. Das enthüllte Geheimnis seiner Gottheit und unserer Menschheit ist zugleich das uns noch nicht enthüllte Geheimnis Alles dessen, was ist, das doch ihm, Gott, kein Geheimnis ist. Die Enthüllung des Geheimnisses seiner Gottheit und unserer Menschheit in Gottes Offenbarung geschieht in der Form dieses Redens und durch unser Hören seines Redens. Schon in der Form dieser Enthüllung als Reden und Hören enthüllt sich auch das, daß Gott nicht etwa nur neues Licht ist, das unser Auge trifft, nicht etwa nur ein neuer Gegenstand, der unsere Phantasie in Anspruch nimmt, sondern (so gewiß er eben redet und sich hören läßt) ein Wissender, Geist, Person. Indem Gott sich so offenbart, daß er redet und sich hören läßt, gibt er sich zu erkennen als Erkennender und läßt er uns uns selbst erkennen als die, die von ihm erkannt sind. Gottes Offenbarung zerstreut, indem sie ein Meer von Irrtum aufdeckt, den Grundirrtum, als ob dieses Meer unendlich sei, als ob es etwa nur Irrtum gebe. Mag es denn sein, daß wir uns ganz und gar irren, mag es denn keinen einzigen Nicht-Irrenden geben — Gott irrt nicht, sondern weiß. Das sagt er uns mit seiner Offenbarung. Und sie zerstreut, indem sie uns Lügen straft, den Wahn, als ob wir erfolgreich lügen, als ob wir nämlich auch Gott belügen könnten. Mag es denn sein, daß wir die ganze Welt und vor allem ein Jeder sich selbst belügen können — Gott ist nicht zu belügen, Gott weiß und so sind wir tatsächlich doch erfolglos mit unserem Lügen. Das sagt er uns in seiner Offenbarung. Und das ist es, was sich an jenem einfachen und sicheren Ort, was sich in Gottes Offenbarung ereignet: daß Gott uns allem Irrtum und aller Lüge zum Trotz Gemeinschaft mit sich selber, Gemeinschaft gerade mit diesem seinem Wissen gibt. Redet Gott mit uns und läßt er sich von uns hören, dann heißt das, daß auch wir jetzt wissen dürfen: um ihn und um uns selbst als solche, um die er weiß. Indem er uns dieses Mitwissen gibt, wird und ist er unser Gott, wird und ist er gnädig, barmherzig und geduldig, aber auch heilig, gerecht und weise in der Fülle seiner Herrschaft. Indem er uns dieses Mitwissen gibt, liebt er uns, zieht er uns zu sich, hält er uns, um uns nicht mehr fallen zu lassen, macht er sich zum Unsrigen und uns zu den Seinigen. Aus diesem Mitwissen, aus dieser durch Gottes Offenbarung aus dem Todesschlaf erweckten *conscientia* heraus glauben und bekennen wir ihn. Wie könnten wir ihn da anders denn eben als Wissenden glauben und bekennen: als den zuerst und ursprünglich und eigentlich Wissenden, dem wir als die Mitwissenden nur folgen können, nun aber auf Grund seiner Offenbarung folgen dürfen und müssen. Daß Gott weiß, dieses Bekenntnis ist also nichts Anderes als die einfältige Beantwortung und Bestätigung des Ereignisses, in welchem Gott sich zu uns herniedergelassen und uns hingegeben hat: des Ereignisses seiner Liebe, die uns erlaubt und gebietet, ihn zu kennen, ohne die wir ihn weder kennen noch bekennen könnten, auf Grund derer wir ihn kennen müssen. Eben unser Gewissen, einmal durch seine Offenbarung erweckt, kann gerade das nicht mehr vergessen und verleugnen: Gott weiß. Wir könnten nur beweisen, daß wir von Gott gar nichts wissen, wir könnten uns nur als gewissenlos erweisen, wenn wir etwa behaupten wollten, daß wir das nicht wüßten! Und indem wir bekennen, daß wir das wissen und daß es so ist: Gott weiß, bekennen wir mit dem Schlichtesten zugleich das Tiefste und Umfassendste, was wir von Gott zu bekennen haben. Denn wenn das gewissermaßen das Naheliegendste ist, was man von Gott sagen kann, wenn jedes Kind, jeder Primitive, das unmittelbar verstehen und beherzigen kann: «Gott weiß», so spricht ja derselbe Satz zugleich die Wahrheit über Gott, über uns selbst und alle Dinge aus, über der auch das gründlichste Nachdenken und Verstehen eine andere, eine noch bewegendere, noch erschreckendere, noch beseligendere nicht so leicht entdecken wird. Denn was könnten wir Größeres wissen als eben das, daß Gott weiß und daß wir von ihm gewußt sind? Und wenn es eben dazu, daß uns das ins Herz geschrieben werde: «Gott weiß», nicht mehr und nicht weniger als eben der göttlichen Offenbarung bedarf, wenn niemand diese Erkenntnis: «Gott weiß», wirklich haben, niemand wirklich mit ihr leben wird, der nicht von jenem einfachen und sicheren Ort herkommt, so bedarf es wiederum, wenn wir nur von jenem Ort herkommen, keiner weiteren Überlegung, keiner vermehrten Erfahrung, keiner gedanklichen Dialektik, um mit dieser Erkenntnis wirklich zu leben und eben so wirklich mit Gott zu leben, an der ganzen Kraft und an dem ganzen Reichtum seines Wesens wirklich Anteil zu haben.

Dasselbe gilt nun aber auch vom Willen Gottes. Der Ort der göttlichen Offenbarung ist ja zugleich und als solcher auch der Ort der göttlichen Versöhnung. In diesem bestimmten Handeln: die Welt mit sich selber versöhnend, offenbart sich Gott. Also gerade nicht bloß uns betrachtend und nicht als bloßer Gegenstand unserer Betrachtung, nicht als ein bloß Wissender und nicht als Einer, der uns ein bloßes Wissen mitzuteilen hätte, nicht als ein passiv Erkennender und nicht als ein solcher Erkenntnisgegenstand, dem gegenüber wir unserseits in Neutralität verharren könnten. Gemeinschaft zwischen sich und uns ist es ja, was er mit der Offenbarung gerade seines Wissens stiftet. Und so ist dieses Wissen selber voller Wollen, ja selber ganz und gar ein bestimmtes Wollen. Man verstehe wohl: nicht nur ein Streben, nicht nur ein gewissermaßen natürlicher Lebensdrang, nicht nur eine mechanisch oder organisch notwendige Bewegung. Von dem allem kann ja zwischen Gott und uns keine Rede sein. Wir sind nicht selbst Gott, wir gehören nicht zu seinem Leben, so daß er in seiner Beziehung zu uns so etwas wie eine ihm selber notwendige Funktion erfüllen würde. Wir haben ja gesündigt, wir sind seiner Zuwendung nicht wert, wir haben nicht seine Zuwendung, sondern wir haben seine Abwendung von uns verdient: nicht das, daß er uns zu jenem Mitwissen mit sich selbst erhebt! Tut er das dennoch, dann ist das ein Akt seiner freien Selbstbestimmung, dann ist das seine Entscheidung und Verfügung, dann ist das also sein Entschluß und Wille. Eben von dieser Begegnung her können wir Gott aber auch rückwärts in seinem Handeln als unser Schöpfer und vorwärts in seinem Handeln als unser Erlöser nur als Wollenden, nur als in sich und über uns frei Bestimmenden und Entscheidenden verstehen. Von diesem Ort her wird jede Vorstellung von Gott, als wäre er der Gefangene seines eigenen unveränderlichen Lebens, durchbrochen und aufgehoben, steht er vielmehr vor uns als freie Person, die über ihr allerdings unveränderliches Leben verfügt, die auch in ihrem Wissen um sich selbst und um Alles, was sie sonst weiß, nur insofern an die Gegenstände ihres Wissens gebunden ist, als sie sich selbst daran binden will, daraufhin, daß jeder mögliche Gegenstand als solcher zuerst vor allem an ihren Willen gebunden ist. Von diesem Ort her wird es sichtbar, daß es nicht etwa angeht, dem Sein und Wesen Gottes allein Notwendigkeit zuzuschreiben, das Zufällige aber von ihm auszuschließen. In Gott ist, wie die höchste Notwendigkeit, so auch der höchste Zufall. Und dieser höchste, durch keine Notwendigkeit beschränkte Zufall im Wesen Gottes, das unerforschliche, weil niemals aufhörende, niemals zu erschöpfende, Konkrete in seinem Wesen ist eben dies, daß er will: nicht nur ist, nicht nur lebt, nicht nur mächtig ist und auch nicht nur weiß, sondern in dem Allem will — und eben damit endgültig sich selbst als Person, als Geist offenbart und bestätigt. Weil Gott will, darum ist er nicht nur Gott, darum gibt es ein Wort und ein Werk Gottes, darum ist er von uns in seinem Wort und Werk und nicht anderswo zu suchen und zu finden. Alles, was Gott ist und tut, muß als sein freier Wille verstanden werden; sonst haben wir wohl irgendwelche Ideen oder Mächte, sonst haben wir wohl das Schicksal oder die Natur oder die Geschichte, nicht aber ihn, nicht Gott verstanden. So werden wir alle unsere Vorstellungen von Gottes Walten und Handeln, aber auch alle unsere Vorstellungen von unserem Sein und Verhalten ihm gegenüber daran zu prüfen haben: wer Gott sagt, der sagt Gottes Wille — der keinen Augenblick abdanken kann zugunsten irgend einer von ihm unterschiedenen Macht oder Gesetzlichkeit oder Wahrheit oder Ordnung, den alle anderen Mächte und Ordnungen wohl bezeugen aber nicht ersetzen und verdrängen können. Wir können nicht von jenem einfachen und sicheren Ort herkommen, ohne daß uns auch das unvergeßlich und unleugbar ist: «Gott will». Denn wie uns Gott an jenem Ort aufnimmt in die Gemeinschaft seines Wissen, so auch in die seines Willens. Daß Gott uns liebt, das bedeutet nicht nur, daß er um uns weiß, sondern daß er uns will. Nicht als ob unser Wille der Wille Gottes oder der Wille Gottes unser Wille würde, indem Gott die Welt versöhnt mit sich selber. So wird ja in diesem Ereignis auch unser Wissen nicht zum Wissen Gottes und das Wissen Gottes nicht zu unserem Wissen. Nicht zur Einheit, wohl aber zur Gemeinschaft kommt es in beiderlei Hinsicht, wenn wir im Glauben, antwortend auf das, was Gott tut, durch Gottes Tun selber zu solcher Antwort erweckt, die von Gott Gewollten, seine Kinder werden. Es kommt dann zur Konfrontierung unseres Willens mit dem seinigen, zu seiner Unterordnung unter ihn, zur Furcht und Freude ihm gegenüber, zum Gebet: Dein Wille geschehe! und insofern zu einer radikal neuen Orientierung unseres kreatürlichen und sündigen Willens, zur Aufrichtung göttlicher Oberherrschaft über ihn, indem Gott die Welt versöhnt mit sich selber. Eben kraft dieser neuen Orientierung wird es uns, wie es auch subjektiv mit unserem Willen stehen möge, unvergeßlich und unleugbar: «Gott will». Wie könnten wir ihn anders glauben und bekennen denn als den Wollenden? Wie könnten wir uns das verheimlichen, wir, die von ihm Gewollten: daß er will? Wieder müßten wir uns gewissermaßen vor uns selbst verstecken, wenn wir Gott anders haben, wenn wir uns einen anderen Gott aufrichten wollten. Und wieder ist das Einfachste, das wir damit bekennen, daß wir uns eingestehen: «Gott will», zugleich auch das Höchste, jedem Kind einleuchtend und für die tiefste Erkenntnis Gottes ein immer neues Wunder: die Anerkennung des ewig Neuen, des alles Denken und Verstehen Übersteigenden, das Gott getan hat, vollziehbar allein durch die Gnade seines Heiligen Geistes — und zugleich sachlich die Anerkennung des überaus schlichten Tatbestandes: Gott ist darin Gott, daß er will — das, was er will, so wie er es will, und dazu, wozu er es will.

Es kommt zum weiteren Verständnis dieser Sätze: «Gott weiß» und «Gott will» zum Verständnis dessen, daß wir in ihnen die positive Charakteristik der göttlichen Allmacht vor uns haben, Alles darauf an, daß wir den festen Boden der göttlichen Offenbarung, wo wir Gott als dem Wissenden, und der göttlichen Versöhnung, wo wir ihm als dem Wollenden begegnen, nicht wieder unter den Füßen verlieren. Alles biblische Zeugnis von Gottes Wissen und Wollen läßt sich ja inhaltlich davon nicht trennen, daß es auf Gott in seiner Offenbarung und auf sein Handeln im Bunde mit Israel und der Kirche bezogen ist. So und nur so redet es wirklich von Gottes und nicht von irgend einem ganz anderen Wissen und Wollen. Aus dieser Beziehung werden wir uns nicht entfernen dürfen. In dieser Beziehung und nur in ihr sind die teils überflüssigen, teils falschen Fragestellungen zu vermeiden, die die christliche Lehre an diesem Punkt unfruchtbar machen und sogar verfälschen müssen, wenn es undeutlich wird, ob wir eigentlich von der Allmacht Gottes und seines Wissens und Wollens oder von irgend einem Wissen und Wollen und seiner Allmacht, von irgend einem angeblich höchsten Wissen und Wollen als solchem, das dann wohl letztlich die Idee unseres eigenen wäre, die Rede ist. In den Darstellungen der orthodoxen Theologie wird auch das weithin undeutlich. Es muß aber undeutlich werden, wenn die Beziehung dessen, was hier weiter zu sagen ist, auf den Ursprungsort aller christlichen Gotteserkenntnis und also auf die göttliche Offenbarung und Versöhnung nicht streng aufrecht erhalten wird.

1. Treten wir unter dieser Voraussetzung an unser Thema heran, haben wir von daher das göttliche Wissen und Wollen als das der göttlichen Allmacht und also selber als allmächtig zu verstehen, so muß unsere erste Feststellung diese sein, daß wir mit beiden Sätzen: «Gott weiß» und «Gott will» je das eine ganze Wesen Gottes bezeichnen. Gottes Wissen ist Gott selber und Gottes Wille ist wiederum Gott selber.

Gottes Wissen vollzieht sich also nicht auf Grund eines besonderen Vermögens oder in einem besonderen Akt, der dann wohl auch aussetzen und unterbleiben könnte. Gottes Wissen bedarf auch nicht erst der Existenz und des Wesens seiner Gegenstände und es vollzieht sich nicht auf dem Umweg der Bildung besonderer Gegenstandsbilder. Sondern Gott weiß, indem er Gott ist, vor allen Gegenständen und ohne alle Mittel. Sein Sein ist selber und als solches auch sein Wissen. Indem wir es mit ihm zu tun haben, haben wir es unmittelbar und unausweichlich mit dem sich selber, uns und alle Dinge Wissenden zu tun. Mit Gott Gemeinschaft haben, heißt sofort: von ihm gewußt sein und eben das wissen und also um ihn selber wissen.

Die alte symbolische Darstellung Gottes: ein Dreieck, die Trinität andeutend, in seiner Mitte ein den Beschauer unverwandt anblickendes Auge ist erschütternd und tröstlich zutreffend: «Er hat nicht ein Auge, sondern er i s t Auge, sein Wesen ist sein Wissen» (H. M a r t e n s e n, Chr. Dogm. 1856 S. 87). Er ist *totus spiritus et totus sensuabilitas et totus* ἔννοια *et totus ratio* (I r e n ä u s, *Adv. o. h.* II 13, 3). *In illius naturae simplicitate mirabili non est aliud sapere, aliud esse, sed quod est sapere, hoc est et esse* (A u g u s t i n, *De trin.* XV 13, 22). *Necesse est dicere, quod intelligere Dei est eius substantia* (T h o m a s v. A q u i n, *S. theol.* I qu. 14 art. 4c). *Novit Deus omnia per se ipsum, per suam essentiam* (P o l a n u s, *Synt. Theol. chr.* 1609 col. 1001).

Grundsätzlich dasselbe ist nun auch von Gottes W i l l e n zu sagen. Gott ist sein eigenes Wollen. Und Gott will sein eigenes Sein. Wille und Sein sind also in Gott gleich wirklich, aber nun nicht so entgegengesetzt, daß der Wille dem Sein oder das Sein dem Willen vorangehen oder folgen könnte oder müßte. Sondern indem Gott will, ist er Gott und indem er Gott ist, will er. Wir können es also nicht mit Gott zu tun haben, ohne daß wir es unmittelbar und unausweichlich mit dem zu tun haben, der sich selbst und der uns und der so oder so alle Dinge will. Mit Gott

Gemeinschaft haben heißt unter allen Umständen: in die durch sein Gottsein (weil dieses selbst sein Wille ist) vollzogene Entscheidung und also vor eine eigene Willensentscheidung gestellt sein.

Das ist die Konsequenz aus der Einsicht in die Einheit des göttlichen Wissens und Willens, wenn diese Einsicht nicht auf einer begrifflichen Konstruktion, sondern auf der Erkenntnis des wirklichen göttlichen Handelns in der Versöhnung beruht. Daß der Versöhner selbst die Versöhnung, die Versöhnung der Versöhner ist, das ist dann unwidersprechlich. Die Konsequenz dieser Einsicht wird dann die sein, daß wir Gottes Sein ganz in der Gestalt von Gottes Willen und eben in Gottes Willen Gottes Sein verehren dürfen und müssen, daß wir also Gott überhaupt nicht denken können, ohne sofort zum Glauben, zum Gehorsam, zur Dankbarkeit, zur Demut, zur Freude aufgerufen zu sein. *Voluntas Dei ... Deus ipse est* (Augustin, *Conf.* VII 4). Wir würden nicht Gott denken, wenn wir nicht so oder so durch die Begegnung mit seinem Willen aufgerufen, unserseits in die Entscheidung gestellt wären. Die Konsequenz aus jener Einsicht kann also nicht die sein, daß uns Gottes konkreter Wille in der Anschauung seines Seins verschwindet und verloren geht, der Gedanke an Gott den Charakter eines Aufrufs zu eigener Willensentscheidung also nicht mehr ursprünglich und notwendig haben kann. Diese falsche Konsequenz droht aber mindestens, wenn man das göttliche Wollen, etwa mit B. Bartmann (Lehrb. d. Dogm.[7] 1. Bd. 1928 S. 145), dahin beschreibt, daß es aseitarisch in sich selbst gründe und schwebe in ewiger Gleichmäßigkeit über allen wandelbaren Gütern und Zuständen, während das biblische Reden von Erregungen und Bewegungen des göttlichen Willens dem absoluten Wesen Gottes wegen seines Anthropopathismus «nicht ganz gerecht» werde. Wenn dem so wäre, dann würden wir ja doch wohl unserseits in den durch jene Erregungen und Bewegungen geforderten Entscheidungen des Glaubens, des Gehorsams, der Dankbarkeit usw. dem Willen Gottes auch «nicht ganz gerecht» werden, dann würde es jenseits dieser Entscheidungen ein höheres eigentliches Verhalten dem Willen Gottes gegenüber geben, das dann doch wohl nur in einer neutralen Betrachtung oder gar in einem bloßen Erleiden des in ewiger Gleichmäßigkeit in sich selbst gründenden und schwebenden göttlichen Wesens bestehen könnte. Wie weit wären wir aber damit entfernt von dem, was jedenfalls die Bibel als das rechte menschliche Verhalten gegenüber dem Willen Gottes beschreibt! Oder wie seltsam würden wir dann durch die Bibel unterrichtet, wenn sie uns in aller Schlichtheit nun eben zu jenen konkreten Entscheidungen auffordert! Wir werden demgegenüber festzuhalten haben, daß die göttliche Versöhnung, in welcher uns der wirkliche Wille Gottes begegnet, ein einziger «Anthropopathismus» ist, daß wir es aber nicht wohl unterlassen dürfen, gerade in ihr und nur in ihr das absolute Wesen Gottes zu erkennen, daß wir dieses also gerade in den höchst konkreten «Erregungen und Bewegungen» des göttlichen Willens und nicht anderswo, das heißt gerade nicht in einem in ewiger Gleichmäßigkeit in sich selbst gründenden und schwebenden göttlichen Sein zu suchen, daß wir es also allen Ernstes und ohne nach vermeintlich besseren Möglichkeiten auszuschauen, durch die dem konkreten Willen Gottes entsprechenden konkreten Entscheidungen des Glaubens und des Gehorsams zu verehren haben. Der Satz des Polanus (a. a. O. S. 1025) ist richtig: *Voluntas Dei reipsa est unica, quia est ipsamet essentia Dei.* Es ist aber nur halbrichtig und in derselben Richtung wie die eben angeführte Meinung bedenklich, wenn er fortfährt, *nostrae tamen infirmitatis causa est multiplex* — als ob nun gerade die *multiplicitas,* in welcher der Wille Gottes uns begegnet, als solche nicht dem Wesen Gottes eigen wäre, sondern nur einen unserer Schwachheit zuliebe von Gott angenommenen Schein bedeutete. Sollen und dürfen wir den uns in der göttlichen Versöhnung begegnenden Willen Gottes ernst nehmen als den eigentlichen und wirklichen Willen Gottes, dann haben wir gerade in ihm und also in seiner Vielfältigkeit das einfache Wesen Gottes selbst zu erkennen.

2. Ist nun Gottes Wissen Gott selber und Gottes Wille wiederum Gott selber, so können wir dem weiteren Satz nicht ausweichen, daß Gottes **Wissen Gottes Wille** und **Gottes Wille Gottes Wissen** ist. Aber diese weitere Gleichung will mit Vorsicht vollzogen sein. Sie kann nicht bedeuten, daß Gott der Eigenart je des Wissens und des Wollens entbehren würde, daß womöglich auch sein Wissen und Wollen als solche nur uneigentlich zu verstehen, als Anthropopathismen aus dem Wesen Gottes zu streichen wären zugunsten eines höheren Dritten, das dann als solches weder wirkliches Wissen noch wirkliches Wollen wäre. Und die Gleichung kann auch das nicht bedeuten, daß — je nach dem intellektualistischen oder voluntaristischen Geschmack des betreffenden Denkers — Gottes Wille auf Gottes Wissen oder Gottes Wissen auf Gottes Willen zurückzuführen wäre, daß also je dem einen oder dem anderen ein sogen. «Primat» zuzuschreiben, je das eine oder das andere aber als bloß uneigentliche Bezeichnung des Wesens Gottes zu verstehen wäre. Wir haben vielmehr beides ganz ernst zu nehmen: «Gott weiß» und «Gott will», sein Wissen als Wissen und sein Wollen als Wollen und in der **Einheit**, aber auch in der **Eigenart** beider ihn selber als **Geist**, als göttliche Person. Er wäre nicht **Person**, wenn er eigentlich und zuletzt in sich selbst etwas Anderes wäre als Wissen und Wille oder wenn er nur Wissen oder nur Wille wäre. Er ist Person, indem er Beides ist, und zwar Beides je in seiner Eigenart. Er ist die **göttliche** Person darin, daß er in Beidem Einer ist, ganz Wissender und ganz Wollender, weder in seinem Wissen durch sein Wollen, noch in seinem Wollen durch sein Wissen, sondern in Beidem — weil er ja selber Beides ist — nur durch sich selber bestimmt und begrenzt, in beidem frei und ganz er selber. Daß Gottes Wissen Gottes Wille und Gottes Wille Gottes Wissen ist, besagt also, daß das Wissen Gottes ebenso weit reicht wie sein Wille, sein Wille ebenso weit wie sein Wissen. Alles, was Gott weiß, das will er auch, und Alles, was Gott will, das weiß er auch. In jeder Hinsicht ist Gottes Wissen auch sein Wille und in jeder Hinsicht ist sein Wollen auch wissend. Und wissend und wollend ist er Einer und Derselbe. Er ist es aber als wirklich, als **göttlich** Wissender und als wirklich, als **göttlich** Wollender. Er weiß und will also in der Weise wie es ihm nach seiner Heiligkeit, Gerechtigkeit und Weisheit zukommt. Er weiß **sich selbst** als das ursprüngliche und eigentliche Sein, das der Schöpfergrund alles Anderen ist. Und er will sich selber als das Gute ohnegleichen, das die Quelle und das Maß alles anderen Guten ist. Er weiß **das Wirkliche** außer ihm als das durch ihn selbst zur Wirklichkeit Erhobene und eben als solches will er es auch. Er weiß **das Mögliche** als das von ihm her und durch ihn Mögliche, sei es, daß er es zu seiner Zeit in die Wirklich-

keit erheben, sei es, daß es in Ewigkeit ein von ihm her und durch ihn jedenfalls Mögliches aber auch nur Mögliches sein und bleiben wird. Und eben dieses Mögliche will er auch als solches: sei es als künftig, sei es als nie zu verwirklichende Möglichkeit. Er weiß aber auch um **das Unmögliche**, nämlich das von ihm her und durch ihn Unmögliche. Er weiß es als solches, als das von ihm Verneinte, Ausgeschlossene, Bestrittene: die Sünde als Sünde, den Tod als Tod, den Teufel als Teufel. Und eben als solches, als das, was es laut seiner Verneinung ist, so wie es ihm als dem Unmöglichen gebührt, will er es auch. Ein kräftiges, grenzensetzendes und damit nun doch ebenfalls und nicht weniger richtunggebendes, regierendes Wollen Gottes ist ja wahrlich auch sein Nichtwollen. Gar nie und nirgends, in keiner Höhe oder Tiefe, im Himmel nicht und auch nicht in der Hölle, als Glaubende nicht und nicht in unserem Unglauben werden wir dem Wissen **und** dem Willen Gottes entzogen sein. Er wird so oder so immer um uns **wissen**. Und er wird uns so oder so immer **wollen**.

Das ist die Konsequenz, die hier, die in der Einsicht in die Einheit des göttlichen Wissens und Wollens zu ziehen ist, wenn sie aus der Erkenntnis der Einheit der göttlichen Offenbarung und Versöhnung und nicht etwa anderswoher gewonnen und also die rechte Einsicht von dieser Einheit ist. In dieser rechten Einsicht von dieser Einheit werden wir uns von Gott nie vergessen wissen, werden wir aber auch ihn nie vergessen können. Wir werden uns von ihm nicht vergessen wissen können, weil er nichts will, ohne auch um uns zu wissen. Und wir werden ihn nicht vergessen können, weil er uns, indem er um uns weiß, so oder so, in seiner Liebe, Gnade und Heiligkeit, auch will. Das wären die fatalen Konsequenzen aus einer falschen Meinung von jener Einheit: wenn wir, ohne der Eigentlichkeit des göttlichen Wissen und Wollens und so der echten göttlichen Gegenwart eingedenk zu sein, mit einem solchen Gott zu tun haben wollten, der eigentlich nur ein bewußtloses und absichtsloses Jenseits wäre, von dem wir uns dann gewiß nur vergessen wissen und das wir auch unserseits nur alsbald wieder vergessen könnten. Oder wenn wir wohl seines Wissens um uns gedenken wollten und also dessen, daß wir irgendwie vor ihm da sind und bei ihm aufgehoben sind, nicht aber dessen, daß eben dieses sein Wissen um uns voller Wollen ist, durch das wir in Anspruch genommen und zu Entscheidungen gerufen sind. Oder wenn wir umgekehrt bloß seines Willens gedenken und ihm Genüge tun wollten, ohne dessen gewahr zu sein, daß Gott um uns weiß: er in seiner Heiligkeit um unsere Unreinheit, aber auch er in seiner Barmherzigkeit um unsere Schwachheit. Man sieht, wie gerade hier eine ganze Reihe sehr **praktischer** Irrtümer (den theoretischen unmittelbar gegenüber) sich auch untereinander in größter Nähe befinden. Eben darum wird man die Einheit des göttlichen Wissens und Wollens nicht leicht streng, aber auch nicht leicht vorsichtig genug verstehen und lehren können.

3. Wir kommen von da aus, indem wir den Zusammenhang der Lehre von der Allmacht Gottes nun wieder ausdrücklich aufnehmen, zu dem Satz, daß das göttliche Wissen und Wollen (weil es das göttliche ist) ein **freies**, das heißt aber ein allen von ihm selbst verschiedenen Gegenständen gegenüber **überlegenes** Wissen und Wollen ist.

Wir haben hier zunächst von Gottes Wissen das zu sagen, was der überlieferte Begriff der «Allwissenheit» ausdrückt. Das Einfachste ist hier zuerst zu sagen: Gottes Wissen ist als allmächtiges Wissen seinem Umfang nach ein vollständiges, es ist das eine einzige umfassende Wissen. Wir werden in dieser Hinsicht nicht sagen: ein unendliches Wissen. Denn wenn es zwar in seiner Kraft unendlich ist, so ist doch der Bereich des Wißbaren wohl für uns unendlich, für Gott aber, der Alles weiß, gerade ein endlicher, ein durch sein Wissen erschöpfter und also begrenzter Bereich. Wir sahen schon: Gott weiß Alles, ein jedes in seiner Art, ein jedes in der gerade ihm zukommenden Weise, aber Alles! Was für ihn nicht wißbar, was nicht von ihm gewußt ist, das ist auch nicht, weder als Wirklichkeit noch als Möglichkeit, weder als Seiendes noch als Nicht-Seiendes, weder als Gutes noch als Böses, weder in Seligkeit noch in Verdammnis, weder im Leben noch im Tode. Was in irgend einem Sinne ist, das ist genau in dem ihm zukommenden Sinne von Gott gewußt. Nicht der Begriff der bloßen Möglichkeit, auch nicht der Begriff des Nicht-Seins bezeichnet die Grenze des Seienden. Denn auch das bloß Mögliche und das Nicht-Seiende ist in seiner Weise seiend. Das Wissen (und mit dem Wissen der Wille) Gottes aber bezeichnet die Grenze des Seienden. Und darum ist das Wissen Gottes, gerade indem es Alles, nämlich alles Seiende umfaßt, ein endliches, ein begrenztes — nicht von außen, wohl aber durch sich selbst begrenztes Wissen. Ihm ist kein Ende gesetzt. Aber es setzt sich selber ein Ende, indem das, was nicht sein Gegenstand ist, eben damit als schlechterdings nichtig erklärt ist.

Omnis infinitas quodam ineffabili modo Deo finita est, quia scientiae ejus incomprehensibilis non est (Augustin, *De civ. Dei.* XII, 19). Diese Einsicht hat praktische, nämlich disziplinäre Bedeutung. Ist sie zutreffend, dann kann die Unendlichkeit des menschlichen Wissensstrebens nur als eine relative verstanden werden. Erreicht unser Wissen — so gewiß es die Kraft des göttlichen Wissens nicht hat — kein Ende, so ist es darum doch nicht unendlich. Sondern das Wissen Gottes ist, indem es in sich selbst auch die Grenze des Seienden und also des Wißbaren ist und setzt, die objektive Grenze auch unseres Wissens. «Die Gedanken sind frei»; aber wenn sie in irgend einem Stadium ihrer relativ unendlichen Bewegung absolut unendlich sein, wenn sie die Grenze des Wißbaren und also des Seienden überschreiten wollten, dann wären sie keine Gedanken mehr und wie dann freie Gedanken? Um der Gedankenfreiheit willen haben wir allen Grund, uns in unserem Denken von der Erinnerung an das alles Seiende umfassende, aber gerade so endliche Wissen Gottes begleiten zu lassen, uns in jedem Stadium unserer Gedankenbewegung fragen zu lassen: ob wir nicht, Gott und mit ihm die Grenze des wahrhaft Seienden vergessend, wahrhaft zu denken vielleicht schon aufgehört haben?

Innerhalb der von Gott selbst gesetzten Grenze des Seienden weiß Gott Alles. Nochmals: auch das Nicht-Seiende, auch das nur Mögliche und das Unmögliche, auch das Böse, auch den Tod und die Hölle, Alles in seiner Weise, aber Alles! Seiend ist in seiner Weise auch das Nicht-Seiende, aber eben nicht als ein Unendliches, sondern als endlich bestimmt dadurch, daß Gott darum weiß. Und darum gibt es nichts, was Gott verborgen ist. Ein Gott Verborgenes könnte ja nur der Bereich eines von ihm unabhängigen Seins oder Nicht-Seins und also der Bereich eines zweiten Gottes sein. Ist nun durch Gott selbst jeder zweite Gott verneint und ausgeschlossen, gibt es also keinen zweiten Gott, dann gibt es auch kein von ihm unabhängiges Sein oder Nicht-Sein, dann auch keinen Gegenstand, der nicht Gegenstand seines Wissens wäre, dann also nichts, was Gott verborgen wäre. Was Gott verborgen wäre, das wäre nicht etwas, sondern nichts: nicht nur nicht-seiend wie die Sünde und der Tod, sondern *nihil pure negativum,* das Gott als solches nicht einmal verborgen sein kann, weil es in keinem Sinne ist. Und darum, weil nichts, was ist, Gott verborgen sein kann, darum, weil Gott Alles weiß, darum gibt es kein Sich-Verbergen vor Gott. Es gibt wohl ein **Sichverbergenwollen** als die unmittelbare Konsequenz, als das unwillig-notwendigohnmächtige Eingeständnis der Sünde. Es gibt wohl, diktiert von der Angst, die nach der vollbrachten Lust der Übertretung allein übrig bleibt, die Flucht in die Negation des nicht negierbaren Gottes; es gibt wohl jene Politik des Vogels Strauß, mit der dann allerdings der Absturz in den Bereich des vor Gott Nicht-Seienden und Unmöglichen, das Verfallensein an Tod und Hölle bestätigt und besiegelt ist. Es gibt aber **keinen Erfolg** dieser Politik. Es gibt keinen tatsächlichen Übertritt in einen Gott verborgenen Bereich, in den Bereich eines von ihm unabhängigen Seins oder Nicht-Seins, in den Bereich eines anderen Gottes, weil es einen solchen Bereich überhaupt nicht gibt, weil auch das Nicht-Seiende, dem wir uns zuwenden, dem wir verfallen können, während Gott sich davon abwendet, vor Gott **seiend,** weil es eben in Form jener ihm zuteil werdenden göttlichen Abwendung nicht weniger Gegenstand des göttlichen Wissens ist als das vor ihm Seiende. Die Flucht mißlingt, weil sie als Flucht vor Gott kein Ziel hat, weil jedes erreichbare Ziel innerhalb des Bereiches des **einen** Gottes und also innerhalb des Bereiches seines Wissens liegt, weil wir an jedem solchen Ziel wieder aufs Neue vor Gott sein werden: von ihm gesehen und gewußt, ihm nicht weniger erreichbar wie er sich selber erreichbar ist. Wir können in die Sünde und in die Hölle fallen; wir können aber aus dem Bereich des Wissens Gottes und also aus dem Bereich seiner Gnade und seines Gerichtes uns zum Heil oder uns zum Verderben **nicht** herausfallen. Das ist der Trost und die Mahnung der Wahrheit der Allwissenheit Gottes in diesem einfachsten Sinn des Begriffs.

«Der Herr ist der Gott, der Alles weiß» (1. Sam. 2, 3). «Gott ist größer als unser Herz und weiß alle Dinge» (1. Joh. 3, 20). «Kein Geschöpf ist vor ihm unsichtbar, vielmehr ist Alles entblößt und aufgedeckt vor seinen Augen, dem wir Rede zu stehen haben» (Hebr. 4, 13). «Ich kenne Ephraim und Israel ist mir nicht verborgen» (Hos. 5, 3). «Du hast unsere Sünden vor dich gestellt, unser Geheimstes in das

Licht deines Angesichtes» (Ps. 90, 8). «Siehe, ich sende aus nach vielen Fischern, spricht der Herr, die sollen sie fischen; und danach sende ich aus nach vielen Jägern, die sollen sie jagen von allen Bergen und allen Hügeln und aus den Felsenklüften. Denn meine Augen schauen auf all ihre Wege; sie können sich vor meinem Angesichte nicht verstecken und ihre Schuld bleibt meinen Augen nicht verborgen» (Jer. 16, 16 f.). «Herr, du erforschest mich und kennest mich. Ich sitze oder stehe, du weißt es; du verstehst meine Gedanken von ferne. Ich gehe oder liege, du ermissest es; mit all meinen Wegen bist du vertraut. Ja, es ist kein Wort auf meiner Zunge, das du, o Herr, nicht wüßtest. Du hältst mich hinten und vorn umschlossen, hast deine Hand auf mich gelegt. Zu wunderbar ist es für mich und unbegreiflich, zu hoch, als daß ich es faßte. Wohin soll ich gehen vor deinem Geiste? Wohin soll ich fliehen vor deinem Angesicht?...» (Ps. 139, 1 f.). Aber wenn alle diese Stellen sich lesen wie Kommentare zu dem drohenden Text Gen. 3, 8 f., wo der gefallene Adam sich mit seinem Weibe vor Gott verbergen zu können meint unter den Bäumen im Garten und nun doch von Gott gewußt ist und angerufen wird: Wo bist du? und sich verantworten muß und nicht verantworten kann — so darf doch auch nicht übersehen werden, wie tröstlich gerade dieser Text davon redet, daß Gott auch den gefallenen Menschen nicht aus seinem Wissen und Gedenken entfallen ließ. Und darum sind sofort auch die anderen biblischen Kommentare zu diesem Text zu hören: «Du hast gezählt die Tage meines Elendes, meine Tränen hebst du bei dir auf; stehen sie doch in deinem Buche» (Ps. 56,9). «Kauft man nicht zwei Sperlinge um einen Asser? Es fällt aber keiner von ihnen zur Erde ohne euren Vater. Aber auch eure Haare auf dem Haupt sind alle gezählt. So fürchtet euch nun nicht: ihr seid mehr wert als viele Sperlinge» (Matth. 10, 29 f.). «Der Herr kennt die Seinen» (2. Tim. 2, 19), er «kennt den Weg der Gerechten» (Ps. 1, 6) und ist, indem er «in das Verborgene sieht», der Vergelter ihrer Almosen, ihres Betens und Fastens (Matth. 6, 4, 6, 18). «Sie zertreten dein Volk, o Herr, und bedrücken dein Eigentum. Sie erwürgen Witwe und Fremdling und morden die Waisen und denken: Der Herr sieht es nicht, der Gott Jakobs merkt es nicht. Merkts euch doch, ihr Narren im Volke, ihr Toren, wann werdet ihr klug? Der das Ohr gepflanzt hat, sollte der nicht hören? Der das Auge gebildet hat, sollte der nicht sehen?» (Ps. 94, 5 f.). Und über allem Wissen Gottes um die Höhen und Tiefen der von ihm verschiedenen Wirklichkeit steht ja begründend und entscheidend, tröstlich und mahnend zugleich sein Wissen um sich selber, das Wissen des Vaters um den Sohn, des Sohnes um den Vater (Matth. 11, 27), das Wissen des Geistes um die Tiefen der Gottheit (1. Kor. 2, 10). Und «ich weiß, was für Gedanken ich über euch hege, spricht der Herr, Gedanken zum Heil und nicht zum Unheil, euch eine Zukunft und Hoffnung zu gewähren. Wenn ihr mich ruft, so will ich euch antworten, wenn ihr zu mir betet, will ich auf euch hören. Wenn ihr mich sucht, so sollt ihr mich finden. Wenn ihr nach mir fragt von ganzem Herzen, so werde ich mich von euch finden lassen, spricht der Herr» (Jer. 29, 11 f.). So gewiß dem so ist, daß Gott in dieser Weise um sich selbst und um seine Gedanken weiß, so gewiß kann Jakob-Israel dem göttlichen Gericht nicht entgehen, so gewiß muß und darf er aber auch nicht sagen: «Mein Geschick ist dem Herrn verborgen und mein Recht entgeht meinem Gott» (Jes. 40, 27). «Nein, er schlummert nicht und schläft nicht, der Israel behütet» (Ps. 121, 4). Gott weiß sich selber und so geschieht es, daß er auch um uns und alle Dinge weiß.

Es dürfte gerade im Blick auf diese Bibelstellen eine selbstverständliche Ergänzung sein, wenn wir sachlich noch ausdrücklich hinzufügen: Gottes Wissen ist vollständig nicht nur im Sinn von umfassend, sondern auch im Sinn von durchdringend. Es ist nicht nur ein äußeres, sondern auch ein inneres, es ist kein teilweises, sondern ein totales Erkennen seiner Gegenstände. Es erkennt sie nicht nur einen jeden für sich, sondern auch alle in ihrem Zusammenhang. Es erkennt das

2. Gottes Beständigkeit und Allmacht

Einzelne im Ganzen und das Ganze in allen seinen Einzelheiten. Nur dann kann man ja vorbehaltlos sagen, was von Gott gesagt werden muß: daß ihm nichts verborgen ist, wenn sein Wissen jeder Unsicherheit, jeder Unklarheit, jedes Irrtums in jeder Hinsicht ledig, wenn Alles vor ihm offen ist, nicht nur als das, was es ist, sondern auch so, wie es ist in allen seinen Bedingtheiten, mit allen seinen Möglichkeiten, in allen seinen Beziehungen, wenn es also ein restlos deutliches, klares, bestimmtes und so auch intensiv erschöpfendes Wissen ist, ein Wissen, dem alles Wißbare in jeder Hinsicht ein Gewußtes ist. «Gott ist Licht und in ihm ist keine Finsternis» (1. Joh. 1, 5). «Spräche ich: Lauter Finsternis soll mich bedecken und Nacht sei das Licht um mich her, so wäre auch die Finsternis nicht finster für dich, die Nacht würde leuchten wie der Tag» (Ps. 139, 11 f.).

Wir stellen dieser einfachsten Bestimmung des göttlichen Wissens die einfachste Bestimmung seines Willens gegenüber. Recht verstanden darf und muß man ebenso von einem «Allwillen» wie von einem Allwissen Gottes reden. Denn auch Gottes Wille ist als allmächtiger Wille seinem Bereich nach ein völliger und erschöpfender, er ist der mit allem willenlosen Sein auch allen anderen Willen (unbeschadet dessen Charakter als Wille) umfassende und so oder so beherrschende Wille. Es gibt kein dem Willen Gottes nicht unterworfenes Sein. Und es gibt keinen Willen außer und gegen Gott, keinen Gottes Willen bedingenden oder hindernden anderen Willen. Wieder werden wir freilich auch den Willen Gottes hinsichtlich seines Gegenstandsbereiches nicht unendlich nennen. Er ist unendlich hinsichtlich seiner Kraft. Aber wenn wir wenigstens scheinbar unendlich Vieles wollen können, so ist auch Gottes Wille gerade dadurch von unserem Willen verschieden, daß er sich selbst seinen Bereich steckt, den er nicht überschreitet, sondern wahrt, daß er also seinem Umfang nach ein endlicher Wille ist. Sagen wir: Gott will Alles, so müssen wir auch hier interpretieren: Alles, was wollbar, nämlich für ihn, Gott, wollbar ist und Alles so, wie es für ihn wollbar ist. Das heißt «Alles», wenn wir vom Willen Gottes sagen, daß ihm Alles unterworfen ist. Es ist wirklich Alles; denn was für ihn nicht so oder so wollbar, was nicht so oder so, früher oder später, unter dieser oder jener Bestimmung von ihm gewollt ist, das ist auch nicht. Nur das ist, was in irgend einem Sinne für ihn wollbar und von ihm gewollt ist. Durch Gottes bejahenden, annehmenden Willen ist das Wirkliche, ist aber auch das bloß Mögliche, dem Gottes Wille noch nicht Wirklichkeit gegeben hat oder nie Wirklichkeit geben wird. Durch Gottes verneinenden, verwerfenden Willen ist aber auch das Unmögliche und vor ihm Nicht-Seiende, sofern auch es nur durch den verwerfenden, den Widerwillen Gottes seine eigenartige Wirklichkeit und Möglichkeit haben kann. Außerhalb des Bereichs des Willens Gottes aber könnte nur jenes pure, negative Nichts sein. Das heißt aber: Es gibt gar kein Außerhalb dieses Bereichs. Der Bereich des Willens Gottes ist als solcher der Bereich des Seienden. Insofern kann und muß man sagen, daß Gott so oder so Alles will, daß sein Wille aber gerade unter dieser Bestimmung ein endlicher Wille ist.

Dogmatik (II/1) 40

§ 31. Die Vollkommenheiten der göttlichen Freiheit

Auch das hat praktisch disziplinäre Bedeutung. Wir täuschen uns, wenn wir meinen, unendlich Vieles wollen zu können. Der Umfang dessen, was gewollt werden kann, ist tatsächlich durch den Willen Gottes abgesteckt, und zwar in der Weise abgesteckt, daß nur entweder das nach Gottes Willen Bejahte und Angenommene oder das durch denselben Willen Gottes Verneinte und Verworfene gewollt werden kann das Mögliche oder das Unmögliche, das Gute oder das Böse. Auf diesen endlichen Bereich, auf diese durch das Vorbild Gottes selbst vorgezeichnete Entscheidung ist alles Wollen beschränkt und angewiesen, weil Gott selbst nicht anders als so, d. h. nur in diesem Bereich will und damit allem Wollen sein Gesetz und seine Grenze vorschreibt. Unser Wollen kann innerhalb dieses Bereiches in Übereinstimmung mit dem göttlichen Willen oder im Widerspruch zu ihm stehen. Unser Wollen kann aber keinen anderen Bereich haben. Wir können anders wollen als Gott, aber wir können in keiner anderen Wahl als in der uns durch sein Wollen vorgezeichneten wählen. Wir können nicht ein Drittes, Neutrales wählen und wollen jenseits dessen, was durch Gott entweder angenommen oder verworfen ist. Schon diese erste von den scheinbar unendlich vielen anderen Möglichkeiten des Wollbaren existiert eben nicht, nicht einmal als Möglichkeit! Wir können nur nicht wollen, wenn wir uns nicht innerhalb des durch den Willen Gottes abgesteckten Bereichs entscheiden wollen.

Innerhalb dieses Bereichs, der als solcher der alleinige Bereich des Seienden ist, will Gott Alles, wenn auch ein Jedes in seiner Weise. Daß er etwas will, das kann also heißen, daß er es liebt, bejaht und bestätigt, daß er es aus der Fülle seines Lebens schafft und erhält und fördert. Daß er es will, das kann aber auch heißen, daß er es als den Gegensatz, den Mangel, die Verneinung des von ihm Geliebten, Bejahten und Bestätigten, des von ihm Geschaffenen, Erhaltenen und Geförderten kraft derselben Liebe haßt, verneint, verwirft und bestreitet. Er will es, indem er es nun eben in dieser Weise ernst nimmt, sich ihm in dieser Weise gegenüberstellt. Er will es, indem er ihm diesen Raum, diesen Rang, diese Funktion zuweist: nicht als sein Urheber und also nicht als seinem Geschöpf, nicht indem er es gelten läßt und bestätigt, nicht indem er es rechtfertigt, vielmehr indem er ihm seine Urheberschaft und jede Geltung vor ihm, indem er ihm jedes Recht, jeden Segen, jede Verheißung abspricht, indem er es unter sein Verbot und seinen Fluch stellt, indem er es als das behandelt, wovon er seine Schöpfung erlösen und befreien will. So also, in dieser Abwendung, will er auch das von ihm Verneinte, kann auch es nicht ohne ihn sein, ist auch es durch ihn, untersteht auch es seiner Verfügung und Regierung. So gibt es — wie es nichts gibt, was seinem Wissen verborgen wäre — nichts, was dem Willen Gottes entzogen wäre: keinen Bereich eines seinem Willen nicht so oder so gänzlich unterworfenen Seins oder Nicht-Seins, der dann als solcher der Bereich eines anderen Gottes sein müßte. Was seinem Willen entzogen wäre, das könnte als solches nur das reine Nichts sein. Was da ist, das gehört, als von ihm bejaht, dem Seienden oder als von ihm verneint, dem Nicht-Seienden an, das untersteht seinem Willen. Und so ist nichts, was da ist, seinem Willen entzogen. So geschieht in Allem und durch Alles sein Wille. So gibt es auch keine Flucht vor dem Geschehen seines Willens. Wieder gibt es wohl ein Fliehenwollen. Es gibt aber kein Ziel, an dem dieses Wollen zu realisieren wäre. Wir können uns nämlich dem göttlichen Ja und Nein gegenüber selbständig machen, können hassen, was Gott liebt, lieben, was er haßt, annehmen, was er verwirft und verwerfen was er annimmt. Das ist dann eben unser sündiger Wille. Er führt uns aber nicht in einen Bereich, wo wir dem Willen Gottes entzogen, wo wir vor seinem Geschehen und seiner Erfüllung an uns und durch uns geborgen und gesichert wären. Wir treten, indem wir sündigen wollen, in den Bereich des göttlichen Verbots und Fluches, der göttlichen Verneinung und Verwerfung, in den Bereich des Todes. Dieses Ziel ist allerdings erreichbar. Wir treten aber damit aus dem Bereich des göttlichen Willens nicht heraus; wir sind damit Gott nicht entflohen. Wir können uns auch da faktisch nicht selbst regieren und wir haben auch da faktisch keine andere Regierung als die Regierung des Willens Gottes über uns. Wir vollstrecken auch mit dieser Entscheidung — gerade mit unserer Entscheidung gegen Gott — ganz allein Gottes Entscheidung. Und es gibt nicht etwa eine dritte Willens- und Entscheidungsmöglichkeit neben der für oder gegen Gott. Es gibt keine Neutralität, in der wir zwischen dem göttlichen Ja und Nein, durch das der Umkreis des Seienden umschrieben ist, hindurchschlüpfen und in die wir uns vor dem Willen Gottes in einer Mittelhaltung zwischen Gehorsam und Ungehorsam retten könnten. Es gibt ja gar keinen solchen Ort außerhalb dieses Umkreises! Es ist das Ja und das Nein des göttlichen Willens die schlechterdings und letztinstanzlich wahre Bezeichnung des Umkreises des Seienden. Nichts ist außerhalb. Wollen wir neutral sein, dann wollen wir eben damit bestimmt schon ungehorsam sein. Denn wenn wir uns dagegen sträuben, uns in Übereinstimmung mit dem göttlichen Ja und Nein zu setzen, wenn wir statt dessen nach einem Dritten oberhalb des durch die göttliche Entscheidung aufgerichteten Gegensatzes ausschauen, wenn wir das Nicht-Wollen zum Gegenstand unseres Wollens machen, so haben wir eben mit dieser Narrheit faktisch schon gehaßt, was Gott liebt, und geliebt, was er haßt, so haben wir also faktisch schon gesündigt. Gibt es keine Neutralität Gott gegenüber, so stehen wir, wenn wir nun doch neutral bleiben wollen, schon gegen Gott. So gibt es kein — wirklich kein — Herausfallen und Entrinnen aus der Herrschaft des göttlichen Willens. So geschieht dieser Wille im Himmel und auf Erden, indem wir gehorsam und indem wir ungehorsam sind und erst recht, wenn wir — und das ist sogar die Regel — in der Weise ungehorsam sind, daß wir der uns durch Gottes Vorbild vorgezeichneten Entscheidung ausweichen wollen. Gottes Wille ist aber Gott selber und Gott ist gnädig und heilig, barmherzig und gerecht. So ist auch das voller Mahnung und zugleich voller Trost, wenn wir sagen, daß Gott der ist, dessen Willen Alles untertan ist.

Darum tritt nach der Schrift das Gebet: «Dein Wille geschehe!» (Matth. 6, 10; 26, 39) neben das Andere: «Erforsche mich Gott und erkenne mein Herz, prüfe mich und erkenne meine Gedanken! Sieh, ob ich auf dem Wege zur Pein bin und leite mich auf ewigem Wege!» (Ps. 139, 23 f.) und bildet mit diesem zusammen den Inbegriff alles Gebetes. Um was beten wir damit? Offenbar darum, daß Gott uns gehorsam sein und also zu seiner Rechten stehen lasse, aber offenbar zugleich darum, daß auch in unserem Ungehorsam, in welchem wir zu seiner Linken stehen müssen, nichts Anderes als sein Wille an uns geschehe. Wir beten darum, daß Gott uns so oder so in seinem gnädigen und heiligen Wissen und Willen aufgehoben sein lasse. Es geht eben nicht an, im Gegensatz zu diesem Gebet mit Gott «rechten» zu wollen, als ob es nicht sein Wille wäre, der so oder so an uns geschieht, oder als ob sein Wille (als der seinige!) nicht so oder so gnädig und heilig wäre. Wo und von welchem Ort aus sollten wir denn mit Gott «rechten» können? «Wird etwa das Gebilde zum Bildner sagen: Warum hast du mich so gemacht? Oder hat der Töpfer nicht Macht über den Ton, aus derselben Masse das eine Gefäß zur Ehre, das andere zur Unehre zu machen? Wie aber wenn Gott, indem er seinen Zorn erweisen und seine Macht offenbaren wollte, die für das Verderben hergestellten Gefäße in großer Langmut getragen hat, nämlich um den Reichtum seiner Herrlichkeit an Gefäßen des Erbarmens zu offenbaren, die er zur Herrlichkeit vorherbereitet hat?» (Röm. 9, 20 f.). Aus dem damit angezeigten Umkreis gibt es offenbar kein Entrinnen, sondern in diesem Umkreis gibt es nur das Verlorensein und Verlorenbleiben oder aber eben jenes Gebet, mit dessen Darbringung wir unter allen Umständen aus der Neutralität heraustreten, Gott recht geben, statt gegen ihn zu hadern, und eben damit auch vom Ungehorsam zum Gehorsam und so von der Linken zur Rechten Gottes hinübertreten und also nicht verloren, sondern gerettet sind. Der Wille Gottes will nach der Schrift nicht als unser Schicksal gerühmt oder gefürchtet, sondern als der Wille unseres Herrn, der unter allen Umständen recht hat und recht behält, angebetet und getan sein. «Ja, ich weiß: der Herr ist groß, unser Herr ist größer als alle Götter. Alles, was er will, vollbringt der Herr, im Himmel und auf Erden, im Meer und in allen Tiefen (Ps. 135, 5 f.). «Er aber wollte es — wer mag es ihm wehren? — sein Herz begehrte es — und er vollbringts. Denn er vollendet, was mir bestimmt ist und so hält ers alle Wege. Darum erschrecke ich vor seinem Angesichte, betrachte ich es, so erzittere ich vor ihm» (Hiob 23, 13 f.). «Alle Welt fürchte den Herrn, es bebe vor ihm, wer den Erdkreis bewohnt! Denn er, er sprach und es geschah, er gebot und es stand da. Der Herr vereitelt den Ratschlag der Nationen und macht zunichte die Pläne der Völker. Der Ratschluß des Herrn bleibt ewig bestehen, seines Herzens Gedanken für und für. Heil dem Volke, dessen Gott der Herr ist, der Nation, die er sich zu eigen erwählt hat!» (Ps. 33, 8 f.). Wir würden nicht vom Willen Gottes reden, wenn wir ihm nicht diese Spannweite zuerkennen und wenn wir ihn nicht in dieser Spannweite verehren würden.

4. Wir gehen einen Schritt weiter, indem wir zunächst hinsichtlich des göttlichen Wissens die Feststellung machen: es hat allen seinen Gegenständen gegenüber — mit Ausnahme Gottes selber in seiner Selbsterkenntnis — den Charakter des Vorherwissens, der *praescientia*. Dieser Begriff vertieft den der Allwissenheit insofern, als er das göttliche Wissen nun ausdrücklich als das allen seinen von Gott verschiedenen Gegenständen überlegene Wissen bezeichnet. Das meint das «Vorher», das *prae,* und also nicht nur ein zeitliches Vorher. Es besteht das göttliche Wissen also nicht nur darin, daß Gott um alle Dinge weiß,

schon bevor sie sind und gewesen sind, daß er sie vielmehr kennt, auch wenn sie noch zukünftig sind. Darin besteht es freilich auch. Es besteht aber entscheidend darin, daß Gott und also auch sein Wissen von allen Dingen ewig **über** allen Dingen ist, ewig unabhängig von ihnen ist, was es ist: sein in jeder Hinsicht völliges Wissen um sie, ewig nicht nur ihnen entspricht, nicht nur ihnen folgt (wie menschliches Wissen seinen Gegenständen entspricht und folgt), sondern ewig ihre Voraussetzung ist. Gott weiß also um Alles nicht daraufhin, daß es ist, sondern daraufhin **ist** Alles, daß Gott darum **weiß**. Denn Alles ist zuerst, ist im Grund und Ursprung seines Seins nicht in sich selber, sondern in Gott, nämlich in seinem Wissen um seine Möglichkeit und Wirklichkeit. Es bezeichnet also das «Vorher» des göttlichen Vorherwissens das absolute Vorher, die absolute Überlegenheit Gottes **selbst** gegenüber aller Möglichkeit, die von seiner eigenen **verschieden** ist, seine Würde als Schöpfer des Seienden und als Herr und Meister auch über das Nicht-Seiende. In ihm wäre es das, was es ist: das Seiende und das Nicht-Seiende, auch wenn es außer ihm keine Existenz hätte, auch wenn Gott das Seiende nicht geschaffen und dem Nicht-Seienden keinen Raum gelassen hätte. Alles hat darum und darauf hin Existenz außer ihm, daß es zuerst, daß es ewig in ihm selber, nämlich in seinem Wissen existiert. Darum ist dieses Wissen nun in der Tat auch an die Unterschiede gegenwärtiger, vergangener und zukünftig seiender Dinge nicht gebunden. Darum sind alle Dinge aller Zeiten von Gott vorher, von Ewigkeit her oder zeitlich gesprochen: **immer** gewußt, in ihrer Zukunft nicht weniger und nicht anders als in ihrer Gegenwart und Vergangenheit.

Quid improvisum tibi qui nosti omnia et nulla natura est, nisi quia nosti eam (Augustin, *Conf.* VII 4, 6). *Nos ista quae fecisti videmus, quia sunt, tu autem quia vides ea, sunt* (ib. XIII 38). *Iste mundus nobis notus esse non posset, nisi esset; Deo autem nisi notus esset, esse non posset* (*De civ. Dei* XI 10, 3). *Universas creaturas ... non quia sunt, ideo novit Deus, sed ideo sunt quia novit* (*De trin.* XV 13). *Non enim more nostro ille vel quod futurum est, prospicit, vel quod praesens est, aspicit, vel quod praeteritum est, respicit... Ille quippe non ex hoc in illud cogitatione mutata, sed omnino incommutabiliter videt ita ut... omnia stabili ac sempiterna praescientia comprehendat nec aliter oculis, aliter mente... nec aliter nunc, aliter autem et aliter postea, quoniam non sicut nostra, ita eius quoque scientia trium temporum... varietate mutatur* (*De civ. Dei* XI, 21). Sondern: *Unico simplicissimo semperque eodem et praesentissimo actu omnia intelligit et veluti unico aspectu et intuitu omnia lustrat et emetitur... Est enim unica et simplicissima in Deo idea, quae est idea ipsius, adeoque ipsa Dei essentia, in qua Deus omnia videt et contemplatur* (Fr. Burmann, *Syn. Theol.* 1678 I S. 113). *Omnia cognoscit per genesin et non per analysin, ideo omnia sunt prius in ipsius mente, quam in semetipsis, neque scientiam suam mutuatur aut emendicat a rebus* (A. Heidanus, *Corp. Theol. chr.* 1686 I S. 113).

Thomas v. Aquino ist an dieser Stelle noch einen Schritt weitergegangen, indem er die göttliche *scientia* geradezu als die *causa* rerum bezeichnet hat. Denn das Wissen Gottes verhalte sich zu den geschaffenen Dingen wie das Wissen des Künstlers zu seinen Kunstwerken. Das Wissen des Künstlers sei aber als *forma intellectus* das *principium operationis*, aus dem sein Werk, sofern er zur entsprechenden *actio* wirklich übergeht, hervorgeht. Insofern könne man sagen: *Deus per suum intellectum causat res.* (*S. theol* I qu. 14 art. 8c). Das ist richtig in dem Umfang, in welchem Thomas es gemeint und gesagt hat, nämlich hinsichtlich des Wissens Gottes um die tatsächlich von ihm geschaffenen oder noch zu schaffenden Dinge. Es wäre aber schon auf das bloß Mögliche einfach darum nicht anwendbar, weil dieses wohl als solches, aber eben nicht als Wirkliches Gegenstand des göttlichen Vorherwissens ist, so daß es in diesem auch nicht seine Ursache haben kann. Was nicht Wirkung ist, das hat offenbar auch keine Ursache. Von dem bloß Möglichen könnte man also höchstens sagen, daß das göttliche Vorherwissen (und Wollen!) Voraussetzung auch seiner Möglichkeit als solcher ist. Und noch weniger dürfte der Satz des Thomas natürlich auf das angewendet werden, was als das Unmögliche, als das von Gott Verneinte und Verworfene Gegenstand seines Wissens ist. Die Sünde, der Tod und der Teufel befinden sich zwar als Prinzipien des Ungehorsams, des Übels, des Abfalls im Raume der göttlichen Schöpfung, der *res creatae*. Sie gehören aber nicht zu diesen *res*. Sie sind nicht selbst von Gott geschaffen. Ihr Sein ist nur das die Schöpfung Gottes störende und verneinende Nicht-Sein. Als solches sind sie freilich nicht weniger als das von Gott geschaffene Sein Gegenstand des göttlichen Vorherwissens (und Wollens!). Sie sind es aber anders als jenes, nämlich in dieser Eigenart des Nicht-Seienden, als Grenze des von Gott gewußten Seienden, nicht aber als Wirkung, die in Gottes Wissen ein ihr als Wirkung Entsprechendes, die also in Gottes Wissen ihre Ursache hätte. Gott ist also in seinem Vorherwissen der Herr und die Ursache des Seienden und auch der Herr — aber gerade **nicht** die Ursache des Nicht-Seienden. Er ist nicht der *actor*, sondern der *iudex peccati*. Und es wird endlich gut sein, schon hier die Anmerkung zu machen: Unter den *res creatae* befindet sich auch der geschaffene Wille der Engel und der Menschen. Sagen wir auch von ihm, daß er in göttlichem Vorherwissen seine Ursache habe und also dessen Wirkung sei, so kann das jedenfalls nicht so gemeint sein, daß er darum nicht als Wille (wenn auch als geschöpflicher Wille) wirklich wäre, daß ihm nicht Freiheit der Entscheidung und also Zufälligkeit (wenn auch geschöpfliche Freiheit und Zufälligkeit) wirklich eignete, wie denn überhaupt die Kontingenz des Seienden dadurch, daß Gott sein Urheber ist, so gut wie seine Notwendigkeit nicht beseitigt, sondern gerade gesetzt ist. Gott weiß um Alles in seiner Schöpfung in gerade der **ihm** entsprechenden Weise: um die Natur als um die Natur, um den Geist als um den Geist und so auch um das Notwendige als um das Notwendige und um das Zufällige als um das Zufällige. Und wenn diese Entsprechung zwischen dem Wissen Gottes und den geschaffenen Dingen, wie wir mit Augustin sagen müssen, nicht in den geschaffenen Dingen als solchen, sondern in Gott ihrem Schöpfer und also in Gottes Vorherwissen ihren Ursprung und ihre Norm hat, wenn also das Geschaffene dem Vorherwissen Gottes (und erst daraufhin das Vorherwissen Gottes dem Geschaffenen) entspricht, wenn also allerdings alles Geschaffene im Vorherwissen Gottes seine Ursache hat, so hat es sie doch in der Weise, daß es als Wirkung dieser Ursache nun eben je dieses und dieses, das so oder so bestimmt Geschaffene ist, daß ihm also auch seine Kontingenz, daß dem geschöpflichen Willen sein Charakter als Wille und also seine Freiheit (seine geschöpfliche Freiheit, aber seine Freiheit!) durch seinen Charakter als Wirkung der göttlichen Ursache nicht genommen, sondern gerade gegeben ist.

Dem göttlichen Vorherwissen entspricht hinsichtlich des **Willens** Gottes dessen **Freiheit**. Auch daß Gottes Wille frei ist, meint ja eben dies: daß er allen seinen Gegenständen — mit Ausnahme wiederum Gottes selber, sofern Gott ja auch und zuerst sich selber will! — vorangeht und überlegen ist. Gott ist von nichts, was nicht er selber, von nichts, was außer ihm ist, abhängig, durch nichts außer ihm bedingt, er steht unter keiner von ihm selbst verschiedenen Notwendigkeit. Es ist vielmehr Alles, was ist, abhängig von seinem Willen, bedingt durch ihn, es geschieht Alles notwendig nach seinem Willen. Und dieser sein Wille ist reiner, das heißt ausschließlich durch sich selbst bestimmter Wille: zu handeln oder nicht zu handeln, so oder so zu handeln. Er hat bei dieser Selbstbestimmung kein Gesetz über sich: kein äußeres, indem ihm irgend einer seiner Gegenstände in seinem Dasein oder Sosein als Ziel oder als Mittel zu anderen Zielen Motiv sein müßte — und auch kein inneres, denn weil er selbst Gott und also das Maß alles göttlich Notwendigen, der Inbegriff alles Heiligen, Gerechten und Guten ist, kann es auch kein Göttliches geben, das ihm erst zum Motiv und zur Richtschnur werden müßte oder das er zum Motiv und zur Richtschnur brauchte, um der göttliche Wille zu sein. Nur Eines kann der Wille Gottes nicht wollen: das Absurde. Er kann nicht aufhören wollen, der Wille Gottes, Gott selbst zu sein. Aber das ist keine Schranke, das eben ist die Bestimmung seiner Freiheit. Nicht freier, sondern gerade unfreier Wille wäre er ja, indem er seine Gottheit preisgeben wollte. Eben in der Beständigkeit seiner Gottheit ist und bleibt er freier Wille, bedarf er keiner Anregung, um sich selbst zu bestimmen und bedarf er keines Höheren, um sich selbst als heilig, gerecht und gut zu bestimmen. Er selbst ist als Wille Gottes die Anregung, das Höhere, das Darum, nach welchem mit keinem Warum? gefragt werden kann, weil es selbst der Inbegriff alles wirklichen und gerechtfertigten Darum ist. So bezeichnet auch die Freiheit des Willens Gottes die absolute Überlegenheit Gottes gegenüber aller von seiner eigenen verschiedenen Möglichkeit und Wirklichkeit, seine Würde als Schöpfer des Seienden und als Herr und Meister auch über das Nicht-Seiende. Der Raum beider (in der ganzen Verschiedenheit beider!) ist der Raum, den er ihm geben will, verfügend oder zulassend, aber wahrlich verfügend auch in seinem Zulassen. Und so verdankt es auch sein Sein (sein je so ganz eigenartiges, sein so entgegengesetztes Sein) nicht sich selbst oder einer andern vom Willen Gottes verschiedenen Notwendigkeit, sondern ganz allein dem Willen Gottes selber. Fragen wir: Warum die Schöpfung sein muß? Warum wir selbst sein müssen? Warum Alles gerade so sein muß, wie es ist? so können wir nur antworten: Weil es durch den freien Willen Gottes so sein muß. Fragen wir weiter: Warum jene Begrenzung des Seienden durch das Nicht-Seiende? Warum jene Störung und Verneinung der Schöpfung durch Sünde, Tod und Teufel sein muß? so können wir wieder nur antworten: Weil das nach Gottes freiem Willen Geschaffene nach desselben Gottes ebenso freiem Willen diese Grenze in dem von ihm nicht Geschaffenen, in diesem Nicht-Seienden haben, weil also auch das Nicht-

Seiende nach Gottes freiem Willen diesen seinen bestimmten Raum und dieses sein eigentümliches Sein haben muß. Und fragen wir weiter: Warum muß es nun doch zur Versöhnung kommen? Warum zu jener Entscheidung, in welcher Gott sich in der Weise als Herr und Sieger in seiner Schöpfung erweist, daß er dort Ja und hier Nein sagt, daß er hier annimmt und dort verwirft? und fragen wir weiter: Warum muß zu dieser Versöhnung und Entscheidung gerade das geschehen, was geschieht? Warum muß Gott dazu selbst Mensch werden und jene Begrenzung seiner Schöpfung durch Sünde, Tod und Teufel in ihrer ganzen Furchtbarkeit selber erleiden und so überwinden — was wollen wir auch darauf letztlich Anderes antworten als eben dies: So hat es Gott von Ewigkeit her gewußt und so wiederum und zugleich von Ewigkeit her in seiner göttlichen Freiheit gewollt. Und fragen wir weiter: Warum müssen wir Gottes Wort, das in diesem Geschehen gesprochen ist, glauben und ihm gehorsam werden? so können wir noch einmal und erst recht nichts Anderes antworten, als eben dies: Weil es so Gottes freier und also gerechter heiliger und guter und als solcher allmächtiger Wille ist. Das Alles ist schlechterdings über uns, dem Allem sind wir schlechterdings verantwortlich, weil das Alles so oder so Gott selber und weil Gott frei ist, nun eben so er selber und also auch für uns Gott zu sein.

«Der Geist weht, wo er will» (Joh. 3, 8). «Er wirkt Alles nach dem Ratschluß seines Willens» (Eph. 1, 11). «Er erbarmt sich, wessen er will und verhärtet, wen er will» und wer ist der Mensch, der deshalb mit ihm rechten dürfte? (Röm. 9, 18 f.). «Wie unerforschlich sind seine Entscheidungen und wie unausdenkbar seine Wege! Denn wer hat den Sinn des Herrn erkannt und wer ist sein Ratgeber gewesen? Oder wer hat ihm etwas zuvor gegeben, daß es ihm wieder vergolten werden müßte? Denn aus ihm und durch ihn und zu ihm hin sind alle Dinge» (Röm. 11, 33 f.). *Libertas non necessitas Deo competit* (Tertullian, *Adv. Hermog.* 16). *Non decet eum, qui super omnia sit Deus, cum sit liber et suae potestatis, necessitati servisse dicere* (Irenäus, *Adv. o. h.* II 5, 4). *Voluntas Dei est liberrima, ita ut Deus omnia quaecumque vult, libere et absque impedimento velit et faciat: utque nihil agat aut fieri permittat, nisi libere volens, nihilque coactus.* Es hat der Wille Gottes *nullam sui causam efficientem et promoventem*. Und *nullus etiam finis divinam voluntatem alliciendo causalitatem erga illam exercet*. Dasselbe gilt aber auch von allen Mitteln zu solchen Zwecken. Und: *praeter voluntatem Dei nihil fit etiam quod fit contra Dei voluntatem*. In dem Allem aber gilt: Gottes Wille ist unveränderlich und: *Voluntas Dei semper iusta est et summa iustitiae regula, ita ut quicquid Deus vult, eo ipso quod vult, iustum habendum sit* (Polanus, *Synt. Theol. chr.* 1609 col. 1025 f.).

Durch das rechte Verständnis der Freiheit des Willens Gottes sind alle diejenigen Anschauungsweisen ausgeschlossen, die das Verhältnis zwischen Gott und der von ihm verschiedenen Wirklichkeit als ein Verhältnis wechselseitiger Bedingtheit und Notwendigkeit darstellen wollen. Also zunächst alle pantheistischen oder panentheistischen Systeme, nach welchen die Existenz dieser Wirklichkeit so oder so zum Wesen und zur Existenz Gottes selber gehören würde. Nicht darum läßt Gott sie Wirklichkeit sein, nicht darum ist sie von Ewigkeit her Gegenstand seines Wissens, weil er ohne ihre Wirklichkeit oder doch Möglichkeit nicht Gott wäre, sondern darum, weil er um sie wissen und weil er sie Wirklichkeit sein lassen will. Sie ist als echter Gegenstand seines Willens und schon seines Wissens von ihm verschieden. Er ist nicht durch sie, sondern sie ist durch ihn bedingt. Denn nicht aus seinem Wesen sind sie hervorgegangen, sondern aus dem Nichts hat er sie herausgerufen und geschaffen, ohne ihnen das schuldig zu sein und ohne damit einem Bedürfnis seines eigenen Seins und Lebens Genüge zu tun. Aus der Ewigkeit und Notwendigkeit des göttlichen Willens als solchem folgt nicht die Ewigkeit und Notwendigkeit auch seiner Gegenstände, sondern so notwendig sein Wille in sich selber ist, so frei ist und bleibt er ihnen gegenüber. Er will als Gott die Welt, aber eben nicht einen zweiten Gott, sondern die Welt, der gegenüber er der einzige Gott ist und bleibt. Er will ewig das Zeitliche, aber eben als Zeitliches und nicht als eine zweite Ewigkeit. Und nur kraft derselben Freiheit seines Willens ist es ausgeschlossen, daß er auch das schon Gewollte nicht mehr wollen oder anders wollen oder ein ganz Anderes wollen könnte. In seiner Freiheit (und nicht gebunden durch das Wesen und die Existenz des von ihm Gewollten) will er dieses Gewollte fernerhin, will er es so, wie es ist, und will er fernerhin nicht, was er, indem er jenes wollte, bisher nicht wollte. Es gründet also die Notwendigkeit der Welt (nach ihrem Dasein und nach ihrem Sosein) nicht in einer ihr eigenen, auch nicht in einer ihr von Gott durch die Schöpfung mitgeteilten, sozusagen selbständig gewordenen Notwendigkeit, sondern wie in ihrem Ursprung, so fort und fort in Gottes Freiheit. Die Entscheidung, in der er sie will und so und so will, ist und setzt allein Notwendigkeit im Himmel und auf Erden. Sie begrenzt sie aber auch, wie es in seiner Offenbarung geschieht, nicht um sie aufzuheben, sondern um sie als Notwendigkeit, aber eben als die allein durch seinen Willen gesetzte Notwendigkeit zu bestätigen.

Durch das rechte Verständnis der Freiheit des Willens Gottes werden aber auch alle indeterministischen und deterministischen Anschauungsweisen (sie gehören wirklich zusammen!) ausgeschlossen, nach denen das Geschöpf entweder in seiner relativen Kontingenz bzw. auf Grund seines *liberum arbitrium,* oder in seiner relativen Notwendigkeit, in der Gesetzmäßigkeit der Kontinuität und Bedingtheit seiner Existenz einen den Willen Gottes so oder so bestimmenden und begrenzenden Faktor bilden würde. Der Pelagianismus und der Fatalismus sind insofern in gleicher Weise heidnische Atavismen in einer christlichen Gotteslehre, als sie beide dem geschöpflichen Willen dem Willen Gottes gegenüber eine Eigenständigkeit zuschreiben, die ihm nicht zukommen kann: weder in seiner relativen Freiheit, noch in seiner relativen Gebundenheit. Ob nämlich das geschaffene Individuum der Meinung ist, die Gottheit in seinen persönlichen Willen aufnehmen zu können oder ob es umgekehrt seinen persönlichen Willen nur als ein Glied versteht in einer Kette des die Räume und Zeiten beherrschenden Schicksals, das (eventuell in den Sternen angezeigt) über die Möglichkeiten und Grenzen seines Wollens und Nicht-Wollens entschieden hat — es überschätzt sich und es irrt beide Male. Denn wenn das geschöpfliche Individuum einen persönlichen Willen hat und wenn es «ewige, eherne, große Gesetze» gibt, in deren Rahmen es von diesem seinen Willen Gebrauch machen wird, so ist weder mit seinem Willen noch mit jenen Gesetzen eine Burg gegen Gott errichtet, in welcher das Geschöpf, verlassen von ihm oder auch vor ihm gesichert in seiner Freiheit oder Gebundenheit sein eigenes, mit Gott konkurrierendes Leben leben könnte. Sondern geschöpfliche Freiheit und geschöpfliche Notwendigkeit besteht nur durch den Willen Gottes, der darum und damit, daß er beide will und setzt, nicht aufhört, wie in sich selber ganz notwendig, so seinen Gegenständen und ihren Bestimmtheiten gegenüber ganz frei zu sein.

Und es ist endlich durch das rechte Verständnis des freien Willens Gottes auch jede dualistische Denkweise unmöglich gemacht. Zu einer solchen kommt es da, wo man die Begrenzung des Seienden und so von Gott Gewollten mit einer Begrenzung Gottes und seines Willens verwechselt, als ob ihm an jener Grenze ein anderer göttlicher Wille, der Wille irgend eines bösen, eines Gegengottes gegenüberstünde, der dann notwendig so etwas wie Gottes Widerspieler wäre. Aber was *contra Dei voluntatem* als Nicht-Seiendes an jener Grenze sein Wesen hat, das ist und geschieht darum nicht *praeter voluntatem Dei*. Man täuscht sich, wenn man meint, Sünde, Tod und Teufel in der Weise ernst nehmen zu sollen, daß man ihnen eine göttliche oder quasi göttliche Möglichkeit, daß man ihnen die Rolle eines solchen realen Widerparts des lebendigen Gottes zuspricht. Man nimmt sie vielmehr nur dann ernst gerade als Mächte der Versuchung, des Übels und des ewigen Verderbens, wenn man auch sie als dem Willen Gottes nun gerade in dieser ihrer Eigenart untergeordnete und unterworfene Mächte versteht. Nur dann weiß man ja entscheidend, daß es nicht etwa in unserer Macht liegen kann, sie zu bekämpfen und zu besiegen. Es kann das darum nicht in unserer Macht liegen, weil das überhaupt nicht unsere Sache sein kann, weil sie die von Gott bekämpften und besiegten Mächte sind, weil unsere Sache nur die sein kann, diese durch den Willen Gottes über sie gefällte Entscheidung zu anerkennen und anzunehmen und dementsprechend mit ihnen umzugehen. Wie würden sie da ernst genommen, wo ein Mythus vom Bösen und vom Übel den Anschein erwecken kann, als ob Gott tot wäre oder doch abgedankt hätte? Im christlichen Gottesglauben, im Blick auf die Auferstehung Jesu Christi, haben wir gar keine andere Wahl als jene Begrenzung des Seienden in diesem Sinn (sie nicht weniger als das Seiende selbst!) als Sache des göttlichen Willens zu verstehen.

5. Wir wenden uns schließlich dem zu, was ich die Eigentlichkeit des göttlichen Wissens und Wollens, nämlich seinen Charakter als wirkliches Wissen und Wollen nennen möchte.

Der Schein könnte sich erheben, als ob der Charakter des göttlichen Wissens als wirkliches, als eigentlich so zu nennendes Wissen durch seine Identität mit dem Wesen Gottes (1) und mit seinem Willen (2) durch seine Bestimmung als Allwissen (3) und als Vorherwissen (4) in Frage gestellt sei. Wir haben Gott als den in dem einen einzigen Akt seines Gottseins sowohl sich selbst, als auch, unabhängig von ihrer Existenz, alle Dinge in sich selbst und durch sich selbst Erkennenden (und Wollenden) verstanden und beschrieben. Haben wir ihn damit wirklich als Erkennenden erkannt? Haben wir die Allmacht Gottes nun verstanden als die Allmacht seines göttlichen Wissens? Ist Gott ebenso real wie der Allmächtige, ja gerade in dieser seiner Vollkommenheit auch der echt und eigentlich wissende Gott? Also nicht nur allgemein: der, vor dem und durch den Alles ist, sondern konkret: der, vor dem Alles und durch den Alles ist als von ihm gewußt — und zuerst: nicht nur der, der in und durch sich selber ist, sondern konkret: der sich selber weiß und der eben in diesem Wissen ist, der er ist? Es geht dabei um nichts Geringeres als darum, daß die Geistigkeit, die Persönlichkeit Gottes des Allmächtigen und damit auch die Liebe, in der er der freie Gott ist, als solche vorbehaltlos ernst zu nehmen und nicht etwa als uneigentlich, nicht etwa als bloße *nomina* zu verstehen sind. Das hängt offenbar auch daran, daß wir das göttliche Wissen als wirkliches Wissen verstehen können. Es hängt auch daran — und darum wird auch diese Frage doppelt zu stellen sein — daß wir den göttlichen Willen unbeschadet dessen, daß er als ein einziger Akt alles umfaßt und in sich selber ganz frei ist, als wirklichen Willen verstehen können. Aber wir fragen zunächst danach, inwiefern das göttliche Wissen wirkliches Wissen ist: göttliches, aber gerade so echtes und eigentliches Wissen.

Die Frage stellt sich genau von dem Punkt aus, von dem wir ausgegangen sind, nämlich von daher, daß das göttliche Wissen das Wissen der göttlichen Allmacht und also das allmächtige Wissen ist. Wie kann es dann Wissen sein: Bewußtsein und bewußte Vergegenwärtigung seiner selbst und anderer Gegenstände? Weiß Gott in einem einzigen Akte um sich selbst und um alle Dinge, inwiefern weiß er dann, inwiefern reduziert sich dann sein Wissen nicht einfach auf sein in sich selbst begründetes und alles andere Sein begründendes Sein? Inwiefern findet hier ein Wissen statt? — Wir werden, wenn wir hier antworten wollen, daran selbstverständlich nicht rütteln dürfen, daß Gottes Sein als solches sein Erkennen, sein Erkennen also nichts Anderes als sein Sein und als solches das allmächtige Erkennen ist. Aber nun muß offenbar alles das wirksam werden, was wir kritisch bei der allgemeinen Analyse des Begriffs der göttlichen Allmacht festgestellt haben: daß eben Gottes Allmacht nicht Macht an sich und als solche, sondern seine und als solche wirkliche, von der Macht der Ohnmacht verschiedene und rechtmäßige, von der Macht der Willkür verschiedene Macht ist. Daß sie mit Gottes Allwirklichkeit nicht einfach koinzidiert, sondern größer ist als diese. Daß sie in ihrer Allwirksamkeit nach außen sich nicht erschöpft und verliert, sondern Gottes eigene Macht ist, die auch in ihrer Allwirksamkeit Gottes eigene Macht bleibt. Weiter: daß sie entscheidend darin besteht, daß Gott die Macht hat, er selber zu sein und erst und nur so darin, daß er die Macht über Alles ist. In dieser Unterscheidung, deren Kriterium und Grenze immer wieder Gott selber ist (er als der Sinn, als der Besitzer, er als der Herr über den Gebrauch seiner Macht) ist die Allmacht Gottes, was sie ist, ist sie wirkliche Macht, ist sie die göttliche Vollkommenheit, ist sie Gott selber, ist sie das in sich selbst begründete und alles Andere begründende Sein. Aber eben dieses Sein selber ist, seiner Einheit unbeschadet, was es ist, in dieser Unterscheidung. Wir haben ja schon viel früher festgestellt: nicht das Sein in irgend einer ihm zuzuschreibenden Einfachheit und reinen Aktualität ist Gott, sondern Gott ist das Sein. Nicht das Sein, sondern Gott, der das Sein ist, glauben wir, beten wir an. Und wer und was Gott ist, das haben wir nicht aus irgendeiner Erkenntnis des Seins, sondern, was das Sein ist, das haben wir aus der Erkenntnis Gottes zu schöpfen. In Erkenntnis Gottes werden wir aber auch das in sich selbst begründete und alles Andere begründende Sein und also auch die wirkliche Allmacht nur in jener Unterscheidung erkennen können: Macht — aber **Gott**, der Macht ist und hat, **seine, ihm eigene Macht** vor und über aller Wirksamkeit, seine Macht, er **selber** und so seine Macht, der Herr über Alles zu sein. Diese Unterscheidung (diese **kritische Bestimmung**) kann vom Begriff der göttlichen Allmacht in keiner Weise subtrahiert, sie kann, wenn wir diese denken, wenn wir von ihr reden, wenn wir sie zur Erklärung anderer Begriffe der Gotteslehre oder anderer theologischer Begriffe heranziehen wollen, nie zurückgestellt, nie vernachlässigt werden, ohne daß Alles falsch wird. Wir können kühnlich sagen: Gott selbst ist in der tiefsten Tiefe seines Wesens nicht anders allmächtig als in dieser Unterscheidung. Und eben sie verhindert, daß das Wissen Gottes in seiner Allmacht gewissermaßen aufginge. Eben sie verhindert die Verwechslung Gottes mit der Vorstellung von einem bewußtlos in sich selbst begründeten und alles Andere begründenden Sein. Eben sie eröffnet uns vielmehr die Erkenntnis Gottes als dessen, der selber Erkennender ist, der in der Weise in sich selbst begründet ist und Alles begründet, daß er um sich selbst und alle Dinge weiß, und zwar echt und eigentlich weiß: in dem Wissen, in dem wir geradezu den Ursprung und das Urbild alles geschöpflichen Wissens zu erkennen und zu verehren haben. Aus Gottes **Offenbarung**, in der er mit uns redet und uns sich selber hören läßt, in der er unser Gewissen als Mit-Wissen mit ihm durch unsere Berufung zum Glauben aus dem Todesschlaf erweckt, haben wir uns ja den Satz: «Gott weiß» vorsagen und auf die Lippen legen lassen. Eben in Gottes Offenbarung begegnet uns aber die Allmacht Gottes bestimmt nicht anders als in jener Unterscheidung. Nicht daß die Welt und daß wir selbst einer höchsten Macht unterworfen sind, wird uns ja da in Worten gelehrt oder in einem übermächtigen Geschehen vorgeführt — so entstehen die falschen Religionen der Heiden — sondern da wird uns gesagt: **Ich bin der Herr, dein Gott!** Gewiß der Herr und also der Inbegriff aller Macht, aber eben nicht irgend ein, sondern der in seinem Reden und Tun sich selbst zu unserem Herrn machende und als solcher erklärende Herr: Ich bin der Herr und als solcher dein Gott. Und indem Gott sich offenbart, erschöpft sich sein allmächtiges Reden und Tun nicht in sich selbst, sondern weist es über sich selbst hinaus und zurück auf den Redenden und Handelnden selber. Es steht sein Reden und Tun in seiner ganzen Allmacht nur im Dienste dessen, daß er — er, der uns als Ich anredet und sich als unseren Gott erklärt — auch für uns und unter uns er selber sein will. Es kann da auch das Letzte, die Macht selber und als solche, mit der da geredet und gehandelt wird, diese Macht ohnegleichen und ohne Schranke, der wir da unterworfen werden als Macht über Alles, nicht mehr in einer solchen Abstraktion verstanden werden, daß Gott selbst als ihr Subjekt, als der sie Bestimmende, Besitzende und Gebrauchende, als der, der diese Macht über Alles ist, gewissermaßen in ihr oder hinter ihr verschwinden würde. Da kommt es vielmehr zur Unterscheidung zwischen Gott und Macht und eben so zu der Erkenntnis, daß Gott die Macht und insofern die Macht Gott ist. Und da bleibt es bei dieser Unterscheidung. Es ist jener einfache Satz: «Gott weiß», sofern er unsere schlichte Antwort auf Gottes Offenbarung ist, dem Schein, als könnte er doch nur uneigentlich gemeint sein, bestimmt nicht ausgesetzt. Denn wenn er gewiß das allmächtige Wissen Gottes und also gewiß sein Allwissen und Vorherwissen meint, so bezieht er sich doch auf die wirkliche Allmacht Gottes, welche in jener Unterscheidung und nicht anders als in ihr ist, was sie ist. Und eben in dieser Unterscheidung ist sie Wissen. Denn eben laut dieser Unterscheidung ist Gott nicht der Gefangene seiner Macht, nicht bestimmt durch ihren Besitz, sondern ihn bestimmend, nicht gebunden an ihren Gebrauch, sondern über diesen verfügend, ihr Herr, der sie ist und hat als seine Macht und also in seinem Sinn, indem er sie unterscheidet von aller Dämonenmacht und Ohnmacht, indem er sie wirkliche Macht sein läßt, indem er sie gebraucht nach seiner Entscheidung. Eben diese Unterscheidung charakterisiert aber den Akt des göttlichen Seins und so den Akt seiner Allgegenwart und Allmacht als einen geistigen, einen personalen Akt. Wie sollte er schon dinglich, mechanisch, rechenhaft zu fassen sein? Er unterscheidet ja, und zwar nach dem Maßstab der Wahrheit und des Guten, der er selber ist: sich selbst und das, was er ist und tut. Und in dieser von ihm vollzogenen Unterscheidung ist er Beides in Einem: er selbst und das, was er ist. Das bedeutet aber zunächst: er weiß um sich selbst und um das, was er ist; er weiß auch um das, was er nach außen ist und tut. Er ist in seinem ganzen Sein und Tun gerade nicht bewußtlos, sondern wissend. Er begründet und erfaßt sein eigenes und mit diesem alles Sein in einem Akte von Erkenntnis, der als solcher wohl der Akt seines Seins ist, der aber als solcher nicht auf einen Akt von erkenntnislosem Sein, nicht auf ein neutrales, dingliches Gegenwärtig- und Mächtigsein zu reduzieren ist, sondern der umgekehrt den Akt seines Gegenwärtig- und Mächtigseins als einen Akt seines unterscheidenden Wissens charakterisiert. Darum nun auch jene innere Differenzierung, ohne die wir ja gerade sein Allwissen und Vorherwissen unmöglich richtig hätten beschreiben können. Daher die Unterscheidung zwischen Gott und der von ihm verschiedenen Möglichkeit und Wirklichkeit, die seine Schöpfung ist. Daher die Unterscheidungen des Wirklichen, des Möglichen, des Unmöglichen, des Seienden und Nicht-Seienden unter den Gegenständen seines Wissens. Daher jener gar nicht zu vermeidende Begriff eines bestimmten endlichen Bereichs der wirklichen und möglichen Gegenstände seines Wissens und seine Unterscheidung von dem, was als *nihil pure negativum* in keinem Sinne ist. Ist Gott allmächtig, sind also alle diese Unterschiede ursprünglich und eigentlich nicht in den von Gott verschiedenen Gegenständen und auch nicht in einem Gott als Gott bestimmenden und verhaftenden göttlichen Sein, sondern in ihm selbst begründet, was kann das dann Anderes heißen als dies: daß alles dieses Unterscheiden in Gottes Geiste stattfindet, daß in seiner Erkenntnis über alle diese Unterscheidungen entschieden wird, daß er bedenkt, was er selbst und nicht er selbst, was wirklich, möglich und unmöglich, was seiend und nicht-seiend, was zu bejahen und was zu verneinen und endlich: was ganz und gar nichts ist? Was kann es Anderes heißen als eben dies: daß er nicht nur über allen Dingen ist, sondern als der über allen Dingen Seiende um Alles weiß, daß er als der Wissende seiner selbst und aller Dinge mächtig ist?

Die alte Theologie hat sich an dieser Stelle große Mühe gegeben, den Begriff des göttlichen Wissens als solchen dadurch zu erläutern, daß sie ihn unter gewissen Distinktionen zu verstehen suchte, die alle den Sinn hatten zu zeigen: Gottes Wissen ist Gottes und also das allmächtige; es ist aber gerade als solches eigentliches Wissen. Weil diese Feststellung auch uns unentbehrlich ist, lohnt es sich, hinzuhören.

Man unterschied 1. eine *scientia necessaria* Gottes von seiner *scientia libera* und meinte mit der ersteren das Wissen Gottes um sich selber, das insofern notwendig ist, als Gott auch nach seinem freien Willen, ja gerade nach seinem freien Willen nicht nicht sein und also auch nicht nicht Gegenstand seines eigenen Wissens sein kann, während sein Wissen um die von ihm geschaffene Welt, deren Sosein und deren Veränderungen insofern ein freies Wissen ist, als die Welt wiederum nach seinem freien Willen auch nicht sein oder anders sein und also auch nicht oder ganz anders Gegenstand seines Wissens sein könnte.

Man unterschied 2. eine *sc. speculativa* Gottes von seiner *sc. practica* und meinte mit der ersteren das Wissen Gottes, sofern es als reine Anschauung oder Betrachtung der inneren Wahrheit seiner selbst und aller Dinge zugewendet ist, abgesehen von aller Ermöglichung und Verwirklichung, deren er selbst gar nicht bedarf und die er allen anderen Dingen nicht schuldig ist, sodaß sie hier wie dort nicht die Voraussetzung seines Wissens sein kann, sodaß sein Wissen (eben als *sc. speculativa*) vielmehr ihre Voraussetzung ist. *Sc. practica* dagegen ist Gottes Wissen um die Dinge in ihrer in seinem Willen begründeten äußeren Ermöglichung und Verwirklichung; man kann sie identifizieren mit Gottes Weisheit, sofern diese in den Beschlüssen seines Willens hinsichtlich der Schöpfung, Versöhnung und Erlösung wirksam ist.

Man unterschied 3. eine *sc. simplicis intelligentiae* Gottes von seiner *sc. visionis*. Die erste ist das Wissen Gottes um das nach seinem Willen nur Mögliche, also nie Wirkliche, also um das, was Gott in seinem Wirken nach außen, zwar nach der Freiheit seines Willens wollen könnte, aber in derselben Freiheit nicht will, sondern als praktisch unmöglich von der Verwirklichung ausschließt, ohne daß es darum als bloß theoretische Möglichkeit weniger Gegenstand seines Wissens wäre. Wogegen er in der *sc. visionis* weiß um das nicht nur möglicherweise, sondern nach seinem Willen wirklich Seiende, um das in Vergangenheit, Gegenwart und Zukunft Existierende und damit als das vor ihm auch als praktisch Mögliche Erwiesene.

Und man unterschied 4. eine *sc. approbationis* Gottes von seiner *sc. reprobationis:* jenes sich selbst und seine Schöpfung in ihrem echten Sein, in ihrer Güte bejahende, von jenem das Nicht-Seiende, das Böse als Grenze des Seienden und Guten verneinenden und verwerfenden Wissen, von jenem kräftigen wissenden

2. Gottes Beständigkeit und Allmacht

Nicht-Wissen Gottes, wie es etwa in jenem: «Ich habe euch noch nie gekannt, weichet von mir, ihr Übeltäter!» (Matth. 7, 23; 25, 12) bezeugt ist.

Man wird in diesen Distinktionen die Bemühung nicht verkennen, sowohl die Göttlichkeit als auch die Eigentlichkeit des göttlichen Wissens ans Licht zu stellen. Anders als in Form von solchen Unterscheidungen wird wohl jenes in sich selbst und über alle Dinge entscheidende und also unterscheidende Wesen der göttlichen Allmacht und also ihr geistiger Charakter, ihre Eigentümlichkeit als allmächtiges Wissen nicht dargestellt werden können. Indem je mit beiden Gliedern aller dieser von der alten Theologie aufgestellten Begriffspaare das eine Wissen Gottes bezeichnet werden sollte, reden sie offenbar von seiner Göttlichkeit, von seiner Allmacht; indem sie nun aber in dieser Einheit Unterscheidungen namhaft machen, reden sie von seiner Eigentlichkeit, von seinem Charakter als Wissen als solchem. Insofern sind diese Distinktionen beachtlich und wie unsere eigenen Überlegungen gezeigt haben, mehr oder weniger unvermeidlich.

Aber nun kreuzt sich mit dem hier angemeldeten legitimen Anliegen noch ein anderes, das besonders in den Darstellungen der römisch-katholischen Dogmatik sogar das beherrschende zu sein scheint: das Interesse an der Eigentlichkeit der Gegenstände des göttlichen Wissens als solcher. Man wird auch dieses Interesse als ein an sich legitimes verstehen müssen: gibt es ein echtes und eigentliches Wissen Gottes, dann ist eben damit auch darüber entschieden, daß es echte und eigentliche Gegenstände hat. An der Geistigkeit Gottes, an dem Charakter seiner Erkenntnis als wirklicher Erkenntnis hängt die Realität der Welt der von Gott unterschiedenen Möglichkeiten und Wirklichkeiten. Würden jene Distinktionen nicht grundsätzlich zu recht bestehen, würde es also kein echtes und eigentliches Wissen Gottes geben, dann würden alle Dinge eben nur in Gott und gar nicht in sich selbst existieren. Indem Gott nicht nur um sich selbst, sondern auch um jene anderen Möglichkeiten und Wirklichkeiten weiß: in jener *sc. libera* oder *practica* oder *visionis,* wird er, indem er es will, zum Schöpfer, Regierer und Erhalter jener Möglichkeiten und Wirklichkeiten, gibt er ihnen zu der Existenz, die sie in ihm selbst haben, hinzu eine Existenz außer ihm, in ihnen selber, gibt er ihnen unbeschadet dessen, daß er die Realität und so auch ihre Realität ist, auch eine von seiner eigenen verschiedene Realität. Es war also an sich wohl legitim, wenn man an jenen Distinktionen auch dieses Interesse hatte, wenn man mit ihnen auch die Eigentlichkeit der Gegenstände des göttlichen Wissens begründete. — Aber dieses Interesse konnte und mußte bedenklich werden, wenn es sich darauf richtete, dem Geschöpf als Gegenstand des göttlichen Wissens nicht nur Eigentlichkeit, sondern nun auch eine das göttliche Wissen seinerseits bedingende Eigenständigkeit zuzuschreiben. Das geschah aber im Blick auf die ja ebenfalls zu den Gegenständen des göttlichen Wissens gehörigen Möglichkeit und Wirklichkeit des geschöpflichen Willens.

Die Entstehung des Problems ist wohl verständlich: Muß das sich selbst und Alles was ist umfassende Wissen Gottes dem freien Willen des Menschen gegenüber nicht das Vorhandensein eines unentrinnbaren, seine Verantwortlichkeit aufhebenden Verhängnisses bedeuten? Ist in diesem Wissen Alles, auch alles Künftige von Ewigkeit her das, was es ist und so, wie es ist, ist es dann nicht auch der notwendig wirkende Grund der menschlichen Sünde? Auf diese Frage hat nun schon Augustin mit Recht geantwortet: *religiosus animus utrumque eligit, utrumque confitetur et fide pietatis utrumque confirmat,* das untrügliche Wissen Gottes um unser Tun und dessen Willenscharakter. Denn aus jenem folgt nicht, daß dieser nichtig ist. Sondern *ipsae nostrae voluntates in causarum ordine sunt, qui certus est Deo eiusque praescientia continetur.* Er, der wie um alle Dinge so auch um die Ursache aller Dinge weiß, weiß auch um unseren Willen als um die Ursache unserer Handlungen (*De civ. Dei.* V, 9, 2 f.). Er weiß um unseren Willen als solchen:

illo praesciente est aliquid in nostra voluntate. Wir sind also nicht genötigt, entweder an seinem göttlichen Wissen oder an unserem Willen als solchem einen Abstrich zu machen; *sed utrumque amplectimur, utrumque fideliter et veraciter confitemur: illud* (das göttliche Wissen) *ut bene credamus, hoc* (unseren Willen) *ut bene vivamus. Male autem vivitur, si de Deo non bene creditur.* Gerade auf Grund des göttlichen Wissens um uns sind wir, werden wir frei, und gerade im Glauben an dieses Wissen (und nur in ihm!) werden wir von unserer Freiheit den rechten Gebrauch machen, so gewiß wir ja auch die uns zuteil werdenden Ermahnungen und Gebote als Gegenstände dieses göttlichen Wissens verstehen müssen. Sündigt der Mensch, dann nicht darum, weil Gott es allerdings von Ewigkeit her wußte, daß er sündigen werde; denn nicht das *fatum,* nicht die *fortuna,* sondern er selbst, der willentlich sündigende Mensch war der Gegenstand jenes göttlichen Vorherwissens *(ib* 10, 2). Jene bereits vorgenommene Limitation der thomistischen Lehre, daß das göttliche Wissen die *causa rerum* sei, muß hier in Kraft treten. Wir werden mit Polanus sagen: *Non omnium, quae Deus praescit, ipse est autor, sed tantum eorum, quae ipse facere decrevit sive per se, sive per alios.* Und darum: *praescientia Dei non est causa eorum, quae Deus decrevit non facere, sed solummodo permittere, ut peccati.* Wie das notwendige und unfehlbare Wissen Gottes die Kontingenz der von ihm geschaffenen Dinge überhaupt nicht aufhebt, so gibt es von diesem Wissen her auch keine *coactiva necessitas peccandi,* weil es die Natur des Menschen und so auch seinen Willen nicht zerstört *(Synt. Theol. chr.* 1609 *col.* 1014). Das Alles ist wichtig und richtig.

Weiter aber als bis zu dieser Feststellung der Eigentlichkeit auch des freien menschlichen Willens als Gegenstand des göttlichen Wissens, weiter als bis zu dieser Abwehr eines Fatalismus, der den Willen als Willen aufheben würde, durfte und darf man nicht gehen. Die nachtridentinische Theologie des römischen Katholizismus ist aber hier wenigstens teilweise weitergegangen zu einer Theorie, die man nur aus einem illegitimen Interesse an einer Eigenständigkeit des menschlichen Willens dem göttlichen Wissen gegenüber und in seinem Verhältnis zu Gott überhaupt erklären kann. Augustin hat ihm keine solche Eigenständigkeit zugeschrieben. Das geschah aber nach Vorgang des Petrus Fonseca u. A. in der Lehre des spanisch-jesuitischen Theologen Ludwig Molina (1535—1600) von der göttlichen *scientia media.* Der Name bedeutet, daß ihr Gegenstand zwischen den Gegenständen aller jener Begriffspaare, vor allem zwischen dem Gegenstand der *sc. necessaria* und dem Gegenstand der *sc. libera* in der Mitte liege. Ihr Gegenstand sei nämlich das *futuribile,* das Bedingtzukünftige, d. h. dasjenige, was unter Voraussetzung des Gegebenseins bestimmter Umstände und Bedingungen auf Grund freier geschöpflicher Entschließung eintreten würde. Gott weiß nach dieser Theorie, was das freie Geschöpf unter diesen Umständen und Bedingungen in seiner eigenen Freiheit tun würde und je nach dem seinem Wissen beseligt oder verdammt er es. Durch die zuvorkommende Gnade werden ihm jene zwar nicht endgültig entscheidenden aber unentbehrlichen Umstände und Bedingungen gegeben. Es steht aber auch dann im Willen des Geschöpfs, von ihnen Gebrauch oder keinen Gebrauch und also die Gnade wirksam oder unwirksam zu machen. Auf der Vereinigung des geschöpflichen Willens mit der zuvorkommenden Gnade Gottes beruht die Rechtfertigung: beide wirken verbunden wie zwei Männer, die an einem Schiffe ziehen. Das Ergebnis dieses Zusammenwirkens (bezw. das negative Ergebnis des Nichtzusammenwirkens) von Wille und Gnade ist jenes Bedingtzukünftige als Gegenstand des «mittleren» Wissens Gottes. Es kann darum nicht Gegenstand seines notwendigen Wissens sein, weil es Gott nicht wesensnotwendig sein kann, um ein solches Bedingtzukünftiges zu wissen wie er um sich selber weiß. Es kann aber auch nicht Gegenstand des freien Wissens Gottes sein, weil Gottes Wille hinsichtlich dieses Bedingtzukünftigen nicht unbedingt, sondern *ex*

2. Gottes Beständigkeit und Allmacht 641

consensu hominis praeviso bedingt ist, weil sein Ratschluß, weil die Praedestination seinem Wissen um diesen *consensus* nicht vorangeht, sondern nachfolgt. «Frei» ist das göttliche Wissen in dieser Hinsicht vielmehr gerade von seiner Freiheit: *est scientia conditionatorum independens ab omni decreto absoluto et efficaci eoque anterior* (Jos. Pohle, Lehrb. der Dogm. 1. Bd. 1902 S. 187).

Es handelt sich, wie man sieht, ausgesprochen nicht in erster Linie um einen Beitrag zur Lehre von Gottes Wissen, sondern, wie der Titel von Molinas 1588 erschienenem Buch es ausspricht, um eine *Concordia liberi arbitrii cum gratiae donis* ... um einen Beitrag zur Gnadenlehre, in welchem die Lehre von der *sc. media* nicht um ihrer selbst willen, sondern allein wegen eines ganz bestimmten Interesses an diesem Gegenstand des göttlichen Wissens, nämlich an der menschlichen Willensfreiheit vorgetragen wird. Und es war die Absicht der diese Theorie vertretenden Jesuiten hinsichtlich der Gnadenlehre ausgesprochen die, im Gegensatz zu der von ihnen einer gefährlichen Nähe zu Luther und Calvin bezichtigten augustinisch-thomistischen Lehre der Dominikaner, einem neuen Semipelagianismus zu seinem in der modernen Situation notwendigen Ort und Recht zu verhelfen. So ist es nicht von ungefähr, daß die Jesuiten in der heftigen Auseinandersetzung, die sich an diese Entdeckung anschloß, sogar von Erscheinungen der Jungfrau Maria zugunsten ihrer Bestätigung zu berichten wußten. Gerade die Jungfrau Maria der römisch-katholischen Tradition (vgl. Kirchl. Dogm. I 2 S. 151—60) mußte hier zweifellos erscheinen! Haben die Jesuiten mit dieser Entdeckung nicht tatsächlich ein feines Gefühl für das verraten, was zu behaupten jedenfalls für den gegenreformatorischen Katholizismus unvermeidlich und unentbehrlich geworden ist? Nun, es ist bemerkenswert, daß der Molinismus sich auch in der römisch-katholischen Theologie doch nicht etwa einfach durchgesetzt hat, sondern daß ihm von seiten der an Thomas orientierten Schulen bis auf diesen Tag widersprochen wird und daß die Kontroverse auch durch das kirchliche Lehramt bis jetzt keineswegs im Sinne des Molinismus entschieden, sondern eben unentschieden gelassen worden ist. Wenn eine Entscheidung zugunsten des Thomismus freilich nicht zu erwarten war und ist — weil mindestens die jesuitische Tendenz aus dem römisch-katholischen System seit dem Anathema über die reformatorische Lehre nicht mehr wegzudenken ist — so wird man doch anerkennen müssen, daß gerade kraft der Existenz der kirchlich nach wie vor möglichen thomistischen Gegentheorie die Türe in der Richtung der reformatorischen Lehre nicht einfach zugeschlagen, sondern um Fingersbreite offen gelassen ist.

Wir entwickeln das Problem (vgl. zum Folgenden: zum thomistischen Standpunkt F. Diekamp, Kath. Dogm.[6] 1. Bd. 1930 S. 199—215, zu einem vermittelnden B. Bartmann, Lehrb. d. Dogm.[7] 1. Bd. 1928 S. 139 f., für einen mehr oder weniger ausgesprochenen Molinismus J. Pohle, Lehrb. d. Dogm. I. Bd. 1902 S. 181—203) im Rahmen einer Darstellung der uns vor Allem interessierenden thomistischen Gegentheorie. Auch die Thomisten anerkennen selbstverständlich das Problem des Verhältnisses zwischen dem göttlichen Allwissen und Vorherwissen einerseits und den bedingtzukünftigen freien Handlungen der Geschöpfe anderseits. Als biblisches Beispiel für dieses Problem wurde von beiden Seiten immer wieder die Stelle 1. Sam. 23, 11 f. angeführt. David auf der Flucht vor Saul in Kegila fragt Gott: Wird Saul herabkommen? Und Gott antwortet: Er wird herabkommen. Wieder fragt David: Werden die Bürger von Kegila mich und meine Leute Saul ausliefern? Und Gott antwortet: Sie werden dich ausliefern. Da verläßt David Kegila, und als Saul das gemeldet wird, kommt er seinerseits nicht dorthin, und so wird David auch nicht ausgeliefert. Gott wußte also in diesem Fall um ein *conditionate futurum*, das faktisch nicht eintrat, das ihm aber eben als solches bekannt war: Saul und die Kegiliter würden, wenn David in Kegila geblieben wäre, so und so gehandelt haben. Und Matth. 11, 21: «Weh dir Chorazin! weh dir Bethsaida! Denn wenn in Tyrus und Sidon die Machttaten geschehen wären, die bei euch geschehen sind, so hätten sie längst in Sack und Asche Buße getan». Solche Machttaten sind nun faktisch in Tyrus und Sidon nicht geschehen; so haben sie sich auch nicht bekehrt, so ist ihre Bekehrung ein bloßes *futuribile,* das aber als solches nicht weniger Gegenstand des göttlichen Wissens ist als ein wirklich eingetretenes Ereignis. Dieses göttliche Wissen hebt auch nach den Thomisten die Freiheit der in Frage kommenden menschlichen Handlungen nicht auf. «Gott sieht in Ewigkeit jede in der Zeit geschehende freie Tätigkeit voraus, nicht nur nach ihrer Wirklichkeit, sondern auch nach ihrer Beschaffenheit, d. h. er sieht sie als freie Tätigkeit voraus» (D i e k a m p, a. a. O. S. 201). Nicht Gottes Vorherwissen nötigt die freie Kreatur zu diesem und diesem Handeln. Es ist aber im Wissen Gottes und als von ihm gewußt n o t w e n d i g gerade dieses und dieses Handeln. Wie aber weiß Gott darum? Bloß als Wissender um etwas, was unabhängig von seinem Willen geschehen oder eben nicht geschehen, so oder so geschehen wird? Sodaß die Unfehlbarkeit, mit der es geschieht oder nicht geschieht, so oder so geschieht, doch nur insofern in der Unfehlbarkeit des göttlichen Wissens begründet wäre, als es eben in seinem Eintreten oder Nicht-Eintreten, in dieser oder jener Bestimmtheit seines Eintretens von Gott unfehlbar vorher gewußt ist? Sodaß Gott doch nur sein unfehlbar wissender, weil als der Ewige die Zeit und was in der Zeit ist in allen Dimensionen sehender Zuschauer wäre? Nein, sagen die Thomisten, sondern in den ewigen Ratschlüssen seines Willens weiß Gott darum. In ihnen sind die wirklich eintretenden freien Handlungen der Geschöpfe als solche «wirksam verursacht». Es gibt keine *virtus ad actionem,* keine *motio ad agendum* ohne Gott. Gottes Entschluß und Entscheidung hat also auch die freie Handlung des Geschöpfs unfehlbar zur Folge. *Semper hoc homo eligit quod Deus operatur in eius voluntate* (T h o m a s v o n A q u i n o, *S. c. gent.* III 92). In den dieses *operari* bestimmenden Beschlüssen und Entscheidungen, also w o l l e n d w e i ß Gott unfehlbar um den Inhalt auch der freien Handlungen der Geschöpfe. Ebenso nun aber auch um das Bedingtzukünftige. Daß gewisse Voraussetzungen und mit ihnen dann auch die an sie geknüpften freien Handlungen nicht wirklich werden, ändert nichts daran, daß diese freien Handlungen als solche Gegenstände des göttlichen Beschließens, Entscheidens und Wollens und so Gegenstand seines Wissens sind. Nach der molinistischen Auffassung würde sich der Einfluß Gottes auf die freien geschöpflichen Handlungen darauf beschränken, daß Gott dem geschaffenen Willen die allgemeine Richtung auf das Gute gibt und ihn überdies durch «moralische» Mittel: durch Befehle, Räte, Warnungen und Drohungen in bestimmter Richtung zu bewegen sucht; nur *ab extrinseco* wird er also wirksame Ursache dieser freien Handlungen. Gott weiß 1. was ein bestimmter Mensch unter jeder denkbaren Voraussetzung mit freiem Willen tun k a n n, 2. was der Mensch in allen möglichen Verhältnissen, falls sie sich verwirklichen würden, tun w ü r d e und 3. was er (nachdem Gott nach seinem Willen die äußeren Bedingungen dazu gegeben) in Freiheit tun w i r d. Gerade um das, was der Mensch in allen möglichen Verhältnissen tun würde, weiß also Gott nach der jesuitischen Lehre, b e v o r er über dieses Tun, d. h. über seine eigene Mitwirkung dabei so oder so beschlossen hat. Von diesem Wissen, eben von der *scientia media,* ist dann der göttliche Mitwirkungswille geleitet. Er ist das Wissen um die ewige objektive Wahrheit des so oder so freien geschöpflichen Willens in diesen Handlungen, dem Gott dann nach seinem (aber eben nach seinem so geleiteten) Willen die entsprechende Handreichung gibt. Es ist die Abspiegelung der ewigen objektiven Wahrheit der freien Handlungen des Geschöpfs im Wesen Gottes, auf die dann der göttliche Wille so oder so reagieren wird. Die Thomisten lehnen diese *scientia media* mit Entschiedenheit ab: jenen Bibelstellen, die von einem göttlichen Wissen um die bedingtzukünftigen freien geschöpflichen Handlungen reden, sei nicht zu entnehmen, daß es sich dabei um ein solches, dem göttlichen Willen und Beschluß vorangehendes, von ihm unabhängiges Wissen handle. Auch aus der kirchlichen Tradition könne höchstens Origenes für diese Hypothese angeführt werden. Es sei nicht einzusehen, inwiefern irgendetwas zukünftig oder auch nur bedingtzukünftig sein könne, ohne daß es von Gott in der Freiheit seines Willens beschlossen wäre, das also nicht Gegenstand seiner *scientia libera* wäre. Es lasse sich nicht verständlich machen, wie es, wenn dem kreatürlichen Willen wirklich eine vom göttlichen Willen unabhängige Freiheit zuzuschreiben wäre, ein unfehlbares göttliches Wissen um dessen Entscheidung geben sollte. Daß eine bestimmte Handlung unter gewissen Voraussetzungen sicher erfolgen würde, die Gewißheit auch ihres bedingtzukünftigen Eintretens könne nur in einem entsprechenden göttlichen Dekret und damit in einem der geschöpflichen Freiheit nicht nur zuschauend, sondern wirksam vorangehenden göttlichen Wissen begründet sein. Gibt es ein sicheres Wissen um die zukünftigen freien Handlungen der Geschöpfe, es sei denn aus deren Ursachen? Können aber geschaffene Ursachen (auch der geschaffene freie Wille) solche sein, aus deren Kenntnis die ihr folgende Wirkung und also im Fall des freien Willens der Inhalt der beschlossenen Handlung unfehlbar vorhergesehen werden kann? Was bleibt dann übrig, als das göttliche Vorherwissen um die freien Handlungen auf die Ursache zu begründen, die sie in der ungeschaffenen, der göttlichen Ursache, in dem an sich wirksamen Willensdekret Gottes haben? Die Lehre von der *scientia media* ist aber nach der thomistischen Kritik theologisch auch darum abzulehnen, weil sie dem menschlichen Willen die Fähigkeit zu einer Entschließung zuschreibt, zu der er nicht durch eine an sich wirksame göttliche Bewegung bestimmt wäre und weil sie damit dem Wesen Gottes als Schöpfer, als das *primum movens*, der unbedingten Oberherrschaft Gottes, der Unabhängigkeit der göttlichen Vorsehung, der göttlichen Allmacht an entscheidender Stelle Abbruch tut und weil sie am wichtigsten Punkte die Aufhebung der Notwendigkeit des Gebetes bedeute. Beschränkte sie doch, wenn sie recht hätte, die göttliche Wirksamkeit auf die Anbietung der Gnade an den Menschen und auf die Herbeiführung der für den menschlichen Entschluß notwendigen Umstände. «Daß sich der Mensch entschließt, die Gnade gut zu benutzen, wird nach Molina nicht von Gott durch die innere Wirksamkeit der Gnade verursacht, sondern der menschliche Wille bestimmt sich allein aus eigener Kraft dazu. Also dieses Wichtigste und Ausschlaggebende: daß die angebotene Gnade nicht vergeblich empfangen wird, daß sie nicht unwirksam ist, sondern wirksam wird, rührt von dem menschlichen Willen allein her. Er kann daher Gott wohl bitten, ihm die Gnade unter besonders günstigen Umständen zu verleihen, aber um jenes Wichtigste und Ausschlaggebende kann er Gott nicht bitten, weil er es nicht von Gott empfängt, sondern es sich selbst geben muß.» Und nicht ohne Affekt wird Augustin zitiert (*De dono persev.* 2, 3): *Ista irrisoria petitio est, cum id ab eo petitur, quod scitur non ipsum dare, sed ipso non dante esse in hominis potestate; sicut irrisoria est etiam illa actio gratiarum, si ex hoc gratiae aguntur Deo, quod non donavit ipse nec fecit* (Diekamp, a.a.O. S. 211). Wie aber steht es mit jenem Einwand, dessen Möglichkeit ja den Kern des ganzen Problems bildet und den denn auch die Molinisten den Thomisten gegenüber unablässig zu erheben nicht versäumt haben: mit der Anklage, daß das Verständnis auch des freien geschöpflichen Willens als Gegenstand des freien und also durch den Willen Gottes bestimmten göttlichen Wissens die Freiheit jenes Willens, seinen Charakter als Selbstbestimmung und damit die Verantwortlichkeit des vernünftigen Geschöpfs aufhebe? Wie kann ein durch den göttlichen Willen bewegter Wille freier Wille sein? Und wie kann es anders sein, als daß bei Annahme eines den menschlichen Willen unter allen Umständen bewegenden Gotteswillens Gott als der Urheber auch der Sünde erklärt und verstanden werden muß? Die Thomisten geben darauf folgende Antwort: Daß der geschaffene Wille sich selbst zu einer Tätigkeit bestimmt, ohne daß Gott es beschlossen hat, ihn wirksam zu bewegen, das ist eine *contra-*

dictio in adiecto. Er wäre nicht der geschaffene Wille, wenn er in diesem, in einem absoluten Sinne frei wäre. Wiederum wird nun aber durch jenes göttliche Beschließen und Bewegen die Freiheit des menschlichen Willens als solche nicht aufgehoben, sondern gerade vermöge dieses Beschließens und Bewegens kommt es zu seinem geschöpflich freien Handeln. *Deus est prima causa, movens et naturales causas et voluntarias. Et sicut naturalibus causis movendo eas non aufert, quin actus earum sint naturales, ita movendo causas voluntarias non aufert, quin actiones earum sint voluntariae, s e d p o t i u s h o c i n e i s f a c i t ; operatur enim in unoquoque secundum eius proprietatem* (T h o m a s v. A q u i n o, *S. theol.* I qu. 83 art. 1 ad 3). Die Bewegung des geschöpflichen Willens durch Gott wirkt unfehlbar, *immutabiliter propter efficaciam virtutis moventis, quae deficere non potest;* sie wirkt aber nicht nötigend, nicht als Zwang, sondern so, daß dem menschlichen Willen, entsprechend seinem Wesen als solchem seine Freiheit erhalten bleibt, ja gerade in seinem Bewegtwerden durch Gott bestätigt wird. Das gilt auch von seiner Entscheidung *in malam partem.* Es ist nicht zu bestreiten: es gibt ein Vorherwissen auch der Sünde in den Ratschlüssen Gottes und eine göttliche Bewegung auch des sündigen menschlichen Willens. Aber Gott ist damit nicht der Urheber der Sünde und der Mensch ist damit nicht entschuldigt. Gott w i l l n i c h t, daß Sünde geschehe. Er will auch n i c h t, daß sie nicht geschehe. Er w i l l aber z u l a s s e n, daß sie geschieht, das heißt, er will ihr Ereigniswerden nicht physisch unmöglich machen. Er will die geschöpfliche Bewegung, in der die Sünde Ereignis wird. Er will aber auch damit das Gute und nur das Gute. Denn das Böse im Geschehen der Sünde ist ja nicht diese geschöpfliche Bewegung als solche, sondern der Defekt, die Bosheit, Lüge und Häßlichkeit, welche in ihr Ereignis wird. Ist die geschöpfliche Bewegung als solche restlos auf Gottes Urheberschaft, auf sein positives Wollen zurückzuführen und so auch Inhalt des göttlichen Vorherwissens, so ist dies letztere von jenem Defekt als solchem zwar a u c h, aber eben nur i n s o f e r n zu sagen, als auch er unter jener göttlichen Zulassung stattfindet. Er beruht aber eben als Defekt n i c h t auf Gottes Urheberschaft. Er beruht als solcher auch n i c h t auf einer Fähigkeit des Geschöpfs und also in dessen Freiheit, obwohl er im Gebrauch oder vielmehr: im Mißbrauch von dessen Freiheit Ereignis wird. Er kann ganz und gar nur als Defekt, als die Ereignis werdende geschöpfliche Untreue, als Abfall verstanden, d. h. er kann nur n i c h t verstanden werden. Er ist von Gott wie vom Geschöpf her gesehen das schlechthin n i c h t Verständliche. Als solches fällt er unter die Verantwortlichkeit des Geschöpfs und als solches, vermöge jener Zulassung unter das göttliche Willensdekret und also unter das göttliche Vorherwissen. Gott ist es nach seinem guten Willen dem freien Geschöpf nicht schuldig, es in der Weise zu bewahren, daß er die Sünde auch nicht zuläßt. Es ist vielmehr sein guter Wille, sie zuzulassen und also das freie Geschöpf an ihm selber schuldig werden zu lassen. Daß dies geschehen wird, weiß Gott unfehlbar voraus. Es wird also unfehlbar Ereignis werden, aber als von Gott zugelassenes Schuldigwerden des f r e i e n Geschöpfs und also ohne daß die Unfehlbarkeit für dieses eine Entschuldigung seiner Sünde oder gar eine Einladung, sie seinerseits zu wollen, bilden wird.

Soviel als Darstellung des in der katholischen Theologie selber erhobenen Widerspruchs gegen die molinistische Lehre. Der irenisch-polemische Schlußabschnitt, mit welchem J. P o h l e (a. a. O. S. 203) seine Verteidigung des Molinismus gekrönt hat, ist in verschiedener Hinsicht nicht uninteressant: «Der Thomismus ist gewiß an sich eine großartige, durch strenge Konsequenz ausgezeichnete Weltanschauung, welche in imposanter Weise die Allmacht, Bewegungskraft, Allursächlichkeit, Herrschergewalt und Souveränität Gottes zum lebendigen Ausdruck bringt. Aber gerade die rücksichtslose Durchführung des Grundgedankens auf allen Gebieten führt ihn an einzelnen Stellen zu Härten und Schroffheiten, welche die harmonische Glie-

2. Gottes Beständigkeit und Allmacht   645

derung des architektonischen Grundrisses erheblich stören und als scharf und herb hervortretende Spitzen und Ecken unangenehm empfunden werden. Psychologisch wirkt er finster, stimmt zum sittlichen Ernst, gebiert eine hohe, mehr zur Furcht hinneigende Vorstellung von Gott und sagt am meisten glaubensstarken Charakteren zu, während er schwache Naturen leicht zur Verzweiflung treiben kann. Deshalb eignet er sich nur zum Vortrag auf der Lehrkanzel und ist in der anfeuernden und aufmunternden Predigt für das christliche Volk unverwertbar. Im Molinismus hingegen erblicken wir sanftere und mildere Züge, eine hohe Auffassung von der liebevollen Vorsehung Gottes, von seinem barmherzigen Heilswillen, von seiner aufsuchenden Gnade, von seiner mit unendlicher Nachsicht gepaarten Kraft der Anschmiegung an den gebrechlichen Willen. Deshalb stimmt er psychologisch mehr zum unverbrüchlichen Vertrauen auf Gott, stärkt das Bewußtsein in die eigene Mitwirkungskraft, spornt an zu kraftvoller Selbsttätigkeit in Sachen des Seelenheiles, erzeugt Ruhe und Heiterkeit des Gemütes. Eben darum ist er aber auch die natürliche Sprache des Kanzelredners, die unbewußte Unterweisungsform des Katecheten in seinen Vorträgen an die christliche Kinderschar. Einer der lieblichsten Heiligen der Kirche, Franz von Sales, ist nicht umsonst Molinist gewesen. Unversöhnlich in ihren leitenden Prinzipien, weittragend in ihren praktischen Folgen, aber trotzdem fußend auf der gemeinsamen Kirchenlehre, werden beide Systeme auch in Zukunft ihre werbende Kraft behalten, zu allen Zeiten Schule machen und in ihren respektiven Kreisen sogar erhebend und erbauend fortwirken, solange nicht blinde Leidenschaft und verderbliche Parteisucht das gute Einvernehmen ihrer Vertreter ruchloserweise stören.»

Vom Studium dieser innerkatholischen Kontroverse herkommend, ist man nun freilich etwas erschüttert, feststellen zu müssen, daß die protestantische Theologie des 17. Jahrhunderts dem Auftauchen der molinistischen These gegenüber durchaus nicht etwa einmütig ablehnend reagiert hat. Wo, wie eben gehört, sogar der innerkatholische Gegensatz gerade von der angreifenden jesuitischen Seite aus trotz des Fußens auf der gemeinsamen Kirchenlehre noch in unseren Tagen als der Gegensatz zweier «unversöhnlicher» Prinzipien empfunden wurde, wo noch in unseren Tagen ein Thomist wie Diekamp nicht im Geringsten nachzugeben sich bereit finden wollte, da wurde es nicht etwa Ereignis, daß die von der Reformation herkommende Theologie (zu deren Bekämpfung die Jesuiten die Entzweiung mit den Dominikanern auf sich nahmen und durch deren kompromittierende Nachbarschaft die Dominikaner sich nicht abhalten ließen, den Jesuiten zu widerstehen!) wie man erwarten sollte in selbstverständlicher Geschlossenheit (und mit womöglich noch größerer Entschlossenheit als die Thomisten) der jesuitischen Lehre entgegentrat. Sondern da wurde es Ereignis, daß nicht etwa nur die heterodoxen Fraktionen der Socinianer und Arminianer, sondern ein ganzer starker Flügel der kirchlich-orthodoxen Theologie beider evangelischer Konfessionen die jesuitische Lehre mit einigen Zurechtstellungen und Vorbehalten, die für die Sache nichts bedeuteten, aufnahmen, wie man eben einen interessanten wissenschaftlichen Fund objektiver Weise aufnehmen muß, auch wenn sein Finder zufällig ein Jesuit gewesen ist. Als ob man gegen die Absicht und Konsequenz, gegen die Substanz dieser Lehre gar nichts einzuwenden gefunden hätte! Vielmehr als ob man froh gewesen wäre, mit ihrer Hilfe etwas sagen und beweisen zu können, was man selber im Grunde schon lange sagen und beweisen wollte! Als ob man heimlich selber schon lange darauf gewartet hätte, trotz und bei allem Jesuitenhaß das jesuitische Anliegen im protestantischen Raume ebenfalls zu Ehren zu bringen!

Notieren wir freilich zuerst, daß es sich immerhin nur um einen Flügel — bei den Reformierten sogar nur um einen numerisch viel schwächeren Flügel — der altprotestantischen Theologie gehandelt hat. Daß es an solchen Protestanten, die nicht im Falle waren, von Hause aus selber jenes Anliegen zu haben und darum den

Jesuiten in der Sache zustimmen zu müssen und die ihrer Lehre darum grundsätzlich entgegentreten konnten und mußten, nicht gefehlt hat! Ob Polanus zu ihnen gehört hätte, ist nicht auszumachen. Zur Zeit der Abfassung seines *Syntagma* scheint er von der neuen Entdeckung noch keine Kenntnis gehabt zu haben, obwohl es zeitlich möglich gewesen wäre. Sicher aber ist hier vor Allem der rüstige Gisbert Voetius in Utrecht zu nennen, der nicht versäumt hat, die Lehre von der *scientia media* sofort als das *asylum omnium pelagianizantium* zu erklären und mit grimmigem Humor festzustellen, was sich bei diesem Anlaß im protestantischen Bereich zu offenbaren begann: *Inventum illud Jesuitarum — diese profana novitas et evanida speculatio, toti antiquitati, omnibus theologorum scholis incognita — novitate sua vix notum in Batavia, nedum examinatum, commodissimum Remonstrantibus nostris visum fuit muniendis insulsis et infruitis illis... contra gratiam Dei et praedestinationem teretismatis,* aber doch auch auf die Frage aufmerksam zu machen, wie es denn nun eigentlich angesichts einer so fundamentalen Differenz mit dem so viel gerühmten Consensus der römisch-katholischen Theologie bestellt sein möge (*Disput. theol.* I 1648 S. 254 f.). Es haben aber auch J. Coccejus (*S. Theol. 1662 ed.* 1669 S. 147) und seine Schüler (z. B. F. Burmann, *Syn. Theol.* 1678 I S. 118 f.) einerseits und der Cartesianer A. Heidanus (*Corp. Theol.* 1676 *ed.* 1686, I S. 122 f.) andererseits mit Bestimmtheit von der neuen Doktrin Abstand genommen. Das tat noch am Ende des Jahrhunderts Petrus van Mastricht (*Theor. Pract. Theol.* 1698 II 13, 20 f.). Das tat grundsätzlich und umfassend auch noch der letzte große «Orthodoxe» der Genfer Kirche F. Turrettini (*Instit. Theol. el.* I 1679 L. 3 qu. 13). Die Richtung der Polemik dieses Letzten wird etwa in folgenden Sätzen deutlich: *Scientia media tollit dominium Dei in actus liberos, quia ea stante actus voluntatis supponuntur esse antecedenter ad decretum, ideoque futuritionem non habent a Deo, sed a se; imo Deus hoc pacto videtur potius pendere a creatura, dum nihil potest decernere vel disponere, nisi posita humanae voluntatis determinatione, quam Deus in tali connectione rerum viderit* (13). *At nulla causa secunda cum Deo concurrere potest ad causandam rerum futuritionem, quia futuritio facta est ab aeterno, at causae omnes tantum sunt in tempore. Unde patet rerum futuritionem non aliunde pendere quam a Dei decreto, atque adeo non aliunde quam ex decreto praesciri posse* (23). Man kann hinsichtlich der reformierten Orthodoxie wohl sagen, daß sie in der Mehrheit ihrer Vertreter die Bedenklichkeit der jesuitischen Lehre erkannt und dementsprechend auf die von daher mögliche Bereicherung ihrer Wissenschaft in weiser Entrüstung verzichtet hat. Unter den Argumenten, die gerade diese Schriftsteller gegen die *scientia media* vorgebracht haben, kehrt häufig das wieder: Weit entfernt davon, daß mit diesem Begriff etwas Effektives gegen den Fatalismus ausgerichtet werde, sei er es vielmehr, der mit seiner Voraussetzung einer letzten Freiheit und gewissermaßen Aseität der kreatürlichen Entscheidung ein *fatum plus quam Stoicum* (so van Mastricht), nämlich ein auch vom Willen Gottes unabhängiges, ja ihm überlegenes Notwendiges, ein *ens aliquod independens a summo ente* in die Theologie einführe. *Hoc est fundamentum fundamentorum, cui tota causae moles incumbit; hoc est postulatum illud, quod et nos adversariis concedere et ipso nobis probare non possunt. Hoc est centrum illud, ex quo ducuntur deformes et absurdae illae hypotheses, quibus tum philosophiam tum sacram quoque theologiam misere conspurcant doctores isti Hypothetici* als ob man den Willen Gottes damit von einer blinden Macht unterscheide, daß man ihm einen von ihm unabhängigen Gegenstand zuschreibe, während gerade damit er selber als durch eine andere und zwar unbekannte, blinde Macht beschränkt erklärt werde (Voetius, a. a. O. S. 336). — Aber wenn schon die Heftigkeit, mit der diese Männer polemisiert haben, darauf hinweist, daß sie offenbar mit Widerspruch auch in der nächsten Nähe zu rechnen hatten, so ist es umso merkwürdiger, festzustellen, daß dieser Widerspruch nicht etwa nur aus dem arminianischen Lager kam, sondern daß unter gewissen Modifikationen neben L. Crocius und H. Alsted gerade zwei so hervorragende Vertreter der im engsten Sinn so zu nennenden reformierten Orthodoxie wie Gomarus und Walaeus die Lehre von der *scientia media* in aller Form aufgenommen haben.

Man liest bei Fr. Gomarus (dem berühmten Gegner des Arminius und streitbaren Vertreter des Supralapsarismus an der Dordrechter Synode) ausgerechnet in einer Disputation *De divina hominum praedestinatione (Opera* 1644 *vol.* III S. 34) die Aufstellung, es gebe eine *praescientia conditionata: qua Deus ex infinito scientiae suae lumine quaedam futura non absolute sed certa conditione posita, novit. Praescientia haec indefinita a decreto definiente minime dependet, sed illud necessario (tanquam obiectum suum adiunctum) naturae ordine antecedit.* Mit diesem gewisse Gegenstände des göttlichen Vorherwissens nicht bestimmenden göttlichen Dekret meinte Gomarus nun freilich nur das Praedestinationsdekret als solches, das nach ihm nur eine besondere Bestimmung des auf die Schöpfung, Erhaltung und Regierung der Welt gerichteten Beschließens und Wollens Gottes überhaupt und im Allgemeinen ist. Innerhalb dieses allgemeinen göttlichen Weltplanes haben alle Dinge und Ereignisse und so auch die freien Entscheidungen des Menschen als solche ihren bestimmten Ort und Sinn. Sind sie gerade so Gegenstände des göttlichen Vorherwissens, so sind sie es nicht auf Grund des Praedestinationsdekretes als solchen, sondern eben auf Grund der allgemeinen göttlichen Vorherbestimmung, des *ordo naturae,* der *series rerum,* in die, sofern sie durch den Willen Gottes bestimmt ist, das Praedestinationsdekret zwar eingeschlossen ist, innerhalb derer es aber doch gewissermaßen nur eine Ausführungsbestimmung bedeutet, von der also das göttliche Vorherwissen nicht abhängig, durch die es nicht bedingt ist, sondern die umgekehrt von jenem abhängig und durch jenes bedingt ist, während jenes seinerseits in jenem Weltplan Gottes seine natürliche Grenze hat. Man sieht also, daß Gomarus von ferne nicht daran dachte, dem jesuitischen Semipelagianismus entgegenkommen zu wollen, sondern daß er dessen Ablehnung und die Lehre vom *servum arbitrium* umgekehrt dadurch noch verschärfen wollte, daß er die göttliche Souveränität über Alles auf einen allem ausführenden göttlichen Willen, aber auch dem göttlichen Vorherwissen vorangehenden Weltplan begründen wollte, der, als solcher unbedingt zur Ausführung kommt, aber eben als ein System von Bedingungen, innerhalb dessen es auch freie Akte gibt. Man wird das keine glückliche Überbietung der protestantischen Position, man wird das ein gefährliches Spiel mit dem Feuer nennen müssen. Denn es ist nicht einzusehen, in welcher Weise sich diese Konzeption, in welcher das göttliche Wissen und Wollen schließlich hinter einem göttlichen Weltplan, die göttliche Allmacht hinter der göttlichen Allwirksamkeit zu verschwinden droht, tatsächlich vom Fatalismus unterscheiden, wie sie also gegen die naheliegende (und vielleicht heimlich schon vollzogene) Verwandlung des Begriffs des göttlichen Weltregiments in den einer an sich bestehenden und wirksamen Weltordnung geschützt werden sollte, innerhalb derer dann das Praedestinationsdekret auch in Wegfall kommen konnte, und wie dann dem unfehlbaren Partner alles Fatalismus, nämlich dem primitivsten Pelagianismus, die Türe verschlossen werden sollte. Es war notorisch überklug, wenn dieser Verteidiger der reformatorischen Position aus deren radikalster und gefährlichster Bestreitung in dieser Weise Kapital schlagen zu können meinte. Es geschah um den Preis, daß er vom Willen Gottes tatsächlich so reden mußte, als ob er vom Schicksal redete. Um diesen Preis kann man in der Jesuitenlehre allerdings einen Wahrheitsgehalt entdecken. Aber was hat man damit preisgegeben und was gewonnen? Und mit welchen Mitteln wird man sich dann gegenüber dem Grundirrtum, der hinter dieser Lehre steckt, zur Wehr setzen? Wie kommt man überhaupt dazu, hier durchaus einen Wahrheitsgehalt entdecken zu wollen? Die Frage ist nicht abzuweisen: ob nicht sachlich zwischen dem Hypercalvinismus eines Gomarus und den letzen Intentionen des Molinismus bei aller geschichtlich himmelweiten Verschiedenheit eine tiefe und sehr solide Interessengemeinschaft bestanden haben möchte?

In den Spuren des Gomarus hat dann auch A. Walaeus, einer der Redaktoren der berühmten Leidener Synopse (in seinen *Loci comm.* 1640, S. 160 f.) anerkannt, daß man der Jesuitenlehre — er hat sie wie auch Gomarus nicht als solche kenntlich gemacht! — nicht grundsätzlich widersprechen könne. Sie diene dazu, *ut immutabilitas omnium Dei decretorum possit servari et aliquo modo explicari possit, quomodo Deus per decretum suum non sit autor aut causa mali.* Aber die Sache erscheint hier schon bedenklich vergröbert; denn von einer *scientia hypothetica in Deo ante omne decretum* ist jetzt schon die Rede und ausdrücklich von einer Veränderung des göttlichen *propositum* durch die *causae liberae.* Schon wird jetzt mit folgendem Syllogismus gearbeitet: *Omnis veritas est obiectum divinae praescientiae. At in conditionalibus, ex quibuscumque causis pendeant, est aliqua veritas. Ergo conditionalia illa sunt obiecta divinae praescientiae.* Schon wird jetzt das *decretum hypotheticum* als solches als «notwendig» bezeichnet. M. a. W.: mindestens ein Teil der *veritas,* ein Teil auch der *immutabilitas* der göttlichen Dekrete wird jetzt von Gott abgelöst und gewissen Gegenständen seines Wissens und Wollens als solchen, nämlich eben den sog. «freien Ursachen» innerhalb seiner Schöpfung zugeschrieben. Was hilft es, wenn Walaeus nun dennoch gegen den Mißbrauch, den die Jesuiten mit dieser Lehre getrieben hätten — als ob sie nicht eben um dieses «Mißbrauches» willen erfunden worden wäre! — nachträglich mit Bibelstellen protestieren will? Hat man der geschöpflichen Freiheit einmal jene Wahrheit und Unveränderlichkeit zugeschrieben, auf Grund derer sie ein von Gottes Willen unabhängiges Faktum bilden soll, dann ist es in der Gnadenlehre zu spät, zu bekennen, daß es nicht an Jemandes Wollen und Laufen, sondern an Gottes Erbarmen liege. Man kann das dann nur noch in dem Verständnis sagen, wie es die Molinisten auch gesagt haben: daß es nicht allein an Jemandes Wollen und Laufen, sondern auch an Gottes die nötigen Bedingungen schaffenden Erbarmen liege. Und es kann natürlich nur technisches Interesse haben, wenn Walaeus die besondere Unterscheidung einer *scientia media* als solche für «nicht notwendig» erklärte, indem man das Gemeinte sehr wohl teils als *scientia necessaria,* teils als *scientia libera* erklären könne: als *sc. necessaria* in der Tatsächlichkeit, in der Gott alles künftig Mögliche in seiner Bedingtheit notwendig voraussieht, als *sc. libera,* sofern ihm die allgemeinen Regeln, unter denen alles künftig Mögliche unter allen Umständen wirklich werden wird (z. B. die Regel, daß nur, wer an Christus glaubt, gerettet werden wird) als solche bekannt sind, nur daß dann eben im Blick auf die *exempla singularia* zu sagen wäre, daß Gottes freies Wissen um sie ein durch sie selbst bedingtes und insofern hypothetisches Wissen ist. Zeigt nicht gerade diese technische Korrektur der molinistischen Lehre nur noch deutlicher, wohin zu geraten man im Begriffe stand oder schon geraten war? Wäre hier nicht der unkorrigierten molinistischen Lehre der Vorzug zu geben, sofern dort wenigstens der *sc. necessaria* und der *sc. libera* als solcher der Charakter eines unbedingten Wissens Gottes zu erhalten versucht wurde, während in diesem schwächlichen reformierten Abklatsch der ganze Begriff des Allwissens und Vorherwissens Gottes als solcher ins Gleiten zu kommen droht in der Richtung eines Wissens um die Notwendigkeit und Kontingenz der Welt, das schließlich auch als das Wissen der Welt um sich selber oder *in concreto:* als das Wissen des Menschen um sich selber verstanden werden kann?

Noch schlimmer stehen nun aber die Dinge in der alten lutherischen Theologie, weil hier, nicht auf der Linie von Luthers *De servo arbitrio,* wohl aber auf der des späteren Melanchthon ein zur direkten positives Interesse an dem vorhanden war, was die *sc. media* für die Gnadenlehre bedeuten konnte. Ohne die Sache damit in Beziehung zu bringen, überhaupt ohne sich auf Näheres einzulassen und vor Allem: offenkundig in einem freundlichen begrifflichen Mißverständnis hat zuerst J. Gerhard (*Loci theol.* 1610 f. L II, 244) die *sc. media* in seine Dogmatik aufgenommen. Er unterscheidet nämlich *sc. necessaria* und *sc. libera* als das dem Willen Gottes vorangehende und das ihm folgende Wissen und behauptet dann: *sc. media praecedit quidem actum voluntatis (Dei), sed ex hypothesi illius aliquid futurum videt.* Die Bedingtheit des göttlichen Wissens um das zukünftig Mögliche wäre danach doch seine Bedingtheit durch den Willen Gottes. Es ist merkwürdig, daß Gerhard nicht dem von ihm selbst zitierten Text des Jesuiten Becanus, der ausdrücklich von seiner Bedingtheit durch die Freiheit des Geschöpfs redet, entnommen hat, daß jenes die Meinung und der allein mögliche Sinn des von ihm formell übernommenen neuen Begriffs nun einmal nicht war, und daß der Sinn, in welchem er ihn übernahm, über den Begriff der *scientia libera* nicht hinausführte, sodaß die *sc. media* in seinem eigenen Entwurf eine ganz überflüssige Rolle spielen mußte. Kein Wunder, daß er denn auch keine weitere Verwendung dafür hatte, und später (in seinen *Disputationes Isagogicae*) nicht mehr darauf zurückgekommen ist. Die späteren lutherischen Dogmatiker aber haben pünktlich entdeckt, was hier für sie zu entdecken war: *Sine hac scientia (media) non poterit commode explicari electio ex praevisa fide, qua Deus ex praevisione fidei perseveraturos nos ad aeternam elegit vitam* (A. Calov, *Syst. loc. theol.* 1655 f. II S. 524). Wenn dann noch Quenstedt (*Theol. did. pol.* 1685 I c. 8 sect. 2 qu. 7) ähnlich wie Walaeus aus logischen Gründen die Unterscheidung einer besonderen *sc. media* als «nicht notwendig» bezeichnet hat, so muß man, auf die Sache gesehen, doch gerade bei ihm eine förmlich triumphale Anerkennung des dem neuen Begriff zugrunde liegenden bedenklichen Anliegens konstatieren. Er leistet sich nämlich das polemische Meisterstück, die jesuitische Doktrin scheinbar zu bekämpfen, nämlich unter dem Gesichtspunkt, daß sie offenbar dazu dienen könnte, einen extrem calvinistischen Determinismus zu begründen und zu fördern. Wir haben am Beispiel des Gomarus gesehen, daß sie dazu in der Tat auch verwendet werden konnte. Daß es den Jesuiten, (auch wenn sie in einigen kühneren Vertretern wie Suarez ihrerseits in die deterministische Richtung vorstießen, von der ein Gomarus herkam) ursprünglich und eigentlich um eine Begründung des *liberum arbitrium* des Menschen in der Gotteslehre ging, das wollte oder konnte Quenstedt offenbar darum nicht sehen, weil ihm selbst diese Intention auch nicht ganz fremd war. Er lehnt die *sc. media* als besondere Distinktion ab, er erklärt aber im selben Atemzug: *Mediam et conditionatam scientiam... non repugnamus, dummodo appellationis ratio non sit principium Jesuiticum, Praedeterministicum, Calvinisticum* (!), findet aber unter diesem Vorbehalt etwas «Gesundes» darin, was gerade gegen die calvinistische Leugnung der *decreta conditionalia*, insbesondere der *electio ex praevisa fide* verteidigt werden müsse und bringt sachlich schließlich nur die Korrektur an: man rede besser nicht von einer *sc. conditionata*, sondern von einer *sc. conditionatorum: Conditio enim... non est in Deo, sed in obiectis extra Deum.* So ist hier unter der Fahne besonderer lutherischer Orthodoxie und ihres traditionellen Kampfes gegen Rom und Genf gerade der Kernpunkt der jesuitischen Lehre in die protestantische Dogmatik übergegangen! Noch spätere lutherische Theologen wie J. W. Baier (*Comp. Theol. pos.* 1686 I c. 1 § 15), D. Hollaz (*Ex. theol. acroam.* 1707 I 1 qu. 41) und J. Fr. Buddeus (*Instit. Theol. dogm.* 1724 II 1 § 22) haben dann auch den terminologischen Widerspruch Quenstedts aufgegeben. Ein sachlicher Widerspruch ist im lutherischen Bereich von Anfang an nur ganz vereinzelt und unwirksam erhoben worden und so ist die *sc. media* zu einem festen Bestandteil gerade der lutherischen Lehre geworden. Gottes Wille und Beschluß in der Erwählung zum Heil des einzelnen Menschen ist kein absoluter, sondern bedingt durch des Menschen Glauben und dessen Beharrlichkeit — zur Begründung dieses Satzes der lutherischen Gnadenlehre war die These von der *sc. media* zu geeignet, als daß man es hätte unterlassen können, nach ihr zu greifen: nur ein hypothetisches und also nicht unwiderstehlich wirksames göttliches Willensdekret geht dem göttlichen Wissen um die freien Ursachen in der Schöpfung und so auch um die Freiheit des Menschen (zu glauben oder nicht zu glauben, im Glauben zu beharren oder nicht zu beharren) voraus und also ist diese Freiheit durch das göttliche Wissen nicht beherrscht, in ihm nicht vorherbestimmt, sondern bildet ihm gegenüber einen Faktor, um den Gott weiß, über den er aber nicht verfügen kann, nicht verfügen will, jedenfalls tatsächlich nicht verfügt.

Die in der protestantischen Theologiegeschichte folgende Zeit der aufsteigenden Aufklärung war ja bekanntlich auch dadurch ausgezeichnet, daß sie sehr viele von den noch das 17. Jahrhundert bewegenden Problemen nicht etwa löste, sondern überhaupt nicht weiter bearbeitete, sondern mit unwirschen Gebärden der Ermüdung als scholastische Spitzfindigkeiten einfach fallen ließ. So wäre auch von einer weiteren Geschichte der *sc. media* im Protestantismus nicht viel zu sagen. Man kann also n i c h t etwa behaupten, daß ihre Rezeption durch einen Teil der Orthodoxie das Einfallstor für den neuen Pelagianismus gebildet hätte, der nun für lange Zeit in der protestantischen Kirche und doch auch in ihrer Theologie herrschend wurde, und zwar weithin in einer solchen Form, der gegenüber der Molinismus mit all den Kautelen, mit denen er immerhin umgeben war, neben der überhaupt der römisch-katholische Semipelagianismus sich noch wahrhaft augustinisch ausnimmt. Man kann nur sagen, daß jene Rezeption ein S y m p t o m dafür war, daß ein breites Einfallstor tatsächlich vorhanden war, durch das dieser Pelagianismus, durch das eine gewaltige humanistische Reaktion gegen die reformatorische Gottes- und Lebenserkenntnis in der Doppelgestalt des Pietismus und des Rationalismus in die evangelische Kirche einziehen konnte, daß diese Reaktion schon in einem bestimmten, vermeintlich orthodoxen Verständnis Luthers und Calvins so viel Nahrung fand, daß es damals zu einer einmütigen Einsicht in die Natur jenes jesuitischen Fundes nicht, kommen konnte. Man legte ihn nachher zu den scholastischen Spitzfindigkeiten, nachdem man ihn sich in seiner Substanz, nämlich als die Proklamation der E i g e n s t ä n d i g k e i t d e s f r e i e n G e s c h ö p f s auf dem Boden der Gotteslehre zuvor angeeignet hatte. Man war ihn also nicht los, indem man ihn nun in jener besonderen Form, in der er einst die Gemüter der Väter bewegt hatte (in der er die katholische Theologie noch heute bewegt) v e r g e s s e n wollte, oder, wo man ihn nicht vergaß, ohne nähere Prüfung wegen dieser seiner scholastischen Form (oder auch einfach wegen seines jesuitischen Ursprungs) p e r h o r r e s z i e r e n wollte. Irgend einmal ist das eben doch geschehen in der Geschichte des Protestantismus, daß d a s Element, das im scholastischen Zeitalter jene scholastische Form hatte, in der evangelischen Lehre Raum bekam, und irgend einmal muß dieses Element, so fremd es uns in seiner damaligen Form geworden sein mag, wenn die Kirche der Reformation bleiben oder wieder werden will, was sie ist, aus ihrer Lehre auch wieder ausgeschieden werden.

Wo aber liegt der Punkt, in welchem hier zu widerstehen gewesen wäre? Wir können und müssen dabei weithin auf die Position verweisen, die innerhalb des Katholizismus selbst die T h o m i s t e n den Molinisten gegenüber bezogen und verteidigt haben. Es wäre ja schon viel gewonnen gewesen, wenn die protestantische Theologie gerade in dieser Sache wenigstens die thomistische Position ihrerseits unbedingt gehalten, wenn sie sich wenigstens nicht hinter die Linie der in der römisch-katholischen Theologie selber verteidigten augustinischen Lehre zurückdrängen und geradezu auf den jesuitischen Boden hätte hinüberdrängen lassen. So wie die Dinge lagen, muß man sagen, daß die Thomisten in dieser Sache evangelischer waren und blieben als jener ganze die Jesuitenlehre akzeptierende Flügel unserer Orthodoxie und selbstverständlich erst recht evangelischer als der ihr folgende protestantische Vulgärpelagianismus. Wir haben also zunächst einfach die entscheidenden Motive der thomistischen Lehre unsererseits geltend zu machen, nicht ohne das Zugeständnis sogar, daß ihre Polemik gegen den Molinismus in gewissen Punkten tieferdringend und ertragreicher ist als das, was auch die protestantische Opposition gegen diesen vorgebracht hat: Gott weiß auch um die freien menschlichen Handlungen nicht bloß als ihr Zuschauer, auch nicht teilweise bloß als ihr Zuschauer, sondern ganz und gar als der, der ihr Geschehen gewollt und der dieses Geschehen auch vollbracht hat. Sein Wissen ist nicht nur ein Betrachten, sondern indem es auch das ist, ein Begründen und Vollziehen. Gottes Wissen, Wollen und Tun lassen sich nicht voneinander abspalten. Sondern was Gott weiß, das will er auch und was er will, das tut er auch. Es folgt daraus, daß Gott in ewiger objektiver Wahrheit auch um die freien geschöpflichen Handlungen weiß, so wenig daß diesen selbst eine ewige objektive Wahrheit zuzuschreiben ist, wie dies für alle anderen Dinge daraus folgt, daß Gott ja in derselben Weise auch um sie weiß. Sie sind Gegenstände seines Wissens als das, was sie und so, wie sie mit allem anderen Geschaffenen sind: in relativer, nicht in absoluter, in abhängiger, nicht in selbständiger, in zeitlicher, nicht in ewiger Objektivität und Wahrheit: in der und in keiner anderen Objektivität und Wahrheit, die sie Gott als dem Schöpfer und Herrn alles Seins und Geschehens verdanken. Die Thomisten sind im Recht, wenn sie gegen die Molinisten geltend machen, daß die Lehre von der geschöpflichen Freiheit als Einschränkung der Allwirksamkeit und Allmacht und also als Leugnung der Souveränität Gottes einen Angriff auf seine Gottheit bedeutet, die das Gebet zwar nicht unmöglich aber überflüssig macht. Auch gegen die *praescientia conditionata* des Gomarus, auch gegen die *praescientia conditionatorum* des Quenstedt wäre das Alles offenbar zu sagen gewesen und man möchte wohl wünschen, daß auch die protestantischen Gegner der *sc. media* noch energischer, als sie es getan haben, mit diesen entscheidenden, den wirklich theologischen Argumenten gearbeitet hätten. (Man kann nämlich bei aller Würdigung ihrer so tapferen Opposition nicht leugnen, daß sie — von Voetius bis Turrettini! — die Sache viel zu sehr unter dem Gesichtspunkt eines logisch-metaphysischen Problems behandelt und, so weit ich sehe, z. B. gerade in ihrer Bedeutung für die Frage des Gebets überhaupt nicht gewürdigt haben.) Es ist aber weiter auch das wichtig und richtig, was die Thomisten in Beantwortung der Frage nach der Verantwortlichkeit des von Gottes Wissen und Willen wirklich beherrschten freien Tuns der Geschöpfe beigebracht haben: daß von der Aufhebung dieser Verantwortlichkeit auch unter dieser Voraussetzung, ja gerade unter dieser Voraussetzung keine Rede sein könne, weil eben der durch Gottes Wissen und Willen begründete und beherrschte geschöpfliche Wille Wille und als solcher in sich frei und verantwortlich ist, weil das Geschehen der Sünde als solcher auf Gottes Zulassung und also zwar ebenfalls auf Gottes Wissen und Willen begründet ist, so jedoch, daß es nicht auf Grund seiner Schöpfung und also auch nicht auf Grund einer Fähigkeit des Geschöpfs, sondern eben ganz allein im Abfall und im Schuldigwerden des Geschöpfs Ereignis wird, in jenem Raum, welchen Gott weiß als den Raum des Nicht-Seienden und will als den Raum des von ihm Nicht-Gewollten, in welchem der Sünder keine Entschuldigung und auch keine eigene Möglichkeit zur Wiedergutmachung hat, in dem er aber nichtsdestoweniger ebenfalls in der Hand des barmherzigen, gerechten Gottes ist. Man kann in Erinnerung an das, was die Thomisten in dieser Hinsicht vorgebracht haben, auch den zweiten Wunsch nicht unterdrücken, es hätte doch auch in der protestantischen Polemik gegen die *sc. media* jene Frage und also die berechtigte Seite des mit der jesuitischen These angemeldeten Anliegens besser berücksichtigt werden mögen. Das Alles muß gebührend anerkannt werden — in der konfessionellen Bußfertigkeit, in der unsererseits einfach zuzugestehen ist, daß die Sache der evangelischen Gnadenlehre in diesem Punkt in der katholischen Theologie besser verteidigt worden ist, als es sogar die Opposition unter unseren Orthodoxen (um von den Anderen und von den Späteren nicht zu reden!) getan hat.

Aber nun muß die Frage doch aufgeworfen werden, ob es eigentlich ein Zufall ist, daß der Streit um die *sc. media* im Bereich der katholischen Theologie nie ausgetragen worden ist und sogar keine Aussicht zu haben scheint, je zum Austrag zu kommen? Wie kommt es, daß man sich im römisch-katholischen Bereich zwischen These und Antithese, zwischen Ja und Nein in dieser Sache offenbar *in infinitum* und letztlich unbeschwert hin und her bewegen kann, daß man dort zwar von zwei «unversöhnlichen Prinzipien» reden und nun doch sagen kann, daß beide auf derselben Kirchenlehre fußen und weissagen kann, es würden «beide Systeme auch in Zukunft ihre werbende Kraft behalten, zu allen Zeiten Schule machen und in ihren respektiven Kreisen sogar erhebend und erbauend fortwirken», sodaß das letzte Wort dort offenbar darin bestehen kann und wohl auch muß, daß vor «ruchloser Störung» durch «blinde Leidenschaft und verderbliche Parteisucht» milde gewarnt wird. Was darf und will da nicht gestört sein? Offenbar auch durch eine leidenschaftslose und unparteiische Entscheidung für alle Zukunft nicht gestört sein? Wo die Empfehlung eines solchen nicht weiter erklärlichen, sondern eben nur an sich höchst wünschbaren Friedens wirklich das letzte Wort ist, da pflegt die Frage berechtigt zu sein: ob sich die Streitenden nicht zu allerletzt auf dem Boden eines gemeinsamen Irrtums befinden möchten, auf einem Boden, auf dem sie allerdings streiten können und müssen, wo aber eine echte Entscheidung nicht zu erwarten ist, wo sie also mit allerletztem Ernst, mit der Aussicht auf einen Sieg der Wahrheit gerade nicht streiten dürfen und wo sie darum allerletztlich in der Tat nur zur Duldung ermahnt werden können?

Wir werden nun freilich auf evangelischer Seite sehr vorsichtig sein müssen, wenn wir dem Streit der Thomisten und Molinisten gegenüber diese Frage aufwerfen und wenn wir ihr wohl gar den Charakter einer direkten Vorhaltung geben wollen. Dies nur schon darum, weil wir ja in unserem eigenen Lager einen Gegensatz haben, dessen Überwindung vorläufig ebenfalls nicht abzusehen ist, der bis auf diesen Tag ebenfalls den Charakter eines Streites zweier «unversöhnlicher Prinzipien» gehabt hat, den wir nun freilich ebenfalls nicht als kirchenspaltend ansehen möchten und in dessen Behandlung wir uns, ohne ihn als Gegensatz verwischen und unterdrücken zu wollen, ebenfalls zu einer gewissen gegenseitigen Toleranz und Respektierung ermahnen und entschließen müssen: ich meine den Gegensatz zwischen der lutherischen und der reformierten Theologie, wie er etwa in gewissen Spitzen der Christologie und der Abendmahlslehre sichtbar, aber auch in einer ganzen Reihe von anderen Fragen bedeutsam und z. T. praktisch höchst wirksam geworden ist. Im Blick auf diesen Balken in unserem eigenen Auge werden wir uns wohl hüten, der katholischen Theologie etwa ohne weiteres vorzuwerfen, daß ihr innerer, vorläufig nicht beseitigter Konflikt als solcher beweise, daß sie in einem beide Parteien umfassenden Irrtum begriffen sei. «Was du nicht willst, daß man dir tu...» Wiederum ist nun aber zu sagen, daß wir ja auch jenen Gegensatz in unserem eigenen Lager keineswegs als einen solchen behandeln dürfen und können, bei dessen Existenz wir uns irgendwie beruhigen könnten und demgegenüber das Wort Toleranz nun etwa wirklich das letzte Wort sein müßte. Wir werden vielmehr im Blick auf unseren innerevangelischen Gegensatz, so gewiß wir ihn als einen innerkirchlichen Schulgegensatz zu behandeln haben, an der Erwartung festhalten müssen: es wird sich einmal, nachdem beide Seiten genügend aufeinander gehört und voneinander gelernt haben werden, nicht etwa ein gemeinsamer Irrtum beider Seiten, sondern ein letzter Irrtum auf der einen Seite und damit die Unhaltbarkeit ihres Gegensatzes zu der anderen als der Sinn und das Ziel des ganzen Konfliktes herausstellen; es wird dieser Streit also durch eine Entscheidung, durch einen Sieg der Wahrheit zu einem Abschluß kommen, hinter

2. Gottes Beständigkeit und Allmacht

welchem die ihres Irrtums überführte Seite keine Lebensberechtigung, weil keine innere Lebensfähigkeit mehr haben wird. Ebenso erlaubt und geboten dürfte es nun aber sein, hinsichtlich der innerkatholischen Kontroverse zunächst festzustellen, daß es bei jenem Nebeneinander von Ja und Nein auch dort jedenfalls dann sein Bewenden nicht haben, daß jener so schön proklamierte Burgfriede auch dort jedenfalls dann keine ewige Weihe beanspruchen kann, wenn auch die katholische Theologie nicht etwa aufhören will, nach der Wahrheit zu fragen. Tut sie das nicht, dann würde man auf der thomistischen Seite die Erwartung nicht unterdrücken dürfen: es wird einmal an den Tag kommen, daß nicht etwa beide Teile, sondern nach Anhörung, Vergleichung und Fruchtbarmachung aller Argumente und Gegenargumente letztlich die Molinisten geirrt haben, daß ihr Gegensatz unhaltbar war, daß also der Jesuitismus in der katholischen Theologie weil keine Lebensfähigkeit, darum auch keine Lebensberechtigung hat. Und in Erwartung und Vorbereitung dieser Entscheidung würden die Thomisten ihren Gegensatz zum Molinismus so formulieren müssen, daß dieser in der Wurzel angegriffen und aufgehoben wäre. Aber wenn wir uns mit dieser Betrachtung mit der katholischen Theologie wirklich auf einen Boden zu stellen versuchen, wenn wir damit ihre innere Kontroverse formal wirklich ganz gleich zu beurteilen versuchen wie unsere eigene, so müssen wir doch sofort zugeben, daß wir damit gerade an d i e Richtung im Katholizismus, der b e i z u t r e t e n für uns, wir selbst katholisch wären, zunächst als das natürliche Gegebene erscheinen müßte, eine Zumutung richten, die sie n i c h t realisieren kann, sofern sie eben eine Richtung römisch-katholischer Theologie sein und fernerhin b l e i b e n will.

Denn was würde das bedeuten, wenn die Thomisten ihre Ablehnung der *scientia media* so radikalisieren würden, daß die jesuitische These dadurch n i c h t n u r b e k ä m p f t, sondern wirklich a u s g e s c h l o s s e n wäre, daß der Streit also einer Entscheidung, und zwar einer Entscheidung im Sinn einer klaren Behauptung der Souveränität des göttlichen Wissens und damit Gottes selber gegenüber allen von ihm selbst verschiedenen Gegenständen entgegengeführt würde? Das würde nicht weniger als dies bedeuten: Es müßte die Unterscheidung und Zusammenordnung von Gott und Kreatur (und damit dann auch die des göttlichen Wissens und aller seiner nicht göttlichen Gegenstände) theologisch so vollzogen werden, daß die Behauptung einer Eigenständigkeit des Geschöpfs im Sinne einer ihm eigenen Fähigkeit, Gott gegenüber Bedingungen zu schaffen, d u r c h jene U n t e r s c h e i d u n g und Z u s a m m e n o r d n u n g s e l b s t grundsätzlich ausgeschlossen wäre. Es dürfte also die Beziehung zwischen der göttlichen und der nicht-göttlichen Sphäre v o n H a u s e a u s nicht so gesehen und vorgestellt werden, daß ihr Nebeneinander ˙auch ˙ nur einen Augenblick neutral als das Nebeneinander irgend eines A mit irgendeinem B erscheinen könnte, das man dann mindestens theoretisch gelegentlich ebensowohl in der Richtung B—A wie in der Richtung A—B betrachten und verstehen könnte. Es müßte bei dem Vergleich der beiden S p h ä r e n ihre ganze U n v e r g l e i c h l i c h k e i t schlechterdings praesente und aktuelle Bedeutung haben, behalten und immer wieder gewinnen. Es dürfte n i e das Bild eines S y s t e m s entstehen, in welchem die Kreatur ebenso ihren Ort hat, wie Gott den seinigen. Es dürften Gott und die Kreatur nie und nirgends unter einem anderen Begriff als in dem Namen Jesus Christus z u s a m m e n g e d a c h t werden. Es dürfte an keiner noch so verborgenen Stelle die Möglichkeit offen bleiben, daß darum, weil allerdings Gott mit der Kreatur konkurriert und kooperiert — täte er das nicht, so würde er nicht ihr Schöpfer sein — die Kreatur ihrerseits auch mit Gott konkurrieren und kooperieren könnte. Logisch kann dieses Zweite — sofern das Erste von irgend einem anderen A hinsichtlich irgend eines anderen B gesagt würde — gewiß nicht ausgeschlossen sein: wer konkurriert und kooperiert, dem widerfährt auch Konkurrenz und Kooperation. Was bedingt, das ist auch bedingt. Aber eben dieser logisch selbstverständliche Schluß müßte hier dadurch ausgeschlossen sein, daß der Unterschied und die Beziehung zwischen Gott und Kreatur von Hause aus so verstanden wird und dann auch so verstanden bleibt, daß es zu dieser Umkehrung unter keinen Umständen kommen kann. Warum nicht? Darum nicht, weil Gott Gott, die Kreatur aber die Kreatur ist, weil in diesem dem schlechthin einzigartigen, mit keinem anderen auch nur vergleichbaren Verhältnis — weil es eben dieses ist! — nur ein Konkurrieren und Kooperieren Gottes mit der Kreatur, nicht aber das Umgekehrte in Frage kommen kann, weil jede Umkehrung hier die Voraussetzung, nämlich dieses Verhältnis als solches, den Charakter Gottes als Gott und den Charakter der Kreatur als Kreatur und damit auch den Charakter dieser Unterscheidung und Zusammenordnung in Frage stellen und aufheben würde, weil man dann sofort von irgend einem ganz anderen Verhältnis und sofort nicht mehr von Gott und von der Kreatur reden würde. Die Jesuiten mit ihrer Annahme einer das göttliche Allwissen und Vorherwissen bedingenden kreatürlichen Freiheit haben diese Umkehrung vollzogen. Sie haben dem Geschöpf eine solche Eigenständigkeit zugeschrieben, die es ihm ermöglicht, für das göttliche Wissen ein Rätsel zu bilden, dessen Auflösung seine eigene Sache und nicht die Sache Gottes ist, das auch von Gott nur auf seine durch das Geschöpf selbst zu vollziehende Auflösung hin durchschaubar ist. Diese Annahme ist von den Thomisten mit Recht als profan empfunden und abgelehnt worden: dieses Gott bedingende Geschöpf ist nicht mehr Gottes Geschöpf und dieser vom Geschöpf bedingte Gott ist nicht mehr Gott. (Ob man von hier aus zu einem dualistischen oder zu einem pantheistischen Denken fortschreiten wird, kann eine offene Frage sein; sicher ist, daß man von hier aus beide: die Wirklichkeit Gottes als Gott und die des Geschöpfs als Geschöpf nur immer mehr aus dem Gesicht verlieren kann.) Aber wenn man sich nur darüber freuen kann, daß auf dem katholischen Boden selbst so kräftiger und umsichtiger Widerspruch dagegen erhoben worden ist — kräftiger und umsichtiger als das, was auch unsere Orthodoxie in dieser Sache geleistet hat — so muß man doch fragen, ob dieser Widerspruch aus einem solchen Ansatz hinsichtlich der ganzen Unterscheidung und Zusammenordnung von Gott und Kreatur hervorging, daß er wirksam geltend gemacht werden, d. h. daß er jener Annahme nicht nur eindrucksvoll gegenüberstehen, sondern sie grundsätzlich ausschließen konnte. Den Widerstandswillen der Thomisten und die Sorgfalt und Folgerichtigkeit ihres Widerstandes selbst zu bezweifeln, hätte keinen Sinn. Es fragt sich nur, ob er von einem Ort her erfolgte, von dem aus in dieser Sache nicht nur widerstanden, sondern auch gesiegt werden kann. Diese Frage ist aber zu verneinen. Jene Umkehrung zugunsten der Kreatur will zwar der Thomismus nicht mitmachen. Man kann nur konstatieren, daß er hier von seinem mittelalterlichen Meister, von Augustin und vielleicht doch auch von der Bibel her eine, wie der ganze Vorgang zeigt, wirksame Hemmung hat und tatsächlich verhindert ist. Man könnte aber nicht wohl sagen, daß er grundsätzlich notwendig verhindert war und ist. Denn das Bild eines Systems, d. h. einer Zusammenordnung zweier allerletztlich doch vergleichbarer, letztlich doch in einem Begriff zusammenzufassenden Größen bietet nun allerdings auch die thomistische Auffassung des Miteinanders von Gott und Kreatur. Die unendliche Überordnung Gottes und die unendliche Unterordnung der Kreatur wird in diesem System schön hervorgehoben und gewahrt. Aber eben in dieser eigentümlichen Zusammenordnung sind die beiden Größen nun doch umfaßt durch den beiden gemeinsamen Begriff des Seins, der von Gott in göttlicher, von der Kreatur in kreatürlicher Weise erfüllt wird, der aber doch gleichzeitig die Substanz beider und also eine beiden gemeinsame Substanz bezeichnet. Eben in dieser allem Anderen vorangehenden Grundanschauung sind die Thomisten mit den Molinisten leider einig. Auf ihrem Boden kämpfen sie für die unbedingte

Priorität des göttlichen Seins. Aber wie wollen sie auf diesem Boden für diese Sache wirksam, wie entscheidend kämpfen? Denn wie sollte es auf diesem Boden nicht möglich, wie sollte es hier nicht vielleicht notwendig sein, jene Priorität (ohne sie als solche anzufechten — das wollten ja auch die Molinisten nicht tun) so zu interpretieren, daß aus der Eigentlichkeit des kreatürlichen Seins eine Eigenständigkeit Gott gegenüber wird, die Vollkommenheit des göttlichen Wissens dahin zu bestimmen, daß ihr in Gestalt der kreatürlichen Freiheit nun doch jenes letzte, nur durch die Kreatur selbst aufzulösende Rätsel gegenübersteht? Ist dieser der Kreatur zugeschriebene Rest geschöpflicher Selbständigkeit nicht so bescheiden, daß man entschuldigend sagen möchte, daß durch ihn die Priorität und Souveränität Gottes nicht ernstlich bedroht sein könne? Und muß ein solcher Rest nicht behauptet werden, wenn es dabei bleiben soll, daß die Kreatur mit Gott am Sein teilnimmt, daß also auch ihr Sein, in welcher schlechthinigen Abhängigkeit immer, ein eigentliches Sein ist? Darf, ja muß von jenem gemeinsamen Boden aus diese Frage etwa nicht gestellt werden? Und ist sie von den Thomisten — immer von jenem Boden her gefragt — etwa genügend berücksichtigt und beantwortet worden? Kann man auf jenem Boden dem jesuitischen Anliegen die grundsätzliche Legitimität und kann man ihm — wenn etwa die Thomisten ihm nicht ganz gerecht geworden sein sollten — auch die praktische Berechtigung absprechen? Befinden sich Gott und die Kreatur wirklich in einem beiden übergeordneten System des Seins, dann ist dabei auch die gelegentliche Umkehrung der Betrachtung A—B in eine Betrachtung B—A, dann ist also auch die Vorstellung von einer Konkurrenz und Kooperation des Geschöpfs mit Gott nicht schlechterdings, nicht *a limine* von der Hand zu weisen. Es ist ja nicht einzusehen, inwiefern diese Vorstellung durch den Unterschied zwischen der Unendlichkeit des einen und der Endlichkeit des anderen etwa ausgeschlossen sein sollte. Im Gegenteil: wo es um diesen Unterschied und also auch um diese Beziehung geht, da ist zu einer vollständigen Würdigung des Sachverhalts auch diese Umkehrung an ihrem Ort notwendig, da muß zugestanden werden, daß das Endliche in seiner Weise nicht weniger die Grenze des Unendlichen ist als das Unendliche in seiner Weise die Grenze des Endlichen. Und es wird, wo es um diesen Unterschied und diese Beziehung geht, gegenüber einer Überbetonung nach der einen Seite eine Reaktion nach der anderen nicht nur als erlaubt, sondern geradezu als wünschbar erscheinen müssen. Es wird die Gesundheit der Theologie dann jedenfalls gerade darin bestehen, daß sie möglichst gleichmäßig nach beiden Seiten oszilliert, und es wird, wenn sie von Erkrankung bedroht ist, das naheliegende Heilmittel immer gerade dieses sein, daß in der jeweils von einer Seite vernachlässigten Richtung von anderer Seite in entgegengesetzter Richtung ein Übriges getan wird. Es kann dann also die Aufgabe eines weisen kirchlichen Lehramtes unmöglich darin bestehen, eine Entscheidung herbeizuführen. Sie wird dann vielmehr darin bestehen müssen, einer Entscheidung (die ja als solche nur dem Irrtum dienen könnte) vorzubeugen und an Stelle dessen dafür zu sorgen, daß es bei der *complexio oppositorum,* bei dem erwünschten Oszillieren zwischen den beiden Gegensätzen grundsätzlich sein Bewenden hat. M. a. W.: auf jenem Boden ist zwar ein Sieg des Molinismus, ist aber auch ein Sieg des Thomismus tatsächlich ausgeschlossen: durch die Weisheit des aller katholischen Theologie zugrunde liegenden Prinzips, als dessen treulicher Wächter sich das kirchliche Lehramt gerade mit einer unentschiedenen, gerade mit einer die Entscheidung verhindernden Haltung ausgewiesen hat und sicher fernerhin ausweisen wird.

Wir befinden uns aber bei dieser besonderen Debatte im Raum des nachreformatorischen Katholizismus. Die Kirche hatte eine schwerste Erschütterung hinter sich. Und diese kam auf dem Gebiet der Lehre ausgerechnet von der vom Thomismus vertretenen Seite her. Die Kirche bedurfte — das Gleichgewicht und damit sie selber stand auf dem Spiel — einer Reaktion nach der entgegengesetzten Seite. Eben der Jesuitismus hat aber — in gewisser Hinsicht in Aufnahme der Tradition des von der Reformation unmittelbar angegriffenen Spätskotismus — diese Reaktion vollzogen. Er wurde der besondere Vertreter eben dieses kirchengeschichtlich so nötig gewordenen Gegensatzes. Wogegen jede Regung nach der anderen Seite hin, wie wohlgemeint und berechtigt sie auch im Allgemeinen im Rahmen des Ganzen an sich sein mochte, in dieser Situation automatisch das Vorurteil gegen sich haben mußte, daß sie dem Protestantismus Vorschub leisten konnte. Es hängt damit zusammen, daß sogar der Vater der dominikanischen Schule, der Aquinate selber, auf den die älteren Protestanten sich nicht selten zu berufen pflegten, zwar nicht gerade in Mißkredit geriet, wohl aber mit einem gewissen Unbehagen für Jahrhunderte stark in den Hintergrund gedrängt werden konnte, bis es sich dann im 19. Jahrhundert aus ganz anderen Gründen, nämlich im Kampf gegen die moderne Philosophie als nötig erwies, wieder feierlich und ausdrücklich auf ihn zurückzugreifen, wie es in der Enzyklika «*Aeterni patris*» Leos XIII. (1879) geschehen ist. Eigentlich erst damit ist es in der katholischen Kirche wieder offiziell zum Ausgleich der streitenden Tendenzen gekommen. Immerhin doch nur dazu! Gerade als Philosophie und Theologie des Ausgleichs ist ja der Thomismus damals als die für alle katholischen Schulen (ausdrücklich auch für die Jesuiten!) tatsächlich maßgebende katholische Methode erklärt worden, so also, daß zwar den thomistischen Gegnern der Jesuiten der Rücken gestärkt und das ganz gute Gewissen wiedergegeben wurde, daß aber auch die Jesuiten ihrerseits jetzt insofern als Thomisten anerkannt wurden, als auch ihre Lehre jetzt als eine legitime Interpretation des Thomas und so als eine auf der gemeinsamen Grundlage mögliche Nuance und Tendenz verstanden wurde. Wir können der Frage nach dem historischen Recht dieser Entscheidung (für die Nicht-Entscheidung!) nicht nachgehen. Sicher ist dies, daß durch sie beiden Richtungen und so jedenfalls auch der thomistischen, die Möglichkeit genommen war, ihre Position so zu vertreten, daß die entgegengesetzte dadurch ausgeschlossen wurde. Und rein sachlich mußte und muß die jesuitische Richtung deshalb nach wie vor im Vorsprung sein, weil jedenfalls im Kampf gegen den Protestantismus nach wie vor sie es war und ist, die dem gemeinsamen Anliegen der katholischen Theologie den s c h ä r f s t e n Ausdruck zu geben vermag, während man die thomistische These nach wie vor nicht gut vertreten kann, ohne daß *nolens volens* jene leise geöffnete Türe zum Protestantismus hin wieder und wieder sichtbar gemacht wird. Es ist klar, daß die Thomisten eben dadurch gehindert sind, ihre These etwa allzu radikal begründen und durchführen zu wollen.

Und nun müssen wir doch noch einen Schritt weitergehen. Nehmen wir also an — und es bleibt uns schon nichts übrig, als dies anzunehmen — daß J. Pohle tatsächlich recht hat, daß die Neutralität, bezw. die *complexio oppositorum* (und von daher kirchenpolitisch: der Ausgleich, die Toleranz, der Burgfriede zwischen den beiden Tendenzen) auf römisch-katholischem Boden das letzte Wort ist, an das sich Alle zu halten haben, weil innerhalb des Systems des Seins Gott und die Kreatur je an ihrem Ort in gleicher Weise zu ihrem Recht kommen müssen. Nehmen wir an, daß eben dies der römisch-katholische Boden selber und als solcher ist. Wie soll man dann diese Grundanschauung selbst und als solche anders verstehen, denn als eine Bestätigung und Anwendung eben der Freiheit, die die Jesuiten im Streit um die *sc. media* dem Geschöpf durchaus zuschreiben und retten wollten? Oder ist die Aufrichtung eines solchen Gott und die Kreatur umfassenden Systems, ist der Versuch, diese beiden auf einer Ebene zusammen zu sehen und aufeinander zu beziehen, etwas Anderes als eben ein solcher Akt, in welchem die Kreatur sich selbst die Fähigkeit anmaßt, über sich selbst und damit zugleich über Gott verfügen zu können: die Fähigkeit, in der Weise nach sich selber zu greifen, daß damit *eo ipso* auch nach Gott gegriffen, Gott mit ihr selber zusammen begriffen wird? Wenn das nicht der Akt eines sich für frei haltenden Willens, eines vermeintlichen *liberum arbitrium* ist, was dann? Eben dieser Akt ist aber der Boden, die Grundanschauung des ganzen römisch-katholischen Systems bis in alle seine Einzelheiten. Dieser Akt ist der Grundakt seiner Gnadenlehre, seiner Sakramentenlehre, seiner Lehre von der Kirche, von Schrift und Tradition, vom römischen Primat und von der Unfehlbarkeit des Papstes, der Grundakt seiner Marienlehre vor Allem. Auf diesem Boden mag dann weiter Spielraum sein. Auf diesem Boden kann auch die Souveränität Gottes nachträglich wieder gewaltig zu Ehren gebracht werden: so gewaltig, daß ein verlotterter Protestantismus allen Anlaß hat, sich tief zu schämen. Auf diesem Boden wird also auch der Thomismus als Korrektur immer möglich und sogar immer erwünscht sein. Die J e s u i t e n aber werden auf d i e s e m Boden darum immer i m V o r s p r u n g sein, weil sie (ganz abgesehen von der geschichtlichen Notwendigkeit ihrer Funktion) d i e t i e f s t e N a t u r d i e s e s B o d e n s b e s s e r v e r s t a n d e n h a b e n als die Thomisten, besser vielleicht als der heilige Thomas selber, weil ihre Position und These der Natur dieses Bodens im tiefsten kongenial und angemessen ist, weil sie sozusagen dessen natürlichste Kinder sind. Wäre es anders, dann hätten sich ja die Reformatoren damit begnügen können, als eine Verstärkung der augustinischen Richtung innerhalb des katholischen Systems auftreten und wirken zu wollen und sie hätten umgekehrt von dessen Vertretern als die Träger eines legitimen Korrektivs begrüßt und aufgenommen werden müssen. Oder es hätten mindestens alle augustinisch Gerichteten innerhalb der katholischen Kirche den Ruf zur Reformation hören und die legitime Fortsetzung der *una sancta* in der evangelischen Kirche anerkennen müssen. Von dem Allem ist nichts geschehen. Die Reformatoren konnten auf dem Boden der römischen Kirche keinen Raum für ihre Erkenntnis sehen, und es ist ihnen dieser Raum auch ausdrücklich abgesprochen und verweigert worden. Dominikaner und Jesuiten i m V e r e i n wurden ihre bewußtesten und schärfsten Gegner. Das Alles bestätigt: der gemeinsame römisch-katholische Boden als solcher, die *complexio oppositorum* selbst bedeutet ein Ja in der molinistischen Richtung, das nachher durch kein einschränkendes Nein wieder ganz beseitigt werden kann. Die Jesuiten können und müssen seit spätestens 1879 «thomistisch» sein, weil die Thomisten ihrerseits von Hause aus «jesuitisch» waren und sind, weil sie auch ihre Antithese von Hause aus nur im Rahmen der l ä n g s t v o r M o l i n a faktisch gültigen molinistischen These konzipieren und vortragen konnten. Die Zumutung, die wir versuchsweise an sie richteten, ist also in jeder Beziehung unmöglich. Sie können ihre These nicht so radikalisieren, daß der Molinismus dadurch rundweg verneint würde. Denn damit würden sie den römisch-katholischen Boden als solchen unter den Füßen verlieren. Sie könnten das nur tun, indem sie protestantisch, und zwar reformatorisch-protestantisch würden. Die fingersbreit geöffnete Türe würde dann weit aufgehen.

Denn eine effektive Verneinung des Molinismus ist nur dann möglich, wenn das Denken in einem Gott-Kreatur-System, das Denken im Rahmen der *analogia entis* grundsätzlich preisgegeben wird, wenn die Theologie es entschlossen wagt, T h e o l o g i e und also nicht O n t o l o g i e zu sein, wenn also s c h o n d i e F r a g e nach einer Gott gegenüber Bedingungen schaffenden kreatürlichen Freiheit gar nicht auftauchen kann. Das kann aber wieder nur dann der Fall sein, wenn die Theologie an Gottes Offenbarung und also an der C h r i s t o l o g i e orientiert ist, wenn sie über das Verhältnis von Gott und Kreatur streng so und nur so zu denken und zu lehren entschlossen ist, wie es ihr in dem Faktum der Annahme des Fleisches durch das göttliche Wort in der Person Jesu Christi und der darauf begründeten Annahme des sündigen Menschen zum Kinde Gottes vorgeschrieben ist. Da wird es bestimmt zu der Behauptung eines beide Teile umschließenden Seins, zu jenem Griff der Kreatur nach sich selbst und damit nach Gott nicht kommen. Da kann von einer der Kreatur Gott gegenüber zustehenden Freiheit nicht geträumt werden. Da muß die Entscheidung über die Existenz und über den Inhalt der Beziehung zwischen Gott und Kreatur, da muß aber auch die Gültigkeit und Kontinuität dieser Entscheidung ganz allein auf Gottes Seite gesehen werden. Gott konkurriert und kooperiert in Jesus Christus mit der Kreatur. Wie aber sollte in ihm von einem Konkurrieren und Kooperieren der Kreatur mit Gott die Rede sein können? Für eine an ihm orientierte Theologie kann jesuitische Umkehrung bestimmt nicht in Frage kommen. Aber freilich: an dieser Orientierung hängt hier Alles. Nur von dort, nur von der Erkenntnis Jesu Christi her, kann die Theologie mit dem Gefälle denken und reden, durch dessen Wirksamkeit die göttliche und die kreatürliche Sphäre automatisch so unterschieden und zusammengeordnet werden, daß es zu dem Ersatz der Folge A—B durch die Folge B—A überhaupt nicht kommen kann. Sie muß von Haus aus und nicht nur nachträglich und gelegentlich Theologie der Offenbarung, Theologie der Gnade, christologische Theologie sein, um an dieser Stelle abschließend und wirksam reden zu können. Ist sie das nicht oder nicht von Haus aus, dann kommt der Protest gegen jene Umkehrung zu spät und er wird dann niemals wirksam erhoben werden können. Sie muß dann mindestens zugeben, daß innerhalb der *complexio oppositorum* immer auch die Gegenthese jedenfalls möglich ist. Ja, sie wird dann, wenn sie einigermaßen universal reden will, auch die Gegenthese irgendwie in ihre eigene Position einbeziehen müssen. Tut sie das nicht, hält sie ihren Protest aufrecht, so wird sie es sich gefallen lassen müssen, dem Vertreter der Gegenthese gegenüber die ehrenwerte, aber etwas engstirnige Figur zu machen, die etwa in der Dogmatik von Diekamp gegenüber der von Pohle sichtbar ist. Sie wird aber bei aller Engstirnigkeit doch nicht zu einer Entscheidung vordringen, sie wird bei allem guten Willen kein wirklich abschließendes Wort sagen können. Das ist die Tragik der thomistischen Bemühungen im katholischen Lager: daß man dort das Richtige zwar sagen möchte, aber nun doch nicht mit letzter Bestimmtheit sagen kann, weil man mit dem Gesprächspartner zusammen dessen unrichtiger Voraussetzung verfallen ist. Wenn wir den Thomisten unsere aufrichtige Sympathie nicht versagen können, so müssen wir doch zugleich gestehen, daß wir ihnen nicht zu raten wissen, weil, wie wir wohl wissen, der einzige Rat, den wir ihnen geben könnten, für sie als römische Theologen undurchführbar ist. Wir müssen sogar sagen: gerade für sie als thomistische Theologen. Denn gerade für die Befestigung des ihnen mit den Jesuiten gemeinsamen Bodens, gerade für die große Truglehre von der *analogia entis* als Grundschema katholischen Denkens und Lehrens hat die thomistische Schule ja viel mehr getan als ihre Gegner. Gerade dieses Grundschema ist nirgends so sicher begründet wie bei Thomas v. Aquino selber, sodaß gewissermaßen jeder Schritt, den ein Thomist als solcher tun kann, auch wenn er ihn an sich noch so weit von der jesuitischen Gegenthese zu entfernen scheint, in Wirklichkeit dazu dienen muß, diese Gegenthese implizit im voraus zu rechtfertigen. Wer Theologie als Ontologie treibt, der muß die Lehre von der geschöpflichen Freiheit nicht nur zulassen; er muß sie *nolens volens*, und wäre es auch nur durch Unterlassung gewisser radikaler Konsequenzen seines Protestes dagegen, selber vertreten. Er hat sie eben damit schon bejaht, daß er Theologie als Ontologie zu treiben unternommen hat. Und eben mit diesem Unternehmen steht und fällt nicht nur die katholische Theologie im Allgemeinen, sondern gerade auch die des Thomismus im Besonderen.

Von hier aus kann es uns nun auch verständlich werden, wie das Eindringen der Lehre von der *scientia media* in die protestantische Theologie möglich war. Ganz einfach deshalb, weil man auf protestantischer Seite seit etwa 1600 immer deutlicher Theologie auch wieder als Ontologie zu verstehen und zu betreiben begann. Wir sind diesem Phänomen gerade in der Gotteslehre immer wieder begegnet. Der in der Theologie der Reformatoren gemachte Ansatz zu einem von der Anschauung der Person und des Werkes Jesu Christi beherrschten Denken wurde statt noch energischer aufgenommen, wieder fallen gelassen. Offenbarung, Gnade, Rechtfertigung wurden auch hier wieder als Prädikate eines *summum ens* verstanden, mit dem als solchem man das kreatürliche *ens* in einem Bereich zusammen sehen kann. Auf dem Boden dieser Anschauung mußte das jesuitische Problem als legitim anerkannt und auch dessen jesuitische Lösung als hilfreich begrüßt werden. Man wird auch hier zugestehen müssen, daß jener zurückweichende Flügel unserer Orthodoxie leider die Konsequenz der Sache auf seiner Seite hatte. Und hier gab es ja nun kein ausgleichendes Grundprinzip und kein über dessen Geltung und Beachtung wachendes kirchliches Lehramt, welches das Schlimmste: den Absturz in allerlei Vulgärpelagianismus hätte verhindern können. Hier ist die Gefahr des Jesuitismus: die Humanisierung und Säkularisierung der Kirche und Theologie viel akuter geworden, hier konnte in dieser Richtung viel ungehemmter, viel krasser und sichtbarer gesündigt werden als im römisch-katholischen Raume selber. Man versteht es darum nur zu wohl, daß es innerhalb des modernen Protestantismus immer wieder zu viel Heimweh und Sehnsucht eben nach dem Frieden und der Sicherheit der römisch-katholischen *complexio oppositorum* kommen konnte. Aber hier ist schwerste Täuschung im Spiel. Rückkehr nach Rom und zu Thomas bedeutet Rückkehr an einen Ort, wo allerdings gegen gewisse gefährliche Konsequenzen des Jesuitismus allerlei innere und äußere Kautelen und Korrektive gewachsen und wirksam sind, wo jene Konsequenzen aber auch dauernd möglich sind und drohen, an welchem ihre Wurzel nicht angetastet ist, wo vielmehr der Irrtum, den jene Konsequenzen schließlich doch nur offenbaren können, geradezu heimatberechtigt und geheiligt, geradezu das Prinzip jenes vermeintlichen Friedens und seiner Sicherheit ist. Es ist wahr: die protestantische Theologie hat sich schon im 17. Jahrhundert, aller antirömischen Polemik ungeachtet, weithin auf den Boden des katholischen Denkens über Gott und Kreatur begeben; sie ist darum für die jesuitische Lehre grundsätzlich offen geworden; sie hat sie tatsächlich weithin rezipiert; sie ist dann sogar gewissen Konsequenzen verfallen, denen gegenüber man im römisch-katholischen Raume äußerlich und innerlich geschützt zu sein scheint. Die protestantische Theologie ist und bleibt aber eben durch das, was als ihr Nachteil erscheinen mag, nämlich eben durch den Mangel an einem solchen ausgleichenden Prinzip und an einem darüber wachenden Lehramt auch im entscheidenden Vorsprung der römisch-katholischen gegenüber. Sie kommt von Anfängen her, in denen jedenfalls der Ansatz gemacht wurde, das Übel nicht nur zu kurieren, sondern zu beseitigen, dem Irrtum nicht nur damit zu begegnen, daß seine falschen Konsequenzen dialektisch balanciert werden, sondern dadurch, daß man ihn selber und als solchen abschnitt. Die Erinnerung an diese Anfänge bedeutet aber: die protestantische Theologie hat im Unterschied zur römisch-katholischen eine Tür ins Freie. Sie ist eben nicht prinzipiell und kirchenamtlich gebunden an das, was ihr vom Anfang des 17. Jahrhunderts an widerfahren ist. Sie kann sich hinsichtlich des damals einsetzenden Abfalls zurücknehmen. Sie ist frei: nämlich ihrer eigenen Tradition und Geschichte gegenüber freie Theologie. Und noch mehr: sie ist vermöge des in ihren Anfängen aufgerichteten und auch seither nie geradezu beseitigten oder schlechterdings unwirksam gewordenen Schriftprinzips eigentlich darauf angewiesen, früher oder später auf jene ihre Anfänge zurückzukommen. Ihre Freiheit ist die Freiheit, die Gnade Gottes so zu preisen, wie es ihr im Zeugnis der heiligen Schrift im Blick auf die Person und das Werk Jesu Christi vorgeschrieben ist. Ihre Freiheit ist also recht eigentlich die Freiheit, den Irrtum hinsichtlich der Eigenständigkeit des Geschöpfs Gott gegenüber nicht nur zu bestreiten, sondern auszuschließen. Sie ist ihrer Natur nach nicht nur antijesuitische, sondern eben nicht jesuitische Theologie. Sie mußte schon sich selbst untreu werden, um damals und nachher jener Wendung fähig zu werden. Sie braucht nur sich selbst treu zu sein, um sich eben damit auf einen Boden zu stellen, auf dem die jesuitische These damit ausgeschlossen ist, daß es auf ihm in der ganzen Sache jene Dialektik, jenes *sic et non,* innerhalb dessen die jesuitische These allein gedeihen kann, aber auch gedeihen muß, überhaupt nicht geben kann. Die römisch-katholische Theologie hat eine andere Natur; sie ist im tiefsten dialektisch und eben darum kann sie mit dem Jesuitismus n i c h t fertig werden. Sie muß ihn beim aufrichtigsten Bestreben, ihn zu bestreiten, zugleich bestätigen.

Und so muß u n s e r Widerspruch gegen die Lehre von der *scientia media* schlicht mit der Erkenntnis einsetzen, daß die Beziehung zwischen Gott und der Kreatur überhaupt und so auch die zwischen seinem allmächtigen Wissen und den freien kreatürlichen Handlungen G n a d e, freie Tat des göttlichen Erbarmens ist. Da gibt es also — denn diese Gnade ist Wahrheit — echte, eigentliche, von Gott selbst verschiedene und insofern allerdings eigenständige Gegenstände des göttlichen Wissens, zu denen in der Tat in seiner Weise auch der freie kreatürliche Wille und alles sein Wählen und Entscheiden gehört. Aber woher ist er, was er ist, als durch Gott? und wie kann er es anders sein als vor Gott? Nichts also kann er sein und nie kann er es so sein, daß er Gott gegenüber Bedingungen zu schaffen, Gott gegenüber ein Rätsel zu bilden vermöchte. Gott hebt ihn nicht auf, indem er allmächtig, d. h. indem er als Gott, als sein Schöpfer und Herr um ihn weiß. Aber Gott wird ihm auch nichts schuldig. Gott wird durch ihn nicht bedingt, er ist vor Gott auch kein Geheimnis, indem er durch ihn und vor ihm sein darf, was er ist. Es ist Gnade, es ist Gottes souveräne Entscheidung, daß Gott auch um ihn wissen will und weiß, und insofern mit ihm konkurriert und kooperiert. Er existiert gar nicht anders in seiner Beziehung zu Gott, als eben kraft dessen, daß Gott diese Beziehung setzt und aufrecht erhält und also ganz allein durch Gottes Gnade. So und nicht anders existiert doch die Kreatur in ihrer Einheit mit Gott in der Person und im Werk Jesu Christi. Hierhin haben wir zu schauen vor jeder Reflexion über Gott und Kreatur; wir haben, was der Schöpfer und was die Schöpfung sind, in ihrem Zusammensein hier zu lernen; wir haben unseren eigenen freien Willen im Glauben an die uns in Jesus Christus offenbarte Gnade Gottes und also seine Freiheit als Freiheit durch Gnade, unter der Gnade und für die Gnade zu verstehen. Tun wir das, kann offenbar schon der Gedanke daran, daß unser Wille seinerseits nicht in allen seinen Wahlmöglichkeiten von Gott restlos durchschaut und zwar allmächtig durchschaut und also vorbestimmt sein könnte, schon der Gedanke an eine uns mit dieser Freiheit gegebene Möglichkeit, uns Gott gegenüber zu behaupten, überhaupt keinen Raum gewinnen, überhaupt nicht gedacht werden. Selbstverständlich auch nicht der Gedanke an eine Zerstörung der Freiheit unseres Willens durch diese Vorherbestimmung, auch nicht der Gedanke an eine Unverantwortlichkeit unseres Wählens, an eine Entschuldbarkeit unseres bösen Wählens. Vorherbestimmt und so durchschaut sind wir ja von Gott gerade in unserer echten menschlichen Selbstbestimmung. Daß sie unter göttlicher Vorherbestimmung steht, das ändert nichts daran, daß sie echte menschliche Selbstbestimmung ist. Wiederum kann aber auch das, daß sie echte menschliche Selbstbestimmung ist, nichts daran ändern, daß sie ganz und gar unter Gottes Vorherbestimmung steht, daß sie also eine Vorherbestimmung Gottes durch den Menschen nicht in sich schließt. Woher sollte diese Umkehrung ihren Sinn und ihre Kraft nehmen? Wie sollte unsere Selbstbestimmung zugleich Vorherbestimmung Gottes werden können, da ja der Mensch allein durch Gnade vor Gott ist, da er Gott nicht wiederum gnädig, sondern eben nur dankbar sein kann? Und wie sollte aus der Unmöglichkeit dieser Umkehrung, aus der Einseitigkeit, in welcher Gott uns bestimmt, ohne daß wir ihn wieder zu bestimmen hätten, die Verzweiflung, der Trotz, der Leichtsinn folgen, die darauf pochen, daß Gottes Anspruch an die Kreatur und deren eigene Würde

2. Gottes Beständigkeit und Allmacht 661

nur dann zu ihrem Rechte kämen, wenn der Mensch Gott Bedingungen zu stellen, wenn er ihm Rätsel aufzugeben vermöge? Wird man nicht vielmehr gerade eine Verteidigung der menschlichen Freiheit und Verantwortlichkeit, die dem Menschen diese Möglichkeit sichern möchte, auf eben die Verzweiflung, den Trotz und den Leichtsinn zurückführen müssen, auf deren Vermeidung es dabei scheinbar abgesehen ist? Gerade um sie zu vermeiden, müssen wir jene Verteidigung fallen lassen. Gerade um aus freiem Willen dankbar zu sein, müssen wir die göttliche Vorherbestimmung über unseren freien Willen restlos anerkannt haben. Ja, es besteht die Dankbarkeit Gott gegenüber offenbar gerade in dieser Anerkennung. Wo wir die göttliche Vorherbestimmung nicht anerkennen, wo wir unsere Selbstbestimmung in irgend einem Rest von jener ausnehmen und ihr gegenüber sichern wollen, wo wir dies sozusagen zu einer Bedingung unseres Gehorsams machen, daß es uns gewiß sein müsse, mit unserem Gehorsam oder auch mit seinem Gegenteil Gott gegenüber Bedingungen schaffen zu können — ja was wollen wir da Anderes, als eben nicht einfach und völlig dankbar sein? Woher kommt also die Behauptung unserer Willensfreiheit Gott gegenüber, wenn nicht gerade aus einer Unterbrechung des rechten Gebrauchs dieser Freiheit? Ihr rechter Gebrauch müßte ja darin bestehen, daß wir Gott gegenüber dankbar wären: nicht nur für dies und das, sondern gerade für uns selbst, dankbar also gerade für Gottes unsere Selbstbestimmung beherrschende Vorherbestimmung. Und nun sollten wir unsere Selbstbestimmung gegen jene ausspielen und geltend machen wollen? Was kann das Anderes sein, als eben selbstgewählte Verzweiflung, überflüssiger Trotz, unangebrachter Leichtsinn? Was kann die Lehre von der Eigenständigkeit des freien Geschöpfs Gott gegenüber Anderes sein als die theologische Form der menschlichen Feindschaft gegen Gottes Gnade als solche? Was also Anderes als der theologische Vollzug einer Wiederholung des Sündenfalls? Wo nicht Lobpreis der Gnade ist, da ist nun einmal Sünde; ein Drittes kann es hier nicht geben. Die Lehre von der *scientia media* aber ist nicht Lobpreis der Gnade. Sie will sie nicht leugnen; aber sie umgibt sie mit so viel Vorbehalt und Einschränkung, daß es nur zu deutlich ist: hier wird sie als Gnade nicht geliebt. Und weil nicht geliebt, darum gehaßt. Diese Lehre ist eine einzige Äußerung der Furcht vor dem allmächtigen Wissen Gottes. Sie ist die theologische Form des Wunsches nach einem Gott, der wohl angeblich Alles weiß, aber nicht will, was er weiß und darum in Wahrheit doch nicht Alles weiß, des Wunsches nach einem Gott, der nicht ganz und der darum gar nicht Gott ist. Man darf nicht vergessen, daß der Jesuitismus die römisch-katholische Gestalt des modernen Humanismus gewesen ist, tief verwickelt in eine Unternehmung, die von Anfang an durchdringend nach Gottesleugnung schmeckte und bei der, wie es heute am Tage ist, auch die Humanität schlecht genug aufgehoben war. Wenn man das Alles sachlich und geschichtlich einmal klar erkannt hat, dann ist man in dieser Angelegenheit wasserdicht geworden. Und eben darum müssen wir mit einem Akzent und in einem Sinn, in dem man das innerhalb der römisch-katholischen Theologie nie sagen könnte, erklären, daß wir für die Lehre von der *scientia media* keine Verwendung haben. Daß das göttliche Wissen auch um die freien Entscheidungen des Geschöpfs ein eigentliches Wissen um einen eigentlichen Gegenstand ist, dieser klare Satz kann nur verdunkelt werden durch die jesuitische Erläuterung, daß es diesem Gegenstand gegenüber ein bedingtes Wissen sei.

Parallel zu unserer vorangehenden Erwägung haben wir nun noch von der **Echtheit und Eigentlichkeit** des göttlichen **Willens**, von seinem Charakter als wirklicher Wille zu reden. Sollte er dadurch in Frage gestellt sein, daß er der allumfassende und freie Wille ist, der Lebensakt, in welchem Gott sich selbst und Alles, was ist, bejaht und setzt? Ist der in diesem Lebensakt Begriffene als Wollender und nicht doch bloß als allmächtig Wirkender zu verstehen, der ohne Beschluß und Ziel und also willenlos, unwillkürlich sich selbst und durch sich selbst Alles, was sonst ist, setzt und erhält? Wir sind durch alles Vorangehende auch darauf vorbereitet, daß dem nicht so sein kann. Aber auch nach dieser Seite muß nun die Erkenntnis der Geistigkeit, der Persönlichkeit eben dieses allmächtig und allgegenwärtig Wirkenden explizit gemacht werden: Indem Gottes Wille als sein ewiger Lebensakt Alles umfaßt und in sich selbst ganz frei ist, ist er wirklicher, echter und eigentlicher Wille.

Die Frage stellt sich also auch hier von der Allmacht Gottes her und auch die Antwort ist eben von dem rechten Verständnis der Allmacht Gottes her zu geben. Wie kann ein **allmächtiger Wille Wille** sein: Vorsatz, Zielsetzung und Beschluß, wo doch Alles, was zum Gegenstand solchen Wollens und Willens werden könnte, im Bereich seiner Macht, und zwar seiner Allmacht schon liegt und also nicht erst von ihm gewollt werden muß, ja gar nicht erst von ihm gewollt werden **kann**, wie er erst recht seiner selbst viel zu mächtig ist, um sich selbst erst wollen zu müssen und zu können?

Nun, es wäre offenbar wieder jene blinde Macht an sich, jene tote Schwerkraft, mit der wir, wenn wir diesen Einwand im Ernst erheben wollten, Gottes Allmacht aufs neue verwechselt hätten. Wieder hätten wir dann übersehen, daß Gottes Allmacht nicht aufgeht in seiner Allwirksamkeit. Wieder hätten wir dann von Gott als von einem Gefangenen seiner Macht und darum bestimmt nicht von der göttlichen Allmacht geredet. Die göttliche Allmacht ist Gott selbst als der, der Macht ist und hat. Sie ist **seine**, die zu seiner Verfügung stehende und von ihm gebrauchte, weil ihm eigene Macht: ihm eigen vor und über allem Gebrauch, den er in seiner Allwirksamkeit von ihr machen will. Sie ist seine Macht, **Gott** und so der Herr über alles Andere zu sein. Hinter diese Unterscheidung können wir nicht zurück gehen, sofern unser Denken und Reden wirklich an diesen Gegenstand: die göttliche Allmacht gebunden bleibt, sofern wir nicht im leeren Raum über ein allmächtiges Sein als solches zu spekulieren beginnen wollen. Gerade in Erkenntnis der tiefsten Tiefe des göttlichen Wesens werden wir nicht hinter diese Unterscheidung zurückgehen, werden wir vielmehr das göttliche Sein in dieser Unterscheidung zu respektieren haben. Und wie diese Unterscheidung die Absorption des Begriffs des göttlichen Wissens durch den Begriff der Allmacht verneint und verhindert, so auch die Absorption des Begriffs des göttlichen Willens. Alles hängt hier freilich daran, daß unser Denken und Reden darum an diesen Gegenstand, an die göttliche Allmacht gebunden bleibt, weil es dahin gerichtet ist und bleibt, wo diese als göttliche Allmacht so an uns gehandelt hat, daß sie uns als solche nicht mehr fremd sein kann, daß wir sie kennen müssen als das, was sie ist und nicht mehr verkennen dürfen und können. Sie selbst als reales Hindernis muß uns jene Verwechslungen unmöglich machen. Ohne das wäre es allerdings nicht abzusehen, wie wir wirklich an jenen Gegenstand gebunden sein und bleiben sollten, wie uns jene Unterscheidung nicht nur einleuchtend, sondern zwingend werden könnte, wie also jene Absorption des Begriffs des göttlichen Willens durch den seiner Allmacht in unserem Denken und Reden auf ein reales Hindernis stoßen könnte. An und in sich selber hat ja unser Denken und Reden die Kraft wirklich nicht, jenem Gegenstand die Treue zu halten, ja seiner allererst auch nur habhaft zu werden. Die Stelle, wo dieser Gegenstand umgekehrt unseres Denkens und Redens habhaft wird und wo er es dann auch zur Treue ihm gegenüber nötigt, ist aber unsere durch Gott vollbrachte Versöhnung mit ihm selbst. Von dorther müssen wir kommen, wenn wir von der Allmacht Gottes recht denken und reden wollen. Dort haben wir nun aber auch den Satz gewonnen: «Gott will». Dort begegnet uns nämlich Gottes Wille als allmächtig: als freie, unwiderstehlich und endgültig bindende Macht gegenüber unserem eigenen Willen, als entscheidende Bestimmung nicht über dies und das, sondern gerade über uns selbst, als unsere eigene Bestimmung zum Gehorsam gegen ihn. Woher sollten wir wissen, was göttliche Allmacht ist, als von dorther, wo wir in keiner Weise ihre Zuschauer und Betrachter sein können, wo sie vielmehr uns selbst angeht und trifft, mit uns selbst so handelt, wie eben nur sie handeln kann? Eben dort begegnet sie uns aber bestimmt als Wille: gerade nicht als blinde Macht, gerade nicht mit der toten Schwerkraft eines fallenden Steines, gerade nicht bloß als der Inbegriff alles Wirksamen überhaupt, sondern als eine aus allem sonst Wirksamen heraustretende, sich selbst hervorhebende, den Ablauf alles übrigen Geschehens unterbrechende, überragende und regierende Entscheidung, als ein nicht aus einer allgemeinen, sondern aus einer besonderen, beschlossenen und also überlegten und gewollten Notwendigkeit sich ergebendes Ereignis: nicht nur als ein Ereignis also, sondern eben als eine Handlung. Wie würden wir das Unverdiente, wie würden wir die Gnade der Versöhnung würdigen können, ohne eben damit die Freiheit dieses allmächtigen Geschehens zu würdigen? Auf diese Stelle gerichtet, ist es unserem Denken und Reden ganz einfach — mit dem ganzen Nachdruck der Allmacht dieses Geschehens — verboten, sich seiner eigenen Dialektik zu überlassen, die Tiefen Gottes also an einem Ort jenseits der Unterscheidung zu suchen, laut welcher Gott allmächtig, nicht aber irgend eine Allmacht Gott ist. Dies und nichts Anderes werden wir, auf diese Stelle gerichtet, als die letzte Tiefe des Wesens Gottes erkennen: daß er, Gott, allmächtig ist. «Ich bin der Herr, dein Gott». Indem Gott uns mit diesem «Ich» und mit diesem «dein» in die Gemeinschaft mit sich selber aufnimmt, indem er sich mit uns, uns mit sich verbündet ohne und gegen unser Verdienst, aus lauter Barmherzigkeit, ist darüber entschieden, daß es seiner Allmacht nicht widerspricht, sondern entspricht, Vorsatz, Zielsetzung und Beschluß und also eben: Wille zu sein. Gott ist nicht genötigt, zu tun, was er tut. Er ist auch dadurch, daß er es tut, nicht genötigt, es wieder zu tun. Er ist auch zu keiner scheinbaren Konsequenz seines Tuns genötigt. Sondern was er tut, das tut er, weil er es will. Und wenn er es weiter tut, dann wiederum, weil er es will. Und es ist jede Konsequenz seines Tuns wiederum nur darum und insofern notwendig, weil sie in seinem Willen liegt. Er ist es uns nicht etwa schuldig, uns, weil wir seine Geschöpfe sind und weil er unser Schöpfer ist, in jene Gemeinschaft mit sich selber zu erheben. Im Gegenteil: gerade indem er das tut, wird es sichtbar, daß er uns das nicht schuldig ist und werden wir darüber hinaus unmöglich leugnen können, daß er uns schon das Erste: daß wir überhaupt vor ihm existieren, daß er unser Schöpfer ist und uns seine Geschöpfe sein läßt, in keiner Weise schuldig ist, daß auch das ganz und gar die Tat seines Willens ist. Und eben daraus, daß es angesichts seiner Versöhnungstat keine Rückfrage gibt nach einer anderen Notwendigkeit als der, die in seinem Willen liegt, eben daraus, daß uns von daher auch die Rückfrage nach unserer eigenen Existenz und die Rückfrage nach der Existenz Gottes schlechterdings abgeschnitten ist, eben daraus, daß wir an dieser Stelle sowohl über unsere eigene Existenz als über die Gottes schlicht durch seinen allmächtigen Willen entschieden sehen — eben daraus folgt zwingend, daß der Einwand, als ob Gott vor lauter Allmacht schließlich nur Macht und nicht allmächtiger Wille sein könnte, ein Sophisma ist, folgt zwingend die Notwendigkeit jener Unterscheidung und also die Erkenntnis des Willens Gottes. Wir haben ja gar keinen Ort, von dem aus wir jene Unterscheidung etwa relativieren und aufheben und also die Erkenntnis des Willens Gottes unterdrücken könnten. Nur der unversöhnte Mensch könnte einen solchen Ort einnehmen wollen, könnte, der Dialektik seines menschlichen Denkens und Redens ihren Lauf lassend, ein «höchstes Wesen» als willenlos wirkende Allmacht aussinnen und darstellen, sich selbst ohne den auf sich gerichteten Willen Gottes vorstellen und also die Wirklichkeit des Willens Gottes in Abrede stellen wollen. Aber was hätte dieser unversöhnte Mensch, was hätte sein Denken und Reden, was hätte sein «höchstes Wesen» mit Gott zu tun? was also sein Gerede mit unserem Gegenstand, mit der göttlichen Allmacht? Was diese ist, darüber ist in der von Gott vollbrachten Versöhnung entschieden, und zwar dahin entschieden, daß sie die Allmacht des göttlichen Willens ist. So ist unser Satz: «Gott will», sofern er unsere schlichte Verantwortung gegenüber der allmächtigen göttlichen Versöhnungstat ist, gegen den Verdacht, er könnte nur uneigentlich gemeint sein und verstanden werden, bestimmt geschützt. Denn sofern er in dieser Verantwortung gedacht und gesprochen ist, vollzieht er selbst die Unterscheidung, daß Gott in der Weise allmächtig ist, daß er die Macht, die er ist und hat, gebraucht nach seinem Gefallen und Verfügen. Er charakterisiert also den Akt der göttlichen Allmacht als einen geistigen, als einen personalen Akt: wo ein Wille ist im Unterschied zu einem notwendig ablaufenden Geschehen, da ist Einer, welcher will und da ist das vermeintliche Geschehen dessen Beschluß und Handlung. Gewiß eine allumfassende und ganz freie Handlung, weil der Handelnde Gott selber ist. Gewiß, eine Handlung, die von dem göttlichen Sein nicht verschieden ist. Aber man muß sofort auch das Umgekehrte sagen: daß eben das Allumfassende, das ganz Freie Gottes, das göttliche Sein selber handelnder Wille, gewollte Handlung ist. Wer ihm diesen Charakter abstreiten wollte, der würde seine Göttlichkeit nicht weniger leugnen, als wer ihm seinen Charakter als Allmacht bestreiten wollte und *ipso facto* würde er ihm damit auch seinen Charakter als Allmacht abstreiten. Denn würde Gott nicht wollen und handeln, wie würde er dann wirklich allmächtig sein? Wie wäre sein Wesen dann das allumfassende, das ganz freie Wesen?

Daß Gott in echtem und eigentlichem Sinne will, weil er in jener Unterscheidung ist, der er ist und so auch allmächtig ist, das bewährt sich nun aber wiederum im Blick auf jene anderen Unterscheidungen, ohne die wir ja auch das Allumfassende und Freie seines Willens nicht richtig hätten beschreiben können: im Blick auf die Unterscheidung, in der Gott sich selbst will und die von ihm verschiedene Möglichkeit und Wirklichkeit seiner Schöpfung, im Blick auf seine Unterscheidung des Wirklichen, Möglichen und Unmöglichen, des Seienden und Nichtseienden im Bereich seiner Schöpfung, unter den Gegenständen seines Willens und im Blick auf die Unterscheidung dieses ganzen Bereiches von dem in keinem Sinne Seienden, von dem, was vor ihm und was eben damit überhaupt nichts ist. Wir sahen: alle diese Unterscheidungen beruhen nicht in der Natur der Dinge. Wir haben sie zuerst auf das allmächtige Erkennen Gottes zurückgeführt, welches das Maß nicht nur, sondern die Quelle aller Wahrheit und so auch der Wahrheit dieser Unterscheidungen ist. Und wir haben eben in diesen notwendigen Unterscheidungen als solchen zugleich eine Bestätigung des Erkenntnischarakters der göttlichen Allmacht gefunden. Eben diese Unterscheidungen sind nun aber zugleich im Willen Gottes begründet. Wie sollte es anders sein, da wir ja auch sein Wissen als allmächtiges, schöpferisches, produktives Wissen, als das ewige Wissen der göttlichen Dekrete verstehen müssen? Was Gott weiß, das will er und eben, was er will, das weiß er. Und so sind auch alle jene Unterscheidungen selbst Unterscheidungen seines Willens. So ist er in allen jenen Bereichen nicht bestimmt, sondern bestimmend und nun eben nicht einförmig, nicht überall in einem und demselben Sinn bestimmend, sondern je ganz anders sich selbst und die Welt, ganz anders das Mögliche, anders das Wirkliche, anders das Unmögliche, anders das Seiende und anders das Nichtseiende, anders das Gute und anders das Böse, ganz anders die Natur und ganz anders die Geschichte, ganz anders seine Schöpfung und Alles, was von ihm bejaht oder verneint, in ihr ist und geschieht, ganz anders jenes Nichts, das doch auch nur durch seinen Willen eben das Nichts ist. Wäre sein Bestimmen einförmig bestimmt, wie wäre es dann zu erkennen als durch ihn selber bestimmt, wie wäre es dann zu unterscheiden von einem letztlich auch ihm auferlegten Bestimmtsein? So aber bestätigt die Verschiedenheit seines Bestimmens eben das, daß, was geschieht, nicht aus innerer Zwangsläufigkeit geschieht, daß es ein Ganzes von gewollter Handlung, daß es in Gottes handelndem Willen begründet ist.

Auch an dieser Stelle hat die alte Theologie mit einer Reihe von Distinktionen gearbeitet, deren berechtigter Sinn darin erkannt werden kann, daß sie eben dies aufzeigen: wie Gottes Wille zugleich allmächtiger und nun doch und gerade als solcher eigentlicher und echter Wille ist. Sie sind uns schon bei einem früheren Anlaß begegnet, nämlich da (S. 583 f.), wo wir das beständige Wesen Gottes als das des lebendigen Gottes, die Einheit seines Wesens mit seinem Dekret zu verstehen hatten. Wir führen sie nun nochmals — mit den hier notwendigen Vorbehalten und Einwendungen — in der etwas veränderten Gestalt an, in der man sie brauchte, wo man im Besonderen an der Charakteristik des göttlichen Willens als solchen in seinem Verhältnis zur göttlichen Allmacht interessiert war.

Man unterschied in diesem Sinn 1. zwischen Gottes *voluntas naturalis* oder *necessaria: qua vult, quod non potest non velle* und Gottes *voluntas libera: qua vult quod posset non velle*. Es ist Gott natürlich oder notwendig, sich selbst und in sich selbst den Grund und das Maß alles Anderen zu wollen; er will aber in Freiheit die Möglichkeit und Wirklichkeit dieses Anderen. Wenn man hinzufügt, daß Gottes Wille doch auch in jener Notwendigkeit, sich selbst zu wollen, frei und doch auch in seiner Freiheit, alles Andere zu wollen, notwendig ist, daß also auch jenes *non posse non velle* durch seinen Willen gesetzt und jenes *posse non velle* durch seinen Willen verworfen ist, wird man diese Distinktion als lehrreich gelten lassen können. Sie betrifft die ontische Seite des Problems. Sie hebt voneinander ab: Gott als das souveräne Subjekt aller seiner Werke und Gott in seinem Wirken aller dieser seiner Werke. Eben dieser Abhebung bedarf es aber, wenn die Allmacht Gottes als die Allmacht seines Willens verstanden werden soll.

In derselben Richtung war es lehrreich, wenn man 2. unterschied zwischen Gottes *voluntas occulta* oder *beneplaciti* und Gottes *voluntas revelata* oder *signi*. Diese Unterscheidung betrifft das noetische Problem. Sie zielt darauf, daß Gottes Allmacht als allmächtiger Wille nicht bloß wirkend ist und nicht nur als wirkend, sondern auch als Wille, als Vorsatz, Beschluß und Entscheidung erkennbar ist: unterscheidbar also von einem bloßen Sein und Geschehen, das nicht das Vollbringen eines Willens wäre. Ist dem aber so — und dem ist so, weil die Versöhnung, in der uns Gottes Wille begegnet, nicht nur geschieht, sondern offenbar wird, weil sie als Gottes eigene Tat zugleich seine Selbstkundgabe ist — dann ist es notwendig, zu anerkennen: der Wille Gottes als der Wille des souveränen Subjektes aller seiner Werke ist uns zunächst und als solcher verborgen und also unbekannt, weil wir zunächst nur seine Werke anzuschauen und zu begreifen vermögen. Er ist der Wille seines Wohlgefallens, sein ihm eigener Wille in seinen

Werken, der als solcher und an sich nicht Gegenstand eines anderen Wissens als eben seines eigenen sein kann. Eignete ihm nicht diese Verborgenheit, so wäre er nicht eigentlicher, nicht echter Wille. Denn nur da ist Wille, wo das Geheimnis der Freiheit ist, in welchem ein Subjekt sich selbst zu seinem Tun so entscheidet, wie es zunächst, d. h. vor der Ausführung seiner Entscheidung, nur ihm selber bekannt ist. Während aber das Geheimnis der kreatürlichen Willensfreiheit in unseren Werken vor Gott kein Geheimnis ist, ist und bleibt die göttliche Willensfreiheit für alles von dem Wissen Gottes verschiedene, also für alles kreatürliche Wissen auch angesichts der Werke Gottes absolutes, von nirgendwoher einzusehendes Geheimnis. Eben dieser verborgene Wille Gottes ist uns nun aber durch ihn selber offenbar gemacht daraufhin, daß er, Gott selbst, weil er die Liebe ist, in sich selber nicht nur verborgen, sondern auch offenbar ist. Die Entscheidung seines Willens kommt ja zur Ausführung nicht nur in seinen Werken, sondern im Raum seiner Werke in dem, was jene Distinktion als die *signa voluntatis divinae* bezeichnet, d. h. in der Belehrung, Tröstung und Ermahnung, die Gott dem verlorenen Menschen eben durch das Werk der Versöhnung zuteil werden läßt, um ihm eben damit die unentbehrliche Erklärung und Auslegung aller seiner Werke zu geben. Alles was der Mensch von sich aus nicht zu erkennen vermag, was erkennen zu dürfen er auch nicht verdient hat, was ihm zu erkennen zu geben Gott ihm nicht schuldig ist, eben das gab und gibt er ihm tatsächlich zu erkennen: seinen eigenen Willen und damit den Ursprung, den Sinn und das Ziel aller seiner Werke und eben damit das Erste und Letzte, was der Mensch hinsichtlich seiner eigenen Existenz zu wissen hat. Eben die *vol. occulta* oder *beneplaciti* wird uns (daraufhin, daß sie in sich selber auch *vol. revelata* oder *signi* ist) in ihrer Ausführung bekannt als Gottes freie Gnade. So wird sie uns wahrhaftiger und verbindlicher Zuspruch und Anspruch zugleich. So werden wir dem Willen Gottes untertan: zu unserem Heil und zu unserer Heiligung. — Wir haben damit diese Distinktion bereits in dem Verständnis vorgetragen, in welchem sie sinnvoll und lehrreich zu nennen ist. Man kann das nämlich von dem Verständnis, in welchem sie in der alten Theologie vorgetragen worden ist, nur teilweise sagen, sofern dort das verborgene Wollen Gottes als das unbeweglich und unerforschlich bleibende Insichsein Gottes und als solches als der eigentlich, *proprie,* so zu nennende Wille Gottes verstanden und dem offenbaren Willen Gottes als dem uneigentlichen, als einer bloßen Veranstaltung und Erscheinung zugunsten der Kreatur gegenübergestellt wurde. Wir haben dieses Verständnis der Distinktion schon an jener früheren Stelle abgelehnt mit der Begründung, daß das eigentliche Insichsein Gottes dabei zu Unrecht als die Unveränderlichkeit eines toten Gottes vorgestellt, und daß dabei der Vollkommenheit und Tragweite des Wortes Gottes als der göttlichen Selbstoffenbarung nicht Rechnung getragen wird. Wir fügen diesen Einwänden jetzt noch hinzu: daß gerade die Erkenntnis der Eigentlichkeit und Echtheit des Willens Gottes als solchen durch jenes Verständnis dieser Distinktion nicht gefördert, sondern gehindert, ja letztlich verunmöglicht wird. Denn wie kann Gott in jenem seinem Insichsein wollen, wenn jenes Insichsein tatsächlich ein unbewegliches ist? Kann er es aber nicht, in welcher Wahrhaftigkeit und mit welcher Verbindlichkeit kann dann sein offenbarer Wille als solcher von uns erkannt werden? Hängt die Wahrhaftigkeit und Verbindlichkeit unserer Begegnung mit dem Willen Gottes, hängt die Realität unserer Unterwerfung unter ihn nicht schlechterdings daran, daß wir es in ihm vorbehaltlos gerade mit Gott selbst in seinem innersten Insichsein und nicht bloß mit einer göttlichen Veranstaltung und Erscheinung zu tun bekommen? Wie sollten wir da einen Willen erkennen, wo wir keinen Wollenden erkennen? Ja wo wir uns vielleicht sagen lassen müssen, daß es da einen eigentlich und echt Wollenden gar nicht gibt, sondern nur ein in sich unbewegtes Sein, das uns zuliebe die Gestalt — aber eben nur die Gestalt —

eines Willens angenommen hätte? Wir korrigieren also das Theologumen der Väter in dem Sinn, daß unter der *vol. occulta* oder *beneplaciti* einerseits und unter der *vol. revelata* oder *signi* andererseits der eine Wille Gottes, der eine wollende Gott, der Wille der göttlichen Liebe zu verstehen ist, der als solcher Gottes verborgener, aber als solcher auch Gottes offenbarer Wille ist, so daß ihn Gott ebenso von Ewigkeit und in Ewigkeit für sich haben und nun doch in der Zeit auch einem von seinem eigenen verschiedenen Erkennen offenbar machen kann. Dieses Offenbarmachen ist dann die göttliche Veranstaltung uns zugute. Wir bekommen und haben es aber in dieser Veranstaltung nicht mit weniger als mit Gott selbst, wir bekommen es wahrhaftig und verbindlich mit Gottes eigenem Willen zu tun. Weil dieser nicht erst dieses Offenbarmachens bedarf, um offenbar zu sein, weil er in sich selbst offenbar ist, um sich daraufhin in diesem seinem eigenen Offenbarsein und also echt und eigentlich als Gottes Wille offenbar zu machen.

Wir fassen 3. zusammen Alles das, was unterschieden wurde als Gottes *voluntas absoluta* und *conditionalis*, seine *voluntas antecedens* und *consequens*, seine *voluntas efficiens* und *permittens* und endlich (hier werden wir Nein sagen müssen!) seine *voluntas efficax* und *inefficax*. Alle diese Distinktionen unterscheiden sich von den vorangehenden dadurch, daß sie die Eigentlichkeit und Echtheit des allmächtigen Willens Gottes in seinem Verständnis zu den von ihm selbst verschiedenen Gegenständen, also im Verhältnis zu einer wirklichen oder möglichen Schöpfung Gottes verständlich zu machen suchen. Verständlich aus dem Wesen Gottes selbst, aus der Natur des göttlichen Willens, so werden wir auch hier sofort interpretieren müssen. Alle diese Distinktionen reden von einer Bewegtheit, von einer Vielheit von Lebensakten in Gott selber. Sie reden von einem realen göttlichen Innen und Außen, von einem realen göttlichen Vorher und Nachher, von einem realen göttlichen So und Anders. Wir können also den hier von der alten Theologie (und von der römisch-katholischen Theologie noch heute) gemachten Vorbehalten wiederum nicht zustimmen, nach welchen das Unterschiedensein des göttlichen Willens, vermöge dessen es auf von ihm selbst verschiedene Gegenstände gerichtet sein kann, keinen realen Grund in Gott selbst hätte, nach welchen also seine Eigentümlichkeit als Schöpferwille nicht auch eine Eigentümlichkeit des göttlichen Wesens und Willens als solcher wäre. Wir erinnern uns an das, was wir gegen ein falsches, weil abstraktes Verständnis der göttlichen «Unveränderlichkeit» und was wir in unserer grundsätzlichen Untersuchung des Problems der göttlichen Eigenschaften über das Verhältnis von *simplicitas* und *multiplicitas* im Wesen Gottes gesagt haben: die Unveränderlichkeit Gottes ist keine Unbeweglichkeit, wie seine Einfachheit nun einmal keine Armut ist, sondern Gott ist Einer in der Fülle, er ist beständig im Leben seiner Gottheit. Er empfängt also Fülle und Leben nicht erst von seiner Beziehung zur Kreatur, sondern er hat es in sich selbst vor aller Kreatur und vor aller Beziehung zu ihr und unvergleichlich höher, reicher und stärker als Alles, was in ihr als solcher an Fülle und Leben ist, höher, reicher und stärker auch als alle Fülle und alles Leben, die er in seiner Beziehung zu ihr ausbreitet. So haben wir keinen Anlaß, gerade von diesen Distinktionen mit einer ängstlichen Bewegung zu sagen, daß es sich dabei nur um «virtuelle» Unterschiede handeln könne. Wir möchten sie vielmehr ernster, d. h. realer nehmen als dies in der alten Theologie geschehen ist.

Unterscheidet man Gottes *vol. absoluta* und *conditionalis,* so muß damit gemeint sein: Einerseits der eine Wille Gottes in seiner Allmacht und also in seiner vollkommenen Freiheit, zu bestimmen und zu entscheiden, so und so zu entscheiden, unter diesen und diesen Bedingungen zu entscheiden und wieder auch hinsichtlich dieser Bedingungen so oder so zu entscheiden. Also der Wille Gottes, sofern dieser selbst der allmächtige Gott ist, sofern er zusammentrifft mit Gottes Aseität. Andererseits: derselbe eine Wille Gottes, sofern Gott in dieser seiner Freiheit die Liebe ist, sofern er also ein bestimmter, ein entschiedener Wille ist, unterschieden von jeder Willkür auf das gerichtet, was die Wahl seiner Freiheit (weil sie die göttliche Freiheit ist) von Ewigkeit her gewesen ist und in Ewigkeit sein wird. Der Wille Gottes, sofern er nicht ohne gewisse Bedingungen entschieden hat, entscheidet und entscheiden wird — weil sein ewiges Entscheiden als solches auch sein zeitliches und also wahrhaftig und verbindlich in diesen Zeitformen zu beschreibendes Entscheiden ist — sofern diese Bedingungen aber ihrerseits wiederum durch seine Entscheidung geschaffen und gesetzt sind, so daß sie in dem Vollzug seines Willens, nicht aus eigener Kraft, aber aus Kraft ihrer göttlichen Schöpfung und Setzung — Gültigkeit haben. Wir reden also, ob wir von der *vol. absoluta* oder von der *vol. conditionalis* reden, von dem Willen Gottes, der sein ewiges Wesen selber ist und nicht von bloßen Verhältnisbestimmungen zu Welt und Zeit. Denn eben was im Verhältnis Gottes zu Welt und Zeit, was im Akt seiner Schöpfung wirksam wird, eben das ist Gott selbst, sein eigenster Wille, der als solcher in Freiheit und in Liebe entscheidet. Seine *voluntas absoluta* haben wir gerade in seiner *vol. conditionalis* und seine *vol. conditionalis* haben wir gerade als *vol. absoluta* zu erkennen. So daß es auch hier keine Angst gibt im Gedanken an einen verborgenen Gott, der nicht in letzter, eigentlicher Souveränität frei und eben in seiner Freiheit die Liebe wäre, aber auch keine Flucht vor dem offenbaren Gott, als ob nicht eben dieser als solcher frei wäre uns zu geben und uns zu gebieten, wie es sein Wille, der Wille des einen Gottes ist.

Offenbar um eine besondere Bestimmung der *vol. conditionalis*, gewissermaßen um deren Ätiologie muß es sich dann handeln, wenn man zwischen Gottes *voluntas antecedens* und *consequens* unterscheidet. Streng genommen fällt alles göttliche Wollen nach außen von der Schöpfung an unter den Begriff der *vol. consequens*, sofern es unter Voraussetzung der Schöpfung auf deren Erhaltung und Regierung oder jedenfalls auf Gegenstände in deren Raum gerichtet ist. Aber damit hört es nicht auf, auch *vol. antecedens* zu sein, sofern es ja an die Schöpfung und ihren Raum nicht anders gebunden ist als in der Weise, daß es sich selbst immer wieder daran bindet, daß auch das Gesetztsein der Voraussetzung nicht aufhört, auf einem immer neuen göttlichen Setzen zu beruhen. Gottes Wille ist kraft seiner Freiheit immer ebenso *vol. antecedens* wie kraft seiner Liebe *vol. consequens*, ebenso Anfang wie Ende. Die Ewigkeit hört ja nicht auf, indem die Zeit anfängt, sondern die Zeit fängt an und geht weiter im Schoße der Ewigkeit. Eben darum kann aber der Wille Gottes auch nicht bloß *vol. antecedens* sein, darum wirkt er unter der von ihm selbst geschaffenen und gesetzten Voraussetzung, darum ist er *vol. consequens* ebenso wie *antecedens*. Und nun ist auch dieses *antecedere* und *consequi* nicht ein bloßer Schein, in welchen Gott sich uns zuliebe und damit wir ihn erkennen könnten, hüllen würde. Sondern so gewiß es wahr ist, daß wir Gottes Willen immer hinter uns und immer vor uns haben, so gewiß es wahr ist, daß wir es gerade so mit Gott selbst und nicht nur mit einer Erscheinung Gottes zu tun haben, so gewiß ist dieses Vorher und Nachher nur eine Entsprechung eines Vorher und Nachher, das dem göttlichen Willen selbst und als solchem in seiner Ewigkeit eigentümlich ist, sofern seine Majestät ihn nicht hindert, sich herabzulassen und sofern seine Herablassung seiner Majestät nicht im geringsten Abbruch tun kann. Gott in sich selber will ein Erstes und darum ein Zweites und umgekehrt: ein Erstes um des Zweiten willen und weiter: ein Zweites und darum ein Erstes und nochmals umgekehrt: ein Zweites um des Ersten willen. Daß Gott «Wege» geht, das ist keine bloße Redensart, das ist auch nicht erst in seinem Verhältnis zur Kreatur Wirklichkeit, das ist ewige Wirklichkeit in ihm selbst, das ist eben die Wirklichkeit, die Echtheit und Eigentlichkeit seines Willens, seines ewigen Beschließens und Entscheidens, das uns eben darum, indem es uns begegnet, in vorbehaltloser Wahrhaftigkeit und Verbindlichkeit begegnet. Was es auf sich hat damit, daß wir nach Deut. 33, 27 unter den «ewigen Armen» Gottes oder nach Ps. 36, 8; 57, 2; 61, 5 unter den «Flügeln» Gottes Zuflucht haben, das kann uns an Hand der Unterscheidung von *vol. antecedens* und *consequens* eindrücklich werden. Wogegen es offenbar verfehlt wäre, wenn man diese Unterscheidung dazu benützen wollte, nun etwa an dieser Stelle der Vorstellung von einer Gott gegenüber anzumeldenden Eigenständigkeit des Geschöpfs Raum zu geben, der Gottes Wille zwar voranginge, der er dann aber, seinerseits bedingt durch jene, nachzufolgen hätte. Gewiß ist auf jenen Wegen Gottes, in der Folge seines Wollens und Vollbringens, auch seines Geschöpfs nicht vergessen, sondern aufs Beste und Würdigste gedacht. Aber auf seinen, auf Gottes Wegen kommt es dazu und bleibt es dabei, daß auch das Geschöpf seinen Ort und seine Funktion haben darf. Und nur weil es ein göttliches *ante* und *post* gibt, nachfolgend der göttlichen Realität und auf Grund der Gnade der göttlichen Schöpfung und Erhaltung, kann ein *ante* und *post* dann auch im geschöpflichen Raume die ihm zukommende relative Wirklichkeit haben.

Unterscheidet man weiter zwischen Gottes *vol. efficiens* und *vol. permittens*, so geschieht das offenbar zunächst im Blick auf das Theodizeeproblem. Seiend ist in einem bestimmten Sinn auch das Böse, die Sünde, das Übel, der Teufel, der Tod, das Nicht-Seiende. Ist dieser ganze Bereich aber seiend, dann ist er es nicht ohne, sondern in seiner Weise ebenfalls durch den Willen Gottes. Sonst würde er ja einen Gott gegenüber selbständigen und also selber göttlichen Bereich bilden. Können wir ihm dies nicht zubilligen, können wir einen Dualismus zwischen Gott und einem wirklich in sich selbst begründeten anderen Prinzip oder Herrn der Welt nicht zulassen — und wir werden das gerade im Zusammenhang christlicher Gotteserkenntnis unmöglich tun können — dann bleibt uns nichts übrig, als den Grund auch dieses Bereichs in Gottes Willen zu suchen. Wie aber will Gott auch diesen Bereich, das laut seines eigenen Wortes von ihm Verneinte und Gerichtete, das Widergöttliche, das, was er selbst nur als schon besiegten Feind, als die schon aufgedeckte und vergebene Schuld, die schon gefallene Fessel, die schon beseitigte Not seiner Kreatur charakterisiert, was er offenbar auch von uns nur als das vor ihm Unmögliche erkannt und anerkannt und behandelt haben will und das nun doch als solches nicht schlechterdings, sondern nur in diesem Vollzug, in dieser Ordnung seines Willens nicht seiend, in dieser Ordnung aber zugleich seiend und insofern von ihm gewollt ist? Wie gewollt? Auf diese Frage antwortet die Unterscheidung von *efficere* und *permittere*. *Efficere* heißt *creare, causare, producere*. Was Gott schafft, verursacht, hervorbringt, das ist das, was er bejaht, was als positives letztes Ziel in seiner Intention liegt. Das ist aber als solches die gute, das heißt die ihn durch freiwilligen Gehorsam ehrende und eben darin selige Kreatur. Daß er jenen Bereich des Widerspruchs gegen diesen Gehorsam und diese Seligkeit und insofern gegen ihn selbst schafft, verursacht, hervorbringt, daß er in diesem Sinn Gegenstand seines Willens ist, das kann und darf man offenbar nicht sagen. Wiederum kann und darf man aber auch nicht sagen, daß er darum überhaupt nicht Gegenstand seines Willens, daß er also seiner Herrschaft und Verfügung entzogen sei. Man kann und darf also schon das nicht sagen, daß Gottes Wille sich auf jenes *efficere* beschränke. Es gibt ein göttliches Wollen, nicht weniger ernstlich und kräftig, nicht weniger heilig, gerecht und gut und nicht weniger allmächtig als jenes bejahende, das doch von ganz anderer Art ist als dieses. Es ist dasjenige Wollen Gottes, kraft dessen er der Kreatur nicht nur ihre Existenz und ihr Wesen, nicht nur die ihr zukommende Selbständigkeit und Freiheit und damit ihr wahres kreatürliches Sein gibt, sondern kraft dessen er, weil er ihren freien Gehorsam will und so ihre Seligkeit, darauf verzichtet, ihr den Mißbrauch ihrer Selbständigkeit und Freiheit und also die Verunmöglichung und Zerstörung ihres kreatürlichen Seins einfach unmöglich zu machen, kraft dessen er die Entstehung jenes Bereichs des Widerspruchs also nicht einfach verhindert, die Begrenzung des Seienden durch ein Nicht-Seiendes nicht schlechthin ausschließt. Sein Wille, und zwar sein ernstlicher und kräftiger Wille ist auch dieses Verzichten, dieses Nicht-Verhindern, dieses Nicht-Ausschließen. Sein einer Wille, der *efficiens* ist, ist auch *permittens*. So will Gott schaffen, verursachen, hervorbringen, daß er auch «zuläßt», daß er in dieser negativen Form: nicht als Schöpferwille, wohl aber als Herrenwille auch den Abfall der Kreatur von ihm und von sich selbst, auch ihr selbstverschuldetes Elend, auch das Reich des Bösen und des Übels in seine Vorherbestimmung und also in seinen Willen aufnimmt, ja von Ewigkeit her schon aufgenommen hat. So ist Gottes guter Wille, so ist die allmächtige Güte seines Willens beschaffen, daß er nicht schaffen, verursachen, hervorbringen will ohne dieses Zulassen, daß er wiederum nicht zulassen will, ohne daß dies als solches ein Negieren, Richten, Verurteilen, Überwinden wäre und wiederum nicht negieren will, ohne daß eben dies seinem positiven Willen untergeordnet sein und dienen müßte. Und also das Ganze nicht außerhalb seiner Freiheit und wiederum nicht so, daß seine Freiheit auch nur im Geringsten aufhörte, die Freiheit seiner Liebe zu sein. *Nec dubitandum est, Deum facere bene etiam sinendo fieri quaecunque fiunt male. Non enim hoc nisi iusto iudicio sinit; et profecto bonum est omne, quod iustum est* (Augustin, Enchir. 96). An keiner Stelle darf hier abgeschwächt werden: weder der Charakter des Bösen als Böses, noch die bedingungslose Güte des göttlichen Schöpferwillens, noch die Allmacht des göttlichen Herrenwillens auch über das Böse, das er nicht geschaffen, noch die mit seinem Schöpferwillen übereinstimmende Güte auch dieses Herrenwillens, noch also die Einheit des göttlichen Willens als des Willens zum Guten, wie er auch durch das von ihm verworfene aber zugelassene Böse wirksam ist. Bezeichnet also die *voluntas permittens* allerdings nur ein vorläufiges, untergeordnetes, sich selbst zurücknehmendes Wollen Gottes, so ist es darum doch nicht uneigentlich, in seiner Weise nicht weniger ernst zu nehmen wie sein positives: genau so zu fürchten, wie jenes zu lieben ist, genau so zu fliehen, wie jenes zu suchen ist. Gott will so und so in gleichem Grade geehrt sein, wobei es eine Sache für sich ist, daß Beides so ganz verschieden geschehen muß und daß wir ihn nur dann fürchten können, wenn wir ihn zuvor noch mehr geliebt haben, daß wir vor seiner *vol. permittens* nur in der Weise fliehen können, daß wir noch viel mehr seiner *vol. efficiens* untertan werden. Eben in diesem der Natur der Sache entsprechenden Zusammenhang ist die *vol. permittens* doch nicht weniger *vol. divina* als die *vol. efficiens*. Wüßten wir uns nicht auch mitten in Sünde und Tod allen Ernstes in Gottes Hand und Verfügung, wie könnten wir dann je wieder hoffen, gehorsam und selig zu werden? Hätte Gottes Freiheit dort ein Ende, wo wir Gott am nötigsten haben, wären wir dort etwa plötzlich außerhalb seiner Vorherbestimmung auf unsere eigene Freiheit angewiesen, wie könnte uns dann seine Liebe finden, wie könnten wir ihrer dann teilhaftig werden? Oder wollen wir etwa die Grundanklage gegen Gott erheben: Warum ist sein auf seine Schöpfung gerichteter Wille nicht von Haus aus ganz allein *vol. efficiens* und nur in dieser Form guter Wille? Warum jenes Verzichten, jenes Nicht-Verhindern, jenes Nicht-Ausschließen in der ganzen furchtbaren Kraft, die ihm als dem göttlichen Wollen nun doch auch eigen ist und die Güte seines Willens so verhängnisvoll zu verdecken scheint? Wie wollten wir anders antworten als so: daß darin eben Gottes höchste und wahre Güte gegen seine Kreatur und damit auch die der Kreatur bestimmte und verheißene Güte erst recht aufleuchtet, daß ihr Gehorsam und ihre Seligkeit nicht einfach Natur, nicht selbstverständlicher Vollzug ihrer Existenz, nicht zwangsläufiger Ablauf sein sollen, sondern Rettung vom Rande eines Abgrunds, daß sie auch in ihrem Gehorsam und in ihrer Seligkeit daran, daß sie aus dem Nichts geschaffen und vor dem Nichts bewahrt ist, ständig erinnert sein soll durch die drohende Nachbarschaft des Reiches der Finsternis, daß also ihr Gehorsam und ihre Seligkeit Gnade und Errettung sein soll? Es ist das Wesen unserer Versöhnung als Gnade, das eben daran hängt, daß es auch eine göttliche *voluntas permittens* und vermöge ihrer die Wirklichkeit von Ungnade, Verdammnis und Hölle gibt. Ist Gott größer eben darin, daß er der Gott ist, der Sünden vergibt und vom Tode errettet, dann werden wir ihn nicht anklagen dürfen, dann werden wir ihn gerade auch dafür preisen müssen, daß sein Wille auch die Zulassung der Sünde und des Todes in sich schließt. Und Gott ist tatsächlich nicht kleiner, sondern größer, er wird nicht verdächtig, sondern er erweist sich gerade als heilig und gerecht darin, daß er nicht nur *efficit*, sondern auch *permittit*. Denn eben so erweist sich sein Wille als der Wille des gnädigen und in seiner Gnade herrlichen Gottes. Ist dem aber so, dann haben wir auch hier keinen Anlaß, diese Unterscheidung nun etwa nur als eine solche innerhalb des göttlichen Verhaltens der Welt gegenüber zu verstehen. Auch sie beschreibt vielmehr den Willen Gottes, wie er in sich selber ist. Gewiß: in Gott ist erst recht keine Neigung zum Bösen, keine Absicht darauf. Wir haben uns bis in alle Tiefen Gottes hinein nur dessen zu versehen, daß er seine eigene Herrlichkeit und also unseren freiwilligen Gehorsam und unsere Seligkeit will. Aber auch in Gott selbst ist kein einfacher, sozusagen physischer und mechanischer Ausschluß, sondern gerade in Gott selbst ist ein **kräftiges Nicht-Wollen** des Bösen, Licht als Verneinung der Finsternis, Heiligkeit, Gerechtigkeit und Weisheit als Verwerfung ihres Gegenteils und insofern und in dieser Weise nun doch auch ein **kräftiges Gewährenlassen**. Wohlverstanden: ein bloßes Gewährenlassen, ein beschränktes Raumgeben also, jene Geduld Gottes, die einem Ziel entgegensieht und als solche einmal ein Ende hat. Aber solche Geduld übt Gott nicht nur, sondern Gott ist in sich selbst geduldig, d. h. er ist der, der ebenso gewähren lassen wie bewirken kann, weil sein Wille gerade als göttlicher ebenso gewährenlassender wie bewirkender Wille ist. Auch sein Gericht wird ja als solches einmal ein Ende haben, ohne daß er deshalb weniger der von Ewigkeit zu Ewigkeit gerechte Gott wäre. Gott wäre nicht Gott, wenn er nicht bewirkender Wille, er wäre aber wiederum nicht Gott, wenn er nicht auch zulassender, gewährenlassender Wille wäre. Das wäre ja nicht **vollkommener** Wille, der nicht wirken wollte. Das wäre aber auch nicht vollkommener Wille, der nur Wirkung wäre, der sich nicht selber Grenzen seines Wirkens steckte. Das wäre nicht **freier** Wille, der **nur** wirken, der nicht auch nicht wirken wollte. Und das wäre nicht **göttlicher**, das wäre dämonischer, satanischer Wille, der so sehr sein Eigenes suchte (und wenn dieses die göttliche Heiligkeit und Gerechtigkeit selber wäre), daß er sich nur behaupten und durchsetzen, daß er nicht auch Konzessionen machen könnte. Der göttliche Wille will unbeschadet seiner Heiligkeit und Gerechtigkeit, nein gerade in Bewährung seiner Heiligkeit und Gerechtigkeit, er will gerade in seiner **Allmacht** auch **Konzessionen** machen. Gottes Bewirken **und** Gottes Gewährenlassen ist, jedes in seiner Art — also jenes unbeschränkt, dieses beschränkt, jenes übergeordnet, dieses untergeordnet, jenes positiv, dieses negativ, jenes selbständig, dieses unselbständig, jenes die *voluntas maior* oder *pura*, dieses die *vol. minor* oder *indulgentiae* (Tertullian *De exh. cast.* 3) — gleich sehr Gottes ewiges Wesen. Es ist gerade, wenn man sich über Gottes Willen durch sein versöhnendes Handeln in Jesus Christus unterrichten läßt, nicht einzusehen, wie man es anders sagen sollte. Und je eigentlicher man beides versteht: das *efficere* als *efficere,* das *permittere* als *permittere,* desto sicherer wird man die Irrtümer vermeiden, die hier allerdings von beiden Seiten drohen könnten.

Die letzte von den hier üblichen Unterscheidungen ist falsch und irreführend: Gottes Wille ist u. a. U. *vol. efficax.* Es gibt **keine** *vol. Dei inefficax.* Gottes Wille ist hinsichtlich seiner Schöpfung bedingt, aber nicht durch sein Geschöpf, sondern durch seinen eigenen Schöpferwillen, durch die Bedingungen, denen er

2. Gottes Beständigkeit und Allmacht

selbst sein Geschöpf unterworfen hat und immer aufs neue unterwirft. Er ist aber nicht von außen, nicht von einem Anderen her bedingt. Er ist in keiner Hinsicht unkräftiger Wille, leerer Wunsch, bloße Velleität. Sondern was Gott will, das geschieht auch. Gott will, was er will, in den verschiedenen Ordnungen, die durch jene anderen Unterscheidungen angedeutet sind. Und so geschieht Verschiedenes in den verschiedenen Bereichen der Gegenstände seines Willens, aber immer ist in dem, was geschieht, sein Wille, nie letztlich und eigentlich ein anderer, ihm gegenüber selbständiger, ihm effektiv widerstrebender, des Widerstands gegen ihn fahiger Wille wirksam. Immer und überall ist also sein Wille wirksam nur durch sich selber bestimmt und begrenzt und in dieser Souveränität die Bestimmung und Begrenzung aller Dinge, alles Geschehens. Das gilt ohne daß die Kontingenz des kreatürlichen Seins und Geschehens dadurch aufgehoben wäre: Ihr geht die Kontingenz des göttlichen Willens beherrschend voran, ohne daß sie durch diese zerstört oder auch nur gestört würde, in der Souveränität des Schöpfers, die nicht in der Unfreiheit, sondern gerade in der Freiheit seiner Geschöpfe wirksam ist: Das gilt also auch ohne daß der freie Wille des Menschen als ein in sich unfreier verstanden werden müßte. Er ist in sich frei; aber eben in dieser Freiheit steht er zur Verfügung des immer wirksamen Willens Gottes. Das gilt also auch ohne daß der Charakter des Bösen als Böses entweder umgedeutet oder Gott zur Last geschrieben werden müßte: denn wenn Gott es zuläßt und insofern wirksam will, daß sein Geschöpf diesen Charakter annimmt, ist das zwar sein guter und gerechter Wille, so dient das zwar dazu, seine Herrlichkeit noch größer zu machen; wie sollte aber sein Wille in dieser Wirksamkeit das Böse gut machen oder als Böses sich zu eigen machen, da er doch in dieser Wirksamkeit ganz und gar verneinender: jener kräftig zulassende, aber eben doch nur zulassende und nicht bejahende Wille ist? Das wäre aber an keinem Ort und auf keiner Stufe der Wille Gottes, dem Unwirksamkeit, dem also Nicht-Allmacht zuzuschreiben wir uns herausnehmen könnten.

Ein weiter Weg liegt hinter uns. Wir haben die Gleichung aufgestellt und diskutiert: **Gottes Allmacht ist die seines Wissens und Wollens und also Gottes Wissen und Wollen das seiner Allmacht.** Es liegt in der Natur der Sache, daß es besonders diese zweite Form der Gleichung war, die uns beschäftigt hat. Hier entstehen ja die Probleme, hier immer wieder der Irrtum: Es muß gelten und dabei bleiben, daß Gottes Wissen und Wollen eben in seiner Eigentlichkeit ein **allmächtiges** und also ein unbedingt überlegenes, umfassendes und durchdringendes Wissen und Wollen ist. Insofern war unsere ganze Betrachtung des göttlichen Wissens und Wollens nur eine Ausführung des Satzes, daß Gott allmächtig ist, insofern gehört sie im weiteren Zusammenhang gesehen in die Lehre von den Vollkommenheiten der göttlichen Freiheit. Aber wenn diese Form der Gleichung: «Gottes Wissen und Wollen ist das seiner Allmacht» in dieser Betrachtung materiell herrschend sein mußte, so haben wir diese doch nicht durchführen können, ohne fortwährend auf ein retardierendes Moment zu stoßen und ohne diesem zuletzt sogar breiten Raum geben zu müssen: der Erwägung und Respektierung des göttlichen Wissens und Wollens als solcher nämlich, seiner **Eigentlichkeit** als Wissen und Wollen im Unterschied zu aller Macht und Wirksamkeit an sich. Eben dieser Unterschied mußte ja schon unsere Analyse des Allmachtsbegriffs im Allgemeinen bestimmen. Eben von diesem Unterschied her sind wir überhaupt auf das Problem des göttlichen Wissens und Wollens gestoßen. So konnte sich unsere Ausführung der Sätze: «Gott weiß» und: «Gott will» nicht darin erschöpfen, daß wir ihre Prädikate gewissermaßen füllten mit dem Begriff der Allmacht. Wir haben diese Füllung vollzogen und alle diejenigen Sicherungen angebracht, die nötig sind, um jede Vorstellung von einem auch nur teilweise ohnmächtigen Wissen und Wollen Gottes abzuwehren. Aber so wichtig und nötig das war — wir müssen uns zum Schluß klar machen, daß die Anbringung dieser Sicherungen der eigentliche Nerv und Sinn unserer Betrachtung des göttlichen Wissen und Wollens nicht sein, daß ihr entscheidendes Motiv und Ergebnis nicht darin, also nicht in der Anwendung und Bestätigung, daß auch Gottes Wissen und Wollen allmächtig ist, bestehen konnte. Sondern es lag das Ziel dieser Betrachtung nun doch in der ersten Form jener Gleichung: in der Erkenntnis, daß **Gottes Allmacht die seines Wissens und Willens, die Macht seiner Person, seines Geistes ist**. Es lag also gerade in jenen retardierenden Elementen unserer Überlegungen und in deren letzter Phase (5), wo wir uns ja ausdrücklich und im Besonderen eben um das Verständnis der Eigentlichkeit des göttlichen Wissen und Wollens als solcher bemüht haben. Eben damit muß sich ja unser Verständnis der **Allmacht** Gottes vollenden: daß sie vor uns steht rein von allen Flecken eines bloß neutralen Vermögens und Wirkens, einer blind und taub wirkenden Ursächlichkeit und Kraft, daß wir sie nicht anders kennen und ehren, fürchten und lieben als in ihrer reinen Geistigkeit, die als solche, weil sie Gottes Geistigkeit ist, allmächtig, kräftig und wirksam, aber eben **göttlich** allmächtig und also als Gottes **Wissen, Wollen und Geist** allmächtig ist. Die göttliche Tiefe der wahren Allmacht besteht darin, daß sie selber die allmächtige Person Gottes ist. Ganz und gar darin, und also nie und nirgends anders als eben persönlich, nie und nirgends unbewußt und willenlos ist sie Allmacht, ist sie kräftig und wirksam. Darin allerdings völlig. Aber ganz und gar darin!

Alle falsche Systematik des Verhältnisses von Gott und Kreatur mit ihren unvermeidlichen Beeinträchtigungen der Erkenntnis der Allmacht Gottes hat ihren Grund in der mangelnden Klarheit darüber, daß es sich in diesem Verhältnis um die Allmacht des göttlichen Wissens und Wollens, der göttlichen Person, des göttlichen Geistes, um **sein** und nicht um irgend ein anderes Können und Wirken handelt. Wo das klar ist, da kann die Vorstellung einer Beeinträchtigung der Selbständigkeit der Kreatur durch die Allmacht Gottes, zu deren Behebung man sich dann umgekehrt in der Erkenntnis der Allmacht Gottes beeinträchtigen lassen müßte, keinen Raum gewinnen. Indem Gott Geist ist, ist er *per se* nicht in der Weise allmächtig, daß dies die Selbständigkeit seiner Kreatur bedrohen und aufheben würde. Indem er Geist ist, ist er allmächtig in der Freiheit seiner Kreaturen. Indem seine allerdings allmächtige, allerdings unwiderstehlich herrschende Kraft und Wirkung die seines Wissens und Wollens ist, indem er sie damit beherrscht und bewegt, daß er um sie weiß und indem er sie will in ihrer Eigenbewegung, ehrt er ihre Selbständigkeit und nimmt er uns jeden Vorwand, diese dadurch vor ihm in Sicherheit zu bringen, daß wir ihm jenes Herrschen und Bewegen nur teilweise zuschreiben, daß wir also an seiner Allmacht diese und jene Abstriche zugunsten der Macht der Kreatur vornehmen. Solche Abstriche sind der Allmacht Gottes gegenüber nicht nur nicht möglich, sondern auch nicht nötig. Sie beruhen auf einem tiefen Verkennen der Allmacht Gottes und also Gottes selber. Sie können nur da unternommen werden, wo über Gottes Geistigkeit und Persönlichkeit und damit eben über die Tiefe seiner Allmacht keine Klarheit herrscht. Ist es verstanden, daß Gottes Allmacht die seines Wissens und Wollens ist und ist dieses Verstehen echt, weil aus der Quelle der göttlichen Offenbarung und Versöhnung geschöpft, ist das Wissen und Wollen seiner Allmacht also erkannt als das seiner Liebe, dann stirbt das Problem der Konkurrenz, aus dem jene Irrtümer immer wieder hervorgehen müssen. Gegenüber der Allmacht der Liebe Gottes wird das Geschöpf ja nicht um eine Konkurrenzfähigkeit seiner eigenen Macht eifern und hadern zu müssen meinen. Durch die Macht der Liebe Gottes wird es seine eigene Macht nicht bedroht und aufgehoben sehen. Ihr wird es aber auch seine eigene Macht nicht eifersüchtig entgegenstellen, ihr wird es sie vielmehr in der Erkenntnis zur Verfügung stellen, daß sie ihr schon gehört, bevor es sich dazu entschlossen hat, sie ihr zur Verfügung zu stellen, und daß es sich nur darum dazu entschließen kann, weil durch Gottes Macht über seine eigene Macht verfügt ist.

Und eben das ist ja nun das tiefste Interesse der ganzen Betrachtung von Gottes Wissen und Wollen: an deren Eigentlichkeit, an der Erkenntnis der echten Geistigkeit und Persönlichkeit Gottes entscheidet es sich — nicht sachlich aber formal, und auch dieses Formale ist unentbehrlich — daß wir Gott eigentlich und echt als die Liebe, als den Liebenden, verstehen können. Wie sollte das ernstlich gemeint und gesagt werden können, wenn wir etwa nur uneigentlich und bildhaft, wenn wir nicht in letzter Wahrheit von Gottes Wissen und Wollen reden könnten? Weiß und will er nicht, dann liebt er auch nicht. Eine bloße, blinde Macht kann wohl Kraft und Wirkung haben; sie kann aber nicht lieben. Was man ihre Liebe nennen wollte und könnte, wäre ein schmückendes Beiwort, das ihr willkürlich beigelegt würde, das aber in ihr selbst keinen Grund und keine Wahrheit hätte. Liebe gibt es nur, wo Wissen und Wollen ist. Eben das Wissen und Wollen Gottes begegnet uns aber da, wo es uns begegnet, nämlich in der göttlichen Offenbarung und Versöhnung, ganz und gar als Liebe. Und eben indem uns hier Gottes Liebe begegnet, begegnet uns eben da auch das Wissen und Wollen Gottes. Und weil es uns eben da auch als Allmacht begegnet, werden wir dies als Letztes von Gottes Allmacht sagen müssen: wir haben sie, die Allmacht des göttlichen Wissens und Wollens und also die allein wirkliche göttliche Allmacht, als Allmacht der Liebe zu erkennen. So weiß Gott und so will er: er liebt. Das also ist das, was wir Wissen und Willen nennen in seinem göttlichen Ursprung, in seiner göttlichen Wahrheit, das ist das ewige Wissen und der ewige Wille, durch die alles andere Wissen und Wollen gesetzt sind durch die Gnade der Schöpfung: es ist Liebe, es sucht sich selber nur in der Gemeinschaft mit einem Anderen; es setzt und erhebt dieses Andere als Geliebtes als zu ihm selbst gehörig. Und eben in diesem Tun ist es echtes Wissen und Wollen. Eben in diesem Tun ist es aber auch allmächtig, frei in sich selber und unwiderstehlich jedem Anderen gegenüber. Wiederum ist also seine Allmacht, und also Gottes Allmacht überhaupt, schlicht und ausschließlich die Allmacht eben dieses Tuns. Wieder und noch einmal haben wir mit der Feststellung, daß Gottes Allmacht die seines Wissens und Willens ist, das eine Wesen Gottes in seiner doppelten Bestimmung bekräftigt: daß seine Freiheit die seiner Liebe ist.

Es bleibt uns nun nur noch übrig, den letzten und entscheidenden Grund, von dem aus wir jene Feststellung gemacht haben, zu nennen und sichtbar zu machen. Wir haben unsere Erkenntnis des allmächtigen Wissens und Wollens Gottes, wie eben noch einmal erinnert, allgemein aus der Erkenntnis der göttlichen Offenbarung und Versöhnung abgeleitet. Indem uns Gott dort etwas sagt, erkennen wir: er weiß. Und indem er dort etwas tut, erkennen wir: er will. Indem er dort allmächtig redet und handelt, erkennen wir die Allmacht seines Wissens und Wollens. Diese Begründung könnte von dem Verdacht, dem jede begreifliche Konstruktion als solche nun einmal ausgesetzt ist, dem Verdacht der Willkürlichkeit, umgeben und in ihrer Kraft bedroht sein. Wir wiederholen sie darum zum Schluß in ihrer konkreten, in der unwiderleglichen Form, in der sie uns in der heiligen Schrift selber gegeben ist. Sie allein kann, sie aber wird sie dann auch in der abstrakten Form, in der wir sie zunächst haben gelten lassen, zur endgültig tragfähigen und wirklich tragenden Begründung machen.

Fragen wir die Bibel nach ihrem Zeugnis von Gottes Allmacht, dann ergibt sich zunächst die von uns immer wieder vollzogene Unterscheidung und Beziehung zwischen den Begriffen Gott und Macht damit als notwendig, daß dort alle Macht zum vornherein als in einer Hand befindlich bezeichnet, als die Macht dieser einen Hand sichtbar gemacht wird. Diese eine Hand ist die Hand dessen, der in der Bibel Gott heißt und von ihr und ihrem Walten ist das, was wirkliche Macht ist, nach der Bibel nicht zu trennen. Was durch diese Hand geschieht, geschieht mit wirklicher Macht. Und es gibt keine wirkliche Macht, die nicht die Macht dieser Hand wäre, die sich nicht so oder so als die Macht dieser Hand zu erkennen gäbe.

«O Herr, mein Gott, du hast schon bisher deinem Knechte deine Größe und deine starke Hand gezeigt; denn wo ist ein Gott im Himmel und auf Erden, der es dir gleich tun könnte an Werken und gewaltigen Taten» (Deut. 3, 24). Wird man gewiß nicht behaupten können, daß die Vorstellung von naturhaft und neutral wirkenden göttlichen Kräften, von allerlei dynamischem *Mana*, dem biblischen Denken und Reden einfach fremd wäre, so ist doch noch viel beachtlicher, wie diese aller Naturreligion gemeinsame Vorstellungsweise auf biblischem Boden gewissermaßen filtriert, ihres Ernstes entkleidet wird, wie die vermeintlich verschiedenen und neutral wirksamen Kräfte hier in den Begriff des einen Gottes einbezogen sind, so daß ohne Leugnung, sondern unter Voraussetzung einer Vielheit von Kräften und Wirkungen doch er allein übrig bleibt als der zuerst und zuletzt über sie alle Disponierende, sodaß von einem neutralen göttlichen Kräftigsein und Wirken, von einer namenlosen Dynamik, die der Mensch als solcher zu fürchten, zu fürchten und zu ehren hätte, faktisch doch nichts übrig bleibt. Die Mystik einer *Exusia* als solcher, das Mysterium der Naturkraft oder des geschichtlichen Erfolges ist in der Bibel von Anfang an in der Wurzel ausgerottet, unbeachtlich, ja verwerflich geworden. Nur im Rückfall und Abfall zu den Göttern Kanaans oder Ägyptens oder Babylons würde sich Israel wieder von einer so gearteten göttlichen Macht imponieren lassen können. Wenn und sofern es gehorsam ist, rechnet es mit Gottes Macht, und zwar allein mit ihr und also gerade nicht mit irgendwelchen göttlichen Mächten. Denn alle Mächte sind s e i n e Mächte. Er ist der «H e r r der Heerscharen». Und wir brauchen bloß an die Engellehre des Kolosser- und Epheserbriefes zu denken, um uns zu erinnern, wie dieselbe Konzentrierung und Sammlung hinsichtlich des Begriffs der Macht die bezeichnende Bewegung auch des neutestamentlichen Denkens ist. «Mir ist gegeben a l l e Gewalt im Himmel und auf Erden» (Matth. 28, 18). Im Blick auf das biblische Zeugnis werden wir also zunächst jene Unterscheidung und Beziehung zwischen Gott und Macht, wie wir sie zu vollziehen versuchten, auf keinen Fall unterlassen können.

Man muß tatsächlich von einer «Hand» reden, die hier als Quellort und Zentrum aller Macht sichtbar wird. Denn von Anfang an erscheint als deren Inhaber eine P e r s o n, ein Ich, das über seine Macht und damit über alle Mächte disponiert nach seiner Einsicht und nach seinem Willen, dessen Wirken ein bewußtes und planvolles Handeln, dessen Wirkung Geschichte ist.

Wer und was ist Gott im Alten Testament? Schlechterdings der, der Israel aus Ägypten führt, der es am Schilfmeer endgültig aus der Gewalt des Pharao errettet, der es in die Wüste zum Sinai und durch die Wüste dem Lande Kanaan entgegenführt. Eben diese Geschichte als Urgeschichte des Bundes zwischen Gott und Israel und ihre Erinnerung bleibt für alle Zeiten die Offenbarung des Gottes des Alten Testamentes und als solche die Offenbarung seines Machtwesens, aber wiederum dieses Machtwesens als des Wesens seines persönlichen Wissens, Planens und Wollens. Es ist ein einziger Akt, in welchem er um Israel weiß um seiner erwählten Väter willen und darum den Mose beruft und dem Pharao entgegenstellt, darum Ägypten mit allen Plagen schlägt, darum die Meereswellen sich türmen läßt zum Durchgang seines Volkes, darum sie wieder sich schließen läßt über Pharao und seinem Heer, um endlich mit dem öffentlichen Bundesschluß seine Erwählung und sein Wollen zu bestätigen und zu besiegeln: Ich bin dein Gott, du bist mein Volk. «Der Feind sprach: ‚Ich jage nach, hole ein, verteile den Raub, sättige meine Gier; ich zücke mein Schwert, meine Hand vertilgt sie'. Du bliesest darein mit deinem Hauch und sie deckte das Meer; sie versanken wie Blei in mächtigen Wassern. Wer ist wie du, Herr, unter den Göttern? wer ist wie du so hehr und heilig, furchtbar in Ruhmestaten, wunderverrichtend? Du recktest aus deine Rechte, da verschlang sie die Erde. Gnädig hast du geleitet das Volk, das du erlöst, hast es machtvoll geführt zu deiner heiligen Wohnstadt. Die Völker hörten's, und sie erbebten; Angst ergriff Philistäas Bewohner. Damals erschraken die Fürsten von Edom, die Gewaltigen Moabs — Zittern ergriff sie. Die Bewohner Kanaans verzagten zumal; es überfiel sie Schrecken und Furcht, ob der Gewalt deines Arms wurden sie starr wie Stein. So zog hindurch dein Volk, o Herr, zog hindurch das Volk, das du erworben. Du führtest sie hinein und pflanztest sie auf den Berg, der dein eigen, an die Stätte, die du, Herr, zu deiner Wohnung gemacht hast, in das Heiligtum, Herr, das deine Hände gegründet. Der Herr ist König immer und ewig» (Ex. 15, 9—18). Hier ist Alles beieinander: Souveräne Machtentfaltung, der Alles zu Gebote steht und nichts zu widerstehen vermag, aber diese in des Einen Hand und vollzogen nach seiner Absicht und also seinem Ziel entgegenführend und darum das Ganze seine Selbstoffenbarung als Gott, König und Herr derer, denen zugute das Alles geschieht. Darum der Anfang jenes Liedes: «Meine Stärke und mein Loblied ist der Herr und er war mein Heil; er ist mein Gott, ich will ihn preisen, der Gott meines Vaters, ich will ihn erheben. Der Herr ist ein Kriegsheld, Herr ist sein Name» (v 2—3). Was mit diesem Ereignis höchster Machtenfaltung beginnt (vgl. auch Ps. 78; 105; 106), das ist also gerade nicht eine Naturgeschichte, sondern die Geschichte eines streng persönlichen Verhaltens und Tuns eben dieses mächtigen Gottes. Nicht eine göttliche Macht, sondern dieser mächtige Gott, seine Person als Besitzer aller Macht hat sich ja dort offenbart, wird dort erkannt und gepriesen und handelt nun weiter mit diesem Volke. Daß Jahve weiß und will, diese Erkenntnis folgt nicht erst aus jenem Ereignis, geschweige denn, daß sie erst dessen Deutung wäre, sondern jenes Ereignis selbst und als solches ist die Offenbarung dieser Erkenntnis. Indem es Jahves Selbstoffenbarung ist, ist es die Offenbarung seines Wissens und Wollens und so und nur so die Offenbarung seines Machtwesens.

Daß Gottes Wirken ein Handeln, seine Wirkung Geschichte, daß Gott Person ist, das schließt nun nicht aus, sondern ein, daß die Macht, mit der er will, Allmacht, unbedingte Macht über Alles ist. Aber eben hier vollzieht nun das biblische Zeugnis von Gott, offenbar genötigt durch seinen Gegenstand, von Anfang an jene eigentümliche Konzentration und Sammlung. Es weiß und sagt es mit Nachdruck, daß Gott der Schöpfer und Herr des Himmels und der Erde ist. Es bezeugt, daß er als solcher offenbar ist. Es bezeugt auch die Stimme des Gewitters, des Meeres und des Erdbebens als die Kundgebung seiner Macht. Aber es verliert ihn selbst, sein Wissen und Wollen, seine Person, wie sie in jener Geschichte offenbar geworden ist, als das Subjekt auch seiner Macht im Weltall keinen Moment aus den Augen. Es erlaubt uns also gerade nicht jenes Denken, das zunächst eine göttliche Macht im Allgemeinen in der Natur und dann wohl auch im Ganzen des Geschichtsverlaufs feststellen möchte: unbestimmt und wohl auch etwas unsicher gerade mit Gottes Macht zu identifizieren, eine Sache der Ahnung und Vermutung mehr als der Erkenntnis, eine Sache, in der man nun doch wieder, vielleicht gemeinsam mit den Religionen der Heiden, den Inbegriff eines neutralen höchsten Vermögens und Wirkens erkennen, angesichts derer man nun doch wie vor einer zwar undeutlichen, aber immerhin wahren Offenbarung der göttlichen Allmacht wenigstens einen Augenblick (oder im Notfall auch länger) ehrerbietig stehen bleiben könnte, um dann von da aus auch noch zu dem Besonderen, zu jenem konkreten, geschichtlichen Vermögen und Wirken Gottes und damit zu der eigentlichen und deutlichen Erkenntnis Gottes vorzudringen. Die Zusammenhänge, in denen die Bibel die Macht Gottes als die Macht über Alles bezeugt, verbieten uns die Vorstellung eines solchen, dem eigentlichen Heiligtum vorgelagerten Provisoriums wahrer Erkenntnis des allmächtigen Gottes. Nicht als eine für sich zu betrachtende Wirklichkeit interessiert sie jene Macht Gottes über Alles, seine weltschaffende, welterhaltende und weltbewegende Kraft, sondern deshalb, weil sie den Boden und Ort, den Raum und Rahmen schafft, in welchem er als der Herr jener Geschichte mächtig ist. Nicht jenes Allgemeine ist das Erste, sondern dieses Besondere. Und so gibt es jenes Allgemeine gar nicht ohne dieses Besondere und also auf keinen Fall vor diesem. So kann es auch nicht als Allgemeines — als wäre dieses selbst ein Besonderes — vor jenem erkannt und verstanden werden. So kann man nicht vom Allgemeinen zum Besonderen, sondern nur umgekehrt von jenem Besonderen zum Allgemeinen kommen. Von jenem Besonderen kommt man allerdings zu diesem Allgemeinen.

Tenendum est axioma, perverse eos vagari, qui de potentia Dei imaginantur extra verbum, si quid visum est; quia sic consideranda est eius immensitas, ut spei et fiduciae nobis sit materia. Iam vero non temere solum et inutiliter, sed etiam periculose disputatur, quid sit Deo possibile, nisi simul occurrat, quid ipse velit... Notandum tamen est, potentiam Dei vera fide effectualem, ut ita loquar, apprehendi. Potens enim est atque agnosci vult Deus, ut ipso opere veracem se demonstret (Calvin, Komm. zu Luc. 1, 37 C. R. 45, 32 u. 33).

So mächtig ist der Herr jener Geschichte, daß eben seine Macht die Macht ist und als die Macht sich zu erkennen gibt, die die Sterne hält, die das Meer bewegt und den Blitz lenkt. Als seine Macht und also als die Macht seines Wissens und Wollens, als die Macht seines Erwählens und Berufens, als die Macht dessen, der sich Israels erbarmt und der es herausgeführt hat zum Bunde mit ihm, als die Macht des Wortes, durch das er Israel tröstet und richtet, offenbart sich nun auch die Macht im Weltall, wird auch sie erstaunlich und verehrungswürdig, nicht undeutlich jetzt, sondern ganz unzweideutig, in letzter Klarheit als seine Macht: jetzt also gerade unterschieden von allen anonymen, von allen neutralen Kräften, jetzt als dieselbe heilige und gnädige, gerechte und barmherzige Kraft, die die Kraft jenes besonderen Geschehens ist, aber gerade als solche, als wirkliche, als ewige Kraft.

Man kann ruhig sagen, daß Alles, was das Alte Testament von der Macht Gottes im Allgemeinen, also abstrakt von seiner Herrschaft über Natur und Geschichte sagt, nur ein Reflex ist dessen, was er in derselben Macht im Besonderen, nämlich eben im Bunde mit Israel getan hat. «Er, Jakobs Teil, ... ist der Bildner des Alls und Israel ist der Stamm seines Eigentums. Herr der Heerscharen ist sein Name» (Jer. 10, 16). «Ach, Herr, siehe, du hast Himmel und Erde geschaffen durch deine große Kraft und deinen ausgereckten Arm; für dich ist kein Ding unmöglich» (Jer. 32, 17). Aber von wem wird das gesagt? Die Fortsetzung lautet: «Der du Gnade übst an Tausenden und die Schuld der Väter ihren Kindern die nach ihnen kommen, heimzahlst, du, der große und starke Gott, dessen Name ist ‚Herr der Heerscharen', groß an Rat und mächtig von Tat, dessen Augen offen stehen über allen Wegen der Menschenkinder, einem Jeden zu geben nach seinem Wandel und nach seinem Verdienen; der du Zeichen und Wunder getan hast im Lande Ägypten bis auf den heutigen Tag, an Israel und an den anderen Menschen und dir so einen Namen gemacht hast, wie es heute am Tage ist; der du dein Volk Israel mit Zeichen und Wundern, mit starker Hand und ausgerecktem Arm und großem Schrecken aus dem Lande Ägypten herausgeführt und ihnen dieses Land gegeben hast, wie du ja ihren Vätern geschworen hattest, es ihnen zu geben, ein Land, das von Milch und Honig fließt» (v 18—22). Es ist also schlechterdings der Gott des Bundes und der Heilsgeschichte, von dem auch jenes Erste und Allgemeine gesagt ist. Oder Jes. 40, 21—26: «Wißt ihr es nicht, hört ihr es nicht? Ist es euch nicht von Anfang her verkündet? Habt ihr es nicht begriffen von der Gründung der Erde her? Der da thront über dem Kreis der Erde, daß ihre Bewohner wie Heuschrecken sind, der den Himmel ausbreitet wie einen Flor und ihn ausspannt wie ein Zelt zum Wohnen, der da Fürsten zunichte macht und Richter der Erde wandelt zu nichts — kaum sind sie gepflanzt, kaum sind sie gesät, kaum wurzelt ihr Stamm in der Erde, so bläst er sie an und sie verdorren und wie Stoppeln trägt sie der Sturm davon — wem wollt ihr mich vergleichen, daß ich wäre wie er? spricht der Heilige. Erhebt eure Augen zur Höhe und schaut: Wer hat jene geschaffen? Er, der ihr Heer herausführt nach der Zahl, sie alle mit Namen ruft. Ihm, der groß ist an Kraft und stark an Macht, bleibt nicht Eines aus» Die Fortsetzung aber lautet: «Warum denn sagst du, Jakob, und sprichst du Israel: mein Geschick ist dem Herrn verborgen und mein Recht entgeht meinem Gott?» (v 27) und es ist deutlich, daß die im Weltall wirkende Kraft damit zurückgeführt wird auf die Kraft, den Plan und den Willen eben dessen, der Israels nicht vergessen will, als dessen Eigentum Israel anzusprechen ist und bleibt, daß also außerhalb der Erkenntnis seiner hier bewiesenen Kraft seine Kraft im Allgemeinen nicht erkannt, Gegenstand jenes Lobpreises nicht werden könnte, daß jener Lobpreis das Bekenntnis der Israel bewahrenden Gottesmacht illustriert und nicht etwa umgekehrt. Man wird aber auch den hier oft angeführten Psalm 29 nicht verstehen können, wenn man nicht sieht, daß «Gottes Herrlichkeit im Gewitter» nur das Thema und gerade nicht der Text dieses Psalmes, daß die «Stimme des Herrn», von der in ihm die Rede ist, die Stimme dessen ist, der nach v 11 seinem Volke Kraft gibt, der es mit Heil segnet. Man kann diese innere Ordnung und Teleologie des biblischen Zeugnisses von Gottes Allmacht am besten daran verifizieren, daß es nie abgleitet in den Lobpreis irgend einer Willkür, wie es doch notwendig der Fall sein müßte, wenn sein Gegenstand etwa heimlich doch die im Weltall wirkende und erkennbare Macht an sich und als solche geworden sein sollte. Dieser Lobpreis erfolgt wohl (etwa am Ende des Hiobbuches) auch einfach angesichts des Erstaunlichen im Weltlauf. Aber auch da wird das Erstaunen nicht Selbstzweck, sondern gerade im Erstaunlichen ist das Letzte und eigentliche Geheimnis, das darin zur Offenbarung kommt, nicht irgendein *tremendum*, sondern Gottes Gerechtigkeit und Heiligkeit. Es bezeugt sie in ihrer Unbegreiflichkeit, in ihrer göttlichen Überlegenheit. Aber auch es bezeugt sie, es bezeugt Gottes Willen und nicht eine geheimnisvolle Willkür, die nun etwa als solche göttlich wäre. Gottes gerechter und heiliger Wille ist die Erhaltung und Erfüllung seines Bundes mit Israel, offenbar geworden als strafende und heilende Gnade und Barmherzigkeit. Dieser Wille Gottes ist das oft unsichtbare, aber immer wirksame Maß alles Zeugnisses von seiner Allmacht. Und nun werden wir als Letztes das Einfache anführen müssen, was bekanntlich die biblische Schöpfungsgeschichte von den kosmogonischen Mythen des übrigen Altertums unterscheidet: daß Gott Himmel und Erde nach der Schrift allein durch sein Wort geschaffen hat. «Und Gott sprach»! Kein Hörer oder Leser des von diesem Satz beherrschten Berichtes sollte in der Lage sein, hier nicht sofort und zuerst an das Sprechen Gottes zu denken, das durch den Mund des Mose und der Propheten die Existenz Israels im Bunde mit diesem Gott begründet und erhalten hat. Dieser Gott, dessen Sprechen in seiner Verheißung und in seinem Gebot Gegenwart ist, sprach auch dies: Es werde Licht! und es ward Licht. Er sprach es um seiner Verheißung und seines Gebotes willen. Ja er sprach schon das als sein Gebot und seine Verheißung. Und durch dieses Sprechen ist Himmel und Erde und was darinnen ist. Dieses Sprechen ist sein Schaffen und Erhalten, sein Regieren und Bewegen. Dieses Sprechen ist die Allwirksamkeit seiner Allmacht. So ist schon auf der ersten Seite der Bibel alle Macht konzentriert und gesammelt in der Person, im Geiste Gottes: eben in der Person und in dem Geist, der nachher als der Herr jener Geschichte bezeugt wird. So kann es schon von daher keine Macht im Weltall geben, die nicht als solche zuerst die Macht dieses Herrn ist. Und so keine Bezeugung, keinen Lobpreis, keine Erkenntnis einer Macht im Weltall, die Bezeugung, Lobpreis und Erkenntnis Gottes ist, wenn sie nicht sofort der Macht eben dieses Herrn gilt: der Macht jenes Sprechenden und also Wissenden und Wollenden und so der Macht des wirklichen Gottes. Die Bezeugung, der Lobpreis, die Erkenntnis seiner Allmacht wird dann aber, wenn diese Bedingung gegeben ist, sicher nicht unbestimmt, verworren, undeutlich sein können. Von dem, was in der Bibel in dieser Hinsicht laut wird, kann man das jedenfalls nicht sagen. Es würde wohl nur da zu sagen sein, wo man sich die in der Bibel vollzogene Konzentrierung und Sammlung hinsichtlich des Begriffs der göttlichen Allmacht aus irgend einem Grunde nicht gefallen lassen wollte.

Aber nun bezieht sich diese Konzentrierung und Sammlung nicht nur darauf, daß alle Macht als Charakter und Prädikat des einen persönlichen Gottes bezeichnet wird. Es ist ja nicht so, als ginge dieser persönliche Gott und in ihm der Träger und Besitzer aller wirklichen Macht gewissermaßen anonym und heimatlos durch die sich folgenden Zeiten der biblischen Geschichte und von da aus dann weiter in die folgenden und so bis in unsere Zeit hinein: Es ist nicht so, als wäre jene Konzentrierung und Sammlung nur eine begriffliche, während der in seiner Einheit verstandene persönliche Gott und seine Macht in Wirklichkeit nun doch gewissermaßen diffus allen Zeiten gleich gegenwärtig wäre, in allen Zeiten in gleicher Weise seinen Ort, d. h. eben keinen bestimmten von anderen verschiedenen geschichtlichen Ort hätte. Daß Gott kein im Allgemeinen wesendes und webendes Etwas, sondern der persönliche Herr der Geschichte ist, das wäre unter diesen Umständen doch mehr eine Vermutung und Behauptung, die als solche auch wieder fallen gelassen werden könnte. Noch wären wir dann nicht weiter vorgedrungen als bis zu der Vorstellung von einer wissenden und wollenden Weltmacht, noch nicht zur Erkenntnis des in seinem Wissen und Wollen alle Macht besitzenden und ausübenden Herrn der Welt. Diese Erkenntnis hängt daran, daß es einen bestimmten, von anderen verschiedenen Ort Gottes in der Geschichte selber gibt, ein konkretes zeitliches Zentrum, von dem her Gott weiß, will und von dem her er eben damit in allen Zeiten mächtig ist. Eben die Existenz eines solchen Ortes ist es nun aber, was das biblische Zeugnis von der Allmacht des persönlichen Gottes auszeichnet und charakterisiert als das Zeugnis vom wahren und lebendigen Gott. Das biblische Zeugnis weiß wohl von Gottes alle Zeiten durchdringender und beherrschender persönlicher Allmacht, aber eben weil es sie kennt als persönliche Allmacht, eben darum schreibt es ihr eine konkrete zeitliche Mitte zu, eben darum ist es immer Hinweis und Rückverweis auf diese Mitte, auf einen bestimmten Ort, von dem her Gott dann auch an allen anderen Orten mächtig, nämlich in der Kraft seines von dort ausgehenden Wissens und Wollens mächtig ist. Von dieser Mitte her sieht und bestimmt, von dieser Mitte her erwählt und beruft er, ist er gnädig und übt er Gericht. Von dieser Mitte her liebt er die Welt. Denn in dieser Mitte ist er selbst. Sie ist sein allmächtiges Wort, durch das er jene geschaffen hat, regiert und erhält, durch das er aber auch ihrem Abfall widersteht indem er ihn gut macht durch sich selber, durch das er sie von allen Seiten nicht nur heimruft, sondern allmächtig heimbringt in den Frieden mit sich selber. Indem das biblische Zeugnis das Zeugnis von der in dieser Mitte und so in allen Zeiten waltenden persönlichen Allmacht Gottes ist, unterscheidet es sich von dem Anspruch, aber auch von der Schwachheit jeder allgemeinen Belehrung über ein allgemeines Sein und Wollen des allmächtigen Gottes. Es ist weniger, und gerade so mehr als eine derartige Belehrung. Es ist Messiaszeugnis. Es ist Zeugnis von dem in seiner Zeit als der Erfüllung aller Zeit geborenen, gekreuzigten und auferstandenen Gottes- und Menschensohn Jesus Christus. Darum ist es alttestamentliches und neutestamentliches: breites und vielfältiges Zeugnis von dessen Erwartung, kurz und monoton abschließendes Zeugnis von seiner Erinnerung. Alles, was vom allmächtigen Gott zu sagen ist, ist mit diesem doppelten Zeugnis gesagt: Dieser ist es, der allmächtig war, ist und sein wird. Er ist der Herr des Auszugs aus Ägypten und er ist der Herr, der dereinst seine Kirche vollenden wird. Er ist der Herr alles Geschehens auch in der Mitte zwischen jenem Anfang und diesem Ende. Er ist der Herr auch des Weltraumes, in dem die Kirche ihr Leben hat. Gerade nicht ein allmächtiges Wissen und Wollen ohne Ort und Namen, sondern das allmächtige Wissen und Wollen, das diesen Namen trägt, das das Wissen und Wollen der mit diesem Namen bezeichneten Person ist, das von dem durch diese Person eingenommenen Ort ausgeht nach allen anderen Orten, das als solches ein echtes objektives Wissen und Wollen, persönlicher Logos ist, das aber, weil es der Logos Gottes ist, als solches auch allmächtig ist.

Paulus schämt sich des Evangeliums von Jesus Christus darum nicht, ihm ist das Wort vom Kreuz darum keine Torheit, weil er es erkannt hat als das, was es ist. Es ist aber die δύναμις θεοῦ und als solche die Macht, Alle die zu erretten, die daran glauben (Röm. 1, 16; 1. Kor. 1, 18). Das ist es aber ganz und gar vermöge seines Inhalts: weil es eben das Evangelium von Jesus Christus ist. Er, der Gekreuzigte, ist die Gotteskraft (1. Kor. 1, 24). Man bemerke: er hat sie nicht nur, sondern in seiner Existenz selber ist er sie. Er hat sie wohl auch: er ist wie Mose ein ἀνὴρ προφήτης δυνατὸς ἐν ἔργῳ καὶ λόγῳ ἐναντίον τοῦ θεοῦ καὶ παντὸς τοῦ λαοῦ (Lc. 24, 19, vgl. Act. 7, 22). Ja er ist nach der geschöpflich-geschichtlichen Seite seiner Existenz aus ihrem Walten, aus jenem der Maria widerfahrenen «Überschattetwerden» durch die «Kraft des Höchsten» wunderbar hervorgegangen (Lc. 1, 35). So, als der durch die Wundermacht Gottes Gewirkte und Wirkende, der «die Herrschaft trägt auf seiner Schulter» (Jes. 9, 6) ist er ja auch verheißen und erwartet. So kommt und erscheint er. Darum lehrt er das Volk erstaunenerregend: ὡς ἐξουσίαν ἔχων und nicht wie die Schriftgelehrten (Mc. 1, 22; Matth. 7, 28 f.): «Nie hat ein Mensch so geredet, wie dieser Mensch redet» (Joh. 7, 46). Darum «gebietet er den unreinen Geistern mit Gewalt und Macht und sie fahren aus» (Lc. 4, 36). Darum kann sogar ganz allgemein von ihm gesagt werden: «Eine Kraft ging von ihm aus und heilte alle» (Lc. 6, 19). Darum ist er ein Mann, dem sogar die Winde und das Meer gehorsam sind (Matth. 8, 27). Darum heißen seine Taten nach ihrem erstaunlichen Verhältnis zu dem, was sonst geschieht: τέρατα, nach ihrem Sinn und Zweck für die, an denen und vor denen sie geschehen: σημεῖα, nach ihrem eigenen inneren Wesen aber selber: δυνάμεις, Kraftwirkungen. Er tut nach dem Johannesevangelium das, was er nur darum tun kann, weil Gott mit ihm ist (3, 2; 5, 19, 30; 9, 16, 33), weil er von Gott mit diesem δύνασθαι ausgerüstet und so zum Vollbringen einzigartiger Handlungen eingesetzt ist. Es ist aber der Inbegriff und die Summe aller Kraft, die er, als von Gott ihm mitgeteilt, als von Gott an ihm wirksam geworden, hat, dies: daß Gott ihn in seiner Kraft auferweckt von den Toten (1. Kor. 6, 14; 2. Kor. 13, 4). Aber gerade in diesem entscheidenden Machtbeweis ist es nun auch ganz deutlich, daß der Christus des Neuen Testamentes jene seine Macht nicht nur hat als etwas von außen ihm Widerfahrendes und Eingeflößtes, von ihm Empfangenes und darum und so von ihm ins Werk Gesetztes. So hat er sie genau nur insofern, als er als der Sohn nichts kann und tut ohne den Vater. Genau insofern ist das, was er kann und tut, nun aber auch seine eigene, nämlich die ihm eben als Sohn des Vaters eigene Macht. Man versteht die Stellen, die von seiner Auferweckung durch «Gott» reden, erst, wenn man die anderen daneben hält, die sie ausdrücklich «Gott dem Vater» (Gal. 1, 1) oder der «Herrlichkeit des Vaters» (Röm. 6, 4) zuschreiben. Wie wenig ihre Kraft eine ihm selbst fremde Kraft ist, ergibt sich aus Act. 2, 24, wo es zwar wieder heißt, daß Gott ihn auferweckte, indem er die Schmerzen des Todes löste, aber nun mit dem merkwürdigen Zusatz: καθότι οὐκ ἦν δυνατὸν κρατεῖσθαι αὐτὸν ὑπ' αὐτοῦ. Er ist der, dem die Auferweckung von den Toten unmöglich nicht zukommen konnte. Nur seine Auszeichnung als Sohn Gottes und also als der Inhaber der Macht seines Vaters kam ihm durch jenes Geschehen nach Röm. 1, 4 zu. Er mußte nicht erst werden, sondern er war von Haus aus Besitzer der «Kraft unauflöslichen Lebens» (Hebr. 7,

16), von Haus aus der, dessen Angesicht «leuchtet wie die Sonne in ihrer Kraft» (Apc. 1, 16), von Haus aus der, der alle Dinge trägt durch das Wort seiner Kraft (Hebr. 1, 3). Er ist w ü r d i g, das zu empfangen, was er mit seiner Auferweckung von den Toten als sichtbaren Beweis seiner Würde empfing: Macht, Reichtum, Weisheit, Stärke, Herrlichkeit und Lob (Apc. 5, 12): jene Macht, in welcher er nach Matth. 24, 30 wiederkommen wird, um Alles zu vollenden, wie es in ihm selber schon vollendet ist. Darum eben haben nun auch jene der Auferstehung vorangehenden und sie ankündigenden Kraftwirkungen ihren Sinn und Zweck nicht in sich selber, nicht etwa in den durch sie geleisteten Hilfen und Errettungen als solchen und auch nicht in ihrem Wundercharakter als solchem, sondern in ihrem Charakter als «Zeichen», wobei es auf dasselbe herauskommt, ob man sie als Zeichen des kommenden und insofern noch verborgenen Gottesreiches oder als Zeichen des Geheimnisses des Wesens ihres Täters verstehen will. Denn eben e r s e l b s t i s t das kommende und noch verborgene R e i c h Gottes und es ist das Wesen dieses Reiches kein anderes als sein eigenes Wesen. Also an i h n glauben heißt «die Kräfte der zukünftigen Welt schmecken» (Hebr. 6, 5), wie es offenbar die tun dürfen, an denen jene Zeichen ihren Sinn und Zweck als solche nicht verfehlen, die sich durch sie zeigen lassen, was sie über ihren Charakter als Hilfeleistung und über ihren Charakter als Wunder hinaus zu zeigen haben. Es stimmt also schon Alles mit 1. Kor. 1, 24 zusammen: Jesus Christus ist nicht nur Träger und Funktionär einer Kraft Gottes, die ihm erst zugekommen, die ihm also ursprünglich und eigentlich fremd wäre. Sondern Jesus Christus h a t die Kraft Gottes, weil und indem er sie selber i s t. — Und nun beachte man gerade in 1. Kor. 1, 24 neben dieser entscheidenden Gleichung noch zweierlei:

Einmal dies, wie da unmittelbar nebeneinander gestellt wird: Jesus Christus ist Gottes Kraft u n d Gottes W e i s h e i t. Der Sinn ist unzweifelhaft der: er ist Gottes Kraft und als solche Gottes Weisheit, er ist Gottes Weisheit, welche Gottes Kraft ist. Dieselbe Aussage steckt unausgesprochen auch in 1. Kor. 1, 18, wo es heißt, daß das Wort vom Kreuz denen Torheit ist, die verloren gehen, Gottes Kraft aber den Geretteten. Implizit ist auch hier eben die Kraft Gottes als solche seiner (denen die verloren gehen) verborgenen Weisheit gleichgesetzt. Wie sich denn das Volk nach Mc. 6, 2 zugleich über die Jesus gegebene Weisheit u n d über die durch seine Hände geschehenen Krafttaten entsetzt hat. Wie denn jene die Maria überschattende Kraft Lc. 1, 35 keine andere Kraft als eben die Kraft d e s G e i s t e s Gottes ist. Wie denn der Messias schon Jes. 11, 2 verheißen wird als der, auf welchem ruhen wird der G e i s t d e s H e r r n, d. h. «der Geist der Weisheit und des Verstandes, der Geist des Rates und der Stärke, der Geist der Erkenntnis und der Furcht des Herrn». Wie denn nach 1. Kön. 3, 9 das «verständige Herz, dein Volk zu regieren und zu unterscheiden, was gut und böse ist», die messianische Auszeichnung der Gestalt des Königs Salomo ausmacht. Der L o g o s, der bei Gott und der selbst Gott war und der nun in seiner Offenbarung Jesus heißt, ist es ja, durch den alle Dinge geworden sind, und ohne welchen nichts ist, was geworden ist (Joh. 1, 1 f.) W i s s e n d e und w o l l e n d e Macht ist also die Gottesmacht Jesus Christus. Und umgekehrt: damit eben ist letztlich darüber entschieden, daß hier wissende und wollende Macht ist: daß sie mit ihm identisch, daß sie seine Macht ist. Denn als seine Macht ist sie notwendig die Macht der Weisheit Gottes.

Zum Andern entnehmen wir 1. Kor. 1, 24 dies: daß es der g e k r e u z i g t e J e s u s C h r i s t u s ist, von dem es gilt, daß er selber die Macht Gottes ist, von dem das im Sinn jener Gleichung gilt: daß die Macht Gottes die Macht seiner Weisheit ist. In ihm als dem Gekreuzigten ist dies Alles offenbar und zu erkennen. Wir lernen daraus zunächst: Wir müssen wirklich Gottes Offenbarung zusammen mit Gottes V e r s ö h n u n g vor Augen haben, wir müssen wirklich Gottes Versöhnung selbst als Gottes O f f e n b a r u n g verstehen, um zu erkennen, daß Gott weiß und will, und zwar allmächtig und gerade so wirklich weiß und will. Der für uns gekreuzigte und also in Gottes Liebe zur Welt dahingegebene Sohn ist der, den der Vater von den Toten auferweckt und damit als die göttliche Kraft, die selbst die göttliche Weisheit ist, offenbar gemacht hat. Daraus folgt nun aber, daß es wirklich die Berufenen aus Juden und Hellenen sind, denen er ist, was er ist: Gottes Kraft und Gottes Weisheit, der allmächtig Wissende und Wollende, der Logos, durch den alle Dinge geworden sind. Wir können die Sätze: «Gott weiß» und: «Gott will» tatsächlich nur als die Antwort von solchen verstehen, die zu dieser Erkenntnis berufen, und zwar aus der Finsternis zu Gottes wunderbarem Licht berufen sind. Denn es ist nach 1. Kor. 1, 18 eine Sache des Gerettetwerdens und also nach Röm. 1, 16 eine Sache des Glaubens, diese δύναμις θεοῦ gerade an diesem Ort als dem, an dem sie als solche in allen Zeiten allein erkannt werden kann, zu erkennen und damit sozus. den Schlüssel zum Geheimnis des Seins Gottes und unserer selbst und aller Dinge in die Hand zu bekommen. Man kann sich diesen Schlüssel nicht nehmen; man kann ihn tatsächlich nur empfangen. Wer würde Gott gerade da, wo er zu erkennen ist, wirklich erkennen, wenn er nicht ein Geretteter wäre, wenn er nicht glauben würde, d. h. aber, wenn er nicht in der tatsächlichen Macht des versöhnenden Tuns Gottes durch seine Gnade geheiligt, durch seine Barmherzigkeit gerechtfertigt, durch seine Geduld seiner Weisheit teilhaftig gemacht, wenn er nicht durch sein Wort neu geboren wäre? Der Gekreuzigte ist Gottes Kraft und Gottes Weisheit, heißt es 1. Kor. 1, 24 ausdrücklich genug. Als solcher ist er offenbar nur durch Gott selbst, durch die Macht seiner Berufung zu erkennen. Es wäre mit der Erkenntnis eines allmächtigen Wissens und Wollens nicht getan, auch unter dem angeblichen Namen Jesu Christi nicht. Sie könnte als solche noch immer eine profane und letztlich nur vermeintliche Erkenntnis sein. Der legitime Name Jesu Christi ist der Name des Gekreuzigten. Und so ist die Erkenntnis des gekreuzigten Jesus Christus die Erkenntnis des allmächtigen Wissens und Wollens Gottes. In dem gekreuzigten Jesus Christus ist getrennt, was hier zu trennen, und verbunden, was hier zu verbinden ist. Darum ist seine Erkenntnis, aber auch sie allein, die wirkliche, die unwiderlegliche Erkenntnis des allmächtigen Gottes.

3. GOTTES EWIGKEIT UND HERRLICHKEIT.

Was vor uns liegt, ist die Betrachtung der Freiheit Gottes in einem dritten und letzten Zusammenhang ihrer Vollkommenheiten: ihre Göttlichkeit besteht und bewährt sich darin, daß Gott in sich selber und in allen seinen Werken ewig und eben damit herrlich ist.

Die Ewigkeit Gottes ist wie seine Einheit und Beständigkeit eine Bestimmung seiner Freiheit. Sie ist die Souveränität und Majestät seiner Liebe, sofern diese reine Dauer hat und selber reine Dauer ist. Ewig ist dasjenige Sein, in dessen Dauer Anfang, Folge und Ende nicht dreierlei, sondern Eines sind, in welchem sie nicht auseinanderliegen: irgend einmal, ein anderes, ein drittes Mal, sondern als Anfang, Mitte und Ende einmal und zugleich sind. Die Ewigkeit ist dieses Einmal und Zugleich von Anfang, Mitte und Ende und eben insofern: reine Dauer. Die Ewigkeit ist Gott, sofern Gott in sich selber und in allen Dingen einmal und zugleich, ohne Trennung, Ferne und Widerspruch ebenso

Anfang, Mitte wie Ende ist. Die Ewigkeit ist also nicht die Zeit, so gewiß die Zeit Gottes Geschöpf, oder genauer: eine Form seiner Schöpfung ist. Die Zeit unterscheidet sich von der Ewigkeit dadurch, daß Anfang, Mitte und Ende in der Zeit als Vergangenheit, Gegenwart und Zukunft auseinanderliegen, ja geradezu auseinanderstreben. Ewigkeit ist genau diejenige Dauer, die der Zeit — wie es gerade in deren Mitte, in der zeitlichen Gegenwart als solcher und in ihrem Verhältnis zur Vergangenheit und Zukunft erkennbar wird — abgeht. Diese der Zeit abgehende Dauer hat und ist die Ewigkeit. Sie hat und ist Gleichzeitigkeit.

Die Ewigkeit ist also nicht die nach vorn und hinten ins Unendliche verlängerte Zeit. Was hätte diese mit Gott zu tun? Was hülfe ihr die Unendlichkeit ihrer Verlängerungen? Auch in ihr und in ihr erst recht wäre die Trennung und Ferne, wäre der Widerspruch, der sie als Zeit bezeichnete und von der Ewigkeit unterschiede als das Geschöpf vom Schöpfer. Es war und ist schon richtig, den Begriff der Ewigkeit und also Gott selbst mit der alten Theologie zunächst in diesem klaren Gegensatz zu verstehen: sie ist in dem genannten Sinne tatsächlich auch Nicht-Zeitlichkeit. *Aeternitas ipsa Dei substantia est, quae nihil habet mutabile; ibi nihil est praeteritum, quasi iam non sit; nihil est futurum, quasi nondum sit. Non est ibi nisi «est»* — und also kein *fuit* und kein *erit*, kein «nicht mehr» und kein «noch nicht» (Augustin, *Enarr. in Ps.* 101, 2, 10). *Fuit, quia nunquam defuit; erit, quia nunquam deerit; est, quia semper est (in Joann. tract.* 99). *Non ergo fuisti heri et eris cras, sed heri et hodie et cras es — imo nec heri nec hodie nec cras es; sed simpliciter es extra omne tempus. Nam nihil aliud est heri et hodie et cras quam «in tempore». Tu autem, licet nihil sit sine te, non es tamen in loco et tempore, sed omnia sunt in te. Nihil enim te continet, sed tu contines omnia* (Anselm v. Canterbury, *Prosl.* 19). *Aeternitas Dei est essentialis proprietas Dei, per quam Deus nullo tempore finiri et nec principium secundum tempus nec finem exsistendi habere ullum, sed omni tempore antiquior et omni fine posterior et absolute citra successionem semper totus simul esse significatur.* (Polanus, *Synt. Theol. chr.* 1609 col. 928). An das Zeugnis aller der Stellen, besonders bei Deuterojesaja und in der Apokalypse, hat auch die alte Theologie bei diesen Bestimmungen gedacht, in denen Gott als «der Erste und der Letzte», das A und das O bezeichnet wird. «Vor mir ist kein Gott gewesen und nach mir wird keiner sein» (Jes. 43, 10). «Ehe die Berge geboren wurden und die Erde und die Welt geschaffen, bist du Gott von Ewigkeit zu Ewigkeit» (Ps. 90, 2). Man konnte gerade diese letzte im Alten und Neuen Testament so häufige Doppelung des Begriffs als für seinen Sinn sehr bezeichnend ansehen: «Von Ewigkeit zu Ewigkeit», das kann verstanden werden: aus der Dauer in die Dauer, in reiner Dauer: so existiert Gott im Unterschied zu uns, die wir von einer Zeit zur andern, die wir nie in reiner Dauer existieren. Von da aus konnte dann auch die Fortsetzung verstanden werden: «Du lässest die Menschen zum Staube zurückkehren, sprichst zu ihnen: Kehret zurück, ihr Menschenkinder! Denn tausend Jahre sind vor deinen Augen wie der gestrige Tag, wenn er vergangen ist, wie eine Wache in der Nacht» (Ps. 90, 3 f. vgl. 2. Petr. 3, 8). Und Ps. 102, 26 f.: «Vorzeiten hast du die Erde gegründet und die Himmel sind deiner Hände Werk. Sie werden vergehen, du aber bleibst; wie ein Gewand zerfallen sie alle; wie ein Kleid wechselst du sie und sie gehen dahin. Du aber bleibest derselbe und deine Jahre nehmen kein Ende».

In dieser Dauer ist Gott frei. Sie ist das Prinzip der göttlichen Beständigkeit, der Unveränderlichkeit und darum Verläßlichkeit des göttlichen Wesens, die wir vorher als die Bestimmung seiner Freiheit verstanden haben. Weil und indem Gott diese Dauer hat und selber diese Dauer, selber die Ewigkeit ist, darum kann und will er sich selber treu sein, darum kann und darf man auf ihn sein Vertrauen setzen. Gott ist wirklich frei, beständig zu sein und darum dürfen wir auch unsere Zuversicht darauf setzen, daß er es ist. Er ist darum frei, beständig zu sein, weil die Zeit keine Macht über ihn, weil er als der Dauernde alle Macht über die Zeit hat, weil er eben in seiner Ewigkeit Gott ist. Diese Dauer ist aber ganz allein sein Wesen. «Alles Ding währt seine Zeit». Ewig ist nur Gott selber, sein Lieben in allen seinen innern und äußern, positiven und negativen Gestalten — es wäre denn, daß Gott im Akte dieses seines Liebens ein Anderes zu einem Teilhaben an seiner Ewigkeit erhöbe, so daß es jetzt und daraufhin ein ewiges Leben gibt, auf das auch wir hoffen dürfen, ein ewiges Feuer, das auch wir zu fürchten haben. Die Ewigkeit bleibt doch auch in solcher Gemeinschaft Gottes mit dem Geschöpf allein und ausschließlich seine, Gottes Ewigkeit, die das Geschöpf in solcher Gemeinschaft so oder so zu kosten bekommt, durch die es aber nicht selber Gott und also selber ewig wird. Von dieser Seite gesehen, ist also die Ewigkeit das Prinzip der göttlichen Einheit, Einzigkeit und Einfachheit. Gerade im Rückblick auf Gottes Beständigkeit und Einheit ergibt sich, daß wir es, wenn wir von Gottes Ewigkeit reden, mit einem letzten Wort hinsichtlich der göttlichen Freiheit zu tun haben. Wie die Zeit — gewissermaßen das besondere Geschöpf des «ewigen» Gottes — das formale Prinzip seines freien Handelns nach außen ist, so ist die Ewigkeit das Prinzip seiner Freiheit nach innen. Als der Ewige ist Gott der Einzige und einig mit sich selbst, ist er aber auch sich selbst gegenwärtig und so allgegenwärtig. Und wieder als der Ewige ist Gott beständig, ist er aber auch der allmächtig Wissende und Wollende.

Immer wenn die heilige Schrift Gott ewig nennt, betont sie seine Freiheit, rückt sie ihn mit Nachdruck hinaus aus dem Bereich des Menschen und der Menschen, aus der ganzen Geschichte und aus der ganzen Natur: hinaus an den Anfang alles Seins, hinaus an dessen Ende, hinauf in die Höhe über ihm, hinunter in seine unerforschlichen Tiefen, um ihn nun eben so zu verstehen als den, der dem Menschen auch ganz und gar gegenwärtig ist, der seiner in seiner eigenen Person völlig mächtig ist. Die Ewigkeit ist der Brunnquell der Gottheit Gottes, sofern diese in seiner Freiheit, in seiner Unabhängigkeit und Herrschaft besteht. Genau an der Stelle, wo in der kirchlichen Theologie später, unter dem Einfluß der griechischen Philosophie der Begriff des Seins herrschend wurde, redet die Bibel vom ewigen Gott. Nicht das Seiende an sich, sondern eben das Dauernde, die Dauer selbst, ist nach dem Zeugnis der Bibel das Göttliche: das, was dann auch Gottes Heiligkeit, Gerechtigkeit und Weisheit, was dann auch seine Gnade, Barmherzigkeit und Geduld, kurz seine Liebe als göttlich bezeichnet und auszeichnet. Die Ewigkeit ist vor und nach, über und unter dem Sein. Nicht das Sein als solches hat die Ewigkeit, aber die Ewigkeit als solche hat das Sein in sich. Das Sein ist von der Ewigkeit her gefragt, gewogen, gemessen, geprüft auf seine Echtheit. Es ist Sein oder

Nicht-Sein im Verhältnis zur Ewigkeit. Gott selbst ist ewig und darum und so seiend.

Eben damit ist nun aber schon gesagt, daß es ärmlich und kurzsichtig wäre, die Ewigkeit Gottes etwa nur unter dem Gesichtspunkt zu verstehen, daß sie allerdings auch die Negation der Zeit ist. Daß sie die Dauer ohne Trennung von Anfang, Folge und Ende ist, das ist nur wahr auf dem Hintergrund der entscheidenden positiven Bestimmung: sie ist gerade als echte Dauer, als die Dauer Gottes selber der Anfang, die Folge, das Ende. Daß sie Anfang, Folge und Ende nicht hat, ist nur insofern richtig gesagt, als sie von ihnen nicht als von einem ihr fremden allgemeinen Prinzip des Seins «gehabt», bestimmt und beherrscht und zertrennt ist. Sofern sie aber selber der souveräne Gott ist, hat sie auch Anfang, Folge und Ende: in ihr als der echten Dauer sind diese begründet, ermöglicht und begrenzt, ist entschieden und bestimmt über alles Anfangen, Folgen und Endigen. Sie beherrscht es. Sie selbst ist es, die in allen Anfängen anfängt, in allem Folgen fortfährt, in allem Endigen endigt. Ohne sie ist nichts, fängt nichts an, folgt nichts, endigt nichts. Aber in ihr, der Ewigkeit, und aus ihr ist Alles, was ist; in ihr und aus ihr ist also auch alles Anfangen, Folgen und Endigen. Und insofern ist und hat sie selber Anfang, Folge und Ende.

Wieder ist zu bemerken, daß die Bibel im Unterschied zu dem später in der Kirche herrschenden Ewigkeitsbegriff vorwiegend, wo nicht ausschließend, an dieser primären positiven Bestimmung der Ewigkeit und kaum oder gar nicht an dem Sekundären, an ihrem Charakter als Nichtzeitlichkeit interessiert ist. Es ist nicht etwa mit semitisch naivem Realismus, sondern es ist aus einer unverhältnismäßig viel tieferen, sofort auf den Kern der Sache gehenden Auffassung zu erklären, wenn in der Bibel eine abstrakte Bestimmung der Ewigkeit als Nichtzeitlichkeit expliziert nur am Rande ihrer Betrachtung sichtbar wird, wenn sie unter *olam* und αἰών einen von Gott bestimmten Zeitraum versteht, wenn Gott Ewigkeit wohl in der Regel gerade unter den Kategorien des Anfangs, der Folge und des Endes zugeschrieben wird, wenn die biblischen Schriftsteller sich nicht scheuen, von Gottes Jahren und Tagen zu reden und diese als solche als ewig zu bezeichnen. In Gott sind eben die wirklichen Jahre und Tage vorgezählt, bevor es Zahlen gab und ohne daß er sie zu zählen brauchte. Wie könnten und dürften Jahre und Tage sein, wenn es anders wäre, wenn er nicht, ohne an sie gebunden zu sein, ihr Anfang, ihre Folge und ihr Ende wäre und sie also in sich selber hätte? Diese positive Bestimmung der Ewigkeit kommt in der für das ganze Mittelalter klassischen Definition des Boethius (*De consol. phil.* V 6) schön zum Ausdruck: *Aeternitas est interminabilis vitae tota simul et perfecta possessio.* Das greift weiter und tiefer als die allzu sehr nur mit der Konfrontierung der Ewigkeit mit der Zeit beschäftigten Sätze Augustins und Anselms, und man darf sich wohl wundern darüber, daß man dieses Boethiuswort später zwar immer wieder als Autorität angeführt und nun doch nicht fruchtbarer zu machen gewußt hat. (Man kann sich das an der sichtlich nur teilweise überzeugten und jedenfalls nur teilweise überzeugenden Verteidigung klar machen, die Thomas v. Aquino, *S. theol.* I qu. 10 art. 1 diesem Satz des Boethius hat zuteil werden lassen.) «Ganzer, gleichzeitiger und vollkommener Besitz unbegrenzten Lebens», das ist die Ewigkeit in der Tat, sofern sie eben nicht die Ewigkeit des Seins, sondern die Ewigkeit Gottes vor und nach, über und unter allem Sein ist. Wenn sie aber das ist, dann genügt es nicht, sie (wie es dann doch derselbe Boethius *De trin.* 4 getan hat), als das *nunc stans* dem *nunc fluens* der Zeit gegenüber zu stellen. Die Interpretation der *aeternitas* durch die *possessio vitae* und der *possessio vitae* durch das *nunc* ist richtig. Indem Gottes Ewigkeit der göttliche Lebensbesitz ist, ist sie allerdings das Jetzt, die ganze, gleichzeitige und vollkommene Gegenwart seines Lebens. Es verhält sich aber die Ganzheit, Gleichzeitigkeit und Vollkommenheit, in der er sein Leben besitzt, zu der Geteiltheit, Ungleichzeitigkeit und Unvollkommenheit, in der wir das unsrige besitzen, es verhält sich also die Ewigkeit zur Zeit nicht wie *stare* und *fluere*. Wird von unserer, der in der Tat fließenden, flüchtigen, nur als mathematischer Punkt zu verstehenden Gegenwart eine stillstehende und beharrende Gegenwart unterschieden, so ist damit allerdings das Problem unseres Zeitbegriffs richtig bezeichnet, nicht aber der Begriff der Ewigkeit, sofern unter dieser ebe die *possessio vitae* verstanden sein soll. Gibt es ein *nunc* des ganzen, gleichzeitigen und vollkommenen Lebensbesitzes, dann muß dieses *nunc*, dieses Jetzt zwar von dem Problem unseres Jetzt: von der mit seinem *fluere* verbundenen Unständigkeit nicht betroffen, es muß in der Tat ein *nunc stans* sein. Es darf aber der Begriff des göttlichen *nunc* die Zeiten vor und nach dem Jetzt, die Vergangenheit und die Zukunft, er darf also das *fluere* als solches nicht ausschließen; er muß es vielmehr ebenso wie das *stare* in sich schließen. Ewigkeit ist das *nunc*, das zwar den Unterschieden von Vergangenheit, Gegenwart und Zukunft nicht unterliegt, aber nun doch auch nicht der Aufhebung dieser Unterschiede. Die in der theologischen Tradition übliche Behandlung des Ewigkeitsbegriffs leidet unter dem fatalen Schein, als gäbe es wohl gar keine Ewigkeit, wenn es keine Zeit gäbe, wenn sie also nicht Nicht-Zeitlichkeit sein könnte oder doch keine Erkenntnis der Ewigkeit außer durch die Zeit, nämlich anders als in Form der Negation des Zeitbegriffs: *in cognitionem aeternitatis oportet nos venire per tempus* (Thomas v. Aquino, *ib. art.* 1 c). Wir erkennen die Ewigkeit primär und eigentlich nicht durch die Negation des Zeitbegriffs, sondern in der Erkenntnis Gottes als des *possessor interminabilis vitae*. Er als solcher ist das *nunc*, ist die reine Gegenwart. Er wäre das, auch wenn es keine Zeit gäbe. Er ist es vor und über aller Zeit, aber eben damit auch vor und über aller Nicht-Zeitlichkeit. Er ist jenes *nunc* als der Besitzer des Lebens ganz, gleichzeitig und vollkommen und also nicht unter Ausschluß, sondern mit Einschluß der Zeiten, des Anfangs, der Folge und des Endes. Sein *stare* ist auch ein *fluere*: ohne die Unständigkeit, die allem geschöpflichen *fluere*, die dem *fluere* der empirischen Zeit eigen ist. Sein *fluere* ist aber auch ein *stare*: ohne die Unbeweglichkeit, die allem geschöpflichen *stare*, nämlich dem *stare* der durch unsere Reflexion problematisierten Zeiten eigen ist. — Aus der babylonischen Gefangenschaft des abstrakten Gegensatzes zum Zeitbegriff muß der theologische Ewigkeitsbegriff befreit werden.

Die Ewigkeit Gottes ist selber Anfang, Folge und Ende. Und eben insofern hat sie sie auch: nicht bestimmt von ihnen, aber als Anfang, Folge und Ende bestimmend. Sie hat sie nicht passiv, sondern aktiv, nicht von irgend einem anderen Sein, nicht von der Zeit her, sondern aus und also in sich selber. Gott ist wie die Vorform und Vorherbestimmung alles Seins, so auch die Vorform und Vorherbestimmung der Zeit. Gott hat Zeit, gerade weil und indem er Ewigkeit hat. Er hat sie also nicht erst auf Grund der Schöpfung, die allerdings die Schöpfung auch der Zeit ist. Er hat Zeit auch für uns, Offenbarungszeit, die Zeit Jesu Christi und damit die Zeit seiner Geduld: Lebenszeit, Zeit zur Buße und zum Glauben für uns. Es ist aber wirklich er selber, der Zeit für uns hat, er selbst ist Zeit für uns, so gewiß seine Offenbarung, so gewiß Jesus Christus wirklich er selber ist.

Hier gilt kein Vorbehalt, keine heimliche Klage und Anklage, als ob Gott im Grunde und in sich selbst vor lauter Ewigkeit gerade keine Zeit, als ob er für uns nur scheinbar und uneigentlich Zeit hätte. Die keine Zeit haben, das sind gerade die, die keine Ewigkeit haben. Es ist nun wirklich ein unerlaubter Anthropomorphismus, sich auch Gott so zu denken, als ob er ewig keine Zeit, gerade wegen seiner Ewigkeit nie Zeit und also auch keine Zeit für uns hätte.

Es hängt nicht weniger als die Gewißheit des Glaubens, die Möglichkeit des Vertrauens auf den dauernden Gott daran, daß die Zeit von seiner Dauer nicht ausgeschlossen, sondern von ihr eingeschlossen ist, so daß wir in unserer Zeit seine, die uns von ihm gegebene Zeit erkennen und ehren dürfen. Eben das dürfen und sollen wir aber. Wir sahen ja immer wieder: Gott lebt. Gottes Einheit schließt die Mannigfaltigkeit, Gottes Beständigkeit schließt die Bewegung nicht aus, sondern ein. Und Gott schafft nicht erst Mannigfaltigkeit und Bewegung, sondern so ist er Einer und einfach, so ist er beständig, daß gerade alle Mannigfaltigkeit und Bewegung ihre Vorform, ihre Praeexistenz in ihm selber haben. So praeexistiert auch die Zeit in Gott, eben in seiner Ewigkeit: gerade indem sie seine Schöpfung, d. h. mit dem Raum zusammen die Form seiner Schöpfung ist. Die Form der Schöpfung ist das Dasein Gottes für eine von ihm verschiedene Wirklichkeit. Die Form des Daseins Gottes für uns und unsere Welt ist aber der Raum und die Zeit. Die dieser Form entsprechenden Vorformen des Seins Gottes in sich selber sind seine Allgegenwart hinsichtlich des Raumes und seine Ewigkeit hinsichtlich der Zeit (vgl. S. 522f.). Ist Gott in sich selber der lebendige Gott, dann ist auch in ihm selber, mit seiner Ewigkeit identisch, diese Vorform. Gott ist dann dadurch, daß er der Dauernde, ja die Dauer selbst ist, nicht gehindert, in und für sich selbst Ursprung, Bewegung und Ziel zu sein. Daß zwischen Ursprung, Bewegung und Ziel, zwischen Gegenwart, Vergangenheit und Zukunft, zwischen «noch nicht», «jetzt» und «nicht mehr», zwischen Ruhe und Bewegung, zwischen Potentialität und Aktualität, zwischen Woher und Wohin, zwischen Hier und Dort, zwischen Dies und Das kein Gegensatz, keine Konkurrenz, kein Streit, sondern Friede ist, daß in ihm das alles *simul* ist: zusammengehalten durch die Allmacht seines Wissens und Wollens, ein Ganzes ohne Risse und Schmerzen, ohne die Drohung des Todes, unter der die Zeit, unsere Zeit, steht, das unterscheidet die Ewigkeit von der Zeit. Nicht aber das, daß in der Ewigkeit alles jenes Unterschiedene nicht wäre!

Wäre es so, wäre das, und also die abstrakte Nichtzeitlichkeit das Eigentliche, was von der Ewigkeit zu sagen ist, dann wäre sie der Zeit viel zu ähnlich, dann wäre sie wohl nur ihr Bild im Spiegel unserer Reflexion, wie es denn von L. Feuerbach auch tatsächlich behauptet worden ist. Sie ist aber die Ewigkeit, indem sie das Alles in sich trägt und vorbildet. So und so allein ist sie Gottes Ewigkeit, ist sie Gott selber. T h o m a s v. A q u i n o hat darum mit Recht zugegeben, *quod verba diversorum temporum attribuuntur Deo, inquantum eius aeternitas omnia tempora i n c l u d i t*. Das gilt unbeschadet dessen, *quod ipse non varietur per praesens praeteritum et futurum* (*S. theol.* I qu. 10 art. 2 ad 4). Und wenn Ewigkeit und Zeit nach ihm darin zu unterscheiden sind, daß *aeternitas est tota simul, in tempore autem est prius et posterius* (ib. art. 4 s. c.), so ist doch auch nach ihm zu sagen: *Deus videt omnia in sua aeternitate, quae, cum sit simplex, toti tempori a d e s t et ipsum c o n c l u d i t* (*S. theol.* I qu. 57 art. 3 c). *Cuilibet tempori vel instanti temporis praesentialiter a d e s t aeternitas* (*S. c. gent.* I 66). *Nunc aeternitatis invariatum a d e s t omnibus partibus temporis* (*In* I *Sent.* d. 37 qu. 2 art. 1 ad 4). Mit diesem *adesse, includere* oder *concludere* ist offenbar eine der Ewigkeit selbst eigentümliche p o s i t i v e Beziehung zur Zeit bezeichnet. Daß sie eine solche hat, das muß — ohne daß die Unterscheidung zwischen beiden rückgängig gemacht oder verwischt, ohne daß die Ewigkeit mit den Bestimmungen der Zeit belastet wird, stärker hervorgehoben werden, als dies in der alten Theologie geschehen ist. Was wir als Gegenwart, als Vorher und Nachher, und also als Zeit kennen, das fehlt der Ewigkeit nicht schlechthin — ihr fehlt nur die Flüchtigkeit der Gegenwart, das Auseinander des Vorher und Nachher! — das hat vielmehr in ihrem *simul* sein ursprüngliches und eigentliches Wesen. Die Ewigkeit ist wohl die Negation der geschaffenen Zeit, sofern sie an deren ganzer Problematik, an der ganzen Fragwürdigkeit unseres Zeithabens, unserer Gegenwart, unseres Anfangens, Fortfahrens und Endigens keinen Anteil hat. Sie ist aber nicht die Negation der Zeit schlechthin. In ihr ist vielmehr die Zeit schlechthin v o r a u s g e s e t z t. Sie ist auch jene Negation nur, weil und insofern sie zuerst und vor allem G o t t e s und also die w i r k l i c h e Zeit ist. Wie Gottes Allgegenwart nicht nur die Negation unseres Raumes, sondern zuerst und vor allem positiv der Raum G o t t e s und also der w i r k l i c h e R a u m ist!

Auf diesen p o s i t i v e n Sinn des Ewigkeitsbegriffs — die Alten haben ihn mit dem Begriff der *sempiternitas* bezeichnet — ist sinnvoller Weise nicht nur ein Nebenton, sondern gerade der H a u p t t o n zu legen; denn was Gott i s t und nicht was Gott nicht ist, sagt uns auch der recht verstandene Inhalt des Satzes, daß er ewig ist; und von hier und nur von hier aus kann auch die allerdings nötige Negation, die Erkenntnis dessen, was Gott nicht ist, ihre Kraft haben. Die Kraft dieser Negation ist die V o l l k o m m e n h e i t des Schöpfers der Zeit gegenüber seinem Geschöpf. Aber eben in der Vollkommenheit des Schöpfers ist auch die Zeit nicht nur nicht nichts, sondern im Unterschied zu seinem Geschöpf vollkommen: w i r k l i c h e D a u e r, w i r k l i c h e s A n f a n g e n, F o r t f a h r e n und E n d i g e n. Gibt es das Alles unvollkommen, in sich schlechterdings rätselhaft, aber relativ wirklich auch in Gestalt der g e s c h a f f e n e n Z e i t, als die Form u n s e r e r Existenz und Welt, dann darum und daraufhin, daß es in dieser seiner Relativität (aber auch Wirklichkeit!) z u e r s t, im Willensdekret der Schöpfung und Vorsehung von G o t t gesetzt ist. D i e V o r a u s s e t z u n g d i e s e r S e t z u n g i n G o t t s e l b e r i s t s e i n e E w i g k e i t. Als der Ewige, der als solcher die absolut wirkliche Zeit hat und selber ist, gibt er uns die u n s zukommende relativ wirkliche — aber gerade so wirkliche — Zeit. Als dieser Ewige ist er jedem Punkt unserer

Zeit persönlich gegenwärtig. Als dieser Ewige ist er derjenige, der unsere Zeit umschließt und mit allen ihren Inhalten beherrscht. Wie könnte er das Alles sein und tun, wenn er nicht gerade als der Ewige selber, seine überlegene, seine von der Flüchtigkeit und den Zertrennungen unserer Zeit nicht berührte, seine allen unseren Zeiten gleichzeitige, aber gerade so die absolut wirkliche Zeit hätte?

Gerade weil Gott der Ewige ist, ist Ps. 31, 16 wörtlich zu nehmen: «Meine Zeit steht in deinen Händen!» Gottes Hände, die Wirkungen seiner Allmacht selbst sind eben nicht zeitlos, sondern eminent zeitlich, sodaß unsere Zeit in ihnen wirklich «stehen», nicht nur scheinbare, sondern wirkliche Zeit sein kann. Wie der Baum am Ufer eines Flusses immer neben ihm ist und doch nicht mit ihm fließt, wie der Polarstern im Zenith des Himmelsglobus steht und doch nicht mit ihm wandert, wie der Ozean das Land umgibt von allen Seiten und doch selber nicht Land ist, so koexistiert der ewige Gott der von ihm geschaffenen Zeit. Das zweite dieser Bilder wurde von J. Gerhard folgendermaßen ausgelegt: *Ut circa polum immobilem coelestis machina perpetuo circumgyratur motu, ita ut nec poli immobilitas per motum machinae coelestis turbetur, nec motus machinae per poli immobilitatem sistatur: sic aeternitas coexistit partibus temporis sibi invicem succedentibus, ut nec fixa aeternitatis immobilitas et immobilitas per continuam temporum fluentium successionem turbetur, nec temporum successio per fixam aeternitatis immobilitatem aboleatur* (*Loci theol.* 1609 f. II 143). Aber alle solchen Gleichnisse hinken und müssen sofort wieder preisgegeben werden. Denn einmal ist Gott der Schöpfer und Herr unserer Zeit, ist die Ewigkeit also die *tota simul et perfecta possessio vitae*, koexistiert er also der Zeit und ihren Inhalten in einer Überlegenheit, welche die des Baumes über den Fluß, des Polarsterns über den Himmelsglobus, des Ozeans über das Festland nicht sein kann. Und sodann kann der Satz, daß Gott unserer Zeit koexistiert, nicht etwa, wie es in jenen Gleichnissen möglich ist, umgekehrt werden. Die römisch-katholische Dogmatik verrät ihr unausrottbares Interesse an einem Gleichgewicht zwischen dem Sein Gottes und dem Sein der Kreaturen an dieser Stelle damit, daß sie diese Umkehrung wagt, daß sie also den zeitlichen geschaffenen Dingen, weil *aeternitas* ja *sempiternitas* bedeute, zwar nicht ein ewiges Hervorgebrachtsein, wohl aber ein (nicht nur intentionales, sondern physisch reales) Koexistieren mit Gottes Ewigkeit zuschreibt (vgl. bes. F. Diekamp, Kath. Dogm.[6] 1. Bd. 1930 S. 169 f.). Was der Zeit (nämlich der Zeit Gottes!) zunächst zu wenig gegeben wird, das wird ihr (nämlich der geschaffenen Zeit!) damit auf einmal zuviel gegeben. Daß Gott die zeitlichen Dinge ewig weiß und will, daß er sie in ihrer Zeitlichkeit eben darum wissen und wollen kann und wirklich weiß und will, weil er ewig ist, daß er ihnen also als der Ewige koexistiert, das ist wahr, das erlaubt uns aber nicht die Umkehrung, daß sie ihrerseits ihm ewig koexistieren, seiner Ewigkeit koexistieren. Sie existieren ja zeitlich und nur zeitlich: in der ihnen gegebenen und zukommenden, nicht in Gottes Zeit und also umschlossen und beherrscht von Gottes Zeit, aber in ihrer eigenen, geschaffenen Zeitlichkeit, in der Zeit, die ihnen durch die Gnade der Schöpfung gewährt ist. Auf Grund und Voraussetzung und in der Kraft dieses göttlichen Gewährens, in dieser Ordnung sind sie Gegenstände des ewigen Wissens und Wollens Gottes und koexistieren sie ihm — nicht aber in einer anderen Ordnung, gerade nicht so, als hätten sie auf Grund der ihnen gewährten Zeit ihrerseits Anspruch und Recht darauf, auch an Gottes Zeit und also an der Ewigkeit teilzunehmen, gerade nicht so also, daß die Aussage über Gott in eine Aussage über sie selbst transformiert werden könnte. *Quod licet Jovi non licet bovi!* Daß Gottes Ewigkeit in ihrem ewigen Jetzt zugleich und mit einem Male alle Teile der Zeit und alle Dinge in ihr umspannt und enthält, daraus folgt nicht die allgemeine Wahrheit, daß die Dinge physisch real oder auch nur intentional in jenem *nunc aeternitatis* und so von Ewigkeit Gott gegenwärtig sind. Gott will sie und weiß sie: so sind sie i h m allerdings von Ewigkeit her gegenwärtig, so schon vor ihrer Existenz und ohne sie eingeschlossen in das Jetzt der Ewigkeit. Ihre Existenz aber und auch ihre Koexistenz mit Gott haben sie allein in dem positiven A k t der göttlichen Schöpfung, der als solcher, in seinem Charakter als göttlicher Gnadenakt, nur dann verstanden wird, wenn man darauf verzichtet, Gottes Ewigkeit in der Koexistenz des E r g e b n i s s e s dieses Aktes, in der Koexistenz der Kreatur sozusagen einen Partner zu geben. Wir preisen Gott damit, daß wir den Grund unserer zeitlichen Existenz in seiner Ewigkeit suchen. Wir würden ihn aber damit nicht preisen, daß wir seine Ewigkeit in ihrem Charakter als Grund unserer zeitlichen Existenz zum Vorwand nehmen wollten, unserer zeitlichen Existenz den Charakter eines Analogons zu seiner Ewigkeit zu geben, wie es offenbar der Fall wäre, wenn wir uns jene Umkehrung erlauben dürften. Hier müßte die Teilwahrheit des augustinischen und anselmischen Ewigkeitsbegriffs, hier müßte die Erkenntnis der F r e i h e i t Gottes gegenüber unserer Zeit und allen ihren Inhalten eingreifen und jene Umkehrung u n m ö g l i c h machen.

Das richtige, vor mißbräuchlichen Konsequenzen geschützte Verständnis gerade der positiven Seite des Ewigkeitsbegriffs ergibt sich einmal, indem man sich klar macht: wir reden von der Ewigkeit des d r e i e i n i g e n Gottes: des Gottes, der ewig der V a t e r ist, ohne Ursprung und Zeugung selber Ursprung und Zeugender und so ungetrennt Anfang, Fortsetzung und Ende, so selber in seinem Wesen zugleich das Alles! — des Gottes, der aber auch ewig der S o h n ist, als solcher vom Vater gezeugt und nun doch gleichen Wesens mit ihm, als vom Vater gezeugt auch er ungetrennt Anfang, Fortsetzung und Ende und so in seinem Wesen zugleich das Alles! — des Gottes, der aber auch ewig der G e i s t ist, als solcher vom Vater und vom Sohne ausgehend und nun doch auch er mit beiden gleichen Wesens, als der Geist des Vaters und des Sohnes auch er ungetrennt Anfang, Fortsetzung und Ende und so in seinem Wesen zugleich das Alles! Das, d i e s e r ist der ewige Gott. Wirklich der e w i g e Gott; denn das Alles ist reine, von aller Flüchtigkeit und von allen Zertrennungen dessen, was wir Zeit nennen, freie Dauer, das *nunc aeternitatis,* das nicht werden noch vergehen kann, das durch keine Unterschiede bedingt, das in seiner Einheit weder durch seine Dreiheit, noch durch deren innere Bewegung: jenes Zeugen des Vaters, jenes Gezeugtwerden des Sohnes, jenes Ausgehen des Geistes von beiden gestört und unterbrochen, sondern gerade durch das Alles in seiner Einheit begründet und bestätigt wird. Und doch ist da Ordnung und F o l g e ; doch ist da Einheit in der B e w e g u n g ; doch ist da ein V o r h e r und N a c h h e r : Gott einmal und noch einmal und noch einmal, ohne Auflösung des je Einmaligen, ohne Zerstörung der Personen und auch ohne Zerstörung ihrer besonderen Verhältnisse untereinander, ohne Willkür in diesem Verhältnis, ohne die Möglichkeit, dieses so oder so umzukehren. Ist in diesem dreieinigen Sein und Wesen Gottes nichts von der Art dessen, was wir als Zeit kennen, so werden wir darum doch nicht sagen können, daß in ihm die Zeit schlechthin ausgeschlossen, daß es nur die Negation der Zeit sei. Daß und inwiefern Gott Zeit hat und selber ist, das muß uns vielmehr gerade an seinem Wesen als der dreieinige Gott deutlich werden. Das ist seine, die absolut wirkliche Zeit: was die Form des göttlichen Seins gerade in seiner Dreieinigkeit ist, dieses Anfangen und Endigen, das keine Begrenzung dessen bedeutet, der da anfängt und endigt, dieses Nacheinander, das kein Auseinander, diese Bewegung, die kein Vergehen bedeutet, diese Folge, die in sich selbst auch Anfang und Ende ist.

Hoc principium ordinis non excluditur aeternitate, nec opponitur aeternitati (Polanus, *Synt. Theol. chr.* 1609 *col.* 929). Es genügt aber nicht, dieses dem Wesen Gottes im Blick auf sein Sein als Vater, Sohn und Heiliger Geist nicht abzusprechende *principium ordinis* vom *principium temporis,* wie es den Kreaturen zukommt, zu unterscheiden. Sondern eben dieses *principium ordinis* ist offenbar identisch mit einem *principium temporis* in Gott selber: wohl zu unterscheiden von dem Begriff der geschaffenen Zeit, der mit der Zeit selbst zur Schöpfung und nicht zu Gott gehört, der als solcher von der Ewigkeit in der Tat nur unterschieden werden kann — aber nun doch ein, ja das *principium temporis,* sofern eben jene Ordnung als solche auch Zeit, die schlechthin singuläre, von allen anderen Zeiten verschiedene Zeit Gottes, aber gerade darum die echte Zeit ist: die Dauer, die alle andere Dauer, die Dauer im Raume der Schöpfung, möglich und wirklich macht. Ein Koexistieren des Geschöpfs kann gerade der so verstandenen Ewigkeit Gottes nur als das Koexistieren des durch die Gnade des Sohnes und des Heiligen Geistes in die Gemeinschaft mit Gott aufgenommenen Geschöpfs und nicht als eine Eigentümlichkeit des Geschöpfs als solchen zugeschrieben werden; es wird also das Wesen Gottes in keinem Sinn mit einer ewigen Partnerschaft des Geschöpfs belastet werden können.

Dasselbe richtige Verständnis des Ewigkeitsbegriffs ergibt sich aber weiter, wenn man nun umgekehrt gerade von der wirklichen Gemeinschaft zwischen Gott und Kreatur, und also zwischen Ewigkeit und Zeit, d. h. aber von der Inkarnation des göttlichen Wortes in Jesus Christus ausgeht. Daß das Wort Fleisch wurde, das heißt ja zweifellos auch: daß die Ewigkeit, ohne aufzuhören Ewigkeit zu sein, daß sie gerade in ihrer Kraft als Ewigkeit Zeit wurde. Zeit wurde! In Jesus Christus ist ja nicht nur (wie in der Schöpfung, wie in dem ganzen Walten Gottes als Herr der Welt) dies Ereignis, daß Gott uns Zeit, nämlich unsere geschaffene Zeit gibt als Form unserer eigenen Existenz und Welt. Sondern in Jesus Christus ist es Ereignis, daß Gott sich selbst Zeit nimmt, daß er selbst, der Ewige, zeitlich wird, in der Form unserer eigenen Existenz und Welt für uns da ist, unsere Zeit nicht nur umschließt und regiert, sondern sich ihr unterwirft, geschaffene Zeit die Form seiner Ewigkeit werden und sein läßt.

Das ist ja innerhalb des durch die Schöpfung gesetzten positiven Verhältnisses Gottes zur Welt dessen Vollendung: daß Gott als der Schöpfer und Herr der Welt in seinem Wort, in seinem Sohn selbst Geschöpf, selbst Mensch wird. Man

3. Gottes Ewigkeit und Herrlichkeit 695

merke: nicht nur den Menschen schafft und erhält, nicht nur bei und mit ihm ist, nicht nur als sein Herr, Richter und Erlöser an ihm handelt — das Alles tut er freilich auch in Jesus Christus — sondern darüber hinaus selbst Mensch wird und damit den Menschen versöhnt mit sich selber. Er, der schlechterdings über uns ist, hört damit gewiß nicht auf, in dieser Überlegenheit zu sein, der er ist. Aber indem er es ist und bleibt, erniedrigt er sich selbst und erhöht er uns, indem er einer von uns, indem er uns in Allem gleich wird. In dieser Vollendung und Überbietung der Schöpfung in Jesus Christus ist auch dies Ereignis: daß Gott sich selbst Zeit nimmt und zu eigen macht, Zeit zur Form und Gestalt seines ewigen Wesens erhebt, weil unser Wesen als geschaffenes menschliches Wesen nun einmal diese Form und Gestalt hat, weil er unser Wesen nicht annehmen, uns nicht gleich werden und sein und also nicht mit sich selber versöhnen könnte, wenn er sich nicht auch Zeit nähme, um sein ewiges Wesen in ihr zu verbergen und zu offenbaren. Seine eigene Zeit, die Ewigkeit, ist ihm nicht zu teuer, sie ist offenbar in sich selbst nicht so beschaffen, Gott hat und ist Ewigkeit nicht in der Weise, daß er sie unserer Zeit nur im Abstand des Schöpfers vom Geschöpf gegenüberstellen und fernhalten müßte. Und wiederum ist unsere, die geschaffene Zeit, nicht so gering, hat sie in ihrer Geschöpflichkeit keine solche Eigenmächtigkeit und Eigengesetzlichkeit dem ewigen Schöpfer gegenüber, haben wir sie nicht in der Weise für uns, daß Gott gehindert wäre, sie sein eigenes Kleid, ja seinen eigenen Leib sein zu lassen. Keine Einschränkung und Verminderung der Gottheit findet statt, sondern eben das ist die höchste, die wahre Macht der Gottheit: daß sie ihrer selbst und ihres Geschöpfs so mächtig ist, um, ihrer selbst unbeschadet, mit diesem Eines zu werden. Und dies ist es, was in Jesus Christus Ereignis ist. Sein Name ist als solcher die Widerlegung der Vorstellung eines nur zeitlosen Gottes. Sein Name bezeichnet eine nicht nur ewige, sondern als solche auch zeitliche Gegenwart Gottes. Gott selbst ist gegenwärtig — nicht nur ewig, wie er aller Zeit gegenwärtig ist, sondern in seiner Ewigkeit zeitlich im Akte der Epiphanie des Messias Jesus, aber auch in jedem Akte des Glaubens an diesen. Daß diese Gegenwart Gottes wirklich zeitlich ist, das zeigt sich daran, daß die Epiphanie Jesu Christi ein Vorher und ein Nachher hat, daß sie in einem «Noch nicht» Gegenstand der Erwartung und in einem «Nicht mehr» Gegenstand der Erinnerung werden konnte und daß sie doch auch schon in jenem «Noch nicht» Gegenstand der Erinnerung (an den Auszug aus Ägypten!) und in jenem «Nicht mehr» Gegenstand der Erwartung (der abschließenden Parusie Jesu Christi!) werden und sein mußte. Glaube an diesen Gegenwärtigen war und ist immer Glaube an den schon Gekommenen und wieder Kommenden. So hat sich Gott gerade in der Vollendung und Überbietung seines durch die Schöpfung gesetzten positiven Verhältnisses zur Welt der Zeit unterworfen, so hat er sie sich zu eigen gemacht, so sie sich selber unterworfen, daß wir uns gerade um ihn als den Ewigen zu erkennen und zu haben, schlechterdings an diese seine Zeitlichkeit, an seine Gegenwart, sein Gekommensein und Wiederkommen in Jesus Christus halten müssen.

Ist dem aber so, dann können wir Gottes Ewigkeit auch von hier aus nicht als reine Zeitlosigkeit verstehen. Da sie Zeit wurde, da Gott sich, ohne aufzuhören der ewige Gott zu sein, Zeit nahm und zu eigen machte, werden wir bekennen müssen: daß er das konnte. Er konnte nicht nur als der Schöpfer Zeit haben und geben, sondern er konnte in Jesus Christus selber zeitlich sein. Es wäre nicht seine, nicht Gottes uns offenbarte und also nicht seine wirkliche und also nicht die wahre, sondern irgend eine schlechte, fingierte Ewigkeit, von der etwa zu sagen wäre, daß sie dieses Können ausschließe. Die wahre Ewigkeit schließt eben dieses Können, sie schließt die Potentialität zur Zeit in sich. Die wahre Ewigkeit hat das Vermögen, sich Zeit, nämlich diese Zeit, die Zeit des Wortes und Sohnes Gottes zu nehmen und in ihm selbst zeitlich zu sein. Können wir ihr dieses Vermögen, da sie in Jesus Christus von ihm Gebrauch gemacht, da es sich in Jesus Christus als ihr Vermögen offenbart hat, nicht abstreiten, so können wir sie auch **nicht nur** als Negation der Zeit verstehen. Es ist offenkundig das Vermögen des Schöpfers und Herrn der Welt, um das es sich handelt. Es ist reines Vermögen, durch das Gott also mit dem Wesen der Kreatur nicht belastet wird, dessen Anwendung er der Kreatur auch nicht schuldig ist, in welcher er ihr vielmehr überlegen ist und bleibt. Indem er sich der Zeit unterwirft, tut er in **Freiheit**, was er nicht tun muß, und **meistert** er die Zeit, schafft er sie neu, heilt er ihre Wunden, nämlich die Flüchtigkeit der Gegenwart und das Auseinander von Vergangenheit und Zukunft einander und der Gegenwart nicht fremd und fern, sondern als solche selber Gegenwart. Wirkliche, geschaffene Zeit bekommt in Jesus Christus und bekommt in jedem Akt des Glaubens an ihn den Charakter und Stempel der Ewigkeit, das Leben in ihr die Eigentümlichkeit ewigen Lebens. Der Gott, der das tut und also kann, ist offenbar in sich selber zeitlos **und** zeitlich zugleich: **zeitlos**, sofern ihm die Mängel, die Flüchtigkeit und das Auseinander unserer Zeit fremd sind und abgehen, sofern in ihm alles Anfangen, Fortfahren und Endigen ein einziges, stehendes und bewegtes, bewegtes und stehendes Jetzt ist — **zeitlich**, sofern ihm unsere Zeit in ihrer Mangelhaftigkeit nicht in der Weise fremd ist, daß er sie nicht in seiner Gnade, Barmherzigkeit und Geduld an sich nehmen und durch sich selbst zurechtbringen und heilen, zur Zeit ewigen Lebens erheben könnte. In seinem dreieinigen Wesen besteht ja jenes in Jesus Christus verwirklichte Vermögen. Eben damit sagen wir aber: in seiner Gnade, Barmherzigkeit und Geduld, weil diese selber, sofern sie in Gottes Offenbarung und Versöhnung uns zugute kommen, in Gottes dreieinigem Wesen ihren inneren göttlichen Grund haben. Wer da Lust haben sollte bei dem Begriff einer rein zeitlosen Ewigkeit Gottes zu verharren, der sehe wohl zu, ob er nicht genötigt ist, sowohl Gottes Offenbarung und Versöhnung in Jesus Christus als solche, als auch das in ihr wirksame und offenbare dreieinige Wesen Gottes in Abrede zu stellen. Können wir beide nicht in Abrede stellen, dann auch nicht das, daß Gottes Ewigkeit als solche, ohne selbst Zeit zu sein, als schlechthiniger **Grund** der Zeit zugleich die schlechthinige **Bereitschaft** für sie ist.

Gerade von der Christologie her werden wir nun aber erst recht gehindert sein, uns jene Umkehrung zu erlauben, laut welcher der geschaffenen Zeit und den zeitlichen Dingen eine ewige Koexistenz mit Gott zuzuschreiben wäre. Von mehr als von einer Bereitschaft der Ewigkeit für die Zeit werden wir ja gerade im Blick auf die Inkarnation, in der die Ewigkeit selbst Zeit, in der also diese Bereitschaft entscheidend manifest wurde, nicht reden können und wollen. Gott war und ist nicht gebunden, sich selbst Zeit zu nehmen. Jene Bereitschaft, die zu seinem Wesen gehört, ohne die Ewigkeit nicht wahre Ewigkeit wäre, zwingt ihn nicht, sie zu verwirklichen. Er hat unsere Zeit nicht nötig. Er hat es nicht nötig, uns als Schöpfer Zeit zu geben und gar als Versöhner selber zeitlich zu werden. Er hat Zeit: die wahre und absolute Zeit in seiner Ewigkeit, gerade weil diese selber jene Bereitschaft für die Zeit ist. Er gibt uns Zeit, indem er die Zeit erschafft und erhält und er nimmt sich Zeit für uns, indem er selbst zeitlich wird. Wir können also nur die Gnade Gottes, die Gnade der Schöpfung und die Gnade der Versöhnung preisen, indem wir feststellen, daß Gott selbst nicht nur zeitlos, sondern in jener Bereitschaft für die Zeit, in der zeitlosen Ordnung und Folge seines dreieinigen Wesens auch zeitlich ist. Daß wir auf Grund dieser Gnade Zeit haben, noch mehr: daß wir im Glauben an Jesus Christus Gottes Zeitgenossen sein, mitten in unserer Zeit zugleich in Gottes Ewigkeit, in der neuen Zeit des Sohnes und Wortes Gottes leben dürfen, das berechtigt uns nicht zu der Aufstellung eines entsprechenden Prädikates des Geschöpfs und seiner Zeit als solcher und also nicht zu dem Satz, daß wir Gott ebenso ewig koexistieren, wie er allerdings in seiner Ewigkeit uns koexistiert. Der Trost und die Kraft dieses zweiten Satzes steht und fällt damit, daß man ihn unumgekehrt stehen und gelten läßt.

Aus demselben Grunde wie jene römisch-katholische Umkehrung dürfte nun aber auch der eigentümliche Ewigkeitsbegriff A. Ritschl's (Unterricht[3] 1886 § 14; Rechtf. u. Vers.[4] 3. Bd. 1895 S. 282 f.) bedenklich und unannehmbar sein. Ritschl wollte die Ewigkeit Gottes erkennen in der «Stetigkeit und Gleichheit der Willensabsicht Gottes in sich», darin, «daß er zwischen allen Veränderungen der Dinge, welche zugleich den Wechsel in seinem Wirken bezeichnen, in sich derselbe ist, sowie den Endzweck und Plan aufrecht erhält, in welchem er die Welt schafft und leitet». Sein in sich stetiger und gleicher Wille richtet sich auf das Gottesreich als Zweck seiner ganzen Schöpfung. Im Verhältnis zu diesem Zweck und Ziel der Schöpfung ist für ihn die diesem vorangehende Zeit aufgehoben, d. h. als Abstand von diesem «wertlos». «Die Verwirklichung jedes untergeordneten Mittelzweckes aus dem Willen Gottes reflektiert sich in seinem Selbstgefühl oder seiner Seligkeit als die Verwirklichung des Ganzen.» Konkret besteht nun der Endzweck Gottes in der Schaffung und Erhaltung der Kirche als der Gemeinde des Gottesreiches. Und also ist Gottes Ewigkeit die die Zeitschranke überwindende Stetigkeit seines eben auf diese Gemeinde gerichteten Willens. Man wird das hinter diesen Gedanken stehende Bemühen, zu einem positiven Begriff der Ewigkeit vorzustoßen, nicht verkennen und nun doch einwenden müssen, daß hier der Schöpfer und das Geschöpf, Gottes Wille und sein Zweck in der Welt zu nahe aneinandergerückt werden. Gerade in dieser Gegenseitigkeit sind auch Gott und die Kirche nicht aneinander gebunden. Daß Gottes Wille in Stetigkeit und Gleichheit auf die Gründung und Erhaltung der Kirche gerichtet ist, das ist wohl wahr. Gott ist aber ewig, auch abgesehen von diesem Ziel seines Willens und also von dessen Richtung gerade darauf. Daß er es hier ist, das hat seinen Trost und seine Kraft darin, daß er es zuvor in sich selbst ist. Daß Gott sich gebunden und verbunden hat, in Christus seine Kirche zu begründen und zu erhalten, das ist wieder ein unumkehrbarer Satz, der nicht dazu mißbraucht werden darf, die Kirche selbst als Gegenstand des ewigen göttlichen Erwählens, als Telos seines Willens zu einem Moment seiner Ewigkeit zu machen. Auch der Kirche koexistiert Gott, ohne daß sie darum ihm koexistieren würde. Wie die Allmacht Gottes mehr ist als Gottes Allwirksamkeit, wie sie in dieser nicht aufgeht, sondern in ihr wirksam ist, so ist Gottes

Ewigkeit mehr als die Einheit aller Zeiten mit dem Ziel und Zweck seines Willens, so geht sie in dieser Einheit nicht auf, so ist sie vielmehr deren Voraussetzung, ohne die auch diese Einheit nicht als von Gott vollzogene und aufrecht erhaltene geglaubt und erkannt werden könnte.

Die in diesem Sinn bestimmte und gegen Mißbrauch abgegrenzte Zeitlichkeit der Ewigkeit ist nun im Einzelnen zu bezeichnen als deren Vorzeitlichkeit, Überzeitlichkeit und Nachzeitlichkeit. Wir kommen mit diesen Begriffen wieder in die unmittelbare Nähe der biblischen Anschauung. Nach dem Vorangehenden dürfte es verständlich sein, daß es sich keineswegs um Naivität handelt, wenn der Begriff der Ewigkeit in der Bibel durchgehend in eine positive Beziehung zur Zeit gebracht wird: unbeschadet dessen, daß gerade er Gott von der Welt und damit auch von der Zeit unterscheidet. Eben indem er die Unterscheidung bezeichnet, bezeichnet er auch die Beziehung zwischen beiden, bezeichnet er Gott als den, der vor der Zeit, in der Zeit und wiederum nach der Zeit ist und herrscht, als den, der durch die Zeit nicht bedingt, aber eben in dieser Freiheit ganz und gar ihre Bedingung ist. Er ist aber ihre Bedingung in dieser dreifachen Hinsicht: er geht ihrem Anfang voran, er begleitet ihre Dauer, er ist nach ihrem Ende. Das ist die konkrete Gestalt der Ewigkeit als Bereitschaft für die Zeit. Sie ist Gottes Vermögen, sie ist Gott selbst, der es vermag, vor, über und nach der Zeit zu sein: vor ihrem Anfang, über ihrer Dauer, nach ihrem Ende.

In hac aeternitate tanquam in fonte amplissimo vel potius vastissimo quodam oceano innatat gutta illa fluxa (Polanus, *Synt. theol. chr.* 1609 *col.* 930). Wieder versagt das Bild, aber auch jede Verbesserung des Bildes. Möchte man nämlich geneigt sein, die Zeit statt mit einem Tropfen lieber mit einer Insel im Ozean der Ewigkeit zu vergleichen, weil damit die Verschiedenheit und Abgrenzung der beiden Bereiche besser angedeutet wäre, so wird man dem von Polan gebrauchten Bilde zubilligen müssen, daß es die Beziehung zwischen beiden, die vollkommene Herrschaft Gottes über die Zeit besser zum Ausdruck bringt. Aber wo die Wirklichkeit Gottes zu glauben ist, da ist wohl überhaupt nichts zu sehen, da kann es also keine angemessenen Bilder geben. Sicher ist nur das, daß wir Gott und also die Ewigkeit als das die Zeit von allen Seiten umgebende und also ihre Dimensionen in sich schließende Element zu verstehen haben: als das Element, das die Zeit in sich zu fassen, das die Zeit zu schaffen und zu beherrschen vermögend ist. Ohne daß es deshalb zu deren Erschaffung und also Verwirklichung genötigt wäre! Ohne daß Gott weniger ewig wäre, wenn es außer ihm selbst keine Zeit gäbe! In demselben Sinn, wie Gott im Verhältnis zu allen Räumen der ursprüngliche und eigentliche Raum, der Allgegenwärtige, oder wie er im Verhältnis zu allen Mächten die ursprüngliche und eigentliche Macht, der Allmächtige, oder wie er im Verhältnis zu allen Einheiten der ursprünglich und eigentlich Eine, der einzige und einfache Gott ist. Wie er ja das Alles auch dann wäre, wenn außer ihm kein Raum, keine Macht, keine Einheit wäre! So hat und ist die Ewigkeit positive Beziehung zur Zeit. So ist sie selbst zeitlich und wäre es auch dann, wenn außer ihr keine Zeit wäre.

Eben vermöge dieser seiner Bereitschaft für die Zeit schafft und erhält und regiert Gott sie nun auch. Eben weil seine Ewigkeit auch diese Bereitschaft ist, ist es also keine bloße Bildrede, sondern vorbehaltlos ernst zu nehmende göttliche Realität, daß Gott vor allen, über allen, nach allen Dingen ist. Er, seine Ewigkeit selbst ist vermöge dieses ihres Charakters als Bereitschaft für die Zeit fähig, vor ihr, über ihr, nach ihr zu sein. Und da Gott die Zeit faktisch erschaffen wollte und erschaffen hat, ist er das alles: «der da war, der da ist und der da kommt», nochmals: nicht bildlich, nicht uneigentlich, sondern in göttlicher und also unüberbietbarer, nicht zu relativierender Realität das Alles. Wir haben Anlaß, diese Wahrheit und also eben die Begriffe der Vorzeitlichkeit, der Überzeitlichkeit und der Nachzeitlichkeit des ewigen Gottes mit großer Bestimmtheit hervorzuheben. An dieser Wahrheit und an der Legitimität dieser Begriffe hängt es ja, daß der ganze Inhalt der christlichen Botschaft: die Schöpfung als die von Gott gesetzte Existenzgrundlage des Menschen, die Versöhnung als die an seiner Existenz von Gott vollzogene Erneuerung, die Erlösung als deren wieder durch Gott zu vollbringende Offenbarung und damit als die Offenbarung des Sinnes auch seiner Schöpfung verstanden werden kann als Gottes Wort der Wahrheit und nicht etwa als Mythus eines frommen oder unfrommen Selbstbewußtseins, nicht etwa als der unverbindliche und trostlose Inhalt eines menschlichen Selbstgesprächs, nicht etwa als der Inhalt einer wohlgemeinten seelsorgerlichen Fiktion, nicht etwa als der Inhalt eines bloßen Wunsch- oder auch Schrecktraumes. Wenn Gottes Ewigkeit nicht in dem beschriebenen Sinn Zeitlichkeit hat, wenn also Gott nicht wirklich vorzeitlich, überzeitlich und nachzeitlich ist, dann ist der Inhalt der christlichen Botschaft von einem solchen Mythus oder Traum nicht zu unterscheiden. Sie kann, wenn die Ewigkeit Gottes nicht in dem beschriebenen Sinn verstanden ist, nicht glaubwürdig verkündigt und nicht im Glauben aufgenommen werden. Denn der Inhalt dieser Botschaft hängt daran, daß Gott war, ist und sein wird, daß unsere Existenz unter dem Vorzeichen eines göttlichen Vorher, eines göttlichen Jetzt, eines göttlichen Nachher steht und daß dieses Vorzeichen gerade in seiner Differenzierung nicht etwa heimlich ins Leere zeigt, nicht auf einen Gott, der in Wirklichkeit weder vorher, noch jetzt, nocfr nachher ist, daß die ganze Zeitlichkeit Gottes, ohne die der Inhalt der christlichen Botschaft gestaltlos und ihre Verkündigung zu einem unartikulierten Lallen würde, kein Schein, keine bloße Blasenbildung menschlichen Fühlens und Meinens, sondern schlichte, von nirgendswoher anfechtbare, weil in Gott selbst begründete Wahrheit ist. Es ist aber angebracht, hier Alles sofort auch von der anderen Seite zu betrachten und also zu sagen: gerade weil der Inhalt der christlichen Botschaft in der Zeitlichkeit aller ihrer Aussagen verbindliche und tröstliche Wahrheit ist, gerade weil wir es in dem, welcher nach dieser Botschaft war, ist und sein wird, mit dem wahren Gott selbst zu tun haben, gerade weil diese Botschaft uns durch ihr eigenes Gewicht zum Glauben aufruft, sich selbst bezeugt als Gottes Wort und also den Verdacht, wir könnten es in ihr mit dem erdachten oder geträumten Drama eines Mythus zu tun haben, sozus. von innen zerreißt — gerade darum ist es unmöglich, der Ewigkeit Gottes jene Bereitschaft für die Zeit und insofern die Zeitlichkeit abzusprechen, gerade darum ist auch diese wahr und es sind die Begriffe der Vorzeitlichkeit, Überzeitlichkeit und Nachzeitlichkeit Gottes darum legitim, weil sie nur buchstabieren und analysieren, was uns durch jene Botschaft als Gottes Wort und also als Wahrheit versichert ist. Wie könnte diese Botschaft als Wahrheit verkündigt und geglaubt werden, ohne daß eben damit auch diese Aussagen über Gott verkündigt und geglaubt würden? Sie sind nicht etwa bloße Konsequenzen aus dem Evangelium; sie sind, so gewiß das Evangelium uns über Gott die Wahrheit sagt, Elemente des Evangeliums selbst und als solchen. Es kann das Evangelium selbst und als solches gar nicht laut werden und also als Evangelium gar keine Gestalt haben, ohne daß eben damit diese Aussagen laut werden, dieses Verständnis der göttlichen Ewigkeit sich aufdrängt: nicht mittelbar, nicht als ein scholastisches Parergon, sondern unmittelbar, weil das Evangelium nur entweder verschwiegen oder dann in Form dieser Aussagen laut gemacht werden kann. Wir gehen sie in Kürze durch, um uns an beides zu erinnern: daß die Wahrheit des Wortes Gottes an ihrer Wahrheit hängt und daß sie selber durch die Wahrheit des Wortes Gottes begründet und gehalten sind.

Gott ist **vorzeitlich**. Damit ist gesagt, daß seine Existenz der unsrigen und der aller Dinge nicht nur ihrer Art nach, nicht nur seinem Wesen und dessen Dignität entsprechend, sondern — und das erst schafft allen Zweifel hinsichtlich der Unmöglichkeit einer Umkehrung endgültig aus dem Wege — auch physisch vorangeht. Es klingt trivial und ist doch gerade in seinem unabgeschwächten, wörtlichen Sinn voll Tiefe und Entscheidung: Gott war, ehe wir waren, ehe alle anderen Voraussetzungen und Bedingungen unserer Existenz waren. Gott war in dem Anfang, der vor allem anderen Anfang liegt, in dem Anfang, in welchem wir und alle Dinge noch nicht waren, in dem Anfang, welcher auf keinen ihm selbst vorausgesetzten Anfang zurückblickt. Gott war in sich selbst: nicht weniger er selbst, nicht weniger vollkommen, in keiner Hinsicht einem Mangel unterworfen, im voraus überreich auch ohne uns, auch ohne die Welt. Das ist Gottes Ewigkeit als Vorzeitlichkeit. Immer und überall und in jeder Hinsicht ist Gott, der Ewige im Sinn solcher Vorzeitlichkeit.

Was Gottes Freiheit und was also seine Liebe: seine Gnade, Barmherzigkeit und Geduld ist, das kann nur von da aus ermessen oder vielmehr in seiner Unermeßlichkeit anerkannt und verstanden werden. Weil Gott vorzeitlich ist, darum ist er uns nichts schuldig, weder unsere Existenz, noch dies, daß er Gemeinschaft mit uns begründet und aufrecht erhält, noch dies, daß er uns in dieser Gemeinschaft einem Ziel, einem Nachher in seinem eigenen Nachher entgegengeführt. Er könnte das Alles unterlassen; denn er könnte das Alles auch entbehren, weil er vor dem Allem und ohne das Alles ist, der er ist. Eben darum muß er es nun freilich auch nicht entbehren, kann er das Alles, ohne es uns oder sich selbst schuldig zu sein, als Wirklichkeit vor sich haben. Und eben als der, der vor dem Allem war, wollte er uns tatsächlich nicht entbehren, sondern es brach seine ewige Gnade, Barmherzigkeit und Geduld darin hervor, daß er uns erkannte, daß er um uns und alle Dinge wußte, daß er uns erschaffen, uns erwählen, uns selig machen wollte. Alles hängt für die Erkenntnis dieses tatsächlichen Wissens und Wollens Gottes daran, daß es als sein aller Zeit vorangehendes, die Zeit selbst begründendes und erhaltendes Wissen und Wollen verstanden wird. Wie verstünden wir ihn ohne dieses Vorher in seiner Göttlichkeit, in seiner Heiligkeit, Gerechtigkeit und Weisheit, aber auch in seiner Allmacht? Wir sind nicht von Ewigkeit und unsere Welt ist es auch nicht. Es war eine Zeit, da wir nicht waren und da die Welt nicht war: die Vorzeit, die Ewigkeit Gottes. Und in dieser Zeit vor der Zeit ist mit der Zeit selbst Alles beschlossen und entschieden, was in der Zeit ist. In dieser Zeit hat Gott seine Dekrete und Bücher geschrieben, in denen Alles verzeichnet ist, was werden und geschehen sollte und auch jeder Name und die ganze große und kleine Geschichte jedes Trägers jedes Namens. In dieser Zeit hat es Gott beschlossen, durch sein Wort, in der Weisheit und Macht seines ewigen Wortes die Welt und den Menschen in die Wirklichkeit zu rufen. In dieser Zeit hat er beschlossen, eben dieses sein ewiges Wort in diese geschaffene Welt zu diesem geschaffenen Menschen zu senden, und also, um die Welt mit sich selber zu versöhnen, selber Welt, Mensch, Fleisch werden zu lassen. In dieser Zeit hat Gott jenes Vorsehen und Vorherbestimmen geübt, von welchem alles Sein und alles Sichselberbestimmen der Kreatur umschlossen ist. In dieser Zeit hat er die Kirche beschlossen als die Gemeinschaft derer, die durch seinen Heiligen Geist zum Glauben an sein Wort erweckt und in diesem Glauben erhalten werden sollten und eben damit schon das Ziel alles seines Wollens: die Errettung aller Glaubenden und ihre Seligkeit in seinem eigenen ewigen Nachher. Es ist das Alles — gerade von seiner Mitte in Jesus Christus her muß man das sagen — v o r h e r von ihm und in ihm selbst beschlossen. Denn die Vorzeit ist die reine Zeit des Vaters und des Sohnes in der Gemeinschaft des Heiligen Geistes. Und eben in dieser reinen Gotteszeit geschah die Bestimmung des ewigen Sohnes für die zeitliche Welt, ereignete sich das Offensein des Sohnes für den Willen des ewigen Vaters, waltete der Friede des ewigen Geistes: eben dasselbe, was dann in der Mitte der geschaffenen Zeit in Jesus Christus offenbar geworden ist. In dieser reinen Gotteszeit ereignete sich jenes freie Hervorbrechen der göttlichen Gnade, Barmherzigkeit und Geduld, jenes freie Beschließen, dem die Zeit ihre Existenz, ihren Inhalt und ihr Ziel verdankt. Der Name, unter dem dieses Hervorbrechen für uns Ereignis und Erkenntnis wurde, ist aber J e s u s C h r i s t u s. Wir sagen dasselbe, wenn wir sagen: es ist Alles vorherbeschlossen, es kommt Alles aus Gottes freier, ewiger, die Zeit von Ewigkeit her durchschauenden und beherrschenden Liebe — wie wenn wir einfach sagen: es ist Alles in Jesus Christus beschlossen. Denn eben Jesus Christus ist vor aller Zeit und also ewig der Sohn und das Wort Gottes, Gott selber in seiner Zuwendung zur Welt, der Inbegriff Gottes, sofern Gott Zeit schaffen und geben, sich selbst Zeit nehmen und schließlich der Zeit in seinem ewigen Nachher ihr Ende und Ziel setzen wollte. Gott in dieser Zuwendung zur Welt und damit zu einer von seiner Ewigkeit verschiedenen Zeit, dieser Jahve Zebaoth ist identisch mit Jesus Christus. Verstehen wir die Ewigkeit als Vorzeit — und wir müssen sie auch so verstehen — dann müssen wir erkennen, daß die Ewigkeit selbst und als solche eben den Namen Jesus Christus trägt. Hier greift Johannes 8, 58 ein: «Wahrlich, wahrlich, ich sage euch: Ehe denn Abraham war, bin ich». Und hier Eph. 1, 4 f.: «Er hat uns erwählt in ihm vor Grundlegung der Welt, heilig und untadelig zu sein vor ihm, indem er uns in Liebe vorherbestimmte zur Sohnesstelle bei ihm selbst durch Jesus Christus nach dem Wohlgefallen seines Willens zum Lob seiner Herrlichkeit und Gnade». Und hier 1. Petr. 1, 18 f.: «Ihr seid losgekauft... durch das kostbare Blut Christi als eines untadeligen und unbefleckten Lammes, welches vor Grundlegung der Welt dazu ersehen war, am Ende der Zeiten aber offenbart wurde um euretwillen, die ihr durch ihn an Gott glaubt». Man bemerke, wie in allen diesen und ähnlichen Stellen gerade die ewige Gegenwart Gottes über und in der Zeit mit dem Rückblick auf eine Vorzeit begründet ist, in welcher sie und damit die Existenz des Menschen und deren Erneuerung vorgesehen und beschlossen ist. Was von der Zeit und ihrer Beziehung zur Ewigkeit zu sagen ist, das hat sein Gefälle von daher, daß die Ewigkeit auch vor der Zeit ist.

Gott ist überzeitlich. Der Begriff genügt nicht, um zu sagen, was hier zu sagen ist. Ein neues deutsches Wort wie «mitzeitlich» oder «inzeitlich» müßte hier zur Ergänzung gebildet werden. Wir bleiben bei «überzeitlich», weil damit wie mit «vorzeitlich» und «nachzeitlich» zum Ausdruck kommt, daß die Ewigkeit das die Zeit von allen Seiten umschließende Element ist. Aber den Beigeschmack von «zeitlos» darf dieses «überzeitlich» nach allem Vorangehenden gerade nicht haben. Es handelt sich auch hier und gerade hier um die positive Beziehung der Ewigkeit zur Zeit. Sie besteht — so fahren wir nun fort — auch darin, daß die Ewigkeit die Zeit in der Höhe gleichsam treulich begleitet, so wie uns auf einer Reise das Himmelsgewölbe, das jenseits aller Horizonte anfängt und endigt, nun doch von einem Horizont zum anderen begleitet. Sie besteht — so wäre noch genauer zu sagen — darin, daß die Ewigkeit nicht ohne die Zeit sein will, sich von der Zeit begleiten läßt. Gott ist, indem wir sind. Gott dauert: in seiner klaren und unvergänglichen Dauer, indem wir unsere verworrene und flüchtige Dauer haben. Gott war also nicht nur und Gott wird nicht nur sein. Das ist auch wahr und Alles kommt darauf an, daß die Ewigkeit auch als das göttliche *Perfectum* und *Futurum,* daß auch unsere Vergangenheit und Zukunft als von der Ewigkeit Gottes umschlossen verstanden wird. Aber wiederum kommt Alles auch darauf an, daß Gottes Vorher und Nachher nicht auseinandergerissen sind, daß die Zeit selbst, unsere Zeit, nur ja nicht als eine vom Anfang und Ende entfernte, in sich verschlossene Mitte gedacht werde. Entfernt ist sie wohl von ihrem eigenen Anfang und Ende. Sie wäre ja nicht Zeit, wenn sie nicht Ausdehnung hätte, wenn sie also ohne diese Entfernung wäre. Sie ist aber nicht entfernt von ihrem Anfang und Ende in Gottes Ewigkeit. Gottes Ewigkeit begleitet sie; sie selbst darf Gottes Ewigkeit begleiten, durch die sie geschaffen ist und in der sie auch ihr Ziel hat. Gottes Ewigkeit geht mit ihr; sie selbst, die Zeit, geht, sie hat ihren verworrenen und flüchtigen und doch stetigen und wirklichen «Wandel», weil über ihr die Ewigkeit geht, weil über ihrem Wandel die unveränderlichen Stunden der Ewigkeit schlagen, auf die der Stundenschlag unserer Uhren nur kindlich oder auch kindisch Echo und Antwort geben kann. Gottes Ewigkeit ist in der Zeit; sie selbst, die Zeit, ist in der Ewigkeit. Ihre ganze Ausdehnung vom Anfang bis zum Ende, aber auch jeder einzelne ihrer Teile, jede Geschichtszeit, jede Lebenszeit, jedes anbrechende und endigende Jahr, jede kommende und gehende Stunde unserer Zeit ist in der Ewigkeit wie ein Kind in Mutterarmen, nicht ihre Bedingung, nicht ihr *constituens*, nicht in selbständiger Wirklichkeit ihr gegenüber, sondern als ihr Geschöpf, aber eben als solches in ihr verwahrt und geborgen, als solches unter dem Gesetz und Trost ihrer Gegenwart. Das, dieses die Zeit tragende Leben Gottes ist seine Ewigkeit als Überzeitlichkeit. Immer und überall und in jeder Hinsicht ist Gott, der er ist, auch im Sinne solcher Überzeitlichkeit.

«Ehre sei Gott in der Höhe und auf Erden Frieden unter den Menschen des Wohlgefallens» lautet nach Luk. 2, 14 die Engelsbotschaft, die die Geburt Jesu Christi verkündigt. Das ist die genaueste Bezeichnung eben der Ü b e r z e i t l i c h k e i t Gottes. Denn diese Worte besagen: Eben indem Gott in der Höhe über der Erde ist, eben indem ihm, der dort ist, alle Ehre zukommt und gebührt, gibt es auf Erden Frieden, soll es auf Erden nicht fehlen an völliger Geborgenheit: unter den Menschen nämlich, denen dieser in der Höhe wohnende Gott sein Wohlgefallen zugewendet hat. Was Gottes Liebe und was also seine Freiheit, seine Heiligkeit, Gerechtigkeit und Weisheit ist, das ist von daher, aus seiner Überzeitlichkeit zu ermessen in seiner Unermeßlichkeit. Indem Gott überzeitlich ist, realisiert er seine Liebe, gibt er uns, was er uns nicht schuldig ist: unsere Existenz, die Gemeinschaft mit ihm und in dieser Gemeinschaft eine lebendige Hoffnung. Indem er überzeitlich ist, will er nicht allein, nicht ohne uns sein, gebraucht und interpretiert er seine Freiheit uns zugute, läßt er seine Heiligkeit, Gerechtigkeit und Weisheit nicht nur Schranke, sondern zugleich und als solche Pforte sein zu uns hin, will er nicht nur Gott sein, sondern Gott unter den Menschen und für die Menschen seines Wohlgefallens, schafft er der Ehre, die ihm in der Höhe eigen ist, eine Entsprechung auf Erden in dem Frieden, der uns daselbst gewährt ist, um seine Ehre zu preisen, um ihm dankbar zu sein. So weiß Gott um uns und um alle Dinge, so will er sie und uns. Jetzt hängt Alles eben daran, daß wir die Überzeitlichkeit Gottes, jenes Begleitetsein unserer Zeit von seiner Ewigkeit, daß wir die Höhe, in der er seine Ehre hat, der doch unser Friede entsprechen darf, recht verstehen. Wie wäre Gottes Liebe göttlich, gnädig, barmherzig und geduldig, wenn sie nicht die in dieser Höhe wohnende, aber aus dieser Höhe wirklich zu uns kommende Liebe wäre: ewige Gnade, ewige Barmherzigkeit, ewige Geduld — ewig gerade in dem beschriebenen positiven Sinn von Überzeitlichkeit? Wir sind nicht ewig, wir haben nur Zeit. Aber eben der Herr der Zeit ist Gott. Eben über der Zeit ist die Ewigkeit. Eben die Zeit ist selbst mit und in der Ewigkeit. Eben die Zeit haben wir in diesem ihrem Umschlossensein von der Ewigkeit. Wir dürfen und sollen also Gott mit gleichem Ernst wie in dem Vorher aller Zeit, so auch in aller Zeit und in jedem einzelnen Zeitteil suchen und gegenwärtig wissen. Die Mystik irrt sich freilich, die vor lauter vermeintlichem Ergreifen Gottes in der Gegenwart jenes göttlichen Vorher vergessen wollte. Und es irrt jede solche Vorstellung von dem Verhältnis zwischen Zeit und Ewigkeit, die die Ewigkeit etwa n u r in der Senkrechten, in ihrer Unmittelbarkeit zu jeder Zeit, die deren Grund nicht auch in dem göttlichen Vorher und Nachher suchen wollte. Der Gott, der nicht vorher war und nachher sein wird, ist auch nicht jetzt. Es wäre jede Gotteslehre, die etwa in der Hypostasierung unseres jeweiligen Jetzt zwischen den Zeiten, dessen, was wir als

«Gegenwart» zu kennen meinen, unseres zeitlichen Existenzbewußtseins oder auch in einer Spekulation über die Gottbezogenheit aller Zeiten bestehen und aufgehen würde, eine Götzen- mehr als eine Gotteslehre. Göttlich ist nur die Überzeit, die auch Vorzeit und dann auch Nachzeit, die eben als solche unserer Übersicht und Verfügung eindeutig entzogen ist, entzogen auch der wahrlich törichten Verwechslung des wirklichen ewigen Jetzt der Ewigkeit mit dem uns nur in seiner Flucht gegebenen Jetzt unserer Zeit. Aber wenn diese Irrtümer abgewehrt sind, bleibt es doch als Wahrheit übrig, daß wir Gott tatsächlich **auch in der Senkrechten**, **auch** in jedem Jetzt unserer Zeit, aber **auch** in der jedes Jetzt unserer Zeit umgebenden Vergangenheit und Zukunft zu suchen haben. Das ist seine Liebe, das ist die Entsprechung der Ehre, die ihm in der Höhe zukommt und gebührt, daß er auch hier in der Zeit tatsächlich zu **suchen** und zu **finden** ist. Die Ewigkeit hörte ja nicht auf, indem die Zeit anfing, um dann wohl erst nachher, wenn die Zeit aufhört, wieder zu beginnen. Und sie ist in dieser Mitte, so gewiß Gott selbst in dieser Mitte mit uns ist, nicht Gottes Reservatgebiet. Sondern indem er uns Zeit gibt, **gibt er uns tatsächlich auch Ewigkeit**. Unsere Entscheidungen in der Zeit geschehen nicht in einer teilweisen, sondern in der vollen Verantwortung vor der Ewigkeit und es darf und muß auch das Getröstetsein, in welchem wir sie allein auf uns nehmen können, als ein volles, weil aus der Ewigkeit uns zukommendes Getröstetsein verstanden und entgegengenommen werden. Indem uns Gott von Ewigkeit her geliebt, indem er uns von Ewigkeit her die Existenz, die Gemeinschaft mit ihm, ein Leben in der Hoffnung und das ewige Leben selbst zugesprochen hat, liebt er uns auch jetzt und hier, eben in unserer von Ewigkeit her beschlossenen **Zeitlichkeit**, ganz und vorbehaltlos, sodaß alles Zweifeln und Unsichersein wirklich uns und nur uns zu Lasten fällt, sodaß von seiner Seite auch für unser Leben in der Zeitlichkeit wirklich nur Eines zu hören ist, nämlich: Sorget nicht! Die unerreichbare Ferne jenes göttlichen Vorher scheidet uns nicht von Gottes Liebe: sie so wenig wie die ebenfalls unerreichbare Ferne des göttlichen Nachher. Wie sollte sie schon? Sie ist ja die Ferne jener Höhe, der auf Erden der Friede unter den Menschen des göttlichen Wohlgefallens entspricht. Wenn die Mystik und die heimlich von der Mystik lebende Gegenwarts- und Existentialphilosophie sich damit begnügen will, diese Wahrheit gelten zu machen — und insofern sie das tut — braucht man ihr nicht zu widersprechen. Und so ist auch der berühmte Satz von L. v. Ranke, daß der Sinn jeder Epoche unmittelbar zu Gott sei, nicht ohne theologischen Wahrheitsgehalt. Er kann als ein Satz verstanden werden, dessen Subjekt nicht etwa die Geschichte als solche, sondern Gott als der Herr der Geschichte ist. Er kann besagen, daß Gott jeder Epoche unmittelbar ihren eigenen Sinn gibt, weil er wirklich unmittelbar über jeder Epoche ewig ist. Er kann besagen, daß wir aufgefordert sind, im Blick auf keine Epoche davon abzusehen, daß der Gott, der auch ihr ihren Sinn gegeben hat, gnädig, barmherzig und geduldig, aber auch heilig, gerecht und weise ist. So verstanden ist der Satz eine Sicherung gegen alle solche Betrachtung der Weltgeschichte, welche unter optimistischem oder pessimistischem Vorzeichen das Weltgericht vorweg nehmen, hier eine Zeit eigenmächtig erhöhen und dort eine andere eigenmächtig erniedrigen möchte. Folgerichtig muß dann aber weiter gesagt werden: Es ist der Sinn auch der ganzen Weltgeschichte als solcher unmittelbar zu Gott, d. h. bestimmt durch das Urteil seines Gerichtes und seiner Güte, durch das Walten seines Zornes und seiner Barmherzigkeit. Es steht wirklich alle Zeit in seinen **Händen** und darauf und nur darauf hin haben wir unsere und jede Zeit zu betrachten. Das heißt aber konkret — weil das konkrete Werk der Hände Gottes in der Zeit die in Israel wurzelnde Kirche ist: es hat jede Zeit, jede Geschichtszeit und jede Lebenszeit ihren Sinn von **Israel** und von der **Kirche** her und zu **Israel** und zur **Kirche** hin. Es ist die ganze Weltgeschichte in ihrem innersten Gehalt, ihren letzten Rätseln und

3. Gottes Ewigkeit und Herrlichkeit

Offenbarungen, in ihrem wahren Haben und Entbehren, in ihren eigentlichen Höhepunkten und Katastrophen, aber auch in den jeweils zwischen Licht und Schatten liegenden, in den scheinbar leeren, in Wirklichkeit wohl gerade entscheidendsten Zeiten gerade nicht «Weltgeschichte», sondern Geschichte Israels und Kirchengeschichte. Wohlverstanden: erst und nur indem man die Zeit und ihren Sinn in dieser Konzentration sieht und versteht, wird der Satz von Gottes Überzeitlichkeit, von der Geborgenheit der Zeit in seiner Ewigkeit glaubwürdig und durchschlagend und unterscheidet sich auch der Satz von Ranke von einer Spekulation, in der gerade das entscheidende Wort «Gott» unbestimmt bliebe, willkürlich so oder so zu füllen wäre, zuletzt wohl nur den Charakter eines Symbols für das Unbekannte hätte und deshalb mit der Vorstellung eines «Sinnes» nur illegitim zu verbinden wäre. Jene Engelsbotschaft Luk. 2, 14, von der wir ausgegangen sind, verkündigt ja auch keine allgemeine Wahrheit, sondern die Erfüllung der Verheißung Israels und den Grund und Sinn der Kirche: die Geburt Jesu Christi. In ihr ist die Zeit geborgen in der Ewigkeit. In ihr hat sie ihren Sinn unmittelbar zu Gott. Von ihr lassen sich jene Sätze nicht trennen. Jene Sätze sind Glaubenssätze: Sätze des Bekenntnisses zu dem, der die Erfüllung der Zeit und aller Zeiten ist. Von der Überzeitlichkeit Gottes des Vaters, des Sohnes und des Heiligen Geistes müssen wir reden, wenn wir nicht unter dem Titel der Ewigkeit heimlich doch von einem unzeitlichen Gott und dann auch von einer ungöttlichen Zeit reden, wenn wir nicht unsere Zuflucht doch wieder in der verzweifelten Hypostasierung des nun einmal nicht zu hypostasierenden Jetzt unserer Zeit sehen wollen. Die alte Theologie hat schließlich doch einfach recht gehabt, wenn sie immer wieder auf die Stelle Ps. 2, 6 f. zurückkam, nach welcher Gott zu dem auf Zion, «meinem heiligen Berge», eingesetzten Könige sagt: «Mein Sohn bist du, ich habe dich heute gezeugt». Das Heute dieser Einsetzung ist das zeitliche Jetzt, das dem *nunc aeternitatis* gleichzeitig, das im vollen Sinn selber ewige Zeit ist. Calvin hat in seiner Auslegung der Stelle (*C.R.* 31, 46 f.) richtig gesehen, daß mit diesem *hodie* nicht die Ewigkeit an sich und als solche und also mit dieser Zeugung nicht die ewige Zeugung des Sohnes durch den Vater gemeint sein könne. Umso sicherer ist aber gemeint die Erscheinung des Messiaskönigs in der Zeit. Und in dieser Erscheinung offenbart sich nach Calvin die Ewigkeit — und wir sagen jetzt im Besonderen: die Überzeitlichkeit Gottes als seine Gegenwart in der Zeit: *Quod autem Deus se illum genuisse pronuntiat, referri debet ad hominum sensum vel notitiam... Itaque adverbium Hodie tempus illius demonstrationis notat, quia postquam innotuit creatum divinitus fuisse regem, prodiit tanquam nuper ex Deo genitus*. In dieser Erscheinung hat die Zeit, haben alle Zeiten ihren unmittelbaren Sinn zu Gott. In dieser Erscheinung sind sie von Gott nicht nur geschaffene, sondern gehaltene und regierte Wirklichkeit. Von ihr her gibt es in allen und für alle Zeiten jenen Frieden auf Erden unter den Menschen des Wohlgefallens. «Es war das wahre Licht, das jeden Menschen erleuchtet, in die Welt kommend. Es war in der Welt und die Welt ist durch ihn geworden und die Welt erkannte ihn nicht. Er kam in das Seine und die Seinen nahmen ihn nicht auf. So viele ihn aber aufnahmen, denen gab er die Macht, Gottes Kinder zu werden, denen, die an seinen Namen glauben» (Joh. 1, 9 f.). Dieses Geschehen ist die konkrete Gestalt, an die wir uns hinsichtlich der Überzeitlichkeit Gottes zu halten haben, der Raum, innerhalb dessen sie uns erkennbar und erfahrbar wird. Gottes Ewigkeit ist in der Weise die Begleiterin der Zeit oder vielmehr selber von der Zeit begleitet, daß die Zeit in diesem Geschehen ihre verborgene Mitte und damit auch nach rückwärts und vorwärts eben ihren Sinn, ihren Inhalt, ihr Woher und Wohin, eben damit aber auch je und je sinnvolle Gegenwart bekommt. Indem die Ewigkeit dort, in jenem Geschehen, die Gestalt eines zeitlichen Jetzt annimmt, ist die ganze Zeit, ohne aufzuhören, Zeit zu sein, nicht mehr leere Zeit, nicht mehr ohne Ewigkeit. Sie ist neu geworden. In und mit diesem Jetzt schafft nämlich die

Ewigkeit in der Zeit wirkliche Vergangenheit und wirkliche Zukunft, scheidet sie zwischen beiden und ist sie selbst der Übergang und Weg aus der einen in die andere. Jesus Christus ist dieser Weg. Denn Jesus Christus ist in seiner Person die Entscheidung darüber, was gewesen und also Vergangenheit und was sein wird und also Zukunft ist, und er unterscheidet zwischen diesen beiden. Er unterscheidet zwischen Ungehorsam und Gehorsam, zwischen Sünde und Gerechtigkeit, zwischen Schuld und Unschuld, zwischen Schicksal und Freiheit, zwischen Tod und Leben, zwischen Fremdherrschaft und Gottesreich, zwischen Verdammnis und Seligkeit. Das sind nicht nur zwei zeitlose Sachbereiche. So erscheinen sie allerdings aller bloß moralischen und physisch-metaphysischen Betrachtung: als zwei durch alle Zeiten hindurch parallel geschaltete Welten, als zwei zu allen Zeiten und wohl auch in Ewigkeit gleichmäßig gefüllte und im Gleichgewicht schwebende Wagschalen. Aber das ist die heidnische und nicht die christliche Betrachtung dieser beiden Sachbereiche. Christlich und also real betrachtet, d. h. eben von der in Jesus Christus her geschehenen Scheidung und Entscheidung her gesehen, gehören wohl beide der einen geschaffenen Zeit an. Es ist aber der erste dieser Bereiche in der Einheit der Zeit grundsätzlich der Bereich des Vergangenen, der zweite ebenso grundsätzlich der des Zukünftigen. Der erste der alte, zurückweichende, der zweite der neue, kommende Aeon. Es besteht also zwischen beiden gerade nicht Gleichzeitigkeit, sondern Ungleichzeitigkeit, gerade nicht Gleichgewicht, sondern Aufhebung des Gleichgewichts zu Ungunsten des ersten, zu Gunsten des zweiten Bereiches, gerade nicht endlose Wiederholung des Geschehens und Seins auf beiden Seiten, sondern Überholung und Ablösung des ersten durch den zweiten mit dem Ausblick auf dessen endgültige Aufhebung. Jesus Christus hat den alten Menschen des ersten Bereichs in seinem Tode ans Kreuz geschlagen und begraben. Er hat den Ungehorsam Adams in sich selber zunichte gemacht. Er hat die Sünde Iraels in seiner Person getragen und damit unter die göttliche Vergebung gestellt. Er hat die Schuld des Menschengeschlechts bezahlt. Er hat das auf ihm lastende Schicksal erfüllt und abgeschlossen. Er hat den Tod erlitten und ihm damit, daß er das tat, seine Macht genommen. Er hat die Fremdherrschaft der Gott widerstrebenden Weltmächte erduldet und damit gebrochen. Er hat die Verdammnis, der die Welt verfallen ist, indem er sich von ihr treffen ließ, verwandelt in die Verdammnis, der die Welt verfallen war, nun aber nicht mehr verfallen ist. Und Jesus Christus hat in seiner Auferstehung den neuen Menschen des zweiten Bereichs in sich selbst ans Licht und ins Leben gebracht. Er hat als Mensch den Gehorsam geleistet, der den Menschen zum Gegenstand des göttlichen Wohlgefallens macht. Er hat das Urteil der Gerechtigkeit Gottes vollstreckt, laut dessen der Mensch nicht sich selber und niemand sonst, sondern allein Gott gehört. Er ist der unschuldige Mensch gewesen. Er hat den Menschen nicht nur zurückgebracht in jene zweideutige Freiheit des Geschöpfs, für das doch auch die Sünde und also die Gefangenschaft unter das Schicksal nicht unmöglich sein wird, sondern vorwärts und empor zu der Freiheit, in der er nicht mehr sündigen und keines Schicksals Sklave mehr sein wird. Er hat ihn zum Erben des ewigen Lebens gemacht. Er hat das Gottesreich nahe herbeigebracht in sich selber für Alle, die an ihn glauben. Er hat sie in sich selber schon gerettet und selig gemacht. Man hätte die Person und das Werk Jesu Christi noch gar nicht verstanden, man müßte sie ganz anders verstehen, als wie sie da bezeugt sind, wo wir allein Kunde von Jesus Christus haben, wenn wir seine Erscheinung, seine Worte und Taten, sein Leiden, Sterben und Auferstehen nur als eine eigentümlich energische Unterstreichung des Bestandes und des Gegensatzes jener beiden Sachbereiche auffassen wollten. Jesus Christus ist im Sinne des alt- und neutestamentlichen Zeugnisses erst da ernst genommen, wo eingesehen ist, daß er, indem er zwischen diese beiden Bereiche hineingetreten ist, den einen real zur **Vergangenheit**, den andern ebenso real zur **Zukunft** gemacht und also die Zeit

3. Gottes Ewigkeit und Herrlichkeit

in sich selber zum Weg aus dieser Vergangenheit in diese Zukunft gestaltet hat. Auch jener Bestand und Gegensatz der beiden Sachbereiche ist nur recht verstanden, wenn er in diesem Verhältnis gesehen wird. Dies und dies allein ist Jesus Christus: der, der den Gegensatz dieser Bereiche zum Gegensatz von Vergangenheit und Zukunft gemacht und der eben damit die Zeit selbst, indem er ihr in sich selbst ihre Mitte gab, neu gemacht, der sie nicht nur als den Weg aus dieser Vergangenheit in diese Zukunft, aus dem alten in den neuen Aeon gedeutet und interpretiert, sondern der sie real (in der Macht des Schöpfers der Zeit und aller Dinge!) zu diesem Weg gemacht hat. Das und das allein ist also der christliche, der reale Zeitbegriff: der Begriff des in Jesus Christus von jenem ersten zu jenem zweiten Sachbereich sich wendenden menschlichen Daseins. Daß wir Zeit haben und in der Zeit leben, heißt christlich betrachtet und also in seiner Realität gesehen: daß wir in dieser Wende leben. Es bedeutet immer einen Rückfall in heidnische Betrachtung, wenn wir Vergangenheit und Zukunft und uns selber in ihrer Mitte anders verstehen als dahin, daß wir in dieser Wende und eben: in dieser Wende leben. Es geht um eine Wende: daraus folgt, daß die Gleichzeitigkeit unseres Seins in jenen beiden Sachbereichen immer als Ungleichzeitigkeit, als Überwindung und Ablösung der Vergangenheit durch die Zukunft und ja nicht als Gleichgewicht oder Schaukeln zwischen dem Recht und der Gültigkeit der beiden Bereiche zu verstehen ist. Luthers *simul iustus et peccator* kann und darf im Sinne Luthers selbst nicht dahin verstanden werden, daß die Ganzheit, in der wir Gerechte und Sünder sind, eine gleichmäßige, gleich ernste Bestimmung unserer Existenz bedeute, daß sie uns berechtige und auffordere, uns selbst im gleichen Sinn als Gerechte und als Sünder zu verstehen, daß wir also zum Sündigen ebenso legitimiert seien, wie zur Betätigung unserer Gerechtigkeit, daß unsere Gerechtigkeit nur in derselben Wahrheit und Kraft unsere Bestimmung wäre, wie auf der anderen Seite doch auch unsere Sünde. Was hier «zugleich» ist, das ist unsere Vergangenheit und unsere Zukunft. Unsere Sünde ist gewesen, unsere Gerechtigkeit kommt. Gott sagt Ja zu unserer Gerechtigkeit, indem er zu unserer Sünde Nein sagt. Nur unter dieser Bestimmung, nur in diesem Übergewicht, nur in dieser Entscheidung sind wir beides zugleich: Gerechte und Sünder. Es hat dieser *simul iustus et peccator* mit einem Herkules, der immer wieder am Scheidewege steht, gerade nichts zu tun. Und dasselbe gilt von allen anderen Bestimmungen, unter denen man von einer Gleichzeitigkeit des alten und des neuen Aeon reden kann. Diese Gleichzeitigkeit bedeutet in keiner Hinsicht, daß wir in gleicher Weise beiden Aeonen angehören. Wenn Paulus 2. Kor. 6, 8 f. von sich selber sagt, daß er sich als Diener Gottes betätige «unter Ehre und Schmach, unter böser und guter Nachrede, als Irrlehrer und doch wahrhaftig, als Unbekannte und doch erkannt, als Sterbende und siehe, wir leben, als Gezüchtigte und doch nicht getötet, als Betrübte, aber allezeit fröhlich, als Arme, die doch Viele reich machen, als solche, die nichts haben und doch Alles besitzen», so müßte man diese Beschreibung der apostolischen Existenz, aber auch deren mehr nach innen vollzogene Analyse in dem Verhältnis der Kapitel Röm. 7 und 8 schlecht verstehen, wenn man nicht sehen würde, wie hier fortwährend ein zwar Reales, aber in seiner besonderen Realität unendlich Geringeres, ein Fliehendes und Vergehendes, weil durch die ganze Macht Gottes Zurückgedrängtes und Vertriebenes, einem anderen Realen aber nun in seiner besonderen Realität unendlich überlegen Kommenden, einem mit der ganzen Macht Gottes siegreich Hereinbrechenden gegenübergestellt wird. In diesem und nur in diesem Verhältnis und also nicht in dem zweier vibrierender Wagschalen, nicht in dem einer unübersehbaren Dialektik sind die beiden Bereiche gleichzeitig. Wir befinden uns zwischen beiden, zwischen gestern und morgen, zwischen dem, was hinter und dem, was vor uns liegt, zwischen oben und unten nicht wie zwischen zwei gleichberechtigten, gleich mächtigen, gleich zuständigen Partnern. Wir sind wohl zwischen ihnen, aber zuerst und vor allem ist **Jesus Christus** zwischen ihnen und **so und in ihm sind wir es**. In ihm ist aber ihr Gleichgewicht gerade gestört und aufgehoben. Er ist unumkehrbar der Weg von hier nach dort. Er ist die Wende. Wir müßten ihn vergessen und preisgeben, wenn wir das Verhältnis unter irgend einem Vorwand — und wäre es der der größten «Wahrhaftigkeit» — wieder anders verstehen, wieder equilibrieren wollen sollten. Und es geht um **diese** Wende, wenn wir in der Zeit leben. Also nicht um die Wende von einer leeren oder willkürlich, phantastisch zu füllenden Vergangenheit zu einer leeren oder wiederum nach unserer Phantasie zu füllenden Zukunft. Beide sind vielmehr bestimmt und gefüllt, so gewiß eben nicht wir mit unserer, sondern Jesus Christus mit seiner Gegenwart die Wende von der einen zur anderen ist. **Vergangenheit ist das, wovon wir durch ihn befreit sind und Zukunft ist das, wozu wir durch ihn befreit sind.**

Daraus folgt einmal: daß es keinen Sinn hat, klagend und anklagend oder auch in wehmütiger Sehnsucht nach dem, «was mein einst war» und es jetzt nicht mehr ist, auf die **Vergangenheit** zurückzublicken. Für den Rückblick kann immer nur Ps. 103, 2 gelten: «Vergiß nicht, was Er dir Gutes getan hat». Eben dieses von Gott uns getane Gute, das hinter uns liegt, ist aber als solches immer schon das Zukünftige, das Gute des neuen Aeon gewesen, dem wir auch damals entgegengehen durften: «Der dir alle deine Sünde vergibt und heilt alle deine Gebrechen. Der dein Leben vom Verderben erlöst, der dich krönt mit Gnade und Barmherzigkeit». Dieses Zukünftige war das Gute von gestern. Es kann seinem Wesen nach nicht gestrig werden, uns nicht genommen und also nicht Gegenstand klagenden Rückblicks sein. Vom wirklich Vergangenen, von dem, was vergehen, was uns genommen werden konnte, mußten wir befreit werden und sind wir befreit. Auf sein Vergangensein zurückblicken zu dürfen, es nicht mehr gegenwärtig haben zu müssen, das bedeutet neuen Anlaß zur Dankbarkeit und gerade nicht zur Wehmut. Von ihm gilt: «Ich vergesse, was dahinten ist» (Phil. 3, 13) und gerade dieses Vergessen nennt Paulus dort das Eine, was er als ein solcher, der sich nicht dafür hält, das Zukünftige schon ergriffen zu haben, in der Gegenwart tun kann und will. *Quod vixi tege!* Was Gott in Jesus Christus hinter sich geworfen hat, das können und sollen wir nicht wieder vor uns stellen. Die in Jesus Christus aufgerichtete und befestigte Mitte scheidet uns davon. Diese Mitte können und sollen wir nicht vergessen, sollen aber eben, indem wir ihrer gedenken, dessen vergessen, was hinter uns liegt. Wir haben es damals nicht gut gemacht und wir werden es nachträglich mit keiner Reue gut machen. Wir würden es auch nicht besser machen, als wir es gemacht haben, wenn wir noch einmal von vorn anfangen könnten. Man sollte sich nicht danach sehnen, wieder «von vorn anfangen» zu dürfen! Diese Sehnsucht geht an Jesus Christus, in welchem unsere Vergangenheit gerichtet, aber auch als Vergangenheit abgeschlossen ist, vorbei. Man soll sie gänzlich ihm überlassen. Alles Andere ist Sentimentalität und Zeitverlust und heimliche Einbildung dazu.

Und es folgt weiter, daß es ebensowenig Sinn hat, sorgend in die **Zukunft** zu blicken. Nicht darum, weil wir sie doch nicht überblicken und bestimmen können. Das mag auch wahr sein, sofern wir unter Zukunft die leere Zeit vor uns als solche verstehen. Es ist aber nicht absolut wahr, weil ein gewisses Überblicken und Bestimmen dieser Zeit uns immerhin nicht unmöglich ist. Und es ist nicht so wahr, daß es uns die Lust, von dieser Möglichkeit Gebrauch zu machen und die mit dieser Lust verbundene Angst wirksam vertreiben könnte. Die Zukunft ist aber nicht diese leere Zeit, sondern der kommende neue Aeon mit allen seinen Gütern, für den wir in Jesus Christus befreit sind. Als diese positiv Befreiten — das ist der Sinn der evangelischen Mahnung, nicht zu sorgen! — dürfen wir der Zukunft entgegensehen und entgegengehen. *Quod vivam rege!* Auch was von den Wirklichkeiten und Möglichkeiten des alten Aeon scheinbar noch vor uns liegen, was uns als künf-

3. Gottes Ewigkeit und Herrlichkeit

tige Sünde, künftiges Unheil, als unser nahender Tod irgendwo erwarten mag — auch das erwartet uns in Wahrheit als schon Gewesenes, als schon hinter uns Liegendes, als, wenn es eintritt, bestimmt Vorübergehendes und Vergehendes: wie alles Gute der Vergangenheit als solches nicht vergehen konnte, sondern damals wie heute unsere Zukunft war. Sodaß wir es nur als schon Gewesenes und Vergangenes erwarten, sodaß wir es also unter keinen Umständen fürchten können. Von der Mitte der Zeit, von Jesus Christus her gesehen, und also in Realität gibt es keine dunkle Zukunft und also auch keine Furcht vor der Zukunft. Wieder wäre es Sentimentalität und Zeitverlust und heimliche Einbildung dazu, wenn wir uns fürchten wollten. Was wirklich kommt, das ist schon in der geschaffenen Zeit nicht das Reich irgend einer Finsternis, sondern das Gottesreich, nicht der Tod, sondern das Leben, nicht unsere Sünde, sondern Gottes Freispruch. Wenn wir nur bleiben beim christlichen, beim realen Zeitverständnis, bei der Erkenntnis, daß die Zeit in Jesus Christus ihre Mitte bekommen hat und damit neu geworden ist.

Also: Zeit haben, in der Zeit leben, heißt: in dieser Wende leben. In dieser Wende leben wir — zwar nicht in der Ewigkeit, wohl aber in der von Gott geheilten realen Zeit, in der Zeit, deren Sinn unmittelbar zu Gott ist. In dieser Wende lebend erkennen und erfahren wir die Überzeitlichkeit Gottes und so jetzt und hier schon seine Ewigkeit. In dieser Gestalt, als Überzeitlichkeit, ist uns also die Ewigkeit nicht ferne, sondern nahe. Diese Gestalt ist die **Offenbarung der Ewigkeit**. Und eben in dieser ihrer Offenbarung ist die Ewigkeit für uns die Begründung eines wirklichen Zeitbewußtseins. Eines Bewußtseins von Gegenwart, von Vergangenheit und Zukunft, von Anfang und Ziel, von Folge und Ordnung, eines Bewußtseins um den Inhalt der Zeit, eines Bewußtseins, in welchem man leben kann. Aber dieses Leben muß das Leben des Glaubens sein, für den die Offenbarung der Ewigkeit nicht umsonst geschehen, für den Jesus Christus nicht umsonst geboren, gestorben und auferstanden ist. Alles hängt ja daran, daß die Zeit eine andere Mitte hat als das immer entweichende, nie kommende Jetzt des heidnischen Zeitbegriffs. Sie **hat** aber real eine andere Mitte und indem sie in dieser Mitte bezogen ist auf die Ewigkeit, ist sie von dieser begleitet, von ihr eingeschlossen, bei ihr geborgen. Das reale Zeitbewußtsein hängt an dem Bewußtsein dieser Mitte. Es steht und fällt mit der Gabe und mit der Entscheidung des Glaubens. Und der Glaube ist Glaube an Jesus Christus oder er ist nicht Glaube.

Gott ist nachzeitlich. Mit diesem Satz wird der Begriff der Ewigkeit als des die Zeit umschließenden Elementes vollständig: Gott ist wie vor, wie über, so auch nach der Zeit, nach aller und jeder Zeit. Wir gehen ihm entgegen wie wir von ihm herkommen, wie wir ihn begleiten dürfen. Wir gehen ihm entgegen: Er ist, wenn keine Zeit mehr sein wird, weil dann die Schöpfung selbst, die Welt, als von Gott verschiedene Wirklichkeit in diesem ihrem jetzigen Bestand, in Allem, was jetzt ihre Existenz und ihr Wesen ausmacht, und so auch der Mensch (in diesem seinem jetzigen Dasein und Sosein) nicht mehr sein, weil dann Alles zu seinem Ziel und Ende gekommen sein, weil dann der jetzt und hier mit Gott versöhnte Mensch erlöst sein wird. Die Ewigkeit ist auch dieses «dann», ebenso wie sie das «damals» vor aller Zeit und das «jetzt» über aller Zeit ist. Die Ewigkeit ist auch das Ziel und Ende, hinter und über dem ein anderes nicht stehen kann, weil alle Wege nur ihm entgegenführen können, weil es der Inbegriff alles dessen ist, dem irgend jemand oder irgend etwas entgegengehen kann, weil alle Wege von ihm aus nur ins reine Nichts führen und also gar keine Wege sein könnten, weil alles Gehen von ihm aus als Gehen in das reine Nichts gar nicht zustande kommen könnte, mehr noch: weil der Sinn und die Notwendigkeit aller Wege und alles Gehens in ihm erfüllt und erschöpft sind, weil es das Vollkommene ist, das bleibt, über und hinter dem es also keine Ferne mehr geben kann. Dieses Vollkommene ist Gott selbst in seiner Nachzeitlichkeit: Gott in der Sabbatruhe nach Vollendung aller seiner Werke, nach der Vollstreckung seines ganzen nach außen gerichteten Willens, nach Erreichung des Ziels aller seiner Absichten, sofern diese von seiner freien Notwendigkeit, er selber zu sein, verschieden sind. Gott ist der Letzte wie er der Erste war. Und so ist er die absolute, die unüberbietbare Zukunft aller Zeit und alles dessen, was in der Zeit ist. So gibt es kein zeitliches Leben, das anderswohin sich entwickeln und ausleben kann als zu ihm hin, d. h. zu dem Ende hin, das er ihm bestimmt und gesetzt hat. So gibt es keine zeitliche Geschichte, die anderswo auslaufen kann als bei ihm, d. h. in dem Gericht, das er darüber halten und in dem Ergebnis, das er ihr geben wird. So gibt es keine Zeitteile, die nicht samt ihren besonderen Inhalten als Teilstücke des dann erfüllten göttlichen Planes offenbar werden müßten. Nach Allem und Jedem wird Gott sein. Er wird dann auf Alles außer ihm zurückblicken als auf ein in seiner Totalität Gewesenes. Er wird dann rückblickend in Wahrheit darüber entscheiden, was es und inwiefern es nun eigentlich gewesen ist, wie er schon darüber entschieden hat, da es noch nicht war. Er in seiner Liebe und also nach seiner Gnade, Barmherzigkeit und Geduld. Aber er auch in seiner Freiheit und also nach seiner Heiligkeit, Gerechtigkeit und Weisheit. Er wird urteilen und sein Urteil wird nicht appellabel, es wird endgültig sein. Und entsprechend seinem Urteil wird alles Gewesene als solches vor ihm sein, was es sein muß, angenommen oder verworfen, freigesprochen oder verdammt, zum ewigen Leben oder zum ewigen Tode bestimmt. Es wird alles Gewesene, es wird Alles, was in der ganzen in sich abgeschlossenen Zeit war, das sein, was er einem Jeden sein will und was ihm darum, weil es so sein guter Wille ist, auch zukommt. Und indem er allem Gewesenen in diesem Sinn sein wird, was ihm zukommt, wird er nach 1. Kor. 15, 28 «Alles in Allem» sein, wird alles Gewesene wie von ihm her, wie durch ihn, so zu ihm gewesen sein, seinen Sinn als Seiendes an seinem Ort und in seiner Weise erfüllt haben und insofern dem Sinn und der Ordnung Gottes entsprechend so oder so zurechtgebracht sein. Dieses Zurechtgebrachtwerden, in welchem es ebensowohl ewiges Leben wie ewigen Tod des Gewesenen geben wird, wird die Offenbarung des Reiches Gottes sein. Denn darin besteht das Reich Gottes, daß er so oder so Alles in Allem ist. Nur in seiner **Offenbarung** ist das Reich Gottes nachzeitlich, liegt es also in der Zukunft.

3. Gottes Ewigkeit und Herrlichkeit

Vorzeitlich war Gott und überzeitlich ist er schon Alles in Allem ohne Abstrich und Vorbehalt. Aber wenn wir das glauben und im Glauben erkennen, dann glauben wir eben seine künftige Offenbarung. Gottes Offenbarung steht dann als Ziel und Ende der Zeit vor uns. Wir erwarten sie dann, indem wir auf ihr Geschehen in der Mitte der Zeit zurückblicken, indem wir sie als das nahe herbeigekommene Reich ergreifen, so, wie wir sie in der Zeit ergreifen können, so, wie sie in der Zeit uns selbst ergreifen will und ergriffen hat. Nach der Zeit, in der nachzeitlichen Ewigkeit werden wir sie nicht glauben, sondern schauen. Ihr wird dann die Verborgenheit fehlen, von der sie in der Zeit und solange die Zeit währt, umgeben ist. Wir werden nachher eben das haben ohne Entbehren, ohne die Gefahr des Entbehrens, ohne die Hülle der Hoffnung, worum wir jetzt bitten müssen, um es dann wohl in Wahrheit und in seiner ganzen Fülle, aber noch in der Hülle der Hoffnung empfangen zu dürfen, um also aufs neue darum bitten zu müssen. Die nachzeitliche Ewigkeit ist ohne diesen Wechsel. Sie ist dieselbe Offenbarung, von der wir herkommen, aber dieselbe ohne Hülle, während wir sie in der Zeit in der Hülle der Hoffnung und darum in jenem Wechsel von Bitten und Empfangen und neuem Bitten glauben dürfen. Gott ist auch die nachzeitliche Ewigkeit: die Ewigkeit, der wir entgegengehen und eben insofern ist er der Gott aller Hoffnung, die Ruhe, die seinem Volk vorhanden, bereitet und zugesagt ist, in die es noch nicht gekommen ist, aber kommen wird. Gott hat und ist auch das, was wir noch nicht haben und sind. So umschließt er die Zeit und uns auch von vorne. So haben wir, indem wir ihn haben, wirklich Alles: auch das, was wir noch nicht haben. Sein ist das Reich. Er ist der Letzte. Er ist der Alles in Allem Seiende. Als solcher wird er dann, wird er dereinst, am Ziel und Ende der Zeit nur noch offenbar und gar nicht verhüllt sein. Er ist es in sich selber schon jetzt. Er war es von Anfang an. So kann und muß auch jener Wechsel, in welchem wir ihn in der Zeit als den Ewigen erkennen, Seligkeit sein, so kann auch sein Verhülltsein in der Zeit kein Anlaß zur Klage, so kann auch das Hoffenmüssen nur ein Hoffendürfen sein. Immer und überall und in jeder Hinsicht ist Gott der Ewige auch im Sinne solcher Nachzeitlichkeit.

Es dürfte gerade hier am Platze sein, festzustellen, daß es hinsichtlich der drei Formen der Gestalten der Ewigkeit grundsätzlich keine Konkurrenz geben kann, daß die Begriffe von Gottes Vorzeitlichkeit, Überzeitlichkeit und Nachzeitlichkeit wohl jeder in seiner Weise mit Nachdruck zu betonen sind, aber nicht in der Weise gegeneinander ausgespielt werden dürfen, als ob Gott unter der einen dieser Formen mehr, unter der anderen weniger oder gar nicht zu erkennen und ernst zu nehmen wäre. Wenn Paulus Röm. 11, 36 (vielleicht in begrifflicher Anknüpfung an gewisses Gedankengut der Mysterienreligionen) jenes ἐξ αὐτοῦ καὶ δι' αὐτοῦ καὶ εἰς αὐτὸν τὰ πάντα in seine Botschaft von Gott aufgenommen hat, so dürfte das gerade als Abschluß der Kapitel Röm. 9—11 ein Hinweis darauf sein, daß Gott in gleicher Göttlichkeit, wir sagen: in derselben Liebe und Freiheit der Eine und

§ *31. Die Vollkommenheiten der göttlichen Freiheit*

Alles ist — der Anfang, die Mitte und das Ende, der da war, der da ist und der da kommt, in vollem Frieden mit sich selber und so, daß auch wir, um ihn zu lieben und zu erkennen, mit gleicher Aufmerksamkeit und gleichem Ernst in allen diesen drei Dimensionen zu ihm als dem Ursprung und Inbegriff aller Zeit und aller Zeitinhalte aufzublicken haben. Das muß darum hervorgehoben werden, weil es unserem von Natur systematischen Denken so nahe liegt, sich gerade in dieser Sache dieser oder jener Vorliebe, Auswahl und Bevorzugung und dann auch der entsprechenden Vernachlässigungen schuldig zu machen. Das kann nun aber gerade gegenüber der Ewigkeit Gottes unsere Sache wirklich nicht sein. Kann man sich auf solchen Wegen so oder so eine gewisse Anschaulichkeit und Konzentration seiner christlichen Erkenntnis verschaffen, so ist es doch noch deutlicher, daß man sich dabei notwendig in gewisse Ideologien oder auch Mythologien verrennt, in deren Konsequenz die Wahrheit teilweise und in der Folge dann sicher ganz aufs Spiel gesetzt wird und auf die dann Reaktionen in der jeweils vernachlässigten Richtung fast unvermeidlich folgen müssen: Reaktionen, von denen zu befürchten steht, daß sie ihrerseits wieder in Einseitigkeiten endigen werden, durch die die Wahrheit verborgen und verkürzt und also ihres Wahrheitscharakters entkleidet wird.

Man wird zum Beispiel nicht verkennen können, daß die Theologie unserer Reformatoren mit einer gewissen, nicht unbedenklichen Einseitigkeit an dem ἐξ αὐτοῦ, an der Ewigkeit als **Vorzeitlichkeit** und darum an der Lehre von der Gnadenwahl und von der Vorsehung Gottes interessiert gewesen ist. Darin bestand ja die Gewalt und die Stärke dieser Theologie, daß sie den Menschen so nachdrücklich sich selbst verstehen lehrte im Rückblick auf den Gott, der vor ihm war, der von Ewigkeit her, ohne sein Zutun und Verdienst und vor allen Mitteln zu seinem Heil, sein ganzes Heil beschlossen hat, so daß das menschliche Leben nur in der getrosten klaren Ausführung des ewigen göttlichen Dekrets und Willens bestehen kann. Wer wollte und dürfte hier widersprechen? Aber wenn schon die Zeit selbst in ihrer Dauer, das menschliche Leben in der Zeit mit seinen Verantwortlichkeiten, mit seinen Problemen und doch auch Möglichkeiten in dieser Theologie in den Zusammenhang eines freilich kraftvoll ausgesprochenen Nachsatzes geriet und wenn man dazu bemerken muß, daß die Zeit selbst und als solche im Lichte der Wahrheit der Überzeitlichkeit Gottes auf keinen Fall in einen bloßen Nachsatz geraten dürfte, daß Gottes Gegenwart in der Zeit, das δι' αὐτοῦ ebenso ernstlich Gottes Ewigkeit ist wie seine Vorzeitlichkeit und wie Alles, was von dorther über unser Leben zu sagen ist — so wird man erst recht einwenden müssen, daß Gottes Nachzeitlichkeit, das εἰς αὐτόν und also die Eschatologie, die Hoffnung, die Bestimmung des menschlichen Lebens durch das kommende Reich Gottes in der Theologie der Reformation zu kurz gekommen, jedenfalls nicht so, wie es geschehen muß, zu Ehren gekommen ist. In den Nachsatz des Nachsatzes geriet dort die Erkenntnis, daß wir auf einen Weg gestellt sind und unterwegs sein dürfen, um zu einem Ziel zu kommen, weil es einen nicht nur bestimmten, sondern auch zu erfüllenden Plan Gottes gibt, dessen offenbarte Vollendung wir erwarten dürfen, so daß unser Leben notwendig das Leben in dieser Erwartung ist. Weil diese ganze Seite der Ewigkeit bei den Reformatoren gewiß auch zur Sprache kommt, aber nun eben doch zurücktritt, weil sie nicht ebenso ganz auch von hier wie von Gottes Vorzeitlichkeit aus gedacht haben, darum liegt auf ihrer Lehre auf weite Strecken eine Düsterkeit, um nicht zu sagen Hoffnungslosigkeit, die so von der heiligen Schrift her nicht zu begründen und zu rechtfertigen ist. Sie ist aber nur dann zu vermeiden, wenn man sich der gewissen Einseitigkeit, mit der die Reformatoren in ihrer Gotteslehre gerade das Zeitproblem behandelt haben, enthält, wenn man Gottes Überzeitlichkeit und vor allem seine Nachzeitlichkeit besser zu Ehren bringt, als bei ihnen geschehen ist.

Viel gefährlicher war nun freilich die Einseitigkeit, in der das 18. und 19. Jahrhundert eine teilweise Reaktion gegen die Einseitikeit des 16. Jahrhunderts zu vollziehen suchte, indem man nun dem, was wir Gottes Überzeitlichkeit nannten, den Vorzug zu geben sich entschloß. Auf den Menschen in der Zeit, auf seine Nöte und Fragen, aber vor Allem auch auf seine positiven Möglichkeiten war man ja jetzt nur zu aufmerksam geworden. Und so war es die aktuelle Beziehung Gottes zur dauernden Zeit als solche, seine Gegenwart und sein Regiment in der Welt und in der Seele und im religiösen Erlebnis des Einzelnen, was jetzt in den Mittelpunkt auch des Verständnisses seiner Ewigkeit trat. Gottes Vorzeitlichkeit? Sie und Alles, was dahin gehört, geriet jetzt geradezu in den Verdacht, müßige Spekulation ohne eigentlichen Gegenstand und jedenfalls ohne praktische Bedeutung zu sein. Und auch wo man so nicht urteilte, wurde es zu einem rasch und etwas unwirsch zu erledigenden Vordersatz zu dem jetzt allein ganz ernst genommenen Satz über die Mitte, über die uns auch in der Zeit gegenwärtige Ewigkeit. Gottes Nachzeitlichkeit? Die Reformation und noch die Orthodoxie hatten das Herz nicht bei dieser Sache gehabt und die Folgezeit konnte das noch weniger haben. Und so blieb die Eschatologie, das εἰς αὐτόν in dem Nachsatz, in welchem es gewesen war. Alles sollte jetzt δι' αὐτοῦ und nur δι' αὐτοῦ sein. «Ewig sein in einem Augenblick» (so S c h l e i e r m a c h e r, 2. Rede am Schluß) darin schien sich jetzt eine Zeitlang zusammendrängen zu wollen, was man über den ewigen Gott als solchen zu sagen hatte, und eben das sagte man ja bezeichnenderweise nicht von ihm, sondern vom frommen Menschen. Und so wurde jetzt auch die gnostische Lehre von der Ewigkeit der Schöpfung und des Weltbestandes, von ihrem Koexistieren mit dem ewigen Gott wieder die Ansicht weiter theologischer Kreise. Der Begriff der Ewigkeit hatte in wahrhaft bedrängender Weise — ungleich viel bedrängender als im 16. Jahrhundert! — an Tiefe, an Perspektive verloren und schließlich eine Punktualität bekommen, in der die Behauptung von der Leugnung seines Inhalts kaum oder gar nicht mehr zu unterscheiden war. Er war — gerade hier kann man studieren, was für Folgen jede Einseitigkeit in dieser Sache haben kann — schließlich zu einem bloßen Ausrufzeichen geworden, dem jeder eigene positive Gehalt abging und das schließlich ebensogut wie zu dem Wort «Gott» zu jedem einen beliebigen anderen Höchstwert bezeichnenden Wort, zu allerletzt bekanntlich auch zu dem Wort «Deutschland» gesetzt werden konnte. Mit solchen Bevorzugungen und Benachteiligungen im Bereich der christlichen Wahrheit pflegt unvermeidlich deren Säkularisation im Ganzen zu beginnen.

Am Ende des 19. und am Anfang des 20. Jahrhunderts ist es dann endlich zu einer Reaktion — man muß leider sofort sagen: wieder zu einer einseitigen Reaktion — nach der bis jetzt vernachlässigten dritten Seite gekommen. Die Eschatologie, und also die N a c h z e i t l i c h k e i t Gottes wurde wiederentdeckt, nachdem sie während Jahrhunderten nur das Interesse gewisser Sekten und gewisser kirchlichtheologischer Einzelgänger, wie etwa eines J o h. A. B e n g e l, gefunden hatte. Der eine Brennpunkt dieser Entdeckungsbewegung war die Reichsgottesbotschaft des älteren und des jüngeren Blumhardt, der andere die Wendung der wissenschaftlichen Exegese besonders des Neuen Testamentes zu einer zeit- und religionsgeschichtlichen Exaktheit, wie man sie vorher nicht gekannt hatte und in der man sich jetzt, ob man an dem eigenen optimistischen Zeitbegriff festhalten wollte oder nicht — nicht mehr erlauben konnte, zu übersehen und zu leugnen, daß Jesus und die Apostel nun einmal einen anderen, nämlich einen durch den unmittelbaren Blick auf den kommenden neuen Aeon bestimmten Zeitbegriff gehabt haben. —

Es ist bemerkenswert, daß der Gegner, dem gegenüber die Nachzeitlichkeit Gottes gerade von den beiden B l u m h a r d t und von ihrem wichtigsten theologischen Sprecher F r. Z ü n d e l geltend gemacht wurde, gar nicht etwa der Kulturoptimismus des liberalen Protestantismus gewesen ist. Sondern es war das p o s i t i v kirchliche Christentum der Neuzeit besonders in seiner pietistischen Bestimmtheit, dem diese Männer vorgeworfen haben, daß ihm der Hoffnungscharakter, wie er für die neutestamentliche Botschaft und den neutestamentlichen Glauben bezeichnend sei, verloren gegangen, daß in ihm der Trost und auch die Unruhe des Wartens auf das die ganze Welt und das Leben in allen seinen Tiefen zurechtbringende Reich Gottes zu einer bloß individuell seelischen Jenseitshoffnung entartet sei. So haben sie gerade die fromme Welt mit ihrem scheinbar so entschiedenen Christusglauben zur Umkehr, zum Glauben an den lebendigen, den wiederkommenden und alles neu machenden Christus aufgerufen. So haben sie das Gebet «Dein Reich komme!» und «Amen, ja komm, Herr Jesu!» und damit die nachzeitliche Ewigkeit im Kampf gerade gegen die ernsthaftesten Vertreter der nachreformatorischen anthropozentrischen Christlichkeit in die Mitte gerückt. Der jüngere Blumhardt, H. Kutter und besonders L. Ragaz haben diesem «Kampf um das Reich Gottes» dann damit eine besonders überraschende Wendung gegeben, daß sie in ausdrücklicher Bejahung auf die Eschatologie und Hoffnung der sozialistischen Arbeiterbewegung hingewiesen und diese der Kirche, der Theologie und der Christenheit entgegengehalten haben als die für unsere Zeit repräsentative Verwirklichung jenes Glaubens, den Jesus in Israel nicht gefunden. Diese Wendung war doch so unerhört nicht, wie sie auf den ersten Blick erscheinen konnte. Sie war schon beim älteren Blumhardt insofern vorbereitet, als doch schon bei ihm der Nachdruck seiner Hoffnungsverkündigung, genau genommen, weniger auf der Wiederkunft Christi und dem Kommen des Reiches als solchem, als auf der diesem eigentlichen Ende und Neuanfang vorangehenden neuen Geistesausgießung, auf einer Wiederkehr der das nahe Reich Gottes in der Zeit ankündigenden apostolischen Kraftwirkungen und Wundertaten gelegen hatte. Es war nicht abzusehen, warum diese grundsätzlich nicht auch in einer weltlichen Bewegung wie dem Sozialismus gesehen werden durfte. Wenn nun diese Wendung zu einer innerzeitlichen Hoffnung als solche die Problematik der neugemachten Entdeckung aufzeigte, so geschah dies noch mehr dadurch, daß (ebenfalls unter den Anregungen der beiden Blumhardt) H. Lhotzky und besonders Joh. Müller nun doch alsbald in der Lage waren, die ganze Dynamik der in Bad Boll verkündigten Hoffnungsgedanken alsbald wieder in eine allgemeine Lebenslehre zurückzutransponieren, deren Akzent durchaus nicht in der Zukunft, sondern in der Gegenwart, und zwar gut neuprotestantisch in der Gegenwart der individuell persönlichen Existenz des Menschen lag und deren Ertrag schließlich nur ein Pietismus vermeintlich höherer Ordnung, nämlich ausgesprochen säkularen Charakters sein konnte, dem mit dem Ausblick auf ein reales Nachher hinter aller Zeit, auf den wirklich kommenden Christus auch die Realität des von daher in die Menschenwelt hereinbrechenden Trostes und Angriffs wieder verloren gegangen ist: so sehr verloren, daß Joh. Müller schließlich in den Sümpfen des «deutschen Christentums» von 1933 ein unrühmliches Ende finden mußte.

Unter dem Eindruck des ersten Weltkrieges und der in ihm Ereignis gewordenen Kompromittierung sowohl der Träger der sozialistischen Zukunftserwartung, als auch derer der eben noch einmal erneuerten uneschatologischen Innerlichkeit «persönlichen Lebens» haben dann Viele von uns versucht, dort noch einmal anzuknüpfen, von wo wir den älteren Blumhardt hatten ausgehen sehen. Indem wir weder zu dem alten noch mit Joh. Müller und Anderen zu einem modernen säkularisierten Pietismus zurückkehren wollten, indem wir in der Lehre Schleiermachers den theologischen Herd eines weder mit der Bibel noch mit dem Aspekt der wirklichen Welt vereinbaren Gegenwartschristentums entdeckt zu haben und bekämpfen zu sollen meinten, mußten wir auch die von dem jüngeren Blumhardt, von Kutter und Ragaz vollzogene Zusammenschau der christlichen Reichsgotteserwartung und der sozialistischen Zukunftserwartung — das, was bei jenen Männern leicht als Identifikation ver-

3. Gottes Ewigkeit und Herrlichkeit

standen werden konnte und tatsächlich als solche verstanden worden war — hinter uns zurücklassen und über alle innerzeitlichen Erwartungen, die individuellen wie die kulturell politischen hinaus, hinaus auch über das, was uns auch bei dem älteren Blumhardt als Vordergrundsaspekt erscheinen mußte — vorstoßen zu der Anschauung von einer reinen und absoluten Zukünftigkeit Gottes und Jesu Christi als der Grenze und Erfüllung aller Zeit. Es lag an der ganzen äußeren und inneren Situation jener Jahre, daß das nun verstandene richtende göttliche Nein gegenüber aller Gegenwart, aber auch gegenüber aller künftig möglichen und versuchten Entwicklung von Frömmigkeit und Kultur lauter ausgesprochen werden und jedenfalls deutlicher gehört werden mußte als das gnädige Ja, das wir jetzt vom Ende — dem wirklichen Ende — aller Dinge her eigentlich zu hören vermeinten und eigentlich zur Aussprache bringen wollten. Die Sache konnte in der gegensätzlichen F o r m , in der sie zunächst vorgebracht wurde, nicht mit Unrecht mit der seelischen Erschütterung des europäischen Menschen eben durch den Weltkrieg in Zusammenhang gebracht und als Ausdruck des Geistes dieser Zeit von den Einen stürmisch begrüßt und von den Anderen, die für diesen Geist weniger offen waren, als «Nachkriegserscheinung» ebenso kräftig abgelehnt werden. Dieser Eindruck war weiter nicht schlimm und konnte mit der Zeit korrigiert werden. Gefährlich war das S a c h l i c h e selbst: daß wir, gerade indem wir konsequenter waren und reinlicher vorgingen als unsere Vorgänger, immerhin im vollen Zug waren, die Ewigkeit Gottes nun ebenso systematisch auf den Nenner der Nachzeitlichkeit, einer ewigen Zukunft zu bringen, wie die Reformatoren ihn auf den der Vorzeitlichkeit und wie ihn die Neuprotestanten auf den der Überzeitlichkeit gebracht hatten. Indem wir uns von jenen früheren Einseitigkeiten und besonders von der des pietistischen und liberalen Neuprotestantismus frei machen wollten — frei auch von den unbefriedigenden Korrekturen, mit denen ihn unsere Vorgänger zu überwinden versucht hatten, kamen wir auf den besten Weg, uns selber einer neuen Einseitigkeit schuldig zu machen und damit eine relativ berechtigte, aber nun im Blick aufs Ganze doch wieder mißliche Reaktion, allerlei Protest und Widerstand auch gegen das Berechtigte unseres Anliegens auf den Plan zu rufen. Ich habe damals in Auslegung von Röm. 8, 24 folgende Sätze gewagt: «Sichtbare Hoffnung ist nicht Hoffnung. Direkte Mitteilung von Gott ist keine Mitteilung von G o t t . Christentum, das nicht ganz und gar und restlos Eschatologie ist, hat mit C h r i s t u s ganz und gar und restlos nichts zu tun. Geist, der nicht in jedem Augenblick der Zeit aufs neue Leben aus dem Tode ist, ist auf alle Fälle nicht der H e i l i g e Geist. ‚Denn was sichtbar ist, das ist zeitlich' (2. Kor. 4, 18). Was nicht Hoffnung ist, das ist Klotz, Block, Fessel, schwer und eckig, wie das Wort ‚Wirklichkeit'. Es befreit nicht, sondern es nimmt gefangen. Es ist nicht Gnade, sondern Gericht und Verderben. Es ist nicht göttliche Führung, sondern Schicksal. Es ist nicht Gott, sondern ein Spiegelbild des unerlösten Menschen. Und wenn es noch so stattlicher Aufbau sozialen Fortschritts und wenn es eine noch so ansehnliche Blase christlicher Erlöstheit wäre! Erlösung ist das Unanschauliche, Unzugängliche, Unmögliche, das als H o f f n u n g uns begegnet. Können wir etwas Anderes, Besseres sein wollen als Hoffende oder etwas Anderes d a n e b e n ?» *Well roared, lion!* Nichts ist schlechthin falsch in diesen gewagten Sätzen. Ich denke noch jetzt, daß ich damit zehnmal recht hatte gegenüber denen, gegen die sie sich damals richteten und die sich damals dagegen auflehnten. Wer die Sprache, die damals von Frommen und Weltkindern und besonders von den frommen Weltkindern, und besonders von den damals Modernsten unter diesen geführt wurde, noch in den Ohren hat, der wird zugeben müssen, daß es damals nötig war, so zu reden. Gewagt (im Sinn von bedenklich) waren meine damaligen Sätze nicht wegen ihres Inhalts, sondern weil ihnen, um sie zu legitimer Bibelauslegung zu machen, keine anderen in gleicher Ausdrücklichkeit und Schärfe kompensierend und damit erst ihre Totalität bestätigend, gegenüberstanden. Man muß gerade das Evangelium nicht allzu gut verstehen wollen, sonst versteht man es auf einmal gar nicht mehr. Und man darf bei seiner Auslegung Anderen gegenüber nicht allzusehr recht haben wollen, sonst bekommt man auf einmal unrecht. Wir hatten damals über die reformatorische Vorzeitlichkeit und doch auch über die von den Neuprotestanten aller Schattierungen so verzerrt in den Mittelpunkt gestellte Überzeitlichkeit Gottes noch zu wenig nachgedacht. Wir hatten deshalb den Begriff der Ewigkeit in seiner biblischen Vollständigkeit noch nicht zu Gesicht bekommen. So kam es, daß wir nun doch auch von der Nachzeitlichkeit Gottes nicht so zu reden wußten, daß es deutlich wurde, was wir eigentlich meinten: daß wir von Gott und nicht etwa von dem allgemeinen Begriff der Grenze und der Krisis reden wollten. Daß wir darin unserer Sache nicht sicher waren, zeigte sich merkwürdigerweise gerade an solchen Stellen meiner Auslegung, wo ich nun positiv von der göttlichen Zukunft und von der Hoffnung als solcher zu reden hatte. Es zeigte sich darin, daß ich nun wohl mit der Jenseitigkeit des kommenden Reiches Gottes, aber gerade nicht mit seinem Kommen als solchem ganzen Ernst zu machen mich getraute, daß ich eine Stelle wie Röm. 13, 11 f. («Die Stunde ist da, vom Schlaf zu erwachen, denn jetzt ist unsere Errettung näher als damals, als wir gläubig wurden. Die Nacht rückte vor, der Tag aber ist nahe herbeigekommen») nun doch und trotz aller Kautelen dahin deutete, als sei da nur von dem Augenblick zu reden, der als der ewige, als der «transzendentale Sinn» aller zeitlichen Augenblicke diesen gegenübersteht. Es sei die Spannung zwischen dem «Damals» unseres Gläubigwerdens und dem «Jetzt» der «störenden Erinnerung», eines neuen Gedenkens an die Parusie Christi doch nur eine immer bestehende Spannung, die mit der Spannung zweier Zeitpunkte und der Zeit der Kirchengeschichte nichts zu tun habe. Es sei die «letzte» Stunde, die Zeit der Ewigkeit gar keine der Zeit folgende Stunde, sondern in jedem zeitlichen Augenblick stünden wir vor der Grenze aller Zeit, an der Grenze der «qualifizierten Zeit». Zur Erinnerung an diese Situation, zum Bewußtsein um ihre Eigenart, hätten wir zu erwachen, statt entweder auf irgend ein Finale zu warten oder uns «mit der geradezu frivolen ‚Frömmigkeit' der unentwegten Kulturprotestanten des Ausbleibens dieses Finale zu getrösten». Wir hätten jenen Augenblick gerade darin als «ewig» und so als metaphysisch ethische Qualifikation unserer zeitlichen Augenblicke zu erkennen, daß er seinem Wesen nach nie «eingetreten» ist und auch nie «eintreten» wird. Man sieht, daß ich da Dinge sagte, die zum rechten Verständnis von Röm. 13, 11 f. am Rande gewiß auch gesagt werden konnten und sogar mußten. Man sieht aber auch, wie ich dabei gerade an dem Besonderen dieser Stelle, nämlich an der Teleologie, die sie der Zeit zuschreibt, an ihrem Ablauf zu einem wirklichen Ende hin, mit viel Kunst und Beredsamkeit vorbeigegangen bin. Und man sieht vor Allem mit Erstaunen, daß in meiner Auslegung ausgerechnet das einseitig überzeitliche Verständnis Gottes, das zu bekämpfen ich ausgezogen war, als allein greifbares Ergebnis auf dem Plane blieb. Gerade hier konnte man mir, wie denn auch geschehen ist, in freundlicher oder feindlicher Absicht entgegenhalten, daß zwar der Optimismus des neuprotestantischen Zeitbegriffs gründlich gestört, dieser selbst aber durch die ihm widerfahrene Radikalisierung eigentlich nur aufs neue bestätigt worden sei. Gerade hier konnte P. Tillich mit seiner Kairosphilosophie und konnte später R. Bultmann mit seiner existentialphilosophischen Reduktion der neutestamentlichen Anthropologie der Meinung sein, mich als den Ihrigen begrüßen zu dürfen. Und gerade hier konnte man sich zwar darüber freuen, daß die gewisse Naivetät, in der die christliche Hoffnung bei den beiden Blumhardt und ihren nächsten Nachfolgern in innerzeitliche Erwartungen transponiert worden war, überwunden schien, konnte man aber auch darüber trauern, daß der Schwung, den diese Hoffnung gerade in ihrer Beziehung auf die Zeit in das zeitlich christliche Denken und Leben hereingebracht hatte, wieder bedroht war und zu einer Anregung, radikal, aber auch ohne konkrete Hoffnung und Bewegung in ein absolutes Jenseits der Zeit zu blicken, zu verkümmern drohte. Es hat viel gebraucht, diese nicht unverschuldeten Mißverständnisse, bezw. das Selbstmißverständnis, auf dem manche unserer Äußerungen aus jenen Jahren beruhten, im Lauf der Zeit richtig zu stellen, die Theologie aus dem Engpaß des Verdachtes, als ob sie wirklich nur «Theologie der Krisis» sei, wieder herauszusteuern. «Theologie der Krisis» konnte und durfte sie in der Tat nicht länger als einen Augenblick sein. Und daß sie es nur einen Augenblick lang sein konnte, das zeigt, daß schon die grundsätzliche, die eschatologische Wendung als solche, auf die sie zurückging, als Reaktion zu stark, d. h. zu willkürlich und eigenmächtig gewesen war. War es nötig und recht, dem Immanentismus der vorangegangenen Zeit gegenüber der Zukünftigkeit Gottes mit neuem Ernst zu gedenken, so war es doch nicht nötig und recht, dies in der Weise zu tun, daß man der ganzen christlichen Lehre ebenso diese eine Spitze gab, wie die vorangegangene ihr die alleinige Spitze in der vermeintlichen Erkenntnis der Gegenwart Gottes hatte geben wollen. Man sollte solche interessante Zuspitzungen in der Theologie überhaupt unterlassen, wenn man nicht so oder so unter die Herrschaft von Zwangsvorstellungen kommen will, an denen man sich und mit denen man Andere auf eine Weile erfreuen kann und deren man dann doch früher oder später müde werden muß, weil, was nur interessant ist, auf die Länge notwendig ins Langweilige umschlagen muß. Die Lehre vom lebendigen Gott erträgt nun einmal keine solchen Zuspitzungen. So hatte es seinen tiefen Grund, daß bei den älteren und jüngeren Vertretern gerade dieser eschatologisch-theologischen Bewegung der letzten Neuzeit so viele Zwangsvorstellungen tatsächlich mitgelaufen sind, deren man, nachdem sie eine Weile gewirkt, müde werden, die man, um am Leben zu bleiben, eine nach der andern wieder abstreifen mußte.

Dasselbe wird womöglich noch deutlicher, wenn man auf den Ursprung derselben Bewegung in der Geschichte der neutestamentlichen Exegese achtet. Hier hatte in der zweiten Hälfte des 19. Jahrhunderts zuerst Fr. Overbeck im Widerspruch zu der Tradition der Tübinger Schule, aus der er herkam und im Widerspruch zu der damals modernen Ritschl'schen Schule (insbes. zu A. v. Harnack) die These von der Endbezogenheit des ganzen Urchristentums aufgestellt und verteidigt. Sie ist dann beim Aufkommen der religionsgeschichtlichen Richtung bes. von Joh. Weiß (Die Predigt Jesu vom Reiche Gottes 1892) aufgenommen und schließlich von Alb. Schweitzer (Von Reimarus zu Wrede 1906) im besonderen Blick auf die angeblich nicht erfüllten Worte Jesu von der unmittelbaren Nähe seiner Wiederkunft zu einer Theorie ausgebaut worden, nach der die neutestamentliche Botschaft und der neutestamentliche Glaube abgesehen von der (nicht in Erfüllung gegangenen und also irrigen) Hoffnung auf Jesu Wiederkunft und auf die Aufrichtung des Reiches Gottes auf Erden überhaupt kein ernstlich bewegendes Element gehabt hätte, was dann von einigen seiner Schüler (wie seinerzeit schon von Overbeck) dahin verstanden worden ist, daß sie von uns in ihrer historisch entscheidenden Gestalt nur fallen gelassen werden könnten und was jedenfalls Schweitzer selbst dazu veranlaßt hat, seiner positiven Lehre die Gestalt einer kulturphilosophischen Ethik zu geben, in der das Evangelium gerade nur noch in Gestalt der (mit allerlei östlicher Weisheit identischen) Lehre weiter lebt, daß die Gestalt dieser Welt vergänglich ist, daß unser Teil also nur das tätige Mitleid mit ihrem nicht zu beseitigenden Jammer sein kann. Die Säkularisierung ist auch hier der Systematisierung, das Langweilige ist auch hier dem allzu Interessanten auf dem Fuß gefolgt! Man möchte die Deszendenten von Albert Schweitzer wohl darauf aufmerksam machen können, daß es in der Exegese nicht anders ist als in der Dogmatik: Wer in der Theologie am Leben bleiben will, kann mit einer einzelnen Einsicht, wie richtig und wichtig sie als solche immer sein möge, nun einmal nicht durchkommen. Es war gewiß höchste Zeit, daß auch die historische Erforschung des Neuen Testamentes sich zu der Erkenntnis durchgerungen hat, wie sehr dessen Botschaft und dessen Glaube von der Erwartung der Wiederkunft Christi und des Endes aller Dinge bestimmt und durchdrungen war. Und diese Erwartung ist in der Tat nicht genau verstanden, wenn nicht gesehen wird, daß sie nicht mit langen Zeiträumen gerechnet hat, sondern daß sie Naherwartung gewesen ist. Das Auslegungsproblem, das damit gestellt ist, liegt auf der Hand. Aber wenn die Lösung dieses Problems durch die massive Feststellung, daß diese Naherwartung als solche «nicht in Erfüllung gegangen sei», nun doch allzu sehr auf der Hand liegen dürfte, um zwingend zu sein, so war und ist es auf alle Fälle auch auf dem Feld der neutestamentlichen Exegese nicht weise, diese Erkenntnis, dieses Problem und diese Lösung des Problems als eine Art Aladinsches Zauberwort zu behandeln, dem sich nun gleich alle Türen zu allen Geheimnissen öffnen sollen und also durch alle Jahrzehnte hindurch nur noch dieses Eine wissen und in pathetischer Monotonie sagen zu wollen: daß das Urchristentum in der Naherwartung der Wiederkunft gelebt habe, daß diese nicht eingetroffen sei, daß damit alle seine übrigen Aussagen gänzlich alteriert worden seien und daß uns als ihr bleibender Gehalt die Mystik der «Ehrfurcht vor dem Leben» und sonst nichts übrig bleibe. So darf man, wenn man sich selbst nicht mit Sterilität strafen will, auch wenn man seiner Sache noch so sicher zu sein meint, in einer einzelnen Einsicht auf keinen Fall stecken bleiben. Mußte die eschatologische Deutung des Neuen Testamentes und des Christentums überhaupt nach jahrhundertlanger Vernachlässigung dieser Seite der Wahrheit der Ewigkeit Gottes notwendig ihren Raum bekommen, so durfte doch das Unglück nicht geschehen, so darf es jedenfalls bei dem Unglück nicht bleiben: daß von hier aus in der gleichen Weise systematisiert wurde, daß aus der Nachzeitlichkeit Gottes nun in der gleichen Weise ein Prinzip, um nicht zu sagen, ein Götze gemacht wurde, wie dies in der vorangehenden Periode mit der Überzeitlichkeit und im Reformationsjahrhundert bis zu einem gewissen Grade mit der Vorzeitlichkeit Gottes geschehen ist. Kam man — wie es offensichtlich sowohl in der von den beiden Blumhardt ausgehenden Bewegung als auch auf dem Feld der rein historischen Exegese des Neuen Testamentes der Fall gewesen ist — in die Versuchung und Gefahr, vor lauter Eschatologie nun doch wieder in ganz uneschatologisch liberale (z. T. geradezu trivial-liberale) Gedankengänge zu geraten, dann mußte diese Gefahr ein Warnungssignal sein: die Aufforderung zu der Einsicht, daß nun doch auch die Nachzeitlichkeit Gottes (neutestamentlich: die Wiederkunfts- und Enderwartung) in einer Klammer, in einem größeren Zusammenhang steht, vielmehr: daß sie wohl die ganze Wahrheit Gottes ist, aber eben als solche gänzlich ungeeignet dazu, von uns wie ein Instrument oder wie eine Waffe ergriffen und gehandhabt zu werden, weil sie vielmehr uns ergreifen und handhaben will, sich dann aber sofort in ihrer Eigenart als mächtiger erweist, als daß wir sie auf diese Eigenart gewissermaßen festlegen, als daß wir die innere Bewegung ihrer Eigenart verkennen könnten, als daß wir dieser Bewegung nicht vielmehr folgen müßten.

Es war darum ein großes Glück, daß es wenigstens teilweise gelungen ist, die von Blumhardt und doch auch von der neutestamentlichen Exegese ausgehende eschatologische Erweckung noch früh genug mit einer neuen Besinnung auf die Theologie Luthers und Calvins zu verbinden und also, der notwendigen Erkenntnis der Nachzeitlichkeit Gottes unbeschadet, auch seine Vorzeitlichkeit — die im 18. und 19. Jahrhundert ja ebenso vernachlässigt war wie jene — wieder zu Gesicht zu bekommen. Alles kommt darauf an, daß es nun zu keiner neuen Konkurrenz dieser Begriffe kommt. In der Wahrheit Gottes gibt es wohl jene bewegte Eigenart, aber darum keine Konkurrenz und in ihrer Auslegung und Verkündigung darum keine Erlaubnis zum Steckenpferdreiten. Alles kommt für die Herstellung und Erhaltung gesunder Lehre in der Kirche darauf an, daß weder die Nachzeitlichkeit Gottes zum Inhalt eines bloßen Nachsatzes noch die Vorzeitlichkeit Gottes zum Inhalt eines bloßen Vordersatzes wird und daß darüber hinaus auch das historisch verständliche Ressentiment gegen die in der zurückliegenden Periode mißbrauchte Wahrheit der Überzeitlichkeit Gottes das Wort nicht behalte, daß wir auch in dieser Hinsicht aufgeschlossen bleiben oder wieder werden und also erkennen und sagen, was hier tatsächlich zu erkennen und zu sagen ist, auch wenn man sich dabei scheinbar in gefährliche Nähe zu gewissen Lieblingssätzen des 18. und 19. Jahrhunderts begibt. Man überwindet auch die Irrtümer dieser Jahrhunderte nicht, indem man das auch ihnen zugrunde liegende Wahrheitsmoment unterdrückt, sondern nur indem man es in seinem Zusammenhang, aus dem es nicht gelöst werden darf, sieht und zur Geltung bringt. In diesem Zusammenhang mußte in der letzten Zeit z. B. über die Beziehung zwischen Kirche und Staat deutlicher und positiver geredet werden, als es in dem notwendigen Gegensatz zu den neuprotestantischen Einseitigkeiten und Vernachlässigungen lange Zeit möglich war. In diesem Zusammenhang wird aber das Leben des Menschen in der Zeit mit seinen verschiedenen Verantwortlichkeiten überhaupt noch ganz anders als bisher eben in das Licht der wahren Überzeitlichkeit Gottes gerückt werden müssen. Daß wir uns ihrer zu schämen hätten und daß wir also jene Verantwortlichkeiten leicht nehmen oder ängstlich fliehen dürften, davon kann ja keine Rede sein. Wie sollten wir schon? Sind wir nicht gerade auf dieser zweiten mittleren Stufe auf die eigentliche, die christologische Begründung des Begriffs der Ewigkeit gestoßen? Haben wir nicht gerade die Überzeitlichkeit Gottes als die besondere Gestalt der Offenbarung seiner Ewigkeit verstehen müssen? Wenn wir über dem, der da ist, den, der da war und sein wird, nicht wieder vergessen dürfen, wenn wir den Menschen in der Zeit gewiß nur dann richtig verstehen, wenn wir seine Zeit und in der Zeit ihn selbst eingeschlossen sehen von der Ewigkeit vor ihm und nach ihm, so dürfen wir doch auch das nicht vergessen, müssen wir vielleicht gerade das wieder ganz neu lernen: daß eben der, der da war und sein wird, auch der ist, der über und in der Zeit selber ist, dem wir auch solange die Zeit währt, nicht entzogen sind, als wäre er nur am Anfang oder nur am Ende. Er ist der, durch dessen Gegenwart wir auch in der uns gelassenen Mitte getröstet sind und dem wir auch in dieser unserer Mitte im Großen und Kleinen standhalten müssen. Gott unterscheidet sich in seiner Überzeitlichkeit dadurch von einem bloßen Inbegriff oder Prinzip der Zeit, daß er auch vorzeitlich und auch nachzeitlich ist, daß er also nicht wie ein solches Prinzip an unsere Zeit gebunden ist, daß diese vielmehr in seinen Händen und zu seiner Verfügung ist. Eben daran hängt es also gerade, daß die Zeit selbst nicht leer und doch nicht von uns willkürlich zu füllen, sondern vom Anfang wie vom Ende her gefüllt ist und so sinnvoll ist durch die reale und so tröstliche und gebieterische Gegenwart Gottes. Wird uns also in Zukunft die Ethik ganz neu zum Problem werden müssen, dann kann das nicht bedeuten, daß irgend etwas von den bisher gewonnenen Einsichten fallen gelassen, daß die Trinitäts- und Prädestinationslehre auf der einen und die Eschatologie auf der anderen Seite mit all den von daher zu beachtenden Korrekturen und Warnungen nun wieder gleichgültig werden oder gar abgelehnt werden dürften. Sondern gerade von diesem Hintergrund her, gerade weil die Zeit einen Anfang und ein Ende hat, gerade weil der gegenwärtige Gott auch der ist, der vor der Zeit war und nach der Zeit sein wird, gerade darum muß uns die Ethik zum Problem werden. Und wohlverstanden: nur von daher kann und wird das auch geschehen, so gewiß die Ethik eben daran hängt, daß sie das Gebot des überzeitlichen Gottes verkündigt und so gewiß nur der der überzeitliche Gott ist, der auch vorzeitlich, der auch nachzeitlich, der an keine Zeit gebunden und so der Herr aller Zeit ist.

Vorzeitlichkeit, Überzeitlichkeit und **Nachzeitlichkeit** sind in gleicher Weise **Gottes Ewigkeit** und also **der lebendige Gott selber.**

Non enim aliud anni Dei et aliud ipse Deus, sed anni Dei aeternitas Dei est (Augustin, *Enarr. in Ps.* 101, 2, 10).

Das ist das Letzte, was wir zum Begriff der Ewigkeit nun noch hervorzuheben haben. Sie ist wie jede Vollkommenheit Gottes der lebendige Gott selber. Nicht nur eine Eigenschaft, die er hätte. Nicht nur ein Raum, in dem er wohnte. Nicht nur eine Form des Seins, an der er Anteil hätte. Sodaß sie allenfalls auch anderen Wirklichkeiten zukommen könnte! Sodaß sie auch außer ihm, auch an sich etwas wäre und Bestand hätte! Nicht so, daß man auch nur einen Augenblick den Gedanken der Ewigkeit denken oder daß man ihn auch nur einen Augenblick anders denken könnte, als indem man den Gedanken **Gottes** denkt, indem man **ihn** erkennt und also (weil es ohne das kein Erkennen Gottes gibt) **ihm** glaubt und gehorcht, **ihn** wieder liebt, nachdem er uns zuerst geliebt hat. Die Ewigkeit ist der lebendige Gott selber und damit unterscheidet sich die christliche Ewigkeitserkenntnis grundsätzlich von aller religiösen und philosophischen Besinnung über die Zeit und über das, was vor der Zeit nach ihr sein möchte, von aller Äonenspekulation, von aller Mythologie vergangener, gegenwärtiger und zukünftiger Welten, ihres Wesens und ihrer Beziehungen zueinander. Die christliche Ewigkeitserkenntnis hat es direkt und ausschließlich mit **Gott selbst** zu tun: mit ihm als dem Anfang vor aller Zeit, mit ihm als der Wende in der Zeit, mit ihm als dem Ziel und Ende nach aller Zeit. Eben das macht sie ganz zum Geheimnis, aber auch ganz einfach. Wir haben letztlich weder punktuell noch linear, weder flächenhaft noch räumlich zu denken, wenn wir die Ewigkeit denken, sondern wir haben schlicht an **Gott selbst** zu denken, wir haben den Vater, den Sohn und den Heiligen Geist zu erkennen, zu loben und zu lieben. Damit und nur damit erkennen wir die Ewigkeit. Denn sie ist **sein** Wesen. Er, der lebendige Gott, ist die Ewigkeit. Es wird gut sein, gerade hier besonders zu betonen: der **lebendige** Gott. Gerade im Blick auf jene dreifache Gestalt der Ewigkeit wird das gut sein.

Die besprochenen Einseitigkeiten und Vernachlässigungen hinsichtlich dieser dreifachen Gestalt dürften damit zusammenhängen, daß man wohl je den Begriff eines Vorzeitlichen, Überzeitlichen oder Nachzeitlichen als solchen meinte herausheben und festhalten zu können und damit unwillkürlich so oder so einer Systematik und zuletzt irgend einer Säkularisierung verfiel, daß man aber vergaß, daß es unter allen diesen Begriffen in Wirklichkeit um den lebendigen Gott, um Gottes Person geht, die als solche nicht auf solche Begriffe festzulegen, nicht in solchen Begriffen zu erschöpfen ist. Wenn die Erkenntnis Gottes auch hier die Erkenntnis des persönlichen Gottes ist, dann ist auch die Einheit jener drei Gestalten gesichert. Die Forderung, daß sie in ihrem **Zusammenhang** erkannt werden müssen und nicht gegeneinander ausgespielt werden dürfen, das gerade heute notwendige theologische Programm einer **umfassenden** Besinnung auf Gottes wahre Ewigkeit wird dann

3. Gottes Ewigkeit und Herrlichkeit

möglich und ausführbar. Es wird dann möglich, die Ewigkeit in jeder jener drei Gestalten in ihrer Eigenart, aber eben in ihrer zu jeder anderen bezogenen Eigenart zu verstehen und also die törichte Vorstellung von einer Konkurrenz, die sich hier immer wieder einstellen möchte, zu vermeiden. Sie kann hier so wenig stattfinden, wie zwischen den drei Personen der Trinität, auf deren Verschiedenheit jene drei Gestalten ja auch in der Tat letztlich zurück gehen dürften. In Gott ist auch in dieser Hinsicht Unterschiedenheit und Friede. Wenn es durchaus nötig ist, ihn in seiner Unterschiedenheit zu erkennen, so ist doch schlechterdings nicht damit zu rechnen, daß wir dabei in wirkliche Widersprüche geraten könnten, weil alle Unterschiedenheit auch hier in der einen vollen Einheit Gottes und also ohne Widerspruch stattfindet.

Es wird gerade dann, wenn wir uns darüber klar sind, daß die Ewigkeit der lebendige Gott selber ist, nicht möglich sein, die Ewigkeit vor, über und nach der Zeit als ein einförmig graues Meer zu verstehen, die Unterschiede zwischen vorher, jetzt und nachher einzuebnen und des besonderen Charakters, den sie nun einmal gerade als Vorher, Jetzt und Nachher haben, zu entkleiden. Und es wird wiederum nicht möglich sein, dieses Vorher, Jetzt und Nachher mit der Problematik zu belasten, die nun einmal das Merkmal der Zeit im Unterschied zur Ewigkeit ist. Ewigkeit ist real Anfang, real Mitte, real Ende, weil sie real der lebendige Gott ist. In ihr ist also real eine **Richtung**, und zwar eine **unumkehrbare** Richtung. In ihr ist real Ursprung und Ziel und real ein Weg von dort nach hier. In ihr ist also gerade nicht Einförmigkeit. Ihre Gestalten sind nicht etwa zu vertauschen und zu verwechseln.

Ihre Symmetrie ist, so streng sie ist, gerade auf keine geometrische Formel zu bringen. Sowohl die Kugel, als auch der Punkt, mit denen man sie so oft hat vergleichen wollen, sind sehr schlechte Gleichnisse der Ewigkeit, weil ihnen die unumkehrbare Richtung abgeht, ohne die die Ewigkeit nicht die Ewigkeit Gottes wäre.

Gott **lebt** ewig. Darum gibt es in ihm jene Unterschiedenheiten, darum sind sie nicht zu verflüchtigen, darum sich nicht gegenseitig anzugleichen, darum kann die eine nicht zu ungunsten der anderen bevorzugt, die eine nicht zugunsten der anderen vernachlässigt werden. Darum ist Gott in gleicher Wahrheit real vorzeitlich, überzeitlich, nachzeitlich. Er ist aber, weil er Gott ist, das Alles in göttlicher Vollkommenheit: so also, daß sein **Vorher** kein «Noch nicht», sein **Nachher** kein «Nicht mehr» und erst recht seine **Gegenwart** keine Flüchtigkeit impliziert, so also, daß er in jeder seiner Unterschiedenheiten der Vollkommenheit auch der anderen teilhaftig ist. In Gottes Anfang ist nicht nur sein Ziel und Ende, sondern auch schon der ganze Weg dazu beschlossen. In Gottes Gegenwart geschieht mit jenem Anfangen auch sein Endigen. In Gottes Ende wirkt in ganzer Kraft sein Anfangen und ist seine Gegenwart nach wie vor Gegenwart. Man kann und muß hier wie in der Trinitätslehre selbst von einer Perichorese, einem Ineinandersein und Ineinanderwirken der drei Gestalten der Ewigkeit reden. **Gott** lebt ewig. Darum gibt es hier keine

Trennungen, keine Ferne, kein Entbehren. Darum ist hier gerade das echt Unterschiedene auch in seinem echten Zusammenhang zu sehen. Wir werden im weiteren Verlauf der Dogmatik öfters Anlaß haben, an Beides zu denken: an die **Unterschiedenheit** und an die **Einheit** in Gottes Ewigkeit. Das wäre die vollkommene theologische Rede: bei der uns Beides beständig als gleich real vor Augen stünde, in der Beides beständig gleich aktuell und ernstlich zum Ausdruck käme. So jedenfalls, in dieser Unterschiedenheit und Einheit ist Gott ewig und so der Schöpfer und Herr der Zeit, so der freie, der souveräne Gott.

Eben von da aus können und müssen wir nun unseren letzten Schritt tun mit dem Satz: Gott hat und ist **Herrlichkeit**. Denn eben damit ist Gott herrlich, daß er ewig ist, wie er eben damit allgegenwärtig ist, daß er Einer ist, wie er eben damit allmächtig ist, daß er beständig ist. Das wäre ein schlechter Begriff der Ewigkeit, der uns den Blick für Gottes Herrlichkeit verschlossen hätte, der uns jetzt nicht eben zum Ausblick auf Gottes Herrlichkeit nötigen würde. Wie Gottes Freiheit überhaupt immer schlecht verstanden würde, wenn wir nicht eben durch ihr Verständnis dazu gedrängt würden, die **Liebe** zu erkennen, die in ihr mächtig ist. Gott **dauert**; er ist vor, über und nach der Zeit und so ihr Schöpfer und Herr, so der freie, der souveräne Gott. Das war es, was wir als Sinn seiner Ewigkeit festgestellt haben. Aber eben diesen Sinn der Ewigkeit müssen wir nun umschreiben und auslegen, indem wir sagen: Gott dauert in **Herrlichkeit**. Ewig ist nicht sein Sein als solches, sein bloßes abstraktes Sein — ein solches hat er überhaupt nicht, sondern ewig ist sein Sein in Herrlichkeit. Denn eben jenes Spezifische in Gottes Ewigkeit: die Unterschiedenheit und die Einheit, in der er ewig ist, ist zugleich und als solches das Spezifische Gottes auch als der Gott der Herrlichkeit. Und so hat uns die Betrachtung seiner Freiheit ein weiteres und letztes Mal von selbst hinübergeführt zur Betrachtung seiner Liebe. Denn wenn die Herrlichkeit Gottes in besonderer Weise die Freiheit, die Majestät, die Überlegenheit Gottes bezeichnet und also zweifellos zu der in diesem § behandelten zweiten Reihe göttlicher Vollkommenheiten gehört, so ist doch gerade dieses letzte und höchste Freiheitsprädikat Gottes als solches nur zu verstehen, wenn die Freiheit Gottes selbst und als solche als seine Freiheit zu lieben verstanden wird.

Gottes **Herrlichkeit** ist nämlich — wir halten uns sofort an den biblischen Sprachgebrauch — die Gott eigene Würde und Berechtigung, sich als der, der er ist, nicht nur zu **behaupten**, sondern zu **beweisen** und **kundzutun**, sich selbst als den, der er ist, zu **bezeichnen** und

3. Gottes Ewigkeit und Herrlichkeit

gewissermaßen auffällig, unübersehbar zu machen: negativ, indem er sich von dem, was er nicht ist, unterscheidet — positiv, indem er sich selbst so oder so nennt, zeigt und betätigt. Weiter: seine Würde und Berechtigung, sich selbst Anerkennung zu verschaffen, sich selbst gewissermaßen zu imponieren, sodaß er nicht nur nicht übersehen, sondern auch nicht verkannt, auch nicht wieder vergessen, sodaß er auf alle Fälle nicht umgangen werden, sodaß die von ihm verschiedene Wirklichkeit auf alle Fälle nicht mehr ohne ihn sein kann. Die Herrlichkeit Gottes ist — so könnten wir rückblickend sagen — seine Kompetenz, als der Allgegenwärtige von seiner Allmacht Gebrauch zu machen, kraft seines immer gegenwärtigen Wissens und Wollens Herrschaft auszuüben. Aber wir müssen sofort noch mehr sagen: Gottes Herrlichkeit ist nicht nur das Recht, sondern auch die Kraft zu dem Allem, die Kraft seines göttlichen Seins zu einem Verhalten und Sichverhalten als Gott. Und sie ist wie dieses Recht und die Kraft so auch der faktische Vollzug all dessen. Sie ist zusammenfassend gesagt: Gott selber in der Wahrheit, in dem Vermögen, in dem Akte, in dem er sich als Gott kundgibt. Diese Wahrheit, dieses Vermögen, dieser Akt ist der Triumph, das Innerste seiner Freiheit. Und eben in diesem ihrem Innersten ist sie Freiheit zur Liebe. Denn eben in diesem Innersten, eben in seiner Herrlichkeit also, ist er der, der Gemeinschaft sucht und findet, schafft, erhält und regiert, ist er in sich selbst und damit dann auch zu dem, was außer ihm ist, Beziehung, der Grund und das Urbild aller Beziehung. Indem er herrlich ist, liebt er.

Der neutestamentliche Begriff δόξα, von dem wir hier auszugehen haben, gehört zu den vielen Anderen, die bei der Indienststellung der griechischen Sprache für die Verkündigung des Evangeliums von Jesus Christus einen entscheidenden und besonders auffällig sichtbaren Bedeutungswandel durchgemacht haben. Im Profangriechischen bezeichnet δόξα die Meinung, die Jemand hat und allenfalls die Meinung, die man von ihm hat, den Ruf, in dem er steht, den Ruhm, den er genießt. Im Neuen Testament ist jene erste Bedeutung völlig verschwunden und an die Stelle der zweiten tritt objektiv: die Ehre, die Jemand in sich selber hat und die ihm darum gebührt, die Geltung, die er besitzt und darin genießt, die Pracht, die er entfaltet, weil sie ihm gehört, der Glanz, der von ihm ausgeht, weil er eben glänzend ist. In diesem Sinn wird im Neuen Testament von Gottes Herrlichkeit oder von der Jesu Christi oder auch von der uns selbst zukommenden Herrlichkeit geredet. Er bezeichnet ein sich selbst legitim, kräftig und faktisch erweisendes, äußerndes und kundgebendes Wesen, ein Wesen, dessen Selbstoffenbarung keinem Zweifel, keinem Einwand, keinem Vorbehalt unterliegen kann. Herrlich ist das Wesen, das sich selbst so Anerkennung verschafft, daß keine Rückfrage nötig und möglich ist, eine solche Anerkennung, die nur darin bestehen kann, daß der Anerkennende feststellt, daß er sie schon vollzogen hat, weil er sie gar nicht nicht vollziehen konnte. «Dein» oder «Sein» ist die Herrlichkeit! betet die neutestamentliche Gemeinde. Denn wie die δόξα, von der sie redet, in sich keine bloße Meinung, Behauptung oder Hypothese ist, so kann sie auch nicht Gegenstand von bloßen Meinungen, auch nicht von bloßen Wünschen oder Titulaturen, sondern eben nur Gegenstand einer solchen Seinsaussage sein. Das hat sprachlich seinen Grund zunächst in der durchlaufenden Begründung des Neuen auf das Alte Testament. Schon dort ist *kabod* die Bezeichnung für das, was das Gewicht und die Würde eines Wesens ausmacht und was ihm darum und so, weil es ihm eigen ist (wie etwa Reichtum), Ansehen und Ehre gibt. *Kabod* ist die innere, die wesentliche, die objektive Mächtigkeit, die Jemand hat und die sich als solche in der Wucht seiner Erscheinung und seines Wirkens, in dem Eindruck, den er auf Andere macht, auswirkt. *Kabod* ist Licht: als Quelle und als Glanz. In diesem Sinn wird Jahve *kabod* zugeschrieben, wird Jahves Wesen, Gegenwart und Wirksamkeit in den Farben der Beschreibung natürlicher Lichtelemente: des Blitzes, der Sonne, des Feuers dargestellt und in diesen Naturerscheinungen wiedererkannt. Die Herrlichkeit oder die Ehre Gottes ist die Geltung, die Gott sich durch sich selbst verschafft im Gegensatz zu dem, was er nicht ist, in Offenbarung seiner selbst, wie eben das Licht keines Anderen als seiner selbst bedarf, um hell zu sein und Helligkeit zu verbreiten im Gegensatz zu allem Dunkel des Himmels und der Erde: einfach indem es inmitten dieses Dunkels nicht selbst Dunkel, sondern Licht ist. So ist Gott herrlich. So kommt Herrlichkeit gerade ihm und im eigentlichen und wahren Sinn nur ihm zu. Gott allein ist Licht in diesem Sinn. Alles andere Licht und auch alle andere Herrlichkeit (alle Herrlichkeit des Menschen insbesondere) kann ihn nur abbilden, sie kann nur solche Herrlichkeit sein, die ihren Trägern an sich nicht zukommt, die ihnen geschenkt ist, die ihnen aber auch wieder genommen werden kann. Indem Herrlichkeit Gott und so nur Gott zukommt, ist sie der Inbegriff seiner Gegenwart in Israel, ist sie selbst Gott in seinem Handeln als Israels (nicht von Israel erwählter, aber Israel erwählender) König, Führer, Regent und Heiland, darum wohnend auf dem Sinai, in der Wolke, die vor dem Volk hergeht, in der Stiftshütte, in der Lade, im Tempel, im heiligen Lande. Das ganze Land ist nach Jes. 6, 3 voll von der Herrlichkeit des Herrn. Und daß es das nach Ps. 72, 19 erst werden soll, steht damit nicht im Widerspruch. Denn daß Gottes Herrlichkeit sich offenbare (Jes. 40, 5), das ist immer ebenso Zukunft, wie ihre Wahrheit, Kraft und Aktion schon Gegenwart ist. Man kann schon aus diesem alttestamentlichen Gebrauch des Begriffs lernen, wie schlechterdings töricht es ist, die Ehre Gottes auch nur von ferne mit einer Art göttlicher Eitelkeit und Selbstsucht in Verbindung zu bringen und sie so mit seiner Gnade und Barmherzigkeit, mit seiner Herablassung und Menschenfreundlichkeit zu kontrastieren, wie dies besonders zur Erläuterung der Differenz reformierten und lutherischen Christentums eine Zeitlang Mode war. Gerade in der Offenbarung seiner Herrlichkeit als solcher offenbart ja Gott Israel seine Gnade und Barmherzigkeit, seine Herablassung und Menschenfreundlichkeit. Das ist ja selber seine Liebe, daß er sich in jener undiskutierbaren Weise als Gott zur Geltung bringt, daß er sich gerade nicht nur behält und behauptet, sondern sich bezwingend jene Anerkennung verschafft. Das Neue Testament wiederholt also nur das Zeugnis des Alten, jetzt auf dessen Erfülltsein bezogen, wenn es die Herrlichkeit Gottes in der entscheidenden Linie seiner Aussagen als die Herrlichkeit Jesu Christi beschreibt. Es gibt freilich auch hier zwei nicht zu vernachlässigende Nebenlinien. Es gibt nämlich in den Aussagen des Neuen Testamentes eine «Ehre des Vaters» (Röm. 6, 4), eine «Ehre Gottes in der Höhe» (Luk. 2, 14), eine «Ehre Gottes» in scheinbarer Allgemeinheit und Abstraktion (Joh. 11, 40). Und es gibt jene Ehre, deren bestimmte Menschen teilhaftig werden sollen und in gewissem Sinn (etwa der Apostel als Träger seines Amtes 2. Kor. 3, 18, aber als Empfänger der ἀπαρχή, des ἀρραβών τοῦ πνεύματος alle Christen als solche) schon sind, damit sie dereinst unverhüllt, den ganzen Menschen, auch seine Leiblichkeit umfassend, an ihnen offenbar werde (Röm. 8, 18). Aber diese beiden Linien sind zusammengehalten durch die mittlere und entscheidende, wo die δόξα eben die δόξα des Herrn Jesus Christus ist, als solche begründet in der δόξα Gottes des Vaters — er wird vom Vater verherrlicht und er verherrlicht den Vater (Joh. 13, 31) — und be-

3. Gottes Ewigkeit und Herrlichkeit

gründet ihrerseits die künftig-gegenwärtige δόξα jener Menschen. Jesus Christus erscheint jetzt nach rückwärts wie nach vorwärts, auf Israel wie auf die Kirche gesehen: **einerseits** als das Abbild der göttlichen Herrlichkeit, sofern eben in ihm jener göttliche Selbstbeweis sich vollzieht, Gottes Liebe Ereignis und Person wird, Gemeinschaft Gottes wahr, kräftig und Tat ist — **andererseits** als das Urbild aller geschöpflichen Teilnahme an Gottes Herrlichkeit, sofern eben in ihm und zuerst in ihm selbst jener göttliche Selbstbeweis, jene eigentümliche, zukünftig gegenwärtige Form hat. Ist doch seine δόξα sein Offenbarwerden als der Lebendige von den Toten und also wie die Zukunft seines eigenen Lebens so auch die alle Zeit abschließende Zukunft seiner zweiten Erscheinung! Und ist sie ihm doch zweifellos, nur eben verborgen, schon vor seiner Auferstehung und Erhöhung eigen, kann sie doch, wie die Verklärungsgeschichte Mc. 9, 2 f. u. Par. zeigt, schon vor seinem Ende und so bestimmt auch vor dem Ende der Welt gesehen und erkannt werden, in ihrer ganzen Zukünftigkeit gerade in ihm auch Gegenstand des Rückblicks sein: «Wir sahen seine Herrlichkeit» (Joh. 1, 14)! Eben dieses Geschehen in seiner Gesamtheit: Gott, der in der Höhe sich selbst verherrlicht und das so, daß er auf Erden seinen Sohn verherrlicht, um von ihm wieder verherrlicht zu werden auf Erden, unter den Menschen, die an seiner eigenen Verherrlichung Anteil bekommen, um eben dadurch — und das ist das Letzte — selber zur Verherrlichung Gottes aufgerufen zu sein: eben dieses Geschehen in seiner Zusammenfassung in jenem Mittelpunkt repräsentiert und ist die Herrlichkeit Gottes nach dem Neuen Testament. Die *kabod* hat diesen Mittelpunkt, diese konkrete Gestalt, diesen **Namen** bekommen. Das ist das Neue des Neuen Testamentes. Aber die jetzt so bezeichnete war und ist die *kabod* auch nach dem Zeugnis des Alten Testamentes. Daß der Begriff der Herrlichkeit Gottes in den Zusammenhang der Lehre von der Liebe Gottes gehört, das ist gerade nach dem biblischen Zeugnis unmöglich zu verkennen. Es geht um die **freie** Liebe Gottes: dessen werden wir angesichts der strengen Objektivität des Begriffs zu gedenken haben. Aber es geht um die **Liebe** Gottes. Das werden wir dann nicht übersehen, wenn wir die im Alten wie im Neuen Testament sichtbare soteriologische Beziehung des Begriffs, seine Beziehung auf Israel und die Kirche, seine Zentrierung in der Person Jesu Christi, nicht wieder aus den Augen verlieren.

Es dürfte nun aber erlaubt und geboten sein, die Frage zu stellen, in welchem Sinn gerade die Herrlichkeit Gottes als die Wahrheit, die Kraft und die Tat seines Selbsterweises und so seiner Liebe zu verstehen ist. Was ist des Genaueren unter der Ehre, der Herrlichkeit Gottes, der *gloria Dei*, unter Gott als Lichtquell und Lichtglanz zu verstehen? Die naheliegendste und gewiß an sich richtige und wichtige Antwort auf diese Frage dürfte lauten: sie ist der sichtbarwerdende **Inbegriff aller göttlichen Vollkommenheiten**. Sie ist die Fülle der Gottheit Gottes, sie ist die hervorbrechende, die sich äußernde, sich manifestierende Realität Alles dessen, was Gott ist. Sie ist das Wesen Gottes, sofern es in sich selbst ein sich kundgebendes Wesen ist.

So haben manche von den älteren Dogmatikern die *gloria Dei* verstanden: *quae nihil aliud est, quam Dei essentia et essentiales eius proprietates* (J. Gerhard, Loci theol. 1610 f. II 300). Oder Polanus: *Gloria Dei est essentialis eius maiestas, per quam intelligitur eum revera esse eundem essentia sua esse revera id, quod esse dicitur: simplicissimum, perfectissimum, infinitum, aeternum, immensum, immutabilem, viventem, immortalem, beatum, sapientem, intelligentem, omniscium, prudentem, volentem, bonum, gratiosum, amantem boni, misericordem, iustum, veracem, sanctum, castum, potentem imo omnipotentem, et talem se in omnibus operibus suis declarare. Breviter, essentialis gloria Dei sunt virtutes in ipso Deo existentes et in operibus eius relucentes* (Synt. Theol. chr. 1609 col. 1213). In der Tat: dies ist die Herrlichkeit Gottes, daß er sich als das Alles zu erkennen gibt, daß er das Alles nicht nur ist, sich als das Alles nicht nur behauptet, sondern als das Alles sich beweist, daß er von dem Allem, wie er deren keines entbehrt, auch nichts zurückhält und verbirgt und daß er sich in dem Allem als Gott beweist: als der, der das Alles in seiner, der göttlichen Weise, in seiner freien Liebe ist: als der Vater, der Sohn und der Heilige Geist. Das ist die Herrlichkeit Gottes, daß er sich als das Alles und daß er in dem Allem sich selber kundtut. Sie wäre nicht göttliche Herrlichkeit, wenn seiner Selbstkundgebung irgend eine seiner Vollkommenheiten oder wenn einer von diesen Eigenschaften irgend etwas an Vollkommenheit fehlte oder wenn irgend eine von ihnen deshalb nicht göttliche Vollkommenheit wäre, weil sie weniger, weil sie etwas Anderes wäre als er selbst. Gottes *gloria* ist unter diesem Gesichtspunkt identisch mit seiner Allgenugsamkeit, *omnisufficientia*. Gott ist der, der sich kundgibt als der, der vermöge seines Wesens und in der Fülle seiner Vollkommenheit sich selbst und damit — weil alles Andere sein Geschöpf ist — auch jedem Anderen genügt, indem er sich selbst kund ist und so auch jedem Anderen kund werden kann und kund ist. In ihm ist kein Mangel und darum kann auch da kein Mangel sein, wo er sich zu erkennen gibt. P. Gerhardt: «Du füllst des Lebens Mangel aus.» Gott tut das entscheidend eben damit, daß er herrlich ist, daß er sich in jener Vollkommenheit kundgibt — so kundgibt, daß alle Fragen und Rückfragen, alle Bedenken und Vorbehalte, alle Zweifel an ihm durch seine Selbstkundgabe zum Vornherein überholt sind, nur subjektive aber keine objektive Bedeutung haben, keiner Realität entsprechen können, sodaß ihre Erledigung immer nur ein Nachholen dessen sein kann, was seinerseits schon erledigt ist, ein Augenauftun für das Licht, von dem sie faktisch längst umgeben sind. Eben dieses Nachholen und Augenaufschlagen ist aber selber das Werk seiner Herrlichkeit. Sie ist es, die uns zu diesem Nachholen und Augenaufschlagen nötigt. Sie ist in sich selbst die Wahrheit, die Kraft und der Akt, durch den blinde Augen sehend werden. Sie ist also wirklich Gottes *maiestas, per quam intelligitur Deus revera esse eundem essentia sua esse revera id quod esse dicitur.* Es ist auch und gerade der Mangel unserer Erkenntnisfähigkeit für ihn, der durch seine Herrlichkeit ausgefüllt, es ist unsere Erkenntnisunfähigkeit ihm gegenüber, die durch sie geheilt und gutgemacht wird. Gerade im Blick auf jene benannte Mitte der göttlichen *kabod* im Neuen Testament werden wir das an dieser Stelle vor Allem sagen müssen. Eben von da aus werden wir dann aber Gott selbst als den verstehen müssen, der in seinem inneren Leben, in seiner Existenz und in seinem Wesen als Gott keiner Ergänzung und Bestätigung bedarf, von keiner höheren Instanz aus bedingt und kontrolliert ist. Eben das, seine Freiheit also, ist die Energie seiner Selbstkundgabe; eben das macht ja auch sie zu einem souveränen und unaufhaltsamen Geschehen, versetzt unser Erkennen von vornherein ins Nachträgliche und läßt auch dieses Nachträgliche, unser Erkennen, als sein eigenes Werk zustande kommen. Und wenn dieses göttliche Selbstgenügen von der souveränen und unaufhaltsamen Wirksamkeit der göttlichen Offenbarung her verstanden ist, dann ist auch einzusehen, daß die Ausfüllung unseres Mangels sich nicht auf den Mangel unserer Erkenntnisfähigkeit beschränkt, vielmehr: daß mit der Behebung dieses Mangels durch Gottes Selbstkundgabe — weil sie die Selbstkundgabe des sich selbst genügenden Gottes ist — tatsächlich jeder Mangel auch unseres Lebens behoben ist, d. h. daß alle Fragen und Sorgen unseres Lebens, alle Rätsel der Welt und unserer Existenz in jene Nachträglichkeit versetzt und auch in dieser Nachträglichkeit durch ihn schon geklärt und aufgelöst sind: so wie er es will, in seiner Ordnung und nach seinem

Maß, aber geklärt und aufgelöst, d. h. so beleuchtet und durchleuchtet, daß auch ihnen keine selbständige Realität mehr entsprechen kann. Der hat tatsächlich Alles, der Gott hat: schwerlich so wie er es haben möchte, aber nur umso sicherer so wie Gott will, daß er Alles habe und eben darum bestimmt so, daß er sich zufrieden geben, daß er sich daran genügen lassen kann. Er lasse sich nur an Gott genügen. Er erkenne nur, daß Gott Gott ist, der Alles ist und hat, der sich selbst gänzlich genügt und der nun eben als solcher sich uns kundgibt und also uns liebt, uns Gemeinschaft mit ihm selber haben läßt. In dieser Gemeinschaft wurzelt die echte, die christliche Zufriedenheit; in ihr wird und ist sie notwendig. Sie ist echt und also christlich als Antwort auf Gottes Liebe, auf die Selbstkundgabe dessen, der sich selber genügt und damit bestimmt auch jedem, dem er sich selbst kundgibt, mit dem er Gemeinschaft hat. Der Mensch hat freilich keine solche eigene Herrlichkeit, die ihm Zufriedenheit erlauben würde. Was von ihr zu sagen ist, ist Jes. 40, 6 f. zu lesen. Der Mensch ist eben nicht genügend; darum kann er auch in keiner Hinsicht an sich selber Genügen haben. So gewiß er nur der Mensch und eben nicht Gott, ja mit Gott im Widerspruch ist. Aber: *Gloria hominis est Deus*, schreibt Polanus (a. a. O. col. 1225), um dann schön auszuführen, wie eben damit, daß Gott in jener Fülle seines Gottseins herrlich ist und sich uns als herrlich bezeugt, alle Schande, in der wir stehen mögen, alle Schrecken des Todes und der Verwesung unseres Leibes, aber auch die Furcht vor Jesu Christi Wiederkunft zum Gericht zum vornherein zugedeckt und aufgehoben sind. Wer in dem Allem, von dem Allem bedroht, auf die Herrlichkeit Gottes sieht, der ist in dieser ganzen Bedrohung wirksam und endgültig getröstet. Dieses Getröstetsein durch die Herrlichkeit Gottes ist die echte und also die christliche Zufriedenheit. Mit ihr nehmen wir uns nichts, es wäre denn eben das, was wir durch die Herrlichkeit Gottes empfangen dürfen und was uns eben insofern von rechtswegen gehört. Und das eben ist Gottes Herrlichkeit, daß sie in dieser Weise empfangen werden kann, daß Gott die Fülle und also das Genügen seines Gottseins nicht für sich behält, nicht bloß behauptet und verteidigt als sein göttliches Reservat, sondern beweist und kundgibt und also mitteilt, daß er darin und so sich selbst genügen will, daß er nach Ps. 23, 1 unser Hirte ist. Wo das gesehen und gehört ist, da kann die Antwort nur lauten: «Mir wird nichts mangeln!» Aller Mangel könnte immer nur in einer Verschlossenheit gegenüber der Herrlichkeit und also in einem Widerstand gegenüber dem Hirtenwalten Gottes auf unserer Seite bestehen. Aber auch diese Verschlossenheit und dieser Widerstand selbst und als solche sind aus der Herrlichkeit Gottes nimmermehr zu erklären; denn diese ist immer und in jeder Hinsicht Licht und nicht Finsternis. Gerade von der Herrlichkeit und dem Hirtenwalten Gottes her gesehen können wir die Sünde, in der diese Verschlossenheit und dieser Widerstand bestehen, nur verstehen als das gänzlich Unverständliche. Die Herrlichkeit Gottes ist ja die Liebe Gottes. Sie ist ja unsere, der Sünder Rechtfertigung und Heiligung aus reiner und unwiderstehlicher Gnade. Wo bleibt da die Sünde, wo unsere Verschlossenheit und unser Widerstand? Wo nehmen wir sie her? Wie kommen wir dazu, hier verschlossen und widerspenstig zu sein? Mir wird, so gewiß der Herr mein Hirte ist, nichts mangeln, auch dies nicht, und gerade dies nicht, daß ich verschlossen und widerspenstig sein müßte. Man kann und muß wohl sagen: daß gerade hier auch die Furchtbarkeit der Sünde — gerade in ihrer völligen Unmöglichkeit, gerade in ihrem Charakter als das gänzlich Ausgeschlossene — sichtbar wird. Es hat wohl seinen Grund, daß es von jenen menschlichen Hirten (Luk. 2, 9), die die Herrlichkeit des Herrn umleuchtete, heißt, daß sie sich sehr fürchteten. Man wird doch auch da die Antwort des Engels: «Fürchtet euch nicht, siehe, ich verkündige euch große Freude!» noch mehr beachten müssen. Denn wenn es nach Röm. 3, 23 wahr ist, daß Alle in jener Lage sind, daß Alle der Herrlichkeit Gottes entbehren müssen und zwar darum, weil alle gesündigt haben, weil gerade angesichts der Herrlichkeit Gottes Alle sich dazu bekennen müssen, daß sie sie darum entbehren, weil sie ihr verschlossen sind und das darum, weil sie sich selbst ihr gegenüber verschlossen, weil sie ihr widerstanden haben, so ist doch das Andere **noch** wahrer — so kann doch auch jenes Erste nur im Rückblick von dem Anderen her im rechten Verstand gesagt werden: daß in Jesus Christus eben der sündige, der sich selbst verschließende und widersetzliche Mensch als solcher von der Herrlichkeit Gottes so umleuchtet wird, daß er sie sehen darf und muß, daß in Jesus Christus gerade ihm nichts mangeln wird. Vor dem «Fürchtet euch nicht!» vor dem «*Gloria hominis est Deus!*» das von daher kommt, gibt es keinen Rückzug. — Das ist das Richtige und Wichtige jener ersten Antwort auf die Frage nach dem Wesen der göttlichen Herrlichkeit. Jene älteren Dogmatiker hatten wohl recht. Gottes Herrlichkeit ist in der Tat auch das: die Fülle, die Ganzheit, das Genügen, der Inbegriff der Vollkommenheit Gottes in der Unwiderstehlichkeit ihrer Kundgabe und Bekanntmachung.

Aber es lohnt sich nun doch, die Frage noch etwas schärfer zu stellen und damit vielleicht dann auch zu einer noch etwas genaueren Antwort vorzudringen. Inwiefern kommt es Gott in jener Fülle seines Gottseins zu, gerade (in dem beschriebenen Sinn) herrlich, gerade Lichtquell und Lichtglanz, gerade die Möglichkeit und Wirklichkeit jenes Hervorbrechens, gerade jene S e l b s t k u n d g a b e zu haben und zu sein? Dies ist ja offenbar gerade nach dem biblischen Sprachgebrauch das Spezifische, das gemeint ist, wenn wir von seiner Herrlichkeit und nicht einfach von seinem Wesen, von dem Inbegriff aller seiner Vollkommenheiten als solchem, vielmehr wenn wir von seinem Wesen als von dem reden wollen, dem nun eben im Besonderen Herrlichkeit zu eigen, das selber Herrlichkeit ist. Als die Wahrheit, die Kraft und die Tat seiner Selbstkundgabe haben wir die Herrlichkeit Gottes von Anfang an verstehen müssen, dem entsprechend, daß der Begriff im Neuen Testament in bedeutsamer Nähe zu den Begriffen der «Kraft» und des «Reiches» steht. Daß der, der sich hier kundgibt, Gott ist in jener Fülle und in jenem Genügen, das ist wahr und man könnte gewiß auch sagen, daß eben darin auch die göttliche Herrlichkeit als solche schon enthalten ist. Aber es ist geboten und lohnend, sich nun im Besonderen zu fragen: inwiefern ist sie jenes Hervorbrechen, jene Selbstkundgabe?

1. Wenn wir nun von unserer ersten Antwort ausgehen wollen, dann werden wir sagen müssen: Sie besteht darin, daß jenes Wesen Gottes dadurch, daß es eben das Wesen G o t t e s, seine Vollständigkeit und Genugsamkeit ist, von jedem anderen Wesen abgehoben und vor ihm a u s g e z e i c h n e t ist. Gott ist das unter allen anderen Wesen schlechterdings h e r v o r g e h o b e n e, sie alle schlechterdings ü b e r t r e f f e n d e Wesen. Darin und darum ist er Lichtquelle. In seiner Differenzierung als solcher und in ihrer sachlichen Bestimmtheit ist Gott allem Anderen, was ist, gegenüber das, was das Licht gegenüber der Finsternis ist.

2. Diese Feststellung kann die Frage nicht erschöpfen. Es könnte ein Wesen ja auch so von allen anderen abgehoben und vor ihnen ausgezeichnet sein, daß dies für diese letzteren keine Bedeutung hätte, daß zwischen seinem und ihrem Existieren keine Beziehung bestünde, daß jenes für sie faktisch praktisch nicht existent wäre. Zwischen dem Licht und der Finsternis könnte eine solche Entfernung bestehen, daß das Licht an der Finsternis als Finsternis nichts zu ändern vermöchte, wie es wohl im Weltraum ungeheure Lichtquellen geben mag, die doch noch für kein menschliches Auge Licht geworden sind, noch je Licht sein werden. Dies könnte auch zwischen Gott und seiner Kreatur der Fall sein. Aber der Gott, von dem das gelten würde, wäre nicht der Gott, dessen das Reich, die Kraft und die Herrlichkeit ist. Dieser, der lebendige Gott, hat und ist, indem er Licht quelle, indem er in sich selber Licht ist, auch Lichtglanz, und zwar — denn so ist er von allen anderen Wesen abgehoben und vor ihnen ausgezeichnet — alle andere Wesen erreichender und durchdringender, durch keine Ferne von ihnen abgehaltener, jede Ferne in Nähe verwandelnder Lichtglanz. Daß Gott allmächtig ist, das ist ja der positive Sinn seiner Freiheit. Und so ist sein Licht allmächtiges und also allgegenwärtiges Licht. So ist seine Herrlichkeit dies, daß seine Selbstkundgabe nicht etwa ins Leere geht, daß er die vielmehr sucht und alsbald auch findet, denen er sich selbst kundgibt, daß er als Licht die Finsternis, auch die äußerste Finsternis durchdringt, umleuchtet und durchleuchtet und so oder so erhellt, daß vor ihm nichts verborgen, sondern Alles aufgedeckt und offen ist.

3. Wir können noch nicht halt machen. Dieses Erreichen und Durchdringen des Anderen von Gott her geschieht nicht in der Weise, daß Gott, indem er sich kundgibt, dort sein und bleiben würde, wir aber hier, sodaß das, was uns hier von ihm her erreicht und durchdringt, nun doch nur eine von ihm zu unterscheidende Auswirkung, eine geschöpfliche oder halb göttliche, halb geschöpfliche Kraft wäre. Wohl bedient sich Gott, um uns zu erreichen, auch geschöpflicher Kräfte höheren und niederen Ranges. Aber was uns durch sie erreicht, das ist doch seine Kraft, sein Reich, seine Herrlichkeit und also er selber. Das wäre kein Engel Gottes, kein göttliches Zeichen und Sakrament, kein von Gott eingesetzter Dienst von Kreaturen, der nicht Gottes eigene Gegenwart in sich schlösse, in welchem uns nicht Gott selbst erreichte und gegenwärtig wäre, durch welchen wir nicht, so oder so, vor Gottes Angesicht gestellt würden. Das ist mehr als Lichtglanz: Gottes Angesicht. Und Gottes Herrlichkeit ist die Herrlichkeit seines Angesichtes, ja selbst sein Angesicht: Gott in Person, Gott, der einen Namen trägt und der uns wiederum mit Namen ruft. Darin ist Gott herrlich, daß er das tut, daß er uns so erreicht, daß er selber zu uns kommt, um uns kund zu sein.

4. Noch ist das letzte Wort nicht gesagt. Gottes Herrlichkeit wird da offenbar, wo Gott nicht umsonst gegenwärtig ist, wo seine Auszeichnung und Würde seiner Person nicht immanent bleibt, sondern als solche erkannt und anerkannt, wo sie insofern transeunt wird. Wo Licht ist und leuchtet, da findet ja ein Belichten statt und also ein Belichtetwerden und also ein Lichtwerden auch eines Anderen, das als solches nicht Licht ist und ohne jenes Belichtetwerden nicht Licht werden könnte. Wo Glanz ist, da kommt es zu einem Abglanz. Und das ist das Letzte, was auf dieser Linie von Gottes Herrlichkeit zu sagen ist: sie ist Gott selber in der Wahrheit, in der Kraft, in dem Akte seiner durch sich selbst vollzogenen Verherrlichung an und in dem und durch das, was in sich selbst finster, weil von ihm verschieden, was nicht göttlich, ja widergöttlich ist. Gottes Herrlichkeit ist die von ihm hervorgerufene Antwort des ihm durch seine Kreatur dargebrachten Lobpreises, sofern auch dieser nicht aus einer ihr eigenen Fähigkeit und Neigung, nicht aus ihrem kreatürlichen Vermögen und Wohlgefallen, am allerwenigsten aus der Weisheit und Lust des Menschen, der Fleisch ist, hervorgeht, sondern eben aus der der Kreatur geschenkten Gegenwart des Schöpfers, die keine müßige, keine fruchtlose Gegenwart ist, die nicht in einem kalten Gegenüber besteht, die blinde Augen, taube Ohren nicht blind und taub läßt, sondern öffnet und dann sofort auch gebundene Zungen löst. Gottes Herrlichkeit ist die ihm innewohnende und eben als solche nun auch von ihm ausstrahlende, die aus seinem Reichtum überströmende, die in der eigenen Überfülle sich nicht genug tuende, sondern sich selbst mitteilende F r e u d e seines Gottseins. Man muß alle Werke Gottes auch und entscheidend von daher verstehen: sie geschehen alle miteinander, sie geschehen ohne Ausnahme im Zuge dieser seiner Selbstverherrlichung und Freudenmitteilung. Sie sind das Lichtwerden a u ß e r ihm auf Grund des Lichtes, das i n ihm, das er selber ist. Sie sind die Äußerungen des unendlichen Jubels in der Tiefe seines göttlichen Wesens. Und so, daraufhin sind auch alle seine Geschöpfe erstlich und letztlich anzusehen: gerade darin und darum will sie Gott und liebt er sie, daß sie, weit entfernt davon, ihre Existenz aus sich selber und ihren Sinn in sich selber zu haben, im Zuge der göttlichen Selbstverherrlichung, im Transeuntwerden seiner immanenten Freudigkeit geworden sind, ihr Wesen und ihr Dasein haben und darin ihre Bestimmung haben, dem Jauchzen, von dem die Gottheit von Ewigkeit zu Ewigkeit erfüllt ist, in der Zeitlichkeit unangemessene, aber treuliche Antwort zu geben. Das ist die Bestimmung des Menschen, die er empfangen und verloren hat, um sie durch die in Jesus Christus verwirklichte persönliche Teilnahme Gottes an seinem Wesen unbegreiflich, unendlich vermehrt wieder zu empfangen. Das ist die Reaktion Gottes auch gegen die Sünde; das ist der Sinn auch des Waltens seiner Heiligkeit, der Sinn auch seines Gerichtes, der Sinn, der auch in Verdammnis und Hölle

nicht erlöscht, sondern sich durchsetzt: daß Gott herrlich ist und seine Herrlichkeit sich nicht nehmen, in seiner Freudigkeit und in deren Äußerung sich nicht stören, in dem Überquellen seiner Fülle sich nicht aufhalten läßt. Und das ist's, was von aller Kreatur zu erwarten ist, weil sie als Kreatur eben davon herkommt, darauf hin ist sie anzusehen und anzuhören, das ist ihr Geheimnis, das einmal hervorbrechen und offenbar werden wird, nach dem auszusehen und auf das zu lauschen, dessen Offenbarung entgegenzuharren doch jetzt und hier schon immer geboten und lohnend sein wird: sie hat keine eigene Stimme, sie zeigt nicht auf ihr eigenes Bild, sie tönt wieder und sie spiegelt die Herrlichkeit des Herrn. Sie tut das in ihren Höhen und in ihren Tiefen, in ihrer Lust und in ihrer Qual. Die Engel tun es — wir haben leider fast völlig vergessen, daß wir von den Engeln als von den Kronzeugen der göttlichen Herrlichkeit umgeben sind — aber auch die geringste Kreatur tut dasselbe. Sie tut es mit uns und ohne uns. Sie tut es auch gegen uns, zu unserer Beschämung und zu unserer Belehrung. Sie tut es, weil sie es nicht lassen kann, weil sie nicht existieren würde und könnte, ohne zuerst und zuletzt und eigentlich das und nichts Anderes zu tun. Und wenn der Mensch, indem er in Jesus Christus seine Bestimmung wiederempfängt in der Verheißung und im Glauben künftiger Offenbarung seiner ihm jetzt und hier schon gegebenen Teilnahme an Gottes Herrlichkeit, dann tritt er doch nur wie ein beschämter Spätling ein in den Chor der himmlischen und irdischen Schöpfung, dessen Jubel nie unterbrochen war, der immer nur darunter gelitten und geseufzt hat und noch leidet und seufzt, daß gerade diese seine lebendige Mitte, gerade der Mensch seine Stimme, seine Antwort, sein Echo auf die göttliche Herrlichkeit in unbegreiflicher Torheit und Undankbarkeit nicht gehört, vielmehr völlig verkehrt gehört und die Mitwirkung seiner eigenen Stimme dem ihn umgebenden Jubel versagt hat. Das ist des Menschen in Jesus Christus gerichtete und dem Menschen vergebene, die von Gott selbst gutgemachte und hinter den Menschen zurückgeworfene Sünde. Eben das ist's, was in Jesus Christus ein für allemal seine Vergangenheit geworden ist. Es wird in der ewigen Herrlichkeit vor uns auch als Vergangenheit nicht mehr sein. Es wird dann und dort, in der Ewigkeit vor uns das Seufzen der Kreatur verstummt sein und auch der Mensch nur noch in seiner Bestimmung leben, Gottes Spiegel und Echo und so Zeuge der transeunten Herrlichkeit Gottes zu sein, sich mitzufreuen mit dem Gott, der selber ewige Freude hat und die ewige Freude selber ist.

Ich folgte bei dieser viergliedrigen Entwicklung der Anregung des Petrus van Mastricht (*Theor. pract. Theol.* 1698 II *cap.* 22), der sich (soweit ich sehe allein auch unter den reformierten Orthodoxen) an die Aufgabe gewagt hat, den Begriff der *gloria Dei* einer ins Einzelne gehenden und damit der Fülle gerade der biblischen Aussagen und Beziehungen entgegenkommenden Untersuchung und Darstellung zu unterziehen. Seine Definition der *gloria Dei* lautet: sie ist der *infinitae eminentiae fulgor agnoscendus et manifestandus.* Die Herrlichkeit Gottes besteht darin, daß Gott groß ist *non mole sed perfectionis majestate,* immer prächtig und wunderbar, der Höchste in seinen Werken, als solcher tätig und über alle Götter sich erhebend, des Ruhmes würdig und zu solchem Ruhme uns aufrufend. Van Mastricht wollte sich aber mit dieser Beteuerung mit Recht nicht begnügen. Er begründete und entfaltete sie in Erklärung jener Definition: Die Herrlichkeit Gottes hat 1. ihr Fundament in der *eminentia* seines Wesens und seiner Vollkommenheit. Sie ist 2. der dieser *eminentia* als solcher eigene und von ihr ausgehende *fulgor,* der unser geistiges Auge trifft und erleuchtet, dem aber nach dem biblischen Zeugnis von der Offenbarung auch die symbolische Begleitung durch das physische Licht nicht immer abging. Sie ist 3. die *agnitio istius eminentiae a qua facies Dei dicitur.* Und sie ist 4. *agnitae per fulgorem eminentiae celebratio seu manifestatio, quae magis proprie glorificatio quam gloria appellatur.* Und hier zählt van Mastricht auf: die Verherrlichung, die Gott sich selber durch sein gottheitliches Sein als solches bereitet, die Verherrlichung des Sohnes durch den Vater und des Vaters durch den Sohn, die Verherrlichung Gottes, wie sie ihm von Engeln und Menschen dargebracht werden darf und soll, seine Verherrlichung in seinem Worte, im Evangelium, in Jesus Christus selber, seine Verherrlichung in den Werken der Schöpfung, Erhaltung und Regierung der Welt und im Besonderen in den Wundern der Offenbarungsgeschichte, seine Verherrlichung in seiner der Kirche zugewandten Gnade und in den Geheimnissen ihrer Wege und Gestaltung. Und van Mastricht schließt mit dem Hinweis auf die Gott von der vernünftigen Kreatur vernünftig, bewußt und planvoll darzubringende Ehre, also auf den Gottesdienst der Engel, auf das Lob Israels, auf die Eucharistie der Kirche, zu der doch auch und gerade ihre *supplicationes,* ihr Flehen und Bitten gehören, *quibus omnibus Dei omnipotentia, omniscientia, inexhausta bonitas agnoscitur et extollitur.*

Aber noch dürfte hier eine Frage bestehen, die auch durch diese Entwicklung des Begriffs noch nicht beantwortet ist. Noch kann und noch muß nun nämlich gefragt werden: ob denn nicht gewissermaßen auch die Form genannt und näher bezeichnet werden könnte, in der jenes Transeuntwerden Gottes, in dem wir immer wieder den Nerv des Begriffs der göttlichen Herrlichkeit zu erkennen haben, Ereignis ist? Inwiefern ist das Licht Gottes in seiner Selbstkundgabe Licht und also erleuchtend? Inwiefern wird Gott, indem er sich selbst und Anderen gegenwärtig ist, überführend und überzeugend? In welcher Weise bewegt er sich selbst, sich zu verherrlichen und bewegt er Andere, Anderes außer ihm, in diese seine Selbstverherrlichung einzustimmen? Wir könnten auch einfach fragen: Was ist das Offene, das Wesen und die Gestalt der Öffnung in Gottes Offenbarung? Wobei wir wieder zuerst an die Offenbarung zu denken haben, in der Gott sich selbst offenbar ist, um von da aus vielleicht zu verstehen, wie er es tatsächlich auch uns ist. Oder gehen wir zu weit mit dieser Frage? Sollte sie eine verbotene und törichte Frage sein? Müssen wir uns begnügen mit der Feststellung, daß Gott herrlich und also überführend und überzeugend, also einleuchtend und offenbar ist? Müssen wir die Antwort verweigern auf die Frage: wie, in welcher Gestalt und Form er das ist? — verweigern, weil sie uns selbst verweigert ist? Können wir nur auf das Faktum und seinen Inhalt ver-

3. Gottes Ewigkeit und Herrlichkeit

weisen, weil wir nun einmal darauf verwiesen sind und uns an ihm genügen lassen können und müssen? Oder können wir vielleicht über das Wie der Herrlichkeit, der Selbstverherrlichung Gottes positiv nur dies sagen, daß sie die ganze Allmacht Gottes hinter sich hat, daß sie überführt und überzeugt damit, daß sie herrscht, überwältigt und bezwingt mit schlechterdings überlegener Kraft, die es als solche schafft, daß das Licht belichtend ist, daß es ein Belichtetes gibt, welches als solches, Licht empfangend, selbst Licht wird? Nun, wenn man sich vielleicht in mancherlei anderer Hinsicht mit jener negativen Antwort oder mit dieser positiven begnügen kann, so dürfte dies doch gerade bei zusammenhängendem Nachdenken über den Begriff der Herrlichkeit Gottes nicht gut möglich sein. Es wäre und bliebe doch höchst beunruhigend, wenn wir hier wirklich nur jene rein negative abweisende Antwort geben könnten und müßten, wenn wir uns also hinsichtlich der Erkenntnis gerade der Herrlichkeit Gottes mit der Existenz eines *brutum factum* und also mit der Existenz eines schwarzen Flecks in unserer Erkenntnis zufrieden geben und uns gerade angesichts dieses schwarzen Flecks für überführt und überzeugt halten und erklären müßten. Muß hier nicht gefragt werden: ob dies der Erkenntnis, aber auch der Offenbarung des Gottes, der die Wahrheit ist, würdig wäre? Wäre das Erkenntnis, wäre das Offenbarung, was allerletztlich eben nur Gegenstand — Gegenstand ohne Form und Gestalt — wäre? Ist mit dem Wort «Herrlichkeit», mit dem die Bibel die Offenbarung und die Erkenntnis Gottes beschreibt, nicht mehr und etwas Anderes gesagt, als mit der Feststellung einer brutalen Tatsache? Dieselbe Frage besteht aber doch auch im Blick auf jene positive Antwort. Wir sahen: Wir sagen auch und wir sagen mit besonderem Nachdruck «Kraft» Gottes, wenn wir «Herrlichkeit» Gottes sagen. Dennoch ist mit dem Begriff der Herrlichkeit noch etwas gesagt, was in dem Begriff der Kraft nicht erschöpft ist. Wie denn auch der Begriff des «Reiches», wie er in der Doxologie des Unservaters jenen beiden vorangeht, Umfassenderes als das zu sagen scheint, was allein mit «Kraft» zu bezeichnen wäre. Licht hat und ist auch Kraft, aber nicht das ist es, was es zum Licht macht. Hat und ist Gott nicht auch mehr als das, was mit Kraft zu bezeichnen ist, wenn er Licht hat und ist, wenn er herrlich ist?

Der Begriff, der sich hier in unmittelbarer Nähe befindet und der zur Bezeichnung des uns noch fehlenden Momentes des Begriffs der Herrlichkeit legitim und dienlich sein dürfte, ist der Begriff der Schönheit. Dürfen und müssen wir sagen, daß Gott schön ist, dann sagen wir eben damit, wie er erleuchtet, überführt, überzeugt. Wir bezeichnen dann nicht bloß die nackte Tatsache seiner Offenbarung und auch nicht bloß deren Gewalt als solche, sondern die Form und Gestalt, in der sie Tatsache ist und Gewalt hat. Wir sagen dann: Gott hat jene für sich selbst sprechende, jene gewinnende und überwindende Überlegenheit und Anziehungskraft eben darin, daß er schön ist — göttlich, in seiner ihm und ihm allein eigenen Weise schön, schön als die unerreichbare Urschönheit, aber gerade so wirklich schön und eben darum nicht nur als ein Faktum, nicht nur als eine Kraft, oder vielmehr: als Faktum und Kraft in der Weise, daß er sich durchsetzt als der, der Wohlgefallen erregt, Begehren schafft und mit Genuß belohnt und das damit, daß er wohlgefällig, begehrenswert und genußvoll ist: der Wohlgefällige, Begehrenswerte und Genußvolle, das zuerst und zuletzt allein Wohlgefällige, Begehrenswerte und Genußvolle. Gott liebt uns als der, der als Gott liebenswürdig ist. Das sagen wir, wenn wir sagen, daß Gott schön ist.

Wir greifen auf die vorreformatorische Tradition der Kirche zurück, wenn wir das sagen. Wir denken an die berühmte Stelle aus Augustins Konfessionen (X 27), wo Gott hymnenartig angeredet wird: *Sero te amavi, pulchritudo tam antiqua et tam nova! sero te amavi! Et ecce intus eras et ego foris et ibi te quaerebam; et in ista formosa quae fecisti deformis irruebam. Mecum eras et tecum non eram. Ea me tenebant longe a te, quae si in te non essent, non essent. Vocasti et clamasti et rupisti surditatem meam. Coruscasti, splenduisti et fugasti caecitatem meam. Fragrasti et duxi spiritum et anhelo tibi. Gustavi et esurio et sitio. Tetigisti me et exarsi in pacem tuam.* Eingehend hat sich Ps. Dionysius Areopagita (*De div. nom.* IV 7) darüber verbreitet, daß eben das Schöne in seiner Identität mit dem Guten die Alles hervorbringende und bewegende Ursache sei: das an und für sich selbst, das in sich gleich gestaltige, das immer Schöne nämlich, die Schönheit, die alle Schönheit als ihre Quelle in eminenter Weise vorausbesitzt, durch das alle Harmonie des Alls, alle Freundschaften und Gemeinschaften ihren Bestand besitzen, durch das Alles ursprünglich und letztlich geeint ist. Das ist kaum verhüllter Platonismus, und es hat seinen Grund, daß die Spuren der Anwendung dieses Begriffs doch auch in der alten Kirche im übrigen nicht etwa häufig sind. Die Reformation und die protestantische Orthodoxie sind, soweit ich sehe, ganz an ihm vorbeigegangen. Und wenn Paul Gerhardt zu singen gewagt hat: «Ei denk ich, bist du hier so schön...», wenn das Volkslied «Schönster Herr Jesu...» vom Mittelalter her seinen Weg doch auch in die protestantische Kirche oder wenigstens in ihre Frömmigkeitsübung gefunden hat, so war und blieb dergleichen doch ein mit nicht ganz gutem Gewissen aufgenommener und darum auch immer wieder mit einem gewissen Mißtrauen betrachteter und behandelter Fremdkörper, mit dem jedenfalls die Theologie kaum etwas anzufangen wußte und auch nichts zu tun haben wollte. Nicht einmal Schleiermacher, bei dem man doch Entsprechendes meinte voraussetzen zu sollen, hat sich in dieser Hinsicht etwas Bemerkenswertes zuschulden kommen lassen. Merkwürdigerweise ist aber auch die katholische Theologie erst im 19. Jahrhundert — zuerst wohl J. M. Scheeben (Handb. d. kath. Dogm. 1. Bd. 1874 S. 589 f.; vgl. J. Pohle, Lehrb. d. Dogm. 1. Bd. 1902 S. 131 f., F. Diekamp, Kath. Dogm.[6] 1930 1. Bd. S. 174 f.) — ausführlich und ernstlich auf den Begriff zurückgekommen. Es kann sich wohl fragen, ob wir gut daran tun, ihrem Beispiel zu folgen. Der Begriff des Schönen scheint wegen seines Zusammenhangs mit dem des Wohlgefallens, des Begehrens, des Genusses (ganz abgesehen von seinem historischen Zusammenhang mit dem Griechentum) ein besonders profaner, zur Einführung in die theologische Sprache besonders ungeeigneter, ja gefährlicher Begriff zu sein. Ist die Majestät, die Heiligkeit und Gerechtigkeit der Liebe Gottes nicht bedroht oder gar geleugnet, ist Gott nicht in unheimlichster, weil gewissermaßen intimster Weise in den Bereich menschlicher

3. Gottes Ewigkeit und Herrlichkeit

Übersicht und Verfügung, in die Nähe des Wunschbildes alles menschlichen Strebens, seine Betrachtung nicht in bedenkliche Nähe zu derjenigen Weltbetrachtung gerückt, die letztlich die Selbstbetrachtung des seine Grenzen verkennenden menschlichen Lebensgefühls ist, wenn wir nun doch auch das sagen: «Gott ist schön» und wenn wir eben diesen Satz als letzte Erklärung des anderen, daß Gott herrlich ist, verwenden? Es besteht wohl Anlaß, hier zu stutzen. Aber die Frage ist noch dringlicher, ob es bei diesem Stutzen bleiben, ob dieser Schritt vermieden werden kann und darf? ob uns unsere ganze Überlegung nicht notwendig auf den Punkt geführt hat, wo eine sonst bleibende Lücke unserer Erkenntnis nur mit dieser Antwort gefüllt werden kann? ob uns schließlich und vor Allem die biblische Wahrheit selbst und als solche erlaubt, um jener Bedenken willen an dieser Stelle Halt zu machen und gerade dies nicht zu sagen: daß Gott schön ist?

Man bemerke zunächst zum Zusammenhang: Es kann sich nicht darum handeln, irgendetwas von dem, was vorher von der göttlichen Herrlichkeit als dem Inbegriff der göttlichen Vollkommenheiten, als dem göttlichen Selbstgenügen, das nun eben als solches ein überströmendes und also sich äußerndes ist, von der Überlegenheit und Unwiderstehlichkeit der göttlichen Selbstkundgabe gesagt wurde, zurückzunehmen oder auch nur zu relativieren, als ob das Alles zu wenig, als ob es nicht ganz und in sich wahr wäre. Es handelt sich nicht darum, dem Allem Eigentlichkeit nun etwa erst dadurch zu verleihen, daß wir es auf den Nenner des Schönen bringen, als ob nun etwa gerade dieser Begriff der Schlüssel zu dem Wesen aller Dinge oder gar dieses Wesen selbst wäre. Wir haben bei der Besprechung der großen Hauptbegriffe der christlichen Gotteserkenntnis gesehen, daß kein einziger von ihnen dieser Schlüssel ist, daß jeder von ihnen in solcher Verwendung zum Begriff eines Abgottes werden müßte. Es kann sich also nicht etwa darum handeln, nun zuguterletzt einem Ästhetizismus das Wort zu geben, der, wenn er das letzte Wort haben und behalten wollte, ebenso falsch und unchristlich sein müßte, wie jeder Dynamismus, jeder Vitalismus, jeder Logismus, jeder Intellektualismus, jeder Moralismus, die sich in derselben Rolle und Würde in die Gotteslehre einschleichen wollen könnten.

Es wird aber immerhin gut sein, sich klar zu machen, daß der hier drohende Ästhetizismus doch nur ebenso schlimm ist wie jene anderen -ismen, wie jeder -ismus als solcher. Gefahren sind sie alle und wir haben, indem sie alle uns mehr oder weniger deutlich begegnet sind, gesehen, daß sie an ihrer Stelle alle tödliche Gefahren sind, daß es aber auch ein Kraut gibt, das gegen sie alle gewachsen ist. Es besteht nun doch kein Anlaß, gerade die von der Ästhetik her drohende Gefahr — wie es nach jener historischen Erinnerung besonders im Bereich des Protestantismus geschehen ist — besonders tragisch zu nehmen und also an dieser Stelle mit einer besonderen Ängstlichkeit bzw. Prüderie zurückzuschrecken und vor lauter Schrecken ein Problem, das uns durch die Sache selbst und durch ihre biblische Bezeugung nun einmal gestellt ist, als solches zu unterdrücken und abzuweisen.

Man bemerke weiter: Es kann auch nicht darum gehen, den Begriff der Schönheit Gottes nun in die Reihe jener Hauptbegriffe der Gotteslehre, in die Reihe der göttlichen Vollkommenheiten, die das göttliche

Wesen selbst sind, aufzunehmen. Es wäre ein angesichts der Sprache der biblischen Zeugnisse von Gott nicht zu verantwortendes Wagnis, die Erkenntnis Gottes auch nur in der Weise auf den Nenner des Begriffs der Schönheit bringen zu wollen, wie wir dies bei der Betrachtung jener Hauptbegriffe getan haben. Er ist kein Hauptbegriff, d. h. man kann ihn auch nicht vorübergehend, wie wir es mit jenen anderen Begriffen getan haben und tun mußten, zum Leitmotiv des Verständnisses des ganzen Wesens Gottes erheben wollen.

Das wäre das Unternehmen einer philosophischen Willkür, deren sich Ps. Dionys an jener Stelle und auch sonst schuldig gemacht hat und die auch hinter jener Stelle aus Augustins Konfessionen irgendwo ihr Wesen treibt. Die Bibel fordert uns nicht auf und sie erlaubt uns auch nicht, deshalb, weil Gott schön ist, das Schöne Gottes als solches in der Weise als die alles hervorbringende und bewegende Ursache zu explizieren, wie wir das etwa hinsichtlich der Gnade oder Heiligkeit oder Ewigkeit Gottes, hinsichtlich seines allmächtigen Wissens und Wollens tun können und müssen.

Unser Gegenstand ist und bleibt die Herrlichkeit Gottes. Wir reden von der Schönheit Gottes nur zur Erklärung seiner Herrlichkeit. Sie ist uns also nur ein Neben- und Hilfsbegriff, mit dem wir eine bestimmte Klärung und Unterstreichung vollziehen, mit Hilfe dessen wir eben den Schein zerstreuen können, als sei die Herrlichkeit bloßes oder bloß durch seine Gewalt wirkendes Faktum, ein form- und gestaltloses Faktum. Das ist sie nicht. Sie ist wirksam, weil und indem sie schön ist. Diese Erklärung als solche ist nun aber nicht nur legitim, sondern notwendig.

Es ist wohl wahr, daß der Begriff des Schönen als solcher und *in abstracto* in der Bibel keine bemerkenswerte, jedenfalls keine selbständige Rolle spielt.

Mit einigem Ernst hat man sich hier immer nur auf Ps. 104, 1 f. berufen, wo Pracht und Hoheit und dann insbesondere das Licht Gottes Gewand und Kleid genannt werden. Ps. 45, 3 dürfte hier immerhin auch erwähnt werden, wo der Messiaskönig als «der Schönste unter den Menschenkindern» angeredet wird: «Anmut ist ausgegossen über deine Lippen; darum hat dich Gott auf immer gesegnet». Darüber hinaus wäre wohl zu fragen, ob uns eine neue eindringendere Auslegung des — einst wohl zu direkt, später aber sicher gar nicht mehr verstandenen — Hohen Liedes nicht wichtige Beiträge zu dieser Sache bringen könnte und würde. Es würde doch wohl auch dann dabei bleiben, daß dem Begriff des Schönheit in der Bibel eine selbständige Bedeutung gerade nicht zukommt. Damit ist aber wieder nicht gesagt, daß er der Bibel unwichtig oder gar fremd sei.

Es ist zunächst rein sprachlich darauf hinzuweisen, daß der Sinngehalt sowohl des deutschen Wortes «Herrlichkeit» wie seiner hebräischen, griechischen und lateinischen Entsprechungen das, was wir Schönheit nennen, jedenfalls auch umschließt und zum Ausdruck bringt. Man wird wohl bei jeder der Stellen, wo der Begriff der Herrlichkeit Gottes vorkommt, die Probe darauf machen können, daß er auf keinen Fall als neutral oder gar ausschließend gegenüber dem Begriff des Wohlgefälligen, des Begehrenswerten, des Genußvollen und insofern des Schönen verstanden werden kann. Die Herrlichkeit Gottes ist Gottes überquellende und sich mitteilende Freude, sagten wir. Sie ist in ihrem Wesen freudeerregend. Daß sie auch Furcht und Entsetzen auslösen kann, spricht nicht dagegen. So wirkt sie allerdings als Kontrastwirkung auf den Menschen, der ihrer entbehren muß, wie helles Licht ein ungewohntes Auge zunächst nur blenden kann. Das ist dann aber subjektiv bedingt. Der objektive Sinn der Herrlichkeit Gottes ist ja seine wirksame Gnade, Barmherzigkeit und Geduld, seine Liebe. Sie ist in sich und als solche selber liebenswürdig. In dieser Eigenschaft spricht und gewinnt, überführt und überzeugt sie. Und sie hat sie doch nicht nur angenommen, sondern sie ist ihr eigen. Und wo sie eigentlich erkannt wird, da wird sie es in dieser Eigenschaft, in ihrer besonderen Kraft und Eigentümlichkeit, Wohlgefallen zu erregen, Begehren zu erwecken und Genuß zu verschaffen.

Die mittelalterliche Theologie kannte und verwendete den Begriff eines *frui* oder einer *fruitio Dei*. Sie verstand darunter die Tätigkeit eines unter den geschaffenen Wesen nur dem Menschen möglichen und zustehenden Begehrens, das, erfüllt oder noch nicht erfüllt, auf das gerichtet ist, was sich zu allen anderen gleichfalls angestrebten Dingen wie das Ziel zu den Mitteln verhält, dessen eigentlicher Gegenstand als *finis ultimus hominis* also nur Gott selber sein kann. Man müßte allzu Vieles, was in der Bibel unüberhörbar gesagt ist, wegstreichen, wenn man aus irgend einem überpuritanischen Sündenernst heraus die Legitimität dieses Begriffes leugnen wollte. Daß das Dichten und Trachten des menschlichen Herzens böse ist von Jugend an (Gen. 8, 21), daß es eine sündige und tödliche Lust gibt und daß eben sie des Menschen natürliche Lust ist, das ist wahr, aber das steht an seinem Ort und ändert nichts daran, daß eben der Gott, der sich richtend und gnädig, tötend und lebendig zu dem Menschen herniederbeugt, mit dessen Herzen es so steht, in eminenter, in der eigentlichsten Weise Gegenstand der Lust, der Freude, des Wohlgefallens, des Begehrens und des Genusses ist. Es steht nun einmal da und es müßte gerade der radikal evangelische Charakter der biblischen Botschaft geleugnet werden, wenn man darüber hinweggehen wollte: «Meine Seele erhebt den Herrn und mein Geist frohlockt über Gott meinen Heiland» (Luk. 1, 46 f.) und: «Freuet euch im Herrn allezeit!» (Phil. 4, 4) und: daß der gute und getreue Knecht eingehen wird zu der Freude seines Herrn (Matth. 25, 21), daß Paulus Lust hat auszuwandern und daheimzusein bei dem Herrn (2. Kor. 5, 8). Es gibt nach Ps. 1, 2; 112, 1; Röm. 7, 22 eine notwendige und legitime Lust am Gesetz Gottes, nach Ps. 119, 4 (u. ö.) eine Lust, ein Ergötzen, ein Gefallen an dessen Geboten und Satzungen. Es ist nicht an dem, daß die Verse des Joachim Neander: «Der dich erhält, wie es dir selber gefällt, hast du nicht dieses verspüret?» wie etliche Übereifrige meinen, ein *pudendum* unseres Gesangbuches bildeten, sondern ausdrücklich werden wir Ps. 37, 4 aufgefordert: «Habe deine Lust an dem Herrn, der wird dir geben, was dein Herz wünschet» und Spr. 23, 26: «Gib mir, mein Sohn, dein Herz und laß deinen Augen meine Wege wohlgefallen!» und Ps. 5, 12: «Laß sich freuen alle, die auf dich trauen, laß sie jubeln immerdar» und Ps. 145, 16: «Du tust deine Hand auf und sättigest alles, was da lebt, mit Wohlgefallen». «Fülle der Freude ist vor deinem Angesicht und Wonne in deiner Rechten ewiglich» (Ps. 16, 11). «Du machst des Jubels viel und groß die Freude: sie freuen sich vor dir, wie man sich freut in der Ernte, wie man jubelt, wenn man die Beute teilt» (Jes. 9, 3). Wir sind eingeladen, zu schmecken und zu sehen, wie freundlich der Herr ist (Ps. 34, 9). Mit optimistischem Übersehen der Not und Verworfenheit des menschlichen Daseins hat das Alles nichts zu tun. Aber wiederum kann diese nichts daran ändern, wiederum ist gerade sie von daher widerlegt und überwunden, daß Gott der Gegenstand notwendiger Freude ist. «Du hast mir meine Klage in Reigen verwandelt, mein Trauerkleid gelöst, mich mit Freude gegürtet» (Ps. 30, 12). «Auch auf den Pfaden deiner Gerichte, Herr, harren wir dein; nach deiner Anbetung und deinem Preise steht das Verlangen der Seele. Meine Seele verlangt nach dir in der Nacht und mein Geist in mir sehnt sich nach dir. Denn wenn deine Gerichte über die Erde kommen, so lernen Gerechtigkeit die Bewohner des Erdkreises» (Jes. 26, 8 f.). Freude ist nach Jes. Sir. 1, 11 auch die Furcht des Herrn. Gerade die Elenden werden nach Jes. 29, 19 «aufs Neue des Herrn sich freuen und die Ärmsten unter den Menschen über den Heiligen Israels jubeln» und darum ist es unter allen Umständen «köstlich, dem Herrn nahe zu sein» (Ps. 73, 28). Darum muß man dem Herrn mit Freuden dienen und vor sein Angesicht kommen mit Frohlocken (Ps. 100, 2). Wenn dem nun so ist (wie man es noch aus hunderten von anderen Stellen direkt und indirekt belegen könnte), daß der in der heiligen Schrift bezeugte Gott der Freude an sich selbst ausstrahlende Gott ist, daß er ohne das in seiner Gottheit gar nicht verstanden, ohne das gar nicht wäre, was er ist, dann haben wir keinen Anlaß, jenem mittelalterlichen Begriff (etwa wegen des Mißbrauchs, den die Mystik mit ihm getrieben hat) aus dem Wege zu gehen. Sondern nur das kann sich dann fragen, inwiefern dies von Gott zu sagen ist, daß er Gegenstand eines solchen *frui,* jenes erfüllten oder noch nicht erfüllten Wohlgefallens, Begehrens und Genießens sein kann?

Ist es nun zu viel oder ist es fremdartig gesagt, wenn wir sagen: Solche Freude strahlt Gott auch darum aus, weil er schön ist? Wir sagen vorsichtig: auch darum und erinnern uns, daß wir ja nur von der Form und Gestalt seiner Herrlichkeit, von dem spezifisch Überführenden und Überzeugenden seiner Offenbarung als solchem reden. Ihre Substanz und ihr Gehalt ist Gott selbst in der Fülle seiner Vollkommenheit. Er ist auch ihre Kraft. Indem er gnädig, barmherzig und geduldig, indem er heilig, gerecht und weise, indem er die Liebe ist und das Alles in der Freiheit seiner Einheit und Allgegenwart, seiner Beständigkeit, Allmacht und Ewigkeit, ist er herrlich in seiner Selbstkundgabe und so und damit strahlt er auch jene Freude aus, kann und muß und darf man an ihm und vor ihm Freude haben. Dennoch bleibt zu fragen: Warum nach dem Zeugnis der heiligen Schrift auch Freude, gerade Freude? Warum nicht nur Ehrfurcht, Dankbarkeit, Bewunderung, Unterwerfung und Gehorsam? Freude, Lust, Wohlgefallen, jenes Begehren nach Gott, jener Genuß seines Besitzes in der Gemeinschaft mit ihm, die er selber uns gibt, ist offenbar durchgehend noch etwas Besonderes an und in dem Allem. Daß die Herrlichkeit des Herrn nicht nur groß und erhaben und auch nicht nur heilig und gnädig ist, nicht nur das Überströmen jener Souveränität ist, in der Gott die Liebe ist, sondern in dem Allem Freude erregend und also selbst und in sich eine freudige — und nicht etwa bloß eine ernste, nicht etwa bloß eine gute und wahre Herrlichkeit ist, die als solche nun doch in ihrer ganzen Vollkommenheit und Erhabenheit auch noch finster oder jedenfalls freudlos sein könnte, das ist das Besondere, was hier zu beachten und zu erwägen ist. Wenn jene Freude an und vor Gott als solche — in ihrer Besonderheit auch gegenüber dem, was wir Ehrfurcht, Dankbarkeit usw. nennen — einen objektiven Grund hat, wenn in Gott, dem Gott aller jener Vollkommenheit, etwas ist, was uns gerade zur Freude, zur Lust, zum Wohlgefallen ihm gegenüber berechtigt, verpflichtet, auffordert, hinreißt und wenn gerade das uns zur Freude an ihm Hinreißende und dieses Hingerissenwerden zur Freude an ihm die nicht wegzudenkende Form seiner Herrlichkeit und also auch die unentbehrliche Form der Erkenntnis seiner Herrlichkeit ist — wie kann man dann an dieser Stelle auf den Hilfsbegriff des Schönen und also auf den Satz, daß Gott auch schön ist, verzichten? Nochmals: wir sagen zurückhaltend, daß er auch schön ist, schön in seiner Liebe und Freiheit, schön in seinem Wesen als Gott, schön in allen seinen Werken, schön nämlich in der Form, in der er das Alles ist. Wir werden uns nicht herausnehmen, Gottes Herrlichkeit aus ihrer Schönheit erklären zu wollen, als ob diese ihr Wesen sei. Wir können aber auch nicht verkennen, daß Gott in der Weise herrlich ist, daß er Freude ausstrahlt und daß er also Alles, was er ist, nicht ohne Schönheit, sondern in Schönheit ist. Wäre es anders, dann könnte seine Herrlichkeit auch freudlos sein. Und wo man es anders sieht und sagt, da wird die Verkündigung seiner Herrlichkeit beim besten Willen, bei größtem Ernst und Eifer immer etwas leise aber vielleicht sehr gefährlich Freudloses, Glanzloses, Humorloses — um nicht zu sagen: Langweiliges und letztlich nicht Überführendes, nicht Überzeugendes an sich haben. Es geht um die Formfrage — nur um die Formfrage! — der Offenbarung. Aber sie kann auf keinen Fall vernachlässigt werden. Wo sie vernachlässigt wird, wo sie und ihre legitime Beantwortung etwa gar nicht gesehen und verstanden sein sollte, wie sollte da jenes Freudestrahlende der Herrlichkeit Gottes gewürdigt, wie sollte da diese selbst und als solche wirklich erkannt sein? Wäre jenes Freudestrahlende nicht gewürdigt, wo bliebe dann — so wichtig ist diese Formfrage! — gerade das Evangelische im Evangelium?

Was aber ist, wenn wir hier tatsächlich weiterdenken müssen, das Schöne Gottes, das ihn als den, der er ist, und also in seiner Herrlichkeit, in der Fülle und in dem Selbstgenügen seines Wesens, in der Kraft seiner Selbstkundgabe zum Gegenstand gerade der Freude macht?

Wir werden uns bei der Beantwortung dieser Frage hier wie in der ganzen übrigen Gotteslehre davor hüten müssen, von irgend einem vorgefaßten Begriff: hier also von einem vorgefaßten Begriff des Schönen auszugehen. Augustin hat vom Schönen den richtigen Satz aufgestellt: *Non ideo pulchra sunt, quia delectant, sed ideo delectant, quia pulchra sunt* (*De vera rel.* 32, 59). Was schön ist, das erzeugt Wohlgefallen. *Pulchra sunt, quae visa placent* (Thomas v. Aquino, *S. th.* I qu. 5 art. 4 ad 1). Aber nicht darum weil etwas Wohlgefallen erregt, ist es schön. Sondern weil es schön ist, erregt es Wohlgefallen. Augustins Satz ist aber in unserem

Zusammenhang zu ergänzen: *Non ideo Deus Deus, quia pulcher est, sed ideo pulcher, quia Deus est.* Nicht in der Weise ist Gott schön, daß er an einer ihm übergeordneten Idee des Schönen teil hätte und also von deren Erkenntnis her als Gott zu erkennen wäre, sondern indem er Gott ist, ist er auch schön und damit der Grund und das Kriterium alles Schönen und jeder Idee des Schönen.

Wir haben nach Gott selbst zu fragen, nach dem Inhalt und der Substanz seiner Offenbarung und also auch seines offenbaren göttlichen Wesens. Eben dieses als solches ist schön. Eben aus ihm als solchem ist abzulesen, was Schönheit ist. Eben in ihm mögen sich dann unsere kreatürlichen und an der Kreatur gebildeten Begriffe des Schönen wiederfinden oder auch nicht wiederfinden: wenn wiederfinden, dann sicher in schlechthin singulärer Anwendung, sofern sie nun, sozusagen nachträglich, auch sein Wesen bezeichnen sollen.

Wir würden nun genau genommen die ganze hinter uns liegende Lehre vom Wesen Gottes noch einmal durchgehen müssen, wir müßten einen Rückblick tun auf die ganze Lehre vom Worte Gottes und müßten einen Überblick geben über die ganzen noch vor uns liegenden Teile der Dogmatik, ja einen Überblick über die ganze Theologie als solche, um hier eine auch nur im Allgemeinen genügende Antwort geben zu können.

Es darf hier gewiß einmal hingewiesen werden auf die Tatsache, daß die Theologie als ganze, in ihren Teilen und in deren Zusammenhang, in ihrem Inhalt und in ihrer Methode, abgesehen von allem Anderen, wenn ihre Aufgabe nur richtig gesehen und angegriffen wird, eine eigentümlich schöne Wissenschaft, man darf ruhig sagen: unter allen Wissenschaften auch die schönste ist. Es bedeutet immer Barbarei, wenn jemandem die Wissenschaft unlustig ist oder wird. Welche Überbarbarei wäre aber dazu nötig, daß einem die Theologie unlustig werden oder sein könnte? Man kann nur gerne, mit Freuden Theologe sein oder man ist es im Grund gar nicht. Grämliche Gesichter, verdrießliche Gedanken und langweilige Redensarten können gerade in dieser Wissenschaft unmöglich geduldet werden. Gott bewahre uns vor dem, was die katholische Kirche als eine der sieben Mönchssünden aufzählt: vor dem *taedium* an den großen geistlichen Wahrheiten, mit denen es die Theologie zu tun hat! Aber wir müssen wohl wissen, daß Gott allein uns davor bewahren kann!

Daß die Theologie schön ist, das ist eine Einsicht, die Anselm von Canterbury gelegentlich zu streifen liebte. Für ihn hat die *ratio*, die die *fides quaerens intellectum* aufzusuchen hat, nicht nur *utilitas*, sondern eben auch *pulchritudo*. Sie ist, wenn sie gefunden ist, und indem sie gesucht wird, *speciosa super intellectum hominum* (*Cur Deus homo* I, 1) ein *delectabile quiddam* (*Monol.* 6) und man sollte gerade in seiner so streng beweisen wollenden Schrift *Cur Deus homo* nicht übersehen, daß er (a. a. O.) dieses *delectari* sogar als den ersten, die polemisch-apologetische Verantwortung erst als den zweiten Zweck seiner Unternehmung namhaft gemacht hat. Daß Anselm in aufrichtiger Verzweiflung und unter heißem Gebet nach der Wahrheit sucht (vgl. die Einleitungen zum *Prosl.* und zu *C. D. h.*), das schließt die Freude, die er dabei hat und die er zugleich verbreiten möchte, nicht aus, sondern ein: der theologische Beweis ist als solcher auch eine *delectatio*. Aber es hat seinen Grund, wenn dieser Gedanke in seiner ganzen Wahrheit auch bei Anselm nur eben gestreift wird. Mehr können wir auch nicht tun, weil die hier in Frage kommende Einsicht, auch wenn jemand den Versuch machen wollte, sie nun wirklich im Ein-

3. Gottes Ewigkeit und Herrlichkeit

zelnen vollständig zu belegen, allzusehr auf das Vorhandensein der nötigen Empfindung dafür angewiesen ist, als daß sie zu einer wirksamen theoretischen Entfaltung kommen könnte. Und vor Allem: weil das Nachdenken und Reden über ihre eigene Ästhetik schwerlich zu den legitimen und sicher nicht zu den nötigen Aufgaben der Theologie gerechnet werden könnte. Daß man nur nicht vergesse, daß hier tatsächlich etwas — weniger zu besprechen als zu sehen ist, und daß man als Theologe wohl Anlaß hat, Buße zu tun, wenn man es etwa noch nicht gesehen haben sollte.

Es liegt in der Natur der Sache, daß die eigentliche Begründung unseres Satzes, daß Gott schön ist, weder in wenigen noch in vielen Worten **über** diese Schönheit, sondern nur durch diese Schönheit selbst gegeben werden kann. Gottes Wesen spricht in seiner Offenbarung selbst für seine Schönheit. Was hier unserseits möglich ist, ist nur dies, an Hand einiger **Beispiele** darauf hinzuweisen, **daß** dem so ist, vielmehr angesichts einiger entscheidender Züge christlicher Gotteserkenntnis die Frage zu stellen: ob eben das hier Erkannte nicht abgesehen von allem Anderen auch einfach schön ist? Das hier Erkannte selbst gibt die positive Antwort. Daß es das tut, das ist das Einzige, was hier in unzweideutiger Bestimmtheit zu sagen ist. Aber nur es selbst kann sie geben. Es gehört zu dem Grenzcharakter dieser ganzen Überlegung, daß wir Alles nur unter diesem Vorbehalt sagen können.

Wir nennen zuerst den Aspekt Gottes, von dem wir hier eben herkommen: **Gottes** in allen seinen Eigenschaften sich entfaltendes und in ihnen allen in sich einiges **Wesen.** Vollkommenheiten sind alle diese Eigenschaften, weil und indem sie Gottes Eigenschaften, weil und indem sie alle zusammen und jede einzelne nichts Anderes und nicht weniger als Gott selber, die Vollkommenheiten seines Wesens und dieses vollkommene Wesen selber sind. Die Vollkommenheit des göttlichen Wesens besteht darin, daß Gott Alles, was er ist, als Gott und also ursprünglich und also in Eigentlichkeit, Vollständigkeit und Realität und also einzigartig und unübertrefflich ist. In dieser Vollkommenheit ist Gott in sich selber und ist er in seinen Werken, der er ist. In jeder Beziehung zu seinem Geschöpf ist er dieser Vollkommene, spricht und handelt er in dieser Vollkommenheit und es ist der unerschöpfliche, unerforschliche, unzugängliche Quell und Sinn aller dieser Beziehungen wieder dieses Vollkommene Gottes. Aber ist es nicht so, daß man darüber hinaus, in nachträglichem, aber nachträglich nicht zu unterdrückendem Entzücken feststellen muß, daß auch die **Form,** die Art und Weise, in der Gott vollkommen ist, selber vollkommen, die vollkommene Form ist? Die Form des vollkommenen Wesens Gottes ist ja, wie wir auf der ganzen Linie gesehen haben, jene wunderbare, immer wieder rätselhafte und auch immer wieder in sich klare Einheit von Identität und Nicht-Identität, von Einfachheit und Vielfachheit, von Innen und Außen, von Gott selbst und von der Fülle dessen, was er als Gott ist. Wie hätten wir je das Eine oder das

Andere übersehen, wie hätten wir das Eine auf das Andere reduzieren, das Eine um des Anderen willen leugnen können und dürfen? Immer hatten wir zu bedenken, daß wir es nicht mit einem uns von uns her übersichtlichen und verfügbaren Objekt, sondern mit Gott selbst zu tun hatten, aber immer auch das, daß eben Gott selbst sich in der Fülle seiner Offenbarung seines Wesens in den Bereich unserer Übersicht und Verfügung begeben hat. Immer mußten wir also in der Verlegenheit, von Gott nichts wissen und nichts sagen zu können, gewissermaßen zu ihm selbst fliehen, um dann doch jedesmal von ihm selbst zurückzukehren als solche, die etwas von ihm wissen dürfen und zu sagen haben. Und wieder war dies, was wir so von ihm wissen durften und zu sagen hatten, immer zugleich Eines und Vieles, zugleich irgend ein einfältiger Satz und irgend eine neue Darstellung grenzenlosen Reichtums, in der wir uns doch nie so verlieren konnten, daß uns nicht auch die Einfalt, in der Gott ist, der er ist, immer wieder sichtbar geworden wäre. So sind uns die Freiheit und die Liebe Gottes als die Grundbestimmungen seines Wesens anschaulich geworden in ihrer ganzen Unanschaulichkeit: ihre Identität und ihre Nicht-Identität, die Bewegung und der Friede, in der sie miteinander das Leben Gottes ausmachen, sodaß deren keines ihm in irgend einem Moment seines Seins und Lebens verloren geht: so, daß beide seine Selbstbestimmung, daß beide er selber sind und er in beiden doch der Eine ist und bleibt. Und diese Einheit von Bewegung und Friede hat uns dann begleitet durch die Betrachtung der ganzen Reihe der göttlichen Vollkommenheiten. Unvermeidlich mußten wir immer aufs neue darauf aufmerksam werden, wie jede von ihnen als die Vollkommenheit Gottes in realer Unterschiedenheit von allen anderen gerade diese und diese ist und wie dann alle doch nicht nur unter sich zusammenhängen, sondern, jedes System sprengend, auch die von uns selbst versuchte Übersicht zum vornherein relativierend, jede mit jeder anderen und mit der Summe aller anderen Eines sind und das nun doch wieder nicht so, daß es uns nicht erlaubt und geboten wäre, im Bewußtsein der Relativität, aber auch der Notwendigkeit dieses Unternehmens einen bestimmten Weg von der einen zur anderen und auch im Einzelnen bestimmte Wege zu gehen, ohne die Überheblichkeit, als ob dies die absoluten Wege, als ob unsere Wege Gottes Wege seien, aber auch ohne alle Furcht, daß wir auf diesen unseren Wegen in ihrer Relativität des Absoluten entbehren, von Gott verlassen sein müßten. Das ist die Form, in der sich das vollkommene Wesen Gottes in seiner Offenbarung bekannt macht. Dies ist offenbar, wenn Gott uns auch darin nicht täuscht, sondern wahrhaftig ist, der er ist, die Form, die ihm selber eigen ist. Ist dem aber so, wie kann man dann — immer vorausgesetzt, daß uns diese Form als solche sichtbar und eindrücklich geworden ist — der Frage ausweichen: ob nicht auch diese Form des vollkommenen Wesens Gottes in sich vollkommen, ob das:

3. Gottes Ewigkeit und Herrlichkeit

dieses vollkommene Wesen Gottes nicht selbst und als solches schön ist? Wir werden uns dabei selbst recht verstehen müssen. Es kann sich nicht darum handeln, zwischen Inhalt und Form des göttlichen Wesens zu unterscheiden und also die Schönheit Gottes abstrakt in der Form seines Seins für uns und in sich selbst zu suchen. Es liegt die Schönheit Gottes nicht in der Einheit von Identität und Nicht-Identität, von Bewegung und Frieden als solcher. Wir dürfen und können jenen Rekurs auf Gott selber auch hier nicht unterlassen. Er ist der vollkommene Inhalt des göttlichen Wesens, der auch seine Form vollkommen macht. Oder: es ist die Vollkommenheit seiner Form nur die Ausstrahlung der Vollkommenheit seines Inhaltes und also Gottes selber. Aber eben dieser Inhalt macht diese Form — offenbar darum, weil sie ihm notwendig, weil sie ihm eigen ist — tatsächlich vollkommen. Und eben in dieser Form strahlt jener vollkommene Inhalt, strahlt Gott selber. Die Glorie, die Selbstkundgabe Gottes, lebt ja überhaupt davon, daß er selbst in ihr nach außen wie nach innen sein Leben hat. Und so kann die Frage nicht die sein, ob es für jene Einheit und Unterschiedenheit, Unterschiedenheit und Einheit, nicht etwa auch andere Beispiele geben möchte? Wie sollte das nicht der Fall sein? Aber wo ist diese Form das Gewand, in das Gott selbst sich hüllt? Wo ist sie darum so vollkommen und darum nun wirklich unvergleichlich schön, weil sie und indem sie die Form dieses Inhalts ist? Wo ist sie die Form des Wesens dessen, dessen Vollkommenheiten die des Herrn, des Schöpfers, Versöhners und Erlösers wären? Wo strahlt sie jene Vollkommenheit aus? Wo mehr als irgend ein Unvollkommenes? Wo wird sie darum nicht auch selber bei näherem Zusehen als höchst unvollkommen sich erweisen? Göttliche Schönheit hat nur die Form des göttlichen Wesens. Als die Form des göttlichen Wesens aber hat sie, ist sie selber die göttliche Schönheit. Und wo sie als Form des göttlichen Wesens erkannt wird, wie sollte sie da nicht als Schönheit empfunden werden? Wie sollte es dann anders sein, als daß das vollkommene göttliche Wesen, indem es sich selbst kundgibt, in der Würde und Kraft seiner Gottheit auch Freude ausstrahlt, auch jenes Wohlgefallen, jenes Begehren, jenen Genuß auslöst und also so, durch das Mittel dieser Form überführend und überzeugend ist? Und wie sollte dann diese überführende und bewegende Form nicht die Schönheit Gottes genannt werden müssen?

Wir nennen als zweites Beispiel die Dreieinigkeit Gottes. Das vollkommene Wesen Gottes ist das eine Wesen des Vaters, des Sohnes, des Heiligen Geistes. Nur als solches hat es jene Vollkommenheit. Als solches hat es sie. Es west ja nicht in sich. Gottes Freiheit ist nicht ein abstraktes Frei- oder Souveränsein und Gottes Liebe ist nicht ein abstraktes Suchen und Finden von Gemeinschaft. Und so sind alle Vollkommenheiten der göttlichen Freiheit und Liebe nicht in sich wesende

Wahrheiten, Wirklichkeiten und Kräfte, ist Gottes Sein nicht ein in sich schwingendes und in seiner Reinheit göttliches Sein. Sondern daß es das Sein des Vaters, des Sohnes und des Heiligen Geistes ist, das macht es zum göttlichen, zum wirklichen Sein, und damit, daß sie in diesem Dreieinigen, in seinem einigen und unterschiedenen Wesen sind, in dieser Konkretion sind seine Freiheit und seine Liebe und alle seine Vollkommenheiten göttlicher Art. Und so ist nun auch die Form seines Wesens, die uns hier beschäftigt, nicht Form an sich, sondern die konkrete Form des dreieinigen Wesens Gottes: des Wesens, das Gott der Vater, der Sohn und der Heilige Geist ist. Es ist in der Weise, daß Alles, was von seinem Sein, Dasein und Sosein zu sagen ist, genau genommen, keinen Augenblick anders denn als das Sein, Dasein und Sosein eben des Vaters, des Sohnes und des Heiligen Geistes verstanden und beschrieben werden dürfte. Eben in der Dreieinigkeit Gottes hat auch die eigentümliche Form des göttlichen Wesens ihre Notwendigkeit und ihren Sinn. Hier zuerst und hier in letzter Eigentlichkeit haben wir es ja mit einer Einheit von Identität und Nicht-Identität zu tun. Hier lebt Gott sein göttliches Leben, das sich weder auf den Nenner der Einfachheit noch auf den der Vielfachheit bringen läßt, das vielmehr beide: Einfachheit und Vielfachheit in sich schließt. Hier sind wirklich drei in Gott, in bestimmten nicht umzukehrenden und nicht zu vertauschenden Beziehungen zueinander und in diesen Beziehungen bestimmt als eine Mehrzahl von göttlichen Seinsweisen. Hier ist Gott in sich selber real unterschieden: Gott und noch einmal und anders Gott und dasselbe ein drittes Mal. Hier ist keine bloße Punktualität. Hier gilt auch nicht der Kreis oder das Dreieck. Hier ist göttlicher Raum und göttliche Zeit und damit Ausdehnung und in dieser Ausdehnung Folge und Ordnung. Aber hier ist auch keine Disparatheit und Auflösung, hier ist kein Widerspruch. Hier ist ein göttliches Wesen jedesmal in allen drei Seinsweisen als das ihnen allen gemeinsame. Hier sind auch diese Seinsweisen unter sich — so intim und kräftig sind ihre Beziehungen — keine ohne die andere; hier ist eine wie durch die andere, so auch in der anderen: in jener durch nichts beschränkten und aufgehaltenen Perichorese und darum eine nie ohne die andere wirksam, erkennbar nach außen. Man merke: daß das göttliche Wesen von hierher nicht nur seine innere Vollkommenheit hat: seine große Wahrheit und Kraft und so auch die seiner Werke als die Wahrheit und Kraft des Vaters, des Sohnes und des Heiligen Geistes — sondern von hierher nun eben auch die äußere Vollkommenheit seiner Form, jene durchgängige Bestimmtheit als die Einheit von Identität und Nicht-Identität, von Bewegung und Friede, von Einfachheit und Vielfachheit. Wie sollte es, wenn Gott der Dreieinige ist, anders sein? Nicht das folgt aus der Dreieinigkeit Gottes, daß sein Wesen ein dreifaches wäre in dem Sinn, daß seine Vollkommenheit in drei Teilen bestünde und von uns gleichsam in drei Abschnitten zu sehen und zu verstehen wäre. Sein Wesen ist ja ganz und ungeteilt, es sind also alle seine Vollkommenheiten in gleicher Weise das Wesen aller drei Seinswesen Gottes. Wohl aber folgt aus der Dreieinigkeit Gottes, daß eben das eine ganze Wesen Gottes wie der Vater, der Sohn und der Heilige Geist selber, deren Wesen es ist, zugleich mit sich selbst identisch und nichtidentisch, zugleich einfach und vielfach, ein Leben zugleich in der Bewegung und im Frieden sein muß. Was sich in dem ganzen göttlichen Wesen als solchem in jenem Verhältnis und also in seiner Form, was sich in jeder göttlichen Vollkommenheit im Einzelnen wiederholt und offenbart, das ist das Verhältnis und die Form des Seins des Vaters und des Sohnes in der Einheit des Geistes, sofern diese drei in Gott unterschieden und sofern sie in Gott nicht weniger eins sind: ohne Vorrang und ohne Unterordnung, aber auch nicht ohne Folge und Ordnung, ohne Bedrohung und Aufhebung des realen Lebens der Gottheit. Wir können jetzt wohl noch ausdrücklicher sagen, was hier entscheidend ist: Es ist der Inhalt des göttlichen Wesens, der ihm gerade die ihm eigentümliche Form verschafft. Sie ist ihm tatsächlich eigentümlich. Sie gründet nicht in einer allgemeinen Notwendigkeit, sondern in der Notwendigkeit des dreieinigen Seins und Lebens Gottes. Wie dieses — und damit sagen wir im strengsten und genauesten Sinn: wie Gott selbst — die Kraft und Würde des göttlichen Wesens als solche und damit auch die Kraft und Würde seiner Selbstkundgabe, seiner Herrlichkeit begründet, so wiederum dieses dreieinige Sein und Leben (und in diesem genauen und strengen Sein: Gott selber) das, was diese Kraft und Würde einleuchtend, überführend und überzeugend macht. Denn das ist ja die eigentümliche Funktion dieser Form. Sie strahlt und es ist Freude, was sie ausstrahlt. Sie entzückt und damit gewinnt sie. Sie ist also schön. Sie ist das aber, wie wir nun feststellen müssen, weil sie das dreieinige Wesen Gottes widerspiegelt: nicht materiell, nicht so also, daß in ihr irgend eine Trias zu entdecken wäre, sondern eben — wie es in unserem Zusammenhang allein in Frage kommen kann — formell: sofern sich in ihr das Einssein und Unterschiedensein des göttlichen Wesens, wie es ihm als dem Wesen des Dreieinigen eigentümlich ist, wiederholt und offenbart. Insofern ist die Dreieinigkeit Gottes das Geheimnis seiner Schönheit. Man leugne sie und man hat alsbald einen glanzlosen und freudlosen (auch humorlosen!), einen unschönen Gott. Mit der Würde und Kraft wirklicher Gottheit ist ihm dann auch dies abhanden gekommen, daß er schön ist. Man halte sich an sie, man vollziehe die ganze christliche Gotteserkenntnis und die ganze christliche Theologie im Wissen um diese Voraussetzung, daß der eine Gott der Vater, der Sohn und der Heilige Geist ist — und wie sollten wir dann im Ganzen wie im Einzelnen der

Feststellung ausweichen können, daß Gott, von allem Anderen abgesehen, auch schön ist?

Wir nennen als drittes Beispiel die Inkarnation. Wir setzen jetzt voraus, daß wir es hier mit dem Zentrum und Ziel und so auch mit dem verborgenen Anfang aller Werke Gottes zu tun haben. Und wir setzen jetzt ferner voraus, daß die hervorgehobene Stelle dieses göttlichen Werkes nicht ohne Entsprechung im Wesen Gottes selber ist, daß der Sohn die Mitte der Trinität bildet und daß in seinem Werk als solchem, in dem Namen und der Person Jesu Christi sozusagen das Wesen des göttlichen Wesens seinen Ort hat und offenbar wird. Eben dieses Werk des Sohnes als solches offenbart aber auch in besonderer, gewissermaßen potenzierter Weise die Schönheit Gottes.

Was bis dahin über die Schönheit des Wesens Gottes als solchen und der Trinität im Besonderen gesagt wurde, soll damit nicht abgeschwächt sein. Aber woher wissen wir um das Wesen und die Trinität Gottes, wenn nicht eben durch die Offenbarung und also aus der Existenz des Sohnes Gottes in seiner Vereinigung mit der Menschheit? Man wird sogar sagen müssen, daß der Sohn oder der Logos Gottes schon in seiner ewigen Existenz und also innerhalb der Trinität in besonderer Weise eben Gottes Schönheit darstellt und selber ist, sofern er das vollkommene Ebenbild des Vaters ist. *Aliqua imago dicitur esse pulchra, si perfecte repraesentat rem* (Thomas von Aquino, S. theol. I qu. 39 art. 8 c). Die *species* oder *pulchritudo* Gottes ist also da, *ubi iam est tanta congruentia et prima aequalitas et prima similitudo nulla in re dissidens et nullo modo inaequalis et nulla ex parte dissimilis, sed ad identidem respondens ei cuius imago est*. Das ist aber der Sohn Gottes. Er ist das *Verbum perfectum, cui non desit aliquid et ars quaedam omnipotentis et sapientis Dei... ipsa unum de uno, cum quo unum* (Augustin, De trin. VI, 10). Wir sind in dieselbe Richtung gewiesen, wenn wir uns erinnern, daß wir es nach der Schrift in Jesus Christus mit der Offenbarung der Herrlichkeit, mit der Selbstkundgabe Gottes (nach Hebr. 1, 3 mit dem ἀπαύγασμα τῆς δόξης καὶ χαρακτὴρ τῆς ὑποστάσεως αὐτοῦ, nach 2. Kor. 4, 6 in seinem Angesicht mit dem Instrument zu unserer Erleuchtung «zur Erkenntnis der Herrlichkeit Gottes») zu tun haben. Es ist aber das Werk des Sohnes und also seine Inkarnation, in welchem über sein ewiges Wesen auch in dieser Hinsicht für uns die Entscheidung fallen muß.

Was wüßten wir von dem, was uns als die Schönheit des Wesens und der Dreieinigkeit des Wesens Gottes anspricht, woher hätten wir die Anschauung und den Begriff der Einheit von Identität und Nicht-Identität, von Einfachheit und Vielfachheit, von Bewegung und Frieden in Gott, wie kämen wir dazu, durch den Anblick des inneren Lebens Gottes in Entzücken versetzt zu sein, wenn uns dieses Leben nicht gerade in dieser seiner eigentümlichen, freudeerregenden Form gegenwärtig wäre, in der Selbstdarstellung Gottes, die eben darin besteht, daß er in seinem ewigen Wort Fleisch, daß er in Jesus Christus mit uns Menschen Einer geworden ist, uns in die Einheit mit sich selbst aufgenommen hat, indem er, der wahre Gott, wahrer Mensch wurde und ist in Jesus Christus? Er wurde und ist es ohne seiner Gottheit auch nur im Geringsten zu nahe zu treten und verlustig zu gehen. Es überströmte vielmehr seine Gottheit in ihrer Herrlichkeit gerade darin, es ist das Wunder aller Wunder seiner Gottheit eben dies: daß der wahre Gott in Jesus Christus wahrer Mensch wurde. Wie könnte die Liebe und wie auch die Freiheit Gottes noch größer sein als eben in diesem Werk? Wie müßte sie nicht gerade in diesem Werk in ihrer Göttlichkeit erkannt und anerkannt werden? Kann man aber die Einheit mit sich selbst: die höchste Betätigung und Bestätigung dieser Einheit, in der Gott gerade in Jesus Christus handelt, nicht genug hervorheben, so ebensowenig die Tiefe, in der er sich hier von sich selbst unterscheidet, einem ganz Anderen, als er selbst ist, sich öffnet, erschließt, hingibt, einem Anderen höchste Gemeinschaft mit sich selber verleiht, seine eigene Existenz gewissermaßen erweitert zur Koexistenz mit diesem Anderen, indem er, wahrer Gott bleibend, ja gerade darin als der wahre Gott lebend, wahrer Mensch wird. Man bedenke: Mensch w i r d — also nicht nur den Menschen schafft, erhält und regiert; das ist das Werk der Schöpfung, das in jenem größeren Werk freilich vorausgesetzt ist, das aber jenem, so unbegreiflich es selber schon ist, doch nur vorangeht, das in jenem noch einmal in unerhörter Weise überboten wird. Denn daß Gott in Jesus Christus selbst Mensch wird und ist, das ist mehr als Schöpfung, Erhaltung und Regierung, das ist die Herablassung Gottes selbst. Das heißt, daß Gott selbst sich das Sein dieses Anderen, des Menschen, zu eigen macht, sein göttliches Sein menschliches Sein, dieses menschliche Sein göttliches Sein werden läßt. Welche Unterschiedenheit in der Einheit Gottes, die uns darin sichtbar wird! So also ist Gott Einer, so einfach, so im Frieden mit sich selbst, daß er solcher Herablassung fähig, daß ihm solche Entfremdung, d. h. solche Einheit mit einem Fremden nicht fremd, daß sie ihm nicht nur natürlich ist, sondern daß eben sie die eigentliche Bewährung und Betätigung seiner Einheit, d a s Werk der Einheit des Vaters mit dem Sohne, des Sohnes mit dem Vater und so das Werk des einen göttlichen Wesens ist: daß er Mensch wird. Und man bedenke weiter: M e n s c h wird, nicht scheinbarer, sondern wahrer Mensch. Und gerade wahrer Mensch heißt ja nicht etwa: Mensch in der Herrlichkeit seiner ursprünglichen Bestimmtheit, in der er, wenn auch als Geschöpf, wenigstens als Krone der übrigen Schöpfung anzusprechen wäre. Diese Herrlichkeit hat ja der Mensch, mit dem Gott eins wird, gerade verloren. Diese Herrlichkeit soll ihm ja in dieser Vereinigung erst wieder geschenkt werden. Sie ist der *terminus ad quem* aber nicht der *terminus a quo* der Inkarnation des göttlichen Wortes. Der Mensch, mit dem Gott eins wird, ist das mit dem Fluch beladene Kind Adams, die Frucht des aus einer Untreue in die andere gefallenen und von einem Gericht nach dem anderen getroffenen Stammes Abrahams und Davids. Was hier erwählt wird, das ist kein edles, kein Gott Ehre machendes, sondern ein mit allen Kennzeichen der Verwerfung versehenes Gefäß. Der hier annimmt, ist wohl der ewig heilige Gott. Aber der hier angenommen wird, das ist der verlorene Mensch. Und ihn duldet und trägt Gott nicht nur, obwohl er sein Dasein vor ihm verwirkt hat; ihn liebt er nicht nur von ferne; ihn leitet und erzieht er nicht nur; ihm gibt er nicht nur Verheißungen und Gebote; ihm läßt er nicht nur einige Brocken seiner Güte zuteil werden; mit ihm schließt er nicht nur einen Bund, wie er wohl auch zwischen sehr ungleichen Partnern geschlossen werden kann; ihm schenkt er vielmehr nicht weniger und nichts Anderes als sich selbst. Mit ihm tritt er so in Gemeinschaft, in so völlige Gemeinschaft, daß er selbst, Gott, an seine Stelle tritt, um an dieser Stelle für ihn, den Menschen, zu leiden, was er leiden mußte und um an eben dieser Stelle für ihn, den Menschen, das gut zu machen, was der Mensch böse machte, auf daß wiederum der Mensch an Gottes Stelle träte, sodaß er der Sünder, mit Gottes Heiligkeit und Gerechtigkeit bekleidet, wahrhaft heilig und gerecht sein darf. Eben dieser Wechsel und Tausch des Ortes und der Prädikate ist die vollkommene Gemeinschaft zwischen Gott und Mensch, wie sie in der Inkarnation, in der Person Jesu Christi, im Kreuzestod des Sohnes Gottes und in seiner Auferstehung von den Toten realisiert ist. Solche Erniedrigung läßt Gott hier sich selbst gefallen und solche Erhöhung läßt er hier diesem Anderen, dem Menschen, zuteil werden. Eben so betätigt und bestätigt er seine Einheit mit sich selbst, seine Gottheit. Auf diesem Wege kommt es zu seiner Selbstkundgabe, offenbart er seine Herrlichkeit. So tief unterscheidet sich Gott von sich selbst. Nochmals: nicht in Preisgabe, nicht unter Verlust seiner Gottheit. Gott könnte als Gott nicht herrlicher sein als in dieser unbegreiflichen Erniedrigung seiner selbst zum Menschen, in dieser unbegreiflichen Erhöhung des Menschen zu sich selber. Aber eben in dieser Unterscheidung, eben in dieser Entäußerung seiner selbst ist er herrlich. Und eben dieses höchste Werk Gottes nach außen ist der Spiegel und das Bild seines inneren, seines ewigen göttlichen Wesens. Eben in diesem Spiegel und Bild sehen wir ihn, wie er in sich selbst ist: Einer und doch nicht gefangen und gebunden nur Eines zu sein, identisch mit sich selbst und doch frei, auch ein Anderer zu sein, einfach und doch vielfach, im Frieden mit sich selbst und doch lebendig. Der das ist und tut, was wir Gott in Jesus Christus sein und tun sehen, wie sollte der nicht jenes Alles zugleich sein? Nicht in Spannung, Dialektik, Paradoxie und Widerspruch — es ist nicht Gott, sondern es sind die Fehler unseres Denkens über Gott daran schuld, wenn es sich uns so darstellt — sondern in der realen Einheit des göttlichen Wesens, das eben diese — und nun wiederholen wir erst recht: diese schöne, diese freudeerregende Form hat. Denn das ist das Schöne, das Freudeerregende an Gottes Wesen: daß er so unerschöpflich, so notwendig (und zugleich so gar nicht bedrückt durch irgend eine fremde, so ganz und gar nur durch seine eigene Notwendigkeit bewegt) Einer ist und doch ein Anderer, und als dieser

Andere doch wieder der Eine: unvermischt und unverwandelt, aber auch ungetrennt und ungeschieden. Was sich in dieser Bestimmung des Verhältnisses der göttlichen und der menschlichen Natur in Jesus Christus spiegelt, das ist die Form, die schöne Form des göttlichen Wesens. So, in dieser Ruhe und Bewegung, ist Gott der Dreieinige, hat und ist er das göttliche Wesen in der Einheit und Fülle aller seiner Bestimmungen. Weil er es so ist, darum ist er nicht nur die Quelle aller Wahrheit und alles Guten, sondern auch die aller Schönheit. Und weil wir in Jesus Christus erkennen, daß er es so ist, darum haben wir eben in Jesus Christus die Schönheit Gottes zu erkennen.

Daraus dürfte sich der merkwürdige Widerspruch erklären, daß das Alte Testament zwar voll ist und etwa im Verlauf des Jesaia-Buches gegen das Ende hin immer voller wird von Tönen der Freude, des Frohlockens, des Jubels, den die Propheten und mit ihnen die Gemeinde mitten in den düstersten Zeiten nur um so lauter und scheinbar immer lauter anschlagen, und daß nun doch dessen Gegenstand: das die Freude rechtfertigende und erregende Schöne nicht nur zu fehlen scheint, sondern auch als solches nicht genannt wird. Es gibt nur einen Zusammenhang, wo irdisch menschliche Herrlichkeit als solche eine selbständige und legitime Rolle spielt, und das ist die Geschichte und Gestalt des Königs Salomo, mit dessen Person denn auch bezeichnenderweise eben das Hohe Lied in sachlicher und literarischer Verbindung zu stehen scheint. Zu Salomos Weisheit gehört unabtrennbar Salomos Herrlichkeit. Sieht man aber genauer zu, so handelt es sich bei dieser salomonischen Herrlichkeit als solcher nun doch noch nicht eigentlich um Schönheit, sondern mehr um deren Voraussetzungen, um Reichtum, Glanz und Pracht, um den unerschöpflichen Besitz und um die verschwenderische Entfaltung materieller Mittel dazu. Es gibt auch eine kalte Pracht, und wenn nicht Alles täuscht, scheint die salomonische Herrlichkeit doch mehr von der Art solcher kalter Pracht als gerade von der Art der Schönheit an sich gehabt zu haben. Es dürfte auch die auf diesem Höhepunkt in Jerusalem betätigte Kunstfertigkeit mehr mit Fertigkeit als mit Kunst im eigentlichen Sinn gemein gehabt haben. Es dürfte der Schatten des Bilderverbotes doch schwer auch über diesem Höhepunkt gelegen haben. Und dieser Höhepunkt ging vorüber, wie er gekommen war. Es kam im besten Fall — aber die Texte sagen uns nicht einmal das in einiger Greifbarkeit — zu einer sehr vorübergehenden Freude auch an der kalten Pracht dieser Herrlichkeit. Wie ein Traum zieht sie vorüber, um dann alsbald, schon zu Lebzeiten Salomos selbst und trotz seiner Weisheit, in Sünde und Schande zu versinken, um nachher nur wie ein Traum von Schönheit — von einer in Wirklichkeit nie dagewesenen, sondern eben nur ersehnten, nur glänzend vorbereiteten Schönheit — weiter zu leben. Schönheit war und blieb trotz Salomo für Israel ebenso Verheißung wie desselben Salomo andere Prädikate: wie Macht und Weisheit. Und wenn nun dasselbe Israel doch so viele und so starke Töne gerade der Freude aufbringt und also auch um das Schöne — wie würde es sich sonst freuen? — in seiner Weise zu wissen scheint, dann dürfte es deutlich sein: diese Freude gilt dem göttlichen bzw. sie gilt einem noch ausstehenden, einem trotz Salomo oder vielmehr gerade in der Gestalt des Salomo erst erwarteten menschlich Schönen. Israel mußte auch in dieser Hinsicht weniger sein und haben als die anderen Völker. Es mußte Jerusalem etwa neben Athen ziemlich barbarisch dastehen auch mit seiner salomonischen Erinnerung, weil seine Hoffnung größer war, weil es im Unterschied zu Athen auf die göttlich menschliche Schönheit seines Gottes in der Gestalt seines Messias wartete und darum menschliche Schönheit wohl wünschen und vorbereiten, aber nicht sichtbar machen, nicht als solche anschauen und genießen konnte. Weil Gott selbst ihm sein echtes Bild und damit das Schöne in Person verheißen hatte und geben wollte, darum durfte es selbst keine Bilder machen, darum durfte Jerusalem kein Athen werden, darum blühte dort keine sich selbst darstellende und genießende Humanität, darum war Salomo nach Matth. 6, 29 in aller seiner Pracht nicht gekleidet wie eine von den Lilien des Feldes. Seine Herrlichkeit konnte gerade nur insofern schön sein, als sie die Weissagung der Herrlichkeit Jesu Christi war.

Nicht irgend eine Schönheit, sondern die Schönheit Gottes ist die Schönheit Jesu Christi. Konkreter gesagt: die Schönheit dessen, was Gott ist und tut in ihm. Wer hier die Sache, das Abgebildete nicht sähe: die Einheit von Majestät und Kondeszendenz Gottes, seine völlige Hoheit und Heiligkeit und die völlige Barmherzigkeit und Geduld, in der eben dieser Hohe und Heilige sich dem Menschen nicht nur zuwendet, sondern sich zu ihm herniederläßt, die Einheit von Treue gegen sich selbst und Treue gegen sein Geschöpf, in der er handelt, wer die Liebe nicht sähe, in der Gott hier frei ist und nicht die Freiheit, in der Gott hier liebt — wem das nicht offenbar wäre, wer das nicht glaubte, an wem das nicht geschähe, wie sollte der die Form dieses Geschehens, das Abbild des Wesens Gottes in Jesus Christus sehen und wie sollte er sehen, daß dieses Abbild schön ist? Wie sollte Gott auch in dieser Hinsicht anders als durch Gott erkannt werden?

Jes. 53, 2 f. belehrt uns darüber, wie der Mensch sich gerade in dieser Hinsicht, gerade Jesus Christus gegenüber irren kann und wie er hier der Belehrung bedarf: «Er wuchs auf vor uns wie ein Schoß, wie eine Wurzel aus dürrem Erdreich; er hatte weder Gestalt noch Schönheit, daß wir nach ihm geschaut, kein Ansehen, daß er uns gefallen hätte. Verachtet war er und verlassen von Menschen, ein Mann der Schmerzen und vertraut mit Krankheit wie Einer, vor dem man das Antlitz verhüllt, so verachtet, daß er uns nichts galt». Gerade Jesus Christus bietet uns auch diesen Aspekt und sogar immer zuerst gerade diesen. Daß er auch unter diesem Aspekt, ja gerade unter ihm Gestalt und Schönheit tatsächlich hat, das Aufleuchten der Schönheit Gottes gerade unter diesem Aspekt, die Offenbarung und Erkenntnis des gekreuzigten als des auferstandenen Christus — das Alles ist keine Selbstverständlichkeit, das Alles kann der Mensch sich nicht nehmen, sondern das kann ihm nur gegeben sein. Man suche die Schönheit Christi in einer Christusglorie, die nicht die des Gekreuzigten wäre: man wird sie dann immer vergeblich suchen. Aber wer sucht sie nicht anderswo? Und wer findet sie hier? Wer fände von sich aus hier nicht das Gegenteil? Wer sieht und glaubt es, daß eben dieser Erniedrigte der Erhöhte, eben dieser wahre Mensch der wahre Gott ist? In dieser Einheit und Unterschiedenheit leuchtet die Herrlichkeit, leuchtet die Schönheit Gottes. In dieser Einheit und Unterschiedenheit überführt, überzeugt und gewinnt sie. Diese Einheit und Unterschiedenheit ist das ˚καλόν Gottes, das als solches die Kraft eines καλεῖν hat. Sie ist die Schönheit, die Salomo nicht hatte, sondern mit allen seinen Zurüstungen nur weissagen konnte, die aber — so werden wir jetzt sagen müssen — auch Athen mit seiner ganzen schönen Humanität nicht hatte und, indem es sie im Unterschied zu Jerusalem nun doch zu haben meinte, auch nicht weissagen konnte. Schöne Humanität ist der Spiegel des Wesens Gottes in der in Jesus Christus erschienenen Menschenfreundlichkeit (Tit. 3, 4). In dieser Selbstkundgabe umfaßt aber die Schönheit Gottes den Tod wie das Leben, die Furcht wie die Freude, das, was wir häßlich, wie das, was wir schön nennen möchten. Auf dem Wege vom Einen zum

3. Gottes Ewigkeit und Herrlichkeit

Anderen, in der Wende von der Selbsterniedrigung Gottes zugunsten des Menschen zur Erhöhung des Menschen durch Gott und zu Gott offenbart sie sich und will sie erkannt werden. Diese Wende ist ja das Geheimnis des Namens Jesu Christi und der in diesem Namen offenbarten Herrlichkeit. Wer erkennt sie als der, dem sie sich selbst zu erkennen gibt? Und wie kann sie hier anders erkannt werden als eben im Angesicht dessen selber, der sie uns zu erkennen gibt? Es gibt kein zweites solches Angesicht. Kein anderes Angesicht ist ja die Selbstkundgabe der göttlichen Menschenfreundlichkeit. Kein anderes erzählt ja zugleich von dem menschlichen Leiden des wahren Gottes und von der göttlichen Glorie des wahren Menschen. Das ist die Funktion des Angesichts Jesu Christi ganz allein.

Und das ist die *crux* jedes Versuches, dieses Angesicht darzustellen, das Geheimnis der peinlichen Geschichte des Christusbildes. Sie konnte und kann nur eine peinliche Geschichte sein. Gerade den leidenden Gott und den triumphierenden Menschen — sie gerade in ihrer Einheit! — gerade die Schönheit Gottes, die die Schönheit Jesu Christi ist, sollte keine menschliche Kunst wiedergeben wollen. Und daß sie doch dieses unselige Unternehmen — um der Schönheit Gottes willen — endlich aufgeben möchten, das ist der einzige, aber dringliche Wunsch, den wir an dieser Stelle an alle noch so wohlmeinenden, begabten und genialen christlichen Künstler zu richten haben. Dieses Bild, das eine echte Bild — echt in seinem Gegenstand und echt in dessen Wiedergabe — kann selbst nicht wieder abgebildet werden, gerade weil es für sich selber — auch in seiner Schönheit für sich selber spricht!

Wir kehren nun zurück auf den Hauptweg unserer Betrachtung. Wenn der Satz, daß Gott auch schön ist, nicht zu vernachlässigen ist, weil er an seinem Ort instruktiv ist, so kann er doch keine selbständige Bedeutung beanspruchen. Wir wollten wissen, wie Gott in seiner Herrlichkeit, in seiner Selbstkundgabe sich selbst einleuchtend macht. Auf diese Frage antwortet in geziemender Beiläufigkeit der Satz von der Schönheit Gottes.

In derselben Beiläufigkeit dürfte hier am Schluß dieses ersten Teiles der Gotteslehre an alle diejenigen, die zur Beantwortung derselben Frage die Lehre von einer «natürlichen» Gotteserkenntnis für unentbehrlich, für geboten und für erlaubt halten, noch einmal die Frage gerichtet werden: Ob es ihnen nicht einsichtig werden könnte, daß Gott selbst in seiner Offenbarung, ja im Wesen seiner Gottheit selbst in viel besserer, in einer ihm viel angemesseneren Weise dafür gesorgt hat und noch sorgt, sich selbst gerade dem natürlichen Menschen «dem Juden zuerst und auch dem Griechen» gewinnend zu machen und liebenswürdig zu werden: damit nämlich, daß er ihnen ganz einfach Freude macht und eben dadurch Freude macht, daß er schön ist? Sollte das Unternehmen natürlicher Theologie nicht auch von daher bedenklich erscheinen, daß es ein zu tiefst langweiliges, ein gänzlich unmusikalisches Unternehmen ist, daß es in einem mehr tierischen als menschlichen und jedenfalls mehr menschlichen als göttlichen Ernst daran vorübergeht, daß es der Weisheit Gottes nach Spr. 8, 31 nun einmal gefallen hat, zu spielen auf dem Erdenrund und ihre Lust zu haben an den Menschenkindern und eben auf diesem fröhlichen Weg Antwort zu geben auf die Vexierfrage: wie uns denn Gott als Gott einleuchtend werden möchte? wie denn Juden und Griechen dazu kommen möchten, das Evangelium als Evangelium zu erkennen? Kann man die von Gott und vom Evangelium selbst gegebene Antwort von der Wohlgefallen und Begehren erregenden, von der Genuß verschaffenden ewigen Schönheit hören und dann immer noch nach irgend einem außerhalb der Offenbarung und des Evangeliums Gottes liegenden Modus dieses Einleuchtens Ausschau halten? Hat man da die Antwort

Gottes, hat man da auch nur seine eigene Frage richtig verstanden? Sollte das Unternehmen natürlicher Theologie nicht auch dadurch verboten und verunmöglicht sein, daß es sich angesichts der Form und Gestalt des Wesens Gottes, angesichts der Lebensform der göttlichen Dreieinigkeit, angesichts der Selbstkundgabe Gottes in seinem Wort, angesichts des Glanzes, den nicht die Natur, wohl aber die Gnade in dem Allem hat, als ein merkwürdig griesgrämliches, um nicht zu sagen barbarisches Unternehmen darstellt? Aber das soll nun nur noch beiläufig gesagt sein. Die Entscheidung für oder gegen die natürliche Theologie fällt auf einer anderen Linie, und es könnte sich höchstens darum handeln, zu sehen, welche Illustration der Entscheidung gegen sie gerade an dieser Stelle nachträglich gegeben ist.

Wir dürfen die ganze Frage nach jenem Wie? der Herrlichkeit Gottes, so wichtig sie ist, und so wenig wir um ihre Beantwortung verlegen zu sein brauchen, nun auch wieder zurückstellen und zu unserem Satz zurückkehren, daß die Herrlichkeit Gottes die Wahrheit, die Kraft und die Tat seiner Selbstkundgabe und so seiner Liebe ist. Er, der keines Anderen bedarf, der volles Genügen an sich selbst hat, dem auch kein Anderes auch nur von ferne genügen kann — gerade er genügt sich selbst in der Weise, daß er sich selbst als der, der er ist, erweist, manifestiert, mitteilt. Gerade er als der, der ganz er selber und in sich selber ist, bricht hervor und ist äußerlich ebenso wie er innerlich, transeunt ebenso wie er immanent ist. Gerade er ist, was er ist, in unwiderstehlicher Wahrheit, Kraft und Tat auch für das, was nicht er, was ein Anderes, was nur durch ihn ist. Gerade er als solcher kann und will nicht nur existieren sondern koexistieren. Das ist die $\delta \acute{o} \xi \alpha\ \tau o \tilde{v}\ \vartheta \varepsilon o \tilde{v}$, die *gloria Dei* und alle Werke Gottes vom größten bis zum kleinsten sind, ein jedes in seiner Weise Werke dieser Herrlichkeit Gottes, Zeugen der überströmenden Vollkommenheit seiner Gottheit. Der Anfang, die Mitte und das Ziel dieser Werke der Herrlichkeit Gottes ist aber Gottes Sohn, Jesus Christus. Er ist ihr **Anfang**, weil die Selbstkundgabe als die Herrlichkeit Gottes ihren eigenen und ursprünglichen Ort allem Tun Gottes nach außen vorangehend, in dem ewigen Zusammensein des Vaters und des Sohnes durch den Heiligen Geist hat, und weil der Sohn in seinem Verhältnis zum Vater das ewige Urbild und Vorbild der Herrlichkeit Gottes in seiner Äußerung, das Urbild und Vorbild der Koexistenz Gottes mit einem Anderen ist. Er ist ihre **Mitte**, weil in Jesus Christus, in der in ihm geschehenen Vereinigung von Gottheit und Menschheit, in der durch ihn vollbrachten Versöhnung der Welt mit Gott das geschehen ist, was die Herrlichkeit aller seiner anderen Werke nur vorläufig oder nachträglich bezeugen, nur vorbereiten oder entfalten kann. Er ist ihr **Ziel**, weil Gottes Herrlichkeit als seine Äußerung nur darin zu ihrem Ende (das doch als solches kein Ende sein kann) kommen kann, daß er in seinem Sohne, in seiner Herrschaft, im Vollzug seines Amtes und Auftrags äußerlich sein wird, daß alle Dinge in seinem Sohne zu ihm hin sein werden, wie sie von ihm her sind.

3. Gottes Ewigkeit und Herrlichkeit

Es liegt im Wesen der Herrlichkeit Gottes, daß sie nicht als *gloria* allein bleibt, sondern zur *glorificatio* wird.

Wir haben wohl mit Polanus (*Synt. Theol. chr.* 1609, col. 1214 f.) festzuhalten: *Gloria Dei aeterna est, semper eadem fuit ab aeterno et semper eadem manet in aeternum, eique nec accedere quicquam nec decedere potest, Deusque perpetuo gloriam suam habuisset licet nulla res fuisset condita. Haec gloria Dei a nemine dari nec minui augerive potest sed eadem in ipso fuit et manet semper.* In der Tat: Gott bedarf nicht des Geschöpfs als des Andern, an dem, für das, und durch das er herrlich ist, weil er schon vor aller Schöpfung in sich selbst als der Vater und der Sohn auch der Andere und so an und für und durch sich selbst herrlich ist. Aber wenn Polan nun fortfährt: *Glorificatio vero fit in tempore a creaturis et est extra Deum et fundamentum suum habet in cognitione gloriae Dei,* so werden wir zwar nicht widersprechen, wohl aber hinzufügen müssen, daß eben die *extra Deum* stattfindende *cognitio gloriae Dei* durch die Kreatur ihrerseits ihr *fundamentum* in der *gloria Dei* selber hat, ohne diese, ohne deren tatsächliche Mitteilung an das kreatürlich Andere sie als *cognitio* nicht stattfinden könnte, sodaß wir auch die in der Zeit durch die Kreaturen stattfindende *glorificatio Dei* eigentlich und entscheidend nur als Werk der göttlichen Herrlichkeit verstehen können.

Gottes Herrlichkeit erschöpft sich nicht in dem, was Gott in sich selbst ist, auch darin nicht, daß er von Ewigkeit und in Ewigkeit nicht nur innerlich, sondern auch äußerlich ist. Gottes Herrlichkeit ist auch die von Gott selbst geweckte und hervorgerufene Antwort des ihm durch seine Kreatur dargebrachten Lobpreises, sofern dieser in seiner ganzen Kreatürlichkeit der Widerhall seiner Stimme ist. Daß es diesen Widerhall: von der Kreatur zu geben und nun doch nur als Widerhall der Stimme Gottes zu geben, daß es einen solchen göttlich-kreatürlichen Lobpreis gibt, *glorificatio,* die selber und als solche aus der *gloria Dei* stammt und an ihr teilnimmt, das werden wir nun gewiß nur im Blick auf jenen Anfang, jene Mitte, jenes Ziel der Werke der Herrlichkeit Gottes, nur im Blick auf Jesus Christus zu sagen uns erkühnen. Wo und wie kämen wir dazu, unsere Stimme oder die Stimme irgend einer Kreatur aus diesem Widerhall zu deuten und also die Herrlichkeit Gottes selber für sie in Anspruch zu nehmen? Wo und wie würden wir uns nicht zu der Ungöttlichkeit, ja Widergöttlichkeit jedenfalls unserer eigenen Stimme, zu unserer Unfähigkeit Gott zu verherrlichen bekennen müssen? Und wo und wie nicht dazu, daß wir — so gewiß unsere Ohren so kreatürlich und sündig-ohnmächtig sind wie unsere Zungen — auch in dem Chor der Stimmen der uns umgebenden übrigen Schöpfung jenen Widerhall und also ihre Teilnahme an der Herrlichkeit Gottes nicht zu vernehmen vermögen? Im Blick auf Jesus Christus dürfen wir uns nicht nur zu der Offenbarung des göttlichen Wesens in seiner Herrlichkeit, sondern auch dazu bekennen, daß es einen durch ihn und in ihm versöhnten Sünder gibt und also eine Lösung der stummen Zungen und also eine von Gott selbst geweckte und hervorgerufene Antwort auf seine Herrlichkeit, die als von ihm hervorgerufen und geweckt, an seiner Herrlichkeit selber

Anteil hat, eine Antwort, in der nicht nur wir ihn, in der er vielmehr sich selber lobt durch uns. Im Blick auf Jesus Christus, im Glauben an ihn, in der Einheit aller Kinder Gottes mit diesem ihrem ältesten Bruder, im Leben der Kirche also, wegschauend von uns selbst und von allen anderen Kreaturen, aber eben von uns selbst und von allen anderen Kreaturen hinschauend auf die Kreatur, die Gottes eigener Sohn ist, in dem dieser sich ihrer annehmen wollte und angenommen hat — von dieser Mitte der Herrlichkeit Gottes redend, weil sie sich selbst zur Mitte auch der Kreatur, zu unserer eigenen Mitte gemacht hat — dürfen wir nicht nur, sondern müssen wir auch das sagen, daß Gott auch in seiner **Verherrlichung durch die Kreatur** Gott und herrlich sein will und tatsächlich ist, daß es Gottes Selbstverherrlichung nicht zu gering ist, auch in der Form seiner Verherrlichung durch die Kreatur stattzufinden. Wir werden streng bei Jesus Christus bleiben müssen; wir werden faktisch nur von ihm reden dürfen, wenn wir von uns selbst und von der übrigen Kreatur so überschwenglich Großes zu sagen wagen. Wir können es nur sagen im Blick auf unser Angenommensein durch ihn und in ihm, nur im Blick auf die unverdiente und unbegreifliche Gnade der Inkarnation des Sohnes Gottes, nur im Sinne und in der Form einer Danksagung für die in ihm für uns geschehene Versöhnung. Nur im **Nachtrag** kann das gesagt werden, so gewiß wir uns selbst in unserer Gemeinschaft mit Gott, so gewiß wir eine versöhnte Welt überhaupt nur als Nachtrag zu der Existenz Jesu Christi verstehen können. Aber so gewiß es (als solchen Nachtrag zur Existenz Jesu Christi) Gottes Kinder und Gottes Kirche, eine mit Gott versöhnte Welt gibt, so gewiß muß jetzt (im Nachtrag) auch dies gesagt werden: daß Gottes Herrlichkeit sich ihre Verherrlichung durch die Kreatur nicht nur von ferne gefallen läßt, sondern gerade in ihrer ganzen Kreatürlichkeit sich zu eigen macht, daß es eine echte, kreatürliche *glorificatio* gibt, die als solche, ohne aufzuhören, kreatürlich (ohne auch ihrer inneren Problematik als solcher entrückt) zu sein, die, indem sie geschieht, diesseits der Erlösung geschieht, deren auch sie zu warten hat — und die nun doch schon teilnimmt an der echten göttlichen *gloria,* in der die göttliche *gloria* zu wohnen, zu leuchten nicht verschmähen will. Indem Gott herrlich ist und nun auch in der Welt herrlich ist in seinem eingeborenen Sohne, in dem Spruch seines ewigen Wortes, ist diese Welt nicht mehr ohne seine Herrlichkeit, ist Gott auch für sie nicht mehr umsonst herrlich. Das ist aber konkret überall da wirklich, wo Gottes Herrlichkeit und also die Herrlichkeit seines Sohnes und Wortes erkannt wird, wo die Kreatur sich selber als von ihm geschaffen und versöhnt und künftig erlöst und so ihn als ihren Herrn und Heiland und so ihre eigene Existenz vor seinem Angesicht, in der Koexistenz im Gegenüber mit ihm erkennen muß. Diese Kreatur ist als solche **neue Kreatur:** aus der Finsternis herausgenommen nicht durch ihr eigenes

Können und Bemühen, aber durch das Licht, das von Gott her auf sie gefallen und dessen Zeuge sie geworden, zu dessen Widerschein sie gemacht worden ist. Diese Kreatur ist frei für Gottes Herrlichkeit, nicht weil sie es aus sich selbst werden konnte und wollte, aber weil sie durch Gottes Herrlichkeit selbst für sie frei gemacht worden ist. Diese Kreatur ist dankbar. Darin erkennt sie Gott und darin wird sie selbst neue Kreatur: daß sie dankbar wird. An Jesus Christus glauben heißt dies: dankbar werden. Man verstehe dies nur so radikal, wie es in diesem Zusammenhang verstanden werden muß: nicht bloß als eine Stimmungs- und Gesinnungsänderung also, auch nicht bloß als eine Veränderung des Verhaltens und Tuns, sondern als die Veränderung des Seins des Menschen vor Gott: dadurch hervorgebracht, daß Gott sein Verhalten ihm gegenüber verändert hat: seine Veränderung aus dem unmöglichen und lebensgefährlichen Stand der Undankbarkeit in die Dankbarkeit als neuen, besseren, den allein möglichen und aussichtsvollen Stand vor Gott. Man verstehe Dankbarkeit nicht nur als eine Eigenschaft und Tätigkeit, sondern als das Wesen dieser Kreatur: sie dankt nicht nur, sie ist selber Dank; sie kann sich selber nur noch als Dank erkennen, weil sie tatsächlich nur noch als das, als ein einziger Dank gegen Gott existieren kann. Was die Kreatur, in dieser ihrer neuen Kreatürlichkeit, in Jesus Christus zum Dank gegen Gott geworden, tut, das ist die Verherrlichung Gottes: ein kreatürliches Werk, gewiß — aber wie sollte dieses kreatürliche Werk, indem es in Jesus Christus, im Leben seiner Kirche geschieht, außerhalb der Herrlichkeit Gottes selbst und ohne sie geschehen können? Was dieses kreatürliche Werk regiert, trägt, bewegt, was ihm Anlauf, Weg und Ziel gibt, das ist der Schöpfer und Herr dieser neuen Kreatur, das ist der in ihr lebende neue Mensch, der Jesus Christus selber ist.

Es wird gut sein, wenn wir uns an dieser Stelle klar machen, daß die Herrlichkeit Gottes ja nicht nur die Herrlichkeit des Vaters und des Sohnes, sondern die der ganzen göttlichen Trinität und also auch die des Heiligen Geistes ist. Der Heilige Geist ist aber nicht nur im ewigen Leben der Gottheit selber die Einheit des Vaters und des Sohnes, sondern auch in Gottes Handeln in der Welt die Gotteswirklichkeit, in der die Kreatur für Gott aufgeschlossen, fähig und willig gemacht wird, und insofern die Einheit zwischen ihr und Gott, das Verbindende zwischen Ewigkeit und Zeit. Kommt es zur Verherrlichung Gottes durch die Kreatur, dann geschieht dies, weil diese Kreatur durch den Heiligen Geist getauft und neu geboren, berufen, gesammelt und erleuchtet, geheiligt und bei Jesus Christus erhalten wird im rechten einigen Glauben. Es gibt keine Verherrlichung Gottes durch die Kreatur, die nicht durch dieses die Kirche begründende und erhaltende Werk des Heiligen Geistes geschähe, die nicht, ihrer Kreatürlichkeit unbeschadet, selber dieses Werk des Heiligen Geistes wäre. Er erzeugt den neuen Menschen in Jesus Christus, dessen Existenz Danksagung ist. Vermöge seiner Herrlichkeit, die die Herrlichkeit des einen Gottes ist, wird das, was dieser neue Mensch tut, zur Verherrlichung Gottes, darf also die Kreatur dieser Verherrlichung dienen. Eben damit nimmt sie aber an seiner Herrlichkeit und also an der Herrlichkeit Gottes selber teil.

So wird das, was die Kreatur als solche hier tun darf, zu beschreiben sein: sie **dient** der Selbstverherrlichung Gottes wie eine widerhallende Wand als solche dem Widerklingen und Weiterklingen der Stimme, auf die der Widerhall «antwortet», nur dienen kann. Nun aber wirklich dient! Eben das darf der dankbare, der in Jesus Christus durch den Heiligen Geist zur Danksagung berufene und eingesetzte, neu geschaffene und als solcher regierte und getragene Mensch. Er darf der göttlichen Selbstverherrlichung dienen und so und insofern darf das, was er tut, an Gottes eigener Herrlichkeit, der sein Tun zugewendet ist, **Anteil** haben.

Man wird hier beachten müssen, daß δόξα im Neuen Testament eben so die Ehre bedeutet, die Gott selber hat, bezw. sich selbst bereitet, wie die Ehre, die ihm von der Kreatur erwiesen wird, wie endlich die Ehre, die er seinerseits der Kreatur gibt. Und so heißt δοξάζειν ebensowohl Ehren, Preisen, Rühmen, Verherrlichen als kreatürliches, wie Verklären als göttliches Tun. So heißt δοξάζεσθαι ebensowohl das Gott von der Kreatur wie das der Kreatur von Gott widerfahrende Verherrlichtwerden. Das Koinzidieren der scheinbar entgegengesetzten Bedeutungen in demselben Begriff hat gerade hier höchste sachliche Notwendigkeit. Indem Gott sich selbst Ehre bereitet, kommt es notwendig dazu, daß die Kreatur ihm wieder Ehre erweisen darf und indem dies Letztere geschieht, bekommt und nimmt die Kreatur ihrerseits Anteil an der Ehre Gottes. Dasselbe Verhältnis wäre auch an den von uns speziell zur Kennzeichnung des kreatürlichen δοξάζειν herangezogenen Begriffen des **Dankes** (εὐχαριστία) und des **Dienstes** (δουλεία, λατρεία, λειτουργία) deutlich zu machen. Χάρις ruft der εὐχαριστία; εὐχαριστία ist aber selbst und als solche der Inbegriff der kreatürlichen Teilnahme an der göttlichen χάρις. Und wenn Gott es fordert und möglich macht, daß ihm durch die Kreatur gedient wird, so bedeutet dieses Dienen selbst und als solches ein Hineingenommenwerden der Kreatur in die göttliche Herrschaftssphäre. Wenn man nur nicht aufhört, sich vor Augen zu halten, daß die Herrlichkeit Gottes genuin seine Selbsthingabe ist, daß diese ihre Mitte und ihren Sinn in Gottes Sohn Jesus Christus hat und daß der Name Jesus Christus eben das Ereignis bezeichnet, daß der Mensch und im Menschen die ganze Kreatur zur Teilnahme am Wesen Gottes erweckt, berufen und befähigt wird, dann wird man vor der hier scheinbar drohenden Gefahr einer Vergottung der Kreatur und also des Pantheismus gefeit sein — gefeit aber auch davor, aus Furcht vor dieser Gefahr zu wenig zu sagen, das nicht zu sagen, was hier gesagt werden muß: daß die Selbstkundgabe Gottes in der Weise Wahrheit und Wirklichkeit, d. h. aber daß Gott selbst in der Weise Gott ist, daß er die Kreatur als Kreatur bei sich haben, daß er nicht ohne sie: nicht ohne sie in Anspruch zu nehmen, aber eben darum auch nicht ohne ihr persönlich gegenwärtig zu sein, Gott sein will.

Wir schließen darum mit einer Erwägung dessen, was das heißt, daß die Kreatur der Herrlichkeit Gottes danken und dienen, daß sie Gott ehren und lobpreisen darf. Alles hängt hier zunächst daran, daß dies wirklich als ein **Dürfen** verstanden wird. Alles Können, Müssen oder Sollen, von dem hier gewiß auch geredet werden kann und muß, ist eingeschlossen in dieses Dürfen, hat in diesem Dürfen seine Kraft und Wahrheit.

Es bekäme aber Alles, was von unserem Verhalten zu der göttlichen Glorie zu sagen ist, einen falschen Ton, wenn dabei unser Können, Müssen oder Sollen als der entscheidende Begriff in den Mittelpunkt gerückt würde. Daß wir der Herrlichkeit Gottes danken und dienen können, das wäre, abstrakt gesagt, eine runde Unwahrheit. Es liegt nicht im Wesen der Kreatur, die Potenz, das Vermögen zur Verherrlichung Gottes zu haben oder gar zu sein. Dieses Vermögen ist Gottes Vermögen, das der Kreatur als solcher durchaus nicht zukommt, das der Kreatur mitzuteilen Gott durch ihre Erschaffung durchaus nicht gebunden ist. Wer Gott verherrlichen kann, der kann mehr als das, was die Kreatur als solche kann. Und darum wäre es falsch, zur Begründung und Erklärung des Lobes Gottes durch die Kreatur auf deren eigenes Können zu verweisen. Daß sie der Herrlichkeit Gottes dienen sollte, wäre abstrakt gesagt, wieder nur eine Unwahrheit, weil es dann den Aufruf bedeuten würde, daß wir wollen sollten, was wir doch nicht können, daß wir uns nehmen sollten, was uns doch nicht gehört und zukommt. Es bedeutet mißlichen Übermut, wenn das Geschöpf sich selbst die Ehre zuschreibt, die Ehre Gottes von sich aus wollen zu sollen und es gibt kein Gebot Gottes, das uns zu diesem Übermut auffordern würde. Es wäre aber auch dies, daß die Kreatur der Herrlichkeit Gottes dienen müsse, abstrakt gesagt eine Unwahrheit. Dienst an der Herrlichkeit Gottes ist keine Naturnotwendigkeit. Er vollzieht sich durchaus nicht mit dem Dasein und Sosein der Kreatur, durchaus nicht mit dem Vorhandensein und dem Ablauf der kreatürlichen Dinge als solcher. Sondern wie die Herrlichkeit Gottes selbst die Superabundanz, das Überströmen der Vollkommenheit des göttlichen Wesens ist, so ist Gottes Verherrlichung durch die Kreatur in ihrer Art ebenfalls ein Überströmendes, ein Akt der Freiheit und nicht des Zwanges oder des selbstverständlichen Ablaufs. Wir werden nicht leugnen, daß es bei diesem Dank und Dienst der Kreatur auch um ein Können, Sollen und Müssen geht. Aber keines von diesen ist hier das Primäre, Entscheidende und Umfassende. Keines von ihnen steht für sich als Begründung und Erklärung dieses Dankes und Dienstes.

Es gibt aber etwas, das hier für sich steht und das dann auch das Können, Sollen und Müssen in sich schließt: dies nämlich, daß die Kreatur Gott loben darf. Es ist dasjenige Dürfen, das der Kreatur aus der Herrlichkeit Gottes selber darin zuströmt, daß Gott sich der Kreatur annimmt, daß er sie nicht nur schafft, in Anspruch nimmt und beherscht, sondern in dem Allem liebt, sie aufsucht, um nicht ohne sie, sondern mit ihr Gott zu sein und sie eben damit zu sich zieht, sodaß sie ihrerseits nicht mehr ohne ihn, sondern nur noch mit ihm Kreatur sein kann. Gott gewährt sich der Kreatur. Das ist seine in Jesus Christus offenbarte Herrlichkeit und das ist darum die Summe auch der ganzen Gotteslehre. Und die Kreatur, der Gott sich gewährt, darf ihn loben. Was hieße hier Können, Sollen, Müssen, wo Alles auf jenem Gewähren der göttlichen Liebe beruht und darum Alles in diesem Dürfen besteht? Gewiß, da ist auch ein Können, Sollen und Müssen von höchster Kraft und Wahrheit.

Aber eben die Kraft und Wahrheit des hier in Betracht kommenden Könnens, Sollens und Müssens ist ganz allein die des allem vorangehenden Dürfens: der durch das göttliche Gewähren geschaffenen **Befreiung** des Geschöpfs von seiner Ohnmacht, von seinem Übermut, von der Schranke seiner Existenz als bloßes Geschöpf. Aus dieser Befreiung quillt das Lob Gottes. In dieser Befreiung hat es seinen Anlaß und Anfang. In dieser Befreiung hat es das Kriterium seiner Echtheit und Reinheit. Aus dieser Befreiung empfängt es seine Formen, die Worte und Taten, in denen es Ereignis wird. Aus dieser Befreiung empfängt es seine Unerschöpflichkeit. Wenn Gott sich uns nicht gewährte und damit befreite, wie dürften wir ihn dann loben? Und dürften wir es nicht, wie könnten, wie sollten und wollten, wie müßten wir es dann? Es fehlt aber nicht an jenem Gewähren der göttlichen Liebe. Wir brauchen die Herrlichkeit Gottes nur da anzuschauen, wo sie sich offenbart und wo sie zugleich ihre ewige Mitte hat, in Jesus Christus, um sie alsbald anzuschauen als jenes göttliche Gewähren und also als unser eigenes Dürfen und also als unsere Befreiung, durch die wir Gott miteinander loben können, sollen und wollen und auch müssen.

Noch ist freilich das Wichtigste über dieses Dürfen nicht gesagt. Daß Gott sich uns gewährt, damit ist ja gesagt, daß er dazu nicht gebunden und verpflichtet ist, uns an seiner Herrlichkeit Anteil zu geben. Und daß wir ihn auf Grund dieses Gewährens loben dürfen, damit ist gesagt, daß wir keinen Anspruch darauf haben, ihn zu loben und damit an seiner Herrlichkeit Anteil zu nehmen. Es ist mit diesem Gewähren und Dürfen zum vornherein gesagt, daß das, was die Kreatur tut aus und in jener Befreiung, seinen Charakter als Verherrlichung Gottes, als Zuwendung zu ihm und als Teilnahme an seinem Wesen nicht etwa in sich selbst hat, sondern in dem göttlichen Befreien als solchem und also darin, daß es in seiner Art als kreatürliches Tun von Gott angenommen, Gegenstand seines **Wohlgefallens**, seiner Gnade, Barmherzigkeit und Geduld und deshalb und darin gerechtes und heiliges Lob Gottes, deshalb und darin seiner Herrlichkeit zugewendet und seiner Herrlichkeit teilhaftig ist. Darin besteht ja die Befreiung des Geschöpfs von seiner Ohnmacht, von seinem Übermut, von seiner Schranke als Geschöpf — nicht darin, daß es als Geschöpf von sich aus frei wäre, nicht darin also, daß es aufhörte, als Geschöpf zu existieren, aber darin, daß Gott ihm in der Weise koexistiert, daß es in seiner Eigenart als Geschöpf und gewissermaßen zu dieser seiner Eigenart hinzu die neue Eigenart bekommt, Gott loben zu dürfen und insofern zu können, zu sollen und zu wollen und so auch zu müssen. Daß es das darf, ist **Gnade** nicht nur in dem Sinn, daß es ihm ganz und gar gegeben ist, sondern auch in dem Sinn, daß es ganz und gar als Gnade an ihm wahr wird und in ihm wahr ist. So ist und bleibt es Gottes Selbstverherrlichung, die sich auch in seiner Verherrlichung durch die Kreatur vollzieht. So vollständig nimmt seine Verherrlichung durch die Kreatur teil an seiner Selbstverherrlichung.

Aber was heißt es nun, wenn wir jenes göttliche Gewähren und jenes kreatürliche Dürfen im Blick auf Jesus Christus als die Begründung und Erklärung des geschöpflichen Dankes und Dienstes der göttlichen Herrlichkeit voraussetzen, daß Gott von der Kreatur geehrt, ver herr lich t werden darf? Ist die göttliche Herrlichkeit seine Selbstverherrlichung und ist diese das Überströmen der göttlichen Existenz zur Koexistenz mit der Kreatur, die Superabundanz des göttlichen Wesens in der Begründung von Gemeinschaft zwischen ihm und unserem geschaffenen Wesen, dann kann die Ehrung Gottes durch uns, die Glorifikation der göttlichen Glorie in unserem Dank und Dienst offenbar grundsätzlich nur darin bestehen, daß unsere Existenz in der Koexistenz mit Gott, die durch Gottes Koexistieren mit ihr ihre Bestimmung geworden ist — daß sie in der durch die Superabundanz des göttlichen Wesens geschaffenen Gemeinschaft unseres Wesens mit jenem sich vollziehe. Unsere Existenz kann nicht selber göttliche Existenz, sie kann aber kreatürlicher Z e u g e der göttlichen Existenz werden. Das ist es, was sie darf und damit und so kann, soll und muß. Das ist es, was ihr auf Grund der Selbstverherrlichung Gottes übrig bleibt und als ihr Teil zugewiesen ist. Wir erinnern uns: allein durch Gnade, und auch in seiner Wahrheit immer allein durch Gnade zugewiesen ist, aber eben so wirklich zugewiesen ist. Die zur Verherrlichung Gottes erweckte und aufgerufene Kreatur wird als solche zur B e s t ä t i g u n g   d e r   E x i s t e n z   G o t t e s. Wir können, wenn wir nur des Seins dieser neuen Kreatur in Jesus Christus eingedenk bleiben, auch ruhig sagen: sie wird ein B i l d, ja d a s B i l d G o t t e s. Als die Bestimmung des Menschen wird dies: daß er Gottes Bild sein dürfe, in der biblischen Schöpfungsgeschichte geltend gemacht. Und in der Tat: im Menschen muß dieser Sinn der ganzen Schöpfung verwirklicht und sichtbar werden und ist er in Jesus Christus schon ein- für allemal verwirklicht und sichtbar geworden. Es geht in der ganzen Schöpfung darum, daß Gott einen Spiegel habe, in welchem Gott sich selbst reflektiere, in welchem Gottes Bild als der Schöpfer sichtbar werde, durch das also Gott bezeugt, bestätigt und verkündigt werde. Eben darum geht es aber, weil er die Mitte und das Kompendium der Schöpfung ist, konkret in der Existenz des Menschen: um dieses Reflektieren Gottes und so um das Bild, das Gott in einem anderen wiederfinden will, wie er es in seinem Sohn von Ewigkeit und in Ewigkeit in sich selber findet. Damit es zu diesem Reflektieren komme, ist der Sohn Gottes Fleisch geworden. Und das sind die nachgeborenen Kinder Gottes, in deren Existenz es zu diesem Reflektieren kommt, die in ihrer Existenz nicht selber Götter, wohl aber kreatürliche Reflexe der göttlichen Herrlichkeit und also des göttlichen Wesens werden. Vermöge der Superabundanz dieses Wesens in seinem Sohne

Jesus Christus ist die Existenz solcher Kinder Gottes (in der Koexistenz mit Gott) und also solcher Reflexe der göttlichen Herrlichkeit möglich und wirklich.

«Werdet nun Gottes Nachahmer (μιμηταὶ τοῦ θεοῦ) als (von ihm) geliebte Kinder und wandelt in der Liebe dementsprechend, daß Christus euch geliebt hat und hat sich selbst für euch dahingegeben als Gabe und Opfer für Gott zu einem lieblichen Dufte» (Eph. 5, 1 f.). Das ist, indem wir Gott loben, ihm danken und dienen dürfen, die Aufgabe und das Programm. Man kann es nicht anders als so formulieren, man kann es freilich auch nicht anders als so, nämlich mit dem in Jesus Christus Ereignis gewordenen göttlichen Gewähren und menschlichen Dürfen begründen und erklären.

Es kann bei der Verherrlichung, bei der Ehrung um nichts Anderes gehen als darum, Gott «nachzuahmen». Alles willkürliche oder an einem anderen Vorbild ausgerichtete Existieren, Reden und Tun könnte ja den Sinn und Zweck nicht erfüllen, Gott zu verherrlichen. Die Herrlichkeit Gottes muß in ihrer Verherrlichung durch die Kreatur in Form einer Entsprechung Gestalt gewinnen oder sie tut es gar nicht. Was hätte irgend ein anderes Bild oder Nachbild hier zu bedeuten, und wenn es in sich noch so vollkommen wäre? Wie man Gott nur durch Gott, nämlich auf Grund seiner Erweckung und seines Rufes loben kann, so auch nur mit Gott, d. h. damit, daß man ihn selbst bestätigt, ihm recht gibt und zustimmt, ihm selber als Gott sein Zeugnis gibt. Gott die Ehre geben heißt: sich in seiner Existenz, in seinen Worten und Taten das Konformiertwerden mit Gottes Existenz, sich die Bestimmung durch Gottes Koexistenz und also den Verzicht auf eine willkürliche Selbstbestimmung gefallen lassen. Selbstbestimmung geschieht da, wo Gott durch sie geehrt wird, im Einklang statt im Widerspruch mit Gottes Vorherbestimmung. Sie besteht darin, daß der Mensch sich fügt: nicht in das Sein und Walten irgend einer Macht (der Geschichte oder des Schicksals etwa), sondern in das Sein und Walten Gottes als dessen, der allein Recht und der letztlich auch ganz allein Macht hat.

Gott die Ehre geben heißt: «ihm forthin zu leben, von Herzen willig und bereit sein» (Heidelb. Kat. Fr. 1). Ihm hinfort zu leben: d. h. das eigene Leben nicht mehr für sich, sondern zu dem Zweck zu leben, daß das Wesen Gottes in allen seinen Vollkommenheiten in ihm ein Gleichnis und Zeichen finden könne. Willig und bereit sein: d. h. sich diesen Zweck nicht leid, sondern lieb sein lassen, seiner Verwirklichung nicht Trotz, sondern Aufgeschlossenheit entgegenbringen. Und das: von Herzen! Anders als mit dieser herzlichen Willigkeit und Bereitschaft, ihm forthin zu leben, kann Gott nicht geehrt, kann ihm nicht gedankt und gedient werden. Dahin und nur dahin weist uns jenes göttliche Sich-Gewähren und jenes kreatürliche Dürfen, weist uns die Befreiung, mit der alle Verherrlichung Gottes durch die Kreatur anfängt.

In diesem Sinn besteht also die Verherrlichung Gottes einfach im Lebensgehorsam der Gott erkennenden Kreatur. Ihr bleibt nichts Anderes übrig, als Gott zu danken und zu dienen. Sie hat in diesem

Dank und Dienst nichts Anderes darzubieten — nicht mehr aber auch nicht weniger als sich selber. Es kann diese Darbietung keinen anderen Sinn haben — keinen höheren aber auch keinen geringeren — als daß ihre Existenz zu einem Gleichnis der Vollkommenheit des göttlichen Wesens werde. Daß sie Gott erkennt, das ist die alleinige Möglichkeit, das ist aber auch die Notwendigkeit dieser Darbietung. In der Übereinstimmung mit Gott, in die sie mit dieser Darbietung entsprechend dem Rufe Gottes und ihrer eigenen Erkenntnis Gottes eintritt, darf sie Gott ehren und damit an Gottes eigener Ehre Anteil bekommen und haben. In diesem Sinn ist der Weg und der Schauplatz der Verherrlichung Gottes nicht mehr und nicht weniger als die Totalität der Existenz der Gott erkennenden und ihm ihren Lebensgehorsam darbringenden Kreatur. Was könnte von der Gabe, von der Aufgabe, von der neuen Gabe, die hier als Zweck ihrer Existenz sichtbar und wirklich wird, ausgenommen sein? Wo könnte es innerhalb ihrer Existenz eine Grenze geben, jenseits derer sie Gott etwa nicht mehr verherrlichen dürfte und damit auch könnte, sollte und müßte, jenseits derer sie an der Herrlichkeit Gottes selbst keinen Anteil hätte?

Aber nur wenn wir an die Engel Gottes oder an die Gemeinde der Vollendeten in der nachzeitlichen Ewigkeit denken, könnte mit dem Hinweis auf diese Totalität Alles gesagt sein, was über die Verherrlichung Gottes durch die Kreatur zu sagen ist. Die Kirche gedenkt dieses totalen Dankes und Dienstes, den sie dereinst im Ganzen und im Leben aller ihrer Glieder darbringen wird und der Gott in der Höhe von seinen Engeln jetzt schon dargebracht wird. Die Kirche tröstet sich dieses zukünftigen, nachzeitlich und doch auch schon überzeitlich ewigen Lobgesangs. Sie sehnt sich danach, an seiner Vollkommenheit teilzunehmen. Sie richtet sich aus nach seiner Vollkommenheit. Aber sie lebt in der Zeit und damit in der Unterschiedenheit zwischen jenem Vollkommenen und dem, was sie selbst jetzt und hier sichtbar machen kann. Sie kann die Totalität des Lebensgehorsams, in welchem sie Gott danken und dienen darf, als Totalität nicht sichtbar machen. Sie kann sich selbst wohl glauben aber nicht sehen als den Ort, wo Gottes Ehre Alles in Allem ist. Sie sieht vielmehr im Unterschied zu den Engeln Gottes und zu der vollendeten Gemeinde im Ganzen und in allen ihren Gliedern Grenzen — keine Grenzen des göttlichen Sichgewährens, wohl aber Grenzen der eigenen Erkenntnis, Grenzen ihres Befreitseins, Grenzen der Gestalt ihres Dürfens. Sie sieht die Totalität nicht, in der Gott in ihrer Existenz jetzt und hier schon verherrlicht wird. Sie kann diese ihre Verherrlichung wohl in Jesus Christus ihrem Haupte, aber nicht in sich selbst als dem Leibe dieses Hauptes finden. Sie muß sie, indem sie sie dort findet, hier immer wieder vermissen. Sie darf sie, indem sie sie hier vermißt, dort immer wieder finden. Aber es bleiben diese Grenzen; es bleibt diese

Verschiedenheit von dort und hier. Das bedeutet nicht, daß sie von der Herrlichkeit Gottes oder doch von ihrer vollen Realität nun etwa ausgeschlossen wäre. Es bedeutet aber, daß die Form, in der sie jetzt und hier daran teilnimmt, eine andere und besondere, daß sie als zeitliche eine vorläufige Form ist gegenüber der vollkommenen Form, derer wir jetzt und hier warten dürfen, der die Kirche entgegengehen darf.

Die Kirche betet jetzt und hier folgendermaßen: «O großer und majestätischer Gott, den alle Engel und alle Seligen im Himmel preisen! Gib uns armen Menschen die Gnade, daß auch wir dich auf Erden rechtschaffen anbeten und dir nach deinem Wohlgefallen dienen. Laß uns jetzt mit wahrer Ehrfurcht und himmlischem Sinn in deinem Heiligtum stehen und deine Herrlichkeit gläubig verehren. Erhebe du selbst unsere Gedanken und Begierden hinauf zu dir; heilige unsere Andacht, segne unseren Gottesdienst und laß dir das Lob unseres Mundes angenehm sein. Erhöre unsere Gebete vor dem Thron deiner Barmherzigkeit und schenke uns aus Gnaden Alles, was zu unserer Seligkeit vonnöten ist, durch Jesum Christum unseren Herrn» (Berner Liturgie 1888). Man sieht, hier werden wir armen Menschen auf Erden mit unserer Anbetung von den Engeln und Seligen im Himmel mit ihrem Lobpreis unterschieden. Darum, daß Gott rechtschaffen angebetet und daß ihm nach seinem Wohlgefallen gedient werde, geht es hier wie dort. Der Unterschied liegt darin, daß unser Teil jetzt und hier darin besteht, Gottes Herrlichkeit «gläubig» (nicht schauend, sondern eben glaubend) zu verehren. Und das geschieht, wenn es geschieht, jetzt und hier (im Unterschied zu dort und einst) in einem besonderen «Heiligtum». Es gibt ein solches Heiligtum, aber es ist jetzt und hier nicht die Totalität, sondern ein abgesonderter Raum unserer Existenz. Nicht daß wir in dem übrigen Raum nun gleichsam in ein Unheiliges entlassen und also von der Herrlichkeit Gottes ausgeschlossen wären. Wir warten ja ihres Sichtbarwerdens gerade in der Totalität unserer Existenz. Aber gerade weil wir ihres Sichtbarwerdens erst warten, sind wir dessen bedürftig, daß unsere zunächst auf ein anderes Sichtbares gerichteten Gedanken und Begierden «erhoben» — hinauf zu Gott erhoben werden. Eben um dieses Wartens willen bedarf es auf Erden dieser besonderen Erhebung (die doch nur Gott selber vollziehen kann), bedarf es der besonderen «Andacht» (die doch nur Gott als solche heiligen kann), bedarf es des besonderen «Gottesdienstes» (den doch nur Gott segnen kann), bedarf es des besonderen «Lobes unseres Mundes» (dessen Gelingen doch schlechterdings davon abhängt, daß es Gott gefällt, es sich angenehm sein zu lassen), bedarf es unserer Gebete (die doch auf Gottes Erhörung angewiesen sind), bedarf es m. e. W. jenes Heiligtums auf Erden, in welchem wir doch nur dann «mit wahrer Ehrfurcht und himmlischem Sinn» stehen werden, wenn Gott uns das tun läßt. Dieses Gebet, sein konkreter Inhalt und seine Erfüllung durch den, an den es gerichtet ist, ist die zeitliche, die vorläufige Form unserer Teilnahme an der Verherrlichung Gottes und damit an Gottes Herrlichkeit selber.

Wir sind von der Herrlichkeit Gottes schon jetzt und hier nicht ausgeschlossen. Es ist aber die Gestalt, in der wir von ihr umschlossen sind, in der wir an ihr Anteil haben, die Gestalt der Kirche, der Verkündigung, des Glaubens, des Bekenntnisses, der Theologie, des Gebetes. Es ist also die zeitliche Gestalt der Verherrlichung Gottes durch die Kreatur die Gestalt dieses besonderen Bereiches. So und nur so kann jener Lebensgehorsam, der der Sinn aller Verherrlichung Gottes ist, jetzt und hier Gestalt haben. Wir werden uns hüten, zu sagen, daß er nicht auch anders wirklich werden darf und kann und tatsächlich wirklich wird. Aber was jetzt und hier Gestalt hat und also sichtbar wird, das ist dieser besondere Bereich. Wir werden uns hüten, zu leugnen, daß eben dieser Bereich in seiner Besonderheit nichts Besonderes, sondern schlechterdings das Ganze meint und bezeugt und virtuell sogar ist. Aber was jetzt und hier Gestalt hat und also sichtbar wird, das ist dieser besondere Bereich. Indem wir zur Kirche versammelt sind, indem uns das Wort Gottes verkündigt wird, indem wir glauben und unseren Glauben bekennen, indem die Theologie ihre Arbeit tut, indem dieses ganze Sein und Tun ein einziges Gebet ist und nun doch auch wieder im Besonderen als Gebet vor Gott sich darstellt, sind wir tatsächlich an der Verherrlichung Gottes und so an seiner Selbstverherrlichung beteiligt: in dieser Gestalt nicht weniger real als in der künftigen, derer wir jetzt und hier warten dürfen, der die Kirche entgegengeht. Wir sind es gerade in jenem einfachen Sinn totalen Lebensgehorsams. Wir sind es also gerade so nicht teilweise, sondern ganz. Aber das Ganze als solches ist uns dabei verborgen. Das ist die Grenze dieser Gestalt. Wir können gerade an der Ganzheit der Verherrlichung Gottes durch die Kreatur nur innerhalb dieser Grenze und also nur innerhalb jenes besonderen Bereichs teilnehmen. Eben weil dieser Teil als solcher virtuell das Ganze ist, darf uns der Teil für das Ganze stehen, dürfen wir also das Ganze nicht außerhalb dieses Teils suchen, dürfen wir es uns nicht verdrießen lassen, sondern dürfen wir uns dessen freuen, in der Kirche zu sein, die Verkündigung des Wortes zu hören, dieser Verkündigung Gottes Glauben zu schenken, diesen Glauben zu bekennen, dieses Bekenntnis in der Theologie allen Ernstes zur Darstellung zu bringen, dürfen wir uns freuen, beten zu dürfen. Die ganze Energie der Erweckung und des Aufrufs der Kreatur zu ihrer Bestimmung, Gott die Ehre zu geben, wirkt sich jetzt und hier schlechterdings darin aus: Es darf Kirche sein. Nicht als ob nicht auch noch viel Anderes, nicht als ob nicht Alles geschehen dürfte zur Ehre Gottes! Nicht als ob dieses Andere, wenn es geschieht, weniger zur Ehre Gottes geschähe. Es darf aber, eben damit alles Andere, eben damit Alles zur Ehre Gottes geschehe, Kirche sein: es darf gepredigt und geglaubt, bekannt und gelehrt und gebetet werden. Das Wort Gottes darf laufen zu denen, die es noch nicht gehört haben, und immer aufs Neue unter denen, die es schon gehört haben. In dem Allem wird ja das Grundgesetz unserer Existenz jetzt und hier wahr gemacht, das zugleich die Schranke wie die Verheißung bedeutet: daß wir die Herrlichkeit Gottes ebenso gewiß bei uns selbst vermissen müssen, wie wir sie in Jesus Christus finden dürfen, ebenso gewiß in Jesus Christus finden dürfen, wie wir sie bei uns selbst vermissen müssen. Um der Bewahrheitung dieses Grundgesetzes, um dieser Schranke und Verheißung willen darf Kirche sein in dem ganzen Sinn und Umfang jenes kirchlichen Handelns, und ist das Sein der Kirche die unentbehrlichste Wohltat und zugleich die vordringlichste Aufgabe der menschlichen Existenz und Geschichte. Wir beschränken die Herrlichkeit Gottes nicht, indem wir die Kirche ihren vorläufigen Bereich nennen. Wir sagen damit nicht, daß nur die Kirche ihr Bereich sei. Wir werden uns vielmehr gerade in der Kirche dessen trösten und uns dadurch beschämen lassen, daß es keinen Bereich im Himmel und auf Erden gibt, der der Herrlichkeit Gottes nicht jetzt und hier schon heimlich voll wäre. Gerade in der Kirche weiß man das und sieht man im Glauben mehr und mehr auch von diesem Heimlichen. Aber wie sollte man gerade das außerhalb der Kirche wissen und sehen? Wie außerhalb der Kirche wissen um die Wahrheit aber auch um die Verborgenheit dieses Sachverhalts und um die Gewißheit seiner künftigen Offenbarung? Wie anders als im Glauben der Kirche sehen, was hier jetzt schon zu sehen ist? Indem wir bedenken, daß gerade dieses Wissen und Sehen nicht nur die **Gnade** der Kirche, sondern auch das **Gericht** über sie ist, daß alle ihre Versäumnisse und Irrtümer nicht schwerer gestraft sein könnten als damit, daß sie durch Gottes Gnade dieses besondere Wissen und Sehen hat, indem wir der Unruhe, die uns durch diese Strafe bereitet ist, nicht ausweichen und doch noch weniger der Ruhe, die uns eben damit gegeben ist, daß sie auch als Strafe Gnade ist, fassen wir in dem Bekenntnis: *Credo ecclesiam* Alles zusammen, was von der Herrlichkeit und was als Lehre vom Wesen Gottes zu sagen ist: Er ist der Gott, der in seiner Gemeinde und darum und so in aller Welt herrlich ist.

Wir nehmen nichts zurück von diesem *Credo ecclesiam*, sondern wir bestätigen es, wenn wir — gerade aus der **Enge** getrost in die **Weite** blickend! — schließen mit einigen Sätzen des **Polanus** (*Synt. Theol. chr.* 1609 *col.* 1125): *Deus vult gloriam suam praedicari, idque necessario: inprimis a ministris verbi Dei. Si nolunt ministri verbi Dei, si nolunt episcopi, laici id facient, ut ministros verbi Dei, ut episcopos confundant. Si nolunt viri, feminae id facient. Si nolunt divites et potentes in hoc mundo, pauperes et egentes id praestabunt. Si nolunt adulti, ex ore infantium et lactentium perficiet sibi Deus laudem. Imo si homines id nolint facere, potest sibi Deus filios ex lapidibus excitare, imo ipsas potest creaturas inanimatas gloriae suae praecones constituere. Ac profecto caeli enarrant gloriam Dei, ut dicitur Psal. 19 v. 1.*

I. BIBELSTELLEN

Genesis

1 f.	114, 129, 570
1, 1 f.	129 f.
3 f.	411, 681
26	558
27 f.	130
2, 5 f.	130
17	440
17 f.	130 f.
19 f.	209
24	130
3, 1	155
5	211, 488
8	453
8 f.	570 f., 623 f.
4, 1 f	463 f.
6 f.	464 f.
5	114, 442
6 f.	558
8	114, 465
7, 1	465
8, 21	114, 442, 465, 558, 737
21 f.	130
9	558
8 f.	130
11 f.	465
12 f.	137
16	465
12, 1 f.	590
15, 1	590
6	432
6 f.	590
17, 1 f.	590
18, 14	591
17 f.	558
20 f.	571
19, 26	178, 180, 441
28, 16 f.	539
32, 10	517
22 f.	571

Exodus

3, 1 f.	65 f.
2	411
5	539
14	340, 346, 553, 557
4, 10 f.	249
8, 10	339
15, 2 f.	678
9 f.	678
11	339, 405
20	508
2	339, 663 f.
5	509
6	418
24, 16	539
25, 8	539
29, 45	539, 542
32, 9 f.	559
11 f.	438
33, 11	575
11 f.	18 f.
19	66, 397, 417 f.
34, 6	458
9	399
14	509

Leviticus

11, 44	409
17 f.	409 f.
26, 11 f.	542

Numeri

11	559
14, 19	399
22, 28	249
23, 19	553, 558

Deuteronomium

3, 24	677
4, 32 f.	508
35	339
5, 1 f.	508
28 f.	30
6, 4	508
7, 8	313
9	517
9, 23 f.	438
12, 1 f.	539
18, 18	249
27, 26	440
32, 4 f.	517
6	592
9	592
33, 16	397
27	670

Richter

2, 11 f. 467

1. Samuel

2, 2 405
   3 623
23, 11 f. 641

1. Könige

3, 4 f. . . . . 487 f.
   9 684
  16 f. 488
5, 9 f. 487
8 438
  23 f. 540
  27 534
  27 f. . . . . 527 f.
  31 f. 440
10, 1 f. 487
22, 19 533

2. Könige

19, 15 339
  16 f. 509

1. Chronik

17, 20 339

Nehemia

9, 17 458

Hiob

9, 2 f. 436
  19 f. 436
  29 f. 436
11, 7 f. 528
13, 18 f. 436
14, 1 f. 436
15, 8 54
16, 19 f. 436
19, 25 f. . . . . 436 f.
23, 13 f. 628
27, 6 433
28 . . . . 484 f.
29, 14 433
36, 26 207
38 f. . . . . 126 f., 681
40 f. 127
42, 1 591
   7 436

Psalmen

1, 2 737
  6 624
2, 4 538
  6 f. 705
4, 2 433
  9 9
5, 2 737
  5 f. 440
  9 . . . . 428, 433
7 436
  9 436
  18 428
8 f. 119, 125
  2 f. 125
  3 119
  10 125
11, 4 . . . . 339, 533
14, 2 f. 114, 424
   7 114
16, 11 737
17, 15 433
18, 21 f. 560
  26 558
19 112
  1 f. 119
  2 764
  4 123
  8 f. 119
22, 32 433
23, 4 81
24, 1 f. . . . . 118 f.
26, 8 540
29, 1 f. 119
  11 . . . . 119, 680
30, 6 . . . . 468, 475
30, 12 738
31, 2 . . . . 428, 433
  6 517
33, 4 517
  5 f. 119
  8 f. 628
  13 f. 339
  14 533
34, 9 738
  17 440
35, 28 433
36, 6 f. . . . . 118 f.
   7 432
   8 670
  10 . . . . 119, 123, 134, 295
37, 4 737
45, 3 736
46, 5 f. 540
48, 11 f. 428
50, 2 542
  6 432
  7 f. 317
  10 f. 118
  15 574
51, 3 425
  6 f. 114

I. Bibelstellen

15 f.	114	
16	425	
17	249	
56, 9	624	
57, 2	670	
61, 5	670	
65, 7 f.	118	
66, 1 f.	119	
4	118	
67, 6	118	
68, 17	538	
18 f.	537	
71, 15	433	
72, 19	724	
73, 23 f.	311	
25	35	
28	13, 738	
74, 2	539	
13 f.	119	
77, 14	405	
78	678	
37 f.	419	
82, 1	118, 199	
84, 2 f.	540	
8	542	
11 f.	540	
85, 11 f	432	
86, 8	339	
15	458	
89, 3	397	
7	339	
15	233	
90, 1	119	
2 f.	686	
8	623 f.	
13 f.	119	
91, 7	233	
93, 1 f.	119	
2	533	
4 f.	119	
94, 5 f.	624	
9	259	
95, 4 f.	118	
96	118	
13	431	
97	118	
6	432	
98, 2	432	
3	233	
99	118	
2	542	
100, 1	118	
2	738	
102	686, 720	
20	339	
26 f.	553, 686	
27 f.	560	
103	397	
2	708	
8	458	
8 f.	399	
13	418	
19	339, 533	
22	538	
104	119, 125 f.	
1 f.	736	
24	126	
27 f.	126	
33 f.	126	
35	119	
105	678	
106	678	
4	398	
108, 5	397	
109, 26	398	
111, 3	432	
9 f.	484	
112, 1	737	
3	432	
115, 1	233	
3	591	
117	119	
2	233	
118, 19	433	
119	428	
4	737	
16	428	
88	398	
156	428	
121, 4	624	
127, 1 f.	8	
132, 13	539	
135, 1 f.	539	
5 f.	628	
21	539	
139	729	
1 f.	624	
2	258	
5 f.	528, 536, 538	
6	207 f.	
11 f.	625	
19 f.	119	
23 f.	628	
143	436	
1	433	
2	436	
8	398	
11	433	
145, 8	458	
9	417	
15	471	
16	737	
18	574	
147	119	
148	118	
1 f.	119	
14	119	
150, 6	118	

Sprüche

1, 7	216, 484
20 f.	482
3	484
12	406
14 f.	483
18 f.	483
19 f.	482 f.
26	483
8	484 f.
1 f.	482
17	313, 483
22 f.	483
31	751
35	483
9, 10 f.	484
16	484
18	484
10, 2	433
11, 5	433
18	433
13, 6	433
14, 34	433
15, 29	574
23, 26	737

Prediger

12, 13 f.	484

Hoheslied

1 f.	736, 749

Jesaia

1, 21 f.	557
24 f.	431
2, 3	542
6, 1	339, 533
1 f.	411 f.
3	138, 724
5 f.	249
7, 9	438
15 f.	488
9, 3	737
6	683
7	432
10, 17 f.	411
11, 2	684
3 f.	434
18, 4	567
26, 8 f.	737
28, 16	438
29, 14	490
19	738
23	405
30, 18 f.	428
32, 17	433
33, 5	538
40	486
5	724
6 f.	727
12 f.	485 f.
13 f.	54
18	486
21 f.	486, 680
27	624
27 f.	486
28	567
41, 14	405
42, 8	15
43, 3	405
10	686
14	405
22 f.	438
44, 1 f.	438
6	339
6 f.	509
45, 8	432
47, 4	405
48, 9	462
11	15
17	405
49, 7	405
15	259
50, 4	249
51, 6	432
53, 2 f.	750
54, 5	405
7 f.	419
8	379, 468, 475
10	567
55, 10 f.	469
56, 1	432
57, 15	536
19	249
59, 9 f.	437
15 f.	437
61, 10	433
63, 9	314
64, 6	437
65, 1 f.	467
66, 1	534

Jeremia

1, 6 f.	249
2, 13	295
7, 3 f.	540
14 f.	540
9, 23 f.	491
10, 1 f.	486
12	482
14	295
16	680
16, 16 f.	624
17, 13	295
18, 1 f.	559

I. Bibelstellen

6	592
23, 6	433
18	54
23 f.	528
25, 29	412
26, 2 f.	560
13	560
19	560
29, 11 f.	624
31, 3	313 f., 567
35 f.	130
32, 17	591
17 f.	680
33, 16	433
36, 3	560
42, 10	560

Klagelieder

3, 23	417

Ezechiel

1	137 f.
3, 27	249
10, 8 f.	137
11, 22	137
18, 4	592
21 f.	466 f.
23	509

Daniel

9, 4	398
4 f.	438
10, 15 f.	249

Hosea

1 f.	509
2, 19	432
5, 3	623
10, 12	432
11, 4	510

Joel

2, 11	438
13	428, 458, 560

Amos

5, 24	434
18 f.	438
7, 1 f.	559
7, 7 f.	559
9, 1 f.	536, 538

Jona

1 f.	465
2, 3 f.	466

3 f.	466
4, 2	458, 466, 560
5 f.	466

Micha

7, 7 f.	436

Habakuk

2, 4	438

Zephanja

1, 14	438

Maleachi

3, 6	553
6 f.	558

Matthäus

3, 2	431
9	590 f., 764
4, 9	500
17	431
5, 3	437
6	437
17 f.	431
34	334
45	571
6, 4	624
6	624
9	533 f.
10	628, 714
13	27, 723, 733
18	624
29	750
7, 7 f.	574
11	259
23	639
28 f.	683
8, 27	683
9, 36	439
10, 8	399
19 f.	249
29 f.	624
11, 16 f.	491
21	641 f.
27	54, 226, 624
28	439
28 f.	581
12, 42	489
13, 12	429
15, 24	312
16, 17	54
17, 20	576
18, 20	548 f.
33	428

Dogmatik II/1) 49

I. Bibelstellen

19, 17	511
26	591
20, 15	592
21, 16	125, 764
18 f.	441
22, 13	441
23, 8 f.	513
24, 30	684
35	468
41 f.	441
25, 11 f.	441
12	639
18	378
21	10, 737
30	441
26, 39	628
27, 4	408
28, 1 f.	408
28, 18	677

Markus

1, 11	412
15	431
22	683
24	408
6, 2	684
9, 2 f.	725
15, 34	475

Lukas

1, 35	683 f.
37	591, 679
46 f.	737
50	418
78	416
78 f	419
2, 9 f.	727 f.
14	703, 705, 724
40	494
52	494
4, 36	683
5, 4 f.	407 f.
8	407, 411
31 f.	312
6, 19	683
36	417, 428
10, 18	199
41 f.	511
15	312
7	511
10	511
18, 1 f.	571
6 f.	574 f.
19, 10	312
24, 19	683
34	517

Johannes

1, 1 f.	541, 684
3	357, 487
4 f.	45
9	45
9 f.	517, 705
10	357
14	20, 169, 357, 541, 547, 725
14 f.	233
16	546
18	54, 213, 233
3, 2	683
8	571, 632
16	309, 312, 446 f.
33	517
4, 20 f.	541
24	233, 300
5, 19	683
26	295
30	683
37	54
6, 46	54
63	295
69	45
7, 46	683
8, 12	45
19	54
32	234
46	447
58	701
9, 5	45
16	683
33	683
41	312
10, 1	194, 199
9	194, 199
14 f.	54
16	511 f.
17	313
30 f.	513
11, 40	724
12, 46	45
13, 31	724
14, 6	30, 45, 194, 199, 233, 295, 359
9 f.	45
10	543
21	313
23	313
15, 1	226
14 f.	575
16, 8 f.	407
27	313
17, 3	45
11	409, 513
17	233
19	413
23 f.	313

I. Bibelstellen

Apostelgeschichte

2, 3 f.	249
24	683
3, 14	408
15	295
4, 32	512
6, 7	39
7, 22	683
49	534
9, 2	30
13, 18	473
14, 3	398
15	295
15 f.	134 f.
17	134, 136
16 f.	134
22 f.	115, 118, 135 f.
24 f.	541
25	317
27 f.	528
28	534, 545
30	473
30 f.	431
32	490
32 f.	115, 134
20, 32	398
22, 4	30
24, 14	30

Römer

1	132, 136
1 f.	115, 118, 121, 136
4	683
5	39, 398, 432
15 f.	131
16	132, 683, 685, 751
16 f.	430
17	131 f., 425 f., 438
18	407, 445
18 f.	115, 131 f., 430
19 f.	112, 115
20	207, 268
20 f.	133
22 f.	131
23	557 f.
32	130
2 f.	132
1 f.	131, 133
3 f.	133
4	467
8 f.	133
9 f.	132
12	132 f.
12 f.	112, 115
3, 3	438
3 f.	517
4	234

5 f.	449
9	132
20	132, 442, 447
21	131
21 f.	115
23	132, 727 f.
24 f.	430
25	270, 473
25 f.	470
26	430 f.
28	430
29 f.	511
31	430
4, 5	313, 430
17	313
24 f.	455
5, 1	180
2 f.	513 f.
4 f.	311
6	447
8	312, 447
9	448
10	447
15	399
17	399
20	171
21	399
6, 1 f.	406
4	683, 724
10	448
15	406
16 f.	448
17	39
18	406
23	441
7 f.	132, 707
7	428
12 f.	428
16	428
22	737
24 f.	175
8, 1	448, 454
3	412, 447
9	543
10	295
17 f.	475
18	724
19	731
24	715
28	474
29 f.	165
31	449
31 f.	175
32	310, 447
34	172, 439
37	457
38 f.	311
9	418
9 f.	711

771

16	418
18	418
18 f.	632
20 f.	592, 628
21 f.	559
22 f.	467
10, 3	431
6 f.	528
12	511
16	39
11, 5 f.	399
29	438, 560
32	145, 418
33 f.	54, 632
35 f.	339
36	711 f.
12, 1	428
4 f.	512
13, 1	592
14, 8	592
10	429
15, 5 f.	512
9	421
16, 26	39, 432
27	494

1. Korinther

1 f.	132, 163, 491 f.
9	517
18	61, 683 f.
18 f.	490 f.
21	61
23	135
23 f.	61
24	683 f.
26 f.	61
30	61, 439, 487, 490
2	115
1 f.	492 f.
2	61, 120 f.
8	364
9	9
9 f.	54
10	409, 624
3, 16 f.	543
6, 14	683
19	543
7, 14	122
8, 1 f.	45 f.
4 f.	511
6	512 f.
10, 17	512
12, 11 f.	512
13, 8 f.	57
9	210
12	46, 61
14, 33	396
15, 10	398

12 f.	89
21 f.	513 f.
28	599, 710
51	10

2. Korinther

1, 3	417
18 f.	517 f.
19	81
3, 18	724
4, 1	428
2	45
5 f.	45
6	61, 746
18	715
5, 1	543
7	57, 762
8	737
10	429
14	514
16 f	61
17	569
19	176, 448
21	412, 447 f., 455
6, 7	233
8 f.	707
16	543
18	591
8, 9	447
10, 5	432
12, 2	533
9	543
18	512
13, 4	683
13	284

Galater

1, 1	683
2, 20	447, 454
3, 1	558
3	558
13	448
20	511
28	512
4, 4	447
5	448
8 f.	46
16	233
5, 7	558
14	511
6, 7 f.	456

Epheser

1, 4	314
4 f.	567, 701 f.
5 f.	399

I. Bibelstellen

6	314
7 f.	494
11	632
13	233
17	494
2, 4	417
4 f.	419
5	399
7 f.	399
14 f.	511
18	512
21	543
3, 8 f.	494
11	567
17	543
18	528
19	45
20 f.	591
4, 4 f.	512
10	548 f.
15	233
5, 1 f.	760
15	494
31 f.	130 f.

Philipper

1, 8	416
21	295
27	512
2, 1	416
1 f.	582
2	512
5 f.	580 f.
6 f.	447
7 f.	448
8	447
9	412
9 f.	581 f.
11	249
12	39
12 f.	429
27	417
3, 9 f.	13
12 f.	26
13	191, 708
21	591
4, 4	737
7	45

Kolosser

1, 5	233
9	494
12	172
15	59, 207, 356 f.
16	592
18	59, 548
19	543, 546
22	447

25 f.	494
28	494
2, 2 f.	45
3	285, 487
9	543, 546
3, 1	551
1 f.	534
2	178
3	166
4	295
12	416
16	543
4, 5	494

2. Thessalonicher

1, 6 f.	441
8	39
3, 3	517

1. Timotheus

1, 11	317
16	467
17	207, 494, 557
2, 4	571
5	511 f.
6, 15	317, 339
16	54, 538

2. Timotheus

1, 9	399, 567
14	543
2, 12	575
13	517, 600
19	624

Titus

2, 11 f.	406
14	447 f.
3, 4	750
5	419

Hebräer

1, 2 f.	469
3	684, 746
2, 5 f.	125
8 f.	125
17	517
4, 13	536, 538, 623
14 f.	175
15	447
6, 5	684
13 f.	553
7, 16	683 f.
25	439

9, 23 f.	540 f.
24	542
10, 11 f.	514
26 f.	406
11, 1	61, 178
8	39
13	62
27	45
12, 6	406
28 f.	412
13, 8	294
15	249

Jakobus

1, 2 f.	280
12	280
17	317, 553
18	233
2, 1	364
4, 5	543
12	592
5, 16 f.	574

1. Petrus

1, 1 f.	39
3	419, 457, 573
5 f.	594
14	39
15 f.	409
17	429
18 f.	702
20	567
22	432
2, 4 f.	543
9	45
10	418
24	448
3, 13 f.	494
17	494
18	447 f.
20	464
4, 17	412

2. Petrus

1, 1	431 f.
2, 2	30

3, 8	686
9	467

1. Johannes

1, 2	295
5	625
9	437, 517
2, 1	175, 439
3	30
20	409
3, 19 f.	175
20	623
4	309 f., 321
8 f.	309
12	54
15 f.	309
18	36
5, 6	233
14 f.	575
20	295, 517

Offenbarung

1, 5	517
8	339, 699
16	684
17	339
18	295
3, 7	408, 517
14	59, 517
19	406
4, 1 f.	137 f.
5, 12	684
11, 15	129
15 f.	445
15, 1	446
17, 14	339
19, 10	500
11	517
16	339
21, 1 f.	126
2 f.	542
6	339
22, 13	339
20	714

II. NAMEN

«Aeterni Patris», Eucycl. 656 f.
Alsted, Hch. 647
Anselm v. Canterbury 2, 101 f., 207, 214, 219, 340, 343, 363, 426, 440, 500, 502 f., 686, 688, 693, 740
Apostolicum, Symb. 13, 590, 764

Aristoteles 91 f., 140, 297, 343, 429 f.
Arminius 647
Arnobius 214, 216
Asmussen, Hans, 197
Athanasius 207, 227, 250 f.
Athenagoras 207

II. Namen

Attalus 207
Augustin 9 f., 140, 207, 209 f., 214, 216, 218, 221, 223, 229, 250 f., 258, 295, 318, 363, 370, 426 f. 428, 502, 529 f., 554, 599 f., 618 f., 622, 629 f., 639 f., 643, 654, 671, 686, 688, 693, 720, 734, 736, 739 f., 746
Pseudo-Augustin 221

Baier, Joh. Wilh. 340, 649
Barlaam 373
Barmer Synode, Theol. Erklärung der (1934) 194, 196 f.
Bartmann, Bernhard 343, 384, 397, 619, 641
Basilius v. Caesarea 216, 224, 596
Bavinck, Hermann 208
Becanus, Martin 649
Belgica, Confessio 141, 208
Bengel, Joh. Albr. 713
Berner Liturgie (1888) 762
Bernhard von Clairvaux 372 f., 408, 427 f.
Biedermann, Alois Eman. 219, 316 f., 324 f., 328 f., 331, 380, 524
Biel, Gabriel 368
Blumhardt, Christoph 713 f.
Blumhardt, Joh. Christoph 713 f., 718
Boethius 688 f.
Böhl, Eduard 317, 383
Braun, Joh. 250
Buddeus, Joh. Franz 649
Bullinger, Hch. 218
Bultmann, Rud. 716
Bundesverfassung der Schweiz. Eidgenossenschaft 590
Burmann, Franz 629, 646

Cajetan, Jakob 269
Calov, Abr. 649
Calvin, Joh. 12, 29 f., 137, 141, 172, 201, 208, 363, 369, 500, 556, 580, 595, 641, 650, 679, 705, 718
Chalcedonense, Conc. 749
Chemnitz, Martin 218
Clemens Alexandrinus 214, 219, 223, 225
I. Clemensbrief 207
Coccejus, Joh. 586, 646
Cremer, Hermann 291 f., 317, 320, 336, 383, 418, 430, 480
Crocius, Ludw. 647
Cyrill v. Alexandrien 227
Cyrill v. Jerusalem 216, 218

Dahlem, Synode v. (1934) 197
Dibelius, Martin 309
Diekamp, Franz 343, 345 f, 348, 384, 641 f., 658, 692, 734
Pseudo-Dionys Areopagita 217, 390, 734, 736

Dordrecht, Synode v. 647
Dorner, Isaak August 371 f., 554
Dostojewsky, Fjedor Michailowitsch 96
Duns Scotus 267

Eckart, Meister 368
Ephraem 224
Eugen III. 373
Eunomius 368
Euseb v. Cäsarea 207

Fehr, Jak. 89 f.
Feuerbach, Ludw. 328 f., 505, 525, 556, 690
Feuling, Daniel 89 f.
Frank, Franz Hermann Reinhold 371, 383, 386
Franz v. Sales 645

Gallicana Confessio 141, 208
Gerhard, Joh. 201 f., 208, 214, 218, 522 f., 544, 548 f., 649, 692, 725
Gerhardt, Paul 576, 726, 734
Gilbert de la Porrée 372 f.
Goethe, Joh. Wolfg. 525
Gomarus, Franziscus 647 f., 651
Gregorius Eliberitanus 224 f.
Gregor v. Nyssa 227, 250, 374
Gregorius Palamas 373

Häring, Theodor 383, 386
v. Harnack, Adolf 717
Hegel, Georg Wilh. Friedr. 79, 102, 219, 302, 317, 324, 331, 505 f.
Heidanus, Abr. 601, 629, 646
Heidegger, Joh. Hch. 480, 600 f.
Heidelberger Katechismus 12, 446, 450 f., 454, 550, 760
Hermes Trismegistos 530
Hieronymus 343
Hilarius v. Poitiers 214, 216, 529
Hollaz, David 649
Hurter, Hugo 384

Irenaeus v. Lyon 214, 223, 368, 374, 499, 618, 632
Jerusalem, Missionskonferenz v. (1928) 107
Jesus Sirach 738
Johannes Chrysostomus 210, 216, 226 f.
Johannes Damascenus 369
Johannes XXII. 368
Justin d. Märtyrer 207, 215, 219, 224

Kaftan, Julius 382
Kant, Immanuel 205, 210, 302, 349, 522
Kirn, Otto 383
Konstantin 140

Konstantinopel, Synode v. (1351) 373
Kutter, Hermann 714
Kuyper, Abr. 195

Lateranense, Conc. IV. (1215) 207
Leibniz, Gottfr. Wilh. 605
Leiden, *Syn. pur. Theol.* 317, 648
Leo XIII. 656
Lhotzki, Hch. 714
Libellus in modum Symboli (5. Jh.) 499
Lipsius, Rich. Adelbert 383, 596 f.
Lotze, Hermann 327 f., 330 f.
Lüdemann, Hermann 311, 325
Luther, Martin 18, 37 f., 45, 61, 237, 382, 407 f., 418, 425 f., 429, 440, 464, 556, 608 f., 641, 648, 650, 707, 718, 755
Marcion 333
Marius Victorinus 250
Martensen, Hans Lassen 383, 618
v. Mastricht, Petrus 369 f., 373, 404, 508, 516, 592, 601, 646, 731 f.
Melanchthon, Phil. 290 f., 648
Minucius Felix 214, 216, 219, 228
Missale Romanum 570 f.
Mohammed 504 f., 512
Molina, Ludw. 640 f., 647 f., 650, 657
Müller, Joh. 714

Neander, Joachim 737
Nicephorus Gregoras 373
Nitzsch, Carl Immanuel 369
Nitzsch, Friedr. 382, 429
Novatian 216, 499

Oetinger, Friedr. Christoph 300
Origenes 224, 499, 643
Otto, Rud. 405, 410
Overbeck, Franz 717

Petrus Fonseca 640
Petrus Lombardus 544 f.
Phidias 302
Philo 356, 481
Plato 205, 207 f., 210, 297, 533
Plotin 207 f., 210
Pohle, Joseph 641, 644 f., 652, 656, 658, 734
Polanus, Amandus 214, 218, 268, 292, 295 f., 298 f., 312, 317 f., 369 f., 374 f., 376, 397, 403 f., 416 f., 426, 433, 448, 461 f., 479 f., 530, 549 f., 553 f., 580 f., 588 f., 594 f., 600 f., 618 f., 632, 640, 646, 686, 694, 698, 725 f., 727 f., 753, 764
Poljak, Abr. 542

Quenstedt 209 f., 267 f., 295, 313, 369 f., 397, 404, 415 f., 424 f., 461, 479 f., 589, 594, 600, 649, 651

Ragaz, Leonhard 714
v. Ranke, Leopold 704 f.

Reims, Synode v. 372 f.
Rilke, Rainer Maria 316 f.
Ritschl, Albr. 196 f., 258, 303, 314, 327 f., 408, 410 f., 429, 440, 697
Rothe, Richard 196, 327 f.

Scheeben, Matthias Josef 383 f., 734
Scheffler, Joh. (Angelus Silesius) 316
Schell, Hermann 343 f.
Schelling, Friedr. Wilh. Josef 79
Schiller, Friedr. 499, 633
Schleiermacher, Friedr. Ernst Daniel 79, 196 f., 208, 217, 303, 368 f., 380 f., 390, 416, 424, 487, 506, 524, 555 f., 570, 595 f., 713 f., 734
Schütz, Joh. Jak. 463
Schweitzer, Albert 717 f.
Schweizer, Alex. 380 f., 390
Scotica, Confessio 208, 500 f., 514
Seeberg, Reinhold 311 f., 368, 380, 597
Siebeck, Hermann 327 f., 330
Simonides 208
Söhngen, Gottlieb 89 f.
Soliloquia animae ad Deum 221
de Spinoza, Benedictus 324
Stegmann, Josua 516
Stephan, Horst 382, 383, 597
Stirner, Max 505
Stöcker, Adolf 195
Strauß, Dav. Friedr. 324, 328, 330 f., 371, 605

Tertullian 499, 600, 632, 672
Thomas v. Aquino 140, 207, 209, 214, 224, 268, 270, 295, 311 f., 349, 368 f., 463, 500, 600 f., 606 f., 609, 618, 629 f., 640 f., 642 f., 644, 656 f., 688 f., 691, 739, 746
Thomasius, Gottfr. 311, 371
Tillich, Paul 716
Toletanum, Conc. 363
Troeltsch, Ernst 79, 383
Turrettini, Franz 589, 646, 651

Vaticanum, Conc. 86 f., 90 f., 140, 184
Vischer, Wilh. 130, 463
Voetius, Gisbert 646, 651

Walaeus, Anton 647 f.
Wegscheider, Julius Aug. Ludw. 369, 383
Weiß, Joh. 717
Westminster Confession 208
Wichelhaus, Joh. 302, 381, 383, 410, 524
Wilhelm v. Occam 368
Wolleb, Joh. 301, 340, 369, 374, 503, 523 f., 583 f., 585
Wyder, Hch. 107

Zündel, Friedr. 713 f.

III. BEGRIFFE

Aesthetik 735
Allgegenwart Gottes 518 ff., 690
  allgemeine Gegenwart 527 ff.
  besondere Gegenwart 537 ff.
  Gegenwart in Jesus Christus 544 ff.
  Räumlichkeit 527 ff.
  Thron Gottes 533 f., 547
Allmacht Gottes 587 ff.
  Allwirksamkeit siehe dort
  Bestimmtheit 592 ff.
  Göttlichkeit 589 ff.
  potentia 591
  potentia absoluta 606
  potentia extraordinaria 606
  potentia ordinaria 606
  potentia ordinata 606
  Rechtlichkeit *(potestas)* 591 f.
  Vgl. Wille Gottes und Wissen Gottes
Allwirksamkeit Gottes 592 ff.
Anfechtung 192, 280 ff., 346
Abendmahl 180
Anthropologie 160, 166, 173 ff., 181, 328 ff.
Anthropomorphismus 250 f., 296, 321, 415 f.
Anthropopathismus 619 f.
Apologetik 6 f., 102 ff.
Aseität Gottes 301 ff. 340 ff., 375, 384, 393, 598, 605
Aufklärung 323 ff., 650

Barmherzigkeit Gottes 80 f., 398 f., 414 ff., 423 ff., 462 f., 696
  Mitleid 416
Bekenntnis 319, 762
Bekenntniskirche, deutsche 194 ff.
Berufung 438, 636, 685
Beständigkeit Gottes 552 ff., 613, 686
  Unveränderlichkeit ? 553 ff.
  Veränderlichkeit 557 ff.
Biblizismus 219
Bilderverbot 485 f., 249
  Christusbild ? 751
Buße 173, 431 f., 433, 440, 449, 466 f., 470 f.

Christliches Leben 165
  christl. Zufriedenheit 727
  Leiden 417, 420, 444, 457, 473 f.
  simul iustus et peccator 707
  Vgl. Glaube, Gehorsam, Geist Hl., Wiedergeburt
Christologie 166 ff., 181, 192, 284 f., 360, 657, 696 f., 719
  unio 546

  adoptio 546
  Ubiquität 548 f.
  Vgl. Jesus Christus
Christus siehe Jesus Christus

Dankbarkeit 83, 84, 85, 86, 205, 215, 222, 243 ff., 421, 428, 474, 578, 661, 708, 755 f.
Dekret, göttl. 583 ff., 701
Deismus 301
Demut 54, 229, 240 f., 384, 387, 422, 582
  Siehe Erkenntnis Gottes !
Determinismus 633
Dogmatik 288 f., 356, 378
  Vgl. Gotteslehre, Trinitätslehre, Anthropologie, Christologie, Eschatologie, Ekklessiologie
Dreieinigkeit 51 ff., 73, 86 f., 174, 286, 300, 334, 343 f., 356 f., 363 f., 367, 392 f., 401 f., 413, 418, 521, 527, 535, 547, 595, 605 f., 693 f., 701, 705, 721, 743 ff., 752
Dualismus 563 f., 633

Einfachheit Gottes 264, 364 ff., 374 f., 457, 501 ff., 668, 687, 741, 744
Einfalt 518
Einheit Gottes 86 f., 358, 365, 388 f., 403 f,. 408, 414, 422 ff., 457
Einzigkeit Gottes 334 f., 498 ff., 687
Ekklesiologie 160 f., 166, 173 ff.
Engel 298, 355, 630, 731, 762
Erkennbarkeit Gottes 3 ff., 67 ff., 167, 220 f.
Erkenntnis Gottes 1 ff.
  Begriffe 253, 259, 296, 375 ff., 384, 404, 735
    Analogie 254 ff.
    Gleichheit ? 253 f.
    Ungleichheit ? 253 f.
    analogia attributionis 268 f.
  beneficia Christi 290 f.
  Demut (siehe dort)
  Deus absconditus 236, 407, 608 ff., 669
  Deus revelatus 609 f.
  Ehrfurcht 247 ff.
  Freudigkeit 246 f.
  Furcht 36 ff.
  Gebet 23 ff., 251
  Gegenstand 4 ff., 218, 230 ff.
  Gehorsam 27 f., 38 f., 225 ff., 241, 384
  Geist Hl. 52 f.
  Gelingen 241, 252, 257
  Gewißheit 5 ff., 40 ff., 222 ff., 387, 429
  Glaube 11 ff., 56 f., 215, 276, 278 ff.

III. Begriffe

Gnade 23 ff., 74 ff., 215 f., 228, 231 f., 240 f., 260 f., 272, 284 ff., 322, 384 f., 403, 667
Gottesbeweis? 342 f.
Grenze 56 ff., 201 ff., 263 ff.
Jesus Christus 283 ff., 357 ff.
Kirche 4 f.
Liebe 34 ff.
menschl. Werk 244
mittelbare 8 ff.
natürliche? 93 f., 336, 510
Notwendigkeit 243
Offenbarung 1 ff., 253 ff., 277, 293, 336, 360, 394, 613
Opfer 245 f.
Realität 236 ff.
sacrificum intellectus? 7, 477
Subjekt 1 ff., 47 f., 202 f., 285
unmittelbare? 9 f.
via triplex 389 ff.
Wahrhaftigkeit 234 ff.
Wort Gottes 1 ff., 47 f., 477
Ziel 229, 241, 263
Erlösung 85, 235, 573, 578, 599, 699, 709
Erwählung 128, 407, 421, 438, 499, 507 f., 562, 571 f., 609 f., 701 f., 747
Eschatologie 128, 712 ff.
heidnische 441
Ethik 719
Ewigkeit Gottes 522 f., 629, 669, 685 ff., 701
Nachzeitlichkeit 698 f., 709 ff., 711 ff.
Nichtzeitlichkeit? 688 f.
sempiternitas 691
Überzeitlichkeit 698 f., 702 ff., 711 ff.
Unendlichkeit 522 ff., 686
Vorzeitlichkeit 698 f., 700 ff., 711 ff.
Zeitlichkeit 688 ff.

Freiheit Gottes 338 ff., 379 f., 385 f., 392, 395 f., 401, 495 ff., 582, 597, 610, 630 f., 668 f., 685, 687, 742, 752

Gebet 23, 26 f., 346, 438, 440, 574 ff., 617, 628, 762 f.
Anbetung 762
Erhöhung 574 ff.
Siehe Erkenntnis Gottes
Geduld 192 f., 259, 395, 458 ff., 677, 696
Gehorsam 35 ff., 225 f., 240, 384, 432, 442, 447, 472, 578, 580, 627 f., 670 f., 706, 760
Ungehorsam 627 f.
Siehe Erkenntnis Gottes
Geist Hl. 52 f., 111, 157 ff., 282, 293, 300, 405, 684, 755
Gotteskindschaft 177, 546, 617, 754 f., 759
Gottheit 693

Lästerung, des 225
Werk 191, 572
Siehe Erkenntnis Gottes, vgl. Dreieinigkeit Wiedergeburt, Kirche
Geist-Natur 297 ff.
Gerechtigkeit Gottes 422 ff.
Entscheidung 439 ff.
iustitia distributiva 439 f.
Gericht 442 ff.
Treue 433 ff.
Gericht Gottes 171, 187, 192, 215, 286, 400, 405 ff., 428, 430, 434, 439 ff., 454 ff., 472 f., 623, 672, 764
Geschöpf 58 ff. 298, 312, 319, 363, 414 f., 451, 462 ff., 547, 562 ff., 578 f., 604, 633, 651 f., 664, 670, 675, 686, 694, 753
Gesetz 133, 187, 407 ff., 426, 429 f.
u. Evangelium 186 f., 267, 392 f., 407, 440
Gebot 293, 409, 518
«Heiligkeitsgesetz» 409 f.
Gewissen 614 f., 636
Glaube 11, 13, 21, 57, 58, 61 f., 173 f., 177 f., 279 ff., 286 f., 365, 407, 432, 435, 454, 457, 470 ff., 490 ff., 510, 518, 568, 578, 684, 709, 762 ff.
analogia fidei 89 f., 360
Entscheidung 435, 619, 627, 704, 709
Erkenntnis 11 ff., 36 f., 205, 215, 276, 278 ff., 309
Gegenstand 12 ff., 166, 174, 471
Heiligung 15
Trost 282 f., 287, 293, 419 f., 433, 623
Verheißung 346, 425
Vertrauen 421, 441, 603, 690
Siehe Erkenntnis Gottes
Gnade 21 ff., 74 ff., 143 f., 154, 170 f., 190, 193, 211 f., 215, 222, 228, 232, 240 f., 248, 252, 266, 275, 277, 284 f., 315, 322, 384, 396 ff., 414, 417, 421, 423, 430, 459, 463, 572, 579, 606, 623, 660 f., 696 f., 701, 764
Siehe Erkenntnis Gottes, vgl. Liebe Gottes und Barmherzigkeit Gottes
Gott
Absolutheit 346 ff., 504
Allgegenwart siehe dort
Allmacht siehe dort
Allwirksamkeit siehe dort
Angesicht 729
Aseität siehe dort
Barmherzigkeit siehe dort
Beständigkeit siehe dort
Dreieinigkeit siehe dort
Eigenschaften siehe Vollkommenheiten
Einfachheit siehe dort
Einheit siehe dort
Einzigkeit siehe dort
Entscheidung 637

III. Begriffe

Erkennbarkeit siehe dort
Erlöser 85, 339, 342, 616
Existenz 342 ff., 361, 521, 629, 632
   Koexistenz 692 ff., 697
Ewigkeit siehe dort
Freiheit siehe dort
Freude 730 f., 737 f., 745
Geduld siehe dort
Gegenständlichkeit 12 ff., 232
«Geist» 299 f., 611, 620, 674 f.
Gnade siehe dort
Gerechtigkeit siehe dort
Gottheit 294, 308 f., 334 ff., 372, 594, 631, 635, 662, 725, 745
Heiligkeit siehe dort
Herrlichkeit siehe dort
Herrschaft 48 ff., 82, 259, 338 f., 364 ff., 519, 636
Kondeszendenz 59, 62, 224, 398, 402, 582 f., 747
Leben siehe dort
Liebe siehe dort
Name 64, 306, 729
«Natur» 611
Persönlichkeit siehe dort
Reichtum 346 f., 372, 414, 422, 457 f., 519, 532, 741 f., 744
Reue 558 ff.
Schönheit 733 f.
Schöpfer 83, 86 f., 193, 257 ff., 319, 339, 342, 520 ff., 568 ff., 602, 616, 673, 691, 744
Sein siehe dort
Seligkeit 317 f.
Treue 341, 353, 358, 432 f., 442, 450 ff., 458, 472, 517, 593
Verborgenheit siehe dort
Versöhner 84, 339, 342, 697
Vollkommenheiten siehe dort
Wahrheit 73 ff., 221 ff., 233, 258 ff., 375 f., 386, 407 f.
Weisheit siehe dort
Werk 55, 127, 290 ff., 306, 339, 357, 483, 561, 569 ff., 577, 592 f., 597, 616, 667, 730 f., 753
   Individualisierung 355
Wesen siehe dort
Wille siehe dort
Zorn 308, 407 ff., 419, 429, 443 ff., 453, 461 f., 475
Gottesdienst 295, 756 f.
Gotteslehre 34, 263, 299 ff., 392, 395 f., 503

Häresie 359
Heidentum 92, 129, 131 ff., 336, 359, 441, 505, 531, 556, 636, 697, 706 ff.
Heiligkeit Gottes 402 ff.
Heiligung 15, 122, 405, 409, 667
Heilsgeschichte 569 ff.
Herrlichkeit Gottes 364 ff., 519, 577, 722 ff.
   Allgenugsamkeit 726 f.
   doxa, kabod 723 f., 756
   fruitio Dei 737 f.
   glorificatio Dei 753 ff.
   Kraft 733
   Licht 732 f.
   Selbstkundgabe 728 f.
Herrschaft siehe Gott
Himmel siehe Schöpfung
Hölle 308, 420, 622 f.
Hoffnung 85, 703, 711, 715

Jesus Christus 58 f., 80 f., 128 f., 165 ff., 212 f., 223 f., 283 ff., 321, 342, 354 ff., 412 f., 419 f., 432, 438 f., 443, 472, 487, 512 f., 544 f., 576 ff., 586, 682 f., 694, 701, 705 f., 746, 749, 752
   assumptio carnis 169, 286 f., 355 ff., 747
   Auferstehung 61 f, 85, 118, 129, 132 f., 172, 287, 305, 355, 443, 455, 542, 634, 706, 750
   Gottheit 358, 546, 578, 684
   Gottmenschheit 20, 168 f., 356, 397, 450, 546 f., 578 ff., 750, 752
   Himmelfahrt 607
   Jungfrauengeburt 607
   imago Dei 750
   u. d. Kirche 172, 179 f., 183, 359 f., 419, 455
   König 128 f., 578, 682 ff.
   Kreuz 61, 169, 172, 313, 443 ff., 475, 580 f., 685, 706, 750
   Menschheit 58, 179 f., 419, 447, 747
   Name 171, 282, 419 f., 518, 582, 695
   Priester 170 ff., 286 f., 421, 438 f., 447 ff., 470., 701, 706, 725, 751 f.
   Selbstentäußerung 447, 580 f., 748
   Sündlosigkeit 447
   Ubiquität 548 ff.
   Wiederkunft 85, 727
   Siehe Immanenz, Dreieinigkeit, vgl. Offenbarung/Fleischwerdung
Immanenz 296, 239, 341, 352 ff., 481, 502
   Differenzierung 355 ff.
   Jesus Christus 356 ff.
Indeterminismus 633
Inkarnation siehe Offenbarung/Fleischwerdung
Islam 504 f.
Israel 15, 19, 24, 58, 65 f., 111, 119 f., 128, 294, 342, 405, 408 ff., 419, 431, 434 ff., 443 ff., 470 f., 508 f., 539 f., 545, 623 f., 677 f., 680, 704 f., 724 f., 749
Judentum 132 ff., 445, 541 f.

Katholizismus, röm. 656 f., 692
   Allmacht 604, 606
   analogia entis 88 ff., 262, 274 f., 349 f., 654 ff.

III. Begriffe

Erkennbarkeit Gottes 86 ff.
Erkenntnis Gottes 268, 270
Gnadenbegriff 400
Gottesbegriff 343 ff., 370, 629 f., 639 ff., 734
Mariologie 641
Molinismus 640 ff.
Natürl. Theologie 109
scientia media 640 ff.
Thomismus 641 ff.
Kirche 15, 20 f., 179 ff., 217, 235, 358, 405, 455 f., 697, 701, 704 f., 725, 754, 761 ff.
    Geist Hl. 179
    Leib Christi 179 f., 455, 545, 761
    als Menschenwerk 156 ff.
    Mission 107, 120 f.
    Seelsorge 100 ff., 162
    Sichtbarkeit 543
    u. Staat 434 f., 440
    u. Welt 161 ff., 193, 358, 360
    Wort Gottes 4 f., 198 f., 202, 289
Konfessionskirchen, evang. 652
    Christologie 548 ff.

Leben Gottes 295 ff., 305, 308, 379, 394, 553, 556 ff., 720 f.
Leben, ewiges 85, 475, 573, 710
Liebe 259, 309 f., 316, 458, 675
    Furcht 36 ff.
    zu Gott 34 ff.
Liebe Gottes 232, 259, 307 ff., 361, 379 ff., 385 ff., 392, 394 ff., 496, 519 ff., 561, 578, 593, 613, 668 f., 675 f., 704, 723, 742
    Bedürfnislosigkeit 314 f.
    Gemeinschaft 307 ff., 387, 406, 414, 614 ff.
    Selbstmitteilung 310
    Selbstzweck 313 f.
    Wunder 312

Macht 321, 589, 597 f., 602 f., 605, 607, 610, 612, 616 f., 676 f., 679
Mächte 366, 605 ff., 612, 634, 677
Mensch 122 ff., 141 ff., 162 ff.
    Christl. 162 ff.
    Erkenntnis 76 f., 144, 211 f., 230, 326, 602
    Existenz 146 ff., 178, 315, 365, 461 ff., 474, 477 f., 524 f., 629, 664, 700, 709
    Fleisch 169
    Frau 130
    imago Dei 211, 759
    Persönlichkeit 399 ff.
    Tod 434 f., 442, 455, 474, 555 f.
    Trost 190, 192
    Unfähigkeit f. d. Offenbarung 143 ff., 204, 238
    Vitalität 185
    Weisheit 484 ff., 622

Wille 626, 630
    fr. Wille 633, 660 f., 673
    Siehe Schrift, hl.
Metaphysik 79, 302 f.
Möglichkeit 599 ff., 610, 620 f., 622, 625
Monismus 562 f.
Monotheismus 504 f.
    «jüdischer»? 510
Mystik 9 f., 61, 216 f., 221, 225, 316, 348, 373, 460, 531, 677, 703 f.
    Hesychasten 373
Mythologie 129, 699 f., 720

Neuprotestantismus 323 ff., 333, 713
    Gottesbegriff 327 ff., 595 f.
    Liberalismus 262
    Offenbarung 327 ff., 595
Nichts 625, 637, 666
Nominalismus 368 f., 377, 388, 392, 596, 608 ff.
    Seminominalismus 368 ff.

Offenbarung 55 ff., 221 ff., 236, 290, 296, 315, 386, 389, 406, 566 f., 614 f., 636, 668, 676, 711, 742
    Aeon, alter und neuer 706
    Ärgernis 60 f., 163
    als göttlicher Akt 294 ff.
    Bund 48, 64, 114, 407 ff., 432, 438, 464 ff., 539, 586, 677
    Einheit im A. T. und N. T. 409 ff., 429
    Fleischwerdung 169, 286, 297, 307, 357, 471, 502, 579 ff.
    Geheimnis 43 ff., 61, 168, 237, 318 f., 392 f., 401 f., 477, 479, 614, 667. 681
    Geist-Leiblichkeit 279 ff.
    Geschichte 66, 294 ff., 678, 682, 695
    Gott als Subjekt 1 ff., 42 ff., 235 f., 291 ff.
    Notwendigkeit 232, 452, 583
    Ordnung 357, 392 f., 395, 422, 607, 680
    «Offenbarungen» 194 ff.
    Realität 236 ff.
    Verhüllung und Enthüllung 40 ff., 59 ff., 217, 236 f.
    Wahrhaftigkeit 235 ff., 252, 384 f.
    Zeichen 17, 55 f., 223, 444 ff., 449, 464 f., 472 f., 607
Opfer 245, 247
Optimismus 564
Orthodoxie, altprot. 214, 267 ff., 292, 298, 323, 369 ff., 379 ff., 388 f., 424, 439, 448, 479 f., 503 f., 515 f., 522 ff., 553 f., 583 ff., 588 f., 645 ff., 658 f., 731 ff., 734

Panentheismus 351, 354, 632 f.
Pantheismus 301, 351, 354, 507, 632 f.
Pelagianismus 633
Pessimismus 564
Pietismus 714

III. Begriffe

Raum 523 ff., 527 ff., 533, 690
 Vgl. Allgegenwart/Räumlichkeit!
Realismus 300, 372 f.
Realität 639
Recht 434 f., 591
Reformation 140, 323, 514, 657, 659, 712, 734
Reich Gottes 310 f., 358, 684, 710, 716 f., 733
Religion 500, 556, 636, 679
Revolution 526
Romantik 326 f.

Sabbath 129, 710
Sakrament 54, 56 ff., 355, 729
Schöpfung 62, 83, 212, 257 ff., 305, 307, 340, 357, 359, 519 ff., 535 ff., 561, 578, 603, 630 f., 660, 669, 699, 709, 747, 753
 Erhaltung 472, 482
 Himmel 298, 533 f.
 aus dem Nichts 83, 633
 Lobpreis, der 730 f., 764
 Offenbarung 124 ff., 225
 u. Versöhnung 129 f., 565 ff., 695
 «neue Schöpfung» 569
Schrift, hl. 107 ff.
 Anthropogonie 129 ff.
 Apostolat 25 f., 58, 109 ff., 138, 169, 251, 336, 355, 409, 724
 Autorität 108
 Einheit 409, 441, 682
 Kosmogonie 129 ff.
 Mensch als Gegenstand 111 ff.
 Natürliche Theologie? 107 ff.
 Offenbarungsquelle, einzige 120
 Prophetie 19, 25 f., 109 ff., 138, 169, 251, 336, 355
 Sprache 296, 321
 Siehe Zeugnis
Sein 301, 625, 631
 Nicht-Sein 622 f., 625, 630 f., 687, vgl. Nichts
Sein Gottes 55 f., 81, 88, 288 ff., 299, 306, 313, 315 ff., 372, 375 f., 394, 535, 610, 616, 618, 744
Spiritualismus 297 ff.
Sünde 239, 313, 363, 399 ff., 406, 409, 417 ff., 436, 441 f., 444, 446 ff., 566 ff., 612, 621, 623, 627, 630, 634, 661, 670 f., 706 f., 727
Sündenfall 211, 566

Teufel 589, 612, 621, 630, 634, 670 f.
Theodizee 444 f., 456 f., 472 f., 566, 670 ff.
Theologie 188 f., 218 f., 277, 360, 378, 625 f., 722
 Gewißheit 228 f., 236
 Kirchengeschichte 139 ff., 355

Natürliche Theologie 93 ff., 142 ff., 225, 751, 762
 analogia entis 88 ff., 216 f., 271 ff.
 Anknüpfungspunkt 96 f., 145 f.
 Anthropologie 160 ff., 328 f., 341
 Bourgeoisie 157, 183
 christliche 107 ff., 152 ff., 182, 260 f.
 Ontologie 657 f.
 Schriftbegründung? 107 ff.
 unmittelbare Gotteserkenntnis? 9 ff., 93 ff.
 Vitalität 185
 «Vorverständnis» 260
 protestantische 659
 Sprache 219, 252 ff., 321 f.
 theol. viatorum 235

Tod 308, 363, 420, 434, 455, 472 ff., 555 f., 564, 621, 622 f., 630, 634, 670 f., 706, 710
Tragik 420
Transzendenz 296, 339, 341 f., 352
Trinitätslehre 292, 323, 367 f., 370, 594 f.
 Modalismus 367
Trost siehe Glaube

Unglaube 102 ff., 455

Vater (Gott) 51 ff., 259
 Siehe Dreieinigkeit
Verborgenheit Gottes 42 ff., 59 ff., 204 ff., 265, 275, 376, 580
 Unanschaulichkeit 209 ff.
 Unaussprechlichkeit 209 ff.
 Unbegreiflichkeit 209 ff.
Verkündung, kirchl. 20 f., 172, 182, 187 f., 191 ff., 217, 248 f., 262, 288
 Auftrag 237 f.
 Aufgabe 191
 Freude 739
 Liebe 192
 Verheißung 248, 261
Versöhnung 84, 169 f., 296, 307, 412, 447 ff., 566 ff., 578 f., 615 ff., 619, 632, 663, 667, 676, 684, 695, 699, 748, 754
Vollkommenheiten Gottes 362 ff., 741 ff.
Vollkommenheiten der Freiheit 495 ff.
Vollkommenheiten der Liebe 394 ff.
 Ableitung und Einteilung 377 f.
 psychol. Schema 379 f.
 relig. genet. Schema 380 f.
 hist. intuit. Schema 382
Vorsehung 340, 481, 585

Wahrheit 73, 219, 223, 226, 233, 257 ff., 617
 Siehe Gott/Wahrheit
Weisheit Gottes 476 ff.

Welt 137, 237, 292, 314, 342 f., 354 ff., 481, 502, 562 ff., 598, 603 f., 633, 669, 701, 709
Weltgeschichte 444 f., 449, 455 f., 704 f.
Wesen Gottes 81, 232, 293, 298, 302, 306 f., 313 ff., 362, 365, 367, 370, 374 ff.
   Form 741 ff.
   Inhalt 745
Wiedergeburt 62, 161, 166 f., 177, 355, 419, 457, 754 f.
Wille Gottes 236, 238, 311, 400, 426, 476 f., 583 f., 601, 611 ff., 625 ff., 662 ff.
   Eigentlichkeit 661 ff.
   voluntas absoluta 584, 668 f.
      „   *antecedens* 584, 668 f.
      „   *beneplaciti* 584 f., 666 ff.
      „   *conditionalis* 584, 668 f.
      „   *consequens* 584, 668 f.
      „   *efficax* 668, 672 f.
      „   *efficiens* 668, 670 f.
      „   *inefficax* 668, 677 f.
      „   *occulta* 584, 666 f.
      „   *permittens* 668, 676 f.
      „   *revelata* 584, 666 f.
      „   *signi* 584, 666 ff.
Wirklichkeit 556, 598 f., 620, 622, 625
Wissen Gottes 8, 15, 47, 62, 72 ff., 168, 268, 611 ff.
   Allwissenheit 622 f.
   Eigentlichkeit 634 ff.
   praescientia 628 f.

scientia approbationis 638
    „   *libera* 638
    „   *media* 640 ff
    „   *necessaria* 638
    „   *practica* 638
    „   *reprobationis* 638
    „   *simplicis intelligentiae* 638
    „   *speculativa* 638
    „   *visionis* 638
Wort Gottes 1 ff., 42 ff., 290 f., 354, 454, 469, 476 f., 538, 604, 681 f., 701
   u. Kosmos 122 f.
Wunder 143, 221 ff., 248 f., 312, 572 f., 606, 617, 747

Zeichen siehe Offenbarung
Zeit 66 f., 461 ff., 469 ff., 523 ff., 669, 668 ff.
   der Erfüllung 705 f.
   der Erinnerung 695
   der Erwartung 695
   Gegenwart 689, 696, 704 f.
   Vergangenheit 706 ff.
   Zukunft 706 ff.
Zeuge 59, 219, 517, 759
Zeugnis 59, 111, 223 f., 318, 446, 456
   Mensch im Kosmos 109 ff.
   Schrift, hl. 109 ff., 413, 440, 516, 617, 676 ff., 682
   Selbstzeugnis Gottes 48 ff., 110 f., 113, 168, 513 f